역사자료로 보는

난중일기

역사자료로 보는 난중일기

발행일   2020년 4월 13일

지은이   이순신   주해   윤헌식
펴낸이   손형국
펴낸곳   (주)북랩
편집인   선일영   편집   강대건, 최예은, 최승헌, 김경무, 이예지
디자인   이현수, 한수희, 김민하, 김윤주, 허지혜   제작   박기성, 황동현, 구성우, 장홍석
마케팅   김회란, 박진관, 조하라, 장은별
출판등록   2004. 12. 1(제2012-000051호)
주소   서울특별시 금천구 가산디지털 1로 168, 우림라이온스밸리 B동 B113~114호, C동 B101호
홈페이지   www.book.co.kr
전화번호   (02)2026-5777   팩스   (02)2026-5747

ISBN   979-11-6539-169-0 03900 (종이책)   979-11-6539-170-6 05900 (전자책)

이 도서의 국립중앙도서관 출판예정도서목록(CIP)은 서지정보유통지원시스템 홈페이지(http://seoji.nl.go.kr)와
국가자료공동목록시스템(http://www.nl.go.kr/kolisnet)에서 이용하실 수 있습니다.
(CIP제어번호: CIP2020014454)

(주)북랩 성공출판의 파트너
북랩 홈페이지와 패밀리 사이트에서 다양한 출판 솔루션을 만나 보세요!
홈페이지 book.co.kr   •   **블로그** blog.naver.com/essaybook   •   **출판문의** book@book.co.kr

역사자료로 보는

난중일기

이순신 지음 / 윤헌식 주해

북랩 book Lab

- 본 책의 내용은 국보 제76호 『난중일기』 친필 초고본을 기본으로 하여 번역한 것이다. 초고본에는 없지만 『이충무공전서』에 존재하는 일기도 번역하여 초고본의 번역 내용과 합본하였으며, 일기의 내용이 양쪽 모두 존재할 경우에는 초고본의 내용을 따랐다. 초고본과 『이충무공전서』 이외에 『충무공유사』 등의 다른 자료에서 발견되는 일기도 존재하지만 본 책에서는 초고본과 『이충무공전서』에 실린 일기만을 번역하였다. 아래의 표는 본 책에서 번역한 일기를 날짜별로 정리해놓은 것이다. 번역 시 초고본의 영인본과 기존에 출간된 번역본들에 실린 원문을 함께 참고하였으며 그 번역본들은 본 책의 말미에 있는 참고문헌에 밝혀놓았다.

구분	날짜	원문
임진일기(1592년)	1월 1일 ~ 4월 22일 5월 1일 ~ 5월 4일 5월 29일 ~ 6월 10일 8월 24일 ~ 8월 28일	『이충무공전서』 『난중일기』 초고본 『난중일기』 초고본 『난중일기』 초고본
계사일기(1593년)	2월 1일 ~ 3월 22일 5월 1일 ~ 9월 15일	『난중일기』 초고본 『난중일기』 초고본
갑오일기(1594년)	1월 1일 ~ 11월 28일	『난중일기』 초고본
을미일기(1595년)	1월 1일 ~ 12월 20일	『이충무공전서』
병신일기(1596년)	1월 1일 ~ 10월 11일	『난중일기』 초고본
정유일기 1(1597년)	4월 1일 ~ 10월 8일	『난중일기』 초고본
정유일기 2(1597년)	8월 4일 ~ 12월 30일	『난중일기』 초고본
무술일기(1598년)	1월 1일 ~ 10월 7일 10월 8일 ~ 10월 12일 11월 8일 ~ 11월 17일	『난중일기』 초고본 『이충무공전서』 『이충무공전서』

- 일기 본래의 의미를 최대한 살리기 위해 직역으로 번역을 하되 가능한 한 문맥이 자연스럽게 이어지도록 하였으며 직역으로써 매우 어색하게 느껴지는 문구나 문장은 의역을 하였다.
- 『난중일기』 초고본에는 일기 이외에 편지나 비망록과 같은 여러 기록들이 함께 실려 있지

만 본 책의 목적상 일기만을 번역하여 수록하였다.

- 『난중일기』 초고본이나 『이충무공전서』에 간지(干支)가 없는 경우에도 번역된 일기의 내용에는 간지를 추가하였다.
- 『난중일기』 초고본의 한문이 판독이 어렵기 때문에 번역이 불가능한 내용은 …로 표기하였다.
- 독자의 이해를 돕거나 문장을 자연스럽게 표현할 목적으로 일기에 추가로 삽입한 내용은 []로 표기하였다.
- 일기의 내용 중 대화에 해당되는 부분은 ""로 표기하였으며 대화의 내용 중 다른 사람의 말을 인용한 부분은 ''로 표기하였다.
- 『난중일기』 초고본의 여백에 추가로 적혀진 일기는 주해에서 그 사실을 적시하였다.
- 일기의 내용 중 부가 설명이 필요한 사항은 번호를 달아서 일기 하단의 주해에서 자세히 설명하였다. 참고한 근거 자료가 있는 경우 주해의 해당 내용에 각주 번호를 달아서 본 책의 말미에 있는 주석에 그 목록을 실었으며 필요하다면 주석에도 부가 설명을 덧붙였다.
- 주해와 주석에서 언급된 서명(書名)과 편명(篇名)/논문은 각각 『 』와 「 」로 표기하였다.
- 주해와 주석에서 자주 언급되는 『조선왕조실록』은 편의상 『실록』으로 약칭하였다.
- 지명에 대한 설명을 위하여 주석에서 언급한 각종 조선시대 지도는 서울대학교 규장각한국학연구원 홈사이트에 실린 고지도를 참고하였다.
- 등장인물에 대한 기록들 중 신빙성은 떨어져 보이지만 참고할만한 가치가 있다고 생각되는 내용은 주석에서 다루었다.
- 『임진장초』는 노산 이은상의 『國譯註解 李忠武公全書』(1960, 충무공기념사업회)와 조성도 교수의 『임진장초』(2010, 연경문화사)에 실린 내용을 참고하였으며, 주해와 주석에서 언급한 『임진장초』의 장계 제목은 『國譯註解 李忠武公全書』에 실린 제목을 따랐다.
- 이 책의 주석에서 설명한 합포·적진포·고리량의 위치 비정과 칠천량해전·노량해전의 경과는 warhistory.pe.kr에서 논고 형태로 정리된 파일을 다운로드 받을 수 있다.

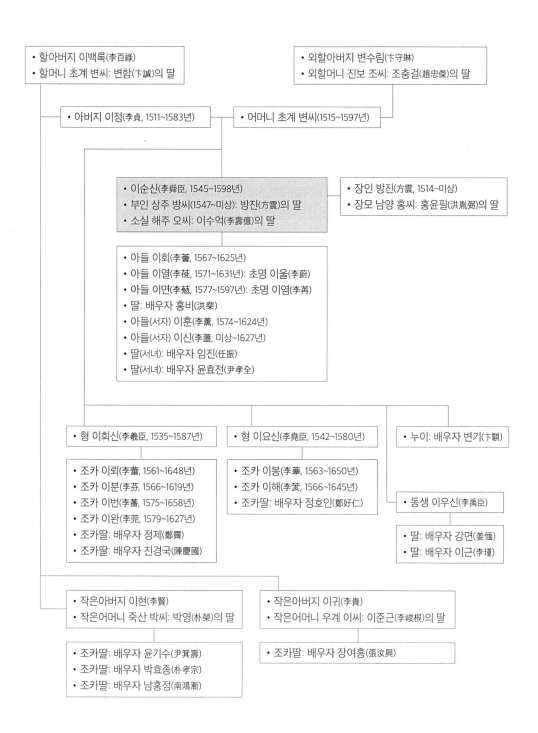

- 할아버지 이백록(李百祿)
- 할머니 초계 변씨: 변함(卞誠)의 딸

- 외할아버지 변수림(卞守琳)
- 외할머니 진보 조씨: 조충걸(趙忠傑)의 딸

- 아버지 이정(李貞, 1511~1583년)

- 어머니 초계 변씨(1515~1597년)

- 이순신(李舜臣, 1545~1598년)
- 부인 상주 방씨(1547~미상): 방진(方震)의 딸
- 소실 해주 오씨: 이수억(李壽億)의 딸

- 장인 방진(方震, 1514~미상)
- 장모 남양 홍씨: 홍윤필(洪胤弼)의 딸

- 아들 이회(李薈, 1567~1625년)
- 아들 이열(李茢, 1571~1631년): 초명 이울(李蔚)
- 아들 이면(李葂, 1577~1597년): 초명 이염(李苒)
- 딸: 배우자 홍비(洪棐)
- 아들(서자) 이훈(李薰, 1574~1624년)
- 아들(서자) 이신(李藎, 미상~1627년)
- 딸(서녀): 배우자 임진(任振)
- 딸(서녀): 배우자 윤효전(尹孝全)

- 형 이희신(李羲臣, 1535~1587년)

- 형 이요신(李堯臣, 1542~1580년)

- 누이: 배우자 변기(卞騏)

- 조카 이뢰(李蕾, 1561~1648년)
- 조카 이분(李芬, 1566~1619년)
- 조카 이번(李蕃, 1575~1658년)
- 조카 이완(李莞, 1579~1627년)
- 조카딸: 배우자 정제(鄭霽)
- 조카딸: 배우자 진경국(陳慶國)

- 조카 이봉(李菶, 1563~1650년)
- 조카 이해(李荄, 1566~1645년)
- 조카딸: 배우자 정호인(鄭好仁)

- 동생 이우신(李禹臣)

- 딸: 배우자 강면(姜値)
- 딸: 배우자 이근(李瑾)

- 작은아버지 이현(李賢)
- 작은어머니 죽산 박씨: 박영(朴榮)의 딸

- 작은아버지 이귀(李貴)
- 작은어머니 우계 이씨: 이준근(李峻根)의 딸

- 조카딸: 배우자 윤기수(尹箕壽)
- 조카딸: 배우자 박효종(朴孝宗)
- 조카딸: 배우자 남홍점(南鴻漸)

- 조카딸: 배우자 장여흥(張汝興)

　『난중일기』는 위대한 인물로 추앙을 받는 충무공 이순신의 개인사가 기록된 문헌으로서 일제강점기 이래 상당수의 번역본이 출간되었다. 독자들의 많은 관심과 번역자들의 끊임없는 노력은 출간되는 번역본들을 점차 높은 수준으로 끌어올렸으며, 그 결과 『난중일기』 원문의 판독과 번역은 현재 그 수준이 거의 완성 단계에 다다랐다. 많은 사람들이 이미 잘 알고 있다시피 『난중일기』는 일개 개인사를 넘어 임진왜란 시기 전쟁사를 이해하기 위해 필요한 주요 사료들 중의 하나이다. 이 책은 기존의 번역본들이 이루어 놓은 단계에서 한 걸음 더 나아가 『난중일기』가 가지는 역사 자료로서의 특징에 초점을 맞추어 책의 번역과 함께 그 내용이 가지는 역사적 의미와 배경에 대해 자세히 다루려고 한다.

　『난중일기』에는 임진왜란 시기의 해전, 당시의 시대 상황 및 역사적 사건, 그리고 그 시대에 활동한 여러 인물 등에 대한 많은 정보가 담겨 있다. 이러한 내용들을 조선시대의 사료 및 문헌과 현대의 연구 논고 등을 활용하여 보다 객관적이고 상세하게 설명하였다. 독자들의 참조를 위하여 이 참고 자료들은 책 말미의 주석에 정리해 놓았으며 이것만으로 부족하다고 느껴지는 경우에는 자료들에 대한 부가 설명도 덧붙였다. 조선시대의 사료나 문헌을 참고할 때는 저술 시기가 빠른 자료를 우선으로 하였으며, 필요한 경우 사료 비판이나 최소한의 자료 비교 및 검토만이라도 수행하여 내용의 신빙성을 확인하였다. 또한 설명의 객관성과 정확성을 높이기 위해 참고 자료의 선택에도 신중을 기하였다. 예를 들어 여러 학자들이 신빙성에 문제가 있다고 지적한 『호남절의록』과 같은 기록은 참고 대상에서 제외하였다.

　독자들이 특히 관심을 가지는 임진왜란 시기 해전은 『난중일기』에 해당 기록이 없는 경우가 많기 때문에, 『임진장초』나 『선조실록』 등의 여러 자료를 활용하여 표로 만들어서 추가하고 해전 지도도 함께 첨부함으로써 해전에 대한 정보를 한눈에 보기 쉽게 구성하였다. 해전과 관련한 여러 자료와 연구 논구 등을 접하는 과정에서 기존의 연구자들이 미처 다루지 못했던 것들을 찾아내어 새로이 소개하거나 정리하기도 하였다. 예를 들어 안방준의 『은봉전서』의 「부산기사」에서는 임진왜란 초기에 벌어진 합포해전과 적진포해전의 위치를 특정할 수 있는 내용을 발견하였다. 임진왜란 초기 해전의 경유지 중 하나인 송미포의 위치에 대해서는, 현재 거제도 남부의 다대리 또는 거제도 북부의 송진포리로 보는 두 가지 견해가 주류를 이루는데, 『난중일기』의 내용 중에 송미포가 거제도 남부에 있었음을 입증할 수 있는 기록이 있음을 확인하였다. 그리고 임진왜란 초기 해전의 또 다른 경유지인 고리량은, 『난중일기』와 『임진장초』 등에 나타난 기록들을 서로 비교하여 확인함으로써 기존에 알려진 경남 창원시 마산합포구 구산면 구복리가 아니라 같은 구 진동면 요장리일 가능성이 높음을 추정하였다. 칠천량해전과 노량해전은 시기 및 출전 경로, 참전 규모, 해전 결과, 참전 장수 등 전반적인 사항에 대하여 기존의 연구 성과에 오류가 있거나 빠진 내용 등을 찾아내어 보다 정확하고 자세하게 정리하였다. 이 두 해전에 대해 설명한 주석의 내용은 저자가 이 책을 쓰면서 가장 많은 노력을 들인 부분으로서, 비록 미비한 점도 있지만 독자들에게 유익한 정보를 제공할 수 있을 것으로 믿는다. 1598년 9~10월의 일기는 순천 왜교성 전투와 관련된 내용이 대부분을 차지하는데 이는 『선조실록』, 조경남의 『난중잡록』, 진경문의 「예교진병일록」과 함께 왜교성 전투의 진행 경과를 상세히 파악할 수 있는 중요한 자료이기 때문에 이 관련 기록들의 주요 내용도 함께 수록하여 서로 비교해 볼 수 있도록 하였다.

조선시대는 각종 사료나 문헌이 매우 풍부하여 이를 바탕으로 한 수준 높은 논고나 연구서가 많이 나와 있다. 『난중일기』에 나타나는 시대 상황에 대해서는 주로 이와 같은 연구 자료를 활용하여 설명하였다. 예를 들어 1592년 1월 1일 일기에 언급된 세물은 이를 선물로 보는 기존의 견해와는 달리, 조선시대 관행에 따라 연초에 정례적으로 시행되었던 진상물로 설명될 수 있다. 그리고 같은 해 2월 3일 일기에 기록된 제주 사람이 금오도에 정박했다가 붙잡힌 사건은 조선 중기 제주 유민의 실태를 보여주는 사례의 하나로 해석할 수 있다.

『난중일기』에 기록된 여러 역사적 사건에 대해서도 각종 사료 및 문헌이나 연구 자료를 통하여 그 내용을 명확히 설명하였다. 1592년 1월 17일 일기에 보이는 철쇄는 현재 단순히 쇠사슬을 가리키는 것으로 알고 있는 사람이 많지만, 『중종실록』과 『난중일기』의 기록을 살펴보면 포구 앞바다에 설치했던 특정한 형태의 방어시설을 가리키는 용어이다. 1593년 2월 15~16일 일기의 내용 중 일부는 같은 해 1월 27일경 일어난 벽제관전투와 관련된 것으로서 당시의 역사적 상황을 제대로 파악하고 있지 않으면 이해하기 어려운 내용이다. 1594년 4월 1일 일기와 1596년 윤8월 1일 일기의 일식 기록 그리고 1595년 9월 16일 일기의 월식 기록은 국내외 천문학 연구기관들이 제공하는 자료를 통해 실제로 발생했던 천문 현상임을 확인할 수 있음과 동시에 『난중일기』의 정확성을 실감할 수 있는 기록이다. 1597년 6월 8일 일기에 언급된 박성이 조정에 올린 상소는 그의 문집에 「논시폐소」라는 제목으로 실린 글로서, 일기 내용의 일부는 이 상소문의 내용을 파악하지 않고서는 올바른 번역을 하기 어렵다. 1597년 8월 15일 일기에 나오는 열선루는 '지금 신에게 아직 전선 12척이 있사오니…'라는 유명한 말이 적힌 장계가 작성된 곳으로 알려져 있지만, 『선조실록』과 여러 관련 문헌을 살펴보면 그 장계가 열선루에서 쓰였을 가능성은 거의 없다.

『난중일기』의 등장인물에 대해서는 방목, 행장, 묘지명, 교서, 족보 등을 참고하여 자, 본관, 생몰년, 행적 등을 간략히 소개하였으며 특기할 만한 사항이나 업적이 있는 경우에는 보다 자세히 서술하였다. 인물에 관한 기록 중 행적은 후대로 갈수록 윤색되거나 왜곡되는 경향이 쉽게 나타나므로 특히 주의하여 서술하였다. 족보의 기록은 현전하는 자료가 대부분 후대의 것이므로 왜곡의 소지가 적은 친족 관계나 거주지와 같은 사항만을 참고하였다. 임진왜란 시기 업적이 있는 인물은 족보를 확인하여 가계 또는 다른 인물과의 친인척 관계를 밝히기도 하였다. 아래의 내용은 오류를 바로잡거나 새로이 밝혀낸 인물 관련 정보의 일부 사례이다. 무의공 이순신(李純信)의 생몰년은 대개 1554~1611년으로 알려져 있지만 묘갈 및 족보와 그의 사망에 대해 기록한 문헌을 살펴보면 그의 실제 생몰년은 1553~1610년이다. 권준의 생몰년은 1541~1611년으로 알려져 있지만 현전하는 조선시대 문헌에 의하면 실제 생년은 1547년이며 몰년은 정확한 관련 자료를 찾기 어렵다. 배흥립은 행주대첩에도 참전한 이력이 있으며 무의공 이순신과는 사돈이 되는 관계이다. 선거이가 울산성전투에 참전했다는 기존의 견해는 여러 관련 문헌을 종합해보면 오류임이 거의 확실하다. 1596년 9월 19일 일기에 등장하는 최철견의 딸 귀지는 최철견 및 그 사위들의 족보와 관련 문헌을 살펴보면 인조의 계비 장렬왕후의 어머니인 완산부부인 최씨일 가능성이 크다. 1597년 4월 일기에 나오는 권승경은 권율의 조카이자 수하 군관으로서 행주대첩에서 공을 세웠다. 1597년 10월 일기에 등장하는 정수는 백진남의 외삼촌이자 1592년 부산포 해전에서 전사한 녹도만호 정운의 사촌이다.

『난중일기』에서 언급된 고을 및 진포의 수령은 선생안을 비롯한 여러 자료에 의거하여 그 이름을 밝혀내었다. 수령은 임명이 번복되는 경우가 적지 않았을 뿐만 아니라 교체도 빈번하였기 때문에 정보의 정확성을 위해 되도록이면 다수의 근거 자료를 활용하였다.

『난중일기』에 나오는 지명은 『신증동국여지승람』, 조선시대 고지도 및 읍지, 관련 연구 논고 등을 참고하여 현재의 해당 위치를 밝히거나 추정하였다. 예를 들어 1592년 3월 14일 일기의 해농창 평야(海農倉坪)는 『신증동국여지승람』, 『실록』, 신흠의 『상촌집』 등을 통하여 지금의 전남 순천시 해룡면 일대의 평야지대에 해당됨을 알 수 있다. 1597년 6월 4일 일기의 개연(介硯)은 『신증동국여지승람』과 '遷'계 지명어에 관한 연구 자료를 통하여 지금의 경남 합천군 율곡면의 문림리와 영전리 경계 부근에 위치한 견천(犬遷)을 가리키는 것임을 알 수 있다.

번역 과정에서 발견된 기존 번역본들의 원문 판독이나 번역 오류도 교정하였다. 원문 판독 오류는 주로 다른 날짜에 쓰인 동일한 글자와의 자형 비교를 통하여 밝혀내었으며, 한자를 잘 모르는 독자라도 쉽게 이해할 수 있도록 책 말미의 주석에서『난중일기』친필 초고본의 사진과 함께 자세히 설명하였다. 원문 번역 오류는 주로 조선시대 문헌에 나타나는 해당 원문의 용례 등을 참고하여 약 100여 건을 교정하였다. 원문 판독과 번역의 오류 교정 내역은 목록으로 작성하여 책 말미에 실었으며 다른 번역본의 교정 사례를 참조한 경우에는 이를 밝혀 놓았다.

『난중일기』의 주해와 주석을 쓰는 과정에서 일부 정보는 그 실마리를 인터넷의 블로그 등에서 얻기도 하였다. 비록 그 성격이 맞지 않아서 참고문헌 항목에 싣지는 못하였지만, 최소한 이러한 자료들로부터 적지 않은 도움을 받았음을 밝혀 두고자 한다.

이 책을 출간하면서 개인적으로 아쉬운 점이 두 가지가 있다. 첫째는『난중일기』의 원문을 싣지 못한 점이다. 원래는 친필 초고본의 영인본과 기존에 출간된 번역본들의 원문을 서로 교차 비교하여 교정한 원문을 번역된 일기와 함께 실으려고 계획하였다. 그러나 이는 책의 가독성을 떨어뜨릴 뿐만 아니라 기존 번역본 저자들의 노력을 침해하는 점도 있을 듯하여 그렇게 하지 못하였다. 둘째는 중국과 일본의 문헌 및 연구 논고를 조금 더 심도 있게 검토해보지 못한 점이다. 이들은 우리나라 자료의 부족한 부분을 채워줄 수 있는 중요한 자원이다. 예를 들어 이 책에서 칠천량해전과 노량해전에 대한 주석을 쓸 때에도 중국과 일본 측 자료에서 예상치 못한 중요한 정보들을 찾아낼 수 있었다. 그러나 시간과 능력이 부족하여 더 많은 새로운 사실을 밝혀낼 가능성이 있음에도 불구하고 더 이상의 검토를 진행하지 못하였다.

아무쪼록 이 책이『난중일기』에 관심이 있는 분들에게 조금이라도 도움이 될 수 있기를 바라며 또한 부족한 점이 있다면 너그럽게 보아주시기 바란다.

2020년 3월

저자 윤헌식

난중일기
완역

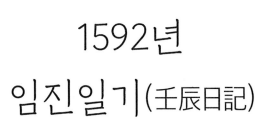

1592년
임진일기(壬辰日記)

1일(임술) 맑았다. 새벽에 동생 여필[1]과 조카 봉과 아들 회가 와서 이야기하였다. 그렇지만 어머니[2] 곁을 떠나서 다시 남쪽에서 [설을] 보내니 슬퍼지는 것을 참을 수 없었다. [전라]병사[3]의 군관 이경신이 와서 병사의 편지와 세물[4]로서 장편전[5] 등 여러 가지 물건을 납부하였다.

1) 이순신의 동생 이우신의 자(字)이다.

2) 원문 '天只'는, 『시경』의 「국풍(國風)」-「용풍(鄘風)」에 나오는 시 「백주(柏舟)」의 구절인 '母也天只'에서 인용된 것이다. 『난중일기』에서는 어머니에 대한 존칭으로서 주로 이 용어가 사용되고 있다.

3) 『임진장초』의 「부원경상도장(赴援慶尙道狀)」(1592년 4월 27일)에 의하면 당시의 전라도 병마절도사는 최원(崔遠)이다.

4) 세물(歲物)은 진상물을 가리키며, 일기의 내용은 전라병사의 진상물을 배편으로 운송할 목적으로 그의 군관이 이를 가져온 것을 말하는 것으로 생각된다. 진상은 공납의 일종으로서 관찰사, 병마절도사, 수군절도사 등의 지방 수령이 왕에게 예물로 올리는 물품을 말한다. 진상명목은 여러 가지가 있었으며, 그중 일기의 세물은 연말이나 연초에 정례적으로 신년하례 등의 목적으로 토산물(方物) 등을 진상하던 명일방물(名日方物)에 해당된다.[1] 임진왜란 시기 전후로도 연초 및 연말에 진상이 시행되었음을 『선조실록』의 기사[2]에서 확인할 수 있으며, 『임진장초』의 「장송전곡급방물장(裝送戰穀及方物狀)」(1592년 12월 25일)에도 전란 중에 지방의 선비들과 이순신 및 그 휘하의 지방 수령들이 각자 준비한 진상물을 모아서 배편으로 보냈다는 기록이 있으므로 1592년 연초에도 당연히 진상이 시행되었을 것이다. 또한 진상물과 함께 보내는 것이 통례[3]였던 전문(箋文)이 7일과 9일 일기에서 언급된 점도 이를 뒷받침해준다. 『임진장초』의 「장송전곡급방물장」의 '進上長片箭等雜物'이란 문구에 장편전이 진상물로 언급된 점과 『성종실록』의 기사[4]에 장편전이 명일의 진상물로 기록된 점에 의거하여 원문 '歲物長片箭雜物' 중의 '歲物(세물)'과 '長片箭雜物(장편전 등 여러 가지 물건)'을 동격으로 해석하였다.

기존에는 세물을 주로 전라병사가 보내는 새해 선물로 보았지만 여기에서는 위와 같은 이유로 세물을 진상물로 해석하였다.[5]

5) 장편전(長片箭)은 장전(長箭)과 편전(片箭)을 함께 일컫는 말이다. 장전은 유엽전(柳葉箭) 또는 마전(磨箭)으로도 불렸으며 촉이 가볍고 깃이 작은 전투용 화살이다. 길이가 긴 화살 중에 가장 보편적으로 사용되어 장전이라 불렸다. 편전은 통전(筒箭) 또는 애기살 등으로 불리던 짧은 화살이며 단면이 U형인 통아(筒兒)라는 나무 대롱에 넣어서 발사하였다. 편전은 사격술을 익히기 어려운 단점이 있지만 사거리가 일반 화살보다 훨씬 길며 또한 화살의 길이가 짧기 때문에 적이 다시 주워서 사용하지 못하는 등의 장점이 있다.[6]

간혹 장편전을 '길이가 긴 편전'으로 번역하는 경우가 있지만 이는 잘못된 것이다. 『실록』의 기사[7]에 보이는 '장편전각○부(長片箭各○部)'라는 표현은, 장편전이 장전과 편전을 함께 일컫는 보편적인 용어였음을 명확히 보여준다. 참고로 부(部)는 화살을 세는 단위로서 1부는 화살 30개를 가리킨다.[8]

2일(계해) 맑았다. 나라의 제삿날[1]이라 업무를 보지 않았다.[2] 김인보와 이야기하였다.

1) 원문 '國忌'는 국왕이나 왕후의 제삿날을 가리킨다. 이날은 명종 비 인순왕후(仁順王后)의 제삿날이다.

2) 원문 '不坐'는 '업무를 보지 않았다'는 의미로서 『실록』이나 조선시대 문헌에서 그 용례를 쉽게 찾을 수 있다. 『난중일기』에는 가문이나 나라의 제삿날에 업무를 보지 않았다는 기록이 많이 보인다. 이는 유교적 통치이념을 가진 조선의 전통적인 법도로서 왕과 조정의 관리들도 이를 따랐다.[9]

3일(갑자) 맑았다. 동헌[1]에 나가서 별방[2]을 점검[3]하고 각 관포[4]의 공문[5]을 처결하여 보냈다[6].

1) 관찰사 및 그 이하 지방 수령이 행정과 재판 등의 업무를 보던 건물이다.

2) 별방(別防)은 별부방(別赴防) 군사의 준말로 짐작된다(1월 16일 일기의 주석 참조).

3) 원문 '點考'는 『선조실록』의 용례를 살펴보면 '사람의 수나 물건의 수량 및 상태 등을 확인하는 행위'를 의미한다.

4) 전라좌수영 소속의 진포(鎭浦)와 전시에 방략(方略)에 의하여 수군을 동원할 수 있는 고을(官)을 말한다. 『임진장초』의 「부원경상도장(赴援慶尙道狀)」(1592년 4월 27일)과 「청주사속읍수령전속수전장(請舟師屬邑守令專屬水戰狀)」(1593년 4월 6일)에 당시 전라좌수영 관할의 다섯 고을과 다섯 진포가 명시되어 있다.

5) 원문 '公事'는 공문서를 의미한다. 조선은 체계적인 문서 행정제도를 가지고 있었으며 『경국대전』 시행 이후에는 더욱 간소화되고 효율적으로 발전하였다. 당시 관청 사이에서 주고받던 공문서는 세 가지 종류로 국한된다. 하위관청이 상위관청에 보내는 첩정(牒呈), 상위관청이 하위관청에 보내거나 동등한 위치의 관청끼리 주고받는 평관(平關), 7품 이하 관리에게 보내는 하첩(下帖)이 그것이다.[10]

6) 원문 '題送'은 하급 관아의 공문서에 지시를 적어서 보내거나 민간에서 올리는 소지류(所志類) 문서에 판결을 적어서 보내는 것을 말한다.

4일(을축) 맑았다. 동헌에서[1] 업무를 보았다.[2]

1) 원문 '坐東軒' 중의 '坐'는 '坐起'의 준말이며 '업무를 시작하다'라는 의미를 가진다.[11]

2) 원문 '公事'는 '공문서를 작성하다' 또는 '업무를 보다'라는 의미가 있다.[12] 이 책에서는 문맥에 따라 그 의미를 적절히 번역하였다.

5일(병인) 맑았다. 그대로 동헌[1]에 머물러서 업무를 보았다.

1) 원문의 '後東軒'을 내아(內衙)로 해석하는 경우가 많다. 그러나 병신일기(1596년) 8월 20일에 내아를 가리키는 것으로 추정되는 '衙東軒'이라는 용어가 보이는 점과 조선시대 문헌에서 '後東軒'의 용례를 찾기 어려운 점으로 미루어보아 그럴 가능성은 낮다고 생각된다. 이보다는 원문 '仍在後東軒' 중의 '仍在'를 '後'와 함께 묶어서 '(1월 4일 이후에도) 그대로 동헌에 머물러서'라는 의미로 번역하는 것이 옳을 것 같다.

6일(정묘) 맑았다. 동헌에 나가서 업무를 보았다.

7일(무진) 아침에 맑다가 늦게 비와 눈이 섞여서 종일토록 내렸다.[1] 조카 봉이 아산으로 갔다. 전문[2]을 받들어 갈 남원의 유생이 들어왔다.

1) 원문 '交下'는 '번갈아 내렸다'로 번역하는 경우가 많지만 『실록』의 용례를 살펴보면 '섞어서 내렸다'가 올바른 의미이다.

2) 원문 '箋'은 길하거나 흉한 일이 있을 때 국왕이나 왕비 등에게 올리는 글인 전문(箋文)을 말한다. 『선조실록』의 기사[13]에 의하면 왕의 탄신일, 정월 초하루, 동짓날의 삼명일(三名日)에 진상과 함께 정례적으로 시행되었다.

8일(기사) 맑았다. 객사[1]의 동헌[2]에 나가서 업무를 보았다.

1) 관아의 손님이나 사신 등이 유숙하던 건물로서 전패(殿牌)를 차려놓고 대궐을 향해 망궐례(望闕禮)를 지내기도 하였다.

2) 규모가 큰 객사는 중앙의 정당(正堂)과 동서의 익헌(翼軒)으로 이루어진 경우도 있었다.

9일(경오) 맑았다. 일찍 식사를 한 뒤에 객사의 동헌에 나가서 전문을 봉하여 올려 보냈다.[1]

1) 전문을 보내는 절차는 『국조오례의』의 「가례의식(嘉禮儀式)」·「사신급외관배전의(使臣及外官拜箋儀)」에 정해져 있다.

10일(신미) 하루 종일 비가 내렸다. 방답[1]의 신임 첨사[2]가 들어왔다.

1) 지금의 전남 여수시 돌산읍 군내리에 있었다.[14]

2) 종3품 무관 벼슬인 첨절제사의 준말로서 육군이나 수군의 군사적으로 중요한 독진(獨鎭)에 배치되어 그 지방의 수령 대신 전담 관할하였다. 이날 도임한 방답첨사는 충무공 이순신(李舜臣)과 이름의 음이 동일한 무의공 이순신(李純信)이다. 그의 자는 입부(立夫), 시호는 무의(武毅), 본관은 전주(全州), 생몰년은 1553~1610년이며, 태종의 장남 양녕대군의 6대손으로서, 옥포해전, 당포해전, 한산도대첩, 부산포해전, 노량해전 등에 참전하였다.[15] 현재 경기도 광명시 일직동에 그의 묘소가 있으며 광명시 향토문화유산 4호 무의공이순신장군묘(武毅公李純信將軍墓)로 지정되어있다.

11일(임신) 가랑비가 하루 종일 내렸다. 늦게 동헌에 나가서 업무를 보았다. [군관] 이봉수[1]가 선생원[2]의 돌 뜨는 곳에 가보고 와서 "벌써 큰 돌 17덩어리에 구멍을 뚫었다."[3]라고 보고하였다. 서문 밖의 해자[4]가 4발[5]쯤 무너졌다. 심사립과 이야기하였다.

1) 이봉수(李鳳壽)는 옥포해전, 당포해전 등에 군관으로 참전하였으며 염초의 제조법을 알아내어 화약 생산량을 높이는 등의 공을 세웠다.[16]

2) 지금의 전남 여수시 율촌면에 있었던 역원(驛院)인 성생원(成生院)이다.[17] 역원은 주로 여행자의 숙식소로 이용되던 곳이다.

3) 16일과 17일 일기의 내용을 살펴보면 철쇄의 설치에 필요한 돌을 구할 목적으로 선생원 부근에서 채석작업을 했음을 알 수 있다.

4) 원문 '壕子(호자)'는 적의 침입을 막기 위해 성 주위를 따라서 파놓은 구덩이인 해자(垓子)를 의미한다. 이날과 2월 4일, 2월 15일, 3월 4일 일기의 해자에 대한 언급을 통해 당시 전라좌수영에 해자가 존재했음을 알 수 있다.

우리나라의 성곽은 대개 물이 없는 해자가 주류를 이루었으며 조선시대의 해자는 대개 규식화하여 축조되었다.[18] 일기의 전라좌수영 해자 관련 기록에 '구덩이(坑)가 무너졌다'거나 '새로 쌓았다'는 등의 언급이 보이는 점으로 보아 전라좌수영의 해자도 물이 없는 해자였음을 알 수 있다.

5) 원문 '把(발)'은 길이를 나타내는 단위로서 한 발은 양팔을 벌린 길이이다.

12일(계유) 궂은비[1]가 개지 않았다. 식사를 한 뒤에 객사의 동헌에 나가서 본영과 각 진포의 진무[2]들의 활쏘기 시험[3]을 보았다.

1) 원문 '陰雨'의 용례를 『실록』에서 찾아보면 '장맛비' 또는 '큰비'의 의미가 있다.

2) 군의 군량 조달이나 공문서 전달 등의 실무를 담당했으며 하급 군인 내지 아전계층이었다.[19]

3) 원문 '優等試射'는 좋은 성적을 거둔 사람에게 상이나 관직 등을 주기 위해 시행된 활쏘기 시험을 말한다.

13일(갑술) 아침에 흐렸다. 동헌에 나가서 업무를 보았다.

14일(을해) 맑았다. 동헌에 나가서 업무를 본 뒤에 활[1]을 쏘았다.

1) 원문 '射帿' 중의 '帿'는 활을 쏠 때 표적으로 거는 베(射布)를 말한다. 후(帿)를 쏠 때 사용되는 화살은 끝이 둥글고 뭉툭하게 만들어진 습사용으로 제작된 목전(木箭)이다. 사후(射帿)는 무과의 시험과목 중 하나로서 그 규정과 후(帿)의 종류 및 규격은 『국조오례의』의 「가례의식(嘉禮儀式)」-「무과전시의(武科殿試儀)」에 상세히 정해져 있다. 일기의 원문에 화살의 종류에 대한 별도의 언급이 없는 경우 이 책에서는 '射帿'를 '활을 쏘다'로 번역하였다.

15일(병자) 흐렸으나 비는 내리지 않았다. 새벽에 망궐례[1]를 하였다.

1) 지방의 관아에서 왕에 대한 공경과 충성심을 나타내기 위해 객사에 전패(殿牌)를 차려놓고 예를 올리는 것을 말하며 삭망일(매월 1일과 15일)과 명절 등에 시행되었다. 삭망일에 행하는 절차는 『국조오례의』의 「가례의식(嘉禮儀式)」-「사신급외관삭망요하의(使臣及外官朔望遙賀儀)」에 정해져 있다.

16일(정축) 맑았다. 동헌에 나가서 업무를 보았다. 각 고을의 품관들[1]과 색리들[2]이 와서 만났다. 방답의 병선[3]을 [담당한] 군관과 색리가 병선을 수선하지 않아서 장[4]을 때렸다. 우후[5]도 임시로 [방답진을] 맡고도[6] 점검하여 바로잡지 않아서 이 지경까지 이르렀으니 놀라움을 금할 수 없었다. 자기 한 몸만 살찌우고 이와 같이 [일은] 돌보지 않으니 앞일도 짐작할 수 있겠다. 성 부근에 사는 토병[7] 박몽세가 석수로서 선생원의 철쇄에 [사용할] 돌을 뜨는 곳에 가서 이웃의 개까지 잡아먹었으므로 장 80대를 때렸다.[8]

1) 정1품에서 종9품의 품계를 받은 전직 및 현직 관리를 말한다. 이들은 양반층으로 구성되었으며 수령을 보좌하고 지방 사회에서 세력을 형성하였다.

2) 지방의 행정실무를 담당하던 향리가 해당 업무를 수행할 때의 호칭으로서 육방(六房)이라는 명칭과 마찬가지로 부서명이나 직명으로 쓰였다. 객사색(客舍色), 공물색(貢物色), 노비색(奴婢色), 군적색(軍籍色) 등 색리의 직명은 업무의 종류에 따라 다양하였다.[20]

3) 병선이 가리키는 대상은 조선시대의 시기에 따라 조금씩 차이가 있다. 『선조실록』과 『난중일기』에 보이는 병선은 대체로 전투용 배를 통칭하고 있다. 『선조실록』의 기사[21]에 의하면 『경국대전』의「병전」-「병선(兵船)」에 기록되어 있는 병선인 대맹선(大猛船), 중맹선(中猛船), 소맹선(小猛船)은 을묘왜변 이후로 판옥선(板屋船), 방배선(防排船), 협선(夾船) 등으로 교체되었으며 기존의 건조 수량을 기준으로 건조되었다.

4) 원문 '杖'을 '곤장(棍杖)'으로 번역하는 경우가 많지만 이는 잘못된 것이다. 조선시대에는 『경국대전』의 「형전」에 의거하여 『대명률』에 정의되어 있는 다섯 종류의 형벌이 시행되었는데, 장형(杖刑)은 그중의 하나로서 길이 약 1m, 지름 약 1cm 정도의 굵은 회초리로 볼기를 때리는 형벌이다.[22] 『선조실록』의 기사[23]에서도 장형을 회초리형(鞭笞之罰)으로 서술한 기록을 찾아볼 수 있다. 『경국대전』의 「병전」-「용형(用刑)」에 의하면 왕의 명을 받고 지방에 나가 있는 장수는 장형 이하의 범죄를 직접 처결할 수 있었다.

5) 수군의 우후(虞候)는 수군절도사를 보좌하는 부직(副職)으로서 순시, 군사 훈련, 군기 정비 등의 임무를 맡고 있었다. 당시의 전라좌수영 우후는 이몽구(李夢龜)로서, 그의 자는 서백(瑞伯), 본관은 전의(全義), 생몰년은 1554년~미상이며, 당포해전, 부산포해전, 칠천량해전 등에 참전하였다.[24] 전의 이씨가 아닌 다른 문중에서 그를 자기 가문의 인물이라고 주장하는 경우도 있지만, 그의 이름이 실린 방목이 현전하며 또한 을미일기(1595년) 5월 8일에 방목의 급제 기록이 그의 것임을 입증할 수 있는 내용이 있으므로 이론의 여지는 없을 것 같다.[25]

6) 원문 '虞候假守'는 대개의 번역서가 '우후와 임시 수령'으로 해석하고 있다. 그러나 진포의 임시 담당자는 임시 수령이 아니라 가장(假將)으로 불렸던 점과 방답진이 첨사가 담당했던 거진(巨鎭)으로서 『선조실록』의 기사[26]에 우후가 거진의 가장을 담당했던 예가 보이는 점과 병신일기(1596년) 5월 19일에 우후가 방답진의 가장으로 임명된 사례가 기록된 점으로 보아 원문은 '우후가 임시로 담당하다'로 해석하는 것이 옳다.

7) 토병(土兵)은 자기가 사는 지역에서 복무를 하는 군사로서 대개는 유방(留防) 군사를 가리킨다. 복무를 위하여 다른 지역으로 이동하는 병사는 객병(客兵)이라고 하며 보통 번상(番上) 군사나 별부방(別赴防) 군사가 이에 해당된다.[27]

8) 무거운 형량이 시행된 점으로 보아 절도죄가 적용된 것으로 생각되어 원문 '害'를 '잡아먹다'로 해석하였다. 조선시대에는 절도죄의 형량은 도둑질한 재물의 양이 많을수록 커졌으며 가축 또한 절도의 대상에 포함되었다.[28]

17일(무인) 맑고 한겨울처럼 추웠다. 아침에 순찰사[1]와 남원의 반자[2]에게 편지를 써서 보냈다. 저녁때 철쇄[3]의 [설치에 쓸] 구멍 뚫은 돌을 가져올 일로 4호선[4]을 선생원으로 보냈다. 김효성[5]이 이끌고 갔다.

1) 원문 '巡使'는 순찰사의 준말로서 각 도의 군 업무를 순찰하던 관직이다. 『명종실록』의 기사[29]에 의하면 전라도와 경상도는 을묘왜변을 계기로 변란에 신속히 대응할 수 있는 체계를 갖추기 위하여 관찰사가 순찰사를 겸임하였다. 당시의 전라관찰사는 이광(李洸)으로서, 그의 자는 사무(士武), 본관은 덕수(德水), 생몰년은 1541~1607년이다.[30]

2) 지방 수령에 속한 관원을 가리키는 말로서 판관, 현감, 아전 등을 말한다. 『난중일기』에서 언급된 반자는 대부분 판관을 의미하고 있으므로 이날의 용례도 마찬가지로 생각된다. 『남원읍지』의 「부선생」에 의하면 당시의 남원판관은 노종령(盧從齡)이다.[31]

3) 정박해 있는 병선을 적으로부터 보호하기 위하여 포구에 설치했던 방어시설이다. 『중종실록』의 기사[32]에 설치 방법 및 용법 등이 기록되어 있으며 그 내용으로 보아 중종 때부터 중요한 포구에 철쇄가 본격적으로 설치되기 시작된 것으로 보인다. 기사에 따르면 철쇄는 나무, 돌, 칡동아줄, 철쇄(鐵鎖), 철구(鐵鉤) 등을 이용해서 만들어진 시설물로서, 나무에 칡동아줄로 무거운 돌을 매달아 수면 아래로 한 자쯤 잠기도록 설치함으로써 적선이 함부로 침입하지 못하게 하였다. 이날 일기 전후로 보이는 철쇄의 설치 방법과 부속물이 위 기사의 내용과 유사하므로 일기에서 언급된 철쇄는 중종 때의 것과 큰 차이가 없었을 것이다.

4) 원문 '四船'이 배의 번호와 척 수 중 무엇을 가리키는지 모호하다. 일기의 다른 날짜에 나오는 유사한 용례에 번호로 사용된 경우가 더 많으므로 전자로 번역하였다.[33]

5) 김효성(金孝誠)은 옥포해전, 당포해전 등에 군관으로 참전하였다.[34]

18일(기묘) 맑았다. 동헌에 나가서 업무를 보았다. 여도[1]의 천자선[2]이 돌아갔다. [무술]성적 우수자들에 대한 계문[3]과 대가단자[4]를 봉하여 순영[5]으로 보냈다.

1) 지금의 전남 고흥군 점암면 여호리에 있었다.[35]

2) 원문 '天字'는 배의 번호를 가리키는 자호(字號)이다. 『선조실록』의 기사[36]에 의하면 전선에 자호를 붙이는 것은 공식적으로는 1597년부터 시행되었기 때문에 일기의 자호는 편의를 위하여 현지에서 임의로 붙인 것으로 생각된다.

3) 지방의 수령 등이 왕에게 글로써 아뢰는 것을 말한다. 원문 '啓聞' 중의 '啓'는 계문(啓聞), 장계(狀啓), 선계(善啓) 등과 같은 왕에게 올리는 글이나 말에 사용되던 글자이다. 일기의 계문은 12일에 있었던 활쏘기 시험의 성적 우수자들에 대한 것으로 보이며, 왕에게 보고한 사실로 미루어보아 『경국대전』의 「병전」-「수군당번연재(水軍當番鍊才)」에 의거한 시험이었던 것 같다.

4) 대가(代加)는 현직 관원이 더 이상 올라갈 수 있는 관직이 없을 때 자신에게 더해지는 품계를 친족에게 더해주는 제도이며 대가단자는 이조와 병조에 대가의 유무를 신고하는 문서이다.[37]

5) 순찰사가 있는 진영을 말하며 감영으로도 불렸다. 당시 전라감영은 전주에 있었다.

19일(경진) 맑았다. 동헌에서 업무를 본 뒤에 각 군을 점검하였다.

20일(신사) 맑았으나 바람이 많이 불었다. 동헌에서 업무를 보았다.

21일(임오) 맑았다. 동헌에 나가서 업무를 보았다. 감목관[1]이 와서 숙박을 하였다.

1) 나라의 목장을 감독하던 무관 벼슬로서 그 지방의 수령이 겸임하거나 문관이 담당하는 경우도 있었다. 당시 전라좌수영과 가까운 순천부에는 백야곶(白也串) 목장, 돌산도(突山島) 목장, 묘도(猫島) 목장 등이 있었다.

22일(계미) 맑았다. 아침에 광양현감[1]이 와서 만났다.

1) 원문 '倅'는 고을의 수령을 의미하며 광양의 수령은 종6품 현감(縣監)이었다. 당시의 광양현감은 어영담(魚泳潭)으로서, 그의 자는 경유(景游), 본관은 함종(咸從), 생몰년은 1532~1594년이며, 옥포해전, 당포해전, 한산도대첩,

부산포해전, 제2차 당항포해전 등에 참전하였고, 1594년 4월에 한산도에서 전염병으로 세상을 떠났다.[38]

23일(갑신) 맑았다. 둘째 형님의 제삿날이라 업무를 보지 않았다. 사복시[1)]에서 받아와서 기르던 말을 올려 보냈다.[2)]

1) 왕의 가마와 수레, 목축, 목장 등과 관련한 일을 담당했던 관청이다.
2) 말과 관련한 정책은 병마의 육성과도 관계가 깊기 때문에 조선시대 초기부터 사복시와 병조가 함께 관여하는 경우가 많았다.[39] 『선조실록』의 1587년 기사[40]에 의하면 사복시와 병조에 의해 차출된 감목관이 목장의 일을 전담하였다.

24일(을유) 맑았다. 맏형님의 제삿날이라 업무를 보지 않았다. 순찰사 [이광]의 답장을 보았더니 "고부군수 이숭고[1)]를 유임시켜 달라고 장계를 올린 것 때문에 물론을 당하여[2)] 사임장을 냈다."라고 하였다.

1) 이숭고는 노비의 신공(身貢) 납부가 저조한 문제 때문에 이전 해 12월에 조정에서 파면이 거론되었다.[41]
2) 원문 '重被物論'은 '공론에 의해 많은 비판을 당하다'라는 의미이다.

25일(병술) 맑았다. 동헌에 나가서 업무를 본 뒤에 활을 쏘았다.

26일(정해) 맑았다. 동헌에 나가서 업무를 본 뒤에 흥양[1)]현감[2)] 및 순천부사[3)]와 함께 이야기하였다.

1) 지금의 전남 고흥군 일대이다.[42]
2) 당시의 흥양현감은 배흥립(裵興立)으로서, 그의 자는 백기(伯起), 시호는 효숙(孝肅), 본관은 성산(星山), 생몰년은 1546~1608년이며, 옥포해전, 당포해전, 한산도대첩, 행주대첩, 칠천량해전, 명량해전 등에 참전하였고, 방답첨사 이순신(李純信)과는 후일 사돈이 되는 관계이다.[43]
3) 부사는 도호부사의 준말로서 종3품의 벼슬이다. 당시의 순천부사는 권준(權俊)으로서, 그의 자는 언경(彦卿), 본관은 안동(安東), 생몰년은 1547년~미상이며, 당포해전, 한산도대첩, 부산포해전 등에 참전하였다.[44]

27일(무자) 맑았다. 오후에 광양현감 [어영담]이 왔다.

28일(기축) 맑았다. 동헌에 나가서 업무를 보았다.

29일(경인) 맑았다. 동헌에 나가서 업무를 보았다.

30일(신묘) 흐렸으나 비는 내리지 않았다. 초여름처럼 따뜻하였다. 동헌에 나가서 업무를 본 뒤에 활을 쏘았다.

1일(임진) 새벽에 망궐례를 하였다. 안개비가 잠시 뿌리다가 나중에는 갰다. 선창¹⁾에 나가서 쓸만한 판자를 골랐다. 마침 수장²⁾ 안으로 조어³⁾들이 모였으므로 그물을 펼쳐 2,000여 마리⁴⁾를 잡았다. 참으로 장관이었다. 그대로 전선⁵⁾ 위에 앉아서 술을 마시며 우후 [이몽구]와 함께 새봄의 경치를 감상하였다.

1) 원문 '船艙'은 '배를 대는 부두'를 의미하는 '船艙'과 '해안 근처의 창고'를 의미하는 '船倉' 등과 함께 의미가 혼용되었으며 아래에서 설명하는 굴강(掘江)의 뜻으로 사용되기도 하였다.⁴⁵ 항구에는 부두, 창고, 굴강 등이 대체로 함께 갖추어져 있었기 때문에 음이 동일한 이 용어들이 자연스럽게 혼용되었을 것이다. 『난중일기』에는 '船艙' 및 '船倉'이 여러 차례 보이는데 대체로 부두를 가리키는 의미로 쓰였다. 이날 일기에서 '판자를 골랐다'고 한 점으로 보아 부둣가 창고를 들린 듯하다.

2) 선박의 안전한 정박을 위하여 방파제와 선착장의 역할을 하도록 설치된 굴강(掘江)을 가리킨다.⁴⁶ 지금의 전남 여수시 시전동에 위치한 사적 제392호 여수선소유적(麗水船所遺蹟)에는 굴강의 유적이 남아 있다.

3) 원문 '儵魚'는 피라미를 가리키는 용어이지만 이는 민물고기이므로 바다에서 잡을 수 없다. 정확히 어떤 어종을 가리키는지 알기 어렵다.

4) 원문 '箇'는 『실록』의 용례를 살펴보면 물건뿐만 아니라 가축, 물고기, 사람을 세는 단위로도 사용되었다.⁴⁷ 이외에 물고기를 세는 단위로는 '尾' 또는 '級(두름)' 등이 있었다.

5) 『난중일기』와 『임진장초』에서 언급되고 있는 전선(戰船)은 판옥선(板屋船)을 가리킨다. 판옥선은 명종 때 을묘왜변을 계기로 혁신된 전투선으로서 임진왜란 동안 조선 수군의 주력함으로서 활약하였다. 갑판을 이중으로 제작하여 노를 젓는 격군과 전투를 하는 병사들을 서로 다른 공간에 배치함으로써 배의 구성원으로 하여금 각자의 역할에 충실하도록 하였으며, 선체가 높아서 적이 근접전투를 하기 어려웠고, 조선 수군의 주요전술인 함포사격과 활을 사용할 수 있는 공간이 넓었다.⁴⁸

2일(계사) 맑았다. 동헌에서 업무를 보았다. 철쇄의 설치¹⁾에 [쓸] 큰 돌, 중간 돌 80여 개를 싣고 왔다. 활 10순²⁾을 쏘았다.

1) 원문 '鐵鎖橫設'이란 표현은 철쇄가 포구에 가로질러 설치되는 장애물이기 때문이다. 『중종실록』의 기사⁴⁹에 철쇄 설치가 '橫截藏船浦口'로 묘사된 것과 같은 의미로 이해된다.

2) 한 사람이 화살 5대를 쏘는 것을 1순(巡)이라고 한다. 여러 사람이 돌아가면서 쏘기 때문에 이렇게 표현되었다.

3일(갑오) 맑았다. 새벽에 우후 [이몽구]가 각 진포를 점검¹⁾하기 위하여 배를 타고 나갔다. 업무를 본 뒤에 활을 쏘았다. 제주 사람이 아들딸 도합 6식구를 데리고 도망쳐 나와서²⁾ 금오도[3]에 정박한 것을 방답의 순환선[4]이 붙잡아서 올려 보냈기에[5] [이들의] 진술을 받은[6] 다음 승평[7]으로 보내어 가두고 공문서[8]를 써서 보냈다. 이날 저녁 화대석[9] 4개를 실어 올렸다.

1) 원문 '摘奸'을 '부정사실을 조사하다'로 번역하는 경우가 많다. 그러나 이날의 앞뒤 일기에 부정사실과 관련된 내용이 없으므로 이는 조금 지나친 해석이다. 『실록』에서 '摘奸'의 용례를 살펴보면 '조사' 또는 '검사'의 의미가 강하며 군과 관련한 기록에서는 '점고'나 '검열' 등의 의미로 사용되었다.

2) 조선 중기의 중앙집권 체제의 강화는 육지에서 멀리 떨어진 제주에 여러 정치적, 경제적 모순을 초래하였으며 이는 15~17세기에 많은 제주 유민을 발생시키는 결과를 낳았다. 조선 조정은 유민의 발생을 줄이기 위해 조세 감면, 유민의 환송, 출입 항구의 통제 등 각종 대책 마련에 고심하였으며, 인조 때는 제주 유민을 원천 봉쇄하기 위하여 출륙금지 정책까지 시행하였다.[50] 일기의 내용은 조선 중기 제주 유민의 실태를 보여주는 한 사례이다.

3) 지금의 전남 여수시 남면의 금오도이다.[51]

4) 『광해군일기』의 기사[52]에 의하면 예로부터 남쪽 변방은 수군이 15일을 주기로 번갈아 가면서 섬 지역을 수색하였다.

5) 원문 '上使'는 번역서에 따라 해석이 조금씩 차이가 있다. 그 용례를 『실록』에서 살펴보면 '올려 보내다'라는 의미로 사용된 경우가 많고 또한 일기의 문맥과도 잘 어울리므로 이 의미로 번역하였다.

6) 원문 '捧招'는 '죄인의 진술을 받아서 기록하는 것'을 의미한다.

7) 승평(昇平)은 순천의 옛 지명이다. 순천은 통일신라와 고려 시대에 승평군으로 칭하였으며 또한 조선시대에도 종종 승평이라는 지명이 사용되곤 하였다.

8) 원문 '行移'는 공문서를 사용하여 행정을 실행함을 의미한다.[53]

9) 8일 일기에 나오는 석주화대에 사용될 자재이다.

4일(을미) 맑았다. 동헌에 나가서 업무를 본 뒤에 북봉의 연대[1]를 쌓는 곳으로 올라갔다. 쌓은 곳이 매우 잘되어서 절대로 무너지지 않을 것 같았다. 이봉수가 열심히 일한 것을 알 수 있었다. 종일 [주변 지역을] 살펴보다가[2] 저녁이 되어서야 내려와 해자 구덩이를 둘러보았다.

1) 연대(煙臺)는 비상시 횃불이나 연기를 올리기 위해 축조한 높이 3m 내외의 토축이나 석축 또는 이 둘을 혼합한 인공적인 시설물로서 조선시대 봉수(烽燧) 시설을 구성하는 주요 요소이다.[54] 당시 봉수 시설의 축조나 보수를 누가 담당했는지는 사료에 명확히 보이지 않지만, 『중종실록』의 기사[55]에 관찰사, 절도사, 수사에게 유서를 내려서 봉수의 개설 등을 명한 사례가 있는 점으로 보아 그들에게 책임이 주어졌으리라 생각된다. 『경국대전』의 「병전」-「봉수(烽燧)」에 의하면 지방의 봉수는 각 진영의 장수에게 보고하도록 되어있었다. 지금의 전남 여수시 종고산 정상에는 북봉연대(北峰烟臺)의 터가 남아 있다.

2) 원문 '觀望'은 주로 '구경하다'라는 의미를 갖지만 종고산의 정상은 전라좌수영을 포함한 주변 지역을 살펴보기 좋은 장소이므로 위와 같이 번역하였다.

5일(병신) 맑았다. 동헌에 나가서 업무를 본 뒤에 활 18순을 쏘았다.

6일(정유) 맑았다. 하루 종일 바람이 많이 불었다. 동헌에 나가서 업무를 보았다. 순찰사 [이광]으로부터 편지 2통[1]이 왔다.

1) 원문 '度'는 편지, 문서 등을 세는 단위인 '통', '장'을 의미하며 『실록』에서 그 용례를 쉽게 찾아볼 수 있다.

7일(무술) 맑았으나 바람이 많이 불었다. 동헌에 나가서 업무를 보았다. 발포[1]권관[2]이 도임한다는 공장[3]이 왔다.

1) 지금의 전남 고흥군 도화면 발포리에 있었다.[56]
2) 3월 23일 일기에 발포의 수령이 권관(權管)으로 서술되어 있기 때문에 원문 '鉢浦'를 '발포권관'으로 번역하였다. 발포는 원래 종4품 벼슬인 만호가 통솔하는 곳이다.
   『명종실록』의 기사[57]에 의하면 국방의 강화를 위해 보다 젊고 능력 있는 사람을 관방으로 보낼 필요성이 대두되자 자급(資及)이 부족하더라도 젊은 무신에게 권관이라는 호칭을 주어서 첨사나 만호가 배치되는 곳에 도임시키기도 하였다. 영조 때 공포된 『속대전』에 권관이 종9품으로 등재된 사실 때문에 조선시대 중기의 권관도 비슷한 품계로 파악하는 경우가 많지만 이는 재고되어야 할 사안이다.
3) 원문 '公狀'은 지방의 수령 등이 상급 관리를 만날 때 보내는 문서를 말한다. 새로 도임하는 경우에는 보통 해당 지역의 경계에 이르렀을 때 공장을 보냈다. 정례화되어 있었으므로 공문에 가까운 성격을 가지고 있었다.

8일(기해) 맑았으나 또 바람이 많이 불었다. 동헌에 나가서 업무를 보았다. 이날 거북선에 [쓸] 돛베 29필을 받았다. 12시경이 되어 활을 쏘았다. 조이립과 변존서[1]가 시합을 하였는데 조이립이 이기지 못했다. 우후 [이몽구]가 방답으로부터 돌아와서는 방답첨사 [이순신(李純信)]이 방비에 진력하고 있다고 매우 칭찬하였다. 동헌 뜰에 석주화대[2]를 세웠다.

1) 이순신의 외사촌이다. 변존서(卞存緖)의 자는 흥백(興伯), 본관은 초계(草溪), 생몰년은 1561년~미상이며, 옥포해전과 당포해전 등에 군관으로 참전하였다.[58]
2) 야간의 군사 훈련을 위해 불을 밝히던 용도로 사용되었다고 한다.[59] 현재 전남 여수시 군자동의 진남관 앞에는 석주화대였던 것으로 보이는 돌기둥 2개가 남아 있다.

9일(경자) 맑았다. 새벽에 철쇄를 꿸 긴 나무를 베기 위하여 이원룡에게 군사를 이끌게 하여 두산도[1]로 보냈다.

1) 지금의 전남 여수시 돌산읍의 돌산도이다. 『여산지(廬山志)』의 「산천(山川)」에 따르면 돌산도의 8대 명산 중의 하나가 두산(斗山)이라고 하므로 그 이름이 섬의 지명으로 사용된 듯하다.

10일(신축) 안개비가 내리고 맑았다 흐렸다 하였다. 동헌에 나가서 업무를 보았다. 김인문이 순영으로부터 돌아왔다. 순찰사 [이광]의 편지를 보니 "통역관들이 뇌물을 많이 받고 명나라 조정에 무고하여 군사를 요청하는 일까지 생기게 하였고 이뿐만 아니라 명나라가 우리나라와 일본이 함께 다른 뜻을 품고 있는지 의심하게 하였다고 하니 그 흉악함이 이루 말할 수 없다. 통역관들은 이미 잡아 가두었다."라고 하였다.[1] 놀랍고 통분함을 금치 못했다.

1) 『선조실록』의 이전 해 10월 기사[60]에 의하면 당시 일본이 조선과 함께 명나라를 침범한다는 소문이 퍼졌는데 명나라에서 그 소문을 듣고 명나라 병부가 조선에 그 사실 여부를 물어본 사건이 있었다.

11일(임인) 맑았다. 식사를 한 뒤에 배 위로 나가서 새로 뽑은 [군사들을] 점검하였다.

12일(계묘) 맑고 바람도 고요했다. 식사를 한 뒤에 동헌에 나가서 업무를 보고 해운대로 자리를 옮겨서 활을 쏘았다. 꿩 사냥을 보았는데[1] 아주 조용하였다. 군관들도 모두 일어나서 춤을 추고 조이립은 시를 읊었다. 저녁에 돌아왔다.

1) 원문 '觀沈獵雉'의 의미에 대해서는 '꿩 사냥의 구경에 빠졌다', '침엽치를 구경하였다', '심(沈)이 꿩 사냥을 하는 것을 보았다' 등 여러 가지 해석이 있다. 일기에서 아주 조용하다고 언급한 점과 군관들도 모두 일어나서 춤을 추었다고 한 점으로 미루어보아 사냥보다는 연극과 같은 어떠한 유희를 즐긴 것으로 추측된다.

13일(갑진) 맑았다. [전라]우수사[1]의 군관이 왔으므로 전죽[2] 큰 것과 중간 것 100개, 철 50근을 그편에 보냈다.

1) 당시의 전라우수사는 이억기(李億祺)로서, 그의 자는 경수(景受), 시호는 의민(毅愍), 본관은 전주(全州), 생몰년은 1561~1597년이며, 정종의 10남 덕천군(德泉君)의 고손자이다. 당포해전, 한산도대첩, 부산포해전, 제2차 당항포해전, 칠천량해전 등에 참전하였다.[61]

2) 전죽(箭竹)은 화살대로 사용되던 가는 대나무로서 죽전(竹箭)으로도 불렸으며 화살대를 가리키는 의미도 있었다. 주로 남부지방에서 많이 자라며 군사적 목적 때문에 중요한 임산물로 취급되었다. 『신증동국여지승람』, 『여지도서』, 『대동지지』에는 각 지역마다 죽전의 공물수취 여부가 기록되어 있다.[62]

14일(을사) 맑았다. 아산에 안부를 묻기 위하여 나장[1] 2명을 내보냈다.

1) 지방 관아에서 심부름하는 사령(使令)으로서 본래 아전 계층이었으나 나중에는 천역으로 분류되었다. 군역과 같이 역(役)으로 종사하였으며 『경국대전』과 『대전회통』에 그 직책이 명시되어 있다.

15일(병오) 맑았다. 비바람이 많이 불었다. 동헌에 나가서 업무를 보았다. 새로 쌓은 해자 구덩이[1]가 많이 무너졌기 때문에 석수들에게 벌을 주고 그들로 하여금 다시 쌓도록 하였다.

1) 2월 4일과 3월 4일 일기의 내용으로 보아 원문 '浦坑'은 전라좌수영의 해자로 해석된다.

16일(정미) 맑았다. 동헌에 나가서 업무를 본 뒤에 활 6순을 쏘았다. 교대하는 군사들[1]을 점검하였다.

1) 조선의 수군은 여러 개의 번(番)으로 나뉘어 순서대로 돌아가면서 1개월씩 복무를 하였다. 원문의 '新舊番'은 복무하러 오는 군사인 신번(新番)과 복무를 마치고 돌아가는 군사인 구번(舊番)을 가리킨다. 조선시대 문헌에서는 신번과 구번보다는 주로 번상(番上)과 번하(番下)라는 표현이 사용되었다.[63]

17일(무신) 맑았다. 나라의 제삿날[1]이라 업무를 보지 않았다.

1) 세종의 제삿날이다.

18일(기유) 흐렸다.

19일(경술) 맑았다. 순시를 떠나 백야곶[1]의 감목관이 있는 곳에 이르니 순천부사 [권준]이 그의 동생을 데리고 와서 기다리고 있었고 기생도 왔다. 비가 온 뒤에 산꽃이 활짝 피어나 그 경치의 뛰어남을 말로 표현하기 어려웠다. 저물녘에 이목구미[2]에 이르러 배를 타고 여도로 가니 영주[3]현감 [배흥립]과 여도권관[4]이 나와서 맞았다. 방비 상태를 점검하였다. 흥양현감은 내일 제사가 있어서 먼저 갔다.

1) 지금의 전남 여수시 화양면 일대로서 목장이 있던 곳이다.[64] 이순신의 백야곶 순시는 목장뿐만 아니라 봉수도 염두에 둔 것으로 보인다. 그의 순시 경로는 전라좌수영 경내의 제5거 직봉 봉수가 있던 지역 대부분을 지나가며 특히 백야곶과 마북산 봉수의 경우는 의도적으로 봉수가 위치한 곳 부근을 거쳐가고 있다. 다음의 표는 전라좌수영 경내에 있던 직봉 봉수의 위치이다.[65]

제5거 직봉 봉수	봉수 위치
백야곶봉수	전남 여수시 화양면 장수리 봉화산
마북산봉수	전남 고흥군 포두면 차동리 마복산
돌산도봉수	전남 여수시 돌산읍 둔전리 봉수산
장기산봉수	전남 고흥군 도양읍 용정리 장계산
천등산봉수	전남 고흥군 풍양면 송정리 천등산

2) 지금의 전남 여수시 화양면 이목리이다.[66]

3) 영주(瀛洲)는 흥양의 옛 이름 중 하나이자 별칭이다.

4) 당시의 여도권관은 김인영(金仁英)으로서, 그의 자는 덕부(德夫), 본관은 선산(善山), 생몰년은 1543년~미상이며, 옥포해전, 당포해전, 한산도대첩, 제2차 당항포해전 등에 참전하였다.[67] 종종 여도권관을 황옥천(黃玉千)으로 잘못 서술한 경우가 있지만 황옥천은 5월 3일 일기에 '여도 수군'으로 명기되어 있다.

20일(신해) 맑았다. 아침에 갖가지 방비와 전선을 점검하였더니 모두 새로 만든 것이고 군기도 모두 어느 정도 완비되어 있었다. 늦게 출발하여 영주(홍양)에 이르니 좌우의 산꽃과 들가의 방초가 그림과도 같았다. 옛날에 있었다던 영주[1]도 이런 경치였을까?

1) 신선이 산다는 봉래, 방장, 영주 중의 영주와 홍양의 옛 이름인 영주가 서로 한자가 같기 때문에 이와 같이 비유한 것이다.

21일(임자) 맑았다. 업무를 본 뒤에 주인인 [홍양현감 배홍립]이 자리를 베풀고 활을 쏘았다. 정[1] 조방장[2]도 와서 만나고 [능성현령] 황숙도[3]도 와서 함께 술을 마셨다. 배수립[4]이 나와서 함께 술잔을 나누며 즐기다가 밤이 깊어서야 헤어졌다. 신홍헌으로 하여금 빚은 술을 전날 심부름하던 삼반하인[5]들에게 나누어 마시도록 하였다.

1) 정걸(丁傑)을 가리킨다. 그의 자는 영중(英仲), 본관은 영광(靈光), 생몰년은 1516~1597년이며, 을묘왜변 때 전공을 세웠고, 부산포해전, 행주대첩 등에 참전하였다.[68] 후손을 통하여 그와 아들 및 손자의 고신교지 등이 현전하며 전라남도 유형문화재 제297호 고흥정걸가교지류고문서(高興丁傑家敎旨類古文書)로 지정되어 있다.

2) 조방장(助防將)은 제승방략에 의거하여 중앙에서 지역 방어를 위해 파견된 무장으로서 전시를 위한 관직이다.[69] 『선조실록』의 1588년 기사[70]에 의하면 조선 조정은 하삼도에 왜변이 발생할 우려 때문에 미리 조방장을 배치하도록 조처하였다. 『전라우수영지』의 「선생안」에 의하면 정걸은 1587년 3월부터 1589년 2월까지 전라우수사를 지냈는데 그 이후 고향인 흥양에 물러나 있는 동안 다시 조방장으로 제수된 것이 아닌가 생각된다.

3) 당시의 능성현령은 황승헌(黃承憲)으로서, 숙도(叔度)는 그의 자이며, 본관은 장수(長水), 생몰년은 1540년~미상이다.[71]

4) 배수립(裵秀立)은 배홍립의 무과급제 방목과 『성산배씨족보』에 의하면 그의 동생이다.

5) 삼반관속(三班官屬)이라고도 하며 지방 관아에 속한 관노(官奴), 사령(使令), 아전(衙前) 등을 가리킨다. 원문 '使喚'을 '심부름꾼'으로 번역하는 경우도 있지만 삼반하인이 관아의 하인들을 총칭하는 의미가 있기 때문에 '使喚'을 별개의 명사로 보지 않고 '심부름하던'으로 번역하였다.

22일(계축) 아침에 업무를 본 뒤에 녹도[1]로 갔다. 황숙도(황승헌)도 함께 갔다. 먼저 홍양의 전선소[2]에 들러서 직접 배와 온갖 물품들을 점검한 다음 녹도로 갔다. 새로 쌓은 봉우리 위의 문루로 바로 올라가니 경치의 뛰어남이 경내에서 으뜸이었다. 만호[3]의 정성이 미치지 않은 곳이 없었다. 흥양현감 [배홍립], 능성현령[4] 황숙도 그리고 만호와 취하도록 술을 마셨고 아울러 포를 쏘는 것도 구경하였다. 불을 밝히고도 한참이 지나서야 헤어졌다.

1) 지금의 전남 고흥군 도양읍 봉암리에 있었다.[72]

2) 흥양 고을에도 선소가 존재했었음을 알려주는 대목이다. 지금의 전남 고흥군 도화면 사덕리로 추정하는 견해가 있다.[73]

3) 당시의 녹도만호는 정운(鄭運)으로서, 그의 자는 창진(昌辰), 시호는 충장(忠壯), 본관은 하동(河東), 생몰년은 1543~1592년이며, 옥포해전, 당포해전, 한산도대첩, 부산포해전 등에 참전하였고, 부산포해전에서 총탄에 맞아 전사하였다.[74] 현재 전남 고흥군 도양읍 봉암리에는 1587년 손죽도에서 전사한 전 녹도만호 이대원과 함께

정운을 배향한 고흥쌍충사(高興雙忠祠)가 있다.

4) 일부 번역서가 능성현감으로 서술한 경우도 있지만 『선조실록』의 기사[75]를 통해 당시 능성의 수령이 현령(縣令)임을 확인할 수 있다. 능성은 지금의 전남 화순군 능주면, 도곡면, 도암면, 춘양면, 청풍면, 이양면, 한천면 일대이다.[76]

23일(갑인) 흐렸다. 늦게 배를 출발하여 발포에 이르니 역풍이 많이 불어서 배가 나아갈 수 없었다. 간신히 성 근처[1]에 이르러 배에서 내려 말을 타고 갔다. 비가 많이 내려서 일행이 모두 봄비[2]에 흠뻑 젖었다. 발포에 들어가니 날이 이미 저물었다.

1) 원문 '城頭'의 용례를 『실록』에서 찾아보면 '성 위쪽', '성 앞쪽', '성 근처' 등의 의미가 있다. 바다가 발포진의 남문 가까이에 있었기 때문에 '성 근처'로 번역하였다.

2) 원문 '花雨'는 조선시대 문집에 보이는 '催花雨'의 준말로 짐작된다. 이는 '꽃을 재촉하는 비'라는 뜻으로서 봄비를 문학적으로 표현한 말이다.

24일(을묘) 흐렸다. 가랑비가 온 산에 가득 내려서 지척을 분간할 수 없었다. 비를 무릅쓰고 길을 떠나 마북산[1] 부근 사량[2]에 이르렀다. 배를 타고 노를 재촉하여 사도[3]에 이르니 흥양현감 [배흥립]도 이미 와 있었다. 전선을 점검하고 나니 날이 저물어 그대로 숙박을 하였다.

1) 지금의 전남 고흥군 포두면의 마복산(馬伏山)으로서 현재도 종종 마북산으로 불린다. 직봉 봉수인 마북산봉수가 위치했던 곳이다.

2) 이동 경로 및 지명으로 미루어보아 지금의 전남 고흥군 포두면 남성리의 해안가로 추정된다.

3) 지금의 전남 고흥군 영남면 금사리에 있었다.[77]

25일(병진) 흐렸다. 여러 가지 전쟁 비품이 부족한 것이 많아 군관, 색리에게 벌을 주고, 첨사[1]는 잡아 와서 [문제점을] 가르쳐주고[2] 내보냈다. 방비가 다섯 진포 중에서 최하였지만 순찰사 [이광]이 포상하는 계문을 올렸으므로 죄를 조사할 수가 없어서 우스웠다. 역풍이 많이 불어 배를 출발할 수 없어서 그대로 숙박을 하였다.

1) 당시의 사도첨사는 김완(金浣)으로서, 그의 자는 언수(彦粹), 본관은 경주(慶州), 생몰년은 1546~1607년이며, 옥포해전, 당포해전, 한산도대첩, 제2차 당항포해전, 칠천량해전 등에 참전하였다.[78] 그는 칠천량해전 때 왜군과 싸우다가 포로가 되었으나 이후 탈출해 돌아와서 「용사일록(龍蛇日錄)」이라는 기록을 남겼으며, 「용사일록」은 이후 김완의 후손들이 그를 현창하기 위해 편찬한 『해소실기(海蘇實紀)』라는 문집에 실렸다.

2) 원문 '教授'를 종6품의 문관 벼슬인 교수(教授)로 해석하는 경우가 많다. 그러나 교수의 업무는 향교 등지에서 유학 등의 학문을 가르치는 것으로서 군 업무와는 별다른 관련이 없으며 또한 교수는 대개 부(府), 목(牧) 이상의 관청에만 파견되었다. 『실록』의 기사[79]에서 '教授'의 용례를 살펴보면 '가르쳐주다'라는 의미로 사용된 경우가 보이는데 일기의 용례도 마찬가지로 생각된다.

26일(정사) 이른 아침에 배를 출발하여 개이도[1]에 이르니 여도의 배와 방답의 마중하는 배가 나와서 기다리고 있었다. 날이 저물 녘에 방답에 이르러 공사례[2]를 마친 뒤에 군기를 점검하였더니 장편전은 쓸만한 것이 1부(30개)도 없어서 걱정스러웠으나 전선은 완비되어서[3] 기뻤다.

1) 전남 여수시 화정면 낭도리의 추도(鰍島) 또는 같은 면 개도리의 개도(蓋島)로 보는 견해가 있다. 개도가 지명의 유사성이 있고 『신증동국여지승람』 등의 문헌[80]에도 기록이 보이므로 더 가능성이 높다.

2) 공례와 사례를 함께 가리키는 말이다. 공례는 공적인 자리에서 만나 재배(再拜)를 하는 예이고 사례는 사적인 만남에서 읍(揖)을 하는 예로서, 예의범절을 중요하게 여긴 조선사회의 한 단면을 볼 수 있는 대목이다. 『선조실록』의 기사[81]에 의하면 공사례는 나라의 풍속을 쇄신하기 위해 필요한 예절로 여겨졌으며 조정에서 그 의의와 예법이 논의되곤 하였다.

3) 원문 '差完'은 '이전보다 더 나아졌다'는 의미이다. 1월 16일 일기에 방답의 전선이 수선되지 않았다고 하였는데 그때에 비해 보다 나아졌음을 말한 것이다.

27일(무오) 흐렸다. 아침에 점검을 마친 뒤에 북봉[1]에 올라 형세를 살펴보니 외롭고 위태로이 따로 떨어져 있는 섬이라서 사방으로 적이 들어올 수 있고 성과 해자[2] 또한 아주 허술하여 매우 걱정스러웠다.[3] 첨사 [이순신(李純信)]이 진력을 다했지만 미처 손을 쓰지 못했으니 어찌하는가? 어찌하는가? 늦게 배를 타고 경도[4]에 이르니 여필(이우신), 조이립이 군관, 우후 [이몽구]와 술을 싣고 마중을 나와서 함께 즐기다가 날이 저물 녘에 관아로 돌아왔다.

1) 방답진 북쪽의 천왕산 또는 조금 더 북쪽에 위치한 돌산도봉수가 있던 봉수산으로 짐작된다.

2) 원문 '城池'는 성과 해자를 함께 일컫는 말이다. 해자는 성곽의 방어력 증대를 위해 필수적인 요건이었기 때문에 예로부터 성곽을 '城池'라고 표현하였다.[82]

3) 방답진은 왜구가 다니는 해로에 위치한 군사적 요충지였을 뿐만 아니라 비옥한 토지로 인하여 사람들이 들어와 살게 되면서 방비의 필요성이 높아진 때문에 중종 때 진이 설치되었다.[83]

4) 지금의 전남 여수시 경호동의 대경도와 소경도이다.[84]

28일(기미) 흐렸으나 비는 내리지 않았다. 동헌에 나가서 업무를 본 뒤에 활을 쏘았다.

29일(경신) 맑았으나 바람이 많이 불었다. 동헌에 나가서 업무를 보았다. 순찰사 [이광]의 공문[1]이 왔는데 "중위장을 순천부사 [권준]으로 바꾸었다."[2]라고 하여 답답하였다.

1) 원문 '關'은 공문서식인 평관(平關)을 의미한다(1월 3일 일기의 주해 참조).

2) 『임진장초』의 기록[85]에 의하면 권준은 이순신의 첫 출전인 옥포해전 때는 순찰사의 진영으로 갔다가 그다음 출전인 당포해전 때부터 수군의 중위장으로서 해전에 참전하였다. 따라서 일기의 내용은 순찰사가 권준을 육군의 중위장으로 삼은 것을 말하는 것으로 해석된다.

3월

1일(신유) 망궐례를 하였다. 식사를 한 뒤에 별군과 정병[1]을 점검하고 하번군[2]은 점검하고서 돌려보냈다. 업무를 본 뒤에 활 10순을 쏘았다.

1) 정병(正兵)은 양인 농민으로 이루어진 육군을 가리키며 5위의 하나인 충무위(忠武衛) 또는 지방의 병영이나 진에서 복무하였다.[86] 『대전후속록(大典後續錄)』의 「병전」-「수군(水軍)」은 수군의 정원이 부족할 경우 정병으로 대신 충당할 수 있도록 규정하였다. 별군(別軍)은 정병과 함께 대비되어 서술된 점으로 보아 별시위(別侍衛)나 팽배(彭排)와 같은 다른 병종을 일컫는 것으로 추정되며 정병과 마찬가지로 수군에 충당되었던 것 같다. 『임진장초』의 「견내량파왜병장(見乃梁破倭兵狀)」(1592년 7월 15일)에 기록된 전투 사상자 명단에서도 정병, 별군, 갑사(甲士) 등의 병종을 가진 병사들이 확인된다.

2) 복무를 마치고 돌아가는 군사를 말한다(2월 16일 일기의 주해 및 주석 참조).

2일(임술) 흐리고 바람이 불었다. 나라의 제삿날[1]이라 업무를 보지 않았다. 승군[2] 100명이 돌을 모았다.[3]

1) 중종 비 장경왕후(章敬王后)의 제삿날이다.

2) 『실록』에는 승군이 각종 건축 및 잡역 등에 동원되었던 사실이 기록된 기사가 조선시대 전반에 걸쳐 나타나고 있다. 조선시대의 승려는 비록 군역에서 면제되었지만 승군이라는 이름으로 각종 신역(身役)에 동원되었다.

3) 원문 '拾石'은 『실록』의 기사[87]에서 용례를 살펴보면 건물이나 성벽 등의 축조에 필요한 돌을 모으는 노역을 가리킨다. 4일 일기 내용에 따르면 전라좌수영 성을 높일 목적이다.

3일(계해) 비가 저녁때까지 계속 내렸다. 이날은 명절이었지만 이처럼 비가 내려서 답청을 할 수 없었다.[1] 조이립, 우후 [이몽구], 군관들과 함께 동헌에서 이야기하며 술잔을 나누었다.

1) 음력 3월 3일은 삼짇날 또는 답청절이라고 하며 들에 난 파란 풀을 밟는 풍습이 있었다.

4일(갑자) 맑았다. 아침에 조이립과 이별 자리를 가졌다. 객사 중대청[1]으로 나가서 업무를 본 뒤에 서문의 해자 구덩이와 성을 더 올려 쌓는 곳을 둘러보았다. 승군이 돌을 모은 것이 부실하기에 우두머리 승려에게 장을 때렸다. 아산에 안부를 물으러 [갔던] 나장이 들어와서 어머니께서 평안하시다는 소식을 듣게 되어 매우 다행이었다.

1) 현전하는 조선시대 객사 건물 중에는 정청(政廳)에 지붕이 있는 마루가 붙어 있는 양식도 있는데 그 마루는 위치에 따라 중대청, 동대청, 서대청 등으로 불렸다.

5일(을축) 맑았다. 동헌에 나가서 업무를 보았다. 군관 등이 활을 쏘았다. 저물녘에 서울로 올라갔던 진무가 들어왔는데 좌의정[1]이 편지와 『증손전수방략』[2]이란 책을 보내왔다. 그것을 살펴보니 수륙전, 화공 등을 낱낱이 설명하였는데 참으로 만고의 뛰어난 저술이었다.

1) 『선조실록』의 기사[88]에 의하면 당시의 좌의정은 유성룡(柳成龍)이다. 그의 자는 이견(而見), 호는 서애(西厓), 시호는 문충(文忠), 본관은 풍산(豊山), 생몰년은 1542~1607년이다.[89] 원문 '左台' 중의 '台'는 별의 이름인 삼태성(三台星)에서 따온 말로서 삼정승을 가리키는 별칭이다.
2) 선조가 1591년 여름에 명나라에서 들어온 『전수도(戰守圖)』라는 책을 비변사에 내려준 것을 유성룡이 20여 조목으로 정리한 책이다. 『증손전수방략(增損戰守方略)』은 임진왜란 때 실전되었으며 1594년에 유성룡이 다시 「전수기의십조(戰守機宜十條)」로 정리하였다.[90]

6일(병인) 맑았다. 아침에 식사를 한 뒤에 나가서 업무를 보았다. 군기를 점검해보니 활, 갑옷, 투구, 통아[1], 환도[2] 등이 망가진 물품이 많았고 제대로 갖추지 못한 것도 매우 많았다. 색리, 궁장[3], 감고[4] 등의 죄를 따졌다.

1) 편전을 쏠 때 사용되던 단면이 U형인 나무 대롱이다(1월 1일 일기의 주해 참조). 원문 '筒兒'는 대개 '筒兒'로 표기되었다.
2) 조선시대에는 긴 외날을 가진 단병기를 대부분 환도(環刀)라고 불렀다. 명칭의 유래에 대해서는 여러 가지 견해가 있다.[91]
3) 궁장(弓匠)은 활을 만드는 장인이다. 『경국대전』의 「공전」-「공장(工匠)」은 중앙 및 지방 관청에 속한 장공인을 업종별, 지역별로 상세히 정하고 있다.
4) 감고(監考)는 각 관청에서 물품의 출납 등을 담당하던 관리로서 곡식, 군적(軍籍), 권농(勸農), 양잠(養蠶) 등 물품의 종류에 따라 그 담당자도 달랐다. 감고를 맡은 계층은 아전, 품관 등 상황에 따라 다양하였다.

7일(정묘) 맑았다. 동헌에 나가서 업무를 보고 활을 쏘았다.

8일(무진) 비가 하루 종일 내렸다.

9일(기사) 비가 하루 종일 내렸다. 동헌에 나가서 업무를 보았다.

10일(경오) 맑았으나 바람이 불었다. 동헌에 나가서 업무를 본 뒤에 활을 쏘았다.

11일(신미) 맑았다.

12일(임신) 맑았다. 식사를 한 뒤에 배 위로 나가서 경강선[1]을 점검하였다. 배를 타고 소포로 나갈 때 동풍이 많이 불고 격군²⁾도 없어서 다시 돌아왔다. 곧바로 동헌에 나가서 업무를 보고 활 10순을 쏘았다.

1) 한강 유역에 근거지를 두고 상업 활동이나 조세 운송 등을 하던 상선이다. 서울을 낀 한강 지역은 다른 곳보다 경제적 위치가 높았기 때문에 이곳에 근거지를 둔 경강선은 전국적으로 활발한 상업 활동을 펼쳤다. 또한 관선의 부족과 사선의 침몰이 적은 이유로 인하여 조선시대 초기부터 조세 운송에 경강선을 위주로 하는 사선이 많이 이용되기도 하였다.**92**
『경국대전』의 「병전」-「호선(護船)」에 의하면 수사, 첨사, 만호 등은 해당 경내를 지나는 조세운반선을 병선으로 호송하도록 규정되어 있으며 또한 상선의 경우에는 관할하는 진의 장수가 점검하도록 하였다.
2) 격군(格軍)은 배에서 노 젓는 군사를 말한다.

13일(계유) 아침에 흐렸다. 순찰사 [이광]의 편지가 왔다.

14일(갑술) 큰비가 하루 종일 내렸다. 이른 아침에 순찰사 [이광]을 만나기 위하여 순천으로 갔다. 비가 많이 내려 가는 길을 분간할 수가 없어서 간신히 선생원에 이르러 말을 먹였다. 해농창 평야¹⁾에 이르니 길에 물이 거의 3자 가까이 고여 있어서 어렵게 순천부에 도착하였다. 저녁에 순찰사와 쌓인 이야기를 나누었다.

1) 지금의 전남 순천시 해룡면 일대의 평야이다.**93**

15일(을해) 흐리고 가랑비가 내리다가 늦게 그쳤다. 누대¹⁾ 위에서 활을 쏘았는데 군관 등은 편을 나누어 활을 쏘았다.

1) 조선시대 문헌을 살펴보면 활쏘기는 햇빛과 비를 막아줄 수 있는 누대나 정자 같은 곳에서 주로 행하였으며, 순번을 나누어 앉아서 쉬다가 자기 차례가 오면 활을 쏘았다.

16일(병자) 맑았다. 순천부사 [권준]이 환선정¹⁾에 술자리를 마련하였고 아울러 활도 쏘았다.

1) 지금의 전남 순천시 동외동의 동천 변에 있던 정자로서 당시에는 순천부 동문 밖 가까이에 있었다.**94**

17일(정축) 맑았다. 새벽에 순찰사 [이광]에게 돌아간다고 하고 [길을 떠나] 선생원에 이르러 말을 먹인 뒤에 본영으로 돌아왔다.

18일(무인) 맑았다. 동헌에 나가서 업무를 보았다.

19일(기묘) 맑았다. 동헌에 나가서 업무를 보았다.

20일(경진) 비가 많이 내렸다. 늦게 동헌에 나가서 업무를 보고 각 방의 회계[1]를 보았다. 순천부의 수색[2]이 기한까지 마치지 못했기에 대장[3]과 색리, 도훈도[4] 등과 그 이유를 따졌다.[5] 사도첨사 [김완]도 정해진 기한까지 모이는 일 때문에 공문을 보냈는데 "혼자 수색을 했고 또한 반나절 안에 내외나로도[6]와 대소평두[7]를 수색하고 그날로 진포로 돌아왔다."라고 하였으므로 이는 매우 거짓된 말이다. 이를 추고[8]하기 위하여 흥양현감 [배흥립], 사도첨사 [김완]에게 공문을 보냈다. 몸이 몹시 불편하여 일찍 들어왔다.

1) 각 방은 이호예병형공의 육방을 말한다. 회계는 물품의 출입 수량의 정산 및 관리를 가리키며 그 의미는 현대의 용어와 거의 동일하다.[95]

2) 『실록』의 기사[96]에 의하면 연안 지역을 정기적으로 수색하는 일은 조선 수군의 주요 임무 중 하나이다.

3) 『선조실록』의 기사[97]에 의하면 해안 지역의 수령이 무신이면 직접 수색을 하였고 그렇지 않은 경우에는 따로 대장(代將)을 뽑아서 수색을 하였다.

4) 기존 번역서들 중에는 도훈도(都訓導)를 향교 등지에서 업무를 보던 문관 벼슬인 훈도의 선임자로 잘못 해석하는 경우가 있다. 그러나 『실록』의 기사에서 각 군영에도 명칭은 동일하지만 군 관련 업무에 종사했던 훈도 및 도훈도가 존재했음을 확인할 수 있다. 훈도와 도훈도는 하급 군인이나 병방 소속 아전으로 생각되며 주로 군행정업무 등을 맡았다.[98]

5) 원문 '推論'은 '어떠한 일의 원인 등을 따져서 논의한다'는 의미로서 『실록』에서도 쉽게 그 용례를 확인할 수 있다. 많은 번역서들이 이를 추국, 논죄, 처벌 등으로 서술하고 있지만 원래의 의미보다 지나친 해석이다.

6) 내나로도는 지금의 전남 고흥군 동일면의 내나로도이며, 외나로도는 같은 군 봉래면의 외나로도이다.[99]

7) 지금의 전남 여수시 삼산면 손죽리의 평도와 소평도이다. 『실록』의 기사[100]에 의하면 대평두도와 소평두도는 1587년에 녹도권관 이대원(李大源)이 왜구와 싸우다가 전사한 손죽도(損竹島) 부근에 위치한 섬으로서 왜구가 종종 왕래하던 지역이다.

8) 원문 '推考'는 '~의 경위를 물어서 조사하다'라는 의미로서 주로 잘못을 따지는 경우에 사용되는 용어이다.

21일(신사) 맑았다. 몸이 불편하여 아침 내내 누워서 앓았다. 늦게 동헌에 나가서 업무를 보았다.

22일(임오) 맑았다. 성 북쪽 봉우리 아래에 도랑을 파내기 위하여 우후 [이몽구]와 군관 10명을 나누어 보냈다. 식사를 한 뒤에 동헌에 나가서 업무를 보았다.

23일(계미) 아침에 흐리다가 늦게 맑아졌다. 식사를 한 뒤에 동헌에서 업무를 보았다. 보성에서 판자가 제때에 수납되지 않았으므로 색리로 [하여금] 다시 공문을 보내어 [담당자를] 잡아오도록 하였다. 순천에서 올려 보낸 소국진에게 장 80대를 때렸다. 순찰사 [이광]이 편지를 보내어 "발포권관은 군사를 통솔할 만한 인물이 아니므로 조치하라."라고 하기에 아직은 바꾸지 않고 그대로 두고 방비토록 하겠다고 답장을 보냈다.

24일(갑신) 나라의 제삿날[1]이라 업무를 보지 않았다. 우후 [이몽구]가 수색을 마치고 무사히 돌아왔다. 순찰사 [이광]과 도사[2]의 답장을 [군관] 송희립[3]이 함께 가지고 왔다. 순찰사의 편지 내용 중에 "영남방백[4]이 보낸 편지에 '대마도주의 서계[5]에 「일찍이 배 1척을 내보냈는데 만약 아직 귀국에 도착하지 않았다면 틀림없이 바람에 부서졌을 것이다.」라고 하였다.'고 하니 그 말이 지극히 흉악한 거짓이다. 동래에서 서로 바라보이는 바다이므로 절대로 그럴 리가 없는데도 이처럼 말을 꾸며대니 그 거짓됨을 헤아리기 어렵다."라고 하였다.

1) 세종 비 소헌왕후(昭憲王后)의 제삿날이다.
2) 관찰사의 보좌관 역할을 하던 종5품 벼슬로서 실무와 감찰 등을 담당하고, 관찰사와 함께 수령들의 근무성적을 평가하였으며, 관찰사 유고 시에는 그 직임을 대행하기도 하였다.[101] 당시의 전라도사는 최철견(崔鐵堅)으로서, 그의 자는 응구(應久), 본관은 전주(全州), 생몰년은 1548~1618년이다.[102]
3) 송희립(宋希立)의 자는 신중(信仲), 본관은 여산(礪山), 생몰년은 1553~1623년이며, 옥포해전, 당포해전, 노량해전 등에 참전하였다.[103] 『난중일기』에는 그의 형 송대립과 동생 송정립의 이름도 보인다.
4) 원문 '方伯'은 '한 지방의 가장 높은 사람'이란 뜻으로서 관찰사의 별칭이다. 당시의 경상관찰사는 김수(金睟)로서, 그의 자는 자앙(子昻), 본관은 안동(安東), 생몰년은 1547~1615년이다.[104]
5) 일본과 주고받던 공식 외교문서를 말한다. 막부의 장군과 주고받은 문서는 국서(國書)로, 막부의 관리들이나 대마도주와 주고받은 문서는 서계(書契)로 표기하였다. 당시의 대마도주는 소 요시토시(宗義智)로서 우리나라에는 주로 종의지라는 이름으로 알려져 있다.

25일(을유) 맑았으나 바람이 많이 불었다. 동헌에 나가서 업무를 본 뒤에 활 10순을 쏘았다. 경상병사[1]가 "평산포[2]에 들리지 않고 바로 남해로 간다."라고 하므로 나는 서로 만나보지 못한 것이 아쉽다는 뜻으로 답장을 보냈다. 새로 쌓은 성을 둘러보니 남쪽이 9발쯤 무너져 있었다.

1) 평산포와 남해가 경상우도 지역이므로 경상우병사로 판단된다. 『선조실록』의 기사[105]에 의하면 당시의 경상우병사는 조대곤(曺大坤)이다. 그의 본관은 창녕(昌寧)이며, 1588년에 있었던 여진족 시전부락 토벌 때 이순신과 함께 참전하였다.[106]
2) 지금의 경남 남해군 남면 평산리에 있었다.[107]

26일(병술) 맑았다. 우후 [이몽구]와 송희립이 남해로 갔다. 늦게 동헌에 나가서 업무를 본 뒤에 활 15순을 쏘았다.

27일(정해) 맑고 바람도 없었다. 일찍 식사를 한 뒤에 배를 타고 소포로 가서 철쇄의 설치를 감독하였다. 종일 주목(柱木)을 세우는 것을 보았으며 아울러 거북선에서 포를 쏘는 것도 시험하였다.

28일(무자) 맑았다. 동헌에서 업무를 보았다. 활 10순을 쏘았는데, 5순은 모두 맞고, 2순은 4번 맞고, 3순은 3번 맞았다.

29일(기축) 맑았다. 나라의 제삿날[1]이라 업무를 보지 않았다. 아산에 안부를 물으러 [갔던] 나장이 들어와서 어머니께서 평안하시다는 소식을 듣게 되어 매우 다행이었다

1) 세조 비 정희왕후(貞熹王后)의 제삿날이다. 원래 30일이 제삿날이나 이달이 29일까지밖에 없었으므로 이날이 제삿날이 된다.

4월

1일(경인) 흐렸다. 새벽에 망궐례를 하였다. 업무를 본 뒤에 활 15순을 쏘았다. 별조방을 점검하였다.

2일(신묘) 맑았다. 식사를 한 뒤에 몸이 몹시 불편하였는데 점점 통증이 심해져서 하루 종일 [그리고] 밤새도록 신음하였다.

3일(임진) 맑았다. 기력이 흐트러져 밤새도록 고통스러웠다.

4일(계사) 맑았다. 아침에서야 비로소 [통증이] 조금 가라앉는 듯하였다.

5일(갑오) 맑다가 늦게 가랑비가 내렸다. 동헌에 나가서 업무를 보았다.

6일(을미) 맑았다. 진해루[1]로 나가서 업무를 본 뒤에 군관들에게 활쏘기를 시켰다. 동생 여필(이우신)과 이별 자리를 가졌다.

1) 지금의 전남 여수시 군자동의 진남관 자리에 있었던 건물이라고 한다. 그러나 진남관 자리에 진해루가 있었던 사실을 입증할 수 있는 문헌을 찾기 어려울 뿐만 아니라 객사인 진남관이 기존의 객사 자리가 아닌 진해루 자리에 세워졌다는 논리도 근거가 없는 이상 설득력이 떨어진다.

7일(병신) 맑았다. 나라의 제삿날[1]이라 업무를 보지 않았다. 오전 10시경에 비변사[2]의 비밀 공문이 도착하였는데 영남방백 [김수]와 우병사 [조대곤]의 계문에 의거한 공문이었다.

1) 중종 비 문정왕후(文定王后)의 제삿날이다.
2) 중종 때 변방의 문제에 대비할 목적으로 설립된 임시기구이다. 임진왜란 및 병자호란 등을 극복하는 과정에서 그 기능이 강화되었으며 조선시대 후기에는 상설화되어 사회 및 정치의 변화에 따라 계속 발전하였다. 영조 때 『속대전』에 의해 조직이 법제화되었다.[108]

8일(정유) 흐렸으나 비는 내리지 않았다. 아침에 어머니께 보낼 물건을 봉했다. 늦게 여필(이우신)이 떠나가고 홀로 객창[1]에 앉아 있으니 온갖 생각이 들었다.

1) 원문 '客窓'은 '나그네가 거처하는 곳'을 의미하는 용어로서 주로 조선시대 문집에서 보이는 문학적인 표현이다.

9일(무술) 아침에 흐리다가 늦게 맑아졌다. 동헌에 나가서 업무를 보았다. 방응원의 도임[1]에 관한 일로 공문을 만들어 보냈다.[2] 군관 등이 활을 쏘았다. 광양현감 [어영담]이 수색에 관한 일 때문에 배를 타고 왔다가 어두워질 무렵에 돌아갔다.

1) 원문 '到防'은 '복무지로 가는 것'을 말한다.
2) 원문 '方應元到防公事成貼而送'은 언뜻 보면 '方應元'이 주어처럼 보인다. 그러나 동사를 '成貼而送'과 같이 굳이 상세히 풀어서 서술한 점과 '來' 대신 '送'을 쓴 점으로 보아 이순신이 공문을 만들어 보낸 것으로 해석된다.

10일(기해) 맑았다. 식사를 한 뒤에 동헌에 나가서 업무를 보고 활 10순을 쏘았다.

11일(경자) 아침에 흐리다가 늦게 맑아졌다. 업무를 본 뒤에 활을 쏘았다. 순찰사 [이광]의 편지와 별록(別錄)을 군관 남한이 가지고 왔다. 비로소 베돛을 만들었다.[1]

1) 2월 8일에 받은 거북선에 쓸 돛베로 베돛을 만든 것으로 짐작된다.

12일(신축) 맑았다. 식사를 한 뒤에 배를 타고 거북선의 지자, 현자포[1]를 쏘았다. 순찰사 [이광]의 군관 남한이 살펴보고 갔다. 12시경에 동헌으로 자리를 옮겨서 활 10순을 쏘았다. 관아에 올라갈 때 노대석[2]을 보았다.

1) 조선의 화기류 중 하나인 총통류에 속한 무기들로서 현대의 대포에 해당된다. 명종 때 을묘왜변을 계기로 그 발달과 생산이 비약적으로 이루어졌으며, 그들 중 천지현황의 네 가지 총통은 대형 화기로서 포신의 크기, 화약의 무게, 발사 거리 등이 각각 차이가 있다.[109]
2) 말에 오르내리기 편하도록 만든 디딤돌이다. 문장 내용이 별다른 의미가 없는 점으로 보아 『이충무공전서』 편찬 시에 초고본에 있던 문장의 일부가 생략된 것 같다.

13일(임인) 맑았다. 동헌에 나가서 업무를 본 뒤에 활 15순을 쏘았다.

14일(계묘) 맑았다. 동헌에 나가서 업무를 본 뒤에 활 10순을 쏘았다.

15일(갑진) 맑았다. 나라의 제삿날[1]이라 업무를 보지 않았다. 순찰사 [이광]에게 [보낼] 답장과 별록을 써서 곧바로 역자[2]로 하여금 급히 보냈다. 해 질 무렵에 온 영남우수사[3]의 전통[4]

중에 왜선 90여 척이 나와서 부산 앞 절영도에 정박했다고 하였다. 또한 이와 동시에 수사[5]의 공문도 왔는데 "왜적 350여 척이 이미 부산포 건너편에 도착했다."라고 하였기에 곧바로 계문을 쓰고 아울러 순찰사, [전라]병사 [최원], [전라]우수사 [이억기]에게 공문을 보냈다. 영남방백 [김수]의 공문도 왔는데 이와 같았다.

1) 성종 비 공혜왕후(恭惠王后)의 제삿날이다.
2) 역자(驛子)는 역에서 말의 관리, 문서 운송 등을 담당하였다. 『경국대전』의 「병전」-「역마(驛馬)」에 의하면 긴급한 군사정보의 전달 등에 역마가 이용되었다.
3) 당시의 경상우수사는 원균(元均)이다. 그의 자는 평중(平仲), 본관은 원주(原州), 생몰년은 1540~1597년이다.[110]
4) 원문 '傳通'은 '전달하다', '전달 문서' 등의 의미를 가지며, 공문, 봉화, 구두 등의 제반 수단에 의한 의사 전달을 가리킨다.
5) 경상좌수사 박홍(朴泓)으로 서술한 경우가 많지만 『임진장초』의 「인왜경대변장(因倭警待變狀)」(1592년 4월 15일)에서 경상우수사 원균임을 확인할 수 있다. 『임진장초』와 이날 일기의 내용은 전반적으로 일치하지만 『임진장초』에는 왜선의 척 수가 350여 척이 아닌 150여 척으로 기록되어 있다.

16일(을사) 밤 10시경에 영남우수사 [원균]이 보낸 공문에 "부산 거진[1]이 이미 함락되었다."라고 하여 분함을 참을 수 없었다. 곧바로 계문을 쓰고 3통[2]의 공문을 보냈다.

1) 『경국대전』의 「병전」-「외관직(外官職)」에 의하면 거진(巨鎭)은 첨사나 절제사가 주관하는 진영을 일컫는다.
2) 원문 '道'는 문서를 세는 단위인 '통' 또는 '장'의 의미가 있으며 『선조실록』의 기사[111]에서도 그 용례를 확인할 수 있다. 『임진장초』의 「인왜경대변장(因倭警待變狀)」(1592년 4월 16일)에 관찰사, 병마절도사, 우수사 등에게 상황을 통보했다는 기록이 보이므로 '道'를 지역을 가리키는 용어가 아닌 문서를 세는 단위로 번역하였다.

17일(병오) 궂은비가 내리다가 늦게 맑아졌다. 영남우병사 [조대곤]이 공문을 보냈는데 "왜적이 부산성을 함락한 뒤에 그대로 머물고 물러가지 않는다."라고 하였다. 늦게 활 5순을 쏘았다. 그대로 [계속] 번을 설 수군들과 새로 들어온 수군들이 잇달아 복무지로 갔다.

18일(정미) 아침에 흐렸다. 이른 아침에 동헌에 나가서 업무를 보았다. 순찰사 [이광]의 공문이 왔는데 "발포권관이 이미 그만두었으므로[1] 가장[2]을 정해서 보내라."라고 하기에 그날로 나대용[3]으로 정하여 보냈다. 오후 2시경에 영남우수사 [원균]의 공문이 왔는데 "동래 또한 함락되었고 양산과 울산의 두 수령[4]도 조방장으로서 성에 들어갔으나 모두 패하였다."라고 하여 그 분함을 이루 말할 수가 없었다. "[경상좌]병사, [경상좌]수사가 군사를 이끌고 동래 뒤쪽에 이르렀다가 이내 회군했다."라고 하여 더욱 통탄스러웠다.[5] 저녁에 군사를 이끄는 순천의 병방이 석보창[6]에 머물러 있으면서 [군사를] 보내지 않았기에 잡아다 가두었다.

1) 원문 '汰去'의 용례를 『실록』에서 찾아보면 '자리에 적절하지 못한 사람을 처벌이나 불이익 없이 내보내다'라는 의미로서 '도태'와 그 뜻이 유사하다.

2) 가장(假將)은 임시로 진을 통솔하는 장수를 말한다.

3) 나대용(羅大用)의 자는 시망(時望), 본관은 금성(錦城), 생몰년은 1556~1612년이며, 1591년부터 전선 제조를 담당하는 군관이 되어 판옥선 및 거북선의 생산과 개발에 공헌을 하였고, 옥포해전, 당포해전 등에 참전하였다.[112]

4) 당시의 양산군수는 조영규(趙英圭)이며 울산군수는 이언함(李彦誠)이다. 조영규는 동래성이 함락될 때 동래부사 송상현과 함께 전사하였으며, 이언함은 포로가 되었으나 왜군이 조선 조정에 전달할 서계를 주고 풀어주었다.[113] 조영규의 자는 옥첨(玉瞻), 본관은 직산(稷山)이며, 생몰년은 1535~1592년이다.[114]

5) 당시의 경상좌병사는 이각(李珏)이고 경상좌수사는 박홍(朴泓)이다. 이각은 동래성으로 달려왔다가 부산성 함락 소식을 듣고는 본진으로 도망쳤으며, 이후 임진강 부근에 나타나자 조정에서 선전관을 보내어 처형하였다.[115] 박홍 또한 양식과 기계를 불태우고 곧바로 달아났다.[116]

6) 지금의 전남 여수시 여천동에 있는 사적 제523호 여수석보(麗水石堡)이다.[117]

19일(무신) 맑았다. 아침에 품방[1]을 파낼 일로 군관을 정하여 보냈다. 일찍 식사를 한 뒤에 동문 위로 나가서 직접 품방 작업을 감독하였다. 오후에 격대[2]를 올리는 것을 둘러보았다. 이날 새로 들어온 군사 700명이 점검을 받고 일을 하였다.

1) 품방(品防)은 '品'자 형태로 땅을 파서 만든 함정인 품갱(品坑)을 가리킨다.[118]

2) 『선조실록』의 기사[119]에 의하면 성 위에 쌓아 올린 낮은 담장인 성가퀴 위에 설치된 구조물로서 성 바깥쪽으로 내밀도록 만들고 구멍을 뚫어서 포를 쓸 수 있도록 하였다. 원문 '上隔臺' 중의 '上'을 '올리다'로 해석한 이유는 『난중일기』 중에 이러한 용례[120]가 있고 또한 문장의 의미상으로도 자연스럽기 때문이다.

20일(기유) 맑았다. 동헌에 나가서 업무를 보았다. 영남방백 [김수]가 보낸 공문[1]에 "큰 적이 몰아치니 그 예봉을 대적할 자가 없고 승세를 타고 달리는 모양이 마치 무인지경에 들어온 것 같다."라고 하였고 "[전라도의] 전함을 정비하여 지원하러 오는 일을 [조정에] 요청하는 계문을 올렸다."라고 하였다.

1) 『임진장초』의 「부원경상도장(赴援慶尙道狀)」(1592년 4월 27일)에 이 공문의 내용이 보다 자세히 실려 있다. 기존 번역서들 중에는 '경상관찰사가 이순신에게 직접 구원을 요청했다'거나 '경상관찰사가 이순신에게 조정에 장계를 올려달라고 요청했다'와 같은 식으로 해석한 경우가 있지만 이는 본래의 의미와 차이가 있다.

21일(경술) 맑았다. 성 위에 군사를 배치할 일로 활터[1]에 앉아서 명령을 내렸다. 오후에 순천부사 [권준]이 달려와서 약속에 [대하여] 듣고 갔다.

1) 『중종실록』의 기사[121]에 활터를 '射候基'로 표기한 사례가 있으므로 원문 '帿基'를 '활터'로 번역하였다.

22일(신해) 새벽에 정찰, 점검할 일로 군관을 보냈다. 배응록[1]은 절갑도로 가고 송일성은 금오도로 갔다. 또한 이경복, 송한련[2], 김인문 등으로 하여금 두산도에서 적대[3]에 [쓸] 나무를 실어 내릴 일로 각각 군사 50명씩 이끌도록 해서 보내고 나머지 군사들은 품방에서 일을 하였다.

1) 배응록(裵應祿)은 옥포해전, 당포해전, 한산도대첩 등에 군관 등으로 참전하였다.[122]

2) 송한련(宋漢連)의 본관은 여산(礪山)이며, 옥포해전 등에 군관으로 참전하였다.[123]

3) 성을 공격하는 적을 효율적으로 방어하기 위하여 성벽이 돌출되도록 쌓은 것을 치(雉) 또는 적대(敵臺)라고 하며 치 위에 간단한 형태의 건조물을 설치한 것 또한 적대로 불렸다.[124]

5월

1일(경신) 수군이 모두 앞바다에 모였다. 이날은 흐렸으나 비는 내리지 않았고 남풍이 많이 불었다. 진해루에서 방답첨사 [이순신], 홍양현감 [배홍립], 녹도만호 [정운]을 불렀는데 모두 분격하여 제 한 몸을 잊었으니 의사들이라 할 수 있겠다.

2일(신유) 맑았다. 겸삼도순변사[1]의 공문과 우수사 [이억기][2]의 공문이 왔다. 송한련이 남해로부터 돌아와서 말하기를 "남해현령[3], 미조항[4]첨사[5], 상주포[6], 곡포[7], 평산포[8] 등이 한번 소식을 듣고는 바로 달아났고 그 군기 등의 물건은 다 흩어지게 하여 남은 것이 없었다." 라고 하여 매우 놀라웠다. 12시경에 배를 타고 바다로 나가서 진을 치고 여러 장수들과 약속을 하니 모두 기꺼이 출전할 뜻을 가졌지만 낙안군수[9]만은 피하려는 뜻을 가진 듯하여 한탄스러웠다. 그러나 군법이 있으니 비록 물러나 피하려고 해도 그것이 되겠는가? 저녁에 방답의 첩입선[10] 3척이 돌아와서 앞바다에 정박하였다. 비변사에서 3장의 [문서]가 왔다. 창평[11]현령[12]이 도임한다는 공장을 올려보냈다. [이날] 저녁의 군호는 '용호', 복병은 '산수'였다.

1) 대개의 번역서들이 이일(李鎰)로 서술하고 있지만, 『선조실록』, 『선조수정실록』, 『임진장초』의 기록[125]에 당시 이일의 관직은 순변사(巡邊使) 또는 경상도순변사(慶尙道巡邊使)로, 신립(申砬)의 관직은 도순변사(都巡邊使) 또는 삼도순변사(三道巡邊使)로 나타나고 있으므로 신립으로 보는 것이 옳다. 원문 '兼三道巡邊使(겸삼도순변사)'를 오기로 보는 견해도 있지만 조선시대에 신립 이외에는 거의 제수된 적이 없었던 이 특별한 관직을 오기했을 가능성은 별로 없어 보인다. 당시의 정황으로 보아 신립이 삼도순변사로 임명되어 충주로 내려가면서 관련 장수들에게 공문을 보낸 것으로 생각된다.
　　신립의 자는 입지(立之), 시호는 충장(忠壯), 본관은 평산(平山), 생몰년은 1546~1592년이며, 1583년 온성부사로 있을 때 북방을 어지럽히던 여진족을 여러 차례 소탕하여 명성을 날렸고, 임진왜란 때 충주 탄금대에서 전사하였다.[126]

2) 경상우수사 원균으로 서술한 경우가 많지만 원문에 해당 지명이 명기되어 있지 않으므로 이순신과 같은 도에 속한 전라우수사 이억기로 판단된다.

3) 당시의 남해현령은 기효근(奇孝謹)으로서, 그의 자는 숙흠(叔欽), 본관은 행주(幸州), 생몰년은 1542~1597년이며, 옥포해전, 당포해전, 한산도대첩, 제2차 당항포해전 등에 참전하였다.[127]

4) 지금의 경남 남해군 미조면 미조리에 있었다.[128]

5) 당시의 미조항첨사는 김승룡(金勝龍)으로서, 옥포해전, 한산도대첩, 제2차 당항포해전 등에 참전하였다.[129]

6) 지금의 경남 남해군 상주면 상주리에 있었다.[130]

7) 지금의 경남 남해군 이동면 화계리에 있었다.[131]

8) 당시의 평산포의 장수는 권관 김축(金軸)으로서, 옥포해전, 제2차 당항포해전 등에 참전하였다.[132]

9) 당시의 낙안군수는 신호(申浩)로서, 그의 자는 언원(彦源), 시호는 무장(武壯), 본관은 평산(平山), 생몰년은 1539~1597년이며, 옥포해전, 당포해전, 한산도대첩, 부산포해전 등에 참전하였다. 1595년에는 수군의 조방장으로서 복무하였으며, 정유재란 때 남원 교룡산성(蛟龍山城)의 수어장(守禦將)으로서 남원성 전투에 참전하였다가 성이 함락될 때 전사하였다.[133] 이날의 이순신의 걱정은 기우에 지나지 않았다.

10) 원문 '疊入船' 중의 '疊入'은, 적의 침입에 대비하여 안전과 수비를 강화할 목적으로 백성이나 군사들을 보다 규모가 큰 고을이나 진영으로 이동시키는 것을 말한다.[134]

11) 지금의 전남 담양군 수북면, 고서면, 남면, 창평면 일대이다.[135]

12) 『창평군읍지』의 「읍선생」에 의하면 당시에 도임한 창평현령은 윤열(尹說)이다.[136]

3일(임술) 가랑비가 아침 내내 내렸다. 경상우수사 [원균]의 답장이 새벽에 돌아왔다. 오후에 광양현감 [어영담]과 흥양현감 [배흥립]을 불러와서 함께 이야기하다가 모두 분노를 터뜨렸다. 본도의 우수사 [이억기]가 수군을 이끌고 오기로 약속을 하였었는데, 방답의 판옥선이 첩입군을 싣고 오는 것을 우수사가 오는 것으로 알고 기뻐하였으나 군관을 보내어 물어보니 방답의 배였다. 놀라움을 금치 못했다. 얼마 있다가 녹도만호 [정운]이 뵙자고 청하기에 불러서 [이유를] 물어보니 "우수사는 오지 않고 적세는 점점 경기도로 가까워지므로 통분함을 참을 수 없다. 만약 기회를 놓치면 후회해도 소용이 없다."라고 하였다. 이 때문에 바로 중위장[1]을 불러서 내일 새벽에 떠나기로 약속하고 즉시 계문[2]을 써서 내보냈다. 이날 여도의 수군 황옥천[3]이 왜적의 소문을 듣고 자기 집으로 도망갔으므로 잡아 와서 머리를 베어 효시하였다.

1) 『임진장초』의 「부원경상도장(赴援慶尙道狀)」(1592년 4월 30일)에 의하면 방답첨사 이순신(李純信)이 출전 직전에 중위장이 되었다.

2) 『임진장초』의 「부원경상도장(赴援慶尙道狀)」(1592년 5월 4일)이다.

3) 노산 이은상은 『이충무공전서』 번역 시에 황옥천을 여도권관이라고 잘못 설명하였다.

4일(계해) 맑았다. 날이 밝아올 무렵 배를 출발하여 곧장 미조항 앞바다로 가서 다시 약속을 하였다. 우척후장 [사도첨사 김완], 우부장 [보성군수 김득광], 중부장 [광양현감 어영담], 후부장 [녹도만호 정운] 등은 오른편으로 들어가 개이도를 수색을 하고, 그 나머지 대장선은 함께 평산포, 곡포, 상주포, 미조항을 지나갔다.[1]

1) 장수들의 이름과 편제는 『임진장초』의 「부원경상도장(赴援慶尙道狀)」(1592년 4월 30일)에 기록되어 있다. 척후장(斥候將)과 부장(部將) 등은 오위진법(五衛陣法)과 제승방략(制勝方略)의 분군법(分軍法)에 의한 전술 편제이다.[137]

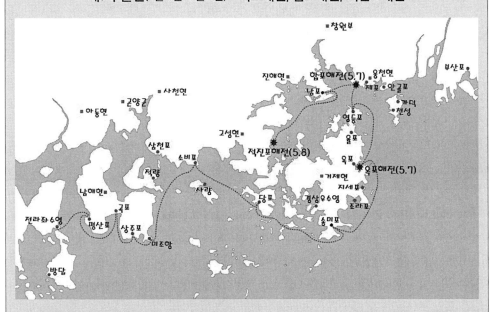

제1차 출전(5월 4일~5월 9일) - 옥포해전, 합포해전, 적진포해전

◈ 시기 및 출전 경로

- 5월 4일: 전라좌수영 출발 → 남해현 일대 수색 → 소비포 정박
- 5월 5일: 소비포 출발 → 당포 도착 → 경상우수영 전선 1척 합류 → 당포 정박
- 5월 6일: 경상우수영 전선 2척 합류 → 당포 출발 → 송미포 정박
- 5월 7일: 송미포 출발 → 옥포해전 → 영등포 정박 → 합포해전 → 남포 정박
- 5월 8일: 남포 출발 → 고리량 수색 → 적진포해전 → 선조 몽진 소식 → 적진포 출발
- 5월 9일: 전라좌수영 도착

◈ 해전지 및 출전 경로 관련 지명

- 송미포: 경남 거제시 남부면 다대리로 보는 견해가 있다.[138]
- 합포: 경남 창원시 마산합포구 산호동에 있었다. 안방준의 『은봉전서』의 「부산기사」에 의하면 합포해전은 웅천의 원포(院浦) 앞바다에서 벌어졌다.[139]
- 남포: 경남 창원시 마산합포구 구산면 난포리의 난포이다.
- 고리량: 경남 창원시 마산합포구 진동면 요장리 부근의 해협으로 추정된다.[140]
- 적진포: 경남 통영시 광도면에 있었다. 안방준의 『은봉전서』의 「부산기사」에 의하면 적진포해전이 벌어진 장소는 고성의 추원적정포(秋原赤亭浦)이다.[141]

◈ 참전 규모

- 전라좌수영: 판옥선 24척, 협선 15척, 포작선 46척
- 경상우수영: 판옥선 4척, 협선 2척

◈ 해전 결과

- 옥포해전: 대선 13척, 중선 6척, 소선 2척, 경상우수영 5척(총 26척)

- 합포해전: 대선 4척, 소선 1척
- 적진포해전: 대선 9척, 중선 2척, 기타 2척

◆ 참전 장수

- 전라좌수영

전라좌수사		이순신(李舜臣)			
중위장	방답첨사	이순신(李純信)	전부장	흥양현감	배흥립(裵興立)
중부장	광양현감	어영담(魚泳潭)	후부장	녹도만호	정 운(鄭 運)
좌부장	낙안군수	신 호(申 浩)	우부장	보성군수	김득광(金得光)
좌척후장	여도권관	김인영(金仁英)	우척후장	사도첨사	김 완(金 浣)
유군장	발포가장	나대용(羅大用)	한후장	영군관	최대성(崔大晟)
참퇴장	영군관	배응록(裵應祿)	돌격장	영군관	이언량(李彦良)
좌부기전통장	순천대장	유 섭(兪 爕)	우부기전통장	진군관	이 춘(李 春)
대솔군관	훈련봉사	변존서(卞存緖)	대솔군관	전 봉사	김효성(金孝誠)
대솔군관	전 봉사	송희립(宋希立)	대솔군관	전 봉사	이 설(李 渫)
중부 소속	전 첨사	이응화(李應華)	좌부통장	급제	박영남(朴永男)
좌부 소속	보인	김봉수(金鳳壽)	후부통장	전 봉사	주몽룡(朱夢龍)
군관	정로위	이봉수(李鳳壽)	군관	별시위	송한련(宋漢連)

- 경상우수영

경상우수사		원 균(元 均)	
남해현령	기효근(奇孝謹)	미조항첨사	김승룡(金勝龍)
영등포만호	우치적(禹致績)	옥포만호	이운룡(李雲龍)
지세포만호	한백록(韓百祿)	사량만호	이여념(李汝恬)
평산포권관	김 축(金 軸)	소비포권관	이영남(李英男)

※ 위 내용은 『임진장초』의 「옥포파왜병장」(1592년 5월 10일)에 의해 구성하였다.

29일(무자) 맑았다. [전라]우수사 [이억기]가 오지 않으므로 혼자 여러 장수들을 이끌고 새벽에 출발하여 곧장 노량¹⁾에 이르니 경상우수사 [원균]이 약속한 곳으로 와서 모여 그와 서로 의논하였다. 왜적이 정박한 곳을 물었더니 "적의 무리는 지금 사천²⁾ 선창³⁾에 있다."라고 하기에 바로 그곳으로 갔더니 왜인들이 이미 육지에 내려서 봉우리 위에 진을 치고 그 배들은 봉우리 아래에 줄지어 정박하였는데 빠르고 굳게 항전하였다. 나는 여러 장수들을 독려⁴⁾하여 한꺼번에 돌진하며 화살을 빗발치듯 쏘아대고 각종 총통을 바람과 우레처럼 어지럽게 퍼부으니 적의 무리가 두려워하며 물러났다. 화살을 맞은 자가 몇 백 명인지 알 수 없었고 왜적의 머리도 많이 베었다. 군관 나대용이 탄환을 맞았고 나도 왼쪽 어깨 위에 탄환을 맞아 등으로 뚫고 나갔지만 중상에 이르지는 않았다. 사부와 격군⁵⁾ 중에도 탄환을 맞은 자가 많았다. [적선] 13척을 불태우고 물러 나왔다.

1) 지금의 경남 하동군 금남면 노량리와 경남 남해군 설천면 노량리 사이의 해협을 가리킨다.**142**

2) 지금의 경남 사천시 사천읍, 사남면, 정동면, 용현면 일대이다.**143**

3) 지금의 경남 사천시 용현면 선진리에 있었던 것으로 비정되고 있다.**144** 현재 이곳에는 경상남도 문화재자료 제 247호 사천선진리왜성(泗川船津里倭城)이 있다.

4) 원문 '督令'의 용례를 『선조실록』에서 찾아보면 '명령으로써 독촉한다'는 의미이다.

5) 원문 '射格'은 활 쏘는 군사인 사부(射夫)와 노 젓는 군사인 격군(格軍)을 가리킨다.

1일(기축) 맑았다. 사량¹⁾ 뒷바다에서 진을 치고 밤을 보냈다.

1) 지금의 경남 통영시 사량면 금평리에 있었다.¹⁴⁵

2일(경인) 맑았다. 아침에 출발하여 곧장 당진¹⁾ 앞 선창에 이르니 왜선 20여 척이 줄지어 정박해 있었다. 둘러싸고 전투를 하였는데 대선 1척은 크기가 우리나라의 판옥선만 하였다. 배 위의 장루(粧樓)는 높이가 2장쯤 되었고 누각 위에는 왜장이 우뚝 앉아서 움직이지 않았다. 편전과 대승자, 중승자총통²⁾으로 빗발치듯 어지럽게 쏘아대니 왜장이 화살에 맞아서 떨어졌고 모든 왜적들이 놀라 한꺼번에 흩어졌다. 모든 장수와 군사들이 한꺼번에 집중사격³⁾을 하니 화살에 맞아 쓰러지는 자가 부지기수였고 모두 섬멸하여 남은 적이 없었다. 얼마 있다가 왜군의 대선 20여 척이 부산으로부터 줄지어 들어오다가 멀리서 우리 군사들을 보고는 달아나 개도로 들어갔다.

1) 원문 '唐津'은 '唐浦'의 오기이다. 당포는 지금의 경남 통영시 산양읍 삼덕리에 있었다.¹⁴⁶

2) 승자총통은 주로 육상에서 사용되었던 장전과 휴대가 간편한 무기로서 지금의 소총에 가까운 화기이다. 현재 여러 종류의 승자총통 유물이 전해지고 있으며 『신기비결(神器秘訣)』, 『화포식언해(火砲式諺解)』 등에서 관련 기록을 찾을 수 있다.¹⁴⁷

3) 원문 '攢射'를 '모여서 쏘다'로 해석한 경우가 많지만 이는 올바른 의미가 아니다. 이익의 『성호사설』에 의하면 '攢射'는 '집중사격'이란 뜻을 가진 전술적 용어이다.¹⁴⁸

3일(신묘) 맑았다. 아침에 다시 여러 장수들을 격려하여 개도¹⁾를 협공하니 [왜적들이] 이미 달아나 사방에 남은 무리가 없었다. 고성 등지로 가보고 싶었으나 병력이 외롭고 약하므로 울분을 느끼며 머물러 숙박을 하였다.²⁾

1) 『임진장초』의 「당포파왜병장(唐浦破倭兵狀)」(1592년 6월 14일)에는 이날 '추도(楸島)'를 향하여 출발하여 근처의 섬들을 협공 및 수색했다.'고 기록되어 있다. 따라서 개도(介島)는 추도를 포함한 그 일대의 섬들을 일컫는 것으로 생각된다. 추도는 지금의 경남 통영시 산양읍 추도리의 추도이다.

2) 이 문장 뒤의 원문 '水使領…翌宿于'는, 초고본을 살펴보면 그 내용의 일부가 삭제 표시가 되어있고 대부분의 내용이 다음 날의 일기와 중복되기 때문에 일기를 교정하다가 그만둔 것으로 보인다. 따라서 이 부분은 번역을 하지 않았다.

4일(임진) 맑았다. [전라]우수사 [이억기가] 오기를 간절히 바라면서 배회하며 기다렸다. 낮 12시경에 우수사가 여러 장수들을 이끌고 돛을 펴고 왔다. 온 진영의 장병들이 기뻐하지 않는 자가 없었다. 군사를 합치며 굳게 약속하고 착포량[1]에서 숙박을 하였다.

1) 착량이라고도 하며 지금의 경남 통영시 당동과 미수동 사이의 해협이다.[149]

5일(계사) 아침에 출발하여 고성 당항포[1]에 이르니 왜군의 대선 1척이 판옥선만 하였는데 배 위의 누각이 높았고 장수라고 할 만한 자가 그 위에 앉아 있었다. 중선 12척과 소선 20척 을 한꺼번에 쳐부수었고 화살을 빗발치듯 쏘아대어 화살에 맞은 자가 부지기수였다. 머리 를 벤 왜장이 모두 7급이었고 나머지 왜군은 육지로 내려가 달아났지만 그 수는 매우 적었 다. 군사의 기세가 크게 떨쳤다.[1]

1) 지금의 경남 고성군 회화면 당항리의 당항포이다.[150]
2) 원문 '軍聲大振'은 『실록』의 용례를 살펴보면 '군사의 성세나 사기 등이 크게 진작되다'라는 의미이다.

6일(갑오) 맑았다. 적선을 탐색하고 같은 곳에서 숙박을 하였다.

7일(을미) 맑았다. 아침에 출발하여 영등포[1] 앞바다에 이르러 적선이 율포[2]에 있다는 말을 듣고 복병선으로 하여금 그곳에 가보도록 하였더니 적선 5척이 우리 군사를 먼저 알아채 고 남쪽의 넓은 바다로 달아났다. 여러 배들이 한꺼번에 쫓아가서 사도첨사 김완이 1척을 잡았고, 우후 [이몽구가] 1척을 잡았으며, 녹도만호 정운이 1척을 잡았다. 왜적의 머리는 모 두 36급이었다.

1) 지금의 경남 거제시 장목면 구영리에 있었다.[151]
2) 지금의 경남 거제시 장목면 율천리에 있었다.[152]

8일(병신) 맑았다. [전라]우수사 [이억기와] 함께 의논하면서 바다에 머물러 정박하였다.

9일(정유) 맑았다. 곧장 천성[1]과 가덕[2]에 이르니 1척의 적선도 없었다. 두세 차례 수색해 보 고는 군사를 돌려 당포로 돌아와서 밤을 보냈다. 동이 트기 전에 배를 출발하여 미조항 앞 바다에 이르러 우수사 [이억기와] 이야기하고 헤어지니 곧[3]

1) 지금의 부산 강서구 천성동에 있었다.[153]
2) 지금의 부산 강서구 성북동에 있었다.[154]

3) 원문 '則乃'는 완전한 문장이 아니다. 초고본을 살펴보면 다음 날 일기가 비록 줄이 바뀌어 기록되어 있지만 그 내용 '初十日也' 안에 '也'가 있으므로 이날 일기와 내용이 서로 이어지는 것으로 판단된다. 즉 '則乃初十日也'라는 하나의 연속된 문장으로 해석될 수 있으며 그 의미는 '…이야기하고 헤어지니 곧 [이날이] 초십일이었다.'가 되겠다.

10일(무술) 맑았다.

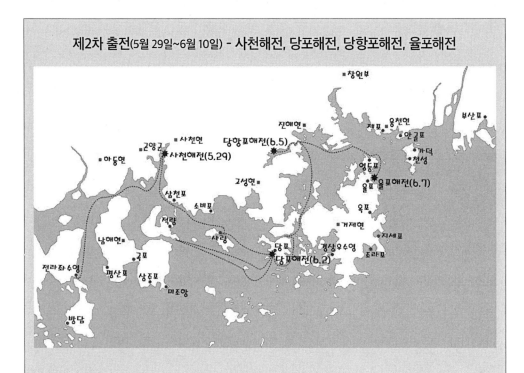

◈ 시기 및 출전 경로
- 5월 29일: 전라좌수영 출발 → 노량 도착 → 경상우수영 전선 합류 → 사천해전 → 사천 모자랑포 정박
- 6월 1일: 모자랑포 정오 출발 → 사량 정박
- 6월 2일: 사량 출발 → 당포해전 → 진주 창신도 정박
- 6월 3일: 창신도 새벽 출발 → 추도 부근 수색 → 고성 고둔포 정박
- 6월 4일: 고둔포 출발 → 당포 도착 → 전라우수영 수군 합류 → 착량 정박
- 6월 5일: 착량 출발 → 당항포구 도착 → 당항포해전 → 당항포구 정박
- 6월 6일: 당항포구에서 왜적 패잔병 소탕 → 고성 맛을우장 정박
- 6월 7일: 맛을우장 출발 → 웅천 증도 도착 → 영등포 앞바다 도착 → 율포해전 → 몰운대 도착 → 부근 수색 → 거제 온천량 송진포 정박
- 6월 8일: 송진포 출발 → 증도 앞바다 도착 → 송진포 정박
- 6월 9일: 송진포 출발 → 웅천 앞바다 도착 → 당포 정박
- 6월 10일: 당포 출발 → 미조항진 도착 → 전라좌수영 도착

◆ 해전지 및 출전 경로 관련 지명

- 모자랑포: 경남 사천시 용현면 주문리나 같은 시 노룡동으로 보는 견해 등이 있다.[155]
- 창신도: 경남 남해군 창선면의 창선도이다.
- 고둔포: 경남 통영시 산양읍 풍화리로 보는 견해가 있다.[156]
- 증도: 경남 창원시 마산합포구 구산면 심리의 실리도이다.[157]
- 송진포: 경남 거제시 장목면 송진포리에 있었다.[158]

◆ 참전 규모

- 전라좌수영: 판옥선 23척[159], 거북선 1~2척[160](협선 20여 척 참전 추정[161])
- 전라우수영: 판옥선 25척(협선 20여 척 참전 추정[161])
- 경상우수영: 판옥선 3척[159]

◆ 해전 결과

- 사천해전: 대선 12척, 기타 1척(이외에 소선 2척을 다음 날 추가 분멸)
- 당포해전: 대선 9척, 중선 및 소선 12척
- 당항포해전: 대선 9척, 중선 4척, 소선 13척(이외에 외양에서 대선 2척을 추가 분멸)
- 율포해전: 대선 5척, 중선 2척

◆ 참전 장수

- 전라좌수영

전라좌수사		이순신(李舜臣)			
중위장	순천부사	권 준(權 俊)	전부장	방답첨사	이순신(李純信)
중부장	광양현감	어영담(魚泳潭)	후부장	흥양현감	배흥립(裵興立)
좌부장	낙안군수	신 호(申 浩)	우부장	보성군수	김득광(金得光)
좌척후장	녹도만호	정 운(鄭 運)	우척후장	사도첨사	김 완(金 浣)
귀선돌격장	급제	이기남(李奇男)		군관	이언량(李彦良)
좌별도장	우후	이몽구(李夢龜)	우별도장	여도권관	김인영(金仁英)
한후장	전 권관	가안책(賈安策)	참퇴장	전 첨사	이응화(李應華)
대솔군관	봉사	나대용(羅大用)	대솔군관	봉사	변존서(卞存緒)
대솔군관	전 봉사	송희립(宋希立)	대솔군관	전 봉사	이 설(李 渫)
대솔군관	전 봉사	신영해(申榮海)	대솔군관	급제	김효성(金孝誠)
대솔군관	급제	배응록(裵應祿)	군관	정로위	이봉수(李鳳壽)
군관	급제	송 성(宋 晟)	사도군관	보인	진무성(陳武晟)
군관		김성옥(金成玉)			

- 전라우수영

전라우수사		이억기(李億祺)
가리포첨사		구사직(具思稷)

- 경상우수영

경상우수사		원 균(元 均)	
남해현령	기효근(奇孝謹)	소비포권관	이영남(李英男)

제3차 출전(7월 4일~7월 13일) - 한산도대첩, 안골포해전

◈ 시기 및 출전 경로

• 7월 4일: 전라좌수영에서 전라우수영 수군 합류
• 7월 6일: 전라좌수영 출발 → 노량 도착 → 경상우수영 수군 합류 → 창신도 정박
• 7월 7일: 창신도 출발 → 당포 도착 → 왜적 정보 입수 → 당포 정박
• 7월 8일: 당포 출발 → 한산도 도착 → 왜적 유인 → 한산도대첩 → 견내량 정박
• 7월 9일: 견내량 출발 → 거제 온천도 정박
• 7월 10일: 온천도 출발 → 안골포해전 → 안골포 부근 정박
• 7월 11일: 안골포 출발 → 양산강 및 김해 포구 등지 수색 → 천성진 도착 → 천성진 출발
• 7월 12일: 한산도 도착
• 7월 13일: 전라좌수영 도착

◈ 해전지 및 출전 경로 관련 지명

• 견내량: 경남 통영시 용남면 장평리와 경남 거제시 사등면 덕호리 사이의 해협이다.[162]

- 온천도: 경남 거제시 하청면의 칠천도이다.

◈ 참전 규모[163]

- 전라좌수영 및 전라우수영: 판옥선 48척, 거북선 3척, 협선 50척
- 경상우수영: 판옥선 7척

◈ 해전 결과

- 한산도대첩: 대선 35척, 중선 17척, 소선 7척
- 안골포해전: 약 20여 척으로 추정[164]

◈ 참전 장수

- 전라좌수영

전라좌수사		이순신(李舜臣)			
중위장	순천부사	권 준(權 俊)	전부장	방답첨사	이순신(李純信)
중부장	광양현감	어영담(魚泳潭)	후부장	흥양현감	배흥립(裵興立)
좌부장	낙안군수	신 호(申 浩)	우부장	사도첨사	김 완(金 浣)
좌척후장	녹도만호	정 운(鄭 運)	우척후장	여도권관	김인영(金仁英)
유군장	발포만호	황정록(黃廷祿)	참퇴장	전 첨사	이응화(李應華)
좌돌격귀선장	급제	이기남(李奇男)		보인	이언량(李彦良)
우돌격장	급제	박이량(朴以良)	흥양통장	전 현감	최천보(崔天寶)
좌별도장	전 만호	윤사공(尹思恭)		영군관	가안책(賈安策)
우별도장	전 만호	송응민(宋應珉)	유군일령장		손윤문(孫允文)
오령장	전 봉사	최도전(崔道傳)	한후장	전 봉사	김대복(金大福)
	급제	배응록(裵應祿)			

※ 위 내용은 『임진장초』의 「견내량파왜병장」(1592년 7월 15일)에 의해 구성하였다.

24일(신해) 맑았다. 아침에 객사의 동헌에서 정 영공[1]과 식사를 하고 곧바로 침벽정으로 옮겨서 대면하였다. 우수사 [이억기]와 함께 점심[2]을 먹었으며 정 조방장(정걸)도 함께 하였다. 오후 4시경에 배를 출발하여 노를 재촉하여 노량 뒷바다[3]에 이르러 닻을 내렸다. 밤 12시경에 달빛을 타고 배를 출발하여 사천 모사랑포[4]에 이르니 동녘이 이미 밝았으나 새벽안개가 사방에 껴서 지척을 분간할 수 없었다.

1) 조방장 정걸을 가리킨다. 영공(令公)은 종2품과 정3품 관원을 높여 부르던 영감(令監)과 동일한 말이다.

2) 조선시대에는 기본적으로 아침과 저녁 두 끼를 먹었다. 조선시대의 점심의 의미는 현재와 차이가 있으며 시대가 흐르면서 그 의미가 조금씩 달라졌다. 조선시대 중기의 점심은 시간과 관계없이 간단히 먹는 것을 의미한다.[165]

3) 『임진장초』의 「부산파왜병장(釜山破倭兵狀)」(1592년 9월 17일)에는 관음포(觀音浦)로 기록되어 있다.

4) 사천해전 직후에 조선 수군이 정박했던 모자랑포이다.

25일(임자) 맑았다. 오전 8시경에 안개가 걷혔다. 삼천포 앞바다에 이르니 평산포만호 [김축]이 공장[1]을 올렸다. 거의 당포에 이르러 경상우수사 [원균]과 배를 매어놓고 서로 이야기하였다. 오후 4시경에 당포에 정박하여 숙박을 하였다. 밤 12시경에 잠시 비가 내렸다.

1) 원문 '空狀'은 '公狀'의 오기이다.

26일(계축) 맑았다. 견내량에 이르러 배를 멈추고 우수사 [이억기]와 서로 이야기하였다. 순천부사 [권준]도 왔다. 저녁에 배를 옮겨 거제 땅 각호사 앞바다에 이르러 숙박을 하였다.

27일(갑인) 맑았다. 영남우수사 [원균]과 함께 의논하고 배를 옮겨 거제 칠내도[1]에 이르렀다. 웅천현감 이종인[2]이 와서 이야기하였는데 "왜적의 머리 35급을 베었다."라는 소식을 들었다.[3] 저물녘에 제포[4]의 서쪽 원포[5]로 건너가니 밤이 벌써 10시경이 되어 숙박을 하였다. 서풍이 서늘하게 부니 나그네의 마음이 편치 않았다. 이날 밤은 꿈자리도 많이 어지러웠다.

1) 지금의 경남 거제시 하청면의 칠천도이다.

2) 이종인(李宗仁)의 자는 백춘(伯春), 본관은 전주(全州), 생몰년은 1556~1593년이며, 1588년 여진족 시전부락 토

벌 때 이순신과 함께 참전하였다. 김면, 곽재우 등과 함께 의병 활동을 하였으며, 제2차 진주성전투에서 전사하였다.[166]

3) 초고본에는 이 문장이 이날 일기의 앞뒤 문장 사이 여백에 작은 글씨로 추가로 적혀 있다.

4) 원문 '濟浦'는 '薺浦'의 오기이다. 지금의 경남 창원시 진해구 제덕동에 있었다.[167]

5) 지금의 경남 창원시 진해구 원포동에 있었다.[168]

28일(을묘) 맑았다. 새벽에 앉아서 꿈을 기억해보니 처음에는 흉한 듯하였지만 오히려 길한 것이었다. 가덕에 이르렀다.

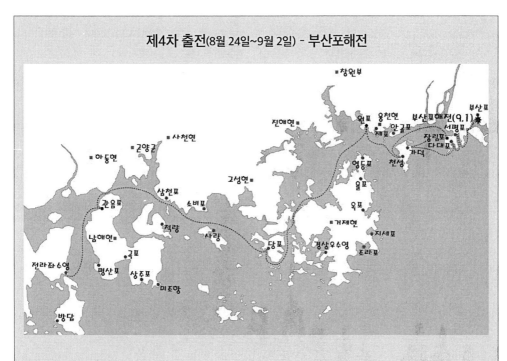

제4차 출전(8월 24일~9월 2일) - 부산포해전

◈ 시기 및 출전 경로

• 8월 24일: 전라좌수영 출발 → 남해 관음포 도착 → 모사랑포 정박
• 8월 25일: 모사랑포 출발 → 사량 부근에서 경상우수영 수군 합류 → 당포 정박
• 8월 26일: 당포 출발 → 견내량 도착 → 거제 각호사 앞바다 정박
• 8월 27일: 각호사 앞바다 출발 → 칠내도(칠천도) 도착 → 원포 정박
• 8월 28일: 원포 출발 → 가덕도 도착 → 천성 선창 정박
• 8월 29일: 천성 선창 출발 → 동래 장림포에서 낙오된 왜선 분멸 → 가덕도 정박
• 9월 1일: 가덕도 출발 → 화준구미 도착 → 다대포 도착 → 서평포 도착 → 절영도 도착 → 부산포해전 → 가덕도 정박
• 9월 2일: 연합함대 해산 및 귀영

◈ 해전지 및 출전 경로 관련 지명

- 관음포: 경남 남해군 고현면의 관음포이다.[169]
- 장림포: 부산시 사하구 장림동에 있었다.[170]
- 다대포: 부산시 사하구 다대동에 있었다.[171]
- 서평포: 부산시 사하구 구평동에 있었다.[172]

◈ 참전 규모

- 전라좌수영 및 전라우수영: 판옥선 74척, 협선 92척
- 경상우수영: 판옥선 7척(한산도대첩 때와 동일한 척 수로 추정)

◈ 해전 결과

- 장림포, 화준구미, 다대진, 서평진, 절영도 해전: 대선 28척, 소선 2척
- 부산해전: 약 100여 척

※ 위 내용은 『임진장초』의 「부산파왜병장」(1592년 9월 17일)과 일기의 내용에 의해 구성하였다.

1593년
계사일기(癸巳日記)

1일(병술) 비가 하루 종일 내렸다. 발포만호¹⁾, 여도만호²⁾ [김인영], 순천부사 [권준]이 와서 만났다. 발포의 진무 최이를 다시 군법을 어긴 죄로 처형³⁾하였다.

1) 당시의 발포만호는 황정록(黃廷祿)으로서, 그의 본관은 장수(長水)이며, 한산도대첩 등에 참전하였다.**¹**

2) 18일 일기의 원문에 여도의 장수가 '呂島萬戶'로 기록되어 있으므로 원문 '呂島'를 여도만호로 번역하였다.

3) 원문 '行刑'은 『선조실록』에서 용례를 살펴보면 주로 '처형하다'를 의미한다.

2일(정해) 늦게야 맑아졌다. 녹도가장, 사도첨사 [김완], 흥양대장¹⁾ 등의 배가 들어왔고 낙안군수 [신호]도 왔다.

1) 18일 일기의 원문에 흥양의 장수가 대장(代將)으로 기록되어 있으므로 원문 '興陽'을 흥양대장으로 번역하였다. 당시 흥양현감 배흥립은 순찰사 권율의 휘하에 있었다(임진일기-1592년 1월 26일의 주해 및 주석 참조).

3일(무자) 맑았다. 여러 장수들이 제때에 다 모였지만 보성군수 [김득광]은 오지 못했다. 동상방¹⁾에 나가서 순천부사 [권준], 낙안군수 [신호], 광양현감 [어영담]과 함께 [출전에 대하여] 의논하고 약조하였다.²⁾ 이날 영남에서 옮겨 온 향화인³⁾ 김호걸, 나장 김수남 등이 장부에 기록된 격군 80여 명이 도망갔다고 보고를 하였으나 뇌물을 많이 받고는 잡아오지 않았기에 군관 이봉수, 정사립⁴⁾ 등을 몰래 보내어 70여 명을 찾아내서 잡아다가 각 배에 나누어 주고 호걸과 김수남 등은 그날로 처형하였다. 오후 8시경부터 비바람이 많이 불어서 여러 배들을 간신히 보전하였다.

1) 대청 동쪽에 있는 방을 가리킨다. 방의 유무와 위치에 따라 서상방, 남상방, 북상방도 있다.

2) 원문 '論約有時' 중의 '有時'는 『선조실록』에서 용례를 살펴보면 '때때로', '수시로', '어떤 때는' 등의 의미가 있다. 따라서 '論約有時'는 '수행한 업무들 중에 출전에 대한 의논과 약조도 있었다'는 뜻으로 해석된다.

3) 원문 '向化人' 중의 '向化'는 현대 용어로는 '귀화'와 의미가 유사하다. 이는 『경국대전』에 법제화된 용어로서 예조에서 편찬한 『향화안(向化案)』이나 『향화인등록(向化人謄錄)』에서도 이 용어가 사용되었다.**²** 세종 때 향화인이라는 명칭은 향화한 본인과 그의 아들까지 한정되었으며 그 이후의 자손은 본국인으로 대하였다. 향화인에게는 식량, 토지, 가옥 등이 주어져서 정착하여 살 수 있도록 하였으며 경우에 따라 과거응시, 시재(試才)에 의한 관직 등도 허용되었다.**³**

4) 정사립(鄭思立)의 자는 여신(汝信), 본관은 경주(慶州), 생몰년은 1564년~미상이며, 『은봉전서』의 저자인 안방준의 손위 처남으로서, 『난중일기』와 『임진장초』에는 그의 형제들인 정사준과 정사횡의 이름도 보인다.**⁴**

4일(기축) 늦게야 맑아졌다. 성의 동편이 9발이 무너졌다. 객사의 동헌에 나가서 업무를 보았다. 오후 6시경부터 비가 많이 내리기 시작하여 밤새도록 그치지 않았고 바람도 매우 사나웠다. 각 배들을 간신히 보전하였다.

5일(경인) 경칩¹⁾이기에 둑제²⁾를 지냈다. 비가 퍼붓듯이 내리다가 늦게야 비로소 갰다. 아침에 식사를 한 뒤에 중대청으로 나갔다. 보성군수 [김득광]이 밤새 육로로 달려왔기에 뜰에 붙잡아 놓고 그 기한을 어긴 죄를 따졌더니³⁾, 순찰사⁴⁾와 도사 [최철견]⁵⁾ 등이 명나라 군사를 지공⁶⁾할 차사원⁷⁾으로서 [보성군수를] 강진, 해남 등의 고을에 갈 일로 불렀기 때문이었다. 이 또한 공무이므로 대장과 도훈도 그리고 색리 등만 [죄를] 따졌다. 이날 저녁 서울 친구 이언형과 이별하는 술자리를 가졌다.

1) 음력 2월경의 절기이다. 초목이 싹트고 겨울잠을 자던 동물들이 깨어나 꿈틀거린다고 하여 이러한 이름이 붙었다.
2) 군대 행렬의 앞에 세우는 둑기(纛旗)에 지내는 제사이다. 봄의 경칩과 가을의 상강에 정기적으로 지냈으며 군사를 출동할 일이 있을 때에도 시행하였다.
3) 원문 '推問'은 『실록』의 용례를 살펴보면 '잘못의 이유를 따져서 조사하다'라는 의미이다.
4) 『선조실록』의 기사⁵에 의하면 당시의 전라순찰사는 권율(權慄)이다. 그의 자는 언신(彦愼), 시호는 충장(忠莊), 본관은 안동(安東), 생몰년은 1537~1599년이며, 오성 이항복의 장인으로서, 이치전투, 독성산성 전투, 행주대첩 등에서 전공을 세웠다.⁶
5) 이정암의 『사류재집』의 기록⁷에 의하면 최철견은 1593년 6월 또는 7월까지 전라도사를 지냈다.
6) 원문 '支供'은 『선조실록』의 기사⁸에서 용례를 살펴보면 군량이나 마초 등을 준비하여 군대를 지원하는 것을 말한다. 당시 조선은 명군이 소모하는 물자의 충당을 위하여 지대한 노력을 기울였다.
7) 특정한 업무를 수행하기 위해 임시로 차출된 관원이다. 『선조실록』의 기사⁹에 의하면 대개 중앙의 관리나 관찰사가 업무를 감독하고 지방의 수령이나 그 예하 관원이 차사원으로서 실무를 담당하였다. 그러므로 일기의 내용은 보성군수가 차사원으로 차출된 것으로 해석된다. 종종 순찰사와 도사를 차사원으로 해석하는 경우가 있지만 이는 사실과는 다르다.

6일(신묘) 아침에 흐리다가 늦게 맑아졌다. 밤 2시경에 초취¹⁾를 하고 동이 틀 무렵 이취, 삼취를 하고서 배를 띄우고 돛을 올렸다. 12시경에 역풍이 잠시 불었다. 저물녘에 사량에 도착하여 숙박을 하였다.

1) 군대의 기상 또는 행진을 위한 시간을 알리기 위하여 각(角) 등을 부는 것을 말한다.¹⁰

7일(임진) 맑았다. 새벽에 출발하여 곧장 견내량에 이르니 [경상]우수사 원평중(원균)이 이미 먼저 와 있었다. 그와 서로 이야기하였다. [남해현령] 기숙흠(기효근)이 와서 만나고 [소비포권관] 이영남[1]), [사량만호] 이여념[2])도 왔다.

1) 이영남(李英男)의 자는 사수(士秀), 본관은 양성(陽城), 생몰년은 1563~1598년이며, 옥포해전, 당포해전, 제2차 당항포해전, 노량해전 등에 참전하였고, 노량해전에서 전사하였다.[11]

2) 이여념(李汝恬)의 자는 언정(彦靖), 본관은 인천(仁川), 생몰년은 1561년~미상이며, 옥포해전, 부산포해전, 제2차 당항포해전 등에 참전하였다.[12]

8일(계사) 맑았다. 아침에 영남우수사 [원균]이 [내] 배로 와서 전라우수사 [이억기]가 기한을 어긴 잘못에 대해서 극력 말하고 "지금 먼저 출발하겠다."라고 하였다. 내가 애써 말려 기다리게 하고 오늘 한낮에는 도착할 것이라고 약속하였다. 12시경에 과연 돛을 펴고 와서 모이니 이를 보고 매우 기뻐하지 않는 [자가] 없었다. 온 것을 [보니] 거느린 것이 40척이 안 되었다. 그날로 오후 4시경에 배를 출발하여 오후 8시경에 온천도(칠천도)에 이르러 본영으로 편지를 썼다.

9일(갑오) 초취, 이취를 하고 다시 날씨를 보니 비가 내릴 조짐이 많았기에 출발하지 않았다. 큰비가 하루 종일 내려서 그대로 머물러 출발하지 않았다.

10일(을미) 아침에 흐리다가 늦게 맑아졌다. 아침 6시경에 배를 출발하여 곧장 웅천현 웅포[1]) 에 이르니 적선이 예전처럼 줄지어 정박해 있었다. 두 차례 유인하였으나 미리 우리 군사에게 겁을 먹고는 나올 듯하다가도 되돌아가[2]) 끝내 붙잡아 섬멸하지 못했다. 매우 통분하였다. 밤 10시경에 영등포 뒤의 소진포[3])로 들어가 정박하고 밤을 보내니 병신일(11일)이 되었다. 아침에 순천의 탐후선[4])이 돌아가는 [편에] 본영으로 편지를 써서 [보냈다].

1) 지금의 경남 창원시 진해구 남문동에 있었다.[13]

2) 원문 '乍出乍返' 중의 '返'은 기존에는 '還'으로 판독되었다. 그러나 초고본의 글자를 다른 날짜의 일기에 보이는 '還' 및 '返'과 비교해보면 '返'임을 알 수 있다.[14]

3) 영등포와 가까운 거리에 위치했다는 묘사와 지명의 유사성으로 보아 『임진장초』의 「당포파왜병장(唐浦破倭兵狀)」(1592년 6월 14일)에 나오는 거제 온천량의 송진포로 판단된다.

4) 원문 '探候船' 중의 '探候'는 『선조실록』의 용례를 살펴보면 '정탐하다', '알아보다' 등의 의미가 있으므로 탐후선은 정탐선 정도로 해석할 수 있다. 당시 협선과 사후선이 주로 이러한 역할을 하였다.

11일(병신) 흐렸다. 군사를 쉬게 하고 그대로 머물렀다.

12일(정유) 아침에 흐리다가 늦게 맑아졌다. 삼도의 [군사가] 한꺼번에 새벽에 출발하여 곧장 웅천현 웅포에 이르니 적의 무리는 어제와 같았다. 나아갔다 물러났다 하면서 유인하였으나 끝내 바다로 나오지 않았다. 두 차례나 쫓았으나 [두 차례] 모두 붙잡아 없애지 못했으니 어찌하는가? 어찌하는가? 매우 통분하였다. 이날 저녁 도사 [최철견]이 우후 [이몽구]에게 공문을 보냈는데 "명나라 장수에게 줄 군용 물품을 배정했다."[1]라고 한다. 오후 8시경에 칠천량[2]에 이르니 비가 많이 내리기 시작하더니 밤새도록 그치지 않았다.

1) 원문 '卜定'은 상납할 물품을 하부 관청이나 백성들에게 배정하는 것을 말한다. 이를 '명나라 장수가 준 물품을 나눠주었다'와 같은 식으로 해석하는 경우도 있지만 올바른 해석이 아니다.

2) 지금의 경남 거제시 하청면의 칠천도와 거제도 본섬 사이의 해협이다. 원문 '漆川'을 굳이 칠천도가 아닌 칠천량으로 해석한 이유는, 당시의 상황이 기록되어 있는 『임진장초』의 「영수륙제장직도웅천장(令水陸諸將直擣熊川狀)」(1593년 2월 17일)에 칠천량을 왕래했다는 내용이 나오기 때문이다.

13일(무술) 비가 퍼붓듯이 내리더니 오후 8시경에 그쳤다. [적의] 토벌을 의논하기 위하여 순천부사 [권준], 광양현감 [어영담], 방답첨사 [이순신(李純信)]을 불러와서 이야기하였다. [어란만호] 정담수[1]가 와서 만났다. 궁장과 전장[2]인 대방과 옥지 등이 돌아갔다.

1) 정담수(鄭聃壽)의 자는 덕수(德叟), 본관은 해주(海州), 생몰년은 1555년~미상이며, 제2차 당항포해전 등에 참전하였다.[15]

2) 궁장은 활을 만드는 장공인이며 전장은 화살을 만드는 장공인이다. 원문이 '弓箭匠'으로 서술되어 있기 때문에 활과 화살을 함께 만드는 장공인으로 생각할 수도 있겠지만, 『경국대전』의 「공전」-「공장(工匠)」은 활과 화살을 만드는 장공인을 궁인(弓人)과 시인(矢人)으로 따로 구분하고 있으며 『실록』의 기사[16]를 통해서도 두 장공인이 서로 구분이 되어 있었음을 알 수 있다. 병신일기(1596년)에 옥지가 화살을 만들었다는 내용이 여러 차례 나오는 점으로 보아 대방이 궁장이고 옥지가 전장으로 생각된다.

14일(기해) 증조할아버지의 제삿날이다. 맑았다. 이른 아침에 본영의 탐후선이 왔다. 아침에 식사를 한 뒤에 삼도의 [장수들을] 모아서 약속할 때 영남수사 [원균]이 병 때문에 모이지 않아 단지 전라좌우도의 장수들만 모여서 약속하였다. 그렇지만 우후 [이몽구]가 술주정을 하고 망언을 하였으니 그 잘못한 짓을 어찌 말로 다 하겠는가? 어란[1]만호 정담수, 남도포[2]만호 강응표도 마찬가지였다. 이런 큰 적을 맞아 토벌을 약속하는 때에 멋대로 술을 마시고 이 지경에 이르렀으니 그 사람됨은 더욱 말로 표현할 수 없다. 매우 통분함을 참을 수 없었다. 저녁에 헤어져 진을 친 곳으로 돌아왔다. 가덕첨사 전응린[3]이 와서 만났다.

1) 지금의 전남 해남군 송지면 어란리에 있었다.[17]

2) 지금의 전남 진도군 임회면 남동리에 있었다.[18] 현재까지 진성의 성벽이 거의 그대로 보전되어 있으며 사적 제127호 진도남도진성(珍島南桃鎮城)으로 지정되어 있다.

3) 초고본에는 '田應猜'으로 기록되어 있지만 『임진장초』와 『선조실록』의 기록[19]에 의하면 '田應麟'이 옳은 표기이다.

15일(경자) 아침에 맑다가 저녁에 비가 내렸다. 날씨가 따뜻했고 바람도 불지 않았다. 과녁을 걸고 활을 쏘았다. 순천부사 [권준]과 광양현감 [어응린]이 왔고 사량만호 이여념, 소비포권 관 이영남, 영등포만호 우치적[1]도 함께 왔다. 이날 순찰사 [권율]의 공문이 왔는데 "명나라 조정에서 다시 수군을 보낸다고 하므로 미리 알고 있다가 대처하라."[2]라고 하였으며 또한 순찰사의 영리[3]가 [보낸] 보고서[4] 중에 "명나라 군사가 2월 1일에 서울로 들어가 적의 무리 를 다 섬멸하려고 한다."[5]라고 하였다. 저물녘에 원평중(원균) 영공이 와서 만났다.

1) 우치적(禹致績)의 자는 여가(汝嘉), 본관은 단양(丹陽), 생몰년은 1560~1628년이며, 옥포해전, 한산도대첩, 칠천 량해전, 노량해전 등에 참전하였다.[20]

2) 『선조실록』의 같은 달 기사[21]에도 명나라 총병 양원이 곧 명나라 수군이 들어온다고 언급한 내용이 실려 있다. 그러나 실제로 명나라 수군이 참전한 시기는 정유재란 때이다.

3) 감영, 병영 등에 딸려있던 관리를 말한다. 영리는 상층 향리에 해당되며 군현 내에서 사회경제적 기반을 갖추 었던 자들이다.[22]

4) 원문 '告目'은 윗사람에게 보내는 보고서나 편지 등을 가리킨다.

5) 명나라 군사는 1월 초에 평양성을 탈환하였으며 이후 서울 수복을 위해 진군하다가 1월 27일경 벽제관전투에 서 패배하였고 서울로의 입성은 4월 중순이 넘어서야 이루어졌다. 이를 "… 적의 무리를 다 섬멸하였다."라는 의미로 해석한 번역서가 많지만 역사적 사실과 비교해 보았을 때 올바른 해석이 아니다.

16일(신축) 맑았다. 늦은 아침에 바람이 많이 불었다. "정 재상[1]이 사은사[2]가 되어 명나라에 간다.[3]"라는 소식을 들었기에 노비단자[4]를 정원명[5]에게 보냈는데 그것을 사은사 행차에게 전해주도록 일러서 보냈다. 오후에 우수사 [이억기]가 와서 만났는데 함께 식사를 하고 갔 고 순천부사 [권준], 방답첨사 [이순신(李純信)]도 와서 만났다. 밤 10시경에 신환과 김대복 이 전서, 교서 2통과 부찰사[6]의 공문을 받들어 가지고 왔다. 그편에 명나라 군사가 바로 개성까지 진격하였으나 이달 6일에 서울에 있는 적에게 당했다는 소식을 들었다.[7]

1) 정철(鄭澈)을 가리킨다. 그의 자는 계함(季涵), 호는 송강(松江), 본관은 영일(迎日), 생몰년은 1536~1593년이다.[23]

2) 『선조실록』의 기사[24]에 의하면 명나라에 평양과 개성 수복에 대한 사례를 하기 위해 정철이 같은 해 1월 11일경 에 사은사로 임명되었으며 서울이 수복된 이후인 6월경에 출발하였다.

3) 원문 '赴京'은 『실록』의 용례를 살펴보면 '중국으로 가다'라는 의미이다.

4) 명나라로 가는 사신 일행이 사용할 여비는 관례에 의하여 각 도의 감사, 병사, 수사, 수령들이 보내주는 물품으 로 충당되었다.[25] 노비단자(路費單字)는 그 물품들의 목록을 적은 문서이다.

5) 원문 '鄭元明'은 '鄭元溟'의 오기이다. 갑오일기(1594년) 7월 6일, 정유일기 1(1597년) 4월 27일 등에는 그의 이름이 '鄭元溟'으로 기록되어 있다. 그는 사은사로 가는 정철의 조카이다(갑오일기-1594년 7월 6일의 주해 및 주석 참조).

6) 당시의 하삼도 체찰부사(體察副使)는 김찬(金瓚)으로서, 그의 자는 숙진(叔珍), 본관은 안동(安東), 생몰년은 1543~1599년이다.[26]

7) 원문 '天兵直擣松都 今月初六日 當陷京城之賊'을 '…이달 6일에 서울에 있는 적을 함락시켰다는 소식을 들었

다.'와 같이 해석한 번역서가 많지만 전날 일기의 주해에서 설명한 바와 같이 이는 역사적 사실과 다르다. 『선조실록』의 기사[27]에 의하면 벽제관전투의 패배가 조정에 보고된 날짜는 2월 5~6일경이다. 일기의 내용에 2월 6일이 벽제관전투가 벌어진 날짜처럼 기록된 이유는, 신환과 김대복이 조정이 보고를 받은 날짜를 기준으로 벽제관전투의 소식을 전했기 때문으로 짐작된다.

17일(임인) 흐렸으나 비는 내리지 않았고 하루 종일 동풍이 불었다. 새벽에 재계[1]하였다. [소비포권관] 이영남, 허정은, [어란만호] 정담수, [남도포만호] 강응표 등이 와서 만났다. 오후에 우수사 [이억기]를 만나러 가서 또한 새 진도군수 성언길[2]도 만났다. 우수사와 함께 영남수사 [원균]의 배로 갔다가 선전관[3]이 유지를 받들어 온다는 소식을 들었다. 저물녘에 돌아오는 길에 선전관이 왔다는 소식을 들었다. 노를 재촉하여 진으로 돌아올 때 선전표신[4]을 만나서 배로 맞아들였다. 유지를 받들어 보니 빨리 [적이] 돌아가는 길목으로 나아가 후퇴하는 적을 무찌르라는 것이었다.[5] 곧바로 유지를 삼가 잘 받았다는[6] [서장을] 써주니 밤이 벌써 2시경이 되었다.[7]

1) 이날이 세종의 제삿날이기 때문에 원문 '曉齋'를 '曉齋戒'로 해석하였다. 재계는 부정이 타지 않게 몸과 마음을 깨끗이 하는 것을 말하며 국가 또는 집안의 제삿날에 행해졌다.

2) 『진도군읍지』의 「선생안」에 의하면 당시의 진도군수는 성천지(成天祉)이다. 그의 자는 언길(彦吉), 본관은 창녕(昌寧), 생몰년은 1553~1593년이며, 1588년에 있었던 여진족 시전부락 토벌 때 이순신과 함께 참전하였고, 임진왜란 초기 의병으로 활약하였으며, 망우당 곽재우와 사돈 관계이다.[28]

3) 선전관청에 딸린 무관 벼슬로서 왕의 전령(傳令), 부신(符信)의 출납 등을 담당하였다. 이날 선전관이 가져온 유지는 『이충무공전서』의 「명솔주사재적귀로유서(命率舟師載賊歸路諭書)3」에 전한다.

4) 원문은 '宣傳表信'이지만 『경국대전』의 「병전」-「부신(符信)」에 정의된 정확한 용어는 '宣傳標信'이다. 『경국대전』에 의하면 선전표신은 한쪽에는 '선전(宣傳)'이라 쓰고 다른 한쪽에는 임금의 수결(御押)을 하며 긴급한 군사 업무를 처리할 때 표신으로 사용되었다.

5) 『선조실록』의 기사[29]에 의하면 선조는 1월 29일경 명나라 군사와 함께 왜군을 협공할 목적으로 수군을 포함한 여러 진의 장수들에게 선전관을 보내어 전투를 독려하였다.

6) 원문 '祗受'는 '임금이 내려준 물건 등을 공경하게 받다'라는 의미로서 『실록』이나 조선시대 문헌에서 그 용례를 쉽게 찾아볼 수 있다. 이에 대한 답장은 대개 서장(書狀)으로 보냈다.

7) 이날 쓴 서장이 『임진장초』의 「영수륙제장직도웅천장(令水陸諸將直擣熊川狀)」(1593년 2월 17일)이다. 선전관이 전달하는 유지는 신속한 처리가 요구되기 때문에 이순신이 서둘러서 진으로 돌아와 유지를 받은 후 곧바로 서장을 쓴 것이다. 『선조실록』의 1596년 기사[30]에 의하면 선전관이 날짜를 지체한 죄를 면할 목적으로 이순신의 서장에 적힌 날짜를 고친 사건이 있었는데, 이는 선전관을 통한 연락 체계가 엄격히 관리되었음을 짐작할 수 있는 사례이다.

18일(계묘) 맑았다. 이른 아침에 군사를 움직여 웅천에 이르니 적의 형세는 여전하였다. 사도첨사 [김완]을 복병장으로 정하여 여도만호 [김인영], 녹도가장, 좌우별도장, 좌우돌격장, 광양 2호선, 흥양대장, 방답 2호선 등을 이끌고 송도[1]에 매복하도록 하고 여러 배들로 하여금 유인토록 하니 적선 10여 척이 뒤쫓아 나왔다. 경상도의 복병 5척이 경솔히 나아가[2] 쫓아갈 때 [다른] 복병선들이 돌진해 들어가 [적을] 둘러싸고 잔뜩 쏘아대니 왜인이 부지기수로 죽었고 머리 1급을 베었다. 적의 무리가 [기세가] 크게 꺾여 결국 [더 이상] 뒤쫓아 오지 않았다. 날이 저물기 전에 여러 배들을 이끌고 원포에 이르러 물을 긷고 어두워질 무렵 영등포 뒷바다로 돌아왔다. 사화랑의 진영에서 밤을 보냈다.

1) 지금의 경남 창원시 진해구 연도동의 송도이다.[31]
2) 원문 '輕發'을 '재빨리 나아가다'로 번역하는 경우가 많지만 『실록』의 용례를 찾아보면 '경솔히 나아가다'라는 의미이다.

19일(갑진) 맑았다. 서풍이 많이 불어서 배를 띄울 수가 없으므로 머물러 출발하지 않았다. 남해현령 [기효근]에게 붓과 먹을 보냈더니 저녁에 남해현령이 와서 사례하였다. [적량만호] 고여우[1]와 [감목관] 이효가도 와서 만났다. 그대로 사화랑에 진을 쳤다.

1) 원문 '高汝友'는 '高汝雨'의 오기로 판단된다. 『난중일기』에는 그의 이름이 모두 '高汝友'로 표기되어 있지만 여러 사료 및 문헌에서 만호나 첨사를 지낸 이력을 가진 '高汝雨'라는 인물이 확인되기 때문이다. 그의 자는 상경(商卿), 본관은 제주(濟州), 생몰년은 1544~1613년이며, 최근 충남 천안시에서 그의 묘를 이장하던 중에 의류와 그릇 등을 비롯한 여러 유물이 발견되어 이에 관한 연구 논고가 발간되었다.[32]

20일(을사) 맑았다. 새벽에 배를 출발할 [때] 동풍이 잠시 불다가 적과 교전하니 갑자기 바람이 많이 불었다. 각 배들이 서로 부딪쳐 파손되고 거의 배를 제어할 수 없어서 즉시 각을 불고 초요기[1]를 세워 전투를 중지시키니 모두가 다행히 심하게 손상을 입지는 않았다. 그러나 흥양 1척, 방답 1척, 순천 1척, 본영 1척이 부딪쳐 파손되었다. 날이 저물기 전에 소진포에 이르러 물을 긷고 밤을 보냈다. 이날 사슴 떼가 이리저리 뛰어다녔는데 순천부사 [권준]이 노루[2] 1마리를 잡아서 보냈다.[3]

1) 군영에서 신호용으로 사용하던 중앙에 북두칠성을 그린 깃발로서 초요(招搖)는 북두칠성의 국자 손잡이 끝 가까이에 위치한 별의 이름이다. 대장이 예하 장수를 소집할 때 사용하였으며 『신진법(新陣法)』, 『국조오례의서례』 등에 초요기의 모양과 신호법이 전한다.[33]
2) 사슴과 노루는 함께 묶어서 '鹿獐'으로 부르는 경우가 많았기 때문에 일기 원문에서도 이를 혼용한 것 같다.
3) 초고본에는 이 문장이 이날 일기의 아래쪽 여백에 작은 글씨로 추가로 적혀 있다.

21일(병오) 흐리고 바람이 많이 불었다. [소비포권관] 이영남과 [사량만호] 이여념이 와서 만나고 [경상]우수사 원 영공(원균), 순천부사 [권준], 광양현감 [어영담]도 와서 만났다. 저녁에 비가 내리기 시작하여 밤 12시경에 그쳤다.

22일(정미) 새벽에 구름이 끼고 동풍이 많이 불었다. 그러나 적을 토벌하는 일이 시급하므로 출발하여 사화랑에 이르러 바람이 [멎기를] 기다렸다. 바람이 조금 가라앉는 듯하였으므로 행군을 재촉하여 웅천에 이르렀다. 두 승병장과 성 의병[1]을 제포[2]로 보내어 상륙하는 척하게 하고 우도의 여러 장수들의 배에서 부실한 것을 골라 동쪽[3]으로 보내어 또한 상륙하는 척하게 하였다. 왜적이 갈팡질팡하는 틈을 타서 전선을 모아 곧장 돌진하니 적의 세력이 나뉘어 약해졌으므로 거의 다 섬멸되었다. 그러나 발포 2호선과 가리포[4] 2호선이 명령도 안 했는데 돌진해 들어가다가 얕은 곳에 걸려서 적이 배 위로 오르게 되었다.[5] 매우 통분하여 간담이 찢어지는 것 같았다. 얼마 있다가 진도의 상선[6]이 적에게 둘러싸여 거의 구할 수 없게 되자 우후가 바로 들어가 구해냈다. 경상좌위장과 우부장이 보고도 못 본 척하고는 끝내 돌아와서 도와주지 않았으니 그 하는 짓이 이루 말할 수 없었다. 매우 통분하였다. 이 때문에 [경상]수사 [원균]에게 따졌으나 한탄스러웠다. 오늘의 분함을 어찌 말로 다 할 수 있겠는가? 모두 경상수사로 인한 것이다. 돛을 펴고 소진포로 돌아와서 숙박을 하였다. 아산에 있는 뢰와 분의 편지가 웅천의 전장으로 왔고 어머니의 편지도 왔다.[7]

1) 『임진장초』의 「분송의승파수요해장(分送義僧把守要害狀)」(1593년 1월 26일)에 의하면 두 승병장은 삼혜(三惠), 의능(義能)이고 성 의병은 의병장 성응지(成應祉)이다. 성응지의 본관은 창녕(昌寧), 생몰년은 미상~1594년이다.[34]
2) 원문 '濟浦'는 '薺浦'의 오기이다.
3) 『임진장초』의 「토적장(討賊狀)」(1593년 4월 6일)에는 안골포로 보냈다고 기록되어 있다.
4) 지금의 전남 완도군 완도읍 군내리에 있었다.[35]
5) 『임진장초』의 「토적장(討賊狀)」(1593년 4월 6일)에는 두 배가 적을 공격하고 빠져나오다가 서로 부딪힌 후 군사들이 배의 한쪽으로 몰리는 바람에 전복되었다고 기록되어 있다. 일본 측 자료인 『협판기(脇坂記)』의 1593년 2월 21일의 기록은 왜장 와키자카 야스하루(脇坂安治)와 가토 요시아키(加藤嘉明)의 두 부대가 조선 수군의 배(番船)를 한 척씩 탈취했다고 기록하였다.
6) 상선(上船)은 지휘선이라는 의미로서 판옥선을 가리킨다.
7) 초고본에는 이 문장이 이날 일기의 아래쪽 여백에 작은 글씨로 추가로 적혀 있다.

23일(무신) 흐렸으나 비는 내리지 않았다. 아침에 우수사 [이억기]가 와서 만났다. 식사를 한 뒤에 원 수사(원균)가 왔다. 순천부사 [권준], 광양현감 [어영담], 가덕첨사 [전응린], 방답첨사 [이순신(李純信)]도 왔다. 이른 아침에는 소비포권관 [이영남], 영등포만호 [우치적], 와량[1] 등이 와서 만났다. 원 수사는 그 흉악하고 음험함이 말로 표현할 수 없었다. 최천보[2]가 양화로부터 내려와서 명나라 군사들의 소식을 자세히 전하고 아울러 조도어사[3]의 편지와 공

문도 전해주고 그날 밤으로 돌아갔다.[4]

1) 원문 '卧樑'은 오기로 생각되며 누구를 가리키는 것인지 짐작하기 어렵다.

2) 최천보(崔天寶)는 한산도대첩에 흥양통장(興陽統將)으로 참전하였다.[36]

3) 군량조달을 목적으로 임명된 관리이다. 『선조실록』의 기사[37]를 살펴보면 조선 조정은 군량 확보를 위한 일환으로서 임진왜란 동안 종종 조도어사(調度御史)를 파견하였다.

4) 초고본에는 이 문장이 이날 일기의 앞 문장 왼쪽 여백에 작은 글씨로 추가로 적혀 있다.

24일(기유) 맑았다. 새벽에 온양, 아산에 보낼 편지와 집에 보낼 편지를 함께 써서 보냈다. 아침에 출발하여 영등포 앞바다에 이르니 비가 많이 내려서 곧바로 [배를] 댈 수 없었으므로 [배를] 돌려 칠천량으로 돌아왔다. 비가 그치자 우수사 이 영공(이억기), 순천부사 [권준], 가리포첨사[1], 진도군수 성천지와 편안히 이야기하였다. 오후 8시경에 병선과 기계[2]를 함께 만들어 들여보낼 일로 패자[3]와 흥양에 보낼 공문을 만들어서 보냈다. 양식 90되[4]를 자염[5]을 사도록 보냈다.

1) 「가리포첨사선생안」에 의하면 당시의 가리포첨사는 구사직(具思稷)으로서, 그의 자는 우경(虞卿), 본관은 능성(綾城), 생몰년은 1549~1611년이며, 이순신과 함께 1576년 식년시에 급제하였고, 당포해전 등에 참전하였다.[38] 금갑도, 남도포, 회령포 등이 가리포의 속진이었던 점을 감안하면 그는 한산도대첩, 부산포해전 등에도 참전했을 것이다.

2) 『실록』이나 조선시대 문헌에 '兵船器械', '戰船器械', '舟船器械' 등의 용례가 보이는 점과 원문 중의 '俱入送'이 '함께 들여보내다'라는 의미인 점에 의거하여 원문 '造船器俱入送事' 중의 '船器'를 '병선과 기계'로 해석하였다. 공문을 흥양으로 보낸 이유는 그곳에 전선소가 있었기 때문이다.

3) 패자(牌字)는 사회적 또는 신분적으로 우위에 있는 사람이 아랫사람에게 특정한 일의 이행을 지시하거나 어떤 사실을 통보할 때 사용되는 문서이다. 수취자가 해당 사항을 이행하도록 하는 강제성이 있었으며 개인뿐 아니라 궁방, 서원, 관아 등에서도 사용되었다. 관아에서 사용했던 패자는 주로 공납이나 역(役) 등의 면제에 관한 내용으로 발급되었다.[39]

4) 곡식을 세는 단위이다. 10되(升)는 1말(斗)이며 10말은 1섬(斛)이다.

5) 자염(雌髯)의 의미는 미상이다.

25일(경술) 맑았다. 바람이 순탄하지 못했으므로 칠천량에 머물렀다.

26일(신해) 하루 종일 바람이 많이 불었다. 머물렀다.

27일(임자) 맑았으나 바람이 많이 불었다. 우수사 이 영공(이억기)과 만나서 이야기하였다.

28일(계축) 맑고 바람도 없었다. 새벽에 출발하여 가덕에 이르니 웅천의 적군은 움츠려 있으
면서 조금도 나와서 싸울 생각이 없었다. 우리 배가 김해강¹⁾ 아래의 독사리목²⁾으로 향하
였는데 우부장이 변고를 알리므로 여러 배들이 돛을 펴고 곧바로 나아가 작은 섬을 둘러
쌌다. 경상수사 [원균]의 군관과 가덕첨사 [전응린]의 사후선³⁾ 2척이 섬들을 들락거렸으므
로 그 행적이 아주 수상하기에⁴⁾ 잡아 와서 영남수사에게 보냈더니 수사가 크게 화를 냈다.
그 본뜻이 군관을 보내어 어민들의 머리를 찾아내는 것에 있었기 때문이다. 오후 8시경에
아들 염이 왔다. 사화랑에서 숙박을 하였다.

1) 지금의 부산 강서구의 서낙동강이다.

2) 독사리목(禿沙伊項)은 지금의 서낙동강이 바다로 흘러 들어가는 목이라고 한다.

3) 사후선(伺候船)은 대형 또는 중형 군선의 부속선으로서 승무원 5명(사공 1명, 격군 4명) 정도의 비무장 소형 선박
이다.⁴⁰ 주로 정찰 및 연락 등의 용도로 사용되었다.

4) 원문 '荒唐'은 『실록』의 용례를 살펴보면 '수상하다'라는 의미이다.

29일(갑인) 흐렸다. 바람이 사나워질까 걱정되어 칠천량으로 배를 옮겼다. 우수사 이 영공(이
억기)이 와서 만나고 순천부사 [권준]과 광양현감 [어영담]도 왔다. 경상수사 [원균]이 와서
만났다.

30일(을묘) 하루 종일 비가 내렸다. 뜸¹⁾ 아래 움츠리고 앉아 있었다.

1) 대나무나 부들 등을 엮어서 만들었으며 비나 햇볕 등을 막는 데 사용하였다.

1일(병진) 잠시 맑았으나 저녁에 비가 내렸다. 방답첨사 [이순신(李純信)]이 왔다. 순천부사 [권준]은 병 때문에 오지 못했다.

2일(정사) 비가 하루 종일 내렸다. 뜰 아래 움츠리고 앉아 있으니 온갖 생각이 치밀어 올라서 마음이 어지러웠다. 이응화[1]를 불러서 한참 동안 이야기하다가 이어 순천부사 [권준]의 배로 보내어 "병세를 살펴보라."라고 하였다. [소비포권관] 이영남과 [사량만호] 이여념이 와서 그편에 원 영공(원균)의 잘못된 일을 들으니 더욱더 한탄스러울 뿐이었다. 이영남이 왜의 소도를 두고 갔다. 이영남으로부터 "강진 사람 2명이 살아서 돌아왔는데 고성으로 붙잡혀 가서 [살아서 돌아온 정황에 대하여] 진술[2]하고 갔다."라는 소식을 들었다.[3]

1) 이응화(李應華)의 자는 언실(彦實), 본관은 경주(慶州), 생몰년은 미상~1594년이며, 옥포해전, 당포해전, 한산도대첩 등에 참전하였다. 그는 『쇄미록』의 저자 오희문과 사돈 관계이다.[41]
2) 원문 '納招'는 『실록』의 용례를 살펴보면 문초 등에 의하여 진술하는 것을 의미한다.
3) 초고본에는 이 문장이 이날 일기의 아래쪽 여백에 작은 글씨로 추가로 적혀 있다.

3일(무오) 아침에 비가 내렸다. 오늘이 바로 답청절이지만 흉악한 적들이 물러가지 않아서 군사를 이끌고 바다로 나오게 되었다. 명나라 군사가 서울에 들어갔는지 아닌지 소식도 듣지 못하였다. 매우 답답하여 이루 말할 수 없었다. 하루 종일 비가 내렸다.

4일(기미) 비로소 맑아졌다. 우수사 이 영공(이억기)이 와서 종일 이야기하였고 원 영공(원균)도 왔다. "순천부사 [권준]이 병 때문에 많이 아프다."라고 하였다. "'명나라 장수 이여송[1]이 북쪽의 적[2]이 설한령[3]을 넘어온다는 말을 듣고는 개성까지 이르렀다가 서관[4]으로 되돌아 갔다.'는 소식[5]이 왔다."라고 하여 걱정을 금할 수 없었다.

1) 원문 '李汝松'은 '李如松'의 오기이다. 그의 자는 자무(子茂), 호는 앙성(仰城), 요동(遼東) 철령위(鐵嶺衛) 출신이다.[42]
2) 당시 함경도에 주둔해 있던 왜적을 말한다. 『선조실록』의 기사[43]에 의하면 그들의 대장은 가토 기요마사(加藤淸正)이다.
3) 원문 '雪寒嶺'은 지금의 평북 강계군과 함남 장진군의 경계에 있는 고개로서 교통의 요지이다.[44]

4) 서관(西關)은 『실록』의 용례를 살펴보면 주로 황해도와 평안도 일대인 관서지방을 가리키며 때로는 평양을 의미하기도 하였다. 이여송은 벽제관전투 이후 2월 중순경에 평양으로 후퇴하였다.

5) 일기에 기록된 이여송의 회군 소식은 실제 사실과 일치하며 『선조실록』의 기사[45]에 그 경위가 상세히 전한다.

5일(경신) 맑았다. 바람이 매우 사나웠다. 순천부사 [권준]이 병 때문에 되돌아가기에 아침에 직접 만나고 전송을 하였다. 탐후선이 왔다. 내일 적을 토벌할 일을 서로 약속하였다.

6일(신유) 맑았다. 새벽에 출발하여 웅천에 이르니 적의 무리가 육지로 황급히 도망쳐 산허리에 진을 쳤다. 관군 등이 철환[1]과 편전을 빗발치듯 어지럽게 쏘아대니 죽은 자가 매우 많았다. 포로가 되었던 사천 여인 1명을 빼앗아 왔다. 칠천량에서 숙박을 하였다.

1) 조선의 화포에서 발사했던 포탄은 쇠로 만든 철환, 납으로 주조한 연환(鉛丸), 철환에 납을 씌운 수철연의환(水鐵鉛衣丸) 등이다.[46] 『임진장초』의 「토적장(討賊狀)」(1593년 4월 6일)에 의하면 이날 공격에 진천뢰(震天雷)도 사용되었다.

7일(임술) 맑았다. 우수사 [이억기] 영공과 이야기하였다. 막 어두워질 무렵 배를 출발하여 걸망포[1]에 이르니 날이 이미 밝아왔다.

1) 원문은 '巨乙望浦'이다. 『이충무공전서』에는 '乞望浦(걸망포)'로 표기되어 있다.

8일(계해) 맑았다. 한산도로 돌아왔다. 아침에 식사를 한 뒤에 광양현감 [어영담], 낙안군수 [신호], 방답첨사 [이순신(李純信)]이 왔다. 방답첨사와 광양현감은 술과 음식을 많이 준비해 왔다. 우수사 [이억기]도 왔고 어란만호 [정담수]도 쇠고기로 만든 음식[1] 몇 가지를 보냈다. 저녁에 계속 비가 내렸다.

1) 원문 '桃林'은 『서경』의 「무성편(武成篇)」의 '소를 도림의 들판에 풀어놓았다(放牛于桃林之野)'라는 문장에서 유래한 말로서 소와 관련된 것들을 가리키는 대명사로 사용되었다. 이날이 이순신의 생일이기 때문에 여러 장수들이 이 음식을 마련한 것으로 짐작된다.

9일(갑자) 궂은비가 하루 종일 내렸다. 원식[1]이 와서 만나고 돌아갔다.

1) 원식(元埴)은 경상우수사 원균의 사촌형제이다.

10일(을축) 맑았다. 아침에 식사를 한 뒤에 출발하여 사량으로 향했다. 낙안 사람이 행재소[1]로부터 와서 말을 전하기를 "명나라 병사가 이미 개성에 이르렀으나 연일 내린 비로 도로가 진흙탕이 되어 군사를 움직이기 어려우므로 맑기를 기다렸다가 서울로 들어가기로 약속했다."라고 하였다. 이 말을 듣고 기쁨을 참을 수 없었다. 첨사 이홍명[2]이 와서 만났다.

1) 왕이 궁궐을 떠나서 임시로 머물던 거처를 말한다.
2) 이홍명(李弘明)의 자는 계원(季遠), 본관은 벽진(碧珍), 생몰년은 1538~1614년이다.[47]

11일(병인) 맑았다. 아침에 식사를 한 뒤에 원 수사(원균)와 이 수사(이억기)도 와서 함께 이야기하고 술도 마셨다. 원 수사가 몹시 취해서 동헌으로 돌아갔다. 본영의 탐후선이 왔다. 돼지 3마리를 잡아 왔다.

12일(정묘) 맑았다. 아침에 각 고을의 공문을 처결하여 보냈다. 본영의 병방 이응춘이 사부[1]를 마감하고 갔다. 염과 나대용, 덕민, 김인문도 본영으로 돌아갔다. 식사를 한 뒤에 우수사 [이억기] 영공이 머무는 방에서 바둑을 두었다. 광양현감 [어영담]이 술을 마련하여 왔다. 밤 12시경에 비가 내렸다.

1) 원문 '斜付'의 용례를 『실록』에서 살펴보면 사람의 소속을 옮길 때 쓰는 표현이다. 주로 노비의 소속을 변경하는 것을 가리켰지만 수군의 배정과 관련된 기사[48]도 있다.

13일(무진) 비가 많이 내리다가 늦은 아침에 맑아졌다. 이 영공(이억기)과 첨사 이홍명이 바둑을 두었다.

14일(기사) 맑았다. 여러 배를 보내어 배를 만들 목재를 운반하고 왔다.

15일(경오) 맑았다. 우수사 [이억기]가 여기에 왔다. 여러 장수들이 활을 쏘았는데[1] 우리 장수들이 66분[2]을 이겨서 우수사가 떡, 술을 장만해 왔다. 저물녘에 비가 많이 내리기 시작하더니 밤새도록 퍼부었다.

1) 원문 중의 '觀德'은 『예기』의 「사의(射義)」에서 유래한 말로서 활을 쏘는 것을 의미한다. 조선시대 문헌을 살펴보면 활터 정자를 '觀德亭'으로 칭하기도 하였다.
2) 분(分)은 활쏘기의 점수를 세는 단위이다. 『경국대전』의 「병전」-「시취(試取)」에 그 점수를 세는 법이 정의되어 있다.

16일(신미) 늦게야 맑아졌다. 여러 장수들이 다시 활을 쏘았는데 우리 장수들이 30여 분을 이겼다. 원 영공(원균)도 왔다가 많이 취해서 돌아갔다. 낙안군수 [신호]가 아침에 왔기에 고부로 [보낼] 편지를 줘서 보냈다.

17일(임신) 맑았다. 광풍이 하루 종일 불었다. 우수사 [이억기]와 활을 쏘았는데 모양새가 갖추어지지 않아서 우스웠다. 신경황이 와서 "유지를 [전하는] 선전관[1]이 본영으로 온다."라고 하였다. 곧바로 돌려보냈다.

1) 노산 이은상은 『이충무공전서』의 번역 시에 채진과 안세걸로 서술하였다. 그러나 『임진장초』의 「토적장(討賊狀)」(1593년 4월 6일)에 의하면 이 두 사람은 같은 해 2월 6일 이전에 왔던 선전관들이며 이날 일기의 선전관이 누구였는지는 관련 기록이 없다.

18일(계유) 맑았다. 광풍이 하루 종일 불어서 사람들이 출입을 하지 못했다. 소비포권관 [이영남]과 아침식사를 하였다. [전라]우수사 [이억기]와 함께 바둑[1]을 두어 이겼다. 남해현령 기효근도 왔다. 저녁에 돼지 1마리를 잡아 왔다. 밤 10시경에 비가 내렸다.

1) 원문 '奕'은 『실록』에서 용례를 찾아보면 대개 '博奕(박혁)'이나 '奕棋(혁기)'라는 용어로 표기되었으며 '바둑'이나 '장기'를 의미하였다. 앞의 일기에 바둑을 두었다는 기록이 보이므로 여기에서도 바둑으로 해석하였다.

19일(갑술) 계속 비가 내렸다. 우수사 [이억기]와 이야기하였다.

20일(을해) 맑았다. 우수사 [이억기]와 함께 이야기하였다. 오후에 선전관이 유지를 가지고 온다는 소식을 들었다.

21일(병자) 맑았다.

22일(정축)

1일(갑인) 맑았다. 새벽에 망궐례를 하였다.

2일(을묘) 맑았다. 선전관 이춘영이 유지[1]를 가지고 왔는데 대개의 [내용이] 도망가는 적을 무찌르라는 것이었다. 이날 보성군수 [김득광]과 발포만호 [황정록] 두 장수가 와서 만났는데 그 나머지 장수들은 정한 [기한을] 미루었기 때문에 모이지 않았다.

1) 이날 선전관이 가져온 유지는 『이충무공전서』의 「명솔주사재적귀로유서(命率舟師載賊歸路諭書)4」에 전한다.

3일(병진) 맑았다. 우수사 [이억기]가 수군을 이끌고 와서 약속하였지만 뒤떨어진 수군이 많아서 한탄스러웠다.[1] [선전관] 이춘영이 돌아가고 다시 [선전관] 이순일[2]이 왔다.

1) 『임진장초』의 「신청반한일족물침지명장(申請反汗一族勿侵之命狀)」(1593년 4월 10일)에 의하면 당시 전쟁으로 인하여 도망친 사람이 많았기 때문에 징발할 군사가 매우 부족하였다.
2) 『선조실록』의 기사[49]에서도 이춘영과 이순일이 거의 같은 시기에 선전관으로 파견된 사실을 확인할 수 있다.

4일(정사) 맑았다. 오늘이 바로 어머니의 생신이었지만 적을 토벌하는 일 때문에 가서 축수의 잔을 올릴 수 없으니 평생의 아쉬움이 되겠다. 우수사 [이억기]와 군관 등과 진해루에서 활을 쏘았다. 순천부사 [권준]과 만나서 약속하였다.

5일(무오) 맑았다. 선전관 이순일이 영남으로부터 돌아왔으므로 아침식사를 하면서 응대하였다. 전하는 말에 "명나라 조정에서 작위를 내려서 은청금자광록대부를 가자한다."라고 하였지만 이는 잘못 전해진 말 같다. 느지막이 우수사 [이억기], 순천부사 [권준], 광양현감 [어영담], 낙안군수 [신호] 여러 영공들과 함께 앉아서 술을 마시며 이야기하였고 또한 군관 등으로 하여금 편을 나누어 활을 쏘도록 하였다.

6일(기미) 아침에 신정 씨와 조카 봉이 해포[1]로부터 왔다. 늦게 큰비가 퍼붓듯이 내리더니 종일토록 그치지 않았다. 개천에 물이 불어서 농민이 바라는 바를 만족시켜주니 매우 다행이다. 저녁 내내 친척 신씨 어른과 함께 이야기하였다.

1) 지금의 충남 아산시 인주면 해암리에 있었다.⁵⁰

7일(경신) 흐렸으나 비는 내리지 않았다. 우수사 [이억기]와 함께 아침식사를 하고 진해루로 자리를 옮겨서 업무를 본 뒤에 배에 올랐다. 출발할 무렵 발포의 도망쳤던 수군에게 법을 집행하였다. 순천의 이방이 [업무를] 빨리 정리하여¹⁾ 넘겨주지 않았기 때문에 법을 집행하고 싶었지만 잠시 미루었다. 미조항에 이르니 동풍이 많이 불어서 파도가 산더미 같아 간신히 도착하여 숙박을 하였다.

1) 『선조실록』이나 『임진장초』를 살펴보면 '일을 정리한다'는 의미로서 종종 '정제(整齊)'라는 표현이 쓰였다. 일기의 원문 '整'도 이와 같은 의미로 해석하였다.

8일(신유) 흐렸으나 비는 내리지 않았다. 꼭두새벽에 출발하여 사량 바다에 이르니 만호 [이여념]이 나왔다. [경상]우수사 [원균]은 어느 곳에 있냐고 물었더니 "지금 창신도(창선도)에 있다."라고 하며 "군사가 모이지 않아서 배를 타지 못했다."라고 하였다. 바로 당포로 가니 [소비포권관] 이영남이 와서 만났는데 [경상]수사의 많은 잘못을 자세히 말하였다. 숙박을 하였다.

9일(임술) 흐렸다. 아침에 출발하여 걸망포에 이르니 바람이 순탄하지 못했다. 우수사 [이억기], 가리포첨사 [구사직]과 함께 앉아서 이야기하였다. 저녁에 원 수사(원균)가 2척의 전선을 이끌고 와서 모였다.

10일(계해) 흐렸으나 비는 내리지 않았다. 아침에 배를 출발하여 견내량에 이르렀다. 늦게 작은 산봉우리 위로 올라가서 흥양의 군사를 점검하고 [군사가] 뒤떨어진 여러 장수들에게 벌을 주었다. 우수사 [이억기], 가리포첨사 [구사직]도 모여서 함께 이야기하였다. 얼마 있다가 선전관 고세충이 유지¹⁾를 가지고 와서 전했는데 부산으로 나아가 돌아가는 적을 토벌하라는 [내용이었다]. 부찰사 [김찬]의 군관 민종의가 공문을 가지고 왔다. 저녁에 영남우후 이의득²⁾과 [소비포권관] 이영남이 와서 만났다. 앉아서 이야기하다가 밤이 깊어서야 헤어져 돌아갔다. "봉사 윤제현³⁾이 본영에 이르렀다."라는 편지가 왔는데 바로 답장을 보내어 본영에 잠시 머물러 있으라고 하였다.⁴⁾

1) 이날 선전관이 가져온 유지는 『이충무공전서』의 「명청후경략유서(命聽候經略諭書)」에 전한다. 이는 전선과 수군

을 부산 근처에 집결해 놓았다가 명나라의 경략(經略) 송응창(宋應昌)과 협력하여 적을 무찌르라는 내용이었다.

2) 이의득(李義得)의 자는 득지(得之), 본관은 벽진(碧珍), 생몰년은 1544~1598년이며, 칠천량해전, 노량해전 등에 참전하였고, 노량해전에서 전사하였다.[51]

3) 윤제현(尹齊賢)의 자는 가성(可聖), 본관은 파평(坡平), 생몰년은 1545년~미상이며, 이순신의 누이의 딸의 시아버지이다.[52]

4) 초고본에는 이 문장이 이날 일기의 아래쪽 여백에 작은 글씨로 추가로 적혀 있다.

11일(갑자) 맑았다. 선전관 [고세충]이 돌아갔다. 느지막이 우수사 [이억기]가 진을 친 곳으로 갔더니 이홍명과 가리포첨사 [구사직]도 와서 바둑을 두곤 하였다. 순천부사 [권준]도 왔고 광양현감 [어영담]도 뒤따라왔다. 가리포첨사가 술과 고기를 가져왔다. 얼마 있다가 영등포에서 적을 정탐하던 사람들이 돌아와서 보고하기를 "가덕의 바깥 바다에 적선이 무려 200여 척이 정박하여 드나들고 있으며 웅천도 여전하다."라고 하였다. 선전관이 돌아가는 길에, 사유를 갖추어 [작성한] 서장[1]과 도원수 [김명원][2] 및 체찰사 [유성룡][3]의 세 가지 공문을 1장으로 만든 것과 그 세 가지에 대한 품정(물어서 결정하는 것)을 시행할 사람을 함께 보냈다. 이날 남해현령 [기효근]도 왔다.

1) 『임진장초』의 「청호서주사계원장(請湖西舟師繼援狀)」(1593년 5월 10일)이다.
2) 김명원(金命元)의 자는 응순(應順), 본관은 경주(慶州), 생몰년은 1534~1602년이다.[53]
3) 『선조실록』의 기사[54]에 의하면 1592년 12월경에 도체찰사로 제수되었다.

12일(을축) 맑다. 본영의 탐후선이 들어왔는데 순찰사 [권율]의 공문과 송 시랑[1]의 패문[2]을 가지고 왔다. 사복시의 말 5필을 진헌[3]하기 위해서 보내라는 공문도 왔기에 병방의 진무를 보냈다. 늦게 영남에서 선전관 성문개가 와서 만났는데 행조(피난 중인 조정)의 소식을 자세히 전했다. 통곡을 참을 수 없었다. 새로 만든 정철총통을 비변사로 보냈다. 위의[4] 성[문개]에게는 흑각궁[5]과 화살[6]을 줘서 보냈다. 이일[7]의 사위라고 했기 때문이었다. 저녁에 [소비포권관] 이영남과 윤동구가 와서 만나고 고성현령 조응도[8]도 와서 만났다. 이날 새벽 좌우도의 정탐할 사람을 정하여 영등포 등지로 보냈다.

1) 명나라 군사의 사령관 격인 송응창(宋應昌)으로서 벼슬은 경략군문(經略軍門) 병부시랑(兵部侍郎)이었다. 그의 호는 동강(桐岡)이며, 항주(杭州) 우위(右衛) 인화현(仁和縣) 출신이다.[55]
2) 『선조실록』의 같은 달 기사[56]에 의하면 송응창은 조선 조정에 자문(咨文)과 패문(牌文)을 보내며 수군과 육군으로 하여금 왜군을 추격하도록 요청하였다.
3) 원문 '進獻'은 주로 중국에 예물 등을 보낼 때 사용되던 표현이다.
4) 원문 '右'는 '위의'라는 의미이다.

5) 숭국, 일본을 통하여 수입한 물소 뿔을 활채의 안쪽에 붙여 반탄력을 강화한 활로서 성능이 우수하고 내구성이 뛰어났다. 주재료인 물소 뿔이 구하기 어렵고 고가였기 때문에 고급 활로 취급되었다. 물소 뿔의 색에 따라 흑각궁, 황각궁, 백각궁 등으로 불렸다.[57]

6) 원문 '喉矢'는 '배(喉)에 쏘는 화살'인 후전(喉箭)을 가리킨다.

7) 이일(李鎰)의 자는 중경(重卿), 시호는 장양(壯襄), 본관은 용인(龍仁), 생몰년은 1538~1601년이며, 1587년에 니탕개의 난을 평정하고 1588년에는 여진족 시전부락을 토벌하였다. 임진왜란이 일어나자 순변사로 중용되었으나 상주에서 패하였고 충주에서도 신립의 진영에서 왜적과 싸웠으나 패배하고 도주하였다.[58]

8) 원문 '趙應道'는 '趙凝道'의 오기이다. 그의 자는 여수(汝修), 본관은 함안(咸安), 생몰년은 1555~1597년이며, 제1차 진주성전투, 제2차 당항포해전 등에 참전하였고, 정유재란 때 거제도에서 왜군과 싸우다 전사하였다.[59]

13일(병인) 맑았다. 식사를 한 뒤에 작은 산봉우리 위에 과녁을 펼쳐놓고, 순천부사 [권준], 광양현감 [어영담], 방답첨사 [이순신(李純信)], 사도첨사 [김완], 우후 [이몽구], 발포만호 [황정록]과 편을 나누어 시합을 하다가 날이 저물 녘에 배로 내려왔다. 밤중에 "영남우수사 [원균]에게 선전관 도언량이 왔다."라는 소식을 들었다. 이날 저녁 바다의 달빛은 배에 가득히 비추고 홀로 앉아 뒤척이니 온갖 근심이 치밀어 올라서 침상에 누워서도 잠을 이루지 못하고 닭이 울고서야 잠깐 잠이 들었다.

14일(정묘) 맑았다. 선전관 박진종이 왔고 동시에 선전관 영산령 [이]예윤[1]도 유지[2]를 가지고 왔다. 그편에 행조(피난중인 조정)의 일과 명나라 군사의 소행 소식을 들었는데 매우 통분하였다.[3] 나도 우수사 [이억기]의 배에 옮겨 타고 선전관과 서로 이야기하면서 술을 몇 잔 돌렸다. 영남수사 원평중(원균)이 와서 술주정을 하였는데 말할 수 없이 심하여 온 배 안의 장병들이 분개하지 않은 사람이 없었다. 그 하는 짓이 거짓됨을 이루 말할 수 없었다. 영산령이 취해 쓰러져 인사불성이 되어서 우스웠다. 이날 저녁 두 선전관이 돌아갔다.

1) 이예윤(李禮胤)의 본관은 전주(全州), 생몰년은 1568~1625년이며, 성종의 11남인 전성군(全城君)의 증손자이다.[60]

2) 두 선전관이 가져온 유지는 각각 『이충무공전서』의 「명정선초적유서(命整船勦賊諭書)」와 「명의경략언선분부산유서(命依經略言先焚釜山諭書)」에 전한다. 두 유지 모두 명나라 군사와 협력하여 부산 등지의 적을 무찌르라는 명령이 실려 있다.

3) 『선조실록』의 기사[61]에 의하면 당시 명나라와 일본 사이에 강화에 대한 논의가 시작되면서 명나라 장수들이 조선으로 하여금 왜군과 싸우지 못 하게 하였기 때문에 상당한 논란이 일어났다.

15일(무진) 맑았다. 아침에 낙안군수 [신호]가 와서 만났다. 얼마 있다가 윤동구가 그의 대장의 장계 초고[1]를 가지고 [왔는데] 그 거짓됨이 이루 말할 수 없었다. 순천부사 [권준], 광양현감 [어영담]이 와서 만났다. 늦은 아침에 해, 울이 봉사 윤제현과 함께 왔다. 12시경에 활 쏘는 곳으로 가서 순천부사, 광양현감, 사도첨사 [김완], 방답첨사 [이순신(李純信)] 등이 시합을 하였고 나도 활을 쏘았다. 저녁에 배로 돌아와서 윤 봉사와 도란도란 이야기를 하였다.

1) 원문 '草稿'는 초벌로 쓴 원고를 가리킨다.

16일(기사) 맑았다. 아침에 적량만호 고여우, 감목관 이효가, 이응화, [남도포만호] 강응표 등이 와서 만났다. 각 고을의 공문과 소지[1]를 처결해 주었다. 해와 회가 돌아갔다. 몸이 몹시 불편하여 침상에 누워 신음하였다. 명나라 장수들이 중간에 지체하는 것은 간교한 계책[2]이 없지 않다는 소식을 들어서 나라를 위한 걱정이 매우 많이 되었다. [하는] 일마다 이와 같으니 더욱더 탄식이 나왔고 눈물이 흘렀다. 점심을 먹을 때 윤 봉사(윤제현)로부터 "관동[3]의 숙모님[4]이 양주 천천[5]으로 피난을 갔다가 세상을 떠나셨다."라는 소식을 전해 듣고 통곡을 참을 수 없었다. 어찌 세상사가 이와 같이도 그리 가혹한가? 장사는 누가 치렀을까? "대진이 이미 먼저 세상을 떠났다."라고 하여 더욱더 애통하였다.

1) 관부에 올리는 소장, 청원서, 진정서 등으로서 소송, 청원 등의 다양한 내용을 담고 있다.[62]
2) 원문 '巧計'의 용례를 『실록』에서 살펴보면 '잔꾀'나 '교묘한 흉계' 등 주로 부정적인 의미로 쓰였다.
3) 동일한 지명이 여러 곳 존재하지만 이순신이 어린 시절을 보낸 서울 건천동과 가까운 거리에 위치했던 관동으로 짐작된다. 지금의 서울시 종로구 연건동, 명륜동 일대이다.[63]
4) 원문 '叔母主'는 '숙모님'이라는 의미이다.
5) 지금의 경기도 양주시 덕계동 일대이다.[64]

17일(경오) 맑았다. 새벽에 광풍이 심하게 불었다. 아침에 순천부사 [권준], 광양현감 [어영담], 보성군수 [김득광], 발포만호 [황정록]과 이응화가 와서 만났다. 변존서가 병 때문에 돌아갔다. 영남우수사 [원균]이 군관을 보내어 진양(진주)의 급보를 가져다 보여주었는데 "이 제독(이여송)은 지금 충주에 있다."라고 하였으나 적의 무리는 사방으로 흩어져 [집을] 불태우고 노략질을 하고 있으니 매우 통분하다.[1] 하루 종일 바람이 많이 불어서 마음 또한 매우 어지러웠다. 고성현령 [조응도]가 군관을 보내어 안부를 묻고 또한 "추로[2]와 쇠고기 1토막과 꿀 1통[3]을 보낸다."라고 하였다. 그러나 상중이므로 받기가 불편하였지만 간절한 정성 때문에 의리상 돌려보낼 수 없었기에 군관 등에게 주었다. 몸이 몹시 불편하여 일찍 선실로 들어갔다.

1) 『선조실록』의 기사[65]에 의하면 당시 왜군은 선산 등지로 모여들어 예천, 안동, 풍산 등을 노략질하고 있었으며 명군의 선봉은 문경, 유곡 등지에 도착하였고 이여송은 충주에 있었다.

2) 추로(秋露)는 주로 조선시대 문집에서 그 이름을 찾아볼 수 있다. 청주의 일종으로서 향기가 좋고 선물용으로도 많이 애용되었다.

3) 원문 '蜂筒'은 대개 벌통을 가리키지만 일기에서는 꿀을 담은 통을 말하는 것 같다.

18일(신미) 맑았다. 이른 아침에 몸이 몹시 불편하여 온백원[1] 4알을 삼켰다. 아침에 식사를 한 뒤에 우수사 [이억기]와 가리포첨사 [구사직]이 와서 만났다. 얼마 있다가 시원하게 설사를 하고 나니 몸이 편안해지는 듯하였다. 종 목년이 해포로부터 와서 그편에 어머니께서 평안하시다는 소식을 듣고는 바로 답장을 써서 돌려보내고 미역 5동[2]을 집으로 보냈다. 이날 접반사[3]에게 적의 형세의 상황에 대한 공문 3통을 1장으로 만들어 보냈다. 전주부윤[4]의 공문 중에 "이제 순찰사를 겸하여 [군사를] 절제[5]하게 되었다."라고 하였지만 인장이 찍혀있지 않으니 그 이유를 알 수 없었다. 방답첨사 [이순신(李純信)]이 와서 만났다. 대금산[6]과 영등포의 망군들이 와서 "왜적이 드나들기는 하지만 별다른 큰 흉계는 없는 것 같다."라고 보고하였다. 새로 만드는 협선[7] 2척에 [사용할] 못이 없다고 하였다.

1) 온백원(溫白元)은 만병자원환(萬病紫菀丸)이라고도 한다. 『동의보감』에 의하면 적취(積聚), 황달(黃疸), 고창(鼓脹), 8가지 비색(痞塞) 등 뱃속의 모든 병을 치료하며 때로는 설사를 동반한다.

2) '동(同)'은 미역을 세는 단위로서 1동은 미역 10장을 가리킨다. '뭇'과 '속(束)'도 미역을 세는 단위로서 동과 마찬가지이다.

3) 외국의 사신을 접대하는 일을 담당했던 직책이다. 임진왜란 중에는 명군의 상황을 조정에 보고하거나 조정의 뜻을 그들에게 전달하는 등의 연락 업무를 하였다.

4) 종종 권율로 서술하는 경우가 있지만 그는 이미 1592년 8월에 전라관찰사가 되었으며 1593년 6월경에는 다시 도원수로 제수되었다. 『선조실록』과 이정암의 『사류재집』의 기록[66]에 의하면 3월에서 6월까지의 기간은 전주부윤의 임명이 여러 차례 번복되는 혼란스러운 상황이었다. 이들 기록에 의하면 일기에서 언급된 전주부윤은 최립 또는 이정암이다. 당시 전라관찰사 권율과 전라병사 선거이가 왜군 토벌을 위해 경상도에 있었기 때문에 전주부윤이 전라순찰사를 임시로 겸직한 것이 아닌가 추정된다.

5) 원문 '節制'는 '군사를 통솔한다'라는 의미이다. 순찰사는 병마절도사를 겸하며 수하의 병마절도사와 수군절도사에게 명령을 내릴 권한을 가지고 있었다. '節制'를 '절도사'나 '절제사' 등과 같이 관직으로 번역하는 경우도 있지만 이러한 경우의 정확한 표현은 '兵使' 또는 '兵馬節度使'이다.

6) 지금의 경남 거제시 장목면의 대금산이다.[67]

7) 협선(挾船)은 판옥선의 부속선으로 사용된 작은 군용선이다. 나무배인 협선을 만드는 상황에서 못이 없다고 한 점으로 보아 나무못이 아닌 쇠못을 썼던 것으로 생각된다. 조선의 선박에는 주로 나무못이 사용되었지만 간혹 쇠못이 쓰이는 경우도 있었다.[68]

19일(임신) 맑았다. 아침식사를 윤 봉사(윤제현)와 함께 먹었다. 여러 장수들이 애써 권하므로 몸이 불편한데도 억지로 먼저 맛있는 것을 먹게 되어 더욱더 비통하였다. 순찰사의 공문 중에 "명나라 장수 유 원외[1]의 패문에 따라 부산 해구로 진작 나아가 [길을] 끊었어야 했다."[2]라고 하였다. 곧바로 공문을 받았다고 [답장을] 써서 보냈다. 또한 보고하는 공문을 만들어 심부름꾼을 보냈는데 보성 사람이 가지고 갔다. 순천부사 [권준]이 쇠고기 7가지를 보내왔다. 방답첨사 [이순신(李純信)]과 이홍명이 와서 만나고 [남해현령] 기숙흠(기효근)도 와서 만났다. 영등포의 망군이 와서 별다른 변고는 없다고 보고하였다.

1) 명나라의 병부원외랑(兵部員外郞) 유황상(劉黃裳)을 가리킨다. 그의 자는 현자(玄子), 호는 태경(太景), 하남(河南) 여녕부(汝寧府) 광주(光州) 출신이다.[69]

2) 많은 번역서들이 이 문장을 '명나라 장수 유황상의 패문에 의하면 부산 해구를 거점으로 하여 이미 나아가 길을 끊었다'와 같은 의미로 번역하였다. 그러나 『선조실록』의 기사[70]에 의하면 당시 왜군은 상주, 부산, 창원, 가덕 등지에 주둔해 있었고 유황상은 서울에 머물면서 남하하기를 주저하고 있었다. 또한 당시 명군이 조선 수군으로 하여금 먼저 부산으로 들어가 적을 공격하도록 압박한 사실도 『선조실록』의 기사[71]에 실려 있다.

20일(계유) 맑았다. 새벽에 대금산의 망군이 와서 보고하였는데 [이] 또한 영등포의 망군과 같았다. 늦게 순천부사 [권준]이 왔고 소비포권관 [이영남]도 왔다. 오후에 망군[1]이 와서 "왜 선이 보이지 않는다."라고 보고하기에 본영의 군관 등에게 왜군의 물건을 실어 오라고 시키는 편지를 써서 보냈는데 흥양 사람이 가지고 갔다.

1) 원문 '望軍'은 '候望軍'이라고도 하며 높은 곳에서 주변 지역을 망보던 군사를 말한다.

21일(갑술) 새벽에 배를 출발하여 거제 유자도[1] 바다에 이르니 대금산의 망군이 와서 "적이 여전히 드나들고 있다."라고 보고하였다. 우수사 [이억기]와 저녁때까지 이야기하였고 이홍명도 왔다. 오후 2시경에 비가 내리기 시작하여 농사에 대한 바람이 조금 살아나는 듯하였다. [소비포권관] 이영남이 와서 만났다. 원 수사(원균)가 헛된 말로 공문을 보내어 대군이 동요하였다. 군에서의 속임이 이와 같으니 그 흉하고 패악함을 이루 말할 수 없었다. 밤새도록 광풍이 불고 비도 내렸다. 꼭두새벽에 선창에 이르니 곧 [이날이] 22일이었다.

1) 지금의 경남 거제시 고현동의 고현항 앞에 있는 섬이다.[72] 현재는 간척 사업으로 육지가 되었다.

22일(을해) 계속 비가 내려서 사람들의 바람을 크게 흡족시켰다. 늦은 아침에 나대용이 본영으로부터 왔는데 송 시랑(송응창)의 패문과 차원(차사원)이 본도(전라도)의 도사 [최철견], 행 상호군 선전관 1명과 같이 온다는 선문(미리 알리는 통지문)을 가지고 왔다. "송 시랑의 차원은 전선을 살펴보기 위하여 온다."라고 하므로 [그를] 맞아들이기 위해서 곧바로 우후 [이 몽구]를 내보냈다. 오후에 칠천량으로 옮겨서 정박하고 나대용을 [차원을] 접대[1]하기 위하여 내보냈다. 저녁에 방답첨사 [이순신(李純信)]이 와서 중국 사람을 접대하는 일에 대해서 말하였다. 영남우수사 [원균]의 군관 김준계가 와서 자기 대장의 뜻을 전했다. 비가 하루 종일 그치지 않았다. 흥양의 군관 이호가 죽었다는 소식을 들었다.

1) 원문 '問禮'는 사신 등을 맞아들이거나 접대하는 것을 말한다. 『실록』에서도 사신을 맞아들이는 임무를 담당한 문례관(問禮官)이란 직책이 보인다.

23일(병자) 새벽에 흐렸으나 비는 내리지 않다가 늦게 비가 내리다 맑았다 하였다. 우수사 [이억기]가 왔고 이홍명도 왔다. 영남우병사[1]의 군관이 와서 적에 대한 일을 전했다. 본도 병사[2]의 편지와 공문이 여기에 왔는데 "창원의 적을 토벌하려고 한다. 그러나 적의 세력이 대단히 강성하여 경솔히 나아갈 수 없다."[3]라고 하였다. 저녁에 아들 회가 와서 명나라 관리가 본영에 이르러 배를 타고 출발해서 온다고 전했다. 어두워질 무렵 영남수사 [원균]이 와서 명나라 관리를 접대할 일을 의논하였다.

1) 『선조실록』의 기사[73]에 의하면 같은 해 4월경에 의병장 최경회(崔慶會)가 경상우병사에 제수되었다. 그의 자는 선우(善遇), 호는 삼계(三溪), 시호는 충의(忠毅), 본관은 해주(海州), 생몰년은 1532~1593년이며, 고경명이 전사한 뒤 그 휘하의 병력을 수습하여 의병장으로 추대되었다. 김면, 임계영 등의 의병장들과 함께 활약하면서 제1차 진주성전투를 비롯한 많은 전공을 세웠으며, 제2차 진주성전투 때 전사하였다.[74]

2) 『선조실록』의 기사[75]에 따르면 같은 해 1월경 선거이(宣居怡)가 전라병사에 제수되었다. 그의 본관은 보성(寶城)이며, 한산도대첩, 행주대첩 등에 참전하였다.[76] 이순신과는 절친한 사이로 알려져 있다.

3) 『선조실록』과 조경남의 『난중잡록』의 기록[77]에 의하면 당시 왜군 토벌을 위해 도원수 김명원, 전라관찰사 권율, 전라병사 선거이, 순변사 이빈 등의 여러 장수들이 경상도로 들어갔다.

24일(정축) 비가 내리다 맑았다 하였다. 아침에 거제 앞 칠천량 해구로 진을 옮겼다. 나대용이 명나라 관리를 사량 뒷바다에서 만나보고 먼저 와서는 "명나라 관리와 통역관 표헌[1]이 선전관 목광흠[2]과 함께 온다."라고 전했다. 오후 2시경에 명나라 관리 양보가 진 문에 이르렀기에 우별도장 이설[3]을 보내어 맞이하여 배까지 데려오니 매우 기뻐하는 기색이었다. 내 배에 오르도록 청하고 황제의 은혜에 두세 차례 감사드리며 마주 앉기를 권하였더니 굳이 사양하며 앉지 않고 서서는 한참 동안 이야기하며 배의 위세가 성대하다고 많이 칭찬하였다. 예단(예물 목록)을 전달하니 처음에는 사양하는 듯하였지만 이를 받고는 기뻐하면서 거듭 감사하다고 하였다. 선전관도 표신을 상위에 놓은 뒤에 조용히 이야기하였다. 아들 회가 밤에 본영으로 돌아갔다.

1) 표헌(表憲)의 자는 숙도(叔度), 본관은 신창(新昌), 생몰년은 1545년~미상이며, 염초를 굽는 방법을 배워와서 전쟁 수행에 일익을 담당하기도 하였다.[78]

2) 『선조실록』의 기사[79]에 의하면 이날 선전관이 온 이유는 경략 송응창이 통역관 표헌을 통하여 선조에게 왜적을 섬멸하겠다는 강한 의사표현을 하였기 때문이다. 그러나 기사에 보이는 송응창의 말은 논리가 빈약하고 의도 또한 의심스러웠다.

3) 이설(李渫)의 자는 정원(淨原), 본관은 양성(陽城), 생몰년은 1550년~미상이며, 옥포해전, 당포해전, 제2차 당항포해전 등에 참전하였다.[80]

25일(무인) 맑았다. 명나라 관리와 선전관 [목광흠]이 숙취가 덜 깨었으므로 아침에 통역관 표헌에게 다시 오라고 청하여 명나라 장수가 무엇을 하려는 것인지 물었더니 "명나라 장수의 뜻이 무엇을 하려는지는 알 수 없으며 단지 왜적을 쫓아 보내려고 할 뿐이다."라고 하였다. [다시] 말하기를 "송 시랑(송응창)이 수군의 허실을 알아보려고 그가 거느리고 있는 야불수[1] 양보를 보내온 것인데 수군의 위세가 이와 같이 성대하여 기쁘기 비할 바가 없다."라고 하였다. [그들이] 늦게 본영으로 돌아가기에 체지[2]를 줬다. 12시경에 거제현 앞의 유자도 앞바다로 진을 옮기고 우수사 [이억기]와 군사에 관한 일을 수시로 논의하였다. 광양현감 [어영담]이 왔다. 최천보, 이홍명이 와서 바둑을 두다가 헤어졌다. 저녁에 조붕[3]이 와서 만나고 이야기하다가 보냈다. 오후 8시가 지나서 영남에서 명나라 사람 2명, [경상]우도 방백[4]의 영리 1명, 접반사의 군관 1명이 진 문에 이르렀지만 밤이 깊어 들어오지 못했다.

1) 명나라 군대에서 적을 정탐하거나 간첩 활동을 하던 자를 가리키는 말이다.

2) 체지(帖紙)는 일종의 영수증과 같은 증서로서 물품 등으로 다시 교환할 수 있었다. 명나라 관리 등의 편의를 위해 준 것으로 보인다.

3) 조붕(趙鵬)의 본관은 함안(咸安)이며, 고성현령 조응도의 숙부이다. 전 전주판관으로서 임진왜란이 발발하자 안집사(安集使) 김륵(金玏)의 명에 의해 왜군을 토벌하였다.[81]

4) 『선조실록』의 기사[82]에 따르면 같은 해 4월 29일 경상우도관찰사 김성일(金誠一)이 진중에서 병으로 사망하자 김륵(金玏)이 그 후임으로 제수되었다. 그의 자는 희옥(希玉), 호는 백암(栢巖), 본관은 예안(禮安), 생몰년은 1540~1616년이며, 임진왜란 초기 안집사로 임명되어 영주와 안동을 중심으로 군사 활동을 도모하여 왜군과 전투를 벌였으며 의병의 창의를 독려하였다.[83]

26일(기묘) 계속 비가 내렸다. 아침에 명나라 사람을 [만나 보니] 절강성의 포수 왕경득이었다. 글자로 써보고[1] 때때로 대화도 해보았지만 알아들을 수가 없어서 매우 답답하였다. 순천부사 [권준]이 가장[2]을 마련하였고 광양현감 [어영담]도 왔다. 우수사 [이억기] 영공도 함께 이야기하였다. 가리포첨사 [구사직]은 초청하였지만 오지 않았다. 비가 저녁 내내 그치지 않더니 밤새도록 퍼붓듯이 내렸다. 밤 10시경부터 광풍이 많이 불어서 각 배들을 안정시킬 수 없었다. 처음에는 우수사의 배와 부딪히는 것을 간신히 피했는데 다시 발포만호 [황정록]이 탄 배와 부딪혀 거의 부서질 뻔하다가 가까스로 모면하였다. "송한련이 탔던 협선이 발포의 배와 부딪혀 상한 곳이 많다."라고 하였다. 늦은 아침에 영남우수사 [원균]이 와서 만나고 돌아갔다. 순변사 이빈[3]이 공문을 보냈는데 지나친 말이 많아 우스웠다.

1) 원문 중의 '粗解文字'는 '대략 글자를 알고 있다'라는 의미이다. 자연스러운 문장을 만들기 위해 의역을 하였다.

2) 『효종실록』의 기사[84]에 의하면 가장(家獐)은 여름에 개고기를 삶아 먹는 것을 가리키는 것으로서 조선시대의 풍속이었다.

3) 원문 '李濱'은 '李薲'의 오기이다. 그의 자는 문원(聞遠), 본관은 전주(全州), 생몰년은 1537~1603년이며, 임진왜란이 일어나자 신립과 함께 충주에서 싸웠지만 패하였고, 이후 김명원 휘하에서 임진강을 방어하였으나 다시 패배하였다.[85]

27일(경진) 비바람을 만나[1] 유자도로 진을 옮겼다. 협선 3척이 없어졌다가 늦게야 돌아왔다. 순천부사 [권준]과 광양현감 [어영담]이 가장을 마련해 왔다. 영남우병사 [최경회]의 답장이 왔는데 원 수사(원균)가 송 경략(송응창)이 보낸 화전[2]을 혼자 쓰려고 계획하였던 것이었다. 매우 우스웠다. 전라병사 [선거이]의 편지도 왔는데 "창원의 적을 오늘 토벌하려고 했지만 궂은비가 개지 않아서 나아가지 않았다."라고 하였다.

1) 원문 '所觸'은 『선조실록』의 기사[86]에서 그 용례를 찾아보면 비, 바람, 파도 등을 만난 것을 의미한다.

2) 명나라의 화전은 조선의 신기전과 제조법이 비슷하였는데 단 화살대가 매우 길고 화살촉에서 두세 치 떨어진 곳에 약통을 달아서 화살이 떨어지면 폭발과 함께 연기가 많이 솟았다.[87] 『선조실록』의 평양성 탈환 기사[88]에는 명나라 화전이 강력한 성능을 가졌음을 알 수 있는 기록이 전한다.

28일(신사) 비가 하루 종일 내렸다. 순천부사 [권준]과 이홍명이 와서 이야기하였다. 광양 사람이 공문[1]을 가지고 돌아왔는데, 독운어사[2] 임발영[3]을 위에서 몹시 옳지 않게 여겨서 추고하여 죄를 다스리라는 명이었으며 수군의 일족을 [징발하는] 일[4] 또한 전과 같이[5] 하라는 명이었다. 비변사의 공문이 왔는데 "광양현감 [어영담]을 유임한다.'[6]라고 하였다. 조보[7]를 가져와서 그것을 보았더니 나도 모르게 통분하였다. 용호장 성응지가 그 배를 갈아타도록 전령과 함께 본영으로 내보냈다.

1) 원문 '啓'를 계문이나 장계로 번역하는 경우가 많다. 그러나 이는 조정에 보고를 하는 문서가 아니라 조정의 명이 내려오는 문서이므로 왕의 재가를 받은 문서인 계하공사(啓下公事)를 가리킨다.

2) 독운어사(督運御使)는 필요한 곡식을 모아서 조속히 운송하는 책임을 가진 직책이다. 『선조실록』과 유성룡의 『서애집』의 기록[89]에는 임발영의 직책이 조도사(調度使)로 기록되어 있다.

3) 임발영(任發英)의 자는 시언(時彦), 본관은 장흥(長興), 생몰년은 1539년~미상이다.[90]

4) 1592년 조선 조정은 도망간 군사들이 있어도 왜란이 끝날 때까지 그 친족이나 이웃에게 대신 징발을 하지 말라고 명령을 내렸다. 그러나 이는 악용되는 경우가 많았고 군사가 부족한 상황 또한 지속되었기 때문에 이순신은 조정에 이 명령의 중지를 요청함과 동시에 절충안을 보고하여 시행하였다. 그러나 독운어사 임발영이 내려

와서 다시 조정의 처음 명령대로 시행하는 바람에 문제가 발생하여 이순신은 절충안의 시행을 다시금 조정에 요청하였다.[91]

5) 원문 '依前事'는 『실록』에 종종 보이는 문구인 '依前事目'의 준말로 판단된다. 사목(事目)은 관청의 규정을 가리킨다.

6) 연초에 독운어사가 광양현의 창고를 조사한 뒤 장부에 기록되지 않은 곡식을 광양현감이 사적으로 사용한다고 조정에 보고한 때문에 어영담은 파직당할 상황까지 이르렀다. 이후 이순신은 광양현 주민의 연명 호소문을 근거로 하여 그 곡식은 사사로운 목적에 의한 것이 아님을 밝히는 계문을 조정에 올렸다.[92]

7) 정부가 주도하여 발행하였던 관보(官報)를 가리키며 조지(朝紙), 저보(邸報), 기별(奇別) 등으로도 불렸다. 조보(朝報)는, 승정원에서 담당 승지의 감독 아래 각지에서 올라온 소식들을 선택하여 산하기관인 조보소를 통해 내보내면 각 관청의 서리 등이 선별적으로 필요한 기사를 필사하여 해당 부처의 기별군사나 역참 등을 통해 중앙 및 지방의 관청이나 사대부 등에게 전달하는 제도였다. 이는 삼사(三司)의 언론 활동이나 왕의 비답(批答) 등도 실었으므로 공론정치의 활성화에도 도움을 주었다.[93]

29일(임오) 계속 비가 내렸다. 방답첨사 [이순신(李純信)]과 영등포만호 우치적이 와서 만났다. 공문을 만들어 접반사, 도원수 [김명원], 순변사 [이빈], 순찰사 [권율], 병사 [선거이], 방어사[1) 등에게 보냈다. 밤 10시경에 변유헌[2)과 이수 등이 왔다.

1) 『선조실록』과 『선조수정실록』의 기사[94]에 의하면 당시의 전라도방어사는 이복남(李福男)으로서 권율, 선거이 등과 함께 경상도에서 왜군을 토벌하고 있었다. 그의 자는 수보(綏甫), 시호는 충장(忠壯), 본관은 우계(羽溪), 생몰년은 1555~1597년이며, 웅치전투 등에서 활약하였고, 정유재란 때 남원성전투에서 전사하였다.[95]

2) 변유헌(卞有憲)의 자는 사칙(士則), 본관은 초계(草溪), 생몰년은 1564년~미상이며, 이순신의 누이의 아들이다.[96]

30일(계미) 하루 종일 비가 내렸다. 오후 4시경에 잠시 맑아졌다가 다시 비가 내렸다. 아침에 윤 봉사(윤제현), 변유헌에게 적의 일을 물었다. 이홍명이 와서 만났다. 원 수사(원균)가 송 경략(송응창)이 보낸 화전을 혼자 쓰려고 하였으므로 병사 [선거이]의 공문을 통하여 "나누어 보내라."라고 하였더니 공문의 말에는 전혀 수긍치 않고 이치에 맞지 않는 말만 많이 하여 우스웠다. 명나라 관리가 보낸 화공 기구인 화전 1,530개를 나누어 보내지 않고 모두 혼자 쓰려고 하니 그 생각을 이루 말할 수 없었다. 저녁에 조붕이 와서 이야기하였다. 남해 현령 기효근의 배가 내 배 옆에 정박하였는데 그 배에 어린 여자를 태우고서 [다른] 사람이 알까 봐 두려워하니 우스웠다. 이러한 국가가 위급한 시기에 예쁜 여인을 [배에] 태우기까지 하니 그 마음 씀씀이가 말로 표현할 수 없었다. 그러나 그 대장인 원 수사도 이와 같으니 어찌하는가? 어찌하는가? 윤 봉사가 일 때문에 본영으로 돌아갔다가 군량미 14섬을 싣고 왔다.[1)

1) 초고본에는 이 문장이 이날 일기의 앞 문장 왼쪽 여백에 작은 글씨로 추가로 적혀 있다.

6월

1일(갑신) 아침에 탐후선이 들어왔고 어머니의 편지도 왔는데 "평안하시다."라고 하여 매우 다행이었다. 아들의 편지와 봉의 편지가 함께 왔는데 "명나라 차원 양보가 왜적의 물건을 보고 기쁨을 참지 못했으며 왜적의 안장 하나를 가지고 갔다."라고 하였다. 순천부사 [권준]과 광양현감 [어영담]이 와서 만났다. 탐후선이 왜적의 물건을 가지고 왔다. 충청수사 정 영공(정걸)[1)]이 왔다. 나대용, 김인문, 방응원과 조카 봉도 와서 그편에 어머니께서 평안하신지를 알 수 있어서 매우 다행이었다. 충청수사와 조용히 이야기하고 저녁식사를 대접하였다. 그 편에 "황정욱과 이영[2)]이 강변으로 나와서 함께 이야기하였다."라는 말을 듣고 개탄을 금할 수 없었다.[3)] 이날은 맑았다.

1) 이순신은 부산 등지의 적을 공격할 목적으로 수군 병력을 강화하기 위해 5월 중순경 조정에 충청도 수군의 지원을 두 차례 요청하였다.[97]

2) 『선조실록』의 기사[98]에 의하면 황정욱과 남병사 이영은 선조의 두 왕자 임해군과 순화군 그리고 황정욱의 아들이자 순화군의 장인인 황혁과 함께 1592년 7월경 함경북도에서 왜군에게 포로가 되었다가 1593년 7월경에 풀려났다. 그 후에 이영은 전쟁에 패배하고 왜적에게 굴복했다는 죄로 곧 처형당했지만 오히려 황정욱과 황혁은 처형을 면하여 이후로 그들에 대한 처벌 요청이 끊이지 않았다. 황정욱(黃廷彧)의 자는 경문(景文), 본관은 장수(長水), 생몰년은 1532~1607년이며,[99] 이영(李瑛)의 자는 공헌(公獻), 본관은 함평(咸平), 생몰년은 미상~1593년이다.[100]

3) 『선조실록』과 이긍익의 『연려실기술』의 기록[101]에 의하면 같은 해 3월경 창의사 김천일 휘하의 사람이 서울로 들어가 두 왕자와 황정욱 등을 만난 뒤 얼마 있다가 왜군이 용산에 있는 조선 수군에게 화친을 청한 다음 4월 말경 서울에서 후퇴하였는데 당시 정걸이 조선 수군과 함께 한강 부근에 있었다고 한다. 따라서 일기에서 충청수사 정걸이 말한 내용은, 그가 포로가 된 황정욱 등과 서울 한강변에서 만나 이야기한 바를 전한 것으로 보인다.

2일(을유) 맑았다. 아침에 본영의 공문을 처결하여 보냈다. 온양의 강용수가 진으로 와서 명함을 놓고는 먼저 경상 본영으로 갔다. 판옥선과 군관 송두남[1)], 이경조, 정사립 등이 본영으로 돌아갔다. 아침이 지나 순찰사 [권율]의 군관이 공문을 가지고 왔다. 적의 형세를 정탐하고 돌아와서 우수사 [이억기]와 서로 의논하고 답장을 보냈다. 강용수도 왔기에 양식 5말을 줘서 보냈는데 "원현도 함께 왔다."라고 하였다. [충청수사] 정 영공(정걸)도 배로 와서 함께 이야기하였고 가리포첨사 구우경(구사직)도 함께 한참 동안 이야기하였다. 저녁에 송아지를 잡아서 나누어 주었다.

1) 원문 '宋斗男'은 '宋斗南'의 오기이다. 그의 자는 경정(景挺), 본관은 여산(礪山), 생몰년은 1556년~미상이다.[102]

3일(병술) 새벽에 맑다가 늦게 비가 많이 내렸다. 상선을 연훈[1]하기 위하여 좌별도장의 배[2]로 옮겨 탔다. 막 활을 쏘려고 할 때 비가 많이 내리기 시작하였다. 온 배가 비가 새지 않는 곳이 없어 앉을 만한 마른자리가 없어서 답답하였다. 평산포만호 [김축], 소비포권관 [이영남], 방답첨사 [이순신(李純信)]이 함께 와서 만났다. 저물녘에 순찰사 [권율], 순변사 [이빈], 병사 [선거이], 방어사 [이복남]의 답신 공문이 왔는데 어려운 일들이 많았다. "각 도의 군마가 많아야 5,000을 넘지 못하고 군량도 거의 다 떨어졌다."라고 한다. 적의 무리가 부리는 해독이 날로 더해가는데 [하는] 일마다 이러하니 어찌하는가? 어찌하는가? 오후 8시경에 상선의 침실로 돌아왔다. 비가 밤새도록 내렸다.

1) 원문 '烟燻'은 해충의 피해를 입는 것을 막기 위해 선박을 연기로 그을리는 것을 말한다. 조선시대 병선의 주재료가 썩기 쉬운 소나무였기 때문에 조선 초기부터 선박의 보존을 위한 여러 가지 대책이 강구되었다. 처음에는 석회를 바르는 방법과 연훈법이 시도되었으며 이후 연훈법이 적용된 다음에는 그 기간과 관리 및 감독 등을 규정하고 법제화하기까지 많은 시행착오가 있었다.[103] 『경국대전』의 「병전」-「병선(兵船)」은 연훈(煙燻)을 매달 그믐과 보름에 하도록 규정하였다.[104]

2) 원문 '左別船'을 좌별도장의 배로 해석한 이유는 8월 17일 일기에 연훈할 때 좌별도장의 배로 옮겨 탔다는 기록이 보이기 때문이다.

4일(정해) 비가 하루 종일 내리고 밤에도 계속되었다. 아침에 식사를 하기 전에 순천부사 [권준]이 왔다. 식사를 한 뒤에 충청수사 정 영공(정걸)과 이홍명, 광양현감 [어영담]이 와서 종일 군사에 대해서 이야기하였다.

5일(무자) 비가 하루 종일 내렸는데 퍼붓듯이 쏟아져서 사람들이 머리도 내밀지 못했다. 오후에 우수사 [이억기]가 왔다가 날이 저물 녘에 돌아갔다. 저물녘부터 바람이 불었는데 바람이 매우 사나워서 각 배들을 간신히 보전하였다. 이홍명이 왔다가 저녁식사를 한 뒤에 돌아갔다. 경상수사 [원균]이 "웅천의 적이 감동포[1]로 들어가기도 한다."라면서 공문을 보내어 "토벌하러 들어가자."라고 하니 그 흉계가 우스웠다.[2]

1) 지금의 부산시 북구 구포동의 낙동강변 일대이다.[105]

2) 초고본에는 이 문장이 이날 일기의 아래쪽 여백에 작은 글씨로 추가로 적혀 있다.

6일(기축) 맑았다 비가 내리다 하였다. 순천부사 [권준]이 와서 만났다. "보성군수 [김득광]이 그만두고 김의검이 그 자리를 맡았다."라고 하였다.[1] 충청수사 [정걸]이 배로 와서 이야기하였다. 이홍명이 왔고 방답첨사 [이순신(李純信)]도 왔다가 바로 돌아갔다. 저녁에 본영의 탐후인이 와서 "어머니께서 평안하시다."라고 하였다. 또한 "홍양의 말이 낙안에 이르러 죽었다."라는 소식도 들었다. 놀라움을 금할 수 없었다.

1) 오희문의 『쇄미록』의 1593년 8월 25일 일기에 보성군수가 김득광으로 기록된 점과 『보성군읍지』의 「선생안」에 김의검의 이름은 보이지 않고 김득광의 후임이 안홍국(安弘國)으로 기록된 점과 『태상시장록(太常諡狀錄)』제18권에 실린 안홍국의 시장에 안홍국이 계사년(1593년) 겨울에 보성군수가 되었다고 한 점을 종합해보면 이후 김의검은 도임을 하지 못하고 김득광이 유임된 것으로 판단된다.

7일(경인) 흐렸으나 비는 내리지 않았다. 순천부사 [권준], 광양현감 [어영담]이 왔다. 우수사 [이억기], 충청수사 [정걸]도 왔고 이홍명도 와서 종일 서로 이야기하였다. 본도 우수사의 우후[1]가 저녁에 와서 만났다. 서울의 일을 자세히 전했는데 더욱더 한숨이 나오는 것을 금할 수 없었다.

1) 『임진장초』의 「당항포파왜병장(唐項浦破倭兵狀)」(1594년 3월 10일)에 보이는 전라우도 우후 이정충(李廷忠)으로 짐작된다. 그의 자는 사신(士信), 본관은 평창(平昌), 생몰년은 1553년~미상이다.[106]

8일(신묘) 잠시 맑았고 바람도 순하지 않았다. 아침에 영남수사 [원균]의 우후 [이의득]이 군관을 보내어 살아있는 전복을 가져왔기에 옥 30개를 보내어 보답하였다. 나대용이 병 때문에 본영으로 돌아가고 병선의 진무 유충서[1]도 병 때문에 교체되어 육지로 올라갔다. 광양현감 [어영담]이 왔고 소비포권관 [이영남]도 왔다. 광양현감이 쇠고기를 가져왔기에 함께 먹었다. 탐후선이 들어왔다. 각 고을의 색리 11명에게 벌을 주었다. 옥과의 향소[2]는 지난해부터 군사를 통솔하는 일을 잘 살피지 않아 많은 [인원이] 빠져 거의 100여 명에 이르렀다. 그러나 매번 속여서 그것을 처리했기에 이날 처형하여 효시하였다. 광풍이 그치지 않았고 마음도 어지러웠다.

1) 본관은 고흥(高興)이며 9월 12일 일기에 보이는 유충신의 동생이다.
2) 유향소(留鄕所)라고도 한다. 주로 지방 품관들로 구성된 기구로서 지방자치의 기능을 맡았으며 수령의 보좌, 향리의 규찰, 풍기 단속 등이 그 주요 임무였다.[107] 『선조실록』의 기사[108]에 의하면 임진왜란 중에는 군량의 조달 및 운송의 임무를 담당하기도 하였으며 남쪽 지방에서는 수령들이 전쟁에 나가 있는 동안 관청의 업무를 전담하기도 하였다. 일기의 내용은 당시 군사 징발의 업무를 관청 대신 유향소가 담당했음을 보여주는 사례이다.

9일(임진) 맑았다. 몇 십일 동안 내린 굳은비가 비로소 걷히니 온 진의 장병들이 기뻐하지 않는 자가 없었다. 순천부사 [권준], 광양현감 [어영담]이 왔는데 가장을 가져왔다. 몸이 불편한 듯하여 종일 배에 누워 있었다. 접반관의 공문이 올라와서 "이 제독(이여송)이 충주로 돌아갔다."라는 소식[1]을 들었다. 지방의 의병 성응지가 돌아올 때 본영의 군량미 50석을 싣고 왔다.

1) 『선조실록』의 기사**109**에 의하면 이여송은 왜군을 추격하여 문경새재를 넘어갔다가 5월 말 경에 충주로 다시 되돌아왔다.

10일(계사) 맑았다. 우수사 [이억기]와 가리포첨사 [구사직]이 여기에 와서 군사 계책을 자세히 논의하였다. 순천부사 [권준]도 왔다. 초둔[1] 20장을 짰다. 저녁에 영등포의 망군이 와서 "웅천의 적선 4척이 본토로 돌아가고 또한 김해 입구에서 적선 150여 척이 나왔는데 19척은 본토로 돌아가고 그 나머지는 부산으로 향했다."라고 보고하였다. 밤 2시경에 [온] 영남 원 수사(원균)의 공문 중에 "내일 새벽에 나아가 싸우자."라고 하였다. 그 흉악, 음험하고 시기하는 마음을 이루 말할 수 없었다. 이날 밤으로 대답하진 않았다. 네 고을로 군량에 대한 공문을 만들어 보냈다.

1) 초둔(草芚)은 띠(茅)를 엮어서 만든 것으로서 바닥에 깔거나 물건을 덮는 등의 용도로 쓰였으며 공물로 납부되던 품목이기도 하다.

11일(갑오) 비가 내리다 맑았다 하였다. 아침에 적의 토벌에 관한 공문을 만들어서 영남수사 [원균]에게 보냈더니 취해서 정신이 없다고 핑계 대면서 답신하지 않았다. 12시경에 충청수사 [정걸]의 배로 갔더니 충청수사가 내 배로 와서 잠시 이야기하다가 헤어졌다. 이어 우수사 [이억기]의 배로 갔더니 가리포첨사 [구사직], 진도군수[1), 해남현감[2) 등이 우수사와 함께 술상을 차려놓았기에 나도 몇 잔 마시고 돌아왔다. 탐후인이 와서 보고서를 올리고 갔다.

1) 『진도군읍지』의 「선생안」에 의하면 당시의 진도군수는 김만수(金萬壽)로서, 그의 자는 덕로(德老), 본관은 광산(光山), 생몰년은 1553~1607년이며, 임진왜란 초기에 의병으로 활약하였고, 제2차 당항포해전 등에 참전하였다.**110**

2) 종종 위대기(魏大器)로 서술하는 경우가 있지만 『선조실록』의 기사**111**에 의하면 당시의 해남현감은 이안계(李安繼)로 추정된다.

12일(을미) 비가 내리다 맑았다 하였다. 아침에 흰 머리카락 10여 개를 뽑았다. 흰 머리카락을 어찌 싫어하겠는가마는 위로 늙으신 어머니께서 계시기 때문이다. 종일 혼자 앉아 있었다. 사량만호 [이여념]이 와서 만나고 돌아갔다. 밤 10시경에 변존서와 김양간이 들어왔다. 행궁[1)의 소식을 보니 동궁(광해군)께서 안녕하시지 못하다고 하여 아주 걱정스러웠다.[2) 유정승(유성룡)의 편지와 윤 지사[3)의 편지도 왔다. 종 갓동과 종 철매 등이 병으로 죽었다고 하니 참으로 가련하였다. 승려 해당도 왔다. 밤에 명나라 병사 5명이 들어온 일을 원 수사의 군관이 와서 전하고 갔다.[4)

1) 행궁은 임금이 대궐을 떠나서 머무는 곳을 가리키며 행재소(行在所)라고도 한다.

2) 『선조실록』의 기사[112]에 의하면 광해군은 4월경부터 담증(痰症)을 심하게 앓다가 회복되었지만 6월경에 또다시 다른 증세를 보였다.

3) 지중추부사 윤우신(尹又新)을 가리킨다. 그의 자는 선수(善修), 본관은 남원(南原), 생몰년은 1534~1594년이다.[113]

4) 초고본에는 이 문장이 이날 일기의 아래쪽 여백에 작은 글씨로 추가로 적혀 있다.

13일(병신) 맑았다. 늦게 잠시 비가 내리다가 그쳤다. 명나라 사람 왕경과 이요가 와서 수군의 형세를 살폈다.[1] 그편에 "이 제독(이여송)이 [적을] 토벌하러 나아가지 않아서 명나라 조정으로부터 견책을 받았다."라는 소식을 들었다. 조용히 논의하는 중에 개탄스러운 것이 많았다. 저녁에 거제 땅 세포[2]로 진을 옮겨서 머물렀다.

1) 『임진장초』의 「축왜선장(逐倭船狀)」(1593년 7월 1일)에도 명나라의 부총(副總) 유정(劉綎)의 연락병 왕경과 이요가 조선 수군의 규모를 알아보고 갔다는 기록이 있다.

2) 7월 10일 일기에는 한산도 끝에 세포가 있다고 기록되어 있고 병신일기(1596년) 3월 14일에는 견내량 근처 거제 땅에 세포가 있다고 기록되어 있다. 따라서 세포는 견내량과 한산도 사이에 위치했던 곳으로 추정된다.

14일(정유) 비가 내리다 맑았다 하였다. 아침에 식사를 한 뒤에 낙안군수 [신호]가 와서 만났다. 가리포첨사 [구사직]에게 오라고 청하여 함께 아침식사를 하였다. 순천부사 [권준], 광양현감 [어영담]이 왔고 광양현감은 가장을 가져왔다. 전운사[1] 박충간의 공문과 편지가 왔다. 경상좌수사[2]의 공문과 같은 도 우수사 [원균]의 공문이 왔다. 저물녘에 비바람이 많이 불었으나 잠시 뒤에 그쳤다.

1) 식량 운송을 담당한 직책으로서 그 임무가 조도어사와 유사하였다. 『선조실록』과 정경운의 『고대일록』의 기록[114]에 의하면 박충간은 군량 운송의 임무를 제대로 수행하지 못하고 물의만 일으켜서 같은 달에 체직되었다.

2) 『선조실록』의 기사[115]에 의하면 당시의 경상좌수사는 이수일(李守一)이다. 그의 자는 계순(季純), 시호는 충무(忠武), 본관은 경주(慶州), 생몰년은 1554~1632년이다.[116]

15일(무술) 비가 내리다 맑았다 하였다. 우수사 [이억기]와 충청수사 [정걸], 순천부사 [권준], 낙안군수 [신호], 방답첨사 [이순신(李純信)]에게 오라고 청하여 철음식을 [먹으면서] 함께 이야기하다가 날이 저물 녘에 헤어졌다.

16일(기해) 잠시 비가 내렸다. 느지막이 낙안군수 [신호]로부터 진해[1]의 보고서를 얻어 보았더니 "함안의 각 도 대장들이 왜놈들이 황산동으로 나아가 진을 쳤다는 말을 듣고는 모두 후퇴하여 진양(진주)과 의령을 지킨다."[2]라고 하여 놀라움을 금할 수 없었다. 순천부사 [권준, 광양현감 [어영담], 낙안군수가 왔다. 오후 8시경에 영등포의 망군인 광양 사람이 와서 보고하기를 "김해와 부산의 적선 무려 500여 척이 안골포, 웅포, 제포 등으로 들어왔다."³⁾라고 하였다. 다 믿을 수는 없지만 적의 무리가 세력을 모아서 [다른 곳으로] 옮겨가 침범할 계획이 없다고 할 수도 없기에 우수사 [이억기]와 정 수사(정걸)에게 통보하였다. 밤 10시경에 대금산의 망군이 와서 보고한 것도 이와 같았다. 밤 12시경에 송희립을 경상우수사 [원균]에게 보내어 이를 의논하게 하였더니 "내일 새벽에 수군을 이끌고 온다."라고 하였다. 적의 계략을 헤아리기가 매우 어렵다.

1) 지금의 경남 창원시 마산합포구 진동면, 진북면, 진전면 일대로서 지금의 진해와는 위치가 다르다.**117**

2) 『선조실록』의 기사**118**에 의하면 전라도, 경상도, 충청도 등지의 조선 군사들이 함안에 모여있다가 왜군 병력이 점차 집결되자 후방으로 물러나서는 경상우병사 최경회 등은 진주에 주둔하였고 전라관찰사 권율 등은 의령을 수비하였다.

3) 『임진장초』의 「진왜정장(陳倭情狀)」(1593년 8월 10일)에는 왜선 700~800여 척이 6월 15일에 부산, 양산, 김해로부터 나와 웅포, 제포, 안골포 등지로 이동하기 시작하였다고 기록되어 있다.

17일(경자) 초복이다. 비가 내리다 맑았다 하였다. 이른 아침에 원 수사(원균)와 우수사 [이억기], 정 수사(정걸)가 와서 의논하였다. 함안의 각 도 여러 장수들이 후퇴하여 진주를 지킨다는 말이 사실이었다. 식사를 한 뒤에 경수(이억기) 영공의 배에 이르러 자리를 옮겨서 종일 그 배에서 이야기하였다. 조붕이 창원으로부터 와서 "적의 형세가 아주 강성하다."라고 전했다.

18일(신축) 비가 내리다 맑았다 하였다. 아침에 탐후선이 들어왔지만 5일 만에 여기에 온 것은 아주 잘못한 것이기에 장을 때려서 보냈다. 오후에 경상우수사 [원균]의 배로 가서 함께 앉아서 군사에 관한 일을 이야기하였다. 계속 한잔 한잔하다가 매우 취해서 돌아왔다. 부안의 용인이 와서 "자기 어머니가 갇혔다가 도로 풀려났다."라고 전했다.

19일(임인) 비가 내리다 맑았다 하였다. 바람이 많이 불고 그치지 않아서 진을 오양역¹⁾ 앞으로 옮겼으나 바람 [때문에] 배를 안정시킬 수 없어서 진을 고성의 역포로 옮겼다. 봉과 변유헌 두 조카를 본영으로 돌려보내어 어머니의 건강을 살펴보고 오도록 하였다. 왜적의 물건과 명나라 장수에게 줄 물건과 유물²⁾을 함께 실어서 본영으로 보냈다. 각 도에 [보낼] 공문을 마쳤다.

1) 원문 '烏揚驛'은 '烏壤驛'의 오기이다. 지금의 경남 거제시 사등면 오량리에 있었다.**119**

2) 원문 '油物'은 기름을 사용하여 만든 물건들을 총칭하는 용어로서 『실록』, 『승정원일기』, 읍지 등의 기록[120]에 보이는 공물이나 진상물 목록에서 그 용례를 쉽게 찾아볼 수 있다. 유물의 종류로는 유둔(油芚), 유지석(油紙席), 안롱(鞍籠), 입모(笠帽) 등이 있다.

20일(계묘) 흐리고 바람도 많이 불었다. 제삿날이라 종일 혼자 앉아 있었다. 저녁에 방답첨사 [이순신(李純信)], 순천부사 [권준], 광양현감 [어영담]이 와서 만났다. 조붕이 그의 조카 [고성현령] 조응도와 함께 와서 만났다. 이날 배를 만들 목재를 운반하고 그대로 역포에서 숙박을 하였다. 밤에 바람이 멎었다.

21일(갑진) 맑았다. 새벽에 한산도[1]의 망하응포[2]로 진을 옮겼다. 점심을 먹을 때 원연[3]이 왔다. 우수사 [이억기] 영공도 초청하여 함께 앉아서 술을 몇 잔 돌리고 헤어졌다. 아침에 아들 회가 들어와서 그편에 어머니께서 평안하시다는 소식을 듣게 되어 매우 다행이었다.

1) 원문 '韓山島'는 '閑山島'의 오기이다.
2) 지금의 경남 통영시 한산면 하소리의 하포마을로 보는 견해가 있다.
3) 원연(元埏)의 자는 광보(廣甫), 본관은 원주(原州), 생몰년은 1543년~미상이며, 경상우수사 원균의 동생이다.[121]

22일(을사) 맑았다. 전선의 받침대를 놓기 시작했다.[1] 이장[2] 214명이 운반 일을 하는데 본영 72명, 방답 35명, 사도 25명, 녹도 15명, 발포 12명, 여도 15명, 순천 10명, 낙안 5명, 홍양과 보성 각 10명이다. 방답에서 처음에는 15명을 보내와서 군관, 색리의 죄를 따졌는데 그 정황이 몹시 거짓되었다. "제2상선의 무상[3] 손걸을 본영으로 돌려보냈는데 지나친 짓을 많이 하여 가두어 두었다."라는 소식을 들었기에 붙잡아 오도록 하였더니 이미 들어와 나타났으므로 마음대로 드나든 죄를 따지고 아울러 우후 [이몽구]의 군관 유경남에게 벌을 주었다. 오후에 가리포첨사 [구사직]이 왔고 적량만호 고여우와 [감목관] 이효가도 왔다. 저녁에 소비포권관 이영남이 와서 만났다. 오후 8시경에 영등포의 망군이 와서 "별다른 소식은 없고 단지 적선 2척이 온천(칠천량)으로 들어와 돌아가면서 정탐하고 돌아갔다."라고 보고하였다.

1) 원문 '戰船始坐塊' 중의 '塊'는 전선을 만들기 위하여 밑에 받치는 토괴(土塊)나 석괴(石塊)로 추정된다. 원문 중의 '坐塊'를 자귀(나무를 깎는 연장)의 음차로 보는 경우도 있지만 문맥상 의미가 조금 부자연스럽고 또한 자귀를 가리키는 분자(錛子)라는 용어가 존재하므로 그럴 가능성은 높지 않아 보인다.
2) 이장(耳匠)을 목수로 번역하는 경우가 많지만 조선시대에 목수를 가리킬 때 주로 사용된 용어는 목장(木匠)이다. '耳匠'이라는 용어가 보이는 조선시대 문헌[122]을 살펴보면 이장은 배의 건조에 필요한 목재를 구할 목적으로 동원 또는 차출된 인력을 가리킨다.

3) 원문 '無上'은 선박의 운행과 관련된 직책으로서 '舞上'으로 표기되기도 하였다. 이 용어는 『실록』, 『만기요람』 등 여러 사료[123]에서 찾아볼 수 있으며 그 정확한 역할에 대해서는 학자들마다 견해가 다르다.

23일(병오) 맑았다. 이른 아침에 이장 등을 점검하니 "한 명도 빠진 사람이 없다."라고 하였다. 새 배의 본판[1]을 만드는 것을 마쳤다.

1) 본판(本板)은 저판(底板) 또는 선저판(船底板)이라고도 하며 배의 밑바닥을 가리킨다. 우리나라 전통 선박인 한 선은 대체로 평저선(平底船) 구조를 가지고 있어서 배 밑이 평평하게 생겼다.

24일(정미) 식사를 한 뒤에 큰비가 내리고 광풍이 불었으며 저녁이 지나도록 그치지 않았다. 저녁에 영등포의 망군이 와서 "적선 500여 척이 23일 밤중에 소진포로 모여들었으며 선봉이 칠천량에 이르렀다."[1]라고 보고하였다. 오후 8시경에 다시 대금산의 망군과 영등포의 망군이 와서 보고한 것도 이와 같았다.

1) 영등포 망군의 보고는 『선조실록』의 기사[124]와 『임진장초』의 「진왜정장(陳倭情狀)」(1593년 8월 10일)에도 거의 동일한 내용으로 실려 있다.

25일(무신) 큰비가 하루 종일 내렸다. 아침에 식사를 한 뒤에 우수사 [이억기]와 함께 앉아서 적을 [어떻게] 토벌할 수 있을지를 의논하였다. 가리포첨사 [구사직]도 왔고 경상수사 [원균]도 와서 일을 의논하였다. "진양(진주)은 성이 포위되었지만 아무도 감히 진격해 들어가지 않는다."라는 소식을 들었다. 연일 비가 내렸기 때문에 적이 물에 막혀 독기를 부리지 못하는 것을 보니 하늘이 호남을 돕는 것이 지극하다. 매우 다행이다. 낙안 군량 130섬 9말을 나누어 주었다. 또한 "순천 군량 200섬을 수납하여 조미[1]로 만들었다."라고 한다.

1) 원문 '造米'는 『실록』의 용례를 살펴보면 '벼를 매통에 갈아 겉껍질을 벗겨낸 쌀'로서 지금의 현미 또는 매조미쌀이다.

26일(기유) 큰비가 계속 내리고 남풍이 많이 불었다. 아침에 복병선이 와서 변고를 보고하였는데 "적의 중선과 소선 각 1척이 오양역 앞에 이르렀다."라고 하였다. 각을 불고 닻을 올리고 함께 적도[1]에 이르러 진을 쳤다. 순천의 군량 150섬 9말을 받아서 의능[2]의 배에 실었다. 저녁에 김붕만[3]이 진양(진주)으로부터 적세를 정탐하고 와서 "무수한 적의 무리가 함께 진양의 동문 밖에 진을 쳤는데 큰비가 연일 내려서 물에 막혀 독기를 부리며 접전하고 있다. 큰물이 장차 적진을 잠기려 하고 적은 외부로부터 양식과 원조를 받을 길이 없으므로 만약 대군이 힘을 합하여 그들을 공격한다면 한 번에 섬멸할 수 있다."라고 보고하였다. [적이] 이미 양식이 떨어졌으므로 우리 군사는 '편히 앉아서 상대가 지치기를 기다린다.'⁴⁾는 격이니 그 형세가 [백 번 싸워] 백 번을 이길 수 있을 것이다. 하늘 또한 도와주고 있으니 물길의 적이 비록 모두 500~600척이나 되지만 우리의 군사를 당하지 못할 것이다.

1) 지금의 경남 거제시 둔덕면 술역리의 화도이다.**125**

2) 의능(宜能)은 승병장으로서 『임진장초』의 「분송의승파수요해장(分送義僧把守要害狀)」(1593년 1월 26일)에는 '흥양에 사는 승려 의능(義能)'으로 나타나며, 같은 책의 「봉진승장위첩장(封進僧將僞帖狀)」(1594년 1월)에는 '흥양의승장 의능(宜能)'으로 기록되어 있다.

3) 김붕만(金鵬萬)의 본관은 김해(金海)이며, 군관으로서 부산포해전 등에 참전하였다.**126**

4) 원문 '以逸待勞'는 『손자병법』의 전술 중 하나이다.

27일(경술) 비가 내리다 맑았다 하였다. 12시경에 "적선 2척이 견내량에 모습을 드러냈다."라고 하기에 진을 이끌고 나오니 이미 달아났다. 그래서 불을도¹⁾ 바깥쪽에 진을 쳤다. 아침에 순천부사 [권준], 광양현감 [어영담]을 불러와서 군사에 관한 일을 이야기하였다. 충청수사 [정걸]이 그의 군관으로 하여금 "흥양의 군량이 떨어졌으니 3섬을 빌려 달라."라고 전하기에 그것을 보내주었다. "강진의 배가 적과 싸우고 있다."라는 소식을 들었기 때문이다.²⁾

1) 지금의 경남 거제시 둔덕면 술역리의 방화도로 추정된다.

2) 초고본에는 이 문장이 이날 일기의 아래쪽 여백에 작은 글씨로 추가로 적혀 있다.

28일(신해) 비가 내리다 맑았다 하였다. 어제저녁에 "강진의 탐망선¹⁾이 적과 싸우고 있다."라는 소식을 들었기에 진을 이끌고 출발하여 견내량에 이르니 적의 무리가 우리 군사들을 바라보고는 놀라서 달아났다. 물살과 바람이 반대 [방향]이었으므로 [한산도 쪽으로] 들어올 수 없어서 그대로 머물러 밤을 보냈다. 밤 2시경에 불을도로 돌아왔는데 이날이 바로 명종의 제삿날이기 때문이었다. 종 봉손과 애수 등이 들어와서 선산²⁾의 소식을 자세히 물어볼 수 있어서 매우 다행이었다. 원 수사(원균)와 우수사 [이억기]가 함께 와서 군사에 관한 일을 논의하였다.³⁾

1) 원문 '望船'은 '探望船'의 준말로서 정찰선이라는 의미이다.

2) 원문 '墳山'은 '묘지로 쓰는 산'을 가리키며 '선산(先山)'과 의미가 동일하다.

3) 초고본에는 이 문장이 이날 일기의 아래쪽 여백에 작은 글씨로 추가로 적혀 있다.

29일(임자) 맑았다. 서풍이 잠시 불었고 맑게 갠 날씨가 환하게 빛났다. 순천부사 [권준]과 광양현감 [어영담]이 와서 만나고 어란만호 [정담수]와 소비포권관 [이영남] 등도 왔다. 종 봉손 등이 아산으로 가기에 홍, 이 두 선비[1]와 윤선각[2]에게 편지를 써서 보냈다. 진양(진주)이 함락[3]되어 [충청병사] 황명보[4], [경상우병사] 최경회[5], [진주목사] 서예원[6], [창의사] 김천일[7], [김해부사] 이종인[8], [거제현령] 김준민[9]이 전사했다고 한다.

1) 원문 '洪李兩生'은 갑오일기(1594년) 2월 7일에 나오는 홍군우(洪君遇)와 이숙도(李叔道)로 판단된다.

2) 원문 '尹先覺明聞'을 '선각(先覺) 윤명문(尹明聞)'으로 보는 견해도 있지만 윤선각(尹先覺)의 이름은 정유일기 1(1597년)에도 대여섯 차례 보인다. 따라서 원문 중의 '明聞'은 그 뒤의 글자 '處'와 함께 '확실하게 소식을 들을 수 있는 곳'을 의미하는 것으로 생각된다.

3) 초고본에는 진주성 함락 사실과 전사한 장수들의 이름이 이날 일기의 아래쪽 여백에 작은 글씨로 추가로 적혀 있다. 진주성이 함락된 날짜가 6월 29일이므로 이날 일기에다가 추가한 것이다. 7월 19일 일기에 진주성에서 전사한 장병들의 명단을 받았다고 한 점으로 보아 그즈음에 추가한 것 같다. 진주성전투의 진행 상황과 주요 전사자들의 이름 및 관직은 『선조실록』의 기사[127]에 상세히 기록되어 있다.

4) 명보(明甫)는 황진(黃進)의 자이다. 그의 시호는 무민(武愍), 본관은 장수(長水), 생몰년은 1550~1593년이며, 재상 황희의 5대손으로서, 1588년에 있었던 여진족 시전부락 토벌 때 이순신과 함께 참전하였다. 1590년에 7촌 당숙인 황윤길(黃允吉)이 일본에 통신사로 갈 때 수행하였으며, 임진왜란 발발 후에는 이치전투 등에서 전공을 세웠다.[128]

5) 5월 23일 일기의 주해 및 주석 참조

6) 서예원(徐禮元)의 자는 숙부(肅夫), 본관은 이천(利川), 생몰년은 1548~1593년이다.[129]

7) 김천일(金千鎰)의 자는 사중(士重), 호는 건재(健齋), 시호는 문열(文烈), 본관은 언양(彦陽), 생몰년은 1537~1593년이며, 임진왜란이 일어나자 곧바로 의병의 기치를 들고 활약하여 조정으로부터 받은 창의사(倡義使)라는 군호와 함께 이름을 떨쳤다.[130] 그가 각지의 관군 및 의병과 연계하여 펼친 활약상은 일일이 나열하기도 어렵다.

8) 임진일기(1592년) 8월 27일의 주해 및 주석 참조

9) 김준민(金俊民)의 본관은 상산(商山), 생몰년은 미상~1593년이며, 1583년 여진족 토벌 때 신립, 이종인 등과 함께 전공을 세웠고, 임진왜란 때는 제1차 진주성전투를 비롯한 여러 전투에서 활약하였다.[131]

7월

1일(계축) 맑았다. 인종의 제삿날이다. 밤기운이 매우 서늘하여 침상에 누워서도 잠을 이루지 못하였다. 나라를 걱정하는 마음이 조금도 놓이지 않아 홀로 뜸 아래 앉아 있으니 온갖 생각이 들었다. 선전관[1]이 내려온다는 소식을 들었는데 오후 8시경에 유지[2]를 가지고 왔다.

1) 『임진장초』의 「축왜선장(逐倭船狀)」(1593년 7월 1일)에 의하면 이날 내려온 선전관은 유형(柳珩)이다. 그의 자는 사온(士溫), 본관은 진주(晉州), 생몰년은 1566~1615년이며, 임진왜란이 일어나자 창의사 김천일의 의병에 가담하였고, 노량해전 등에 참전하였다.[132]

2) 이날 선전관이 가져온 유지는 『이충무공전서』의 「명수부총절제유서(命授副摠制諭書)」에 전한다.

2일(갑인) 맑았다. 느지막이 우수사 [이억기]가 배 위로 와서 함께 선전관을 응대하였고 점심을 먹은 뒤에 헤어져 돌아갔다. 날이 저물 녘에 김득룡이 와서 "진양(진주)이 불리하다."라고 전하여 놀라움과 걱정을 금할 수 없었다. 그러나 절대 그럴 리가 없다. 반드시 미친 사람이 잘못 전한 말일 것이다. 막 어두워질 무렵 원연과 원식 등이 여기에 와서 군의 일을 지나치게 말하여 매우 우스웠다.

3일(을묘) 맑았다. 적의 무리 몇 척이 견내량을 넘어왔고 한편으로는 육지로도 나와서 통분하였다. 우리 배가 바다로 나가서 그들을 쫓으니 달아나 돌아갔다. 물러 나와 숙박을 하였다.

4일(병진) 맑았다. 흉악한 적들 수만여 명이 늘어서서 [위세를] 과시하여 매우 통분하였다. 저녁에 진을 걸망포로 물리고 숙박을 하였다.

5일(정사) 맑았다. 새벽에 망군이 와서 "견내량을 적선 10여 척이 넘어왔다."라고 보고하기에 여러 배들을 한꺼번에 출발하여 견내량에 이르니 적선이 허둥지둥 달아났다. 거제 땅 적도에 말은 있는데 사람은 없기에 실어 왔다. 늦게 변존서가 본영으로 갔다. 또한 진양(진주)이 성이 함락되었다는 급보가 광양으로부터 왔다. 두치[1]의 복병한 곳으로부터 성응지와 이승서가 보내온 것이었다.[2] 저녁에 걸망포로 돌아와서 진을 치고 밤을 보냈다.

1) 지금의 전남 광양시 다압면과 경남 하동군 하동읍에 사이의 섬진강에 있었으며 보통 두치진(豆恥津)으로 불렸다. 진주에서 전라도 내륙으로 들어가는 길목에 있던 군사적 요충지였다.[133]

2) 초고본에는 이 문장이 이날 일기의 앞뒤 문장 사이 여백에 작은 글씨로 추가로 적혀 있다.

6일(무오) 맑았다. 아침에 방답첨사 [이순신(李純信)]이 와서 만나고 소비포권관 [이영남]도 왔다. 한산도로부터 새로 만든 배를 끌어오기 위하여 중위장이 여러 장수들을 이끌고 나가서 끌어왔다.[1] 공방 곽언수가 행조(피난중인 조정)로부터 왔는데 도승지 심희수[2]와 [호조참판] 윤자신[3]과 좌의정 윤두수[4]의 답장도 가지고 왔고 윤기헌[5]도 문안 편지를 보냈다. 각 관보[6]도 함께 왔는데 이를 보니 탄식할 일들이 많았다. 흥양의 군량을 싣고 왔다.[7]

1) 『선조실록』의 기사[134]에 의하면 한산도가 속했던 거제는 배를 만들기 위한 목재가 많이 생산되던 곳이었다.

2) 심희수(沈喜壽)의 자는 백구(伯懼), 본관은 청송(靑松), 생몰년은 1548~1622년이다.

3) 윤자신(尹自新)의 자는 경수(敬修), 본관은 남원(南原), 생몰년은 1529~1601년이다.

4) 윤두수(尹斗壽)의 자는 자앙(子仰), 호는 오음(梧陰), 본관은 해평(海平), 생몰년은 1533~1601년이다.

5) 윤기헌(尹耆獻)의 자는 원옹(元翁), 본관은 남원(南原), 생몰년은 1548년~미상이며, 윤자신의 아들이다.

6) 원문 '奇別'을 노산 이은상은 『이충무공전서』의 번역 시에 저보(邸報)로 해석하였으며 여기에서도 이를 따랐다. 저보는 관보(官報)의 또 다른 명칭이다.

7) 초고본에는 이 문장이 이날 일기의 아래쪽 여백에 작은 글씨로 추가로 적혀 있다.

7일(기미) 맑았다. 아침에 순천부사 [권준], 가리포첨사 [구사직], 광양현감 [어영담]이 와서 만나고 군사에 관한 일을 논의할 때 각각 가볍고 빠른 배 15척을 뽑아서 견내량 등으로 정탐을 보냈다. 위장이 이끌고 갔는데 "적의 자취가 없었다."라고 하였다. 거제에서 포로가 되었던 사람 1명을 데려와서 적이 했던 짓을 자세히 물어보니 "흉악한 적들이 우리 배의 위세를 보고는 물러나 돌아가려 했다."라고 하였고 또한 "진양이 이미 함락되었으나 [왜적이] 어찌 전라도까지 넘어가겠는가?"[1]라고 말하였다. 이 말은 거짓이다. 우수사 [이억기] 영공이 배로 와서 함께 이야기하였다.[2]

1) 원문 '豈越全羅乎' 중의 '豈'를 노산 이은상은 '走'로 판독하였다. 그러나 초고본의 글자를 다른 날짜의 일기에 보이는 '豈' 및 '走'와 비교해보면 '豈'임을 알 수 있다.[135]

2) 초고본에는 이 문장이 이날 일기의 아래쪽 여백에 작은 글씨로 추가로 적혀 있다.

8일(경신) 맑았다. 남해를 왕래하는 사람인 조붕으로부터 "적이 광양으로 쳐들어온다고 하여 광양 사람들이 이미 관사와 창고를 노략질하였다."라는 소식을 듣고 놀라움을 금할 수 없었다. 순천부사 [권준], 광양현감 [어영담]을 곧바로 보내려 하였으나 길에서 전해 들은

것은 믿을 수 없어서 그만두고 사도의 군관 김붕만을 정탐하여 알아오도록 보냈다.[1]

1) 초고본에는 이 문장이 이날 일기의 아래쪽 여백에 작은 글씨로 추가로 적혀 있다.

9일(신유) 맑았다. 남해현령 [기효근]도 와서 전하기를 "광양, 순천이 이미 노략질을 당했다." 라고 하기에 광양현감 [어영담], 순천부사 [권준]과 송희립, 김득룡, 정사립 등을 보냈다. 이설은 어제 먼저 보냈다. 소식을 듣고는 아픔이 뼛속까지 스며와 제대로 말할 수가 없었다. 우수사 [이억기] 영공, 경상 [원균] 영공과 일을 논의하였다. 이날 밤바다의 달빛은 청명하여 한 점 티끌도 일지 않았으며 물과 하늘은 한 빛이 되고 서늘한 바람이 불었는데 홀로 뱃전에 앉아 있으니 온갖 근심이 치밀어 올랐다. 밤 1시경에 본영의 탐후선이 들어와 적에 대한 소식을 전했는데 "사실은 왜적이 아니고 영남의 피난민이 왜적의 모습으로 가장하고 광양으로 쳐들어와 여염집을 노략질했다."라고 하여 [그나마] 다행이었고 "진양의 일도 헛소문이다."라고 하였다. 그러므로 진양의 일은 절대로 그럴 리 없다. 닭이 벌써 울었다.

10일(임술) 맑았다. 늦게 김붕만이 두치로부터 와서 "광양의 일은 사실이다. 단지 왜적 100여 명만 도탄[1]으로부터 건너와 광양을 침범하였다. 그러나 가서 한 짓을 보니 총통 한 번도 쏘지 않았다."라고 하였다. 그러나 왜적이 포를 쏘지 않았을 리가 없다. 영남우수사 [원균]과 본도 우수사 [이억기] 영공이 왔고 원연도 왔다. 어두워질 무렵 오수가 거제의 가참도로부터 와서 "적선이 안팎으로 보이지 않는다."라고 보고하였다. 또한 "포로가 되었던 사람이 도망쳐 돌아와서 '적의 무리가 무수히 창원 등지를 향해 돌아갔다.'고 말하였다."라고 하였다. 그러나 [그] 사람의 말은 믿을 수 없었다. 오후 8시경에 한산도 끝의 세포로 진을 옮겼다.

1) 지금의 경남 하동군 악양면 평사리와 같은 군 화개면 탑리 사이에 있는 섬진강 물길이다.[136]

11일(계해) 맑았다. 아침에 이상록이, 명령을 어기고 먼저 간 여러 장수들에게 전령하기 위하여 나갔다가 돌아와서는 "적선 10여 척이 견내량으로부터 내려왔다."라고 보고하였다. 닻을 올리고 바다로 나가니 적선 5, 6척이 벌써 진을 친 곳 앞까지 이르렀다. 그들을 쫓아가니 도로 달아나 [견내량을] 넘어갔다. 오후 4시경에 걸망포로 돌아와서 물을 길었다. 사도첨사 [김완]이 돌아와서 "두치를 적이 건너왔다는 것은 헛소문이며 광양 [사람들]이 왜적의 옷으로 변장하고 자기들끼리 난동을 피운 것이다. 순천과 낙안은 이미 노략질을 당했다."라고 하여 매우 통분함을 참을 수 없었다. 저녁에 오수성이 광양으로부터 돌아와서 "광양의 적에 관한 일은 모두 진주와 고을 사람들이 이런 흉계를 낸 것이다. 고을의 창고는 고요하고 마을은 모두 비어있어서 종일 둘러봐도 한 사람도 없었다. 순천이 가장 심하고 낙안이 그다음이었다."라고 하였다. 달빛을 타고 우수사 [이억기] 영공의 배로 가니 원 수사(원균), 직장 원연 등이 이미 먼저 와 있었다. 군사에 관한 일을 논의하고 헤어졌다.

12일(갑자) 맑았다. 식사를 하기 전에 울과 송두남, 오수성이 돌아갔다.[1] 늦게 가리포첨사 [구사직], 낙안군수 [신호]를 오라고 청하여 일을 의논하였다. 함께 점심을 먹고 돌아갔다. 가리포의 군량 진무가 와서 "사량 앞바다에 와서 숙박을 할 때 왜인이 우리 옷으로 변장하고 우리나라의 소선을 타고 쳐들어와 포를 쏘면서 약탈해 가려고 하였다."라고 전하기에 곧바로 각각 가벼운 배 3척을 정하여 모두 9척을 급히 보내면서 거듭 붙잡아오도록 명령하였다. 다시 각각 3척의 배를 정하여 착량으로 보내어 [착량을] 막고 있다가[2] 돌아오도록 하였다. 보고서가 왔는데 역시 "광양의 일은 헛소문이다."라고 하였다.[3]

1) 초고본에는 이 문장이 이날 일기의 왼쪽 여백에 작은 글씨로 추가로 적혀 있다.
2) 원문 '防塞'은 『실록』의 용례를 살펴보면 '요새' 또는 '~을 막다'라는 의미가 있다. 여기에 서는 문맥상의 의미로 보아 후자로 해석하였다.
3) 초고본에는 이 문장이 이날 일기의 아래쪽 여백에 작은 글씨로 추가로 적혀 있다.

13일(을축) 맑았다. 늦게 본영의 탐후선이 들어와서는 "광양, 두치 등에 적의 모습이 보이지 않는다."라고 하였다. 흥양현감 [배흥립]이 들어왔고 우수사 [이억기] 영공도 왔다. 순천 거북선의 격군인 경상도 사람 종 태수가 도망쳤던 것을 붙잡아다가 처형하였다. 늦게 가리포첨사 [구사직]이 와서 만났다. 흥양현감이 들어와서 두치의 헛소문[1]과 장흥부사 유희선이 겁을 먹었던 일[2]을 전했다. 또한 "그의 고을 산성[3]의 창고 곡식을 남김없이 나누어주고 해포로 흰콩과 중간 콩 도합 40섬을 보냈다."라고 하였다. 또한 행주의 승첩[4]에 대하여 이야기하였다. 오후 8시경에 우수사 영공이 청하기에 초대에 응하여 [그의] 배로 가니 가리포 영공이 여러 가지 먹음직한 음식물들을 차려 놓았다. 밤 2시경이 되어서야 헤어졌다.

1) 『선조실록』의 기사[137]에는 진주가 함락된 직후의 부근 지역 정황이 기록되어 있다. 이에 따르면 토적들이 먼저 순천, 광양, 곡성 등을 노략질하였고 그 후 왜적들이 다시 구례, 순천, 광양, 남원 등지를 노략질하였다. 따라서 일기에서 여러 차례 언급되고 있는 순천, 광양, 두치 등지의 소식은 당시의 이러한 혼란한 상황으로부터 비롯된 것이다.
2) 『선조실록』의 기사[138]에 의하면 장흥부사 유희선은 전라도 복병장으로서 두치진을 지키고 있었는데, 진주가 함락되자 그 소문만 듣고 도망가다가 광양과 순천을 지날 때 적병이 온다고 소문을 내는 바람에 두 지역이 일시에 무너지고 난민들이 창고를 불지르고 노략질하는 사태가 발생하였으며 낙안, 강진, 구례, 곡성까지도 영향을 미쳤다. 유희선은 나중에 이에 대한 책임을 지고 처형되었다.

3) 당시 흥양현이었던 지금의 전남 고흥군 일대에는 흥양읍성, 오치음성(烏峙陰城), 백치성(栢峙城) 등 여러 산성들이 존재한다. 이들 중에는 조선시대 이전에 세워졌지만 조선시대까지도 사용되었던 것으로 추정되는 곳도 있기 때문에 일기에서 언급된 산성이 어느 곳인지는 알기 어렵다.

4) 강백년의 『설봉유고』와 배규의 『화당선생유집』에 따르면 배흥립은 행주대첩에 참전했다고 한다(임진일기-1592년 1월 26일의 주해 및 주석 참조).

14일(병인) 맑다가 늦게 가랑비가 내렸다. 한산도 두을포[1]로 진을 옮겼다. 비가 먼지를 적실 정도로 내렸다. 몸이 몹시 불편하여 종일 신음하였다. 순천부사 [권준]이 들어와서 장흥부사 [유희선]이 본부(순천부)에 분별없이 [왜적이 쳐들어온다는 소식을] 전했던 일을 전하였는데[2] 이루 말로 표현할 수 없었다. 함께 점심을 먹었다. 그대로 머물렀다.[3]

1) 지금의 경남 통영시 한산면 두억리의 의항항이라고 한다.

2) 원문 '傳長興妄傳本府之事'는 번역서마다 각기 다른 내용으로 번역을 하고 있다. 여기에서는 13일 일기 주해의 장흥부사 유희선 관련 『선조실록』의 기사에 맞추어 번역하였다.

3) 초고본에는 이 자리에 '移陣閑山島豆乙浦'가 추가로 기록되어 있다. 일기 앞부분에도 똑같은 문장이 있으므로 착오로 인하여 다시 쓴 것으로 짐작된다.

15일(정묘) 아주 맑았다. 늦게 사량의 수색선, 여도만호 김인영과 순천의 상선을 타는 김대복이 들어왔다. 가을 기운이 바다에 드니 나그네의 회포 어지럽고 홀로 뜸 아래 앉아 있으니 마음자락이 몹시 번거롭다. 달빛이 뱃전에 드니 정신이 맑고 서늘하여 침상에 들어서도 잠 못 이루는 차에 벌써 닭은 울고 있구나.

16일(무진) 아침에 맑다가 늦게 구름이 꼈다. 저녁에 소나기가 내려서 농사에 대한 바람을 흡족시켰다. 몸이 몹시 불편하였다.

17일(기사) 계속 비가 내렸다. 몸이 많이 불편하였다. 광양현감 [어영담]이 왔다.

18일(경오) 맑았다. 몸이 불편하여 앉았다 누웠다 하였다. 정사립 등이 돌아왔다. 우수사 [이억기] 영공이 와서 만났다. 신경황이 두치로부터 와서 적에 관한 헛소문에 대해 전했다.

19일(신미) 맑았다. 이경복이 병사 [선거이] 앞으로 보내는 편지를 가지고 나갔다. 순천부사 [권준], [소비포권관] 이영남이 와서 "진주, 하동, 사천, 고성 등지의 적이 이미 다 후퇴하여 돌아갔다."라고 전했다. 저녁에 진주에서 죽음을 당한 장수의 명단을 광양현감 [어영담]이 보냈는데 그것을 보니 비통함을 참을 수 없었다.

20일(임신) 맑았다. 탐후선이 본영으로부터 들어왔는데 병사 [선거이]의 편지와 공문, 명나라 장수의 보문[1]이 왔다. 그 보문의 말이 매우 괴이하여 "두치의 적이 명나라 병사에게 쫓겨 후퇴했다."라고 하니 그 거짓됨을 이루 말할 수 없었다.[2] 상국(명나라)이 이와 같으니 다른 [사람들이야] 어찌 말할 것이 있겠는가? 매우 한탄스러웠다. 충청수사 [정걸]과 순천부사 [권준], 방답첨사 [이순신(李純信)], 광양현감 [어영담], 발포만호 [황정록]이 남해현령 [기효근]과 함께 와서 만났다. 이해, 윤소인이 본영으로 돌아갔다.[3]

1) 보문(報文)이 어떤 종류의 문서인지 확실치 않다. 『실록』에 보이는 유사한 용어인 '邊報', '邊報文書', '文報' 정도로 추측된다.
2) 『선조실록』의 기사[139]에 의하면 전라병사 선거이는 7월 중순경에 명나라 장수들과 함께 남원성을 출발하여 남쪽 지방으로 이동하였으며 그 중간에 일부의 명나라 군사들이 구례 부근에서 왜적 20여 명을 베었다. 그러나 두치의 적을 쫓아냈다고 할 만한 큰 전투가 있었다는 기록은 어떠한 사료나 문헌에도 보이지 않는다.
3) 초고본에는 이 문장이 이날 일기의 아래쪽 여백에 작은 글씨로 추가로 적혀 있다.

21일(계유) 맑았다. 경상수사 [원균], 우수사 [이억기], 정 수사(정걸)가 함께 와서 같이 적을 토벌할 일을 의논하였는데 원 수사가 하는 말이 아주 흉악하고 거짓되어 말로 표현할 수 없었다. 이런 식으로 함께 일하면 과연 뒤탈이 없겠는가? 그 동생 원연도 이후에 와서 군량을 빌려 돌아갔다. 저녁에 흥양현감 [배흥립]도 왔다가 막 어두워질 무렵 돌아갔다. 밤 8시경에 오수 등이 거제에서 망을 보고 돌아와서 "영등포에 적선이 아직도 머물면서 마음대로 날뛰고 있다."라고 보고하였다.

22일(갑술) 맑았다. 오수가 포로가 되었다가 도망쳐온 [사람들을] 실어 올 일로 나갔다. 울이 들어와서 어머니께서 평안하시고 염도 [병세가] 차도가 있음을 자세히 이야기하였다.

23일(을해) 맑았다. 울이 돌아갔다. 정 수사(정걸)를 오라고 청하여 함께 점심을 먹었다. 울이 돌아갔다.[1]

1) 앞쪽의 문장과 동일하므로 착오로 한번 더 기록한 것 같다.

24일(병자) 맑았다. 순천부사 [권준], 광양현감 [어영담], 흥양현감 [배흥립]이 왔다. 저녁에 방답첨사 [이순신(李純信)]과 이응화가 와서 만났다. 오후 8시경에 오수가 돌아와서 "적이 물러갔다."라고 전했지만 "장문포[1]"는 여전하고 아들 울은 본영으로 들어갔다."라고 하였다.

1) 지금의 경남 거제시 장목면 장목리에 있었다. 조선시대 사료나 문헌에는 일기에 기록된 '場門浦' 이외에 '長門浦'로 표기되기도 하였다.

25일(정축) 맑았다. 우수사 [이억기]가 와서 이야기하였다. 조붕도 와서 "체찰사 [유성룡][1]의 공문이 영남으로부터 수사 [원균]에게 왔는데 물어보는 말[2]이 많이 있었다."라고 하였다.

1) 『선조실록』의 기사[140]에 의하면 당시 도체찰사 유성룡은 명나라의 총병 유정과 함께 경상도에 있었다.

2) 원문 '問辭'를 '문책하는 말'로 번역하는 경우가 많다. 그러나 『실록』의 용례를 살펴보면 '問'이 '문책한다'라는 의미를 가지는 경우는 찾기 어려우며 이러한 의미를 나타낼 때는 보통 '責'이 쓰였다.

26일(무인) 맑았다. 순천부사 [권준], 광양현감 [어영담], 방답첨사 [이순신(李純信)]이 왔고 우수사 [이억기]도 함께 이야기하였다. 가리포첨사 [구사직]도 같이 왔다.

27일(기묘) 맑았다. 우수영의 우후 [이정충]이 본영으로부터 와서 [전라]우도의 일을 전했는데 놀랄만한 일들이 많았다. 체찰사 [유성룡] 앞으로 [보낼] 편지와 공문을 썼다. 경상우수영의 영리가 체찰사 앞으로 보낼 공문의 초고를 가지고 와서 보고하였다.

28일(경진) 맑았다. 아침에 체찰사 [유성룡] 앞으로 [보낼] 편지를 썼다. 경상우수사 [원균]과 충청수사 [정걸], 본도 우수사 [이억기]가 함께 와서 약속하였는데 원 수사의 흉악하고 거짓됨이 말로 표현할 수 없었다. 정여흥이 공문과 편지를 가지고 체찰사에게 갔다. 순천부사 [권준], 광양현감 [어영담]이 와서 만나고 바로 돌아갔다. 사도첨사 [김완]이 복병했을 때 붙잡은 포작[1] 10명이 왜적의 옷으로 변장했던 것이 주도면밀한 소행이었기에 추궁해보니 동기가 있는 듯하더니 "경상수사가 시킨 것이다."라고 하였다. 단지 발바닥만 10여 대 때리고 풀어주었다.

1) 포작인(鮑作人), 포작간(鮑作干), 포작한(鮑作漢) 등으로 불렸으며 주로 해산물을 채취하는 일을 업으로 삼았던 사람들을 가리킨다. 포작인들은 바다에서 생업을 꾸렸기 때문에 물길을 잘 알고 있었으며 그들이 타고 다녔던 포작선은 성능이 우수하여 배가 가볍고 속도가 빨랐다. 그러한 연유로 조선 초기부터 포작선의 모양에 따라 배를 만들거나 군사적인 목적으로 포작선이 동원되기도 하였다.[141]

29일(신사) 맑았다. 새벽에 사내아이를 얻는 꿈을 꾸었으니 포로가 된 아이를 얻을 징조이다. 순천부사 [권준], 광양현감 [어영담], 사도첨사 [김완], 홍양현감 [배흥립], 방답첨사 [이순신(李純信)을 불러와서 함께 이야기하였다. 흥양현감은 학질을 앓기 때문에 돌아갔고 그 남은 사람들은 조용히 앉아 있었으며 방답첨사는 복병하기 위하여 돌아갔다. 본영의 탐후인이 왔는데 염의 병이 차도가 없다고 하여 아주 걱정스러웠다. 저녁에 "보성군수 [김득광]이 왔고 소비포권관 [이영남]이 왔고 낙안군수 [신호]가 들어왔다."라고 하였다.

8월

1일(임오) 맑았다. 새벽꿈에 큰 대궐에 갔는데 그 모습이 서울 같았고 기이한 일이 많았다. 영상(영의정)이 와서 절을 하므로 나도 답배를 하였다. 이야기가 난여(왕의 가마)가 피난했던 일에 미치자 눈물을 흘리고 탄식하면서 적의 형세는 이미 끝났다고 하였다. 서로 논의할 때 좌우의 사람들이 무수히 구름처럼 모였다. 아침에 우후 [이몽구]가 와서 만나고 돌아갔다.

2일(계미) 맑았다. 아침에 식사를 한 뒤에 마음이 답답하여 닻을 올리고 포구로 나갔다. 정수사(정걸)도 따라 왔다. 순천부사 [권준], 광양현감 [어영담]이 와서 만나고 소비포권관 [이영남]도 왔다. 저녁에 진을 친 곳으로 돌아왔다. 이홍명이 와서 함께 저녁식사를 하였다. 어두워질 무렵 우수사 [이억기] 영공이 배로 와서 "방답첨사 [이순신(李純信)]이 부모님을 뵈러 가기를 간절히 원한다."라고 하였지만 "장수들을 내보낼 수 없다."라고 대답하였다.[1] 또한 "원 수사(원균)가 망언을 하였는데 나에 대하여 도리에 어긋난 것이 많았다."라고 하였지만 모두 헛된 것이니 무슨 상관이겠는가? 아침부터 염의 병이 어찌 되었는지도 모르고 적을 [토벌할] 일도 지체되어 마음의 병[2] 또한 무거웠다. 밖으로 나가서 마음을 다스리는데 탐후선이 들어와서 "염이 아픈 곳이 종기가 되어 침으로 터뜨렸더니 진물이 흘러나왔는데 며칠만 더 늦었어도 구하기 어려웠다."라고 하였다. 매우 놀라웠다. 지금은 조금 생기가 있다고 하므로 다행스러움을 이루 말할 수 없었다. 의원 정종의 은혜가 매우 크다.

1) 이 문장을 「어두워질 무렵 우수사 영공이 배로 와서 "방답첨사가 부모님을 뵈러 가기를 간청하였지만 '장수들을 내보낼 수 없다.'고 대답하였다."라고 하였다.」와 같이 번역하는 경우가 있다. 그러나 방답첨사는 전라좌수영 소속이므로 방답첨사가 전라우수사에게 요청을 했다거나 또한 전라우수사가 방답첨사의 요청에 답변했다고 보기 어렵다.

2) 원문 '心恙' 중의 '恙'은 지금은 사용되지 않는 옛 문헌에서만 보이는 한자이다. 이 글자의 음은 '양'이며 의미는 '몸 또는 마음의 병'이다.

3일(갑신) 맑았다. 이경복, 양응원과 영리 강기경 등이 들어와서 염의 [종기를] 침으로 터뜨렸던 일을 전했는데 놀라움을 금할 수 없었다. "만약 며칠이 더 지났으면 미처 구하지 못했을 것이다."라고 하였다.

4일(을유) 맑았다. 순천부사 [권준], 광양현감 [어영담]이 와서 만나고 돌아갔다. 저녁에 도원수 [권율]의 군관 이완이, 삼도의 적의 형세에 대한 급보를 보내지 않았기 때문에 군관과 색리를 잡아가려고 진으로 왔다. 매우 우스웠다.

5일(병술) 맑았다. 조붕, 이홍명이 왔고 우수사 [이억기] 영공이 왔고 우후 [이몽구]도 왔다가 밤이 깊어서야 돌아갔다. 소비포권관 [이영남]도 밤에 돌아갔다. 이완이 취해서 이 배에 머물렀다. 쇠고기를 얻어서 각 배로 나누어 보냈다. 아산의 이예가 밤에 왔다.

6일(정해) 맑았다. 아침에 이완이 송한련, 여여충[1]과 함께 도원수 [권율]에게 갔다. 식사를 한 뒤에 순천부사 [권준], 광양현감 [어영담], 보성군수 [김득광], 발포만호 [황정록], 이응화 등이 와서 만났다. 저녁에 원 수사(원균)가 왔고 이경수(이억기) 영공, 정 수사(정걸)도 왔다. 의논 중에 원 수사가 말하는 것이 번번이 모순되어 매우 우스웠다. 저물녘에 비가 잠시 내리다가 그쳤다.

1) 『여지도서』의 「곡성(谷城)」-「인물(人物)」에 따르면 임진왜란 때 한산도에서 전공을 세워 향리의 역을 면제받았으며 이로 인하여 그에게 내렸던 향리면역 교지가 현재 국립중앙박물관에 소장되어 있다.[142]

7일(무자) 아침에 맑다가 저물녘에 비가 내려서 농사에 대한 바람을 크게 흡족시켰다. 가리포첨사 [구사직]이 왔고 소비포권관 [이영남]과 [감목관] 이효가도 와서 만났다. 당포만호[1]가 그 소선을 가져가려고 왔기에 줘서 보내라고 사량만호 [이여념]에게 알렸다. 가리포 영공이 함께 점심을 먹고 갔다. 저녁에 경상수사 [원균]의 군관 박치공[2]이 와서 "적선이 물러갔다." 라고 전했지만 원 수사와 그의 군관은 잘못된 소식을 잘 전하므로 믿을 수가 없었다.

1) 『임진장초』의 「당항포파왜병장(唐項浦破倭兵狀)」(1594년 3월 10일)에 보이는 당포만호 하종해(河宗海)로 추정된다.
2) 원문 '朴致公'은 '朴致恭'의 오기이다. 그의 이름은 『선조실록』의 기사[143]와 이후의 일기에 '朴致恭'으로 기록되어 있다.

8일(기축) 맑았다. 식사를 한 뒤에 순천부사 [권준], 광양현감 [어영담], 방답첨사 [이순신(李純信)], 흥양현감 [배흥립] 등을 불러서 복병하는 등의 일을 함께 의논하였다. "충청수사 [정걸]의 전선 2척이 들어왔지만 1척은 사용할 수가 없다."라고 하였다. 김덕인이 그 도(충청도)의 군관으로서 왔다. 본도 순찰사[1]의 아병[2] 2명이 공문을 가지고 [왔다]. 적의 형세를 살피려고 우수사 [이억기]가 유포로 원 수사(원균)를 만나러 가서 우스웠다.

1) 『선조실록』의 기사[144]에 의하면 당시의 전라순찰사는 이정암(李廷馣)이다. 그의 자는 중훈(仲薰), 시호는 충목(忠

穆), 본관은 경주(慶州), 생몰년은 1541~1600년이며, 연안성 전투를 승리로 이끈 전공을 세웠다.[145]

2) 본영에서 대장에게 직속되어 있는 병사를 가리킨다.

9일(경인) 맑았다. 아침에 아들 회가 들어와서 어머니께서 평안하심을 알게 되었고 또한 염의 병도 나아지고 있음을 알게 되어서 매우 기쁘고 다행이었다. 점심을 먹은 뒤에 우수사 [이억기]의 배로 가니 충청수사 [정걸] 영공도 왔는데 "영남수사 [원균]이 복병할 군사를 함께 보내어 복병하기로 약속하였지만 먼저 보냈다."라고 하였다. 매우 놀라웠다.

10일(신묘) 맑았다. 아침에 방답의 탐후선이 들어왔는데 유지와 비변사의 공문, 감사 [이정암]의 공문이 함께 왔다. 해남현감 [이안계]와 이 첨사[1]가 함께 왔고 순천부사 [권준], 광양현감 [어영담]도 왔다. 우수사 [이억기] 영공이 청하기에 그 배로 갔더니 해남현감이 술자리를 차렸지만 몸이 불편하여 간신히 앉아서 이야기하다가 돌아왔다.

1) 원문 '李僉使'를 방답첨사 이순신(李純信)으로 서술하는 경우가 많다. 그러나 『난중일기』에서는 그를 가리킬 때 거의 예외 없이 '防踏'이나 '防踏僉使'로 표기하고 있다. '李僉使'는 3월 10일과 3월 13일 일기에는 이홍명(李弘明)으로 기록되어 있다. 또한 이홍명이 방문했을 때 바둑을 둔 경우가 많았는데 이틀 뒤인 12일 일기에도 '李僉使'가 와서 바둑을 두었다는 내용이 보이므로 이날과 12일 일기의 '李僉使'는 이홍명으로 판단된다.

11일(임진) 늦게 소나기가 많이 내리고 바람 또한 어지럽고 사나웠다. 오후에 비는 그쳤으나 바람은 가라앉지 않았다. 몸이 몹시 불편하여 종일 앉았다 누웠다 하였다. 격군을 잡아오기[1] 위하여 여도만호 [김인영]에게 3일의 기한을 주면서 갔다 오도록 일러서 보냈다.

1) 『임진장초』의 「진왜정장(陳倭情狀)」(1593년 8월 10일)에 의하면 임진년(1592년)부터 계사년(1593년) 8월까지 전사자와 전염병으로 인한 사망자가 이순신 휘하의 수군 총 6,200여 명 중 600여 명에 이르러서 병력의 부족에 시달렸다.

12일(계사) 몸이 몹시 불편하여 종일 누워서 신음하였다. 식은땀이 계속 흘러 옷을 적시므로 억지로 [일어나] 앉았다. 늦게 계속 비가 내렸으나 가끔 맑았다. 순천부사 [권준]이 와서 만나고 우수사 [이억기] 영공이 와서 만나고 이 첨사(이홍명)도 왔다. 종일 바둑을 두었다. 몸이 몹시 불편하였다. 가리포첨사 [구사직]도 왔다. 본영의 탐후선이 들어와서 "어머니께서 평안하시다."라고 하였다.

13일(갑오) 본영에서 온 공문을 처결하여 보냈다. 몸이 몹시 불편하여 홀로 뜸 아래 앉아 있으니 온갖 생각이 들었다. 이경복을 계문을 받들어 가도록 내보냈다. 경의 어미에게 노자로 쓸 체지를 보냈다. 송두남이 군량미 300섬과 콩 300섬을 실어 왔다.

14일(을미) 맑았다. 방답첨사 [이순신(李純信)]이 산물[1])을 준비해 왔다. 우수사 [이억기], 충청 수사 [정걸], 순천부사 [권준]도 와서 함께 [먹었다].

1) 노산 이은상은 『난중일기』의 번역 시에 원문 '酸物'을 명절 제사 음식으로 해석하였다. 그러나 『실록』이나 『제주 읍지』 등의 용례를 살펴보면 '酸物'은 주로 굴을 가리키는 용어로 사용되었다.

15일(병신) 맑았다. 이날이 바로 추석이다. 우수사 [이억기], 충청수사 [정걸]과 순천부사 [권 준], 광양현감 [어영담], 낙안군수 [신호], 방답첨사 [이순신(李純信)], 사도첨사 [김완], 홍양 현감 [배흥립], 녹도만호[1]), 이응화, 이홍명 등의 [전라]좌우[도]의 모든 영공들이 함께 모여 서 이야기하였다. 저녁에 회가 본영으로 갔다.

1) 『임진장초』의 「청주사속읍수령전속수전장(請舟師屬邑守令專屬水戰狀)」(1593년 4월 6일)에 의하면 당시의 녹도만 호는 송여종(宋汝悰)이다. 그의 자는 언온(彦薀), 본관은 여산(礪山), 생몰년은 1554~1609년이며, 옥포해전, 당포 해전, 한산도대첩, 부산포해전, 제2차 당항포해전, 칠천량해전, 명량해전, 노량해전 등에 참전하였고 특히 절이 도해전에서 큰 전공을 세웠다.**146**

16일(정유) 맑았다. 광양현감 [어영담]이 산물을 준비해 왔다. 우수사 [이억기], 충청수사 [정 걸], 순천부사 [권준], 방답첨사 [이순신(李純信)]도 왔다. 가리포첨사 [구사직], 이응화가 함 께 왔다. 아침에 "제만춘[1])이 어제 일본에서 나왔다."라는 소식을 들었다.

1) 제만춘은 1592년 9월에 일본으로 포로로 잡혀갔다가 탈출해온 경상우수영 소속의 군관이다. 『임진장초』의 「등 문피로인소고왜정장(登聞被擄人所告倭情狀)」(1593년 8월)에는 그가 포로가 되었다가 돌아오기까지의 정황과 그 가 일본에서 겪었던 일 등이 자세히 기록되어 있다. 일본 측 자료인 『협판기』에도 제만춘으로 추정되는 조선 수 군 장수가 포로가 되었다가 탈출해서 돌아갔다는 기록이 있다.**147**

17일(무술) 맑았다. 상선을 연훈하기 위하여 좌별도장의 [배로] 옮겨 탔다. 늦게 우수사 [이억 기]의 배로 갔는데 충청수사 [정걸]도 왔다. 제만춘[1])을 불러와서 진술을 받아보니 매우 분 한 이야기가 많았다. 종일 이야기와 논의를 하고 헤어졌다. 오후 8시가 되기 전에 돌아와서 상선에 탔다. 이날 밤 달빛은 낮과 같고 물빛은 비단결과 같아서 마음을 추스를 수가 없었 다. 새로 만든 [배를] 바다에 띄웠다. 제만춘의 진술을 받아보니 매우 분한 이야기가 많았 다.[2])

1) 원문 '齊萬春'은 '諸萬春'의 오기이다.
2) 초고본에는 이 문장이 이날 일기의 아래쪽 여백에 작은 글씨로 추가로 적혀 있다. 앞쪽의 문장과 동일한 내용

이므로 일기에 쓰지 않은 것으로 착각하여 다시 기록한 듯하다.

18일(기해) 맑았다. 우수사 [이억기] 영공, [충청수사] 정 영공(정걸)도 함께 이야기하였다. 순천부사 [권준], 광양현감 [어영담]도 와서 만났다. 조붕이 와서 "박치공이 계문을 가지고 조정으로 갔다."라고 하였다.

19일(경자) 맑았다. 아침에 식사를 한 뒤에 원 수사(원균)에게 가서 내 배로 옮겨 타도록 청하였다. 우수사 [이억기], 정 수사(정걸)도 왔고 원연 또한 함께 이야기하였다. 말하는 중에 원 수사에게 흉하고 패악한 일이 많았으며 그 하는 짓이 거짓됨을 이루 말할 수 없었다. 원공 형제가 옮겨간 뒤에 천천히 노를 저어 진으로 왔다. 우수사, 정 수사와 함께 앉아서 도란도란 이야기하였다.

20일(신축) 아침에 식사를 한 뒤에 순천부사 [권준], 광양현감 [어영담], 홍양현감 [배흥립]이 왔고 이응화도 왔다. 송희립이 순찰사 [이정암]에게 안부를 물으러 가면서 제만춘에게 진술받은 바를 [쓴] 공문을 가지고 갔다. 방답첨사 [이순신(李純信)]과 사도첨사 [김완]을, 돌산도 근처로 흘러 들어와 패거리를 만들어 재물을 약탈하는 자들을 붙잡기 위하여 좌위와 우위로 나누어 [보냈다]. 저녁에 적량만호 고여우가 왔다가 밤이 깊어서야 갔다.

21일(임인) 맑았다.

22일(계묘) 맑았다.

23일(갑진) 맑았다. 윤간[1], 이뢰, 이해가 와서 어머니께서 평안하시다고 전했고 또한 울이 학질을 앓는다는 소식을 들었다.[2]

1) 윤간(尹侃)은 봉사 윤제현(尹齊賢)의 아들로서 이순신의 누이의 사위이다.**148**
2) 초고본에는 이 문장이 이날 일기의 아래쪽 여백에 작은 글씨로 추가로 적혀 있다.

24일(을사) 맑았다. 이해가 돌아갔다.

25일(병오) 맑았다. 꿈에 적의 모습이 보였기에 새벽에 각 도의 대장들에게 통보하여 바깥 바다로 나가서 진을 쳤다. 날이 저물 녘에 한산도 안쪽 바다로 다시 들어왔다.

26일(정미) 맑았다 비가 내리다 하였다. 원 수사(원균)가 왔고 얼마 있다가 우수사 [이억기] 영공과 [충청수사] 정 영공(정걸)도 함께 모였다. 순천부사 [권준], 광양현감 [어영담], 가리포 첨사 [구사직]은 바로 돌아갔다. 흥양현감 [배흥립]이 와서 산물을 대접했는데 원공이 술을 마시고 싶어 하기에 간소하게 대접하였더니 잔뜩 취해서 흉하고 패악한 말을 하였다. 매우 놀라웠다. 낙안군수 [신호]가 수길(도요토미 히데요시)이 명나라 조정에 올린 초고[1]와 명나라 사람이 [낙안]군에 와서 기록한 것을 보내왔다. 매우 통분함을 참을 수 없었다.

[1] 『선조실록』의 기사[149]에 의하면 같은 해 8월 초에 도체찰사 유성룡이 명나라 장수 심유경이 가지고 있던 일본이 명나라 황제에게 보내는 문서를 입수하여 조정에 보낸 일이 있었다. 시기상으로 보아 일기에서 언급된 초고와 동일한 것으로 짐작된다.

27일(무신) 맑았다.

28일(기유) 맑았다. 원 수사(원균)가 와서 흉하고 거짓된 말을 많이 하여 아주 놀라웠다.

29일(경술) 맑았다. 여필(이우신)과 아들 울, 변존서가 함께 왔다.

30일(신해) 맑았다. 원 수사(원균)가 다시 와서 영등포로 가자고 독촉하므로 음흉하다고 할 만하다. 그 거느렸던 25척의 배는 다 내보내고 단지 7, 8척만 가지고 이와 같이 말을 하니 그 마음 씀씀이와 하는 일들이 대체로 이러하다.

1일(임자) 맑았다. 원 수사(원균)가 왔다. 공문을 만들어 도원수 [권율]과 순변사 [이빈]에게 보냈다. 여필(이우신), 변존서, 이뢰 등이 돌아갔다. 우수사 [이억기] 영공, [충청수사] 정 영공(정걸)도 모여서 이야기하였다.

2일(계축) 맑았다. 계본의 초고를 써서 내려주었다. 경상우후 이의득과 [사량만호] 이여념 등이 와서 만났다. 어두워질 무렵 [소비포권관] 이영남이 와서 만나고 또한 "선 병사(선거이)가 곤양으로 가서 공을 세웠다고 한다."라는 것과 "남해현령 [기효근]이 도체찰사 [유성룡]에게 견책을 받고 공손하지 못하다고 하여 불려갔다."라는 소식을 전했다. 우스웠다. 기효근이 형편없음을 [도체찰사가] 필시 이미 알고 있었을 것이다.

3일(갑인) 맑았다. 아침에 조카 봉이 들어와서 그편에 어머니께서 평안하신지를 알 수 있었고 또한 본영 안의 일도 들었다. 계문을 봉하여 보내기 위해 초고를 써서 내려주었다. 순찰사 [이정암]의 공문도 왔는데 군사의 일족 등을 [징발하는] 일에 [관한 것으로서] "일체 침해하지 말라."[1]라고 하였다. 새로 도임하여 [미처 상황을] 살펴보지 못한 것이다.

1) 5월 28일 일기의 수군 일족의 징발 관련 주해 및 주석 참조

4일(을묘) 맑았다. 폐단을 보고하는 계문과 총통을 올려 보내는 일, 제만춘의 진술을 적은 것을 올려 보내는 일 도합 3통[1]의 [계문을] 봉하여 올려 보냈으며 이경복이 가지고 갔다. 유 정승(유성룡)과 [호조]참판 윤자신, 지사 윤우신, 도승지 심희수, 지사 이일, 안습지[2], 윤기헌에게 편지를 쓰고 정을 표하기 위하여 전복을 보냈다. 봉과 윤간이 돌아갔다.

1) 순서대로 『임진장초』의 「조진수륙전사장(條陳水陸戰事狀)」(1593년 9월), 「봉진화포장(封進火砲狀)」(1593년 8월), 「등문피로인소고왜정장(登聞被擄人所告倭情狀)」(1593년 8월)이다.
2) 자가 습지(習之)인 안민학(安敏學)을 가리킨다. 그의 본관은 광주(廣州), 생몰년은 1542~1601년이며, 윤기헌의 스승 율곡 이이와 교류하였고, 아산현감을 지낸 이력이 있다. 임진왜란 때 전라도에서 소모사로서 활동하였다.[150]

5일(병진) 맑았다. 식사를 한 뒤에 정 수사(정걸)의 배 옆으로 가서 정박하고 종일 논의하였다. 광양현감 [어영담], 홍양현감 [배홍립]과 우후 [이몽구]가 와서 만나고 돌아갔다.

6일(정사) 맑았다. 새벽에 배를 만들 목재를 운반해 오기 위하여 여러 배를 내보냈다. 식사를 한 뒤에 나는 우수사 [이억기] 영공의 배로 가서 종일 이야기하였다. 그편에 원공의 흉하고 패악한 일에 대하여 들었고 또한 [어란만호] 정담수가 근거 없는 말을 지어낸 것에 대하여 들었다. 우스웠다. 바둑을 두고 헤어져 돌아왔다. 배를 만들 목재를 각 배들이 끌고 돌아왔다.

7일(무오) 맑았다. 아침에 목재를 수납하였다. 아침에 방답첨사 [이순신(李純信)]이 와서 만났다. 순찰사 [이정암]에게 폐단을 보고하는 공문과 군사의 배치를 바꾸는 것에 대한 공문을 만들어 보냈다. 종일 혼자 앉아 있으니 마음이 편치 않았다. 저녁까지 탐후선이 오기를 고대하였지만 오지 않았다. 어두워질 무렵 마음이 답답하고 열이 나서 창을 닫지 않고 잤으므로 바람을 많이 쐬어서 머리가 많이 아픈 것 같았다. 걱정스러웠다.

8일(기미) 맑았다. 바람이 어지럽게 불었다. 새벽에 송희립 등을 내보내어 당포의 산에서 사슴을 잡아 왔다. 우수사 [어억기]와 충청수사 [정걸]이 왔다.

9일(경신) 맑았다. 식사를 한 뒤에 모여서 산봉우리로 올라 활 3순을 쏘았다. 우수사 [이억기], 정 수사(정걸)와 여러 장수들이 함께 모였지만 광양현감 [어영담]은 병 때문에 참석하지 못했다. 날이 저물 녘에 비가 내리기 시작하였다.

10일(신유) 맑았다. 공문을 처결하여 탐후선으로 보냈다. 느지막이 우수사 [이억기]의 배로 가서 [내가] 머물러 있는 곳으로 오라고 청하여 방답첨사 [이순신(李純信)]과 함께 술을 마시고 헤어졌다. 체찰사 [유성룡]의 비밀공문¹⁾이 들어왔다. 보성군수 [김득광]도 왔다가 돌아갔다.

1) 원문 '蜜關'은 '密關'의 오기이다.

11일(임술) 맑았다. 정 수사(정걸)가 술을 마련해 와서 만나고 우수사 [이억기]도 왔고 낙안군수 [신호], 방답첨사 [이순신(李純信)]도 함께 하였다. 홍양현감 [배홍립]이 휴가를 받아서 돌아갔다. 서몽남에게도 휴가를 줘서 함께 나갔다.

12일(계해) 맑았다. 식사를 한 뒤에 소비포권관 [이영남]과 유충신[1], 김 만호(여도만호 김인영) 등을 불러서 술을 대접하였다. 발포만호 [황정록]이 돌아왔다.

1) 유충신(柳忠信)의 자는 성중(誠仲), 본관은 고흥(高興), 생몰년은 1530년~미상이다.[151]

13일(갑자) 맑았다. 새벽에 종 한경, 돌쇠, 해돌과 자모종이 돌아왔다. 저녁에 종 금이, 해돌, 돌쇠 등이 돌아가고 양정언도 함께 돌아갔다. 저녁부터 비바람이 많이 불기 시작하여 밤새도록 그치지 않았는데 어찌 돌아갔는지 모르겠다.

14일(을축) 종일 비가 내리고 바람도 많이 불었다. 홀로 봉창 아래 앉아 있으니 온갖 생각이 들었다. 순천부사 [권준]이 돌아왔다.

15일(병인)

1594년
갑오일기(甲午日記)

1일(경진) 비가 퍼붓듯이 내렸다. 어머니를 모시고 함께 한 살을 더하게 되었으므로 이는 난리 중에도 다행한 일이다. 늦게 [군사를] 조련하고 전쟁을 준비할 일로 본영으로 돌아왔는데 비가 그치지 않았다. 신 사과[1]에게 안부를 물었다.

1) 오위(五衛)에 소속되었던 정6품 무관 벼슬이다.

2일(신사) 비는 그쳤으나 흐렸다. 나라의 제삿날[1]이라 업무를 보지 않았다. 신 사과를 초청하여 함께 이야기하였다. 첨지 배경남[2]도 왔다.

1) 명종 비 인순왕후(仁順王后)의 제삿날이다.
2) 배경남(裵慶男)의 자는 문길(門吉), 본관은 분성(盆城)이며, 임진왜란 초기 경상도 유격장으로 활약하였고, 제2차 당항포해전 등에 참전하였다.[1]

3일(임오) 맑았다. 동헌에 나가서 공문을 처결하여 보냈다. 날이 저물 녘에 내아[1]로 들어와서 여러 조카들과 이야기하였다.

1) 조카들과 만나서 이야기했다는 점에 의거하여 원문 '衙'를 수령이나 그 가족들이 거처하던 안채인 내아(內衙)로 해석하였다.

4일(계미) 맑았다. 동헌에 나가서 공문을 처결하여 보냈다. 저녁에 신 사과, 배 첨지(배경남)와 이야기하였다. 남홍점[1]이 본영으로 와서 그편에 그의 가족들이 피난[2]한 일에 대하여 물었다.[3]

1) 이순신의 사촌 누이의 남편이다.[2]
2) 원문 '奔竄'의 용례를 『선조실록』에서 찾아보면 '도망', '피난' 등의 의미가 있다.
3) 초고본에는 이 문장이 이날 일기의 아래쪽 여백에 작은 글씨로 추가로 적혀 있다.

5일(갑신) 계속 비가 내렸다. 신 사과가 와서 이야기하였다.

6일(을유) 비가 내렸다. 동헌에 나가서 남평의 도병방을 처형하였다. 저녁때까지 공문을 처결해 주었다.

7일(병술) 비가 내렸다. 동헌에서 공문을 처결하여 보냈다. 저녁에 남의길이 들어와서 서로 이야기하다가 밤이 깊어서야 헤어졌다.

8일(정해) 맑았다. 동헌 방에서 배 첨지(배경남), 남의길과 종일 이야기하였다. 늦게 업무를 보았다. 남원의 도병방을 처형하였다.

9일(무자) 맑았다. 아침에 남의길과 이야기하였다.

10일(기축) 맑았다. 아침에 남의길을 초청하여 이야기하였는데 피난했던 때의 일에 이르자 고생한 상황을 자세히 말하였다. 개탄을 금치 못했다.

11일(경인) 흐렸으나 비는 내리지 않았다. 아침에 어머니를 뵙기 위하여 배를 타고 바람을 따라 곧장 고음천¹⁾에 다다랐다. 남의길, 윤사행²⁾, 조카 분이 함께 갔다. 어머니께 고했으나 어머니께서 주무시느라 알아차리지 못하셨다. 목소리를 높여 부르니 놀라서 깨어 일어나셨다. 숨결이 가냘픈 것이 해가 서산에 걸린 듯하여³⁾ 단지 남모르게 눈물만 흘릴 뿐이었다. 말씀하시는 것은 어긋남이 없었다. 적을 토벌하는 일이 시급하므로 오래 머물 수 없었다. 이날 저녁 손수약의 아내가 죽었다는 소식을 들었다.⁴⁾

1) 고음내 또는 곰내(熊川)라고도 한다. 지금의 전남 여수시 웅천동 일대이다. 현재 이곳의 송현마을에는 이순신의 어머니가 피난생활을 했던 터가 남아 있다.
2) 사행(士行)은 계사일기(1593년)에 나오는 윤간의 자이다.
3) 원문 '氣息奄奄 日薄西山'은, 중국 진무제 때의 사람 이밀(李密)이 할머니의 봉양을 위하여 벼슬을 사양하려고 올린 진정표(陳情表)에서 인용한 구절이다.
4) 초고본에는 이 문장이 이날 일기의 아래쪽 여백에 작은 글씨로 추가로 적혀 있다.

12일(신묘) 맑았다. 아침에 식사를 한 뒤에 어머니께 작별인사를 드리니 잘 가서 나라의 치욕을 크게 씻으라고 두세 차례 타이르시고 조금도 이별을 아쉬워하는 탄식을 하지 않으셨다. 선창으로 돌아오니 몸이 불편한 듯하여 바로 뒷방으로 들어갔다.

13일(임진) 맑았으나 바람이 많이 불었다. 몸이 몹시 불편하여 자리에 누워서 땀을 흘렸다.

종 팽수, 평세 등이 와서 만났다.

14일(계사) 흐리고 바람이 많이 불었다. 아침에 조카 뢰의 편지를 보았더니 "아산의 선산에서 설 제사를 지낼 때, 모여든 무리 무려 200여 명이 산을 둘러싸고 걸식을 하면서 올랐다가 [1] 물러갔다."라고 하여 매우 놀라웠다. 늦게 동헌에 나가서 계문을 만들어 [승병장] 의능의 면천 공문[2]과 함께 봉하여 올려 보냈다.

1) 원문 '圍山乞食○退' 중의 '○'은 '登' 또는 '祭'로 보는 두 가지 견해가 있으며 여기에서는 '登'으로 번역하였다.[3]
2) 『임진장초』의 「봉진승장위첩장(封進僧將僞帖狀)」(1594년 1월)에 의하면 승병장 의능에게 위조된 것으로 보이는 면천 공문이 온 사건이 있었다. 「봉진승장위첩장」이 쓰여진 시기가 일기와 같은 달인 점으로 보아 일기에서 언급된 계문은 「봉진승장위첩장」이고 면천 공문은 그 위조된 공문을 가리키는 것으로 보인다.
『선조실록』의 기사[4]에 의하면 조선 조정은 군공을 세우거나 군량 등의 물자를 제공한 사람에게 면천이나 면역 등의 특혜를 주는 포상 제도를 시행하였다.

15일(갑오) 맑았다. 이른 아침에 남의길과 여러 조카들을 함께 만난 뒤에 동헌에 나갔다. 남의길은 영광으로 돌아가려고 하였다. 종 진을 찾아내라는 공문을 만들었다. 동궁(광해군)의 명령[1]이 있었는데 군사를 이끌고 적을 토벌하는 일을 독려하는 것이었다.[2]

1) 이날 받은 광해군의 명령은 『임진장초』의 「장달(狀達)」(1594년 1월 15일)에 그 내용이 실려 있다.
2) 『선조실록』과 『임진장초』의 기록[5]에 의하면 광해군은 1593년 윤 11월경에 남부지방으로 내려와 무군사(撫軍司)라는 행영(行營)을 설치하고 군사활동을 독려하였으며 1593년 12월경부터 전주에 머물러 있었다.

16일(을미) 맑았다. 아침에 남의길에게 오라고 청하여 이별 자리를 가졌으며 나도 매우 취하였다. 늦게 동헌에 나갔다. 황득중이 들어왔고 또한 "문학 유몽인[1]이 암행어사로서 홍양현에 들어가 여러 가지 문서를 가지고 갔다."라는 소식을 들었다. 어두워질 무렵 방답첨사 [이순신(李純信)]과 배 첨지(배경남)가 와서 이야기하였다.

1) 유몽인(柳夢寅)의 자는 응문(應文), 본관은 고흥(高興), 생몰년은 1559~1623년이며, 세자시강원에서 세자에게 글을 가리키는 정5품 관직인 문학(文學)을 지냈다.[6] 야담을 집대성한 『어우야담(於于野談)』의 저자로 널리 알려져 있다.

17일(병신) 새벽에 눈이 내리다가 늦게 비가 내렸다. 이른 아침에 배에 올라 여필(이우신)과 여러 조카들과 아들들을 떠나보내고 단지 분, 울만 데리고 배를 띄웠다. 이날 계본[1]을 내보냈다. 오후 4시경에 와두[2]에 이르니 역풍이 불고 썰물이므로 [배를] 운행할 수가 없어서 닻을 내리고 잠시 쉬었다. 오후 6시경에 닻을 올리고 노량으로 건너갔다. 여도만호 [김인영],

순천의 이감과 우후 [이몽구]도 와서 숙박을 하였다.

1) 『임진장초』의 「환진장(還陣狀)」(1594년 1월 17일)을 가리킨다. 이 계본에는 새로 만들어진 전선들을 운용할 사부(射夫)와 격군(格軍)을 전라도에서 징병하였지만 군사가 부족하여 어렵게 전선을 정비한 후 1월 17일에 한산도로 돌아간다고 기록되어 있다.
2) 지금의 전남 여수시 묘도동의 묘도와 가까운 지역으로 추정된다.[7]

18일(정유) 맑았다. 새벽에 출발할 때 역풍이 많이 불었으나 창신도(창선도)에 이르니 바람이 순조롭게 불었다. 돛을 올리고 사량에 이르니 바람이 도로 거꾸로 [불고] 비가 많이 내리기 시작하였다. [사량]만호 [이여념]과 수사 [원균]의 군관 전윤이 와서 만났다. 전윤이 말하기를 "수군을 거창으로부터 징발해왔다."라고 하였으며 그편에 "원수 [권율]이 방해하려고 했다."라는 소식을 들었다.[1] 우스웠다. 예로부터 공을 시기하는 것이 이와 같으니 한탄한들 어찌하는가! 그대로 숙박을 하였다.

1) 『선조실록』의 기사[8]에 의하면 당시 육군과 수군은 서로 병력을 더 확보하려는 와중에 갈등을 빚기도 하였다.

19일(무술) 흐렸으나 늦게 맑아졌다. 바람이 많이 불었으며 날이 저물 녘에는 더욱 사나워졌다. 아침에 출발하여 당포 바깥 바다에 이르러 바람을 따라 반돛을 다니 순식간에 한산도에 이르렀다. 활터 정자에 올라가 앉아서 여러 장수들과 서로 이야기하였다. 저녁에 원 수사(원균)도 왔다. 소비포권관 [이영남]으로부터 영남의 여러 배의 사부와 격군들이 거의 다 굶어 죽었다는 소식을 들었는데 참혹하여 차마 들을 수가 없었다. "원 수사, 공연수, 이극함이 눈독 들였던 [여자와] 모두 관계했다."라고 한다.

20일(기해) 맑았으나 바람이 많이 불었다. 추위가 [살을] 에는 듯하였다. 각 배의 옷이 없는 사람들이 거북이처럼 움츠려서 추위에 떠는 소리를 냈는데 차마 들을 수가 없었다. 낙안군수 [신호], [전라]우우후 [이정충]이 와서 만나고 늦게 소비포권관 [이영남], 웅천현감[1], 진해현감[2]도 왔다. 진해현감은 [명을] 어기고 제때에 오지 않아서 추고할 작정이었기에 만나지 않았다. 바람이 멎는 듯하였으나 순천부사 [권준]이 들어올 일이 많이 걱정되었다. 군량도 오지 않아서 이 또한 걱정스러웠다. 병들어 죽은 사람들을 거두어 묻어줄 차사원으로 녹도만호 [송여종]을 정하여 보냈다.

1) 당시의 웅천현감은 이운룡(李雲龍)으로서, 그의 자는 경현(景見), 호는 동계(東溪), 본관은 재령(載寧), 생몰년은 1562~1610년이며, 옥포해전, 당포해전, 한산도대첩, 부산포해전, 제2차 당항포해전 등에 참전하였다.[9]
2) 『진해현읍지』의 「선생안」에 의하면 당시의 진해현감은 정항(鄭沆)이다.[10]

21일(경자) 맑았다. 아침에 본영의 격군 742명에게 술을 먹였다. 광양현감¹⁾이 들어왔다. 저녁에 녹도만호 [송여종]이 와서 병들어 죽은 시신 214명을 거두어 묻었다고 보고하였다. 포로가 되었다가 도망쳐 돌아온 2명이 원 수사(원균)가 있는 곳으로부터 와서 적의 정황을 자세히 말하였지만 믿을 수가 없었다.

1) 『광양군읍지』의 「선생안」에 의하면 당시의 광양현감은 최산택(崔山澤)이다.¹¹ 전 광양현감 어영담은 조방장이 되었으며 2월 21일과 3월 3일 일기에서 이를 확인할 수 있다. 『임진장초』의 「청이어영담위조방장장(請以魚泳潭 爲助防將狀)」(1593년 윤 11월 17일)과 『선조실록』의 기사¹²에 의하면 어영담은 1593년 12월경에 조방장이 된 것으로 추정된다.

22일(신축) 맑았다. 날씨가 따뜻하고 바람도 없었다. 활터 정자에 올라가 앉아서 진해현감 [정항]으로 하여금 교서에 숙배¹⁾하도록 하고 하루 종일 활을 쏘았다. 녹도만호 [송여종]이 "병들어 죽은 시신 217명을 거두어 묻었다."라고 하였다.²⁾

1) 지방에 나가 있는 관원이 교서를 맞이하는 절차는 『국조오례의』의 「가례의식(嘉禮儀式)」-「사신급외관영교서의 (使臣及外官迎敎書儀)」에 정해져 있다.
2) 초고본에는 이 문장이 이날 일기의 아래쪽 여백에 작은 글씨로 추가로 적혀 있다.

23일(임인) 맑았다. 낙안군수 [신호]가 돌아간다고 하고 나갔다. 홍양의 전선 2척이 들어왔다. 최천보, 유황¹⁾, 유충신, 정양 등이 들어왔다. 늦게 순천부사 [권준]이 들어왔다. 순천부사가 왔다.²⁾

1) 계사일기(1593년) 9월 12일의 주석 참조
2) 초고본에는 이 문장이 이날 일기의 위쪽 여백에 추가로 적혀있다.

24일(계묘) 맑고 따뜻하였다. 아침에 산역의 일로 이장 41명을 송덕일¹⁾이 이끌고 갔다. 영남 원 수사(원균)가 군관을 보내어 "좌도의 적 300여 명을 죽였다."라고 보고하여 매우 기뻤다. "[대마도주] 평의지(소 요시토시)가 지금 웅천에 있다."라고 하였지만 자세히는 알 수 없었다. 유황을 불러서 암행어사가 가져간 것에 대해 물어보니 "문서를 아주 많이 [가지고 갔다.]"라고 하였다.²⁾ 매우 놀라웠다. 또한 격군의 일에 대하여 들으니 현의 아전들의 간악함을 이루 말할 수 없었다. 전령을 보내어 징발할 군사 144명을 잡아오도록 하였고 또한 [홍양]현감 [배흥립]을 독촉하는 전령을 내보냈다.

1) 송덕일(宋德馹)의 자는 치원(致遠), 본관은 남양(南陽), 생몰년은 1566~1616년이다.¹³
2) 16일 일기에 기록된 암행어사 유몽인이 흥양현에 왔던 사건으로 판단된다.

25일(갑진) 흐리다가 늦게 맑아졌다. 송두남, 이상록 등이 새로 만든 배를 가져와 정박시키기 위하여 사부와 격군 132명을 이끌고 갔다. 아침에 우우후 [이정충]이 여기에 와서 함께 아침식사를 하였다. 늦게 활을 쏘았는데 우우후와 여도만호 [김인영]이 활쏘기를 겨루어서 여도만호가 7분을 이겼다. 나는 10순을 쏘고 나머지 사람들은 모두 20순을 쏘았다. 저녁에 종 허산이 술병을 훔치다가 붙잡혀서 장을 때렸다.

26일(을사) 맑았다. 아침에 활터 정자에 올라 순천부사 [권준]이 기한을 어긴 죄를 따졌고 이어 공문을 처결하였다. 활 10순을 쏘았다. 오후에 포로가 되었다가 도망쳐 돌아온 진주 여인 1명, 고성 여인 1명, 서울 사람 2명이 [왔는데] 바로 정창연과 김명원의 종이라고 하였다. 또한 왜놈이 스스로 와서 투항한 자가 1명이 있다는 보고가 왔다.

27일(병오) 맑았다. 새벽에 배를 만들 목재를 끌어올 일로 우후 [이몽구]가 나갔다. 새벽에 "변유헌, 이경복이 들어왔다."라고 보고가 왔다. 아침에 충청수사 [구사직]¹⁾의 답장이 왔다. 어머니의 편지와 여필(이우신)의 편지가 왔는데 "어머니께서 평안하시다."라고 하여 다행이었다. 그렇지만 "동문 밖 해운대 옆에 도적²⁾이 나타나고 미평에도 도적이 들었다."라고 하여 매우 놀라웠다. 늦게 미조항첨사 [김승룡], 순천부사 [권준]이 함께 왔다. 아침에 소지와 여러 가지 공문을 처결하여 보냈다. 스스로 투항해 온 왜적을 잡아왔기에 진술을 받았다. 원 수사(원균)의 군관 양밀이 제주판관³⁾의 편지와 마장⁴⁾과 해산물, 감귤과 감자(홍귤)를 가져왔으므로 곧바로 어머니께 보냈다. 저녁에 녹도만호 [송여종]이 복병한 곳에서 왜적 5명이 날뛰며 포를 쏘았는데 왜적 1명을 쏘아 머리를 베었으며 그 나머지는 화살을 맞고 도망갔다. 저물녘에 소비포권관 [이영남]이 왔다. 우후가 배를 만들 목재를 가지고 왔다.

1) 『임진장초』의 「청연해군병량기전속주사장(請沿海軍兵糧器全屬舟師狀)」(1593년 윤 11월 17일)에 의하면 계사년 (1593년)에 정걸의 후임으로 구사직이 충청수사가 되었다.
2) 원문 '明火作賊'은 '明火賊'으로도 표기되었으며 『실록』에서 그 용례를 확인할 수 있다. 이는 횃불을 들고 조직 적으로 도적질을 일삼던 무리를 가리킨다.
3) 『제주읍지』의 「선생안」에 의하면 당시의 제주판관은 양집(梁諿)이다.¹⁴
4) 원문 '馬粧'은 '馬具', '馬裝' 등과 함께 말에 사용되는 장비를 총칭하는 용어이다.¹⁵

28일(정미) 맑았다. 아침에 우후 [이몽구]가 와서 만났다. 종사관¹⁾에게 [보낼] 절목(조목)에 대한 공문을 만들어서 강진의 영리에게 줘서 보냈다. 늦게 원식이 "서울로 올라간다."라고 하며 왔기에 술을 대접하여 보냈다. 경상우후 [이의득]의 보고에 "[명나라의] 유 제독²⁾이 군사를 돌려 이달 25, 26일경 올라갔다."[3]라고 하였고 또한 "위무사 홍문관 교리 권[4]이 도내를 돌면서 위무한 뒤에 수군 [진영으로] 들어 온다."라고 하였다. 또한 "도적의 무리를 모은 이산겸[5] 등을 잡아 가두고 아산, 온양 등의 고을에서 날뛰던 큰 도적 90여 명을 잡아서 머리를 베었다."라고 하였고 또한 "호익장 [김덕령[6]]이 가까운 시일에 들어올 것이다."라고 하였다. 저물녘에 비가 내리기 시작하더니 밤새도록 쓸쓸히 [내렸다]. 전선을 만들기 시작하였다.[7]

1) 『임진장초』의 「환진장(還陣狀)」(1594년 1월 17일)에 의하면 당시 이순신의 종사관은 정경달(丁景達)로서 전선을 정비를 위해 전라우수사 이억기와 함께 전라우도에 있었다. 그의 자는 이회(而晦), 호는 반곡(盤谷), 본관은 영광(靈光), 생몰년은 1542~1602년이다.[16]

2) 『선조실록』의 기사[17]에 의하면 당시 유정(劉綎)은 총병이었고 이여송이 제독이었으므로 일기에서 언급된 관직은 오기이다. 유정의 자는 자신(子紳), 호는 성오(省吾), 강서(江西) 남창부(南昌府) 홍도현(洪都縣) 출신이다.[18] 정유재란 때 서로군(西路軍)의 대장으로서 순천 왜교성 전투에 참전하였으며, 1619년 후금의 누르하치와 벌인 사르후 전투에서 전사하였다.

3) 『선조실록』의 같은 달 21일 기사[19]에 의하면 당시 유 총병의 군사는 일부 남원에 진주해 있었지만 곧 서울로 올라갈 예정이었다.

4) 『선조실록』의 기사[20]에 의하면 그의 이름은 권협(權悏)으로서 의병장 김덕령과 전라도의 군사들을 위무할 목적으로 내려왔다.

5) 충청도 의병장으로서 토정 이지함의 서자이다. 충청도 도적 송유진이 조정에서 추국되는 과정에서 연좌되어 억울하게 역적으로 몰려서 형장을 받다가 죽었다.[21]

6) 『선조실록』이나 조경남의 『난중잡록』 등의 사료와 문헌에 실린 김덕령(金德齡)의 군호는 익호장(翼虎將)이다. 그의 자는 경수(景樹), 시호는 충장(忠壯), 본관은 광산(光山), 생몰년은 1567~1596년이며, 의병을 일으킨 뒤 지략과 용맹이 알려지면서 크게 이름을 떨쳤고, 1596년 이몽학의 반란에 연좌되어 체포된 이후 고문을 받다가 억울하게 옥사하였다.[22]

7) 초고본에는 이 문장이 이날 일기의 아래쪽 여백에 작은 글씨로 추가로 적혀 있다.

29일(무신) 비가 하루 종일 내리더니 밤새도록 내렸다. 새벽에 각 배들이 무사하다는 보고가 왔다. 몸이 불편하여 저녁 내내 누워서 신음하였다. 바람이 많이 불고 파도가 일어 배를 안정시킬 수가 없어서 마음이 아주 어지러웠다. 미조항첨사 [김승룡]이 배를 정비하기 위하여 돌아갔다.

30일(기유) 흐리고 바람이 많이 불었다. 늦게 맑아지고 바람도 조금 멎었다. 순천부사 [권준]과 우우후 [이정충], 강진현감[1]이 왔다. 미조항첨사 [김승룡]이 와서 돌아간다고 하기에 도망쳤다가 잡혀 온 평산포 군사 3명을 줘서 보냈다. 나는 몸이 몹시 불편하여 하루 종일 땀을 흘렸다. 군관과 여러 장수들이 활을 쏘았다.[2]

1) 『임진장초』의 「당항포파왜병장(唐項浦破倭兵狀)」(1594년 3월 10일)과 『강진군읍지』의 「선생안」에 의하면 당시의 강진현감은 유해(柳瀣)이다.[23] 그의 자는 숙부(淑夫), 본관은 문화(文化), 생몰년은 1548년~미상이다.[24]

2) 초고본에는 이 문장이 이날 일기의 아래쪽 여백에 작은 글씨로 추가로 적혀 있다.

2월

1일(경술) 맑았다. 늦게 활터 정자에 올라 공문을 처결하여 보냈다. 청주에 사는 겸사복[1] 이 상이 유지를 가지고 왔다. 그 내용은 "경상감사 한효순[2]이 시급히 올린 계문 중에 '좌도의 적들이 거제로 모여들어 장차 전라도를 침범할 계획이다.'라고 하였으므로 경은 삼도의 수 군을 모아서 섬멸하라."라는 것이었다. 오후에 우우후 [이정충]을 불러서 활을 쏘았다. 오 후 8시경에 사도첨사 [김완]이 전선 3척을 이끌고 진에 이르렀다. 이경복, 노윤발, 윤백년 등 이 도망치는 군사를 싣고 육지로 올라가는 배 8척을 붙잡아 왔다. 저녁에 가랑비가 한참 동안 내리다가 그쳤다. 사도첨사가 들어왔다.[3]

1) 국왕의 신변보호나 왕궁호위 등의 임무를 맡았던 기병 중심의 군사들이다.
2) 한효순(韓孝純)의 자는 면숙(勉叔), 호는 월탄(月灘), 본관은 청주(淸州), 생몰년은 1543~1621년이다.[25] 임진왜란 이후 화약 병기의 구체적인 사용법을 기록한 『신기비결(神器秘訣)』을 편찬하였다.
3) 초고본에는 이 문장이 이날 일기의 위쪽 여백에 추가로 적혀있다.

2일(신해) 맑았다. 아침에 도망치는 군사를 싣고 나간 사람 등에게 벌을 주었다. 사도첨사 [김 완]이 "낙안군수 [신호]가 파면되었다."라고 전했다. 늦게 활터 정자로 올라갔다. 동궁(광해 군)께 올린 달본[1]의 회신이 내려왔다. 각 관포의 공문을 처결하여 보냈다. 활 10순을 쏘았 다. 바람이 어지럽게 불어서 편치 않았다. 기한까지 오지 못하였기 때문에 사도첨사를 추 고하였다.

1) 달본(達本)은 세자가 섭정할 때 관원이 세자에게 올리던 문서로서 신본(申本)이라고도 한다. 왕에게 올리는 계본 (啓本)과 비슷하지만 한 등급을 낮추는 의미로 사용되던 명칭이다.

3일(임자) 맑았다. 새벽꿈에 한쪽 눈이 먼 말을 보았는데 무슨 징조인지 모르겠다. 식사를 한 뒤에 활터 정자에 올라 활을 쏘았다. 광풍이 많이 불었다. 우조방장 [어영담]이 와서 그편 에 반적의 소식[1]을 듣게 되어 걱정과 통분함을 참을 수 없었다. 우우후 [이정충]이 여러 장 수들에게 짐을 보냈다. 원식, 원전[2]이 와서 서울로 올라간다고 하였다. 원식이 남해현령 [기 효근]에게 철을 납부하고 면천공문 1장을 받아 갔다. 날이 저물 녘에 군막으로 내려왔다.

1) 『선조실록』의 1594년 1월과 2월의 기사에 수십여 차례 관련 기록이 보이는 충청도 도적 송유진의 역모 사건이다.

2) 경상우수사 원균의 동생이다. 『선조실록』의 같은 해 6월 기사[26]에는 원전이 조정으로 들어가서 수군의 상황을 보고했다는 기록이 남아 있다.

4일(계축) 맑았다. 바람이 많이 불었다. 아침에 식사를 한 뒤에 순천부사 [권준], 우조방장 [어영담]을 불러와서 이야기하였다. 늦게 본영의 전선, 거북선이 들어왔다. 조카 봉과 이설, 이언량[1], 이상록 등이 강돌천을 데리고 왔는데 동궁(광해군)의 회신[2]을 가지고 왔고 정 이상[3]의 편지도 왔다. 각 관포의 공문을 처결하여 보냈다. 순천으로부터 온 보고에 "무군사의 공문에 의거한 순찰사 [이정암]의 공문에 [따라] 진중에 과거시험장을 설치하자고 장달[4]을 올린 것은 매우 잘못된 일이니 추고해야 한다."[5]라고 하여 매우 우스웠다. 조카 봉으로부터 어머니께서 평안하시다는 소식을 듣게 되어 매우 다행이었다.

1) 이언량(李彦良)은 옥포해전, 당포해전, 한산도대첩, 부산포해전, 제2차 당항포해전, 노량해전 등에 참전하였다.[27]
2) 원문 '達下'는 '達本回下'의 준말이다.
3) 이상(二相)은 좌찬성과 우찬성을 가리키는 말이다. 『선조실록』의 기사[28]에 의하면 당시 정탁(鄭琢)이 좌찬성으로서 광해군과 함께 무군사에 있었다. 그의 자는 자정(子精), 호는 약포(藥圃), 시호는 정간(貞簡), 본관은 청주(淸州), 생몰년은 1526~1605년이다.[29] 1597년에 이순신이 파직되어 감옥에 있을 때 그의 구명을 위하여 선조에게 「신구차(伸救箚)」를 올린 사실은 유명한 일화이다.
4) 장달(狀達)은, 세자가 섭정할 때 관원이 세자에게 올리던 문서로서 왕에게 올리는 장계(狀啓)보다 한 등급을 낮추는 의미로 사용되던 명칭이다.
5) 이 문장은 원문만으로는 정확한 의미를 파악하기 어려우며, 많은 번역서들 또한 각기 다른 해석을 하고 있다. 『임진장초』의 「청어진중시재장(請於陣中試才狀)」(1593년 12월 29일)과 같은 책 「설무과별시장(設武科別試狀)」(1594년 4월 11일)에는 일기의 기록과 관련된 당시의 상황과 함께 일기의 올바른 해석을 이끌어낼 수 있는 내용이 실려 있다.
그 내용을 살펴보면, 이전 해 12월 27일에 광해군의 명에 따라 전주에 과거시험장이 개설되었지만, 수군 병사들은 왜군과 대치하고 있는 상황에서 촉박한 시험 일정에 맞추어 먼 거리에 있는 전주까지 갈 수 없었으므로, 이순신은 수군만 진중에서 따로 과거시험을 열게 해달라는 요청을 조정에 보내어 결국 4월 6일에 수군 진영에서 과거시험을 실시하게 되었다. 앞의 두 기록 중 「설무과별시장」의 앞부분에 나오는 '무군사의 공문에 의거한 순찰사 이정암의 공문 중에 동궁께서 전주부에 머무르시며 시험장을 열라는 명이 있어서 …'라는 문장은 일기의 원문을 올바로 해석할 수 있는 근거가 된다.

5일(갑인) 맑았다. 새벽꿈에 좋은 말을 타고 곧장 바위가 쌓인 큰 산으로 올라갔더니 산봉우리가 수려하고 동서로 굽이쳐 있었다. 또한 봉우리 위에 평평한 곳이 있어서 자리를 잡으려는데 깨어나니 무슨 징조인지 모르겠다. [또한] 한 미인이 홀로 앉아 손짓을 하였으나 나는 소매를 떨치고 대응하지 않았다. 우스웠다. 아침에 군기시[1]에서 받아온 흑각궁[2] 100장을 수를 세어 착서[3]하고 화피[4] 89장도 [수를 세고] 착서하였다. 발포만호 [황정록], 우우후 [이정충]이 와서 만나고 함께 식사를 하였다. 늦게 활터 정자에 올라 순창, 광주의 색리에게 벌을 주었다. 우조방장 [어영담]과 우우후, 여도만호 [김인영] 등이 활을 쏘았다. 원수 [권율] 이 답장을 보내왔는데 "심 유격(심유경)이 이미 강화하기로 결정했다."라고 하였다. 그러나 [적의] 간사한 모략과 교묘한 계책은 헤아릴 수 없어서 전에도 그 술책에 빠져들었는데 또 이와 같이 빠져드니 한탄스럽다.⁵⁾ 저녁에 날씨가 찌는 듯하여 마치 초여름과 같았다. 밤 9 시경에 비가 내리기 시작했다.

1) 군사용 병기와 기치 등을 만들던 중앙관아이다.

2) 원문 '黑角'이 흑각궁과 흑각 중 어느 것을 가리키는지 불분명하다. 이를 세는 단위 장(張)이 활뿐만 아니라 흑 각을 세는 단위(특히 흑각이 활대에 붙일 수 있게 넓적하게 가공되었을 때)로도 사용되었기 때문이다. 여기에서는 흑 각궁으로 번역하였다.

3) 착서(着署)는 착압(着押)이라고도 하며 지금의 서명과 비견된다. 착서는 초서(草書)의 난필(亂筆)로 기재하였으 며, 상급관아에서 하급관아로 문서를 보내는 경우에는 착서만 하였고 그 반대의 경우에는 관직과 성을 쓰고 착서를 하였다.³⁰

4) 화피(樺皮)는 자작나무 껍질을 가리킨다. 신축성과 내수성이 좋기 때문에 활의 접착제인 어교(부레풀)가 수분으 로 인하여 떨어지는 것을 막기 위해 활의 표면에 부착하는 자재로 사용되었다. 조선의 중요 임산물로 취급되었 으며 『동국여지승람』이나 『여지도서』에 그 공물 수취지역이 정리되어 있다.³¹

5) 『선조실록』의 기사³²에 의하면 당시 명나라 장수 심유경은 왜군과 강화하려는 움직임을 보이고 있었다. 이 기 사들 중에는 심유경이 이전 해 6월경 부산에서 왜적을 만나고 나온 직후에 진주성전투가 벌어졌던 사실을 지 적하는 기록이 보이는데, 일기에서 언급된 왜적의 술책은 이를 말하는 것으로 짐작된다.

6일(을묘) 계속 비가 내렸다. 오후에는 맑게 갰다. 순천부사 [권준], 조방장과 웅천현감 [이운 룡], 사도첨사 [김완]이 와서 만났다. 어두워질 무렵 흥양의 김방제¹⁾가 왔다. 유자 30개를 가지고 왔는데 금방 딴 것 같았다.

1) 원문 '興陽金邦濟'는 '흥양의 김방제' 또는 '흥양현감과 김방제' 두 가지로 해석이 가능하다. 이날 이후부터 14일 일기 이전까지 흥양현감에 대한 언급이 보이지 않으므로 전자가 가능성이 높다.

7일(병진) 맑았다. 서풍이 많이 불었다. 아침에 우조방장 [어영담]이 와서 만나고 또한 "차선¹⁾ 을 타고 싶다."라고 하였다. 어머니와 홍군우²⁾, 이숙도³⁾, 강인중 등에게 안부를 묻는 편지 를 써서 조카 분이 가는 편에 주었다. 봉과 분이 함께 나갔는데 봉은 그 길로 나주로 가고 분은 온양으로 갔다. 마음이 편치 않았다. 각 배에 소지 200여 장을 처결하여 나누어 보냈 다. 고성현령 [조응도]의 급보에 "적선 50여 척이 춘원포⁴⁾에 이르렀다."라고 하였다. 삼천포 권관⁵⁾과 가배량⁶⁾권관 제만춘이 와서 서울의 소식을 이야기하였다. 이경복을 부족한⁷⁾ 격 군을 잡아오기 위하여 내보냈다. 이날 군사의 배치를 바꾸고 격군을 각 배에 옮겨 태웠다. 방답첨사 [이순신(李純信)]에게 [격군을] 잡아오도록 전령하였다. 낙안군수 [신호]의 편지가 왔는데 "새 군수 김준계가 내려왔다."라고 하기에 전령하여 [격군을] 잡아오도록 하였다. 보성의 전선 2척이 들어왔다. 소비포권관 [이영남]이 와서 만났다.

1) 원문 '次船'은 문맥상 부지휘선을 의미하는 것으로 짐작된다. 그러나 한 단계 작은 크기의 전선을 '次船'으로 부르기도 하였다.[33]

2) 군우(君遇)는 『이충무공전서』의 「행록」의 저자인 홍익현(洪翼賢)의 자이다. 그의 호는 송곡(松谷), 본관은 남양(南陽), 생몰년은 미상이다.[34]

3) 숙도(叔道)는 이사민(李思敏)의 자로 추정된다.[35]

4) 지금의 경남 통영시 광도면에 있었다.[36]

5) 현전하는 삼천진권관 임명 교지에 의하면 박광춘(朴光春)으로 짐작된다. 이 교지에 의하면 박광춘은 1593년 9월경 삼천진권관으로 제수되었다. 그의 자는 경인(景仁), 본관은 밀양(密陽), 생몰년은 1550년~미상이다.[37]

6) 지금의 경남 통영시 도산면 오륜리에 있었다. 이후 지금의 경남 거제시 동부면 가배리에 있던 경상우수영이 1604년에 고성으로 옮겨가고 그 자리에 새로운 진이 설치되면서 가배량의 명칭을 가지게 되었다.[38]

7) 원문 '干'은 번역서마다 그 해석이 조금씩 차이가 있다. 여기에서는 계사일기(1593년) 6월 8일/23일에서 '干'이 '부족하다'는 뜻으로 사용된 예에 따라 해석하였다. 『임진장초』의 「청죄지류제장장(請罪遲留諸將狀)」(1594년 2월 25일)에서도 당시 격군이 매우 부족한 상황이었음을 확인할 수 있다.

8일(정사) 맑았다. 동풍이 많이 불었고 날씨가 매우 쌀쌀하였다. 봉과 분 등이 배를 타고 간 것이 많이 걱정되어 밤새도록 잠을 이루지 못하였다. 아침에 순천부사 [권준]이 와서 고성의 소소포[1]에 적선 50여 척이 드나든다고 하여 곧바로 제만춘을 불러서 지형이 어떠한지를 물었다.[2] 늦게 활터 정자에 올라 공문을 처결하여 보냈다. 경상우병사[3]의 군관이 편지를 가지고 와서 자기 장수의 소실[4]의 면천에 대한 일을 이야기하였다. 진주에서 피난한 전 좌랑 이유함[5]이 와서 이야기하다가 저녁에 돌아갔다. 바다의 달빛이 맑고 시원하여 침상에 누워서도 잠을 이루지 못하였다. 순천부사와 우조방장 [어영담]이 와서 이야기하다가 밤 10시경에 헤어졌다. 변존서가 당포에 가서 꿩 7마리를 사냥해왔다.[6]

1) 지금의 경남 고성군 마암면 두호리에 있었다.[39]

2) 『임진장초』의 「등문피로인소고왜정장(登聞被擄人所告倭情狀)」(1593년 8월)에 의하면 제만춘의 고향은 고성이다.

3) 『선조실록』의 기사[40]에 의하면 당시의 경상우병사는 성윤문(成允文)이다.

4) 원문 '房人'이 병신일기(1596년) 6월 8일에서 소실의 의미로 사용된 예에 의거하여 여기에서도 동일한 뜻으로 해석하였다.

5) 이유함(李惟諴)의 자는 여실(汝實), 본관은 성주(星州), 생몰년은 1557~1609년이며, 의병장 김면이 의병을 일으켰을 때 함께 활동하였다.[41]

6) 초고본에는 이 문장이 이날 일기의 아래쪽 여백에 작은 글씨로 추가로 적혀 있다.

9일(무오) 맑았다. 새벽에 우후 [이몽구]가 2호선, 3호선을 이끌고 소비포 뒤쪽으로 띠풀¹⁾을 벨 일로 갔다. 아침에 고성현령 [조응도]가 왔는데 돼지²⁾ [1마리]도 가지고 왔다. 그편에 당항포에 적선이 드나든 것에 대하여 물었다.³⁾ 또한 백성들이 굶주린 [상황에] 대하여 물었는데 서로 잡아먹는 참상이 [벌어진다고 하니] 장차 [백성들이] 어찌 살아갈 것인가?⁴⁾ 늦게 활터 정자에 올라 활 10여 순을 쏘았다. 이유함이 다시 와서 돌아간다고 하기에 그의 자를 물었더니 여실이라고 하였다. 순천부사 [권준]과 우조방장 [어영담], 우우후 [이정충], 사도 첨사 [김완], 여도만호 [김인영], 녹도만호 [송여종], 강진현감 [유해], 사천현감 [기직남], 하동현감 [성천유], 소비포권관 [이영남] 등도 왔다.⁵⁾ 저물녘에 보성군수⁶⁾가 들어왔다. 무군사의 공문을 가지고 왔는데 "호위에 [사용할] 장창 수십 자루를 만들어 보내라."라고 하였다.⁷⁾ 이날 동궁(광해군)께서 추고한 것에 대한 답변을 보냈다.

1) 원문 '茅'는 볏과의 다년초로서 주로 지붕을 잇는 데 사용하였다.

2) 원문 '猪口'의 용례를 『실록』이나 조선시대 문헌에서 찾아보면 살아있는 돼지를 가리키는 경우가 많으므로 '돼지 1마리'로 해석하였다. 이를 '돼지고기'로 번역하는 경우도 있지만 이 경우는 대개 '猪肉'이라는 용어가 사용되었다.

3) 당항포는 소소포와 마찬가지로 같은 당항포만 안에 있었다. 따라서 일기의 내용은 8일 일기에서 언급된 적선 50여 척이 드나든 사건을 가리킨다.

4) 『선조실록』의 기사⁴²에 의하면 1593년에서 1594년으로 해가 바뀌는 기간 동안 식량이 매우 부족하여 사람이 서로를 잡아먹는 참혹한 사태까지 벌어졌다.

5) 『임진장초』의 「당항포파왜병장(唐項浦破倭兵狀)」(1594년 3월 10일)에서 사천현감과 하동현감의 이름을 확인할 수 있다. 기직남(奇直男)의 본관은 행주(幸州), 생몰년은 미상이다.⁴³ 성천유(成天裕)의 자는 문길(文吉), 본관은 창녕(昌寧), 생몰년은 1564~1631년이며, 임진왜란 초기 창녕에서 의병에 참여하였고, 망우당 곽재우와 사돈 관계이다.⁴⁴

6) 『태상시장록』에 실린 안홍국(安弘國)의 시장에 의하면 당시의 보성군수는 안홍국으로서, 그의 자는 신경(藎卿), 시호는 충현(忠顯), 본관은 순흥(順興), 생몰년은 1555~1597년이며, 1597년 안골포 부근에서 왜군과 싸우다 전사하였다.⁴⁵

7) 『선조실록』의 기사⁴⁶에는 당시 무군사에서 군사의 징발과 훈련 방법 등에 대하여 올린 장계가 전한다. 이에 따르면 급료의 부족으로 동궁의 호위 인원이 100명이 넘지 않는다고 하였으므로 당시 무군사의 군비가 상당히 부족했음을 알 수 있다.

10일(기미) 가랑비가 내리고 바람이 많이 불었는데 종일토록 그치지 않았다. 오후에 조방장과 순천부사 [권준]이 와서 저녁이 지나도록 서로 이야기하였고 적을 토벌할 일을 논의하였다.

11일(경신) 맑았다. 아침에 미조항첨사 [김승룡]이 와서 만났는데 술 3잔을 권하고 보냈다. 종사관 [정경달]의 공문 3통을 처결하여 보냈다. 식사를 한 뒤에 활터 정자로 올라갔더니 경상수사 [원균]이 와서 만났다. 술 10잔에 취했는데 말이 많이 망령스러워서 우스웠다. 우조방장 [어영담]도 와서 함께 취하였다. 저물녘에 활 3순을 쏘았다.

12일(신유) 맑았다. 이른 아침에 본영의 탐후선이 들어왔는데 [그편에 온] 조카 분의 편지에 선전관 송경령이 수군을 살펴보기 위하여 들어온다고 하였다. 오전 10시경에 적도로 진을 옮겼다. 오후 2시경에 선전관이 진에 이르렀으며 유지 2통, 밀지 1통 도합 3통이 [왔다]. 1통에는 명나라 군사 10만 명과 은 300만 냥이 나온다고 하였고, 1통은 흉악한 적의 의도가 호남에 있으니 진력을 다하여 지키고 형세를 보아서 공격하라는 것이었다. 밀지를 꺼내 보니 바다 위에서 해를 넘겨가며 나라를 위해 힘쓰는 것을 내가 항상 잊지 않고 있으며 공이 있는 장병들 중에 큰 상을 받지 못한 자들을 곧바로 계문으로 올리라는 것 등이었다. 또한 [선전관에게] 서울의 여러 가지 소식을 물었고 또한 역적의 일에 대해 들었다. 영의정 [유성룡]의 편지도 가지고 왔는데 위에서 밤낮으로 걱정하고 노력하는 일을 들으니 강개함와 그리움이 그지없었다.

13일(임술) 맑고 따뜻하였다. 아침에 영의정 [유성룡]에게 편지를 썼다. 식사를 한 뒤에 선전관 [송경령]을 불러서 다시 이야기하였다. 늦게 작별하고 종일 배에 머물러 있었다. 오후 4시경에 소비포권관 [이영남], 사량만호 [이여념], 영등포만호[1]가 왔다. 오후 6시경에 초취를 하고 배를 출발하여 한산도로 돌아왔다. 이때 경상군관 제[홍록]이 삼봉으로부터 와서 말하기를 "적선 8척이 춘원포로 들어가 정박하였으므로 들어가서 공격할 수 있다."라고 하기에 곧바로 나대용으로 하여금 원 수사(원균)에게 보내어 서로 의논토록 하고 "작은 이익을 보고 들어가 공격하면 큰 이익을 이룰 수 없으니 잠시 멈추었다가 다시 적선이 많이 나오는 것이 보이면 기회를 틈타 공격하여 섬멸할 일을 정하자."라고 말을 전했다. 미조항첨사 [김승룡]과 순천부사 [권준], 조방장이 왔다가 밤이 깊어서야 돌아갔다. 박영남[2], 송덕일이 돌아갔다.

1) 당시의 영등포만호를 우치적으로 서술한 번역서가 많지만 이를 입증할 수 있는 기록을 찾기 어렵다. 『고대일록』, 『선조실록』 등의 기록[47]에 동명인이 1593년 10월부터 최소 1594년 6월까지 거창군수를 지낸 사실이 확인되는 점으로 보아 우치적은 이전 해에 거창군수로 제수된 것 같다. 당시의 영등포만호는 을미일기(1595년)에 영등포만호로 기록되어 있는 조계종(趙繼宗)으로 짐작된다.
2) 박영남(朴永男)은 옥포해전, 명량해전 등에 참전하였다.[48]

14일(계해) 맑고 따뜻하였으며 바람도 순하였다. 경상도의 남해, 하동, 사천, 고성 등에는 송희립, 변존서, 유황, 노윤발을, [전라]우도는 변유헌, 나대용 등을 점검하도록 내보냈다. 저물녘에 방답첨사 [이순신(李純信)]과 배 첨지(배경남)가 본영으로 왔는데 군량 20섬을 싣고 왔고 정종, 배춘복도 왔다. 장언춘의 면천공문을 만들어 주었다. 흥양현감 [배홍립]이 들어왔다. 방답첨사, 흥양현감이 들어왔다.[1]

1) 초고본에는 이 문장이 이날 일기의 위쪽 여백에 작은 글씨로 추가로 적혀 있다.

15일(갑자) 맑았다. 새벽에 거북선 2척과 보성 1척 등을 가목[1]을 벌채하는 곳으로 보냈는데 오후 8시경에 싣고 왔다. 아침에 식사를 한 뒤에 활터 정자에 올라 좌조방장이 늦게 온 죄를 추문하였다. 흥양의 배를 점검하니 허술한 점이 많았다. 또한 순천부사 [권준], 우조방장 [어영담]과 우우후 [이정충], 발포만호 [황정록], 여도만호 [김인영], 강진현감 [유해]가 함께 와서 활을 쏘았다. 날이 저물 녘에 [도착한] 순찰사 [이정암]의 공문 중에 "조도어사 박홍로[2]의 계본 중에 '순천, 광양, 두치에서 복병, 파수 보는 일에 대한 계문을 올렸더니 수군과 수령이 함께 움직이는 것은 합당하지 않다는 회신을 내려주는 공문이 왔다.'고 하였다." 라고 하였다.

1) 멍에라고도 하며 선박의 좌우로 가로질러서 설치되는 횡양(橫梁)을 가리킨다.[49]
2) 『선조실록』의 기사[50]에서도 당시 박홍로(朴弘老)가 전라조도어사였음을 확인할 수 있다. 기사에 의하면 박홍로는 전라도 연해의 수령들이 바다로 내려가 배를 타고 있기 때문에 고을 일이 잘 다스려지지 않고 있다는 장계를 올렸다. 그의 자는 응소(應邵), 본관은 죽산(竹山), 생몰년은 1552~1624년이다.[51]

16일(을축) 맑았다. 아침에 흥양현감 [배홍립], 순천부사 [권준]이 왔다. 흥양현감이 암행어사의 밀계 초고를 가지고 왔는데, 임실현감 이몽상, 무장현감 이충길, 영암군수 김성헌, 낙안군수 신호는 파직하여 내보내고 순천부사는 탐오하다고 제일 앞에 거론하고 그 외에 담양부사 이경로[1], 진원현감 조공근, 나주목사 이용순, 장성현감 이귀, 창평현령 백유항 등의 수령은 악행을 덮어주고 포상토록 계문하였다. 임금의 귀를 속이는 것이 이 지경에 이르렀으니 나랏일이 이와 같아서야 [전란이] 평정될 리가 만무하여 천장만 쳐다볼 뿐이다. 또한 수군의 일족을 [징발하는 것][2]과 장정 넷 중 장정 둘이 전쟁에 나가는 일을 논하면서 그릇되었다고 지나치게 말하였다. 암행어사 유몽인은 나라의 위급한 난리는 생각하지 않고 다만 눈앞의 고식적인 일에만 힘써서 남쪽 지방의 억울하다는 말만을 들으므로, 나라를 그르치는 간교한 말이 진회가 무목을 대하는 것과 다르지 않다.[3] 나라를 위한 아픔이 더욱 심하다. 늦게 활터 정자에 올라 순천부사, 흥양현감, 우조방장 [어영담], 우우후 [이정충], 사도첨사 [김완], 발포만호 [황정록], 여도만호 [김인영], 녹도만호 [송여종], 강진현감 [유해],

광양현감 [최산택] 등과 활 12순을 쏘았다. 순천감목관[4]이 진에 왔다가 돌아갔다. "우수사 [이억기]가 당포에 이르렀다."라고 하였다.[5]

1) 원문 '李景老'는 '李景麟'의 오기이다. 『선조실록』의 기사[52]에서 당시의 담양부사가 이경린임을 확인할 수 있다.

2) 계사일기(1593년) 5월 28일의 주해 참조

3) 무목(武穆)은 중국 남송의 충신으로 추앙을 받는 악비(岳飛)의 시호이며 진회(秦檜)는 악비를 반역죄로 몰아 처형한 남송의 재상이다.

4) 『임진장초』와 『선조실록』의 기록[53]에 의하면 이순신은 부족한 식량의 확보를 위해 비어 있는 목장이나 농사를 지을 수 있는 섬에 둔전을 설치하자는 건의를 1593년 9월경 조정에 제출하였으며, 조정은 이 건의에 따라 둔전의 설치를 시작하였고 목장에 있는 둔전에 대해서는 주로 감목관이 둔전관을 겸임토록 하였다.

5) 초고본에는 이 문장이 이날 일기의 아래쪽 여백에 작은 글씨로 추가로 적혀 있다.

17일(병인) 맑았다. 초여름처럼 따뜻하였다. 아침에 상선을 연훈하기 위하여 활터 정자로 올라갔다. 각 곳의 공문을 처결하여 보냈다. 오전 10시경에 우수사 [이억기]가 들어왔다. 행수(우두머리)군관 정홍수, 도훈도에게 군령에 의해 장 90대를 때렸다.[1] 이홍명과 임희진[2]의 손자도 왔는데 대나무 총통을 만들어와서 시험 사격을 하였다. 소리는 그럴듯하였지만 별로 소용이 없어서 우스웠다. 우수사가 거느린 전선이 단지 20척뿐이어서 더욱 아쉬웠다. 순천부사 [권준], 우조방장 [어영담]이 와서 활 5순을 쏘았다.

1) 『임진장초』의 「청충청수군절도사최촉도진장(請忠淸水軍節度使催促到陣狀)」(1594년 2월 25일)에 의하면 행수군관과 도훈도는 전라우도 수군이 기한에 맞춰 오지 못했기 때문에 처벌받았다.

2) 임희진(任希璡)의 자는 사현(士賢), 호는 국암(國巖), 본관은 장흥(長興), 생몰년은 미상~1593년이며, 해남 출신의 의병장으로서 독성산성 전투 등에 참전하였고, 제2차 진주성전투에서 전사하였다.[54]

18일(정묘) 맑았다. 아침에 배 첨지(배경남)가 왔고 가리포첨사 이응표[1]가 왔다. 식사를 한 뒤에 활터 정자에 올라 해남현감 위대기[2]에게 전령을 거역한 벌을 주었다. [전라]우도의 여러 장수들이 임무를 받은 뒤에 활 몇 순을 쏘았다. 오후에 우수사 [이억기]가 왔는데 이미 원수사(원균)와 함께 매우 술 취해 있었기에 한두 순도 쏘지 못했다. 오후 8시경에 가랑비가 내리기 시작하더니 밤새도록 내렸다.

1) 이응표(李應彪)의 자는 경휘(景輝), 본관은 합천(陜川), 생몰년은 1556년~미상이며, 칠천량해전 등에 참전하였다.[55]

2) 위대기(魏大器)의 자는 자용(子容), 본관은 장흥(長興), 생몰년은 1555년~미상이며, 이치전투, 제2차 당항포해전 등에 참전하였다.[56]

19일(무진) 가랑비가 하루 종일 내리고 날씨가 찌는 듯하였다. 활터 정자에 올라 홀로 한참 동안 앉아 있으니 우조방장 [어영담]과 순천부사 [권준]이 왔고 이홍명도 왔다. 얼마 있다가 손충갑이 보고하러 왔으므로 불러들여서 그가 적을 토벌한 일을 물어보았는데 강개함을 참을 수 없었다. 종일 논의하다가 저물녘에 유숙하는 방으로 내려왔다. 변존서가 본영으로 갔다.[1]

1) 초고본에는 이 문장이 이날 일기의 아래쪽 여백에 작은 글씨로 추가로 적혀 있다.

20일(기사) 안개비가 그치지 않다가 오전 10시경에 아주 맑아졌다. 몸이 불편하여 종일 나가지 않았다. 우조방장 [어영담], 배 첨지(배경남)가 와서 이야기하였다. 울이 우수사 [이억기] 영공의 배에 갔다가 몹시 취해서 돌아왔다.[1]

1) 초고본에는 이 문장이 이날 일기의 아래쪽 여백에 작은 글씨로 추가로 적혀 있다.

21일(경오) 맑고 따뜻하였다. 몸이 몹시 불편하여 종일 신음하였다. 순천부사 [권준]과 우조방장 어 영공(어영담)이 와서 "견내량의 복병한 곳으로 가서 살펴보겠다."라고 보고하였다. 청주의 의병장 이[1]가 순변사[2]가 있는 곳으로부터 와서 육지의 일을 자세히 이야기하였다. 위의 영공은 청주 영공의 부[3]이다. 날이 저물 녘에 돌아갔다. 오후 6시경에 벽방[4]에서 망보는 장수의 보고에 "구화역[5] 앞바다에 왜선 8척이 와서 정박하였다."라고 하기에 배로 내려가서 삼도 [수군에] 진격하자는 약속을 전령하고 제홍록이 보고하러 오기를 기다렸다.

1) 조선사편수회의 『난중일기초』는 이봉(李逢)으로 추정하였지만 그가 청주의 의병장이었던 사실 이외에는 다른 근거를 찾기 어렵다. 그의 호는 청계(淸溪), 본관은 전주(全州), 태종의 장남 양녕대군의 고손자로서, 청주 지역의 의병장으로 활약하였으며, 조선시대의 여류 시인으로 유명한 이옥봉(李玉峯)의 아버지이다.[57]

2) 당시 남부 지방에는 양호순변사 이일과 경상도순변사 이빈이 있었다. 『임진장초』의 「당항포파왜병장(唐項浦破倭兵狀)」(1594년 3월 10일)에 순변사 이빈에게 군사작전을 위한 공문을 보낸 기록이 있는 점으로 보아 이날 일기에서 언급한 순변사는 이빈으로 보인다.

3) 원문 '夫'는 친인척을 가리키는 것으로 추정되지만 정확한 의미는 불분명하다. 이봉과 이빈이 모두 전주 이씨임을 감안하면 '아저씨뻘'을 뜻하는 것이 아닌가 생각된다.

4) 지금의 경남 통영시와 고성군 사이에 걸쳐 있는 벽방산이다.[58] 『임진장초』의 「당항포파왜병장(唐項浦破倭兵狀)」(1594년 3월 10일)에도 고성 땅 벽방에 망보는 장수들이 배치되었던 기록이 있다. 벽방산은 한려수도, 거제도 등의 주변 지역을 한눈에 내려다 볼 수 있는 조망을 갖춘 곳이다.

5) 원문 '仇化驛'은 '丘墟驛(구허역)'의 오기이다. 지금의 경남 통영시 광도면 노산리에 있었다.[59]

22일(신미) 밤 1시경에 제홍록이 와서 말하기를 "왜선 10척이 구화역에 이르렀고 6척이 춘원에 이르렀다.”라고 하였지만 [적을 추격하면] 날이 이미 밝아 뒤쫓아가 공격하지 못할 것이므로[1] 다시 정찰하라고 명령하여 돌려보냈다. 아침에 순천부사 [권준]과 우⋯.

1) 원문 ‘日已曙矣 未及追勦’를 문장만의 의미로 본다면 ‘날이 이미 밝아 뒤쫓아가 공격하지 못했다’로 해석될 수 있다. 그러나 일기에서 언급된 밤 1시경(四更頭)은 한밤중으로서 날이 밝기에는 매우 이른 시간이다. 따라서 이 문장은 적을 공격할 준비 시간까지 감안하여 서술된 것으로 볼 수 있다.

28일(정축) 맑았다. 아침에 활터 정자에 올라 종사관 [정경달]과 함께 종일 이야기하였다. 장흥부사[1]가 들어왔다. 우수사 [이억기]에게 벌을 주었다. 장흥부사가 들어왔다.[2]

1) 『장흥읍지』의 「읍선생안」에 의하면 당시의 장흥부사는 황세득(黃世得)으로서, 그의 자는 사구(士求), 시호는 충장(忠壯), 본관은 성주(星州), 생몰년은 1537~1598년이며, 이순신과 인척 관계이다.[60]
2) 초고본에는 이 문장이 이날 일기의 위쪽 여백에 작은 글씨로 추가로 적혀 있다.

29일(무인) 맑았다. 아침에 종사관 [정경달]과 함께 식사를 하고 또한 이별하는 술잔을 나누며 종일 이야기하였다. 장흥부사 [황세득]도 함께 하였다. 벽방에서 망보는 장수 제한국의 급보에 “왜선 16척이 소소포로 들어왔다.”라고 하기에 각 도의 [수군에] 전령하여 알렸다.

3월

1일(기묘) 맑았다. 망궐례를 하고 이어 활터 정자에 앉아 검모포¹⁾만호를 추문하고서 만호는 장을 때리고 도훈도는 처형하였다. 종사관 [정경달]이 돌아갔다. 막 어두워질 무렵 배를 출발할 때 제한국의 급보에 "왜선이 이미 다 도망쳤다."라고 하기에 출발을 중지하였다. 오후 8시경에 장흥 2호선에 불이 나서 다 타버렸다.

1) 지금의 전북 부안군 진서면 진서리에 있었다.**61**

2일(경진) 맑았다. 아침에 방답첨사 [이순신(李純信)], 순천부사 [권준], 우조방장 [어영담]이 왔다. 늦게 활터 정자에 올라 좌우조방장, 순천부사, 방답첨사와 함께 활을 쏘았다. 이날 저녁 장흥부사 [황세득]이 와서 이야기하였다. 오후 8시경에 강진의 초둔¹⁾을 쌓아둔 곳에 불이 나서 다 타버렸다.

1) 원문 '芚'이 무엇을 가리키는지는 확실치 않다. 여기에서는 계사일기(1593년) 6월 11일에 나오는 '草芚'으로 해석하였다.

3일(신사) 맑았다. 아침에 전문을 올려 보내고 이어 활터 정자에 앉았다. 경상우후 이의득이 와서 "수군을 많이 징발해오지 못한 일 때문에 수사 [원균]으로부터 장을 맞았고 또한 발바닥까지 장을 때리려고 하였다."라고 하여 매우 놀라웠다. 늦게 순천부사 [권준], 우조방장 [어영담], 좌조방장, 방답첨사 [이순신(李純信)], 가리포첨사 [이응표], 좌우후 [이몽구], 우우후 [이정충] 등과 함께 활을 쏘았다. 오후 6시경 벽방에서 망보는 [장수 제한국]의 급보에 "왜선 6척이 오리량¹⁾, 당항포 등으로 들어와 나뉘어 정박하였다."라고 하기에 곧바로 전령하였는데, 수군을 모아서 대군을 [만들어] 흉도²⁾ 앞바다에 진을 치고 정예선 30척을 우조방장 어영담이 이끌고 적을 공격하도록 하려는 것이었다. 막 어두워질 무렵 배를 출발하여 지도³⁾에 이르러 밤을 보내고 밤 2시경에 배를 출발하였다.

1) 원문 '五里梁'은 『임진장초』의 「옥포파왜병장(玉浦破倭兵狀)」(1592년 5월 10일)에는 진해 땅 고리량(古里梁)으로, 같은 책 「당항포파왜병장(唐項浦破倭兵狀)」(1594년 3월 10일)에는 진해 땅 오리량(吾里梁)으로 기록되어 있다. 경남 창원시 마산합포구 진동면 요장리 부근의 해협으로 추정된다(임진일기-1592년의 주석 140 참조).
2) 지금의 경남 거제시 사등면 오량리의 고개도로 추정된다.**62**

3) 지금의 경남 통영시 용남면 지도리의 지도이다.[63]

4일(임오) 맑았다. 밤 2시경에 배를 출발하여 진해 앞바다에 이르러 왜선 6척을 쫓아가 붙잡아서 불태우고 저도[1]에서 2척을 불태웠다. "소소강[2]에 14척이 들어가 정박했다."라고 하기에 조방장 [어영담]과 원 수사(원균)에게 토벌하러 나아갈 일을 전령하였다. 고성 땅 아자음포[3]에 진을 치고 밤을 보냈다.

1) 지금의 경남 창원시 마산합포구 구산면 구복리의 저도이다.[64]
2) 지금의 경남 고성군 마암면 두호리를 흐르는 하천이다.[65]
3) 지금의 당항포만 입구 부근에 있었던 포구로 추정된다.[66]

5일(계미) 맑았다. 새벽에 겸사복[1]을 당항포로 보내어 적선을 쳐부수었는지를 정탐하게 하였더니 우조방장 어영담의 급보에 "적의 무리가 우리 병사들의 위세를 두려워하여 밤을 틈타 도망쳐서 빈 배 17척만 남김없이 불태웠다."라고 하였으며 경상수사 [원균]의 급보도 같았다. 우수사 [이억기]가 와서 만났을 때 비가 많이 내리고 바람도 매우 거세게 불어서 곧바로 자기 배로 돌아갔다. 이날 아침 순변사 [이빈]에게도 공문을 보내어 토벌을 독촉하였다.[2] 우조방장과 순천부사 [권준], 방답첨사 [이순신(李純信)], 배 첨사(배경남)도 와서 서로 이야기하는 사이에 원 수사가 배에 이르렀다. 여러 장수들이 각자 돌아갔다.[3] 이날 저녁 광양의 새로 만든 배가 들어왔다.

1) 『임진장초』의 「당항포파왜병장(唐項浦破倭兵狀)」(1594년 3월 10일)에 윤붕(尹鵬)으로 기록되어 있다.
2) 『임진장초』의 「당항포파왜병장(唐項浦破倭兵狀)」(1594년 3월 10일)에 의하면 육군의 지원을 받기 위하여 순변사 이빈에게 독촉하는 공문을 보냈다.
3) 『임진장초』의 「주사소속제장휴번장(舟師所屬諸將休番狀)」(1594년 4월 20일)에 의하면 이날 왜선을 불태운 뒤 곧바로 고을의 수령들은 각자의 고을로 돌아가고 대신 대장(代將)이 임무를 계속 수행하였다.

6일(갑신) 맑았다. 새벽에 망군이 살펴보고 [와서는] "적선 40여 척이 청슬로 건너갔다."라고 하였다. 당항포의 왜선 21척을 다 불태웠다는 급보가 왔다. 늦게 거제로 향했을 때 바람이 반대로 불어서 간신히 흉도에 도착하니 남해현령 [기효근]의 급보에 "명나라 병사 2명, 왜놈 8명이 패문을 가지고 들어왔기에 패문과 명나라 병사를 올려 보낸다."라고 하였다. [패문을] 가져와서 살펴보니 명나라 도사부 담[1]의 금토패문[2]이었다. 나는 몸이 몹시 불편하여 앉았다 누웠다 하는 것도 어려웠다. 저물녘에 우수사 [이억기]와 함께 명나라 병사를 만나고 보냈다.

1) 1592년에 명나라 제독 이여송을 따라온 담종인(譚宗仁)을 가리킨다.[67] 『선조실록』과 『임진장초』의 기록[68]에 의하면 당시 담종인은 왜군의 웅천 진영에 억류된 상태로 강화교섭을 벌이고 있었다.

2) 조선 수군의 왜군 토벌 중단을 요청할 목적으로 보낸 패문이다. 『임진장초』의 「진왜정장(陳倭情狀)」(1594년 3월 10일)에는 패문을 받게 된 경위와 그 후속 조치에 대한 기록이 상세히 전한다.

7일(을유) 맑았다. 몸이 아주 불편하여 움직이기도 어려웠다. 아랫사람으로 하여금 패문의 [회신을] 만들도록 하였는데 제대로 모양이 갖추어지지 않았다. 원 수사(원균)가 손의갑을 시켜서 지어 보냈지만 역시 매우 부적합하였다. 나는 병을 무릅쓰고 일어나 앉아서 글[1]을 짓고 정사립으로 하여금 그것을 써서 보내도록 하였다. 오후 2시경에 배를 출발하여 밤 10시경에 한산도 진중에 이르렀다.

1) 이 회신은 『이충무공전서』의 「답담도사종인금토패문(答譚都司宗仁禁討牌文)」에 전한다.

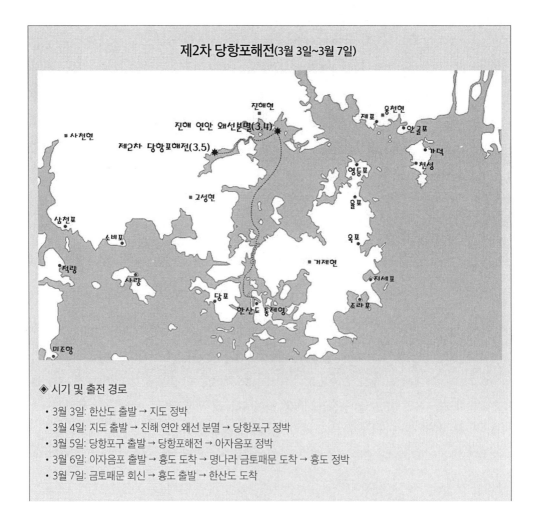

제2차 당항포해전(3월 3일~3월 7일)

◆ 시기 및 출전 경로
- 3월 3일: 한산도 출발 → 지도 정박
- 3월 4일: 지도 출발 → 진해 연안 왜선 분멸 → 당항포구 정박
- 3월 5일: 당항포구 출발 → 당항포해전 → 아자음포 정박
- 3월 6일: 아자음포 출발 → 흉도 도착 → 명나라 금토패문 도착 → 흉도 정박
- 3월 7일: 금토패문 회신 → 흉도 출발 → 한산도 도착

◆ 참전 규모
- 전라좌수영, 전라우수영, 경상우수영: 판옥선 130여 척으로 추정[69]

◆ 해전 결과
- 진해연안(10척), 당항포해전(21척): 대선 10척, 중선 14척, 소선 7척

◆ 참전 장수
- 전라좌수영

통제사		이순신(李舜臣)			
조방장		어영담(魚泳潭)	좌위좌부장	녹도만호	송여종(宋汝悰)
좌척후장	사도첨사	김 완(金 浣)	우척후장	여도만호	김인영(金仁英)
좌별도장	전 첨사	배경남(裵慶男)		훈련판관	이 설(李 渫)
우귀선돌격장	훈련주부	이언량(李彦良)	좌부보주통장	전 훈련봉사	최도전(崔道傳)
좌척후일령장	정병보	노천기(盧天紀)	좌척후이령장	정병보	조장우(曹長宇)
전척후일령장	겸사복	윤 붕(尹 鵬)			

- 전라우수영

전라우수사		이억기(李億祺)			
전부장	해남현감	위대기(魏大器)	중부장	진도군수	김만수(金萬壽)
중위좌부장	금갑도만호	이정표(李廷彪)	좌위좌부장	목포만호	전희광(田希光)
우위중부장	강진현감	유 해(柳 瀣)	좌응양장	어란만호	정담수(鄭聃壽)
우응양장	남도포만호	강응표(姜應彪)	응양별도장	우후	이정충(李廷忠)
우부장	주부	김남준(金南俊)	조전통장	충순위	배 윤(裵 胤)
좌부보주통장	정병보	곽호신(郭好信)			

- 경상우수영

경상우수사		원 균(元 均)			
미조항첨사		김승룡(金勝龍)	전부장	거제현령	안 위(安 衛)
중위우부장	당포만호	하종해(河宗海)	유격장	하동현감	성천유(成天裕)
좌유격장	남해현령	기효근(奇孝謹)	우유격장	진해현감	정 항(鄭 沆)
좌척후장	고성현령	조응도(趙凝道)	우척후장	웅천현감	이운룡(李雲龍)
좌돌격장	평산포만호	김 축(金 軸)	우돌격장	사량만호	이여념(李汝恬)
좌척후선봉장	사천현감	기직남(奇直男)	좌선봉장	소비포권관	이영남(李英男)

※ 위 내용은 『임진장초』의 「당항포파왜병장」(1594년 3월 10일)과 같은 책 「진왜정장」(1594년 3월 10일)에 의해 구성하였다.

8일(병술) 맑았다. 병세가 별다른 변화가 없었고 몸도 고단하여 종일 고통스러웠다.

9일(정해) 맑았다. 몸이 통증이 조금 가라앉는 듯하여 따뜻한 방으로 옮겨서 누웠다. 아팠으나 별다른 증세는 없었다.

10일(무자) 맑았다. 병세가 점차 가라앉았지만 열기가 올라와 차가운 것을 마시고 싶은 생각뿐이었다. 저녁에 비가 내리기 시작하더니 밤새도록 그치지 않았다.

11일(기축) 큰비가 하루 종일 내리다가 어두워질 무렵 비로소 맑아졌다. 병세가 많이 좋아지고 열기도 줄어서 매우 다행이었다.

12일(경인) 맑았으나 바람이 많이 불었다. 몸이 몹시 불편하였다. 영의정 [유성룡] 앞으로 편지를 썼고 계문[1]의 정서를 마쳤다.

1) 『임진장초』의 「청상의병제장장(請賞義兵諸將狀)」, 「청조획군량장(請措劃軍糧狀)」, 「당항포파왜병장(唐項浦破倭兵狀)」, 「진왜정장(陳倭情狀)」이다. 이 네 계문의 일자는 모두 3월 10일로 되어 있다.

13일(신묘) 맑았다. 아침에 계본을 봉하여 보냈다. 몸이 차도가 있는 듯하였지만 기력이 몹시 떨어졌다. 회와 송두남을 내보냈다. 오후에 원 수사(원균)가 와서 자신이 실수한 일을 말하기에 계본을 다시 가져와서 원사진, 이응원 등이 거짓으로 왜군의 머리를 베어 바친 일을 고쳐서 보냈다.

14일(임진) 계속 비가 내렸다. 몸이 통증은 가라앉는 듯하였지만 머리가 무겁고 개운치 않았다. 저녁에 광양현감 [최산택], 강진현감 [유해], 배 첨사(배경남)가 함께 와서 "충청수사 [구사직]이 이미 신장[1]에 이르렀다."라는 소식을 들었다. 종일 불편하였다.

1) 지금의 전남 순천시의 순천만 부근에 있었다.[70]

15일(계사) 비는 비록 그쳤지만 바람이 많이 불었다. 미조항첨사 [김승룡]이 돌아갔다. 종일 신음하였다.

16일(갑오) 맑았다. 몸이 몹시 불편하였다. 우수사 [이억기]가 와서 만났다. 충청수사 [구사직]이 전선 9척을 이끌고 진에 이르렀다.[1]

1) 『임진장초』의 「청죄과기제장장(請罪過期諸將狀)」(1594년 4월 2일)에 의하면 충청수사 구사직은 휘하의 장수들을 이끌고 2월 5일까지 진으로 돌아오도록 명을 받았지만 각 고을로부터 수군과 전선을 충분히 지원받지 못하여 이날에서야 뒤늦게 도착했다.

17일(을미) 맑았다. 몸이 개운치 않았다. 변유헌이 본영으로 돌아가고 순천부사 [권준]도 돌아갔다. 해남현감 [위대기가 신임현감과 교대하기 위하여 나갔다. 황득중 등이 복병하기 위하여 거제도로 들어갔다. 탐후선이 들어왔다.

18일(병신) 맑았다. 몸이 몹시 개운치 않았다. 남해현령 기효근, 소비포권관 [이영남], 적량만호 [고여우], 보성군수 [안홍국]이 와서 만났다. 기효근은 파종 때문에 현으로 돌아갔다.[1] 보성군수는 [뭔가] 말하려고 했지만 하지 못하고 돌아갔다. 낙안의 유위장, 향소[2] 등을 잡아 와서 가두었다. 남해현령이 나갔다.[3]

1) 『선조실록』의 같은 해 3월 기사[71]에 의하면 당시 조선 조정은, 각 도의 감사로 하여금 저장되어 있던 종자를 지방의 수령들에게 나누어 주고 그 개간 상황을 관리토록 하여 제 시기에 농사가 이루어질 수 있도록 각별히 조치하였다.

2) 유향소를 가리킨다. 여기에서는 유향소의 관리를 의미하는 말로 쓰였다.

3) 초고본에는 이 문장이 이날 일기의 위쪽 여백에 작은 글씨로 추가로 적혀 있다.

19일(정유) 맑았다. 몸이 불편하여 종일 신음하였다.

20일(무술) 맑았다. 몸이 불편하였다.

21일(기해) 맑았다. 몸이 불편하였다. 녹명관[1]으로 여도만호 [김인영], 남도포만호 [강응표], 소비포권관 [이영남]을 정하였다.

1) 과거응시자들이 과거시험을 보기 전에 이름을 등록하는 것을 녹명(錄名)이라고 하고 이 업무를 담당하는 관리를 녹명관(錄名官)이라고 불렀다. 이들은 4월 6일부터 시작되는 무과시험을 위한 녹명관이다.

22일(경자) 맑았다. 몸이 조금 편해진 듯하였다. 원수 [권율에게 보냈던] 공문의 [회신이] 돌아왔는데 "[명나라] 담 지휘(담종인)가 보낸 자문[1]과 왜장의 서계를 조 파총[2]이 가지고 갔다."라고 하였다.[3]

1) 자문(咨文)은 조선시대에 중국 관아와 주고받던 공문서를 말한다.

2) 파총(把摠)은 명나라의 장교급 무관 벼슬이다. 이를 조선의 각 군영에 소속된 종4품 무관 벼슬로 해석하는 경우도 있지만 조선의 파총은 1594년 초에 훈련도감이 창설될 때 처음 생긴 관직이다.

3) 『임진장초』의 「진왜정장(陳倭情狀)」(1594년 3월 10일)에 의하면 이순신은 담종인에게 금토패문의 회답을 보낸 뒤 도원수 권율에게 담종인이 언제 웅천으로 내려왔는지 등을 문의하였다.

23일(신축) 맑았다. 몸이 여전히 개운치 않았다. 방답첨사 [이순신(李純信)], 홍양현감 [배홍립], 조방장이 와서 만났다. 견내량에서 미역 53동을 따왔다. 발포만호 [황정록]도 와서 만났다.

24일(임인) 맑았다. 몸이 조금 나아진 듯하였다. 미역 60동을 따왔다. 정사립이 왜적의 머리를 베어 왔다.

25일(계묘) 맑았다. 흥양현감 [배흥립], 보성군수 [안흥국]이 나갔다. 포로가 되었다가 왜군의 진영으로부터 명나라 장수 [담종인]의 패문을 가지고 온 아이를 흥양으로 보냈다.[1] 늦게 활터 정자에 올랐으나 몸이 몹시 불편하여 일찍 유숙하는 방으로 내려왔다. 저녁에 여필(이우신)과 회와 변존서, 신경황이 와서 어머니께서 평안하시다는 이야기를 자세히 들었다. 그렇지만 선산이 다 불에 탔으나 끌 사람이 없었다고 하여 아주 애통하였다.

1) 『임진장초』의 「진왜정장(陳倭情狀)」(1594년 3월 10일)에 의하면 담종인의 금토패문을 가지고 온 명나라 군사가 왜군 포로가 되었던 조선사람 1명을 왜군 통역으로 데리고 왔는데 이순신은 이 조선사람을 왜군 진영으로 돌려보내지 않고 흥양현으로 보냈다.

26일(갑진) 맑고 여름날처럼 따뜻하였다. 조방장과 방답첨사 [이순신(李純信)]이 와서 만났다. 발포만호 [황정록]이 휴가를 받아서 돌아갔다. 늦게 마량[1]첨사[2], 사량만호 [이여념], 사도첨사 [김완], 소비포권관 [이영남]이 함께 와서 만났다. 경상우후 [이의득], 영등포만호 [조계종]도 와서 창신도(창선도)로 돌아간다고 하였다.

1) 지금의 충남 보령시 웅천읍 황교리에 있었다. 현재 이곳에는 구마량진성의 성터가 남아 있다.
2) 『임진장초』의 「청죄과기제장장(請罪過期諸將狀)」(1594년 4월 2일)에 의하면 당시의 마량첨사는 강응호(姜應虎)이다.

27일(을사) 흐렸으나 비는 내리지 않았다. 우수사 [이억기]가 와서 만났다. 몸이 조금 나아진 듯하였다. 오후 8시경에 비가 내리기 시작하였다. 조카 봉이 저녁에 "몸이 불편하다."라고 하였다.

28일(병오) 비가 하루 종일 내렸다. "조카 봉의 병세가 매우 심하다."라고 하여 아주 걱정스러웠다.

29일(정미) 맑았다. 탐후선이 들어와서 어머니께서 평안하시다고 하였다. 웅천현감 [이운룡], 하동현감 [성천유], 소비포권관 [이영남] 등이 와서 만나고 장흥부사 [황세득], 방답첨사 [이순신(李純信)도 와서 만났다. 저녁에 여필(이우신)과 봉이 함께 돌아갔다. 봉은 많이 아픈데도 돌아간 것이라 밤새도록 매우 걱정되었다. 어두워질 무렵 방충서와 조 서방의 사위 김함이 왔다.

30일(무신) 맑았다. 식사를 한 뒤에 활터 정자에 올라 충청도 [수군의] 군관, 도훈도와 낙안의 유위장, 도병방 등에게 벌을 주었다.[1] 늦게 삼가[2]현감 고상안[3]이 와서 만났다. 저녁에 유숙하는 방으로 내려갔다.

1) 『임진장초』의 「청죄과기제장장(請罪過期諸將狀)」(1594년 4월 2일)에 의하면 충청도 수군이 기한까지 도착하지 못했기 때문에 행수(우두머리)군관과 도훈도가 군령에 의해 처벌받았다.

2) 지금의 경남 합천군 삼가면, 가회면, 대병면, 쌍백면 일대와 경남 거창군 신원면 일대이다.[72]

3) 고상안(高尙顔)의 자는 사물(思勿), 호는 태촌(泰村), 본관은 개성(開城), 생몰년은 1553~1623년이다.[73] 『임진장초』의 「설무과별시장(設武科別試狀)」(1594년 4월 11일)에 의하면 4월 6일에 열리는 무과시험을 위한 참시관(參試官)의 임무를 맡았다.

4월

1일(기유) 맑았다. 일식이 [있는 날이다]. 일식을 맞았으나 일식이 일어나지 않았다.[1] 장흥부사 [황세득], 진도군수 [김만수], 녹도만호 [송여종]이 여제[2]를 지낼 일로 돌아갔다. 충청수사 [구사직]이 와서 만났다.

1) 조선 세종 때 편찬된 역법서인 『칠정산내편』과 『칠정산외편』은 조선시대 중반까지 정확한 일식 계산을 가능하도록 해주었다.[74] 천문과 기상관측 등을 관장하던 서운관의 관리가 일식의 예측이 단지 1각(약 14분)이 어긋났다는 이유로 장을 맞은 사건이 기록된 『세종실록』의 기사[75]는, 조선의 뛰어난 천문학 수준을 보여주는 한 예로서 TV에서 역사 다큐멘터리로 소개되기도 하였다. 이는 『칠정산』 편찬 이전의 사건이었으니 그 이후의 수준이 어떠하였는지는 말할 나위도 없다.

이순신이 어떻게 일식을 미리 알 수 있었는지는 여러 가지로 추측해 볼 수 있겠지만 아마도 역서의 보급이 가장 가능성이 높을 것 같다. 『선조실록』의 기사[76]에서 1594년에 역서가 편찬된 사실이 확인되는 점과 병신일기(1596년) 2월 18일에 역서를 얻었다는 기록이 나오는 점은 전란 중에도 역서의 편찬과 보급이 계속 이루어졌음을 보여준다.

『증보문헌비고』제4권의 「상위고(象緯考)」에는 이날 일식이 있었다는 기록이 있으며 『선조실록』의 기사[77]에도 유성룡이 선조에게 이달 일식이 발생했음을 보고한 기록이 있다. 또한 한국천문연구원이나 미국항공우주국과 영국항해력연구소와 같은 국내외 연구기관들이 제공하는 자료[78]에서도 음력 1594년 4월 1일(양력 1594년 5월 20일)에 일식이 발생한 사실을 확인할 수 있다.

그런데 왜 이날 일기에서는 일식이 일어나지 않았다고 하였을까? 오른쪽의 그림은 영국 항해력연구소에서 제공하는 일식도의 일부로서 이날 한반도 일대의 일식 관측 가능 지역을 보여준다. 그림을 보면 남해안 일대를 경계로 하여 그 북쪽 지역에서만 이날 일식이 관측 가능했다. 즉 한양 등의 지역은 일식이 관측되어 『증보문헌비고』나 『선조실록』에 기록을 남긴 반면 남해안 지역에 위치한 조선 수군의 주둔지 한산도에서는 일식이 관측되지 않았던 것으로 보인다.

원문 '當食不食'은 천문학적 표현 이외에 정치적으로도 미묘한 의미가 있었다. 예로부터 고대국가에서는 일식이나 월식을 천변으로 여겼다. 특히 일식은 임금을 상징하는 해와 연관되어 있기

한반도 일식도
1594년 4월 1일(양력 1594년 5월20일)

때문에 일식이 일어났을 때는 임금의 근신이 요구되기도 하였다. 반대로 임금이 정치를 잘하면 일식이 일어나야 할 때 일식이 발생하지 않을 수도 있다고 믿었는데 『실록』의 기사[79]에도 이러한 조선시대 사람들의 생각이 잘 나타나 있다. 일기의 기록이 단순히 일식의 관측 결과만을 보여주는 것인지, 아니면 임금인 선조가 올바른 정치를 펼치기를 바라는 마음이 담겨 있었던 것인지는 단지 추측만 해볼 따름이다.

2) 여제(厲祭)는 제사를 받지 못하고 떠도는 귀신(無祀鬼神)을 위로하기 위한 제례로서 태종 때 권근의 발의에 의해 체계화되었으며 이후 『국조오례의』에 포함되어 정기적인 국가 제사로서 확립되었다.[80] 『태종실록』의 기사[81]

에는 그 목적, 제사의식, 시행시기가 상세히 실려 있다. 정기적인 제사 이외에 수재, 화재, 질병, 전쟁 등 각종 재난으로 인한 사망자가 많이 발생했을 경우에도 시행되었으며, 『선조실록』의 기사[82]에서도 전쟁으로 인한 사망자의 넋을 위로하는 제사를 여제의 예에 의하여 시행한 사실을 확인할 수 있다.

2일(경술) 맑았다. 아침에 식사를 한 뒤에 활터 정자에 올라 삼가현감 [고상안]과 충청수사 [구사직]과 함께 종일 이야기하였다. 조카 해가 들어왔다.

3일(신해) 맑았다. 이날 여제를 지냈다. 삼도의 군사에게 술 1,080동이를 먹였다. 우수사 [이억기], 충청수사 [구사직]도 함께 앉아서 군사들에게 먹였다. 날이 저물 녘에 방으로 내려왔다.

4일(임자) 흐리고 어두워질 무렵 비가 내렸다. 아침에 원수 [권율]의 군관 송홍득, 변홍달[1]이 새로 급제한 [사람들에게 줄] 홍패[2]를 가지고 왔다. 경상우병사[3]의 군관인 공주의 박창령의 아들 의영이 와서 자기 대장의 안부를 전했다. 식사를 한 뒤에 삼가현감 [고상안]이 왔다. 늦게 활터 정자로 올라갔다. 장흥부사 [황세득]이 술, 음식을 가져와서 종일 편안히 이야기하였다.

1) 변홍달(卞弘達)의 자는 경민(景敏), 본관은 초계(草溪), 생몰년은 1559년~미상이며, 왜교성 전투 등에 참전하였다.[83]

2) 과거급제자에게 주는 교지로서 일종의 합격증서이다. 『경국대전』의 「예전」-「홍패식(紅牌式)」에 문서양식이 정의되어 있다.

3) 『선조실록』과 정경운의 『고대일록』의 기록[84]에 의하면 당시의 경상우병사는 박진(朴晉)이다. 그의 자는 명부(明夫), 시호는 의열(毅烈), 본관은 밀양(密陽), 생몰년은 1560~1597년이며, 영천성 전투, 경주성 전투 등에서 활약하여 전공을 세웠다. 1597년 명나라 장수에게 구타당한 뒤 그 후유증으로 사망하였다.[85]

5일(계축) 흐렸다. 새벽에 최천보가 세상을 떠났다.

6일(갑인) 맑았다. 별시[1]를 열었다. 시험관인 나와 우수사 [이억기], 충청수사 [구사직], 참시관인 장흥부사 [황세득], 고성현령 [조응도], 삼가현감 [고상안], 웅천현감 [이운룡]이 시험을 감독하였다.

1) 조선시대 과거는 3년마다 정기적으로 열렸던 식년시와 임시로 거행되던 증광시, 알성시, 별시 등이 있었다. 『임진장초』의 「설무과별시장(設武科別試狀)」(1594년 4월 11일)에는 이날부터 열린 별시의 배경 및 시험방법 등이 자세히 기록되어 있다.

7일(을묘) 맑았다. 일찍 모여서 시험을 보았다.

8일(병진) 맑았다. 몸이 불편하였다. 저녁에 시험장으로 올라갔다.

9일(정사) 맑았다. 아침에 시험을 마치고 [합격자] 방을 내다 붙였다. 큰비가 내렸다. 어 조방 장(어영담)이 세상을 떠나서 애통함을 이루 말할 수 없었다.[1]

1) 초고본에는 이 문장이 이날 일기의 앞 문장 왼쪽 여백에 작은 글씨로 추가로 적혀 있다.

10일(무오) 흐렸다. 순무어사[1]가 진으로 온다는 선문(미리 알리는 통지문)이 왔다.

1) 국왕의 명에 의해 지방에 파견된 관리로서 군대의 순찰이나 관리가 그 주요임무였다.

11일(기미) 맑았다. "순무어사가 들어온다."라고 하므로 마중 나갈 배를 내보냈다.

12일(경신) 맑았다. 순무어사 서성[1]이 내 배로 와서 이야기하였다. 우수사 [이억기]와 경상수 사 [원균], 충청수사 [구사직]도 함께 왔다. 술이 세 차례 돌자 원 수사가 취한 체하며[2] 미친 짓을 하고 이치에 맞지 않는 말을 마구 하여 순무어사가 놀라움을 금치 못했다. [원 수사 의] 의도하는 바가 아주 흉악하였다. 삼가현감 [고상안]이 돌아갔다.

1) 서성(徐渻)의 자는 현기(玄紀), 본관은 대구(大丘), 생몰년은 1558~1631년이다.[86] 『선조실록』의 기사[87]에 의하면 그는 군 감찰의 임무를 띠고 경상도 순무어사로 파견되었다.

2) 원문 '陽醉'는 '술 취한 체하다'라는 의미이다. 조선시대 문헌에는 대개 '佯醉'로 표기되었다.

13일(신유) 맑았다. 순무어사 [서성]이 전투를 훈련하는 것을 보고 싶어 하기에 죽도 바다로 나아가 훈련하였다. 선전관 원사표, 금오랑(의금부도사) 김제남[1]이 충청수사 [구사직]을 잡 아가기 위하여 왔다.[2]

1) 김제남(金悌男)의 자는 공언(恭彦), 본관은 연안(延安), 생몰년은 1562~1613년이며, 후일 선조의 계비가 되어 영 창대군을 낳은 인목왕후(人穆王后)의 아버지이다.[88]

2) 『임진장초』의 「청죄과기제장장(請罪過期諸將狀)」(1594년 4월 2일)의 내용으로 보아 충청수사 구사직이 정해진 기한까지 수군과 전선을 이끌고 오지 못한 때문으로 짐작된다.

14일(임술) 맑았다. 아침에 [금오랑] 김제남과 자세히 이야기하였다. 늦게 순무어사 [서성]의 배로 가서 군사전략[1]을 자세히 논의하였다. 얼마 있다가 우수사 [이억기]가 왔고 [전라우우 후] 이정충도 불러왔다. 순천부사 [권준], 방답첨사 [이순신(李純信)]과 사도첨사 [김완]이 함 께 왔다. 매우 취해서 작별을 고하고 배로 돌아왔다. 저녁에 충청수사 [구사직]의 배로 가서 이별하는 술잔을 나누었다.

1) 원문 '兵機'의 용례를 『선조실록』에서 찾아보면 '군사전략'이란 의미가 있다.**89**

15일(계해) 맑았다. 금오랑 [김제남]과 함께 아침식사를 하였다. 늦게 충청수사 [구사직]과 선전관 [원사표], 우수사 [이억기]가 함께 왔다. 구우경(구사직)과 작별하였다. 저물녘에 이경사가 그의 형 헌의 편지를 가지고 왔다.

16일(갑자) 맑았다. 아침에 식사를 한 뒤에 활터 정자에 올라 쌓인 공문을 처결하여 보냈다. 경상수사 [원균]의 군관 고경운, 도훈도와 변고에 대비하는 색리, 영리를 잡아 와서 지휘에 따르지 않고 적의 변고를 급보로 빨리 보내지 않은 죄로 장을 때렸다. 저녁에 송두남이 서울로부터 내려왔다. [올려 보낸] 일체[1] 계본에 대한 회신을 일일이 시행하였다.

1) 원문 '一應'의 용례를 『선조실록』에서 찾아보면 '모든', '일체' 등의 의미가 있다. 3월 13일에 올려 보낸 네 가지 계본에 대한 하교가 내려온 것으로 짐작된다.

17일(을축) 맑았다. 늦게 활터 정자에 올라 공문을 처결하여 보냈다. 우수사 [이억기]가 와서 만났다. 거제현령[1]의 급보[2]에 "왜선 100여 척이 본토로부터 나와서 절영도로 향했다."라고 하였다. 저물녘에 거제에서 포로가 되었던 남녀 16명이 도망쳐 돌아왔다.[3]

1) 『임진장초』의 「당항포파왜병장(唐項浦破倭兵狀)」(1594년 3월 10일)에 의하면 당시의 거제현령은 안위(安衛)이다. 그의 자는 대훈(大勳), 본관은 순흥(順興), 생몰년은 1563~1644년이며, 제2차 당항포해전, 칠천량해전, 명량해전, 노량해전 등에 참전하였다.**90** 현재 전북 김제시 백산면 조종리에 그의 묘소가 있으며 전라북도 기념물 제102호 안위장군묘(安衛將軍墓)로 지정되어 있다.

2) 『임진장초』의 「초탐왜병장(哨探倭兵狀)」(1594년 4월 19일)에 급보의 내용이 자세히 기록되어 있다.

3) 『임진장초』의 「진왜정장(陳倭情狀)」(1594년 4월 20일)에 포로들이 돌아온 경위와 그들이 진술한 거제도의 왜군 상황이 기록되어 있다.

18일(병인) 맑았다. 새벽에 도망쳐 돌아온 사람들에게 적의 정황을 상세히 물었더니 "[대마도주] 평의지(소 요시토시)는 웅천 땅 입암[1]에 있고 평행장(고니시 유키나가)은 웅포에 있다."라고 하였다. 충청도 신임 수사 [이순신(李純信)], 순천부사 [권준]과 우우후 [이정충]이 왔고 늦게 거제현령 [안위]도 왔다. 저녁에 비가 내리기 시작하더니 밤새도록 부슬부슬 내렸다.

1) 지금의 경남 창원시 진해구 제덕동에 있던 제포나 그 부근에 있었을 것으로 추정된다.**91**

19일(정묘) 계속 비가 내렸다. 첨지 김경로[1]가 원수부로부터 와서 적을 토벌할 계책을 세워 대응하는²⁾ 등의 일을 논의하였다. 그대로 내 배에서 숙박을 하였다.

1) 김경로(金敬老)의 자는 성숙(惺叔), 본관은 경주(慶州), 생몰년은 미상~1597년이며, 정유재란 때 남원성전투에서 전사하였다.⁹²

2) 원문 '策應'의 용례를 『실록』이나 조선시대 문헌에서 찾아보면 '계책'이나 '계획을 세워 대응하다'라는 의미가 있다.

20일(무진) 종일 가랑비가 내리고 개지 않았다. 우수사 [이억기]와 충청수사 [이순신(李純信)], 장흥부사 [황세득], 마량첨사 [강응호]도 와서 바둑을 두고 군사에 관한 일을 논의하였다

21일(기사) 비가 내리다 맑았다 하였다. 홀로 뜰 아래 앉아 있었으나 저녁이 지나도록 아무도 오지 않았다. 방답첨사 [이순신(李純信)]이 충청수사가 되었으므로 중기¹⁾를 수정하기 위하여 돌아갔다. 저녁에 김성숙(김경로)과 곤양군수 이광악²⁾이 와서 만났다. 저물녘에 흥양현감 [배흥립]이 들어왔다. 본영의 탐후선도 오는데 어머니께서 평안하시다고 하여 매우 다행이었다. 방답첨사가 돌아가고 흥양현감이 들어왔다.³⁾

1) 관아에서 보유한 금전과 물품의 수납 및 지출 등의 변동과 현황을 기록한 회계장부 또는 물품조사서이다.⁹³

2) 이광악(李光岳)의 자는 진지(鎭之), 시호는 충장(忠壯), 본관은 광주(廣州), 생몰년은 1557~1608년이며, 진주목사 김시민과 판관 성수경 등과 함께 제1차 진주성전투를 승리로 이끌었다.⁹⁴

3) 초고본에는 이 문장이 이날 일기의 위쪽 여백에 추가로 적혀있다.

22일(경오) 맑았다. 바람이 가을 날씨처럼 선선하였다. 김 첨지(김경로)가 돌아갔다. 계본¹⁾을 봉하고 조총과 동궁(광해군)께 [보낼] 장창을 봉하여 보냈다. 장흥부사 [황세득]이 왔고 저녁에 흥양현감 [배흥립]도 왔다.

1) 『이충무공전서』의 「봉진조총장(封進鳥銃狀)」으로 추정된다.

23일(신미) 맑았다. 아침에 순천부사 [권준], 흥양현감 [배흥립]이 왔다. 늦게 곤양군수 이광악이 술을 가지고 왔다. 장흥부사 [황세득]도 왔는데 임치¹⁾첨사²⁾가 함께 왔다. 곤양군수가 몹시 취해서 미친 소리를 해대어 우스웠다. 나도 잠시 취했다.

1) 지금의 전남 무안군 해제면 임수리에 있었다.⁹⁵

2) 홍견(洪堅)의 유사인 『도장선생유사』에 의하면 당시의 임치첨사는 홍견으로서, 그의 자는 강중(剛仲), 호는 도장(道庄), 본관은 남양(南陽), 생몰년은 1535~1610년이며, 1592년 1월에 임치첨사가 되었고, 한산도대첩, 칠천량해전 등에 참전하였다.⁹⁶ 목포, 다경포, 법성포, 검모포 등이 임치진의 속진이었던 점을 감안하면 그는 당포해전, 부산포해전, 제2차 당항포해전 등에도 참전했을 것이다.

24일(임신) 맑았다. 아침에 서울로 [보낼] 편지를 썼다. 늦게 영암군수[1], 마량첨사 [강응회]가 와서 만났다. 순천부사 [권준]이 돌아갔다. 여러 가지 계문을 봉하여 보냈다. "경상우수사 [원균]에게 순찰사 [이정암]의 종사관이 들어왔다."라고 하였다.

1) 노산 이은상은 『이충무공전서』의 번역 시에 박홍장으로 서술하였다. 그러나 『영암군읍지』의 「선생안」에 의하면 당시의 영암군수는 유지신(柳止信)이다.[97]

25일(계유) 맑았다. 꼭두새벽부터 몸이 몹시 불편하였으며 하루 종일 고통스러웠다. 아침에 보성군수 [안홍국]이 와서 만났다. 밤새도록 앉아서 앓았다.

26일(갑술) 맑았다. 통증이 아주 심하여 거의 정신을 차릴 수 없었다. 곤양군수 [이광악]이 돌아갔다.

27일(을해) 맑았다. 통증이 조금 가라앉았다. 유숙하는 방으로 내려왔다.

28일(병자) 맑았다. 몸이 통증이 많이 가라앉았다. 경상수사 [원균]과 좌랑 이유함이 와서 만났다. 울이 들어왔다.

29일(정축) 맑았다. 몸이 개운해진 듯하였다. 이날 [전라]우도에서 삼도의 군사에게 술을 먹였다.

1일(무인) 맑았다. 아침에 식사를 한 뒤에 활터 정자의 방에 오르니 [날씨가] 아주 청량하였다. 하루 종일 땀이 퍼붓듯이 흐르고 나니 몸이 개운해진 듯하였다. 아침에 아들 면과 집안의 여종 4명, 관청의 여종 4명이 병중에 심부름하기 위하여 들어왔다. 덕이는 남겨두고 그 나머지는 내일 돌려보내라고 일렀다.

2일(기묘) 맑았다. 새벽에 회와 여종 등이 어머니의 생신을 차려드리기 위하여 돌아갔다. 우수사 [이억기]와 홍양현감 [배흥립], 사도첨사 [김완], 소근포[1]첨사[2]가 와서 만났다. 몸이 점차 차도가 있었다.

1) 지금의 충남 태안군 소원면 소근리에 있었다. 현재 진성의 성벽 일부가 보존되어 있으며 충청남도 기념물 제93호 태안소근진성(泰安所斤鎭城)으로 지정되어 있다.

2) 『임진장초』의 「청죄과기제장장(請罪過期諸將狀)」(1594년 4월 2일)에 의하면 당시의 소근포첨사는 박윤(朴潤)이다.

3일(경진) 맑았다. 아침에 홍양현감 [배흥립]이 휴가를 신청하고 돌아갔다. 늦게 발포만호 [황정록]이 와서 만나고 장흥부사 [황세득]도 왔다. 군량을 계산하여 준비하였다.[1] 공명고신[2] 300여 장과 유지 2통이 내려왔다.[3] 홍양현감이 돌아갔다.[4]

1) 초고본의 갑오일기(1594년) 말미에 5월 3일에 창고를 조사하여 군량의 수를 적은 기록이 있으므로 원문 '計備'를 '계산하여 준비하다'로 번역하였다.

2) 성명이 적혀있지 않은 관직 임명서이다. 국가에서 돈이나 곡식 등을 받고 관직을 팔 때 주었으며 임명된 사람은 명색상으로만 관직을 가졌고 실무는 보지 않았다.

3) 『선조실록』의 같은 해 4월의 기사[98]에 의하면 각 진의 군대가 군량이 매우 부족한 상황에 처하자 조선 조정은 이 문제를 조금이라도 해결할 목적으로 공명고신을 보냈다. 시기상으로 미루어보아 일기에서 언급된 공명고신은 이와 관련된 것으로 보인다.

4) 초고본에는 이 문장이 이날 일기의 위쪽 여백에 추가로 적혀있다.

4일(신사) 흐렸다. 광풍이 불고 큰비가 내렸는데 하루 종일 그치지 않았고 밤새도록 더 사나워졌다. 경상우수사 [원균]의 군관이 와서 "왜적 3명이 중선을 타고 추도[1]에 온 것을 만나서 잡아 왔다."라고 보고하므로 추고한 뒤에 압송해 오도록 일러서 보냈다. 저녁에 공대원[2]

에게 물어보니 "왜적들이 바람을 따라 배를 띄워 본토로 향하다가 바다 한가운데서 큰바람을 만나 배를 제어할 수 없어서 표류하여 이 섬에 이르렀다."라고 하였다. 그러나 간사한 [놈들의] 말이라 믿을 수 없었다. 이설, 이상록이 돌아가고 본영의 탐후선이 들어왔다.[3]

1) 『임진장초』의 「당포파왜병장(唐浦破倭兵狀)」(1592년 6월 14일)에 나오는 동일한 지명 추도(楸島)로 짐작된다. 지금의 경남 통영시 산양읍 추도리의 추도이다.

2) 『임진장초』의 「토적장(討賊狀)」(1593년 4월 6일)에 보이는 공태원(孔太元)이다. 이 기록에 의하면 공태원은 정해년(1587년)에 왜인에게 포로로 잡혀갔다가 돌아온 사람으로서 일본어를 잘하는 진무였다. 1587년은 정해왜변 또는 손죽도왜변으로 불리는 왜적의 침입 사건이 있었던 해이다. 『선조실록』과 조경남의 『난중잡록』 등의 기록[99]에서 손죽도왜변 때 포로가 되었던 공태원 등의 이름과 그들이 쇄환된 경위를 확인할 수 있다.

3) 초고본에는 이 문장이 이날 일기의 아래쪽 여백에 작은 글씨로 추가로 적혀 있다.

5일(임오) 비바람이 많이 불었다. 세 겹의 지붕이 조각조각 높이 날아가고 빗발이 삼대처럼 내려[1] 몸을 막을 수가 없어서 우스웠다. 사도첨사 [김완]이 와서 안부를 묻고 갔다. 큰 비바람이 오후 2시경에 조금 그쳤다. 발포만호 [황정록]이 떡을 만들어서 보내왔다. 탐후선이 들어와서 어머니께서 평안하심을 알게 되어 매우 다행이었다.[2]

1) 원문 '雨脚如麻'는 중국 당나라의 시인 두보(杜甫)가 지은 「모옥위추풍소파가(茅屋爲秋風所破歌)」에 나오는 구절이다. 일기의 앞 구절인 '세 겹의 지붕(捲屋三重)' 또한 이 시에 나오는 '春城屋上三重茅'를 인용한 비유적인 표현이다.

2) 초고본에는 이 문장이 이날 일기의 아래쪽 여백에 작은 글씨로 추가로 적혀 있다.

6일(계미) 흐렸으나 늦게 맑아졌다. 사도첨사 [김완], 보성군수 [안홍국], 낙안군수[1], 여도만호 [김인영], 소근포첨사 [박윤] 등이 와서 만났다. 오후에 원 수사(원균)가 사로잡은 왜적 3명을 데리고 왔는데 진술을 받아보니 계속 거짓말을 하므로 곧바로 원 수사로 하여금 머리를 베고 보고하도록 하였다. 우수사 [이억기]도 와서 술을 세 차례 돌리고 돌아갔다.

1) 2월 7일 일기는 신임 낙안군수를 김준계로 기록하였고 『선조실록』의 같은 해 2월 5일 기사[100]에는 민열이 낙안군수로 제수된 기록이 있다. 그러나 이때부터 1596년 5월에 김광옥이 제수되기 이전까지의 낙안군수는 관련 사료나 문헌이 부족하여 정확한 고증이 어렵다.

7일(갑신) 맑았다. 몸이 편안해진 듯하였다. 침을 16곳에 맞았다.

8일(을유) 맑았다. 원수 [권율]의 군관 변응각이 원수의 공문과 계본 초고와 유지를 가지고 왔는데 수군을 거제로 나아가게 하여 적으로 하여금 겁을 먹고 후퇴하도록 하려는 것이었다. 경상우수사 [원균]과 전라우수사 [이억기]를 불러와서 의논하고 [어떻게 할지를] 정하였다. 충청수사 [이순신(李純信)]이 들어왔다. 밤에 큰비가 내렸다.

9일(병술) 비가 하루 종일 내렸다. 빈 정자에 홀로 앉아 있으니 온갖 생각이 치밀어 올라 마음이 어지러웠다. 어찌 말로 다 할 수 있겠는가? 정신이 아득하여 취한 듯 꿈인 듯하여[1] 바보가 된 듯 미친 듯하였다.

1) 원문 '昏昏醉夢'은 중국 당나라의 시인 이섭(李涉)이 지은 「등산(登山)」에 나오는 구절인 '終日昏昏醉夢間'을 인용한 것이다.

10일(정해) 계속 비가 내렸다. 새벽에 일어나 창을 열고 멀리 바라보니 수많은 배가 온 바다에 가득하였다. 비록 적이 쳐들어온다고 하더라도 섬멸할 수 있을 것이다. 늦게 우우후 [이정충]과 충청수사 [이순신(李純信)]이 와서 둘이 바둑을 겨루었다. 원수 [권율]의 군관 변응각도 함께 점심을 먹었다. 보성군수 [안홍국]이 저물녘에 왔다. 비가 하루 종일 그치지 않아서 아들 회가 바다로 나간 것이 걱정되었다. 소비포권관 [이영남]이 약을 보내왔다.[1]

1) 초고본에는 이 문장이 이날 일기의 아래쪽 여백에 작은 글씨로 추가로 적혀 있다.

11일(무자) 저녁때까지 계속 비가 내렸다. 3월부터 밀려있던 공문을 하나하나 처결하여 내려보냈다. 저녁에 낙안군수가 와서 이야기하였다. 큰비가 퍼붓듯이 내렸는데 밤낮으로 그치지 않았다.

12일(기축) 큰비가 하루 종일 내리다가 저녁에 이르러서야 조금 그쳤다. 우수사 [이억기]가 와서 만났다.

13일(경인) 맑았다. 이날 검모포만호의 보고에 "경상우수사 [원균] 소속의 포작 등이 격군을 싣고 도망치다가 발각되어 포작들을 붙잡으려 하였더니 원 수사가 머무는 곳에 숨었다고 하기에, 사복 등을 보내어 잡아오려 하였더니 원 수사가 크게 화를 내며 사복들을 결박했다."라고 하였다. 그래서 노윤발을 보내어 그들을 풀어주었다. 밤 10시경에 비가 내리기 시작하였다.

14일(신묘) 비가 하루 종일 내렸다. 충청수사 [이순신(李純信)], 낙안군수, 임치첨사 [홍견], 목포만호[1] 등이 와서 만났다. 영리로 하여금 종정도[2]를 그리게 하였다.

1) 『임진장초』의 「당항포파왜병장(唐項浦破倭兵狀)」(1594년 3월 10일)에 의하면 당시의 목포만호는 전희광(田希光)
이다.

2) 벼슬의 품계를 써놓은 종이와 육면체의 주사위를 가지고 하던 놀이이다. 주사위를 굴려서 나오는 글자에 따라
관직을 올리거나 낮추어 그 결과에 따라 승패를 결정하였다.¹⁰¹

15일(임진) 비가 하루 종일 내렸다. 아전으로 하여금 종정도를 그리게 하였다.

16일(계사) 흐리고 가랑비가 내렸다. 저녁에 큰비가 내리기 시작하더니 밤새도록 내려서 지붕
이 새어 마른 곳이 없었다. 각 배의 사람들이 머무는데 괴로울까 봐 많이 걱정되었다. 곤양
군수 [이광악]이 편지를 보내고 아울러 유정¹⁾이 적진을 오가며 문답한 초기²⁾를 보내왔는
데 그것을 보았더니 분통을 참을 수 없었다.³⁾

1) 원문 '惟精'은 '惟政'의 오기이다. 그의 속명은 임응규(任應奎), 자는 이환(離幻), 호는 송운(松雲), 당호는 사명당
(四溟堂), 본관은 풍천(豊川), 생몰년은 1544~1610년이며, 임진왜란 발발 직후 스승 휴정의 격문에 따라 승병
을 일으켜 각종 전투에서 공을 세웠다. 가토 기요마사와의 회담에서 대표로 나아가 담판을 벌이기도 하였으며
1604년에는 일본으로 가서 성공적으로 외교를 수행함으로써 전란 때 잡혀간 조선인 남녀 3,000여 명을 데리
고 귀국하였다.¹⁰²

2) 초기(草記)는 원래 도제조(都提調)가 있는 관청에서 임금에게 올리기 위한 목적으로 사용되던 문서로서 지방관
부가 아닌 중앙관부에서만 사용되던 문서이다. 계본과 같은 엄격한 격식을 가진 문서에 비해 자유롭고 간편히
작성할 수 있기 때문에 긴급 사안을 상달할 때 등에 점차 그 사용이 확대되었다.¹⁰³

3) 『선조실록』과 유정의 『분충서난록』의 기록¹⁰⁴에 의하면 당시 도원수 권율은 사명당 유정을 왜장 가토 기요마사
의 진영으로 보내어 사신으로서의 임무를 수행하게 하였다. 이들 기록에는 유정이 가토 기요마사와 교섭하였
던 내용이 자세히 전한다.

17일(갑오) 비가 퍼붓듯이 내리고 바다 안개도 어두워서 지척을 분간할 수 없었다. [비가] 저
녁때까지 그치지 않았다.

18일(을미) 비가 하루 종일 내렸다. 미조항첨사 [김승룡]이 와서 만났다. 저녁에 상주포권관
이 와서 만났다. 저녁에 보성군수 [안홍국]이 돌아갔다. 보성군수가 돌아갔다.¹⁾

1) 초고본에는 이 문장이 이날 일기의 위쪽 여백에 작은 글씨로 추가로 적혀 있다.

19일(병신) 맑았다. 장맛비가 잠시 그치어 매우 상쾌하였다. 회, 면과 여종 등을 돌려보낼 때
바람이 순탄하지 못했다. 이날 송희립과 회가 함께 착량으로 가서 노루를 잡을 때 비바람
이 크게 일고 구름과 안개가 사방에 가득하였다. 오후 8시경에 돌아왔을 [때도] 활짝 개지

않았다.

20일(정유) 비가 내리고 광풍이 조금 그쳤다. 웅천현감 [이운룡]과 소비포권관 [이영남]이 와서 만났다. 종일 홀로 앉아 있으니 온갖 생각이 치밀어 올랐다. 호남방백 [이정암]이 나라를 저버리는 [듯하여] 매우 유감스러웠다.[1]

1) 『선조실록』의 같은 해 5월 기사[105]에 의하면 전라관찰사 이정암이 왜적과의 화친을 주장하는 계문을 올렸다가 많은 비판과 함께 파직까지 거론되는 사태가 벌어졌다.

21일(무술) 계속 비가 내렸다. 웅천현감 [이운룡], 소비포권관 [이영남]이 와서 종정도를 놀았다. 거제의 장문포에서 포로가 되었던 사람인 변사안이 도망쳐 돌아와서 말하기를 "적의 형세가 성대하지는 않다."라고 하였다. 바람이 밤낮으로 많이 불었다.

22일(기해) 비가 내리고 바람도 많이 불었다. 29일이 장모님의 제삿날이기 때문에 아들 회와 면을 내보내고 여종 등도 내보냈다. 순찰사 [이정암]에게 편지를 쓰고 순변사 [이빈]에게도 편지를 써서 내보냈다. 황득중, 박주하, 오수 등을 격군을 잡아올 일로 내보냈다.[1]

1) 초고본에는 이 문장이 이날 일기의 아래쪽 여백에 작은 글씨로 추가로 적혀 있다.

23일(경자) 비가 내렸다. 웅천현감 [이운룡], 소비포권관 [이영남]이 왔다. 늦게 해남현감[1]이 술과 안주를 가져왔기에 충청수사 [이순신(李純信)]을 오라고 청하였다. 밤 10시경에 헤어졌다.

1) 3월 17일 일기에 전 해남현감 위대기가 신임 현감과 교대한 점과 『해남읍지』의 「선생안」에 위대기의 후임이 현즙(玄楫)으로 기록된 점으로 보아 당시의 해남현감은 현즙으로 판단된다. 8월 30일 일기에도 해남현감의 이름이 현즙(玄楫)으로 기록되어 있다.

24일(신축) 잠시 맑다가 저녁에 비가 내리기 시작하였다. 웅천현감 [이운룡], 소비포권관 [이영남]이 와서 종정도를 겨루었고 해남현감 [현즙]도 왔다. 오후에 우수사 [이억기]와 충청수사 [이순신(李純信)]이 와서 종일 이야기하였다. [전 충청수사] 구사직에 [대한] 계본을 [가지고 갔던] 진무가 들어왔다.[1] 조카 해가 들어왔다.[2]

1) 초고본에는 이 문장이 이날 일기의 아래쪽 여백에 작은 글씨로 추가로 적혀 있다.
2) 초고본에는 이 문장이 이날 일기의 왼쪽 여백에 작은 글씨로 추가로 적혀 있다.

25일(임인) 계속 비가 내렸다. 충청수사 [이순신(李純信)]이 와서 이야기하다가 돌아갔다. 소비포권관 [이영남]도 왔다가 밤이 깊어서야 돌아갔다. 비가 조금도 그치지 않으니 싸우는 군사들의 걱정이 어떠하겠는가? 조카 해가 돌아갔다.

26일(계묘) 비가 그쳤다 내렸다 하였다. 대청에 앉았는데 서벽이 부서졌으므로 바라지창[1]을 고쳐서 바람이 들어오게 하였더니 맑은 기운이 아주 좋았다. 과녁판을 정자 앞으로 옮겨서 설치하였다. 이날 이인원과 토병 23명을 본영으로 보냈는데 보리를 거두어들이도록 일러서 보냈다.

1) 햇빛을 들게 하거나 밖을 내다보기 위하여 벽의 위쪽에 내는 창을 가리킨다.

27일(갑진) 맑았다 비가 내리다 하였다. 사도첨사 [김완]과 충청수사 [이순신(李純信)], 발포만호 [황정록], 여도만호 [김인영], 녹도만호 [송여종]이 활을 쏘았다. 이날 "소비포권관 [이영남]이 앓아누웠다."라고 하였다.

28일(을사) 잠시 맑았다. 사도첨사 [김완], 여도만호 [김인영]이 와서 활을 쏘자고 하기에 우수사 [이억기], 충청수사 [이순신(李純信)]을 오라고 청하여 활을 쏘고 종일 술을 마시며 이야기하다가 헤어졌다. 광양 4호선을 점검하였다.

29일(병오) 아침에 비가 내리다가 늦게 맑아졌다. 장모님의 제삿날이라 업무를 보지 않았다. 저녁에 진도군수 [김만수]가 돌아갔다. 웅천현감 [이운룡]과 거제현령 [안위], 적량만호 [고여우] 등이 와서 만나고 돌아갔다. 어두워질 무렵 정사립이 "남해 사람이 배를 가지고 순천의 격군을 싣고 나간다."라고 보고하기에 잡아서 가두었다.

30일(정미) 흐렸으나 비는 내리지 않았다. 아침에 왜적 등과 도망가자고 꾄 광양 1호선의 군사, 경상도의 포작 3명에게 벌을 주었다. 경상우후 [이의득]이 와서 만났다. 충청수사 [이순신(李純信)]이 왔다.

6월

1일(무신) 맑았다. 아침에 배 첨사(배경남)와 함께 식사를 하였다. 충청수사 [이순신(李純信)]이 와서 이야기하였다. 늦게 활을 쏘았다.

2일(기유) 맑았다. 아침에 배 첨사(배경남)와 함께 식사를 하였고 충청수사 [이순신(李純信)]도 왔다. 늦게 우수사 [이억기]의 진으로 갔더니 강진현감 [유해]가 술을 가져왔다. 활 몇 순을 쏘았다. 원 수사(원균)도 왔다. 나는 몸이 불편하여 일찍 돌아와서 누워 충청수사와 배문길(배경남)이 바둑으로 승부를 겨루는 것을 구경하였다.

3일(경술) 초복이다. 아침에 맑다가 오후에 소나기가 많이 내리기 시작하더니 종일토록 밤까지 그치지 않았다. 바닷물도 흐려졌으니 근고에 드문 일이었다. 충청수사 [이순신(李純信)]과 배 첨사(배경남)가 와서 바둑을 겨루었다.

4일(신해) 맑았다. 충청수사 [이순신(李純信)], 미조항첨사 [김승룡]과 웅천현감 [이운룡]이 와서 만나고 이어 그들로 하여금 종정도를 겨루도록 하였다. 저녁에 겸사복이 유지를 받들어 왔는데 그 내용 중에 "수군의 여러 장수들과 경주의 여러 장수들이 서로 협력하지 못하니 이제부터는 이전의 관례를 다 고쳐라."라고 하였다. 통탄하기 그지없었다. 이는 바로 원균이 취해서 잘못된 짓을 했기 때문이다.[1]

1) 『선조실록』의 같은 해 4월 기사[106]에 의하면 조선 조정은 수군과 경주의 장수들 사이에 서로 반목의 기미가 있다는 이유로 이를 단속하여 고치도록 지시하였다. 일기에서 언급된 잘못된 짓은, 4월 12일 일기에 기록된 순무어사 서성이 수군 진영을 방문했을 때 원균이 벌였던 행위를 가리키는 것으로 짐작된다.

5일(임자) 맑았다. 충청수사 [이순신(李純信)]이 와서 이야기하였다. 사도첨사 [김완], 여도만호 [김인영], 녹도만호 [송여종]이 함께 와서 활을 쏘았다. 밤 10시경에 급창[1] 금산과 처자, 모두 3명이 돌림병으로 죽었다. 3년 동안 눈앞에 두고 믿고 부리던 자가 하룻밤 사이에 죽어버렸으므로 매우 참담하였다. 무밭을 갈았다. 송희립이 낙안, 흥양, 보성에 군량을 독촉할 일로 나갔다.[2]

1) 원문 '及唱'은 '及唱'의 오기이다. 관아에 소속된 노비로서 수령의 명령을 받아 큰소리로 전달하는 일을 하였다.

2) 원문 '宋希立樂安興陽寶城軍粮督促事出去'를 '송희립, 낙안군수, 흥양현감, 본성군수가 군량을 독촉할 일로 나 갔다'와 같이 번역하는 경우도 있지만, 이전 일기에 낙안군수, 흥양현감, 보성군수 등이 오간 내용이 보이지 않 는 점에 의거하여 위와 같이 번역하였다. 초고본에는 이 문장이 이날 일기의 아래쪽과 왼쪽 여백에 작은 글씨 로 추가로 적혀 있다.

6일(계축) 맑았다. 충청수사 [이순신(李純信)], 여도만호 [김인영]과 활 15순을 쏘았다. 경상우 우후 [이의득]이 와서 만났다. 소나기가 내렸다.

7일(갑인) 맑았다. 충청수사 [이순신(李純信)]과 배 첨사(배경남)가 와서 이야기하였다. 남해의 군관과 색리 등에게 벌을 주었다. 송덕일이 돌아와서 말하기를 "유지가 들어온다."라고 하 였다. 이날 무씨 2되 5홉을 뿌렸다.[1]

1) 초고본에는 이 문장이 이날 일기의 아래쪽 여백에 작은 글씨로 추가로 적혀 있다.

8일(을묘) 맑았다. 더위가 찌는 듯하였다. 우우후 [이정충]이 와서 충청수사 [이순신(李純信)] 과 함께 활 20순을 쏘았다. 저녁에 종 한경이 들어와서 어머니께서 평안하심을 알게 되어 매우 기쁘고 다행이었다. 미조항첨사 [김승룡]이 돌아갔다. 회령포[1]만호[2]가 진에 이르렀 다. 군공에 따라 관직을 내리는 관교[3]도 왔다.

1) 지금의 전남 장흥군 회진면 회진리에 있었다.[107]

2) 노산 이은상은 『이충무공전서』의 번역 시에 민정붕으로 서술하였다. 그러나 민정붕이 회령포만호로 명시된 기 록 중 시기적으로 가장 빠른 것은 김완의 『해소실기』의 칠천량해전 관련 기록으로서 그가 회령포만호에 제수된 시기가 언제인지는 확실치 않다. 병신일기(1596년) 5월 5일에 회령포만호가 교서에 숙배하고 여러 장수들이 예 (공사례)를 했다는 기록이 보이는 점으로 보아 민정붕의 회령포만호 제수 시기는 이때 또는 그 이후일 것이다.

3) 4품 이상의 관원을 제수할 때 내리는 교지를 가리킨다.[108]

9일(병진) 맑았다. 충청수사 [이순신(李純信)], 우우후 [이정충]이 와서 활을 쏘았다. 우수사 [이 억기]가 와서 함께 이야기하였다. 밤이 깊어 해가 피리를 부는 소리와 영수가 거문고 타는 소리를 [들으면서] 편안히 이야기하다가 헤어졌다.

10일(정사) 맑았다. 더위가 찌는 듯하였다. 활 5순을 쏘았다.

11일(무오) 맑았다. 더위가 무쇠라도 녹일 듯하였다. 아침에 울이 본영으로 갔는데 이별하는 마음이 아련하였다. 홀로 빈 집에 앉아 있으니 마음을 추스를 수가 없었다. 늦게 바람이 매우 사나워져서 걱정이 더욱더 쌓였다. 충청수사 [이순신(李純信)]이 와서 활을 쏘고 이어 함께 저녁식사를 하였다. 달빛 아래 함께 이야기하는데 옥피리 소리가 맑아 오랫동안 앉아 있다가 헤어졌다.

12일(기미) 바람이 많이 불었으나 비는 오지 않았다. 가뭄이 대단히 심하여 농사가 더욱 걱정스러웠다. 이날 어두워질 무렵 본영의 배의 격군 7명이 도망갔다.

13일(경신) 바람이 아주 사나웠고 더위가 찌는 듯하였다.

14일(신유) 더위와 가뭄이 대단히 심하였다. 바다의 섬도 찌는 듯하여 농사가 아주 걱정스러웠다. 충청 영공 [이순신(李純信)]과 사도첨사 [김완], 여도만호 [김인영], 녹도만호 [송여종]과 함께 활 20순을 쏘았는데 충청수사가 아주 잘 맞추었다. 이날 "경상수사 [원균]이 활 쏘는 군관들을 이끌고 우수사 [이억기]에게 갔다가 크게 지고 돌아갔다."라고 하였다.[1]

1) 초고본에는 이 문장이 이날 일기의 아래쪽 여백에 작은 글씨로 추가로 적혀 있다.

15일(임술) 맑았다. 오후에 비가 내렸다. 신경황이 들어왔는데 영의정 [유성룡]의 편지를 가지고 왔다.[1] 나라를 걱정하기가 이보다 더할 수 없을 것이다. 윤우신이 세상을 떠났다는 소식을 들어서 슬프기 그지없었다. 순천부사 [권준], 보성군수 [안홍국]이 "명나라 총병관 장홍유[2]가 호선[3]을 타고 100여 명을 이끌고 해로를 경유하여 이미 진도의 벽파정[4]에 이르렀다."라고 보고하였다. 날짜를 따져보면 오늘이나 내일쯤 당도할 것이지만 역풍이 불어서 뜻대로 [배를 조종할] 수 없는 것이 5일째이다. 이날 밤 소나기가 흡족하게 내렸으니 어찌 하늘이 백성을 구하려는 것이 아니겠는가! 아들의 편지가 왔는데 "잘 돌아갔다."라고 하였고 또한 언문 편지에 "면이 더위를 먹어서 많이 아프다."라고 하여 매우 애가 타고 답답하였다[5].[6]

1) 『선조실록』의 같은 해 5월 기사[109]에 의하면 당시 유성룡은 병 때문에 사직을 청할 정도로 몸이 불편한 상태였다.
2) 『선조실록』의 기사[110]에 의하면 장홍유는 물길을 확인하고 왜정을 정탐하는 임무를 띠고 조선으로 왔다.
3) 원문 '虎船'은 '唬船' 또는 '號船'이 옳은 표기로서, 7월 17일 일기에서는 '唬船'으로, 무술일기(1598년) 10월 7일에서는 '號船'으로 표기되어 있다. 호선은 중국 명청시대에 절강과 복건 지방에서 사용되던 작은 첨저선으로서 속력이 빨라 연해를 탐색하거나 적선을 잡기에 편리하여 16세기의 명나라 명장 척계광도 왜구를 토벌할 때 이를 자주 사용하였다.[111] 조선의 남해안이 복잡한 지형이었음을 감안하여 경쾌한 호선이 동원된 것으로 보인다.
4) 지금의 전남 진도군 고군면 벽파리에 있던 정자이다(정유일기 1-1597년 8월 29일의 주해 및 주석 참조).

16일(계해) 아침에 계속 비가 내리다가 저녁에 맑아졌다. 충청수사 [이순신(李純信)]과 활을 쏘았다.

17일(갑자) 맑았다. 늦게 우수사 [이억기], 충청수사 [이순신(李純信)]이 와서 조용히 이야기하였다. 탐후선이 들어와서 "어머니께서 평안하시다."라고 하였지만 "면이 많이 아프다."라고 하여 아주 걱정스러웠다.

18일(을축) 맑았다. 원수 [권율]의 군관 조추[1]가 전령을 가지고 오는데 원수가 두치에 이르러 "광양현감 [최산택]이 수군을 옮겨 복병을 정할 때 사사로운 정으로 하였다."라는 말을 듣고 군관을 보내어 사유를 물으려고 한 것이었다. 매우 놀라웠다. 원수가 자기의 서얼 처남인 조대항[2]의 말을 듣고 사사로이 행한 것이 이렇게 심하니 통탄하기 더할 수 없었다. 이날 경상수사 [원균]이 청하였지만 가지 않았다.[3]

1) 원문 '趙擊' 중의 '擊'는 초고본의 글자 형태가 모호하여 '秋年'으로 보는 견해도 있다.
2) 조대항(曺大恒)은 권율의 장인 조휘원의 아들로서, 본관은 창녕(昌寧)이며, 행주대첩에 참전하였다.[112]
3) 초고본에는 이 문장이 이날 일기의 아래쪽 여백에 작은 글씨로 추가로 적혀 있다.

19일(병인) 맑았다. 원수 [권율]의 군관과 배응록이 원수에게 돌아갔다. 변존서, 윤사공[1], 하천수 등이 들어왔다. 충청수사 [이순신(李純信)]이 와서 만났지만 그의 어머니의 병환 때문에 곧바로 숙소로 돌아갔다.

1) 윤사공(尹思恭)은 한산도대첩 등에 군관으로 참전하였다.[113]

20일(정묘) 맑았다. 충청수사 [이순신(李純信)]이 와서 만나고 활을 쏘았다. 박치공이 와서 서울로 올라간다고 하였다. 마량첨사 [강응호]도 왔다. 저녁에 영등포만호 [조계종]에게 자기 진포로 물러나 있었던 일 때문에 벌을 주었다. 탐후선을 [타고 갔던] 이인원이 들어왔다.

21일(무진) 맑았다. 충청수사 [이순신(李純信)]이 와서 활을 쏘았다. 마량첨사 [강응호]가 와서 만났다. "명나라 장수가 수로를 경유하여 이미 벽파정에 이르렀다는 것은 잘못 전해진 것이다."라고 하였다.

22일(기사) 맑았다. 할머니의 제삿날이라 나가지 않았다. 이날 삼복더위가 전보다 배나 더하여 큰 섬이 찌는 듯하였으므로 사람이 그 고통을 견딜 수가 없었다. 저녁에 몸이 몹시 불편하여 식사를 두 차례 걸렀다. 오후 8시경에 소나기가 내렸다.

23일(경오) 맑았다. 늦게 계속 소나기가 내렸다. 순천부사 [권준], 충청수사 [이순신(李純信)], 우우후 [이정충], 가리포첨사 [이응표]가 함께 와서 만났다. 우후 [이몽구]가 군량을 독촉하기 위하여 나갔다. 견내량에서 사로잡은 왜놈에게 적의 정황과 형세를 추고하고 또한 무엇을 할 줄 아는지 물었더니 "염초[1]를 굽는 것과 총 쏘는 것을 모두 잘한다."라고 하였다.[2]

1) 화약 제조 원료 중의 하나인 질산칼륨이다. 당시 화약은 염초, 숯, 유황을 섞어서 제조하였으며 이들 원료 중 염초가 가장 높은 비율을 차지하였다.[114]
2) 『선조실록』의 기사[115]에 의하면 조선 조정은 투항 또는 생포한 왜군을 염초를 굽는 방법을 알아내거나 염초를 굽는 일 등에 활용하도록 장려하였다.

24일(신미) 맑았다. 순천부사 [권준], 충청수사 [이순신(李純信)]이 와서 활 20순을 쏘았다.

25일(임신) 맑았다. 충청수사 [이순신(李純信)]과 활 10순을 쏘았다. [사량만호] 이여념도 와서 활을 쏘았다. 종사관 [정경달]을 수행하는 아전이 편지를 가지고 들어왔는데 조도어사의 말이 아주 놀라웠다. 부채를 봉하여 보냈다.[1]

1) 부채는 공납으로 진상되던 품목 중의 하나이며 다음 날 일기를 통하여 이날 보낸 부채가 단오 진상물임을 짐작할 수 있다. 『선조실록』의 기사[116]에서도 부채가 단오 진상물로 취급된 사실을 확인할 수 있다.

26일(계유) 맑았다. 충청수사 [이순신(李純信)], 순천부사 [권준], 사도첨사 [김완], 여도만호 [김인영], 고성현령 [조응도] 등이 활을 쏘았다. 일찍 단오 진상을 봉하여 김양간에게 [줘서] 보냈다. 마량첨사 [강응호], 영등포만호 [조계종]이 여기에 왔다가 바로 돌아갔다.

27일(갑술) 맑았다. 활 15순을 쏘았다.

28일(을해) 맑았다. 더위가 찌는 듯하였다. 나라의 제삿날[1]이라 종일 혼자 앉아 있었다. 진무성[2]이 벽방의 망보는 [곳에서] 살펴보고 와서 적선이 없다고 보고하였다.[3]

1) 명종의 제삿날이다.
2) 진무성(陳武晟)의 자는 중규(仲赳), 본관은 여양(驪陽), 생몰년은 1566~1638년이며, 당포해전 등에 참전하였

다.[117] 현재 전남 고흥군 두원면 신송리에 그를 배향하고 있는 전라남도 기념물 제58호 고흥무열사(高興武烈祠)가 있으며 이곳에는 그가 받은 교지 등의 유품이 소장되어 있다.

3) 초고본에는 이 문장이 이날 일기의 아래쪽 여백에 작은 글씨로 추가로 적혀 있다.

29일(병자) 맑았다. 순천부사 [권준]이 술과 음식을 가져왔다. 충청수사 [이순신(李純信)]과 우수사 [이억기]가 함께 와서 활을 쏘았다. 윤동구의 아버지가 와서 만났다. 울이 들어와서 어머니께서 평안하시다고 하였다.[1]

1) 초고본에는 이 문장이 이날 일기의 왼쪽 여백에 작은 글씨로 추가로 적혀 있다.

1일(정축) 맑았다. 배응록이 원수¹⁾ [권율]이 있는 곳으로부터 들어왔다. 원수가 [자신이 한] 말을 후회하면서 보냈다고 하여 우스웠다. 이날이 인종의 제삿날이라 종일 혼자 앉아 있었다. 저녁에 충청수사 [이순신(李純信)]이 여기에 와서 서로 이야기하였다.

1) 원문 '元師'는 '元帥'의 오기이다.

2일(무인) 맑았다. 늦더위가 찌는 듯하였다. 이날 순천의 도청¹⁾과 색리, 광양의 색리 등에게 벌을 주었다. [전라]좌도의 사부 등의 활쏘기를 시험하고 적으로부터 노획한 물건²⁾을 나누어 주었다. 늦게 순천부사 [권준], 충청수사 [이순신(李純信)]과 활을 쏘았다. 배 첨지(배경남)가 휴가를 받아서 돌아갔다. 흥양의 군관 이심과 병선색³⁾, 괄군색⁴⁾ 등을 붙잡아 오기 위하여 노윤발에게 전령을 줘서 내보냈다.

1) 특정 업무에 대한 총괄자를 가리킨다. 조선시대 문헌에서 주사도청(舟師都廳), 훈련도청(訓鍊都廳), 연접도청(延接都廳) 등의 여러 가지 용례를 찾아볼 수 있다.
2) 원문 '賊臟'은 '賊臟物'의 준말로서 적에게서 노획을 물건을 가리킨다. 『선조실록』의 기사¹¹⁸에 의하면 당시 적으로부터 노획한 물건은 포상의 목적으로 군사들에게 나누어 주기도 하였다.
3) 병선과 관련된 업무를 맡은 색리를 가리킨다. 조선시대 지방 관아에 소속된 향리들의 직책과 명단 등이 기록된 인리관안(人吏官案)을 살펴보면, 업무에 따라 대동색(大同色), 호방색(戶房色), 시탄색(柴炭色) 등 여러 종류의 색리가 존재했다.
4) 군사를 동원, 조직하는 업무를 맡은 색리이다.

3일(기묘) 맑았다. 충청수사 [이순신(李純信)], 순천부사 [권준]이 활을 쏘았다. 웅천현감 이운룡이 휴가를 신청하고 미조항으로 돌아갔다. 음란한 여자에게 벌을 주었다. 각 배에서 여러 차례 식량을 훔친 자를 처형하였다. 저녁에 나가서 새 수루¹⁾를 보았다.

1) 15일 일기의 원문에 나오는 표기인 '戍樓(수루)'에 의거하여 원문 '新樓'를 '새 수루'로 번역하였다.

4일(경진) 맑았다. 아침에 충청수사 [이순신(李純信)]이 와서 함께 아침식사를 한 뒤에 마량첨사 [강응호], 소비포권관 [이영남]도 와서 함께 점심을 먹었다. 왜적 5명, 도망갔던 군사 1명을 함께 처형하도록 하였다. 충청수사와 활 10순을 쏘았다. 옥과의 계원¹⁾ 유사²⁾ 조응복에게 참봉의 관직3)을 보내주었다.

1) 계원(繼援)의 용례를 『선조실록』의 기사119에서 찾아보면 주로 '병력 지원'의 의미이다.

2) 향교, 서원 등의 단체에서 특정한 사무를 맡은 직책을 가리키는 말로서 '소임' 또는 '담당'과 유사한 의미이다.

3) 원문 '朝謝(조사)'는 '朝謝牒(조사첩)'의 준말로서 관직 임명서를 가리킨다. 조사가 고신(告身), 차정(差定) 등의 용어와 혼용되기도 한 점과 참봉 임명서를 수군 장수인 이순신이 보낸 점으로 보아 일기에서 언급된 조사는 공명 고신첩으로 생각된다.120

5일(신사) 맑았다. 새벽에 탐후선이 들어와서 어머니께서 평안하신지를 알 수 있어서 매우 다행이었다. 심약1)이 내려왔는데 매우 용렬하여 답답하였다. 우수사 [이억기], 충청수사 [이순신(李純信)]이 함께 왔다. 여도만호 [김인영]이 술을 가져와서 함께 마시고 활 10여 순을 쏘았다. 한껏 취해서2) 수루에 올랐다가 밤이 깊어서야 헤어졌다.

1) 궁중에 조달하는 약재를 조사하기 위해 각 도에 파견되었던 종9품 외관직 벼슬이다. 종종 지방의 관원이나 백성들의 병을 구완하는 역할도 하였다.

2) 원문 '盡醉'는 『실록』이나 조선시대 문헌에서 그 용례를 살펴보면 '흠뻑 취하다', '한껏 취하다'라는 의미이다.

6일(임오) 종일 궂은비가 내렸다. 몸이 불편한 듯하여 업무를 보지 않았다. 최귀석이 큰 도적 3명을 잡아 왔다.1) 또한 박춘양 등을 보내어 그 우두머리인 왼쪽 귀가 잘린 자를 잡아 왔다. 아침에 정원명2) 등을 격군을 정비하지 않은 일 때문에 잡아 가두었다. 저녁에 "보성군수 [안홍국]이 들어왔다."라고 하였다. 어머니께서 평안하시다는 소식을 들었다. 밤 11시경에 소나기가 많이 내리기 시작하였는데 빗발이 삼대처럼 내려서 새지 않는 곳이 없었다. 불을 밝히고 홀로 앉아 있으니 온갖 근심이 치밀어 올랐다. [소비포권관] 이영남이 와서 만났다.

1) 『선조실록』의 기사121에 의하면 당시 경상도, 전라도, 충청도에 도적이 매우 극심하여 각 도의 관찰사와 병사로 하여금 도적을 잡는 자에게 상을 내리도록 하였다.

2) 정원명(鄭元溟)의 본관은 영일(迎日)이며, 송강 정철의 조카이다.122

7일(계미) 저녁에 비가 내렸다. 충청수사 [이순신(李純信)]이 그의 어머니의 병환이 심하다고 보고하고 모이지 못했다. 우수사 [이억기]와 순천부사 [권준], 사도첨사 [김완], 가리포첨사 [이응표], 발포만호 [황정록], 녹도만호 [송여종]이 함께 활을 쏘았다. [소비포권관] 이영남이 배를 이끌고 [오기] 위하여 곤양으로 돌아간다고 하였다. 포로가 되었던 고성의 보인1)의 진술을 받았다. 보성군수 [안홍국]이 왔다. 보성군수가 돌아왔다.2)

1) 군역에 복무하였던 정규 군인을 경제적으로 보조하도록 편성된 장정을 가리키며 봉족이라고도 한다. 『경국대

전」의 「병전」-「급보(給保)」는 병종에 따라 할당되는 보인의 수와 보인의 편성 방법을 규정하고 있다.

2) 초고본에는 이 문장이 이날 일기의 위쪽 여백에 작은 글씨로 추가로 적혀 있다.

8일(갑신) 흐렸으나 비는 내리지 않았고 종일 바람이 많이 불었다. 몸이 피곤하여 장수들을 만나지 않았다. 각 관포의 공문을 처결하여 보냈다. 오후에 충청수사 [이순신(李純信)]에게 가서 만났다. 저녁에 고성에서 포로가 되었다가 도망쳐 돌아온 사람을 직접 심문하였다. 광양의 송전[1]이 그의 대장인 병사[2]의 편지를 가지고 여기에 왔다. "낙안군수와 충청우후 가 왔다."라고 하였다.[3]

1) 원문 '光陽宋銓'을 종종 '광양현감 송전'으로 번역하는 경우가 있다. 그러나 『광양군읍지』의 「선생안」에 의하면 당시의 광양현감은 최산택이다. 그리고 원문 '宋銓'은 '宋荃'의 오기로서 이후의 일기에는 그의 이름이 '宋荃'으 로 표기되어 있다.

2) 당시 광양현이 속해 있던 전라도의 병사 이시언(李時彦)이다. 그의 본관은 전주(全州), 생몰년은 미상~1624년이 며, 인조 때 이괄이 반란을 일으켰을 때 조정에서 내응을 염려하여 기자헌 등과 함께 처형되었다.**123**

3) 초고본에는 이 문장이 이날 일기의 아래쪽 여백에 작은 글씨로 추가로 적혀 있다.

9일(을유) 바람이 많이 불었다. 아침에 충청우후[1]가 교서에 숙배하였다. 늦게 순천, 낙안, 보 성의 군관, 색리에게 격군의 일에 힘쓰지 않은 벌을 주고 아울러 기한을 어긴 죄를 견책하 였다. 가리포첨사 [이응표], 임치첨사 [홍견], 소근포첨사 [박윤], 마량첨사 [강응호]와 고성 현령 [조응도]가 함께 왔다. 낙안의 군량 벼[2] 200섬을 받아서 나누었다.

1) 노산 이은상은 『이충무공전서』의 번역 시에 원유남으로 서술하였다. 그러나 원유남이 충청우후로 명시된 가장 빠른 기록은 병신일기(1596년) 4월 14일로서 그가 충청우후로 제수된 시기는 확실치 않다.

2) 원문 '正租(정조)'는 까락이 없는 벼를 말한다. 이에 비해 까락이 있는 벼는 '荒租(황조)'라고 한다.

10일(병술) 맑다가 저녁에 가랑비가 내렸다. 아침에 낙안의 견본 벼를 찧고 광양의 벼 100섬 의 양을 헤아려보았다. 신홍헌이 들어왔다. 늦게 송전과 군관이 활 15순을 쏘았다. 아침에 "면의 병이 다시 심해지고 또한 피를 토하는 증세까지 있다."라는 소식을 들었기에 울과 심 약[1], 신경황, 정사립, 배응록[2]을 함께 내보냈다.[3]

1) 심약을 종종 신경황의 관직으로 해석하는 경우가 있다. 그러나 계사일기(1593년)와 갑오일기(1593년)의 내용을 살펴보면 신경황은 주로 소식을 전하는 업무를 하고 있으므로 심약은 그가 아닌 다른 사람을 말하는 것이다.

2) 원문 '裵應'은 '裵應祿'을 가리키는 것으로 짐작된다.

3) 초고본에는 이 문장이 이날 일기의 아래쪽 여백에 작은 글씨로 추가로 적혀 있다.

11일(정해) 궂은비가 내리고 바람이 많이 불었는데 종일토록 그치지 않았다. 울이 가는데 고생스럽지 않을까 많이 걱정되었고 또한 면의 병이 어떤지 궁금하였다. 계문의 초고를 직접 썼다. 경상도 순무어사 [서성[1]]의 공문이 여기에 왔는데 "원 수사(원균)가 말로 표현하지 못할 점이 많다."라고 하였다. 오후에 군관 등으로 하여금 활을 쏘게 하고 봉학도 함께 활을 쏘았다. 윤언침이 점검을 받기 위하여 여기에 왔기에 점심을 대접하고 돌려보냈다. 저물녘에 비바람이 크게 일더니 밤에도 계속되었다. 충청수사 [이순신(李純信)]이 와서 만났다.[2]

1) 『선조실록』의 같은 해 6월 기사[124]에 의하면 당시 조선 조정은 순무어사 서성으로 하여금 연안 고을의 수령을 단속하여 수군의 확보에 차질이 없도록 하였다.

2) 초고본에는 이 문장이 이날 일기의 왼쪽 여백에 작은 글씨로 추가로 적혀 있다.

12일(무자) 맑았다. 소근포첨사 [박윤]이 와서 만났는데 화살[1] 54개를 만들어서 납부하였다. 공문을 처결하여 나누어 보냈다. 충청수사 [이순신(李純信)]과 순천부사 [권준], 사도첨사 [김완], 발포만호 [황정록], 충청우후가 함께 와서 활을 쏘았다. 저녁에 탐후선이 들어와서 어머니께서 평안하신지를 알 수 있었다. 또한 면의 병이 심하다고 하니 걱정을 어찌 말로 다 할 수 있겠는가? "유 정승(유성룡)이 세상을 떠났다는 소식도 순변사 [이빈]에게 왔다."라고 하였다. 이는 질시하는 자가 말을 지어내서 헐뜯으려는 것이다. 매우 통분함을 참을 수 없었다. 이날 어두워질 무렵 마음이 아주 어지러워서 홀로 빈 집에 앉아 있으니 마음을 추스를 수가 없었고 걱정이 더욱 심해져 밤이 깊어서도 잠을 이루지 못하였다. 유 정승의 일이 만약 [내 생각과] 다르다면 나랏일은 어찌할 것인가?

1) 원문 '帿矢'는 '베(帿)에 쏘는 화살'인 후전(帿箭)이다.

13일(기축) 계속 비가 내렸다. 홀로 앉아서 면의 병세가 어떠한지를 걱정하다가 척자점[1]을 쳐보니 '군왕을 만나는 것과 같다'는 괘를 얻었다. 아주 길하였다. 다시 던져보니 '밤에 등불을 얻는 것과 같다'는 [괘를 얻었다]. 두 괘가 모두 길하여 걱정이 조금 풀렸다. 또한 유 정승의 점을 쳐보니 '바다에서 배를 얻은 것과 같다'는 괘를 얻었다. 다시 점쳐보니 '의심하다가 기쁨을 얻은 것과 같다'는 괘를 얻었다. 아주 길하였다. 비가 저녁때까지 내렸는데 홀로 앉아 있는 마음을 추스를 수가 없었다. 늦게 송전이 돌아갔는데 소금 1섬을 줘서 보냈다. 오후에 마량첨사 [강응회]와 순천부사 [권준]이 와서 만났는데 어두워질 무렵에 돌아갔다. 비가 개일지 여부를 점을 쳐보니 '뱀이 독을 뿜는 것과 같다'는 괘를 얻었다. 장차 큰비가 내릴 듯하여 농사일이 매우 걱정되었다. 밤에 비가 퍼붓듯이 내렸다. 오후 8시경에 발포의 탐후선이 편지를 받아가지고 돌아갔다.[2]

14일(경인) 계속 비가 내렸다. 어제저녁부터 빗발이 삼대처럼 내려 지붕이 새서 마른 곳이 없었으므로 간신히 밤을 보냈다. 점괘를 얻은 대로 되었으니 아주 절묘하였다. 충청수사 [이순신(李純信)]과 순천부사 [권준]을 오라고 청하여 그들로 하여금 바둑을 겨루게 하고 구경하면서 날을 보냈다. 그러나 걱정이 마음속에 있으니[1] 조금이라도 편안할 수 있겠는가? 함께 점심을 먹고 저녁에 수루 위로 걸어 나가서 몇 차례 배회하다가 돌아왔다. 탐후선이 오지 않는데 까닭을 모르겠다. 밤 12시경에 또 비가 내리기 시작하였다.

1) 원문 '在肚'의 용례를 『실록』에서 찾아보면 '在肚裏'의 준말로 보이며 이는 '마음속에 있다'라는 의미이다.

15일(신묘) 계속 비가 내리다가 늦게 맑아졌다. 아침에 조카 해와 종 경이 들어와서 면의 병이 차도가 있다는 소식을 자세히 듣게 되었다. 기쁘기가 그지없었다. 조카 분의 편지로부터 아산 고향의 선산이 무사하고 가묘도 평안하며 어머니께서도 평안하심을 알게 되어 매우 다행이었다. 이홍종이 환곡[1] 때문에 형벌을 받고 죽었다고 하여 매우 놀라웠다. 그 삼촌이 처음에 그 소식을 듣고 상심하여 괴로워하고 있는데 다시 그 어머니의 병세가 아주 심하다는 소식을 들었다고 한다. 활 10여 순을 쏜 뒤에 이어 수루에 올라 배회할 때 박주사리가 급히 와서 말하기를 "명나라 장수의 배가 이미 본영 앞에 이르렀으며 곧바로 이곳으로 온다."라고 하기에 바로 삼도 [군사]에 전령을 보내어 진을 죽도로 옮기고 숙박을 하였다.

1) 원문 '還上'은 '還穀'을 가리키는 말로서 흉년이나 춘궁기 때 농민에게 곡식을 빌려주고 추수 때 환수하는 제도였다. 『선조실록』의 기사[126]에 의하면 임진왜란 발발 이후 백성들의 식량 사정이 매우 좋지 못하여 상환이 어려운 경우가 많았기 때문에 환곡의 일부를 감면하거나 환수 기한을 늘리는 등의 조치가 시행되었다.

16일(임진) 흐리고 바람이 서늘하였다. 늦은 아침에 비가 많이 내리기 시작하더니 종일 퍼붓듯이 내렸다. 원 수사(원균), 충청수사 [이순신(李純信)], 우수사 [이억기]가 함께 와서 만났다. 소비포권관 [이영남]이 우족 등을 보내왔다. "명나라 장수가 삼천진에 이르러서 머물러 숙박을 하였다."라고 하였다. 여도만호 [김인영]이 먼저 왔다가 저녁에 본진으로 돌아갔다.

17일(계사) 맑았다. 새벽에 포구로 나가서 진을 쳤다. 오전 10시경에 명나라 장수 파총 장홍유가 군사와 호선 5척을 이끌고 돛을 펴고 들어와 곧바로 바다의 진영에 이르렀다. 육지에 내려서 함께 이야기하자고 청하기에 나와 여러 수사들이 먼저 활터 정자에 올라서 오르기를 청하니 파총이 배에서 내려 곧바로 왔다. 그와 함께 앉아서 먼저 "만 리 바닷길을 어렵게 여기까지 오시니 감사하여 몸 둘 바를 모르겠다."라고 하니 대답하기를 "작년 7월 절강으로부터 배를 출발하여 요동에 이르니 요동 사람이 말하기를 '바닷길이 지나가는 곳에 돌섬과 암초가 많고 또한 장차 강개가 될 터이니 갈 필요가 없다.'고 하면서 간절히 만류하기에 그대로 요동에 머무르며 시랑 손광1)과 총병 양문 등에게 급보를 보내고 올해 3월 초에야 배를 출발하여 들어왔으니 어찌 힘든 일이 있었겠는가?"라고 하였다. 나는 차를 들기를 권한 뒤에 작은 술자리를 마련하였다. 마음이 매우 강개하였고 또한 적의 형세를 이야기하느라 밤이 깊어지는 줄도 몰랐다. 조용히 이야기하다가 헤어졌다.

1) 손광(孫鑛)의 자는 문융(文融), 생몰년은 1543~1613년이며, 절강(浙江) 소흥부(紹興府) 여요현(餘姚縣) 사람이다. 당시의 관직은 병부우시랑(兵部右侍郞)이고, 같은 해 5월경에 경략으로 임명되어 조선에 진주한 명군 관련 정책을 총괄하였다.127

18일(갑오) 맑았다. [장홍유에게] 수루 위로 나오라고 청하여 점심을 먹은 뒤에 나가서 앉아 술자리를 마련하고 수삼차 술을 돌렸다. 내년 봄에는 배를 이끌고 곧장 제주로 건너갈 일이 많으니 우리 수군과 함께 힘을 합하여 크게 떨쳐 추악한 무리들을 다 없애자고 아주 간절히 이야기하였다. 오후 8시경에 헤어졌다.

19일(을미) 맑았다. 아침에 [장홍유에게] 예단을 주니 "감사하기 그지없다."라고 하면서 준 물건이 아주 풍성하다고 하였다. 충청수사 [이순신(李純信)]도 줬고 늦게 우수사 [이억기]도 거의 내 예단과 동일하게 줬다. 점심을 먹은 뒤에 경상도 원 수사(원균)가 혼자 술 한 잔을 올렸지만 상은 매우 어지러운데 젓가락을 댈 만한 것이 하나도 없어서 매우 우스웠다. 자와 별호를 물었더니 글로 써주며 말하기를 "자는 중문(仲文), 호는 수천(秀川)이다."라고 하였다. 불을 밝히고 다시 논의하다가 헤어졌다. 비가 내릴 기미가 많기에 배에서 내려 숙박을 하였다.

20일(병신) 맑았다. 아침에 통역관이 와서 "명나라 장수 [장홍유]가 남원의 유 총병(유정)1)이 있는 곳으로 가지 않고 곧바로 돌아간다."라고 말을 전했다. 나는 명나라 장수에게 "처음에 파총이 남원에 가려고 하였으므로 간절한 마음을 이미 유 총병에게 알렸는데, 지금 그만두고 가지 않는다면 그 중간에서 반드시 사람들의 말이 있을 것이다. 바라건대 가서 만나보고 돌아가는 것이 좋을 듯하다."라고 간곡히 말을 전하니 파총이 듣고는 "과연 그러하다. 필마로 혼자 가서 서로 만나본 뒤에 바로 군산2)으로 가서 배를 타겠다."라고 하였다. 아침에 식사를 하고 파총이 내 배로 내려와서 조용히 이야기하였다. 이별주 7잔을 권한 뒤에 닻줄을 풀고 함께 포구 밖으로 나가서 두세 차례 굳은 뜻을 나누고 떠나보냈는데 마음이 의연하였다.3) 이어 [전라우수사] 경수(이억기)와 충청수사 [이순신(李純信)], 순천부사 [권준], 발포만호 [황정록], 사도첨사 [김완]과 함께 사인암에 올라 종일 술을 마시며 이야기하다가 돌아왔다.

1) 『선조실록』의 기사128에 의하면 총병 유정은 같은 해 7월 말까지 남원에 주둔해 있었다.
2) 군산은 서해 뱃길의 주요 거점으로서 『선조실록』의 기사129에 의하면 당시 명나라에서 가져온 군량의 운송 거점으로 활용되기도 하였다.
3) 『선조실록』의 기사130에 의하면 장홍유는 같은 해 선조를 만나 하직하고 10월경에 요동의 요양으로 돌아갔다.

21일(정유) 맑았다. 아침에 원수 [권율]에게 명나라 장수와 묻고 답한 내용을 공문으로 만들어 내보냈다. 늦게 마량첨사 [강응호], 소근포첨사 [박윤]이 와서 만났다. 발포만호 [황정록]이 복병하러 나가기 위하여 와서 보고하고 갔다. 저녁에 수루에 오르니 순천부사 [권준]이 와서 이야기하였다. 오후에 흥양의 군량선이 들어왔기에 색리, 배 주인의 발바닥에 장을 많이 때렸다. 저녁에 소비포권관 [이영남]이 만나러 와서 말하기를 "기한에 미치지 못하여 원 수사(원균)에게 장 30대를 맞았다."라고 하여 아주 놀라웠다. 우수사 [이억기]가 군량 20섬을 빌려 갔다.1)

1) 초고본에는 이 문장이 이날 일기의 아래쪽 여백에 작은 글씨로 추가로 적혀 있다.

22일(무술) 맑았다. 아침에 계본 초고를 수정하였다. 임치첨사 [홍견]과 목포만호 [전희광]이 와서 만났다. 늦게 사량만호 [이여념], 영등포만호 [조계종]이 와서 만났다. 오후에 충청수사 [이순신(李純信)], 순천부사 [권준], 충청우후, [소비포권관] 이영남이 함께 활을 쏘았다. 저물녘에 수루에 올라 밤이 될 때까지 앉아 있다가 돌아왔다.

23일(기해) 충청수사 [이순신(李純信)]과 우수사 [이억기], 가리포첨사 [이응표]가 와서 만나고 활을 쏘았다. 조카 해와 종 봉이 돌아가고 [종] 목년이 들어왔다.

24일(경자) 맑았다. 여러 가지 계본을 직접 봉하였다. 영의정 [유성룡]과 심 병판1), 윤 판2) 앞으로 보내는 것이었다.3) 저녁에 활 7순을 쏘았다.

1) 『선조실록』의 기사131에서 의하면 당시의 병조판서는 심충겸(沈忠謙)이다. 그의 자는 공직(公直), 본관은 청송(靑

松), 생몰년은 1545~1594년이다.**132**

2) 원문 '尹判'은 장예원 판결사 윤선각(尹先覺)으로 추정된다.

3) 임진왜란 당시 주요 현안들은 비변사체제 아래에서 처리되었으며 각 지방에서 조정으로 보내지는 계본과 같은 안건들 또한 비변사에서 다루었다.**133** 당시 영의정 유성룡, 병조판서 심충겸, 장예원 판결사 윤선각은 비변사에 소속되어 있었다.

25일(신축) 맑았다. 아침에 하천수¹⁾에게 계본을 줘서 내보냈다. 아침에 식사를 하고 충청수사 [이순신(李純信)], 순천부사 [권준] 등과 우수사 [이억기]에게 가서 활 10순을 쏘았다. 크게 취해서 돌아와 밤새도록 토하였다.

1) 원문 '河千守'는 '河千壽'의 오기이다.

26일(임인) 맑았다. 아침에 각 관포의 공문을 처결하여 보냈다. 식사를 한 뒤에 수루 위로 자리를 옮겼다. 순천부사 [권준]과 충청수사 [이순신(李純信)]이 와서 만났다. 늦게 녹도만호 [송여종]이 도망갔던 군사 8명을 붙잡아 왔기에 그중 우두머리 3명은 처형하고 그 나머지는 장을 때렸다. 저녁에 탐후선이 들어와서 아들 등의 편지를 보았더니 "어머니께서 평안하시고 면의 병도 나아진다."라고 하였으나 "허실¹⁾의 병세가 점차 심해진다."라고 하여 매우 걱정되었다. "유홍²⁾과 윤근수³⁾가 세상을 떠나고 윤돈이 종사관으로 내려온다."라고 하였다. 신천기도 들어왔다. 어두워질 무렵 신제운이 와서 만났다. 노윤발이 홍양의 색리, 감관⁴⁾을 붙잡아서 들어왔다.

1) 허씨 집에 출가한 여자라는 의미이다. 이순신의 누이의 둘째 딸이 허주(許宙)와 혼인하였으므로 허실은 이 조카딸을 가리키는 것 같다.

2) 원문 '兪泓'은 당시 우의정이었던 '兪泓'의 오기로서, 그의 자는 지숙(止叔), 본관은 기계(杞溪), 생몰년은 1524~1594년이다.**134**

3) 윤근수(尹根壽)의 자는 자고(子固), 호는 월정(月汀), 본관은 해평(海平), 생몰년은 1537~1616년이다.**135**

4) 조선시대 관청에서 특정 사무를 맡은 직책을 가리키는 말로서 감독관과 의미가 비슷하다. 군기(軍器), 봉수(烽燧), 대동(大同) 등 임무에 따라 여러 종류의 감관이 있었다. 2일 일기의 내용으로 미루어보아 노윤발이 색리와 감관을 잡아온 이유는 병선 및 군사 동원과 관련된 문제로 짐작된다.

27일(계묘) 흐리고 바람이 불었다. 간밤 꿈에 머리를 풀고 곡을 하였는데 이는 아주 길한 징조라고 한다. 이날 충청수사 [이순신(李純信)], 순천부사 [권준]과 수루 위에서 활을 쏘았다. 충청수사가 과하주¹⁾를 가지고 왔다. 나는 몸이 불편하였기 때문에 조금만 마셨는데도 편치 않았다.

1) 발효될 때 소주 등을 부어 만드는 혼양주의 일종으로 『고사촬요(攷事撮要)』 등에 그 제조법이 전한다.

28일(갑진) 맑았다. 흥양의 색리 등에게 벌을 주었다. 신제운이 주부의 관직[1]을 받아 갔다. 늦게 수루에 올라 사벽[2]을 바르는 것을 감독하였는데 의능이 와서 부역을 하였다. 저물녘에 방으로 돌아왔다.

1) 원문 '朝謝'는 공명고신첩으로 짐작된다(7월 4일 일기의 주해 참조).
2) 사벽(沙壁)은 흙 가공재로서 전통 건축재료 중의 하나이며 주로 벽 마감재로 사용되었다.[136]

29일(을사) 종일 가랑비가 내렸으나 바람은 불지 않았다. 순천부사 [권준], 충청수사 [이순신(李純信)]이 바둑을 겨루는 것을 구경하였다. 몸이 몹시 불편하였다. 낙안군수도 와서 함께 하였다. 이날 밤부터 아침까지 신음하였다.

1일(병오) 계속 비가 내리고 바람이 많이 불었다. 몸이 몹시 불편하여 수루의 방으로 자리를 옮겼다가 바로 관청의 방으로 돌아왔다. 저녁에 낙안의 대솔군관 강집을[1], 군량을 독촉할 일을 군율로써 공초[2]하도록 내보냈다. 비가 날이 저물도록 내리더니 밤새도록 내렸다.

1) 대개의 번역서들이 원문 '樂安帶率姜緝'을 '낙안군수가 강집을 데리고'로 번역하고 있다. 그러나 군량을 독촉할 때 주로 군관을 보냈던 점과 『임진장초』의 「옥포파왜병장(玉浦破倭兵狀)」(1592년 5월 10일), 「당포파왜병장(唐浦破倭兵狀)」(1592년 6월 14일)에 '帶率軍官'이라는 호칭이 보이는 점으로 보아 원문 중의 '帶率'은 '帶率軍官'의 준말로 판단된다.

2) 공초(供招)는 죄인이 범죄 사실을 진술하는 것을 말한다. 대개의 번역서들이 공초를 받은 사람을 강집으로 해석하고 있다. 그러나 『난중일기』의 내용을 살펴보면 군량 수급이 문제가 있을 경우 대개는 이를 담당했던 아전을 문책하였으므로, 강집은 공초를 받은 사람이 아니라 공초를 할 권한이 주어진 인물로 판단된다. 그래서 원문 '捧軍律供招'를 군율로써 공초할 권한을 받은 것으로 해석하였다.

2일(정미) 비가 퍼붓듯이 내렸다. 1일 밤 12시경에 꿈을 꾸었는데 부안 사람이[1] 아들을 낳아서 달수를 계산해보니 낳을 달이 아니기에 꿈에서도 내쫓았다. 몸이 편안해진 듯하였다. 느지막이 수루 위로 자리를 옮겨서 충청수사 [이순신(李純信)], 순천부사 [권준]과 마량첨사 [강응호]와 함께 이야기하며 새 술을 몇 잔 마시다가 헤어졌다. 비가 하루 종일 내렸다. 송희립이 와서 "흥양의 훈도도 소선을 타고 도망갔다."라고 보고하였다.

1) 11월 13일 일기에 윤련의 누이와 누이의 아이들에 대해 언급된 점과 정유일기 2(1597년) 10월 25일에 윤련이 부안에서 왔다는 기록이 보이는 점으로 미루어보아 윤련의 누이로 추측된다.

3일(무신) 아침에 흐리다가 저물녘에 맑아졌다. 충청수사 [이순신(李純信)], 순천부사 [권준]과 함께 활 3순을 쏘았다. 수루의 방을 도배하였다.

4일(기유) 아침에 비가 내리다가 늦게 맑아졌다. 충청수사 [이순신(李純信)]과 순천부사 [권준], 발포만호 [황정록] 등이 와서 활을 쏘았다. 수루 방의 도배를 마쳤다. 명나라 장수를 접대할 때 여인이 떡을 이고 온 일 때문에 경상수사 [원균]의 군관, 색리에게 벌을 주었다. 전장(화살을 만드는 장공인) 박옥이 와서 대나무를 가지고 갔다. 이종호가 안수지 등을 잡아오기 위하여 흥양으로 갔다.

5일(경술) 아침에 흐렸다. 식사를 한 뒤에 충청수사 [이순신(李純信)], 순천부사 [권준]과 함께 활을 쏘았다. 오후에 경상도 원 수사(원균)에게 갔더니 우수사 [이억기가 이미 먼저 와있었다. 한참 동안 서로 이야기하다가 돌아왔다. 이날 웅천현감 [이운룡], 소비포권관 [이영남], 영등포만호 [조계종]과 윤동구 등이 선봉 장수로서 여기에 왔다.

6일(신해) 아침에 맑다가 저물녘에 비가 내렸다. 충청수사 [이순신(李純信)]과 활 10순을 쏘았다. 저녁에 장흥부사 [배흥립]¹⁾이 들어왔고 보성군수 [안홍국]이 나갔다. 탐후선이 들어와서 "어머니께서 평안하시고 면도 점차 차도가 있다."라고 하였다. 고성현령 [조응도]와 사도첨사 [김완], 적량만호²⁾ [고여우]가 함께 왔다가 갔다. 이날 밤 그대로 수루의 방에서 숙박을 하였다. 보성군수가 돌아가고 장흥부사가 들어왔다.³⁾

1) 『장흥읍지』의 「읍선생안」에 의하면 배흥립은 갑오년(1594년) 7월에 장흥부사로 도임하였다.**137**
2) 원문은 '赤島(적도)'이지만 이와 부합하는 관직이 존재하지 않으므로 이와 유사한 지명인 '赤梁(적량)'의 오기로 판단된다.
3) 초고본에는 이 문장이 이날 일기의 위쪽 여백에 추가로 적혀있다.

7일(임자) 비가 하루 종일 내렸다.

8일(계축) 계속 비가 내렸다. 정 조방장¹⁾이 들어왔다.

1) 노산 이은상은 『이충무공전서』의 번역 시에 원문 '丁助防將'을 '정응운'으로 서술하였다. 아마도 이는 을미일기 (1595년) 2월 17일에 보이는 '丁助防將鷹運入來'라는 문장 때문인 듯하다. 그러나 『임진장초』와 『선조실록』의 기록**138**에 의하면 정걸은 1593년 11월경 충청수사의 관직에서 물러난 이후 최소한 1594년 9월경까지 한산도 진영에 머물러 있었으므로 갑오일기(1594년)에 나오는 정 조방장은 정걸로 생각된다.

9일(갑인) 계속 비가 내렸다. 우수사 [이억기]와 정 조방장(정걸), 충청수사 [이순신(李純信)], 순천부사 [권준], 사도첨사 [김완]과 함께 이야기하였다.

10일(을묘) 비가 하루 종일 내렸다. 충청수사 [이순신(李純信)]과 순천부사 [권준]이 와서 이야기하였다. 이날 계본 초고를 수정하였다.

11일(병진) 큰비가 하루 종일 내렸다. 이날 밤 광풍과 폭우가 일었다. 세 겹의 지붕이 날아가고 빗발이 삼대처럼 내렸다.¹⁾ 밤새도록 앉아서 날을 샜는데 두 창문이 모두 바람에 찢어지고 젖었다.

1) 원문 '捲屋三重 雨漏如麻'는 5월 5일 일기에서 사용된 표현이다.

12일(정사) 흐렸으나 비는 내리지 않았다. 늦게 충청수사 [이순신(李純信)]과 순천부사 [권준]과 함께 활을 쏘고 소비포권관 [이영남], 웅천현감 [이운룡]도 와서 활을 쏘았다. 아침에 원수 [권율]의 군관 심준이 여기에 왔는데 [가지고 온] 전령에 "만나서 약속을 의논하려고 하니 이달 17일에 사천으로 나가서 기다리겠다."라고 하였다.

13일(무오) 맑았다. 아침에 심준이 돌아가고 노윤발도 돌아갔다. 오전 10시경에 배로 내려가 여러 장수들을 이끌고 견내량으로 갔다. 별도로 날랜 장수를 정하여 춘원 등지로 보내서 적을 엿보다가 잡아서 무찌를 일을 사도첨사 [김완]에게 전령하여 여러 배를 보내도록 하고, 이어 정박하고 숙박을 하였다. 달빛은 비단결과 같고 바람은 파도를 일으키지 않았다. 해로 하여금 피리를 불게 하였는데 밤이 깊어서야 끝났다.

14일(기미) 아침에 흐리다가 저물녘에 비가 내렸다. 아침에 사도첨사 [김완]과 소비포권관 [이영남], 웅천현감 [이운룡] 등의 급보에 "왜선 1척이 춘원에 정박하였으므로 불의에 습격하였더니 왜놈들이 배를 버리고 달아나서 우리나라 남녀 15명을 빼앗아 돌아왔고 적선도 빼앗아 왔다."라고 하였다. 오후 2시경에 진으로 돌아왔다.

15일(경신) 맑았다. 식사를 한 뒤에 배를 출발하여 원 수사(원균)와 함께 월명포¹⁾에 이르러 숙박을 하였다.

1) 지금의 경남 통영시 산양읍 풍화리의 월명도 안쪽 바다에 있었다.¹³⁹

16일(신유) 맑았다. 새벽에 출발하여 소비포에 이르러 배를 정박하였다. 아침식사를 한 뒤에 돛을 펴고 사천선창에 이르니 [사천현감] 기직남과 곤양군수 [이광악]이 왔다. 그대로 숙박을 하였다.

17일(임술) 흐리고 저물녘에 비가 내렸다. 원수 [권율]이 12시경에 사천에 이르러 군관을 보내어 이야기하자고 청하기에 곤양군수 [이광악]의 말을 타고 원수가 머무르는 사천현감 [기직남]의 거처로 갔다. 교서에 숙배한 뒤에 공사례를 하고 이어 함께 이야기하였는데 오해가 풀리는 기색이 많았다. 원 수사(원균)를 몹시 견책하였는데 원 수사가 고개를 들지 못하여 우스웠다. 가지고 갔던 술을 마시자고 청하여 8순을 돌렸는데 원수가 몹시 취해서 헤어졌다. 헤어져 숙소로 돌아오니 박종남[1]과 윤담이 와서 만났다.

1) 박종남(朴宗男)의 자는 자윤(子胤), 본관은 밀양(密陽), 생몰년은 1549~1601년이며, 니탕개의 난에 참전하였고, 이순신과 함께 1576년 식년시에 급제하였다. 곤양군수 이광악과는 후일 사돈이 되는 관계이다.[140] 『선조실록』의 같은 해 10월 기사[141]에 의하면 당시 박종남은 권율 휘하에 있었다.

18일(계해) 흐렸으나 비는 내리지 않았다. 아침에 식사를 한 뒤에 원수 [권율]이 청하기에 가서 이야기하였다. 또한 작은 술자리를 차렸는데 크게 취해서 돌아왔다. 원 수사(원균)는 취해서 일어나지도 못하고 누워서 오지 않기에 나만 혼자 곤양군수 [이광악], 소비포권관 [이영남], 거제현령 [안위] 등과 배로 돌아와서 삼천포 앞에 이르러 숙박을 하였다.

19일(갑자) 맑다가 저물녘에 잠시 비가 내렸다. 새벽에 사량의 뒤쪽에 이르니 원 수사(원균)는 아직 오지 않았다. 칡 60동을 캐고 나니 원 수사가 비로소 왔다. 늦게 배를 출발하여 당포에 이르러 숙박을 하였다.

20일(을축) 맑았다. 새벽에 출발하여 진중에 이르렀다. 우수사 [이억기], 정 조방장(정걸)이 와서 만났는데 정 조방장은 곧바로 돌아갔다. 우수사와 장흥부사 [배흥립], 사도첨사 [김완], 가리포첨사 [이응표], 충청우후와 활을 쏘았다. 저녁에 피리를 불고 노래하다가 밤이 깊어서야 헤어졌는데 불편한 일이 많았다. 충청수사 [이순신(李純信)]이 그의 어머니의 병환이 심한 때문에 바로 홍양으로 돌아갔다.[1]

1) 초고본에는 이 문장이 이날 일기의 아래쪽 여백에 작은 글씨로 추가로 적혀 있다.

21일(병인) 맑았다. 외가의 제삿날이라 업무를 보지 않았다. 곤양군수 [이광악], 사도첨사 [김완], 마량첨사 [강응호], 남도포만호 [강응표], 영등포만호 [조계종], 회령포만호, 소비포권관 [이영남]이 함께 왔다. 양정언이 와서 만났다.[1]

1) 초고본에는 이 문장이 이날 일기의 아래쪽 여백에 작은 글씨로 추가로 적혀 있다.

22일(정묘) 맑았다. 제삿날[1]이라 업무를 보지 않았다. 경상우우후 [이의득]이 와서 만나고 낙안군수, 사도첨사 [김완]도 왔다가 갔다. 저녁에 곤양군수 [이광악], 거제현령 [안위], 소비포권관 [이영남], 영등포만호 [조계종]이 와서 이야기하다가 밤이 깊어서야 돌아갔다.

1) 성종 비 정현왕후(貞顯王后)의 제삿날이다.

23일(무진) 맑았다. 아침에 공문의 초고를 만들었다. 식사를 한 뒤에 활터 정자로 자리를 옮겨서 공문을 처결하여 보내고 이어 활을 쏘았는데 바람이 매우 험악하였다. 장흥부사 [배흥립], 녹도만호 [송여종]이 와서 함께 하였다. 저물녘에 곤양군수 [이광악]과 웅천현감 [이운룡], 영등포만호 [조계종], 거제현령 [안위], 소비포권관 [이영남]도 왔다가 오후 8시경에 헤어져 돌아갔다.

24일(기사) 맑았다. 각 고을에서 수군을 징발¹⁾할 일로 박언춘과 김륜, 신경황을 보냈다. 정 조방장(정걸)이 돌아갔다. 저물녘에 소비포권관 [이영남]이 와서 만났다.

1) 원문 '懲發'은 '徵發'의 오기이다.

25일(경오) 맑았다. 아침에 곤양군수 [이광악], 소비포권관 [이영남]을 불러와서 함께 아침식사를 하였다. 사도첨사 [김완]이 휴가를 받아서 돌아가므로 9월 7일에 돌아오도록 일러서 보냈다. 현덕린이 자기 집으로 돌아가고 신천기도 납속¹⁾ 때문에 돌아갔다. 늦게 홍양현감 [황세득]²⁾이 돌아왔다. 활터 정자로 내려가서 활 6순을 쏘았다. "정원명³⁾이 들어왔다."라고 하였다.

1) 국가의 부족한 재정을 보전하기 위해 백성들에게 포상을 조건으로 재화를 마련하는 정책이다. 임진왜란 시기에는 주로 공명첩이나 곡식의 자진 납부 등을 통하여 군량 등을 마련하였다.
2) 『흥양지』의 「관안」과 『장흥읍지』의 「읍선생안」에 의하면 당시의 흥양현감은 황세득으로 판단된다.¹⁴²
3) 원문 '鄭元明'은 '鄭元溟'의 오기이다.

26일(신미) 맑았다. 아침에 각 관포의 공문을 처결하여 보냈다. 장흥의 군사 30명을 몰래 자기 배에 싣고 도망친 죄로 흥양의 포작 막동이라는 자를 처형하여 효시하였다. 늦게 활터 정자에 앉아서 활을 쏘았다. 충청우후도 와서 함께 활을 쏘았다.

27일(임신) 맑았다. 우수사 [이억기]와 가리포첨사 [이응표], 장흥부사 [배흥립], 임치첨사 [홍견], 우후 [이몽구]와 충청우후가 와서 활을 쏘고 흥양현감 [황세득]이 술을 가져왔다. 아침에 울의 편지를 보았더니 "부인의 병이 심하다."라고 하기에 회를 내보냈다.

28일(계유) 밤 2시경부터 가랑비가 내리고 바람이 많이 불었다. 비는 아침 6시경에 갰으나 바람은 종일토록 많이 불었고 밤에도 그치지 않다. 회가 잘 갔는지 몰라서 아주 걱정되었다. 진도군수 [김만수]가 와서 만났다. 원수 [권율]의 장계로 인하여 추고하는 글이 내려왔는데 급히 올린 장계에 잘못된 내용이 많았던 것이다.[1] 진도군수가 왔다.[2]

1) 초고본에는 이 문장이 이날 일기의 아래쪽 여백에 작은 글씨로 추가로 적혀 있다.

2) 초고본에는 이 문장이 이날 일기의 위쪽 여백에 작은 글씨로 추가로 적혀 있다.

29일(갑술) 맑았으나 북풍이 많이 불었다. 아침에 마량첨사 [강응호], 소비포권관 [이영남]이 와서 함께 식사를 하였다. 늦게 활터 정자로 자리를 옮겨 공문을 처결하여 보냈다. 도양[1]의 목자[2] 박돌이에게 벌을 주었다. 도적 3명 중 장손에게 장 100대를 때리고 도(盜)자를 새겨 넣었다[3]. 해남현감 [현즙]이 들어왔다. 의병장 성응지가 세상을 떠나서 매우 슬펐다. 해남현감이 들어왔다.[4]

1) 지금의 전남 고흥군 도양읍 일대에 위치했던 목장이다.[143] 『임진장초』의 「청개차흥양목관장(請改差興陽牧官狀)」 (1594년 1월 10일)에 의하면 당시 둔전이 경작되고 있었다.

2) 소나 말을 육성하는 일에 종사하던 계층으로서 노비, 향리, 양인 등으로 이루어져 있었다.[144]

3) 원문 '束京盜字' 중의 '束京'는 '刺字'라는 의미를 가진 '黥'을 오기한 글자로 생각된다. 『경국대전』의 「형전」-「장도(贓盜)」에 의하면 강도는 법률에 의해 논죄한 뒤에 '强盜'라는 두 글자를 몸에 새겨 넣도록 규정되어 있었다. '黥'이 '얼굴에 죄명을 새겨 넣는다'는 의미가 있기 때문에 일기의 문장을 '얼굴에 도(盜)자를 새겨 넣었다'로 번역하는 경우가 많다. 그러나 『실록』의 기사[145]를 살펴보면 얼굴이 아닌 몸의 다른 곳에 죄명을 새기는 경우에도 '黥左臂'와 같이 '黥'으로 표기하기도 하였으며, 얼굴에 죄명을 새기는 경우에는 주로 '黥面'으로 표기하였다. 또한 얼굴에 죄명을 새겨 넣는 방식은 그 잔인성 때문에 실제로는 거의 시행되지 않았으므로[146] 일기의 처벌은 얼굴이 아닌 다른 곳에 죄명을 새겨 넣은 것으로 생각된다.

4) 초고본에는 이 문장이 이날 일기의 위쪽 여백에 작은 글씨로 추가로 적혀 있다.

30일(을해) 맑고 바람도 없었다. 아침에 해남현감 현즙이 와서 만났다. 늦게 우수사 [이억기]와 장흥부사 [배흥립]이 와서 만났다. 저물녘에 충청우후, 웅천현감 [이운룡], 거제현령 [안위], 소비포권관 [이영남]이 함께 와서 만나고 허정은도 왔다. 이날 아침 탐후선이 들어와서 "부인의 병세가 아주 심하다."라고 하였다. 이미 생사가 결정되었는지도 모르겠다. 나랏일이 여기까지 이르렀으니 다른 일을 생각할 수는 없겠지만 아들 셋과 딸 하나가 어떻게 살아갈지 매우 걱정스럽다. 김양간이 서울로부터 영의정 [유성룡]의 편지와 심충겸의 편지를 가지고 여기에 왔는데 분개하는 뜻이 많았다. 원 수사(원균)의 일은 아주 놀라웠다. "내가 머뭇거리면서 앞으로 나아가지 않는다."라고 한 것은 천 년을 한탄할 일이다. 곤양군수 [이광악]

이 병 때문에 돌아갔는데 만나지 못하고 보내어 더욱더 아쉬웠다. 밤 10시경부터 마음이 어지러워서 잠을 이루지 못하였다.

9월

1일(병자) 맑았다. 앉았다 누웠다 하면서 잠을 이루지 못하여 불을 밝히고 뒤척였다. 이른 아침에 손을 씻고 조용히 앉아서 부인의 병세를 점쳐보니 '승려가 환속하는 것 같다'는 괘를 얻었다. 다시 쳤더니 '의심하다가 기쁨을 얻는 것 같다'는 괘를 얻었다. 아주 길하였다. 또한 병세가 나아졌다는 소식이 올 것인지의 여부를 점쳐보니 '귀양을 가서 친척을 만난 것 같다'는 괘를 얻었다. 이 또한 오늘 안으로 좋은 소식을 들을 징조였다. 순무어사 서성의 공문과 계본 초고가 들어왔다.[1]

1) 초고본에는 이 문장이 이날 일기의 아래쪽 여백에 작은 글씨로 추가로 적혀 있다.

2일(정축) 맑았다. 아침에 웅천현감 [이운룡], 소비포권관 [이영남]이 와서 함께 아침식사를 하였다. 늦게 낙안군수가 와서 만났다. 저녁에 탐후선이 들어와서 "부인의 병이 나아졌다."라고 하였지만 기운이 아주 허약하다고 하여 매우 걱정스러웠다.

3일(무인) 가랑비가 내렸다. 새벽에 비밀 유지가 들어왔는데 "수륙의 여러 장수들이 팔짱을 끼고 서로 바라보기만 하면서 하나의 계책이라도 세워 토벌하러 나아가지 않는다."라고 하였다. 3년을 바다 위에 있으면서 그럴 리가 만무하다. 여러 장수들과 맹세하여 죽기를 각오하고 복수할 뜻으로 하루 또 하루를 보내고 있지만 적이 험한 소굴에 의거하고 있기 때문에 경솔히 나아갈 수 없는 것이다. 하물며 "나를 알고 적을 알면 백 번 싸워도 위태롭지 않다."라고 하지 않던가! 종일 바람이 많이 불었다. 막 어두워질 무렵 불을 밝히고 홀로 앉아서 스스로 생각해보니 나랏일이 어지러워서 안에서 구제할 대책이 없으니 어찌할 것인가? 밤 10시경에 흥양현감 [황세득]이 내가 홀로 앉아 있는 것을 알고는 들어와서 밤 12시경까지 이야기하다가 헤어졌다.

4일(기묘) 맑았다. 아침에 흥양현감 [황세득]이 와서 만났다. 식사를 한 뒤에 소비포권관 [이영남]도 왔다. 늦게 원 수사(원균)가 와서 이야기하자고 요청하기에 활터 정자로 내려가 앉아 활을 쏘았는데 원이 9분을 지고는 술이 취해서 갔다. 밤이 깊도록 피리를 불다가 헤어졌는데 또 불편한 일이 있어서 매우 우스웠다. 여도만호 [김인영]이 들어왔다.

5일(경진) 맑았다. 닭이 운 뒤에 머리를 손질하였지만 가지런히 하기 어려워서 사람을 시켜 손질하였다.[1] 바람이 순탄하지 못하기에 나가지 않았다. 충청수사 [이순신(李純信)]이 들어 왔다.

1) 원문 '搔髮難支使人搔之'를 '머리를 긁어도 견디기 어려워서 사람을 시켜 긁었다'로 번역하는 경우가 많다. 그러나 머리를 긁는 것은 굳이 다른 사람을 시킬 필요가 없으므로 원문 중의 '搔'를 '손질하다'라로 해석하여 위와 같이 번역하였다. 문맥상의 의미로 보아 머리를 빗거나 상투를 다시 튼 것으로 짐작된다.

6일(신사) 맑고 바람도 잦았다. 아침에 충청수사 [이순신(李純信)]과 우후, 마량첨사 [강응호] 와 함께 아침식사를 하였다. 늦게 활터 정자로 자리를 옮겨서 활을 쏘았다. 이날 저녁 종 효대, 개남이 어머니께서 평안하시다는 편지를 가지고 와서 기쁘기 그지없었다. "방필순이 세상을 떠나고 방익순이 그 가족들을 이끌고 들어왔다."라는 소식을 들었다. 우스웠다. 밤 10시경에 복춘이 왔다. 저물녘에 "김경로가 우도에 이르렀다."라는 소식을 들었다.

7일(임오) 맑았다. 아침에 순천부사 [권준]의 편지가 왔는데 "순찰사[1]가 10일경에 본부(순천부) 로 온다."라고 하였고 "좌의정 [윤두수]도 온다."라고 하였다. 매우 불행한 일이다. 순천부사 가 "진에 있을 때 거제로 [사람들을] 사냥을 보냈는데 남김없이 포로가 되었다."라고 하였 다.[2] 그러나 그 정황을 보고하지 않았으니 아주 놀라웠다. 그래서 편지를 쓸 때 거론하여 보냈다.

1) 『선조실록』의 기사[147]에 의하면 당시의 전라순찰사는 홍세공(洪世恭)이다. 그의 자는 중안(仲安), 호는 봉계(鳳 溪), 본관은 남양(南陽), 생몰년은 1541~1598년이다.[148]
2) 『선조실록』의 기사[149]에 의하면 이전에 권준이 사냥을 보냈던 사수들이 거제에서 왜적에게 죽은 사건이 있었 는데 이는 같은 해 10월 조정이 권준을 논죄하게 되는 원인의 하나가 되었다.

8일(계미) 맑았다. 장흥부사 [배흥립]이 헌관이 되고 흥양현감 [황세득]이 전사가 되어 9일의 둑제를 위하여 재계를 시작하였다.[1] 김 첨지(김경로)가 여기에 왔다.

1) 헌관(獻官)은 제사를 지낼 때 제관을 대표하여 잔을 올리는 역할을 담당하며 전사관(典祀官)은 제사 관련 제반 업무를 관장한다.[150] 24절기의 하나인 상강이기 때문에 둑제를 지낸 것으로 생각된다.

9일(갑신) 맑았다. 저물녘에 비가 내리다 그쳤다. 여러 장수들이 활을 쏘았다. 삼도의 [장수 들이] 함께 모였지만 원 수사(원균)는 병 때문에 오지 않았다. 김 첨지(김경로)가 함께 활을

쏘다가 돌아갔는데 경상도 [장수들의 진영에서] 숙박을 하였다.[1] 사도첨사 [김완]이 왔다.[2]

1) 초고본에는 이 문장이 이날 일기의 아래쪽 여백에 작은 글씨로 추가로 적혀 있다.

2) 초고본에는 이 문장이 이날 일기의 위쪽 여백에 작은 글씨로 추가로 적혀 있다.

10일(을유) 맑고 바람도 고요하였다. 사도첨사 [김완]이 활 쏘는 자리를 마련하였으며 우수사 [이억기]도 모였다. 김경로[1]가 창신도로 돌아갔다.

1) 원문은 '金敬叔(김경숙)'이지만 8일과 9일 일기에 나오는 '金敬老(김경로)'의 오기로 판단된다. 김경로의 이름 경로(敬老)와 자 성숙(惺叔)을 혼동하여 기록한 것 같다.

11일(병술) 맑았다. 일찍 수루 위로 나가서 남평의 색리와 순천의 격군으로서 세 차례 식량을 훔친 사람을 처형하였다. 각 관포의 공문을 처결하여 보냈다. 늦게 충청수사 [이순신(李純信)]이 와서 만났다. 소비포권관 [이영남]이 달빛을 타고 자기 진포로 돌아갔는데 그것은 원수사(원균)가 그를 매우 모해하려고 하기 때문이었다.

12일(정해) 맑았다. 일찍 김암이 방으로 왔다. 정 조방장의 종이 돌아가는 [편에] 답장을 써서 보냈다. 늦게 우수사 [이억기], 충청수사 [이순신(李純信)]이 함께 왔고 장흥부사 [배흥립]이 술을 가져와서 같이 이야기하다가 몹시 취해서 헤어졌다.

13일(무자) 맑고 따뜻하였다. 어제의 술기운이 아직 남아 있어서 방 밖으로 나가지 않았다. 아침에 충청우후가 와서 만났다. 또한 조도어사[1] 윤경립[2]의 계본 초고 2통을 보았더니 1통은 진도군수 [김만수][3]의 파직을 청하는 것이고, 1통은 수군과 육군의 [징발이 서로] 침해하지 않도록 하는 일과 [고을] 수령을 전쟁터로 보내지 않도록 하는 것으로서 그 의미는 자못 고식적이었다. 저녁에 하천수가 계문의 회신과 홍패 97장을 가지고 왔다. 영의정 [유성룡]의 편지도 가지고 왔다.

1) 『선조실록』의 기사[151]에 의하면 당시 윤경립의 관직은 독운어사(督運御史)이다.

2) 윤경립(尹敬立)의 자는 존중(存中), 본관은 파평(坡平), 생몰년은 1561~1611년이다.[152]

3) 『진도군읍지』의 「선생안」에 의하면 진도군수 김만수는 같은 달 6일에 파직되었다.

14일(기축) 맑았다. 흥양현감 [황세득]이 술을 가져왔다. 우수사 [이억기], 충청수사 [이순신(李純信)]이 함께 활을 쏘았다. 방답첨사가 공사례를 하였다.[1]

1) 공사례를 한 점으로 보아 방답첨사가 새로 도임한 것으로 짐작된다. 당시의 방답첨사는 관련 기록을 찾기 어려

워 누구인지 알 수 없으며 을미일기(1595년) 3월 9일에 나오는 장린 이전까지 방답첨사를 지낸 것으로 보인다.

15일(경인) 맑았다. 일찍 충청수사 [이순신(李純信)]과 여러 장수들과 함께 망궐례를 하였다. 우수사 [이억기]가 약속을 하였지만 병을 핑계 대고 [오지 않아서] 한탄스러웠다. 새로 급제한 사람들에게 홍패를 나누어 주었다. 남원의 도병방, 향소 등을 가두었다. 충청우후가 본도(충청도)로 나가고 종 경이 들어왔다.

16일(신묘) 맑았다. 충청수사 [이순신(李純信)]과 순천부사 [권준]과 함께 이야기하였다. 이날 밤 꿈에 아이를 보았는데 경의 어미가 아들을 낳을 징조였다. 순천부사가 왔다.[1]

1) 초고본에는 이 문장이 이날 일기의 위쪽 여백에 작은 글씨로 추가로 적혀 있다.

17일(임진) 맑고 따뜻하였다. 충청수사 [이순신(李純信)], 순천부사 [권준], 사도첨사 [김완]이 와서 활을 쏘았다. 우후 이몽구가 국둔전[1]의 타작 때문에 나갔다. [종] 효대 등이 나갔다.

1) 『경국대전』의 「호전」-「제전(諸田)」에 의하면 해당 고을 경내에 있는 진수군(鎭戍軍)으로 하여금 경작하여 군량을 충당하는 토지를 가리킨다.

18일(계사) 맑고 무척 따뜻하였다. 충청수사 [이순신(李純信)]과 흥양현감 [황세득]과 함께 종일 활을 쏘다가 헤어졌다. 저물녘에 비가 내리더니 밤새도록 내렸다. 이수원과 담화가 들어왔다. 복춘이 들어왔다. 이날 밤 뒤척이며 잠을 이루지 못하였다.

19일(갑오) 비가 하루 종일 내렸다. 흥양현감 [황세득], 순천부사 [권준]이 와서 이야기하였고 해남현감 [현즙]도 왔다가 바로 돌아갔다. 흥양현감, 순천부사는 밤이 깊어서야 돌아갔다.

20일(을미) 새벽에 바람이 그치지 않았고 비가 잠시 일었다. 혼자 앉아서 간밤의 꿈을 기억해보니 바다 가운데의 외딴섬이 달려와 눈앞에 멈추어 섰는데 그 소리가 우레와 같아서 사방이 놀라 달아났으나 나만 홀로 서서 그 시작과 끝을 지켜보았다. 아주 흔연하였다. 이 징조는 바로 왜놈들이 화친을 구걸하다가 스스로 망할 상이다. 또한 나는 준마를 타고 천천히 갔는데 임금의 명을 받들 징조였다. 충청수사 [이순신(李純信)], 흥양현감 [황세득]이 왔다. 거제현령 [안위]도 와서 만나고 바로 돌아갔다. 체찰사[1]의 공문 중에 "수군은 군량을 계속 조달하라."[2]라고 하였고 "잡아 가둔 친척과 이웃은 풀어주라."[3]라고 하였다.

1) 『선조실록』의 기사[153]에 의하면 같은 해 8월경 좌의정 윤두수가 도체찰사를 겸하였다.

2) 『선조실록』의 같은 달 기사[154]에는 윤두수가 후일 장문포해전으로 불리게 될 전투를 위한 준비와 방안을 조정에 보고한 내용이 실려 있다. 일기에서 언급된 군량 조달은 이와 관련된 사안으로 짐작된다.

3) 도망간 군사들을 대신하여 그 친족이나 이웃으로부터 징발한 사람들을 놓아주라는 의미이다(계사일기-1593년 5월 28일의 주해 참조).

21일(병신) 맑았다. 아침에 활터 정자로 나가서 공문을 처결하여 나누어 보냈다. 늦게 활을 쏘았다. 장흥부사 [배흥립], 순천부사 [권준], 충청수사 [이순신(李純信)]과 종일 이야기하였다. 저물녘에 여러 장수들이 초월[1]을 하고 또한 군사들로 하여금 서로 씨름을 겨루도록 하였는데 밤이 깊어서야 끝났다.

1) 노산 이은상은 『이충무공전서』의 번역 시에 원문 '超越'을 '뛰어넘기'로 번역하였지만 명확한 의미는 불분명하다. 『선조수정실록』의 같은 해 2월 기사[155]에 의하면 그해에 훈련도감이 설치되고 군대를 모집할 때 시행된 시험 중에 1길(丈) 담장을 뛰어넘는(超越) 시험이 있었는데 시기상으로 보아 이와 관련이 있을 것 같다.

22일(정유) 아침에 활터 정자에 앉아 있으니 우수사 [이억기]와 장흥부사 [배흥립]도 왔다. 경상우후 [이의득]도 와서 명령을 듣고 갔다. 원수 [권율]의 밀서가 여기에 왔는데 "27일[1]에 군사를 움직이기로 정했다."라고 하였다.

1) 원문 '念七' 중의 '念'은 숫자 20이라는 의미가 있으며 『실록』에서도 그 용례를 쉽게 찾아볼 수 있다.

23일(무술) 맑았으나 바람이 사나웠다. 일찍 활터 정자에 나가서 공문을 처결하여 나누어 보냈다. 원 수사(원균)가 와서 군사 전략을 의논하고 갔다. 낙안 본영의 군사 51명[1], 방답의 수군 45명을 점검하였다. 고성의 백성들이 등장[2]을 올렸다. 진주의 강운에게 벌을 주었다. 보성군수 [안홍국]이 데리고 온 소관 황천석을 엄히 추문하였다. 광주에 가둔 창평현의 색리 김의동을 처형할 일로 전령을 내보냈다. 저녁에 충청수사 [이순신(李純信)]과 마량첨사 [강응호]가 와서 만났는데 밤이 깊어서야 돌아갔다. 오후 8시가 지나 복춘이 와서 사적인 이야기를 하다가 닭이 운 뒤에야 돌아갔다.

1) 원문 '樂安軍士營五十一名'을 '樂安本營軍士五十一名'의 의미로 해석하였다.

2) 백성들이 각종 민원을 문서로써 국가에 요구 또는 청원하는 행위를 정소(呈訴)라고 하며 정소를 2인 이상이 연명으로 하는 문서 양식을 등장(等狀)이라고 한다.[156]

24일(기해) 맑고 종일 바람이 많이 불었다. 아침에 대청에 앉아서 업무를 보았다. 아침식사는 충청수사 [이순신(李純信)]과 함께 먹었다. 이날 호의[1]를 나누어 주었는데 [전라]좌도는 황의 9벌, [전라]우도는 홍의 10벌, 경상[우도]는 흑의 4벌이었다.

1) 호의(號衣)는 답호(褡護), 전복(戰服), 더그레 등으로도 불렸다. 이들은 형태가 서로 유사할 뿐만 아니라 착용 범위도 다양하고 또한 관련 자료도 부족하여 학자들 간에 이견이 많다. 현재 새로운 유물들이 계속 발굴되고 있으며 이에 관한 연구도 진행 중에 있다.[157]

25일(경자) 맑았다. 바람이 조금 그쳤다. 김 첨지(김경로)가 군사 70명을 이끌고 들어왔고 저녁에 박 첨지(박종남)가 군사 600명을 이끌고 들어왔다.[1] 조붕도 와서 함께 숙박을 하면서 밤에 이야기하였다.

1) 김경로와 박종남의 이름은 10월 9일 일기에서 확인할 수 있다.

26일(신축) 맑았다. 새벽에 곽재우,[1] 김덕령 등이 견내량에 왔기에 박춘양을 보내어 건너온 [이유를] 물어보고 오게 하였더니 "수군과 힘을 합하도록 원수 [권율]이 전령하였다."라고 하였다.

1) 곽재우(郭再祐)의 자는 계수(季綏), 호는 망우당(忘憂堂), 시호는 충익(忠翼), 본관은 현풍(玄風), 생몰년은 1552~1617년이며, 임진왜란이 발발하자 의병을 일으켜 경상우도 지역을 중심으로 활약하면서 적의 진출을 차단하였다. 제1차 진주성전투 때는 외부에서 병력을 지원하여 일익을 담당했으며 정유재란 때는 화왕산성을 거점으로 활동하였다.[158]

27일(임인) 아침에 맑다가 저물녘에 잠시 비가 내렸다. 늦은 아침에 배를 출발하여 포구를 나가니 여러 배들도 한꺼번에 출발하였다. 적도 앞바다에 머무르니 곽 첨지(곽재우), 김 충용(김덕령),[1] 한 별장,[2] 주몽룡[3]이 함께 왔다.[4] 약속을 한 뒤에 원하는 곳으로 나누어 보냈다. 저녁에 선 병사(선거이)가 배로 왔기에 본영의 배를 타도록 하였다. 늦게 체찰사 [윤두수]의 군관 이천문, 임득의, 이홍사, 이충길, 강중룡, 최여해, 한덕비, 이안겸, 박진남 등이 왔다. 밤에 잠시 비가 내렸다.

1) 『선조실록』의 기사[159]에 의하면 조선 조정은 김덕령의 군대에게는 충용군(忠勇軍), 김덕령에게는 충용장(忠勇將)이라는 호칭을 주었다.
2) 한 별장의 이름 한명련(韓明璉)은 10월 9일 일기에서 확인할 수 있다. 그의 본관은 청주(淸州), 생몰년은 미상~1624년이다.[160] 인조 때 이괄과 함께 반란을 기도했다는 혐의로 체포되었다가 이괄에 의해 구출되어 반란군에 가담하였지만 이후 부하 장수의 배반으로 살해당하였다.
3) 주몽룡(朱夢龍)의 자는 이견(而見), 본관은 웅천(熊川), 생몰년은 1561~1633년이며, 김면, 곽재우 등과 함께 의병으로 활동하였다.[161]
4) 『선조실록』의 같은 해 10월 기사[162]에 이날 동원된 장수들의 이름이 상세히 기록되어 있다.

28일(계묘) 흐렸다. 새벽에 불을 밝히고 혼자 앉아서 적을 토벌하는 것이 길할지를 점쳐보니 첫 점은 '활이 화살을 얻은 것과 같다'였으며 다시 점쳐보니 '산이 움직이지 않는 것과 같다'였다. 바람이 순탄하지 못하여 흉도 안쪽 바다에 진을 치고 숙박을 하였다.

29일(갑진) 맑았다. 배를 출발하여 장문포 앞바다로 돌진해 들어갔으나 적의 무리는 험한 곳에 웅거하고는 나오지 않았다. 누각을 높이 세우고 두 봉우리[1]에 보루를 쌓고는 조금도 나와서 항전하지 않았다. 선봉의 적선 2척을 공격하니 육지로 내려 달아나서 빈 배만 쳐부수고 불태웠다. 칠천량에서 밤을 보냈다.

---

1) 지금의 경남 거제시 장목면 장목리의 장목만 입구 쪽으로 돌출된 두 개의 산을 가리킨다. 현재 이곳에는 석축 등의 구조물이 남아 있으며 각각 장문포왜성(長門浦倭城)과 송진포왜성(松眞浦倭城)으로 불린다.

1일(을사) 새벽에 출발하여 장문포에 이르렀다. 경상우수사 [원균], 전라우수사 [이억기]는 장문포 앞바다에 머무르고 나는 충청수사 [이순신(李純信)]과 선봉의 여러 장수들과 함께 곧장 영등포로 들어갔는데 흉악한 적들이 물가에 배를 대어 놓고는 하나도 나와서 항전하지 않았다. 날이 저물 녘에 장문포 앞바다로 돌아왔는데 사도 2호선이 육지에 배를 대려고 할 때 적의 소선이 곧장 들어와 불을 던졌다. 불은 일어나지 않고 꺼졌지만 아주 분통하였다.[1] 우수사의 군관과 경상수사의 군관은 그 실책을 조금만 따졌지만 사도의 군관은 그 벌을 무겁게 주었다. 밤 10시경에 칠천량으로 돌아와서 밤을 보냈다.

1) 『선조실록』의 기사[163]에 의하면 이날 사도의 선박 등이 적의 공격을 받아서 피해를 입었다.

2일(병오) 맑았다. 선봉의 배 30척만 가서 장문포의 적의 형세를 보고 오도록 하였다.

3일(정미) 맑았다. 직접 여러 장수들을 이끌고 일찍 장문포로 가서 종일 싸우려고 하였으나 적의 무리가 두려워하여 나와서 항전하지 않았다. 날이 저물 녘에 칠천량으로 돌아와서 밤을 보냈다.

4일(무신) 맑았다. 곽재우, 김덕령 등과 군사 수백 명을 뽑아서 육지로 내려 산에 오르기로 약속을 하고, 선봉을 먼저 장문포로 보내어 그들로 하여금 들어갔다 나왔다 하면서 싸움을 걸도록 하였다. 이후에 중군을 이끌고 진격하여 바다와 육지에서 서로 호응하니 적의 무리가 허둥지둥 기세를 잃고 동서로 갈팡질팡하였다[1]. 육군은 한 무리의 적[2]이 검을 휘두르는 것을 보고는 곧바로 배로 내려왔다. 날이 저물 녘에 칠천량으로 돌아와서 진을 쳤다. 선전관 이계명이 표신과 선유교서[3]를 가지고 왔고 초피[4]도 내려왔다[5].

1) 원문 '奔走'의 용례를 『선조실록』에서 찾아보면 '바쁘다', '갈팡질팡하다' 등의 의미이다.

2) 원문 '一賊'을 '한 명의 적'으로 해석하는 경우가 많다. 그러나 수백 명의 군사들이 적군 단 한 명이 검을 휘두르는 것을 보고 곧바로 돌아왔다는 것은 논리상으로 상당히 부자연스럽다. 『선조실록』의 기사[164]에 의하면 같은 달 3일 아군 백여 명이 상륙하여 위세를 보일 때 왜군의 기병과 보병 도합 50여 명이 산을 넘어 돌진해온 사건이 있었다. 날짜는 일기와 하루의 차이가 있지만 그 내용은 일기에서 언급된 사건을 말하는 것으로 생각된다. 따라서 원문을 '한 무리의 적'으로 해석하였다.

3) 『선조실록』의 기사[165]에 의하면 선조는 선전관 이계명을 보내어 수군을 위로하는 교서를 내리면서 면포와 소금도 지급하였다.

4) 원문 '犭召皮'는 '貂皮'의 오기로서 담비 가죽을 말한다. 『선조실록』의 기사[166]에 의하면 선조는 수륙의 여러 장수들을 위로할 목적으로 담비 가죽(貂皮)으로 만든 방한구인 이엄(耳掩)을 이계명이 내려가는 편에 함께 보냈다. 담비 가죽은 공물로도 취급되는 귀한 물품으로서[167] 『경국대전』의 「예전」·「의장(儀章)」은 당상관 이상의 관리가 사용하는 이엄을 담비 가죽으로 만들도록 규정하고 있다.

5) 원문 '內賜'는 왕이 신하에게 물건을 내려주는 것을 의미한다.

5일(기유) 머물면서 계본 초고를 썼다. 종일 바람이 많이 불었다.

6일(경술) 맑았다. 일찍 선봉으로 하여금 장문포의 적 소굴로 보냈더니 왜인이 패문을 땅에 꽂아 놓았는데 그 글에는 "일본은 명나라와 장차 화친할 것이니 서로 싸우는 것은 불가하다."라고 하였다. 왜놈 1명이 칠천량 산기슭으로 와서 투항하려고 했기에 곤양군수 [이광악]이 투항한 [왜군]을 불러서 배에 싣고 물어보니 바로 영등포의 왜군이었다.[1] 진을 흉도로 옮겼다.[2]

1) 『선조실록』의 기사[168]에서도 왜군 1명이 곤양군수 이광악에게 투항한 사실이 확인된다.

2) 초고본에는 이 문장이 이날 일기의 아래쪽 여백에 작은 글씨로 추가로 적혀 있다.

7일(신해) 맑고 따뜻하였다. 선 병사(선거이), 곽재우, 김덕령 등이 나갔다. 그대로 머물러 출발하지 않았다. 띠풀 183동을 베었다.

8일(임자) 맑고 바람도 없었다. 일찍 배를 출발하여 장문포의 적 소굴에 이르렀는데 [적은] 여전히 나오지 않았다. 군세를 과시한 뒤에 흉도로 돌아왔다가 이어 배를 출발하여 모두 한산도에 이르니 벌써 밤 12시경이었다. 흉도에서 띠풀 260동을 베었다.[1]

1) 초고본에는 이 문장이 이날 일기의 아래쪽 여백에 작은 글씨로 추가로 적혀 있다.

9일(계축) 맑았다. 아침에 정자로 내려오니 첨지 김경로, 첨지 박종남, 조방장 김응함[1], 조방장 한명련[2], 진주목사 배설[3], 김해부사 백사림[4]이 함께 와서 돌아간다고 하였다. 김과 박은 종일 활을 쏘았다. 박자윤(박종남)은 청방(廳房)에서 잤는데 춘복이 함께 잤고 김성숙(김경로)은 배로 내려가서 잤다. 남해현령 [기효근], 진주목사, 김해부사, 하동현감[5], 사천현감 [기직남], 고성현령 [조응도]가 돌아갔다.[6] 순천부사 [권준]이 돌아갔다.[7]

1) 원문 '金應誠'은 '金應緘'의 오기이다.[169] 그의 자는 여삼(汝三), 본관은 안동(安東), 생몰년은 1554년~미상이며,

명량해전, 노량해전 등에 참전하였다.[170]

2) 원문 '韓命連'은 '韓明璉'의 오기이다.

3) 배설(裵楔)의 자는 중한(仲閑), 본관은 성주(星州), 생몰년은 1552~1599이다.[171] 금오산성(金烏山城)을 중수하였고, 칠천량해전 등에 참전하였으며, 명량해전 직전에 겁을 먹고 도망쳤다가 후일 붙잡혀서 처형되었다.

4) 『선조실록』과 『김해읍지』의 「환적」의 기록[172]에서도 당시의 김해부사가 백사림(白士霖)임을 확인할 수 있다. 그는 1592년 용인전투에서 전사한 백광언의 동생으로서, 임진왜란 초기에 전공을 세웠지만, 1597년 8월 황석산성 전투 때 가족과 함께 도망쳐버려서 왜군이 산성을 함락하게 만드는 주요 원인을 제공하였다.[173]

5) 『하동지속수』의 「임관」에 의하면 하동현감은 1594년에 성천유에서 최기준(崔琦準)으로 교체되었다. 일기에서 언급된 하동현감은 이 두 사람 중 한 명으로 판단된다.

6) 초고본에는 이 문장이 이날 일기의 아래쪽 여백에 작은 글씨로 추가로 적혀 있다.

7) 초고본에는 이 문장이 이날 일기의 위쪽 여백에 작은 글씨로 추가로 적혀 있다.

10일(갑인) 맑았다. 아침에 나가서 계본 초고를 수정하였다. "박자윤(박종남)과 곤양군수 [이광악]이 그대로 머무르고 출발하지 않았다."라고 하였다. 흥양현감 [황세득], 장흥부사 [배흥립], 보성군수 [안홍국]이 돌아갔다. 이날 밤 꿈을 꾸었는데 이상[1]을 지냈다. 울과 변존서, 변유헌과 정립 등이 본영으로 돌아갔다.[2]

1) 원문 '二祥'은 직역을 하면 '두 가지 상서로운 징조' 정도로 해석될 수 있겠지만 조선시대 문헌에서 그 용례를 살펴보면 소상(小祥)과 대상(大祥)을 함께 가리키는 말이다. 여기에서는 후자로 해석하였다. 소상은 사람이 죽은 지 1년 뒤에 지내는 제사이고 대상은 죽은 지 2년 뒤에 지내는 제사이다.

2) 초고본에는 이 문장이 이날 일기의 아래쪽 여백에 작은 글씨로 추가로 적혀 있다.

11일(을묘) 맑았다. 아침에 몸이 불편하였다. 아침에 충청수사 [이순신(李純信)]이 와서 만났다. 공문을 처결하고 일찍 유숙하는 방으로 들어갔다.

12일(병진) 맑았다. 아침에 계본 초고를 고쳤다. 늦게 우수사 [이억기]와 충청수사 [이순신(李純信)]이 여기에 왔다. 경상도 원 수사(원균)가 적을 토벌한 일을 자기가 직접 계본[1]을 올리겠다고 하기에 공문을 만들어 오도록 [하였다]. 비변사의 공문에 의거하여 원수 [권율]이 서피[2] 이엄[3]을 [전라]좌도에 15장[4], [전라]우도에 10장, 경상도에 10장, 충청도에 5장을 나누어 보냈다.

1) 『선조실록』의 같은 해 10월 8일 기사[174]에 경상우수사 원균이 올린 장계의 내용이 전한다. 그 내용에 10월 7일까지의 전황이 기록된 점으로 보아 기사의 날짜 10월 8일은 실록 편찬 시에 날짜가 앞당겨져 기록된 것으로 짐작된다.

2) 원문 '鼠皮'를 종종 쥐 가죽으로 오역하는 경우가 있다. 그러나 서피는 담비 가죽의 한 종류로서 『실록』, 『신증동국여지승람』 등의 사료나 문헌에서 쉽게 관련 기록을 찾아볼 수 있다.[175] 조선시대에 담비 가죽은 여러 가지 종

류로 분류되어 취급되었으며 그 종류로는 검은 담비 가죽인 초피(貂皮), 자색 담비 가죽인 자초(紫貂), 노랑가슴 담비 가죽인 서피 등이 있다. 서피는 초피의 차등품으로 취급되었으며, 『경국대전』의 「예전」-「의장(儀章)」은 당상관 이상의 관리는 초피 이엄을 사용하고 그 이하는 서피 이엄을 사용하도록 규정하였다.

3) 『중종실록』의 기사[176]에 의하면 이엄(耳掩)은 처음에는 귀를 보호할 목적으로 제작된 방한구였으나 나중에는 머리까지 보호하는 형태로 변화하였다.

4) 원문 '令'은 호피, 녹피와 같은 가죽을 세는 단위로서 '領'으로 표기되기도 하였으며 '張'과 의미가 유사하다. '令' 과 '領'의 용례는 『실록』에서 쉽게 찾아볼 수 있다.

13일(정사) 맑았다. 아침에 아전을 불러서 계본 초고를 만들었다. 늦게 충청수사 [이순신(李純信)]을 내보냈다. 본도 우수사 [이억기]가 와서 충청수사를 만났지만 나는 만나지 않고 돌아 갔는데 매우 취했기 때문이었다. "종사관[1]이 이미 사천에 이르렀다."라고 하였다. 사천 1호 선을 내보냈다.

1) 정경달의 『반곡유고』와 유성룡의 『서애집』의 기록[177]에 따르면 전임 종사관 정경달은 이순신의 장계에 의하여 둔전의 일을 전임하는 종사관이 되었다. 일기에서 언급된 종사관이 그를 가리키는 것인지는 확실치 않다.

14일(무오) 맑았다. 새벽꿈에 왜적들이 항복을 구걸하면서 육혈총통[1] 5자루를 바치고 환도 도 바쳤다. 말을 전한 사람은 그 이름이 김서신이라고 하였다. 왜놈들의 항복을 다 받아들 였다.

1) 육혈총통은 관련 유물이나 기록이 남아 있지 않기 때문에 실존 여부는 알 수 없다. 그러나 『성종실록』의 기사[178] 에 육총통(六銃筒)이라는 명칭이 보이고 또한 삼안총(三眼銃)과 같은 다수의 총구를 가진 화기 유물이 현전하는 점은 그 실존 가능성을 보여준다.

15일(기미) 맑았다. 박춘양이 계문을 가지고 나갔다.

16일(경신) 맑았다. 순무어사 서성이 날이 저물 녘에 여기에 왔다. 우수사 [이억기], 원 수사 (원균)와 함께 이야기하다가 밤이 깊어서야 헤어졌다.

17일(신유) 맑았다. 아침에 어사 [서성]에게 사람을 보냈더니 "식사를 한 뒤에 오겠다."라고 하 였다. 늦게 우수사 [이억기]가 왔고 어사 [서성]도 와서 조용히 이야기하였다. 원 수사(원균) 의 거짓된 일을 많이 말하였는데 아주 놀라웠다. 원도 왔는데 그 흉하고 패악한 모습이 이 루 말로 다 할 수 없었다. 아침에 종사관이 들어왔다.[1]

1) 초고본에는 이 문장이 이날 일기의 아래쪽 여백에 작은 글씨로 추가로 적혀 있다.

18일(임술) 맑았다. 아침에 바람이 많이 불다가 늦게 그쳤다. 어사 [서성]에게 갔더니 이미 원수사(원균)에게 갔다. 그곳으로 갔더니 얼마 있다가 술을 가져왔다. 날이 저물 녘에 돌아왔다. 종사관이 [교서에] 숙배하고 나와 상면하였다.[1]

1) 초고본에는 이 문장이 이날 일기의 아래쪽 여백에 작은 글씨로 추가로 적혀 있다.

19일(계해) 바람이 순탄하지 못했다. 대청으로 나가서 업무를 보다가 늦게 수루의 방으로 돌아왔다. "어사 [서성]이 우수사 [이억기]에게 가서 종일 술을 마시며 이야기했다."라고 하였다. 아침에 종사관과 이야기하였다. 저녁에 종 억지 등을 잡아 왔고 박언춘도 왔다.

20일(갑자) 아침에 흐렸다. 늦게 순무어사 [서성]이 나갔다. 작별한 뒤에 대청에 올라가 앉아 있었다. 우수사 [이억기]가 와서 돌아간다고 하였다. 공문을 만들기 위하여 나가는 것으로 생각되었다. 밤 10시경에 가랑비가 내렸다.[1]

1) 초고본에는 이 문장이 이날 일기의 오른쪽 여백에 작은 글씨로 추가로 적혀 있다.

21일(을축) 맑았으나 조금 흐렸다. 종사관이 나갔다. 우후 [이몽구]도 나가고 발포만호 [황정록]도 나갔다. 늦게 원 수사(원균)로부터 항왜[1] 3명의 진술을 받아 왔다. 영등포만호 [조계종]이 왔다가 밤이 깊어서야 돌아갔다. 그가 "어린아이가 있다."라고 하였으므로 데리고 오라고 일러서 보냈다. 밤에 가랑비가 내렸다.

1) 항왜(降倭)는 투항한 왜군을 가리키는 말이다. 임진왜란이 소강상태로 접어들기 시작한 1593년 5월부터 등장한 항왜는 이후로도 지속적으로 속출하였으며 이에 따라 조선 조정은 적극적으로 항왜를 유치하고 활용하는 방향으로 정책을 마련하였다. 처음에 항왜는 명나라의 요동으로 보내지거나 내륙지방 또는 평안도, 함경도 등으로 배치되었지만 1594년 9월경부터는 한산도, 진도 등지의 수군 및 각 진에 배속되기도 하였다.[179] '항왜'는 관련 분야의 연구서나 논고 등에서 통용되는 용어이므로 이 책에서도 이 용어를 번역하지 않고 그대로 서술하였다.

22일(병인) 흐렸다. [승병장] 의능, 이적이 나갔다. 오후 8시경에 영등포만호 [조계종]이 그 어린 종을 데리고 왔다. 심부름을 시키려고 머물며 묵게 하였다.

23일(정묘) 맑았다. "그 아이가 아프다."라고 하였다. 종 억과 애환, 정끗동 등에게 벌을 주었다. 저녁에 아이를 그가 있던 곳으로 돌려보냈다.

24일(무진) 맑았다. 우우후 [이정충]을 불러서 활을 쏘았다. 금갑도¹⁾만호²⁾도 왔다.

1) 지금의 전남 진도군 의신면 금갑리에 있었다.¹⁸⁰

2) 『임진장초』의 「당항포파왜병장(唐項浦破倭兵狀)」(1594년 3월 10일)에 의하면 당시의 금갑도만호는 이정표(李廷彪)이다. 그의 자는 방부(方父), 본관은 전의(全義), 생몰년은 1562~1615년이며, 후일 임해군과 영창대군의 죽음에 연루되었던 것으로 추정된다.¹⁸¹

25일(기사) 맑았으나 서풍이 많이 불다가 늦게 그쳤다. 몸이 불편하였기 때문에 방에서 나가지 않았다. 남도포만호 [강응표], 거제현령 [안위]가 왔고 영등포만호 [조계종]도 와서 한참 동안 이야기하였다. 전 낙안군수 첨지 신호가 왔는데 체찰사 [윤두수]의 공문과 목화, 모립¹⁾과 무명 1동²⁾ 등을 가지고 왔다³⁾. 그와 서로 논의하다가 밤이 되어서야 돌아갔다. 순천부사 권준도 잡혀갈 때 와서 만났는데 마음이 편치 않았다.

1) 모립(毛笠)은 전립(戰笠) 또는 전립(氈笠)으로도 불렸다. 주로 사용된 명칭은 전립(戰笠)으로서 이는 무관들이 많이 착용했기 때문이다. 조선시대 초기부터 사용되었으며 여러 형태의 전립과 부속 장식들이 존재하였다. 전립은 그 재료가 모재(毛材)이기 때문에 모립(毛笠)으로도 불렸다.¹⁸²

2) 무명 1동은 50필(疋)이고 1필은 35척(尺)이다.

3) 원문 '賚來' 중의 '賚'는 임금에게 하사받는 것을 의미하는 한자이다. 따라서 일기에서 언급된 물품들은 조정에서 내려온 것임을 알 수 있다.

26일(경오) 맑았다. 장인의 제삿날이라 나가지 않았다. 신 첨지(신호)로부터 "김상용¹⁾이 이조좌랑²⁾이 되어 서울로 올라갈 때 남원부 안으로 들어가서 숙박을 하였지만 체찰사³⁾를 만나지 않고 돌아갔다."라는 이야기를 들었다. 세상일이 이와 같으니 아주 놀랍다. "체찰사가 밤에 순찰사⁴⁾가 유숙하는 방으로 갔다가 밤이 깊어서 그의 침실로 되돌아왔다."라고 하니 체모가 이럴 수가 있는가? 놀라움을 금할 수 없었다. 종 한경이 본영으로 갔다. 오후 6시경에 비가 내리기 시작하더니 밤새도록 그치지 않았다.

1) 김상용(金尙容)의 자는 경택(景擇), 본관은 안동(安東), 생몰년은 1561~1637년이다.¹⁸³

2) 김상용의 문집인 『선원유고』의 「선원유고연보」에 의하면 그는 1592년 9월에 체찰사 정철의 종사관이 되어 호남에 있다가 1593년 9월에 이조좌랑으로 제수되어 같은 해 10월에 조정으로 돌아왔다.

3) 김상용이 이조좌랑이 된 시기에 체찰사로서 남부지방에 머물러 있었던 사람은 유성룡이다.

4) 이 문장에서 언급된 일은 앞 문장의 일과 비슷한 시기에 일어났던 것으로 보인다. 따라서 일기에서 언급된 순찰사는 1593년 7월에 전라순찰사가 된 이정암으로 생각된다.

27일(신미) 아침에 비가 내리다가 늦게 맑았다. 미조항첨사¹⁾가 와서 교서에 숙배하고 이어 함께 이야기하다가 날이 저물 녘에 돌아갔다.

1) 교서에 숙배한 점으로 미루어보아 미조항첨사가 새로 도임한 것으로 생각된다. 11월 2일 일기에 의하면 미조항 첨사의 이름은 성윤문(成允文)으로서, 그의 본관은 창녕(昌寧), 생몰년은 1544년~미상이다.[184] 『창녕성씨족보』에 따르면 그는 의병장 성응지의 5촌 당숙이다.

28일(임신) 맑았다. 대청에 앉아서 공문을 처결하여 보냈다. 금갑도만호 [이정표]와 이진[1]권관[2] 등이 와서 만났다. 식사를 한 뒤에 우우후 [이정충], 경상우후 [이의득]이 와서 목화를 받아 갔다. 저물녘에 침실로 들어갔다.

1) 지금의 전남 해남군 북평면 이진리에 있었다.[185]
2) 을미일기(1595년) 10월 21일과 조선시대 문헌[186]을 통하여 임진왜란 시기 이진에 주로 권관이 도임했던 사실이 확인되므로 원문 '梨津'을 이진권관으로 번역하였다.

29일(계유) 맑았다. 서풍이 차가워 살을 에는 듯하였다.

30일(갑술) 맑았다. 수색을 하기 위하여 [군사를] 들여보내고 싶었지만 경상도 [진영]에 전선이 없어서 그들이 모이기를 기다렸다. 밤 12시경에 아들 회가 들어왔다.

11월

1일(을해) 새벽에 망궐례를 하였다. 몸이 몹시 불편하여 하루 종일 나가지 않았다.

2일(병자) 맑았다. [전라]좌도는 사도첨사 [김완], [전라]우도는 그 우후 이정충, 경상도는 미조항첨사 성윤문 등을 장수로 정하여 수색하도록 들여보냈다.

3일(정축) 맑았다. 아침에 김천석이 비변사의 공문을 가지고 항왜 야여문[1] 등 3명을 데리고 진에 이르렀다. 수색하러 나갔던 [장수들이] 들어오니 이미 밤 10시경이었다.[2]

1) 임진왜란 시기 그 능력이 인정되어 조선 수군에 적극 유치되어 활용되었던 항왜이다. 『선조실록』의 기사**187**, 을미일기(1595년), 병신일기(1596년) 등에서 그에 관한 기록을 확인할 수 있다.

2) 초고본에는 이 문장이 이날 일기의 아래쪽 여백에 작은 글씨로 추가로 적혀 있다.

4일(무인) 맑았다. 대청으로 나가서 항왜 등의 사정을 물었다. 전문[1]을 [받들어 갈] 유생이 들어왔다.[2] [소비포권관] 이영남이 와서 만났다.[3]

1) 전문은 왕의 탄신일, 정월 초하루, 동짓날 삼명일(三名日)에 정례적으로 시행되었다. 11월 11일이 선조의 생일이자 동짓날이기 때문에 전문을 올린 것이다.

2) 초고본에는 이 문장이 이날 일기의 왼쪽 여백에 작은 글씨로 추가로 적혀 있다.

3) 초고본에는 이 문장이 이날 일기의 아래쪽 여백에 작은 글씨로 추가로 적혀 있다.

5일(기묘) 흐리고 가랑비가 내렸다. 송한련이 대구[1] 10마리를 잡아 왔다. 순변사 [이빈]이 그의 군관으로 하여금 항왜 13명을 압송해 오게 하였다. 밤새도록 큰비가 내렸다.[2]

1) 원문 '巨口'는 대구(大口)의 별칭이다. 그런데 중국 북송의 시인 소식(蘇軾)이 지은 「후적벽부(後赤壁賦)」에 농어(鱸魚)를 거구세린(巨口細鱗)으로 묘사한 문구가 있는데, 이 표현이 상당히 유명하여 조선시대 문헌에서 농어를 종종 '巨口'로 표현한 경우가 있으므로 '巨口'는 대구가 아닌 농어일 가능성도 있다.

2) 초고본에는 이 문장이 이날 일기의 아래쪽 여백에 작은 글씨로 추가로 적혀 있다.

6일(경진) 흐렸으나 봄날처럼 따뜻하였다. [소비포권관] 이영남이 와서 만나고 [우우후] 이정충도 왔다. 신 첨지(신호)와 함께 이야기하였다. 송희립이 사냥을 갔다.[1]

1) 초고본에는 이 문장이 이날 일기의 아래쪽 여백에 작은 글씨로 추가로 적혀 있다.

7일(신사) 늦게야 맑아졌다. 아침에 대청으로 나가서 항왜 17명을 남해로 보냈다. 늦게 금갑도만호 [이정표], 사도첨사 [김완], 여도만호 [김인영], 영등포만호 [조계종]이 함께 왔다. 이날 12시경에 신 첨지(신호)가 "원수 [권율]이 돌아와서는 '수군에 머물러 있으라.'라고 하였다."라고 보고하였다.

8일(임오) 새벽에 잠시 비가 내리다가 나중에는 맑았다. 배를 만들 목재를 운반해 왔다. 새벽 꿈에 영의정 [유성룡]이 모습이 변한 듯하였고 나는 갓을 벗고 있었는데 함께 민종각의 집으로 가서 이야기하다가 깼다. 이것이 무슨 징조인지 모르겠다.

9일(계미) 맑았으나 바람이 순탄하지 못했다.

10일(갑신) 맑았다. 아침에 이희남이 들어와서 "조카 뢰도 본영으로 왔다."라고 하였다.

11일(을유) 동짓날이다. 11월 중이지만 새벽에 망궐례를 한 뒤에 군사들에게 [팥]죽을 먹였다. 우우후 [이정충]과 정담수가 와서 만나고 돌아갔다.

12일(병술) 맑았다. 일찍 대청으로 나가서 순천의 색리 정승서와 역자, 남원에서 폐단을 일으킨 자에게 벌을 주었다. 첨지 신호와 이별하는 술잔을 나누었다. 또한 건내량을 마음대로 넘어가서 고기를 잡은 사람 24명에게 장을 때렸다.

13일(정해) 맑았다. 바람이 점차 멎어 들고 따뜻하였다. 신 첨지(신호)와 아들 회와 이희남, 김숙현이 본영으로 가고 종 한경도 은진의 김정휘[1]의 집으로 가도록 하였다. 계본도 내보냈다. 원수 [권율]이 방어사[2]의 군관으로 하여금 항왜 14명을 이끌고 오게 하였다. 저녁에 윤련이 자기 누이의 편지를 가지고 왔는데 잘못된 말이 많아서 우스웠다. 버리려 해도 그럴 수 없는 것이 있으니 바로 남겨진 아이 셋이 끝내 의지할 곳이 없기 때문이다. 15일이 아버지의 제삿날이기 때문에 나가지 않았다. 밤의 달빛이 낮과 같아 잠을 이루지 못하고 뒤척이면서 밤을 새웠다.

1) 이회의 장인 김정휘(金挺輝)의 고향이 은진인 점으로 미루어보아 원문 '金廷輝'는 그 이름의 오기로 판단된다. 『충무공유사』의 을미일기(1595년) 1월 12일과 1월 21일에 이회의 혼례가 그즈음에 치러진 것을 짐작할 수 있는

내용이 보이므로 종 한경을 은진으로 보낸 이유는 이와 관련된 것 같다.[188]

2) 당시 권율이 주둔해 있던 경상도 지역의 방어사로 짐작된다. 『선조실록』의 기사[189]에 의하면 당시의 경상도방
어사는 권응수(權應銖)이다. 그의 자는 중평(仲平), 시호는 충의(忠毅), 본관은 안동(安東), 생몰년은 1546~1608
년이며, 임진왜란이 일어나자 의병을 모아서 활약하였고, 영천성을 수복하는 등의 공을 세웠다.[190]

14일(무자) 맑았다. 아침에 우병사[1]가 항왜 7명을 자기 군관으로 하여금 이끌고 오게 하였기
에 바로 남해현으로 보냈다. 이감이 남해로부터 왔다.

1) 『선조실록』과 조경남의 『난중잡록』의 기록[191]에 의하면 당시의 경상우병사는 김응서(金應瑞)이다. 그의 자는 성
보(聖輔), 본관은 김해(金海), 생몰년은 1564~1624년이며, 1593년 평양성 탈환 때 전공을 세웠다. 인조 때 사르
후 전투에서 강홍립과 후금에 투항하였다가 나중에 조선과 밀통하던 것이 발각되어 처형당했다.[192]

15일(기축) 맑았다. 따뜻하기가 봄날 같았다. 음양이 질서를 잃었으니 재앙이라고 할 수 있겠
다. 아버지의 제삿날이라 나가지 않고 혼자 방안에 앉아 있으니 슬픈 마음을 이루 말로 다
할 수 없었다. 저물녘에 탐후선이 들어왔다. 순천의 교생이 교서를 베껴 쓴 것을 가지고 왔
다. 또한 아들 울 등의 편지를 보았더니 "어머니의 건강이 전날과 같이 평안하시다."라고 하
여 매우 다행이었다. 상주의 사촌누이[1]의 편지와 아들 윤엽이 본영에 와서 보낸 편지를 보
았는데 눈물이 흐르는 것을 참을 수 없었다. 영의정 [유성룡]의 편지도 왔다.

1) 이순신의 작은아버지인 이현의 장녀를 가리키는 것으로 보인다.[193]

16일(경인) 맑았다. 바람이 조금 서늘하였다. 식사를 한 뒤에 대청에 앉아 있으니 우우후 [이
정충], 여도만호 [김인영], 회령포만호, 사도첨사 [김완], 녹도만호 [송여종], 금갑도만호 [이정
표], 영등포만호 [조계종], 전 어란만호 정담수 등이 와서 만나고 돌아갔다. 늦게는 날씨가
아주 따뜻하였다.

17일(신묘) 맑고 따뜻하였다. 서리가 눈처럼 쌓였는데 이것이 무슨 징조인지 모르겠다. 늦게 미
풍이 종일토록 불었다. 밤 10시쯤에 뢰와 울이 들어왔다. 밤 12시경에 광풍이 많이 불었다.

18일(임진) 맑았다. 바람이 저녁 내내 많이 불더니 밤까지 계속되었다.

19일(계사) 맑았다. 바람이 밤새도록 그치지 않고 많이 불었다.

20일(갑오) 맑았다. 아침에 바람이 멎었다. 대청으로 나갔더니 얼마 있다가 원 수사(원균)가 와서 만나고 돌아갔다. 늦게 바람이 밤새도록 많이 불었다.

21일(을미) 맑았다. 아침에 바람이 잦았다. 조카 뢰가 나가고 이설이 포폄[^1]계문을 가지고 갔다. 종 금선, 우년, 이향, 수석, 행보 등도 나갔다. 김교성, 신경황이 나가고 남도포만호 [강응표], 녹도만호 [송여종]이 나갔다.

[^1]: 관리들의 성적을 상중하의 세 가지 등급으로 매겨서 평가하는 제도이다. 『경국대전』의 「병전」-「포폄(褒貶)」에 의하면 수군 진영의 장수들은 수군절도사가 관찰사와 함께 의논하고 평가하여 계문을 올리도록 정하고 있다.

22일(병신) 맑았다. 아침에 회령포만호가 나갔다. 날씨가 매우 따뜻하였다. 우우후 [이정충]과 정담수가 와서 만나고 활 5, 6순을 쏘았다. 왜인의 옷으로 [쓸] 무명 10필을 가지고 갔다.

23일(정유) 맑고 따뜻하였다. 홍양의 군량, 순천의 군량 등을 받아들였다. 저녁에 이경복과 그의 소실이 들어와서 순변사 등이 여론의 지탄을 받았다는 소식을 들었다.[^2]

[^2]: 『선조실록』의 같은 해 11월 기사[194]에 의하면 당시 호남에 많은 도적이 일어났지만 순변사 이일이 별다른 조처를 취하지 않았기 때문에 사헌부가 그의 업무 태만을 지적하였다.

24일(무술) 맑았다. 마치 봄날처럼 따뜻하였다. 대청으로 나가서 공문을 처결하여 보냈다.

25일(기해) 흐렸다. 새벽꿈에 이일과 서로 만났다. 나는 많은 말을 하였는데 "국가가 위태하고 어지러운 때를 맞아 중임을 받은 몸으로서 보답하는 마음은 갖지 않고 음란한 여인을 열심히 모으며 관사에는 들어가지 않고 개인 처소인 성 밖의 집에 머물면서 사람들의 비웃음을 받으니 무슨 생각이오? 또한 수군의 각 관포에 육전을 위한 군기를 나누어 배정하고 쉴 새 없이 독촉하니 이는 또 무슨 까닭이오?"라고 하니 순변사가 말이 막혀 대답하지 못하였다. 하품과 기지개를 켜고[^3] 깨어나니 곧 한바탕 꿈이었다. 아침에 식사를 한 뒤에 대청으로 나가서 업무를 보고 공문을 처결하여 나누어 보냈다. 얼마 있다가 우우후 [이정충], 금갑도만호 [이정표]가 와서 피리를 듣다가 저물녘에 돌아갔다. 홍양의 총통색[^4] 등이 여기에 와서 회계를 보고 돌아갔다.

[^3]: 원문 '次身'은 '몸을 굽히다'라는 의미로서 문맥상 뜻이 통하지 않으므로 오기로 판단된다. 『이충무공전서』는 이를 '하품과 기지개'를 의미하는 '次伸'으로 교정하였으며 여기서도 이를 따랐다.
[^4]: 총통에 관한 업무를 맡은 색리이다(7월 2일 일기의 주해 참조).

26일(경자) 소한이다. 맑고 따뜻하였다. 방에 있었으며 업무를 보지 않았다. 이날 메주 10섬을 쑤었다.

27일(신축) 맑았다. 식사를 한 뒤에 대청으로 나가서 업무를 보았는데 좌우도로 나누어 보냈던 항왜가 모두 와서 모였기에 그들로 하여금 [총을] 쏘는 연습을 하도록 하였다. 우우후 [이정충], 사도첨사 [김완], 여도만호 [김인영], 거제현령 [안위]가 함께 왔다.

28일(임인) 맑았다.

1595년
을미일기(乙未日記)

1일(갑술) 맑았다. 불을 밝히고 홀로 앉아 있었는데 생각이 나랏일에 미치어서는 나도 모르게 눈물이 흘렀다. 또한 팔순의 병드신 어머니를 생각하니 밤새도록 잠을 이루지 못하였다. 새벽에 여러 장수들과 여러 군사들이 와서 새해 인사를 하였다. 원전, 윤언심, 고경운 등이 와서 만났다. 여러 군사들에게 술을 먹였다.

2일(을해) 맑았다. 나라의 제삿날[1]이라 업무를 보지 않았다. 계본 초고를 수정하였다.

1) 명종 비 인순왕후(仁順王后)의 제삿날이다.

3일(병자) 맑았다. 일찍 대청으로 나가서 각 관포의 공문을 처결하여 보냈다.

4일(정축) 맑았다. [전라]우우후 [이정충], 거제현령 [안위], 금갑도만호, 소비포권관 [이영남], 여도만호 [김인영] 등이 와서 만났다.

5일(무인) 맑았다. 공문을 처결하였다. 봉과 울이 들어와 어머니께서 평안하시다는 소식을 듣게 되어 매우 기쁘고 다행이었다. 밤새도록 온갖 생각이 들어서 잠을 이루지 못하였다.

6일(기묘) 맑았다. 어응린[1]과 고성현감[2] [조응도]가 왔다.

1) 어응린(魚應麟)은 『함종어씨세보』에 실려 있는 전 광양현감 어영담의 서자의 이름과 일치한다. 세보에 따르면 어영담의 묘가 고성에 있었다고 하므로 어응린이 고성현령과 함께 온 사실이 이와 어떤 개연성이 있지 않을까 추측된다.

2) 『이충무공전서』에는 '古城縣監(고성현감)'으로 표기되어 있지만 당시 고성의 수령은 현령이므로 이는 오기이다. 4월 13일 일기에는 고성의 수령이 '縣令(현령)'으로 표기되어 있다.

7일(경진) 맑았다. 홍양현감 [황세득]과 방언순과 함께 이야기하였다. 남해의 항왜 야여문 등이 왔다.

8일(신사) 맑았으나 바람이 많이 불었다. 광양현감[1]의 공례를 받은 뒤에 전령이 기한을 지난 때문에 장을 때렸다.

1) 『광양군읍지』의 「선생안」에 의하면 당시의 광양현감은 박치공(朴致恭)이다.[1]

9일(임오) 맑았다. 식사를 한 뒤에 [항왜] 야여문 등을 남해로 돌려보냈다.

10일(계미) 순천부사 박진[1]이 교서에 숙배하였다. "경상수사 원균이 선창에 이르렀다."라는 소식을 듣고는 불러들여서 함께 이야기하였다. 순천부사, 우우후 [이정충], 홍양현감 [황세득], 광양현감 [박치공], 웅천현감 [이운룡], 고성현령 [조응도], 거제현령 [안위]도 왔다가 돌아갔다.

1) 『선조실록』의 기사[2]에 의하면 박진은 1594년 10월경에 순천부사로 제수되었다.

11일(갑신) 우박이 내리고 동풍이 불었다. 식사를 한 뒤에 순천부사 [박진], 홍양현감 [황세득], 고성현령 [조응도], 웅천현감 [이운룡], 영등포만호 [조계종]이 와서 이야기하였다. 고성현령은 새 배를 만드는 것을 독촉하기 위하여 돌아갔다.

12일(을유) 흐리고 바람이 많이 불었다. 각 관포의 공문을 처결하여 보냈다. 늦게 순천부사 [박진]이 돌아갔다. 영남우후 이의득이 와서 만났다.

13일(병술) 아침에 맑다가 저물녘에 비가 내렸다. [광양현감] 박치공이 왔다.

14일(정해) 맑았다. 동풍이 많이 불었다. 몸이 불편하였기 때문에 누워서 신음하였다. 영등포만호 [조계종], 사천현감 [기직남], 여도만호 [김인영]이 와서 만났다.

15일(무자) 맑았다. 우우후 이정충을 불렀는데 정충이 발을 헛디뎌 물에 빠져 헤엄치는 것을 간신히 건져냈으므로 불러서 위로하였다.

16일(기축) 맑았다. 대청으로 나가서 업무를 보았다.

17일(경인) 맑았다. 따뜻하고 바람도 없었다. 대청으로 나가서 업무를 보았다. 우우후 [이정충]과 소비포권관 [이영남], 거제현령 [안위], 미조항첨사 [성윤문]이 함께 와서 활을 쏘고 헤어졌다.

18일(신묘) 흐렸다. 공문을 처결하였다. 늦게 활 10순을 쏘고 헤어졌다.

19일(임진) 맑았다. 대청으로 나가서 업무를 보았다. 옥구의 피난민 이원진이 왔다. 장흥부사 [배흥립], 낙안군수, 발포만호 [황정록]이 들어왔는데 기한을 어긴 벌을 주었다. 얼마 있다가 여도의 전선에 불이 나서 광양, 순천, 녹도의 전선까지 4척이 불탔다. 통탄함을 참을 수 없었다.

20일(계사) 맑았다. 아침에 여필(이우신), 해가 이응복과 나갔다. 아들 울이 분과 들어와서 어머니께서 평안하시다는 소식을 듣게 되어 매우 다행이었다.

21일(갑오) 종일 가랑비가 내렸다. 이경명과 바둑을 겨루었다. 장흥부사 [배흥립]이 와서 만났는데 그편에 순변사 이일의 처사가 아주 형편없으며 [또한] 나를 해하려고 매우 애쓴다는 소식을 들었다. 매우 우스웠다.

22일(을미) 맑았다. 종일 바람이 많이 불었다. 원수 [권율]의 군관 이태수가 전령을 가지고 와서 "여러 장수들이 도착했는지 아닌지를 알아가려고 한다."라고 하였다.[1] 늦게 수루 위로 나가서 불을 낸 여러 배의 장수들과 색리들에게 벌을 주었다. 오후 8시경에 금갑도만호가 거처하는 집[2]에 불이 나서 다 타버렸다.

1) 『선조실록』의 같은 해 2월 기사[3]에 도원수 권율이 수군의 규모를 조정에 보고한 기록이 있는데 이날 군관 이태수가 조사한 내용이 참고되었으리라 짐작된다. 기사에 의하면 당시 조선 수군의 선박은 대선과 소선을 합하여 84척이고 활 쏘는 군사인 사부(射軍)와 노 젓는 군사인 격군(格軍)은 도합 4,109명이었다.
2) 원문 '所接家'를 종종 '옆집'으로 해석하는 경우가 있다. 그러나 『실록』이나 조선시대 문헌에서 그 용례를 찾아보면 '거처하는 집'이라는 의미이다.

23일(병신) 종일 바람이 많이 불었다. 장흥부사 [배흥립]과 우후 [이몽구], 흥양현감 [황세득]이 와서 이야기하다가 날이 저물 녘에 돌아갔다.

24일(정유) 맑았으나 바람이 많이 불었다. 이원진과 작별하였다.

25일(무술) 맑았다. 장흥부사 [배흥립], 흥양현감 [황세득]과 우후 [이몽구], 영등포만호 [조계종], 거제현령 [안위]가 와서 만났다.

26일(기해) 흐리고 바람이 불었다. 탐후선이 들어와서 "흥양현감 [황세득]을 잡아갈 나장이 들어왔다."라고 하였다. 이희도 왔다.

27일(경자) 맑았다. 겨울처럼 추웠다. 대청으로 나가서 영암군수[1], 강진현감[2] 등의 공례를 받았다.

1) 『선조실록』과 『영암군읍지』의 「선생안」의 기록[4]에 의하면 당시의 영암군수는 김준계(金遵階)이다.
2) 『강진군읍지』의 「선생안」에 의하면 당시의 강진현감은 나대용이다.[5]

28일(신축) 맑았다. 바람이 많이 불고 추웠다. 황승헌이 들어왔다.

29일(임인) 흐렸으나 비는 내리지 않았다.

30일(계묘) 맑았다. 동풍이 많이 불었다. 보성군수 [안홍국]이 들어왔다.

1일(갑진) 맑았으나 바람이 불었다. 일찍 대청으로 나가서 보성군수 [안홍국]에게 기한을 어긴 벌을 주었다. 도망쳤던 왜군 2명을 처형하였다. 의금부의 나장이 와서 흥양현감 [황세득]을 잡아갈 일을 전했다.

2일(을사) 흐리고 바람이 많이 불었다. 흥양현감 [황세득]이 잡혀갔다. 대청으로 나가서 업무를 보았다.

3일(병오) 맑았다. 일찍 대청으로 나가서 흥양의 배에 불을 낸 자를 추문하였다. 신덕수를 추궁하였으나 실상은 알아내지 못하고 가두었다.

4일(정미) 맑았다. 몸이 불편한 듯하였다. 장흥부사 [배홍립]과 우우후 [이정충]이 왔다. 원수부의 회답 공문, 종사관[1])의 답장도 왔다. 봉, 회와 오종수가 들어왔다.

1) 『충무공유사』의 「장졸명단」과 유성룡의 『서애집』의 기록[6]에 의하면 당시의 이순신의 종사관은 심원하(沈源河)이다.

5일(무신) 맑았다. 충청수사[1])가 왔다. 천성만호 윤홍년이 교서에 숙배하였다.

1) 당시의 충청수사는 이계정(李繼鄭)이다. 1594년 12월과 1595년 1월에 충청수사 이계정에게 내려진 유서와 유지 등이 현전하며 전라남도 문화재자료 제159호 영산사소장문서일괄(英山祠所藏文書一括)로 지정되어 있다. 그의 자는 경윤(景胤), 본관은 원주(原州), 생몰년은 1539~1595년이다.[7]

6일(기유) 맑았으나 바람이 많이 불었다. 장흥부사 [배홍립], 우우후 [이정충] 등과 활을 쏘았다.

7일(경술) 맑았다. 보성군수 [안홍국]이 술을 가져와서 종일 이야기하였다.

8일(신해) 흐렸다.

9일(임자) 비가 내렸다.

10일(계축) 비가 뿌리고 바람도 많이 불었다. 황숙도(황승헌)와 함께 종일 이야기하였다.

11일(갑인) 비가 내리다가 늦게 잠시 갰다. 황숙도(황승헌)와 분과 허주¹⁾, 변존서가 돌아갔다. 종일 업무를 보았다. 저물녘에 유지²⁾가 들어왔는데 둔전을 점검하여 단속하라는 것이었다.

1) 이순신의 누이의 둘째 사위이다. 허주(許宙)의 자는 원경(遠卿), 본관은 양천(陽川), 생몰년은 1563~1621년이다.**⁸**
2) 보물 제1564-13호 「둔전검칙유지(屯田檢飭有旨)」로서 그 내용은 유성룡의 『서애집』에 실린 「조치방수사의계(措置防守事宜啓)」와 일치하는 부분이 많다. 유성룡이 조정에 건의한 「조치방수사의계」가 유지를 통하여 이순신에게 전달된 것으로 판단된다.

12일(을묘) 맑고 바람도 일지 않았다. 윤엽¹⁾이 들어왔다. 늦게 활 10여 순을 쏘았는데 장흥부사 [배흥립], 우우후 [이정충]도 와서 활을 쏘았다.

1) 이순신의 사촌 누이의 아들로 짐작된다(갑오일기-1594년 11월 15일의 주해 및 주석 참조).

13일(병진) 맑았다. 일찍 대청으로 나갔다. 도양 둔전의 벼 300섬을 실어 와서 각 진포에 나누어 주었다. 우수사 [이억기]와 진도군수¹⁾, 무안현감, 함평현감 [조발], 남도포만호 [강응표], 마량첨사 [강응호], 회령포만호 등이 들어왔다.

1) 『진도군읍지』의 「선생안」에 의하면 당시의 진도군수는 박인룡(朴仁龍)이다.**⁹**

14일(정사) 맑고 따뜻하였다. 식사를 한 뒤에 진도군수 [박인룡], 무안현감, 함평현감 [조발]이 교서에 숙배하고 나서, 방비하러 들여보낼 수군을 정비하여 보내지 않은 것과 전선을 만들어 보내지 않은 일로 벌을 주었다. 영암군수 [김준계]도 죄를 따졌다. 봉, 해와 분이 방응원과 함께 나갔다.

15일(무오) 맑고 따뜻하였다. 새벽에 망궐례를 하면서 하례를 하였다. 우수사 [이억기], 가리포첨사 [이응표], 진도군수 [박인룡]이 함께 와서 참석하였다. 상선을 연훈하였다.

16일(기미) 맑았다. 대청으로 나가서 업무를 보았는데 함평현감 조발이 논박을 당하여 돌아간다고 하기에 술을 대접하여 보냈다.¹⁾ 조방장 신호가 진에 이르러 교서에 숙배하고 이어 함께 이야기하였다. 저녁에 배를 타고 바다로 옮겨 정박하였다가 밤 10시경에 배를 출발하여 춘원도에 이르렀다. 날이 밝으려고 하는데 경상 수군은 아직 도착하지 않았다.

1) 『선조실록』의 같은 해 1월 기사[10]에서도 함평현감 조발이 파직된 사실이 확인된다.

17일(경신) 맑았다. 아침에 군사들의 식사를 서둘러서 하고 곧장 우수영[1] 앞바다에 이르니 성안에 있던 왜놈 7명이 우리 배를 보고 달아나므로 배를 돌려 나왔다. 장흥부사 [배흥립]과 신 조방장(신호)을 불러서 종일 계책을 논의하다가 진으로 돌아왔다. 저물녘에 임영과 조방장 정응운이 들어왔다.

1) 당시 조선 수군은 한산도에 주둔하고 있었으므로 일기에서 언급된 우수영은 한산도에서 멀리 떨어져 있는 전라우수영이 아닌 경상우수영이다. 임진왜란 시기의 경상우수영은 지금의 경남 거제시 동부면 가배리에 있던 오아포에 있었다.[11]

18일(신유) 맑았다. 탐후선이 들어왔다.

19일(임술) 맑았다. 아침에 대청으로 나가서 업무를 보았다. 거제현령 [안위], 무안현감, 평산포만호 [김축], 회령포만호와 허정은도 왔다. 송한련이 와서 "고기를 잡아 군량을 샀다."라고 하였다.

20일(계해) 맑았다. 우수사 [이억기], 장흥부사 [배흥립], 신 조방장(신호)이 와서 이야기하였는데 원공의 흉하고 패악한 일을 많이 전했다. 매우 놀라웠다.

21일(갑자) 가랑비가 내리다가 늦게 맑아졌다. 보성군수 [안홍국], 웅천현감 [이운룡], 우우후 [이정충], 소비포권관 [이영남], 강진현감 [나대용], 평산포만호 [김축] 등이 와서 만났다.

22일(을축) 맑았다. 대청으로 나가서 계본을 봉하였다. 늦게 우후 [이몽구]와 낙안군수, 녹도만호 [송여종]을 불러서 떡을 대접하였다.

23일(병인) 맑았다. 신 조방장(신호)과 장흥부사 [배흥립]이 와서 이야기하였다.

24일(정묘) 흐렸다. 천둥과 번개가 많이 쳤으나 비는 내리지 않았다. 몸이 불편한 듯하였다. 원전이 돌아갔다.

25일(무진) 흐리고 바람도 순탄하지 못했다. 회와 울이 들어와서 그편에 어머니께서 평안하시다는 소식을 들었다. 장계를 받들어 갔던 사람인 이전이 들어왔는데 조보와 영의정 [유성룡]의 편지를 가지고 왔다.

26일(기사) 흐렸다. 아침에 서장과 계본 도합 16통을 봉하여 정여흥에게 주었다.

27일(경오) 한식[1]이다. 맑았다. 원균과 포구에서 교대하기 위하여 수사 배설[2]이 여기에 왔다. "교서에 숙배하도록 하였더니 불평하는 기색이 많았으며 두세 차례 타이른 뒤에야 마지못하여 억지로 했다."라고 하여 우스웠다. 그 무지함이 극심하다.

1) 동지가 지난 후 105일째 되는 날로서 조선시대에는 정조, 단오, 추석, 동지, 납향과 더불어 육명일(六名日)로 불렸다. 지금은 한식이 24절기 중 하나인 청명과 겹치거나 하루가 늦지만 조선시대 중기까지는 한식이 청명의 3일 전에 있었다. 『실록』의 기사[12]에 의하면 조선 초기에 역법이 정비된 이후 세월이 흐르면서 점차 그 오차가 커졌는데, 고종 때 양력이 반포되고 나서 한식 제사를 청명에 지내게 된 이후로는 한식과 청명을 겹치는 것으로 생각하는 인식이 고착화되었다.
2) 『선조실록』의 기사[13]에 의하면 조선 조정은 이순신과 원균 간의 갈등이 점차 심화되는 상황을 해결하기 위하여 경상우수사 원균을 충청병사로, 배설을 경상우수사로 임명하였다.

28일(신미) 맑았다. 대청으로 나가서 장흥부사 [배흥립], 우우후 [이정충]과 이야기하였다. 광양현감 [박치공], 목포만호도 왔다.

29일(임신) 맑았다. [적량만호] 고여우가 창신도로 나갔다. 배 수사(배설)가 와서 둔전을 경작하는 등의 일을 의논하였고[1] 신 조방장(신호)도 왔다. 저녁에 옥포만호 방승경, 다경포[2]만호 이충성 등이 교서에 숙배하였다.

1) 11일에 조정에서 내려온 「둔전검칙유지」는 이순신으로 하여금 경상우수사 배설에게 남해의 둔전을 맡겨 관리하도록 지시하였다.
2) 지금의 전남 무안군 운남면 성내리에 있었다.[14]

30일(계유) 계속 비가 내렸다. 대청으로 나가서 업무를 보았다.

1일(갑술) 맑았다. 겨울을 난 삼도의 군사들을 모아서 임금님께서 내리신 무명을 나누어 주었다. 정 조방장이 들어왔다.

2일(을해) 흐렸다.

3일(병자) 맑았다.

4일(정축) 맑았다. 조방장 박종남이 들어왔다.

5일(무인) 계속 비가 내렸다. 노대해가 왔다.

6일(기묘) 맑았다.

7일(경진) 맑았다. 박 조방장(박종남), 신 조방장(신호), 우후 [이몽구]와 진도군수 [박인룡]이 와서 만났다.

8일(신사) 맑았다. 식사를 한 뒤에 대청으로 나갔다. 우수사 [이억기], 경상수사 [배설], 두 조방장, 우후 [이몽구], 가리포첨사 [이응표], 낙안군수, 보성군수 [안홍국], 광양현감 [박치공], 녹도만호 [송여종]이 함께 와서 모여 이야기하였다.

9일(임오) 맑았다. 늦게 대청으로 나갔다. 방답의 신임 첨사 장린, 옥포의 신임 만호 이담이 공사례를 하였다. 진주의 이곤변[1]이 와서 만나고 돌아갔다.

1) 원문 '李坤忭'은 '李鯤變'의 오기로 생각된다(병신일기-1596년 7월 6일의 주해 참조).

10일(계미) 흐리고 가랑비가 내렸다. 박 조방장(박종남)과 이야기하였다. 보성군수 안홍국이 돌아갔다.

11일(갑신) 흐리고 바람이 많이 불었다. 사도시[1] 주부 조형도[2]가 와서 좌도[3]의 적의 형세와 투항한 왜군이 보고한 것을 말하였는데 "수길(도요토미 히데요시)이 3년 동안 군사를 출전시켰으나 끝내 그 성과가 없으므로 군사를 더 보내어 바다를 건너서 부산에 진영을 설치하려고 하며, 3월 11일에 바다를 건너기로 이미 결정하였다."라고 하였다.

1) 조선시대에 궁 안의 양곡과 장(醬)의 공급을 관장하던 관청이다.
2) 『선조실록』의 같은 해 5월 기사[15]에는 조형도가 한산도 수군의 격군의 상황을 조정에 보고한 내용이 실려 있다. 이 보고에서 조형도는 격군의 식량 상황을 매우 비참하게 묘사하였으며, 이에 대해 이순신은 6월 9일 일기에서 그가 조정에 무고하였다고 기록하였다.
3) 적의 형세에 대해서 언급한 점으로 보아 당시 왜군이 주둔하고 있던 지역인 경상좌도로 생각된다.

12일(을유) 흐렸다. 박 조방장(박종남)과 우후 [이몽구]가 바둑을 겨루었다.

13일(병술) 흐리고 바람이 많이 불었다. 아침에 박자윤(박종남) 영공을 불러서 함께 식사를 하였다. 저녁식사를 한 뒤에 조형도가 와서 만나고 돌아갔다.

14일(정해) 계속 비가 내렸으나 바람은 그쳤다. 남해현령 [기효근]이 진에 이르렀다.

15일(무자) 비가 잠시 그쳤고 바람도 멎었다. 식사를 한 뒤에 조형도가 돌아갔다. 늦게 활을 쏘았다.

16일(기축) 비가 내렸다. 사도첨사 김완이 들어와서 그편에 "전 충청수사 이입부(이순신-李純信)가 군량 200여 섬을 [가지고 가다가] 조도어사 강첨[1]에게 붙잡혀서 추문을 당하였다."라는 소식[2]을 들었다. 또한 "신임 충청수사 이계정[3]의 배에서 불이 났다."라고 하여 놀라움을 금할 수 없었다. "동지 권준이 본영에 왔다."라고 하였다.[4]

1) 원문 '姜籤'은 '姜籤'의 오기이다. 『선조실록』의 기사[16]에서도 당시 강첨이 충청도 조도어사였음을 확인할 수 있다. 그의 자는 공신(公信), 본관은 진주(晋州), 생몰년은 1557~1611년이다.[17]
2) 『선조실록』의 기사[18]에도 이 사건에 대한 기록이 실려 있다.
3) 원문 '李繼勳(이계훈)'은 '李繼鄭(이계정)'의 오기이다. 『원주이씨세보』에 그의 다른 이름(초명으로 짐작됨)이 '李勳(이훈)'이라고 기록된 점으로 보아 '李繼勳'은 이로 인한 오기로 보인다.
4) 이전 해에 조정으로 잡혀갔던 권준은 석방된 뒤에 영의정 유성룡이 조정에 올린 계문[19]에 의하여 다시 한산도 수군 진영으로 배치되었다.

17일(경인) 비가 걷히는 듯하였다. 아들 면과 허주와 박인영 등이 돌아갔다. 이날 군량을 회계하고 표를 붙였다. 충청우후의 급보에 "수사 이계정[1]이 불이 나서 물에 빠져 죽고 군관과 격군 도합 140여 명이 불타 죽었다."[2]라고 하여 매우 놀라웠다. 늦게 우수사 [이억기]의 급보에 "견내량의 복병한 곳에서 온 항왜 심안은기를 불러서 물어보니 그는 영등포에 주둔했던 왜군인데 그의 대장 심안돈[3]이 자기 아들[4]을 대신 두고 가까운 시일에 돌아간다."라고 하였다.

1) 원문 '李繼勳(이계훈)'은 '李繼鄭(이계정)'의 오기이다.

2) 임진왜란 시기 지휘관급이 탑승했던 대형 판옥선의 탑승 인원은 160명 정도로 추산되며 일반 판옥선의 탑승 인원은 125~140명 정도였다.[20] 따라서 일기에서 언급된 사건은, 배에 실려 있던 화약과 같은 인화성 물질에 불이 붙어서 화재가 빠르게 확산되었거나 큰 규모의 폭발이 발생했던 것임을 짐작할 수 있다. 이 사고는 이계정의 사위인 최희량의 『일옹집』이나 오희문의 『쇄미록』 등에도 관련 기록[21]이 실려 있다. 『쇄미록』에 따르면 주방에서 난 불이 화약을 둔 곳으로 옮겨붙으면서 화약이 터져 배 안에 있던 사람들이 대부분 불에 타 죽었다고 한다.

3) 왜군 장수 시마즈 요시히로(島津義弘)를 가리킨다. 심안돈(沈安頓)은, 왜군들이 그를 부르던 존칭인 시마즈도노(島津展)를 조선에서 음차하여 부른 이름이다. 『선조실록』이나 유성룡의 『징비록』 등의 사료나 문헌은 그를 주로 '島津'이나 '沈安'으로 표기하였으며 명나라에서는 주로 석만자(石曼子)로 표기하였다.

4) 당시 시마즈 요시히로와 함께 조선에 와 있던 그의 아들 시마즈 다다츠네(島津忠恒)이다. 시마즈 다다츠네가 당시 한반도에서 호랑이를 포획한 기록[22]이 일본에 현전하는데 이는 일기의 내용을 방증하는 자료이다.

18일(신묘) 맑았다. 권언경(권준)과 여필(이우신), 조카 봉과 수원이 들어와서 그편에 어머니께서 평안하시다는 소식을 듣게 되어 매우 다행이었다. 우수사 [이억기]가 와서 이야기하였다.

19일(임진) 맑았다. 권언경(권준) 영공과 활을 쏘았다.

20일(계사) 계속 비가 내렸다. 식사를 한 뒤에 우수사 [이억기]에게 가다가 도중에 배 수사(배설)를 만나 배 위에서 잠시 이야기하였다. 밀포[1]의 둔전을 경작하는 곳을 살펴보기 위하여 돌아간다고 하였다. 이어 우수사에게 갔다가 매우 취해서 저물녘에 돌아왔다.

1) 보물 제1564-13호 「둔전검칙유지」에 의하면 남해현에 속한 지명이다.[23]

21일(갑오) 맑았다. 늦게 여필(이우신), 조카 봉, 수원이 돌아갔다. 나주반자[1]와 우후 [이몽구]가 와서 만났다. 12시경에 박 조방장(박종남)에게 가서 바둑을 두었다.

1) 반자는 판관을 가리킨다. 노산 이은상은 『이충무공전서』의 번역 시에 나주반자를 원종의로 서술하였다. 아마도 이는 정유일기 1(1597년) 8월 8일에 원종의가 나주판관으로 나오기 때문인 것 같다. 그러나 조응록의 『죽계일기』의 기록[24]에 따르면 원종의는 1597년 3월경에 나주판관으로 임명되었다. 병신일기(1596년) 3월 24일에 어운

급이 나주판관으로 기록된 점으로 보아 이날 일기의 나주반자는 어운급 또는 그의 전임자로 생각된다.

22일(을미) 동풍이 많이 불었다. 날씨가 일찍은 흐리다가 늦게 맑아졌다. 세 조방장과 활을 쏘았다. 우수사 [이억기]도 여기에 와서 함께 활을 쏘다가 날이 저물 녘에 헤어져 돌아갔다.

23일(병신) 맑았다. 아침에 식사를 한 뒤에 세 조방장과 우후 [이몽구]와 앞 봉우리를 걸어서 오르니 삼면으로 전망이 막힘이 없고 북쪽 길도 훤히 보였다. 과녁을 땅에 설치하고 넓게 자리를 잡고 앉았다. 종일 돌아오는 것도 잊었다.

24일(정유) 흐렸으나 바람은 불지 않았다. 공문을 처결하였다. 늦게 세 조방장과 함께 활을 쏘았다.

25일(무술) 비가 하루 종일 내렸다. 권 동지(권준)와 우후 [이몽구], 남도포만호 [강응표], 나주 반자가 와서 만났다. 영광군수[1]도 왔다. 권 동지와 바둑을 겨루었는데 권준이 이겼다. 저녁에 몸이 몹시 불편하였다. 닭이 울고 나서야 열이 조금 내리고 땀도 흐르지 않았다.

1) 『영광읍지』의 「읍재선생」에 의하면 당시의 영광군수는 정연(丁淵)이다.[25] 그의 본관은 영광(靈光)으로서, 전 충청 수사 정걸의 아들이며, 정유재란 때 진중에서 죽었다.[26]

26일(기해) 맑았다. 영광군수 [정연]이 나갔다. 늦게 신(신호), 박(박종남) 두 조방장과 우후 [이몽구]와 활 15순을 쏘았다. 저녁에 배 수사(배설), [웅천현감] 이운룡, [거제현령] 안위가 신 임 방백[1]을 연명[2]하기 위하여 사량으로 간다고 하였다. 밤 10시경에 동녘이 어둡다가 밝아 졌는데 무슨 징조인지 모르겠다.

1) 『선조실록』의 기사[27]에 의하면 경상도관찰사 홍이상이 경상도를 좌우로 나누어 각기 따로 감사를 두도록 조정 에 건의하여 경상좌도는 홍이상이 맡고 경상우도는 서성이 맡게 되었다. 그러므로 일기의 신임 방백은 웅천현 감과 거제현령의 새 상관이 될 경상우도관찰사 서성을 가리킨다.

2) 연명(延命)은, 신임 관찰사가 도임할 때 그 이하의 관원이나 친분이 있는 품관이 관찰사를 찾아가 예를 행하는 것을 가리킨다.[28]

27일(경자) 맑았다. 식사를 한 뒤에 우수사 [이억기]가 여기에 와서 종일 활을 쏘았다. 어두워 질 무렵 박 조방장(박종남)에게 가서 발포만호 [황정록], 사도첨사 [김완], 녹도만호 [송여종] 을 불러서 함께 이야기하다가 헤어졌다. 탐후선이 들어왔다. 표마와 종 금이 등이 들어와 서 "어머니께서 평안하시다."라고 하였다.

28일(신축) 맑았다. 활 10여 순을 쏘았다. 늦게 사도첨사 [김완]이 와서 "각 진포의 병부[1]를 [전라]순찰사 [홍세공]의 공문에 의거하여 각 진포에 바로 나누어 주었다."라고 보고하였다. 그 까닭을 모르겠다.

1) 발병부(發兵符)를 가리킨다. 『경국대전』의 「병전」-「부신(符信)」에 그 사용 체계가 규정되어 있다.

29일(임인) 맑았다. 식사를 한 뒤에 두 조방장, [웅천현감] 이운룡, [영등포만호] 조계종과 활 23순을 쏘았다. 배 수사(배설)가 [경상]순찰사 [서성]이 있는 곳으로부터 왔고 미조항첨사 [성윤문]도 진에 이르렀다.

4월

1일(계묘) 맑았으나 바람이 많이 불었다. 남원의 유생 김굉이 수군의 일 때문에 진에 이르렀 다는 소식을 듣고 그와 이야기하였다.

2일(갑진) 맑았다. 하루 종일 업무를 보았다.

3일(을사) 맑았다. 세 조방장이 우수영의 진으로 갔다. 나는 사도첨사 [김완]과 활을 쏘았다.

4일(병오) 맑았다. 아침에 경상수사 [배설]이 활을 쏘자고 청하기에 권(권준), 박(박종남) 두 조 방장과 함께 배를 타고 수사에게 가니 전라수사 [이억기]가 이미 먼저 와있었다. 그들과 함 께 활을 쏘고 종일 이야기하다가 돌아왔다.

5일(정미) 맑았다. 선전관 이찬이 비밀 유지를 가지고 진에 이르렀다.

6일(무신) 가랑비가 종일 내렸다. 권 동지(권준)와 함께 이야기하였다.

7일(기유) 맑았다. 저물녘에 바다로 내려가 어두워질 무렵 견내량에 이르러 숙박을 하였다. 선전관 [이찬]이 돌아갔다.

8일(경술) 맑았다. 동풍이 많이 불었다. 적들이 밤에 달아났다는 소식을 듣고 토벌하러 들어 가지 않았다. 늦게 침도[1]에 이르러 우수사 [이억기], 배 수사(배설)와 활을 쏘았다. 여러 장 수들도 모두 들어와서 참석하였다. 저녁에 본진으로 돌아왔다.

1) 지금의 경남 거제시 둔덕면 술역리의 방화도이다.[29]

9일(신해) 맑았다. 박 조방장(박종남)과 활을 쏘았다.

10일(임자) 맑았다. 구화역[1]의 역자가 와서 "적선 3척이 다시 역 앞에 이르렀다."라고 보고하기에 삼도의 중위장들로 하여금 각기 5척의 배를 이끌고 견내량으로 달려가서 형세를 살펴보고 섬멸하도록 하였다.

1) 갑오일기(1594년) 2월 21일의 주해 참조

11일(계축) 맑았다. 우수사 [이억기]가 와서 만났는데 이어 활을 쏘고 종일 이야기하다가 돌아갔다. 정여흥이 들어왔다. 또한 변존서의 편지를 보고 집으로 잘 돌아간 것을 알았다. 기쁨을 참을 수 없었다.

12일(갑인) 맑았다. 계본의 회신 18통, 영의정 [유성룡], 우의정 [정탁][1]의 편지와 자임 영공의 답장이 왔다. 군량을 독촉하기 위하여 아병 양응원을 순천, 광양으로, 배승련을 광주, 나주로, 송의련을 흥양, 보성으로, 김충의를 구례, 곡성으로 정하여 보냈다. 삼도의 중위장 [미조항첨사] 성윤문, [사도첨사] 김완, [가리포첨사] 이응표가 견내량으로부터 돌아와서 적이 물러갔다고 보고하였다. 배 수사(배설)가 밀포로 나갔다.

1) 『선조실록』의 기사[30]에 의하면 정탁은 같은 해 2월 우의정에 임명되었다가 같은 해 5월 사직하였다.

13일(을묘) 궂은비가 내렸다. 세 조방장이 함께 왔다. 계문과 서장 4통을 봉하여 거제의 군관에게 줘서 올려 보냈다. 저녁에 고성현령 조응도가 와서 적에 대한 일을 말하였고 또한 "거제의 적이 웅천에 군사를 요청하여 야간 기습을 하려고 한다."라고 하였다. 비록 믿을 수 없었으나 또한 그럴 염려가 없지도 않았다.

14일(병진) 잠시 비가 내렸다. 아침에 흥양현감[1]이 교서에 숙배하였다.

1) 『흥양지』의 「관안」에 의하면 당시의 흥양현감은 홍유의(洪有義)이다.[31]

15일(정사) 흐렸다. 여러 가지 계본과 단오 진상을 봉하여 보냈다.

16일(무오) 큰비가 하루 종일 내렸다. 비가 흡족하게 내리니 금년 농사가 풍년이 들 징조라고 할 수 있겠다.

17일(기미) 맑았다. 동북풍이 많이 불었다. 식사를 한 뒤에 대청으로 나가서 세 조방장과 활

15순을 쏘았다. 배 수사(배설)가 여기에 왔다가 그 길로 해평장¹⁾의 농사짓는²⁾ 곳으로 갔다. 미조항첨사 [성윤문]도 와서 활을 쏘고 갔다.

1) 조선시대에 고성현에 있던 해평목장을 가리킨다.³²
2) 원문 '起耕' 용례를 『실록』이나 조선시대 문헌에서 찾아보면 '땅을 일구어 농사를 짓다'라는 의미이다.

18일(경신) 맑았다. 식사를 한 뒤에 대청으로 나가서 업무를 보았다. 우수사 [이억기], 배 수사(배설)와 가리포첨사 [이응표], 미조항첨사 [성윤문], 웅천현감 [이운룡], 사도첨사 [김완]과 [경상우후] 이의득, 발포만호 [황정록] 등의 삼도의 장수가 함께 와서 모여 활을 쏘았다. 권(권준), 신(신호) 두 조방장도 함께 모였다.

19일(신유) 맑았다. 박 조방장(박종남)이 수색을 하기 위하여 배를 탔다.

20일(임술) 맑았다. 늦게 우수사 [이억기]에게 가서 조용히 이야기하다가 돌아왔다. [소비포 권관] 이영남이 계문의 회신을 가지고 내려왔는데 "남해현령 [기효근]을 효시하라."라고 하였다.

21일(계해) 맑았으나 바람이 많이 불었다. 대청으로 나갔다. 활 10순을 쏘았다.

22일(갑자) 맑았다. 오후에 미조항첨사 [성윤문]과 [웅천현감] 이운룡, 적량만호 고여우, 영등포만호 조계종과 두 조방장이 함께 왔기에 정사준¹⁾이 보낸 술과 고기를 함께 먹고 이어 남해현령 [기효근]이 군령을 어겼으므로 효시하라는 문서를 보여주었다.

1) 정사준(鄭思竣)의 자는 근초(謹初), 본관은 경주(慶州), 생몰년은 1553년~미상이며, 정사립(鄭思立)의 형으로서, 성능이 개선된 조총을 만드는 등의 공을 세웠다.³³

23일(을축) 맑았다. 남풍이 많이 불어서 배가 다닐 수 없었다. 수루 위로 나가서 업무를 보았다.

24일(병인) 맑았다. 이른 아침에 울과 뢰, 완을 어머니의 생신상을 차려드리기 위하여 내보냈다. 12시경에 강천석이 달려와서 "도망친 왜군 망기시로가 무성한 수풀 속에 엎드려 있는 것을 붙잡았고 왜군 1명은 물에 빠져 죽었다."라고 보고하였다. 바로 압송해 오도록 하여 삼도 [수군 진영]에 나뉘어 소속되어 있던 항왜를 다 불러 모아 놓고 곧바로 머리를 베도록 명령하였다. 망기시로는 조금도 두려워하는 빛 없이 죽었다. 참으로 모진 자였다.

25일(정묘) 맑고 바람도 없었다. 구화역의 역자 득복이 경상우후 [이의득]의 급보를 가지고 왔는데 "왜군의 대중소 도합 50여 척의 배가 웅천으로부터 나와서 진해로 향했다."라고 하기에 오수 등을 정탐하도록 내보냈다. 홍양현감 [홍유의]가 와서 만났다. 사량만호 이여념이 돌아갔다. 아들 회와 해가 들어와서 어머니께서 평안하시다는 소식을 들어 매우 다행이었다.

26일(무진) 맑았다. 새벽에 우수사 [이억기]와 신 조방장(신호)이 소속의 20여 척의 배를 이끌고 정탐하러 나갔다. 늦게 권 동지(권준), 홍양현감 [홍유의], 사도첨사 [김완], 여도만호 [김인영]과 활 20순을 쏘았다.

27일(기사) 맑고 바람도 없었다. 몸이 불편하였다. 권 동지(권준), 미조항첨사 [성윤문], 영등포만호 [조계종]이 와서 함께 활 10순을 쏘았다. 밤 12시경에 우수사 [이억기]가 수색을 하고는 진으로 돌아와서 "전혀 적의 종적이 없다."라고 하였다.

28일(경오) 맑았다. 식사를 한 뒤에 대청으로 나가서 업무를 보았다. 우수사 [이억기]와 경상수사 [배설]이 와서 활을 쏘았다. 송덕일[1])이 하동현감[2])을 잡아 왔다.

1) 원문 '宋德一'은 '宋德馹'의 오기이다.
2) 『하동지속수』의 「임관」에 의하면 최기준(崔琦準)으로 추정된다.[34] 그의 자는 규보(圭甫), 본관은 전주(全州), 생몰년은 1553~1609년이며, 송암 김면과 의병 활동을 하였고, 제2차 진주성전투에서 순절한 판관 최기필(崔琦弼)의 동생이다.[35]

29일(신미) 밤 2시경에 비가 내리기 시작하더니 아침 6시경에는 맑게 갰다. 해남현감[1])이 공사례를 한 뒤에, 하동현감이 2번이나 기한까지 오지 않았으므로 장 90대를 때렸고, 해남현감은 장 10대를 때렸다. 미조항첨사 [성윤문]이 휴가를 신청하였다. 세 조방장과 함께 이야기하였다. 노윤발이 미역 99동을 따왔다.

1) 노산 이은상은 『이충무공전서』의 번역 시에 최위지로 서술하였다. 그러나 조응록의 『죽계일기』의 기록[36]에 의하면 당시의 해남현감은 전협(田浹) 또는 그 전임자로 추정된다.

30일(임신) 맑았다. 활 10순을 쏘았다.

5월

1일(계유) 비바람이 많이 불었다.

2일(갑술) 맑았다. 아침에 바람이 매우 사나웠다. 늦게 웅천현감 [이운룡]과 거제현령 [안위], 영등포만호 [조계종], 옥포만호 [이담]이 와서 만났다. 밤 10시경에 탐후선이 들어와서 "어머니께서 평안하시다."라고 하였고 "종사관 [유공진]이 이미 본영에 이르렀다."라고 하였다.

3일(을해) 맑았다. 활 15순을 쏘았다. 해남현감이 와서 만났다. 금갑도만호가 진에 이르렀다.

4일(병자) 맑았다. 이날이 어머니의 생신이다. 몸소 나아가 잔을 올리지도 못하고 홀로 먼 바다에 앉아 있으니 마음을 이루 말할 수 없었다. 늦게 활 15순을 쏘았다. 해남현감이 돌아갔다. 아들의 편지를 보니 "요동의 왕작덕[1]이 왕씨의 후예로서 군사를 일으키려고 한다."라고 하였다. 아주 놀라웠다.

1) 『선조실록』에는 누르하치(老乙可赤)의 준동을 경계하는 기사가 1595년부터 1596년까지 약 20여 건이 실려 있다. 당시 건주위의 추장 누르하치가 요동에서 그의 세력을 확장하고 있었던 사실을 감안하면 일기에서 언급된 왕작덕은 그와 관련이 있는 인물로 짐작된다.

5일(정축) 계속 비가 내리다가 오후 6시경에 잠시 갰다. 활 3순을 쏘았다. 우수사 [이억기]와 경상수사 [배설]과 여러 장수들이 함께 모였다. 오후 4시경에 종사관 유공진[1]이 들어왔다. 이충일, 최대성[2], 신경황이 함께 왔다. 몸이 춥고 불편하여 아팠으며 토하다가 갔다.

1) 유공진(柳拱辰)의 자는 백첨(伯瞻), 본관은 진주(晋州), 생몰년은 1547~1604년이다.[37]
2) 최대성(崔大晟)의 자는 대양(大洋), 본관은 경주(慶州), 생몰년은 1553~1598년이며, 옥포해전, 첨산전투 등에 참전하였고, 안치전투(雁峙戰鬪)에서 전사하였다.[38]

6일(무인) 맑고 바람도 없었다. 아침에 종사관 [유공진]이 교서에 숙배한 뒤에 공사례를 받고 그와 이야기하였다. 늦게 활 20순을 쏘았다.

7일(기묘) 맑았다. 아침에 종사관 [유공진], 우후 [이몽구]와 함께 이야기하였다.

8일(경진) 흐렸으나 비는 내리지 않았다. 아침에 식사를 한 뒤에 배를 출발하여 삼도 [수사]가 함께 선인암으로 가서 이야기하고 구경하며 또한 활을 쏘았다. 이날 방답첨사 [장린]이 들어왔다. 아들 등의 편지를 가지고 왔는데 "4일에 종 춘세가 불을 내서 10여 집이 불탔으나 어머니께서 거처하시는 집에는 미치지 않았다."라고 하니 이는 다행이었다. 저물기 전에 배를 돌려 진으로 들어왔다. 종사관 [유공진]과 우후 [이몽구]는 모두 방회[1] 때문에 뒤처졌다.[2]

1) 과거시험의 급제자를 알리는 방에 이름이 함께 오른 동기생들은 동방(同榜)으로 불렸으며 이들의 모임은 방회(榜會)라고 하였다. 방회는 주로 동기생들 간의 친목을 다지기 위한 회합으로서, 조선시대 문헌에는 이를 기념하기 위한 시 등의 기록이 많이 전하며 방회를 주제로 그린 그림인 방회도(榜會圖) 또한 여러 작품이 현전한다.

2) 종사관 유공진과 우후 이몽구는 「만력11년계미9월초3일별시방목」에 급제한 동방으로서 유공진은 문과에, 이몽구는 무과에 급제하였다. 일기의 내용은 우후 이몽구의 신상을 확증할 수 있는 자료이다(임진일기-1592년 1월 16일의 주해 참조).

9일(신사) 맑았다. 아침에 식사를 한 뒤에 종사관 [유공진]이 돌아가고 우후 [이몽구]도 함께 갔다. 활 20순을 쏘았다.

10일(임오) 맑았다. 활 20순을 쏘았는데 많이 맞추었다. "종사관 [유공진] 등이 본영에 이르렀다."라고 하였다.

11일(계미) 늦게 비가 뿌렸다. 두치의 군량으로 [사용하기 위해] 남원, 순창, 옥과 등에서 도합 68섬을 싣고 왔다.

12일(갑신) 궂은비가 그치지 않다가 저녁에 잠시 갰다. 대청으로 나가서 업무를 보았다. 권 동지(권준)와 신 조방장(신호)이 왔다.

13일(을유) 비가 퍼붓듯이 내렸는데 종일토록 그치지 않았다. 홀로 대청에 앉아 있으니 온갖 생각이 들었다. 배영수를 불러서 거문고를 타게 하였고 또한 세 조방장을 초청하여 함께 이야기하였다. 며칠 [전에 간] 탐후선이 6일이 되도록 오지 않으므로 어머니께서 평안하신 지를 알 수 없어서 답답하기 그지없었다.

14일(병술) 궂은비가 그치지 않고 밤낮으로 내렸다. 아침에 식사를 한 뒤에 대청으로 나가서 업무를 보았다. 사도첨사 [김완]이 와서 "흥양에서 받은 전선이 섬에 걸려 전복되었다."라고 보고하기에 대장 최벽과 10호선 장수, 도훈도를 잡아 와서 장을 때렸다. 권 동지(권준)가 왔다.

15일(정해) 궂은비가 개지 않아 지척을 분간할 수 없었다. 새벽꿈이 몹시 어지러웠다. 어머니께서 평안하시다는 소식을 듣지 못한 것이 이미 7일이나 되어 매우 애가 타고 답답하였다. 또한 해가 잘 갔는지도 모르겠다. 아침에 식사를 한 뒤에 나가서 업무를 보았는데, 광양의 김두검이 복병했을 때 순천, 광양의 두 고을에서 이중으로 그의 삭료를 받은 일 때문에 벌로써 수군으로 복무하러 왔지만 칼도 안 차고 또한 활과 화살도 지니지 않고 거만하게 구는 일이 많았으므로 장 70대를 때렸다. 늦게 우수사 [이억기]가 술을 가지고 왔다가 몹시 취해서 돌아갔다.

16일(무자) 흐렸으나 비는 내리지 않았다. 아침에 탐후선이 들어와 "어머니께서 평안하시다." 라고 하였으나 "부인은 불이 난 뒤로 심기가 많이 상하여 담천이 다시 심해졌다."라고 하여 매우 걱정되었다. 비로소 해 등이 잘 간 것을 알게 되었다. 활 20순을 쏘았는데 권 동지(권준)가 잘 맞추었다.

17일(기축) 맑았다. 아침에 나가서 본영 각 배의 사부, 격군으로서 급료를 받는 사람들을 점검하였다. 늦게 활 20순을 쏘았는데 박(박종남), 권(권준) 두 조방장이 잘 맞추었다. 이날 소금가마[1] 하나를 주조하여 만들었다.

1) 원문은 소금가마를 '塩釜'로 표기하였지만 『실록』이나 『신증동국여지승람』 등의 사료나 문헌에 의하면 대개 '鹽盆'으로 표기되었다. 조선시대의 소금 생산은 주로 바닷물을 소금가마에 부어 끓여서 만드는 방식으로 이루어졌다.[39] 전쟁으로 인하여 물자의 수급이 매우 어려웠으므로 소금 수급을 위한 자구책의 일환으로서 소금가마를 만든 것 같다.

18일(경인) 맑았다. 아침에 충청수사 [선거이][1]가 진에 이르렀는데 단지 결성현감, 보령현감[2], 서천포만호[3]만 이끌고 왔다. 충청수사가 교서에 숙배한 뒤에 세 조방장과 함께 이야기하였다. 저녁에 활 10순을 쏘았다. 거제현령 [안위]가 와서 만나고 그대로 숙박을 하였다.

1) 당시의 충청수사 선거이의 이름은 이후의 일기와 『선조실록』의 기사[40]에서 확인할 수 있다.
2) 당시의 보령현감은 이지효(李止孝)이다.[41] 그의 자는 중순(仲純), 본관은 함평(咸平), 생몰년은 1553~1613년이며,

광해군 때 계축옥사에 연루되어 문초를 받다가 감옥에서 죽었다.**⁴²**

3) 노산 이은상은 『이충무공전서』의 번역 시에 소희익으로 서술하였다. 『임진장초』의 「청죄과기제장장(請罪過期諸將狀)」(1594년 4월 2일)에 서천포만호가 소희익으로 기록되어 있지만 일기에서 언급된 서천포만호도 동일인인지는 확인하기 어렵다.

19일(신묘) 맑았다. 동풍이 차갑게 불었다. 아침에 식사를 한 뒤에 권(권준), 박(박종남), 신(신호) 세 조방장과 사도첨사 [김완], 방답첨사 [장린] 두 첨사와 활 30순을 쏘고 선 수사(선거이)도 와서 함께 참여하였다. 저녁에 소금가마 하나를 주조하여 만들었다.

20일(임진) 비바람이 저녁 내내 불더니 밤새도록 그치지 않았다. 아침에 식사를 한 뒤에 업무를 보았다. 선 수사(선거이), 권 조방장(권준)과 함께 바둑을 두었다.

21일(계사) 흐렸다. 오늘 반드시 본영으로부터 오는 사람이 있을 것이지만 여태 어머니께서 평안하신지를 알 수 없어서 걱정스럽기 그지없었다. 종 옥이, 무재를 본영으로 보내고 건어물¹⁾과 밴댕이젓, 어란을 어머니께 보냈다. 아침에 나가서 업무를 보았는데, 항왜 등이 와서 "그들 동료인 왜군 산소가 흉하고 패악한 일을 많이 하였으므로 죽여야 한다."라고 보고하기에 왜군으로 하여금 머리를 베게 하였다. 활 20순을 쏘았다.

1) 원문 '鮑魚'는 조선시대 문헌에서 그 용례를 찾아보면 건어물 또는 전복을 가리킨다.

22일(갑오) 맑고 따뜻하였다. 권 동지(권준) 등과 활 20순을 쏘았다. 이수원이 서울로 올라갈 일 때문에 들어와서 비로소 어머니께서 평안하심을 알게 되어 매우 다행이었다.

23일(을미) 맑았다. 세 조방장과 활 15순을 쏘았다.

24일(병신) 맑았다. 아침에 이수원이 계문을 가지고 나갔다. 박 조방장(박종남)과 충청수사 선 수사(선거이)로 하여금 활을 쏘도록 하였다. 소금가마를 주조하여 만들었다.

25일(정유) 맑았다. 늦게 비가 내리기 시작하였다. 경상수사 [배설], 우수사 [이억기], 충청수사 [선거이]가 함께 모여서 활 9순을 쏘았다. 충청수사가 술을 가져와서 몹시 취해서 헤어졌다. 배 수사(배설)로부터 "[경상우병사] 김응서가 대간으로부터 많은 비판을 받았고¹⁾ 원수 [권율]도 그 와중에 함께 [비판을 받았다].라는 소식을 들었다.²⁾

1) 원문 '重被臺評'은 '대간(臺諫)으로부터 많은 비판을 받다'라는 의미이다.

2) 『선조실록』의 기사[43]에 의하면 경상우병사 김응서는 조정의 허락도 없이 왜군 진영에 사람을 보내어 강화를 의 논하는 등의 행동을 하였으며 그의 상관인 권율 또한 이를 저지하지 않고 별다른 대책도 취하지 않았기 때문 에 많은 물의를 빚었다.

26일(무술) 늦게야 맑아졌다. 홀로 대청에 앉아 있었다. 충청수사 [선거이], 세 조방장과 종일 이야기하였다. 저녁에 현덕린이 들어왔다.

27일(기해) 맑았다. 활 10순을 쏘았다. 선 수사(선거이), 두 조방장이 취해서 돌아갔다. 정철이 서울로부터 [내려와] 진에 이르렀는데 계본의 회신 안의 내용에는 김응서가 자기 마음대로 강화에 대하여 말한 것이 죄라는 말이 많았다. 영의정 [유성룡], 좌의정[1]의 편지가 왔다.

1) 『선조실록』의 기사[44]에 의하면 당시의 좌의정은 김응남(金應南)이다. 그의 자는 중숙(重叔), 본관은 원주(原州), 생몰년은 1546~1598년이다.[45]

28일(경자) 저녁까지 흐리더니 저녁에 비가 많이 내리기 시작하였다. 밤새도록 바람이 많이 불어서 전선을 안정시킬 수가 없어 간신히 보전하였다. 식사를 한 뒤에 선 수사(선거이), 세 조방장과 이야기하였다.

29일(신축) 비바람이 그치지 않고 종일 퍼붓듯이 내렸다. 종묘사직의 위령에 힘입어 간신히 작은 공로를 세웠지만 은총과 영광이 너무 과하여 분에 넘치는 바가 있다. 몸은 장수의 임 무를 지녔으나 공은 티끌만큼도 보답하지 못했고 입으로는 교서를 외우지만 얼굴은 군사 들에게 부끄러움만 있을 따름이다.

1일(임인) 늦게야 맑아졌다. 권(권준), 박(박종남), 신(신호) 세 조방장, 웅천현감 [이운룡], 거제현령 [안위]와 활 15순을 쏘았다. 선 수사(선거이)는 이질 때문에 활을 쏘지 않았다. 새로 교대하는 영리가 들어왔다.

2일(계묘) 종일 가랑비가 내렸다. 식사를 한 뒤에 대청에서 업무를 보았다. 한비가 돌아갔는데 [그편에] 어머니께 편지를 써서 [보냈다]. 영리 강기경, 조춘종, 김경희와 신홍언이 모두 교대하였다. 오후에 가덕첨사, 천성만호, 평산포만호 [김축], 적량만호 [고여우] 등이 와서 만났다. 천성만호 윤홍년이 와서 청주의 이계의 편지와 서숙부(庶叔父)의 편지를 전해주고 "김개가 3월에 세상을 떠났다."라고 하였다. 비통함을 참을 수 없었다. 저물녘에 권언경(권준) 영공이 와서 이야기하였다.

3일(갑진) 흐렸으나 비는 내리지 않았다. 식사를 한 뒤에 나가서 업무를 보았는데 각 곳의 공문1)을 처결하여 보냈다. 늦게 가리포첨사 [이응표], 남도포만호 [강응표]가 왔다. 권(권준), 신(신호) 두 조방장과 방답첨사 [장린], 사도첨사 [김완], 여도만호 [김인영], 녹도만호 [송여종]이 활 15순을 쏘았다. 아침에 남해현령 [기효근]의 급보에 "해평군 윤두수2)가 남해로부터 본영으로 건너간다."라고 하였는데 무슨 까닭인지 모르겠다. 즉시 배를 정비하여 현덕린을 본영으로 보냈다. 사량만호 [이여념]이 와서 군량이 떨어졌다고 보고하고 그 길로 돌아갔다.

1) 원문 '報狀'은 하급관청에서 상급관청으로 보내는 공문서를 의미한다. '報狀'은 말 그대로 보고문서라는 개념이며 첩정을 가리키기도 한다.
2) 해평군은 윤근수의 작호이므로 원문 '尹斗壽(윤두수)'는 '尹根壽(윤근수)'의 오기이다. 『선조실록』과 정경운의 『고대일록』의 기록46에 의하면 당시 윤근수는 남부지방에서 심유경과 함께 있었고 윤두수는 해주에서 중전을 호위하고 있었다.

4일(을사) 맑았다. 진주의 서생 김선명이라는 자가 계원유사를 하겠다고 여기에 왔는데 보인 안득이라고 칭하는 자를 데리고 왔다. 그의 말을 듣고 그것이 사실인지 살펴보았더니 그렇다는 것을 보장하기 어려웠으므로 잠시 그 하는 바를 두고 보기로 하고 공문을 만들어주었다. 세 조방장과 사도첨사 [김완], 방답첨사 [장린], 여도만호 [김인영], 녹도만호 [송여종]이 활 15순을 쏘았다. 탐후선이 오지 않아 어머니께서 평안하신지를 알 수 없어서 매우 걱정스러워 눈물이 흘렀다.

5일(병오) 맑았다. 이 조방장[1] 등과 함께 아침식사를 하였는데 [조방장] 박자윤(박종남)은 병 때문에 오지 못하였다. 늦게 우수사 [이억기], 웅천현감 [이운룡], 거제현령 [안위]가 와서 종일 함께 이야기하였다. 12시경부터 비가 내리기 시작하여 활을 쏠 수 없었다. 나는 몸이 몹시 불편하여 저녁식사도 못하고 종일 고통스러웠다. 종 경이 들어와서 그편에 어머니께서 평안하신지를 알 수 있어서 매우 다행이었다.

1) 원문 '李助防將'이 누구를 가리키는 것인지는 분명치 않다.

6일(정미) 비가 종일 내렸다. 몸이 몹시 불편하였다. 송희립이 들어와서 그편에 도양장 농사의 상황을 들었는데 "흥양현감 [홍유의]가 그 노력을 다하였기에 추수가 잘될 것 같다."라고 하였다. "임영도 군사의 지원에 그 노력을 다한다."라고 하였다. 정항이 여기에 왔다. 나는 몸이 불편하였기 때문에 종일 약간의 통증이 있었다.

7일(무신) 비가 하루 종일 내렸다. 몸이 몹시 불편하여 신음하며 앉았다 누웠다 하였다.

8일(기유) 비가 내렸다. 몸이 조금 나은 듯하였다. 늦게 세 조방장이 와서 만났는데 곤양군수 [이광악]이 상을 당했다고 전하여 매우 한탄스러웠다.[1]

1) 『광주이씨족보』에서도 이광악의 아버지 이호약(李好約)이 을미년(1595년)에 죽은 사실이 확인된다.

9일(경술) 맑았다. 몸이 아직 낫지 않아서 매우 답답하였다. 신 조방장(신호)과 사도첨사 [김완], 방답첨사 [장린]이 편을 나누어 활을 쏘았는데 신(신호) 편이 이겼다. 저녁에 원수 [권율]의 군관 이희삼이 유지를 가지고 여기에 왔는데 조형도가 무고하여 "수군의 군사 1명이 하루에 쌀 5홉, 물 7홉씩 받는다."라고 하였다니 세상의 일이 매우 놀랍다.[1] 천지간에 어떻게 이처럼 속이는 일이 있을까? 어두워질 무렵 탐후선이 들어와서 "어머니께서 이질에 걸리셨다."라고 하여 매우 걱정스러워 눈물이 흘렀다.

1) 조형도는 같은 해 3월경 수군 진영을 방문한 뒤에 조정으로 돌아가 일기의 내용과 같이 보고하였다(3월 11일 일기의 주해 참조).

10일(신해) 맑았다. 새벽에 탐후선을 본영으로 내보냈다. 늦게 세 조방장과 충청수사 [선거이], 경상수사 [배설]이 와서 만났다. 광주의 군량 39섬을 받았다.

11일(임자) 가랑비가 내리고 바람이 많이 불었다. 아침에 원수 [권율]의 군관 이희삼이 돌아갔다. 저녁에 나가서 업무를 보았다. 광주의 군량을 훔친 사람을 가두었다.

12일(계축) 가랑비가 내리고 바람이 불었다. 새벽에 울이 들어와서 그편에 어머니의 병환이 조금 나아졌다는 소식을 들었다. 그러나 90세의 [노친이] 이러한 위태로운 증세를 얻어서 염려스러웠고 또한 눈물이 흘렀다.

13일(갑인) 흐렸다. 새벽에 경상수사 배설을 잡아오라는 명령이 내려오고[1] "그 대신으로 권준이 제수되고 남해현령 기효근은 유임되었다."라고 하여 놀라왔다. 늦게 배 수사(배설)에게 가서 만나고 돌아왔다. 어두워질 무렵 탐후선이 들어와서 금오리[2]가 이미 본영에 이르렀다고 하였다. 또한 별좌의 편지를 보았더니 "어머니께서 점차 차도가 있으시다."라고 하여 매우 다행이었다.

1) 『선조실록』의 기사[47]에서도 배설이 죄를 저질렀다는 이유로 조정에 잡혀간 사실이 확인된다.
2) 의금부의 이졸(吏卒)을 가리킨다.

14일(을묘) 새벽에 큰비가 내렸다. 사도첨사 [김완]이 활쏘기를 청하여 우수사 [이억기]와 여러 장수들이 다 모였는데 늦게 맑아져서 활 12순을 쏘았다. 저녁에 금오리가 배 수사(배설)를 잡아가기 위하여 들어왔다. 권 수사(권준)의 조사를 면제[1]하는 공문과 유서, 밀부[2]도 왔다.

1) 원문 '除朝辭'는 '除朝辭赴任'의 준말로서 지방으로 도임하는 관원들이 임지로 떠나기 전에 조정에서 거행하는 예를 면제해주는 것을 가리킨다. 이는 대개 관원들이 조속히 임지로 가서 업무를 수행하도록 하려는 목적에서 시행되었다.
2) 발병부(發兵符)를 가리키며 『경국대전』의 「병전」-「부신(符信)」에 그 규격과 용도가 정의되어 있다. 발병부는 둘로 나누어 한쪽은 대궐에서, 다른 한쪽은 관찰사나 절도사 등의 진영에서 보관하였고, 군사 동원 시 임금의 교서와 함께 반쪽의 표신을 내려보내 장수가 가지고 있는 다른 반쪽과 맞추어 확인토록 하였다.

15일(병진) 맑았다. 새벽에 망궐례를 하였다. 식사를 한 뒤에 포구로 나가서 배설을 송별하였는데 마음이 편치 않았다. 아들 울이 돌아갔다. 오후에 신 조방장(신호)과 활 10순을 쏘았다.

16일(정사) 맑았다. 나가서 업무를 보았다. 순천 7호선의 장수 장일이 군량을 훔치다가 붙잡혀서 벌을 주었다. 오후에 두 조방장과 미조항첨사 [성윤문] 등과 활 7순을 쏘았다.

17일(무오) 맑았다. 종일 바람이 많이 불었다. 경상수사 [권준]과 충청수사 [선거이], 두 조방장과 함께 활을 쏘았다.

18일(기미) 비가 내리다 맑았다 하였다. 진주의 유생 유기룡과 하응문[1]이 계향[2][유사][3]가 되기를 원하여 쌀 5섬을 줘서 보냈다. 늦게 박 조방장(박종남)과 활 15순을 쏘고 헤어졌다.

1) 하응문(河應文)의 본관은 진주(晉州)이다.**48**
2) 원문 '繼餉'은 '군량의 지원'을 의미하며 『선조실록』에서 그 용례를 쉽게 확인할 수 있다.
3) 10월 19일 일기에 유기룡과 하응문을 계향유사(繼餉有司)로 기록하고 있는 점과 원문 '繼餉' 앞에 '~이 되기를 원하다'라는 의미인 '願爲'가 있는 점에 의거하여 원문 '繼餉'을 계향유사로 번역하였다.

19일(경신) 계속 비가 내렸다. 홀로 수루 위에 앉아 있었는데 뜻밖에도[1] 아들 면이 윤덕종의 아들 운로와 함께 와서 그편에 어머니의 편지를 보았고 병환도 완쾌되었음을 알 수 있어서 매우 다행이었다. 신홍헌 등이 들어와서 보리 76섬을 납부하였다.

1) 원문 '夢寐'의 용례를 『선조실록』에서 찾아보면 '뜻밖에도'라는 의미이다.

20일(신유) 맑았다 비가 내리다 하였다. 종일 수루에 앉아 있다가 "충청수사 [선거이]가 말이 분명하지 않다."라는 소식을 듣고 저녁때 직접 가서 보니 위중하지는 않았지만 풍습에 많이 상하여 매우 걱정되었다.

21일(임술) 맑았다. 아주 더웠다. 식사를 한 뒤에 나가서 업무를 보았다. 신홍헌이 돌아갔다. 거제현령 [안위]도 왔다. 경상수사 [권준]의 보고에 "평산포만호 [김축]의 병이 심하다."라고 하기에 [그를] 내보낼 일을 처결하여 보냈다.

22일(계해) 맑았다. 할머니의 제삿날이라 업무를 보지 않았다. 경상수사 [권준]이 와서 만났다.

23일(갑자) 맑았다. 두 조방장과 활을 쏘았다. 저녁에 배영수가 돌아갔다.

24일(을축) 맑았다. [전라]우도의 각 관포의 전선을 점검하였다. 음란한 여인 12명을 붙잡아서 그 대장(隊長)과 함께 죄를 따졌다. 늦게 침을 맞아서 활을 쏘지 못하였다. 허주와 조카 해가 들어왔고 전마도 왔다. 기성백[1]의 아들 징헌이 그의 서숙부 경충과 왔다.

1) 원문 '誠伯'은 '成伯'의 오기로서 남해현령 기효근의 6촌인 기경인(奇敬仁)의 자이며, 징헌과 경충의 원문 '澄憲' 과 '景忠'은 각각 '徵獻'과 '敬忠'의 오기이다.[49]

25일(병인) 맑았다. 원수 [권율]의 공문이 들어왔는데 "세 위장을 셋으로 나누어 보내라."라고 하였고 "행장(고니시 유키나가)이 일본으로부터 왔고 강화가 이미 결정되었다."[1]라고 하였다. 저녁에 박 조방장(박종남)과 함께 충청수사 [선거이]에게 가서 그의 병세를 살펴보았는데 이 상한 일이 많았다.

1) 『선조실록』의 기사[50]에 의하면 당시 조선, 명나라, 일본은 전쟁의 강화와 왜군 철수 등을 논의하고 있었으며 일 본 측 대표는 고니시 유키나가가 그 역할을 담당하고 있었다. 고니시 유키나가는 강화조약의 승인을 받기 위해 도요토미 히데요시가 있는 일본으로 갔다가 6월 24~26일경에 돌아왔다.

26일(정묘) 맑았다. 식사를 한 뒤에 나가서 업무를 보았다. 활 15순을 쏘았다. 경상수사 [권 준]이 와서 만났는데 오늘이 바로 언경(권준) 영공의 생일이라고 하기에 국수를 만들고 몹 시 취하였다. 거문고를 듣고 피리도 불다가 저물녘에 헤어졌다.

27일(무진) 맑았다. 허주와 조카 해, 기운로[1] 등이 돌아갔다. 나는 신 조방장(신호)과 거제현 령 [안위]와 활 10순을 쏘았다.

1) 앞의 일기에 등장했던 윤운로와 기징헌의 이름을 혼동하여 오기하였거나 아니면 함께 칭한 것 같다.

28일(기사) 맑았다. 나라의 제삿날[1]이라 업무를 보지 않았다.

1) 명종의 제삿날이다.

29일(경오) 맑았다. 일찍 대청으로 나갔다. 우수사 [이억기]가 와서 활 10여 순을 쏘았다.

30일(신미) 맑았다. 문어공[1]이 날삼을 사기 위하여 나가고 이상록도 돌아갔다. 늦게 거제현 령 [안위], 영등포만호 [조계종]이 와서 만났다. 방답첨사 [장린]과 녹도만호 [송여종], 신 조 방장(신호)과 활 15순을 쏘았다.

1) 원문 '文語恭'은 병신일기(1596년) 5월 4일에 나오는 '文於公'의 오기이다.

1일(임신) 잠시 비가 내렸다. 나라의 제삿날[1]이라 업무를 보지 않았다. 홀로 수루 위에서 기대어 있었다. 나라의 형세를 생각하니 아침 이슬처럼 위태로운데 안으로는 정책을 결정할 만한 동량이 없고 밖으로는 나라를 바로잡을만한 주춧돌이 없으니 종묘사직이 끝내 어찌 될지 모르겠다. 마음이 어지러워서 종일 뒤척였다.

1) 인종의 제삿날이다.

2일(계유) 맑았다. 이날이 바로 돌아가신 아버지의 생신이다. 슬프고 그리운 생각에 나도 모르게 눈물이 흘렀다. 늦게 활 10순을 쏘았다. 또한 철전[1] 5순과 편전 3순을 쏘았다.

1) 둥글고 날이 없는 쇠촉이 달린 화살로서 그 무게에 따라 육량전(六兩箭), 아량전(亞兩箭), 장전(長箭)의 세 가지 종류가 있다.[51]

3일(갑술) 맑았다. 아침에 충청수사 [선거이]에게 가서 문병을 하니 "많이 나았다."라고 하였다. 늦게 경상수사 [권준]이 여기에 와서 서로 이야기한 뒤에 활 10순을 쏘았다. 밤 10시경에 탐후선이 들어와서 "어머니께서 평안하시지만 입맛이 없으시다."라고 하여 아주 걱정스러웠다.

4일(을해) 맑았다. 나주판관이 배를 이끌고 진으로 돌아왔다. 이전[1] 등이 산역을 하여 노를 만들 나무를 가지고 와서 납부하였다. 식사를 한 뒤에 대청으로 나갔다. 미조항첨사 [성윤문], 웅천현감 [이운룡]이 와서 활을 쏘았다. 군관 등이 향각궁[2]을 걸고 활쏘기를 겨루었는데 노윤발이 일등을 하여 획득하였다. 저녁에 임영, 조응복이 왔다. 양정언이 휴가를 받아서 돌아갔다.

1) 이전(李荃)은 당포해전 등에 참전하였다.[52]

2) 물소의 뿔 대신 황소의 뿔을 사용하여 만든 활이다. 물소의 뿔은 국외로부터 수입을 통해서만 구할 수 있었기 때문에 종종 이를 대신하여 황소의 뿔이 활의 제작에 사용되기도 하였다. 그러나 그 위력은 물소의 뿔로 만든 것보다 부족하였다.[53]

5일(병자) 맑았다. 대청에 앉아서 업무를 보았다. 늦게 박 조방장(박종남), 신 조방장(신호)이 왔다. 방답첨사 [장린]이 활을 쏘았다. 임영이 돌아갔다.

6일(정축) 맑았다. 정항, 금갑도만호, 영등포만호 [조계종]이 와서 만났다. 늦게 나가서 업무를 보았다. 활 8순을 쏘았다. 종 목년이 고음천으로부터 와서 그편에 어머니께서 평안하신지를 알 수 있었다.

7일(무인) 흐렸으나 비는 내리지 않았다. 경상수사 [권준], 두 조방장과 충청수사 [선거이]가 왔다. 방답첨사 [장린], 사도첨사 [김완] 등으로 하여금 편을 나누어 활을 쏘도록 하였다. 경상우병사 [김응서]에게 온 유지의 내용에 "[전쟁의] 참화가 나라에 [미치고] 원수가 종묘 사직에 있으므로 신령의 부끄러움과 사람의 원통함이 땅을 덮고 하늘에 닿았건만 아직도 요망한 기운을 빨리 쓸어버리지 못하고 모두가 [원수와] 함께 [한 하늘을] 지고 있는 고통을 겪고 있다. 그러므로 무릇 혈기가 있는 자라면 어느 누가 팔뚝을 걷어붙이고 절치부심하며 그들의 살을 저며내고 싶어 하지 않겠는가? 경은 대적하고 있는 장수로서 조정의 명령이 없었는데도 마음대로 적과 대면하여 감히 패역한 말을 하고 여러 차례 사사로이 편지를 주고받으면서 그들을 높이고 아첨하는 모습을 보였으며, 수호와 강화에 대한 말이 명나라 조정에까지 이르게 하여 부끄러움을 주고 흔단을 만들었지만[1] 조금도 거리낌이 없었다. 군율로 다스려도 아까울 것이 없지만 오히려 너그러이 용서하며 돈유하고 경책하기를 분명히 하였건만 더더욱 미혹에 사로잡혀서 스스로 죄에 빠져드니 나는 매우 놀랍고 그 까닭을 알 수 없다. 이에 비변사 낭청 김용[2]을 보내어 말로써 나의 뜻을 전하니 경은 그 마음을 고치고 경계하며 노력하여 후회할 일을 남기지 말라."라고 하였다.[3] 이를 보고 놀랍고 송구함을 금할 수 없었다. 김응서는 어떤 사람이기에 스스로 회개하고 노력한다는 말을 들을 수가 없는가? 만약 간담이 있다면 반드시 스스로 처신할 것이다.

1) 노산 이은상은 『이충무공전서』에서 원문 '開釁'을 '開釁端'의 약자로 해석하였다. 흔단(釁端)은 어떠한 일의 원인이 되는 '실마리' 또는 '단초'라는 의미로서 『실록』이나 조선시대 문헌에서 그 용례를 쉽게 찾아볼 수 있다. 일기의 문맥상 의미가 자연스러우므로 이은상의 해석이 옳다고 생각된다.

2) 『선조실록』의 기사[54]에서도 김응서를 꾸짖기 위해 김용(金涌)을 보낸 사실을 확인할 수 있다. 그의 자는 도원(道源), 본관은 의성(義城), 생몰년은 1557~1620년이며, 학봉 김성일의 조카이다.[55]

3) 『선조실록』의 같은 해 5월 기사[56]에는 사헌부가 김응서의 죄상을 논한 기록이 실려 있는데 일기에 실린 내용과 의미가 상당 부분 일치한다.

8일(기묘) 맑았다. 식사를 한 뒤에 나가서 업무를 보았다. 영등포만호 [조계종], 박 조방장(박종남)이 와서 만났다. 우수사 [이억기]의 군관 배영수가 그 대장의 명령 때문에 와서 군량 20섬을 빌려 갔다. 동래현령 정광좌¹⁾가 와서 부임한 것을 보고하기에 활 10순을 쏘고 헤어졌다. 종 목년이 돌아갔다.

1) 『동래부읍지』의 「부선생」에서도 같은 달에 정광좌(鄭光佐)가 동래현령으로 도임했음을 확인할 수 있다.**57**

9일(경진) 맑았다. 오늘이 말복이다. 가을 기운이 더욱 서늘해져서 마음에 매우 많은 생각이 들었다. 미조항첨사 [성윤문]이 와서 만나고 갔다. 웅천현감 [이운룡], 거제현령 [안위]가 활을 쏘고 갔다. 밤 10시경에 바다의 달빛이 수루에 가득하니 가을 생각이 몹시 어지러워서 수루 위를 배회하였다.

10일(신사) 맑았다. 몸이 몹시 불편하였다. 늦게 우수사 [이억기]를 만나서 서로 이야기하였다. 부족한 군량에 대하여 많은 말을 하였는데 대책이 없어서 아주 걱정스러웠다. 박 조방장(박종남)도 와서 술 몇 잔을 마시고 몹시 취하였다. 밤이 깊어 수루 위에 누웠더니 초승달 빛이 수루에 가득하여 마음을 추스를 수가 없었다.

11일(임오) 맑았다. 아침에 어머께 편지를 쓰고 각 곳에도 편지를 써서 보냈다. 무재, 박영이 신역 때문에 돌아갔다. 나가서 업무를 보고 활 10순을 쏘았다.

12일(계미) 맑았다. 아침에 식사를 한 뒤에 경상우수사 [권준]이 와서 만났다. 그와 활 10순, 철전 5순을 쏘았다. 날이 저물 녘에 서로 이야기하다가 돌아갔다. 가리포첨사 [이응표]도 와서 함께 하였다.

13일(갑신) 맑았다. 가리포첨사 [이응표]와 우수사 [이억기]가 함께 왔고 가리포첨사가 술을 가져왔다. 활 5순을 쏘고 철전 2순을 쏘았다. 나는 몸이 몹시 불편하였다.

14일(을유) 늦게야 맑아졌다. 군사 등에게 휴가를 주었다. 녹도만호 송여종으로 하여금 죽은 군사들에게 제사를 지내도록 백미 2섬을 주었다. 이상록, 태구련, 공태원 등이 들어와서 어머께서 평안하심을 알게 되어 기쁘기 그지없었다.

15일(병술) 맑았다. 늦게 대청으로 나가서 박(박종남), 신(신호) 두 조방장과 방답첨사 [장린], 여도만호 [김인영], 녹도만호 [송여종], 보령현감 [이지효], 결성현감 두 현감과 이언준 등과 활을 쏘고 술을 대접하였다. 경상수사 [권준]도 와서 함께 이야기하였다. 그들로 하여금 씨름을 겨루도록 하였다.[1] 정항이 왔다.

1) 이날이 백중이기 때문에 씨름 시합을 한 것으로 짐작된다. 예로부터 백중에는 지역에 따라 여러 종류의 오락을 즐기고 차례, 천도제 등을 지냈다.[58] 전날 죽은 군사들의 제사를 위해 백미를 준비한 것도 이와 관련된 것으로 보인다.

16일(정해) 맑았다. 아침에 "김대복의 병세가 지극히 위중하다."라는 소식을 들어서 걱정을 금할 수 없었다. 곧바로 송희립, 유홍근으로 하여금 치료하도록 하였지만 그 증세를 자세히 알 수 없어서 몹시 걱정스러웠다. 늦게 나가서 업무를 보았다. 순천의 정석주, 영광의 도훈도 주문상에게 벌을 주었다. 저녁에 원수 [권율]에게 보낼 공문과 병사에게 보낼 공문의 초고를 써서 주었다. 미조항첨사 [성윤문]과 사도첨사 [김완]이 휴가신청서를 올렸는데 성 첨지는 10일, 김 첨지는 3일이었다. 휴가를 줘서 보냈다. 녹도만호 [송여종]을 유임한다는 병조의 공문이 내려왔다.

17일(무자) 비가 내렸다. 거제현령 [안위]의 급보에 "거제의 적이 이미 다 철수하여 돌아갔다." 라고 하기에 곧바로 정항을 보냈다. 대청으로 나가서 업무를 보았다. 내일 배를 출발하여 나갈 일을 전령하였다.

18일(기축) 맑았다. 아침에 대청으로 나갔다. 박(박종남), 신(신호) 두 조방장과 함께 아침식사를 하였다. 오후에 출발하여 저녁에 지도에 이르러 정박하고 밤을 보냈다. 밤 12시경에 거제현령 [안위]가 와서 "장문포의 적 소굴이 이미 다 비었고 단지 30여 명만 있다."[1]라고 하였고 또한 "사냥하는 왜적을 만나서 쏘아 죽이고 사로잡은 것이 각각 1명이다."라고 하였다. 밤 2시경에 출발하여 견내량으로 돌아왔다.

1) 『선조실록』의 기사[59]에 의하면 당시 왜군은 강화조약의 절차에 따라 점차 진영을 철거하고 있었다.

19일(경인) 맑았다. 우수사 [이억기], 경상수사 [권준], 충청수사 [선거이], 두 조방장과 이야기 하다가 헤어졌다. 오후 4시경에 진으로 돌아왔다. 당포만호를 잡아오려고 했을 때 나타나지 않은 죄로 장을 때렸다. 김대복에게 가서 병세를 살펴보았다.

20일(신묘) 흐렸다. 두 조방장과 함께 아침에 식사를 하였다. 늦게 거제현령 [안위]와 전 진해 현감 정항이 왔다. 오후에 나가서 업무를 보고 활 5순, 철전 4순을 쏘았다. 좌병사[1]의 군관 이 편지를 가지고 왔다.

1) 『선조실록』의 기사[60]에 의하면 당시의 경상좌병사는 고언백(高彦伯)이다. 그의 본관은 제주(濟州), 생몰년은 미상 ~1608년이며, 강화 교동의 향리 출신으로서 임진왜란 때 많은 공을 세웠지만, 후일 임해군과 반란을 모의했다 는 무고를 받고 감옥에서 형장을 받다가 죽었다.[61]

21일(임진) 비바람이 많이 불었다. 우후 [이몽구가 들어온다는 소식을 들었다. 식사를 한 뒤 에 태구련[1], 언복이 만든 환도를 충청수사 [선거이], 두 조방장에게 각각 1자루씩 나누어 보 냈다. 어두워질 무렵 회, 울과 우후가 함께 배를 타고 섬 밖에 이르렀다. 아들 등이 들어왔다.

1) 보물 제326-1호 이순신유물-장검(李舜臣遺物-長劍)의 슴베에는 '갑오년(1594년) 4월에 태귀련(太貴連)과 이무생 (李戊生)이 만들었다'는 글이 새겨져 있다. 따라서 일기의 태구련(太九連)은 태귀련을 가리키는 것으로 판단된다.

22일(계사) 흐리고 바람이 많이 불었다. 이충일[1]이 그의 아버지가 돌아가셨다는 소식을 듣고 나갔다.

1) 이충일(李忠一)의 자는 경부(敬夫), 본관은 안성(安城), 생몰년은 1561년~미상이다.[62]

23일(갑오) 맑았다. 늦게 말을 달리기 위하여 원두구미로 갔더니 두 조방장과 충청수사 [선거 이]도 왔다. 저녁에 소선을 타고 돌아왔다.

24일(을미) 맑았다. 나라의 제삿날[1]이라 업무를 보지 않았다. 충청수사 [선거이]가 와서 이야 기하였다.

1) 문종 비 현덕왕후(顯德王后)의 제삿날이다.

25일(병신) 맑았다. 충청수사 [선거이]의 생일이기 때문에 음식을 준비해 왔다. 우수사 [이억 기], 경상수사 [권준]과 신 조방장(신호) 등과 술을 마시며 이야기하였다. 저녁에 정 조방장 이 들어왔다.

26일(정유) 맑았다. 아침에 정 영동[1]과 윤엽, 이수원 등이 홍양현감 [홍유의]와 들어왔다. 식 사를 한 뒤에 정 수사와 충청수사 [선거이]도 와서 조용히 이야기하였다.

1) 『영동읍지』의 「관안」에 의하면 당시의 영동현감은 정원경(鄭元卿)이다.[63]

27일(무술) 맑았다. 어사의 공문이 들어왔는데 "내일 진으로 온다."라고 하였다.

28일(기해) 맑았다. 아침에 식사를 한 뒤에 배로 내려가 삼도의 [군사가] 함께 나가서 포구 안에 진을 쳤다. 오후 2시경에 어사 신식[1]이 진에 이르자 바로 대청으로 내려가서 한참 동안 서로 이야기하였다. 각 수사와 세 조방장을 청하여 함께 이야기하였다.

1) 『선조실록』의 기사[64]에 의하면 신식(申湜)은 경상도 안무어사(安撫御史)로서 파견되었다. 그의 자는 숙정(叔正), 본관은 고령(高靈), 생몰년은 1551~1623년이다.[65]

29일(경자) 흐리고 바람이 많이 불었다. 어사 [신식]이 [전라]좌도 소속의 5진포 [군사를] 점검하고 저녁에 여기에 와서 조용히 이야기하였다.

8월

1일(신축) 비바람이 많이 불었다. 어사 [신식]과 함께 아침식사를 하고 곧바로 배로 내려가 순천 등 5고을의 배를 점검하였다. 저물녘에 나는 어사에게 내려가서 함께 이야기하였다.

2일(임인) 흐렸다. [전라]우도의 전선을 점검한 뒤에 이어 남도포만호 [강응표]의 군막에 머물렀다. 나는 나가서 업무를 보고 충청수사 [선거이]와 이야기하였다.

3일(계묘) 맑았다. 어사 [신식]이 늦게 경상 [수군]의 진으로 가서 점검하였다. 저녁에 경상 [수군]의 진으로 가서 함께 이야기하였지만 몸이 불편하여 바로 돌아왔다.

4일(갑진) 비가 내렸다. 어사 [신식]이 여기에 왔으므로 여러 장수들을 함께 모아서 종일 이야기하다가 헤어졌다.

5일(을사) 흐렸으나 비는 내리지 않았다. 아침에 어사 [신식]과 작별하기 위하여 충청수사 [선거이]에게 갔다. 어사와 이별 자리를 가진 뒤에 정 조방장이 돌아갔다.

6일(병오) 비가 많이 내렸다. 우수사 [이억기], 경상수사 [권준], 두 조방장이 모여서 함께 종일 이야기하다가 헤어졌다.

7일(정미) 계속 비가 내렸다. 아침에 아들 울과 허주와 현덕린, 우후 [이몽구]가 함께 배를 타고 나갔다. 늦게 두 조방장과 충청수사 [선거이]와 함께 이야기하였다. 저녁에 표신을 지닌 선전관 이광후가 유지를 가지고 왔는데 원수 [권율]로 하여금 삼도의 수군을 이끌고 적의 소굴로 들어가도록 하는 일에 관한 것이었다. 그와 밤새도록 이야기하였다.

8일(무신) 계속 비가 내렸다. 선전관 [이광후]가 나갔다. 경상수사 [권준], 충청수사 [선거이]와 두 조방장과 함께 이야기하고 저녁식사를 하고 날이 저물 녘에 각자 돌아갔다.

9일(기유) 서풍이 많이 불었다.

10일(경술) 맑았다. 몸이 불편한 듯하였다. 홀로 수루 위에 앉아 있으니 온갖 생각이 들었다. 늦게 대청으로 나가서 업무를 본 뒤에 활 5순을 쏘았다. 정제와 결성현감이 함께 배를 타고 나갔다.

11일(신해) 비가 내리다 맑았다 하였다. 종 한경도 본영으로 갔다. 배영수, 김응겸이 활쏘기를 겨루었는데 김이 이겼다.

12일(임자) 흐렸다. 일찍 나가서 업무를 보았다. 늦게 두 조방장과 활을 쏘았다. 김응겸이 경상수사 [권준]에게 갔다가 돌아올 때 들어와서 만났는데 "우수사 [이억기]가 활쏘기를 겨루었는데 배영수가 또 졌다."라고 하였다.

13일(계축) 비가 하루 종일 내렸다. 계본의 초고를 쓰고 공문을 처결하였다. 독수가 와서 도양장 둔전에 대한 소식을 들었다. 이기남[1]이 하는 바가 잘못된 것이 많았기에 우후 [이몽구]에게 급히 달려가서 조사하도록 공문을 만들어 보냈다.

1) 이기남(李奇男)의 자는 대윤(大胤), 본관은 광산(光山), 생몰년은 1553년~미상이며, 당포해전, 한산도대첩 등에 참전하였고, 1594년 1월경에 도양장의 감독관으로 임명되었다.[66]

14일(갑인) 비가 하루 종일 내렸다. [전] 진해현감 정항과 [영등포만호] 조계종이 와서 이야기하였다.

15일(을묘) 새벽에 망궐례를 하였다. 우수사 [이억기], 가리포첨사 [이응표], 임치첨사 [홍견] 등 여러 장수들이 함께 왔다. 이날 삼도의 사부와 본도의 잡색군[1]을 먹이고 종일 여러 장수들과 함께 술을 마셨다.[2] 이날 밤 희미한 달빛이 수루를 비추고 침상에 누워서도 잠을 이루지 못하여 시를 읊으며 밤을 보냈다.

1) 조선 초기 국방을 강화할 목적으로 관직이 없던 양반 계층, 향리, 역리, 공사천 등을 군역에 편제하여 설치했던 병종이다. 성종 때 이후로는 군액의 감소 등으로 점차 기능이 쇠퇴하였지만 양계지역 등의 외방에서는 외적의 방어를 위한 군사의 부족 때문에 그 역할이 점차 증대되었다.[67]
2) 이날이 추석이므로 군사들과 함께 회식을 한 것으로 짐작된다.

16일(병진) 궂은비가 개지 않고 종일 부슬부슬 내렸다. 마음이 몹시 어지러웠다. 두 조방장과 함께 이야기하였다.

17일(정사) 가랑비가 내리고 동풍이 불었다. 새벽에 김응겸을 불러서 일에 대하여 물어보았다. 늦게 나가서 업무를 보았다. 두 조방장과 이야기하고 활 10순을 쏘았다.

18일(무오) 궂은비가 그치지 않았다. 신(신호), 박(박종남) 두 조방장이 와서 함께 이야기하였다.

19일(기미) 날씨가 아주 맑았다. 두 조방장과 방답첨사 [장린]과 활을 쏘았다. 밤 10시경에 조카 봉과 회, 울이 들어와서 "체찰사[1]가 21일에 진주성으로 와서 군무를 물어보려는 일 때문에 체찰사의 군관이 들어왔다."라고 하였다.

1) 『선조실록』의 기사[68]에 의하면 8월 1일에 우의정 이원익이 도체찰사를 겸하여 서울을 떠나 남쪽지방으로 내려왔다. 그의 자는 공려(公勵), 호는 오리(梧里), 시호는 문충(文忠), 본관은 전주(全州), 생몰년은 1547~1634년이며, 태종의 11남 익령군의 고손자이다.[69] 임진왜란 시기 평안도관찰사, 사도도체찰사 등을 역임하며 여러 지방을 전전하면서 전란을 수습하였다. 경기선혜법을 성립시키고 삼도대동법을 추진하는 등 평생 동안 많은 민본정책을 펼쳐서 백성들로부터 많은 존경을 받았다. 『인조실록』의 기사[70]에 의하면 인조 때 그가 영의정으로 제수되어 도성으로 들어오는 날 도성 백성들이 모두 머리를 조아리며 맞이하였는데 이는 그가 어떠한 인물인지를 단적으로 보여주는 일화이다.

20일(경신) 맑았다. 종일 체찰사 [이원익]의 전령을 기다렸지만 오지 않았다. 권 수사(권준)와 우수사 [이억기], 발포만호 [황정록]이 와서 만나고 돌아갔다. 밤 10시경에 전령이 들어왔다. 밤 12시경에 배를 출발하여 곤이도[1]에 이르렀다.

1) 지금의 경남 통영시 산양읍 곤리리의 곤리도이다.[71]

21일(신유) 흐렸다. 늦게 소비포 앞바다에 이르니 전라순찰사 [홍세공]의 군관 이준이 공문을 가지고 왔다. 강응호, 오계성이 함께 와서 한참 동안 이야기하였다. 경수(이억기)와 언경(권준), 자윤(박종남), 언심[1]에게 편지를 썼다. 저물녘에 사천 땅 침도에 이르러 숙박을 하였다. 밤기운이 매우 쌀쌀하였고 마음이 편치 않았다.

1) 노산 이은상은 『이충무공전서』의 번역 시에 원문 '彦深'을 조방장 신호의 자인 '彦源'의 오기로 보았다. 일기에 언급된 장수들의 이름으로 미루어보아 '彦深'이 조방장 신호를 가리키는 것임은 확실하다고 생각된다.
신호의 무과급제 방목[72]에 그의 자가 '深源'으로 기록된 점으로 보아 처음에는 자가 '深源'이었다가 나중에 '彦源'으로 바뀐 듯하다. 따라서 일기에 기록된 '彦深'은 변경 전후의 두 자를 혼동하여 기록한 것이 아닌가 추측된다.

22일(임술) 맑았다. 이른 아침에 여러 가지 공문을 만들어서 체찰사 [이원익]에게 보냈다. 아침에 식사를 한 뒤에 출발하여 사천현에 이르렀다. 오후에 진주 남강 강변에 이르니 "체찰사가 이미 진주에 들어왔다."라고 하였다.

23일(계해) 맑았다. 체찰사 [이원익]에게 가니 조용히 이야기하는 말 중에 백성을 위하여 고통을 덜어주어야겠다는 뜻이 많았다. 호남순찰사 [홍세공에 대해서는] 헐뜯어 말하는 기색이 많아서 한탄스러웠다.[1] 늦게 나는 [경상우병사] 김응서와 함께 촉석루로 가서 그 장사들이 패하여 죽은 곳을 살펴보았는데 비통함을 참을 수 없었다. 얼마 있다가 체찰사가 나로 하여금 먼저 가도록 하기에 배를 타고 소비포로 돌아와서 정박하였다.

1) 김륵의 『백암집』의 기록[73]에는 당시의 도체찰사 일행의 이동 경로가 자세히 실려 있다. 이에 따르면 이들 일행은 같은 달 11일경 전주에서 전라순찰사 홍세공과 전주부윤 이정암을 만났다.

24일(갑자) 맑았다. 새벽에 소비포 앞에 이르니 고성현령 조응도가 와서 만났다. 그대로 소비포 앞바다에서 숙박을 하였다. 체찰사 [이원익], 부사[1]와 종사관[2]도 숙박을 하였다.

1) 『선조실록』의 기사[74]에 의하면 체찰사 이원익의 추천에 의해 김륵(金玏)이 체찰부사가 되었다. 그의 자는 희옥(希玉), 시호는 민절(敏節), 본관은 예안(禮安), 생몰년은 1540~1616년이다.[75] 임진왜란 발발 직후 경상좌도의 안집사로 임명되자 민생 안정과 군사 활동을 전개하여 경상좌도가 전란 초기의 혼란한 상황을 극복할 수 있는 발판을 마련하였다.[76]

2) 『선조실록』과 정경운의 『고대일록』의 기록[77]에 의하면 당시의 이원익의 종사관은 남이공(南以恭)이다. 그의 자는 자안(子安), 본관은 의령(宜寧), 생몰년은 1565~1640년이다.

25일(을축) 맑았다. 일찍 식사를 한 뒤에 체찰사 [이원익]과 부사 [김륵], 종사관 [남이공]이 내가 탄 배에 함께 탔다. 아침 8시경에 배를 출발하고 [배 안으로] 함께 들어가서 여러 섬과 합병할 진과 접전 지역을 지적하며 종일 논의하였다. 곡포는 평산포로 합치고, 상주포는 미조항으로 합치고, 적량은 삼천포로 합치고, 소비포는 사량으로 합치고, 가배량은 당포로 합치고, 지세포는 조라포로 합치고, 제포는 웅천으로 합치고, 율포는 옥포로 합치고, 안골포는 가덕으로 합치기로 결정하였다. 저녁에 진중에 도착하여 여러 장수들이 교서에 숙배하고 공사례를 한 뒤에 헤어졌다.

26일(병인) 맑았다. 저녁에 부사 [김륵]과 만나서 편안히 이야기하였다.[1]

1) 김륵은 이순신과 마찬가지로 1576년 식년시에 급제하였다.

27일(정묘) 맑았다. 군사 5,480명에게 음식을 먹였다.[1] 저녁에 상봉[2]으로 가서 적진과 적이 [다니는] 길을 가리켜 보였다. 바람이 몹시 험하여 저녁에 도로 내려왔다.

1) 이원익의 『오리속집』의 기록[78]에 의하면 이순신은 이원익에게 건의하여 정승인 이원익이 한산도의 군사들에게 성찬을 베푸는 것으로 꾸몄다고 한다. 군사들의 사기를 높이고 나라와 조정에 대한 충성심을 진작시킬 목적이 었음을 쉽게 짐작할 수 있다.

2) 지금의 경남 통영시 한산면의 한산도 남쪽에 있는 망산으로 추정된다.

28일(무진) 맑았다. 이른 아침에 체찰사 [이원익]과 부사 [김륵], 종사관 [남이공]과 함께 수루 위에 앉아서 폐단에 대하여 의논하였다. 식사 전에 배로 내려가 배를 출발하여 나갔다.

29일(기사) 맑았다. 일찍 나가서 업무를 보았다. 경상수사 [권준]이 체찰사 [이원익]이 있는 곳 으로부터 왔다.

9월

1일(경오) 맑았다. 새벽에 망궐례를 하였다. 탐후선이 들어왔다. 우후 [이몽구]가 도양장으로부터 와서 본영의 공문을 올렸는데 정사립을 해치려는 뜻이 많아서 우스웠다. 종사관 [유공진]이 병으로 사임하고[1] 돌아가 조섭하려는 일을 처결하여 보냈다.[2]

1) 원문 '呈病'은 '병가를 내다' 또는 '병으로 사직서를 내다'라는 의미이다.
2) 장유의 『계곡집』의 기록[79]에서도 유공진이 을미년(1595년)에 통제사를 보좌하다가 얼마 안 되어 병으로 사임한 사실이 확인된다.

2일(신미) 맑았다. 새벽에 상선을 출발하였다. 목재를 끌어 내릴 군사 1,283명에게 밥을 먹이고 끌어 내렸다. 충청수사 [선거이], 우수사 [이억기], 경상수사 [권준], 두 조방장이 함께 와서 종일 이야기하다가 헤어졌다.

3일(임신) 맑았다. 동풍이 많이 불었다. 여필(이우신)과 울, 변유헌이 돌아가고 강응호도 도양장의 수확 때문에 함께 돌아갔다. 정항, 우수[1], 이섬[2]이 정탐을 하고 들어왔는데 "영등포의 적진이 2일에 소굴을 비우고 누각과 여러 집들을 다 불태웠다."라고 하였다. 웅천에서 [적에게] 투항했던 사람인 공수복 등 17명을 회유해 왔다.[3]

1) 우수(禹壽)의 자는 인수(仁叟), 본관은 예안(禮安), 생몰년은 1557년~미상이며, 칠천량해전, 명량해전, 노량해전 등에 참전하였다.[80]
2) 이섬(李暹)의 자는 태명(太明), 본관은 전의(全義), 생몰년은 1566년~미상이며, 칠천량해전, 노량해전 등에 참전하였다.[81]
3) 『선조실록』의 같은 해 6월 기사[82]에 의하면 왜군에게 투항했던 백성들이 다시 탈출해서 돌아오는 사람들이 많이 발생하자 이순신은 그들의 탈출을 적극 장려하기 위하여 본래 살던 곳으로 돌려보내는 정책을 조정에 건의하였고 조정에서는 이를 허가하였다.

4일(계유) 맑았다. 경상수사 [권준]이 와서 청하기에 종일 이야기하다가 돌아갔다. 여필(이우신), 울 등이 어찌 갔는지 몰라서 마음이 몹시 어지러웠다.

5일(갑술) 맑았다. 아침에 권 수사(권준)가 소고기를 조금 보냈다. 충청수사 [선거이], 신 조방장(신호)과 함께 아침식사를 먹은 뒤에 신 조방장, 선 수사와 함께 배를 타고 경상수사 [권준]에게 가서 종일 이야기하다가 저물녘에 돌아왔다. 이날 체찰사 [이원익]의 공문이 왔는데 "순천, 광양, 낙안, 흥양의 갑오년 전세를 싣고 오라."라고 하기에 바로 회신을 하였다.

6일(을해) 맑았으나 바람이 많이 불었다. 충청수사 [선거이]가 술을 가져왔기에 우수사 [이억기], 두 조방장이 와서 함께 마셨다. 송덕일이 들어왔다.

7일(병자) 맑았다. 식사를 한 뒤에 경상우수사 [권준]이 왔다. 충청도병영의 배인 서산, 보령의 배를 내보냈다.[1]

1) 당시 서산은 충청병영인 해미내상성이 있던 곳이고 보령은 충청수영이 있던 곳이다.

8일(정축) 맑았다. 나라의 제삿날[1]이라 업무를 보지 않았다. 식사를 한 뒤에 아들 회와 송덕일이 함께 배를 타고 나갔다. 충청수사 [선거이], 두 조방장이 와서 이야기하였다.

1) 세조의 제삿날이다.

9일(무인) 맑았다. 우수사 [이억기]와 여러 장수들이 모두 모여서 진영의 군사들에게 떡 1섬을 나누어 주었다. 오후 8시경에 헤어져 돌아왔다.

10일(기묘) 맑았다. 오후에 나는 충청수사 [선거이]와 두 조방장과 우수사 [이억기]에게 가서 함께 이야기하다가 밤에 돌아왔다.

11일(경진) 흐렸다. 몸이 몹시 불편하여 업무를 보지 않았다.

12일(신사) 흐렸다. 아침에 충청수사 [선거이]와 두 조방장에게 오라고 청하여 함께 아침식사를 하고 늦게 헤어져 돌아갔다. 저녁에 경상수사 [권준]과 우후 [이몽구]와 정항이 술을 가지고 와서 함께 이야기하다가 밤이 깊어서야 헤어졌다.

13일(임오) 비가 내렸다. 수루에 기대어 홀로 앉아 있으니 마음이 편치 않았다.

14일(계미) 맑았다. 늦게 나가서 업무를 보았다. 우수사 [이억기]와 경상우수사 [권준]이 함께 와서 이별 잔을 들다가 밤이 깊어서야 헤어졌다. 이별할 때 선 수사(선거이)에게 짧은 시를 지어 주었는데 "북쪽으로 갔을 때는 고생을 함께 하더니 남쪽으로 와서는 생사를 같이하네. 한 잔 술을 밤의 달빛과 나누면 내일은 이별의 정을 나누겠구나."라고 하였다.

15일(갑신) 맑았다. 선 수사(선거이)가 와서 돌아간다고 하므로 다시 이별 잔을 나누고 헤어졌다.

16일(을유) 맑았다. 나가서 업무를 보았다. 계문을 확인하고 봉하였다. 이날 어두워질 무렵 월식¹⁾이 있었는데 밤이 깊어지니 달빛이 밝아졌다.

1) 미국항공우주국 및 영국항해력연구소의 월식 웹사이트**83** 등에서 음력 1595년 9월 16일(양력 1595년 10월 18일)에 한반도에서 대략 오후 5:00 직전부터 오후 6:50경까지 월식이 있었음을 확인할 수 있다.

17일(병술) 맑았다. 식사를 한 뒤에 서울에 편지를 써서 보냈다. 김희번이 계본을 가지고 나갔다. 유자 30개를 영의정 [유성룡]에게 보냈다.

18일(정해) 늦게 정 조방장이 들어와서 함께 이야기하였다.

19일(무자) 맑았다. 정 조방장이 들어왔다가 바로 돌아갔다.

20일(기축) 밤 2시경에 둑제를 지냈다. 사도첨사 김완이 헌관이 되어 진행하였다. 아침에 우수사 [이억기]가 와서 만났다.

21일(경인) 맑았다. 박(박종남), 신(신호) 두 조방장과 함께 아침식사를 하였다. 박 조방장과 이별 자리를 가지려고 하였지만 경상수사 [권준]에게 작별하러 가고 나서는 날이 저물어서 하지 못하였다. 저녁에 이종호가 들어왔는데 단지 목화만 가지고 왔으므로 다 나누어주었다.

22일(신묘) 맑았다. 동풍이 많이 불었다. 박자윤(박종남) 영공이 나갔다. 경상우수사 [권준]도 와서 이별 자리를 가졌다.

23일(임진) 맑았다. 나라의 제삿날¹⁾이라 업무를 보지 않았다. 웅천에서 포로가 되었던 사람인 박록수, 김희수가 와서 만났는데 적의 정세를 알려주기에 각각 무명 1필씩 나누어 주고 보냈다.

1) 태조 비 신의왕후(神懿王后)의 제삿날이다.

24일(계사) 맑았다. 아침에 각 곳에 편지 10여 통을 썼다. 아들 울, 면과 방익순과 온개 등이
함께 나갔다. 이날 저녁 우수사 [이억기], 경상수사 [권준]이 와서 만났다.

25일(갑오) 맑았다. 오후 2시경에 녹도의 하인이 불을 냈는데 대청과 수루의 방까지 번져서
다 불타버렸다. 군량, 화약, 군기 등이 [있던] 창고에는 불길이 미치지 않았지만 수루 아래
에 있던 장편전 200여 부1)가 불타버렸다. 한탄스러웠다.

1) 부(部)는 화살을 세는 단위로서 1부는 화살 30개를 가리킨다(임진일기-1592년 1월 1일의 주해 및 주석 참조).

26일(을미) 맑았다. 홀로 배 위에 앉아서 종일 앉았다 누웠다 하였는데 마음이 편치 않았다.
이언량이 목재를 베어 왔다.

27일(병신) 흐렸다. 우수가 와서 안골포의 부적인1) 230여 명이 나왔는데 배의 수는 22척이라
고 보고하였다. 식사를 한 뒤에 불이 났던 곳으로 올라가서 집을 지을 땅을 찾아보았다.

1) 부적인(附賊人)은 적에 투항한 사람을 가리킨다.

28일(정유) 맑았다. 식사를 한 뒤에 [집을] 지을 곳으로 올라갔다. 우수사 [이억기], 경상수사
[권준]이 와서 만났다. 회, 울이 소식을 듣고 들어왔다.

29일(무술) 맑았다.

30일(기해) 맑았다.

1일(경자) 맑았다. 신 조방장(신호)과 함께 아침식사를 하고 이어 이별 잔을 나누었다. 늦게 신 조방장이 나갔다.

2일(신축) 맑았다. 대청에 대들보를 올리고 또한 상선을 연훈하였다. 우수사 [이억기], 경상수사 [권준]과 [전라우우후] 이정충이 와서 만났다.

3일(임인) 맑았다. 해평군 윤근수의 공문을 구례의 유생이 가지고 왔는데 "김덕령과 전주의 김윤선 등이 죄 없는 사람을 때려죽이고 수군 진영으로 도망쳐 들어갔다."[1]라고 하기에 수색해보니 "9월 10일경에 보리 종자를 거래할 일로 진으로 왔다가 바로 돌아갔다."라고 하였다.

1) 『선조실록』과 『선조수정실록』의 기사[84]에도 이에 대한 기록이 간략히 실려 있다.

4일(계묘) 맑았다.

5일(갑진) 이른 아침에 수루에 올라가서 일하는 것을 살펴보았는데 수루 위의 바깥 둥근 기둥에 흙을 발랐다[1]. 항왜로 하여금 운반하는 일을 시켰다.

1) 원문 '仰土'는 서까래 위에 산자를 엮고 지붕을 이은 다음 밑에서 흙을 바르는 것을 가리킨다.

6일(을사) 식사를 한 뒤에 우수사 [이억기]와 경상수사 [권준]이 와서 만났다. 저녁에 웅천현감 [이운룡]이 와서 그편에 "명나라 사신[1]"이 부산으로 들어간다."라는 소식을 들었다. 이날 포로가 되었던 사람 24명이 나왔다.

1) 일본과 강화를 벌일 목적으로 파견된 사신으로서 정사는 이종성(李宗城)이고 부사는 양방형(楊方亨)이다.[85] 정경운의 『고대일록』의 1595년 10월 14~19일 일기에는 사신 일행이 거쳐 간 지역과 그들의 상세한 모습이 기록되어 있다.

7일(병오) 맑았다. 봄날처럼 따뜻하였다. 임치첨사 [홍견]이 와서 만났다.

8일(정미) 맑았다. 조카 완이 들어왔다. 진원[1]과 조카 해의 편지도 왔다.

1) 원문 '珍原'은 진원현감을 가리키는 것으로 보인다. 병신일기(1596년) 9월 17일에는 이순신이 진원현감과 친분이 있는 것으로 보이는 내용이 있다.

9일(무신) 맑았다. 각 곳에 답장을 써서 보냈다. 대청을 짓는 것을 마쳤다. 우우후 [이정충]이 와서 만났다.

10일(기유) 맑았다. 늦게 대청에서 업무를 보았다. 우수사 [이억기], 경상수사 [권준]이 함께 와서 조용히 이야기하였다.

11일(경술) 맑았다. 일찍 수루의 방으로 올라가서 종일 일하는 것을 살펴보았다.

12일(신해) 맑았다. 일찍 수루 위로 올라가서 일하는 것을 살펴보았다. 서쪽에 행랑을 세웠다. 저녁에 송홍득이 들어왔는데 아주 잘못된 말이 많았다.

13일(임자) 맑았다. 일찍 새 수루로 올라가서 대청에 흙을 발랐는데 항왜로 하여금 일을 끝마치도록 하였다. 송홍득이 군관을 따라갔다.

14일(계축) 맑았다. 우수사 [이억기]와 경상수사 [권준], 사도첨사 [김완], 여도만호 [김인영], 녹도만호 [송여종] 등이 와서 만났다.

15일(갑인) 맑았다. 새벽에 망궐례를 하였다. 저녁에 달빛을 타고 우수사 경수(이억기)에게 가서 만나고 이별 자리를 가졌다. 경상수사 [권준], 미조항첨사 [성윤문], 사도첨사 [김완]도 왔다.

16일(을묘) 맑았다. 새벽에 새 수루의 방으로 올라갔다. 우수사 [이억기]와 임치첨사 [홍견], 목포만호 등이 나갔다. 그대로 새 수루의 방에서 숙박을 하였다.

17일(병진) 맑았다. 아침에 가리포첨사 [이응표], 금갑도만호가 와서 함께 아침식사를 하였다. 진주의 하응구, 유기룡 등이 계원미 20섬을 가지고 와서 납부하였다. 부안의 김성업, 미조항첨사 성윤문이 와서 만났다. 정항이 돌아갔다.

18일(정사) 맑았다. 권 수사(권준)와 우우후 [이정충]이 와서 만났다.

19일(무오) 맑았다. 회, 면이 나갔다. 송두남이 계문을 가지고 서울로 올라가고 김성업도 돌아갔다. [웅천현감] 이운룡이 와서 만났다. 계향유사 하응문, 유기룡이 나갔다.

20일(기미) 맑았다. 늦게 가리포첨사 [이응표], 금갑도만호, 남도포만호 [강응표], 사도첨사 [김완], 여도만호 [김인영]이 와서 만났는데 술을 대접하여 보냈다. 저물녘에 영등포만호 [조계종]도 와서 저녁식사를 하고 돌아갔다. 이날 밤바람은 매우 서늘하고 차가운 달빛은 낮처럼 밝아서 침상에 누워서도 잠을 이루지 못하고 밤새도록 뒤척였으며 온갖 근심이 치밀어 올랐다.

21일(경신) 맑았다. 이설이 휴가를 신청하였지만 주지 않았다. 늦게 우우후 이정충, 금갑도만호 가안책[1], 이진권관 등이 와서 만났다. 바람이 매우 서늘하여 침상에 누워서도 잠을 이룰 수 없었다. 공태원을 불러서 왜군의 정세를 물어보았다.

1) 『임진장초』의 「당항포파왜병장(唐項浦破倭兵狀)」(1594년 3월 10일)과 정유일기 2(1597년) 10월 13일에는 금갑도만호의 이름이 이정표로 기록되어 있다. 따라서 원문 '金甲萬戶賈安策'이 '금갑도만호 가안책'을 의미하는지 아니면 '금갑도만호 이정표와 가안책'을 뜻하는지 판단하기 어렵다. 이 때문에 을미일기(1595년)와 병신일기(1596년)에 나오는 금갑도만호의 이름을 표기하지 않았다. 가안책은 당포해전, 한산도대첩 등에 참전하였다.[86]

22일(신유) 맑았다. 가리포첨사 [이응표], 미조항첨사 [성윤문], 우후 [이몽구] 등이 와서 만났다. 저녁에 송희립과 박태수, 양정언이 들어왔다. 전문[1]을 받들어 갈 유생도 들어왔다.

1) 선조의 생일과 동짓날이 가까워져 오므로 전문을 준비한 것으로 보인다.

23일(임술) 맑았다. 아침에 전문을 올려 보낸 뒤에 대청으로 나가서 업무를 보았다.

24일(계해) 맑았다. 경상수사 [권준]이 와서 만나고 하응구도 와서 종일 이야기하다가 저물녘에 돌아갔다. 박태수, 김대복이 돌아갔다.

25일(갑자) 맑았다. 가리포첨사 [이응표], 우후 [이몽구], 금갑도만호, 회령포만호, 녹도만호 [송여종] 등이 와서 만나고 돌아갔다. 저녁에 정항이 돌아간다고 하기에 이별 자리를 가졌다. 띠풀을 베기 위하여 이상록, 김응겸, 하천수, 송의련, 양수개 등이 군사 80명을 이끌고 나갔다.

26일(을축) 맑았다. 임달영이 왔다는 소식을 듣고 불러서 제주로 간 일에 대해 물어보았다. 방답첨사 [장린]이 들어왔다. 송홍득, 송희립 등이 사냥을 갔다.

27일(병인) 맑았다. 우우후 [이정충], 가리포첨사 [이응표]가 왔다.

28일(정묘) 맑았다. 경상우후 [이의득]이 와서 만났다. 띠풀을 베러 갔던 배가 들어왔다. 밤에 여름처럼 비가 내리고 천둥이 치니 변괴였다.

29일(무진) 맑았다. 가리포첨사 [이응표], 이진권관이 돌아갔다. 경상수사 [권준], 웅천현감 [이운룡], 천성만호 [윤홍년]이 함께 왔다.

1일(기사) 새벽에 망궐례를 하였다. 늦게 나가서 업무를 보았다. 사도첨사 [김완]이 나갔다. 함평, 진도, 무장의 전선을 내보냈다. 김희번이 서울로부터 내려왔는데 조보와 영의정 [유성룡]의 편지를 가지고 왔다. 항왜들에게 술을 먹였다. 오후에 방답첨사 [장린]과 활 7순을 쏘았다.

2일(경오) 맑았다. 곤양군수 이수일[1)이 와서 만났다.

1) 『곤양군읍지』의 「읍선생」에 의하면 당시의 곤양군수는 이극일(李克一)이다.[87] 원문 '李守一'은 초고본의 글자가 오기였든지 아니면 『이충무공전서』가 발간될 때 오류가 있었던 것으로 짐작된다.

3일(신미) 맑았다. 황득중이 들어와서 "왜군의 배 2척이 청등[1)을 경유하여 흥도에 이르렀다가 해북도에 정박해서는 불을 지르고 춘원 등으로 갔다."라고 전하고는 새벽에 지도로 돌아갔다.

1) 지금의 경남 통영시 용남면 어의리의 어의도로 추정된다.[88]

4일(임신) 맑았다. 새벽에 이종호, 강기경 등이 들어왔다. 변존서의 편지를 보니 봉, 해 형제가 본영에 왔다고 하였다.

5일(계유) 맑았다. 남해현령 [기효근], 금갑도만호, 남도포만호 [강응표], 어란만호, 회령포만호와 정담수가 와서 만났다. 방답첨사 [장린], 여도만호 [김인영]을 불러와서 이야기하였다.

6일(갑술) 맑았다. 송희립이 들어왔다. 띠풀 400동, 생칡 100동을 싣고 왔다.

7일(을해) 맑았다. 하동현감[1)이 교서와 유서에 숙배하였다. 경상우수사 [권준]이 순찰사[2)가 있는 곳으로부터 왔다. 미조항첨사 [성윤문], 남해현령 [기효근]도 왔다.

1) 당시의 하동현감은 신진(申蓁)으로 판단된다(4월 28일 일기의 주석 참조). 그의 본관은 평산(平山)이다.[89]
2) 권준의 상관인 경상우도관찰사로 짐작된다. 『선조실록』의 기사[90]에 의하면 당시의 경상우도관찰사는 서성이다.

8일(병자) 맑았다. 새벽에 완과 종 경이 본영으로 돌아갔다. 늦게 김응겸, 경상순찰사 [서성] 의 군관 등이 왔다.

9일(정축) 맑았다. 여도만호 김인영이 들어왔다.

10일(무인) 맑았다. 새벽에 경상순찰사 [서성]의 군관이 돌아갔다.

11일(기묘) 맑았다. 새벽에 임금님의 탄신일 하례[1]를 하였다. 본영의 탐후선이 들어왔다. 변 주부[2], 이수원, 이원룡 등이 와서 그편에 어머니께서 평안하시다는 소식을 듣게 되어 매우 기쁘고 다행이었다. 저녁에 [경상우후] 이의득이 와서 만났다. 금갑도만호, 회령포만호가 나갔다.

1) 지방에서 임금의 생일에 올리는 하례는 객사의 전패 앞에서 행하였으며 그 절차는 『국조오례의』의 「가례의식 (嘉禮儀式)」-「정지탄일사신급외관요하의(正至誕日使臣及外官遙賀儀)」에 정해져 있다. 정월과 동지에도 동일한 절 차로 하례를 행하였다.
2) 집안 소식을 가져온 점으로 보아 변존서로 짐작된다. 정유일기 1(1597년) 6월 29일과 7월 5일에서 변존서를 가 리킬 때도 '변 주부'와 '변존서'를 혼칭하였다.

12일(경진) 맑았다. 발포의 가장으로 이설을 정하여 보냈다.

13일(신사) 맑았다. 도양장에서 수확된 벼, 콩이 820섬이었다.

14일(임오) 맑았다.

15일(계미) 맑았다. 아버지의 제삿날이라 나가지 않았다. 홀로 앉아서 그리운 생각을 하니 마 음을 추스를 수가 없었다.

16일(갑신) 맑았다. 항왜 여문연기, 야시로 등이 와서 왜군 등이 도망치려고 한다고 보고하기 에 우우후 [이정충]으로 하여금 잡아오도록 하였다. 그 주모자 준시 등 두 왜군을 적발하 여 머리를 베었다. 경상수사 [권준]과 우후 [이몽구], 웅천현감 [이운룡], 방답첨사 [장린], 남 도포만호 [강응표], 어란만호, 녹도만호 [송여종]이 왔는데 녹도만호는 바로 내보냈다.

17일(을유) 맑았다.

18일(병술) 맑았다. 어응린이 와서 "행장(고니시 유키나가)이 그 무리를 이끌고 바다로 나갔는데 간 곳을 알 수 없다."라고 전하기에 경상수사 [권준]에게 전령하여 그로 하여금 바다와 육지를 정탐하도록 하였다.[1] 늦게 [계향유사] 하응문이 와서 군량 조달의 일을 보고하였다. 얼마 있다가 경상수사, 웅천현감 [이운룡] 등이 와서 의논하고 갔다.

1) 『선조실록』의 기사[91]에 의하면 고니시 유키나가는 명나라 사신을 맞이하기 위하여 11월 21일경 경남 양산에서 모습을 보였다.

19일(정해) 맑았다. 이른 아침에 도망갔던 왜군이 스스로 와서 나타났다. 밤 10시경에 분, 봉, 해, 회가 들어와서 어머니께서 평안하심을 알게 되어 기쁘고 다행이었다. [계향유사] 하응문이 돌아갔다.

20일(무자) 맑았다. 거제현령 [안위], 영등포만호 [조계종]이 와서 만났다.

21일(기축) 맑았다. 북풍이 하루 종일 불었다. 새벽에 송희립을 내보내서 견내량에 적선이 있는지 조사하였다. 이날 저녁 벽어[1] 13,240두름[2]을 곡식을 살 일로 이종호가 받아 갔다.

1) 정약용의 『경세유표』의 기록[92]에 의하면 벽어(碧魚)는 청어(靑魚)를 가리킨다. 12월 4일 일기에 곡식을 사기 위해 청어를 주었다는 기록이 있는 점으로 보아 '벽어'와 '청어'를 혼칭한 것으로 생각된다. 당시 청어는 비교적 경제적 가치가 높은 생선으로서 『실록』에도 진상물로 기록되어 있다.
2) 두름(級)은 생선을 세는 단위로서 1두름은 생선 20마리를 엮은 것을 가리킨다.

22일(경인) 맑았다. 새벽에 동지를 하례하는 숙배를 하였다. 늦게 웅천현감 [이운룡], 거제현령 [안위], 안골포만호 [우수][1], 옥포만호 [이담], 경상우후 [이의득] 등이 왔다. 변존서, 조카 봉이 함께 갔다.

1) 안골포만호의 이름은 12월 9일 일기에서 확인할 수 있다.

23일(신묘) 맑았으나 바람이 많이 불었다. 이종호가 나갔다. 이날 견내량을 순찰할 일로 경상수사 [권준]을 정하여 보냈지만 바람이 매우 사나워서 출발하지 않았다.

24일(임진) 맑았다. 순찰선이 나갔다가 밤 10시경에 진으로 돌아왔다. 변익성[1]이 곡포권관이 되어서 왔다.

1) 변익성(邊翼星)의 자는 숙경(叔經), 본관은 원주(原州), 생몰년은 1555년~미상이다.[93]

25일(계사) 맑았다. 식사를 한 뒤에 곡포권관 [변익성]의 공례를 받았다. 늦게 경상우후 [이의득]이 와서 "항왜 8명이 가덕으로부터 나왔다."라고 전했다. 웅천현감 [이운룡]과 우우후 [이정충], 남도포만호 [강응표], 방답첨사 [장린], 당포만호가 와서 만났다. 조카 분과 밤 10시까지 이야기하였다.

26일(갑오) 아침에 흐리다가 늦게 맑아졌다. 식사를 한 뒤에 나가서 업무를 보았다. 광양의 도훈도가 복병하러 갔다가 도망갔던 자를 잡아왔기에 벌을 주었다. 12시경에 경상수사 [권준]이 왔는데 항왜 8명과 [그들을] 인도해 온 김탁 등 2명과 함께 왔기에 술을 대접하였다. 김탁 등에게는 각각 무명 1필씩을 주고 보냈다. 저녁에 유척, 임영 등이 왔다.

27일(을미) 맑았다. 김응겸이 이년목[1]을 베어 오기 위하여 이장 5명을 이끌고 갔다.

1) 이년목(二年木)은 참나뭇과에 속한 가시나무의 한 수종을 가리키며 조선시대에는 가서목(哥舒木)으로도 불렸다.[94] 이년목은 재질이 매우 단단하여 장창의 자루나 악기의 자재 등으로 사용되었으며 『실록』, 『승정원일기』, 『경모궁악기조성청의궤』 등에서 그 용도와 주요 산지를 확인할 수 있다. 『이충무공전서』에도 가서목이 장병겸(長柄鎌)과 같은 병기의 자루로 사용된다는 기록이 실려 있다.[95]

28일(병신) 맑았다. 나라의 제삿날[1]이라 업무를 보지 않았다. 유척, 임영이 돌아갔다. 조카 등과 이야기하다가 밤이 깊어졌다.

1) 예종의 제삿날이다.

29일(정유) 맑았다. 나라의 제삿날[1]이라 업무를 보지 않았다.

1) 인종 비 인성왕후(仁聖王后)의 제삿날이다.

30일(무술) 맑았다. 남해의 항왜 야여문, 신시로 등이 왔다. 경상수사 [권준]이 와서 만났다. 체찰사 [이원익]에게 [보낼] 전세, 군량 30섬을 경상수사가 받아 갔다.

12월

1일(기해) 맑았다. 새벽에 망궐례를 하였다.

2일(경자) 맑았다. 거제현령 [안위], 당포만호, 곡포권관 [변익성] 등이 와서 만났는데 술을 대접하여 취해서 돌아갔다.

3일(신축) 맑았다.

4일(임인) 맑았다. 순천 2호선, 낙안 1호선의 군사를 점검하여 내보냈지만 바람이 순탄하지 못하여 출발하지 못했다. 분, 해가 본영으로 갔다. 황득중, 오수 등이 청어 7,000여 두름을 싣고 왔기에 김희방의 곡식을 사러 가는 배에 계산해서 주었다.

5일(계묘) 맑았으나 바람이 순탄하지 못했다. 몸이 불편한 듯하여 종일 나가지 않았다.

6일(갑진) 맑았다. 늦게 경상수사 [권준]이 와서 만났다. 저녁에 울이 들어와 어머니께서 평안하신지를 알 수 있어서 매우 다행이었다.

7일(을사) 맑았으나 바람이 순탄하지 못했다. 웅천현감 [이운룡], 거제현령 [안위], 평산포만호 [김축], 천성만호 [윤홍년] 등이 와서 만나고 갔다. 청주의 이희남에게 답장을 보냈다.

8일(병오) 맑았다. 우우후 [이정충], 남도포만호 [강응표]가 와서 만났다. 체찰사 [이원익]의 전령이 왔는데 "가까운 시일에 소비포에서 서로 만나자."라고 하였다.

9일(정미) 맑았다. 몸이 불편하여 밤새도록 신음하였다. 거제현령 [안위]와 안골포만호 우수가 와서 적의 형세가 물러갈 뜻이 없는 것 같다고 하였다. 하응구도 왔다.

10일(무신) 맑았다. 충청도순찰사[1]와 수사 [선거이]에게 공문을 만들어 보냈다.

1) 『선조실록』의 기사[96]에 의하면 당시의 충청도순찰사는 박홍로이다.

11일(기유) 맑았다. 해, 분이 무사히 본영에 도착했다는 편지를 보아서 기쁘고 다행이었지만 그 고생한 상황은 말로 표현할 수 없을 것이다.

12일(경술) 맑았다. 경상수사 [권준]이 와서 만나고 우후 [이몽구]도 왔다.

13일(신해) 맑았다. 왜군의 옷 50벌과 연폭…. 오후 8시경에 종 석세가 와서 "왜선 3척, 소선 1척이 등산[1]의 바깥 바다로부터 [와서] 합포에 정박했다."라고 하였다. 이는 반드시 사냥하는 왜군일 것 같아서 곧바로 경상수사 [권준], 방답첨사 [장린], 우우후 [이정충]으로 하여금 정탐하게 하였다.

1) 지금의 경남 거제시 옥포동의 장등산으로 추측된다.[97]

14일(임자) 맑았다. 새벽에 경상수사 [권준]과 여러 장수들이 합포로 가서 왜놈들을 타일렀다. 미조항첨사 [성윤문]과 남해현령 [기효근], 하동현감 [신진]이 들어왔다.

15일(계축) 맑았다. 체찰사 [이원익]에게 갔던 진무가 들어와서 "[체찰사 이원익이] 18일에 삼천포에서 만나자고 했다."라고 하기에 서둘러서 준비하였다. 오후 8시경에 경상수사 [권준]이 와서 만났다.

16일(갑인) 맑았다. 새벽 4시경에 배를 출발하여 달빛을 타고 당포 앞바다에 이르러 아침식사를 하였다. 사량 뒷바다에 이르렀다.

17일(을묘) 비가 뿌렸다. 삼천진 앞에 이르니 "체찰사 [이원익이 사천에 이르렀다."라고 하였다.

18일(병진) 맑았다. 아침에 식사를 한 뒤에 삼천진으로 갔다. 12시경에 체찰사 [이원익]이 보[1]로 들어와서 함께 조용히 의논하였다. 막 어두워질 무렵 체찰사가 다시 함께 이야기하자고 요청하기에 밤 2시경까지 이야기하다가 헤어졌다.

1) 보(堡)는 흙이나 돌로 쌓은 작은 성을 의미한다. 조선시대에는 행정상으로 읍성(邑城)이나 진성(鎭城)을 마련할

여건이 되지 않을 경우 규모가 작고 격이 낮은 보를 쌓았다.[98] 『성종실록』의 기사[99]에 의하면 삼천포에는 처음에는 보를 쌓았다가 곧 진성을 쌓았으며 『신증동국여지승람』의 「진주목」에 의하면 그 이후에는 삼천진성의 규모가 더욱 확장된 것으로 보인다. 일기에는 진성이 아닌 보가 언급되었는데 이것이 삼천진성을 가리키는 것인지 아니면 다른 건축물을 가리키는 것인지 모호하다.

19일(정사) 맑았다. 아침에 식사를 한 뒤에 나가서 업무를 보고 군사들에게 음식을 먹였다. 식사를 마친 뒤에 체찰사 [이원익]이 출발하고 나도 배로 내려왔으나 바람이 매우 사나워서 배를 출발할 수 없었다. 그대로 머물러 정박하고 밤을 보냈다.

20일(무오) 맑았다. 바람이 많이 불었다.

1596년
병신일기(丙申日記)

1월

1일(무진) 맑았다. 밤 1시경에 어머니를 뵈었다. 늦게 남양 숙부와 신 사과가 와서 이야기하였다. 저녁에 어머니께 작별인사를 드리고 본영으로 돌아왔다. 마음이 아주 어지러워서 밤새도록 잠을 이루지 못하였다. 덕은 몸을 윤택하게 한다.[1]

1) 초고본에는 이 문장이 이날 일기의 왼쪽 여백에 작은 글씨로 추가로 적혀 있다.

2일(기사) 맑았다. 일찍 나가서 군기를 점검하였다. 이날은 나라의 제삿날[1]이다. 부장 이계가 비변사의 공문을 가지고 왔다.

1) 명종 비 인순왕후(仁順王后)의 제삿날이다.

3일(경오) 맑았다. 새벽에 바다로 내려가니 동생 여필(이우신)과 여러 조카들이 함께 배 위로 왔다. 동이 틀 무렵 배를 출발하고 작별하였다. 12시경에 곡포 바다에 이르니 동풍이 조금 불었다. 상주포 앞바다에 이르니 바람이 멎어서 노를 재촉하여 밤 12시경에 사량에 이르러 숙박을 하였다.

4일(신미) 맑았다. 밤 2시경에 초취를 하고 동이 틀 무렵 배를 출발하였다. [사량만호] 이여념이 와서 만났는데 진중의 일을 물으니 "모두 여전하다."라고 하였다. 오후 4시경에 가랑비가 부슬부슬 내렸다. 거망포[1]에 이르니 경상수사 [권준]이 여러 장수들을 이끌고 나와서 기다리고 있었다. 우후 [이몽구]가 먼저 배 위로 왔는데 잔뜩 취해서 정신을 차리지 못하여 곧바로 그의 배로 돌아갔다. 송한련, 송한 등이 "벽어 1,000여 두름을 잡아다가 널어놓았고 [통제사] 행차 뒤에 잡은 것이 거의 1,800여 두름이다."라고 하였다. 비가 많이 내리기 시작하더니 밤새도록 그치지 않았다. 여러 장수들이 저물녘에 출발하였는데 "진흙 길에 넘어진 사람이 많았다."라고 하였다. [남해현령] 기효근, [평산포만호] 김축이 휴가를 받아서 돌아갔다.[2]

1) 거망포(㠀望浦)는 계사일기(1593년)에는 걸망포(㠀乙望浦)로 기록되어 있다.
2) 초고본에는 이 문장이 이날 일기의 아래쪽 여백에 작은 글씨로 추가로 적혀 있다.

5일(임신) 비가 하루 종일 내렸다. 여명이 틀 무렵 우후 [이몽구]와 방답첨사[1], 사도첨사 [김완] 두 첨사가 와서 안부를 물었다. 나는 서둘러 씻고 방 밖으로 나가서 [그들을] 불러들여 일에 대하여 물었다. 늦게 [미조항]첨사 성윤문, [전라]우우후 이정충, 웅천현감 이운룡, 거제현령 안위, 안골포만호 우수, 옥포만호 이담이 왔다가 날이 깜깜해져서야 돌아가고, 이몽상도 권 수사(권준)가 보내서 안부를 묻고 돌아갔다.

1) 당시의 방답첨사는 장린 또는 우치적으로 추정된다(5월 19일 일기의 주해 참조).

6일(계유) 계속 비가 내렸다. 오수가 벽어 1,310두름, 박춘양이 787두름을 납부하였으며 하천수가 받아서 말렸다. 황득중은 202두름[1]을 납부하였다. 하루 종일 비가 내렸다. 사도첨사 [김완]이 술을 가지고 와서 "군량 500여 섬을 마련하였다."라고 하였다.

1) 원문 '冬音'은 '두름'을 뜻하는 단어로서 '級'과 동일한 의미이다.

7일(갑술) 맑았다. 이른 아침에 이영남이 가까이 지내는 [여인이] 와서 "권숙이 추근대기에 피해서 왔는데 그 길로 다른 곳으로 가겠다."라고 하였다. 늦게 권 수사(권준)와 우후 [이몽구], 사도첨사 [김완], 방답첨사가 왔고 권숙도 왔다. 오후 2시경에 견내량의 복병장인 삼천포권관의 급보에 "항왜 5명이 부산으로부터 나왔다."라고 하기에 안골포만호 우수, 공태원을 보냈다. 날씨가 매우 춥고 서풍이 매우 사나웠다.

8일(을해) 맑았다. 입춘이다. 날씨가 매우 추워서 한겨울처럼 매서웠다. 아침에 우우후 [이정충]과 방답첨사를 불러서 함께 약식[1]을 먹었다. 일찍 항왜 5명이 들어왔기에 그들이 온 연유를 물었더니 그들 왜장의 성품이 포악하고 일도 번거롭고 많기 때문에 도망쳐와 투항했다고 하였다. 그들의 대도, 소도를 거두어 수루 위에 보관하였다. [그들은] 실은 부산의 왜군이 아니라 가덕의 심안둔[2]의 소속이라고 하였다.[3]

1) 조선 풍속에 꿀을 약으로 불렀기 때문에 꿀을 섞어 만든 밥은 약식, 약반, 밀반 등으로 불렸다. 정월 대보름에 즐겨 먹는 음식 중 하나이며 그 유래는 신라시대까지 거슬러 올라간다.[1]
2) 왜장 시마즈 요시히로(島津義弘)와 그의 아들 시마즈 다다츠네(島津忠恒)를 가리킨다(을미일기-1595년 3월 17일의 주해 참조).
3) 『선조실록』의 기사[2]에 의하면 당시 가덕도에는 여전히 왜군이 주둔해 있었다. 일본과의 강화를 위하여 파견된 명나라 사신이 왜군이 경상도 일대의 왜성을 파괴하고 조선에서 철수하지 않으면 일본으로 가지 않겠다는 강경한 태도를 보였기 때문에 시마즈의 부대도 영등포왜성을 파괴하고 가덕도로 이동하여 축성공사를 시작하였다.[3]

9일(병자) 흐리고 추위가 살을 에는 듯하였다. 오수가 잡은 벽어 360두름을 하천수가 싣고 갔다. 각 곳의 공문을 처결하여 나누어 보냈다. 저물녘에 경상수사 [권준]이 와서 방비에 대하여 의논하였다. 서풍이 종일 불어서 배가 바다로 나갈 수 없었다.

10일(정축) 맑았으나 서풍이 많이 불었다. 이른 아침에 적이 다시 나올지 점을 쳐보니 '바퀴 없는 수레와 같다'는 [괘를 얻었다]. 다시 점을 쳐보니 '군왕을 만나는 것과 같다'는 [괘를 얻었다]. 모두 기쁘고 길한 괘였다. 식사를 한 뒤에 대청으로 나가서 업무를 보았다. 우우후 [이정충], 어란만호가 와서 만나고 사도첨사 [김완]도 왔다. 체찰사 [이원익]이 나누어 준 여러 가지 물품을 세 위장에게 나누어주었다. 웅천현감 [이운룡], 곡포권관 [변익성], 삼천포 권관, 적량만호 [고여우]가 함께 와서 만났다.

11일(무인) 맑았다. 서풍이 밤새도록 많이 불어서 모진 추위가 배로 더하였다. 몸이 몹시 불편하였다. 늦게 거제현령 [안위]가 와서 만났는데 수사 [권준]의 옳지 못한 일을 자세히 말하였다. 광양현감[1]이 들어왔다.

1) 『광양군읍지』의 「선생안」과 조응록의 『죽계일기』의 기록[4]에 의하면 당시의 광양현감은 김성(金晟)이다.

12일(기묘) 맑았으나 서풍이 많이 불어서 추위가 배로 혹독하였다. 밤 2시경 꿈에 어떤 곳으로 가서 영의정 [유성룡]과 함께 이야기하였다. 한참 동안 함께 겉옷을 벗고 앉았다 누웠다 하며 나라를 걱정하는 생각을 서로 터놓다가 결국에는 가슴에 쌓인 것까지 털어놓았다. 얼마 있다가 비바람이 몰아쳤어도 자리를 거두지 않았다. 조용히 논의하는 사이에 서쪽의 적이 위급한데 남쪽의 적도 일어난다면 임금님께서 어디로 가시겠는가 거듭 걱정하면서 말할 바를 알지 못하였다. 일찍이 "영의정이 담천을 심하게 앓았다."라는 소식을 들었는데 병이 나았는지 모르겠다. 척자점을 쳐보니 '바람이 파도를 일으키는 것과 같다'는 [괘를 얻었다]. 또한 오늘 어떠한 길흉의 징조가 있을지 점을 쳐보니 '가난한 자가 보배를 얻는 것과 같다'는 [괘를 얻었는데] 이 괘는 매우 길하였다. 어제저녁에 종 금을 본영으로 내보냈는데 바람이 매우 사나워서 몹시 걱정되었다. 늦게 나가서 업무를 보고 각 공문을 처결하여 보냈다. 낙안군수[1]가 들어왔다. 웅천현감 [이운룡]이 "왜선 14척이 거제의 금이포에 와서 정박하였다."라고 보고하기에 경상수사 [권준]이 삼도의 여러 장수들을 이끌고 살펴보러 갔다.[2]

1) 노산 이은상은 『이충무공전서』의 번역 시에 2월 24일 일기에서 당시의 낙안군수를 선의문으로 서술하였다. 그러나 관련 자료가 부족하여 1594년 2월 신호가 파면된 이후부터 1596년 5월 김광옥이 제수되기 이전까지의 낙안군수를 고증하기 어렵다. 조응록의 『죽계일기』에 의하면 1596년 3~5월 사이의 기간에는 낙안군수가 5~6

차례나 임명이 번복되기도 하였다. 선의문의 이름은 『죽계일기』의 기록에는 보이지 않지만 『선조실록』의 같은 해 4월 기사[5]에 그의 낙안군수 파직이 언급된 점으로 보아 3월에서 5월 사이 낙안군수의 임명이 번복되는 와 중에 그가 잠시 군수 후보로 거론되었던 것임을 알 수 있다.

2) 초고본에는 이 문장이 이날 일기의 아래쪽 여백에 작은 글씨로 추가로 적혀 있다.

13일(경진) 맑았다. 아침에 경상수사 [권준]이 와서 견내량으로 배를 출발한다고 보고하고 갔다. 늦게 대청으로 나가서 업무를 보고 공문을 처결하여 보냈다. 체찰사 [이원익]에게 올릴 공문[1]을 내보냈다. 성균관의 종으로서, 유생이 다시 성균관의 학문을 세운다는 글을 가지고 왔던 사람이 돌아갔다.[2] 이날 바람이 멎고 날씨는 따뜻하였다. 이날 저녁 달빛은 낮과 같고 미풍도 불지 않았다. 홀로 앉아 있으니 마음이 어지러워서 잠을 이루지 못하였다. 신홍수[3]를 불러서 피리[4]를 듣다가 밤 10시경에 잠자리에 들었다.

1) 이원익의 『오리속집』의 기록[6]에는 당시 가덕도 등지의 왜군 상황, 왜군의 재침에 대비하여 수군이 거제도를 방 비해야 하는 당위성, 그리고 거제도 방비와 관련한 통제사 이순신의 보고 등이 간략히 기록된 장계가 전한다.

2) 정경운의 『고대일록』의 기록[7]에 의하면 서울에 사는 생원 이욱 등이 성균관의 중수를 위한 재물을 걷을 목적으로 경상도에 글을 보냈다고 하는데 일기의 내용과 관련이 있을 것으로 생각된다. 『선조실록』의 같은 해 5월 기사[8]에도 성균관의 진사 이욱이 올린 성균관 재건에 대하여 상소문이 실려 있다.

3) 광해군 때 심하전투에 강홍립의 휘하로 참전한 신홍수(申弘壽)로 추측된다.[9]

4) 초고본에는 嘯로 표기되었지만 『이충무공전서』에는 '簫'로 교정되어 있다. '嘯'는 '휘파람' 또는 '읊는다'는 의미이고 '簫'는 '피리'라는 의미로서 후자가 의미상 더 자연스럽기 때문에 『이충무공전서』에서 일부러 '簫'로 고친 것으로 생각되며 여기서도 이를 따랐다.

14일(신사) 맑았으나 바람이 많이 불었다. 늦게 바람이 멎고 날씨도 따뜻해지는 듯하였다. 흥양현감 [홍유의]가 들어왔다. 정사립, 김대복이 들어왔고 조기, 김숙도 함께 왔다. 이들로부터 연안에 있는 옥의 외할머께서 돌아가셨다는 소식을 들었다. 밤이 깊도록 이야기하였다.

15일(임오) 맑고 따뜻하였다. 새벽 3시경에 망궐례를 하였다. 아침에 낙안군수, 흥양현감 [홍유의]를 불러서 함께 일찍 식사를 하였다. 늦게 대청으로 나가서 공문을 처결하여 나누어 보내고 이어 항왜들에게 술과 음식을 먹였다. 낙안, 흥양의 전선, 군기의 물건들과 사부, 격군을 점검하니 "낙안이 가장 허술하다."라고 하였다. 이날 저녁 달빛이 아주 밝았는데 "풍년이 들 징조다."라고 하였다.

16일(계미) 맑았다. 서리가 눈처럼 내렸다. 늦게 나가서 업무를 보았다. 아주 늦게 경상수사 [권준], 우우후 [이정충] 등이 와서 만났다. 웅천현감 [이운룡]도 왔다가 취해서 돌아갔다.

17일(갑신) 맑았다. 아침에 방답첨사가 휴가를 받았다. 변존서, 이분, 김숙이 함께 배를 타고 나갔는데 마음이 편치 않았다. 12시경에 나가서 업무를 보았다. 우후 [이몽구]를 불러서 활을 쏠 때 [미조항첨사] 성윤문과 [곡포권관] 변익성이 와서 만났는데 함께 활을 쏘고 돌아갔다. 어두워질 무렵 강대수 등이 편지를 가지고 들어왔는데 "종 금이 16일에 본영에 이르렀다."라고 하였다. 종 경이 돌아와서 "아들 회가 오늘 은진으로 돌아갔다."라고 하였다.

18일(을유) 맑았다. 아침부터 군복을 마름질하였는데 저녁까지 하였다. 늦게 곤양군수 [이극일][1], 사천현감[2]이 왔다가 취해서 갔다. 동래현령 [정광좌]의 급보에 "왜놈들이 동요하는 모습이 많이 보이고 심 유격(심유경)이 행장(고니시 유키나가)과 1월 16일에 먼저 일본으로 갔다."라고 하였다.

1) 을미일기(1595년) 11월 2일의 주해 및 주석 참조
2) 『사천현읍지』의 「환적」에 의하면 당시의 사천현감은 변속(邊涑)이다.[10] 그의 자는 심원(深源), 본관은 원주(原州), 생몰년은 1561년~미상이며, 연안성 전투 등에 참전하였다.[11]

19일(병술) 맑고 따뜻하였다. 늦게 나가서 업무를 보았다. 사도첨사 [김완]과 여도만호 [김인영][1]이 왔고 우후 [이몽구], 곤양군수 [이극일]도 왔다. 경상수사 [권준]이 왔고 우우후 [이정충]을 불러왔다. 곤양군수가 술을 준비해 왔기에 조용히 이야기하였다. 부산에 들어갔던 사람 4명이 와서 "심유경과 행장(고니시 유키나가), 현소[2], 정성[3], 소서비[4]가 이달 16일 새벽에 바다를 건넜다."라는 소식[5]을 전하기에 양식 3말을 줘서 보냈다. 이날 저녁 박자방이, 서 순찰사(서성)가 진으로 온다는 소식 때문에 여러 가지 물품을 가져올 일로 본영으로 갔다. 이날 메주를 쑤었다.

1) 여도만호 김인영은 을미일기(1595년) 11월 9일 이후로는 그의 이름이 명시된 기록을 찾기 어렵다. 그러나 그 이후의 『난중일기』에 여도만호 교체에 대한 언급이 보이지 않는 점과 그가 임진왜란 초기부터 장기간 동안 여도만호를 지낸 점을 감안하여 이후의 『난중일기』에 나오는 여도만호를 김인영으로 보았다.
2) 현소(玄蘇)는 임진왜란 발발 전 일본의 왕사로서 조선과의 외교를 담당했던 게이테스 겐소(景轍玄蘇)를 말한다. 우리나라에서는 보통 현소라는 이름으로 잘 알려져 있다. 임진왜란 발발 이후에는 고니시 유키나가를 따라 조선에 들어와서 국사와 역관의 자격으로 활동하였다. 『선조실록』이나 『난중잡록』을 비롯한 여러 사료와 문헌에서 그에 관한 기록을 쉽게 찾을 수 있다.
3) 정성(正成)은 왜군 장수 데라자와 마사나리(寺澤正成)를 가리킨다. 『선조실록』이나 여러 관련 문헌에는 주로 '正成'으로 기록되어 있으며 일본 측 사료에는 주로 '寺沢広高'나 '寺沢正成'으로 기록되어 있다. 『선조실록』의 기사[12]에 의하면 그는 명나라 사신을 맞이하여 강화를 체결할 목적으로 도요토미 히데요시가 조선에 파견한 인물이다.
4) 소서비(小西飛)는 왜군 장수 고니시 히다노카미(小西飛弾守)를 말한다. 그의 본명은 나이토 조안(內藤如安)으로

서 고니시 성은 하사받은 것이고 히다노카미(飛彈守)는 관직명이다. 『선조실록』 등의 조선시대 사료에는 그의 이름이 주로 '小西飛'로 기록되어 있다. 1594년에 명나라 북경에 사신으로 다녀오기도 하였다.

5) 『선조실록』의 기사¹³에는 심유경이 강화를 목적으로 일기에서 언급된 일본 측 인물들을 만나서 함께 일본으로 건너가기까지의 과정이 매우 상세히 기록되어 있다. 이를 통하여 조선 조정이 전쟁의 강화조건을 최대한 유리하도록 만들기 위해 긴박하게 움직였던 상황을 엿볼 수 있다.

20일(정해) 비가 하루 종일 내렸다. 몸이 몹시 피곤하여 잠시 낮잠을 잤다. 오후 2시경에 메주 쑤는 것을 마치고 구들장¹⁾에 들여놓았다. 낙안군수가 와서 둔전의 벼를 싣고 왔다고 보고하였다.

1) 원문 '堗'은 '구들장' 또는 '온돌'을 의미한다.

21일(무자) 맑았다. 아침에 나가서 업무를 보았는데 체찰사 [이원익] 앞으로 보낼 순천 [관련] 공문을 만들었다. 식사를 한 뒤에 미조항첨사 [성윤문]과 홍양현감 [홍유의]가 와서 만났다. 술을 대접하여 보냈는데 미조항첨사는 휴가를 신청하였다. 늦게 대청으로 나갔다. 사도첨사 [김완], 여도만호 [김인영], 사천현감 [변속], 광양현감 [김성], 곡포권관 [변익성]이 와서 만나고 돌아갔다. 곤양군수 [이극일]도 왔다. 활 10순을 쏘았다.

22일(기축) 맑았다. 아주 춥고 바람도 매우 험하여 종일 나가지 않았다. 늦게 경상우후 이의득이 와서 자기 수사 [권준]의 잘못된 일을 전했다. 이날 밤은 바람이 쌀쌀하고 매서워서 아이들이 들어오는데 고생스러울 것이 걱정되었다.

23일(경인) 맑았다. 바람이 차가웠다. 작은 형님의 제삿날이라 나가지 않았다. 마음이 아주 어지러웠다. 아침에 옷이 없는 군사 17명에게 옷을 주었고 또한 1벌을 더 주었다. 종일 바람이 험하였다. 저녁에 가덕에서 나온 김인복이 왔기에 적의 정황을 물었다. 밤 10시경에 면, 완과 최대성, 신여윤, 박자방이 본영으로부터 와서 어머니께서 평안하시다는 편지를 받아보아 기쁘기 그지없었다. 종 경도 왔다. 종 금이 애수와 금곡¹⁾의 종 한성, 공석 등과 함께 왔다. 밤 12시경에 침상에 들었다. 눈이 2촌 깊이로 내렸는데 "근래에 없던 일이다."라고 하였다. 이날 밤 몸이 몹시 불편하였다.

1) 지금의 충남 아산시 배방읍 중리 일대이다.¹⁴

24일(신묘) 맑았으나 북풍이 많이 일어서 눈보라가 불고 모래가 휘날려 사람들이 걸어 다닐 수 없었고 배도 운행할 수 없었다. 새벽에 견내량 복병의 보고에 "어제 왜놈 1명이 복병한 곳으로 와서 항복을 요청했다."라고 하기에 보내오라고 회답하였다. 늦게 좌우후 [이몽구], 우우후 [이정충]과 사도첨사 [김완]이 와서 만났다.

25일(임진) 맑았다.

26일(계사) 맑았으나 바람이 순탄하지 못했다. 나가서 업무를 보고 활을 쏘았다.

27일(갑오) 맑고 따뜻하였다. 아침에 식사를 한 뒤에 나가서 업무를 보았는데 장흥부사 [배홍립]을 추고한 뒤에 홍양현감 [홍유의]와 함께 만나서 이야기하였다. 늦게 우순찰사[1]가 들어왔기에 오후 4시경에 우수사 [이억기]의 진으로 가서 만나고 밤 12시경에 돌아왔다. 사도의 진무가 화약을 훔치다가 붙잡혔다.[2]

1) 당시 좌도와 우도로 나누어서 순찰사를 두었던 곳은 경상도뿐이고 또한 19일 일기에 서 순찰사가 온다는 기록이 있으므로 경상우도순찰사 서성으로 판단된다.
2) 초고본에는 이 문장이 이날 일기의 아래쪽 여백에 작은 글씨로 추가로 적혀 있다.

28일(을미) 맑았다. 늦게 나가서 업무를 보았다. 12시경에 순찰사 [서성]이 와서 활을 쏘며 함께 이야기하였다. 순찰사가 나를 상대로 활을 쏘아서 7분을 졌는데 성난 기색이 없지 않아서 우스웠다. 군관 3사람도 모두 졌다. 밤이 깊도록 술을 마시고 돌아갔다. 우스웠다.

29일(병신) 비가 하루 종일 내렸다. 일찍 식사를 한 뒤에 경상도의 진으로 가서 순찰사 [서성]과 함께 조용히 이야기하였다. 오후에 활을 쏘았는데 순찰사가 9분을 졌다. 김대복이 뛰어나게 잘 쏘았다. 피리를 듣고 밤 12시경에 헤어져 진으로 돌아왔다. 어두워질 무렵 사도의 화약을 훔쳤던 자가 도망갔다.

30일(정유) 계속 비가 내리다가 늦게 맑아졌다. 나가서 업무를 보았다. 군관들이 활을 쏘았다. 천성만호 [윤홍년], 여도만호 [김인영], 적량만호 [고여우] 등이 와서 만나고 돌아갔다. 이날 저녁 청주 이희남의 종 4명과 준복이 들어왔다.[1]

1) 초고본에는 이 문장이 이날 일기의 아래쪽 여백에 작은 글씨로 추가로 적혀 있다.

2월

1일(무술) 아침에 흐리다가 늦게 맑아졌다. 여러 장수들과 활을 쏘았다. 권숙이 여기에 왔다가 취해서 갔다.

2일(기해) 맑고 따뜻하였다. 울과 조기가 함께 배를 타고 나가고 우후 [이몽구]도 갔다. 저녁에 사도첨사 [김완]이 와서 "어사의 장계로 인해 파직되었다."라고 전하기에 바로 계본 초고를 만들었다.

3일(경자) 맑았으나 바람이 많이 불었다. 홀로 앉아서 아들이 길 떠난 것을 생각하니 마음이 편치 않았다. 아침에 계본을 썼다. 경상수사 [권준]이 와서 만났는데 그편에 적량만호 고여우가 장담년에게 소송을 당하여 순찰사 [서성]이 파직하려고 쓴 계본의 글을 보았다. 막 어두워질 무렵 어란만호가 견내량의 복병한 곳으로부터 [와서] 보고하기를 "부산의 왜놈 3명이 성주의 투항인을 데리고 복병에게 와서 '장사를 하려고 한다.'고 하였다."라고 하기에 바로 장흥부사 [배흥립]에게 전령을 보내어 내일 새벽에 가서 보고 잘 타이르도록 하였다. 이 적들이 어찌 시장의 물건이 필요하겠는가? 우리의 허실을 엿보려는 것이다.[1]

1) 『선조실록』의 같은 해 1월 기사15에 의하면 부산에서도 왜인이 장사를 핑계로 경주로 오려고 시도한 일이 있었으며 조선 조정에서는 이를 허실을 엿보려는 흉계로 생각하였다.

4일(신축) 맑았다. 아침에 계본을 봉하여 사도 사람 진무성에게 주었고 영의정 [유성룡]과 신식[1] 두 집에 보낼 문안 편지도 그에게 줘서 보냈다. 늦게 홍양현감 [홍유의]가 와서 만나고 돌아갔다. 오후에 활 10순을 쏘았다. 여도만호 [김인영], 거제현령 [안위], 당포만호, 옥포만호 [이담]도 왔다. 저녁에 장흥부사 [배흥립]이 복병한 곳으로부터 돌아와서 왜놈들이 다시 돌아갔다고 전했다.

1) 『선조실록』의 기사16에 의하면 당시 신식의 관직은 동부승지이다.

5일(임인) 아침에 흐렸으나 늦게 맑아졌다. 사도첨사 [김완], 장흥부사 [배흥립]이 일찍 왔기에 함께 아침식사를 하였다. 식사를 한 뒤에 권숙이 와서 돌아간다고 하기에 종이, 먹 2개, 패도[1]를 줘서 보냈다. 늦게 삼도의 여러 장수들을 불러 모아서 음식을 대접하며 위로하고 아울러 활을 쏘고 음악을 들으면서 술을 마시고 헤어졌다. 웅천현감 [이운룡]이 손인갑[2]의 유물[3]을 가져왔기에 여러 장수들과 가야금 몇 곡을 들었다. 저녁에 김기실이 순천으로부터 돌아와서 그편에 [어머니께서] 평안하신지를 알 수 있어서 매우 기쁘고 다행이었다. 우수사 [이억기]의 편지가 왔는데 기한을 미루려고 하여 우습고 아쉬웠다.[4]

1) 원문 '佩刀'는 허리에 차는 검을 가리키는 말이다.[17]
2) 손인갑(孫仁甲)의 자는 선백(善伯), 호는 후지당(後知堂), 본관은 밀양(密陽), 생몰년은 1542~1592년이다. 정인홍에 의해 의병장으로 임명되어 활약하였으며 1592년 초계의 마진전투(馬津戰鬪)에서 왜군을 격파한 뒤에 말이 넘어지는 바람에 익사하였다.[18] 이운룡의 고향 청도가 손인갑의 고향 창녕과 가까우므로 두 사람 사이에 어떤 친분이 있었을 개연성이 보인다.
3) 원문 '舊物'의 용례를 『실록』이나 조선시대 문헌에서 찾아보면 주로 '옛 물건', '유물', '옛 땅' 등의 의미이다. 종종 원문을 '애인'으로 해석하는 경우가 있지만 이는 좀 과하다고 생각된다.
4) 초고본에는 이 문장이 이날 일기의 아래쪽 여백에 작은 글씨로 추가로 적혀 있다.

6일(계묘) 흐렸다. 새벽에 이장 10명을 배를 만들도록 일러서 거제로 보냈다. 이날 침실에 흙덩이가 떨어진 곳이 많았기에 수리하였다. 조도어사의 계문에 의해 파직되었다는 [소식이] 다시 왔기 때문에 사도첨사 김완을 본포(사도진)로 내보냈다. 순천의 별감[1] 유와 군관 장응진 등에게 벌을 주고 바로 수루로 돌아왔다. 송한련이 숭어를 잡아 와서 여도만호 [김인영], 낙안군수, 홍양현감 [홍유의]를 불러서 함께 먹었다. 적량만호 고여우가 큰 매를 팔뚝에 얹고 왔지만 오른쪽 발가락이 모두 얼어서 상했으니 어찌하는가? 어찌하는가? 오후 8시가 지난 뒤에 잠시 땀을 흘렸다.

1) 향소 소속의 관리로서 향소의 장인 좌수(座首)와 함께 6방의 실무 업무를 담당하였다. 임진왜란 중에 향소는 군량 조달, 군사 징발 등의 업무를 담당하기도 하였다(계사일기-1593년 6월 8일의 주해 참조).

7일(갑진) 아침에 흐리고 동풍이 많이 불었다. 몸이 불편하였다. 늦게 나가서 군사들에게 음식을 먹였다. 장흥부사 [배흥립], 우후 [이몽구]와 낙안군수, 홍양현감 [홍유의]를 불러서 이야기하다가 날이 저물 녘에 헤어졌다.

8일(을사) 맑았다. 이른 아침에 녹도만호 [송여종]이 와서 만났다. 아침에 화피[1]를 재단하였다. 늦게 손인갑이 가까이 지내던 [여인이] 들어왔다. 얼마 있다가 오철, 현응원을 불러서 일에 대하여 물었다. 저녁에 군량의 치부책을 기록하고 홍양 둔전[2]의 벼 352섬을 올려 보냈다. 서풍이 많이 불어서 배가 다닐 수 없었다. 유황을 내보냈지만 갈 수 없었다.[3]

1) 원문 '樺皮'는 자작나무 껍질로서 활의 내구성 강화를 위해 활의 표면에 부착하는 자재로 사용되었다(갑오일기-1594년 2월 5일의 주해 및 주석 참조).

2) 도양장 목장의 둔전을 가리킨다(갑오일기-1594년 8월 29일의 주해 참조).

3) 초고본에는 이 문장이 이날 일기의 아래쪽 여백에 작은 글씨로 추가로 적혀 있다.

9일(병오) 맑았다. 서풍이 많이 불어서 배가 다닐 수 없었다. 늦게 권 수사(권준)가 와서 이야기하고 활 10순을 쏘았다. 저녁에 바람이 그쳤다. "견내량에 부산의 왜선 2척이 나왔다."라는 소식을 들었기에 웅천현감 [이운룡], 우후를 보내어 정탐하도록 하였다.[1]

1) 초고본에는 이 문장이 이날 일기의 아래쪽 여백에 작은 글씨로 추가로 적혀 있다.

10일(정미) 맑고 따뜻하였다. 이날 일찍 박춘양이 대나무를 싣고 왔다. 늦게 나가서 업무를 보고 태구생에게 벌을 주었다. 저녁에 창고를 짓는 곳을 직접 살펴보았다. 아침에 웅천현감 [이운룡]과 우우후 [이정충]이 견내량으로부터 돌아와서 왜인들이 두려워했던 상황을 보고하였다. 어두워질 무렵 창녕 사람[1]이 술을 가져왔는데 밤이 깊어서야 헤어졌다.

1) 5일 일기에 언급된 손인갑의 고향이 창녕인 점과 8일 일기에 손인갑과 가깝게 지내던 여인이 들어온 점과 12일 일기에 창녕 사람이 웅천현감 이운룡의 별장으로 돌아갔다고 한 점을 종합해보면 창녕 사람은 손인갑과 가까이 지내던 여인을 가리키는 것으로 추측된다.

11일(무신) 맑았다. 아침에 체찰사 [이원익]에게 공문을 만들어 보냈다. 보성의 계향유사 임찬이 소금 50섬을 싣고 갔다.[1] 임달영이 제주로부터 돌아왔는데 제주목사[2]의 편지와 박종백[3], 김응수의 편지도 함께 가지고 왔다. 늦게 장흥부사 [배흥립]과 우우후 [이정충]이 왔고 또한 낙안군수와 흥양현감 [홍유의]도 불러서 활을 쏘았다. 막 어두워질 무렵 영등포만호 [조계종]이 자기 소실을 데리고 왔는데 술을 가지고 와서 권하였다. 작은 아이도 왔는데 나중에 돌아갔다[4]. 땀을 흘렸다.

1) 『선조실록』의 기사[19]에 의하면 전란 중에 군량이나 양식을 마련하기 위한 방편의 하나로서 소금을 구워서 파는 정책이 실시되기도 하였다. 군량 조달이 그 임무인 계향유사가 소금을 실어 간 이유 또한 군량 마련이 목적이었을 것으로 보인다.

2) 『선조실록』과 『제주읍지』의 「선생안」의 기록[20]에 의하면 당시의 제주목사는 이경록(李慶祿)이다. 그의 자는 백수(伯綏), 본관은 전주(全州), 생몰년은 1543~1599년이며, 이순신과 함께 1576년 식년시에 급제하였고, 1587년 경흥부사로 있을 때 조산만호였던 이순신과 함께 녹둔도 전투를 치르고 그 결과로써 같이 백의종군을 하였다.[21]

3) 종백(宗伯)은 박대남(朴大男)의 자이다(6월 20일 일기의 주해 참조).

4) 원문 '落歸'의 용례를 조선시대 문헌에서 찾아보면 '뒤처져서 돌아가다'라는 의미이다.

12일(기유) 맑았다. 일찍 창녕 사람이 웅천현감 [이운룡]의 별장[1]으로 돌아갔다. 아침에 전죽 50을 경상수사 [권준]에게 보냈다. 늦게 수사가 와서 함께 이야기하였다. 저녁에 활을 쏘았는데 장흥부사 [배흥립], 흥양현감 [홍유의]도 함께 하다가 어두워져서야 헤어졌다. 작은 아이는 오후 8시경에 돌아갔다.

1) 『선조실록』의 기사[22]에 의하면 웅천은 1595년 12월까지도 왜군이 주둔했던 지역이다. 그러므로 원문 '熊川別庄'을 '웅천의 별장'이 아닌 '웅천현감의 별장'으로 해석하였다.

13일(경술) 맑았다. 식사를 한 뒤에 나가서 업무를 보았다. 강진현감 [나대용]에게 기한을 어긴 벌을 주었고 가리포첨사 [이응표]는 기한을 지키지 못할 것을 [미리] 보고하였기에[1] [문제점을] 가르쳐주고 내보냈다. 영암군수 [김준계][2]를 파직하여 내보낼 장계의 초고를 만들었다. 저녁에 어란만호가 돌아가고 임달영도 돌아갔다. 제주목사 [이경록]에게 벽어, 대구, 전죽, 곶감, 삼색부채를 봉하여 보냈다.

1) 원문 '論報'는 하급관청이 상급관청에게 의견을 서술하여 보고하는 것을 말한다.
2) 을미일기(1595년) 1월 27일의 주해 및 주석 참조

14일(신해) 맑았다. 늦게 나가서 업무를 보고 계본 초고를 수정하였다. 동복의 계향유사 김덕린이 와서 만났다. 경상수사 [권준]이 쑥떡과 초 1쌍을 보내왔다. 새 창고에 이엉을 얹고 낙안군수, 녹도만호 [송여종] 등을 불러서 떡을 대접하였다. 얼마 있다가 강진현감 [나대용]이 만나러 왔기에 위로하고 술을 마시게 하였다. 저녁에 물을 부엌가로 끌어들여서 급수를 편리하게 하였다. 이날 밤바다의 달빛은 낮과 같고 물빛은 비단결과 같았는데 홀로 높은 수루에 기대어 있으니 마음이 아주 어지러워서 밤이 깊어서야 침상에 들었다. 흥양의 유사 송상문이 쌀과 벼 도합 7섬을 납부하였다.[1]

1) 초고본에는 이 문장이 이날 일기의 아래쪽 여백에 작은 글씨로 추가로 적혀 있다.

15일(임자) 새벽에 망궐례를 하려고 했지만 비가 부슬부슬 내리고 뜰도 젖어서 시행하기 어려웠으므로 중지하였다. 어두워질 무렵 "[전라]우도의 항왜들이 경상도의 왜인들과 함께 약속하여 도망갈 계획을 꾸미려고 한다."라는 소식을 들었기에 바로 전령을 보내어 이를 통보하였다. 아침에 전죽을 골라내었는데 큰 전죽 111개, 그다음으로 큰 전죽 154개를 옥지가 받아 갔다. 아침에 계본 초고를 수정하였다. 늦게 나가서 업무를 보았는데 웅천현감 [이운룡], 거제현령 [안위], 당포만호, 옥포만호 [이담], 우우후 [이정충], 경상우후 [이의득]이 함께 와서 만나고 돌아갔다. 순천 둔전[1]의 벼를 [내가] 보는 앞에서 받아들였다. 동복의 유사 김

덕린, 홍양의 유사 송상문 등이 돌아갔다. 저녁에 사슴 1마리, 노루 2마리를 사냥해왔다. 이날 밤 달빛은 낮과 같고 물빛은 비단결과 같았는데 침상에 누워서도 잠을 이루지 못하였다. 아랫사람들이 밤새도록 술 마시고 노래를 불렀다.

1) 『임진장초』의 「청개차흥양목관장(請改差興陽牧官狀)」(1594년 1월 10일)에 의하면 순천의 둔전은 지금의 전남 여수시 돌산읍의 돌산도에 위치해 있었다. 『중종실록』의 기사[23]에 의하면 돌산도의 둔전은 소출이 많은 경우 한 해 1,000섬에 이를 정도로 비옥한 땅이었다.

16일(계축) 맑았다. 아침에 계본 초고를 썼다. 늦게 나가서 업무를 보았다. 장흥부사 [배흥립], 우우후 [이정충], 가리포첨사 [이응표]가 와서 함께 활을 쏘았다. 군관 등이 전날의 승부에 의하여 예를 베풀었으므로 몹시 취해서 헤어졌다. 이날 밤 취기가 심하여 잠을 이루지 못하고 앉았다 누웠다 하다가 새벽이 되었다. 춘곤함이 이렇게까지 되었다.[1]

1) 초고본에는 이 문장이 이날 일기의 아래쪽 여백에 작은 글씨로 추가로 적혀 있다.

17일(갑인) 흐렸다. 나라의 제삿날[1]이라 업무를 보지 않았다. 식사를 한 뒤에 면이 본영으로 갔다. 박춘양, 오수가 석수어(조기)를 잡는 곳으로 갔다. 어제의 취기로 인해 몸이 몹시 불편하였다. 저녁에 홍양현감 [홍유의]가 와서 이야기하고 함께 저녁식사를 하였다. 미조항첨사 성윤문의 문안 편지가 왔는데 "이제 방백 [홍세공]의 공문을 받고 장차 진주로 부임하게 되어서 [술 한 잔 더 드리지[2]] 못하게 되었습니다."[3]라고 하였고 "그 후임은 황언실이 될 것이다."라고 하였다. 웅천현감 [이운룡]의 답장이 왔는데 "유서가 아직 오지 않았다."[4]라고 하였다. 이날 어두워질 무렵 서풍이 많이 불었는데 밤새도록 그치지 않았다. 아들이 길 떠난 것을 생각하니 마음을 추스를 수가 없었고 걱정을 이루 말할 수 없었다. 봄기운이 사람을 괴롭혀 몸이 몹시 피곤하였다.

1) 세종의 제삿날이다.
2) 원문 '更進'은 문맥상의 의미로 보아 중국 당나라의 시인 왕유(王維)가 지은 「송원이사안서(送元二使安西)」의 한 구절인 '권군갱진일배주(勸君更進一杯酒)'를 인용한 것으로 짐작된다.
3) 『선조실록』과 조응록의 『죽계일기』 등의 기록[24]에 의하면 성윤문은 체찰사 이원익의 요청에 의하여 진주목사로 부임하였다.
4) 『선조실록』과 이원익의 『오리속집』의 기록[25]에 의하면 당시 웅천현감 이운룡은 경상좌수사로 제수되었지만 유서와 밀부를 받지 못하여 도임이 늦어지고 있었다.

18일(을묘) 맑았다. 식사를 한 뒤에 나가서 업무를 보았다. 서풍이 많이 불었다. 늦게 체찰사 [이원익]의 비밀 공문 3통이 왔는데, 하나는 제주를 구원하기 위해 군사를 지원하는 일[1]이고, 하나는 영등포만호 조계종을 추고하는 일이고, 하나는 진도의 전선을 아직 독촉하여 모으지 말라는 일²⁾이었다. 저녁에 김국이 서울로부터 들어왔는데 비밀 공문 2통, 역서³⁾ 1권을 가지고 왔다. 서울의 조보도 왔다. 황득중이 철을 싣고 와서 납부하였다. 절이 술을 가지고 왔다. 땀이 온몸을 적셨다.

1) 『선조실록』의 같은 해 1월 기사²⁶에 의하면 당시 조선 조정은 왜군이 제주를 침략하여 전쟁의 거점으로 삼을 가능성에 대한 대책을 강구하고 있었다.
2) 『선조실록』의 이전 해 10월 기사²⁷에 의하면 당시 진도는 백성의 생활이 대단히 곤궁한 상태였다. 그러므로 진도에 전선을 독촉하지 않도록 한 것은 이를 배려한 조치로 볼 수 있다.
3) 원문 '歷書'는 조선시대 문헌에 대개 '曆書'로 표기되었다. 『선조실록』의 1594년 기사²⁸에 의하면 전란의 와중에도 조선의 역서 편찬은 계속 이루어지고 있었다.

19일(병진) 맑고 바람이 많이 불었다. 아들 면이 잘 갔는지 몰라서 밤새도록 몹시 걱정되었다. 이날 저녁 "낙안의 군량선이 바람에 막혀서 사량에 정박하였는데 바람이 멎으면 출발한다."라는 소식을 들었다. 이날 새벽 경상도 진에 머물고 있는 항왜를 이곳의 왜인 난여문 등으로 하여금 결박해 와서 머리를 베었다. 권 수사(권준)가 왔다. 장흥부사 [배흥립], 웅천현감 [이운룡], 낙안군수, 흥양현감 [홍유의], 우우후 [이정충], 사천현감 [변속] 등이 함께 부안의 술을 마셨다. 황득중이 가지고 온 총통을 [만들] 철의 무게를 재고 보관하였다.

20일(정사) 맑았다. 일찍 [영등포만호] 조계종이 현풍의 수군 손풍련에게 고소를 당한 때문에 대질하여 공술하러¹⁾ 여기에 왔다가 돌아갔다. 늦게 나가서 업무를 보고 공문을 처결하여 나누어 보냈다. 손만세에게 사사로이 도임 공문을 만든 벌을 주었다. 오후에 활 7순을 쏘았다. 낙안군수, 녹도만호 [송여종]이 함께 왔다. 비가 내릴 조짐이 있었다. 새벽에 몸이 피곤하였다.²⁾

1) 원문 '對供'은 문맥상의 의미로 보아 '置對供辭'의 준말로 판단된다. '置對(대질하다)'와 '供辭(공술하다)'는 『실록』이나 조선시대 문헌에서 그 용례를 쉽게 찾아볼 수 있다.
2) 초고본에는 이 문장이 이날 일기의 아래쪽 여백에 작은 글씨로 추가로 적혀 있다.

21일(무오) 굳은비가 내렸다. 새벽에 부슬부슬 내리다가 늦게 그쳤다. 나가지 않고 혼자 앉아 있었다.

22일(기미) 맑고 바람도 없었다. 일찍 식사를 하고 나가서 업무를 보았다. 웅천현감 [이운룡], 흥양현감 [홍유의]가 와서 만났다. 흥양현감은 몸이 불편하여 먼저 돌아갔다. 우우후 [이정충], 장흥부사 [배흥립], 낙안군수, 남도포만호 [강응표], 가리포첨사 [이응표], 여도만호 [김인영], 녹도만호 [송여종]이 와서 활을 쏘고 나도 쏘았다. 손현평도 왔다가 몹시 취해서 헤어졌다. 이날 밤 땀을 흘렸다. 봄기운이 사람을 피곤하게 하였다. 강소작지가 그물¹⁾을 가져오기 위하여 본영으로 돌아갔다. 충청수사 [선거이]²⁾가 와서 전죽을 납부하였다.

1) 조선시대에는 그물과 같은 망어구(網漁具)를 포함한 다양한 종류의 어구가 있었다. 『세종실록지리지』에는 석수어(조기)를 잡을 때 어망을 사용했다는 기록이 있고 『신증동국여지승람』에도 그물을 사용하여 고기를 잡았다는 기록이 있다.²⁹

2) 충청수사 선거이의 후임자인 최호(崔湖)는 그의 충청수사 임명 교지의 날짜에 의하면 1596년 4월 9일에 제수되었다. 그러므로 일기에서 언급된 충청수사는 선거이이다.³⁰

23일(경신) 맑았다. 일찍 식사를 하고 나가서 업무를 보았다. 둔전의 벼를 다시 헤아렸다. 새 창고에 넣은 것이 167섬이고 줄어든 수량이 48섬이었다. 늦게 거제현령 [안위], 고성현령 [조응도], 하동현감 [신진], 강진현감 [나대용], 회령포만호가 와서 함께 고성의 술을 마셨다. 웅천현감 [이운룡]은 저녁에 와서 많이 취하였다. 밤 10시경에 헤어져 돌아갔다. 하천수, 이진 등이 왔고 방답첨사가 들어왔다.¹⁾

1) 초고본에는 이 문장이 이날 일기의 아래쪽 여백에 작은 글씨로 추가로 적혀 있다.

24일(신유) 맑았다. 식사를 한 뒤에 나가서 업무를 보았다. 둔전의 벼를 다시 헤아리는 것을 감독하였다. 우수사 [이억기]가 들어왔다. 오후 4시경에 비바람이 많이 불었다. 둔전의 벼를 다시 헤아린 수량 170섬을 창고에 넣었는데 줄어든 수량이 30섬이었다. 낙안군수가 체직되었다는 소식이 왔다. 방답첨사, 흥양현감 [홍유의]가 와서 모였다. 배를 본영으로 보내려고 할 때 비바람이 불어서 출발을 중지하였다. 밤새도록 비바람이 그치지 않았다. 몸이 무겁고 피곤하였다.

25일(임술) 계속 비가 내리다가 12시경에는 맑아졌다. 아침에 계본 초고를 수정하였다. 늦게 우수사 [이억기]가 왔고 나주판관 [어운급]¹⁾도 왔다. 장흥부사 [배흥립]이 와서 수군의 준비가 어려운 것²⁾은 방백 [홍세공]이 방해하기 때문이라고 이야기하였다. 이진이 둔전으로 돌아갔다. 춘절, 춘복, 사화가 본영으로 돌아갔다.

1) 3월 24일 일기에서 나주판관의 이름을 확인할 수 있다. 어운급(魚雲級)의 본관은 함종(咸從)이다.³¹

2) 원문 '難辦'은 문맥상의 의미로 보아 '難辦出'의 준말로 생각된다. '辦出'은 '마련하다', '준비하다'라는 의미이다.

26일(계해) 아침에 맑다가 저물녘에 비가 내렸다. 늦게 대청으로 나갔다. 여도만호 [김인영],
홍양현감 [홍유의]가 와서 영리 등이 침해하는 폐단[1]에 대하여 이야기하였는데 아주 놀라
웠다. 양정언과 영리 강기경, 이득종, 박취 등에게 중벌을 주고 바로 전령을 보내어 경상도,
전라우도 수사의 영리를 잡아오도록 하였다. 경상수사 [권준]이 와서 만났다. 얼마 있다가
견내량 복병의 급보에 "왜선 1척이 견내량으로부터 들어와서 해평장[2]에 이르려고 할 때 막
고 머물지 못하게 하였다."라고 하였다. "둔전의 벼 230섬을 다시 헤아렸더니 198섬이고 줄
어든 수량이 32섬이다."라고 하였다. 낙안군수와 이별 잔을 나누고 보냈다.

1) 원문 '侵捧之弊' 중의 '侵捧'은 문맥상의 의미로 보아 '조세나 부역 등의 이행을 침해하다'라는 의미를 가지는 '侵
捧納' 또는 '侵捧上'의 준말로 짐작된다. '侵捧'은 『실록』과 이원익의 『오리속집』의 기록[32] 등에서 그 용례를 찾아
볼 수 있다.

2) 원문 '海坪場'은 을미일기(1595년) 4월 17일에 나오는 '海平場'의 오기이다.

27일(갑자) 흐렸으나 늦게 맑아졌다. 이날 녹도만호 [송여종] 등과 활을 쏘았다. 홍양현
감 [홍유의]가 휴가를 받아서 돌아갔다. 둔전의 벼 220섬을 다시 헤아렸더니 몇 섬이 줄
었다.

28일(을축) 맑았다. 일찍 침을 맞았다. 늦게 나가서 업무를 보았는데 장흥부사 [배흥립]과 체
찰사 [이원익]의 군관이 여기에 와서 "종사관이 보낸 전령에 의하여 장흥부사를 잡아가기
위해 왔다."[1]라고 하였고 또한 "전라도의 수군 중 [전라]우도의 수군이 [전라]좌우도를 왕래
하면서 제주와 진도를 지원하라는 일이 있다."[2]라고 하였다. 우스웠다. 조정의 계책이 어찌
이와 같은가? 체찰사가 내놓은 계책이 어찌 이처럼 쓸모가 없는가? 나랏일이 이와 같으니
어찌하는가? 어찌하는가? 저녁에 거제현령 [안위]를 불러와서 일에 대하여 물어본 뒤에 바
로 돌려보냈다.

1) 『선조실록』의 같은 해 3월 말 기사[33]에는 장흥부사 배흥립이 실정으로 인하여 파직된 기록이 있다. 시기적으로
보아 이날 일기의 내용과 관련이 있을 것으로 보인다.

2) 『선조실록』의 기사[34]에 의하면 조선 조정은, 전라우도의 수군이 전라좌도와 전라우도를 왕래하면서 제주와 진
도를 지원하되 현장의 상황에 따라 헤아려 처리하도록 방침을 결정하고 이 사안을 체찰사 이원익으로 하여금
실행토록 하였다.

29일(병인) 맑았다. 아침에 공문 초고를 수정하였다. 식사를 한 뒤에 나가서 업무를 보았다.
우수사 [이억기]와 경상수사 [권준]이 장흥부사 [배흥립], 체찰사의 군관과 왔다. 경상우도
순찰사 [서성]의 군관이 편지를 가지고 왔다.

30일(정묘) 맑았다. 아침에 정사립으로 하여금 보문을 써서 체찰사 [이원익]에게 보냈다. 장흥부사 [배흥립]이 체찰사에게 갔다. 느지막이 [온] 우수사 [이억기]의 보고에 "이미 봄철[1]을 맞이하여 계책을 세워서 대응할 일이 시급하므로 소속의 군사를 이끌고 본도로 가려고 한다."라고 하였다. 그 생각한 것이 아주 놀라워서 그의 군관과 도훈도에게 장 70대를 때렸다. 수사가 소속의 군사를 이끌고 견내량에 복병한 것에 대해 분한 말을 한 것도 많이 우스웠다. 저녁에 송희립, 노윤발, 이원룡 등이 들어왔고 희립은 술도 가지고 왔다. 몸이 몹시 불편하여 밤새도록 식은땀을 흘렸다.

1) 원문 '風和'의 용례를 『실록』이나 조선시대 문헌에서 살펴보면 '봄'을 의미하며 '風和時' 또는 '風和之節' 등과 같은 형태로 사용되었다.

3월

1일(무진) 맑았다. 새벽에 망궐례를 하였다. 아침에 경상수사 [권준]이 와서 이야기하다가 돌아갔다. 늦게 해남현감 유형¹⁾과 임치첨사 홍견, 목포만호 방수경에게 기한을 어긴 벌을 주었다. 해남현감은 새로 왔으므로 장을 때리지 않았다.

1) 조응록의 『죽계일기』의 기록³⁵에 의하면 유형은 1595년 12월에 해남현감으로 제수되었다.

2일(기사) 맑았다. 아침에 계본 초고를 수정하였다. 보성군수 [안홍국]이 들어왔다. 몸이 몹시 불편하여 업무를 보지 않았다. 몸이 피곤하고 땀에 젖으니 이는 병의 근원이다.

3일(경오) 맑았다. 새벽에 이원룡이 본영으로 돌아갔다. 늦게 반관해가 왔다. 정사립 등으로 하여금 계본을 쓰도록 하였다. 이날이 명절(답청절)이라 방답첨사, 여도만호 [김인영], 녹도만호 [송여종]와 남도포만호 [강응표] 등을 불러서 술과 떡을 대접하였다. 일찍 송희립을 우수사 [이억기]에게 보내어 아쉬워하는 뜻을 전하니 정중하게 대답했다고 하였다. 땀에 젖었다.

4일(신미) 맑았다. 아침에 계본을 봉하였다. 늦게 보성군수 안홍국에게 기한을 어긴 벌을 주었다. 오후에 배를 출발하여 곧장 소근두를 경유하여 경상우수사 [권준]이 있는 곳에 이르러 그를 불렀다. 같은 도의 좌수사 이운룡도 와서 조용히 이야기하다가 그대로 좌리도¹⁾ 바다에서 함께 숙박을 하였다. 수시로 땀을 흘렸다.²⁾

1) 지금의 경남 통영시 한산면 창좌리의 좌도이다.³⁶
2) 초고본에는 이 문장이 이날 일기의 아래쪽 여백에 작은 글씨로 추가로 적혀 있다.

5일(임신) 맑았으나 구름이 끼었다. 새벽 3시경에 배를 출발하여 동이 틀 무렵 견내량의 우수사 [이억기]가 복병한 곳에 이르니 아침[식사] 때이기에 식사를 한 뒤에 만났다. 잘못된 점을 다시 말하니 우수사가 사과하기를 마지않으므로 이어 술자리를 마련하였다. 몹시 취해서 돌아오는 길에 [전라우우후] 이정충에게 들러 꽃 아래에서 조용히 논의하다가 나도 모르게 취해서 쓰러졌다. 비가 많이 내리기 시작하여 먼저 배로 내려왔다. 우수사가 취해서 드러누워 정신을 못 차리기에 인사도 못 하고 와서 우스웠다. 배로 오니 회, 해, 면과 울과 이수원이 함께 왔다. 빗속에 진채로 돌아오니 김혼도 왔다. 그와 이야기하다가 밤 12시경 에 잠자리에 들었다. 여종 덕금, 한대, 효대, 은진의 여종이 왔다.[1]

1) 초고본에는 이 문장이 이날 일기의 아래쪽 여백에 작은 글씨로 추가로 적혀 있다.

6일(계유) 흐렸으나 비는 내리지 않았다. 새벽에 한대를 불러서 사유를 물었다. 아침에 몸이 불편하였다. 식사를 한 뒤에 하동현감 [신진], 고성현령 [조응도]가 돌아갔다. 늦게 함평현 감[1], 해남현감 [유형]이 돌아가고 남도포만호 [강응표]도 돌아갔는데 그 기한은 5월 10일이 었다. 우우후 [이정충], 강진현감 [나대용]은 초8일이 지난 뒤에 나가도록 하였다. 함평현감, 남해현령 [기효근], 다경포만호 등이 검 쓰는 법을 [보였다]. 아직도 땀이 흐른다.[2] 사슴 3 마리를 사냥해왔다.

1) 『선조실록』과 조응록의 『죽계일기』 등의 기록[37]에 의하면 당시의 함평현감은 최정립(崔挺立)이다. 그의 본관은 수성(隋城), 생몰년은 미상~1597년이다.[38]

2) 초고본에는 이 문장부터 그 이후의 문장까지 이날 일기의 아래쪽 여백에 작은 글씨로 추가로 적혀 있다.

7일(갑술) 맑았다. 새벽에 땀이 흘렀다.[1] 늦게 나가서 업무를 보았다. 가리포첨사 [이응표], 방답첨사, 여도만호 [김인영]이 와서 만나고 돌아갔다. 머리를 한참 동안 빗었다. 녹도만호 [송여종]이 노루 2마리를 [사냥해왔다].[2]

1) 원문 '曉汗流〇〇' 중의 '〇〇'는 '出出'이나 '甚甚' 등으로 보는 견해가 있다.[39]

2) 초고본에는 이 문장이 이날 일기의 아래쪽 여백에 작은 글씨로 추가로 적혀 있다.

8일(을해) 맑았다. 아침에 안골포만호 [우수]가 큰 사슴 1마리를 보내왔다. 가리포첨사 [이응 표]도 보내왔다. 식사를 한 뒤에 나가서 업무를 보았다. [전라]우수사 [이억기], 경상수사 [권준], [경상]좌수사 [이운룡], 가리포첨사, 방답첨사, 평산포만호 [김축], 여도만호 [김인영], [전라]우우후 [이정충], 경상우후 [이의득], 강진현감 [나대용] 등이 함께 와서 종일 잔뜩 술 을 마시고 헤어졌다. 저녁에 비가 잠시 내렸다.

9일(병자) 아침에 맑다가 저물녘에 비가 내렸다. 아침에 우우후 [이정충]과 강진현감 [나대용] 이 돌아간다고 하기에 술을 대접하여 잔뜩 취했는데 우후는 취해서 쓰러져 돌아가지 못했 다. 저녁에 좌수사 [이운룡]이 와서 이별 잔을 나누고 보내려 하였으나 취해서 쓰러져 대청

에서 잤다. 같이 함께 어울렸다.[1]

1) 원문 '介与之共'은 『실록』이나 조선시대 문헌의 기록[40]에 보이는 '皆與之共' 또는 '蓋與之共'이라는 문구의 오기 내지 음차이다. 이 문구들은 모두 독음이 동일하고 문자상의 의미 또한 유사하다. 굳이 그 의미를 비교해보자 면 '모두 함께 어울렸다(皆與之共/蓋與之共)'와 '끼어서(같이) 함께 어울렸다(介与之共)' 정도의 차이가 있겠다. 이 날 함께 술을 마신 이정충, 나대용, 이운룡이 모두 전쟁 초기부터 이순신과 함께 동고동락을 했던 사이이고 다 음 날까지도 술자리가 이어졌던 점을 감안하면 '끼어서 함께 어울렸다'라는 해석은 정황상으로도 자연스럽다. 현재 많은 번역서들이 '介与之共'을 '개와 같이 잤다'라는 의미로 번역하고 있지만 『난중일기』에는 이날 일기를 제외하고는 '介'라는 인물이 나타나지 않으므로 이는 개연성이 낮다.

10일(정축) 계속 비가 내렸다. 아침에 다시 좌수사 [이운룡]을 청해 와서 이별 잔을 나누고 보 냈다. 종일 많이 취해서 나가지 못했다. 수시로 땀을 흘렸다.

11일(무인) 흐렸다. 해, 회, 완과 이수원과 여종 셋이 나갔다. 이날 저녁 방답첨사가 별일이 아 닌데도 화를 내어 상선의 무상 흔전자에게 장을 때려서 매우 놀라웠다. 곧바로 군관과 이 방을 잡아다가 군관은 20대, 이방은 50대를 [때렸다]. 늦게 전임 천성만호 [윤흥년]이 작별 인사를 하고 돌아가고 신임 천성만호는 체찰사 [이원익]의 공문에 의하여 병사[1]에게로 잡 혀갔다. 나주판관 [어운급]도 와서 술을 대접하여 보냈다.

1) 천성진이 위치해 있던 경상우도의 병사로 판단된다. 『선조실록』의 기사[41]에 의하면 당시의 경상우병사는 김응 서이다.

12일(기묘) 맑았다. 아침에 식사를 하고 몸이 피곤하여 조금 잠을 자다가 막 깨고 나니[1] 경상 수사 [권준]이 와서 함께 이야기하였다. 여도만호 [김인영], 금갑도만호, 나주판관 [어운급] 도 왔고 군관 등이 술을 가져왔다. 저녁에 소국진이 체찰사 [이원익]이 있는 곳[2]으로부터 돌 아왔는데 회답 중에 "우도의 수군을 모아서 본도로 보내려고 했던 일[3]은 본의가 아니었다." 라고 하여 우스웠다. 그편에 "[충청병사][4] 원균이 장 40대를, 장흥부사 [배흥립]이 장 20대 를 맞았다."라는 소식을 들었다.

1) 원문 '睡初罷'는 '막 잠을 깨다'라는 의미이다. 조선시대 문헌에서 '睡初罷', '眠初罷', '夢初罷' 등이 이러한 의미로 사용된 예를 쉽게 찾아볼 수 있다.
2) 이원익의 『오리속집』과 정경운의 『고대일록』의 기록[42]에 의하면 이원익은 같은 해 3월 초 공산산성(公山山城), 금오산성(金烏山城), 황석산성(黃石山城) 등을 축성하기 위하여 분주히 활동하고 있었다. 『선조실록』의 같은 해 4 월 기사[43]에 의하면 이원익은 공산산성과 천생산성(天生山城)의 수축을 지시하였다.
3) 2월 28일 일기에서 언급되었던 전라우도의 수군이 제주와 진도를 지원하는 계책이다.
4) 『선조실록』의 기사[44]에서 당시 원균의 관직을 확인할 수 있다.

13일(경진) 비가 하루 종일 내렸다. 저녁에 견내량 복병의 급보에 "왜선이 잇달아 나온다."라고 하기에 여도만호 [김인영], 금갑도만호 등을 뽑아서 보냈다. 봄비가 내리는 중에 몸이 피곤하여 누워서 신음하였다.

14일(신사) 궂은비가 개지 않았다. 새벽에 삼도 [군사로부터] 급보가 왔는데 "견내량 근처의 거제 땅 세포에 왜선 5척, 고성 땅에 5척이 와서 정박하고 육지에 내렸다."라고 하기에 삼도의 여러 장수들에게 5척을 더 뽑아서 보낼 일을 전령하였다. 늦게 나가서 업무를 보고 각 곳의 공문을 처결하여 보냈다. 아침에 군량의 회계를 마감하였다. 방답첨사, 녹도만호 [송여종]이 와서 만났다. 체찰사 [이원익]에게 보낼 공문을 만들었다. 춘곤함이 이렇게까지 되어 밤새도록 땀을 흘렸다.

15일(임오) 맑았다. 새벽에 망궐례를 하였다. 가리포첨사 [이응표], 방답첨사, 녹도만호 [송여종]이 와서 참석하였지만 우수사 [이억기]와 다른 [장수들은] 오지 않았다. 늦게 경상수사 [권준]이 와서 함께 이야기하다가 취해서 갔는데 "그때 덕이와 아랫방에서 사사로운 이야기를 하였다."라고 한다. 이날 저물녘 바다의 달빛이 희미하게 비추었다. 몸이 피곤하여 무거웠고 밤새도록 식은땀을 흘렸다. 밤 12시경에 비가 많이 내리기 시작하였다. 낮에 피곤하여 머리를 빗었는데 수시로 땀이 흘렀다.

16일(계미) 비가 퍼붓듯이 내렸는데 종일토록 그치지 않았다. 아침 8시경에 동남풍이 많이 불어서 지붕의 이엉이 [날아간 곳이] 많았다. 온 창문의 종이가 찢어지고 비가 방안으로 들어와서 사람이 그 고통을 견딜 수가 없었다. 12시경에 바람이 그쳤다. 저녁에 군관을 불러와서 술을 대접하였다. 밤 1시경에 비가 잠시 그쳤다. 어제처럼 땀을 흘렸다.

17일(갑신) 흐렸다. 종일 가랑비가 내렸는데 밤새도록[1] 그치지 않았다. 늦게 나주판관 [어운급]이 만나러 왔기에 술을 대접하여 보냈다. 어두워질 무렵 박자방이 들어왔다. 이날 밤 식은땀이 등을 적셔서 위아래 옷이 다 젖었고 또한 이불까지 젖었다. 몸이 불편하였다.

1) 원문 '育女夜'는 '徹夜'의 오기이다.

18일(을유) 맑았으나 동풍이 하루 종일 불었다. 날씨가 매우 쌀쌀하였다. 늦게 나가서 업무를 보고 소지를 처결하여 나누어 보냈다. 방답첨사, 금갑도만호, 회령포만호, 옥포만호 [이담] 등이 와서 만났다. 활 10순을 쏘았다. 이날 밤바다의 달빛은 희미하게[1] 비추었고 밤기운은 매우 쌀쌀하였다. 침상에 누워서도 잠을 이루지 못하였고 앉았다 누웠다 하여도 편치 않았다. 다시 몸이 불편하였다.

1) 원문 '徵'은 '微'의 오기이다.

19일(병술) 맑았으나 동풍이 많이 불었다. 날씨가 아주 쌀쌀하였다. 아침에 새 쟁에 줄을 올렸다. 늦게 보성군수 [안홍국]이 파종[1]을 단속하기 위하여 휴가를 받았다. 김혼이 같은 배로 나갔는데 종 경도 함께 돌아갔다. 정량이 일 때문에 여기에 왔다가 돌아갔다. 저녁에 가리포첨사 [이응표], 나주판관[2] [어운급]이 와서 만났는데 취하도록 술을 대접하고 돌려보냈다. 어두워질 무렵 바람이 아주 험하였다.

1) 원문 '付種'은 파종(播種)을 의미하는 말로서 논에 볍씨를 직접 뿌리는 직파법을 가리킨다. 모판에 볍씨를 심어서 싹을 틔운 뒤 논에 옮겨 심는 이앙법이 조선시대 16세기 후반을 지나면서부터 전라도, 충청도 지역으로 확산되었으므로 당시는 직파법과 이앙법이 혼용되던 시기이다.[45]

2) 원문 '判刺'는 '半刺'의 오기이다.

20일(정해) 바람이 험하고 계속 비가 내려서 종일 나가지 않았다. 몸이 몹시 불편하였다. 바람막이 2장을 만들어서 걸었다. 밤새도록 비가 내렸다. 땀이 옷과 이불을 적셨다.[1]

1) 초고본에는 이 문장이 이날 일기의 아래쪽 여백에 작은 글씨로 추가로 적혀 있다.

21일(무자) 큰비가 하루 종일 내렸다. 오후 8시경에 곽란이 나서 한참 동안 구토를 하다가 밤 12시경에 조금 가라앉아서 뒤척이며 앉았다 누웠다 하였다. 하지 않아도 될 일을 한 듯하여 아주 후회스러웠다. 이날 몹시 무료하여 군관 송희립, 김대복, 오철 등을 불러서 종정도를 겨루었다. 바람막이 3장을 만들어서 걸었는데 이언량, 김웅겸이 만드는 것을 감독하였다. 밤 12시가 지나서 비가 잠시 그치고 새벽 3시경에 비로소 조각달이 비쳤다. 방을 나가서 산보를 하였지만 몸은 몹시 피곤하였다.

22일(기축) 맑았다. 아침에 종 금으로 하여금 머리를 빗게 하였다. 늦게 우수사 [이억기]와 경상수사 [권준]이 와서 만났는데 술을 대접하여 보냈다. 그편에 "작은 고래가 섬 위로 떠내려와서 죽었다."라는 소식을 들었기에 박자방을 보냈다. 이날 어두워질 무렵 수시로 땀이 흘렀다.

23일(경인) 맑았다. 새벽에 정사립이 와서 "어유¹⁾를 많이 가져왔다."라고 보고하였다. 새벽 3시경에 몸이 불편하여 금이를 불러서 머리를 손질하였다²⁾. 늦게 나가서 업무를 보고 각 곳의 공문을 처결하여 나누어 주었다. 활 10순을 쏘았다. 조방장 김완이 들어왔다. 충청 수군의 배 8척도 들어왔고 우후도 왔다. 종 금이 편지를 가지고 왔는데 어머니께서 평안하시다고 하였다. 오후 8시가 지나서 "영등포만호 [조계종]이 그 소녀³⁾를 데리고 술을 가지고 왔다."라고 하였으나 나는 만나지 않았다. 밤 10시가 지나서 돌아갔다. 이날 미역⁴⁾을 따기 시작했다. 밤 12시경에 비로소 침상에 들었다. 땀이 흘러 옷을 적셨기에 옷을 갈아입고 잤다.

1) 어유(魚油)는 전날 일기에 언급된 고래로부터 얻은 것으로 짐작된다. 정약전의 『자산어보』에 따르면 고래의 살을 삶으면 10여 독의 기름을 얻을 수 있다고 한다. 여러 조선시대 문헌⁴⁶을 살펴보면 고래의 기름인 경유(鯨油)는 주로 등을 밝히는 데 사용되었다.

2) 원문 '招今技頭' 중의 '技'는 그 의미가 불분명하다. 이 글자를 '긁다'라는 의미를 가지는 '披'로 보는 견해도 있지만 초고본의 글자 모양은 '技'에 가깝다. 여기서는 문맥상의 의미를 감안하여 '손질하다'로 해석하였다.

3) 원문 '其小女'를 '그의 어린 딸'로 해석하는 경우가 있다. 그러나 당시 유교 사회에서 혼인을 전제로 한 절차도 없이 술자리에 딸을 데려가는 것은 그 딸이 서녀인 경우라도 상식을 벗어나는 행위였다. 원문 중의 '其'가 지칭의 의미가 있으므로 만일 일기 내용 중에 해당 인물이 있다면 2월 11일 일기에 나오는 영등포만호와 함께 왔던 작은 아이로 생각된다.

4) 원문 '霍'은 '藿'의 오기이다.

24일(신묘) 맑았다. 새벽에 미역을 따러 나갔다. 헌 활집¹⁾은 베로 된 것이 8장, 무명으로 된 것이 2장인데 활집 하나는 고쳐 만들기 위해서 내주었다. 아침[식사] 뒤에 업무를 보고 마량첨사 김응황, 파지도²⁾권관 송세응³⁾, 결성현감 손안국⁴⁾ 등에게 벌을 주었다. 늦게 우후 [이몽구]가 가지고 온 술을 방답첨사, 평산포만호 [김축], 여도만호 [김인영], 녹도만호 [송여종], 목포만호 [방수경]과 함께 마셨다. 나주판관 어운급⁵⁾에게 휴가를 줘서 내보냈는데 기한을 4월 15일로 정하였다. 어두워질 무렵 몸이 몹시 피곤하고 수시로 땀이 흘렀는데 이 또한 비가 내릴 조짐이었다.

1) 원문 '弓家'는 활을 넣기 위한 장비로서 대개는 궁대(弓袋)로 표기되었다. 궁대는 대개 화살을 넣는 동개(筒箇)와 함께 사용되었기 때문에 보통 이 둘을 함께 묶어서 궁대동개(弓袋筒箇)로 불렀다.⁴⁷

2) 지금의 충남 서산시 대산읍 대산리에 있었다.⁴⁸

3) 원문에는 '波知島宋'으로만 적혀 있지만 8월 1일 일기에서 파지도의 장수가 권관 송세응(宋世應)임을 확인할 수 있다.

4) 조응록의 『죽계일기』의 기록⁴⁹에서도 당시의 결성현감이 손안국(孫安國)임을 확인할 수 있다.

5) 원문은 '魚雲伋'이지만 『선조실록』의 기사⁵⁰에 의하면 그의 정확한 이름은 '魚雲級'이다.

25일(임진) 새벽에 비가 내리기 시작하더니 종일 퍼붓듯이 내렸는데 일각[1]도 끊이지 않았다. 저녁때까지 수루에 기대어 있으니 마음이 불편해졌다. 머리를 한참 동안 빗었다. 낮에 땀이 옷을 적셨는데 밤에는 위아래 옷이 젖고 구들장까지 흘렀다.

1) 원문 '一刻'은 한 시간의 1/4인 15분으로서 짧은 시간을 의미하는 대명사로도 사용되었다.

26일(계사) 맑았으나 남풍이 불었다. 늦게 나가서 업무를 보았다. 조방장 [김완]과 방답첨사, 녹도만호 [송여종]이 와서 활을 쏘았다. 경상수사 [권준]도 와서 이야기하였다. 체찰사 [이원익]의 전령이 오는데 "전날 [전라]우도 수군을 돌려보내려고 했던 일은 계본에 대한 회신을 잘못 본 것이다."라고 하였다. 매우 우스웠다.

27일(갑오) 맑았다. 남풍이 불었다. 늦게 나가서 활을 쏘았는데 우후 [이몽구], 방답첨사도 왔다. 충청도의[1] 마량첨사 [김응황], 임치첨사 [홍견], 결성현감 [손안국], 파지도권관 [송세응]도 함께 왔는데 술을 대접하여 보냈다. 저녁에 신 사과가 여필(이우신)과 함께 배를 타고 들어와서 그편에 어머니께서 평안하시다는 소식을 들었다. 기쁘기 그지없었다.

1) 마량첨사, 임치첨사, 결성현감, 파지도권관이 모두 충청도 소속인 점을 감안하여 원문 '忠淸'을 '충청수사'가 아닌 '충청도의'로 해석하였다.

28일(을미) 궂은비가 많이 내렸는데 종일토록 개지 않았다. 나가서 업무를 보고 공문을 만들어 나누어 보냈다. 충청도의 각 뱃사람들이 목책[1]을 설치하여 방비하였다.

1) 목책(柵)의 정확한 설치 방식은 알기 어렵지만 조선전기에 전라도 남해안 지방 등에서 많이 활용되었던 목책도니성(木柵塗泥城)의 건조 방식이 적용되지 않았을까 추측된다. 임진왜란 시기 유성룡이 쓴 「전수기의십조」에 실린 「설책(設柵)」 또한 목책도니성의 설치 방식과 상당히 유사하다. 목책도니성은 목책을 세우고 그 위에 진흙을 보강하여 구조물을 만드는 방식으로 설치되며 적은 인력으로도 단기간에 효율적으로 튼튼한 목책을 세울 수 있는 장점이 있다.[51]

29일(병신) 궂은비가 개지 않았다. 늦게 부찰사[1]의 선문(미리 알리는 통지문)이 여기에 왔는데 "성주로부터 진으로 온다."라고 하였다.

1) 『선조실록』의 같은 해 3월 기사[52]에 의하면 도체찰사 이원익이 왜군을 토벌하는 것을 돕기 위하여 이정형(李廷馨)이 체찰부사로 임명되어 내려왔다. 그가 성주에서 출발한 이유는 이원익과 함께 성주의 공산산성과 천생산성의 수축 현장에 있었기 때문으로 짐작된다(3월 12일 일기의 주해 참조). 위의 『선조실록』의 기사에도 이정형이 선조에게 산성 수축의 중요성을 언급한 내용이 보인다. 이정형의 자는 덕훈(德薰), 본관은 경주(慶州), 생몰년은 1549~1607년이며, 객관적 시각을 가진 야사로 평가를 받는 동각잡기(東閣雜記)의 저자이다.[53]

1일(정유) 큰비가 내렸다. 신 사과와 이야기하였다. 하루 종일 비가 내렸다.

2일(무술) 늦게야 맑아졌다. 저물녘에 경상수사 [권준]이 부찰사 [이정형]을 맞이해 오기 위하여 나갔다. 신 사과가 같은 배로 갔다. 이날 밤 몸이 몹시 불편하였다.[1]

1) 초고본에는 이 문장이 이날 일기의 아래쪽 여백에 작은 글씨로 추가로 적혀 있다.

3일(기해) 맑았으나 동풍이 하루 종일 불었다. 어제저녁 견내량 복병의 급보에 "왜놈 4명이 부산으로부터 장사하러 나왔다가 바람에 표류하였다."라고 하기에 새벽에 녹도만호 송여종에게 그 사유를 묻고 처리하라고 일러서 보냈는데 그 행적을 살펴보니 염탐하러 온 것이 확실하기에 그들을 베어 죽였다. 우수사 [이억기]를 만나러 가려고 하였지만 몸이 불편하여 그러지 못하였다.

4일(경자) 흐렸다. 아침에 오철이 나갔다. 종 금이도 함께 갔다. 아침에 체찰사 [이원익에게 보낼] 공문을 만들었다. 여러 장수들이 개정할 [사항을 적은] 표를 벽에 붙였다.[1] 충청도의 군사가 목책을 설치하였다. 늦게 우수사 [이억기]를 만나러 가서 술을 마시며 이야기하다가 돌아왔다. 오후 8시가 지나서 비로소 저녁식사를 하였다. 심열이 나고 땀에 젖었다. 밤 10시경에 잠시 비가 내리다가 그쳤다.[2]

1) 대개의 번역서들이 원문 '体察使公事成貼付壁諸將改標'를 '体察使公事成貼付壁'과 '諸將改標'의 두 문장으로 구분하여 '체찰사의 공문을 성첩(成貼)하여 벽에 붙였다.'와 '여러 장수들의 표신을 고쳤다.'라는 의미로 해석하고 있다. 그러나 성첩은 '관인을 찍어 공문을 만들다'라는 의미이므로 공문을 만든 이는 이순신이 되며 원문 중의 '体察使公事'는 '체찰사의 공문'이 아니라 '체찰사에게 보낼 공문'으로 해석해야 옳을 것이다. 그리고 성첩하여 만든 공문을 받을 사람에게 보내지 않고 벽에 붙여 놓는다는 해석 또한 적절하지 않다.

원문은 '体察使公事成貼'과 '付壁諸將改標'의 두 문장으로 구분하여 해석하는 것이 옳다고 생각된다. '付壁諸將改標'는 '改付標'라는 문구를 응용하여 쓴 문장으로 추정되는데, '改付標'는 『실록』에서 그 용례를 찾아보면 '고쳐야 할 사항들을 표에 써서 붙이다'라는 의미로서 주로 왕의 재가를 받은 문서를 수정할 경우 사용되던 용어이다. 일기의 내용은, 다음 날 들어올 부찰사 이정형에게 요청할 개정 사항을 여러 장수들에게 의견을 구하여 여러 사람이 볼 수 있도록 벽에 붙인 것으로 추측한다. 『선조실록』의 기사[54]에 의하면 부찰사 이정형이 한산도를 방문했을 때 격군의 호소를 듣고서 통제사 이순신을 통해 격군들에게 상을 내려주도록 조정에 청하였는데,

이 기사로부터 이정형이 한산도에서 여러 수군 관련자들로부터 청원사항을 받은 사실을 알 수 있다.

2) 초고본에는 이 문장이 이날 일기의 아래쪽 여백에 작은 글씨로 추가로 적혀 있다.

5일(신축) 맑았다. 부찰사 [이정형]이 들어왔다.[1]

1) 『선조실록』의 같은 해 9월 기사[55]에서도 이정형이 부찰사로서 한산도를 방문했던 사실을 확인할 수 있다.

6일(임인) 흐렸으나 비는 내리지 않았다. 부찰사 [이정형]이 활쏘기를 시험하였다. 저녁에 나와 우수사 [이억기] 등이 들어가 앉아서 군사들에게 음식을 먹이고 함께 대면하였다.

7일(계묘) 맑았다. 부찰사 [이정형]이 나가서 업무를 보고 상을 나누어 주었다. 새벽에 부산 사람이 들어와서 명나라 사신이 도망갔다고 하였는데 무슨 일인지 모르겠다.[1] 부찰사 [이정형]이 주봉으로 올라갔다. 점심을 먹은 뒤에 두 수사와 함께 이야기하였다.

1) 강화를 목적으로 부산의 왜군 진영에 머물러 있던 명나라 사신 이종성이 강화 협상이 순탄하게 진행되지 않을 것으로 생각되자 책임 소재와 신상에 대한 위기를 느끼고 밤중에 도망친 사건을 말한다. 이는 당시에 진행되던 강화 교섭에 찬물을 끼었었던 사건으로서 『선조실록』의 기사[56]에 그 전말이 자세히 기록되어 있다.

8일(갑진) 하루 종일 비가 내렸다. 늦게 부찰사 [이정형]과 만나서 함께 술을 마시고 몹시 취하였다. 관등[1]을 하고 헤어졌다.

1) 사월 초파일인 석가탄신일에 행하던 관등놀이를 가리킨다. 이 행사는 유교 국가인 조선에서도 풍습으로 정착되어 있었다. 『선조실록』의 기사[57]에는 왕이 있는 자리에서 조선의 통역관이 중국 관리에게 우리나라의 관등놀이가 4월 8일에 행해진다고 말했던 사실도 전한다.

9일(을사) 맑았다. 이른 아침에 부찰사 [이정형]이 나가기에 배를 타고 포구로 나가서 함께 배에서 이야기하고 작별하였다.

10일(병오) 맑았다. 아침에 "어사가 들어온다."라는 소식을 들었기에 수사 이하 포구로 나가서 그를 기다렸다. 조붕이 와서 만났는데 그 모습을 보니 오랫동안 당학[1]을 앓아서 외모가 아주 수척하였다. 매우 안타까웠다. 늦게 어사가 들어와서 [배에서] 내려 함께 이야기하다가 불을 밝힌 뒤에야 헤어졌다.

1) 원문 '唐虐'은 '唐瘧'의 오기이다. 『선조실록』 및 『선조수정실록』과 조경남의 『난중잡록』의 기록[58]에 의하면 1596년에 당학이 퍼져서 많은 사람들이 죽었다. 병이 중국으로부터 유래되었기 때문에 이러한 이름으로 불렸다.

11일(정미) 맑았다. 아침에 어사와 함께 식사를 하고 조용히 이야기하였다. 늦게 장병들에게 음식을 먹이고 활 10순을 쏘았다.

12일(무신) 맑았다. 아침에 식사를 한 뒤에 어사가 밥을 지어서 군사들을 먹인 뒤에 활 10순을 쏘았다. 종일 이야기하였다.

13일(기유) 맑았다. 아침에 어사와 함께 식사를 하였다. 늦게 포구로 나가니 남풍이 많이 불어서 배가 다닐 수 없었다. 선인암에 이르러 종일 이야기하다가 저물녘이 되어 작별하였다. 저물녘에 거망포에 이르렀다. [어사가] 잘 갔는지 모르겠다.

14일(경술) 흐렸다. 하루 종일 비가 내렸다. 아침에 식사를 하고 나가서 업무를 보았다. 홍주판관 [박윤]1), 당진포2)만호가 교서에 숙배한 뒤에 충청우후 원유남3)에게 장 40대를 때렸다. 당진포만호도 같은 벌을 받았다.

1) 5월 22일 일기에서 홍주판관의 이름을 확인할 수 있다.

2) 지금의 충남 당진시 고대면 당진포리에 있었다. 현재까지 성터가 남아 있으며 충청남도 문화재자료 제365호 당진포진성(唐津浦鎭城)으로 지정되어 있다.

3) 원유남(元裕男)의 자는 관부(寬夫), 시호는 충숙(忠肅), 본관은 원주(原州), 생몰년은 1561~1631년이며, 1588년에 있었던 여진족 시전부락 토벌 때 이순신과 함께 참전하였다.**59**

15일(신해) 맑았다. 아침에 단오 진상을 확인하고 봉한 다음 곽언수1)에게 줘서 내보냈다. 영의정 [유성룡], 정 영부사(정탁)2), 판서 김명원, 윤자신, [동지중추부사] 조사척3), 신식4), 남이공5)에게 편지를 썼다.

1) 계사일기(1593년) 7월 6일에 의하면 공방(工房)의 직책을 가졌다.

2) 『선조실록』의 기사**60**에 의하면 당시 정탁의 관직은 지중추부사이다.

3) 사척(士惕)은 당시 훈련도감에서 군사들의 조련을 담당하던 조경(趙儆)의 자이다. 『선조실록』의 기사**61**에서 이 시기의 그의 관직과 행적을 확인할 수 있다. 일기에 이름 대신 자를 기록한 점으로부터 이순신과 친분이 있었음을 짐작할 수 있다. 그의 본관은 풍양(豊壤), 시호는 장의(莊毅), 생몰년은 1541~1609년이며, 해평군 윤근수의 처남이다. 1588년 여진족 시전부락 토벌 때 이순신과 함께 참전하였으며, 행주대첩 때 중위장으로서 활약하였다.**62**

4) 『선조실록』의 같은 해 3월 기사**63**에 의하면 당시 신식의 관직은 동부승지이다.

5) 『선조실록』과 조응록의 『죽계일기』의 기록**64**에 의하면 당시 남이공의 관직은 사헌부지평이다.

16일(임자) 맑았다. 아침에 식사를 한 뒤에 나가서 업무를 보았다. 난여문 등을 불러서 불이 난 것에 대해 묻고 왜인 3명을 불러서 처형하였다. 우수사 [이억기], 경상수사 [권준]도 함께 앉아서 여필(이우신)이 [가져온] 술을 마셨다. 가리포첨사 [이응표], 방답첨사도 함께하였는데 밤이 되어서야 헤어졌다. 이날 밤바다의 달빛은 차갑게 비추었고 한 점 티끌도 일지 않았다. 다시 땀을 흘렸다.

17일(계축) 맑았다. 아침에 식사를 한 뒤에 여필(이우신)과 면이 종을 데리고 돌아갔다. 늦게 각 공문을 처결하여 나누어 보냈다. 이날 저녁 울이 [거제현령] 안위에게 가서 만나고 왔다.

18일(갑인) 맑았다. 식사 전에 각 관포의 공문과 소지를 처결하여 나누어 보냈다. 체찰사 [이원익]에게 [보낼] 공문을 내보냈다. 늦게 충청우후 [원유남], 경상우후 [이의득], 방답첨사, 김 조방장(김완)과 활 20순을 쏘았다. 마도[1]의 군관이 복병한 곳에서 항왜 1명을 잡아 왔다.

1) 지금의 전남 강진군 마량면 마량리에 있었다.**65**

19일(을묘) 맑았다. 습열 때문에 침 20여 곳을 맞았는데 몸에 열이 나는 듯하여 종일 방에 들어가 나가지 않았다. 어두워질 무렵 영등포만호 [조계종]이 와서 만나고 돌아갔다. 종 목년과 금화, 풍진 등이 왔다. 이날 아침 남여문[1]으로부터 수길(도요토미 히데요시)이 죽었다는 소식[2]을 들어서 뛸 듯이 기뻤지만 믿을 수 없었다. 이 말은 이미 전부터 퍼졌지만 여태까지 확실한 소식은 오지 않았다.

1) 『선조실록』의 1597년 3월 기사**66**에는 항왜 남여문이 통제사의 명에 따라 왜군을 회유했다는 기록이 있다. 이름이 같고 또한 통제사 휘하의 항왜라는 특수성으로 미루어보아 동일인으로 생각된다.

2) 당시 도요토미 히데요시가 죽었다는 소문이 떠돈 사실은 『선조실록』의 같은 해 4월 기사**67**에서도 확인된다.

20일(병진) 맑았다. 경상수사 [권준]이 와서 내일의 모임에 초청하였다. 활 10순을 쏘고 헤어졌다.

21일(정사) 맑았다. 아침에 식사를 한 뒤에 경상도의 진으로 가는 길에 우수사 [이억기]의 진에 들러서 함께 경상수사 [권준]의 초청에 갔다. 하루 종일 활을 쏘고 몹시 취해서 돌아왔다. 신 조방장(신호)이 병 때문에 본가로 돌아갔다. 영인이 왔다.[1]

1) 초고본에는 이 문장이 이날 일기의 아래쪽 여백에 작은 글씨로 추가로 적혀 있다.

22일(무오) 맑았다. 아침에 식사를 한 뒤에 나가서 업무를 보았다. 부산의 허논만[1]이 보낸 보고서에 "명나라 사신 [이종성]은 달아났고 부사[2]는 여전히 왜군 진영에 있으며 4월 8일에 [사신이] 달아난 경위를 [명나라 조정에] 알렸다[3]."라고 하였다.[4] 김 조방장(김완)이 와서 "노천기[5]가 취해서 잘못된 짓을 하다가 본영의 진무 황인수, 성복 등에게 욕을 당했다."라고 보고하기에 장 30대를 때렸다. 활 10순을 쏘았다.

1) 원문 '許內ㅁ萬'은 고유어 이름 '허논만'을 한문으로 표기한 것이다. 조선시대에는 우리말 발음 '논'을 한자로 '內ㅁ'이나 '內隱'으로 표기하였다.**68**

2) 상사 이종성과 함께 왜군 진영에 머물러 있던 부사 양방형(楊方亨)이다(4월 7일 일기의 주해 및 주석 참조).

3) 원문 '奏聞'은 명나라 조정에 어떠한 소식을 알린다는 의미를 가지는 용어로서 『실록』에서 그 용례를 쉽게 찾아볼 수 있다.

4) 『선조실록』의 4월 8일 기사**69**에서도 조선 조정이 사신 이종성이 달아난 사건을 조속히 명나라 조정에 알리도록 처리한 사실을 확인할 수 있다.

5) 노천기(盧天紀)는 제2차 당항포해전에 참전하였다.**70**

23일(기미) 흐리다가 늦게 맑아졌다. 아침에 첨지 김경록이 들어왔다. 일찍 식사를 하고 나가서 업무를 보고 그와 술을 마셨다. 늦게 군사들 중에 힘센 사람들로 하여금 씨름을 시켰는데 성복이라는 자가 뛰어나게 잘하기에 상으로 쌀 1말을 주었다. 활 10순을 쏘았다. 충청우후 원유남, 마량첨사 [김응황], 당진포만호, 홍주판관 [박윤], 결성현감 [손안국], 파지도권관 [송세응], 옥포만호 [이담] 등과 함께 쏘았다. 밤 12시경에 영인이 돌아갔다.

24일(경신) 맑았다. 식사를 한 뒤에 목욕탕[1]으로 나가서 여러 장수들과 이야기하였다.

1) 원문 '湯子'는 욕탕을 의미하며 『실록』의 기사**71**에서도 그 용례를 확인할 수 있다.

25일(신유) 맑았다. 남풍이 많이 불었다. 일찍 목욕하러 들어가서 한참 동안 있었다. 저녁에 우수사 [이억기]가 와서 만나고 돌아갔다. 다시 목욕하러 들어갔지만 목욕물이 너무 뜨거워서 오래 있지 못하고 도로 나왔다.

26일(임술) 맑았다. 아침에 "체찰사 [이원익]의 군관이 경상 [수군의 진으로] 갔다."라는 소식을 들었다. 식사를 한 뒤에 목욕하러 들어갔다. 늦게 경상수사 [권준]이 와서 만나고 돌아가고 체찰사의 군관 오(吳)도 왔다. 김양간이 소를 실어 오기 위하여 본영으로 갔다.

27일(계해) 맑았다. 저녁에 한 차례 목욕하러 들어갔다. 체찰사 [이원익]에게 [보냈던] 공문의 회답이 왔다.

28일(갑자) 맑았다. 아침저녁으로 두 차례 목욕하였다. 여러 장수들이 모두 와서 만났다. 경상수사 [권준]은 뜸을 뜨기 때문에 오지 못하였다.

29일(을축) 맑았다. 저녁에 한 번 목욕하였다. 항왜 사고여음을 남여문으로 하여금 머리를 베게 하였다.[1]

1) 초고본에는 이 문장이 이날 일기의 아래쪽 여백에 작은 글씨로 추가로 적혀 있다.

30일(병인) 맑았다. 저녁에 한 번 목욕하였다. 우수사 [이억기]가 와서 만났다. 충청우후 [원유남]이 와서 만나고 돌아갔다. 늦게 부산의 허논만의 보고서가 왔는데 행장(고니시 유카나가)이 철수하여 돌아갈 뜻이 있는 것 같다고 하였다. 김경록이 돌아갔다. 어머니께서 평안하시다는 편지가 왔다.

1일(정묘) 흐렸으나 비는 내리지 않았다. 경상수사 [권준]이 와서 만나고 돌아갔다. 한 차례 목욕하러 들어갔다.

2일(무진) 맑았다. 일찍 목욕하고 진으로 돌아왔다. 총통 2자루를 주조하여 만들었다. 김 조방장(김완)과 [영등포만호] 조계종이 와서 만났다. 우수사 [이억기]가 김인복을 효시하였다. 이날 업무를 보지 않았다.

3일(기사) 맑았다. 가뭄¹⁾이 몹시 심하여 걱정을 이루 말할 수 없었다. 나가서 업무를 보았다. 경상우후 [이의득]이 와서 활 15순을 쏘고 저물녘에 들어왔다. 총통을 주조하여 만들지 못했다.²⁾

1) 원문 '旱氣'는 '旱氣'의 오기이다.
2) 초고본에는 이 문장이 이날 일기의 아래쪽 여백에 작은 글씨로 추가로 적혀 있다.

4일(경오) 맑았다. 이날이 어머니의 생신이지만 나아가 술 한 잔 올릴 수 없으니 마음이 편치 않았다. 나가지 않았다. 오후에 우수사 [이억기]가 업무를 보는 곳이 불이 나서 다 타버렸다. 이날 저녁 문어공¹⁾이 부요²⁾로부터 조종의 편지를 가지고 왔는데 "조종³⁾이 4월 1일에 세상을 떠났다."라고 하여 참으로 애통하였다. 우후 [이몽구]가 앞산에서 여신⁴⁾에게 제사를 지냈다.

1) 원문 '文於公' 중의 '於'는 초고본의 글자 형태가 조금 모호하여 '村'으로 보는 견해도 있지만 다른 날짜의 일기에 기록된 '於' 및 '村'과 비교해보면 '於'임을 알 수 있다.⁷²
2) 지금의 전남 순천시 주암면 일대이다.⁷³
3) 본관은 옥천(玉川)이며, 부산포해전에 참전하였다.⁷⁴
4) 여신(厲神)은 여제의 대상이 되는 신을 말한다. 『국조오례의』에 의하면 여제의 주신(主神)은 성황신(城隍神)이고 무사귀신(無祀鬼神)의 신위가 단 아래에 세워지도록 정해져 있지만 시대와 지역에 따라 여제의 대상은 차이가 있었다.⁷⁵

5일(신미) 맑았다. 이날 새벽 여제를 지냈다. 이른 아침에 식사를 하고 나가서 업무를 보았다. 회령포만호가 교서에 숙배한 뒤에 여러 장수들이 모여서 [공사]례를 하고 이어 들어가 앉아서 위로하는 술잔을 4번 돌렸다. 경상수사 [권준]이 술이 거의 반쯤 돌았을 때 그들로 하여금 씨름을 시켰는데 낙안의 임계형[1]이 으뜸이었다. 밤이 깊도록 이들로 하여금 즐겁게 뛰놀도록 한 것은 내가 즐기려는 것이 아니라 오로지 오랫동안 고생한 장병들로 하여금 피로를 풀어주기 위한 것이었다.

1) 초고본에 기록된 '樂安林季亨'을 『이충무공전서』가 '樂安倅林季亨'으로 기록한 때문에 임계형을 낙안군수로 서술하는 경우가 많다. 그러나 당시 낙안의 수령 자리는 공석이었으며 조정에서는 신임 낙안군수의 임명을 계속 번복하고 있는 상황이었으므로 임계형을 낙안군수로 해석하는 것은 오류이다(2월 24일 일기의 주해 참조). 정유일기2(1597년) 10월 13일에도 임계형의 직책은 군관으로 기록되어 있다.

6일(임신) 아침에 흐리다가 늦게 큰비가 내렸다. 농사에 대한 바람을 가득 채워주니[1] 다행스러움을 이루 말할 수 없었다. 비가 내리기 전에 활 오륙 순을 쏘았다. 비가 밤새도록 그치지 않았다. 막 어두워질 무렵 총통에 [사용하는] 숯[2]을 [보관하는] 창고에 불이 나서 다 타버렸다. 이는 감관들이 새로 숯을 받을 때 조심하지 않고 불씨가 있는지 살펴보지 않아서 이러한 재난이 일어나게 된 것이다. 매우 한탄스러웠다. 울과 김대복이 함께 배를 타고 나갔는데 비가 많이 내려서 잘 갔는지 모르겠다.[3] 밤새도록 앉아서 매우 걱정하였다.

1) 원문 '慰滿農望'은 중국 북송의 명신 한기(韓琦)가 지은 「희우(喜雨)」라는 시에 나오는 구절인 '須臾慰滿三農望'을 인용한 것이다.
2) 총통과 같은 조선시대의 화기류에서 사용되던 화약은 염초, 유황, 숯을 섞어서 만들었으며 『화포식언해』, 『신전자초방』 등에 그 배합비율이 실려 있다.[76]
3) 초고본에는 이 문장부터 그 이후의 문장까지 이날 일기의 아래쪽 여백에 작은 글씨로 추가로 적혀 있다.

7일(계유) 계속 비가 내리다가 늦게 맑게 갰다. 이날 계속 울이 간 것을 걱정하였는데 잘 도착했는지 모르기 때문이었다. 밤에 앉아서 걱정하고 있을 때 누가 문을 두드리는 소리가 나서 열고 물어보니 바로 이영남이 온 것이었다. 불러들여서 조용히 옛일을 이야기하였다.

8일(갑술) 맑았다. 아침에 이영남과 이야기하였다. 늦게 나가서 업무를 보았다. 경상수사 [권준]이 와서 만나고 활 10순을 쏘았다. 몸이 몹시 불편하여 두 차례 구토를 하였다. 이날 "영산 이중[1]의 무덤이 파헤쳐졌다."라는 소식을 들었다. 저녁에 완이 들어왔고 김효성도 왔다. 비인[2]현감 [신경징]이 들어왔다.[3]

1) 이중(李中)의 자는 이강(而强), 본관은 고성(固城), 생몰년은 1488~1557년이며, 조광조와 김식의 문하에서 수학

하여 사림에 명망이 높았던 인물로서, 벼슬에 뜻을 두지 않고 주로 영산에서 후진을 양성하였다. 그의 전기인 『명암선생실기』에 따르면 임진왜란 중에 왜군에 의해 그의 묘비 등이 파손된 사건이 있었다고 한다.[77]

2) 지금의 충남 서천군 비인면, 서면, 판교면, 종천면 일대이다.[78]

3) 초고본에는 이 문장이 이날 일기의 아래쪽 여백에 작은 글씨로 추가로 적혀 있다.

9일(을해) 맑았다. 몸이 몹시 불편하여 나가지 않았다. 이영남과 서관[1]의 일을 이야기하였다.[2] 막 어두워질 무렵 비가 내리기 시작하더니 새벽까지 내렸다. 부안의 전선에 불이 났으나 많이 타지는 않아서 다행이었다.

1) 황해도와 평안도를 가리킨다.

2) 『강계읍지』의 「선생안」에 의하면 이영남은 이전 해인 1595년에 강계판관을 지냈다.[79] 『선조실록』의 1595년 강계 관련 기사[80]에 의하면 당시 여진족의 세력이 계속 발호하여 조선 북방의 상황이 점차 위태로워지고 있었다.

10일(병자) 맑았다. 나라의 제삿날[1]이라 업무를 보지 않았다. 몸도 불편하여 종일 신음하였다.

1) 태종의 제삿날이다.

11일(정축) 맑았다. 새벽에 이와 앉아서 이야기하였다.[1] 식사를 한 뒤에 나가서 비인현감 신경징[2]이 기한을 어긴 죄로 장 20대를 때렸다. 또한 순천 격군의 감관 조명도 죄를 지어 장을 때렸다. 몸이 불편하여 일찍 들어가 신음하였다. 거제현령 [안위], 영등포만호 [조계종]과 이영남과 함께 잤다.

1) 원문 '曉坐与李正話' 중의 '与李正話'가 '이정과 이야기하였다'인지 아니면 '이(이영남)와 이야기하였다'인지 그 의미가 모호하다. 이날을 전후로 계속 이영남과 만난 점으로 보아 후자로 생각된다.

2) 『선조실록』과 조응록의 『죽계일기』의 기록[81]에서도 당시의 비인현감이 신경징(申景澄)임을 확인할 수 있다.

12일(무인) 맑았다. 이영남이 돌아갔다. 몸이 불편하여 종일 신음하였다. 김해부사 [백사림]의 급보가 왔고 부산의 부적인[1] 김필동의 보고서도 왔는데 "수길(도요토미 히데요시)이 비록 [명나라의] 정사 [이종성]은 없지만 부사 [양방형]은 그대로 있으므로 강화를 결정하고 철병하려 한다."라고 하였다.

1) 임진왜란 시기 왜군의 정황을 탐지할 목적으로 적에게 투항한 사람인 부적인(附賊人)이 활용되기도 하였다. 『선조실록』의 기사[82]를 살펴보면 조선 조정은 부적인을 정책적으로 첩자로 활용했던 것으로 보인다.

13일(기묘) 맑았다. 부산의 허논만의 보고서가 왔는데 "적장 청정(가토 기요마사)이 이미 10일에 그의 군사들을 이끌고 바다를 건넜으며 각 진의 왜군들도 장차 철수해 갈 것이고 부산의 왜군은 명나라 사신을 수행하여 바다를 건너기 위해서 그대로 머물러 있다."라고 하였다.[1] 이날 활 9순을 쏘았다.

1) 『선조실록』의 기사[83]에 의하면 가토 기요마사는 5월 10일에 바다를 건너서 일본으로 갔고 안골포, 가덕도 등지에는 여전히 왜군이 잔류해 있었다.

14일(경진) 맑았다. 아침에 [온] 김해부사 백사림의 급보도 논만의 보고서와 같았기에 순천부사[1]에게 전달하도록 하여 그로 하여금 차례대로 [각 지역으로] 알리도록 하였다. 활 10순을 쏘았다. 결성현감 손안국이 나갔다.

1) 『선조실록』과 조응록의 『죽계일기』 등의 기록[84]에 의하면 당시의 순천부사는 배응경(裴應褧)이다. 그의 자는 회보(晦甫), 본관은 성주(星州), 생몰년은 1544~1602년이다.[85]

15일(신사) 맑았다. 새벽에 망궐례를 하였다. 우수사 [이억기]는 오지 않았다. 식사를 한 뒤에 나가서 업무를 보았다. "한산도 뒤쪽의 상봉[1]에서 오도[2]와 대마도를 바라볼 수 있다."라는 말을 들었기에 혼자 말을 타고 달려 올라가 보니 과연 오도와 대마도가 보였다. 느지막이 작은 시냇가로 돌아와서 조방장 [김완]과 거제현령 [안위]와 점심을 먹었다. 날이 저물 녘에 진채로 돌아왔다. 어두워질 무렵 온수에 목욕하고 잠자리에 들었다. 밤바다의 달빛은 또렷했고 미풍도 불지 않았다.

1) 한산도의 지형으로 보아 지금의 경남 통영시 한산면의 한산도 남단에 있는 망산으로 판단된다.
2) 대마도와 함께 묶어서 언급하고 있는 점으로 보아 지금의 일본 나가사키현에 속한 고토열도(五島列島)를 가리키는 것으로 짐작된다. 원문 '五島'는 『실록』과 조선시대 문헌에서 고토열도를 가리키는 고유명사로 사용된 예를 쉽게 찾을 수 있다. 고토는 1587년 전라좌수영 경내에서 발생한 손죽도왜변 때 조선사람들이 포로로 끌려갔던 곳으로서 이순신 휘하에 있던 공태원 또한 그곳으로 끌려갔다가 쇄환된 인물이다(갑오일기-1594년 5월 4일의 주해 및 주석 참조).
실제로 한산도에서 대마도는 날씨가 좋으면 바라보이기도 하지만 고토열도는 그렇지 않으므로 일기에서 언급된 오도는 다른 섬들을 오도로 착각한 것이 아닌가 생각된다.

16일(임오) 맑았다. 아침에 송한련 형제가 물고기를 잡아 왔다. 충청우후 [원유남], 홍주판관 [박윤], 비인현감 [신경징], 파지도권관 [송세응] 등이 왔고 우수사 [이억기]도 와서 만나고 돌아갔다. 이날 밤비가 내릴 조짐이 많더니 밤 12시경에 비가 내리기 시작하였다. 이날 밤 정화수[1]를 마시고 싶었다.[2]

1) 원문 '井花水'는 조선시대 문헌에 대개 '井華水'로 표기되었다. 정화수는 이른 새벽에 길어온 우물물을 가리키며 약으로서의 효용도 있는 것으로 여겨졌다. 『동의보감』에 그 효능과 처방이 기록되어 있다.
2) 초고본에는 이 문장이 이날 일기의 아래쪽 여백에 작은 글씨로 추가로 적혀 있다.

17일(계미) 비가 하루 종일 내렸다. 농사에 대한 바람을 크게 흡족시켜주니 풍년이 들 징조라고 할 수 있겠다. 늦게 영등포만호 조계종이 들어와서 만났다. 홀로 수루에 기대어 [시를] 읊었다.

18일(갑신) 비가 잠시 그쳤으나 바다의 안개는 걷히지 않았다. 체찰사 [이원익]의 공문이 들어왔다. 늦게 경상수사 [권준]이 와서 만났다. 나가서 업무를 보고 활을 쏘았다. 저녁에 탐후선이 들어와서 "어머니께서 평안하시다."라고 하였지만 "음식을 드시는 것이 전보다 줄었다."라고 하여 매우 걱정스러워서 눈물이 흘렀다. 춘절이 누비옷¹⁾을 가지고 왔다.

1) 원문 '衲襲' 중의 '襲'이 '옷'의 의미가 있기 때문에 조선시대에 의복을 가리킬 때 '衣襲'으로 표현하기도 하였다. 이러한 이유로 원문 '衲襲'은 '衲衣'를 말하는 것으로 추정된다. '衲衣'는 '누비'의 어원임과 동시에 '누비옷'이란 의미가 있다.**86**

19일(을유) 맑았다. 방답첨사¹⁾가 그의 어머니가 돌아가셨다는 소식을 들었기에 우후 [이몽구]를 가장으로 정하여 보냈다. 활 10순을 쏘았다. 땀이 온몸을 적셨다

1) 조응록의 『죽계일기』의 기록⁸⁷에 의하면 우치적은 같은 해 6월 상중에 다시 벼슬자리로 나아가 방답첨사를 유임하였다. 따라서 이 기록에 의거하여 이날 일기에서 언급된 방답첨사가 우치적임을 유추할 수 있다. 그가 방답첨사로 제수된 시기는 관련 자료를 찾기 어렵다.

20일(병술) 맑고 바람도 없었다. 대청 앞에 기둥을 세웠다. 늦게 나갔더니 웅천현감 김충민이 와서 만났는데 양식이 떨어졌다고 보고하기에 벼 2섬을 체지로 써주었다. 사도첨사가 돌아왔다.

21일(정해) 맑았다. 나가서 업무를 보고 우후 [이몽구] 등과 활을 쏘았다.

22일(무자) 맑았다. 충청우후 원유남, 좌우후 이몽구, 홍주판관 박윤 등과 활을 쏘았다. 홍우가 장계를 가지고 [전라]감사 [홍세공]에게 갔다.¹⁾

1) 초고본에는 이 문장이 이날 일기의 아래쪽 여백에 작은 글씨로 추가로 적혀 있다.

23일(기축) 흐렸으나 비는 내리지 않았다. 충청우후 [원유남] 등과 활 15순을 쏘았다. 아침에 미조항첨사 장의현¹⁾이 교서에 숙배한 뒤에 장흥으로 부임해 갔다. 춘절이 본영으로 돌아갔다.²⁾ 이날 밤 10시경에 수시로 땀이 흘렀다. 이날 저녁 새 수루의 지붕을 덮는 것을 마치지 못하였다.

1) 『장흥읍지』의 「읍선생안」과 조응록의 『죽계일기』의 기록[88]에서도 당시 장의현(張義賢)이 장흥부사로 제수된 것을 확인할 수 있다. 그의 자는 의숙(宜叔), 본관은 구례(求禮)이며, 1583년에 부령부사로서 신립과 함께 여진족의 침입을 물리쳤고, 임진왜란 때는 충청대장, 광주목사 등을 거치면서 전공을 세웠다.[89]

2) 초고본에는 이 문장부터 그 이후의 문장까지 이날 일기의 아래쪽 여백에 작은 글씨로 추가로 적혀 있다.

24일(경인) 아침에 흐리고 비가 내릴 조짐이 많았다. 나라의 제삿날[1]이라 업무를 보지 않았다. 저녁에 나가서 활 10순을 쏘았다. 부산의 허논만의 보고서가 들어왔는데 "[경상]좌도 각 진의 왜군들이 이미 다 철수하고 단지 부산에만 머물러 있다."라고 하였고 "명나라 사신 [이종성]이 나갔으므로 새로 정한 사람이 나온다는 소식이 22일에 부사 [양방형]에게 왔다."라고 하였다. 허논만에게 술쌀 10말, 소금 1섬을 보내고 "진력을 다해 정탐하여 보고하라."라고 하였다. 어두워질 무렵 비가 내리기 시작하더니 밤새도록 퍼붓듯이 내렸다. 박옥, 옥지, 무재 등이 전죽 150개로 [화살을] 만들기 시작하였다.

1) 태조의 제삿날이다.

25일(신묘) 저녁때까지 계속 비가 내렸다. 홀로 수루 위에 앉아 있으니 온갖 생각이 들었다. 동국사[1]를 읽어 보니 개탄하는 뜻이 많았다. 무재 등이 [화살의] 흰 굽[2]에 톱질을 한 것이 1,000개, 흰 굽이 그대로 있는 것이 870개였다.[3]

1) 노산 이은상은 『이충무공전서』의 번역 시에 원문 '東國史'를 '우리나라 역사'로 해석하였다. 그러나 『난중일기』에서 우리나라를 가리킬 때 사용된 용어는 대부분 '我國'이다.

　　『동국사(東國史)』는 조선 전기에 편찬된 대표적 관찬사서(官撰史書)인 『동국사략(東國史略)』이나 『동국통감(東國通鑑)』을 가리키거나 또는 이들을 통칭하는 것으로 생각된다. 『선조실록』의 1594년 기사[90]에도 『동국사』가 사고에 소장되어 있다는 언급이 보이는 점으로 보아 관찬사서일 가능성이 높다. 또한 일기에서 동국사의 내용 중에 개탄하는 뜻이 많다고 한 묘사는, 『동국사략』과 『동국통감』에 기록되어 있는 사론(史論)이 대체로 유교적 관점에 의한 신랄한 비판을 싣고 있는 특징과도 부합한다. 위 『선조실록』의 기사에 의하면 선조는 전라도와 충청도의 관찰사로 하여금 동국사를 널리 구해서 조정으로 올려 보내도록 하였는데 시기적으로 일기의 시점과 가까운 때이므로 이 일이 이순신이 동국사를 읽게 된 계기가 된 것 같다.

　　『동국사략』은 태종 때 하륜과 권근 등에 의해, 『동국통감』은 성종 때 서거정에 의해 편찬되었다. 이외에 유사한 책명을 가진 사찬사서(私撰史書)들도 있는데 이우(李堣)의 『동국사략』, 박상(朴祥)의 『동국사략』, 유희령(柳希齡)의 『표제음주동국사략(標題音註東國史略)』, 민제인(閔齊仁)의 『동국사략』, 유중영(柳仲郢)의 『동국사략』 등이 그것이다. 이들은 책명은 비슷하지만 내용은 사론의 선택, 역사 인식 등의 면에서 각기 차이가 있다.[91]

　　『선조실록』의 1595년 기사[92]에 의하면 정경세는 선조가 있는 자리에서 '나라는 망할 수 있으나 역사는 없을 수 없다.'는 말을 하였다. 긴박한 전쟁의 와중에도 조정은 사서에 관한 정책을 수립하고 전방의 장수는 사서를 읽었다는 사실은 조선의 역사의식을 극명하게 보여준다.

2) 무재가 화살을 만드는 장인인 점과 흰 굽(白蹄)에 톱질을 했다는 점으로 미루어보아 흰 굽은 화살의 활시위를 거는 부분인 오늬를 가리키는 것으로 생각된다. 흰 굽이라는 표현을 쓴 까닭은 아마도 오늬의 모양이 말발굽과 유사하기 때문인 듯하다. 오늬는 별도로 제작하여 화살대에 끼우기도 하지만 화살대 자체에 직접 홈을 파서

만들기도 한다.[93]

3) 초고본에는 이 문장이 이날 일기의 아래쪽 여백에 작은 글씨로 추가로 적혀 있다.

26일(임진) 짙은 안개가 걷히지 않았다. 남풍이 많이 불었다. 늦게 나가서 업무를 보았다. 충청우후 [원유남]과 우후 [이몽구] 등과 활을 쏠 때 경상수사 [권준]도 와서 함께 활 10순을 쏘았다. 이날 어두워질 무렵 날씨가 찌는 듯하여 땀이 그치지 않고 흘렀다.[1]

1) 초고본에는 이 문장이 이날 일기의 아래쪽 여백에 작은 글씨로 추가로 적혀 있다.

27일(계사) 가랑비가 종일토록 그치지 않았다. 충청우후 [원유남], 좌우후[1] [이몽구]가 여기에 와서 종정도를 놀았다. 이날 어두워질 무렵도 찌는 듯 답답하여 땀이 온몸을 적셨다.[2]

1) 원문 '左虞候' 중의 '左'는 초고본의 글자 형태가 모호하여 '左'와 '右' 중 어느 글자인지 판단하기 어렵지만 다른 날짜의 일기에 보이는 '左' 및 '右'와 비교해보면 '左'로 판단된다.[94]
2) 초고본에는 이 문장이 이날 일기의 아래쪽 여백에 작은 글씨로 추가로 적혀 있다.

28일(갑오) 궂은비가 개지 않았다. "전라감사 [홍세공]이 파직되어 돌아간다."라는 소식[1]을 들었고 "청정(가토 기요마사)이 부산으로 돌아왔다."라는 소식을 들었으나 모두 믿을 수 없었다.

1) 『선조수정실록』과 조경남의 『난중잡록』의 기록[95]에 의하면 전라감사 홍세공은 6월경에 체직되었다. 이들 기록에 따르면 홍세공은 전라감사 시절 탐관오리들을 잘 제어하여 백성들이 많은 혜택을 입었다고 한다.

29일(을미) 저녁때까지 궂은비가 내렸다. 장모님의 제삿날이라 업무를 보지 않았다. 고성현령 [조응도], 거제현령 [안위]가 와서 만나고 돌아갔다.

30일(병신) 흐렸다. 아침에 곽언수가 들어왔다. 영의정 [유성룡]과 상장[1]사재[2], 정 판부사(정탁), 지사 윤자신, [동지중추부사] 조사척(조경), 신식, 남이공의 편지가 왔다. 늦게 우수사 [이억기]에게 가서 만나고 종일 즐기다가 돌아왔다.

1) 상장(上將)은 도원수를 가리키는 별칭이다. 이날 온 편지는 4월 15일 일기에 기록되어 있는 유성룡, 김명원 등에게 보냈던 편지의 답장으로 판단된다. 임진왜란 초기에 김명원이 도원수를 지낸 경력이 있기 때문에 상장으로 칭한 것 같다.
2) 사재(四宰)는 의정부의 우참찬을 가리키는 말이다. 비록 김명원이 우참찬을 지낸 이력이 있지만 앞에서 이미 상장으로 지칭하였기 때문에 사재가 그를 가리키는 것인지 아니면 당시의 우참찬을 가리키는 것인지 확실치 않다. 『선조실록』의 기사[96]에 의하면 당시의 우참찬은 이항복이다.

1일(정유) 장맛비가 하루 종일 내렸다. 늦게 충청우후 [원유남]과 본영 우후 [이몽구]와 [홍주판관] 박윤, [비인현감] 신경징 등을 불러와서 술을 마시며 이야기하였다. 윤련이 자기 포구로 간다고 하기에 도양장의 콩 종자가 부족하므로 김덕록에게서 콩 종자를 가져가도록 체지를 보냈다. 남해현령¹⁾의 도임장이 올라왔다.

1) 조응록의 『죽계일기』의 기록⁹⁷에 의하면 당시의 남해현령은 박대남(朴大男)이다.

2일(무술) 비가 그치지 않았다. 아침에 우후 [이몽구]가 방답¹⁾으로 갔다. 비인현감 신경징이 나갔다. 이날 가죽 바지를 만들어서 내려주었다. 늦게 나가서 업무를 보고 활 10순을 쏘았다. 편지를 써서 본영으로 보냈다.

1) 5월 19일 일기에서 우후를 방답의 가장으로 정했다고 하였기 때문에 원문 '往防踏'을 '방답첨사에게 갔다'가 아니라 '방답으로 갔다'로 번역하였다.

3일(기해) 흐렸다. 아침에 제포만호 성천유가 [교서에] 숙배하였다. 김양간이 농사지을 소를 싣고 나갔다. 새벽꿈에 태어난 지 겨우 오륙 개월밖에 안된 작은 아기를 직접 안았다가 도로 내려놓았다. 금갑도만호가 와서 만났다.

4일(경자) 맑았다. 식사를 한 뒤에 나가서 업무를 보았는데 가리포첨사 [이응표], 임치첨사 [홍견], 목포만호 [방수경], 남도포만호 [강응표], 충청우후 [원유남]과 홍주판관 [박윤] 등이 와서 활 7순을 쏘았다. 우수사 [이억기]가 와서 다시 과녁을 그리고¹⁾ 활 12순을 쏘았다. 술을 마시고 헤어졌다.

1) 활을 쏠 때 과녁으로 사용되는 후(帿)에는 동물의 머리를 그려 넣었기 때문에 원문 '畫畫'를 '과녁을 그리다'로 번역하였다. 후의 규격은 『국조오례의』의 「가례의식(嘉禮儀式)」-「무과전시의(武科殿試儀)」에 정해져 있다.

5일(신축) 흐렸다. 아침에 박옥, 무재, 옥지 등이 화살 150개를 만들어서 납부하였다. 나가서 업무를 보고 활 10순을 쏘았다. 경상우감사 [서성]의 군관이 편지를 가지고 왔는데 방백(서성)이 혼사 때문에 [서울로] 올라간다고 하였다.¹⁾

1) 초고본에는 이 문장이 이날 일기의 아래쪽 여백에 작은 글씨로 추가로 적혀 있다.

6일(임인) 맑았다. 4도의 여러 장수들을 모아서 활을 쏘도록 하였다.[1] 술과 음식을 대접하고 다시 활을 쏘도록 하였는데 시합을 겨루고 헤어졌다.

1) 원문 '取令射帳' 중의 '令'은 이전까지는 '今'으로 판독되었다. 그러나 초고본의 글자를 다른 날짜의 일기에 기록된 '令' 및 '今'과 비교해보면 '令'으로 판단된다. 또한 뒤에 나오는 원문 '且令射而爭勝負' 중의 '令'도 마찬가지이다.[98]

7일(계묘) 아침에 흐리다가 늦게 맑아졌다. 늦게 나가서 충청우후 [원유남] 등과 활 10여 순을 쏘았다. 이날 왜 조총의 값을 주었다.[1]

1) 조선 조정은 임진왜란 전투의 승패에 중요한 영향을 미친 조총의 도입과 제작을 위해 많은 노력을 기울였으며 그 결과로 1593년 12월에는 중앙과 여러 지방에서 조총의 제조가 가능하게 되었다. 그러나 제조 경험의 부족 때문에 그 기술 수준은 개척 단계에 머물러 있었으며 또한 재료의 부족과 재정의 궁핍으로 인하여 제조되는 조총의 수량도 매우 적었다. 이러한 문제를 해결하기 위해 조정은 철이 풍부한 지방에 도회소를 설치하여 조총 등의 화기를 제조하도록 하면서 지방에서의 조총 자체 조달과 상납도 적극 권장하였다.[99] 일기에 보이는 왜 조총에 대한 비용 지불 기록은 당시의 조총 수급 상황을 보여주는 일례이다.

8일(갑진) 맑았다. 일찍 나가서 활 15순을 쏘았다. "남도포만호 [강응표]의 본포에 있는 소실이 허씨 집으로 쳐들어가서 투기 싸움을 했다."라고 하였다.[1]

1) 초고본에는 이 문장이 이날 일기의 아래쪽 여백에 작은 글씨로 추가로 적혀 있다.

9일(을사) 맑았다. 일찍 나가서 충청우후 [원유남], 당진포만호, 여도만호 [김인영], 녹도만호 [송여종] 등과 활을 쏠 때 경상수사 [권준]이 와서 함께 활 20순을 쏘았는데 경상수사가 잘 맞추었다. 이날 일찍 종 금이가 본영으로 가고 옥지도 갔다. 이날 어두워질 무렵 아주 더워서 수시로 땀이 흘렀다.

10일(병오) 비가 하루 종일 퍼붓듯이 내렸다. 12시경에 부산으로부터 보고서가 올라왔는데 "[대마도주] 평의지(소 요시토시)가 9일 이른 아침에 대마도로 돌아갔다."라고 하였다.

11일(정미) 계속 비가 내리다가 늦게 맑게 갰다. 활 10순을 쏘았다.

12일(무신) 맑았다. 더위가 찌는 듯하였다. 충청우후 [원유남] 등을 불러서 활 15순을 쏘았다.

남해현령 [박대남]의 편지가 왔다.

13일(기유) 맑고 아주 더웠다. 경상수사 [권준]이 술을 가지고 왔다. 활 10순을 쏘았는데 경상수사가 아주 잘 맞추었다. 김대복이 1등을 하였다.

14일(경술) 맑았다. 일찍 나가서 활 15순을 쏘았다. 아침에 회와 이수원이 함께 와서 어머니께서 평안하시다는 소식을 들었다.

15일(신해) 맑았다. 새벽에 망궐례를 하였다. 우수사 [이억기], 가리포첨사 [이응표], 나주판관 [어운급] 등은 병으로 빠졌다[1]. 늦게 나가서 업무를 보고 충청우후 [원유남], 조방장 김완 등 여러 장수들을 불러서 활 15순을 쏘았다. 이날 일찍 부산의 허논만이 와서 왜군의 정세를 전하기에 식량을 주고 돌려보냈다.[2]

1) 원문 '病頉'의 용례를 『실록』이나 조선시대 문헌에서 찾아보면 주로 공적인 자리에 병으로 불참할 경우 사용되는 용어로서 지금의 병가와 의미가 유사하다.
2) 초고본에는 이 문장이 이날 일기의 아래쪽 여백에 작은 글씨로 추가로 적혀 있다.

16일(임자) 맑았다. 늦게 경상수사 [권준]이 와서 이야기하였다. 나가서 업무를 보고 활 10순을 쏘았다. 저녁에 김붕만, 배승련 등이 자리를 사서 진으로 왔다.

17일(계축) 맑았다. 늦게 우수사 [이억기]가 와서 활 15순을 쏘고 헤어졌다. 우수사는 술을 마시지 않았다. 충청[우후 원유남]이 자기 아버지[1]의 제사 때문에 거망포로 돌아갔다.[2]

1) 임진왜란 초기 강원도 조방장으로 활약했던 원호(元豪)이다. 그의 자는 중영(仲英), 시호는 충장(忠壯), 본관은 원주(原州), 생몰년은 1533~1592년이며, 1588년에 있었던 여진족 시전부락 토벌 때 이순신 및 아들 원유남과 함께 참전하였다. 임진왜란 발발 직후 향병을 모아서 경기도 여주 일대에서 전공을 세웠으며 이후 금화(金化)에서 적의 복병을 맞아 분전하다가 전사하였다. 기록에 전하는 그가 전사한 날짜는 6월 19일이다.[100]
2) 초고본에는 이 문장이 이날 일기의 아래쪽 여백에 작은 글씨로 추가로 적혀 있다.

18일(갑인) 맑았다. 늦게 나가서 활 15순을 쏘았다.

19일(을묘) 맑았다. 체찰사 [이원익]에게 공문을 만들어 보냈다. 늦게 나가서 업무를 보고 활 15순을 쏘았다. [발포가장][1] 이설로부터 황정록이 형편없다는 말을 들었다.[2] "발포 보리밭의 수확이 26섬이다."라고 하였다.[3]

20일(병진) 맑았다. 어제 아침 곡포권관 장후완[1]이 [교서에] 숙배한 뒤에 평산포만호 [김축]이 제때에 진으로 오지 않은 것을 문책하니 "기한을 정해주지 않았기에 50여 일을 물러나 있었다."라고 대답하였다. 그 해괴함이 막심하여 장 30대를 때렸다. 이날 12시경에 남해현령 [박대남]이 들어와서 [교서에] 숙배한 뒤에 이야기하고 활을 쏘았다. 충청우후 [원유남]도 와서 15순을 쏘았다. 그 뒤에 안으로 들어가서 남해현령 박[2]과 밤이 깊도록 도란도란 이야기하다가 헤어졌다. 임달영도 들어왔는데 소를 거래한 명세서[3]와 제주목사 [이경록]의 편지를 가지고 왔다.

1) 원문 '蔣後琓'은 '蔣後琬'의 오기이다. 그의 자는 군좌(君佐), 본관은 아산(牙山), 생몰년은 1572~1644년이며, 추탄 오윤겸의 서녀 사위이다.[102]

2) 박대남(朴大男)의 자는 종백(宗伯), 본관은 죽산(竹山), 생몰년은 1554년~미상이며, 문장가로 유명한 송천 양응정이 그의 고모부이다.[103] 이후의 일기를 살펴보면 박대남과 이순신이 서로 친분이 있었음을 쉽게 짐작할 수 있다. 이순신, 박대남, 이경록은 모두 1576년 식년시에 급제한 이력이 있다.

3) 원문 '件記(발기)'는 물건이나 인명 등을 나열하여 적은 문건을 가리키는 이두표기이다.

21일(정사) 내일이 제삿날이라 업무를 보지 않았다. 아침에 남해현령 [박대남]을 불러서 함께 일찍 식사를 하였다. 그리고 남해현령은 경상수사 [권준]에게 갔다가 저녁에 돌아와서 이야기하였다.

22일(무오) 맑았다. 할머니의 제삿날이라 업무를 보지 않았다. 남해현령 [박대남]과 종일 이야기하였다.

23일(기미) 밤 2시경부터 하루 종일 비가 내렸다. 남해현령 [박대남]과 이야기하였다. 늦게 남해현령이 경상수사 [권준]에게 갔다. 조방장 [김완]과 충청우후 [원유남], 여도만호 [김인영], 사도첨사 등을 불러서 남해현령이 [가져온] 술과 고기를 대접하였고 곤양군수 이극일도 와서 만났다. 저녁에 남해현령이 경상수사가 있는 곳으로부터 왔는데 술에 취해서 정신을 못 차렸다. 하동현감 [신진]도 왔는데 본현으로 돌려보냈다.[1]

1) 초고본에는 이 문장이 이날 일기의 아래쪽 여백에 작은 글씨로 추가로 적혀 있다.

24일(경신) 맑았다. 초복이다. 일찍 나가서 충청우후 [원유남]과 활 15순을 쏘고 경상수사 [권준]도 와서 함께 하였다. 남해현령 [박대남]은 자기 현으로 돌아갔다. 항왜 야여문 등이 같은 항왜인 신시로를 죽이자고 청하기에 그를 죽이라고 명령하였다. 남원의 김굉이 군량이 부족한 것[1]을 증빙하기 위해서 여기에 왔다.

1) 원문 '無糆'은 '부족하다' 또는 '축나다'라는 의미로서 『실록』이나 조선시대 문헌을 살펴보면 대개는 '無麰' 또는 '無麵'으로 표기되었다.

25일(신유) 맑았다. 일찍 나가서 공문을 처결하여 보낸 뒤에 조방장 [김완]과 충청우후 [원유남], 임치첨사 [홍견], 목포만호 [방수경], 마량첨사 [김응황], 녹도만호 [송여종], 당포만호, 회령포만호, 파지도권관 [송세응] 등이 와서 철전 5순, 편전 3순, 목전 5순을 쏘았다. 남원의 김굉이 돌아갔다. 이날 어두워질 무렵 아주 더워서 땀을 흘렸다.

26일(임술) 바람이 많이 불고 잠시 비가 내렸다. 늦게 나가서 업무를 보고 철전과 편전을 각 5순을 쏘았다. 왜인 난여문 등의 보고에 의하여 이장의 아내에게 장을 때렸다. 이날 12시경에 망아지 두 필의 네 발굽을 잘라주었다.[1]

1) 원문 '落四下'는 『오자병법』의 「치병(治兵)」에 보이는 문구 '謹落四下'를 인용한 것이다. 『오자직해(吳子直解)』는 이 문구 뒤에 '使之輕便 四下四蹄也'라는 설명을 추가하여 '落四下'가 '발굽을 잘라준다'는 뜻임을 밝혔다. 말의 발굽은 인간의 손발톱과 마찬가지로 계속 자라기 때문에 새로 편자를 달거나 오래된 편자를 바꿀 경우 발굽을 잘라주는 과정이 필요하다.

27일(계해) 맑았다. 나가서 업무를 보고 김 조방장(김완), 충청우후 [원유남], 가리포첨사 [이응표], 당진포만호, 안골포만호 [우수] 등과 철전 5순, 편전 3순, 목전 7순을 쏘았다. 이날 저녁 송구를 가두었다.

28일(갑자) 맑았다. 명종의 제삿날이라 업무를 보지 않았다. 아침에 고성현령 [조응도]의 급보에 "순찰사 [이원익]의 행차가 어제 이미 사천현에 이르렀다."라고 하니 오늘은 소비포에 도착할 것이다. 이수원이 돌아갔다.

29일(을축) 아침에 흐리다가 늦게 맑아졌다. 주선[1]을 받아 갔다. 늦게 나가서 업무를 본 뒤에 조방장 [김완], 충청우후 [원유남], 나주통판[2] [어운급]과 철전, 편전, 목전 도합 18순을 쏘았다. 더위가 찌는 듯하였다. 오후 8시경에 땀을 퍼붓듯이 흘렸다.[3] 남해현령 [박대남]의 편지가 왔다. 야여문이 돌아갔다.

1) 원문 '周旋'의 의미는 미상이다.

2) 원문 '通判'은 '判官'을 가리키는 말이다.

3) 초고본에는 이 문장부터 그 이후의 문장까지 이날 일기의 아래쪽 여백에 작은 글씨로 추가로 적혀 있다.

7월

1일(병인) 맑았다. 인종의 제삿날이라 업무를 보지 않았다. 경상우도순찰사[1])가 진에 이르렀지만 이날은 서로 만나지 않았다. 그의 군관 나뀡이 자기 대장의 말을 전하기 위하여 여기에 왔다.

1) 『경상도영주제명기』에 의하면 병신년(1596년) 6월 7일부터 경상좌도관찰사 이용순(李用淳)이 경상우도까지 총괄하게 되었다.[104] 따라서 일기에서 경상우도로 한정하여 지칭한 순찰사는 전 경상우도관찰사 서성으로 판단된다.

2일(정묘) 맑았다. 일찍 식사를 한 뒤에 경상도 진영으로 가서 순찰사[서성]과 함께 한참 동안 이야기하였다. 새 정자에 올라가 앉아서 편을 나누어 활을 쏘았는데 경상순찰사[편이] 162획[1])을 졌다. 종일 즐기다가 불을 밝히고 돌아왔다.

1) 획(畫)은 점수를 의미한다. 『실록』이나 조선시대 문헌에서 그 용례를 찾아보면 주로 획수(畫數)로 표현되었다.

3일(무진) 맑았다. 일찍 식사를 한 뒤에 순찰사[서성]과 도사[1])가 이 진영으로 와서 활을 쏘았다. 순찰사 편이 또 96분을 졌다. 밤이 깊어서야 돌아갔다. 아침에 체찰사[이원익]의 공문이 왔다.[2])

1) 『경상도영주제명기』의 기록[105]에 의하면 당시의 경상도도사는 이준(李埈)이다. 그러나 서성과 함께 온 도사는 경상좌우도가 병합될 때 체직된 전 도사 이유함으로 짐작된다.
2) 초고본에는 이 문장이 이날 일기의 아래쪽 여백에 작은 글씨로 추가로 적혀 있다.

4일(기사) 맑았다. 일찍 식사를 한 뒤에 경상도의 진영으로 가서 순찰사[서성]과 만나서 이야기하였다. 얼마 있다가 배로 내려와 함께 앉아서 포구로 나가 여러 배들이 밖에 늘어선[가운데] 종일 이야기하였다. 선암 앞바다에 이르러 닻줄을 풀고 헤어져 갔는데 멀리 바라보며 서로 인사하였다. 이어 우수사[이억기], 경상수사[권준]과 같은 배로 들어왔다.

5일(경오) 맑았다. 늦게 나가서 활을 쏘았다. 충청우후[원유남]도 와서 함께 하였다.

6일(신미) 맑았다. 일찍 나가서 각 곳의 공문을 처결하여 나누어 보냈다. 저물녘에 거제현령

[안위], 웅천현감 [김충민], 삼천포권관이 와서 만났다. 이곤변[1]의 편지도 왔는데 내용 중에 입석이 잘못되었다는 [말이] 많이 있어서 우스웠다.

1) 이곤변(李鯤變)의 자는 자거(子舉), 본관은 사천(泗川), 생몰년은 1551년~미상이며, 퇴계 이황의 문인이었던 구암 이정의 손자이다.[106]

7일(임신) 맑았다. 경상수사 [권준]과 우수사 [이억기]가 여러 장수들과 함께 와서 세 가지 과녁[1]을 설치하고 잠시 활을 쏘았다. 종일 비가 내리지 않았다. 궁장 지이와 춘복이 저녁에 본영으로 돌아갔다.

1) 원문 '三貫'은 목전, 철전, 편전의 화살이 각기 사용될 세 가지 과녁(貫革)을 가리킨다. 『경국대전』의 「병전」-「시취(試取)」에 의하면 이 세 가지 화살은 과녁까지의 거리가 각각 240보, 80보, 130보로서 서로 다르므로 과녁을 세울 때 각기 따로 설치해야 한다.
종종 이를 '세 번 맞추었다'로 번역하는 경우도 있지만 조선시대 문헌을 살펴보면 '맞추었다'라는 의미는 대개 '中'으로 표현되었다. 을미일기(1595년) 5월 10일과 5월 16일 등의 원문에도 '맞추었다'는 의미로서 '中'이 사용되었다. 또한 28일 일기의 원문 '射三貫鉄三十六分片六十分帿二十六分'의 의미를 살펴보면 '三貫'이 '세 번 맞추었다'라는 뜻이 아니라 철전, 편전, 목전이 사용될 세 가지 과녁을 가리키는 것임을 알 수 있다.

8일(계유) 맑았다. 충청우후 [원유남]과 활 10순을 쏘았다. 체찰사 [이원익]의 비밀 표험[1]을 받으러 간다고 하였다.

1) 표험(標驗)이 부신(符信)을 가리키는 표신(標信)이나 부험(符驗)이라는 용어와 유사한 점과 26일 일기에 체찰사로부터 받아온 표험을 각 도의 수사들에게 나누어줬다고 기록된 점으로 보아 표험은 부신을 말하는 것으로 판단된다.

9일(갑술) 맑았다. 아침에 체찰사 [이원익] 앞으로 보낼 여러 가지 공문을 만들었는데 이전이 받아 갔다. 늦게 경상수사 [권준]이 여기에 왔는데 통신사가 탈 배의 풍석[1]을 준비하기 어렵다는 말을 많이 하였다. 빌려서 쓰려고 하는 의도가 말에 드러났다. 물을 끌어오는 대나무와 서울에 보내도록 요청받은 부채에 쓸 대나무를 벌채하기 위하여 박자방을 남해로 보냈다. 오후에 활 10순을 쏘았다.

1) 원문 '風席'은 부들(돗풀)로 짠 돛을 가리킨다.[107]

10일(을해) 맑았다. 새벽꿈에 어떤 사람이 화살을 멀리 쏘고 어떤 사람은 갓을 차서 부수었다. 스스로 이를 점쳐보니 멀리 활을 쏜 것은 적의 무리가 멀리 도망가는 것이고, 갓을 차서 부순 것은 갓이 머리 위에 있는 것이지만 발로 차인 것이니 이는 적의 괴수이므로 왜군을 모두 무찌를 징조이다. 늦게 체찰사 [이원익]의 전령에 "황 첨지[1]가 이제 명나라 사신[2]

을 수행하는[3] 사신이 되고 권황[4]이 부사가 되어 가까운 시일에 바다를 건널 것이므로 [그들이] 탈 배 3척을 정비하여 부산으로 정박시키라."[5]라고 하였다. 경상우후 [이의득]이 여기에 와서 백문석[6] 150장을 빌려 갔다. 충청우후 [원유남], 사량만호 [이여념], 지세포만호, 옥포만호 [이담], 홍주판관 [박윤], 전 적량만호[7] 고여우 등이 와서 만났다. 경상수사 [권준]의 급보에 "춘원도에 왜선 1척이 와서 정박하였다."라고 하기에 여러 장수들을 정해서 보내어 그들로 하여금 수색할 일을 전령하였다.

1) 강화회담을 위해 명나라 사신과 함께 일본을 다녀온 황신(黃愼)을 가리킨다. 그의 자는 사숙(思叔), 본관은 창원(昌原), 생몰년은 1562~1617년이다.[108] 그가 쓴 『일본왕환일기(日本往還日記)』에는 강화회담을 위해 일본에 갔던 사신들의 행적이 상세히 기록되어 있다.
2) 『선조실록』의 기사[109]에 의하면 부사였던 양방형(楊方亨)이 정사가 되고 심유경(沈惟敬)이 부사가 되었다.
3) 원문 '跟隨'는 '수행하다'라는 의미이다. 『선조실록』의 기사[110]에 의하면 조선 조정은 일본과의 강화회담 시에 발생할 수 있는 만일의 문제를 최소화하기 위해 명나라 사신을 따라가는 우리나라 사신들에게 통신사(通信使)라는 호칭 대신 근수배신(跟隨陪臣)으로 칭하도록 조처하였다.
4) 원문 '權滉'은 '權愰'의 오기이다. 그의 자는 사영(思瑩), 본관은 안동(安東), 생몰년은 1543~1641년이다.[111] 『선조실록』의 기사[112]에 의하면 원래 권황이 부사로서 일본에 갈 예정이었지만 나중에 박홍장(朴弘長)으로 대체되었다. 황신의 『일본왕환일기』에서도 일본에 간 부사가 박홍장임이 확인된다.
5) 황신의 『일본왕환일기』에 의하면 사신 일행은 8월 4일에 일본으로 출발하였다. 사신 일행의 교통을 위해 경상좌수영에서 배 1척, 경상우수영에서 배 3척을 보냈는데 사신들은 일본의 배를 탔으며 우리나라 배에는 물품들을 실었다.
6) 『선조실록』의 기사[113]에 의하면 수군이 주둔하던 진포에서 사용된 물품들 중의 하나이다. 일기의 전후 상황으로 미루어보아 백문석은 사신들의 배에서 자리로 사용되었을 것이다.
7) 원문은 '赤島(적도)'로 기록되어 있지만 고여우의 이전 관직이 적량만호이므로 '赤島'는 '赤梁(적량)'의 오기이다.

11일(병자) 맑았다. 아침에 체찰사 [이원익]에게 통문과 배에 관한 일을 공문으로 만들어서 내보냈다. 늦게 경상수사 [권준]이 와서 바다를 건너갈 격군[1]에 대하여 의논하였다. 근수[배신]이 바다를 건널 때 [사용할] 양식 23섬을 다시 방아를 찧은 것이 21섬이 되어 2섬 1말이 줄었다. 나가서 업무를 보고 직접 세 가지 활을 쏘는 것을 보았다.

1) 황신의 『일본왕환일기』에 기록된 근수배신 일행의 격군의 수는 150명이다.

12일(정축) 맑았다. 새벽에 비가 잠시 내리다가 곧 그치고 한참 동안 무지개가 떴다. 늦게 경상우후 이의득이 와서 초둔 15장을 빌렸다. 부산으로 실어 보낼 군량 백미 20섬, 중미 40섬을 차사원 변익성[1], 수사 [권준]의 군관 정존극이 받아 갔다. 조방장 [김완]이 왔고 충청우후 [원유남]도 와서 활을 쏘았다. 같은 해 [과거에 급제한] 남치온[2]도 왔다.

1) 사명당 유정의 『분충서난록』의 기록[114]에 의하면 유정이 외교회담을 위해 왜군 진영을 왕래할 때 경상좌병사 고언백의 군관이었던 변익성이 함께 따라가서 적진을 정탐했다고 한다. 이러한 까닭으로 왜군의 상황을 잘 알고 있는 그에게 차사원의 임무가 맡겨진 것 같다.

2) 이순신의 과거급제 기록이 있는 「만력4년병자식년무과방목」의 무과급제자 명단에서도 남치온(南致溫)의 이름을 확인할 수 있다.

13일(무인) 맑았다. 근수배신이 타고 갈 배 3척을 정비하여 오전 10시경에 내보냈다. 늦게 활 13순을 쏘았다. 어두워질 무렵 항왜들이 우희[1]를 많이 벌였다. 장수된 자로서 가만히 두고 볼 일은 아니었지만 귀화한 왜인들이 뜰에서 우희를 하기를 간절히 바랐기에 금지하지 않았다.

1) 우리나라에서 말하는 우희(優戱)는 소학지희(笑謔之戱), 화극(話劇) 등으로도 불리는 연희(演戱)를 가리킨다.[115] 항왜들이 벌인 우희는 일본의 가면극이나 가무극이었으리라 짐작된다.

14일(기묘) 아침에 비가 내렸다. 이날이 기망[1]이다. 저녁에 고성현령 조응도가 와서 이야기하였다.

1) 원문 '旣望'은 16일을 가리키는 말이다. 아마도 14일을 가리키는 '幾望'과 16일을 가리키는 '旣望'을 착각하여 오기한 것 같다. 중국 북송의 시인 소식(蘇軾)이 지은 「적벽부(赤壁賦)」에는 '임술년 가을 7월 기망(壬戌之秋七月旣望)'이라는 문구가 있다. 「적벽부」는 조선시대 문장가들이 즐겨 인용하던 작품으로서 워낙 유명하다 보니 「적벽부」에서 언급된 7월 16일을 특별한 날처럼 보내는 경우도 많았다. 일기에서 이날이 기망임을 굳이 강조한 이유도 이러한 까닭으로 생각된다.

15일(경진) 새벽에 비가 내려서 망하례[1]를 하지 못했다. 늦게 아주 맑아져서 경상우수사 [권준], 전라우수사 [이억기]가 함께 모여서 활을 쏘고 헤어졌다.

1) 중원일(中元日)이기 때문에 하례를 올리려고 했던 것으로 짐작된다.

16일(신사) 새벽에 비가 내리다가 늦게 맑아졌다. 북쪽 뒷간 3칸을 만들어 세웠다. 이날 충청도 홍주의 격군으로서 신평[1]에 사는 사노비 엇복이 도망치다가 붙잡혀서 갇혀있던 것을 처형하여 효시하였다. 사천현감 [변속], 하동현감 [신진] 두 현감이 왔다. 늦게 세 가지 활을 쏘았다. 이날 어두워질 무렵 바다의 달빛이 아주 밝아서 홀로 수루 위에 기대어 있다가 밤 10시경에 침상에 들었다.

1) 지금의 충남 당진시 신평면 일대이다.[116]

17일(임오) 새벽에 비가 내리다가 곧 그쳤다. "충청도 홍산[1]에서 큰 도적[2]이 일어나서 홍산현 감 윤영현[3]이 붙잡히고 서천군수[4] 박진국도 잡혀갔다."라고 하였다. 바깥의 도적을 없애지 못했는데 안의 도적이 이와 같으니 아주 놀라운 일이다. 남치온과 고성현령 [조응도], 사천 현감 [변속]이 돌아갔다.

1) 지금의 충남 부여군 홍산면, 내산면, 구룡면, 남면, 옥산면 일대이다.[117]

2) 같은 달 7일 이몽학, 한현 등이 주도하여 일으킨 변란을 말한다. 『선조실록』의 기사[118]에는 이 사건의 전말이 자세히 전한다.

3) 윤영현(尹英賢)의 자는 언성(彦聖), 본관은 파평(坡平), 생몰년은 1557년~미상이며, 계사일기(1593년)에 보이는 봉사 윤제현이 그의 맏형이다.[119] 『선조실록』과 『광해군일기』의 기사[120]에 의하면 변란을 일으킨 무리들에게 협박을 받아서 그들에게 굴복하였기 때문에 변란이 진압된 이후 의금부에 갇히고 파직되었지만, 광해군의 왕자 시절에 사부였던 인연으로 인해 광해군 집권 시기 신하들의 반대에도 불구하고 관직에 임용되었다.

4) 『선조실록』의 기사[121]에 의하면 변란을 일으킨 무리들에게 붙잡힌 수령 박진국은 서천군수가 아니라 임천군수 이므로 일기의 기록은 오기이거나 또는 와전된 것으로 보인다.

18일(계미) 맑았다. 각 곳의 공문을 처결하여 나누어 보냈다. 충청우후 [원유남]과 홍주판관 [1] [박윤]이 충청도 도적의 소식을 듣고 와서 보고하였다. 저녁에 항왜 연은기, 사이여문 등 이 흉악한 음모를 꾸며서 남여문을 해치려고 했다는 소식을 들었다.

1) 원문 '判剌'는 '半剌'의 오기이다.

19일(갑신) 맑았으나 바람이 하루 종일 많이 불었다. 남여문이 연은기, 사이여문 등의 머리를 베었다. 우수사 [이억기]가 와서 만나고 돌아갔다. 경상우후 이의득과 충청우후 [원유남], 다경포만호 윤승남이 왔다.

20일(을유) 맑았다. 경상수사 [권준]이 와서 만났다. 본영의 탐후선이 들어와서 어머니께서 평안하심을 알게 되어 매우 기쁘고 다행이었다. 그편에 충청도 도적의 일을 자세히 알아보니 "이시발[1]의 포수에게 맞아서 즉사했다."[2]라고 하였다. 매우 다행이었다.

1) 『선조실록』의 기사[122]에 의하면 당시 이시발(李時發)은 충청도와 전라도의 군사조련을 위하여 충청도 순안어사 (巡按御史)의 직책을 맡고 있었다. 그의 자는 양구(養久), 본관은 경주(慶州), 생몰년은 1569~1626년이다.[123]

2) 『선조수정실록』과 윤국형의 『갑진만록』의 기록[124]에 의하면 당시 충청도 홍산에서 일어난 변란은 그 무리 대부분이 전투를 벌이기보다는 스스로 붕괴되어 달아났으며 주모자인 이몽학과 한현 또한 휘하의 배신으로 죽거나 체포되어 처형당했으므로 일기의 내용은 헛소문이나 와전에 의한 것으로 보인다.

21일(병술) 맑았다. 늦게 나가서 업무를 보았다. 거제현령 [안위]와 나주판관 [어운급], 홍주판관 [박윤]과 옥포만호 [이담], 웅천현감 [김충민], 당진포만호도 왔다. 옥포만호가 "배를 만들기 위한 양식이 없다."라고 하기에 체찰사 [이원익]의 군량 2섬을 주었고 웅천현감, 당진 포만호에게는 함께 배를 만들기 위한 철 15근을 주었다. 이날 "아들 회가 방자[1] 수에게 장을 때렸다."라고 하기에 아들을 잡아다가 뜰 아래에서 타일렀다. 밤 10시경에 계속 땀을 흘렸다. 통신사가 요청한 표피[2]를 가지고 오도록 본영으로 배를 보냈다.[3]

1) 관아에서 심부름하던 하인을 가리킨다.
2) 조선시대에는 전국적으로 많은 표범이 서식하였으며 이는 『실록』이나 조선시대 문헌에서 쉽게 확인된다. 표피는 진상 물목에 속하였으며 『세종실록지리지』에 그 산지가 실려 있다. 또한 표피는 외국의 사신이나 주요 인사들에게 선물로 증정되기도 하였다.**125**
3) 황신의 『일본왕환일기』의 기록**126**에서도 통신사 일행이 일본으로 가져간 물품들 중에 표피가 포함된 사실이 확인된다.

22일(정해) 맑았으나 바람이 많이 불었다. 종일 나가지 않고 혼자 수루 위에 앉아 있었다. 종효대, 팽수가 돌아갔는데 흥양의 군량선을 탔다. 저녁에 [온] 순천 관리의 공문[1] 중에 "충청도 토적이 홍산 땅에서 일어났다가 처형되었다."라고 하였지만 "홍주 등 3고을이 포위되었다가 가까스로 모면하였다."[2]라고 하여 매우 놀라웠다. 밤 12시경에 비가 많이 내리기 시작하였다. 낙안의 교대할 배가 들어왔다.

1) 원문 '文狀'은 통보를 목적으로 만들어진 공문으로서 첩정과 유사한 성격을 가진다.
2) 『선조실록』과 윤국형의 『갑진만록』의 기록**127**에 의하면 여러 고을을 함락시킨 반란군은 홍주를 공격하려 했지만 홍주성의 방비가 견고하고 지원 병력이 속속 도착하자 스스로 붕괴되었다.

23일(무자) 큰비가 내렸다. 오전 10시경에 맑아졌으나 가끔 부슬비가 내렸다. 늦게 홍주판관 박윤이 돌아간다고 하고 나갔다.

24일(기축) 맑았다. 현덕왕후의 제삿날이다. 이날 우물을 다시 판 [곳으로] 갔는데 경상수사 [권준]도 왔고 거제현령 [안위], 금갑도만호, 다경포만호 [윤승남]이 뒤따라왔다. 샘 줄기가 깊이 들어가 있었고 근원도 길었다. 점심을 먹은 뒤에 돌아와서 세 가지 활을 쏘았다. 어두워질 무렵 곽언수가 표피를 가지고 들어왔다. 이날 밤 마음이 어지러워서 잠을 이루지 못하고 인적 없는 고요한 중에 앉았다 누웠다 하다가 밤이 깊어져서야 침상에 들었다.

25일(경인) 맑았다. 아침에 공방[1]이 사냥한 것들의 수를 세어 뿔 10개는 창고에 넣고 표피와 화문석은 통신사에게 보냈다.

1) 전날 들어온 곽언수의 직책이 공방(工房)이므로(계사일기-1593년 7월 6일 참조) 원문 '工'을 공방으로 해석하였다.

26일(신묘) 맑았다. 이전이 체찰사 [이원익]에게서 표험 3개를 가지고 왔는데 하나는 경상수사 [권준]에게 보내고, 하나는 전라우수사 [이억기]에게 보냈다. 금오(의금부)의 나장이 [다경포만호] 윤승남을 잡아갈 일로 내려왔다.

27일(임진) 맑았다. 늦게 활터로 달려가서 녹도만호 [송여종]에게 길을 닦도록 하였다. 다경포만호 윤승남이 잡혀갔다. 종 경이 병을 얻었다.

28일(계사) 맑았다. 종 무학, 무화, 박수매, 우놈쇠 등이 26일에 여기에 왔다가 오늘 돌아갔다. 충청우후 [원유남]과 함께 세 가지 활을 쏘았는데 철전은 36분, 편전은 60분, 목전은 26분 도합 123분[1]이었다. "종 경이 많이 아프다."라고 하여 매우 걱정되었다. 고향 아산에 추석에 쓸 제사용품을 내보낼 때 홍[2], 윤, 이 등의 네 곳에 편지를 썼다. 밤 10시경 꿈을 꾸면서 땀을 흘렸다.

1) 원문은 '一百二十三分'이지만 점수의 실제 합계는 122분이다.
2) 홍은 홍익현을 가리킨다(갑오일기-1594년 2월 7일의 주해 참조).

29일(갑오) 맑았다. 경상수사 [권준]과 우후가 와서 만났다. 충청우후 [원유남]도 함께 와서 세 가지 활을 쏘았는데 내가 쏘던 활이 고좌[1]의 쇠심줄[2]이 들떠서 곧바로 고치도록 하였다. 과거시험장을 설치하라는 체찰사 [이원익]의 공문[3]이 도착하였다. 저녁에 "[새로] 짓는 집[4]을 지키던 아이가 그 집의 여러 가지 물건들을 다 훔쳐서 도망쳤다."라는 소식을 들었다.

1) 활 양 끝의 시위를 거는 휘어진 부분을 가리키며 한글로는 보통 '고자'라고 표기한다.
2) 원문 '筋'은 '牛筋'을 가리킨다. 이는 소의 등에서 뽑아낸 힘줄로서 활을 만드는 재료 중의 하나이다. 질기고 신축성이 좋아서 활채에 강한 복원력을 주기 때문에 화살을 더욱 멀리 보낼 수 있는 힘을 제공한다.**128**
3) 같은 해 윤 8월 10일에 한산도에서 열리는 무과를 위한 공문이다. 두 번째로 실시된 이 한산도의 무과는 『선조수정실록』과 조경남의 『난중잡록』의 기록**129**에서 관련 내용을 찾아볼 수 있다.
4) 원문 '卜家'는 '점집' 또는 '집을 짓는다'라는 두 가지 의미가 있다. 문맥상 의미가 더 자연스러운 후자로 해석하였다.

30일(을미) 맑았다. 새벽에 칡을 캐는 일꾼들이 들어왔다. 간밤 꿈에 영의정 [유성룡]과 함께 조용히 이야기하였다. 아침에 이진[1]이 본영으로 돌아가고 춘화[2] 등도 돌아갔다. 김대인[3]이 "담제[4]를 지낸다."라고 하고 휴가를 받아서 돌아갔다. 늦게 조방장 [김완]이 와서 세 가지 활을 쏘았다. 저녁에 탐후선이 들어와서 어머니께서 평안하심을 알게 되었다. 유지 2통이 내려왔고 전마와 면의 말도 들어왔다. 지이, 무재가 함께 왔다.

1) 이진(李珍)은 『임진장초』의 「진왜정장(陳倭情狀)」(1593년 8월 10일)에 의하면 흥양의 군관이다. 2월 23일과 25일 일기에 나오는 '李進(이진)'과 '李璡(이진)'은 '李珍(이진)'을 오기한 것 같다.

2) 춘화(春花)는 보물 제1564-14호 「이순신별급문기(李舜臣別給文記)」에 보이는 흥양에 사는 춘화(春化)라는 이름의 여종으로 짐작된다.

3) 김대인(金大仁)의 자는 원중(元仲), 본관은 김해(金海), 생몰년은 1561년~미상이며, 순천의 촌민 출신으로서 이순신의 눈에 들어 기용된 특이한 이력의 인물이다. 그는 칠천량해전 등에 참전하였고, 능성의 예성산성(禮聖山城)에서 공을 세웠다.[130]

4) 상을 마친 상주가 평상으로 돌아갈 것을 고하는 제례의식이다.

1일(병신) 맑았다. 새벽에 망궐례를 하였다. 충청우후 [원유남], 금갑도만호, 목포만호 [방수경], 사도첨사, 녹도만호 [송여종]이 와서 하였다. 늦게 파지도권관 송세응이 돌아갔다. 오후에 활터로 가서 말을 달리다가 저물녘에 돌아왔다. 부산에 갔던 곽언수가 돌아와서 통신사의 답장을 전했다. 어두워질 무렵 비가 내릴 조짐이 많았기에 비가 내리기 전에 준비할 일을 일렀다.[1]

1) 초고본에는 이 문장이 이날 일기의 아래쪽 여백에 작은 글씨로 추가로 적혀 있다.

2일(정유) 아침에 비가 많이 내리기 시작하였다. 지이 등으로 하여금 새 활을 당겼다 늦추었다[1] [시험해 보게] 하였다. 늦게 광풍이 많이 불고 빗발이 삼대처럼 내렸다. 대청마루에 걸어놓은 바람막이가 날아가 방마루의 바람막이에 부딪혀서 한꺼번에 두 바람막이가 조각조각 부서졌다. 안타까웠다.

1) 원문 '張弛'는 『예기』의 「잡기(雜記)」에 나오는 문구인 '一張一弛文武之道也'를 인용한 표현이다.

3일(무술) 맑고 가끔 비가 내렸다. 지이로 하여금 새 활을 당기게 하였다. 조방장 [김완], 충청우후 [원유남]이 와서 만나고 이어 과녁을 쏘았다. 아들들은 육량궁[1]을 쏘았다. 이날 늦게 송희립으로 하여금 [과거시험을 위하여] 아들들의 녹명을 하도록 하였다. 황득중, 김응겸에게 허통[2] 문서를 만들어 주었다. 오후 8시경에 비가 내리기 시작하더니 밤 2시경에 그쳤다.[3]

1) 정량궁(正兩弓) 또는 대궁(大弓)이라고도 한다. 육량전을 사용하기 때문에 육량궁이라 불리며 육량이 바른 중량이라고 하여 정량궁이라고도 한다. 활을 만드는 재료는 기본적으로 각궁과 같지만 더 크고 세기가 매우 강하여 쏘는 방법을 모르면 시위를 당기기조차 어려웠다.[131]

2) 허통(許通)은 서얼이나 공사천에게 과거를 볼 수 있도록 허락해주는 것을 말한다. 『선조실록』의 기사[132]에 의하면 조선 조정은 적의 수급을 베어서 공을 세운 서얼과 공사천에게 허통을 허가해주는 정책을 임진왜란 초기부터 시행하였다.

3) 초고본에는 이 문장이 이날 일기의 아래쪽 여백에 작은 글씨로 추가로 적혀 있다.

4일(기해) 맑았으나 동풍이 많이 불었다. 회가 면, 완 등과 아내의 생일[1]에 잔을 올리기 위하여 나가고 정선[2]도 나갔다. 정사립이 휴가를 받아서 갔다. 수루에 앉아서 아이들이 떠나는 것을 바라보느라 몸이 상하는 줄도 깨닫지 못하였다. 늦게 대청으로 나가서 활 몇 순을 쏘다가 매우 불편하여 쏘던 것을 멈추고 안으로 들어오니 몸이 [추위에] 언 거북이 같아서 곧바로 옷을 두껍게 하고 땀을 내었다. 저물녘에 경상수사 [권준]이 여기에 와서 문병을 하고 갔다. 밤에 낮보다 배나 아파서 신음하며 밤을 보냈다.

1) 『덕수이씨세보』에 따르면 이순신의 부인 상주 방씨의 생일은 8월 10일이다.
2) 정선(鄭愃)은 정사립의 형인 정사준의 아들로서 자는 관중(寬仲), 본관은 경주(慶州), 생몰년은 1577년~미상이다.[133]

5일(경자) 맑았다. 몸이 불편하여 업무를 보러 나가지 않았다. 가리포첨사 [이응표]가 와서 만났다.

6일(신축) 흐렸으나 비는 내리지 않았다. 아침에 김 조방장(김완)과 충청우후 [원유남], 경상우후 [이의득] 등이 만나러 와서 문병을 하였다. 당포만호가 와서 그의 어머니의 병이 심하다고 하였다. 경상수사 [권준]과 우수사 [이억기] 등이 와서 만났다. 배 조방장[1]이 들어왔다가 날이 저물 녘에 헤어져 돌아갔다. 밤에 비가 많이 내리기 시작하였다.

1) 배규의 『화당선생유집』의 기록[134]에 의하면 배흥립은 병신년(1596년)에 조방장이 되었다. 그러므로 일기에서 언급된 배 조방장은 배흥립으로 판단된다.

7일(임인) 계속 비가 내리다가 늦게 맑아졌다. 몸이 불편하여 업무를 보지 않았다. 서울에 편지를 썼다. 이날 밤 땀이 위아래 옷을 적셨다.

8일(계묘) 흐렸으나 비는 내리지 않았다. 박담동이 서울로 올라가는 [편에] 서 승지(서성)[1]에게 혼수를 보냈다. 늦게 강희로가 여기에 와서 "남해현령 [박대남]의 병세가 조금 가라앉았다."라고 하였다. 그와 밤이 깊도록 이야기하였다. [승병장] 의능이 날삼 120근을 가지고 와서 납부하였다.

1) 『선조실록』의 같은 해 7월 기사[135]에 의하면 서성은 동부승지로 제수되었다.

9일(갑진) 흐렸으나 비는 내리지 않았다. 아침에 수인[1]으로부터 날삼 330근을 받았다. 하동[2]에서 다시 도련한 도련지 20권, 주지 32권, 장지 31권을 김응겸, 곽언수로 하여금 받아서 보내도록 하였다.[3] 마량첨사 김응황[4]이 [포폄에서] 하 등급을 맞고[5] 나갔다. 늦게 나가서 업무를 보고 공문을 처결하여 나누어 보냈다. 활 10순을 쏘았다. 몸이 몹시 불편하여 밤 10시경에 땀이 흘렀다.

1) 『임진장초』의 「청상의병제장장(請賞義兵諸將狀)」(1594년 3월 10일)과 정유일기 1(1597년) 5월 8일에 의하면 승병장으로 활동하였다.

2) 하동은 조선시대에 종이가 생산되던 지역의 하나이다. 하동은 『세종실록지리지』에 종이 생산지로 기록되어 있으며 『경국대전』의 「공전」-「외공장(外工匠)」에 의하면 지장(紙匠)이 3명 배치되어 있었다.

3) 도련지는 제조과정에서 다듬이질로 반드럽게 두드린 종이를 가리킨다. 원문 '擣鍊'은 '搗鍊'으로도 표기되었으며 '다듬이질하다'라는 의미가 있다. 두드린 종이는 털이 일어나지 않고 글자가 퍼지지 않기 때문에 가격이 높은 고급 종이류에 속했으며 홍패 또는 왕실 및 대신에게 내리는 문서 등에 사용되었다. 주지(注紙)는 그 명칭으로 보아 저주지(楮注紙)나 초주지(草注紙)를 가리키는 것으로 보인다. 이 두 가지 종이류는 도련지보다 하급으로 분류되었으며 교서, 유서, 유지, 계본, 장계 등의 문서에 사용되었다. 장지(狀帋)는 저주지나 초주지보다 조금 더 하급의 종이로서 서장 등에 사용되었다.[136]
종이는 지방에서 중앙으로 납부하는 관비공물(官備貢物)의 하나로서 매년 일정량을 납부하도록 정해져 있었으며, 관찰사나 병마절도사 등의 지방관이 왕에게 올리는 진상 품목에도 종종 포함되었다.[137] 비록 일기에 종이의 사용처가 언급되지는 않았지만 공물이나 진상물일 가능성이 적지 않음을 추정할 수 있다. 『선조실록』의 같은 달 기사[138]에 의하면 당시 조지국(造紙局)이 복구되지 않은 상황이었기 때문에 조정에서 필요로 하는 종이의 공급이 외부에 위임되어 있었다.

4) 원문 '金應潢'은 '金應璜'의 오기이다.

5) 조선시대에는 상중하의 세 가지 등급으로 성적을 매기는 포폄(褒貶)제도를 통하여 관리들을 평가하였다. 원문 '居下'는 포폄에서 하 등급을 맞은 것을 의미한다(갑오일기-1594년 11월 21일의 주해 참조).

10일(을사) 맑았다. 아침에 충청우후 [원유남]이 문병하러 왔다. 이어 조방장과 함께 아침식사를 하였다. 아침에 송한련에게 그물을 만들기 위해 날삼 40근을 줘서 보냈다. 몸이 몹시 불편하여 한참 동안 베개를 베고 누워 있었다. 늦게 두 조방장과 충청우후를 불러서 상화떡[1]을 만들어 함께 먹었다. 저녁에 체찰사 [이원익]에게 보낼 공문을 만들었다. 어두워질 무렵 달빛은 비단결과 같고 나그네의 마음은 온갖 생각이 들어서 침상에 누워서도 잠을 이루지 못하였다. 밤 10시경에 방에 들어갔다.

1) 원문 '床花'는 상화떡을 의미하는 '床花餅'의 준말로 생각된다. 상화떡이 무엇을 가리키는 것인지는 현재 대략 두 가지 견해가 있다. 첫째는 발효한 밀가루나 쌀가루에 술을 넣고 쪄서 만드는 증편과 같은 종류로 보는 것이고 둘째는 지금의 만두로 보는 것이다. 『선조실록』의 기사[139]에 '상화떡처럼 들떠 일어난 모양'이라는 묘사가 있는 점으로 보아 전자가 옳은 것 같다.

11일(병오) 맑았다. 동풍이 많이 불었다. 체찰사 [이원익] 앞으로 여러 가지 공문을 만들어서 내보냈다. 배 조방장(배흥립)과 함께 아침식사를 하였다. 늦게 그와 함께 활터로 가서 말달리는 것을 구경하다가 저물녘에 본영으로 돌아왔다. 오후 8시경에 거제에서 [보낸] 급보에 "왜적의 배 1척이 등산[1]으로부터 송미포로 들어갔다."라고 하였다. 밤 10시경에 다시 "아자포로 옮겨서 정박하였다."라고 보고하였다. 배를 정비하여 내보내려고 할 때 다시 "견내량을 넘어갔다."라고 보고하기에 복병장을 잡아 왔다.

1) 을미일기(1595년) 12월 13일의 주해 및 주석 참조

12일(정미) 맑았으나 동풍이 많이 불었다. 동쪽으로 가는 배가 전혀 오갈 수 없었다. 오랫동안 어머니께서 평안하신지 아닌지 소식을 듣지 못하여 아주 걱정스러웠다. 우수사 [이억기]가 와서 만났다. 땀이 위아래 옷을 적셨다.[1]

1) 초고본에는 이 문장이 이날 일기의 아래쪽 여백에 작은 글씨로 추가로 적혀 있다.

13일(무신) 맑았다 흐렸다 하였고 동풍이 많이 불었다. 충청우후 [원유남]과 활을 쏘았다. 이날 밤 땀이 흘러 등을 적셨다. 아침에 "우가 장을 맞고 죽었다."라는 소식을 듣고서 장례에 쓸 물건을 조금 보냈다.

14일(기유) 흐리고 바람이 많이 불었다. "동풍이 계속 불어서 곡식이 상했다."라고 하였다. 배 조방장(배흥립)과 충청우후 [원유남]과 함께 먹으면서 이야기하였다. 땀은 흘리지 않았다.[1]

1) 초고본에는 이 문장이 이날 일기의 아래쪽 여백에 작은 글씨로 추가로 적혀 있다.

15일(경술) 새벽에 계속 비가 내려서 망궐례를 중지하였다. 늦게 우수사 [이억기], 경상수사 [권준]과 두 조방장과 충청우후 [원유남], 경상우후 [이의득], 가리포첨사 [이응표], 평산포만호 [김축] 등 19명의 여러 장수들과 모여서 이야기하였다. 비가 종일토록 그치지 않았다. 오후 8시가 지나서 남풍이 불고 비가 많이 내렸다. 밤 2시경까지 세 차례 땀을 흘렸다.[1]

1) 초고본에는 이 문장이 이날 일기의 아래쪽 여백에 작은 글씨로 추가로 적혀 있다.

16일(신해) 잠시 맑았으나 남풍이 많이 불었다. 강희로가 남해로 돌아갔다. 몸이 몹시 불편하여 종일 누워서 신음하였다. 저녁에 체찰사 [이원익]이 진주에 이르렀다는 문서가 왔다.[1] 막 갠 뒤의 달빛[2]이 아주 밝아서 침상에 누워서도 잠을 이루지 못하였다. 밤 10시경에 누워서 가랑비가 다시 내리는 것을 바라보았는데 한참 동안 내리다가 그쳤다. 땀이 흘렀다.[3]

1) 『선조실록』의 같은 달 기사[140]에서도 당시 도체찰사 이원익이 진주성에 머물렀던 사실이 확인된다.

2) 원문 '霽月'은, 중국 북송의 문인 황정견(黃庭堅)이 지은 『예장집(豫章集)』의 「염계시서(濂溪詩序)」에 나오는 구절인 '光風霽月'을 인용한 것으로 보인다. '光風霽月'은, 황정견이 같은 시대의 유학자인 주돈이(周敦頤)의 인품을 찬양했던 시의 끝부분에 나오는 구절로서 북송시대 이후 종종 우리나라나 중국의 문헌에서 인용되었다.

3) 초고본에는 이 문장이 이날 일기의 아래쪽 여백에 작은 글씨로 추가로 적혀 있다.

17일(임자) 날씨가 오락가락하여 맑았다 비가 내리다 하였다. 경상수사 [권준]이 와서 만났다. 충청우후 [원유남], 거제현령 [안위]가 함께 와서 만났다. 이날 동풍이 그치지 않았다. 체찰사 [이원익의 근황을] 살펴볼 사람을 내보냈다.

18일(계축) 맑았다 비가 내리다 하였다. 밤 12시경에 사문[1]을 가지고 온 차사원 구례현감[2]이 들어왔다. 수시로 땀을 흘렸다.

1) 『선조실록』의 같은 해 7월 기사[141]에 의하면 이몽학과 한현의 변란이 진압된 직후 조선 조정은 이를 종묘사직에 고하고 죄를 사면하는 교서를 나라 안에 반포하였다. 시기적으로 이 교서가 반포된 직후인 점과 다음 날 일기에 사문(赦文)에 숙배했다고 기록된 점으로 보아 사문은 사면 교서를 가리키는 것으로 판단된다.

2) 『선조실록』과 이원익의 『오리속집』의 기록[142]에 의하면 당시의 구례현감은 이원춘(李元春)으로서 도체찰사 이원익에 의해 남원과 순천 사이의 요충지인 석주진의 조방장을 겸임하였다. 그의 본관은 경주(慶州), 생몰년은 1554~1597년이며, 정유재란 때 남원성전투에서 전라병사 이복남, 별장 신호 등과 함께 전사하였다.[143]

19일(갑인) 흐리다 맑았다 하였다. 새벽에 우수사 [이억기], 여러 장수들과 사문에 숙배하고 이어 함께 아침식사를 하였다. 구례현감 [이원춘]이 돌아갔다. 송의련이 본영으로부터 울의 편지를 가지고 들어왔는데 "어머니께서 건강하시다."라고 하여 매우 다행이었다. 늦게 거제현령 [안위], 금갑도만호가 여기에 와서 이야기하였다. 오후 8시경부터 밤 12시경까지 땀에 젖었다. 어두워질 무렵 이장 옥지가 목재에 깔려서 많이 다쳤다는 보고를 받았다.

20일(을묘) 동풍이 많이 불었다. 새벽에 전선을 만들 목재를 끌어 내리기 위해서 [전라]우도의 군사 300명, 경상도 100명, 충청도 300명, [전라좌도 390명을 송희립이 이끌고 갔다. 늦은 아침에 봉, 해, 회, 면, 완과 최대성, 윤덕종, 정선 등이 들어왔다.

21일(병진) 맑았다. 식사를 한 뒤에 활터 정자로 가서 아들들로 하여금 활을 쏘는 연습을 시켰고 또한 말달리며 활 쏘는 것도 시켰다. 배 조방장(배흥립), 김 조방장(김완)과 충청우후 [원유남]이 함께 와서 점심을 먹었다. 저물녘에 돌아왔다.

22일(정사) 맑았다. 외할머니의 제삿날이라 나가지 않았다. 경상수사 [권준]이 와서 만났다.

23일(무오) 맑았다. 활터를 살펴보러 갔다. 경상수사 [권준]도 와서 함께 하였다.

24일(기미) 맑았다.

25일(경신) 맑았다. 우수사 [이억기], 경상수사 [권준]이 와서 만나고 돌아갔다.

26일(신유) 맑았다. 새벽에 배를 출발하여 사천에 이르러서 머물러 숙박을 하였다. 충청우후 [원유남]과 종일 이야기하다가 헤어졌다.

27일(임술) 맑았다. 일찍 출발하여 사천에 이르러 점심을 먹은 뒤에 이어 진주로 가서 체찰사 [이원익]을 뵙고 종일 논의하였다. [경상우병사] 김응서[1]도 왔다가 바로 돌아갔다.[2] 저물녘에 [진주]목사 [성윤문][3]이 있는 곳으로 돌아와서 숙박을 하였다. 이날 어두워질 무렵 이용제가 역적들의 편지를 가지고 들어왔다.[4]

1) 『선조실록』의 같은 해 8월 기사[144]에 의하면 당시 진주성에 머물던 도체찰사 이원익은, 조정에서 이전에 지시했던 왜적들과의 상거래 금지 조치를 제대로 이행하지 않은 경상우병사 김응서의 책임을 지적하는 동시에 이 조치가 올바로 실행될 수 있도록 조처하였다.
2) 초고본에는 이 문장이 이날 일기의 앞 문장 왼쪽 여백에 작은 글씨로 추가로 적혀 있다.
3) 노산 이은상은 『이충무공전서』의 번역 시에 나정언으로 서술하였지만 『진주목읍지』의 「환적」과 조응록의 『죽계일기』의 기록[145]에 의하면 나정언이 진주목사로 임명된 시기는 같은 해 9월이며 당시의 진주목사는 성윤문이다.
4) 초고본에는 이 문장이 이날 일기의 아래쪽 여백에 작은 글씨로 추가로 적혀 있다.

28일(계해) 맑았다. 이른 아침에 체찰사 [이원익]에게 가서 하루 종일 이야기하였다. 오후 8시가 지나서 [진주]목사 [성윤문]이 있는 곳으로 돌아와서 목사와 밤이 깊도록 이야기하다가 헤어졌다. 청생도 왔다.

29일(갑자) 맑았다. 일찍 출발하여 사천에 이르러 아침식사를 한 뒤에 이어 선소로 갔다. 고성현령 [조응도]도 왔다. 삼천포권관과 이곤변이 술을 가지고 뒤따라와서 밤이 깊도록 함께 이야기하였다. 구라량[1]에서 숙박을 하였다.

1) 지금의 경남 사천시 대방동과 늑도동 사이의 해협이다.[146]

1일(을축) 맑았다. 일식¹⁾이 있었다. 이른 아침에 비망 부근에 이르러 이곤변 등과 함께 아침 식사를 하고 작별하였다. 저물녘에 진중에 이르니 우수사 [이억기], 경상수사 [권준]이 나와서 기다리고 있기에 우수사와 만나서 이야기하였다.

1) 『선조실록』, 정경운의 『고대일록』, 조경남의 『난중잡록』의 기록¹⁴⁷에서도 이날 일식이 있었던 것을 확인할 수 있다. 한국천문연구원이나 미국항공우주국과 영국항해력연구소와 같은 국내외 관련 연구기관들이 제공하는 자료¹⁴⁸에 의하면 음력 1596년 윤 8월 1일(양력 1596년 9월 22일)에 발생한 일식은 개기일식으로서 한반도에서는 달이 해를 대부분 가린 형태로 관찰되었다.

2일(병인) 맑았다. 아침에 여러 장수들이 와서 만났다. 늦게 경상수사 [권준]과 우수사 [이억기]가 와서 이야기하였다. 경상수사와 사청¹⁾으로 갔다.

1) 사청(射廳)은 곧 열릴 과거시험을 위하여 설치된 것으로 짐작된다.

3일(정묘) 맑았다.

4일(무진) 계속 비가 내렸다. 이날 밤 10시경에 땀을 흘렸다.

5일(기사) 맑았다. 사청으로 가서 아이들이 말달리며 활 쏘는 것을 보았다. 하천수가 체찰사 [이원익]에게 갔다.¹⁾

1) 조경남의 『난중잡록』의 같은 달 16일의 기록¹⁴⁹에 의하면 당시 도체찰사 이원익은 여전히 진주에 머물러 있었다.

6일(경오) 맑았다. 아침에 식사를 한 뒤에 경상수사 [권준]과 우수사 [이억기]와 사청으로 가서 말달리며 활 쏘는 것을 보다가 저물녘에 돌아왔다. 이날 밤 잠시 땀을 흘렸다.¹⁾ 방답첨사 [우치적]이 진에 이르렀다.

1) 초고본에는 이 문장부터 그 이후의 문장까지 이날 일기의 아래쪽 여백에 작은 글씨로 추가로 적혀 있다.

7일(신미) 맑았다. 아침에 아산의 종 향시¹⁾가 들어왔는데 가을보리의 수확이 43섬, 봄보리는

35섬, 어미(魚米)는 모두 12섬 4말이고, 또 7섬 10말이 나고, 또 4섬이 났다고 하였다. 이날 늦게 나가서 업무를 보고 소지를 처결하여 나누어 보냈다.

1) 『이충무공전서』는 원문을 '向是'로 표기하고 있는데 비해 대개의 번역서들은 '白是(백시)'로 표기하고 있다. 원문 중의 '向'의 초고본 글자를 다른 날짜의 일기에 기록된 '向' 및 '白'과 비교해보면 '向'임을 알 수 있다.[150]

8일(임신) 맑았다. 식사를 한 뒤에 사청으로 가서 말달리며 활 쏘는 것을 보았다. 광양현감[1], 고성현령 [조응도]가 시험관으로 들어왔다. 하천수가 진주로부터 왔다. 아병 임정로가 휴가를 받아서 나갔다. 이날 밤 땀을 흘렸다.[2]

1) 『광양군읍지』의 「선생안」과 조응록의 『죽계일기』의 기록[151]에 의하면 당시의 광양현감은 이함림(李咸臨)이다.
2) 초고본에는 이 문장이 이날 일기의 왼쪽 여백에 작은 글씨로 추가로 적혀 있다.

9일(계유) 맑았다. 아침에 광양현감 [이함림]이 교서에 숙배하였다. 봉, 회와 김대복이 관교[1]에 숙배하고 이어 그들과 이야기하였다. 이날 저녁 우수사 [이억기], 경상수사 [권준]이 와서 이야기하였다.

1) 4품 이상의 관원을 제수할 때 내리는 교지를 가리킨다.

10일(갑술) 맑았다. 이날 새벽 과거시험[1]을 열었다. 늦게 "면이 쏜 것은 모두 55보, 봉이 쏜 것은 모두 35보, 해가 쏜 것은 모두 30보, 회가 쏜 것은 모두 35보, 완이 쏜 것은 25보이다." 라고 하였다. 진무성이 쏜 것은 모두 55보로서 합격이었다. 어두워질 무렵 우수사 [이억기], 경상수사 [권준], 배 조방장(배흥립)이 함께 왔다가 밤 10시경에 헤어져 돌아갔다.

1) 한산도에서 실시된 두 번째 무과시험으로서 통제사 이순신의 청에 따라 열리고 체찰부사 한효순이 시행하였다. 이날 시행된 시험은 무과 초시이다(7월 29일 일기의 주해 및 주석 참조).

11일(을해) 맑았다. 체찰사 [이원익]의 분부를 받기[1] 위해 출발하여 당포에 이르렀는데 오후 8시경에 체찰사의 [근황을] 살펴보러 갔던 사람이 와서 "[체찰사가] 14일에 출발한다."라고 하였다.

1) 원문 '待候'는 '윗사람의 명령을 기다리다'라는 의미이다. 『이충무공전서』는 원문을 '待候'로 표기하고 있는데 비해 대개의 번역서들은 '待候'로 표기하고 있다. 원문 중의 '待'의 초고본의 글자를 다른 날짜의 일기에 보이는 '待' 및 '侍'와 비교해보면 '待'임을 알 수 있다.[152]

12일(병자) 맑았다. 하루 종일 노를 재촉하여 밤 10시경에 어머께 이르니 백발이 성성하신

모습으로 나를 보시고는 놀라서 일어나셨는데 숨결이 가냘픈 것이 조석을 보전하시기 어려워 보였다. 눈물을 머금고 서로 붙들고 밤새도록 위로해드려서 마음을 풀어드렸다.

13일(정축) 맑았다. 아침식사를 곁에서 모시고 올려드리니 기뻐하시는 기색이 많았다. 늦게 인사를 올리고 본영으로 왔다. 오후 6시경에 작은 배를 타고 밤새도록 노를 재촉하였다.

14일(무인) 맑았다. 새벽에 두치에 이르니 "체찰사 [이원익]과 부사 [한효순]¹⁾이 이미 어제 와서 숙박을 하였다."라고 하였다. [미리] 정해둔 곳으로 뒤따라가서 소촌²⁾찰방³⁾을 만났다. 일찍 광양현에 이르렀는데 거쳐가는 온 지역이 눈에 보이는 것이라고는 쑥대밭뿐이라 참혹하여 차마 바라볼 수 없었다. 우선 전선을 정비하는 것을 면제하여 군사와 백성들의 현안을 덜어주어야겠다.

1) 『선조실록』의 기사¹⁵³와 이원익의 『오리속집』의 기록¹⁵⁴에 의하면 당시 한효순은 체찰부사로서 수군의 실무를 관리하는 임무를 맡고 있었다.

2) 본역인 소촌역과 그 산하의 15개 역을 포함하는 역도(驛道)인 소촌도를 가리킨다. 소촌역은 지금의 경남 진주시 문산읍 소문리에 있었다.¹⁵⁵

3) 조선시대에 역도를 관리하던 종6품의 문관이다. 『영남읍지』의 「소촌도우지」의 「선생안」에 의하면 당시의 소촌 찰방은 이시경(李蓍慶)으로 추정된다.¹⁵⁶ 그의 자는 사길(土吉), 본관은 전주(全州), 생몰년은 1565~1597년이며, 정유재란 때 진주성 외곽에서 왜군과 싸우다 전사하였다.¹⁵⁷

15일(기묘) 맑았다. 일찍 출발하여 순천에 이르니 체찰사 [이원익] 일행이 [이미] 순천부로 들어갔기에 나는 정사준의 집에서 숙박을 하였다. 순찰사 [박홍로]도 [왔으므로] 그와 이야기 하였다.¹⁾ 저녁에 아들들의 시험 소식을 들었다.

1) 조경남의 『난중잡록』의 같은 달 16일의 기록¹⁵⁸에서도 당시 도체찰사 이원익과 전라관찰사 박홍로가 순천에 머물렀음을 확인할 수 있다.

16일(경진) 맑았다. 이날은 그곳에 머물렀다.

17일(신사) 맑았다. 늦게 낙안으로 출발하여 [낙안]군에 이르니 이호문, 이지남 등이 와서 만났는데 [고을이] 수군에 전속된 폐단에 대해서 말하였다.¹⁾

1) 바다 연안의 고을이 수군을 전담토록 하는 정책은 『선조실록』과 『임진장초』의 기록¹⁵⁹에 보이는데 이들 기록에서 '전담'의 의미로 사용된 용어가 '專屬'이다. 이러한 이유로 원문 '陳弊瘼專屬舟師'를 위와 같이 번역하였다.

18일(임오) 맑았다. 일찍 출발하여 양강역[1]에 이르렀다. 종사관 김용[2]이 서울로 올라갔다.[3] 점심을 먹은 뒤에 산성[4]에 올라 멀리 바라보며 각 진포와 여러 섬들을 살펴보다가 이어 흥양으로 향하였다. 저물녘에 그 현에 이르러 향소청[5]에서 숙박을 하였다. 어두워질 무렵 이지화가 자랑하려고 거문고를 안고 왔고 영도 와서 만나고 밤새도록 이야기하였다.

1) 지금의 전남 고흥군 남양면 남양리에 있었다.[160]
2) 원문 '金俑'은 '金涌'의 오기이다. 『선조실록』과 정경운의 『고대일록』의 기록[161]에서 당시 김용이 도체찰사 이원익의 종사관이었음을 확인할 수 있다. 그는 학봉 김성일의 조카이다(을미일기-1595년 7월 7일의 주해 및 주석 참조).
3) 초고본에는 이 문장이 이날 일기의 오른쪽 여백에 작은 글씨로 추가로 적혀 있다.
4) 양강역이 있었던 위치와 가까운 지금의 전남 고흥군 남양면 남양리와 중산리 일대에 위치한 전라남도 기념물 제207호 고흥남양리산성(高興南陽里山城)이다. 산성이 둘러싸고 있는 산 정상은 동서 양쪽 바다를 조망할 수 있는 지형으로서 이는 일기의 묘사와도 부합한다. 이 산성은 백제시대에 처음 쌓았으며 조선시대 15세기 후반까지 계속 사용되었던 것으로 추정된다.[162]
5) 유향소를 말하며 향청으로도 불린다.

19일(계미) 맑았다. 출발하여 녹도로 가는 길에 도양 둔전을 살펴보았는데 체찰사 [이원익]이 기뻐하는 기색이 많았다. 도착하여 숙박을 하였다.

20일(갑신) 맑았다. 일찍 출발하여 배를 타고 체찰사 [이원익]과 부사 [한효순]과 함께 앉아서 종일 군사에 관해 이야기하였다. 늦게 백사정에 이르러 점심을 먹은 뒤에 이어 장흥부에 이르러 나는 아동헌[1]에서 숙박을 하였다. 김응남이 와서 만났다.

1) 아동헌(衙東軒)은 수령이 거처하던 안채인 내아(內衙)를 가리키는 것으로 추정된다.[163]

21일(을유) 맑았다. [그대로] 머물러 숙박을 하였다. 정경달이 와서 만났다.[1]

1) 정경달의 문집인 『반곡유고』의 「난중일기」에 의하면 그는 1596년에 장흥의 자택에 머물러 있었다.[164]

22일(병술) 맑았다. 늦게 [전라]병영[1]에 이르렀다. 원균[2]을 만나서 밤이 깊도록 이야기하였다.

1) 지금의 전남 강진군 병영면 성동리에 있었다.[165] 현재 사적 제397호 강진전라병영성(康津全羅兵營城)으로 지정되어 있다.
2) 『선조실록』과 조응록의 『죽계일기』의 기록[166]에 의하면 원균은 같은 해 8월에 전라병사로 제수되었다.

23일(정해) 맑았다.

24일(무자) 나는 부사 [한효순]과 함께 가리포로 갔는데 우우후 이정충이 먼저 와있었다. 함께 남망[1]에 오르니 좌우로 적이 [쳐들어올] 길과 여러 섬을 환히 헤아릴 수 있어서 참으로 한 도의 요충지였지만 형세가 아주 외롭고 위태로워서 부득이하게 이진으로 옮겨서 합친 것이다. 병영으로 돌아왔다.[2] 원공이 한 흉한 일은 적지 않는다.

1) 지금의 전남 완도군 완도읍 군내리의 남망산이다.**167** 현재 이곳에는 남망산봉수가 복원되어 있다.

2) 초고본에는 이 문장부터 그 이후의 문장까지 이날 일기의 아래쪽 여백에 작은 글씨로 추가로 적혀 있다.

25일(기축) 일찍 출발하여 이진에 이르러 점심을 먹은 뒤에 그대로 해남으로 가는 길로 들어섰는데 중간에 김경록이 술을 가지고 와서 만났다. 어느새 날이 저물어 불을 밝히고 계속 가서 밤 10시경에 [해남]현에 이르렀다.

26일(경인) 맑았다. 일찍 출발하여 [전라]우수영[1]에 이르렀다. 나는 대평정[2]에서 하룻밤을 지내면서 우후와 이야기하였다.

1) 지금의 전남 해남군 문내면 서상리, 선두리, 동외리 일대에 있었다.**168** 현재 사적 제535호 해남전라우수영(海南 全羅右水營)으로 지정되어 있다.

2) 태평정으로도 불렸으며 전라우수영 성안의 남쪽에 있었던 것으로 추정된다.**169**

27일(신묘) 맑았다. 체찰사 [이원익]이 진도로부터 진영으로 들어왔다.

28일(임진) 가랑비가 내렸다. [일기를] 고쳐서 바로잡았다.[1]

1) 초고본의 24일부터 29일까지의 일기를 살펴보면 날짜, 간지, 내용의 오류가 수정되어 있다.

29일(계사) 가랑비가 내렸다. 이른 아침에 출발하여 남녀역[1]에 이르러 점심을 먹은 뒤에 해남현에 이르렀다.

1) 원문 '男女驛'은 전라우수영에서 해남현으로 가는 경로에 있었던 '南利驛(남리역)'의 오기이다. 『이충무공전서』에는 남리역으로 교정되어 있다. 지금의 전남 해남군 황산면 남리리에 있었다.**170**

1일(갑오) 소국진을 본영으로 보냈다. 잠시 비가 내렸다. 새벽에 망궐례를 하였다. 일찍 출발
하여 석제원[1]에 이르러 점심을 먹은 뒤에 밤 10시경에 영암에 이르러 향사당[2]에서 숙박을
하였다. 정랑 조팽년[3]이 와서 만나고 최숙남도 와서 만났다.

1) 지금의 전남 강진군 성전면 월평리에 있었다.**171**

2) 향사당(鄉舍堂)은 유향소를 가리키며 '鄉社堂'이나 '鄉射堂'으로도 표기되었다. 당시 영암의 향사당은 영암읍성
　안에 위치했던 것으로 추측된다.**172**

3) 조팽년(趙彭年)의 자는 경로(景老), 본관은 한양(漢陽), 생몰년은 1549~1612년이다. 그의 문집인 『계음집』에 의
　하면 그는 계사년(1593년)에 조정의 명에 의해 감찰의 임무를 띠고 한산도의 수군 진영으로 내려와서 이순신과
　만난 이력이 있으며 그때 이순신에게 지어 준 시가 『계음집』과 『이충무공전서』에 전한다. 그의 고향은 영암에
　서 가까운 강진이며 이순신과 마찬가지로 1576년 식년시에 급제한 이력이 있다.**173**

2일(을미) 맑았다. 영암에 머물렀다.

3일(병신) 맑았다. 아침에 출발하여 나주의 신원[1]에 이르러 점심을 먹은 뒤에 [나주]판관 [어
운급]을 불러서 나주의 일을 물어보았다. 저물녘에 나주의 별관에 이르렀다. 종 억만이가
신원으로 와서 만났다.

1) 영암에서 나주로 가는 경로에 있었던 신안원(新安院)으로 판단된다. 지금의 전남 나주시 왕곡면 신원리에 있었
　다.**174**

4일(정유) 맑았다. 나주에 머물렀다. 어두워질 무렵 목사[1]가 술을 가지고 와서 권하니 한가
을[2] 또한 술잔을 들었다. 이날 아침 체찰사 [이원익][3]과 문묘[4]를 찾아뵈었다.

1) 『선조실록』과 조응록의 『죽계일기』의 기록**175**에 의하면 당시의 나주목사는 이복남이다.

2) 원문 '一秋亦持盃'는 '一秋'라는 사람의 행위를 기록했다기보다는 가을에 붉게 단풍이 든 것을 은유적으로 표
　현한 문구로 짐작된다.

3) 『선조실록』의 같은 해 9월 기사**176**에 의하면 도체찰사 이원익은 나주에 머무는 동안 나주 와 부근 고을 선비들
　의 의기를 진작시킬 목적으로 그들을 불러 모아서 시재(試才)를 실시하고 합격자들에게 상을 주었다.

4) 원문 '謁聖'은 공자와 그 제자 등을 모신 문묘(文廟)를 참배하는 것을 가리킨다. 나주에는 서울 성균관의 모습을
　본떠 지었다고 하는 나주향교가 있으며 이곳의 문묘인 대성전(大成殿)에는 공자를 위시한 여러 성현들의 위패

가 모셔져 있다. 나주향교는 적어도 태종 초년 무렵 지어진 것으로 추정되고 있으며 비록 여러 차례 중수를 겪기는 했지만 본래의 위용을 간직한 건축물들이 현전한다.[177] 특히 공자의 위패를 모신 대성전은 규모가 성균관의 그것과 비교될 정도이다. 나주향교는 전남 나주시 교동에 위치해 있으며 대성전은 보물 제394호 나주향교대성전(羅州鄉校大成殿)으로 지정되어 있다.

5일(무술) 맑았다. 나주에 머물렀다.

6일(기해) 맑았다. 먼저 무안으로 가겠다고 체찰사 [이원익]에게 보고하고 길에 올라 고막원[1]에 이르렀다. 점심을 먹은 뒤에 나주 감목관 나덕준[2]이 뒤따라와서 만났다. 이야기하는 중에 의기에 북받치는 것이 많았기에 함께 오래 이야기하였다. 저물녘에 무안에 이르러 숙박을 하였다.

1) 원문 '古莫院'은 '古幕院'의 오기이다. 지금의 전남 함평군 학교면 고막리에 있었다.[178]
2) 원문 '羅德駿'은 '羅德峻'의 오기이다. 유성룡의 『서애집』의 기록[179]에 의하면 당시 감목관 나덕준(羅德峻)은 목장에서 둔전을 경작하는 임무를 담당하고 있었으며, 경작된 곡물을 한산도 부근에서의 경작을 위한 종자로서 공급하기도 하였다.
나덕준은 정여립의 역모사건으로부터 비롯된 기축옥사로 인하여 유배지에서 죽은 곤재 정개청의 제자이다. 나덕준 본인 또한 그 옥사에 휘말려 고초를 겪었으며 후일 스승 정개청의 신원 회복을 위한 상소를 올리기도 하였다.[180] 그의 자는 대지(大之), 본관은 나주(羅州), 생몰년은 1553~1604년이다.[181]

7일(경자) 맑았다. 아침에 나 감목관(나덕준)과 [무안]현감[1]과 민폐에 대하여 한참 동안 이야기하다가 "정대청[2]이 들어왔다."라고 하기에 청하여 함께 앉아서 이야기하였다. 늦게 출발하여 다경포에 이르러 영광군수[3]와 밤 10시경까지 이야기하였다.

1) 조응록의 『죽계일기』와 정유일기 2(1597년)의 기록[182]에 의하면 당시의 무안현감은 남언상(南彦祥)이다.
2) 정대청(鄭大淸)은 곤재 정개청의 동생으로서, 자는 의중(義中), 본관은 고성(固城), 생몰년은 1532~1603년이다.[183] 무안은 정개청 일가의 고향이다.
3) 『선조실록』과 『영광읍지』의 「읍재선생」의 기록[184]에 의하면 당시의 영광군수는 김상준(金尙寯)이다. 그의 자는 여수(汝秀), 본관은 안동(安東), 생몰년은 1561~1635년이다.[185]

8일(신축) 맑았다. 나라의 제삿날[1]이다. 이날 새벽 식사에 고기가 있기에 먹지 않고 도로 내놓았다. 아침에 식사를 한 뒤에 길에 올라 감목관 [나덕준]이 있는 곳[2]에 이르니 감목관과 영광군수 [김상준]이 함께 있었다. 국화가 우거진 가운데로 들어가서 술 몇 잔을 마셨다. 저물녘에 동산원[3]에 이르러 말을 먹이고 말을 재촉하여 임치진에 이르니 이공헌[4]의 8살 먹은 딸이 그 사촌의 여종 수경과 함께 들어와서 만났다. 공헌을 생각하니 비통함을 참을 수 없었다. 수경이는 버려진 것을 이염[5]의 집에서 데려다 기른 아이이다.

1) 세조의 제삿날이다. 원문 '國忌'는 초고본의 이날 일기의 오른쪽 여백에 추가로 적혀 있다.

2) 나주 감목관의 거처를 가리키는 것으로 보인다. 지금의 전남 무안군 망운면 목동리에 10기의 감목관 선정비가 현전하는 점으로 보아 이 부근에 감목관 거처가 있었으리라 추정된다.[186] 이 일대는 조선시대에 망운목장이 있던 곳이다.

3) 원문 '東山院'은 망운목장에서 임치진으로 가는 경로에 있던 '瓮山院(옹산원)'의 오기로 보인다. 옹산원은 지금의 전남 무안군 현경면 송정리에 있었을 것으로 추정된다.[187]

4) 공헌(公獻)은 계사일기(1593년) 6월 1일에 나오는 이영의 자이다. 그는 1588년에 있었던 여진족 시전부락 토벌때 이순신과 함께 참전한 이력이 있으며, 1592년에 임해군 및 순화군과 함께 함경북도에서 왜군의 포로가 되었다가 1593년에 풀려난 뒤 왜적에게 굴복했다는 죄로 처형당했다(계사일기-1593년 6월 1일의 주해 및 주석 참조). 『함평이씨세보』에 따르면 이영에게는 외동딸이 있었다.[188]

5) 『함평이씨세보』에 따르면 이염(李琰)은 이영의 사촌형제로서 일기의 내용을 통해서도 이를 짐작할 수 있다.[189]

9일(임인) 맑았다. 일찍 일어나 [임치]첨사 홍견을 불러서 방비할 대책을 물어보았다.[1] 아침에 식사를 한 뒤에 뒤쪽의 성[2]에 올라 형세를 살펴보고 동산원(옹산원)으로 돌아왔다. 점심을 먹은 뒤에 함평현에 이르러 길에서 한여경[3]을 만났는데 말 위에서는 마주하기 어려웠으므로 [함평현으로] 들어오도록 일렀다. 현감[4]은 경차관을 맞으러 나갔다고 하였다. 김억창도 함께 함평현에 왔다.

1) 임치첨사 홍견은 이순신보다 나이가 10살이나 많은 노장이다. 그의 유사인 『도장선생유사』의 「연보」에서도 그가 병영에서 오랜 경험을 쌓았음을 확인할 수 있다.

2) 지금의 전남 무안군 해제면에 있는 봉대산성으로 보는 견해가 있다. 현재까지 봉대산성은 조선시대 관련 유물이 확인되지 않았고 각종 고지도에서도 찾아볼 수 없기 때문에 일기에서 언급된 성과의 관련성은 추가적인 연구가 필요하다.[190]

3) 임진왜란 발발 직후 영광에서 의병 활동을 했던 한여경(韓汝璟)으로 추측된다.[191]

4) 『선조실록』과 조응록의 『죽계일기』의 기록[192]에 의하면 당시의 함평현감은 손경지(孫景祉)이다.

10일(계묘) 맑았다. 몸이 피곤하고 말도 지쳐서 함평에 머물러 숙박을 하였다. 아침에 식사를 하기 전에 무안의 정대청이 와서 그와 이야기하였다. 현의 유생들도 많이 들어와서 [수군에 대한] 폐단[1]을 말하였다. 저녁에 도사[2]가 들어와서 그와 이야기하다가 밤 10시경에 헤어져 나갔다.

1) 삼도수군통제사에게 말한 폐단이므로 수군과 관련된 문제로 짐작된다. 원문 '弊瘼'은 윤 8월 17일 일기에서도 수군 전속 문제 때문에 언급되었다. 이날 일기 또한 마찬가지로 '수군에 대한 폐단'으로 해석하였다.

2) 함평이 속한 전라도의 도사로 판단된다. 『선조실록』과 양경우의 『제호집』의 기록[193]에 의하면 당시의 전라도사는 성진선(成晉善)이다. 그의 자는 칙행(則行), 본관은 창녕(昌寧), 생몰년은 1557년~미상이다.[194]

11일(갑진) 맑았다. 아침에 식사를 한 뒤에 영광으로 갔다. 길에서 신경덕을 만나서 잠시 이야기하였다. 영광에 이르러 고을 원 [김상준]이 교서에 숙배한 뒤에 들어와서 함께 이야기하였다. 내산월[1]도 와서 만났는데 밤이 깊도록 술을 마시면서 이야기하다가 헤어졌다.

1) 허균의 『성소부부고』의 기록[195]에 따르면 1601년에 허균이 전운판관으로 제수되어 영광 법성창으로 갔을 때 그곳에 살고 있던 서울 기녀 내산월을 만났다고 한다. 『성소부부고』와 일기에서 언급된 지역이 일치하고 시기도 몇 년밖에 차이가 나지 않으므로 동일인으로 판단된다.

12일(을사) 비바람이 많이 불었다. 늦게 나갔으나 눈 때문에 길에 오를 수가 없었다.[1] 10리쯤 되는 [곳의] 냇가에 이광보[2]와 한여경이 술을 가지고 와서 기다리고 있기에 말에서 내려 함께 이야기를 하였는데 비바람이 그치지 않았다. 안세희도 왔다. 저물녘에 무장에 이르러 숙박을 하였다. 여진[3]

1) 원문 '雪無可登途' 중의 '雪無可'는 초고본의 글자 형태가 모호하기 때문에 이를 다르게 판독하는 견해도 있다.[196]

2) 이광보(李光輔)의 자는 중익(仲翼), 본관은 여주(驪州)이며, 다음 날 일기에 나오는 이광축은 그의 형이다.[197]

3) 원문 '女眞'은 초고본을 살펴보면 앞 문장과 상당한 간격을 두고 일기의 아래쪽 여백에 쓰여 있으며 14일과 15일 일기에도 '女眞'이 이날과 동일한 형식으로 쓰여 있다. 그리고 14일과 15일 일기의 '女眞' 뒤에는 판독하기 어려운 글자가 하나씩 더 있다. '女眞'의 의미가 무엇인지에 대해서는 여러 가지 견해가 있지만 이순신만 아는 비밀스러운 표현으로 보는 견해가 가장 합리적이라고 생각된다.[198]
초고본에 쓰여있는 '女眞'을 자세히 살펴보면 '女'는 덧쓴 글자임을 알 수 있다. 특히 14일과 15일 일기의 '女'는 어떤 글자 위에 '女'를 덮어쓴 것이다. 14일과 15일 일기의 '女' 아래 두 글자가 서로 다른 글자이므로 '女眞'은 적어도 사람의 이름으로 보기는 어렵다.[199]

13일(병오) 맑았다. 이중익(이광보)과 이광축도 와서 함께 이야기하였다. 이중익이 곤궁하다는 말을 많이 하기에 옷을 벗어서 그에게 주었다. 종일 이야기하였다.

14일(정미) 맑았다. 다시 머물렀다. 여진○

15일(무신) 맑았다. 체찰사 [이원익]의 행차가 현에 이르렀다. 들어가서 인사를 드리고 대책을 의논하였다. 여진○

16일(기유) 맑았다. 체찰사 [이원익]의 일행이 고창에 이르러 점심을 먹은 뒤에 장성에 이르러 숙박을 하였다.

17일(경술) 맑았다. 체찰사 [이원익]과 부사 [한효순]이 입암산성[1]으로 갔다. 나는 혼자 진원현 으로 가서 고을 원[2]과 함께 이야기하였다. 종사관도 왔다. 저물녘에 내아 안으로 들어오니 두 조카딸이 나와 앉아 있어서 오랜 감회를 풀었다. 도로 작은 정자로 나와서 고을 원과 여 러 조카와 밤이 깊도록 함께 이야기하였다.

1) 지금의 전남 장성군 북하면 신성리에 있는 사적 제384호 장성입암산성(長城笠岩山城)이다. 원문 '立岩山城'은 조 선시대 문헌에는 대개 '笠岩山城'으로 표기되어 있다. 『선조실록』과 이항복의 『백사집』 등의 기록[200]에 의하면 기존에 존재하던 고성이었던 입암산성을 1594년에 다시 개축하였다.

2) 노산 이은상은 『이충무공전서』의 번역 시에 심론으로 서술하였다. 그러나 심론이 진원현감으로 서술된 가장 빠른 시기의 문헌은 이덕형의 『한음문고』의 기록[201]으로서 그 시기는 1597년 8월경이므로 일기의 진원현감을 심론으로 단정지을 수 없다. 그보다는 두 조카딸과 사적인 만남을 가진 점으로 보아 이순신의 누이의 남편인 변기(卞騏)로 추정된다.[202]

18일(신해) 가랑비가 내렸다. 식사를 한 뒤에 광주에 이르러 고을 원[1]과 이야기하였다. 비가 많이 내리기 시작하더니 밤 12시경에는 달빛이 낮과 같다가 밤 2시경에는 비바람이 많이 불었다. 영의정.

1) 『광주목읍지』의 「읍선생안」과 조응록의 『죽계일기』의 기록[203]에 의하면 당시의 광주목사는 최철견이다.

19일(임자) 비바람이 많이 불었다. 아침에 행적이 와서 만났다. 진원에 있는 종사관의 편지와 윤간, 봉, 해의 문안 편지도 왔다. 이날 아침 광주목사 [최철견]이 와서 함께 아침식사를 하 였는데 술을 마시면서 밥은 먹지 않았으므로 취하였다. 광주목사의 별실로 들어가서 종일 흠뻑 취하였다.[1] 12시경에 능성현령[2]이 들어와서 창고를 봉하고 "광주목사를 체찰사 [이원 익]이 파직시켰다."라고 하였다.[3] 최철견의 딸 귀지[4]가 와서 숙박을 하였다.[5]

1) 최철견이 1592년에 전라도사를 지낸 점과 그가 이순신과 마찬가지로 1576년 식년시에 급제한 이력이 있는 점 으로부터 그들의 친분 관계를 짐작할 수 있다.

2) 『능주군읍지』의 「관안」에 의하면 당시의 능성현령은 조공근이다.[204]

3) 조응록의 『죽계일기』의 기록[205]에 의하면 최철견은 아전들에게 정사를 맡겼기 때문에 체찰사에 의하여 파직되 었다.

4) 최철견은 4남 4녀의 자식을 두었다. 그의 사위들의 세보에 따르면 그의 장녀, 차녀, 삼녀는 1596년 이전에 이 미 혼인을 한 것으로 짐작되며 막내딸인 사녀는 1596년 당시 14살의 미혼녀였다.[206] 아버지와 함께 있었다는 일기의 언급으로 보아 귀지는 당시 미혼이었던 막내딸일 가능성이 크다. 최철견의 막내 딸은 후일 조창원(趙昌 院)과 혼인하여 1남 3녀를 낳았는데 그중 삼녀가 후일 인조의 계비가 되는 장렬왕후(莊烈王后)이다. 이후 조창 원 부부는 왕비의 부모가 된 연유로 한원부원군과 완산부부인으로 봉해졌다.

5) 초고본에는 이 문장이 이날 일기의 아래쪽 여백에 작은 글씨로 추가로 적혀 있다.

20일(계축) 비가 많이 내리기 시작하였다. 아침에 여러 색리들의 죄를 따졌다. 늦게 목사 [최철견]을 만나고 길에 오르려고 할 때 중국 사람 2명이 이야기하자고 청하기에 취하도록 술을 대접하였다. 하루 종일 비가 내려 먼 길을 갈 수가 없어서 화순에 이르러 숙박을 하였다.

21일(갑인) 맑았다 비가 내리다 하였다. 일찍 능성에 이르러 가장 경치가 좋은 누각¹⁾에 올라 연주산²⁾을 구경하였다. 고을 원 [조공근]이 술을 청하기에 잠시 마시고 헤어졌다.

1) 원문 '最景樓'를 누각 이름으로 번역하는 경우가 많다. 그러나 조선시대 문헌에서 '가장 경치가 좋은 누각'과 같은 통속적인 이름을 가졌던 건축물은 그 예를 찾기 어렵다. 그러므로 '最景樓'는 어떤 특정 누각의 이름이 아니라 일반명사로 보는 것이 합당하다. 조선시대에 능성현 주변은 경치가 수려하여 유명한 명소가 여럿 있었는데 그중에서 가장 대표적인 곳은 봉서루(鳳棲樓)이다. 봉서루는 여러 조선시대 문헌²⁰⁷에서 관련 기록을 찾을 수 있으며 이들 중에는 봉서루에서 연주산을 바라본 감상을 읊은 시도 있다. 봉서루는 지금의 전남 화순군 능주면 석고리에 있었으며 현재는 복원된 봉서루가 있다.

2) 지금의 전남 화순군 능주면과 한천면에 걸쳐 있는 연주산이다.²⁰⁸

22일(을묘) 맑았다. 아침에 여러 [색리들의] 죄를 따졌다. 늦게 나가서 이양원¹⁾에 이르니 해운판관²⁾이 먼저 와있었다. 내가 가는 것을 보고 이야기하자고 청하기에 그와 논의하였다. 저물녘에 보성군에 이르러 몸이 몹시 피곤하여 숙박을 하였다.

1) 원문 '李楊院'은 능성에서 보성으로 가는 경로에 있었던 '李陽院'의 오기이다. 지금의 전남 화순군 이양면 이양리에 있었다.²⁰⁹

2) 해상의 세곡 수송을 담당했던 관리로서 당시 하삼도는 삼도해운판관이 담당하였다. 『경국대전』의 「병전」-「호선(護船)」에 수군의 수사, 첨사, 만호는 자기 경내를 지나는 조세운반선을 병선으로 호송하도록 규정되어 있었으므로 해운판관의 업무는 수군의 그것과 밀접한 관련이 있었다. 당시의 삼도해운판관은 조존성(趙存性)으로서, 그의 자는 수초(守初), 본관은 양주(楊州), 생몰년은 1554~1628년이다.²¹⁰ 흥미롭게도 19일 일기에 나오는 광주목사 최철견의 사녀가 장차 혼인할 조창원의 아버지가 바로 조존성이다. 최철견과 조존성이 며칠 차이로 일기에 등장하는 것이 단순한 우연인지 아니면 어떤 개연성이 있는 것인지 모르겠다.

23일(병진) 맑았다. [그대로] 머물렀다. 나라의 제삿날¹⁾이라 업무를 보지 않았다.

1) 태조 비 신의왕후(神懿王后)의 제삿날이다.

24일(정사) 맑았다. 일찍 출발하여 선 병사(선거이)의 집에 이르니 선의 병이 아주 심하고 위태로워서 걱정스러웠다.¹⁾ 저물녘에 낙안에 이르러 숙박을 하였다.

1) 『선조실록』과 조응록의 『죽계일기』 등의 기록²¹¹에 의하면 선거이는 같은 해 7월에 황해병사로 제수되었지만 중풍 때문에 곧 체직되어 보성에 머물러 있었으며 같은 해 11월에는 반신불수 상태에 이를 정도로 병이 위중해졌다.

25일(무오) 맑았다. 색리와 선중립의 죄를 따졌다. 순천에 이르러 부사 [배응경][1]과 술을 마시며 이야기하였다.

1) 노산 이은상은 『이충무공전서』의 번역 시에 우치적으로 서술하였지만 당시의 순천부사는 배응경이다(5월 14일 일기의 주해 및 주석 참조). 그는 이순신과 마찬가지로 1576년 식년시에 급제한 이력이 있다.

26일(기미) 맑았다. 일 때문에 머물렀다. 저녁에 [순천]부의 사람들이 쇠고기와 술을 마련해 놓고 오라고 청하기에 사양하였지만 고을 원 [배응경]의 간곡한 청으로 인해 잠시 마시다가 헤어졌다.

27일(경신) 맑았다. 일찍 출발하여 어머니를 뵈러 갔다.

28일(신유) 맑았다. 남양 숙부의 생신이라 본영으로 왔다.

29일(임술) 맑았다. 식사를 한 뒤에 동헌에 나가서 업무를 보고 공문을 만들었다. 종일 관아에서 업무를 보았다.

30일(계해) 맑았다. 아침에 옷농을 찾아보았는데 2통은 고음천으로 보내고 1통 20은 본영에 남겨놓았다. 저녁에 선유관[1]의 군관 신탁이 와서 군사들에게 잔치를 베풀 날짜를 정해달라고 말하였다.

1) 보물 제1564-2호 「이순신등선유호상교서(李舜臣等宣諭犒賞敎書)」에 의하면 선조는 1596년 9월에 병조좌랑 최동립(崔東立)을 보내어 삼도수군통제사 이하 각 진의 군사들에게 상을 주고 잔치를 베풀어 노고를 위로하였다. 최동립의 자는 탁이(卓爾), 본관은 삭녕(朔寧), 생몰년은 1557~1611년이다.[212]

1일(갑자) 비가 내리고 바람이 많이 불었다. 새벽에 망궐례를 하였다. 식사를 한 뒤에 어머니를 뵈러 가는 길에 신 사과의 처소에 들렀다가 많이 취해서 돌아왔다.

2일(을축) 맑았으나 바람이 많이 불어서 배가 다닐 수 없었다. 청어잡이 배가 들어왔다.[1]

1) 초고본에는 이 문장이 이날 일기의 아래쪽 여백에 작은 글씨로 추가로 적혀 있다.

3일(병인) 맑았다. 새벽에 배를 돌려 어머니를 모시고 일행과 배에 올라 본영으로 돌아와서 종일 기쁘게 모시니 이 또한 다행이었다. 홍양현감 [홍유의]가 술을 가지고 왔다.[1]

1) 초고본에는 이 문장이 이날 일기의 왼쪽 여백에 작은 글씨로 추가로 적혀 있다.

4일(정묘) 맑았다. 식사를 한 뒤에 객사의 동헌에서 종일 업무를 보았다. 저녁에 남해현령 [박대남]이 자기 소실을 데리고 왔다.

5일(무진) 흐렸다. 남양 숙부께서 제사 [때문에] 일찍 부르시기에 다녀왔다. 남해현령 [박대남]과 이야기하였다. 비가 내릴 조짐이 많았다. 순천부사 [배응경]이 석보창에서 숙박을 하였다.

6일(기사) 비바람이 많이 불었다. 이날 [수연을] 차릴 수가 없어서 다음 날로 미루었다. 늦게 홍양현감 [홍유의], 순천부사 [배응경]이 들어왔다.

7일(경오) 맑고 따뜻하였다. 일찍 수연을 차려서 종일 즐겼으니 매우 다행이었다. 남해현령 [박대남]이 자기 [집안의] 제사 때문에 먼저 돌아갔다.

8일(신미) 맑았다. 어머니의 건강이 평안하여 매우 다행이었다. 순천부사 [배응경]과 서로 이별 잔을 나누고 보냈다.

9일(임신) 맑았다. 공문을 처결하여 보냈다. 종일 어머니를 모셨다. 내일 신으로 들어가기 때문에 어머니께서 서운해하시는 기색이 많았다.

10일(계유) 맑았다. 밤 1시경에 뒷방에 갔다가 밤 2시경에 수루의 방으로 돌아왔다. 12시경에 출발한다고 말씀드리고 2시경에 배를 타고 바람을 따라 돛을 걸고 밤새도록 노를 재촉하여 갔다.

11일(갑술) 맑았다.

1597년
정유일기 1(丁酉日記)

1일(신유) 맑았다. 옥문을 나왔다.[1] 남문 밖 윤간의 종의 집에 이르러 봉, 분과 울과 사행 (윤간), 원경(허주)과 한 집안에 함께 앉아서 오랫동안 이야기하였다. 지사 윤자신이 와 서 위로하였고 비변랑 이순지가 와서 만났는데 더욱 탄식이 나오는 것을 금치 못했다. 지사가 돌아갔다가 저녁식사를 한 뒤에 술을 가지고 다시 왔고 윤기헌도 왔다. 정으 로 권하며 위로하므로 사양할 수가 없어서 억지로 마시고 몹시 취하였다. 이순신(李純 信) 영공 또한 술병을 가지고 와서 함께 취하고 간절히 위로하였다. 영의정 [유성룡]이 종 을 보내고, 판부사[2] 정탁, 판서[3] 심희수[4], 이상[5] 김명원, 참판[6] 이정형, 대사헌[7] 노직[8], 동지 최원, 동지 곽영[9]이 사람을 보내어 안부를 물었다. 술에 취해서 땀이 몸을 적셨다.[10]

1) 『이충무공전서』의 「행록」에 의하면 이순신은 같은 해 2월 26일 한산도로부터 압송되어 3월 4일 서울에 투옥되 었다. 조응록의 『죽계일기』의 기록[1]에서도 그가 투옥된 날짜가 3월 4일임이 확인된다.
2) 『선조실록』의 기사[2]에 의하면 당시 정탁의 관직은 지중추부사이다.
3) 『선조실록』의 기사[3]에 의하면 심희수는 같은 해 3월에 형조판서에서 지중추부사로 제수되었다.
4) 원문 '沈判書禧壽'는 '沈判書嘉壽'의 오기이다.
5) 이상(二相)은 좌찬성과 우찬성을 가리키는 말이다. 『선조실록』의 기사[4]에 의하면 당시 김명원의 관직은 형조판 서이다.
6) 『선조실록』의 기사[5]에 의하면 당시 이정형의 관직은 이조참판이다.
7) 조응록의 『죽계일기』의 기록[6]에 의하면 노직이 대사헌에 임명된 날짜는 같은 해 4월 5일이다. 따라서 이날 일 기는 이순신이 나중에 기억을 더듬어서 기록한 것으로 판단된다.
8) 노직(盧稷)의 자는 사형(士馨), 본관은 교하(交河), 생몰년은 1545~1618년이다.[7]
9) 곽영(郭嶸)의 본관은 현풍(玄風)이다.[8]
10) 초고본에는 이 문장이 이날 일기의 아래쪽 여백에 작은 글씨로 추가로 적혀 있다.

2일(임술) 비가 하루 종일 내렸다. 여러 조카들과 이야기하였다. 방업이 매우 풍성하게 음식 을 차려 왔다. 필공을 불러서 붓을 맸다. 어두워질 무렵 성으로 들어가서 상[1]과 밤에 이야 기하다가 닭이 울고서야 헤어져 나왔다.

1) 상(相)은 영상(領相) 유성룡을 가리키는 것으로 짐작된다.

3일(계해) 맑았다. 일찍 남쪽으로 가는 길에 올랐다. 금오랑(의금부 도사) 이사빈, 서리 이수영, 나장 한언향은 먼저 수원부로 갔다. 나는 인덕원[1]에서 말을 멈추고 조용히 누워서 쉬다가 저물녘에 수원에 있는 경기체찰사[2]의 이름도 모르는 아병의 집으로 들어갔다. 신복룡이 우연히 왔다가 나의 행차를 보고는 술을 준비해서 위로하였다. 부사 유영건[3]이 나와서 만났다.

1) 지금의 경기도 안양시 동안구 관양동에 있었다.[9]
2) 『선조실록』의 기사[10]에 의하면 당시 영의정 유성룡은 상사도도체찰사를 겸임하여 경기도를 포함한 사도를 관할하고 있었다. 원문 '京畿體察使(경기체찰사)'가 유성룡을 가리키는 것인지 아니면 '京畿觀察使(경기관찰사)'를 오기한 것인지 모호하다.
3) 『선조실록』과 조응록의 『죽계일기』의 기록[11]에서도 당시의 수원부사가 유영건(柳永健)임을 확인할 수 있다. 그의 자는 건지(健之), 본관은 전주(全州), 생몰년은 1535~1599년이다.[12]

4일(갑자) 맑았다. 일찍 출발하여 길에 올랐다. 독성[1] 아래에 이르니 판관 조발[2]이 술을 준비하여 군막을 치고 기다리고 있었다. 술에 취해서 길에 올라 곧장 진위[3] 옛길을 경유하여 냇가에서 말을 멈추었다. 오산[4]의 황천상[5]의 집에 이르러 점심을 먹었다. 황이 짐이 무겁다며 말을 내어 실어서 보내주니 고맙기 그지없었다. 수탄을 경유하여 평택 이논손[6]의 집으로 들어가니 주인의 대접이 매우 은근하였다. 유숙하는 방이 매우 좁은 데다가 불까지 땠으므로 더워서 땀이 흘렀다.

1) 지금의 경기도 오산시 지곶동에 있었다.[13] 현재 사적 제140호 오산독산성(烏山禿山城)으로 지정되어 있다.
2) 『선조실록』의 기사[14]에 의하면 당시 조발은 수원판관과 독성의 수성장을 겸임하고 있었다.
3) 지금의 경기도 평택시 시내, 진위면, 서탄면, 고덕면 일대이다.[15]
4) 원문 '吾山'은 '烏山'의 오기이다.
5) 오희문의 『쇄미록』의 기록[16]에 따르면 황천상(黃天祥)은 오희문과 친척 관계로서 사는 곳은 진위였다.
6) 원문 '李內ㅁ孫'은 고유어 이름 '이논손'을 한문으로 표기한 것이다(병신일기-1596년 4월 22일의 주해 및 주석 참조).

5일(을축) 맑았다. 해가 뜰 때 길에 올라 곧장 선산[1]에 이르렀다. 수목이 거듭 들불을 겪어 초췌[2]하여 차마 바라볼 수가 없었다. 묘소 아래에서 절하며 곡을 하였는데 한참 동안 일어나지 못하였다. 저녁에 외가로 내려와 사당에서 절하고 이어 뇌의 집으로 가서 선조의 사당에서 곡하며 절을 하였다. 또한 남양 숙부께서 돌아가셨다는 소식을 들었다. 저물녘에 본가로 와서 장인어른, 장모님 신위 앞에서 절하고 바로 작은형님과 여필(이우신)의 [부인인] 제수의 사당에도 올랐다. 침상에 들었으나 마음이 편치 않았다.

1) 지금의 충남 아산시 음봉면에 있는 충무공 가족묘소이다. 이곳에는 충무공의 아버지 이정, 첫째 형 이희신, 둘

째 형 이요신의 묘소 등이 모셔져 있다.

2) 원문 '樵瘁'는 '憔瘁'의 오기이다.

6일(병인) 맑았다. 멀고 가까운 친구들이 모두 와서 모여 오랜 감회를 풀고 갔다.

7일(정묘) 맑았다. 금오랑 [이사빈]이 아산현으로부터 왔으므로 내가 가서 매우 은근하게 대접하였다. 홍 찰방(홍익현), 이 별좌, 윤효원이 와서 만났다. 금오랑은 흥백(변존서)의 집에서 숙박을 하였다.

8일(무진) 맑았다. 아침에 남양 숙부의 신위를 세우고 곡을 하고 상복을 입었다. 늦게 흥백(변존서)의 집으로 가서 이야기하였다. 강 계장이 세상을 떠나서 내가 조문을 갔다가 이어 홍석견의 집에 들렀다. 늦게 흥백의 집에 이르러 [의금부] 도사 [이사빈]을 대접하였다.

9일(기사) 맑았다. 마을 안에서 각기 술병을 가지고 와서 먼 길을 가는 것을 위로하므로 그 정을 거절할 수 없어 몹시 취해서 헤어졌다. 홍군우(홍익현)가 창을 하고 이 별좌도 창을 하였지만 나는 들어도 즐겁지가 않았다. 도사 [이사빈]은 잘 마시면서도 흐트러짐이 없었다.

10일(경오) 맑았다. 아침에 식사를 한 뒤에 흥백(변존서)의 집으로 가서 도사 [이사빈]과 이야기하였다. 늦게 홍 찰방(홍익현), 이 별좌 형제, 윤효원 형제가 와서 만났다. 이언길, 허제가 술을 가지고 왔다.

11일(신미) 맑았다. 새벽꿈이 몹시 어지러워서 이루 다 말할 수 없었다. 덕을 불러서 대략 이야기하고 또한 아들 울에게도 말하였다. 마음이 아주 불편하여 취한 듯도 하고 미친 듯도 하여 마음을 가라앉힐 수가 없으니 이 무슨 징조인가? 병드신 어머니를 그리워하다 눈물이 흐르는 것도 깨닫지 못하였다. 종을 보내어 소식을 알아보도록 하였다. 도사 [이사빈]은 온양으로 돌아갔다.

12일(임신) 맑았다. 종 태문이 안흥량[1]으로부터 들어와서 편지를 전했는데 "어머니께서 숨결이 가냘프지만 9일 위아래 [사람들이] 무사히 안흥량에 이르러 정박하였다."라고 하였고 "법성포[2]에 이르러 정박하여 자고 있을 때 닻이 끌려 떠내려가서 두 배가 6일 동안 서로 헤어졌다가 무사히 만났다."라고 하였다. 아들 울을 먼저 바닷가로 보냈다.

1) 지금의 충남 태안군 근흥면의 마도 해역 일대이다.[17] 안흥량은 해로가 대단히 험난하여 예로부터 조운선 등의 선박 침몰이 잇달았던 지역으로서 고려시대부터 조정에서 항상 그 대책을 고심했다.[18]

2) 지금의 전남 영광군 법성면의 법성포이다.[19]

13일(계유) 맑았다. 일찍 식사를 한 뒤에 [어머니를] 맞으러 나갈 일로 바닷가로 가는 길에 올랐다. [가는] 길에 홍 찰방(홍익현)의 집으로 들어가서 잠시 이야기하는 사이에 울이 애수를 보내어 아직 배가 왔다는 소식이 없다[1]고 하였다. 또한 "황천상이 술병을 가지고 홍백(변존서)의 집에 왔다."라는 소식을 듣고는 홍에게 작별을 고하고 홍백의 집에 이르렀다. 얼마 있다가 종 순화가 배에서 와서 어머니의 부음을 전했다. 뛰쳐나가서 가슴을 치고 발을 구르며 슬퍼하니[2] 하늘의 해조차 깜깜하였다. 곧바로 해암[3]으로 달려가니 배가 이미 와 있었다. 길에서 바라보았을 때의 가슴이 찢어지는 듯한 슬픔을 다 기록할 수 없어서 뒷날 대강 적는다.

1) 원문 '時無'는 '아직 ~이 없다'는 의미로서 『실록』이나 조선시대 문헌에서 그 용례를 쉽게 찾아볼 수 있다.

2) 원문 '擗踊'은 『효경』의 「상친장(喪親章)」의 한 구절인 '哭泣擗踊 哀以送之(곡을 하고 울며 가슴을 치고 발을 구르며 슬퍼하며 보내 드린다)'를 인용한 것으로 짐작된다.

3) 지금의 충남 아산시 인주면 해암리에 있었다.[20] 계사일기(1593년) 5월 6일에 보이는 해포(蟹浦)와 동일한 곳이다.

14일(갑술) 맑았다. 홍 찰방(홍익현), 이 별좌가 곡을 하고[1] 관을 준비하였다. 관은 본영에서 준비해 온 것인데 "조금도 흠이 난 곳이 없다."라고 하였다.

1) 원문 '入哭'은 빈소나 사당 등에 곡을 하러 들어가는 것을 의미한다.

15일(을해) 맑았다. 늦게 입관을 하였다. 몸소 일을 맡은[1] 오종수가 정성을 다해주니 뼈가 가루가 되더라도 잊기 어렵다. 부관[2]에 대해서는 후회가 없으니 이는 다행이다. 천안군수[3]가 들어와서 [길 떠날] 행장을 차렸다[4]. 전경복 씨가 상복[5] 등의 일에 연일 정성을 다해주니 고마움을 어찌 말로 다 하겠는가?

1) 원문 '親執'을 '친구' 또는 '친한'으로 번역하는 경우가 많다. 그러나 '親執'의 용례를 『실록』이나 조선시대 문헌에서 찾아보면 '직접 ~하다'라는 의미이다.

2) 부관(附棺)은 장례를 지낼 때 사용되는 명기(明器) 및 용기(用器)와 같은 부장품을 말한다.[21] 명기는 무덤 부장용으로 만들어진 물품이고 용기는 고인이 생전에 사용하던 물품이다.

3) 『영성지』의 「명환」과 이긍익의 『연려실기술』 등의 기록[22]에 의하면 당시의 천안군수는 정호인(鄭好仁)이다. 그의 자는 극기(克己), 본관은 진양(晉陽)이며, 첫째 부인은 서애 유성룡의 여동생으로서 1592년에 세상을 떠났고, 둘째 부인은 이순신의 둘째 형인 이요신의 딸이다. 유성룡과 이요신이 퇴계 이황의 제자이자 친구였으므로 정호인의 통혼 관계는 이 두 사람의 친분 관계와 관련이 있을 것으로 생각된다.[23]

4) 원문 '治行'은 '길 떠나기 위한 짐을 꾸리다'라는 의미로서 『실록』이나 조선시대 문헌에서 그 용례를 찾아볼 수 있다. 천안군수가 인척 관계이므로 영구의 수레를 준비한 것으로 짐작된다.

5) 원문 '製服'은 '服製'로도 표기되었다. 이는 '상복' 또는 '상복 제도'라는 의미로서 『실록』이나 조선시대 문헌에서 그 용례를 쉽게 확인할 수 있다.

16일(병자) 궂은비가 내렸다. 배를 끌어서 중방포[1] 앞으로 옮겨 정박하였다. 영구를 수레에 싣고 본가로 돌아오면서 마을을 바라보았을 때의 가슴이 찢어지는 듯한 슬픔을 어찌 말로 다 할 수 있겠는가? 집에 이르러 빈소를 차렸다. 비는 많이 내리고 나는 기력이 다하였는데 남쪽으로 갈 길 또한 촉박하니 울부짖으며 단지 빨리 죽기만을 기다릴 뿐이다. 천안군수 [정호인]이 돌아갔다.

1) 지금의 충남 아산시 염치읍 중방리에 있었다.[24]

17일(정축) 맑았다. 금오(의금부)의 서리 이수영이 공주로부터 와서 갈 길을 재촉하였다.

18일(무인) 비가 하루 종일 내렸다. 몸이 몹시 불편하여 나가지도 못하고 단지 빈소 앞에서 곡만 하다가 종 금수의 집으로 물러 나왔다. 늦게 계원들로 하여금 내가 있는 곳으로 모이게 하여 계에 대한 일을 의논하고 헤어졌다.

19일(기묘) 맑았다. 일찍 출발하여 길에 오르며 영연[1]에 고하고 곡을 하였다. 어찌하는가? 어찌하는가? 천지 간에 어찌 나와 같은 일이 있겠는가? 일찍 죽느니만 못하구나. 뇌의 집에 이르러 사당 앞에서 고하였다. 금곡의 강 선전의 집 앞에 이르러 강정, 강영수 씨를 만나 말에서 내려 곡을 하였다. 보산원[2]에 이르니 천안군수 [정호인]이 먼저 와있었다. 냇가에서 말에서 내려 쉬어갔다. 임천군수 한술[3]이 서울로 올라가 중시[4]를 보고 오면서 앞길을 지나 가다가 내가 간다는 소식을 듣고 들어와 조문하고 갔다. 아들 회, 면과 봉, 해, 분, 완과 변 주부(변존서)가 함께 천안까지 따라왔다.[5] 원인남도 와서 만나고 작별하고 말에 올랐다. 일 신역[6]에 이르러 숙박을 하였다. 저녁에 비가 내렸다.

1) 영연(靈筵)은 혼백 및 신주를 모신 자리로서 궤연(几筵) 또는 영실(靈室) 등으로도 불린다.
2) 지금의 충남 천안시 동남구 광덕면 보산원리에 있었다.[25]
3) 한술(韓述)의 자는 자선(子善), 본관은 청주(淸州), 생몰년은 1541~1616년이다.[26] 『선조실록』과 조응록의 『죽계일기』의 기록[27]에 의하면 당시 한술의 관직은 서천군수이다. 한술이 이때 응시했던 중시의 방목에서도 그의 관직이 서천군수임을 확인할 수 있다.
4) 『선조실록』의 기사[28]에 의하면 같은 해 4월 9일에 문무과 중시 및 별시의 급제자 발표가 있었다.

5) 당시 보산원 지역이 천안군에 속했기 때문에 아들, 조카 등이 천안까지 따라왔다고 서술한 것이다.

6) 지금의 충남 공주시 신관동에 있었다.[29]

20일(경진) 맑았다. 공주 정천동에서 아침식사를 하고 저녁에 이산[1]으로 들어가니 고을 원이 극진히 [맞이하였다]. 아동헌에서 숙박을 하였다. 김덕장이 우연히 왔다가 서로 만났다. 도사 [이사빈]이 와서 만났다.

1) 원문 '泥山'은 '尼山'의 오기이다. 지금의 충남 논산시 노성면, 상월면, 광석면 일대이다.[30]

21일(신사) 맑았다. 일찍 출발하여 은원[1]에 이르니 김익이 "우연히 왔다."라고 하였다. 임달영이 "곡식을 사기 위하여 배로 사진포[2]에 왔다."라고 하였지만 그 동기[3]가 아주 거짓되었다. 저녁에 여산[4]의 관노의 집에서 숙박을 하였다. 한밤중에 홀로 앉아 있으니 비통함을 어찌 견디겠는가?

1) 은원(恩院)은 은진현에 있었던 역원인 남항원(娚項院)을 가리킨다.[31]

2) 『이충무공전서』에는 '思津浦(사진포)'로 표기되어 있지만 대개의 번역서들은 '恩津浦(은진포)'로 서술하고 있다. 초고본의 글자를 다른 날짜의 일기에 기록된 '思' 및 '恩'과 비교해보면 '思'임을 쉽게 알 수 있다.[32] '思津浦(사진포)'는 지명의 독음의 유사성으로 미루어보아 조선시대 은진현에 있었던 포구인 '市津浦(시진포)'나 '私津(사진)'을 오기한 것으로 짐작된다.[33]

3) 원문 '形跡'은 '행적', '동기', '의도' 등의 의미가 있다. 여기에서는 문맥상으로 의미가 자연스러운 '동기'로 번역하였다.

4) 지금의 전북 익산시 여산면, 낭산면, 망성면과 충남 논산시 연무읍 남부 일대이다.[34]

22일(임오) 맑았다. 12시경에 삼례역[1] 장리[2]의 집에 이르렀고 저녁에 전주 남문 밖의 이의신[3]의 집에 이르러 숙박을 하였다. [전주]판관 박근[4]이 와서 만나고 [전주]부윤[5]도 후하게 대접하였다. 판관이 유둔[6], 생강 등의 물건을 보냈다.

1) 산하 12개의 역을 거느린 삼례도의 본역으로서 호남으로 들어가는 요충지였다. 지금의 전북 완주군 삼례읍 삼례리에 있었다.[35]

2) 장리(長吏)는 수령을 의미하는 말로서 여기에서는 역참을 관장하던 관리인 찰방을 가리킨다.

3) 집이 전주인 전 금산군수 이의신(李義臣)으로 짐작된다. 그의 자는 군례(君禮), 본관은 덕산(德山), 생몰년은 미상이다.[36]

4) 원문 '朴勤'은 '朴瑾'의 오기이다. 『선조실록』기사[37]에서 당시의 전주판관의 이름을 확인할 수 있다.

5) 『선조실록』의 기사[38]에 의하면 당시의 전주부윤은 박경신(朴慶新)이다. 그의 자는 중길(仲吉), 본관은 죽산(竹山), 생몰년은 1560~1626년이다.[39] 『선조실록』과 『광해군일기』의 기사[40]에 의하면 전주부윤 박경신과 전주판관 박근은 정유재란 때 남원성이 함락되자 미리 겁을 먹고 전주성을 버리고 피신하여 두고두고 그 실책을 비판받았다.

6) 원문 '油芚'의 바른 표기는 '油芚'이다. 조선시대 문헌을 살펴보면 '油芚'은 '油芚'에 비해 그 용례가 매우 적기 때문에 오기로 봄이 맞을 것 같다. 유둔은 기름을 먹인 종이나 목면포를 겹쳐 만든 것으로서 비옷 등을 제작할 때 사용된다(계사일기-1593년 6월 19일의 주해 및 주석 참조).

23일(계미) 맑았다. 일찍 출발하여 오원역[1] 역관에 이르러 말을 멈추고 아침식사를 하였다. 얼마 있다가 도사 [이사빈]이 왔다. 저물녘에 임실현으로 들어가니 고을 원이 의례적으로 대접하였다. 원은 홍순각[2]이었다.

1) 지금의 전북 임실군 관촌면 관촌리에 있었다.[41]
2) 『임실읍지』의 「선생안」과 조응록의 『죽계일기』의 기록[42]에서도 당시의 임실현감이 홍순각(洪純慤)임을 확인할 수 있다. 그의 자는 근초(謹初), 본관은 남양(南陽), 생몰년은 1551년~미상이다.[43] 『이충무공전서』에는 '洪彦純(홍언순)'으로 오기되어 있다.

24일(갑신) 맑았다. 일찍 출발하여 남원[1]에서 15리쯤 [되는 곳에] 이르러 정철 등을 만났다. 남원부에서 5리 안까지 이르러 헤어지고 나는 곧장 10리 밖 동쪽 이희경의 종의 집에 이르렀다. 슬픔을 어찌 말로 다 할 수 있겠는가?

1) 『선조실록』의 기사[44]에 의하면 당시 남원에는 명나라의 유격 심유경이 머물러 있었다.

25일(을유) 비가 내릴 조짐이 많았다. 아침에 식사를 한 뒤에 길에 올라 운봉[1]의 박산취[2]의 집으로 들어가니 비가 많이 내리기 시작하여 나가지도 못하였다. 이어 "원수 [권율]이 이미 순천으로 향했다."라는 소식을 듣고는 바로 금오랑 [이사빈]에게 사람을 보내어 머물러 있도록 하였다. 고을 원[3]은 병 때문에 나오지 않았다.

1) 지금의 전북 남원시 운봉읍, 산내, 인월면, 아영면 일대이다.[45]
2) 원문 '朴山就' 중의 '山就'는 글자 간격이 애매하여 '山就'와 '崷(추)' 중 어느 글자인지 판단하기 어렵지만 '崷'가 사용 빈도가 매우 낮은 한자임을 감안하면 '山就'일 가능성이 높다. 『이충무공전서』에는 '朴巃(박롱)'으로 표기되어 있지만 초고본의 글자를 다른 날짜의 일기에 보이는 '就' 및 '龍'과 비교해보면 '巃'은 잘못 판독한 것임을 알 수 있다.[46]
3) 『운봉현읍지』의 「읍후안」과 『선조실록』 및 정경운의 『고대일록』의 기록[47]에 의하면 당시의 운봉현감은 남간(南侃)이다. 그의 자는 정숙(正叔), 본관은 의령(宜寧), 생몰년은 1555년~미상이다.[48]

26일(병술) 궂은비가 개지 않았다. 일찍 식사를 하고 길에 올라 구례현에 이르니 금오랑 [이사빈]이 이미 먼저 와있었다. 손인필[1]의 집에 숙소를 정하니 고을 원 [이원춘]이 급히 나왔는데 대접이 매우 은근하였다. 금오랑도 와서 만났다. 내가 고을 원으로 하여금 금오랑에게 술을 권하도록 하였더니 "고을 원이 정성을 다했다."라고 한다. 밤중에 앉아서 [느끼는]

비통함을 어찌 말로 다 할 수 있겠는가?

1) 구례 손씨 시조인 고려시대의 효자 손순흥(孫順興)의 후손이라고 한다.**49**

27일(정해) 맑았다. 일찍 출발하여 송치¹⁾ 부근에 이르니 구례현감 [이원춘]이 사람을 보내어 점심을 짓고 돌아갔다. 순천 송원²⁾에 이르니 이득종, 정선³⁾이 와서 기다리고⁴⁾ 있었다. 저녁에 정원명⁵⁾의 집에 이르니 원수 [권율]이 내가 온 것을 알고는 군관 권승경⁶⁾을 보내어 조문하고 또한 안부도 물었는데 위로하는 말이 매우 간곡하였다. 저녁에 고을 원⁷⁾이 와서 만나고 정사준도 와서 원공의 잘못된 상황을 많이 말하였다.

1) 지금의 전남 순천시 월등면 계월리에서 서면 학구리로 넘어가는 고개로서 현재까지도 이 지명이 남아 있다.**50**
2) 지금의 전남 순천시 서면 학구리에 있었다.**51**
3) 일기의 정황으로 보아 원문 '鄭瑄'은 정사준의 아들 '鄭愃'을 오기한 것으로 짐작된다. 『이충무공전서』에는 '鄭愃'으로 표기되어 있다.
4) 원문 '來候'는 '와서 기다리다' 또는 '와서 문안하다'라는 의미가 있다. 여기에서는 전자로 번역하였다.
5) 정원명은 그의 아버지 정소(鄭沼) 때부터 순천에 거주하였다.**52** 정소는 송강 정철의 둘째 형이다.
6) 원문 '權承慶'은 권율의 조카이자 그의 막하에서 활동한 '權升慶'을 오기한 것이다. 그의 자는 형길(亨吉), 본관은 안동(安東), 생몰년은 1564년~미상이며, 행주대첩에 참전하였다.**53**
7) 『선조실록』과 조응록의 『죽계일기』의 기록**54**에 의하면 당시의 순천부사는 우치적이다.

28일(무자) 맑았다. 아침에 원수 [권율]이 다시 군관 권승경을 보내어 안부를 묻고 이어 "상중이라 몸이 피곤할 것이니 몸이 회복되는 대로 나오라. 이제 '친한¹⁾ 군관이 통제사가 있는 곳에 있다.'는 소식을 듣고서 편지와 공문을 보내어 나오게 하였으니 데리고 가서 간호를 [받으라].'라고 말을 전하며 편지와 공문을 만들어 왔다. "[순천]부사 [우치적]의 소실이 세상을 떠났다."라고 하였다.

1) 원문 '親切'은 '절친한', '간절한' 등의 의미로서 『실록』이나 조선시대 문헌에서 그 용례를 확인할 수 있다.

29일(기축) 맑았다. 신 사과와 방응원이 와서 만났다. "병사 [이복남]¹⁾도 원수 [권율]과 의논하기 위하여 [순천]부로 들어왔다."라고 하였다. 신 사과와 이야기하였다.

1) 『선조실록』과 조응록의 『죽계일기』의 기록**55**에 의하면 이복남은 같은 해 1월에 전라병사로 제수되었다.

30일(경인) 아침에 흐리다가 저물녘에 비가 내렸다. 아침에 식사를 한 뒤에 신 사과와 논의하였는데 "병사가 머물면서 술을 마셨다."라고 하였다. 병사 이복남이 아침[식사] 전에 와서

만났는데 원공의 일을 많이 말하였다. [전라]감사 [박홍로]도 원수 [권율]에게 왔고 군관을
보내어 안부를 물었다.

5월

1일(신묘) 계속 비가 내렸다. 신 사과가 머무르며 이야기하였다. "순찰사 [박홍로], 병사 [이복남]이 원수 [권율]의 숙소인 정사준의 집에 함께 모여 머물면서 아주 즐겁게 술을 마셨다." 라고 하였다.

2일(임진) 늦게야 맑아졌다. 원수 [권율]이 보성으로 가고 병사 [이복남]이 본영(강진)으로 갔다. 순찰사 [박홍로]가 담양[1]으로 가는 길에 와서 만나고 돌아갔다. 부사 [우치적]이 와서 만났다. 진홍국이 좌수영으로부터 와서 눈물을 흘리며 원균의 일을 말하였고 이형복, 신홍수도 왔다. 남원의 종 끗돌이가 아산 집으로부터 와서 "영연이 평안하시다."라고 전하고 또한 "변유헌이 무사히 그 가족들을 데리고 금곡에 이르렀다."라고 전했다. 홀로 빈 집에 앉아 있으니 비통함을 어찌 견디겠는가?

1) 『선조실록』과 조경남의 『난중잡록』의 기록[56]에 의하면 담양은 1596년 3월부터 전라관찰사가 머무는 고을이 되었으며 고을 북쪽에 위치한 금성산성(金城山城)이 그 주진(主鎭)이 되었다.

3일(계사) 맑았다. 신 사과, 방응원, 진홍국이 돌아갔다. 이기남이 와서 만났다. 아침에 울의 이름을 열로 고쳤다. 열(薉)의 음은 열(悅)이다. 싹이 돋아나서 초목이 성장한다는 [뜻이니] 글자의 의미가 매우 아름답다. 늦게 강소작지가 만나러 와서 곡을 하였다. 오후 4시경에 비가 내렸다. 저녁에 고을 원 [우치적]이 와서 만났다.

4일(갑오) 비가 내렸다. 이날이 바로 어머니의 생신이다. 비통함을 어찌 견디겠는가? 닭이 우니 일어나 앉아서 눈물만 흘릴 뿐이다. 오후에 비가 많이 내리기 시작하였다. 정사준이 와서 종일 돌아가지 않았다. 이수원도 왔다.

5일(을미) 맑았다. 새벽꿈이 몹시 어지러웠다. 아침에 부사 [우치적]이 와서 만났다. 늦게 충청우후 원유남이 한산도[1]로부터 와서 원공의 흉하고 패악한 [일을] 많이 전했고 또한 "도와진 안의 장수와 군사들이 이반하여 형세를 장차 예측할 수 없다."라고 하였다. 이날이 단오

절인데 멀리 천 리 변방까지 와서 종군하며 장례도 지내지 못하고 곡하고 우는 것조차 뜻대로 하지 못하니 이는 무슨 죄로 이러한 대가를 받게 된 것인가? 나와 같은 일은 고금에 없을 것이니 가슴이 찢어지는 듯이 아프다. 다만 때를 만나지 못한 것이 한스러울 뿐이다.

1) 『선조실록』의 같은 해 5월 기사[57]에 의하면 당시 조선 수군은 왜군을 공략하기 위하여 한산도로 집결하고 있었다.

6일(병신) 맑았다. 꿈에 돌아가신 두 형님을 만나 서로 붙잡고 통곡하였고 또한 "장사를 치르지도 않고 천 리 밖에서 종군하니 누가 그것을 주관할 것인가? 통곡만 하면 어찌하는가?"라고 말씀하셨다. 이는 두 형님의 영령이 천 리 밖까지 뒤따라와서 걱정하시는 것이니 비통하기 그지없다. 또한 남원의 수확을 감독하는 것을 걱정하셨는데 이는 무슨 뜻인지 모르겠다. 연일 꿈이 어지러운 것은 돌아가신 영령들께서 말없이 걱정해주시기 때문이니 마음이 더욱 아프다. 아침저녁으로 그립고 슬퍼서 눈물이 고여 피가 되건만 하늘은 어찌 막막하기만 하고 나를 비추어주지 않는가?[1] 어찌하여 빨리 죽지 않는 것인가? 늦게 능성현령 이계명[2]이 와서 만나고 돌아갔는데 그도 기복[3]한 사람이다. 흥양의 종 우놈쇠, 박수매, 조택이 순화의 처와 왔다. 이기윤과 몽생도 왔다. 송정립, 송득운[4]도 왔다가 바로 돌아갔다. 저녁에 정원명이 한산도로부터 돌아와서 흉인이 한 짓을 많이 말하였다. 또한 부찰사 [한효순]이 좌수영으로 나와서 병 때문에 머물면서 조리한다는 소식을 들었다.[5] 우수사 [이억기]가 편지를 보내어 조문하였다.

1) 이 문장의 원문 '晨昏戀慟 淚凝成血 天胡漠漠 不我燭兮'는 회재 이언적이 그의 어머니 손씨 부인을 위하여 지은 제문에서 인용한 것으로 판단된다.[58]

2) 『능주군읍지』의 「관안」과 조응록의 『죽계일기』의 기록[59]에서도 당시의 능성현령이 이계명(李繼命)임을 확인할 수 있다.

3) 기복(起復)은 어버이의 상중에 벼슬자리로 나아가는 것을 말한다.

4) 송득운(宋得運)의 자는 형보(亨甫), 본관은 여산(礪山), 생몰년은 1572년~미상이며, 송희립과 친척 관계이다.[60] 일기에서 언급된 '宋廷立(송정립)'은 송희립의 동생 '宋挺立'의 오기이다.

5) 『선조실록』과 조경남의 『난중잡록』의 기록[61]에 의하면 부찰사 한효순은 같은 해 3~4월경에 한산도에 머물러 있었다.

7일(정유) 맑았다. 아침에 정혜사[1]의 승려 덕수가 와서 미투리[2] 1켤레를 바쳤으나 거절하고 받지 않았다. 두세 차례 청하므로 값을 줘서 보내고 미투리는 곧바로 정원명에게 주었다. 늦게 송대기와 유몽길이 와서 만났다. 서산군수 안괄[3]도 한산도로부터 와서 흉악한 공의 일을 많이 말하였다. 저녁에 이기남이 다시 왔다. 이원룡이 [전라좌]수영으로부터 돌아왔다. 안괄이 구례에 가서 조사겸[4]의 수절[녜]를 추근대었지만 [뜻을 이루지] 못했다고 [하였다.[5] 매우 놀라웠다.

1) 조선시대에 정혜사라는 이름의 사찰은 충청도 정산현의 정혜사(淨惠寺), 전라도 순천부의 정혜사(定慧寺), 경상도 경주부의 정혜사(淨惠寺) 등이 있었다. 일기의 원문 '定惠寺'는 거리상으로 가까운 순천의 정혜사를 가리키는 것으로 짐작된다. 정혜사는 지금의 전남 순천시 서면 청소리에 현존한다.

2) 원문 '芒鞋(망혜)'는 마혜(麻鞋)나 승혜(繩鞋) 등으로도 불렸다. 대개는 생삼으로 만들었지만 칡이나 가죽 등 다른 재료로 만든 미투리도 있었다.[62]

3) 『서산군지』의 「선생안」에서도 당시의 서산군수가 안괄(安适)임을 확인할 수 있다.[63]

4) 원문 '趙士謙'은 전 구례현감 '趙思謙'의 오기로 추측된다.[64]

5) 초고본에는 이 문장부터 그 뒤의 문구까지 이날 일기의 아래쪽 여백에 작은 글씨로 추가로 적혀 있다.

8일(무술) 맑았다. 아침에 승병장 수인이 밥 짓는 승려 두우를 데리고 왔다. 종 한경을 일 때문에 보성으로 보냈다. 홍양의 종 세충이 녹도로부터 망아지를 끌고 왔다. 궁장 이지가 돌아갔다. 이날 새벽꿈에 사나운 호랑이를 쳐 죽여서 가죽을 벗기고 휘둘렀는데 이것이 무슨 징조인지 모르겠다. 조종이 이름을 조연으로 고치고 와서 만나고 조덕수도 왔다. 12시경에 망아지에게 안장을 얹고 정상명[1]이 타고 갔다. 원흉이 편지를 보내어 조문하였는데 이는 원수 [권율]의 명령 [때문일 것이다]. 이경신이 한산도로부터 와서 원흉의 일을 많이 말하였다. 또한 "그가 데리고 온 서리[2]를 곡식을 사 오라는 구실로 육지로 보내고 그 처를 추근대었지만 그 여자가 악을 쓰면서 따르지 않고 밖으로 나와서 큰 소리를 질렀다."라고 하였다. 원이 온갖 계략으로 나를 모함하니 이 또한 운수이다.[3] 짐바리가 서울 가는 길에 잇따르고 헐뜯는 것이 날로 심해지니 때를 만나지 못한 것이 스스로 한스러울 뿐이다.

1) 원문 '鄭詳溟'은 정원명의 동생 '鄭翔溟'의 오기이다. 정상명은 이후의 일기에도 여러 차례 나타나는데 원문은 모두 '鄭翔溟'으로 기록되어 있다. 그의 본관은 연일(延日)이며 송강 정철의 조카이다(갑오일기-1594년 7월 6일의 주해 및 주석 참조).

2) 서리(書吏)는 관아와 당상관 이상의 관리들에게 배속되어 행정 말단의 실무를 담당했던 서리(胥吏)를 가리킨다.[65]

3) 초고본에는 이 문장부터 그 이후의 문장까지 이날 일기의 아래쪽 여백에 작은 글씨로 추가로 적혀 있다.

9일(기해) 흐렸다. 아침에 이형립이 와서 만나고 바로 돌아갔다. 이수원이 광양으로부터 돌아왔다. 순천의 급제 강승훈이 와서 자원하였다. 부사 [우치적]이 좌수영으로부터 돌아왔다. 종 경이 보성으로부터 말을 끌고 왔다.

10일(경자) 궂은비가 내렸다. 이날이 바로 태종의 제삿날로서 예로부터 비가 내렸는데[1] 늦게 큰비가 내렸다. 박줄생이 와서 만났다. 주인이 보리밥을 지어서 가져왔다. 장님 임춘경이

운수를 봐 가지고 왔다. 부찰사 [한효순]이 조문 편지[2]를 보내고 녹도만호 송여종도 아울러 삼, 종이 두 가지를 보냈다. 전라순찰사 [박홍로]가 [보낸] 백미, 중미 각 1섬, 콩, 소금도 받았는데 군관을 [통해] 보내왔다고 하였다.[3]

1) 예로부터 속설에 음력 5월 10일에 오는 비를 태종우(太宗雨)라고 불렀다. 태종우에 관한 고사는 『경종실록』, 『영조실록』과 조선 중기 문헌 등의 기록[66]에서 발견된다. 이에 따르면 태종이 만년에 앞날이 얼마 남지 않았을 무렵 나라에 가뭄이 오랫동안 지속되자 하늘로 올라가서 상제에게 고하여 단비를 내리게 하겠다고 말하였는데, 태종이 승하하자 과연 곧바로 비가 내렸다고 하며 이후로 이날은 비가 내리는 경우가 많아서 태종우라고 불렀다고 한다.

2) 원문 '弔狀(조장)'은 위소(慰疏)라고도 하며 불가피한 사정으로 문상을 갈 수 없을 때 보내는 편지를 가리킨다. 그 서식인 조장식(弔狀式)은 상례를 다룬 문헌이나 간찰교본 등에서 찾아볼 수 있다.

3) 초고본에는 이 문장이 이날 일기의 아래쪽 여백에 작은 글씨로 추가로 적혀 있다.

11일(신축) 맑았다. 김효성이 낙안으로부터 왔다가 바로 돌아갔다. 전 광양현감 김성[1]이 체찰사 [이원익]의 군관을 데리고 전죽[2]을 구하기 위하여 순천으로 왔다가 그편에 와서 만났는데 소문을 많이 전했다. 소문이란 것은 모두 흉인의 일이었다. 부찰사 [한효순]의 선문(미리 알리는 통지문)이 왔고 장위가 편지를 보냈다. 정원명이 보리밥을 지어서 가져왔다. 맹인 임춘경이 와서 운수를 본 것을 말하였다. 부찰사가 [순천]부에 이르자 정사립, 양정언이 와서 "부찰사가 만나러 오려고 한다."라고 전했지만 나는 몸이 불편하였기 때문에 거절하였다.

1) 원문 '金惺'은 '金晟'의 오기이다(병신일기-1596년 1월 11일의 주해 및 주석 참조).

2) 전죽은 죽전으로도 불렸으며 주로 난대성 기후 지역에서 수취되었다. 『신증동국여지승람』에 의하면 순천은 죽전의 주요 수취 지역에 속하였다.[67]

12일(임인) 맑았다. 새벽에 이원룡을 보내어 부찰사 [한효순]에게 안부를 물었다. 부찰사도 김덕린을 보내어 안부를 물었다. 늦게 이기남, 이기윤[1]이 와서 만나고 도양장으로 돌아갔다.[2] 아침에 아들 열을 부찰사에게 보냈다. 신홍수가 만나러 와서 원공의 점을 쳤더니 첫괘 수뢰둔이 변하여 천풍구가 되었다.[3] 용(用)이 체(体)를 이기는 것이라 크게 흉하였다. 남해현령 [박대남]이 조문 편지를 보내고 또한 여러 가지 물품을 보냈다. 쌀 2, 참기름 2, 꿀 5, 조 1, 미역 2이었다. 저녁에 향사당으로 가서 부찰사와 밤에 이야기하다가 밤 12시경에 숙소로 돌아왔다. 정사립, 양정언 등이 왔다가 닭이 운 뒤에 돌아갔다.

1) 『광산이씨족보』에 보이는 이기남의 사촌 이기윤(李奇胤)으로 짐작된다.

2) 을미일기(1595년) 8월 13일에 의하면 이기남은 도양장의 농감관(農監官)이다.

3) 수뢰둔(水雷屯)과 천풍구(天風姤)는 주역의 64괘 중 3번째와 44번째 괘이다.

13일(계묘) 맑았다. 어젯밤에 부찰사 [한효순]이 "상사(체찰사) [이원익]이 편지를 보냈는데 영공의 일을 많이 탄식하였다."라고 하였다. 늦게 정사준이 떡을 만들어 왔다. 부사 [우치적]이 여비를 보내어 매우 미안하였다.

14일(갑진) 맑았다. 아침에 부사 [우치적]이 와서 만나고 돌아갔다. 부찰사 [한효순]도 부유[1]로 출발하였다. 정사준, 정사립, 양정언이 와서 모시고 돌아가겠다고 하여 일찍 식사를 한 뒤에 길에 올라 송치 부근에 이르러 말을 멈추고 혼자 바위 위에 앉아서 한참 동안 곤히 잤다. 운봉의 박산취가 왔다. 저물녘에 찬수강[2]에 이르러 말에서 내려 걸어서 건너 구례현 손인필의 집에 이르니 고을 원 [이원춘]이 곧바로 와서 만났다.

1) 지금의 전남 순천시 주암면 일대이다(병신일기-1596년 5월 4일의 주해 및 주석 참조).
2) 찬수강(粲水江)은 순천에서 구례로 갈 때 건너게 되는 구례 남쪽을 흐르는 섬진강 지류인 잔수(潺水)를 가리킨다.[68]

15일(을사) 맑았다 비가 내리다 하였다. 주인집이 매우 낮아서 파리가 벌떼처럼 모여들어 사람이 밥을 먹을 수 없었다. 관아의 모정[1]으로 옮겨오니 남풍이 곧바로 들어왔다. 고을 원 [이원춘]과 종일 이야기하다가 그대로 숙박을 하였다.

1) 모정(茅亭)은 여름철에 마을 주민들이 더위를 피하거나 휴식하기 위해 사용되는 방이 딸리지 않고 마루만 있는 마을의 공용건물이다.[69]

16일(병오) 맑았다. 고을 원 [이원춘]과 이야기하였다. 저녁에 남원의 탐후인이 돌아와서 "체찰사 [이원익]이 내일 곧장 곡성을 경유하여 본현으로 들어와서 며칠 머문 뒤 이어 진주로 간다."라고 전했다.[1] 원이 점심을 가져왔는데 아주 풍성하여 매우 미안하였다. 저녁에 정상명이 왔다.

1) 조경남의 『난중잡록』의 기록[70]에서도 당시 도체찰사 이원익이 곡성을 거쳐 구례로 이동한 사실을 확인할 수 있다. 이 기록에 의하면 이원익은 구례에서 호남의 군사들을 점검하여 진주의 제석당산성으로 보냈다.

17일(정미) 맑았다. 고을 원 [이원춘]과 이야기하였다. 저녁에 남원의 탐후인이 돌아와서 "원수 [권율]이 운봉의 길로 가지 않고 양 총병[1]을 맞이하기 위하여 전주로 달려갔다."라고 전했다.[2] 내 갈 길이 어긋나게 되어서 걱정스러웠다.

1) 명나라 장수 양원(楊元)을 가리킨다. 그의 호는 국애(菊厓)이며, 정료(定遼) 좌위(左衛) 사람이다.[71] 그는 1597년 8월 남원성전투 때 적의 포위망을 뚫고 도주하였다가 나중에 성이 함락당한 죄로 명나라 요양으로 잡혀가서 효시되었다.

2) 『선조실록』, 정경운의 『고대일록』, 조경남의 『난중잡록』의 기록[72]에 의하면 당시 총병 양원과 그 휘하의 군사 3천 명은 남원에 주둔하기 위한 준비를 하고 있었으며 6월에 전주를 거쳐 남원에 도착하였다.

18일(무신) 맑았다. 동풍이 많이 불었다. 저녁에 김종려[1] 영공이 남원으로부터 곧장 와서 만났다. 충청수영의 영리 이엽이 한산도로부터 왔기에 집에 보낼 편지를 그에게 주었다. 그러나 아침에 술을 마시고 주사를 부려서 매우 밉살스러웠다.

1) 김종려(金宗麗)의 본관은 영산(永山)으로서 20일 일기의 김 첨지는 그를 가리킨다.[73]

19일(기유) 맑았다. 체찰사 [이원익]이 현으로 들어오기 때문에 성안에 머물러 있기가 불편하여 동문 밖 장세호의 집으로 옮겨 나갔다. ○협정[1]에 앉아 있었더니 고을 원 [이원춘]이 와서 만났다. 저녁에 체찰사가 현으로 들어왔다. 오후 4시경에 소나기가 많이 내리기 시작하더니 오후 6시경에 맑아졌다.

1) 원문 '○莢亭' 중의 '○'는 초고본의 글자 형태가 모호하여 무슨 글자인지 알기 어렵다. 이에 대해서는 '蓂' 또는 '蘽'로 보는 견해가 있다.[74]

20일(경술) 맑았다. 늦게 김 첨지(김종려)가 와서 만나고 또한 "무주 장박지리의 농토가 좋은 땅이다."라고 하였다. 옥천[1]에 사는 권치중은 바로 김 첨지의 서얼 처남인데 옥천 양산창[2] 근처에 [산다고] 하였다. 체찰사 [이원익]이 내가 머문다는 소식을 듣고는 먼저 공생[3]을 보내고 다시 군관 이지각을 보내고 얼마 있다가 또 사람을 보내어, 이전까지 상을 당했다는 소식을 듣지 못했다가 이제서야 비로소 소식을 듣고 놀라 애도하며 군관을 보내어 조문한다고 [하였다]. 이어 저녁에 만날 수 있느냐고 묻기에 나는 어두워질 무렵에 뵈러 가겠다고 답하였다. 어두워질 무렵이 되어 뵈러 들어가니 체찰사가 소복을 입고 기다리고 있었다. 조용히 일을 논의하는데 체찰사가 개탄을 금치 못하였다. 밤이 깊도록 이야기하는 중에 "일찍이 임금님의 분부[4]가 있었는데 불편한 말이 많아서 [그] 심사가 미심쩍었으나 [미처] 그 뜻을 알아차리지 못했다."라고 하였다. 또한 "흉인의 일이 그 거짓됨이 극에 달했지만 하늘이 살피지 못하니 나랏일을 어찌할 것인가?"라고 하였다. 나올 때 남 종사관[5]이 사람을 보내어 안부를 물었으나 나는 밤이 깊어서 뵙지 못한다고 답하였다.

1) 지금의 충북 옥천군 옥천읍, 안남면, 안내면, 군북면, 군서면, 이원면, 동이면 일대와 충북 영동군 학산면, 양산면 일대이다.[75]

2) 지금의 충북 영동군 학산면 또는 양산면에 있었다.[76] 당시에는 이 지역이 옥천에 속했다.

3) 세공생도(歲貢生徒)의 준말로서 『성종실록』의 기사[77]에 의하면 지방의 교생(校生) 중에서 중앙 경아전의 서리(書吏)로 충원되는 자를 가리킨다.

4) 이원익이 언급한 임금님의 분부는 『선조실록』의 이전 해 10월 및 11월 기사[78]에 기록된 원균에 관한 조정의 논의를 가리키는 것으로 생각된다. 이 논의에서 이원익은 선조에게 이순신을 결코 한산도로부터 다른 곳으로 옮기지 말 것을 요청하였다.

5) 『선조실록』의 기사[79]에 의하면 당시의 이원익의 종사관은 남이공이다.

21일(신해) 맑았다. [전] 박천[1]군수 유해[2]가 서울로부터 내려와서 "한산도에서 공을 세우겠다."라고 하고 또한 "은진현에 이르렀을 때 현감[3]이 배로 가도록 이야기하였다."라고 하였다. 유는 또한 "의금부의 죄수 이덕룡을 고소한 사람이 갇혀서 세 차례 형을 받고 죽을 지경에 이르렀다."[4]라고 하여 매우 놀라웠다. 또한 "과천의 좌수[5] 안홍제 등이 말과 스무 살 먹은 여종을 이 상공에게 바치고 석방되었다."라고 하였다. 안은 본래 죽을죄가 아니었는데 여러 차례 형을 받아서 죽을 지경에 이르렀다가 물건을 바친 뒤에야 풀려났다. 안팎으로 모두 물건의 많고 적음에 의해 죄의 경중이 있으니 결말이 어찌 될지 모르겠다. 이것이 소위 일백 금전으로 혼을 되살린다는 것이다.[6]

1) 지금의 평북 박천군 박천읍, 동남면, 덕안면 일대이다.[80]

2) 『선조실록』과 『박천군읍지』의 「읍선생안」의 기록[81]에서도 유해(柳海)가 박천군수를 지낸 이력이 있음을 확인할 수 있다. 『선조실록』의 기사[82]에 의하면 유해는 박천군수로 있을 때 관곡을 잘못 처리한 죄 때문에 조정에서 그로 하여금 공을 세워서 갚도록 하였으며 이후 그는 칠천량해전에 참전하였다. 그의 본관은 진주(晉州)이다.[83]

3) 『은진현읍지』의 「읍선생안」과 조응록의 『죽계일기』의 기록[84]에 의하면 당시의 은진현감은 이곡(李嶽)이다. 그의 자는 수지(受之), 본관은 전주(全州), 생몰년은 1544년~미상이다.[85]

4) 『선조실록』의 같은 해 1월 기사[86]에 의하면 포도청에서 사노 이덕룡이라는 자를 잡아 가두었는데 임해군이 공공연하게 요구하여 포도대장이 그를 석방한 사건이 있었다. 기사와 일기의 내용이 정황상으로 유사한 점이 보이므로 서로 관련된 사건으로 추정된다.

5) 좌수(座首)는 유향소의 우두머리를 가리킨다. 『성종실록』의 기사[87]에 의하면 해당 고을에 거주하는 자로서 현직(顯職)을 지냈고 사리판단이 뛰어난 사람이 담당하였다.

6) 중국 명나라의 학자 구우(瞿佑)가 지은 소설 『전등신화(剪燈新話)』의 「영호생명몽록(令狐生冥夢錄)」에 나오는 칠언율시의 한 구절이다. 『전등신화』는 조선시대에 큰 인기를 누렸던 소설로서 그 주석본이 조선 후기까지 15종 이상 간행되었고 활자본으로도 출판되었으며 필사본 또한 무수히 많이 남아 있다.[88]

22일(임자) 맑았다. 남풍이 많이 불었다. 아침에 손인필 부자가 와서 만났다. 박천군수 유(유해)가 승평(순천)으로 갔다가 그 길로 한산도로 가기에 전라, 경상 두 수사[1], 가리포첨사 [이응표] 등에게 안부를 묻는 편지를 썼다. 늦게 체찰사 [이원익]의 종사관 김광엽[2]이 진주로부터 [구례현으로 들어왔다. 배백기(배흥립)[3] 영공이 온다는 사통[4]도 왔다. 쌓인 정회를 풀 수 있을 터이니 매우 다행이다. 홀로 앉아 있는 비통함을 견디기가 매우 어려웠다. 어두워질 무렵 배 동지(배흥립)와 고을 원 [이원춘]이 와서 만났다.

1) 조응록의 『죽계일기』의 기록[89]에 의하면 같은 해 2월에 배설이 경상우수사로 제수되었다.

2) 『선조실록』과 이원익의 『오리집』의 기록[90]에서도 당시의 체찰사의 종사관이 김광엽(金光燁)임을 확인할 수 있다. 그의 자는 이회(而晦), 본관은 순천(順天), 생몰년은 1561~1610년이다.[91]

3) 『선조실록』과 조응록의 『죽계일기』의 같은 해 2월 기록[92]에 의하면 배흥립은 경상우수사로 제수되었다가 곧바로 파직되었다. 『선조실록』의 칠천량해전 관련 기사[93]에 그의 관직이 조방장으로 기록된 점으로 보아 경상우수사 파직 이후 조방장으로 임명된 것으로 판단된다.

4) 사통(私通)은 관아의 아전들이 보내는 통보 문서이다.[94]

23일(계축) 아침에 정사룡, 이사순이 와서 만났는데 원공의 일을 많이 전했다. 늦게 배 동지(배흥립)가 한산도로 돌아갔다. 체찰사 [이원익]이 사람을 보내어 부르기에 뵈러 가서 조용히 논의하였다. "시국이 이미 잘못된 것을 무척 분하게 여기며 단지 죽을 날만을 기다린다." 라고 하였다. 내일 초계[1]로 간다고 하였더니 체찰사가 이대백이 모은 쌀 2섬의 체지를 주고 그것을 성 밖의 [집]주인, 즉 장세휘의 집으로 보냈다.

1) 지금의 경남 합천군 초계면, 쌍책면, 청덕면, 적중면, 덕곡면 일대이다.[95]

24일(갑인) 맑았다. 동풍이 하루 종일 많이 불었다. 아침에 광양의 고응명의 아들 고언선이 와서 만났는데 한산도의 일을 많이 전했다. 체찰사 [이원익]이 군관 이지각을 보내어 안부를 묻고 이어 "경상우도 연해의 지도를 [얻고] 싶지만 방법이 없으니 아는 대로 그려서 보내주면 다행이겠다."라고 전하기에 나는 거절할 수 없어서 지도를 그려서 보냈다. 저녁에 비가 많이 내리기 시작하였다.

25일(을묘) 비가 내렸다. 아침에 길을 떠나려고 하였지만 비에 막혀서 출발을 중지하였다. 홀로 시골집에 기대어 있으니 온갖 생각이 들었다. 슬프고 그리운 마음을 어찌 말로 다 할 수 있겠는가?

26일(병진) 큰비가 하루 종일 내렸다. 비를 무릅쓰고 길에 올랐다. 출발할 무렵 사량만호[1] 변익성이 추고를 [당할] 일 때문에 체찰사 [이원익]에게 왔다. 이종호가 압송해 왔는데 잠시 만나보았다. 석주관문[2]에 이르니 비가 퍼붓듯이 내려서 말을 멈추었다. 엎어지고 넘어지면서 간신히 악양[3]의 이정란의 집에 이르니 문을 닫고 거절하였다. 그 집 뒤에 기와집이 있으므로 종들이 사방으로 흩어져서 찾아보았지만 모두 마땅치 않아서 잠시 뒤에 돌아왔다. 이정란의 집은 김덕령의 동생 김덕린[4]이란 사람이 빌려서 들어갔던 [곳이다]. 나는 열로 하여금 억지로 청해서 들어가 숙박을 하였다. 여행 짐이 다 젖었다.

1) 원문 '梁蛇萬戶'는 '蛇梁萬戶'의 오기이다.

2) 지금의 전남 구례군 토지면 송정리에 있었다.[96] 전남 구례에서 경남 하동으로 통하는 관문이자 군사적 요충지로서 고려 말에 왜구의 방어를 위해 진이 설치되었다는 기록이 있으며 임진왜란이 발발한 뒤에는 전라도방어서 곽영(郭嶸)이 이곳에 성을 쌓았다.[97] 현재 사적 제385호 구례석주관성(求禮石柱關城)으로 지정되어 있다.

3) 지금의 경남 하동군 악양면 일대이다.[98]

4) 김덕린(金德獜)은 충장공 김덕령의 동생 '金德普(김덕보)'의 오기로 짐작된다. 그의 자는 자룡(子龍), 본관은 광산(光山), 생몰년은 1571~1627년이며, 형 김덕령이 죽은 뒤에 잠시 지리산 아래에서 살았고, 정묘호란 때 안방준과 함께 의병을 일으켰다가 곧 병으로 세상을 떠났다.[99]

27일(정사) 흐리다 맑았다 하였다. 아침에 젖은 옷을 걸어서 바람에 말렸다. 늦게 출발하여 두치의 최춘룡의 집에 이르니 사량만호 [변익성], 이종호가 먼저 와있었다. "변익성은 장 20대를 맞아서 몸을 움직일 수 없다."라고 하였다. 유기룡이 와서 만났다.

28일(무오) 흐렸으나 비는 내리지 않았다. 늦게 출발하여 하동현에 이르니 고을 원 [신진]이 만난 것을 기뻐하며 성안의 별채로 맞아들여 지극히 정성을 다하였다. 또한 원(元)이 하는 일이 미친 [짓이] 많다고 하였다. 날이 저물고 나서도 이야기하였다. [사량만호] 변익성도 왔다.

29일(기미) 흐렸다. 몸이 몹시 불편하여 길에 오를 수가 없어서 그대로 머물러 조리하였다. 고을 원 [신진]이 정담을 많이 하였다. "황 생원이라는 사람이 나이 70으로서 하동으로 왔는데 일찍이 서울에서 [살았지만] 지금은 떠돌아다닌다."라고 하였다.[1] 나는 만나지 않았다.

1) 초고본에는 이 문장부터 그 이후의 문장까지 이날 일기의 아래쪽 여백에 작은 글씨로 추가로 적혀 있다.

6월

1일(경신) 계속 비가 내렸다. 일찍 출발하여 청수역[1] 시냇가의 정자에 이르러 말을 멈추었다. 저물녘에 단성[2] 땅과 진주 땅의 경계에 있는 박호원[3]의 농노의 집으로 들어가니 주인이 기꺼이 맞아 주었지만 유숙하는 방이 좋지 않아서 간신히 밤을 보냈다. 비가 밤새도록 내렸다. 유둔 1, 장지 2, 백미 1, 참깨와 들깨 5 또는 3, 꿀 5, 소금 5 또한 50[4]은 모두 하동현감 [신진]이 보낸 것이다.[5]

1) 지금의 경남 하동군 옥종면 정수리에 있었다.**100**

2) 지금의 경남 산청군 단성면, 신등면, 신안면, 생비량면 일대이다.**101**

3) 박호원(朴好元)의 자는 선초(善初), 본관은 밀양(密陽), 생몰년은 1527~1584년이며, 임꺽정을 잡을 때 종사관으로서 공을 세워 포상을 받았다.**102** 현재 경남 산청군 단성면 사월리에는 박호원의 재실이었다고 전해지는 경상남도 문화재자료 제328호 이사재(尼泗齋)가 있다.**103**

4) 원문 '未持'의 의미는 미상이다. 원문을 다른 글자로 보는 견해도 있지만 초고본의 글자를 다른 날짜의 일기에 기록된 '未' 및 '持'와 비교해보면 원문은 '未持'로 판단된다.**104**

5) 초고본에는 이 문장이 이날 일기의 아래쪽 여백에 작은 글씨로 추가로 적혀 있다.

2일(신유) 비가 내리다 맑았다 하였다. 일찍 출발하여 단계[1] 시냇가에서 아침식사를 하였다. 늦게 삼가현에 이르니 고을 원[2]이 이미 산성[3]으로 갔으므로 빈 관사에서 숙박을 하였다. [삼가]현 사람이 밥을 지어 와서 먹으라고 하였지만 먹지 말라고 종 등에게 일렀다.[4] 삼가현 5리 밖에 괴정(槐亭)이 있어서 그 아래에 앉아 있으니 근처에 사는 노순[5], 노일 형제가 와서 만났다.

1) 지금의 경남 산청군 신등면 일대이다.**105**

2) 노산 이은상은 『이충무공전서』의 번역 시에 신효업으로 서술하였다. 그러나 조응록의 『죽계일기』의 기록**106**에 의하면 당시의 삼가현감은 박몽득(朴夢得)이다.

3) 삼가현 경내에 있던 악견산성(岳堅山城)을 가리키는 것으로 생각된다. 『선조실록』의 기사**107**에 의하면 악견산성은 군사적 요지로서 1595년경에 보수가 완료되었으며 1596년 말에는 장수를 배치하여 방비를 강화하였다. 지금의 경남 합천군 대병면 성리에 있었으며 현재 경상남도 기념물 제218호 합천악견산성(陜川嶽堅山城)으로 지정되어 있다.

4) 초고본에는 이 문장부터 그 이후의 문장까지 이날 일기의 아래쪽 여백에 작은 글씨로 추가로 적혀 있다.

5) 노순(盧錞)의 자는 자협(子協), 본관은 신창(新昌), 생몰년은 1551년~미상이며, 망우당 곽재우의 참모로서 의병

활동을 하였다.[108]

3일(임술) 계속 비가 내렸다. 아침에 출발하려고 하니 비가 이렇게까지 내려 움츠리고 앉아서 걱정하고 있을 때 도원수 [권율]의 [군관] 유홍이 홍양으로부터 왔다. 그와 이야기하였더니 도로가 길을 떠날 수 없을 정도라고 하므로 그대로 숙박을 하였다. 아침에 "[삼가]현의 밥을 [얻어] 먹었다."라는 말을 들었기에 종에게 회초리를 때려주고 밥한 쌀을 되돌려주었다.[1]

1) 초고본에는 이 문장이 이날 일기의 아래쪽 여백에 작은 글씨로 추가로 적혀 있다.

4일(계해) 흐리다가 맑아졌다. 일찍 출발하였다. 출발할 무렵 고을 원 [박몽득]이 안부를 묻는 편지를 보내왔고 또한 여비도 보냈다. 12경에 합천[1] 땅 고을에서 10리쯤 되는 곳에 이르니 괴목정(槐木亭)이 있으므로 아침식사를 하고 더위가 혹독하여 한참 동안 말을 멈추었다. [고을에서] 5리 앞에 이르니 갈림길이 있었는데 한 길은 곧바로 [합천]군으로 들어가고 한 길은 초계로 가기에 강을 건너지 않고 10리를 가자 바로 원수 [권율]의 진이 바라보였다. 문보가 머무는 집에서 유숙을 하였다. 개연[2]을 지나서 왔는데 기암이 천 길이고, 강물은 굽이지며 또한 깊고, 길도 잔도[3]라서 위태로우므로 만약 이 험난한 곳을 막는다면 만 명의 장정이라도 지나가기 어려울 것이다. 모여곡.[4]

1) 지금의 경남 합천군 합천읍, 가야면, 야로면, 묘산면, 봉산면, 용주면, 대양면, 율곡면 일대이다.[109]
2) 지금의 경남 합천군 율곡면의 문림리와 영전리의 경계 부근에 있는 황강을 따라 위치한 기암절벽을 가리킨다. 지리적으로 위험한 장소인 동시에 뛰어난 절경으로서 『신증동국여지승람』, 『연경재전집』 등의 여러 조선시대 문헌[110]에 '犬遷(견천)'이라는 지명으로 기록되어 있다. 『신증동국여지승람』을 비롯한 우리나라 역대 지리지에서는 '물 언덕 돌길'을 '遷'으로 표현하였으며 구어로는 '벼루', '벼로', '벼루', '비리' 등으로 불렸던 것으로 추정된다.[111] 따라서 견천(犬遷)은 구어로는 '개벼루', '개비리' 등으로 읽힌다. 일기의 원문 '介硯(개연)' 또한 '介'를 글자의 소리 '개'로 읽고 '硯'을 글자의 의미 '벼루'로 읽으면 견천(犬遷)과 거의 동일한 음가를 가지게 된다. 26일 일기에서 이곳을 '犬硯(견연)'으로 표기한 것 또한 마찬가지라고 할 수 있다. 현재 이 지역은 고유어 '개벼리'가 활용되고 있으며 견천 옆 황강 쪽으로 새로이 설치된 교량을 개벼리교로 부르고 있다.
3) 『신증동국여지승람』의 『합천군』에 묘사된 바와 같이 개연은 벼랑을 따라 잔도(棧道)가 있는 곳이었기 때문에 원문 '棧'을 '棧道'로 해석하였다.
4) 초고본에는 개연에 대하여 묘사한 문장과 그 뒤의 문구가 이날 일기의 아래쪽 여백에 작은 글씨로 추가로 적혀 있다.

5일(갑자) 맑았다. 서풍이 많이 불었다. 아침에 초계군수[1]가 달려왔으므로 바로 불러들여서 이야기하였다. 식사를 한 뒤에 중군장 이덕필[2]도 달려와서 함께 옛이야기를 하였다. 얼마 있다가 심준이 와서 만나고 함께 점심을 먹었다. 유숙하는 방을 도배하였다. 저녁에 이승서가 와서 만났는데 지키던 복병들이 도망친 일을 이야기하였다. 이날 아침에 구례 사람과 하동현감 [신진]이 보낸 종과 말을 모두 돌려보냈다.

1) 『초계군읍지』의 「환적」과 조경남의 『난중잡록』의 기록[112]에 의하면 당시의 초계군수는 정이길(鄭以吉)이다. 그의 본관은 경주(慶州)이다.[113]

2) 이덕필(李德弼)의 자는 국화(國華), 본관은 우봉(牛峰), 생몰년은 1547년~미상이다.[114]

6일(을축) 맑았다. 유숙하는 방을 다시 도배하고 군관이 [머물] 헐청(歇廳) 2칸을 지었다. 늦게 모여곡 주인집의 이웃에 사는 윤감, 문익신이 와서 만났다. 종 경을 이대백에게 보냈더니 "색리가 다른 곳으로 나가서 받아오지 못했다."라고 하였고 "대백도 와서 만나려고 한다."라고 하였다. 어두워질 무렵 집으로 들어갔는데 과부가 [사는 집이라서] 다른 집으로 옮겼다.[1]

1) 대개의 번역서들이 원문 '昏入家寡婦移他家'를 '어두워질 무렵 집으로 들어갔는데 그 집 과부는 다른 집으로 옮겨갔다.'라는 의미로 번역하였다. 이에 비해 『이충무공전서』는 '主家乃寡婦卽移他家'로 서술함으로써 과부가 아닌 이순신이 다른 집으로 옮겨간 것으로 보았다. 유교 문화를 가진 조선 사회에서는 외간 남자가 과부의 집에 머무는 것이 금기시되었기 때문에 『이충무공전서』의 해석이 시사하는 바가 크다고 생각된다. 『이충무공전서』의 내용에 오기나 누락이 많다는 이유로 이를 오역으로 보는 견해도 있다. 그러나 이 문장은 초고본의 글자가 비교적 알아보기 쉽고 내용도 어렵지 않기 때문에 오역이 될 수 있는 여지가 별로 없어 보인다. 또한 무엇보다도 본래의 문장 사이에 일부러 추가한 '乃'와 '家卽'은 『이충무공전서』의 편찬자의 의도를 분명하게 보여준다. 원문 '昏入家…' 중의 '家'가 누구의 집인지 일기에 명시되지 않은 점이 이 문장의 해석을 어렵게 만든 이유 중의 하나일 것이다. 일기 앞쪽의 내용으로 미루어보아 원문 '家'는, 원래 유숙하던 방이 새로 도배를 했기 때문에 임시로 며칠 숙박할 목적으로 들어간 다른 집을 가리키는 것으로 판단된다.
『선조실록』의 기사[115]에는 외간 남자가 과부의 집에 머무는 것이 금기시되었던 조선시대의 관습을 보여주는 사건이 하나 기록되어 있다. 비록 극단적인 사례이지만 당시 사람들의 생각을 엿볼 수 있는 일화이다. 아래에 이를 요약하여 소개함으로써 이상의 설명을 대신하고자 한다.
「강원도 횡성에 절개를 지키는 과부가 있었다. 그 지역의 훈도가 첩으로 삼으려고 과부의 집으로 갔다가 과부가 집에 없자 그대로 그 집에서 잠을 자고는 장가를 갔다고 소문을 냈다. 나중에 과부가 집에 돌아와서 자초지종을 알고 나서는 의리상 자기 집으로 여길 수 없다고 하고는 집에 불을 지르고 의리를 지킬 것을 맹세하였다. 이로 인하여 간원이 선조에게 훈도를 잡아 와서 조사하고 훈도와 작당한 현감을 파직시킬 것을 건의하자 선조는 절의에 관계된 일이므로 현감도 잡아 와서 조사하도록 하였다.」

7일(병인) 맑고 아주 더웠다. 원수 [권율]의 군관 박응사, 유홍 등이 와서 만났다. 원수의 종사관 황여일[1]이 사람을 보내어 안부를 묻기에 곧바로 답을 하여 보냈다. 안쪽 방으로 들어가서 숙박을 하였다.

1) 황여일(黃汝一)의 자는 회원(會元), 본관은 평해(平海), 생몰년은 1556~1622년이며, 1594년 9월에 잠시 권율의 종

사관으로서 활동했다가 1596년 겨울에 다시 권율의 막하가 되었다.[116]

8일(정묘) 맑았다. 아침에 정상명을 황 종사관(황여일)에게 보내어 안부를 물었다. 늦게 [중군장] 이덕필과 심준이 와서 만났다. 고을 원 [정이길]이 그 동생과 와서 만나고 원수 [권율]을 맞이하러 갈 원수 수행원 10여 명도 와서 만났다. 점심을 먹은 뒤에 원수 진에 이르러 나도 가서 만났다. 종사관이 원수 앞에 있었고 원수와 한참 동안 이야기하였다. 원수가 박성[1]의 상소[2], 사직서 초고를 보여주었는데 박성은 원수의 처사가 허술하다고 많이 말하였다. 원수는 불안하여 체찰사 [이원익]에게 글을 올렸다. 또한 [상소의] 여러 사항, 조항을 보고 저물녘이 되어서야 돌아왔다. 몸이 몹시 불편하여 저녁식사를 걸렀다.

1) 박성(朴惺)의 자는 덕응(德凝), 본관은 밀양(密陽), 생몰년은 1549~1606년이며, 임진왜란 발발 직후 정인홍이 의병을 일으킬 때 함께 참여하였고, 학봉 김성일의 참모로도 활동하였다.[117]

2) 당시 박성은 국가적으로 시급히 시행할 사항들을 써서 상소문으로 올렸다. 이 상소문은 그의 문집인 『대암집』에 「논시폐소(論時弊疏)」라는 제목으로 실려 있으며 작성한 날짜는 1597년 5월 22일이고 내용은 16조의 시행 사항으로 구성되어 있다. 「논시폐소」는 도원수 권율에 대하여 대여섯 차례 '疎脫(허술하다)'이라는 표현을 사용하여 비판하였으며, '伏願'이나 '伏惟' 등 '伏'으로 시작되는 표현이 글의 전체 내용에 40차례 정도 보인다. 일기의 원문 '多陳元帥處事之疎脫'과 '進伏等項事条件'의 묘사가 「논시폐소」의 내용과 부합하고 시기 또한 「논시폐소」가 조정에 올라간 직후이므로, 일기에서 언급된 상소는 「논시폐소」임에 틀림없다고 생각된다. 이 상소문에는 왜장 가토 기요마사가 바다를 건너온 것을 이순신의 책임으로 돌려 비방하는 내용도 있다.

9일(무진) 흐리고 개지 않았다. 늦게 정상명을 원수 [권율]에게 보내어 안부를 묻고 다음에 종사관 [황여일]에게도 물었다. 비로소 노마료[1]를 받았다. 숫돌을 캐 왔는데 "연일석[2]보다도 뛰어나다."라고 하였다. 윤감, 문익신, 문보 등이 와서 만났다. 이날이 여필(이우신)의 생일인데 홀로 변방에 앉아 있으니 이 마음을 어찌 말로 다 할 수 있겠는가?

1) 먼 거리를 이동할 때 지급되는 비용으로서 지금의 교통비에 해당된다.

2) 영일에서 나는 숫돌을 말하는 것으로서 품질이 좋기 때문에 『신증동국여지승람』의 「영일현」에도 토산품으로 소개되어 있다. 영일은 연일로도 불렸다.

10일(기사) 맑았다. 아침에 가라말, 가라월라말, 간자짐말, 유짐말[1] 등의 네 발굽을 잘라주고[2] 편자를 달았다[3]. 원수 [권율]의 종사관 [황여일]이 삼척 사람 홍연해[4]를 보내어 안부를 물었는데 "늦게 만나러 오려고 한다."라고 하였다. 홍연해는 바로 [임치첨사] 홍견의 3촌 조카이다. [어릴 적에] 죽마 타고 함께 놀던 서철이 합천 땅의 동쪽 율진[5]에 사는데 내가 왔다는 소식을 듣고서 만나러 왔다. 어릴 때 이름은 서갈박이로서 음식을 대접하여 보냈다. 저녁에 원수의 종사관 황여일이 와서 만났다. 조용히 이야기하다가 대화가 임진년에 적을 토벌한 일에 미치어서는 감탄해 마지않았다. 또한 산성으로써 요해지를 설치[6]하지 않은 아쉬움과 지금의 토벌과 방비가 허술한 것 등을 말하였는데 밤이 깊어가는지도 깨닫지 못하고 돌아가는 것도 잊고 논의하였다. 또한 "내일 원수가 산성을 살펴본다."라고 말하였다.

1) 가라말은 흑마, 가라월라말은 흑색 얼룩말, 간자짐말은 이마에 흰 점이 있는 짐말, 유짐말은 붉은색 짐말이다.[118]

2) 원문 '落四下'는 『오자병법』의 「치병」에 보이는 문구 '謹落四下'를 인용한 것이다(병신일기-1596년 6월 26일의 주해 참조).

3) 원문 '加鐵'은 '편자를 달다'라는 의미로서 『실록』이나 조선시대 문헌에서 그 용례를 찾아볼 수 있다.

4) 원문 '洪漣海'는 '洪瀣海'의 오기이다. 그의 자는 호용(浩容), 본관은 남양(南陽), 생몰년은 1577년~미상이며, 『남양홍씨세보』에서도 그가 홍견의 동생의 아들임을 확인할 수 있다.[119]

5) 지금의 경남 합천군 율곡면의 황강 북부지역 일대이다.[120]

6) 『선조실록』의 이전 해 11월 기사[121]에 의하면 도원수 권율은 산성을 쌓아서 요해지를 설치하는 정책을 강화하도록 조정에 요청하였다.

11일(경오) 맑았다. 중복이다. 쇠나 옥이라도 녹일 것 같았고 대지는 찌는 듯하였다. 늦게 중국 차관으로서 경략군문 [휘하의] 이문향이 와서 만났는데 부채를 줘서 보냈다. 어제저녁에 종사관 [황여일]과 논의할 때 변홍백(변존서)의 종 춘이 집안 편지를 가지고 와서 전하여 영연이 평안하심은 알았으나 슬픔은 이루 말할 수 없었다. 다만 "홍백이 나를 만나러 여기에 왔다가 그냥 청도로 돌아갔다."라고 하여 아쉬웠다. 이날 아침에 편지를 써서 홍백에게 보냈다. 아들 열이 곽란[1]을 앓아서 밤새도록 신음하여 애타고 답답함을[2] 이루 말할 수 없었다. 닭이 울고 나서야 조금 가라앉아서 잠이 들었다. 이날 아침 한산도의 여러 곳으로 편지 14장을 썼다. 경의 어미가 편지를 보냈는데 그 내용에 "매우 힘들고 괴롭다."라고 하였고 "도적도 일어났다."라고 하였다. 작은 월라말이 먹지를 않으니 이는 곧 더위를 먹은 것이다.[3]

1) 원문 '藿乱'은 '霍乱'의 오기이다.

2) 원문 '剪悶'은 '煎悶'의 오기이다.

3) 초고본에는 이 문장이 이날 일기의 아래쪽 여백에 작은 글씨로 추가로 적혀 있다.

12일(신미) 맑았다. 이른 아침에 종 경과 종 인을 한산도 진영으로 보내어 전라우수사 [이억기], 충청수사[1], 경상수사 [배설], 가리포첨사 [이응표], 녹도만도 [송여종], 여도만호 [김인영], 사도첨사[2], 배 동지(배흥립), 김 조방장(김완), 거제현령 [안위], 영등포만호 [조계종], 남해현령 [박대남], 하동현감 [신진], 순천부사 [우치적]에게 편지를 보냈다. 늦게 승병장 처영[3]

이 와서 만났다. 둥근 부채, 미투리를 바치기에 물건으로 보상하여 보냈다. 또한 적의 일을 이야기하였고 원공의 일도 이야기하였다. 오후에 "중군장 [이덕필]이 군사를 이끌고 적에게 갔다."라는 소식을 들었는데 무슨 일인지 모르겠다. 내가 원수 [권율]을 만나러 갔더니 우병사 [김응서]의 급보에 "부산의 적이 창원 등지로 나오려 하고 서생포[4]의 적도 경주로 진을 옮긴다고 하기에 복병군을 보내어 길을 막고 군세를 과시하려고 한다."라고 하였다.[5] 병마 우후 김자헌이 일 때문에 원수를 만나러 왔다. 나도 그를 만나고 달빛을 받으며 돌아왔다.

1) 최호(崔湖)의 충청수사 임명 교지와 『선조실록』의 기사[122]에 의하면 당시의 충청수사는 최호이다. 그의 자는 수부(秀夫), 시호는 충원(忠元), 본관은 경주(慶州), 생몰년은 1536~1597년이며, 이몽학의 변란 토벌, 칠천량해전 등에 참전하였다.[123]

2) 노산 이은상은 『이충무공전서』의 번역 시에 황세득으로 서술하였다. 그러나 황세득을 사도첨사로 명시한 자료는 1598년 왜교성 전투에서 그가 전사했다고 기록한 『이충무공전서』의 「행록」 등의 문헌 이외에는 찾기 어렵다. 시기상으로 본다면 김완의 『해소실기』에 칠천량해전 때의 사도첨사로 기록된 김익귀(金益貴)가 일기에서 언급된 사도첨사일 가능성이 높다.

3) 처영(處英)은 서산대사 휴정의 제자로서, 임진왜란 직후 휴정이 보낸 격문에 응하여 승병을 모집하여 권율의 막하에서 행주대첩 등의 공을 세웠으며, 남원의 교룡산성 등을 수축하였다.[124]

4) 지금의 경남 울산시 울주군 서생면에 있었다.[125] 『선조실록』과 조경남의 『난중잡록』의 기록[126]에 의하면 당시 서생포왜성에는 왜장 가토 기요마사가 같은 해 1월경에 일본으로부터 건너와서 주둔해 있었다. 현재 이곳에는 울산광역시 기념물 제35호 서생포만호진성(西生浦萬戶鎭城)과 울산광역시 문화재자료 제8호 서생포왜성(西生浦倭城)이 있다.

5) 『선조실록』의 같은 달 기사[127]에 의하면 왜장 고니시 유키나가는 창원으로, 가토 기요마사는 경주로 나갈 것이라는 소문이 왜군의 진영에 퍼졌다는 정보가 입수되어 이에 대비하기 위한 군사적 조치가 이루어졌다.

13일(임신) 맑다가 늦게 비가 내리기도 하였는데 가랑비가 내리다가 그쳤다. 늦게 병마우후 김자헌이 와서 만났다. 한참 동안 서로 이야기하고 점심을 대접하여 보냈다. 이날 12시경에 왕골을 쪄서 말렸다. 어두워질 무렵 청주의 이희남의 종이 들어와서 "주인이 우병사 [김응서]에게 방비하러 와서 지금 원수 [권율]의 진 옆에 이르렀는데 날이 저물었으므로 숙박을 한다."라고 전했다.

14일(계유) 흐렸으나 비는 내리지 않았다. 이른 아침에 이희남이 들어와서 자기 누이의 편지를 전했는데 "아산의 영연과 위아래 [사람들이] 모두 무탈하다."라고 하였으나 마음이 아픈 것은 이루 말할 수 없었다. 아침에 식사를 한 뒤에 이희남이 편지를 가지고 우병사 [김응서][1]에게 갔다.

1) 『선조실록』의 기사[128]에 의하면 당시 경상우병사 김응서는 의령 지역의 산성들을 거점으로 하여 방어태세를 구축하고 있었다. 의령 지역에는 교통로가 발달된 낙동강을 따라서 그 서부 지역의 군사적 요충지에 산성이 축조

되었으며 현재까지 많은 산성 유적들이 남아 있다.[129] 정경운의 『고대일록』, 이원익의 『오리집』 등의 기록[130]에 의하면 김응서는 주로 벽견산성(碧堅山城)을 중심으로 방비 태세를 갖추었던 것으로 추정된다.

15일(갑술) 맑았다 흐리다 하였다. 이날이 보름이지만 몸은 군에 있으므로 신위를 세우고 곡을 할 수 없으니 그리움을 어찌 말로 다 할 수 있겠는가? 초계군수 [정이길]이 떡을 준비하여 보냈다. 원수 [권율]의 종사관 황여일이 군관을 보내어 "원수가 오늘 산성에 [가려고] 한다."라고 말을 전했다. 나도 따라갔지만 큰 냇가에 이르러서는 다른 뜻이 있지 않을까 염려되어 냇가 위에 앉아서 정상명을 보내어 병이라고 보고하고 그 길로 돌아왔다.

16일(을해) 맑았다. 종일 혼자 앉아 있었고 와서 [안부를] 묻는 사람도 없었다. 열과 이원룡을 불러서 책을 만들고 변씨 족보를 썼다. 저녁에 이희남이 보낸 언문 편지에 "병사 [김응서]가 보내주지 않는다."라고 하였다. 변광조가 와서 만났다. 열과 정상명이 큰 냇가로 가서 전마를 씻기고 왔다.

17일(병자) 흐렸으나 비는 내리지 않았다. 서늘한 기운이 들어오고 밤빛은 적막하였다. 새벽에 [일어나] 앉아 있는 슬프고 그리운 마음을 어찌 말로 다 할 수 있겠는가? 아침에 식사를 한 뒤에 원수 [권율]의 앞으로 가니 원공이 정직하지 못하다고 많이 말하였고 또한 비변사의 공문을 보여주었는데 원균의 장계[1]에 "수륙으로 병진하여 안골포의 적을 먼저 공격한 뒤에 수군이 부산 등지로 들어갈 수 있으므로 안골포의 적을 먼저 토벌할 수 없겠습니까?"라고 하였다. 원수의 장계에 "통제사 원균은 앞으로 나아가려고 하지 않으므로 우선 안골포를 먼저 토벌하자고 말하는 것입니다."[2]라고 하였다. "수군의 여러 장수들은 다른 생각을 많이 가지고 있고 원균은 안으로 들어가서 나오지 않으니 절대로 여러 장수들과 함께 모의하지 못할 것이므로 일을 그르치게 될 것을 알 수 있다."[3]라고 하였다. 원수에게 고하여 공문을 보내어 이희남과 변존서, 윤선각을 모두 오도록 독촉하였다. 올 때 황 종사관(황여일)의 숙소에 들어가 앉아서 한참 동안 논의하였다. 머무는 집으로 와서는 바로 이희남의 종을 의령산성으로 보냈다. 청도군수[4]가 파발[5]로 공문을 보내어 초계군수 [정이길]에게 보여주었으니 어질지 못하다고 할 수 있겠다.

1) 『선조실록』의 같은 해 6월 11일 기사[131]에 원균의 장계의 내용이 상세히 실려 있다.
2) 『선조실록』의 같은 해 6월 28일 기사[132]에 실린 도원수 권율의 장계에도 이와 동일한 내용이 기록되어 있다.
3) 언뜻 보기에 이 문장은 권율의 장계에 기록된 내용처럼 보인다. 그러나 이를 자세히 살펴보면 조정으로 보낼 장계에 쓰기에는 부적절한 개인적인 추측과 예단이 대부분이므로 장계의 내용이 아닌 권율이 이순신에게 말한 이야기로 생각된다.

4) 『청도군읍지』의 「환적」에 의하면 당시의 청도군수는 진유(陳維)이다.[133]

5) 원문 '擺發'은 '擺撥'의 오기이다. 파발은 군사 정보를 신속하게 전달하기 위한 통신 수단으로서, 말을 이용하여 전달하는 기발(騎撥)과 사람이 빨리 걷거나 뛰어서 전달하는 보발(步撥)로 구분된다. 봉수의 단점을 보완하기 위하여 1597년 2월부터 조정에서 파발의 설치가 본격적으로 논의되었으며 같은 해 4월까지 각도에 파발의 규정이 설정되었다.[134]

18일(정축) 흐렸으나 비는 내리지 않았다. 아침에 황 종사관(황여일)이 자기 종을 보내어 안부를 물었다. 늦게 윤감이 떡을 만들어 왔다. 중국 사람 섭위가 초계로부터 와서 이야기하였고 또한 "중국 사람 주언룡이 일찍이 일본으로 잡혀갔다가 이제 비로소 나왔는데 '적병 10만이 이미 사자마[1]나 대마도에 이르렀고 행장(고니시 유키나가)이 의령을 경유하여 바로 전라도로 침범하려 하고 청정(가토 기요마사)은 경주, 대구 등지로 옮겼다가 이어 안동 땅으로 가려고 한다.'고 하였다."라고 하였다. 저물녘에 원수 [권율]이 사천으로 간다는 통문이 왔기에 곧바로 정 사복(정상명)을 보내어 가는 [이유를] 물어보니 "원수가 수군의 일 때문에 사천으로 간다."라고 하였다.

1) 원문 '沙自麻'는 음가의 유사성으로 미루어보아 일본 가고시마의 옛 이름인 사쓰마(薩摩)를 음차한 것이 아닌가 추측된다.

19일(무인) 새벽에 닭이 3번 울고서 문을 나섰는데 원수 [권율]의 진에 이를 무렵 새벽빛이 이미 밝아왔다. 진에 이르니 원수가 황 종사관(황여일)과 나와서 앉아 있었다. 내가 들어가서 만나니 원수가 원공의 일 때문에 내게 "통제사 [원균]의 일은 그 흉함을 이루 말할 수 없다. 조정에 안골포, 가덕도를 다 무찌른 뒤에야 수군이 토벌하러 나아가겠다고 청하니 이것이 참으로 어떤 마음이겠는가? 미루고 나아가지 않으려는 뜻에 지나지 않기에 사천으로 가서 세 수사에게만 독촉하고 통제사는 지휘하지 않을 것이다."[1]라고 말하였다. 나는 또한 유지도 보았는데 "안골포의 적은 경솔히 들어가서 토벌할 수 없다."[2]라고 하였다. 원수가 나간 뒤에 황 종사관과 이야기하였다. 얼마 있다가 초계군수 [정이길]이 왔다. 초계군수에게 작별을 고할 무렵 "진찬순에게 [일을] 시키지 말라."라고 말하니 원수부의 병방, 군관과 초계군수가 모두 응낙하였다. 올 때 포로가 되었다가 도망쳐 돌아온 사람이 따라왔다. 이날 대지가 찌는 듯하였다. 저녁에 작은 월라말이 풀을 조금 먹었다. 12시경에 군사 변덕기, 우영리 변덕장, 60세가 넘어 역이 면제[3]된 영리 변경완, 18살 된 변경남이 와서 만나고 진사 이신길의 아들 진사 이일장[4]도 와서 만났다.[5] 밤에 소나기가 많이 내리기 시작하였는데 처마의 낙숫물이 퍼붓는 듯하였다.

1) 『선조실록』의 기사[135]에 실린 도원수 권율의 장계에 의하면 원균은 도원수 권율과 도체찰사 이원익으로부터 여

러 차례 독촉을 당한 이후 마지못해 6월 18일에 전선을 이끌고 가덕도 앞바다 쪽으로 나아갔고, 권율은 사천에서 해상의 소식을 기다리며 대기하고 있었다. 이원익의 『오리속집』의 기록[136]에서도 이원익이 종사관 남이공을 한산도로 보내어 수군의 동원을 독려한 사실이 확인된다.

2) 『선조실록』의 같은 해 6월 기사[137]에 의하면 조선 조정은, 안골포가 김해와 가깝고 지형이 바다 쪽으로 뻗어 나와 있기 때문에 군사가 육로로 공격하면 적에게 후방을 당할 우려가 있다는 사실을 인지하고 있었다.

3) 원문 '老除'는 나이가 예순을 넘어서 역이 면제되었다는 의미로서 『실록』이나 조선시대 문헌에서 쉽게 그 용례를 찾을 수 있다.

4) 이일장(李日章)의 자는 회숙(晦叔), 본관은 성주(星州), 생몰년은 1572년~미상이다.[138]

5) 일기에 기록된 인물들은 이순신의 외가인 초계 변씨의 먼 친척들이다. 변덕기와 변덕장은 형제이며, 그들과 팔촌 관계인 변회보의 아들이 변경남이고, 변경완은 변회보의 작은아버지이며, 이신길은 변경완의 둘째 형 변중완 사위이다.[139] 변회보의 이름은 7월 4일 일기에 나타난다.

20일(기묘) 비가 하루 종일 내리고 밤에도 큰비가 내렸다. 늦은 아침에 서철이 와서 만났다. 윤감, 문익신, 문보 등이 와서 만났다. 변유[1]가 와서 만났다. 오후에 노마료를 받아 왔다. 병든 말이 조금 차도가 있었다.

1) 『초계변씨족보』에 따르면 전날 찾아온 변경완의 육촌형제이다.

21일(경진) 비가 내리다 맑았다 하였다. 새벽꿈에 덕과 율온과 대가 함께 꿈에 보였는데 기쁘게 만나는 기색이 많았다. 아침에 영덕[1]현령 권진경[2]이 원수 [권율]을 만나기 위하여 왔다가 원수가 이미 사천으로 갔기에 [내게] 와서 만났는데 [경상]좌도의 일을 많이 전했다. [경상]좌병사[3]의 군관이 편지를 가지고 왔으므로 바로 답장을 만들어서 보냈다. 황 종사관(황여일)이 [사람을] 보내어 안부를 물었다. 저녁에 변 주부(변존서), 윤선각이 여기에 와서 밤에 이야기하였다.

1) 지금의 경북 영덕군 영덕읍, 지품면, 달서면, 강구면, 남정면 일대이다.[140]

2) 『영덕읍지』의 「명환」과 조응록의 『죽계일기』의 기록[141]에서도 권진경(權晋慶)이 영덕현령을 지낸 사실을 확인할 수 있다. 그의 본관은 안동(安東)이며, 권율의 조카이다.[142]

3) 『선조실록』의 기사[143]에 의하면 당시의 경상좌병사는 성윤문이다.

22일(신사) 맑았다 비가 내리다 하였다. 아침에 초계군수 [정이길]이 연포[1]를 준비해 와서 권했지만 오만한 기색이 많아서 그 처사가 체모를 잃은 것을 이루 말할 수 없었다. 늦게 이희남이 들어와서 우병사 [김응서]의 편지를 전했다. 12시경에 정순신, 정사겸, 윤감, 문익신, 문보 등이 와서 만나고 이선손도 와서 만났다.

1) 연포(軟泡)는 두부를 가리키는 말이다.[144]

23일(임오) 비가 내리다 맑았다 하였다. 아침에 큰 전죽을 다시 다듬었다. 늦게 우병사 [김응세]가 편지를 보내고 아울러 크고 작은 환도를 보냈지만 가지고 오던 사람이 물에 빠뜨려 장식과 칼집이 망가져서 아쉬웠다. 아침에 나뀡의 아들 나재흥이 자기 아버지의 편지를 가지고 와서 만났다. 또한 적으나마 노자까지 보내어 매우 미안하였다. 오후에 이방이 와서 만났다. 방은 바로 아산의 이몽서[1]의 둘째 아들이다.

1) 이몽서(李夢瑞)와 이방(李芳)의 본관은 합천(陝川)이며, 이몽서의 아버지 때부터 아산지역에 거주하였다.**145**

24일(계미) 이날은 입추다. 새벽안개가 사방에 자욱하여 골짜기 안을 분간할 수 없었다. 아침에 [전] 수사 권언경(권준)의 종 세공, 종 감손이 와서 무밭의 일을 보고하였다. 또한 생원 안극가[1]가 와서 만나고 세상일을 논의하였다. 무밭을 경작할 감관으로 이원룡, 이희남, 정상명과 문임수 등을 정하여 보냈다. 오후에 합천군수[2]가 조언형을 보내어 안부를 물었다. 더위가 혹독하여 찌는 듯하였다.

1) 원문 '安克可'는 '安克家'의 오기이다. 그의 자는 의지(宜之), 본관은 탐진(耽津), 생몰년은 1547~1614년이며, 송암 김면과 함께 의병 활동을 하였다.**146**
2) 『합천군읍지』의 「환적」에 의하면 당시의 합천군수는 오운(吳澐)이다.**147** 그의 자는 대원(大源), 본관은 고창(高敞), 생몰년은 1540~1617년이며, 곽재우의 의병 지휘부의 핵심 인물로 활동하였다. 후일 『동사찬요(東史纂要)』를 편찬하였다.**148**

25일(갑신) 맑았다. 다시 무를 파종하도록 하였다. 아침 전에 황 종사관(황여일)이 만나러 와서 수전의 일을 많이 말하였고 또한 "원수 [권율]이 오늘이나 내일 진으로 돌아온다."라고 하였다. 군의 일을 토론하다가 늦게야 돌아갔다. 저녁에 종 경이 한산도로부터 돌아와서 보성군수 안홍국[1]이 탄환에 맞아 죽었다는 소식을 들었다. 놀라움과 슬픔을 참을 수 없었다. 적 하나도 잡지 못하고 먼저 두 장수[2]를 잃었으니 통분함을 이루 말할 수 없었다. 거제현령 [안위]도 사람을 보내어 미역을 싣고 왔다.

1) 『선조실록』의 기사**149**에 의하면 안홍국은 같은 달 19일에 안골포에서 왜군과 전투를 벌이다가 탄환에 맞아서 전사하였다.
2) 보성군수 안홍국과 고성현령 조응도를 가리킨다. 『선조실록』의 기사**150**에 의하면 조응도는 같은 해 3월 9일에 거제 기문포에서 왜군과 싸우다가 전사하였다.

26일(을유) 맑았다. 새벽에 순천의 종 윤복이 왔기에 바로 장 50대를 때렸다. 거제에서 왔던 사람이 돌아갔다. 늦게 중군장 이덕필과 [군관] 변홍달[1], 심준 등이 와서 만났다. 황 종사관(황여일)이 개연(犬硯) 강가의 정자[2]로 갔다가 돌아갔다. 어응린[3], 박몽삼 등이 와서 만났다. 아산의 종 평세가 들어와서 "영연이 평안하시고 각 집의 위아래 [사람들이] 모두 편히 지내는데 다만 석 달 동안 가물어 농사가 끝장나서 기대할 수가 없다."라고 하였고 "장삿날을 7월 27일로 택했다가 다시 8월 4일로 택했다."라고 하였다. 그리움이 사무쳐 비통함을 이루 말할 수 없었다. 저녁에 우병사 [김응서]가 체찰사 [이원익]에게 "아산의 이방[4], 청주의 이희남이 복병하기를 꺼려서 원수 [권율]의 진 옆으로 피해 있다."라고 보고한 일로 체찰사가 원수에게 공문을 보냈다. 원수가 아주 화를 내면서 공문을 만들어 보냈다. 병사 김응서의 생각을 알 수가 없었다. 이날 작은 월라말이 죽어서 내다 버렸다.[5]

1) 도원수 권율 휘하의 군관이다(갑오일기-1594년 4월 4일의 주해 및 주석 참조).
2) 경남 합천군 율곡면 문림리에 있던 견천정(犬遷亭)으로 추정된다.[151]
3) 원문 '魚應獳'은 을미일기(1595년) 1월 6일에 나오는 '魚應麟'의 오기이다.
4) 원문 '李昉'은 23일 일기에 나오는 '李芳'의 오기이다.
5) 초고본에는 이 문장이 이날 일기의 아래쪽 여백에 작은 글씨로 추가로 적혀 있다.

27일(병술) 맑았다. 아침에 어응린, 박몽삼 등이 돌아갔다. 이희남, 이방 등이 체찰사 [이원익]의 행차가 온 곳으로 갔다. 늦게 [종사관] 황여일이 와서 만나고 한참 동안 논의하였다. 오후 3시경에 소나기가 많이 내렸는데 "잠깐 사이에 물이 불어났다."라고 하였다.

28일(정해) 맑았다. 늦게 황해도 배천[1]에 사는 별장 조신옥[2], 홍대방[3] 등이 와서 만났다. 또한 초계 아전의 보고서 중에 "원수 [권율]이 내일 남원으로 간다."라고 하였다. 이날 새벽꿈이 몹시 어지러웠다. 종 경이 물건을 사러 갔다가 돌아오지 않았다.

1) 지금의 황해남도 배천군 일대이다.[152]
2) 조신옥(趙信玉)의 본관은 배천(白川)이며, 임진왜란 초기 연안성 전투에서 공을 세웠고, 이후에는 홍대방과 함께 도원수 권율의 휘하에 있었다.[153]
3) 홍대방(洪大邦)의 본관은 남양(南陽)이며, 조신옥과 함께 연안성 전투에서 공을 세웠다.[154]

29일(무자) 맑았다. 변 주부(변존서)가 마흘방으로 가고 종 경이 돌아왔다. 이희남, 이방 등이 돌아왔다. 이 중군장(이덕필)과 심준이 와서 "심 유격(심유경)이 잡혀갔는데 양 총병(양원)이 삼가현에 와서 결박하여 보냈다."라고 전했다.[1] 문임수가 의령으로부터 와서 "체찰사 [이원익]이 이미 초계역[2]에 이르렀다."라고 전했다. 새로 급제한 양간[3]이 황천상의 편지를 가지고 왔다. 변 주부가 마흘방으로부터 돌아왔다.

1) 『선조실록』, 정경운의 『고대일록』, 조경남의 『난중잡록』의 기록[155]에서도 총병 양원이 심유경을 직접 체포하여

데리고 간 사실이 확인된다. 『선조실록』과 이긍익의 『연려실기술』의 기록[156]에 의하면 심유경은 명나라 병부상서 석성이 비밀리에 파견한 사람으로서 일본의 고니시 유키나가와 함께 강화교섭을 체결하는 중심인물이 되었지만, 거짓으로 외교를 벌인 끝에 그 실체가 탄로 나게 되어 결국 정유재란을 야기하였으며, 실체가 탄로 난 것을 눈치챈 그는 일본으로 망명하기 위해 남쪽으로 가던 중 양원에게 체포되어 명나라로 끌려갔다가 3년 뒤에 결국 처형당했다.

2) 조선시대 사료나 문헌에 초계역이란 명칭을 가진 역은 보이지 않는다. 다음 날 정상명을 보내어 이원익에게 안부를 물은 점으로 미루어보아 초계군 읍치와 가까운 거리에 있었던 팔진역을 가리키는 것으로 짐작된다. 팔진역은 지금의 경남 합천군 적중면에 있었다.[157]

3) 양간(梁諫)의 본관은 남원(南原)이며, 황천상의 며느리와 남매간이다.[158]

30일(기축) 맑았다. 새벽에 정상명으로 하여금 체찰사 [이원익]에게 안부를 물었다. 이날은 아주 더워서 대지가 찌는 듯하였다. 저녁에 흥양의 신여량[1], 신제운 등이 와서 "연해의 땅은 비가 알맞게 내렸다."라고 전했다.

1) 신여량(申汝樑)의 자는 중임(重任), 본관은 고령(高靈), 생몰년은 1564년~미상이다.[159]

1일(경인) 새벽에 비가 내리다가 늦게 맑아졌다. 중국 사람 3명이 와서 "부산으로 간다."라고 하였다. 송대립¹⁾과 송득운이 함께 왔고 안각²⁾도 와서 만났다. 저녁에 서철, 변덕수³⁾와 그의 아들이 와서 숙박을 하였다. 이날 밤 가을 기운이 매우 서늘하니 슬프고 그리운 마음을 어찌 말로 다 할 수 있겠는가? 원수 [권율]의 진에 갔다 온 송득운에 따르면 "종사관 [황여일]이 큰 냇가에서 피리를 들었다."라고 한다. 매우 놀라웠다. 오늘이 바로 인종의 제삿날이다.

1) 송대립(宋大立)의 자는 신백(信伯), 본관은 여산(礪山), 생몰년은 1551~1598년이며, 송희립의 형으로서, 첨산 전투 등에 참전하였다.**160**
2) 안각(安珏)은 6월 24일 일기에 나오는 안극가의 아들로 짐작된다.**161**
3) 원문 '卞德壽' 중의 '卞'은 초고본의 글자 형태가 '方'에 가깝지만 다음 날 일기에 '卞德壽'가 돌아갔다고 언급된 점으로 보아 '卞'으로 보는 것이 옳다. 그의 자는 인로(仁老), 본관은 초계(草溪), 생몰년은 1555년~미상이다.**162**

2일(신묘)¹⁾ 맑았다. 아침에 변덕수가 돌아갔다. 늦게 신제운과 평해에 사는 정인서가 종사관 [황여일]의 [심부름으로] 안부를 묻기 위해서 여기에 왔다. 오늘이 바로 돌아가신 아버지의 생신이지만 멀리 천 리 밖에 와서 상복을 입고 군문에 있으니 인간사가 어찌 이와 같은가?

1) 원문의 간지는 '辛巳'이지만 본래는 '辛卯'가 옳은 간지이다. 원문의 간지는 이날부터 10월 3일 일기까지 오기되어 있다.

3일(임진) 맑았다. 새벽에 앉아 있으니 서늘한 기운이 뼛속까지 스며들어 비통함이 더하였다. 제사에 쓸 조과¹⁾, 밀가루를 준비하였다. 늦게 정읍의 군사 이량, 최언환과 건손 등 세 사람을 심부름꾼으로 쓰라고 보내왔다. 늦게 장후완²⁾이 남해로부터 와서 만났는데 남해현령 [박대남]의 병이 심하다고 전하여 매우 애가 타고 답답하였다³⁾. 얼마 있다가 합천군수 오운이 와서 만났는데 산성의 일을 많이 말하였다. 점심을 먹은 뒤에 원수 [권율]의 진으로 가서 황 종사관(황여일)과 이야기하였다. 황 종사관은 전적 박안의와 활을 쏘았다. 이때 [경상]좌병사 [성윤문]이 그의 군관으로 하여금 항왜 2명을 압송해 왔는데 "청정(가토 기요마사)의 소속이다."라고 하였다. 날이 저물 녘에 돌아왔다. 그편에 "고령현감⁴⁾이 성주에 갇혔다."

라는 소식을 들었다.[5]

1) 모조 과일로 조형된 것을 말하며 그 종류로는 유밀과, 강정, 다식, 숙실과 등이 있다.[163]
2) 원문 '蔣後琬' 중의 '後'를 이전까지는 '俊'으로 판독되었다. 그러나 초고본의 글자를 다른 날짜의 일기에 기록된 '後' 및 '俊'과 비교해보면 '後'임을 알 수 있다.[164] 병신일기(1596년) 6월 20일에 장후완이 곡포권관으로 나오는 점과 곡포가 남해현에 위치한 진포인 점으로 보아 이날 남해로부터 온 장후완은 여전히 곡포권관이었을 것으로 짐작된다.
3) 원문 '剪悶剪悶'은 '煎悶煎悶'의 오기이다.
4) 『고령현읍지』의 「환적」과 조응록의 『죽계일기』의 기록[165]에 의하면 당시의 고령현감은 최기변(崔琦卞)이다.
5) 초고본에는 이 문장이 이날 일기의 아래쪽 여백에 작은 글씨로 추가로 적혀 있다.

4일(계사) 맑았다. 아침에 황 종사관(황여일)이 정인서를 보내어 안부를 물었다. 늦게 이방과 유황이 왔고 자원병인 홍양의 양점, 찬, 기 등이 도임[1]해 왔다. 변여량, 변회보, 황언기 등은 모두 출신[2]한 [사람들인데] 와서 만나고 변사중과 변대성 등도 와서 만났다.[3] 점심을 먹은 뒤에 비가 내렸다. 아침에 식사를 할 때 안극가가 와서 만났다. 어두워질 무렵 비가 많이 내리기 시작하여 밤새도록 그치지 않았다.

1) 원문 '到防'은 '복무지로 가는 것'을 의미한다.
2) 출신(出身)은 문과, 무과 등의 국가시험에 합격하였으나 아직 출사하지 못한 사람을 가리킨다.
3) 변여량, 변회보, 변사중, 변대성은 모두 이순신의 외가인 초계 변씨의 먼 친척들이다.[166]

5일(갑오) 비가 내렸다. 아침에 초계군수 [정이길]이 "체찰사 [이원익]의 종사관 남이공이 [초계] 경내를 지나간다."라고 하면서 산성으로부터 [와서] 문 [앞을] 지나갔다. 늦게 변덕수가 왔다. 변존서가 마흘방으로 갔다.

6일(을미) 맑았다. 꿈에 윤삼빙을 만났는데 "나주로 귀양을 가게 되었다."라고 하였다. 늦게 이방이 와서 만났다. 홀로 빈방에 앉아 있으니 그리움과 비통함을 어찌 말로 다 할 수 있겠는가? 저녁에 외랑으로 나가서 앉아 있다가 변존서가 마흘방으로부터 돌아왔기에 안으로 들어왔다. 안각 형제도 홍백(변존서)을 따라왔다. 이날 제사에 쓸 중박계[1] 5말을 꿀에 재고 봉하여 시렁에 올렸다.

1) 유밀과의 한 종류로서 밀가루에 꿀과 기름을 넣고 반죽하여 네모나게 썰어서 기름에 지진 것이다.[167] 중박계(中朴桂)는 중배끼 또는 중계로도 불렸다.

7일(병신) 맑았다. 오늘이 칠일(칠석)이니 슬프고 그리운 마음이 어찌 다 하겠는가? 꿈에 원공과 함께 모여서 내가 원공의 윗자리에 앉았는데 음식이 나올 때 원공이 기뻐하는 기색이 있는 듯하였으니 무슨 징조인지 모르겠다. 박영남이 한산도로부터 와서 "그 주장 [원균]의 잘못 때문에 벌을 받기 위해 원수[1] [권율]에게로 붙잡혀 왔다."라고 하였다. 초계군수 [정이길]이 명절 음식을 준비하여 보내왔다. 아침에 안각 형제가 와서 만났다. 저물녘에 흥양의 박웅사가 와서 만나고 심준 등이 와서 만났다. 의령현감 김전[2]이 고령으로부터 와서 병사[김응서]의 처사가 잘못되었다고 많이 말하였다.

1) 원문 '元師'는 '元帥'의 오기이다.
2) 『의령현읍지』의 「환적」과 조응록의 『죽계일기』의 기록[168]에서도 당시의 의령현감이 김전(金銓)임을 확인할 수 있다.

8일(정유) 맑았다. 아침에 이방이 와서 만났는데 식사를 대접하여 보냈다. 그편에 "원수[1] [권율]이 구례로부터 이미 곤양에 이르렀다."라는 소식을 들었다.[2] 늦게 집주인 이어해와 최태보가 와서 만나고 변덕수도 왔다. 저녁에 송대립, 유홍, 박영남이 왔다가 송, 유 두 사람은 밤이 깊어서야 돌아갔다.

1) 원문 '元師'는 '元帥'의 오기이다.
2) 조경남의 『난중잡록』의 같은 해 7월 기록[169]에 의하면 권율은 원균이 직접 바다로 나아가지 않고 적을 두려워하여 지체했다는 이유로 전령을 보내어 원균을 곤양으로 불러서 장을 때렸다. 『선조실록』과 『선조수정실록』의 기사[170]에도 장소에 대한 언급은 없지만 권율이 원균에게 장을 때린 사실이 기록되어 있다.

9일(무술) 맑았다. 내일 열을 아산으로 보내려고 제사에 쓸 과일을 확인하고 봉하였다. 늦게 윤감, 문보 등이 술을 가지고 와서 열과 변 주부(변존서) 등과 이별 자리를 가지고 돌아갔다. 이날 밤 달빛은 낮과 같았는데 어머니를 그리워하며 슬피 우느라 밤이 깊도록 잠을 이루지 못하였다.

10일(기해) 맑았다. 새벽에 열과 변존서를 보내기 위하여 앉아서 동이 트기를 기다렸다. 일찍 아침식사를 하고 스스로 정을 참지 못하여 통곡하며 보냈다. 내가 어떤 죄를 지었기에 이 지경에까지 이르렀는가? 구례에서 말을 구하여 타고 간다고 하니 더욱 걱정스러웠다. 열 등이 막 나가고 나서 황 종사관(황여일)도 와서 한참 동안 이야기하였다. 늦게 서철이 와서 만났다. 정상명이 종이로 마대[1]를 만드는 것을 마쳤다. 저녁에 홀로 빈방에 앉아 있으니 마음이 매우 불편해져서 밤이 깊도록 잠을 이루지 못하고 밤새도록 뒤척였다.

1) 원문 '馬帶' 중의 '帶'는 초고본의 글자 형태가 모호하여 '革'으로 보는 견해도 있지만 다른 날짜의 일기에 보이는

'帶' 및 '革'과 비교해보면 '帶'로 판단된다.[171] 마대의 용례를 조선시대 문헌에서 찾아보면 '안장을 고정하는 뱃 대끈' 또는 '고삐'를 가리키는 것으로 추정된다.

11일(경자) 맑았다. 열이 길 떠난 것을 생각하니 아주 혹독한 더위를 어찌 견디는지 걱정이 그치지 않았다. 늦게 [군관] 변홍달, 신제운, 임중형[1] 등이 와서 만났다. 홀로 빈방에 앉아 있으니 그리움을 어찌 말로 다 할 수 있겠는가? 매우 비통하였다. 종 태문과 종이가 순천 으로 갔다.

1) 임중형(林仲亨)은 8월 26일 일기에 나오는 임준영(任俊英)과 이름의 독음이 비슷하여 가끔 같은 사람으로 오해 하는 경우가 있다. 그러나 두 사람의 이름은 한자가 완전히 다를 뿐만 아니라 『선무원종공신녹권』에도 두 이름 이 모두 실려 있다.

12일(신축) 맑았다. 아침에 합천군수 [오운]이 햅쌀과 수박을 보냈다. 점심식사를 지을 때 방 응원, 현응진, 홍우공, 임영립[1] 등이 박명현[2]이 있는 곳으로부터 와서 함께 먹었다. 종 평 세가 열이 간 곳으로부터 돌아와서 잘 갔는지 물어볼 수 있어서 다행이었지만 비탄함을 어 찌 말로 다 하겠는가? 이희남이 인진쑥[3] 100묶음을 베어 왔다.

1) 임영립(林英立)의 자는 사웅(士雄), 본관은 진천(鎭川), 생몰년은 1566년~미상이다.[172] 방응원, 임영립, 홍우공은 『선무원종공신녹권』에 그 이름이 거의 연이어 기록되어 있다.

2) 『선조실록』의 기사[173]에 당시의 충청도방어사로 기록된 박명현(朴名賢)으로 짐작된다. 그의 자는 군빙(君聘), 본 관은 죽산(竹山), 생몰년은 1561~1608년이며, 이몽학의 변란 토벌에 공을 세워서 공신이 되었다. 후일 임해군과 반란을 모의했다는 혐의를 받고 형장을 받다가 죽었다.[174]

3) 원문 '茵'은 인진쑥을 가리킨다. 인진쑥은 한방에서 해열, 이뇨, 간 기능 개선 등의 목적으로 사용된다.[175]

13일(임인) 맑았다. 아침에 남해현령 [박대남]이 편지를 보내고 음식도 많이 보내며 또한 "전 마를 끌고 가라."라고 하기에 답장을 썼다. 늦게 이태수, [별장] 조신옥, 홍대방이 와서 만나 고 또한 적을 토벌할 일을 이야기하였다. 송대립, 장득홍[1]도 왔는데 장득홍은 스스로 [식 량을] 준비했다고 하기에 양식 2말을 주었다. 이날 칡을 캐왔다. 이방도 와서 만났다. 남해 관아의 아전이 수행인 2명과 왔다.[2]

1) 원문 '張得洪'은 17일 일기에는 '張得弘'으로 기록되어 있다. 장득홍(張得弘)의 자는 언거(彦擧), 생몰년은 1566년 ~미상이다.[176]

2) 초고본에는 이 문장이 이날 일기의 아래쪽 여백에 작은 글씨로 추가로 적혀 있다.

14일(계묘) 맑았다. 이른 아침에 정상명과 종 평세, 종 귀인, 두 짐말을 남해로 보냈는데 정은 전마를 끌어올 일로 보냈다. 새벽꿈에 내가 체찰사 [이원익]과 함께 어떤 곳에 갔더니 많은 시신들이 여기저기 흩어져 있었는데 혹 밟힌 [것도 있었고] 혹 머리를 베인 [것도 있었다]. 아침에 식사를 할 때 문인수가 와가채, 동과[1]전을 가지고 왔다. 방응원, 윤선각, 현응진, 홍우공 등과 이야기하였는데 홍이 자기 아버지의 병 때문에 종군하지 않으려고 나에게 "팔에 병이 났다."라고 핑계를 대서 매우 놀라웠다. 오전 10시경에 황 종사관(황여일)이 정인서를 보내어 안부를 묻고 또한 김해의 부적인 김억의 보고서를 보여 주었는데 "7일에 왜선 500여 척이 [일본에서] 부산으로 나왔고 9일에 왜선 1,000척이 합세하여 우리 수군과 절영도 앞바다에서 싸웠는데[2] 우리 전선 5척은 표류하다가 두모포[3]에 이르렀고 7척은 어디로 갔는지 모른다."라고 하였다. 이를 듣고 분함을 참을 수 없어서 곧바로 황 종사관이 군사를 점검하는 곳으로 달려가서 황 종사관과 일을 의논하고 이어 앉아서 활을 쏘는 것을 구경하였다. 얼마 있다가 타고 [간 말을] 홍대방으로 하여금 달려 보도록 하였는데 매우 잘 달렸다. 날씨가 비가 내릴 조짐이 많기에 돌아와 거처하는 집에 이르니 비가 많이 내리기 시작하였다. 밤 10시경에는 맑게 개고 달빛이 희미하게 비추어 낮이 배로 [길어진 듯하여] 마음을 이루 말할 수 없었다.

1) 동과(東瓜)는 동아로도 불리며 박과의 한해살이 덩굴 식물이다.
2) 『선조실록』의 기사[177]에 의하면 7월 8일 왜선 600여 척이 일본으로부터 건너와서 부산 앞바다에 정박하였는데 조선의 우도(경상우도) 수군이 7일 밤에 강을 건너서 다대포 앞바다에 정박했다가 8일에 적선 10여 척을 포획하였다. 그리고 조경남의 『난중잡록』의 기록[178]에 의하면 조선 수군은 7월 8일에 웅포 앞바다에서 경상우도 수군이 주축이 되어 적선 10여 척을 부수었으며 이어 왜선 1,000여 척을 만났지만 전면전으로 이어지진 않았다. 또한 김완의 『해소실기』에 따르면 조선 수군은 7월 6일에 다대포 앞바다에서 적선 10척을 부수고 부산으로 가다가 바다를 건너오던 적선 600여 척을 만났지만 역풍과 날씨 등의 문제로 영등포로 돌아왔다.
3) 지금의 부산 기장군 기장읍 죽성리에 있었다.[179] 『선조실록』과 조경남의 『난중잡록』의 기록[180]에 의하면 당시 두모포는 같은 해 1월경부터 왜군이 점거하고 있었다. 현재 이곳에는 부산광역시 기념물 제48호 기장죽성리왜성(機張竹城里倭城)이 있다.

15일(갑진) 비가 내리다 맑았다 하였다. 늦게 [별장] 조신옥, 홍대방 등과 여기에 있는 윤선각까지 아홉 사람을 불러서 떡을 차려 대접하였다.[1] 아주 늦게 중군장 이덕필이 왔다가 저물녘에 돌아갔는데 그편에 "수군 20여 척이 적에게 패했다."라는 소식을 들어서 매우 통분하였다. 제어할 방도가 없는 것이 아주 한스럽다. 어두워질 무렵 비가 많이 내리기 시작하였다.

1) 이날이 백중이기 때문에 떡을 대접한 것으로 짐작된다.

16일(을사) 비가 내리다 그치다 하였는데 종일 흐리고 개지 않았다. 아침에 식사를 한 뒤에 손응남을 중군장 [이덕필]에게 보내어 수군의 일을 알아오게 하였더니 돌아와서 중군장의 말을 전하기를 "우병사[1]의 급보를 보았더니 불리한 일이 많다."라고 하였지만 자세히 말해 주지 않았다고 하여 답답하였다. 늦게 변의정이라는 사람이 수박 두 덩이를 가지고 왔는데 그 모습이 보잘것없었고 또한 어리석고 용렬하였다. 외딴 시골에 떨어져 사는 사람이라서 배우지 못하고 가난하여 형편이 그렇게 만든 것이니 이 또한 순박한 모습이다. 이날 12시경에 이희남으로 하여금 검을 갈게 하였는데 매우 예리하여 맨머리의 적장도 벨 만하였다. 소나기가 갑자기 내려서 아들 열이 가는 길이 고생스러울 것을 생각하니 걱정이 그치지 않았다. 저녁에 영암 송진면[2]에 사는 사노 세남이 서생포로부터 맨몸으로 왔기에 그 연유를 물었더니 "7월 4일에 전 병마우후[3]가 탄 배의 격군이 되어, 5일에 칠천량에 이르러 정박하고, 6일에 옥포로 들어갔다가, 7일에 날이 밝기 전에 말곶[4]을 경유하여 다대포에 이르니 왜선 8척이 머물러 정박해 있었다. 여러 배들이 곧바로 돌진하니 왜인들은 [이미] 남김없이 육지로 내렸고 빈 배만 걸려있었다. 우리 수군이 [왜선을] 끌어내어 불을 지른 뒤에 그대로 부산 절영도의 바깥 바다로 향하다가, 대마도로부터 건너온 적선 무려 1,000여 척을 만나서 싸우려고 하니 왜선이 어지럽게 흩어지며 회피하여 결국은 잡지 못하였다. 세남이 탄 배와 다른 배 6척은 배를 제어할 수가 없어서 표류하다가 서생포 앞바다에 이르렀는데, 육지로 내릴 때 거의 다 죽음을 당하고 세남 혼자 숲으로 들어가 무릎으로 기어서 목숨을 건져 간신히 여기까지 왔다."라고 하였다. 듣다 보니 아주 놀라웠다. 우리나라가 의지하는 바는 오직 수군인데 수군이 이와 같으니 다시는 기대할 수 없다. 거듭 생각해 보아도 매우 분하여 간담이 찢어지는 것 같았다. "선장 이엽[5]이 적에게 붙잡혔다."라고 하여 더욱더 통분하였다. 손응남이 집으로 돌아갔다.

1) 원문 '右兵使' 중의 '右'는 초고본의 글자 형태가 모호하여 '左'로 해석될 수 있는 여지도 있다.
2) 원문 '松進面'은 지명의 유사성으로 보아 영암군 송지면(松旨面)을 말하는 것으로 판단된다. 이곳은 지금의 전남 해남군 송지면 일대로서 조선시대에는 영암군에 속했다.[181]
3) 원문 '兵虞侯'는 '兵馬虞侯'의 준말이며 일기 아래쪽에 나오는 선장 이엽을 가리킨다.
4) 지금의 부산시 강서구 가덕도동의 가덕도 최남단의 곶이다.[182]
5) 정유재란 때 포로가 되어 일본으로 끌려갔다가 살아서 돌아온 노인, 강항, 정희득의 기록[183]에 의하면 이엽(李曄)은 일본으로 잡혀갔다가 1598년 늦은 봄에 탈출하였지만 중도에 사로잡히게 되자 스스로 자결하였다. 이들 기록에 의하면 그는 전 전라병마우후이다.

칠천량해전(6월 18일~7월 16일)[189]

제1차 출전[190]

◈ 시기 및 출전 경로

- 6월 18일: 한산도 통제영 출발 → 장문포 정박
- 6월 19일: 장문포 출발 → 안골포 전투 → 가덕도(또는 몰운대) 전투 → 장수포 정박 → 안골포 왜군 역습 → 영등포 회군

◈ 참전 규모

- 판옥선 90여 척을 포함한 대소 선박 100여 척
- 도체찰사 이원익의 조치에 의해 수군을 반으로 나누어 한편은 한산도에 머물고 다른 한편만 출전[191]

◈ 해전 결과

- 안골포 전투: 적선 2척 포획
- 가덕도(또는 몰운대) 전투: 적선 다수 포획
- 보성군수 안홍국 전사, 평산포만호 김축 중상

제2차 출전

◈ 시기 및 출전 경로[192]

- 7월 4일(또는 5일): 한산도 통제영 출발 → 칠천량 정박
- 7월 6일: 칠천량 출발 → 옥포 정박
- 7월 8일: 다대포 전투
- 7월 8일 이후: 다대포 출발 → 부산 절영도 앞바다 전투 시도 → 가덕도 회군 → 영등포 회군

◈ 참전 규모[193]

- 제1차 출전 시에 참전하지 않은 다른 함대(제1차 출전 함대와 동일한 규모)

◈ 해전 결과

- 다대포 전투: 적선 10여 척 포획[194]
- 두모포와 서생포로 표류한 판옥선 12척 소실[195]
- 가덕도에서 왜군의 습격으로 약 400여 명 전사[196]

제3차 출전

◈ 시기 및 출전 경로

- 7월 14일: 한산도 통제영 출발[197] → 부산 앞바다 전투 시도[198] → 가덕도 회군[199] → 영등포 정박[200]
- 7월 15일: 영등포 출발 → 칠천량 정박[201]
- 7월 16일: 칠천량해전[202]

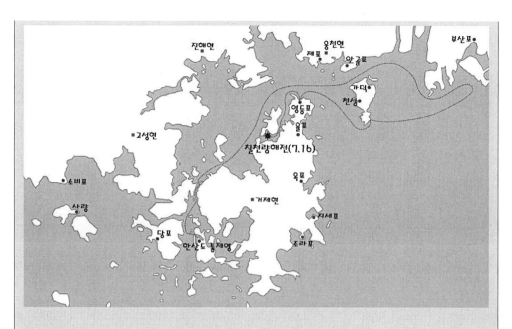

◈ 참전 규모

- 판옥선 170여 척을 포함한 200여 척으로 추정[203]

◈ 해전 결과

- 7월 15일: 밤 10시경 왜선 5~6척이 기습하여 판옥선 4척이 전소[204]
- 7월 16일: 새벽 4시경 왜군이 기습하자 군진이 무너지면서 퇴각
  - 대부분의 장병들이 별다른 전투 없이 육지로 퇴각함으로써 상당수의 인원이 생존하였으며 조방장 김완을 비롯한 소수의 병력만이 바다에서 전투를 벌이다가 포로가 되거나 전사[205]
  - 160여 척의 판옥선을 포함한 선박들이 왜군에 의해 소실[206]
  - 경상우수사 배설이 판옥선 12척과 함께 견내량을 건너 한산도 방향으로 퇴각[207]

◈ 참전 장수[208]

- 전라좌수영

통제사	원 균(元 均)		
사도첨사	김익귀(金益貴)	순천부사	우치적(禹致績)
낙안군수	김광옥(金光玉)	녹도만호	송여종(宋汝悰) [참전추정]
발포만호	소계남(蘇季男) [참전추정]	여도만호	김인영(金仁英) [참전추정]

- 전라우수영

전라우수사	이억기(李億祺)		
임치첨사	홍 견(洪 堅)	가리포첨사	이응표(李應彪)
회령포만호	민정붕(閔庭鵬)	남도만호	강응표(姜應彪)
함평현감	손경지(孫景祉)	해남대장	[성명미상]
강진대장	[성명미상]	금갑도만호	이정표(李廷彪) [참전추정]

• 경상우수영			
경상우수사	배 설(裵 楔)		
경상우우후	이의득(李義得)	영등포만호	조계종(趙繼宗)
안골포만호	우 수(禹 壽)	옥포만호	이 섬(李 暹)
조라포만호	정공청(鄭公淸)	거제현령	안 위(安 衛)
웅천현감	성천희(成天禧)	평산포대장	정응두(丁應斗) [참전추정]
당포만호	안이명(安以命) [참전추정]	제포만호	주의수(朱義壽) [참전추정]
하동현감	신 진(申 蓁) [참전추정]	적량만호	[성명미상] [참전추정]
• 충청수영			
충청수사	최 호(崔 湖)		
태안군수	이광영(李光英)		
• 기타			
조방장	배흥립(裵興立)	조방장	김 완(金 浣)
조방장	안세희(安世熙)	전 박천군수	유 해(柳 海)
전 의령현감	이희운(李希雲)		

17일(병오) 간혹 비가 내렸다. 아침에 이희남을 황 종사관(황여일)에게 보내어 세남의 말을 전했다. 늦게 초계군수 [정이길]이 벽견산성[1]으로부터 와서 만나고 돌아갔다. 송대립, 유황, 유홍, 장득홍 등이 와서 만나고 날이 저물 녘에 돌아갔다. 변대헌, 정운룡, 정득룡, 정구종 등은 모두 초계의 향리인데 그 일족의 같은 파 사람들로서 와서 만났다. 큰비가 종일 내렸다. 공명고신을 신여길이 바다에서 잃어버린 일 때문에 추고를 받으러 갔다. 경상순찰사 [이용순]에게 [추고를] 받으러 갔다.[2]

1) 경상우병사 김응서가 군사적 거점으로 활용했던 의령 지역의 산성들 중 하나이다(6월 14일 일기의 주해 참조). 현재 그 정확한 위치는 알기 어렵지만 이름의 유사성과 지리적 위치로 미루어보아 벽계산성(碧溪山城)으로 추측된다. 벽계산성은 경남 의령군 궁류면 벽계리와 경남 합천군 쌍백면 외초리에 걸쳐 있는 산성산 정상부에 있었으며 현재까지 성터의 흔적이 남아 있다.

2) 『선조실록』의 같은 해 3월 기사**184**에 의하면 조선 조정은 공명고신첩과 면천첩 등의 수량을 정확히 관리하기 위하여 순찰사, 어사 등으로 하여금 발급된 곳을 일일이 확인하도록 조처하였다.

18일(정미) 맑았다. 새벽에 [중군장] 이덕필과 [군관] 변홍달이 와서 "16일 새벽에 수군이 야간 기습을 받아서 통제사 원균과 전라우수사 이억기, 충청수사 [최호]와 여러 장수 등 많은 사람들이 해를 당하고 수군이 대패하였다."라고 말을 전했다. 듣다 보니 통곡을 참을 수 없었다. 얼마 있다가 원수[1] [권율]이 와서 "일이 이미 이 지경에 이르렀으니 어찌할 수가 없다."라고 하였다. 오전 10시경까지 이야기하였지만 뜻을 정할 수 없었다. 내가 "내가 연해 지역으로 가서 보고 듣고 나서 대책을 정하겠다."라고 하였더니 원수가 기뻐해 마지않았다.[2] 내가 송대립, 유황, 윤선각, 방응원, 현응진, 임영립, 이원룡, 이희남, 홍우공과 길을 떠나서 삼가현에 이르니 새로 온 고을 원[3]이 나와서 기다리고 있었다. 한치겸[4]도 와서 오랫동안 이야기하였다.

1) 원문 '元師'는 '元帥'의 오기이다.

2) 『선조실록』의 기사[185]에 의하면 권율은, 수군의 흩어진 배들을 수습하기 위하여 이순신을 사량으로 보냈다는 내용의 서장을 같은 달 21일에 작성하여 조정으로 보냈다.

3) 『삼가현읍지』의 「환적」과 조응록의 『죽계일기』의 기록[186]에 의하면 당시의 삼가현감은 신효업(申孝業)이다. 그의 자는 행원(行源), 본관은 평산(平山), 생몰년은 1554년~미상이며, 후일 광해군 때 반역을 꾀했다는 죄로 진도에 유배되었다.[187]

4) 24일 일기에는 한치겸(韓致謙)이 체찰부사 한효순에게 갔다는 기록이 있다. 한효순의 셋째 아들이 동명인인 점으로 보아 같은 사람일 것으로 짐작된다.[188]

19일(무신) 하루 종일 비가 내렸다. 오는 길에 단성의 동산산성[1]에 올라 그 형세를 살펴보니 아주 험하여 적이 엿볼 수 없었다. 그대로 단성현에서 숙박을 하였다.

1) 지금의 경남 산청군 신안면 신안리와 중촌리에 걸쳐 있는 백마산에 위치한 백마산성으로서 당시에는 주로 동산성으로 불렸다.[209]

20일(기유) 하루 종일 비가 내렸다. 아침에 권문임[1]의 조카 권이청이 와서 만나고 고을 원[2]도 와서 만났다. 12시경에 진주 정개산성[3] 아래의 강가 정자에 이르니 진주목사[4]가 와서 만났다. 굴동의 이희만[5]의 집에서 숙박을 하였다.[6]

1) 권문임(權文任)의 자는 흥숙(興叔), 본관은 안동(安東), 생몰년은 1530~1580년이며, 이순신과 마찬가지로 1576년 식년시에 급제한 이력이 있다.[210]

2) 『선조실록』과 조응록의 『죽계일기』의 기록[211]에 의하면 당시의 단성현감은 안륵(安玏)이다. 후일 보물 제571호 여수통제이공수군대첩비(麗水統制李公水軍大捷碑)를 세우는데 일조를 한 전라좌수사 안륵과 동일인으로 생각된다. 그의 본관은 순흥(順興)이다.[212]

3) 원문 '定介山城'은 '鼎蓋山城'의 오기이다. 지금의 경남 하동군 옥종면의 두양리와 종화리에 걸쳐 있는 정개산에 있었으며, 1596년 체찰사 이원익의 명에 의해 진주목사 나정언이 쌓았다.[213]

4) 『선조실록』과 조응록의 『죽계일기』의 기록[214]에 의하면 당시의 진주목사는 나정언(羅廷彦)이다. 그의 자는 사미(士美), 본관은 나주(羅州), 생몰년은 1558년~미상이며, 1592년 의병장 정문부가 함경북도 경성을 수복할 때 그의 휘하에서 경흥부사로서 공을 세웠고, 1597년 7월경에는 체찰사 이원익과 도원수 권율의 명에 의해 정개산성을 지키고 있었다.[215]

5) 원문 '李希萬'은 '李喜萬'의 오기이다. 그의 본관은 재령(載寧)이며, 나흘 뒤 24일 일기에 나오는 이홍훈의 큰아버지이다.[216]

6) 초고본에는 이 문장이 이날 일기의 왼쪽 여백에 작은 글씨로 추가로 적혀 있다.

21일(경술) 맑았다. 일찍 출발하여 곤양군에 이르니 군수 이천추[1]가 군에 있었고 백성들도 많이 자기 [고을에] 있었으며 올곡식을 거두기도 하였고 보리밭을 갈기도 하였다. 낮 점심[2]을 먹은 뒤에 노량[3]에 이르니 거제현령 안위, 영등포만호 조계종 등 10여 명이 와서 통곡을 하였고 피난을 나온 군사와 백성들도 울부짖지 않는 사람이 없었다. 경상수사 [배설]은 도망가서 보이지 않았다. [경상]우후 이의득이 와서 만나고 이어 패배하게 된 상황을 물어보니 사람들이 모두 울면서 말하기를 "대장 원균이 적을 보고는 먼저 달아나서 육지로 내렸고 여러 장수들도 다 따라 육지로 내려서 이 지경에 이르렀다."라고 하였다. 그들이 대장의 잘못을 말한 것을 입으로 형언할 수는 없지만 "그 살점이라도 씹어먹고 싶다."라는 등이라고 하였다. 거제현령 [안위]의 배 위에서 숙박을 하면서 거제현령과 밤 2시경까지 이야기하였다. 조금도 눈을 붙이지 못하여 눈병을 얻었다.

1) 『선조실록』의 기사[217]와 『곤양군읍지』의 「명관읍선생」에서도 당시의 곤양군수가 이천추(李天樞)임을 확인할 수 있다.
2) 조선시대 중기의 점심은 시간과 관계없이 간단히 먹는 것을 가리킨다(임진일기-1592년 8월 24일의 주해 및 주석 참조).
3) 『선조실록』의 기사[218]에 실린 권율의 서장에 의하면 칠천량해전 이후 선박, 군민, 군기 등이 사량과 창선도 등지에 흩어져 있다는 보고가 들어왔으므로 이 선박들을 수습하기 위해 이순신이 사량으로 갔다. 서장에서 언급된 사량과 창선도는 노량과 가까운 거리에 있다.

22일(신해) 맑았다. [경상우수사] 배설이 와서 만났는데 원균이 패배한 일을 많이 말하였다. 식사를 한 뒤에 남해현령 박대남이 있는 곳에 이르니 병세가 거의 구할 수 없을 지경이었다.[1] 전마를 상환할 일[2]을 다시 이야기하니 "종 평세와 군사 1명을 데려오겠다."라고 하였다. 오후에 곤양에 이르니 몸이 불편하여 숙박을 하였다.

1) 조응록의 『죽계일기』의 같은 해 7월 기록[219]에 신임 남해현령을 제수하는 내용이 보이는 이유도 박대남의 병이 위중했기 때문으로 생각된다.
2) 13일과 14일 일기에 기록된 전마를 가져오기로 한 일을 가리키는 것으로 짐작된다.

23일(임자) 비가 내리다 맑았다 하였다. 아침에 노량에서 만든 공문을 송대립에게 줘서 먼저 원수부로 보내고 뒤따라 출발하여 곤양의 십오리원[1]에 이르니 [조방장] 배백기(배흥립)의 부인이 먼저 와있었다. 말에서 내려 잠시 쉬고 진주 운곡[2]의 전에 묵었던 곳에 이르러 숙박을 하였다. 막 어두워질 무렵 비가 내리기 시작하더니 밤새도록 그치지 않았다. 배백기도 와서 숙박을 하였다.

1) 곤양에서 운곡으로 가는 경로에 있었던 봉계원으로 짐작된다. 지금의 경남 사천시 곤명면 봉계리에 있었다.[220]

24일(계축) 계속 비가 내리고 그치지 않았다. 한치겸, 이안인이 부찰사 [한효순]에게 돌아가고 정의 종 예손과 손의 종도 함께 돌아갔다. 식사를 한 뒤에 이홍훈의 집으로 옮겼다. 방응원이 정개산성으로부터 와서 "황 종사관(황여일)이 산성으로 왔기에 [황 종사관에게] 연해의 일을 듣고 본 것을 전했다."라고 하였다. 군량 2섬, 말콩 2섬과 다갈¹⁾ 7부를 가지고 왔다. 이날 저녁 배 조방장(배흥립)이 와서 만나고 술로써 위로하였다.

1) 다갈(多葛)은 대갈로도 불리며 주로 '多曷' 또는 '代葛'로 표기되었다. 말발굽에 박는 편자 또는 편자를 말에 신길 때 박는 징을 가리킨다고 하는데 조선시대 문헌에서 그 용례를 살펴보면 두 가지 의미를 모두 가졌던 것 같다.

25일(갑인) 늦게야 맑아졌다. 황 종사관(황여일)이 편지를 보내어 안부를 물었다. 조방장 김언공¹⁾이 와서 만나고 이어 원수부로 갔다. 배수립²⁾이 와서 만났다. 이 땅의 주인 이홍훈이 와서 만났다. 남해현령 박대남이 그의 종 용산을 보내어 내일 들어온다고 하였다. 저녁에 배백기(배흥립)에게 가서 만났는데 병이 아주 고통이 심하여 매우 걱정스러웠다. 송득운을 황 종사관에게 보내어 안부를 물었다.

1) 조경남의 『난중잡록』의 기록²²²에 의하면 당시 김언공(金彦恭)은 전라도조방장으로서 전라도 군사를 이끌고 한산도로 가다가 수군이 패했다는 말을 듣고는 퇴각하여 진주로 돌아왔다. 그의 자는 경이(敬而), 본관은 김해(金海), 생몰년은 1550년~미상이다.²²³

2) 원문 '裴樹立'은 배흥립의 동생 '裴秀立'의 오기이다(임진일기-1592년 2월 21일의 주해 참조).

26일(을묘) 비가 내리다 맑았다 하였다. 일찍 식사를 하고 정개산성 아래에 있는 송정 아래로 가서 황 종사관(황여일)과 [진주]목사 [나정언]과 이야기하다가 느지막이 숙소로 돌아왔다.

27일(병진) 비가 하루 종일 내렸다. 이른 아침에 정개산성 건너편에 있는 손경례¹⁾의 집으로 거처를 옮겼다. 늦게 동지 이천²⁾과 판관 정제³⁾가 체찰사부로부터 와서 전령을 전하고 함께 저녁식사를 하였다. 이 동지는 배 조방장(배흥립)이 있는 곳에서 숙박을 하였다.

1) 손경례(孫景禮)의 자는 사화(士和), 본관은 밀양(密陽)이며, 임진왜란이 일어나자 의병에 동참하여 군사를 모으는 소모유사로 활동하였다.²²⁴

2) 이천(李薦)의 자는 군거(君擧), 본관은 전주(全州), 생몰년은 1542년~미상이며, 1588년에 있었던 여진족 시전부락 토벌 때 이순신과 함께 참전하였다.²²⁵

3) 저녁식사까지 함께 한 점으로 미루어보아 이순신의 맏형 이희신의 사위 정제(鄭霽)와 동일인으로 짐작된다.

28일(정사) 계속 비가 내렸다. 이희량이 와서 만났다. 오후 8시경에 이 동지(이천)와 진주목사 [나정언]과 소촌찰방 이시경[1])이 와서 밤에 이야기하다가 밤 12시가 지나서야 돌아갔다. 논의한 것들은 모두 계책을 세워 대응하는 일이었다.

1) 유성룡의 『서애집』에 의하면 소촌찰방 이시경은 여러 차례 왜군의 진법을 본 경험이 있었다. 그는 정유재란 때 진주성 외곽에서 왜군과 싸우다 전사하였다(병신일기-1596년 윤 8월 14일의 주석 참조). 이시경의 둘째 아들과 나정언의 둘째 딸은 후일 혼인하는 관계이다.[226]

29일(무오) 비가 내리다 맑았다 하였다. 아침에 이군거(이천) 영공과 함께 식사를 하고 체찰사 [이원익]에게 [그를] 보냈다. 늦게 냇가로 나가서 군사를 점검하고 말을 달렸는데 원수 [권율]이 보낸 [군사는] 모두 말이 없고 또한 활과 화살도 없어서 쓸모가 없었으므로 매우 답답하였다. 저녁에 들어올 때 배 동지(배흥립)와 남해현령 박대남에게 들렀다. 밤새도록 큰비가 내렸다. 찰방 이시경에게 [사람을] 보내어 안부를 물었다.

1일(기미) 큰비가 내려서 물이 불었다. 늦게 이 찰방(이시경)이 와서 만났다. [별장] 조신옥[1], 홍대방 등이 와서 만났다.

1) 원문 '起信玉'은 '趙信玉'의 오기이다.

2일(경신) 잠시 맑았다. 홀로 방을 지키고 앉아 있으니 그리움을 어찌 말로 다 할 수 있겠는가? 비통하기 그지없었다. 이날 밤 꿈에 명을 받을 징조가 있었다.

3일(신유) 맑았다. 이른 아침에 선전관 양호가 뜻밖에도 교서[1]와 유서[2]를 받들고 들어왔다. 유지는 바로 겸삼도통제사를 [제수하는] 명이었다. 숙배한 뒤에 삼가 잘 받았다는 서장을 쓰고 봉했다. 그날로 곧바로 두치를 경유하는 길을 떠났다. 오후 8시경에 행보역[3]에 이르러 말을 멈추었다가 밤 1시경에 길에 올라 두치에 이르니 날이 밝으려 하였다. 남해현령 박대남이 길을 잃고 강가의 정자로 잘못 들어갔기에 말에서 내려 불러왔다. 쌍계동[4]에 이르니 뾰죽한 돌들이 어지럽게 널려 있었고 새로 내린 비로 물이 넘쳐흘러서 간신히 건넜다. 석주에 이르니 [구례현감] 이원춘과 [별장] 유해가 복병하여 지키고 있었는데 그들을 만났더니 적을 토벌할 일을 많이 말하였다. 저물녘에 구례현에 이르니 온 지역이 고요하였다. 성 북문 밖 예전의 주인집에서 숙박을 하였는데 "주인은 이미 산골짜기로 피난을 갔다."라고 하였다. 손인필이 바로 와서 만났는데 조곡도 지고 왔다. 손응남은 올감을 바쳤다.

1) 보물 제1564-3호 「이순신사명훈유교서(李舜臣使命訓諭教書)」로서 7월 23일자로 이순신을 겸삼도수군통제사로 재임명하는 교서이다. 『선조실록』의 기사[227]에는 7월 22일에 통제사로 제수한 것으로 기록되어 있다.

2) 보물 제1564-6호 「이순신유서(李舜臣諭書)」로서 겸삼도수군통제사로 재임명하면서 비밀병부와 함께 내린 유서이다.

3) 원문 '行步驛'은 정개산성 쪽에서 두치로 가는 경로에 있었던 '橫浦驛(횡포역)'의 오기이다. 지금의 경남 하동군 횡천면 남산리에 있었던 것으로 추정된다.[228]

4) 지금의 경남 하동군 화개면 일대이다.[229]

4일(임술) 맑았다. 아침에 식사를 한 뒤에 압록강원[1]에 이르러 점심을 짓고 말의 병을 치료하였다. 고산현감²⁾이 군인들을 [병사 이복남에게]³⁾ 넘겨주기 위하여 왔다가 수군의 일을 많이 말하였다. 오후에 곡성에 이르니 관사와 마을이 모두 비어 있었다. 같은 고을에서 숙박을 하였다. 남해현령 박대남은 곧장 남원으로 갔다.⁴⁾

1) 지금의 전남 곡성군 오곡면 압록리에 있었으며 대개는 압록원으로 불렸다.²³⁰
2) 『선조실록』과 조응록의 『죽계일기』의 기록²³¹에 의하면 당시의 고산현감은 최철강(崔鐵剛)이다. 그의 자는 응유(應柔), 본관은 전주(全州)이며, 이전 해에 광주목사를 지낸 최철견의 동생이다.²³²
3) 정유일기 2(1597년) 8월 4일에는 '고산현감 최철강이 군인들을 병사에게 넘겨주기 위하여…'라고 기록되어 있다.
4) 남원은 8월 12일에 왜군이 남원 교외에 진을 치면서부터 남원성전투가 시작되었다. 이날 일기에 나타난 박대남의 행적은 현전하는 그에 대한 마지막 기록이다.

5일(계해) 맑았다. 아침에 식사를 한 뒤에 옥과 땅에 이르니 피난민들이 도로에 가득 차서 매우 놀라웠다. [말에서] 내려서 앉아 [그들을] 타일렀다. 현에 들어갈 때 이기남 부자를 만났다. 현에 이르니 정사준, 정사립이 와서 맞이하여 그들과 이야기하였다. 현감¹⁾은 처음에는 병을 핑계 대고 나오지 않았으나 얼마 있다가 와서 만났다. 잡아 와서 벌을 주려고 하였더니 만나러 온 것이다.

1) 『선조실록』과 『옥과현지』의 「선생안」의 기록²³³에 의하면 당시의 옥과현감은 홍요좌(洪堯佐)이다. 조경남의 『난중잡록』의 같은 달 11일 기록²³⁴에 의하면 전라병사 이복남이 순천으로부터 옥과현에 이르렀더니 홍요좌가 창고를 모두 불태우고 단신으로 변란을 대비하고 있었다고 한다.

6일(갑자) 맑았다. 이날은 옥과에 머물렀다. 오후 8시경에 송대립 등이 적을 정탐하고 왔다.

7일(을축) 맑았다. 이른 아침에 길에 올라 곧장 순천으로 갔다. 길에서 선전관 원집을 만나서 유지를 받았다. [전라]병사 [이복남]의 군사들이 다 흩어져서 도로로 줄지어 돌아가고 있었기에 말 3마리, 활과 화살 약간을 빼앗아 왔다.¹⁾ 곡성의 강변 정자에서 숙박을 하였다.

1) 조경남의 『난중잡록』의 기록²³⁵에 의하면 전라병사 이복남은 같은 해 7월경 순천에 진을 치고 있다가 8월 초에 옥과로 퇴각하였다. 『선조실록』의 같은 해 5월 기사²³⁶에 의하면 당시 이복남이 거느렸던 군사는 약 1,500명이다.

8일(병인) 새벽에 출발하여 부유창¹⁾에서 아침식사를 하였는데 병사 [이복남]이 이미 명령하여 불을 질러 놓았다. 광양현감 구덕령²⁾, 나주판관 원종의³⁾, 옥구현감⁴⁾ 등이 창고 부근⁵⁾에 있다가 내가 왔다는 소식을 듣고는 배경남과 함께 급히 달려가 구치⁶⁾에 이르렀다. 내가 [말에서] 내려가 앉아서 전령을 보냈더니 한꺼번에 만나러 왔다. 내가 [그들이] 피해 다니는 것을 말하며 질책하니 모두 병사 이복남에게 죄를 돌렸다. 바로 길에 올라 순천에 이르니

성 안팎으로 인적이 없었다. 승려 혜희[7]가 만나러 왔기에 의병장의 직첩을 주고 또한 총통 등은 옮겨서 묻도록 하였으며 장편전은 군관 등으로 하여금 나누어 지니도록 하였다. 그대로 같은 고을에서 숙박을 하였다.

1) 지금의 전남 순천시 주암면 창촌리에 있었다.[237]

2) 『광양군읍지』의 「선생안」과 조응록의 『죽계일기』의 기록[238]에서도 당시의 광양현감이 구덕령(具德齡)임을 확인할 수 있다. 그의 자는 대수(大壽), 본관은 능성(綾城), 생몰년은 1561년~미상이다.[239]

3) 조응록의 『죽계일기』의 기록[240]에서도 당시의 나주판관이 원종의(元宗義)임을 확인할 수 있다. 그의 자는 의중(宜仲), 본관은 원주(原州), 생몰년은 1561년~미상이며, 1555년 을묘왜변 때 달량포에서 죽은 전라병사 원적(元績)의 손자이다.[241]

4) 『선조실록』과 조응록의 『죽계일기』의 기록[242]에 의하면 당시의 옥구현감은 김희온(金希溫)이다. 그의 자는 자화(子和), 본관은 연안(延安), 생몰년은 1562년~미상이다.[243]

5) 원문 '底'는 『실록』이나 조선시대 문헌에서 그 용례를 찾아보면 '바닥', '부근' 등을 의미한다. 여기에서는 의미상으로 자연스러운 '부근'으로 번역하였다.

6) 원문 '鳩峙'는 부유창에서 순천으로 가는 경로에 있었던 구현(鳩峴)을 가리키는 것으로 보인다. 지금의 전남 순천시 서면 대구리에서 같은 시 승주읍 월계리로 넘어가는 고개로 추정된다.[244]

7) 혜희(惠熙)는 순천 송광사의 승려로서 당대의 여러 유학자들의 문집[245]에서도 그에 대한 기록이 발견된다. 이들 문집에 따르면 혜희는 많은 유학자들과 교류하였으며 시에 대한 조예가 깊었던 것 같다.

9일(정묘) 맑았다. 일찍 출발하여 낙안에 이르니 5리 길까지 많은 사람들이 만나러 나왔다. [백성들이] 흩어져서 도망가는 이유를 물으니 모두 "병사 [이복남]이 적이 들이닥쳤다고 퍼뜨리며 창고에 불을 지르고 달아났으므로 그래서 백성들이 흩어졌다."라고 하였다. 관사에 이르니 고요하여 사람의 소리도 들리지 않았다. 순천부사 우치적, 김제[1]군수 고봉상[2] 등이 만나러 왔다. 늦게 보성의 조양[3]에 이르러 김안도의 집에서 숙박을 하였다.

1) 원문 '金蹄'는 '金堤'의 오기이다.

2) 『선조실록』과 『김제군읍지』의 「선생안」의 기록[246]에서도 당시의 김제군수가 고봉상(高鳳翔)임을 확인할 수 있다. 그의 자는 응원(應遠), 본관은 제주(濟州)이다.[247]

3) 지금의 전남 보성군 조성면 우천리에 있었던 조양현성이다.[248]

10일(무진) 맑았다. 몸이 불편하였기 때문에 김안도의 집에 머물러 숙박을 하였다.

11일(기사) 맑았다. 아침에 양산원[1]의 집으로 옮겨서 머물렀다.[2] 송희립[3], 최대성이 와서 만났다.

1) 원문 '梁山沅'은 '梁山杭(양산항)'의 오기이다. 그의 본관은 제주(濟州)이다.[249]

2) 초고본에는 이 문장이 이날 일기의 오른쪽 여백에 작은 글씨로 추가로 적혀 있다.

3) 보성과 가까운 거리에 위치했던 고흥은 송희립의 고향이다. 현재 전남 고흥군 대서면 화산리에는 송희립과 그의 6대조 송간, 그의 형 송대립 등이 배향된 전라남도 문화재자료 제155호 고흥서동사(高興西洞祠)가 있다.

12일(경오) 맑았다. 계본의 초고를 썼다. 그대로 머물렀다. 거제현령 [안위], 발포만호 [소계남][1]이 와서 만났다.[2]

1) 정유일기 2(1597년) 8월 13일에서 발포만호 소계남(蘇季男)의 이름을 확인할 수 있다.

2) 초고본에는 이 문장이 이날 일기의 아래쪽 여백에 작은 글씨로 추가로 적혀 있다.

13일(신미) 맑았다. 거제현령 [안위]와 발포만호 [소계남]이 와서 만나고 돌아갔다. [경상우]수사 [배설], 여러 장수들과 피난을 나온 사람들이 머물러 있다는 소식을 들었다. [전라좌우]후 이몽구가 왔으나 만나지 않았다. 하동현감 [신진]으로부터 "정개산성, 벽견산성을 [경상우]병사 [김응서]가 스스로 외진을 무너뜨렸다."라는 소식[1]을 들었다.[2] 통탄스러웠다.

1) 정경운의 『고대일록』과 조경남의 『난중잡록』의 기록[250]에 의하면 적군이 오기도 전에 경상우병사 김응서는 벽견산성과 악견산성을 버렸으며 진주목사 나정언은 정개산성을 버렸다.

2) 초고본에는 이 문장이 이날 일기의 아래쪽 여백에 작은 글씨로 추가로 적혀 있다.

14일(임신) 맑았다. 아침에 [전라좌우후] 이몽구에게 장 80대를 때렸다. 식사를 한 뒤에 장계 7통을 봉하여 윤선각으로 하여금 받들어 가도록 하였다. 오후에 어사 [임몽정]을 만나기 위하여 보성군에 이르러 숙박을 하였다. 밤에 큰비가 퍼붓듯이 내렸다.

15일(계유) 계속 비가 내리다가 늦게 아주 맑아졌다. 식사를 한 뒤에 나가서 열선루[1] 위에 앉아 있었다. 선전관 박천봉이 유지를 가지고 왔는데 바로 8월 7일에 작성된 것이었다. "영의정 [유성룡]이 경기도를 순찰하러 나갔다."라고 하였다.[2] 곧바로 삼가 잘 받았다는 장계[3]를 만들었다. 보성의 군기를 점검하고 [말] 4마리에 나누어 실었다. 저녁에 흰 달빛이 누 위를 비추니 마음이 아주 불편하였다.

1) 보성읍성 안의 객관 북쪽에 있었다고 전해진다.[251]

2) 『선조실록』의 같은 달 8일 기사[252]에 의하면 왜군이 같은 달 3일 진주를 함락했다는 보고를 받은 선조는 도체찰사를 겸하고 있는 유성룡에게 충청도, 경기도 지역에서 왜군을 방어할 만한 가장 주요한 곳을 파수하도록 지시하였다.

3) '지금 신에게 아직 전선 12척이 있사오니 …'라는 유명한 문장이 적힌 장계를 이날 올렸다는 견해가 있다. 그러나 경상우수사 배설로부터 아직 배를 인수받지 못한 시점이므로 이는 설득력이 떨어진다. 『이충무공전서』의 「행록」과 「행장」 등의 기록[253]을 살펴보면 그러한 말이 적힌 장계를 올린 시점은 배설로부터 배를 인수받은 이

366 역사자료로 보는 난중일기

후이다.

『선조실록』에도 이를 뒷받침해줄 수 있는 기록이 있다. 위와 같은 문장이 적힌 장계를 이날 보성에서 올렸다는 견해는, 선전관 박천봉이 가져온 8월 7일에 작성된 유지에 수군으로 하여금 육지에서 싸우라고 하는 명령이 실렸다는 가정을 전제로 한다. 『선조실록』의 8월 5일 기사[254]에 의하면 조선 조정은 칠천량해전에서 도주한 장수들의 처벌을 논의할 때 그들의 등급을 나누어 벌을 주기로 하되, 경상우수사 배설의 경우에는 그가 병선을 거느린 까닭에 해로가 비게 될 것을 염려하여 그의 처벌은 일단 후일로 미루기로 결정하였다. 선전관 박천봉이 가져온 유지의 날짜가 이 기사의 날짜와 단지 이틀의 차이만 보이는 점으로 보아 유지의 내용은 이 기사와 관련이 있을 것으로 생각된다. 만일 그렇지 않다고 하더라도 8월 5일에 조선 조정이 해로가 비는 상황을 피하려는 조치를 내린 이상, 박천봉이 가져온 8월 7일 자 유지에 수군으로 하여금 육지에서 싸우도록 명령하는 내용이 실려 있었다고 보기는 어렵다.

16일(갑술) 맑았다. 아침에 보성군수[1]로 하여금 군관 등을 굴암으로 보내어 도망간 관리들을 찾아내도록 하였다. 선전관 박천봉이 돌아가기에 나주목사[2]와 어사 임몽정[3]에게 [보낼] 답장을 [주었다]. 사령 등을 박사명의 집으로 보냈더니 "박사명의 집은 이미 비었다."라고 하였다. 오후에 궁장 지이와 태귀생, 선의, 대남 등이 들어왔다. 김희방, 김붕만이 왔다.

1) 『보성군읍지』의 「선생안」에 의하면 당시의 보성군수는 반혼(潘混)이다.[255]
2) 『나주군읍지』의 「선생안」과 조응록의 『죽계일기』의 기록[256]에 의하면 당시의 나주목사는 배응경이다.
3) 원문 '任夢正'은 '任蒙正'의 오기이다. 그의 자는 직초(直初), 본관은 풍천(豊川), 생몰년은 1559~1602년이며, 후일 광해군의 후궁이 되는 소용 임애영(任愛英)의 아버지이다.[257] 『선조실록』의 같은 해 7월 29일 기사[258]에 의하면 홍문관 교리 임몽정은 선유어사라는 직책과 함께 수군 패전의 실상, 전선의 손실, 군사들의 사망자 및 생존자 등을 파악하는 임무를 받았다. 따라서 선전관 박천봉을 통해 보낸 답장은 이와 관련된 내용으로 짐작된다.

17일(을해) 맑았다. 일찍 식사를 한 뒤에 곧장 장흥 땅 백사정에 이르렀다. 점심을 먹은 뒤에 군영구미[1]에 이르니 온 지역이 이미 사람이 없는 땅이 되어 있었다. 수사 배설이 [내가] 탈 배를 보내지 않았다. 장흥의 군량 감색[2]들이 관아의 [곡식을] 다 훔쳐서 나누어 [가지고] 갈 때 마침 도착하여 붙잡아 많은 장을 때렸다. 그대로 숙박을 하였다.

1) 군영구미의 위치에 대해서는 현재 여러 가지 견해가 있다.[259] 원문 '軍營仇未' 중의 '仇未'가 지형이 굴곡된 부분 특히 물이 굽이치는 곳을 가리키는 용어이므로 군영구미는 이러한 특징을 가지는 지역에서 찾아야 될 것 같다.[260]
2) 감관(監官)과 색리(色吏)를 함께 일컫는 말이다.

18일(병자) 맑았다. 회령포로 가니 수사 배설이 수질[1]을 핑계 대었기에 만나지 못했다. 같은 포구의 관사에서 숙박을 하였다.

1) 『선조실록』과 김완의 『해소실기』의 기록[261]에 의하면 배설은 원래부터 수질이 있어서 수군의 장수로 근무하기에 적합하지 못했다.

19일(정축) 맑았다. 여러 장수 등이 교서에 숙배하였지만 [경상우수사] 배설은 교서를 공경히 맞이하여 숙배하지 않았다. 그 오만한 태도를 이루 말할 수 없었으므로 그의 영리에게 장을 때렸다. 회령포만호 민정붕[1]이 물건을 받고 그의 전선에 사사로이 피난민 위덕의[2] 등을 [태워준] 죄로 장 20대를 때렸다.

1) 민정붕의 자는 운숙(雲叔), 본관은 여흥(驪興), 생몰년은 1559년~미상이다. 원문 '閔廷鵬'의 본래의 정확한 표기는 '閔庭鵬'이다.[262]
2) 위덕의(魏德毅)의 자는 이원(而遠), 본관은 장흥(長興), 생몰년은 1540년~미상이다.[263]

20일(무인) 맑았다. 앞의 포구가 협착[1]하여 진을 이진으로 옮겼다.

1) 원문 '窄挾'은 '窄狹'의 오기이다.

21일(기묘) 맑았다. 동이 트기 전에 곽란[1]이 일어나서 많이 아팠으므로 추위를 접하여 그런가 생각하고 소주를 마셨는데 얼마 있다가 인사불성이 되어 거의 죽을 지경에 이르렀다. 밤새도록 앉아서 날을 샜다.

1) 원문 '藿乱'은 '霍乱'의 오기이다.

22일(경진) 맑았다. 곽란이 점차 심해져서 일어나 움직일 수 없었다.

23일(신사) 맑았다. 통증이 아주 심하여 배에 머물러 있기가 불편하였다. 배에서 내려 바다로부터 나와서 숙박을 하였다.

24일(임오) 맑았다. 일찍 도괘에 이르러 아침식사를 하였다. 어란 앞바다에 이르니 가는 곳마다 이미 텅 비어 있었다. 바다에서 숙박을 하였다.

25일(계미) 맑았다. 그대로 같은 곳에 머물렀다. 아침에 식사를 할 때 당포의 포작이 풀어 놓은 소를 훔쳐 끌고 가면서 적이 온다고 거짓 경보를 외쳤다. 나는 이미 그것이 거짓임을 알아채고는 거짓 경보를 외친 사람 2명을 잡아서 곧바로 머리를 베어 효시토록 하였더니 군이 크게 안정되었다.

26일(갑신) 맑았다. 그대로 어란에 머물렀다. 임준영[1]이 말을 타고 와서 "적세가 이진에 이르렀다."라고 급히 보고하였다. [전라]우수사 [김억추][2]가 왔다.

1) 임준영(任俊英)은 제2차 진주성전투에서 전사한 해남의 의병장 임희진의 아들로 추측된다.[264]

2) 김억추(金億秋)의 자는 방로(邦老), 본관은 청주(清州), 생몰년은 1548~1618년이며, 1588년에 있었던 여진족 시전부락 토벌 때 이순신과 함께 참전하였다.[265] 『선조실록』의 기사[266]에 의하면 그는 7월 25일에 전라우수사로 제수되었다.

27일(을유) 맑았다. 그대로 어란 바다에 머물렀다.

28일(병술) 맑았다. 적선 8척이 갑자기 들어오자 여러 배들이 겁을 먹고 피하려 하였고 경상수사 [배설]도 피해서 물러나려고 하였다. 나는 동요하지 않고 적선이 다가오자 각을 불고 기를 지휘하여[1] 추격하니 적선이 물러갔다. 갈두[2]까지 쫓아갔다가 돌아왔다. 저녁에 장도[3]로 옮겨서 정박하였다.

1) 원문 '指旗'는 군사를 지휘하는 신호의 하나인 '기를 땅에까지 댄 뒤에 다시 일으키는 것'을 가리키지만 여기에서는 광의로 사용된 것으로 보아 '기를 지휘하는 것'으로 해석하였다.[267]

2) 지금의 전남 해남군 송지면 송호리의 바다 쪽으로 튀어나온 지역으로서 봉수가 있었던 갈두산 때문에 그 지명이 널리 알려져 있었다.[268]

3) 지금의 전남 해남군 송지면 어란리의 내장마을 일대이다.[269]

29일(정해) 맑았다. 아침에 벽파진[1]으로 건너갔다.

1) 지금의 전남 진도군 고군면 벽파리에 있었다. 예로부터 진도로 들어가는 관문의 역할을 했던 곳으로서 많은 사람들의 왕래가 있었기 때문에 그 나루터 어귀에 있었던 벽파정과 함께 그 일대에서 가장 널리 알려진 지명이었다.[270] 『선조실록』, 『선조수정실록』, 『백호전서』 등의 여러 사료와 문헌의 기록[271]에 이곳이 명량해전이 벌어졌던 장소로 언급된 것도 이러한 때문이다.

30일(무자) 맑았다. 그대로 벽파진에 머물렀다.

1일(기축) 맑았다. 그대로 벽파진에 머물렀다.

2일(경인) 맑았다. [배에서] 내려 정자 위에 앉아 있었다. 포작 점세가 제주로부터 와서 만났다. 이날 새벽 [경상우수사] 배설이 도망갔다.[1]

1) 초고본에는 이 문장이 이날 일기의 왼쪽 여백에 작은 글씨로 추가로 적혀 있다.

3일(신묘) 비가 내렸다. 뜸 아래에서 머리를 움츠리고 있는 마음을 어찌 말로 다 할 수 있겠는가?

4일(임진) 북풍이 많이 불었다. 각 배들을 가까스로 보전하였다. 천행이었다.

5일(계사) 북풍이 많이 불었다. 각 배들이 서로 보전할 수 없었다.

6일(갑오) 바람이 멎는 듯하였으나 파도는 가라앉지 않았다.

7일(을미) 바람이 비로소 멎었다. 탐망군관 임중형이 와서 "적선 55척 중 13척이 이미 어란 앞바다에 이르렀는데 그 의도가 [우리] 수군에게 있다."라고 보고하기에 각 배에 엄히 경계시켰다. 오후 4시경에 적선 13척이 곧바로 [우리 수군이] 진을 치고 있는 곳으로 향했다. 우리 배도 닻을 올리고 바다로 나가서 맞아 싸우러 [적선에게] 다가가니 적선이 배를 돌려 달아났다. 먼바다까지 쫓아갔다가 바람과 물살이 모두 거슬려 배를 운행할 수가 없으므로 벽파진으로 돌아왔다. 야간 기습이 의심되었는데 밤 10시경에 적선이 포를 쏘며[1] 야간 기습을 하였다. 여러 배가 겁을 먹은 듯하여 다시 엄하게 명령을 내리고 내가 탄 배가 곧바로 적선에게 다가가며 계속 포를 쏘니 적의 무리가 당해내지 못하고 밤 12시경에 물러갔다. [이들은] 전에 한산도에서 승리한 자들이었다.

1) 원문 '放方包'는 '放炮'의 오기이다.

8일(병신) 맑았다. 적선이 오지 않았다.

9일(정유) 맑았다. 이날이 바로 9일(중양절)이므로 군사들에게 음식을 먹이려고 하였는데 마침 부찰사 [한효순][1]으로부터 군량을 얻고 이어 제주의 소 5마리가 왔다. 녹도만호 [송여종], 안골포만호 [우수]로 하여금 도축하여 장병들에게 먹일 때 적선 2척이 곧장 감보도[2]로 들어와서 우리 배의 수를 염탐하였다. 영등포만호 조계종이 끝까지 쫓아갔지만 따라잡지 못하였다.

1) 체찰부사 한효순은 군량 공급을 비롯한 수군을 지원하는 각종 임무를 맡고 있었다(병신일기-1596년 윤 8월 14일의 주해 및 주석 참조).

2) 지금의 전남 진도군 고군면 벽파리의 감부도로서 벽파진의 앞바다에 위치해 있다.[272]

10일(무술) 맑았다. 적의 무리가 멀리 숨었다.

11일(기해) 맑았다.

12일(경자) 계속 비가 내렸다.

13일(신축) 맑았으나 북풍이 많이 불었다.

14일(임인) 맑았으나 북풍이 많이 불었다. 임준영이 육지를 정탐하고 달려와서 "적선 55척이 이미 어란 앞바다로 들어왔다."라고 하였고 또한 "포로가 되었다가 도망쳐 돌아온 중걸이 전하기를 '이달 6일 달마산[1]으로 피난했다가 왜적에게 포로가 되어 결박을 당해서 왜선에 실렸는데 김해의 이름 모르는 사람이 왜장에게 간청하여 결박을 풀어주었다. 밤에 김해 사람이 귀에 대고 몰래 말하기를 「조선 수군 10여 척이 우리 배를 쫓아와서 사살하거나 배를 불태우기도 하였으므로 보복하지 않을 수 없다. 여러 배들을 불러모아서 수군들을 다 죽인 뒤에 바로 경강으로 올라갈 것이다.」라고 하였다.'고 하였다."라고 하였다. 이 말을 비록 다 믿을 수는 없으나 또한 그럴 리가 없는 것도 아니기에 피난민들을 곧바로 올려 보내도록 전령선에 이르고 [전라]우수영으로 보냈다.

1) 지금의 전남 해남군 송지면과 북평면에 걸쳐 있는 달마산으로 짐작된다.[273]

15일(계묘) 맑았다. 조수[1]를 [타고] 여러 배들을 이끌고 [전라]우수영 앞바다로 들어가 그대로 머물러 숙박을 하였다. 밤 꿈에 기이한 징조가 많았다.

1) 벽파진으로부터 전라우수영으로 이동할 때 지나게 되는 명량해협은 시간에 따라 조류가 바뀌는 지역이다. 최근 연구[274]에 의하면 당시 명량해협은 아침 6시 30분경 정조 후에 북서방향으로 흐르는 창조류(밀물)가 시작되었고 정오를 지난 12시 20분경에는 남동방향으로 흐르는 낙조류(썰물)가 시작되었다. 따라서 조선 수군은 이날 오전 중에 전라우수영으로 이동한 것으로 판단된다.

16일(갑진) 맑았다. 이른 아침에 망군이 와서 "적선 무려 200여 척이 명량[1]으로 들어오는데[2] 곧장 [우리 수군이] 진을 치고 있는 곳으로 향했다."라고 보고하였다. 여러 장수들을 불러 모아서 거듭 약속을 확인하고 닻을 올리고 바다로 나가니 적선 133척이 우리 배를 둘러쌌다. 상선(지휘선)이 홀로 적선 가운데로 들어가서 포환과 화살을 비바람처럼 쏘았으나 [우리 수군의] 여러 배들은 바라만 보고 나아가지 않아서 사태가 어찌 될지 헤아릴 수 없었다. 배 위의 사람들이 서로 돌아보며 안색이 변했으므로 나는 부드럽게 말하면서 "적이 비록 1,000척이라도 감히 우리 배를 바로 공격하지 못할 것이니 절대 동요하지 말고 힘을 다해 적을 쏘아라."라고 일렀다. 여러 배들을 돌아보니 이미 1마장쯤 물러나 있었고 우수사 김억추가 탄 배는 멀리 가서 아득하였다. 배를 돌려 곧바로 중군장 [미조항첨사] 김응함의 배로 다가가서 먼저 머리를 베어 효시하려고 하였지만, 내 배가 머리를 돌리면 여러 배들은 잇달아 멀리 물러나고 적선들은 점차 다가와서 사세가 낭패가 될 것이었다. 중군 영하 휘[3]와 초요기를 세우니 김응함이 점차 배를 가까이 대고 거제현령 안위의 배도 왔다. 내가 뱃전에 서서 직접 안위를 꾸짖기를 "네가 정녕 군법에 죽고 싶으냐?"라고 하고 다시 "안위야, 감히 군법에 죽고 싶으냐? 물러나면 살 것 같으냐?"라고 꾸짖으니 안위가 황망히 바로 [적선들 사이로] 돌입하였다. 교전할 때 적장의 배와 다른 적선 2척이 안위의 배에 개미 떼처럼 달라붙고 안위의 격군 7, 8명이 물로 뛰어들어 헤엄치니 거의 죽을 지경이었다. 나는 배를 돌려서 곧장 안위의 배가 [있는 곳으로] 들어갔다. 안위의 배 위의 사람들이 죽음을 각오하고 마구 공격하고 내가 탄 배 위의 군관들이 빗발치듯 어지럽게 쏘아대어 적선 2척을 남김없이 다 섬멸하였다. 매우 천행이었다. 둘러쌌던 적선 31척도 쳐부수니 여러 적들이 당해내지 못하고 다시는 공격해 오지 못했다. 같은 곳에 정박하려고 하였으나 물살이 퇴행하여 배를 정박하기에 적합하지 않았으므로 진을 건너편 포구로 옮겼다가 달빛을 타고 당사도[4]로 옮겨서 정박하고 밤을 보냈다.

1) 원문 '鳴梁'은 울돌목을 한역한 이름이다.[275] 지금의 전남 해남군 문내면 학동리와 전남 진도군 군내면 녹진리 사이에 있는 해협이다.

2) 원문 '由入'는 '~로 들어가다'라는 의미이며 『실록』이나 조선시대 문헌에서 그 용례를 찾아볼 수 있다. 원문의 문장을 종종 '명량을 거쳐서 온다'라는 뜻으로 번역하는 경우가 있다. 그러나 이는 망군이 보고하는 시점에 이미

왜군이 명량을 지난 것으로 오해할 수 있는 여지가 있다.

3) 휘(麾)는 깃술이 달리 기(旗)의 일종이다. 오위진법의 형명(形名) 제도에 의하면 대장은 5색의 대휘(大麾)를 하나씩 가지고 있으면서 위장들을 호령할 때 사용하였다.[276]

4) 지금의 전남 신안군 암태면 당사리의 당사도이다.[277]

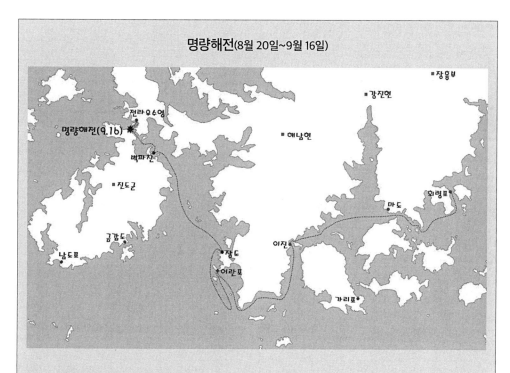

명량해전(8월 20일~9월 16일)

◈ 시기 및 출전 경로

• 8월 20일: 회령포 출발 → 이진 정박
• 8월 24일: 이진 출발 → 어란포 정박
• 8월 28일: 왜군 기습 → 갈두까지 왜선 추격 → 장도 정박
• 8월 29일: 장도 출발 → 벽파진 정박
• 9월 7일: 왜군 기습 → 조선 수군 반격으로 왜군 도주 → 왜군 야간 기습 → 조선 수군 반격으로 왜군 도주
• 9월 15일: 벽파진 출발 → 전라우수영 정박
• 9월 16일: 전라우수영 출발 → 명량해전

◈ 참전 규모[278]

• 판옥선 13척, 초탐선 32척

◈ 해전 결과[279]

• 왜선 130여 척 중 31척 격침
• 왜장 구루시마 미치후사(來島通総) 사살

◆ 참전 장수[280]

• 전라좌수영

통제사	이순신(李舜臣)		
조방장	배흥립(裵興立)	녹도만호	송여종(宋汝悰)
발포만호	소계남(蘇季男)	흥양현감	최희량(崔希亮)
순천감목관	김 탁(金 卓)	군관	박영남(朴永男)
영노	계 생(戒 生)		봉 학(奉 鶴)
항왜	준 사(俊 沙)	전라좌우후	이몽구(李夢龜) [참전추정]
여도만호	김인영(金仁英) [참전추정]	순천부사	우치적(禹致績) [참전추정]
보성군수	반 혼(潘 混) [참전추정]		

• 전라우수영

전라우수사	김억추(金億秋)		
회령포만호	민정붕(閔庭鵬)	강진현감	이극신(李克新)
경상우우후	이의득(李義得) [참전추정]	가리포첨사	이응표(李應彪) [참전추정]
금갑도만호	이정표(李廷彪) [참전추정]	남도포만호	강응표(姜應彪) [참전추정]
장흥부사	전 봉(田 鳳) [참전추정]	해남현감	유 형(柳 珩) [참전추정]

• 경상우수영

미조항첨사	김응함(金應緘)	영등포만호	조계종(趙繼宗)
안골포만호	우 수(禹 壽)	평산포대장	정응두(丁應斗)
거제현령	안 위(安 衛)	제포만호	주의수(朱義壽) [참전추정]
당포만호	안이명(安以命) [참전추정]	조라포만호	정공청(鄭公淸) [참전추정]
웅천현감	성천희(成天禧) [참전추정]		

• 기타

[관직미상]	조효남(趙孝南) [참전추정]

17일(을사) 맑았다. 여오을도[1]에 이르니 피난민들이 무수히 와서 정박하고 있었다. "임치첨사 [홍견][2]은 배에 격군이 없어서 나오지 못했다."라고 하였다.

1) 지금의 전남 신안군 지도읍 어의리의 어의도이다.[281]
2) 홍견은 그의 유사인 『도장선생유사』에 따르면 칠천량해전에 참전한 직후 임치진으로 돌아왔다.[282]

18일(병오) 맑았다. 그대로 같은 곳에 머물렀다. 임치첨사 [홍견]이 왔다.

19일(정미) 맑았다. 일찍 출발하여 칠산도[1]를 건넜는데 바람이 부드럽고 하늘이 맑아서 배를 운행하기가 아주 좋았다. 법성포 선창[2]에 이르니 적이 이미 침범했었고 인가를 불태우기도 하였다.[3] 해가 질 무렵 다시 홍룡[4]곳에 이르러 바다에서 숙박을 하였다.

1) 지금의 전남 영광군 낙월면 송이리의 칠산도이다. 7개의 섬으로 이루어진 군도로서 근해의 해로가 험난하여 종 종 해상 사고가 발생했던 지역이다.[283]

2) 지금의 전남 영광군 법성면 진내리의 법성1교와 법성2교 사이의 강가 일대에 있었던 것으로 추정된다.[284]

3) 강항의 『간양록』의 기록[285]에 의하면 왜군은 같은 달 14일경 영광군을 침범하여 마을을 불태우는 등의 행위를 저질렀다.

4) 지금의 전남 영광군 홍농읍 일대이다.[286] 따라서 홍룡곶은 지금의 전남 영광군 홍농읍 계마리의 바닷가 곶으로 판단된다.

20일(무신) 맑고 바람도 순하였다. 배를 출발하여 고참도[1]에 이르니 피난민들이 무수히 배를 정박하고 있었다. 이광보도 와서 만나고 이지화 부자 또한 왔다.

1) 지금의 전북 부안군 위도면의 위도이다.[287]

21일(기유) 맑았다. 새벽에 출발하여 고군산도[1]에 이르렀다. "호남순찰사[2]가 내가 왔다는 소식을 듣고는 배를 타고 옥구로 달려갔다."라고 하였다.

1) 지금의 전북 군산시 옥도면의 고군산군도이다.[288]

2) 『선조실록』의 기사[289]에 의하면 당시의 전라순찰사는 황신이다. 강항의 『간양록』과 조경남의 『난중잡록』의 기록[290]에 의하면 황신은 전라도로 들어온 왜군 때문에 임지로 가지 못하고 전라도의 여러 지역을 전전하였다.

22일(경술) 맑았다.

23일(신해) 맑았다.

24일(임자) 맑았다.

25일(계축) 맑았다.

26일(갑인) 맑았다. 이날 밤 식은땀이 몸을 적셨다.

27일(을묘) 맑았다. 송한이 큰 승리에 대한 계문을 가지고 배를 타고 올라갔다. 정제도 충청수사[1]에게 전령을 가지고 갔다. 몸이 몹시 불편하여 밤새도록 고통스러웠다.

1) 『선조실록』과 조응록의 『죽계일기』의 기록[291]에 의하면 당시의 충청수사는 권준이다. 그는 이순신이 다시 삼도수군통제사로 제수될 때 충청수사가 되었다.

28일(병진) 맑았다. 송한과 정제가 바람에 막혀 돌아왔다.

29일(정사) 맑았다. 송한 등이 바람이 편하여 출발하여 갔다.

10월

1일(무오) 맑았다.

2일(기미) 맑았다. 아들 회가 가족들의 생사를 살펴보기 위하여 올라갔다. 홀로 배 위에 앉아 있으니 온갖 생각이 들었다.

3일(경신) 맑았다. 꼭두새벽에 배를 출발하여 도로 변산[1]을 경유하여 곧장 법성포로 내려가니 바람이 매우 부드럽고 봄날처럼 따뜻하였다. 저물녘에 법성창 앞에 이르렀다.

1) 지금의 전북 부안군 변산면의 변산이다.[292] 변산이 절경으로 유명하면서 또한 그 주변지역이 반도인 특징 때문에 변산은 종종 변산반도를 가리키는 지명으로도 사용되었다.

4일(신유) 맑았다.

5일(임술) 맑았다.

6일(계해) 흐리고 간혹 눈비가 부슬부슬 내렸다.

7일(갑자) 짙은 구름이 걷히지 않았고 비가 내리다 맑았다 하였다.

8일(을축) 맑았다. 바람이 순한 듯하였다. 새벽.

1597년
정유일기 2(續丁酉日記)

4일(임술)[1] …말을 보내왔다. …아산의 집에 …압록원에 이르러 점심을 지을 때 고산현감 최철강[2]이 군인들을 병사 [이복남]에게 넘겨주기 위하여… "…길을 잃고 흩어졌다."라고 하였다. 또한 원공의 많은 잘못을 말하였다. 12시경에 곡성현에 이르니 인적이 끊겼다. …에서 숙박을 하였다.

1) 이날 일기는 초고본에 결자가 많기 때문에 기존 번역서들의 판독[1]을 참조하였다.

2) 노산 이은상은 『이충무공전서』의 번역 시에 최진강(崔鎭剛)으로 서술하였는데 초고본에 쓰여 있는 이름의 가운데 글자가 '鎭'의 초서체와 비슷하기 때문에 '鎭'으로 판독한 것 같다. 그러나 『선조실록』과 조응록의 『죽계일기』의 기록[2]에 의하면 당시의 고산현감은 최철강(崔鐵剛)이다. 초고본에 쓰여 있는 이름의 가운데 글자도 다른 날짜의 일기에 기록된 '鉄(鐵의 속자)' 및 '鎭'과 비교해보면 '鉄'임을 알 수 있다.[3]

5일(계해) 맑았다. …이끄는 군사들이 머무를 곳이 없었다. 이제 이 [압록]원에 이르러 병사 [이복남]이 경솔히 후퇴하는 모습을 [보니] 몹시 한탄스러웠다. 낮 점심[1]을 먹은 뒤에 곡성현에 이르니 온 지역이 이미 비었고 말 여물도 [구하기] 어려웠다. 그대로 숙박을 하였다.

1) 조선시대 중기의 점심은 시간과 관계없이 간단히 먹는 것을 가리킨다(임진일기-1592년 8월 24일의 주해 및 주석 참조).

6일(갑자) 맑았다. 아침에 식사를 한 뒤에 길에 올라 옥과 땅에 이르니 순천, 낙안의 피난민들이 도로에 가득 찼는데 남녀가 서로 부축하고 가는 [모습이] 참혹하여 차마 바라볼 수 없었다. [그들이] 울부짖으며 "사또께서 다시 오셨으니 우리들은 살길이 있다."라고 하였다. 길옆에 대괴정이 있기에 내려가 앉아서 말을 멈추었다. 순천의 이기남이 와서 만났는데 "장차 [백성들의 시체가] 도랑에 나뒹굴게[1] 될 것 같다."라고 하였다. 옥과현에 이르니 현감이 병이 났다면서 나오지 않았다. 정사준, 정사립이 먼저 와서 문에서 나의 행차를 기다리고 있었다. 조응복, 양동립도 나의 행차를 따라왔다. 현감이 병을 핑계 대므로 내가 잡아와서 장을 때리려고 하였더니 현감 홍요좌가 먼저 그 뜻을 알고 급히 [나왔다].

1) 원문 '顚溝壑'의 용례를 『실록』이나 조선시대 문헌에서 찾아보면 '도랑에 나뒹군다'는 뜻으로서 '죽는다'는 의미를 에둘러서 표현한 말이다.

7일(을축) 맑았다. 일찍 [길에] 올라 곧장 순천으로 가는 길로 갔다. [옥과]현에서 10리쯤에 이르러 길에서 유지를 가지고 오는 선전관 원집을 만났다. 길가에 앉아서 반갑게 이야기하고 있는데[1] [전라]병사 [이복남]이 이끄는 군사들이 다 흩어져서 퇴각해 갔다. 이날 닭이 울 무렵 송대립이 순천 등지를 정탐하고 왔다. 석곡[2]의 강변 정자에서 숙박을 하였다.

1) 원문 '班荊坐於路傍' 중의 '班荊'은 「반형도고(班荊道故)」라는 고사에서 유래한 말이다. 이는 『춘추좌씨전』의 「양공(襄公)」26년에 실려 있으며 '친구를 만나서 정답게 이야기하다'라는 의미를 가지고 있다.
2) 지금의 전남 곡성군 석곡면 일대이다.[4]

8일(병인) 맑았다. 새벽에 출발하여 곧장 부유로 갔다. 중간에 이형립을 병사에게 보냈다. 부유에 이르니 병사 이복남이 이미 그 아랫사람들로 하여금 불을 질러서 겨우 잿더미만 남아 보기에도 참혹하였다. 낮 점심을 먹은 뒤에 구치에 이르니 조방장 배경남, 나주판관 원종의, 광양현감 구덕령이 복병하고 있었다. 저물녘에 순천부에 이르니 관사와 창고의 곡식이 그대로 있었고, 군기 등의 물건도 병사가 처리하지 않고 퇴각하여 매우 놀라웠다. …에 들어가 사방을 둘러보아도[1] 고요하였고 단지 절의 승려 혜희만이 만나러 왔기에 승병장의 직첩을 주었다. 군기 중 장편전은 군관 등으로 하여금 지니거나 싣도록 하였고 총통과 나르기 어려운 여러 가지 물건들은 깊이 파묻고 표식을 세우도록 하였다. 그대로 상방에서 숙박을 하였다.

1) 원문 '四顧寂然' 중의 '顧'는 초고본의 글자 형태가 모호하여 무슨 글자인지 판단하기 어렵지만 다른 날짜의 일기에 기록된 '顧'와 유사성이 있으므로 이 의미로 번역하였다.[5]

9일(정묘) 맑았다. 일찍 출발하여 낙안군에 이르니 관사, 창고의 곡식, 군기가 다 불타버렸다. 관리, 마을 백성들이 눈물을 흘리며 말하지 않는 사람이 없었다. 얼마 있다가 순천부사 우치적, 김제[1]군수 고봉상이 산골짜기로부터 와서 병사 [이복남]이 잘못한 것을 자세히 말하였다. 그 행위를 헤아려보니 패망할 것을 짐작할 수 있었다. 점심을 먹은 뒤에 길에 올라 10리쯤에 이르니 길가에 노인들이 늘어서서 앞다투어 음식을 바쳤는데 받지 않으면 울면서 억지로 주었다. 저녁에 보성 조양창에 이르니 사람은 하나도 없고 창고 곡식만 그대로 봉해져 있으므로 군관 4명으로 하여금 지키도록 하고 나는 김안도의 집에서 숙박을 하였다. 그 집 주인은 이미 피난을 나갔다.

1) 원문 '金蹄'는 '金堤'의 오기이다.

10일(무진) 맑았다. 몸이 몹시 불편하였기 때문에 그대로 머물렀다. 배 동지(배흥립)도 함께 머물렀다.

11일(기사) 맑았다. 아침에 박곡의 양산항[1])의 집으로 옮겼다. 이 집 주인은 이미 바다로 나갔고 곡식은 가득 쌓여있었다. 늦게 송희립, 최대성이 와서 만났다.

1) 원문 '梁山沆'은 '梁山杭'의 오기이다.

12일(경오) 맑았다. 아침에 계본 초고를 수정하였다. 늦게 거제현령 [안위], 발포만호 [소계남]이 들어와서 명령을 들었다. 그편에 [경상우수사] 배설이 겁을 먹은 모습에 대하여 듣고는 더욱 탄식이 나오는 것을 금치 못했다. 권세 있는 집안에 아첨하여 외람되게 높은 자리에 올라 감당치 못하고 크게 나랏일을 그르쳤건만 조정에서 살피지 못하니 어찌하는가? 어찌하는가? 보성군수 [반혼]이 왔다.[1])

1) 초고본에는 이 문장이 이날 일기의 아래쪽 여백에 작은 글씨로 추가로 적혀 있다.

13일(신미) 맑았다. 거제현령 안위, 발포만호 소계남이 돌아간다고 하였다. [전라좌]우후 이몽구가 전령을 받고 들어왔는데 본영의 군기, 군량을 하나도 옮겨 싣지 않았기 때문에 장 80대를 때리고 보냈다.[1]) 하동현감 신진이 와서 "3일에 나의 행차가 간 뒤에 진주의 정개산성과 벽견산성을 모두 스스로 무너뜨렸다."라고 전했다. 매우 통탄스러웠다.

1) 『선조실록』의 기사[6]에 의하면 우후 이몽구는 칠천량해전 이후 병영에 남아 있던 많은 군기와 군량을 처리하지 않고 관곡을 훔쳐서 처자와 함께 배를 타고 바다로 도망쳤다.

14일(임신) 맑았다. 아침에 여러 가지 서장 7통을 확인하고 봉한 다음 윤선각에게 받들어 가도록 하여 올려 보냈다. 저녁에 어사 임몽정[1])을 만나기 위하여 보성군에 이르렀다. 이날 밤 큰비가 내렸다. 열선루에서 숙박을 하였다.

1) 원문 '任夢正'은 '任蒙正'의 오기이다.

15일(계유) 계속 비가 내리다가 늦게 맑아졌다. 선전관 박천봉이 유지를 가지고 왔는데 바로 8월 7일에 작성된 것이었다. 곧바로 삼가 잘 받았다는 [장계를] 만들었다. 과음하여 …하지 못했다.

16일(갑술) 맑았다. 박천봉이 돌아갔다. 궁장 이지와 태귀생이 와서 … 선의, 대남도 왔다. 김희방, 김봉만이 뒤따라왔다.

17일(을해) 맑았다. 이른 새벽에 길에 올라 백사정에 이르러 말을 멈추었다. 군영구미에 이르니 온 지역이 이미 사람이 없는 땅이 되어 있었다. 수사 배설이 [내가] 탈 배를 보내지 않았다. 장흥 사람들이 많은 군량을 마음대로 훔쳐 가기에 붙잡아서 장을 때렸다. 날이 이미 저물었으므로 그대로 머물러 숙박을 하였다. 배설이 약속을 어긴 것이 몹시 아쉬웠다.

18일(병자) 맑았다. 늦은 아침에 곧장 회령포로 가니 [경상우수사] 배설이 수질을 앓는다면서 나오지 않았다. 다른 여러 장수들은 만나 보았다.

19일(정축) 맑았다. 여러 장수들로 하여금 교서, 유서에 숙배하도록 하였으나 [경상우수사] 배설은 교서, 유서를 공경히 맞이하지 않았다. 그 태도가 아주 놀라웠으므로 이방, 영리에게 장을 때렸다. 회령포만호 민정붕이 위덕의 등에게 술과 음식을 받고 그의 전선을 사사로이 내주었기 때문에 장 20대를 때렸다.

20일(무인) 맑았다. 포구가 협착[1]하여 이진 아래 창사(倉舍)로 진을 옮겼는데 몸이 몹시 불편하여 식사도 못 하고 신음하였다.

1) 원문 '挾窄'은 '狹窄'의 오기이다.

21일(기묘) 맑았다. 밤 2시경에 곽란이 일어나서 추위를 접하여 그런가 생각하고 소주를 마시고 조치하였더니 인사불성이 되어 거의 죽을 지경에 이르렀다. 구토를 십여 차례하고 밤새도록 고통스러웠다.

22일(경진) 맑았다. 곽란으로 인사불성이 되어 용변도 보지 못하였다.

23일(신사) 맑았다. 병세가 아주 위중하여 배에 머물러 있기가 불편하였다. 실제 전장도 아니었으므로 배에서 내려 포구 밖에서 숙박을 하였다.

24일(임오) 맑았다. 아침에 괘도포에 이르러 아침식사를 하였다. 12시경에 어란 앞바다에 이르니 곳곳마다 이미 텅 비어 있었다. 바다에서 숙박을 하였다.

25일(계미) 맑았다. 그대로 머물렀다. 아침에 식사를 할 때 당포의 어부가 피난민의 소 2마리를 훔쳐 끌고 와서는 [그 소들을] 잡아먹으려고 적이 온다고 거짓 경보를 외쳤다. 나는 이미 그 실상을 알아채고는 군건히 배를 움직이지 않고 곧바로 그들을 잡도록 하였더니 과연 생각했던 바와 같았다. 군정은 안정되었으나 [경상우수사] 배설은 이미 달아났다. 거짓 경보를 외친 두 사람은 머리를 베어 효시하였다.

26일(갑신) 맑았다. 그대로 어란 바다에 머물렀다. 늦게 임준영이 말을 타고 달려와서 "적선이 이미 이진에 이르렀다."라고 보고하였다. 전라우수사 [김억취]가 왔다. 배의 격군, 기계가 제대로 갖추어지지 않아서 놀라웠다.[1]

1) 초고본에는 이 문장이 이날 일기의 아래쪽 여백에 작은 글씨로 추가로 적혀 있다.

27일(을유) 맑았다. 그대로 머물렀다. [경상우수사] 배설이 와서 만났는데 겁을 먹은 기색이 많았다. 나는 돌연히 "수사는 [어딘가] 피해 있었던 것이 아닌가?"라고 하였다.

28일(병술) 맑았다. 아침 6시경에 적선 8척이 갑자기 돌입하자 여러 배들이 겁을 먹고 후퇴하려는 듯하였다. 내가 동요하는 기색을 보이지 않고 각을 불고 휘를 지휘하며 그들을 추격하니 여러 배들이 회피하지 못하고 한꺼번에 갈두까지 쫓아갔다. 적선이 멀리 도망가서 끝까지 쫓아가진 않았다. "뒤따르는 배가 50여 척이다."라고 하였다. 저녁에 장도에 진을 쳤다.

29일(정해) 맑았다. 아침에 벽파진으로 건너가서 진을 쳤다.

30일(무자) 맑았다. 그대로 벽파진에 머물렀다. 정탐[인]을 나누어 보냈다. 늦게 [경상우수사] 배설이 적이 많이 올까 봐 걱정하여 도망가려고 하므로 그 관할하는 여러 [장수들]을 불러서 통솔하였다. 나는 그의 생각을 짐작하고 있었지만 아직 분명히 드러나지 않은 것을 먼저 들추어내는 것은 장수로서 할 방법이 아니므로 참고 있었는데 배설이 자기 종으로 하여금 소지를 올려서 "병세가 아주 심하여 조리하려고 한다."라고 하였다. 내가 육지로 내려가 조리하라고 처결하여 보내니 배설은 [전라]우수영에서 육지로 내렸다.

9월

1일(기축) 맑았다. 나는 [배에서] 내려 벽파정 위에 앉아 있었다. 점세가 제주로부터 소 5마리를 싣고 나와서 납부하였다.

2일(경인) 맑았다. [경상우수사] 배설이 도망갔다.

3일(신묘) 아침에 맑다가 저녁에 비가 내렸다. 밤에 북풍이 불었다.

4일(임진) 맑았으나 북풍이 많이 불었다. 배가 가만히 있지 않아서 여러 배들을 가까스로 보전하였다.

5일(계사) 맑았다. 북풍이 많이 불었다.

6일(갑오) 맑았다. 바람이 조금 가라앉았으나 추위가 닥쳐서 격군들이 매우 걱정되었다.

7일(을미) 맑았다. 탐망군관 임중형이 와서 "적선 55척 중 13척이 이미 어란 앞바다에 이르렀는데 그 의도가 틀림없이 우리 수군에게 있다."라고 보고하였다. 여러 장수들에게 전령하여 두세 차례 거듭 경계시켰다. 오후 4시경에 과연 적선 13척이 이르렀다. 우리의 여러 배가 닻을 올리고 바다로 나가서 추격하니 적선이 뱃머리를 돌려 달아났다. 먼바다까지 쫓아 갔다가 바람과 물살이 모두 거슬리고 복병선이 있을지 염려되어서 끝까지 쫓아가지 않고 벽파정으로 돌아왔다. 여러 장수들을 불러 모아서 약속을 하며 "오늘 밤 반드시 야간 기습이 있을 것이니 각 여러 장수들은 미리 알아두어 대비하고 조금이라도 명령을 어기면 군법을 따를 것이다."라고 하였다. 두세 차례 거듭 분명히 하고 헤어졌다. 밤 10시경에 과연 적이 이르러 야간 기습을 하며 포환을 많이 쏘았다. 내가 탄 배가 곧바로 앞으로 [나아가] 지자총통을 쏘며 강산을 울리니 적의 무리가 덤빌 수 없음을 알고는 네 차례 진퇴를 하며 포만 쏘다가 밤 1시경에 완전히 물러갔다.

8일(병신) 맑았다. 여러 장수들을 불러 계책을 논의하였다. 우수사 김억추는 일개 만호에나 적합하여 곤임[1]을 받을 수 없는 [인물이지만] 좌의정 김응남과 그 친분이 두텁다고 외람되이 제수하여 보냈으니 조정에 사람이 있다고 할 수 있겠는가? 다만 때를 만나지 못한 것이 아쉽다.

1) 원문 '閫任'은 '閫外之任'의 준말이다. '閫外'는 사마천의 『사기』의 「장석지풍당열전(張釋之馮唐列傳)」에 나오는 '도성 안은 과인이 맡을 것이니 도성 밖은 장군이 맡으라(閫以內寡人制之閫以外將軍制之).'는 문장에서 유래되었다. 『실록』을 살펴보면 곤임은 주로 병사나 수사를 가리키는 용어로 사용되었다.

9일(정유) 맑았다. 이날이 바로 9일(중양절)로서 한 해의 명절이다. 나는 비록 상복을 입은 사람이지만 여러 장수들, 군사들은 먹지 않을 수 없기에 제주로부터 나온 소 5마리를 녹도만호 [송여종], 안골포만호 [우수] 두 만호에게 줘서 장병들에게 먹이라고 일렀다. 늦게 적선 2척이 어란에서 곧장 감보도로 와서 우리 수군의 수를 염탐하였다. 영등포만호 조계종이 그들을 끝까지 쫓아갔더니 적의 무리가 황망[1]하고 급박하여 싣고 있던 여러 가지 물건들을 다 바다로 던져버리고 달아났다.

1) 원문 '荒忙'은 '慌忙'의 오기이다.

10일(무술) 맑았다. 적선들이 멀리 숨었다.

11일(기해) 흐리고 비가 내릴 조짐이 있었다. 홀로 배 위에 앉아 있으니 그리움에 눈물이 흘렀다. 천지 간에 어찌 나와 같은 사람이 있겠는가? 아들 회가 내 심정을 알고는 몹시 불편해 하였다.

12일(경자) 비가 하루 종일 내렸다. 뜸 아래 [앉아 있으니] 마음을 가눌 수 없었다.

13일(신축) 맑았으나 북풍이 많이 불어서 배가 가만히 있지 못하였다. 꿈이 예사롭지 않았는데 임진년에 크게 승리했을 [때와] 비슷하였다. 이것이 무슨 징조인지 모르겠다.

14일(임인) 맑았다. 북풍이 많이 불었다. 벽파진 건너편에서 연기가 올랐으므로 배를 보내어 싣고 왔더니 바로 임준영이었다. [그는] 정탐하고 와서 "적선 200여 척 중 55척이 먼저 어란으로 들어왔다."라고 보고하였고 또한 "포로가 되었다가 도망쳐 돌아온 김중걸이 전하기를 '중걸이 이달 6일 달마산에서 왜적에게 포로가 되어 결박을 당해 왜선에 실렸다가 다행히 김해에서 임진년에 포로가 된 사람을 만나서 왜장에게 간청하여 결박을 풀고 같은 배에서 [지냈는데] 한밤중에 왜놈들이 깊이 잠들었을 때 [김해 사람이] 귀에 대고 몰래 말하기를 「왜놈들이 모여서 의논하기를 조선 수군 10여 척이 우리 배를 쫓아와서 사살하거나 배를 불태우기도 하였으므로 아주 통분하다. 각 곳의 배들을 불러 모아서 합세하여 다 없앤 뒤에 바로 경강으로 갈 것이다.」라고 하였다.'고 하였다."라고 하였다. 이 말은 비록 다 믿을 수는 없으나 또한 그럴 리가 없는 것도 아니기에 곧바로 전령선을 보내어 피난민들에게 일러서 빨리 올려 보내도록 하였다.

15일(계묘) 맑았다. 조수를 타고 여러 장수들을 이끌고 [전라]우수영 앞바다로 진을 옮겼다. 벽파정 뒤에 명량이 있으므로 수가 적은 수군으로 명량을 등지고 진을 칠 수 없었기 때문이다. 여러 장수들을 불러 모아서 약속을 하며 "'병법에 이르기를 반드시 죽고자 하면 살고 반드시 살고자 하면 죽는다.'[1]고 하였고 또한 '한 사람이 길목을 막으면 능히 천 사람을 두렵게 할 수 있다.'[2]고 하였는데 지금의 우리를 두고 이르는 말이다. 너희 여러 장수들은 조금이라도 명령을 어기면 곧바로 군율에 처하고 조금도 용서하지 않을 것이다."라고 하며 두세 차례 엄히 약속하였다. 이날 밤 꿈에 신인이 나타나 가르쳐 주기를 "이렇게 하면 크게 이기고 이렇게 하면 패할 것이다."라고 하였다.

1) 원문 '必死則生 必生則死'는 『오자병법』의 「치병(治兵)」에 나오는 '必死則生 幸生則死'를 인용한 것이다.
2) 원문 '一夫當逕 足懼千夫'는 『오자병법』의 「여사(勵士)」에 나오는 '一人投命 足懼千夫'를 인용한 것이다.

16일(갑진) 맑았다. 이른 아침에 별망군이 와서 "부지기수의 적선이 명량으로 들어오는데 곧장 [우리 수군] 진을 치고 있는 곳으로 향했다."라고 보고하였다. 곧바로 여러 배들로 하여금 닻을 올리고 바다로 나가니 적선 130여 척이 우리의 여러 배를 둘러쌌다. 여러 장수들이 군사의 수가 현격히 차이가 나는 형세임을 헤아리고는 곧 회피하려고 꾀하였다. 우수사 김억추가 탄 배는 이미 2마장 밖에 있었다. 나는 노를 재촉하여 앞으로 돌진하며 지자, 현자 [등] 각양의 총통을 바람과 우레처럼 어지럽게 쏘아댔고 군관 등은 배 위에 삼대처럼 늘어서서 [활을] 빗발치듯 어지럽게 쏘아대니 적의 무리가 당해내지 못하고 나왔다 물러났다 하였다. 그러나 몇 겹으로 둘러싸여 형세를 장차 헤아릴 수 없었다. 온 배의 사람들이 서로 돌아보며 안색이 변했으므로 나는 부드럽게 말하면서 "적선이 비록 많더라도 바로 [우리 배로] 덤비기 어려우니 조금도 동요하지 말고 다시 힘을 다해 계속 적을 쏘아라."라고 일렀다. 여러 장수들의 배를 돌아보니 먼바다로 물러나 있으므로 배를 돌려 군령을 내리려고 하였으나, 여러 적들이 [내가] 물러난 틈을 타서 기세를 올릴 것이므로 이러지도 저러

지도 못할 상황이었다. 각을 불고 중군 영하기를 세우고 또한 초요기를 세우니 중군장 미조항첨사 김응함의 배가 점차 내 배로 다가왔고 거제현령 안위의 배가 먼저 이르렀다. 내가 배 위에 서서 직접 안위를 꾸짖기를 "안위야, 군법에 죽고 싶으냐? 안위야, 군법에 죽고 싶으냐? 도망가면 어디서 살 수 있겠느냐?"라고 하니 안위가 황망히 적선들 사이로 돌입하였다. 또한 김응함을 꾸짖기를 "너는 중군장이 되어서는 멀리 피하고 대장을 구원하지 않으니 죄를 어찌 피할 것이냐? 처형하고 싶으나 적세가 또한 위급하니 우선은 공을 세우도록 해주겠다."라고 하였다. 두 배가 앞서 나아갈 때 적장이 탄 배가 그 휘하의 배 2척을 지휘하며 한꺼번에 안위의 배에 개미 떼처럼 달라붙어서 다투어 기어올랐다. 안위와 배 위의 사람들이 각기 죽을힘을 다해서 혹 능장¹⁾을 가지고, 혹 장창²⁾을 쥐고, 혹 수마석³⁾ 덩어리로 무수히 마구 공격하다가 배 위의 사람들이 거의 힘이 다하였다. 내 배가 뱃머리를 돌려서 곧장 들어가 빗발치듯 어지럽게 쏘아대니 3배의 적들이 거의 다 쓰러졌다. 녹도만호 송여종, 평산포대장 정응두의 배가 뒤따라와서 힘을 합쳐 쏘아 죽이니 하나의 적도 움직이는 자가 없었다. 항왜 준사라는 자는 안골포의 적진으로부터 투항해 온 자로서 내 배 위에 있었는데 굽어보다가 "그림이 있는 홍색 비단옷을 입은 자가 바로 안골진의 적장 마다시⁴⁾다."라고 하였다. 내가 무상 김돌손으로 하여금 갈고리로 낚아서 뱃머리로 올렸더니 준사가 뛸 듯이 기뻐하며 "이 자가 마다시다."라고 하기에 곧바로 마디마디 베게 하였더니 적의 기세가 크게 꺾였다. 여러 배들이 [적이] 덤벼들 수 없음을 알고는 한꺼번에 북을 울리며 일제히 나아가 각기 지자, 현자총통을 쏘아 강산을 울리며 활을 빗발치듯 쏘아대어 적선 31척을 쳐부수었다. 적선이 퇴각하여 다시는 다가오지 않았다. 우리 수군은 싸웠던 바다에 정박하려고 하였으나 물살이 아주 험하고 바람도 거꾸로 불고 형세 또한 외롭고 위태로워서 당사도로 옮겨 정박하고 밤을 보냈다. 이는 실로 천행이었다.

1) 각이 진 곤방(棍棒)류를 가리키는 통칭이다. 이원익의 『오리집』 등을 비롯한 조선 중기의 문헌⁷에 종종 삼릉장이라는 명칭이 보이는 점으로 보아 이 시기의 능장은 주로 삼각으로 제작되었던 것으로 생각된다.

2) 『무예제보』의 「장창제(長鎗製)」에 의하면 장창은 1장 5자 길이의 나무나 대나무로 된 자루에 4냥 이하의 창날을 붙여서 만들어졌다. 『무예제보』가 1598년에 편찬된 점을 감안하면 임진왜란 시기의 장창 규격도 동일했을 것이다.

3) 『융원필비』의 「단석(團石)」에 의하면 수마석은 완구(碗口)에 사용되던 포탄이다. 『중종실록』의 기사⁸에는 수마석을 배에 싣고 다니면서 변란에 대비하였다는 기록이 있으며 『순천부읍지』와 『장흥부읍지』 등의 「군기(軍器)」에도 수마석이 군기의 종류에 포함되어 있다.

4) 마다시(馬多時)는 왜군 장수 구루시마 미치후사(來島通総)를 가리킨다.⁹

17일(을사) 맑았다. 어외도에 이르니 피난선이 무려 300여 척이 먼저 와 있었다. 나주의 진사

임선[1], 임환[2], 임업[3] 등이 와서 만났다. 수군이 크게 승리한 것을 알고는 서로 앞다투어 축하해주었고 또한 두곡(斗斛)의 양식을 가지고 와서 관군에게 주었다.

1) 임선(林愃)의 자는 자관(子寬), 본관은 나주(羅州), 생몰년은 1552년~미상이다.[10]
2) 임환(林懽)의 자는 자중(子中), 호는 습정(習靜), 본관은 나주(羅州), 생몰년은 1561~1608년이다. 임진왜란이 일어나자 창의사 김천일 휘하에서 종사관으로 활약하였고, 정유재란 때는 의병을 규합하여 항전하였으며, 왜교성 전투 등에 참전하였다.[11]
3) 원문 '林業'은 '林㥠'의 오기이며 10월 4일 일기에서 이를 확인할 수 있다. 그의 자는 자신(子愼), 본관은 나주(羅州), 생몰년은 1570~1624년이며, 임선과 임환의 사촌이다.[12]

18일(병오) 맑았다. 그대로 어외도에 머물렀다. 내 배에 있던 순천감목관 김탁과 영노 계생이 탄환에 맞아 죽었다. 박영남, 봉학과 강진현감 이극신[1]도 탄환에 맞았으나 중상에 이르지는 않았다.

1) 조응록의 『죽계일기』의 기록[13]에서도 당시의 강진현감이 이극신(李克新)임을 확인할 수 있다. 그의 자는 신수(愼修), 본관은 원주(原州), 생몰년은 1559년~미상이다.[14]

19일(정미) 맑았다. 일찍 배를 출발하였는데 바람이 부드럽고 물살이 순하여 무사히 칠산해를 건넜다. 저녁에 법성포에 이르니 흉적이 [이미] 육지를 경유해 와서 인가 곳곳을 노략질하였다. 해가 질 무렵 홍농 앞에 이르러 배를 정박하고 숙박을 하였다.

20일(무신) 맑았다. 새벽에 배를 출발하여 곧장 위도에 이르니 피난선이 많이 정박해 있었다. 황득중, 종 금이 등을 보내어 종 윤금을 찾아서 붙잡도록 하였더니 과연 위도 바깥쪽에 있었기에 결박하여 배 안에 실었다. 이광축, 이광보가 와서 만나고 이지화 부자 또한 왔다. 그대로 날이 저물어 숙박을 하였다.

21일(기유) 맑았다. 일찍 출발하여 고군산도에 이르렀다. "호남순찰사 [황신]이 내가 왔다는 소식을 듣고는 배를 타고 급히 옥구로 향했다."라고 하였다. 늦게 광풍이 많이 불었다.

22일(경술) 맑았으나 북풍이 많이 불었다. [그대로] 머물렀다. 나주목사 배응경, 무장현감 이람[1]이 와서 만났다.[2]

1) 『전선무장지』의 「관안」과 조응록의 『죽계일기』의 기록[15]에서도 당시의 무장현감이 이람(李覽)임을 확인할 수 있다.
2) 초고본에는 이 문장이 이날 일기의 아래쪽 여백에 작은 글씨로 추가로 적혀 있다.

23일(신해) 맑았다. 승리에 대한 계본 초고를 수정하였다. 정희열이 와서 만났다.

24일(임자) 맑았다. 몸이 불편하여 신음하였다. 김홍원[1]이 와서 만났다.

1) 김홍원(金弘遠)은 17일 일기에 언급된 나주의 진사 임환과 함께 의병 활동을 한 부안의 진사 김홍원으로 짐작된다. 그의 자는 이중(而重), 호는 해옹(海翁), 본관은 부령(扶寧), 생몰년은 1571~1645년이다.[16]

25일(계축) 맑았다. 이날 밤 몸이 몹시 불편하고 식은땀이 몸을 적셨다.

26일(갑인) 맑았다. 몸이 불편하여 종일 나가지 않았다.

27일(을묘) 맑았다. 송한, 김국, 배세춘 등이 승첩 장계를 가지고 뱃길로 올라갔다. 정제가 충청수사 [권준]이 있는 곳에 있는 부찰사 [한효순]에게 보낼 공문을 가지고 함께 갔다.

28일(병진) 맑았다. 송한, 정제가 바람에 막혀 돌아왔다.

29일(정사) 맑았다. 장계와 정 판관(정제)이 다시 올라갔다.

1일(무오) 맑았다. 아들 회를 보내어 자기 어머니를 만나고 집안의 생사를 살펴보고 오도록 하였다. 마음이 아주 불편하여 편지를 쓸 수가 없었다. 병조의 역자가 공문을 가지고 내려와서 "아산 고향의 온 집이 이미 노략질을 당하여 잿더미가 되고 남은 것이 없었다."라고 전했다.

2일(기미) 맑았다. 아들 회가 배를 타고 올라갔는데 잘 갔는지 모르겠다. 마음을 이루 말할 수 없었다.

3일(경신) 맑았다. 꼭두새벽에 배를 출발하여 법성포로 돌아왔다.

4일(신유) 맑았다. 머물러 숙박을 하였다. 임선, 임업 등이 포로가 되었다가 [적에게] 간청하여 임치로 돌아와서는 편지를 써서 [소식을] 전해왔다.

5일(임술) 맑았다. 그대로 머물렀다. 마을의 집으로 내려가서 숙박을 하였다.

6일(계해) 흐리고 간혹 비가 내리거나 눈비가 부슬부슬 내렸다.

7일(갑자) 바람이 순탄하지 못했고 비가 내리다 맑았다 하였다. 호남의 안팎으로 모두 적의 자취가 없어졌다는 소식을 들었다.[1]

1) 『선조실록』과 조경남의 『난중잡록』의 기록[17]에 의하면 왜군은 9월 말에서 10월 초 사이에 전주 이남 지역으로 물러나 있었다.

8일(을축) 맑고 바람도 부드러웠다. 배를 출발하여 어외도에 이르러 숙박을 하였다.

9일(병인) 맑았다. 일찍 출발하여 [전라]우수영에 이르니 성 안팎으로 인가라고는 하나도 없었고 또한 인적도 없어서 보기에도 참혹하였다. 저녁에 "해남에 흉적이 진을 치고 있다."라는 소식을 들었다. 막 어두워질 무렵 김종려, 정소[1], 백진남[2] 등이 와서 만났다.

1) 20일, 26일 일기에 김종려, 백진남과 함께 정수(鄭遂)가 나오는 점으로 보아 원문 '鄭詔(정소)'는 '鄭遂'의 오기로 보인다. 정수는 백진남의 외삼촌이자 1592년 부산포 해전에서 전사한 녹도만호 정운의 사촌이다.[18]

2) 백진남(白振南)의 자는 선명(善鳴), 본관은 해미(海美), 생몰년은 1564~1618년이며, 아버지 옥봉 백광훈과 함께 문장가로 이름을 날렸다. 정호의 『장암집』에 실린 그의 묘갈명에 따르면 정유재란 때 통제사 이순신의 진중에 피난해 있었다고 하는데 최근에 이를 입증할 수 있는 이순신의 친필 편지도 발견되었다.[19]

10일(정묘) 밤 2시경에 비가 내렸다. 북풍이 많이 불어서 배가 다닐 수 없으므로 그대로 머물렀다. 밤 10시경에 중군장 김응함이 와서 해남에 있는 적의 일을 전했는데 후퇴하는 모습이 많이 보였다고 하였다. "이희급[1]의 아버지가 적에게 포로가 되었다가 간청하여 풀려나서 돌아왔다."라고 하였다. 마음이 편치 않아서 앉았다 누웠다 하다가 새벽이 되었다. [전라]우우후 이정충이 배로 왔으나 만나지 않은 것은 [그가] 외딴섬으로 도망가 있었기 때문이다.[2]

1) 이희급(李希伋)은 진도 벽파정에서 전사했다고 전해지는 전 함양군수 이희급으로 추측된다. 그의 자는 중사(仲思), 본관은 장수(長水), 생몰년은 1553년~미상이다.[20]

2) 초고본에는 이 문장이 이날 일기의 아래쪽 여백에 작은 글씨로 추가로 적혀 있다.

11일(무진) 맑았다. 밤 2시경에 바람이 멎는 듯하기에 초취를 하고 닻을 올리고 바다로 나갔다. 정탐인 이순, 박담동, 박수환, 태귀생을 해남으로 보냈다. "해남에 연기가 하늘을 덮었다."라고 하므로 틀림없이 적의 무리가 달아나면서 불을 지른 것이다. 12시경에 발음 안편도[1]에 이르니 바람이 좋고 날씨도 따뜻하였다. 육지로 내려서 상봉에 올라 배를 둘만한 곳을 살펴보았다. 동쪽으로는 앞섬이 있어서 멀리 바라볼 수 없으나 북으로는 나주와 영암의 월출산까지 통하고 서쪽으로는 비금도[2]까지 통하여 시야가 확 트였다. 얼마 있다가 중군장 [김응함]과 [순천부사] 우치적이 올라왔고 조효남, [거제현령] 안위, [안골포만호] 우수가 뒤따라왔다. 날이 저물 녘에 봉우리에서 내려와 언덕에 앉아 있었는데 [영등포만호] 조계종이 와서 왜적의 상황을 이야기하였고 또한 "왜적들이 [우리] 수군을 아주 꺼린다."라고 하였다. 이희급의 아버지가 와서 만나고 또한 포로가 되었던 경위를 전했는데 마음이 매우 아파서 참을 수 없었다. 저녁에는 봄처럼 따뜻했고 아지랑이가 날아올랐으며 비가 내릴 조짐이 많았다. 오후 8시경 달빛이 비단결과 같았는데 홀로 봉창에 앉아 있으니 온갖 생각이 들었다. 밤 10시경에 식은땀이 몸을 적셨고 밤 12시경에 비가 내렸다. 이날 "우수사 [김억취]가 군량선 사람들의 무릎에 장을 많이 때렸다."라고 하여 놀라웠다.

1) 원문 '發音安便島' 중의 '發音'은 초고본에는 '安便'의 오른쪽 여백에 작은 글씨로 추가로 적혀 있다. 『사대문궤』의 기록[21]에 의하면 당시 조선 수군은 전선 15척, 수군 2,000여 명의 전력으로 전라도 나주 발음도(發音島)에 정박해 있었다. 발음도의 위치에 대해서는, 지금의 전남 신안군 팔금면의 팔금도 또는 전남 신안군 장산면의 장산도로 보는 견해 등이 있다.

2) 지금의 전남 신안군 비금면의 비금도이다.[22]

12일(기사) 계속 비가 내렸다. 오후 1시경에는 맑게 갰다. 아침에 우수사 [김억추]가 와서 그 하인들의 무릎에 장을 때린 잘못을 사과하였다. 가리포첨사 [이응표], 장흥부사 [전봉] 등 여러 장수들이 와서 인사하고 종일 이야기하였다. 탐후선이 4일이 지나도록 오지 않아서 걱정이 되었다. 아마 흉적들이 멀리 숨어서 추적하느라고 돌아오지 않는 것이리라. 그대로 발음도에 머물렀다.

13일(경오) 맑았다. 아침에 배 조방장(배흥립)과 경상우후 [이의득]이 와서 만났다. 얼마 있다가 탐망선이 임준영을 싣고 왔기에 그편에 적의 소식을 들으니 "해남으로 들어가 웅거했던 적이 10일에 [우리] 수군이 내려온 것을 보고는 11일에 남김없이 도망갔지만 해남의 향리 송언봉과 신용 등이 적진으로 들어가서 왜놈들을 인도하여 선비들을 많이 죽였다."라고 하여 통분함을 참을 수 없었다.[1] 곧바로 순천부사 우치적, 금갑도만호 이정표, 제포만호 주의수[2], 당포만호 안이명[3], 조라포만호 정공청[4]과 군관 임계형, 정상명, 봉좌, 태귀생, 박수환 등을 해남으로 보냈다. 늦게 [배에서] 내려 언덕 위에 앉아서 배 조방장, 장흥부사 전봉[5] 등과 이야기하였다. 이날 우수영의 우후 이정충에게 뒤늦게 [나타난] 벌을 주었다. 우수사 [김억추]의 군관 배영수가 와서 "수사의 아버지가 외해로부터 살아 돌아왔다."라고 보고하였다.[6] 이날 새벽꿈에 우의정 [이원익][7]을 만나서 조용히 논의하였다. 12시경에 "선전관 4명이 내려와 법성포에 이르렀다."라는 소식을 들었다. 저녁에 중군장 김응함으로부터 "섬 안의 누군지 모르는 어떤 사람이 산골짜기에 숨어서 소와 말을 죽인다."라는 소식을 들었기에 황득중, 오수 등을 보내어 정탐하도록 하였다. 이날 밤 달빛은 비단결과 같고 미풍도 불지 않았는데 홀로 뱃전에 앉아 있으니 마음이 편치 않았다. 뒤척이며 앉았다 누웠다 하면서 밤새도록 잠을 이루지 못하였다. 하늘을 우러러 탄식만 더할 뿐이다.

1) 『선조실록』의 기사[23]에 의하면 당시 해남, 강진, 장흥 등의 지역에서 송원봉(宋元鳳) 등의 향리와 노비가 철수하는 왜적으로 하여금 사족을 죽이게 만드는 등의 행위를 저질렀다.

2) 주의수(朱義壽)의 본관은 신안(新安)이다.[24] 지금의 경남 창원시 진해구 마천동에는 경상남도 문화재자료 제516호 절충장군주의수묘(折衝將軍朱義壽墓)가 있다.

3) 안이명(安以命)의 자는 사순(士順), 본관은 광주(廣州), 생몰년은 1567년~미상이다.[25]

4) 정공청(鄭公淸)의 자는 윤백(倫伯), 본관은 경주(慶州), 생몰년은 1563년~미상이다.[26] 그가 임진왜란 때 사용했던 투구, 갑옷, 장갑, 혁대 등의 유품이 후손을 통해 현전하며 국가민속문화재 제38호 정공청유품(鄭公遺品)으로 지정되어 있다.

5) 정경달의 『반곡유고』의 『난중일기』의 기록[27]에 의하면 전봉(田鳳)은 8월 초에 장흥부사로 제수되었다. 1588년 여진족 시전부락 토벌 때 이순신과 함께 참전한 전봉과 동일인으로 추측된다.[28]

6) 『전라우수영지』의 『선생안』의 기록[29]에 의하면 김억추의 아버지는 1597년 말까지 생존해 있었던 것으로 짐작된다.

7) 『선조실록』의 기사[30]에 의하면 당시 이원익은 우의정 겸 사도도체찰사였다.

14일(신미) 맑았다. 밤 2시경 꿈에 내가 말을 타고 언덕 위를 가다가 말이 발을 헛디뎌서 냇물로 떨어졌지만 넘어지지는 않았다. 막내아들 면이 [나를] 부축하는 듯하다가 깨어났다. 이것이 무슨 징조인지 모르겠다. 늦게 배 조방장(배흥립)과 [경상]우후 이의득이 와서 만났다. 배의 종이 영남으로부터 와서 적의 형세를 전했다. 황득중 등이 와서 "종[1] 강막지라는 자가 소를 많이 키우기에 12마리를 끌고 [왔다]."라고 보고하였다. 저녁에 어떤 사람이 천안으로부터 와서 집안 편지를 전했는데 열기도 전에 뼈와 살이 먼저 떨리고 정신이 어지러웠다. 대강 초봉을 펼쳐 열의 글씨를 보니 겉에 통곡이라는 두 글자가 쓰여 있어서 면[2]이 전사했음을 깨닫고는 나도 모르게 넋을 잃고 목 놓아 통곡하였다. 하늘이 어찌 이토록 어질지 못한가? 간담이 타고 찢어지는 듯하다. 내가 죽고 네가 사는 것이 당연한 이치인데 네가 죽고 내가 살았으니 어찌 이런 잘못된 이치가 있느냐? 천지가 깜깜하고 해조차도 빛이 변했구나. 슬프다 내 어린 아들아! 나를 버리고 어디로 갔느냐? 영특함이 남달라 하늘이 [너를] 세상에 머물러 두지 않는 것이냐? 내가 지은 죄가 화가 되어서 너에게 미친 것이냐? 이제 내가 세상에 있어도 장차 누구를 의지하겠느냐? 너를 따라 죽어 지하에서 함께 지내며 함께 울고 싶어도 너의 형, 너의 누이, 너의 어미도 의지할 곳이 없으니 아직은 참고 연명하지만 마음은 죽고 형상만 남아 통곡할 뿐이다. 하룻밤을 보내기가 일 년 같구나. 이날 밤 10시경에 비가 내렸다.

1) 원문 '司奴'는 중앙 관아에 소속된 각사노비(各司奴婢)의 준말로 생각된다.
2) 지금의 충남 아산시의 현충사 경내 동쪽 동산에 이면의 묘소가 모셔져 있다.

15일(임신) 비바람이 하루 종일 불었다. 누웠다 앉았다 하며 하루 종일 뒤척였다. 여러 장수들이 안부를 물으러 왔지만 어찌 얼굴을 들고 대하겠는가? 임홍, 임중형, 박신이 적의 형세를 정탐하러 소선을 타고 흥양, 순천 등의 바다로 갔다.[1]

1) 초고본에는 이 문장이 이날 일기의 아래쪽 여백에 작은 글씨로 추가로 적혀 있다.

16일(계유) 맑았다. 우수사 [김억추]와 미조항첨사 [김응함]을 해남으로 보내고 해남현감 [유형]도 보냈다. 나는 내일이 막내아들의 부음을 들은 지 나흘째인데 마음껏 통곡하지도 못했다. 소금장이 강막지의 집으로 갔다. 밤 10시경에 순천부사 [우치적], 우후 이정충, 금갑도만호 [이정표], 제포만호 [주의수] 등이 해남으로부터 돌아왔는데 적의 머리 13급을 베고 [왜적에게] 투항했던 송원봉[1] 등을 [잡아왔다].

1) 초고본에는 원문 '宋彦鳳' 중의 '彦' 옆에 '元'이 적혀 있다.

17일(갑술) 맑았으나 바람이 하루 종일 많이 불었다. 새벽에 향을 피우고 곡을 하였다. 흰 띠를 두르고 있으니 비통함을 어찌 견디겠는가? 우수사 [김억추]가 와서 만났다.

18일(을해) 매우 맑았다. 바람이 멎는 듯하였다. 우수사 [김억추]가 배를 운행할 수 없어서 외해에서 숙박을 하였다. 강막지가 와서 만나고 임계형, 임준영이 와서 만났다. 밤 11시경에 꿈을 꾸었다.

19일(병자) 맑았다. 새벽꿈에 고향집의 종 진이 내려왔다. 나는 죽은 아들을 생각하며 통곡을 하였다. 늦게 조방장 [배흥립]과 경상우후 [이의득]이 와서 만나고 백 진사(백진남)가 와서 만났다. 임계형이 와서 만났다. 김신웅의 아내, 이인세, 정억부를 잡아왔다. 거제현령 [안위], 안골포만호 [우수], 녹도만호 [송여종], 웅천현감[1], 제포만호 [주의수], 조라포만호 [정공청], 당포만호 [안이명], [전라]우우후 [이정충]이 와서 만났다. 적을 잡았다는 공문이 올라왔다. 윤건 등의 형제가 부적인 2명을 잡아왔다. 어두워질 무렵 코피를 1되 남짓 흘렸다. 밤에 앉아서 생각하며 눈물을 흘렸는데 어찌 말로 다 할 수 있겠는가? 지금은 영혼이 되었으니 어찌 끝내 불효가 여기까지 이를 줄 알았겠는가? 비통하여 가슴이 찢어지는 것을 참기 어려웠다.

1) 『사대문궤』와 『웅천현읍지』의 「환적」 등의 기록[31]에 의하면 당시의 웅천현감은 성천희(成天禧)로 추정된다. 그의 본관은 창녕(昌寧)이며, 계사일기(1593년) 2월 17일에 나오는 진도군수 성천지의 형으로서, 임진왜란 발발 후 의병장으로 활동하였다.[32]

20일(정축) 맑고 바람도 멎었다. 이른 아침에 미조항첨사 [김응함], 해남현감 [유형], 강진현감 [이극신]이 해남현의 군량을 운반하기 위하여 돌아갔고 안골포만호 우수도 돌아갔다. 늦게 김종려, 정수, 백진남[1]이 와서 만나고 또한 윤지눌의 나쁜 행실에 대하여 말하였다. 김종려는 소음도 등 13개 섬 염전의 소금 굽는 것을 총감독하고 검칙하도록 정하였다. "본영에 속한 사화의 어미가 배 안에서 죽었다."라고 하기에 곧바로 군관으로 하여금 묻어 주도록 일렀다. 남도포만호 [강응표], 여도만호 [김인영] 두 만호가 와서 만나고 돌아갔다.

1) 원문 '白振男'은 '白振南'의 오기이다.

21일(무인) 밤 2시경에 비가 내리다 눈이 내리다 하였다. 바람이 매우 차가웠으므로 뱃사람들이 추울까 봐 걱정되어 마음이 놓이지 않았다. 오전 8시경에 눈보라가 많이 쳤다. 정상명이 와서 "무안현감 남언상이 들어왔다."라고 보고하였다. 언상은 본래 수군에 속한 관리로서 자기만 살려고 수군으로 오지 않고 산골짜기에 몸을 숨긴지 이미 한 달이나 지났는데, [이제] 적이 물러가게 되자 무거운 벌을 받을까 봐 두려워서 비로소 나타났으니 그 정상이 아주 놀라웠다.[1] 늦게 가리포첨사 [이응표]와 배 조방장(배흥립)이 우후 [이몽구]와 와서 만났다. 하루 종일 눈보라가 쳤다. 장흥부사 [전봉]이 와서 숙박을 하였다.

1) 『선조실록』의 기사[33]에 의하면 남언상을 비롯한 많은 고을의 수령들이 정유재란 발발 후 왜적이 쳐들어오자 고을을 버리고 도망쳤다.

22일(기묘) 아침에 눈이 내리다가 늦게 맑아졌다. 장흥부사 [전봉]과 함께 식사를 하였다. 오후에 군기시 직장[1] 선기룡 등 3명이 유지와 의정부의 방문을 가지고 왔다. 해남현감 [유형]이 부적인 윤해, 김언경을 결박하여 올려 보냈기에 나장이 있는 곳에 단단히 가두었다. 무안현감 남언상은 가리포의 전선에 가두었다. 우수사 [김억추]가 황원[2]으로부터 와서 "김득남을 처형하였다."라고 하였다. 진사 백진남이 와서 만나고 돌아갔다.

1) 원문 '査長'은 '直長'의 오기이다.
2) 지금의 전남 해남군 황산면 일대이다.[34]

23일(경진) 맑았다. 늦게 김종려, 정수가 와서 만나고 배 조방장(배흥립)과 우후 [이몽구], 우수영우후 [이정충]도 왔고 적량만호, 영등포만호 [조계종]도 뒤따라왔다가 저녁에 돌아갔다. 이날 12시경에 윤해, 김언경을 처형하였다.[1] 대장장이 허막동이 나주로 가므로 오후 9시경에 종으로 하여금 그를 불렀더니 "배가 아프다."라고 하였다. 전마 등을 발굽을 잘라주고 편자를 달았다.

1) 『선조실록』의 기사[35]에 의하면 사노(寺奴) 윤해와 사노(私奴) 언경은 왜적과 결탁하여 흉악한 짓을 한 죄로 16일 일기에서 언급되었던 향리 송원봉과 함께 처형되었다.

24일(신사) 맑았다. 해남의 왜군의 군량 322섬을 싣고 왔다.[1] 오후 8시경에 선전관 하응서가 유지를 가지고 들어왔는데 바로 우후 이몽구를 처형하라는 것이었다.[2] 그편에 "명나라의 수군이 강화도로 온다."라는 소식을 들었다.[3] 밤 10시경에 땀을 흘려서 등을 적셨는데 밤 1시경에야 그쳤다. 새벽 3시경에 다시 "선전관과 금오랑이 온다."라고 하였다. 동이 틀 무렵 들어왔는데 선전관은 바로 권길이고 금오랑은 훈련원주부 홍지수였다. 무안현감 [남언상], 목포만호, 다경포만호를 잡아가기 위하여 여기에 왔다.

1) 정경달의 『반곡유고』의 「난중일기」의 기록[36]에 의하면 이순신은 10월 15일 밤에 해남에 주둔한 왜적들을 물리치고 쌀 348섬을 빼앗았다.

2) 『선조실록』의 같은 달 11일 기사[37]에 의하면 칠천량 해전 이후 이몽구가 병영에 남아 있던 많은 군기와 군량을 처리하지 않고 처자와 함께 배를 타고 바다로 도망쳤기 때문에 조선 조정은 그를 군율대로 처단하도록 조처하였다.

3) 같은 달 23일 전후로 명나라의 수군 장수 계금(季金)이 그의 수하 3,000~3,300명을 이끌고 강화도에 도착하였다.[38]

25일(임오) 맑았다. 몸이 몹시 불편하였다. 윤련이 부안으로부터 왔다. 종 순화가 아산으로부터 배를 타고 와서 집안 편지를 받아 보았는데 마음이 편치 않아서 뒤척이며 홀로 앉아 있었다. 오후 8시경에 선전관 박희무가 유지를 가지고 들어왔는데 "명나라 수군이 배를 정박하기에 적합한 곳을 헤아려서 곧바로 계문을 올리라."라고 하였다.[1] 계본을 가지고 서울로 올라갔던 양희우도 돌아왔다. 충청우후가 편지를 보내고 또한 홍시 1접도 보냈다.[2]

1) 『선조실록』의 같은 달 23일 기사[39]에 의하면 조선 조정은 급히 이순신에게 무사를 보내어 명나라 수군이 주둔할 곳 등을 조속히 보고하도록 하였다.

2) 초고본에는 이 문장이 이날 일기의 아래쪽 여백에 작은 글씨로 추가로 적혀 있다.

26일(계미) 새벽에 비가 내렸다. 조방장 [배흥립] 등이 와서 만나고 김종려, 백진남, 정수 등이 와서 만났다. 이날 밤 10시경에 도한[1]이 몸을 적셨는데 구들장이 너무 더웠기 때문이다.[2]

1) 원문 '逃汗'은 잠잘 때 흐르는 땀인 '盜汗'의 오기이다.

2) 초고본에는 이 문장이 이날 일기의 아래쪽 여백에 작은 글씨로 추가로 적혀 있다.

27일(갑신) 맑았다. 영광군수[1]의 아들 전득우가 군관이 되어 와서 만났는데 곧바로 자기 아버지가 있는 곳으로 돌려보냈다. 홍시 100개를 가지고 왔다. 밤에 비가 내렸다.

1) 『영광읍지』의 「읍재선생」과 조응록의 『죽계일기』 등의 기록[40]에 의하면 당시의 영광군수는 전협(田浹)이다. 그의 자는 경윤(景潤), 본관은 담양(潭陽), 생몰년은 1554년~미상이다.[41]

28일(을유) 맑았다. 아침에 여러 가지 계본을 확인하고 봉하여 피은세에게 줘서 보냈다. 늦게 강막지의 집으로부터 나와서 상선에 올랐다. 저녁에 염전의 도서원[1] 껵산이 큰 사슴을 잡아서 바쳤기에 군관 등에게 줘서 나눠 먹도록 하였다. 이날 밤 미풍도 일지 않았다.

1) 징세 업무를 담당하는 서원(書員)의 우두머리이다.

29일(병술) 맑았다. 밤 2시경에 초취를 하고 배를 출발하여 목포로 향하니 이미 비와 우박이 섞여서 내리고 동풍이 조금 불었다. 목포에 이르러 보화도[1]로 옮겨서 정박하니 서북풍을 막을 수 있을 듯하고 배를 두기에도 매우 적합하기에, 육지로 내려서 섬 안을 돌아보니 형세가 좋은 점이 많으므로 진을 치려고 집을 지을 계획을 세웠다.

1) 지금의 전남 목포시 달동의 고하도이다.[42] 현재 이곳에는 전라남도 유형문화재 제39호 고하도이충무공기념비(高下島李忠武公紀念碑)가 있다. 이 비는 1722년에 세워진 것으로서 조선 수군이 고하도에 주둔하게 된 이유와 과정 등이 새겨져 있으며 그 내용은 남구만의 문집인 『약천집』의 기록[43]에도 전한다. 『선조실록』의 기사[44]에 의하면 이후 조선 수군은 1598년 2월 16일에 보화도를 떠나서 2월 17일에 고금도로 진을 옮겼다.

30일(정해) 맑았으나 동풍이 불었고 비가 내릴 조짐이 많았다. 아침에 집 지을 곳으로 내려가서 앉아 있었다. 여러 장수들이 와서 만나고 해남현감 [유형]도 와서 부적인이 한 짓을 전했다. 일찍 황득중으로 하여금 이장들을 이끌고 섬의 북쪽 봉우리 아래로 가서 집을 지을 재목들을 베어 오도록 하였다. 늦게 해남의 부적인 정은부와 김신웅의 아내, 왜놈에게 우리나라 사람을 죽이도록 시킨 자 2명, 선비 집안의 처녀를 욕보인 김애남을 함께 머리를 베어 효시하였다. 저녁에 도양장 둔전의 곡식을 마음대로 나누어 준 일 때문에 양밀에게 장 60대를 때렸다.

1일(무자) 계속 비가 내렸다. 아침에 녹피 2장이 물에 떠내려왔기에 명나라 장수에게 주기로 하였다. 이상한 일이었다. 오후 2시경에 비가 갰으나 북풍이 많이 불어서 뱃사람들이 추위로 고생하였다. 나는 선실에 움츠리고 앉아 있었으나 마음이 아주 불편하여 하루를 보내기가 일 년 같았고 비통함을 이루 말할 수 없었다. 저녁에 북풍이 많이 불어서 밤새도록 배가 흔들려 사람이 가만히 있을 수 없었다. 땀이 나서 몸을 적셨다.

2일(기축) 흐렸으나 비는 내리지 않았다. 일찍 "우수사 [김억추]의 전선이 바람에 떠내려가서 암초1)에 걸려 부서졌다."라는 소식을 들었다. 아주 통분하였다. 병선의 군관 당언량에게 장 80대를 때렸다. 선창으로 내려가 앉아서 다리를 만드는 것을 감독하고 이어 새집을 세우는 곳으로 올라갔다가 어두워질 무렵 배로 내려왔다.

1) 원문 '磩'는 조선시대 문헌45에서 그 용례를 찾아보면 종종 암초라는 의미로 쓰였다.

3일(경인) 맑았다. 일찍 새 집을 [짓는 곳으로] 올라갔다. 선전관 이길원이 배설을 처단하기 위하여 들어왔다.1) 배는 이미 성주의 본가로 갔지만 본가로 가지 않고 곧바로 여기로 왔으니 그 사사로운 정을 따른 죄가 아주 크다. 녹도의 배로 보냈다.

1) 『선조실록』의 기사46에 의하면 조선 조정은 선전관을 보내어 명량해전 직전에 도망간 배설을 군율에 따라 처단하도록 하였으며 배설은 1599년초에 붙잡혀서 서울로 보내져 참수되었다.

4일(신묘) 맑았다. 일찍 새집을 짓는 곳으로 올라갔다. [선전관] 이길원이 머물렀다. 진도군수 선의문1)이 왔다.

1) 『진도군읍지』의 「선생안」과 조응록의 『죽계일기』의 기록47에서도 당시의 진도군수가 선의문(宣義問)임을 확인할 수 있다. 그의 자는 여회(汝晦), 본관은 보성(寶城), 생몰년은 1548년~미상이며, 반곡 정경달 등과 선산, 상주 등지에서 의병 활동을 하였다.48

5일(임진) 맑았다. 봄날처럼 따뜻하였다. 일찍 새 [집을] 짓는 곳으로 올라갔다가 날이 저물 녘에 배로 내려왔다. 영암군수 이종성1)이 와서 밥 30말을 지어 일하는 군사들을 먹였고 또한 "군량미 200섬을 준비하고 벼 700섬도 준비하였다."라고 하였다. 이날 보성군수 [반혼], 홍양현감[2]으로 하여금 군량 곳간을 짓는 것을 살펴보도록 하였다.[3]

1) 『영암군읍지』의 「선생안」과 조응록의 『죽계일기』의 기록[49]에서도 당시의 영암군수가 이종성(李宗誠)임을 확인할 수 있다. 그의 자는 언실(彦實), 본관은 전주(全州), 생몰년은 1553년~미상이다.[50]

2) 『선조실록』과 조응록의 『죽계일기』 등의 기록[51]에 의하면 당시의 홍양현감은 최희량(崔希亮)이다. 그의 자는 경명(景明), 호는 일옹(逸翁), 본관은 수성(隋城), 생몰년은 1560~1651년이며, 을미일기(1595년) 3월 16일에 기록된 판옥선 화재로 죽은 전 충청수사 이계정의 사위이다.[52] 현전하는 그의 유물인 보물 제660-2호 「최희량임란관련고문서-교지」 중에는 명량해전의 공로로 받은 교지도 포함되어 있다.

3) 초고본에는 이 문장이 이날 일기의 아래쪽 여백에 작은 글씨로 추가로 적혀 있다.

6일(계사) 맑았다. 일찍 새 [집을] 짓는 곳으로 올라가서 하루 종일 거닐며 날이 저무는 것도 깨닫지 못하였다. 새집에 이엉을 얹고 군량 창고도 지었다. 전라우수영 우후 [이정충]이 나무를 베기 위하여 황원장[1]으로 갔다.

1) 황원목장을 가리키며 지금의 전남 해남군 화원면에 있었다.[53] 『임진장초』의 「청설둔전장(請設屯田狀)」(1593년 윤11월 17일)에 의하면 임진왜란 당시 둔전이 설치되어 운영되기도 하였다.

7일(갑오) 맑고 따뜻하였다. 아침에 해남의 의병이 와서 왜적의 머리 1급, 환도 1자루를 바쳤다. 이종호가 당언국을 잡아왔기에 거제의 배에 가두었다. 늦게 전 홍산현감 윤영현, 생원 최집이 와서 만나고 또한 군량으로 벼 40섬, 쌀 8섬을 가져다주었다. 며칠 분의 양식으로 도움이 될 것이다. 본영의 박주생이 왜적의 머리 2급을 베어 왔다. 전 현령 김응인이 와서 만났다. 이대진의 아들 이순생이 윤영현을 따라왔다. 저녁에 새집의 마루를 만드는 것을 마쳤다. 각 수사가 와서 만났다. 이날 밤 12시경 꿈에 면이 죽는 모습이 보여서 통곡하였다. 진도군수 [선의문]이 돌아갔다.

8일(을미) 맑았다. 밤 2시경 꿈에 물에 들어가서 물고기를 잡았다. 이날은 따뜻하고 바람도 없었다. 새 방의 벽을 발랐다. 이지화 부자가 와서 만났다. 마루를 만들었다.

9일(병신) 맑고 봄날처럼 따뜻하였다. 우수사 [김억추]가 와서 만났다. 강진현감 [이극신][1]이 현으로 돌아갔다.[2]

1) 노산 이은상은 『이충무공전서』의 번역 시에 송상보로 서술하였다. 그러나 당시의 강진현감은 이극신이다(9월 18일 일기의 주해 및 주석 참조).

2) 초고본에는 이 문장이 이날 일기의 왼쪽 여백에 작은 글씨로 추가로 적혀 있다.

10일(정유) 비와 눈이 섞여서 내렸다. 서북풍이 많이 불어서 간신히 배를 보전하였다. [선라우우휘] 이정충이 와서 "장흥의 적이 물러갔다."라고 하였다.

11일(무술) 맑고 바람도 잦았다. 식사를 한 뒤에 새 집으로 올라갔다. 평산포 신임 만호의 도임장이 올라왔는데 바로 하동현감 [신진]의 형 신훤[1]이었다. "숭정대부를 상으로 가자한다는 [명이] 이미 나왔다."라고 전했다.[2] 장흥부사 [전봉]과 배 조방장(배흥립)이 와서 만났다. 저녁에 우후 이정충이 왔다가 오후 8시경에 돌아갔다.

1) 신훤(申萱)의 자는 백형(伯馨), 본관은 평산(平山), 생몰년은 1558년~미상이다.**54**
2) 『이충무공전서』의 「행록」에 의하면 조선 조정은 명량해전의 승전에 대한 포상으로 이순신을 숭정대부로 가자하려는 논의를 하였지만 실제로 이루어지지는 않았으며, 그의 품계는 노량해전 때까지 그대로 정헌대부에 머물러 있었다.**55**

12일(기해) 맑았다. 이날 늦게 "영암, 나주의 사람들이 타작을 못 하게 하였다."라고 하면서 결박해 왔기에 그들 중 주모자를 가려내어 처형하고 그 나머지 4명은 각 배에 가두었다.

13일(경자) 맑았다.

14일(신축) 맑았다. 해남현감 유형이 와서 윤단중의 이치에 맞지 않는 일을 많이 전하고 또한 "관아에 속한 사람들이 법성포로 피난했다가 돌아올 때 바람을 만나서 [배가] 전복되었을 적에 바다 가운데에서 만났는데도 구하지는 않고 배의 물건들만 빼앗아 갔다."라고 하기에 중군의 배에 가두었고 김인수는 경상수영의 배에 가두었다. 내일이 아버지의 제삿날이라 나가지 않았다.

15일(임인) 맑았다. 봄날처럼 따뜻하였다. 식사를 한 뒤에 새집으로 [갔다]. 늦게 임환과 윤영현이 와서 만났다. 이날 밤 송한이 서울로부터 들어왔다.

16일(계묘) 맑았다. 아침에 조방장 [배흥립], 장흥부사 [전봉]과 진에 있는 여러 장수들이 함께 와서 만났다. 군공을 정한 기록을 살펴보니 거제현령 안위가 통정이 되었고 그 나머지 [장수들도] 차례로 관직을 제수 받았으며 상으로 은자 20냥을 나에게 보냈다.[1] 명나라 장수 양 경리[2]가 붉은 비단 한 필을 보내면서 "붉은 비단을 배에 걸어 주고 싶지만 멀어서 그렇게 하지 못한다."라고 하였다.[3] 영의정 [유성룡]의 답장도 왔다.

1) 보물 제660-2호 「최희량임란관련고문서-교지」 중 1597년 10월 25일에 발급된 교지가 현전하는 유일한 명량 해전 포상 교지로 생각된다.

2) 양 경리의 이름은 양호(楊鎬)이다. 그의 호는 창서(蒼嶼), 고향은 하남(河南), 생몰년은 미상~1629년이며, 제1차 울산성 전투에 참전하였고, 후일 1619년 명나라와 후금 사이에 벌어진 사르후 전투에서 총지휘관으로 참전했다가 패배하여 해임당한 뒤 옥에 갇혔다가 처형되었다.[56]

3) 『선조실록』의 기사[57]와 『이충무공전서』의 「행록」에서도 양호가 은자와 비단을 보낸 사실이 확인된다.

17일(갑진) 계속 비가 내렸다. 양 경리(양호)의 차관이 초유문, 면사첩을 가지고 왔다.[1]

1) 『선조실록』의 같은 해 10월 22일 기사[58]에 의하면 왜군 진영에서 부역하는 조선인들을 죽이지 말라는 내용이 담긴 왜군이 만든 면사첩이 명나라 군사들에 의해 발견된 까닭에 경리 양호는 조선 조정에 조선 백성들을 회유할 초유문을 즉시 만들도록 요구하였다. 시기적으로 보아 일기에서 언급된 초유문과 면사첩은 기사의 내용과 관련된 것으로 판단된다.

18일(을사) 맑았다. 봄날처럼 따뜻했다. 윤영현이 와서 만나고 정한기도 왔다. 땀이 흘렀다.

19일(병오) 흐렸다. 배 조방장(배흥립), 장흥부사 [전봉]이 와서 만났다.

20일(정미) 계속 비가 내리고 바람이 불었다. 임준영이 와서 "완도를 정탐하니 적선이 없었다."라고 전했다.

21일(무신) 맑았다. 송응기 등이 산에서 일할 군사들을 이끌고 해남의 소나무가 있는 곳으로 갔다. 이날 저녁 순생이 와서 숙박을 하였다.

22일(기유) 흐리다 맑았다 하였다. 저녁에 김애가 아산으로부터 돌아왔다. [그는] 유지를 받들어 왔던 사람으로서 이달 10일에 아산으로부터 올 때 편지도 함께 가지고 왔었다. 밤에 눈비가 내리고 바람이 많이 불었다. 장흥의 적이 20일에 물러갔다는 보고가 왔다.

23일(경술) 바람이 많이 불고 눈이 많이 내렸다. 이날 승첩 장계를 썼다. "저녁에 얼음이 얼었다."라고 하였다. 아산의 집으로 편지를 썼는데 눈물이 그치지 않았다. 아들을 생각하니 마음을 가누기 어려웠다.

24일(신해) 눈비가 내리고 서북풍이 계속 불었다.

25일(임자) 눈이 내렸다.

26일(계축) 눈비가 내리고 추위가 배로 혹독하였다.

27일(갑인) 맑았다. 이날 장흥의 승첩 계본을 수정하였다.

28일(을묘) 맑았다. 계본을 봉하였다. 무안에 사는 진사 김덕수[1]가 와서 군량으로 벼 15섬을 바쳤다.

1) 김덕수(金德秀)는 무안의 의병장 김충수(金忠秀)의 동생이다. 그의 자는 득심(得心), 본관은 나주(羅州), 생몰년은 1548년~미상이다.[59]

29일(병진) 맑았다. 마 유격[1]의 차관 왕재가 "뱃길로 명나라 군사가 내려온다."[2]라고 하였다. 전희광, 정황수[3]가 왔고 무안현감도 왔다.[4]

1) 제독 마귀(麻貴)로 추정된다. 그의 호는 소천(小川)으로서, 대동위(大同衛) 사람이며, 1597년 12월 말에 제1차 울산성 전투에 참전하였고, 다음 해 9월에 벌어진 사로병진 작전 때는 동로군을 지휘하였다.[60]

2) 경기 지역에 머물던 계금 휘하의 명나라 수군은 11월경에 남하하여 충청수영이 있던 오천으로 들어갔다.[61]

3) 번역서에 따라 원문을 '鄭凰壽(정황수)' 또는 '鄭鳳壽(정봉수)'로 다르게 판독하고 있다. '凰'의 초고본 글자를 다른 날짜의 일기에 기록된 '鳳'과 비교해보면 '凰'으로 판단된다.[62] 정황수는 무안의 의병장 정기수(鄭麒壽)의 동생으로 추측된다.[63]

4) 초고본에는 이 문장이 이날 일기의 아래쪽 여백에 작은 글씨로 추가로 적혀 있다.

12월

1일(정사) 맑고 따뜻하였다. 아침에 경상수사 이입부(이순신-李純信)[1]가 진에 이르렀다. 나는 잠시 복통이 났으므로[2] 늦게야 수사를 만나서 그와 이야기하고 종일 계책을 논의하였다.

1) 『선조실록』의 같은 해 11월 기사[64]에서도 이순신(李純信)이 경상우수사로 제수된 사실을 확인할 수 있다.
2) 원문 '吾暫腹痛' 중의 '暫'은 초고본의 글자 형태가 모호하여 '患'으로 보는 견해도 있다.[65]

2일(무오) 맑았다. 날씨가 봄처럼 아주 따뜻하였다. 영암의 향병장 유장춘[1]이 적을 토벌한 경위를 보고하지 않아서 장 50대를 때렸다. [전] 홍산현감 윤(윤영현), 김종려, 백진남, 정수 등이 와서 만났다. 밤 10시경에 땀에 젖었다. 북풍이 많이 불었다.

1) 유장춘(柳長春)의 자는 인중(仁仲), 본관은 고흥(高興), 생몰년은 1533년~미상이며, 영암의 의병장 전몽성과 함께 의병 활동을 하였다.[66]

3일(기미) 맑았으나 바람이 많이 불었다. 몸이 불편하였다. 경상수사 [이순신(李純信)]이 와서 만났다.

4일(경신) 맑고 아주 추웠다. 늦게 김윤명에게 장 40대를 때렸다. 군량을 훔쳐 실은 죄로 장흥의 교생 기업에게 장 30대를 때렸다.[1] 거제현령 [안위]와 금갑도만호 [이정표], 천성만호가 타작하는 곳으로부터 돌아왔다. 무안현감과 전희광 등이 돌아갔다.[2]

1) 원문 '決杖三○' 중의 '○'은 초고본의 글자 형태를 판독하기 어렵지만 문맥상으로 보아 '十'자로 짐작된다.
2) 초고본에는 이 문장이 이날 일기의 아래쪽 여백에 작은 글씨로 추가로 적혀 있다.

5일(신유) 맑았다. 아침에 군공을 세운 여러 장수들에게 상으로 내리는 직첩[1]을 나누어 주었다. 김돌손이 봉학을 데리고 함평 땅으로 갔다. 포작을 찾아서 모으려고[2] 정응남이 점세를 데리고 진도로 갔는데 새로 만드는 배를 점검하는 일도 함께 하려고 나간 것이다. 해남의 독동을 처형하였다. 전 익산군수 고종후[3]가 왔고 김억창이 왔고 광주의 박자가 왔고 무안의 나(羅)가 왔다. 도원수 [권율]의 군관이 유지를 가지고 왔는데 "이번에 선전관 편에 '통제사 이모가 아직도 권을 쫓지 않으므로 여러 장수들이 걱정한다.'는 소식을 들었다. 사사로운 정이 비록 간절하겠지만 나랏일이 한창이고 옛사람의 말에도 '전쟁에서 용맹이 없으면 효가 아니다.'[4]라고 하였다. 전쟁의 용맹은 소찬을 하여 기력이 부족한 사람이 할 수 있는 바가 아니다. 예에도 [원칙을 지키는] 경과 [방편을 따르는] 권이 있으므로 원칙만 지킬 수는 없는 것이다.[5] 경은 간곡하게 말하는 나의 뜻을 헤아려 소찬을 그만두고 권을 따르라."라는 것이었다. 유지와 함께 고기를 가지고 와서 더욱 비통하였다. 해남에서 강간, 약탈한 사람들을 함평에서 자세히 조사하였다.

1) 원문 '賞職帖分給' 중의 '賞職'은 '상으로 주는 관직'이라는 의미로서 『실록』에서 그 용례를 쉽게 확인할 수 있다. 따라서 원문 '賞職帖'을 '상과 직첩'이 아닌 '상으로 내리는 직첩'으로 해석하였다. 또한 『선조실록』의 기사[67]에는 '면역이나 상직 등의 첩(免役賞職等帖)'과 같은 일기의 용례와 유사한 문구도 보인다.

2) 정응남이 데리고 간 점세가 포작이었던 점과 뒤 문장의 동사가 '함께 하려고 나간 것이다(幷爲出去)'라고 서술된 점 때문에 원문 '鮑作搜括(포작을 찾아서 모으려고)'을 앞 문장이 아닌 뒤 문장에 포함시켜서 번역하였다.

3) 원문 '高從厚'는 1593년경 익산군수를 지낸 고성후(高成厚)의 이름을 착각하여 오기한 것으로 보인다. 고종후는 의병장 고경명의 아들로서 고성후와는 6촌간이고, 자는 도충(道冲), 시호는 효열(孝烈), 본관은 장흥(長興), 생몰년은 1554~1593년이며, 제2차 진주성전투에서 전사하였다.[68] 고성후의 자는 여관(汝寬), 본관은 장흥(長興), 생몰년은 1549~1602년이다.[69]

4) 원문 '戰陣無勇非孝也'는 『예기』의 「제의(祭義)」에 나오는 증자의 말이다.

5) 경(經)과 권(權)은 유교의 윤리학인 경권론(經權論)에서 사용되는 표현이다. 경권론은 많은 유학자들에 의해 발전된 깊은 이론 체계를 가지고 있는데 이를 간략히 설명하면 경은 '원칙'을 의미하며 권은 '상황에 따라 융통성이 발휘된 행위'를 말한다.

6일(임술) 나덕준, 정대청의 동생 정응청[1]이 와서 만났다.

1) 기축옥사로 인하여 유배지에서 죽은 곤재 정개청의 동생이다(병신일기-1596년 9월 7일의 주해 및 주석 참조).

7일(계해) 맑았다.

8일(갑자) 맑았다.

9일(을축) 맑았다. 종 목년이 들어왔다.

10일(병인) 맑았다. 해, 열과 진원[1]이 윤간, 이언량과 들어왔다. 배를 만드는 곳으로 나가서 앉아 있었다.

1) 원문 '珍原'은 전 진원현감을 가리키는 것으로 보인다. 병신일기(1596년) 9월 17일에는 이순신이 진원현감과 친분이 있는 것으로 보이는 내용이 있다.

11일(정묘) 맑았다. 경상수사 [이순신(李純信)]과 조방장 [배흥립]이 와서 만났다. [전라]우수사 [김억추][1]도 왔다.

1) 『선조실록』의 11월 12일 기사[70]에 전라우수사가 이시언으로 기록된 까닭에 일기의 전라우수사를 이시언으로 서술하는 경우가 있다. 그러나 『선조실록』의 그 전후 기사[71]에는 이시언이 충청병사로 기록되어 있으므로 그를 전라우수사로 기록한 『선조실록』의 기사는 오류이다. 『선조실록』과 『전라우수영지』의 「선생안」의 기록[72]에 의하면 김억추는 1598년초까지 전라우수사를 지냈다.

12일(무진) 맑았다.

13일(기사) 간혹 눈이 내렸다.

14일(경오) 맑았다.

15일(신미) 맑았다.

16일(임신) 맑다가 늦게 눈이 내렸다.

17일(계유) 눈과 바람이 뒤섞여서 휘몰아쳤다. 조카 해와 작별하였다.

18일(갑술) 눈이 내렸다. 해가 어제의 취기가 가시지 않았으나 이날 새벽에 배로 출발하였다. 마음이 불편하였다.

19일(을해) 눈이 하루 종일 내렸다.

20일(병자) 진원의 대부인과 윤간이 올라갔다. 우후가 [교서에] 숙배하였다.

21일(정축) 눈이 내렸다. 아침에 [전] 홍산현감 [윤영현]이 목포로부터 와서 만났다. 늦게 배 조방장(배흥립)과 경상수사 [이순신(李純信)]이 와서 만났는데 많이 취해서 돌아갔다.

22일(무인) 비와 눈이 섞여서 내렸다. 함평현감 [손경지][1]가 들어왔다.

1) 『함평읍지』의 「읍재선생」과 조경남의 『난중잡록』의 기록[73]에 의하면 당시의 함평현감은 손경지(孫景祉)이다.

23일(기묘) 눈이 3치 깊이로 쌓였다. [전라]순찰사 [황]신이 진에 도착한다는 소식이 미리 왔다.

24일(경진) 눈이 내리다 맑았다 하였다. 아침에 이종호를 순찰사 [황신]에게 보내어 안부를 물었다. 이날 밤 나덕명[1]이 와서 이야기하였다. [그가] 머무르는 것을 [내가] 싫어하는 줄도 모르니 답답하였다. 밤 10시경에 집으로 보낼 편지를 썼다.

1) 6일 일기에 나오는 나덕준의 형 나덕명으로 짐작된다. 나덕명(羅德明)의 자는 극지(克之), 본관은 나주(羅州), 생몰년은 1551년~미상이다. 정여립의 역모사건으로부터 비롯된 기축옥사에 휘말려 함경도 경성으로 귀양을 갔다가 임진왜란 때 정문부가 일으킨 의병에 가담하여 활동하였다.[74]

25일(신사) 눈이 내렸다. 아침에 열이 돌아갔는데 제 어미의 병 때문이다. 늦게 경상수사 [이순신(李純信)], 배 조방장(배흥립)이 와서 만났다. 오후 6시경에 순찰사 [황신]이 진에 이르렀다. 그와 서로 군의 일을 의논하였으며 연해의 19고을을 수군에 전속시켰다. 저녁에 방안으로 들어가서 편안히 이야기하였다.

26일(임오) 눈이 내렸다. 방백 [황신]과 방에 앉아서 군사 계책을 편안히 이야기하였다. 늦게 경상수사 [이순신(李純信)], 배 조방장(배흥립)이 와서 만났다.

27일(계미) 눈이 내렸다. 아침에 식사를 한 뒤에 순찰사 [황신]이 돌아갔다.

28일(갑신) 맑았다. 경상수사 [이순신(李純信)], 배 조방장(배흥립)이 와서 만났다. 비로소 경상수사를 지원할 물건이 왔다는 소식을 들었다.

29일(을유) 맑았다. 김인수를 풀어주었다. 윤…에게 장 30대를 때리고 풀어주었다. 영암의 좌수는 …를 받고 풀어주었다. 저녁에 [승려] 두우[1]가 종이[2] 백지, 상지 도합 50…를 [가]제왔다. 오후 8시경에 "5사람이 뱃머리에 왔다."라고 하기에 종을 보내어 …. 이것이 무슨 뜻인지 모르겠다. 거제현령 [안위]의 잘못을 알 수 있겠다. "…가 끓는 물에 팔과 손가락을 상했다."라고 하였다.

1) 정유일기 1(1597년) 5월 8일에 승려로 기록되어 있다.
2) 원문 '紙地'는 '종이'를 의미하며 『실록』이나 조선시대 문헌에서 그 용례를 확인할 수 있다.

30일(병술) 입춘이다. 눈보라가 몰아치고 추위가 아주 혹독하였다. … 배 조방장(배흥립)이

와서 만나고 여러 장수들이 모두 와서 만났지만 평산포만호 [신훤], 영등포만호 [조계종][1)]
은 오지 않았다. 부찰사 [한효순]의 군관이 편지를 가지고 왔다. 이날 밤은 한 해를 마치는
밤이라 비통함이 더욱 심하였다.

1) 『선조실록』의 11월 기사[75]에 명량해전에 참전한 영등포만호가 정응두로 기록된 때문에 일기의 영등포만호를 정
   응두로 서술하는 경우가 있다. 그러나 9월 9일과 9월 16일 일기에 의하면 명량해전에 참전한 영등포만호와 평
   산포대장은 각각 조계종과 정응두였으므로 『선조실록』의 기사는 오류이다. 그리고 11월 11일 일기에 의하면 평
   산포는 이 시기 신훤이 신임 만호로 도임하였다.

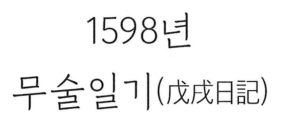

1598년
무술일기(戊戌日記)

1일(정해) 맑다가 늦게 잠시 눈이 내렸다. 경상수사 [이순신(李純信)], 조방장 [배흥립]과 여러 장수들이 모두 와서 모였다.

2일(무자) 맑았다. 나라의 제삿날[1]이라 업무를 보지 않았다. 이날 새로 [만든] 배의 받침대[2]를 뺐다. 해남현감 [유형]이 와서 만나고 돌아갔다. 송대립, 송득운, 김붕만이 각 고을로 나갔다. 진도군수 [선의문]이 와서 만나고 돌아갔다.

1) 명종 비 인순왕후(仁順王后)의 제삿날이다.
2) 원문 '塊'는 배를 만들 때 배 밑에 받치는 토괴(土塊)나 석괴(石塊)로 추정된다.

3일(기축) 맑았다. 이언량, 송응기 등이 산에서 일할 ….

4일(경인) 맑았다. 무안현감[1]에게 장 …대를 때렸다. …수사가 있는 곳으로 …하였더니 우수사 [김억추]가 와서….

1) 노산 이은상은 『이충무공전서』의 번역 시에 남언상으로 서술하였다. 그러나 정유일기 2(1597년) 10월 21일/22일/24일에 기록된 바와 같이 남언상은 왜군이 쳐들어왔을 때 고을을 버리고 도망간 죄로 의금부 도사에게 잡혀갔다. 일기의 무안현감은 시기상으로 보아 『선조실록』의 같은 해 3월 기사[1]에 무안현감으로 기록된 채우령(蔡禹齡)일 가능성이 높다.

절이도해전²

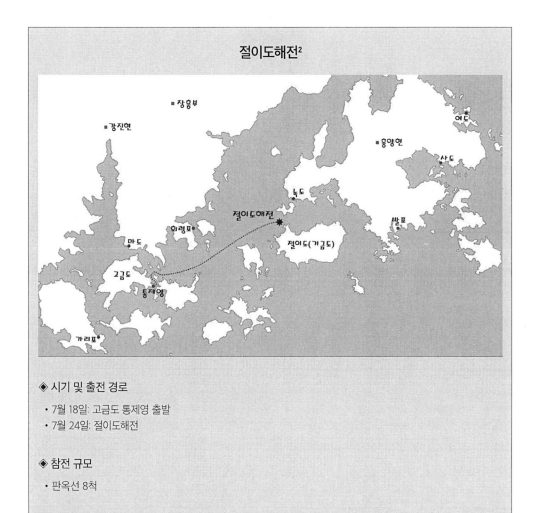

◈ 시기 및 출전 경로

- 7월 18일: 고금도 통제영 출발
- 7월 24일: 절이도해전

◈ 참전 규모

- 판옥선 8척

◈ 해전 결과

- 왜선 6척 나포

9월

15일(정유) 맑았다. 진 도독(진린)¹⁾과 한꺼번에 군사를 움직여 나로도²⁾에 이르러 숙박을 하였다.

1) 진린(陳璘)의 자는 조작(朝爵), 호는 용애(龍厓)이며, 광동(廣東) 나정주(羅定州) 동안현(東安縣) 출신이다.³ 당시 왜군 토벌을 위하여 펼쳐진 사로병진 작전의 수로군 대장으로서 5,000명의 광동군을 이끌고 7월경 고금도 진영으로 내려왔다.⁴

2) 지금의 전남 고흥군 동일면의 내나로도와 같은 군 봉래면의 외나로도이다(임진일기-1592년 3월 20일의 주해 및 주석 참조).

16일(무술) 맑았다. 나로도에 머물렀다. 도독 [진린]과 술을 마셨다.

17일(기해) 맑았다. 나로도에 머물렀다. 진린과 술을 마셨다.

18일(경자) 맑았다. 오후 2시경에 군사를 움직여 방답에 이르러 숙박을 하였다.

19일(신축) 맑았다. 아침에 [전라]좌수영 앞바다로 옮겨서 정박하니 보이는 것들이 참혹하였다. 밤 12시경에 달빛을 타고 하개도¹⁾로 옮겨서 정박하였다. 날이 밝기 전에 군사를 움직였다.

1) 원문 '何介島' 중의 '何'는 초고본의 글자 형태가 조금 모호하여 '沙'로 보는 견해도 있지만 초고본의 글자를 다른 날짜의 일기에 기록된 '何' 및 '沙'와 비교해보면 '何'임을 알 수 있다.⁵

20일(임인) 맑았다. 오전 8시경에 유도¹⁾에 이르니 명나라 육군 장수 유 제독(유정)이 이미 진군해 있었다. 수륙으로 함께 협공하니 적의 기세가 크게 꺾여 두려워하는 기색이 많았다. 수군이 나갔다 들어왔다 하면서 포를 쏘았다.

1) 지금의 전남 여수시 묘도동의 묘도로서 『신증동국여지승람』, 『순천부읍지』, 조선시대 지도 등에는 그 지명이 유도 또는 묘도로 기록되어 있다.⁶ 조경남의 『난중잡록』과 진경문의 『예교신병일록』의 기록⁷에 의하면 이날 조선과 명나라의 수군은 묘도를 경유하여 낮 12시경에 순천왜성을 공격하였다.

조경남과 진경문은 왜교성 전투에 직접 참전하였기 때문에 『난중잡록』과 『예교진병일록』에 기록된 왜교성 전투 관련 내용은 신빙성이 높다. 이 두 기록은 『난중일기』의 관련 내용과 상당 부분 부합함과 동시에 부족한 부분을 서로 보완해주고 있다.

21일(계묘) 맑았다. 아침에 진군하여 활을 쏘기도 하고 포를 쏘기도 하면서 하루 종일 싸웠 지만 조수로 [물이] 얕아지면서 다가가 싸울 수 없게 되었다.[1] 남해의 적이 가벼운 배를 타 고 들어와 정탐할 때 허사인 등이 쫓아갔더니, 적이 육지로 내려서 산으로 올라갔으므로 그 배와 여러 가지 물건을 빼앗아 와서 곧바로 도독 [진린]에게 주었다.

1) 조경남의 『난중잡록』의 기록[8]에 의하면 이날 수군은 순천왜성의 북쪽 선창 방향을 공격하다가 조수로 물이 빠 지자 물러 나왔다.

22일(갑진) 맑았다. 아침에 진군하여 나갔다 들어왔다 하다가 유격이 왼쪽 어깨에 탄환을 맞 았으나 중상에 이르지는 않았다. 명나라 사람 11명이 탄환에 맞아 죽었다.[1] 지세포만호, 옥포만호[2]가 탄환에 맞았다.

1) 『선조실록』과 진경문의 「예교진병일록」의 기록[9]에 의하면 이날 명나라 유격 계금이 탄환에 맞는 부상을 당했으 며 왜군과 명나라 수군 모두 사상자가 매우 많았고 조선 수군은 조수가 얕아서 제대로 전쟁을 수행하지 못했다.
2) 『사대문궤』와 『선조실록』의 기록[10]에 의하면 당시의 옥포만호는 이섬이다.

23일(을사) 맑았다. 도독 [진린]이 화를 내면서 서천만호와 홍주대장, 한산대장 등에게 각각 곤장[1] 7대를 때렸다. 금갑도만호, 제포만호 [주의수], 회령포만호도 함께 장 15대를 맞았 다.[2]

1) 곤장을 사용하는 곤형은 조선 전기에는 없던 제도로서 임진왜란을 전후한 시기에 중앙이나 지방의 군대에서 사용되기 시작했던 것으로 추정된다.[11]
2) 『충무공유사』의 「장졸명단」의 무술년(1598년) 명단에는 서천권관은 조덕린(曹德獜), 홍주대장은 최호(崔灝), 한 산대장은 신경윤(申景胤), 회령포만호는 위대기(魏大器)로 기록되어 있다.

24일(병오) 맑았다. 진대강[1]이 돌아갔다. 원수[2] [권율][3]의 군관이 공문을 가지고 왔다. 충청 병사[4]의 군관 김정현이 왔다. 남해 사람 김덕유 등 5인이 나와서 그 지역의 적의 정황을 전 했다.

1) 진대강(陳大綱)은 명나라 제독 유정 휘하의 천총이다.[12]
2) 원문 '元師'는 '元帥'의 오기이다.
3) 『선조실록』, 조경남의 『난중잡록』, 진경문의 「예교진병일록」의 기록[13]에 의하면 당시 권율은 서로군의 대장인 명나라 제독 유정과 함께 있었다.
4) 『선조실록』, 조경남의 『난중잡록』, 진경문의 「예교진병일록」의 기록[14]에 의하면 당시의 충청병사는 이시언으로 서 서로군의 분군 중 하나인 좌협에 속해 있었다.

25일(정미) 맑았다. [천총] 진대강이 돌아와서 유 제독(유정)이 보낸 편지를 전했다. 이날도 육군이 [성을] 공격하기 [위한] 기계가 완전히 갖추어지지 않았다. [군관] 김정현이 와서 만났다.

26일(무신) 맑았다. 육군의 준비가 갖추어지지 않았다.[1] 저녁에 정응룡이 와서 북도[2]의 일을 이야기하였다.

1) 진경문의 「예교진병일록」의 기록[15]에 의하면 이날 육군의 공성 기구들이 반 정도 완성되었으며 제독 유정은 28일에 수륙으로 협공할 계책을 세웠다.
2) 북도(北道)는 함경도를 말하며 『실록』이나 조선시대 문헌에서 그 용례를 쉽게 찾을 수 있다.

27일(기유) 아침에 잠시 비가 내리고 서풍이 많이 일었다. 아침에 형 군문(형개)[1]이 편지를 보내어 수군이 신속히 진군하였다고 칭찬하였다. 식사를 한 뒤에 진 도독(진린)을 만나서 조용히 이야기하였다.[2] 하루 종일 바람이 많이 불었다. 저녁에 신호의가 와서 만나고 숙박을 하였다.

1) 형개(邢玠)의 호는 곤전(昆田)이며, 산동(山東) 청주부(青州府) 익도현(益都縣) 출신이다.[16] 『선조실록』과 『선조수정실록』의 기록[17]에 의하면 사로병진 작전의 총사령관 격인 인물이다.
2) 진경문의 「예교진병일록」의 기록[18]에 의하면 이날 기계가 완성되지 않았기 때문에 제독 유정은 다음 달 2일로 공성 계획을 미루었다.

28일(경술) 맑았으나 서풍이 많이 불었다. 크고 작은 배들이 드나들 수 없었다.

29일(신해) 맑았다.

30일(임자) 맑았다. 이날 저녁 왕 유격(왕원주)[1], 복 유격(복일승)[2], 이 파총(이천상)[3]이 100여 척의 배를 이끌고 진에 이르렀다.[4] 이날 밤 등불이 찬란하여 적의 무리가 간담이 서늘했을 것이다.

1) 왕원주(王元周)의 호는 경남(敬南)이며, 소주부(蘇州府) 태창위(太倉衛) 출신이다.[19] 조경남의 『난중잡록』과 신흠의 『상촌집』의 기록[20]에 의하면 복일승, 이천상과 함께 수로군에 속하여 진린의 지휘를 받았다.
2) 복일승(福日昇)은 직례(直隸) 양주위(楊州衛) 출신이다.[21]
3) 이천상(李天常)의 자는 유경(惟經), 호는 영봉(靈峯)이며, 절강(浙江) 소흥부(紹興府) 산음현(山陰縣) 출신이다.[22]
4) 신흠의 『상촌집』은 왕원주가 2,000명, 복일승이 1,500명, 이천상이 2,700명의 병력을 이끌었다고 기록하였지만 실제로는 이보다 적었을 것으로 추정된다.[23]

1일(계축) 맑았다. 도독 [진린]이 새벽이 되자 유 제독(유정)에게 가서 잠시 서로 이야기하였다.[1]

1) 조경남의 『난중잡록』과 진경문의 「예교진병일록」의 기록[24]에 의하면 이날 제독 유정은 여러 장수들과 함께 다음 날 인시(오전 4시경)에 순천왜성을 공격하기로 약속하였으며 공성 기계도 모두 준비되었다.

2일(갑인) 맑았다. 새벽 6시경에 진군하여 우리 수군이 먼저 올라가서 12시까지 싸워 적을 많이 죽였다. 사도첨사[1]가 탄환에 맞아 전사하였고 이청일도 죽었다. 제포만호 주의수, 사량만호 김성옥[2], 해남현감 유형, 진도군수 선의문, 강진현감 송상보[3]는 탄환에 맞았으나 죽지는 않았다.[4]

1) 『이충무공전서』의 「행록」과 김육의 『잠곡유고』 등의 기록[25]에 의하면 이날 전사한 사도첨사는 황세득이다.

2) 원문 '金聲玉'은 '金成玉'의 오기이다. 김성옥은 당포해전 등에 참전하였다.[26]

3) 원문 '宋尙甫'는 '宋商甫'의 오기이다. 『강진군읍지』의 「선생안」에서도 당시의 강진현감이 송상보임을 확인할 수 있다.[27] 그의 자는 계중(季仲), 본관은 여산(礪山), 생몰년은 1562년~미상이며, 행주대첩 등에 참전하였다.[28]

4) 『선조실록』의 기사[29]에 의하면 이날 제독 유정은 전투 과정에서 독전하지도 후퇴하지도 않는 이해할 수 없는 태도를 보임으로써 서로군과 수로군의 합동 작전에 막대한 지장을 초래하였으며, 수군과 왜군 사이에서 벌어진 전투에서 조선 군사 29명과 명나라 군사 5명이 전사하였다.

진경문의 「예교진병일록」의 기록[30]에 의하면 이날 육군은 왜군과 몇 차례 전투를 벌여 5백여 명 이상의 명나라 군사가 전사하였으며 오후에는 사기가 꺾여서 별다른 공격은 하지 않고 공성 기구 등만 늘어세워 놓았다.

김대현의 『유연당집』의 「기군문잡사」의 기록[31]에 의하면 이날 수군은 순천왜성을 공격하고 돌아올 때 불을 질러서 적선 70~80척을 불태웠다.

3일(을묘) 맑았다. 도독 [진린]이 유 제독(유정)의 밀서에 따라 막 어두워질 무렵 싸우러 나가서 밤 12시경까지 공격하다가 사선[1] 19척, 호선[2] 20여 척이 불탔다.[3] 도독이 화난 모습을 이루 말할 수 없었다. 안골포만호 우수가 탄환을 맞았다.

1) 사선(沙船)은 중국의 양자강 이북에서 널리 사용되던 평저선으로서 돛대의 수가 많은 편이고 크기도 다양하였다. 임진왜란 시기 조선에 온 사선은 조선의 남해안의 지리적 조건을 감안하면 중형의 사선이었을 것으로 생각된다.[32]

2) 갑오일기(1594년) 6월 15일의 주해 및 주석 참조

3) 『선조실록』의 기사[33]에 실린 도원수 권율의 보고에 의하면 이날 밤 수군이 조수를 타고 진격하여 많은 왜군을 사살하였다. 그러나 명나라 군사는 치열하게 싸우느라 조수가 빠지는 것을 깨닫지 못하여 명나라 선박 23척이 얕은 바다에 걸렸는데, 왜군들은 이 배들을 불태우고 많은 명나라 군사를 죽이거나 잡아갔으며 명나라 군사 140여 명만이 살아서 돌아왔다. 조선 수군의 배 7척도 얕은 곳에 걸렸지만 다음 날 수군이 조수를 타고 구원하여 무사히 돌아왔다.

『난중잡록』의 기록[34]에 의하면 이날 제독 유정과 도독 진린이 수륙으로 협공하기로 비밀리에 연락하고 수군이 조수를 타고 공격하였지만 육군은 단지 나팔 소리만 내어 상응하였다. 수군은 육군이 이미 적의 성으로 들어 간 것으로 생각하고 혼전하였지만 조수가 밀려 나가서 배가 움직일 수 없게 되자 왜군이 배를 포위하고 공격하였다. 명나라 군사는 힘이 다하여 스스로 43척의 배를 불태웠고 수백 명이 사로잡혔다. 조선 수군의 배 3척도 함께 갇혀 있었지만 선체가 높고 견고하고 또한 활을 많이 쏘아서 왜군이 다가오지 못하였으므로 다음 날 아침 조수가 밀려들 때 빠져나왔다. 진린은 대노하여 다음 날 유정의 진으로 가서 수(帥)자 기를 찢어버리고 유정을 책망하였다.

진경문의 「예교진병일록」의 기록[35]에 의하면 이날 밤 초경(오후 8시경) 수군이 왜교성을 공격하였지만 육군과 수군의 명나라 군사들이 서로 시기한 탓에 육군은 제대로 호응하지 않았다. 수군이 한밤까지 성을 공격하다가 화약이 다 떨어졌는데 이미 조수가 빠지고 있는 상황이기 때문에 갯벌에서 왜군과 육박전을 벌이게 되었다. 이 전투에서 명나라 군사는 스스로 13척의 배를 불태웠고 죽은 자가 절반을 넘었으며 많은 왜군도 죽었다. 이 순신은 가벼운 배를 이용하여 명나라 군사 200여 명을 구하였다. 조선 수군은 보성군수 전백옥의 배가 나포될 뻔했으나 영등포와 평산포의 배가 옆에서 활을 쏘며 왜군을 견고히 막아냈다.

일본 측 자료인 『우도궁고려귀진물어』의 기록[36]에 의하면 이날 명나라 선박 32척이 소각되었고 또 다른 명나라 선박 7척이 포획되었다. 『난중일기』와 『우도궁고려귀진물어』의 두 저자가 모두 이날 전투에 직접 참전했던 점과 명나라 수군의 피해 선박 숫자가 서로 일치하는 점으로 보아 이 두 기록에 보이는 명나라 선박 피해 숫자가 가장 정확한 기록으로 판단된다.

4일(병진) 맑았다. 이른 아침에 배를 보내어 적을 공격하였다. 하루 종일 싸웠는데 적의 무리는 허둥지둥 갈팡질팡하였다.

5일(정묘) 맑았다. 서풍이 많이 불었다. 각 배들을 간신히 정박하고 하루를 보냈다.

6일(무오) 맑았으나 서북풍이 많이 불었다. 도원수[1] [권율]이 군관을 보내어 편지를 전했는데 "유 제독(유정)이 후퇴하려고 한다."라고 하여 매우 통분하였다.[2] 나랏일이 장차 어찌 되려는가?

1) 원문 '都元師'는 '都元帥'의 오기이다.
2) 조경남의 『난중잡록』의 기록[37]에 의하면 제독 유정은 군사를 후퇴시킬 생각으로 조선의 여러 장수들로 하여금 군에 있는 노약자와 병든 사람을 모두 내보내게 하였는데 권율이 그 뜻을 알고는 먼저 나가는 군졸들에게 군량 한 섬씩을 가지고 가게 하였다.

7일(기미) 맑았다. 아침에 송한련이 군량 4[섬], 조 1[섬], 기름 5되, 꿀 3되를 납부하였고 김태정이 쌀 2섬 1말을 납부하였다.

8일(경신) 맑았다.

9일(신유) 육군이 이미 철수하였기에[1] 도독 [진린]과 배를 이끌고 바닷가 정자로 갔다.

1) 『선조실록』, 조경남의 『난중잡록』, 진경문의 「예교진병일록」의 기록[38]에 의하면 육군은 7일에 순천 부유로 철수하였다.

10일(임술) [전라]좌수영에 이르렀다.

11일(계해) 맑았다.

12일(갑자) 나로도[1]에 이르렀다.

1) 『선조실록』과 진경문의 「예교진병일록」의 기록[39]에 의하면 이순신과 진린은 나로도에 진을 치고 머물면서 다음의 사태에 대비하였다.

8일(기축) 도독부에 가서 위로연을 베풀고 어두워질 무렵에 돌아왔다. 얼마 있다가 도독 [진린]이 보자고 청하기에 곧바로 갔더니 "순천 왜교[1]의 적들이 [이달] 10일경[2] 철수하여 도망 간다는 소식이 육지로부터 긴급히 왔으니 서둘러 군사를 진군하여 돌아가는 길을 막자."라 고 하였다.

1) 왜교는 예교로도 불렸다.[40] 지금의 전남 순천시 해룡면 신성리 일대로서 현재 이곳에는 전라남도 기념물 제171 호 순천왜성(順天倭城)이 있다.
2) 원문 '日間'은 '~일경'이라는 의미로서 『선조실록』의 기사[41]에서 그 용례를 확인할 수 있다.

9일(경인) 도독 [진린]과 한꺼번에 군사를 움직여 백서량에 이르러 진을 쳤다.

10일(신묘) [전라]좌수영 앞바다에 이르러 진을 쳤다.

11일(임진) 유도[1]에 이르러 진을 쳤다.[2]

1) 지금의 전남 여수시 묘도동의 묘도이다(9월 20일 일기의 주해 및 주석 참조).
2) 일본 측 자료인 『우도궁고려귀진물어』의 기록에 따르면 왜교성에 주둔하고 있던 왜군은 이날 배로 철수할 예정 이었지만 아침에 해상에 늘어선 조선과 명나라의 수군을 보고는 일제히 경악했다고 한다.[42]

12일(계사)

13일(갑오) 왜선 10여 척이 장도[1]에 나타났으므로 곧바로 도독 [진린]과 약속을 하고 수군을 이끌고 추격하였다. 왜선은 물러나 움츠리고는 하루 종일 나오지 않았다.[2] 도독과 장도로 돌아와서 진을 쳤다.

1) 지금의 전남 여수시 율촌면 여동리의 장도이다.[43] 현재는 매립공사로 육지가 되어 있다.
2) 조경남의 『난중잡록』의 기록[44]에 의하면 조선 수군은 12일에 왜군의 배 10여 척을 묘도 밖에서 쳐부수었다고 한다. 이날 일기에 언급된 왜선의 척 수 및 나타난 위치와 거의 일치하는 점으로 보아 같은 사건에 대해 결과를 다르게 기록한 것으로 보인다.

14일(을미) 왜선 2척이 강화를 하려고 바다 가운데로 나오니 도독 [진린]이 왜 통역관으로 하여금 왜선을 맞이하였다. "오후 8시경에 왜장이 소선을 타고 도독부로 들어와서 돼지 2마리, 술 2병을 도독에게 바쳤다."라고 하였다.[1]

1) 『선조실록』의 기사[45]에 의하면 이날 진린의 허가로 왜선 1척이 왜교에서 남해로 갔는데 이는 왜군이 강화를 핑계로 구원병을 요청하기 위하여 계략을 획책한 것이었다.

15일(병신) 이른 아침에 도독 [진린]을 만나러 가서 잠시 이야기하다가 곧 돌아왔다. 왜선 2척이 강화를 하려고 두세 차례 도독의 진중을 드나들었다.

16일(정유) 도독 [진린]이 진문동[1]을 왜군의 진영으로 들여보냈다. 얼마 있다가 왜선 3척이 말과 창, 검 등의 물건을 가지고 와서 도독에게 바쳤다.

1) 원문 '陳文同'은 '陳文棟'의 오기이다. 그는 진린이 강화를 목적으로 왜군 진영으로 보낸 인물이다.[46]

17일(무술) 어제 복병장 발포만호 소계남, 당진포만호 조효열[1] 등이 왜의 중선 1척이 군량을 가득 싣고 남해로부터 바다를 건너갈 때 한산도 앞바다까지 추격하니, 왜적들은 [배를] 해안에 대고 육지로 올라가 달아났고 사로잡은 왜선과 군량은 명나라 사람들에게 빼앗기고 빈손으로 돌아와서 보고하였다.

1) 조효열(趙孝悅)의 자는 성원(誠源), 본관은 한양(漢陽), 생몰년은 미상이다.[47]

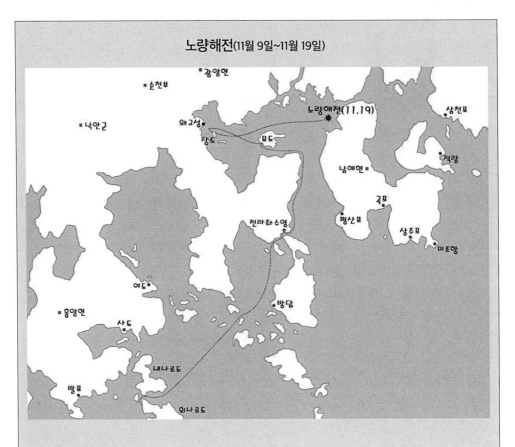

노량해전(11월 9일~11월 19일)

◈ 시기 및 출전 경로

- 11월 9일: 나로도 출발 → 백서량 정박
- 11월 10일: 백서량 출발 → 전라좌수영 정박
- 11월 11일: 전라좌수영 출발 → 묘도 정박
- 11월 13일: 묘도 출발 → 장도 부근 왜선 추격 → 장도 정박
- 11월 18일: 장도 출발 → 노량으로 이동[48]
- 11월 19일: 노량해전[49]

◈ 참전 규모

- 조선 수군: 판옥선 60여 척, 수군 7,300여 명으로 추정[50]
- 명나라 수군: 병선 200여 척, 병력 13,000여 명으로 추정[51]

◈ 해전 결과

- 왜선 300여 척 중 200여 척 격침[52]
- 왜군 수천여 명 사상[53]

◆ 참전 장수[54]

• 전라좌수영

통제사	이순신(李舜臣) [전사]		
녹도만호	송여종(宋汝悰)	발포만호	소계남(蘇季男)
낙안군수	방덕룡(方德龍) [전사]	흥양현감	고득장(高得蔣) [전사]
군관	송희립(宋希立)	군관	이언량(李彦良)
보성군수	전백옥(全伯玉) [참전추정]		

• 전라우수영

전라우수사	안 위(安 衛)		
가리포첨사	이영남(李英男) [전사]	미조항첨사	김응함(金應緘)
이진권관	[성명미상] [전사]	나주목사	남 유(南 瑜) [전사]
해남현감	유 형(柳 珩)	함평현감	송 섭(宋 涉) [전사]
무장현감	나덕신(羅德愼)	진도군수	선의문(宣義問) [참전추정]
강진현감	송상보(宋商甫) [참전추정]	금갑도만호	[성명미상] [참전추정]
회령포만호	[성명미상] [참전추정]		

• 경상우수영

경상우수사	이순신(李純信)		
안골포만호	우 수(禹 壽)	옥포만호	이 섬(李 暹)
경상우우후	이의득(李義得) [전사]	거제현령	김사종(金嗣宗) [전사]
영등포만호	조계종(趙繼宗) [참전추정]	당포만호	안이명(安以命) [참전추정]
조라포만호	정공청(鄭公淸) [참전추정]	사량만호	김성옥(金成玉) [참전추정]
제포만호	주의수(朱義壽) [참전추정]	평산포만호	정응두(丁應斗) [참전추정]
지세포만호	[성명미상] [참전추정]		

• 충청수영

당진포만호	조효열(趙孝悅)	서천만호	[성명미상] [전사]
홍주대장	[성명미상] [참전추정]	한산대장	[성명미상] [참전추정]

• 기타

조방장	우치적(禹致績)	만호	권 전(權 詮) [전사]

• 명나라 수군

도독	진 린(陳 璘)		
부총병	등자룡(鄧子龍) [전사]	유격	계 금(季 金)
유격	왕원주(王元周)	유격	복일승(福日昇)
유격	양천윤(梁天胤)	유격	심 무(沈 懋)
유격	진 잠(陳 蠶)	파총	이천상(李天常)
천총	진구경(陳九經)	중군	도명재(陶明宰) [전사]

난중일기
주석

1592년 임진일기(壬辰日記)

1. 박도식, 2011, 『조선전기 공납제 연구(朝鮮前期 貢納制 硏究)』, 도서출판 혜안, 56쪽

2. 『선조실록』 25권, 선조24년(1591) 12월 1일 계사 5번째 기사; 『선조실록』 34권, 선조26년(1593) 1월 5일 경신 2번째 기사; 『선조실록』 47권, 선조27년(1594) 1월 4일 계미 3번째 기사

3. 『선조실록』 31권, 선조25년(1592) 10월 9일 을미 4번째 기사. 기사의 내용으로부터 당시 전문(箋文)과 진상물을 함께 보내는 것이 통례였음을 알 수 있다.

4. 『성종실록』 252권, 성종22년(1491) 4월 19일 갑자 4번째 기사

5. 일기의 내용 중에는 '歲物(세물)'을 새해 선물로 보기 어려운 점이 몇 가지 있다. 첫째, 『난중일기』에서는 개인적으로 물품을 증정할 경우 주로 '呈', '進', '獻' 등의 표현이 사용되고 있지만 이날 일기에서는 전라병사의 군관이 세물을 가져온 것이 '納'으로 표현되었다. 『난중일기』를 살펴보면 '納'은 대개는 목재, 군량, 화살, 철 등 공적인 물건들을 전달하는 경우에 사용되고 있다. 둘째, 전라병사 최원은 이순신의 직속상관도 아니며 또한 연배와 품계도 더 높기 때문에 최원이 굳이 연초에 이순신에게 선물을 보낼 이유는 없을 것 같다. 셋째, 조선시대 관리들은 개인적인 심부름을 주로 친인척, 노비 또는 아전 등에게 시켰다. 그러나 일기에서 세물을 가져온 사람이 군관이었던 점은 개인적인 심부름보다는 공무의 수행이었을 가능성에 더 무게를 실어준다.

6. 민승기, 2004, 『조선의 무기와 갑옷』, 가람기획, 63~68쪽; 강성문, 1995, 『학예지 제4집』, 「朝鮮前期 片箭에 관한 硏究」, 육군사관학교 육군박물관, 279~312쪽

7. 『선조실록』 69권, 선조28년(1595) 11월 24일 임진 1번째 기사; 『선조실록』 180권, 선조37년(1604) 10월 1일 정미 8번째 기사; 『숙종실록』 7권, 숙종4년(1678) 4월 2일 신미 2번째 기사 등

8. 민승기, 2019, 『조선의 무기와 갑옷』(개정판), 가람기획, 89쪽. 이 책에 따르면 화살은 30개 단위로 굴비 엮듯이 엮어서 운반하였으며 그 단위는 부(部/浮/桴) 또는 편(編)으로 불렸다.

9. 『중종실록』 26권, 중종11년(1516) 11월 7일 갑신 1번째 기사. 이 기사는 조선시대에 국기일(國忌日)에 업무를 수행하는 것을 온당치 않게 여겼던 이유를 잘 설명하고 있다.

10. 박준호, 2009, 『예의 패턴: 조선시대 문서 행정의 역사』, 소와당, 197~200쪽

11. 이성임, 2005, 『인천학연구 제4권』, 「16세기 江華府使의 坐起와 不坐」, 인천대학교 인천학연구원, 63쪽

12. 『실록』에서 '公事'의 용례를 살펴보면 '공문서', '공문서의 작성', '공무를 보다' 등의 여러 의미가 있다.

13. 『선조실록』 31권, 선조25년(1592) 10월 9일 을미 4번째 기사

14. 2014, 『조선시대 수군진조사 2 전라좌수영 편』, 국립해양문화재연구소, 70쪽

15. 이순신(李純信)의 신상과 행적은 허목(許穆)의 『미수기언별집(眉叟記言別集)』 제22권의 「구묘문(丘墓文)」-「완천군갈(完川君碣)」, 『전주이씨양녕대군파대보(全州李氏讓寧大君派大譜)』, 『임진장초』의 「옥포파왜병장(玉浦破倭兵狀)」(1592년 5월 10일), 같은 책 「당포파왜병장(唐浦破倭兵狀)」(1592년 6월 14일), 같은 책 「견내량파왜병장(見乃梁破倭兵狀)」(1592년 7월 15일), 같은 책 「부산파왜병장(釜山破倭兵狀)」(1592년 9월 17일), 『선조실록』의 기사(107권, 선조31년-1598년 12월 7일 무오 6번째 기사) 등에서 확인할 수 있다. 대보에 따르면 그의 생몰년은 계축년(1553년)~

경술년(1610년)이며, 이는 『미수기언별집』에 보이는 그의 25세 때의 알성시(1577년에 알성시가 있었다) 급제 기록과 58세의 부고 기록, 이유간(李惟侃)의 『우곡일기(愚谷日記)』의 1610년 10월 1일/2일 일기에 나타난 그의 상구(喪柩) 관련 기록을 통해서도 확인된다.

16. 이봉수(李鳳壽)의 행적은 『임진장초』의 「옥포파왜병장(玉浦破倭兵狀)」(1592년 5월 10일), 같은 책 「당포파왜병장(唐浦破倭兵狀)」(1592년 6월 14일), 같은 책 「청사유황장(請賜硫黃狀)」(1593년 1월 26일) 등에서 확인할 수 있다.

17. 성생원(成生院)은 성성원(星省院)으로도 표기되었으며 『신증동국여지승람(新增東國輿地勝覽)』의 「순천도호부(順天都護府)」와 『1872 지방지도』의 「순천부지도(順天府地圖)」, 『비변사인방안지도(備邊司印方眼地圖)』의 「순천(順天)」 등의 조선시대 지도에서 그 위치를 찾아볼 수 있다.

18. 손영식, 2010, 『한국의 성곽』, 주류성, 693~699쪽

19. 진무(鎭撫)의 신분과 역할은 『실록』의 기사를 통하여 쉽게 짐작할 수 있다. 『임진장초』의 「부원경상도장(赴援慶尙道狀)」(1592년 4월 30일)에 보이는 '본영의 진무이자 순천 수군'이라는 표현 또한 당시 진무의 신분 계층을 짐작할 수 있게 해준다.

20. 권기중, 2010, 『조선시대 향리와 지방사회』, 경인문화사, 21~24쪽

21. 『선조실록』 5권, 선조4년(1571) 11월 29일 정해 2번째 기사

22. 심재우, 2003, 『국사관논총(國史館論叢)』 제102집, 「조선후기 형벌제도의 변화와 국가권력」, 국사편찬위원회, 103~104쪽; 김기춘, 1990, 『조선시대형전 -경국대전 형전을 중심으로-』, 삼영사, 92쪽

23. 『선조실록』 65권, 선조28년(1595) 7월 27일 무술 1번째 기사

24. 이몽구(李夢龜)의 신상과 행적은 『만력11년계미9월초3일별시방목(萬曆十一年癸未九月初三日別試榜目)』의 무과급제자 명단, 『전의이씨족보(全義李氏族譜)』, 『임진장초』의 「당포파왜병장(唐浦破倭兵狀)」(1592년 6월 14일), 같은 책 「부산파왜병장(釜山破倭兵狀)」(1592년 9월 17일), 『선조실록』의 기사(93권, 선조30년-1597년 10월 11일 무진 3번째 기사) 등에서 확인할 수 있다. 족보에 따르면 그는 전의 이씨 도절제사공파(都節制使公派) 파조 이승간(李承幹)의 6대손이다.

25. 을미일기(1595년) 5월 8일에 기록된 종사관 유공진(柳拱辰)과 우후 이몽구가 방회(榜會)를 했다는 내용은 이 두 사람이 과거급제 동기임을 짐작하게 해준다. 유공진과 이몽구의 이름은 모두 『만력11년계미9월초3일별시방목(萬曆十一年癸未九月初三日別試榜目)』에 기록되어 있다.

26. 『선조실록』 74권, 선조29년(1596) 4월 26일 임술 1번째 기사. 이 기사에는 육군의 우후가 첨사 소관인 만포진(滿浦鎭)의 가장(假將)을 담당한 사례가 보인다.

27. 『세조실록』 6권, 세조3년(1457) 1월 16일 신사 4번째 기사; 『성종실록』 59권, 성종6년(1475) 9월 10일 병진 1번째 기사; 『성종실록』 206권, 성종18년(1487) 8월 24일 신묘 1번째 기사 등. 『남사정재각박사고희기념 동양학논총(藍史鄭在覺博士古稀記念 東洋學論叢)』-「朝鮮前期 土兵에 對하여」(이장희, 1984, 고려원)가 토병(土兵)을 『경국대전』에 명문화되어 있지 않은 특수군이라고 설명한 이래로 이 내용이 조선시대 병역제도 관련 논고나 연구서에 많이 통용되어 왔다. 그러나 토병과 그 상대 개념이랄 수 있는 객병(客兵)은 위 『실록』의 기사들을 통해 각각 유방(留防) 군사와 번상(番上)/별부방(別赴防) 군사의 다른 명칭 또는 속칭임을 파악할 수 있다. 특히 『성종실록』의 1475년 9월 10일의 기사는 조선 각 도의 정병(正兵)의 수를 기록할 때 전국 대부분 도의 정병을 유방과 번상으로 구분하면서도 영안도와 개성부의 경우는 토병이라는 명칭을 사용함으로써 토병이 유방 군사를 가리키는 것임을 간접적으로 드러내고 있다.

『중종실록』의 기사(26권, 중종11년-1516년 8월 4일 계축 1번째 기사)에는 복무 지역으로 이동하는 형태에 따라 번상(番上) 군사, 유방(留防) 군사, 별부방(別赴防) 군사 등으로 군사가 분류되어 있다. 이는 병종에 따른 분류와는

별도의 분류로서, 번상과 유방은 『경국대전』에 명문화되어 있지만 별부방은 그렇지 않다. 번상 군사는 지방에서 서울로 이동하여 복무하는 군사이며, 유방 군사는 지역을 이동하지 않고 자신이 거주하는 지역에서 복무하는 군사이고, 별부방 군사는 서울이 아닌 다른 지역으로 이동하여 복무하는 군사이다.

28. 『대명률』의 「병률(兵律)」-「재살마우(宰殺馬牛)」 또는 같은 책 「형률」-「절도(竊盜)」에 의거하여 장 80대라는 형량이 적용된 것으로 추정된다. 참고로 『대명률직해』의 「공취절취개위도조(公取竊取皆爲盜條)」에 기록된 응견지류(鷹犬之類) 관련 언급에 의하면 개 등의 가축도 절도의 대상에 포함되었으며 절도가 미수에 그친 경우에는 태형(笞刑) 50대에 처해졌다.

29. 『명종실록』 19권, 명종10년(1555) 10월 18일 기묘 2번째 기사

30. 이광(李洸)의 신상과 행적은 「융경1년정묘10월19일사마방목(隆慶元年丁卯十月十九日司馬榜目)」의 문과급제자 명단, 이식(李植)의 『택당집별집(澤堂集別集)』 제8권의 「행장(行狀)」-「전라도도순찰사이공행장(全羅道都巡察使李公行狀)」, 『덕수이씨세보(德水李氏世譜)』 등에서 확인할 수 있다. 세보에 따르면 그는 덕수 이씨 우계공파(雨溪公派) 파조이다.

31. 『남원읍지(南原邑誌)』의 「부선생(府生案)」에 의하면 노종령(盧從齡)은 1588년(무자년) 12월부터 1592년(임진년)까지 남원판관을 지냈다. 『난중잡록』 제2권의 임진년 12월 25일의 기록, 『선조수정실록』의 기사(26권, 선조25년-1592년 7월 1일 무오 1번째 기사)에서도 당시의 남원판관이 노종령임이 확인된다.

32. 『중종실록』 11권, 중종5년(1510) 5월 24일 무인 4번째 기사

33. 『난중일기』에 '숫자' + '船'이 사용된 용례를 찾아보면 '船'은 척수와 번호 두 가지 의미 모두로 사용되었음을 알 수 있다. 이들 용례는 번호로 보이는 경우가 더 많기 때문에 일기에서도 이를 따랐다.

날짜	내용	'船'의 의미
임진일기 3월 24일	曾有一船出送	배의 척수
계사일기 2월 18일	光陽二船興陽代將防踏二船	배의 번호로 추정
계사일기 2월 22일	鉢浦二船 加里浦二船 不令突入	배의 번호
계사일기 6월 12일	定各三船	배의 척수
갑오일기 3월 1일	長興二船 失火盡燒	배의 번호로 추정
갑오일기 5월 28일	光陽四船摘奸	배의 번호로 추정
갑오일기 5월 30일	誘引光陽一船軍	배의 번호
갑오일기 10월 1일	蛇渡二船掛陸之際	배의 번호로 추정
갑오일기 10월 13일	泗川一船出送	미상

34. 김효성(金孝誠)의 행적은 『임진장초』의 「옥포파왜병장(玉浦破倭兵狀)」(1592년 5월 10일), 같은 책 「당포파왜병장(唐浦破倭兵狀)」(1592년 6월 14일) 등에서 확인할 수 있다.

35. 2014, 『조선시대 수군진조사 2 전라좌수영 편』, 국립해양문화재연구소, 118쪽

36. 『선조실록』 89권, 선조30년(1597) 6월 26일 을유 5번째 기사

37. 김건우, 2007, 『규장각 제31집』, 「조선후기 慶尙右兵營의 문서행정에 관한 일고찰 -營總을 중심으로-」, 서울대학교 규장각 한국학연구원, 231쪽

38. 어영담(魚泳潭)의 신상과 행적은 「가정43년갑자9월초4일문무과방목(嘉靖四十三年甲子九月初四日文武科榜目)」, 『함종어씨세보(咸從魚氏世譜)』, 『임진장초』의 「옥포파왜병장(玉浦破倭兵狀)」(1592년 5월 10일), 같은 책 「당포

파왜병장(唐浦破倭兵狀)」(1592년 6월 14일), 같은 책 「견내량파왜병장(見乃梁破倭兵狀)」(1592년 7월 15일), 같은 책 「부산파왜병장(釜山破倭兵狀)」(1592년 9월 17일), 같은 책 「당항포파왜병장(唐項浦破倭兵狀)」(1594년 3월 10일), 같은 책 「청방답첨사택차장(請防踏僉使擇差狀)」(1594년 4월) 등에서 확인할 수 있다. 세보에 따르면 그는 함종 어씨 호군공파(護軍公派) 파조 어사룡(魚四龍)의 증손자이다.

39. 『태종실록』 13권, 태종7년(1407) 3월 29일 계미 3번째 기사; 『세종실록』 89권, 세종22년(1440) 5월 6일 정미 4번째 기사 등

40. 『선조실록』 21권, 선조20년(1587) 2월 21일 경진 1번째 기사

41. 『선조실록』 25권, 선조24년(1591) 12월 8일 경자 1번째 기사

42. 흥양(興陽)은 『신증동국여지승람(新增東國輿地勝覽)』의 「흥양현(興陽縣)」과 『1872 지방지도』의 「흥양현지도(興陽縣地圖)」, 『광여도(廣輿圖)』의 「흥양현(興陽縣)」 등의 조선시대 지도에서 그 위치를 찾아볼 수 있다.

43. 배흥립(裵興立)의 신상과 행적은 「융경6년임신12월초2일문무과별시방목(隆慶六年十二月初二日文武科別試榜目)」의 무과급제자 명단, 강백년(姜栢年)의 『설봉유고(雪峯遺稿)』 제29권의 「신도비명(神道碑銘)」-「가선대부…배공신도비명(嘉善大夫…裵公神道碑銘)」, 배규(裵規)의 『화당선생유집(花堂先生遺集)』의 「부록(附錄)」-「행록(行錄)」, 『성산배씨족보(星山裵氏族譜)』, 『임진장초』의 「옥포파왜병장(玉浦破倭兵狀)」(1592년 5월 10일), 같은 책 「당포파왜병장(唐浦破倭兵狀)」(1592년 6월 14일), 같은 책 「견내량파왜병장(見乃梁破倭兵狀)」(1592년 7월 15일), 『선조실록』의 기사(90권, 선조30년-1597년 7월 28일 정사 3번째 기사/94권, 선조30년-1597년 11월 10일 정유 5번째 기사) 등에서 확인할 수 있다. 족보에 따르면 그는 성산 배씨 화당공파(花堂公派) 파조 배규(裵規)의 6대손이다. 이순신(李純信)과의 사돈 관계는 『전주이씨양녕대군파대보(全州李氏讓寧大君派大譜)』 및 『성산배씨족보』에 기록된 이순신(李純信)의 둘째 아들 이숙(李琡)과 배흥립의 둘째 딸의 혼인 관계를 통해서 확인할 수 있다. 참고로 『성산배씨족보』와 『설봉유고』에는 이숙(李琡)의 이름이 '李淑'으로 오기되어 있다.
『설봉유고』와 『화당선생유집』에 따르면 배흥립은 행주대첩에도 참전하였다. 『임진장초』의 「청주사속읍수령전속수전장(請舟師屬邑守令專屬水戰狀)」(1593년 4월 6일)에 순찰사 권율이 배흥립을 육전으로 데려갔다는 기록이 보이는 점과 계사일기(1593년) 7월 13일에 배흥립이 행주의 승첩에 대해 이야기했다는 기록이 보이는 점으로 보아 이는 사실로 판단된다.

44. 권준(權俊)의 신상과 행적은 『안동권씨추밀공파대보(安東權氏樞密公派大譜)』, 『임진장초』의 「당포파왜병장(唐浦破倭兵狀)」(1592년 6월 14일), 같은 책 「견내량파왜병장(見乃梁破倭兵狀)」(1592년 7월 15일), 같은 책 「부산파왜병장(釜山破倭兵狀)」(1592년 9월 17일) 등에서 확인할 수 있다. 대보에 따르면 그는 안동 권씨 추밀공파 파조 권수평(權守平)의 13대손이다. 권준의 생년은 권응수(權應銖)의 『백운재충의공실기(白雲齋忠義公實紀)』 제4권과 고언백(高彦伯)의 『해장실기(海藏實紀)』 제1권의 두 자료에 실려 있는 「내사병풍제명(內賜屛風題名)」에 정미년(1547년)으로 기록되어 있다. 『승평속지(昇平續誌)』의 「선생안(先生案)」에 의하면 권준은 기축년(1589년) 9월에 순천부사로 도임하였다.

45. 선창은 조선시대의 읍지나 지도 등에서 용례를 많이 찾아볼 수 있다. 그 표기는 '船倉', '船滄', '船艙' 등이 혼용되었으며 부두, 창고, 굴강 등을 가리키거나 이러한 제반 시설을 포함하는 항구 전체를 의미하기도 하였다.

46. 2008, 「1592년 거북선 구조 심포지엄」, 경남발전연구원, 15~16쪽

47. 『선조실록』 19권, 선조18년(1585) 6월 26일 을축 4번째 기사; 『선조실록』 139권, 선조34년(1601) 7월 13일 무신 1번째 기사; 『광해군일기』 7권, 광해즉위년(1608) 8월 20일 갑술 5번째 기사 등

48. 김재근, 1994, 『속한국선박사연구(續韓國船舶史研究)』, 서울대학교출판부, 93~104쪽; 이민웅, 2004, 『임진왜란 해전사』, 청어람미디어, 38~46쪽

49. 『중종실록』 11권, 중종5년(1510) 5월 24일 무인 4번째 기사

50. 장혜련, 2008, 『역사와 경계 제69집』, 「조선중기 제주유민 실태와 사회적 지위 변화」, 부산경남사학회, 167~202쪽

51. 금오도(金鰲島)는 『신증동국여지승람(新增東國輿地勝覽)』의 「순천도호부(順天都護府)」와 『해동지도(海東地圖)』의 「순천부(順天府)」 등의 조선시대 지도에서 그 위치를 찾아볼 수 있다.

52. 『광해군일기』 36권, 광해2년(1610) 12월 23일 갑오 4번째 기사. 이 기사의 내용을 살펴보면 15일 주기로 번갈아 가면서 수색한다는 표현에 '循環(순환)'이라는 용어가 쓰였다. '循環'은 『실록』에서 그 용례를 살펴보면 '번갈아 가면서 ~하다'라는 의미가 있다. 따라서 일기에서 말하는 순환선(循環船)은 주기적으로 번갈아 가면서 해안을 정탐하는 선박으로 판단된다.

53. 박준호, 2009, 『예의 패턴: 조선시대 문서 행정의 역사』, 소와당, 65쪽

54. 김주홍, 2010, 『조선시대의 연변봉수』, 한국학술정보, 44쪽

55. 『중종실록』 42권, 중종16년(1521) 8월 12일 신묘 2번째 기사

56. 2014, 『조선시대 수군진조사 2 전라좌수영 편』, 국립해양문화재연구소, 138쪽

57. 『명종실록』 14권, 명종8년(1553) 윤 3월 14일 경신 1번째/3번째 기사. 이 기사에 의하면 조선 조정은 종3품의 첨사나 종4품의 만호가 배치되는 곳에 보다 젊고 능력 있는 사람을 보낼 필요성이 대두되자 자급이 부족하더라도 젊고 능력 있는 무신에게 권관(權管)이라는 호칭을 주어서 도임시키도록 하였다. 따라서 이 기사에서 규정하고 있는 권관의 위상은 첨사나 만호보다는 떨어지지만 조선 후기에 공포된 『속대전』에 의해 규정된 종9품 권관의 그것과는 큰 차이가 있다. 기존에는 조선 중기 권관의 위상을 조선 후기 기준으로 간주하는 경우가 많았고 또한 첨사나 만호가 배치되던 진보(鎭堡)에 권관이 파견되는 경우 그 진보가 소모진(召募鎭)으로 위상이 격하된 것으로 보기도 하였지만, 이러한 관점은 재고되어야 한다.

현전하는 임진왜란 시기의 고신교지 중에 당시의 권관의 위상을 확인할 수 있는 자료도 존재한다. 영암 밀양 박씨 문중에서 소장하고 있는 1593년에 박광춘(朴光春)에게 내려진 고신은, 군공에 대한 포상으로 박광춘을 창신교위훈련원판관겸삼천진권관(彰信校尉訓鍊院判官兼三千鎭權官)으로 임명하는 문서로서 이는 그에게 훈련원 판관과 삼천진권관을 겸하여 제수하고 있다. 창신교위가 종5품 품계이고 판관이 종5품 관직이므로 함께 겸직된 권관이 종9품 정도의 낮은 품계에 한정된 관직이 아니었음을 알 수 있다.

『난중일기』와 『임진장초』 등의 자료에도 권관의 위상을 파악할 수 있는 기록이 있다. 아래 표에 보이는 이영남, 김인영, 김축, 변익성은 임진왜란 시기 권관을 지낸 이력이 있는 인물들로서, 권관을 지낸 이후 1~2년 이내에 만호(종4품)나 판관(종5품)의 관직을 제수 받았다. 만일 권관이 종9품이나 그와 비슷한 품계에 한정된 관직이었다면 아주 짧은 기간 안에 상당히 많은 품계를 뛰어넘는 관직을 받은 셈인데, 이는 당시의 제도와 관행 아래에서는 찾아보기 어려운 일이다.

성명	관련 이력
김인영 (金仁英)	• 여도권관(1592년) - 『임진장초』의 「견내량파왜병장(見乃梁破倭兵狀)」(1592년 7월 15일), • 여도만호(1593년) - 계사일기(1593년) 2월 18일
김 축 (金 軸)	• 평산포권관(1592년) - 『임진장초』의 「옥포파왜병장(玉浦破倭兵狀)」(1592년 5월 10일) • 평산포만호(1592년) - 임진일기(1592년) 8월 25일
변익성 (邊翼星)	• 곡포권관(1595년) - 을미일기(1595년) 11월 24일 • 사량만호(1597년) - 정유일기 1(1597년) 5월 26일
이영남 (李英男)	• 소비포권관(1594년) - 갑오일기(1594년) 9월 2일 • 강계판관(1595년) - 『강계읍지(江界邑誌)』의 「선생안(先生案)」 • 가리포첨사(1598년) - 『선조실록』 106권, 선조31년(1598) 11월 27일 무신 5번째 기사

58. 변손서(卞存緒)의 신상과 행적은 「만력11년계미9월초3일별시방목(萬曆十一年癸未九月初三日別試榜目)」의 무과급제자 명단, 『밀양초계변씨대동보(密陽草溪卞氏大同譜)』, 『임진장초』의 「옥포파왜병장(玉浦破倭兵狀)」(1592년 5월 10일), 같은 책 「당포파왜병장(唐浦破倭兵狀)」(1592년 6월 14일) 등에서 확인할 수 있다.

59. 『여수군읍지(麗水郡邑誌)』의 「고적(古跡)」에 따르면 4개의 석주화대가 있었으며, 1개는 진남관 앞뜰에, 1개는 동헌 뜰 위쪽에, 2개는 전선을 매어두는 곳에 있었고, 불을 밝히던 용도로 사용되었다고 한다.

60. 『선조실록』 25권, 선조24년(1591) 10월 24일 병진 1번째/2번째 기사

61. 이억기(李億祺)의 신상과 행적은 목만중(睦萬中)의 『여와집(餘窩集)』 제22권의 「행장(行狀)」-「완흥군이억기일사장(完興君李億祺逸事狀)」, 『전주이씨덕천군파보(全州李氏德泉君派譜)』, 『임진장초』의 「당포파왜병장(唐浦破倭兵狀)」(1592년 6월 14일), 같은 책 「견내량파왜병장(見乃梁破倭兵狀)」(1592년 7월 15일), 같은 책 「부산파왜병장(釜山破倭兵狀)」(1592년 9월 17일), 같은 책 「당항포파왜병장(唐項浦破倭兵狀)」(1594년 3월 10일), 『선조실록』의 기사(90권, 선조30년-1597년 7월 28일 정사 3번째 기사) 등에서 확인할 수 있다. 충무공명량대첩유적사업회에서 발간된 『전라우수영지(全羅右水營誌)』(1995년)의 「선생안(先生案)」에 의하면 그는 1592년 1월 20일에 전라우수사로 부임하였다.

62. 배재수/이기봉/주린원, 2004, 『조선시대 국용임산물』, 국립산림과학원, 53~54/67~68/82쪽; 『세조실록』 25권, 세조7년(1461) 7월 13일 신해 1번째 기사; 『연산군일기』 37권, 연산6년(1500) 5월 10일 계해 2번째 기사; 『선조실록』 126권, 선조33년(1600) 6월 15일 병술 2번째 기사 등

63. 이현수, 1991, 『학예지 제2집』, 「朝鮮前期의 兵役制度」, 육군사관학교 육군박물관, 105~106쪽; 『경국대전』의 「병전」-「번차도목(番次都目)」; 『명종실록』 14권, 명종8년(1553) 6월 4일 기묘 1번째 기사. 조선 수군은 각 번(番)이 약 1개월씩 돌아가면서 복무하였다. 『경국대전』에 수군은 2개의 번이 1개월씩 복무하도록 규정되어 있지만 앞의 『명종실록』의 기사에 의하면 실제로는 3~4개의 번이 1개월씩 돌아가면서 복무하였다.
신번(新番), 구번(舊番) 또는 번상(番上), 번하(番下)는 『실록』에서 그 용례를 많이 찾아볼 수 있다. 번상은 『경국대전』의 「병전」에 지방에서 서울로 이동하여 복무하는 군사를 말하는 것으로 명문화되어 있지만, 서울이 아닌 다른 지역에서 번이 바뀌는 경우에도 이 용어가 사용되곤 하였다. 번상과 번하는 상번(上番)과 하번(下番)으로도 불렸다.

64. 백야곶(白也串)은 『신증동국여지승람(新增東國輿地勝覽)』의 「순천도호부(順天都護府)」에서 그 위치를 찾아볼 수 있다.

65. 김주홍, 2010, 『조선시대의 연변봉수』, 한국학술정보, 243~252쪽

66. 이목구미(梨木龜尾)의 위치를 파악할 수 있는 사료나 문헌은 찾기 어렵다. 다만 현재의 지명인 이목리(梨木里)에 남아 있는 옛 지명의 흔적과 순시의 다음 목적지인 여도가 이목리로부터 뱃길로 곧장 이어지는 곳에 있다는 점으로부터 이목구미의 위치를 유추할 수 있다.
정유일기 1(1597년) 8월 17일에 보이는 '軍營仇未(군영구미)'라는 지명이 『이충무공전서』에는 '軍營龜尾(군영구미)'로 기록되어 있다. 즉 '仇未'를 '龜尾'로 바꾸어 기록한 것인데 이목구미(梨木龜尾) 또한 마찬가지로 초고본에는 본래 '梨木仇未'로 기록되어 있지 않았을까 추정된다. '仇末', '九味', '九美', '九非', '仇俳', '龜尾' 등은 지형이 굴곡된 부분 특히 물이 굽이친 곳을 가리키는 용어로서, 전남 여수시 화양면 이목리의 서쪽 해안선은 '龜尾'라는 표현이 잘 어울리는 곳이다.
참고로 '龜尾'의 의미에 대한 설명은 서울대학교 인문학연구원에서 발간된 『인문논총 제59집』-「고구려 지명 '혈구군(穴口郡)'의 '혈(穴)'에 대하여」(임홍빈, 2008, 51쪽)를 참조하였다.

67. 김인영(金仁英)의 신상과 행적은 「만력11년계미9월초3일별시방목(萬曆十一年癸未九月初三日別試榜目)」의 무과급제자 명단, 『선산김씨대동보(善山金氏大同譜)』, 『임진장초』의 「옥포파왜병장(玉浦破倭兵狀)」(1592년 5월 10일),

같은 책 「당포파왜병장(唐浦破倭兵狀)」(1592년 6월 14일), 같은 책 「견내량파왜병장(見乃梁破倭兵狀)」(1592년 7월 15일), 같은 책 「당항포파왜병장(唐項浦破倭兵狀)」(1594년 3월 10일) 등에서 확인할 수 있다. 대동보에 따르면 그는 선산 김씨 선궁계(宣弓係) 농암파(籠巖派) 파조 김주(金澍)의 6대손이다.

68. 최인선/이욱/이민웅/노영구/정해은, 2015, 『명장 정걸장군』, 고흥군/국립순천대학교박물관. 정걸(丁傑)의 신상과 행적이 실린 문헌으로는 심수경(沈守慶)의 「견한잡록(遣閑雜錄)」, 변영청(邊永淸)의 『동호집(東湖集)』 제2권의 「부록(附錄)」-「병자계첩(丙子稧帖)」, 『영성정씨파보(靈城丁氏派譜)』, 『임진장초』의 「부산파왜병장(釜山破倭兵狀)」(1592년 9월 17일), 조경남(趙慶男)의 『난중잡록(亂中雜錄)』 제2권의 계사년 1월 15일/2월 12일의 기록, 김천일(金千鎰)의 『건재집(健齋集)』 부록 제4권의 「행장(行狀)」 등이 있다.

정걸의 출생 연도에 대해서는 1514년과 1516년의 두 가지 설이 있다. 하나는 「자헌대부병마절도사정공걸유허비(資憲大夫兵節度使丁公傑遺墟碑)」에 보이는 1514년에 태어났다는 기록이고, 다른 하나는 『견한잡록』과 『동호집』에 실린 1516년에 태어났다는 기록이다. 위의 『명장 정걸장군』에 실린 논고인 「정걸장군의 생애와 업적, 그리고 그 가문」과 「정걸장군 관련 유적과 유물에 대한 검토」는 『견한잡록』과 『동호집』이 당대의 기록이라는 점 등을 근거로 하여 1516년 설이 옳다고 보았다. 『동호집』의 「병자계첩」에 의하면 정걸은 1516년 12월 2일에 태어났으며, 자는 영중(英仲)이다. 파보에 따르면 그는 영광 정씨 불우헌공파(不憂軒公派) 파조 정극인(丁克仁)의 5대손이며 고조할아버지 때부터 흥양 지역에서 세거하였다.

정걸이 판옥선의 창제에 관여했다는 설에 대해서는 학자들마다 의견이 다르며 『명장 정걸장군』에 실린 논고들도 이에 대하여 서로 논지의 차이가 있다.

69. 차문섭, 1996, 『조선시대 군사관계 연구』, 단국대학교출판부, 254쪽

70. 『선조실록』 22권, 선조21년(1588) 4월 13일 병인 2번째 기사

71. 황승헌(黃承憲)의 신상은 「만력4년병자식년문과방목(萬曆四年丙子式年文科榜目)」의 문과급제자 명단에서 확인할 수 있다. 그가 능성현령을 지낸 것은 『능주군읍지(綾州郡邑誌)』의 「관안(官案)」에서도 확인된다.

72. 2014, 『조선시대 수군진조사 2 전라좌수영 편』, 국립해양문화재연구소, 164쪽

73. 송은일, 2017, 「군사 제105호」, 「조선시대 전라좌수영 관할 지역의 '船所' 연구」, 국방부 군사편찬연구소, 335~336쪽. 이 논고는 『흥양지』(1759~1765년), 『신증흥양지』(1871년), 『흥양현지도』(1871년) 등의 조선후기 자료를 검토하여 흥양현 선소의 위치를 전남 고흥군 도화면 사덕리의 덕흥삼거리와 해안 방조제 부근의 하도나루터 사이로 추정하였다. 그러나 일기의 순시 경로에 따라 흥양현 읍치로부터 논고에서 추정한 위치의 선소를 거쳐 녹도로 갈 경우, 상당한 거리를 돌아가게 될 뿐만 아니라 다음 날 순시 경로가 선소와 가까운 발포를 지나가므로 그 경로가 중첩되는 번거로움까지 발생한다. 따라서 임진왜란 시기의 흥양현 선소의 위치는 논고에서 추정한 위치와 달랐을 가능성을 배제할 수 없다.

74. 정운(鄭運)의 신상과 행적은 「융경4년경오식4월16일문무과복시방목(隆慶四年庚午式四月十六日文武科覆試榜目)」의 무과급제자 명단, 최시옹(崔是翁)의 『동강유고(東岡遺稿)』 제7권의 「행장(行狀)」-「증병조참판정공행장(贈兵曹參判鄭公行狀)」, 『하동정씨족보(河東鄭氏族譜)』, 『임진장초』의 「옥포파왜병장(玉浦破倭兵狀)」(1592년 5월 10일), 같은 책 「당포파왜병장(唐浦破倭兵狀)」(1592년 6월 14일), 같은 책 「견내량파왜병장(見乃梁破倭兵狀)」(1592년 7월 15일), 같은 책 「청정운추배이대원사장(請鄭運追配李大源祠狀)」(1592년 9월 11일), 같은 책 「부산파왜병장(釜山破倭兵狀)」(1592년 9월 17일) 등에서 확인할 수 있다. 족보에 따르면 그는 하동 정씨 도정계(道正系) 장령공파(掌令公派) 파조 정희주(鄭希周)의 5대손이다.

75. 『선조실록』 5권, 선조4년(1571) 6월 20일 경술 1번째 기사; 『선조실록』 95권, 선조30년(1597) 12월 9일 을축 1번째 기사

76. 능성(綾城)은 『신증동국여지승람(新增東國輿地勝覽)』의 「능성현(綾城縣)」과 『1872 지방지도』의 「능주목지도

(綾州牧地圖)」,『해동지도(海東地圖)』의「능주목(綾州牧)」 등의 조선시대 지도에서 그 위치를 찾아볼 수 있다.

77. 2014,『조선시대 수군진조사 2 전라좌수영 편』, 국립해양문화재연구소, 98쪽

78. 김완(金浣)의 신상과 행적은「만력5년정축10월초6일문무과별시방목(萬曆五年丁丑十月初六日文武科別試榜目)」의 무과급제자 명단, 정중기(鄭重器)의『매산집(梅山集)』제12권의「전(傳)」-「함안군수김공가전(咸安郡守金公家傳)」,『경주김씨판삼사사공파세보(慶州金氏判三司事公派世譜)』,『임진장초』의「옥포파왜병장(玉浦破倭兵狀)」(1592년 5월 10일), 같은 책「당포파왜병장(唐浦破倭兵狀)」(1592년 6월 14일), 같은 책「견내량파왜병장(見乃梁破倭兵狀)」(1592년 7월 15일), 같은 책「당항포파왜병장(唐項浦破倭兵狀)」(1594년 3월 10일),『선조실록』의 기사(91권, 선조30년-1597년 8월 5일 계해 4번째 기사),『해소실기(海蘇實紀)』의「용사일록(龍蛇日錄)」등에서 확인할 수 있다. 세보에 따르면 그는 경주 김씨 영분공파(永芬公派)의 분파인 판삼사사공파(判三司事公派)의 파조 김남비(金南賁)의 8대손이다.

순찰사가 김완을 포상하는 계문을 올렸다는 일기의 기록은『해소실기』의「용사일록」에서도 확인된다.『해소실기』에는 감사 이광이 김완이 군무를 정리한 일 등을 장계로 올림으로써 김완의 품계가 올랐다고 기록되어 있다.

79.『선조실록』9권, 선조8년(1575) 10월 25일 기축 1번째 기사;『선조수정실록』25권, 선조24년(1591) 10월 1일 계사 7번째 기사 등

80. 개도(蓋島)는『신증동국여지승람(新增東國輿地勝覽)』의「순천도호부(順天都護府)」,『순천부읍지(順天府邑誌)』의「도서(島嶼)」와『해동지도(海東地圖)』의「순천부(順天府)」,『1872 지방지도』의「순천부지도(順天府地圖)」등의 조선시대 지도에서 그 위치를 찾아볼 수 있다.

81.『선조실록』8권, 선조7년(1574) 2월 14일 기미 1번째 기사;『선조실록』8권, 선조7년(1574) 5월 24일 정유 1번째 기사

82. 손영식, 2010,『한국의 성곽』, 주류성, 694쪽

83. 변동명, 2010,『여수해양사론』,「突山島 防踏鎭」, 전남대학교출판부, 209~222쪽; 2014,『조선시대 수군진조사 2 전라좌수영 편』, 국립해양문화재연구소, 73쪽

84. 경도(京島)는『신증동국여지승람(新增東國輿地勝覽)』의「순천도호부(順天都護府)」에서 대경도(大京島)와 소경도(小京島)라는 지명으로 그 위치를 찾아볼 수 있다.

85.『임진장초』의「부원경상도장(赴援慶尙道狀)」(1592년 4월 30일)에 의하면 당시 수군의 중위장(中衛將)이었던 권준은 관찰사의 전령에 의해 전주로 갔다. 권준이 수군으로 참전한 기록은『임진장초』의「당포파왜병장(唐浦破倭兵狀)」(1592년 6월 14일)부터 보인다.

86. 이현수, 1991,『학예지 제2집』,「朝鮮前期의 兵役制度」, 육군사관학교 육군박물관, 86~87쪽

87.『명종실록』23권, 명종12년(1557) 11월 26일 을해 1번째 기사;『선조실록』97권, 선조31년(1598) 2월 9일 갑자 2번째 기사;『선조실록』163권, 선조36년(1603) 6월 5일 경인 3번째 기사 등

88.『선조실록』25권, 선조24년(1591) 12월 1일 계사 3번째 기사;『선조실록』26권, 선조25년(1592) 4월 17일 병오 6번째 기사 등

89. 유성룡(柳成龍)의 신상과 행적은「가정43년갑자7월20일사마방목(嘉靖四十三年甲子七月二十日司馬榜目)」, 그의 문집인『서애집(西厓集)』연보제3권의「부록(附錄)」-「행장(行狀)」,『풍산류씨세보(豊山柳氏世譜)』등에서 확인할 수 있다.

90. 유성룡(柳成龍)의『서애집(西厓集)』제14권,「잡저(雜著)」-「전수기의십조(戰守機宜十條)」;『선조실록』82권, 선조29년(1596) 11월 23일 을묘 2번째 기사;『선조실록』82권, 선조29년(1596) 11월 24일 병진 3번째 기사;『선조수정실록』28권, 선조27년(1594) 10월 1일 을사 2번째 기사

91. 강성문, 1993, 『학예지 제3집』, 「조선시대의 환도의 기능과 제조에 관한 연구」, 육군사관학교 육군박물관, 12~17쪽; 민승기, 2004, 『조선의 무기와 갑옷』, 가람기획, 108~110쪽

92. 강만길, 1975, 『李朝의 商人』, 「경강상인(京江商人)」, 한국일보사, 132~135쪽

93. 해농창(海農倉)은, 안정복(安鼎福)의 『동사강목(東史綱目)』 제6하의 임진년 성종 11년 1월 기록, 『신증동국여지승람(新增東國輿地勝覽)』의 「순천도호부(順天都護府)」, 『성종실록』의 기사(216권, 성종19년-1488년 5월 25일 무자 1번째 기사)에는 해룡창(海龍倉)이라는 이름의 조창(漕倉)으로 기록되어 있으며, 『세조실록』의 기사(44권, 세조 13년-1467년 12월 10일 임인 3번째 기사), 신흠(申欽)의 『상촌집(象村集)』 제56권의 「지(志)」-「천조선후출병래원지(天朝先後出兵來援志)」에는 해농창(海農倉)이라는 명칭으로 나타난다. 『상촌집』의 순천 예교성 전투 관련 기록에 보이는, 왜장 고니시 유키나가(小西行長)가 해농창을 나왔다가 다시 성안으로 도망쳐 들어갔다는 내용은 해농창이 예교성과 매우 가까운 지역에 있었음을 보여준다. 『해동지도(海東地圖)』의 「순천부(順天府)」, 『1872 지방지도』의 「순천부지도(順天府地圖)」 등의 조선시대 지도에는 그 명칭이 해창(海倉)으로 기록되어 있으며 위치는 지금의 전남 순천시 해룡면 해창리로 추정되는데, 이는 『상촌집』의 기록과도 부합된다. 따라서 일기의 원문 '海農倉坪'은 '해농창 평야'로 해석되며 이는 지금의 전남 순천시 해룡면 일대의 순천 평야지대로 판단된다.

94. 환선정(喚仙亭)은 『해동지도(海東地圖)』의 「순천부(順天府)」 등의 조선시대 지도에서 그 위치를 찾아볼 수 있다. 『순천부읍지(順天府邑誌)』의 「루정(樓亭)」에 따르면 가정(嘉靖) 계묘년(1543년)에 순천부사 심통원(沈通源)이 환선정을 지었다고 하며, 여러 조선시대 문집에서 종종 언급되는 점으로 보아 상당히 경치가 뛰어났던 것 같다.

95. 『경국대전』의 「호전」-「회계(會計)」에 의하면 출납하는 물품의 수량은 서울에서는 네 계절의 마지막 달(朔月)에, 지방에서는 연말(歲季)에 회계하여 왕에게 보고하도록 되어 있다. 『난중일기』에는 회계(會計)라는 용어가 1592년 3월 20일, 1594년 11월 25일, 1595년 3월 17일, 1596년 3월 14일 일기에 나타난다. 이 기록만으로 어떤 결과를 도출하기는 어렵지만 지방에서도 주기적으로 회계를 관리했음을 짐작할 수 있다.

96. 『선조실록』 21권, 선조20년(1587) 6월 1일 기미 2번째 기사; 『선조실록』 25권, 선조24년(1591) 2월 8일 을해 2번째 기사; 『광해군일기』 36권, 광해2년(1610) 12월 23일 갑오 4번째 기사

97. 『선조실록』 212권, 선조40년(1607) 6월 24일 을묘 4번째 기사

98. 『중종실록』 63권, 중종23년(1528) 10월 23일 신유 1번째 기사; 『선조실록』 84권, 선조30년(1597) 1월 1일 임진 5번째 기사; 『선조실록』 190권, 선조38년(1605) 8월 10일 임자 6번째 기사; 신재호, 「판옥선 승무원 구성에 관한 검토」-「도훈도와 훈도, 도진무와 진무」, 김경진 전쟁소설 홈페이지(www.warfog.net). 『실록』의 도훈도 관련 기사에 의하면 도훈도는 병방 소속이거나 이와 밀접한 관련을 가진 직책이었으며 행정 처리를 위하여 최소한 글을 읽을 수 있는 수준의 인물이 채용되었다.

99. 내나로도(內羅老島)와 외나로도(外羅老島)는 『신증동국여지승람(新增東國輿地勝覽)』의 「흥양현(興陽縣)」과 『1872 지방지도』의 「흥양현지도(興陽縣地圖)」 등의 조선시대 지도에서 그 위치를 찾아볼 수 있다.

100. 『중종실록』 55권, 중종20년(1525) 9월 22일 무인 1번째 기사; 『선조실록』 111권, 선조32년(1599년) 4월 25일 갑술 4번째 기사; 『광해군일기』 9권, 광해 즉위년(1608) 10월 21일 을해 1번째 기사

101. 이수환, 2006, 『민족문화논총 제34집』, 「조선전기 慶尙監司와 都事의 巡歷과 통치기능」, 영남대학교 민족문화연구소, 528~535쪽; 이희권, 2008, 『전라감영 연구』, 「전라감영의 조직구조와 관찰사의 기능」, 전주역사박물관, 10쪽

102. 최철견(崔鐵堅)의 신상과 행적은 「만력4년병자2월16일사마방목(萬曆四年丙子二月十六日司馬榜目)」의 문과 급제자 명단, 신흠(申欽)의 『상촌집(象村集)』 제28권의 「신도비명(神道碑銘)」-「관찰사최공신도비명(觀察使崔公神道碑銘)」, 『전주최씨구수세보(全州崔氏九修世譜)』 등에서 확인할 수 있다. 세보에 따르면 그는 전주 최씨 순작계

(純爵系) 양도공파(襄度公派) 파조 최사의(崔士儀)의 7대손이다.

103. 송희립(宋希立)의 신상과 행적은 「만력11년계미9월초3일별시방목(萬曆十一年癸未九月初三日別試榜目)」의 무과급제자 명단, 기우만(奇宇萬)의 『송사집(松沙集)』 제27권의 「묘갈명(墓碣銘)」-「수사송공묘갈명(水使宋公墓碣銘)」, 『여산송씨세보(礪山宋氏世譜)』, 『임진장초』의 「옥포파왜병장(玉浦破倭兵狀)」(1592년 5월 10일), 같은 책 「당포파왜병장(唐浦破倭兵狀)」(1592년 6월 14일), 안방준(安邦俊)의 『은봉전서(隱峯全書)』 제7권의 「기사(記事)」-「노량기사(露梁記事)」 등에서 확인할 수 있다. 세보에 따르면 그는 여산 송씨 원윤공파(元尹公派) 파조 송운(宋惲)의 11대손이다.

104. 김수(金晬)의 신상은 신익성(申翊聖)의 『낙전당집(樂全堂集)』 제12권의 「비명(碑銘)」-「보국숭록대부판중추부사김공신도비명(輔國崇祿大夫判中樞府事金公神道碑銘)」에서 확인할 수 있다.

105. 『선조실록』 27권, 선조25년(1592) 6월 28일 병진 4번째 기사; 『선조수정실록』 26권, 선조25년(1592) 4월 14일 계묘 12번째 기사

106. 조대곤(曺大坤)은 신상은 『창녕조씨희천공파보(昌寧曺氏熙川公派譜)』에서 확인할 수 있다. 세보에 실린 아버지 조광원(曺光遠)과 형 조대건(曺大乾)의 신상은 각각 「가정1년아중종대왕17년임오식년사마방목(嘉靖元年我中宗大王十七年壬午式年司馬榜目)」의 문과급제자 명단과 김장생(金長生)의 『사계전서(沙溪全書)』 제6권의 「묘지명(墓誌銘)」-「외구첨지중추부사조공대건묘지명(外舅僉知中樞府事曺公大乾墓誌銘)」에서 확인되며, 두 자료의 내용이 파보와 거의 정확히 일치하는 점으로 보아 파보에 실린 조대곤의 신상 또한 신빙성이 높다고 판단된다. 파보에 따르면 조대곤의 자는 중정(仲靜)이며, 경상병사를 지냈고, 창녕 조씨 희천공파 파조 조신충(曺信忠)의 6대손이다. 신초(辛礎)의 『문암선생충의록(聞巖先生忠義錄)』 제1권의 「충의록속집(忠義錄續集)」-「선묘기축특사제전장화상열록(宣廟己丑特賜諸戰將畫像列錄)」에는 1588년의 여진족 시전부락 토벌에 참전한 장수들의 명단이 실려 있으며 이 명단에는 이순신과 조대곤의 이름도 보인다. 「선묘기축특사제전장화상열록」의 참전 장수 명단은 이일(李鎰)의 공훈을 기리기 위해 그려진 「장양공정토시전부호도(壯襄公征討時錢部胡圖)」에도 실려 있다.

107. 2016, 『조선시대 수군진조사 3 경상우수영 편』, 국립해양문화재연구소, 392쪽

108. 이재철, 2001, 『조선후기 비변사연구』, 집문당, 25~50쪽

109. 허선도, 1994, 『조선시대화약병기사연구(朝鮮時代火藥兵器史研究)』, 일조각, 199~210/218~219쪽

110. 원균(元均)의 신상은 「융경1년정묘11월초2일문무과복시방목(隆慶元年丁卯十一月初二日文武科覆試榜目)」의 무과급제자 명단, 『원주원씨족보(原州元氏族譜)』에서 확인할 수 있다.

111. 『선조실록』 75권, 선조29년(1596) 5월 19일 을유 6번째 기사; 『선조실록』 87권, 선조30년(1597) 4월 15일 을해 3번째 기사

112. 나대용(羅大用)의 신상과 행적은 「만력11년계미9월초3일별시방목(萬曆十一年癸未九月初三日別試榜目)」의 무과급제자 명단, 『금성나씨족보(錦城羅氏族譜)』, 『임진장초』의 「옥포파왜병장(玉浦破倭兵狀)」(1592년 5월 10일), 같은 책 「당포파왜병장(唐浦破倭兵狀)」(1592년 6월 14일), 『선조실록』의 기사(206권, 선조39년-1606년 12월 24일 무오 3번째 기사) 등에서 확인할 수 있다. 족보에 따르면 그는 금성 나씨 나주파 진사공(進士公) 나윤(羅贇)의 증손자이다. 방목에 기록된 본관은 나주(羅州)이지만 현재는 동성동본이족과의 구분을 위해 금성으로 부른다.

113. 『선조실록』 45권, 선조26년(1593) 윤 11월 14일 갑오 2번째 기사; 조경남(趙慶男)의 『난중잡록(亂中雜錄)』 제1권의 임진년 4월 14일의 기록; 이덕형(李德馨)의 『한음문고(漢陰文稿)』 부록 제1권의 「연보(年譜)」-「이십년임진(二十年壬辰)」 4월 29일의 기록

114. 조영규(趙英圭)의 신상은 『충렬사지(忠烈祠志)』의 「조공유사기(趙公遺事記)」, 『직산조씨족보(稷山趙氏族譜)』에서 확인할 수 있다. 족보에 따르면 그는 직산 조씨 영원공파 파조 조영원(趙永元)의 8대손이다. 그의 이름을 '趙英珪'로 오기한 문헌이 많기 때문에 참조에 주의가 필요하다.

115. 『선조실록』 26권, 선조25년(1592) 4월 13일 임인 1번째 기사; 『선조수정실록』 26권, 선조25년(1592) 4월 14일 계묘 1번째 기사; 신경(申炅)의 『재조번방지(再造藩邦志)』 제1권의 4월 15일의 기록; 박동량(朴東亮)의 『기재사초(寄齋史草)』하권의 「임진일록(壬辰日錄)」의 5월 15일의 기록

116. 『선조실록』 27권, 선조25년(1592) 6월 28일 병진 4번째 기사; 『선조수정실록』 26권, 선조25년(1592) 4월 14일 계묘 2번째 기사; 조경남(趙慶男)의 『난중잡록(亂中雜錄)』 제1권의 임진년 4월 16일의 기록; 박동량(朴東亮)의 『기재사초(寄齋史草)』하권의 「임진일록(壬辰日錄)」의 4월 13/14일의 기록

117. 석보창(石堡倉)은 『해동지도(海東地圖)』의 「순천부(順天府)」, 『비변사인방안지도(備邊司印方眼地圖)』의 「순천(順天)」 등의 조선시대 지도에서 그 위치를 찾아볼 수 있다.

118. 『어초문답(漁樵問答)』, 「방어 방법(守禦)」-「함정(地網)」; 『정조실록』 12권, 정조5년(1781) 10월 28일 정유 1번째 기사. 이들 기록에 따르면 품갱(品坑)은 땅을 품자 모양으로 지그재그로 파서 만든 함정이다. 『선조실록』이나 하륜(河崙)의 『촉석성문기(矗石城門記)』에 보이는 '品字隍'이나 '品防' 또한 품갱을 가리키는 명칭으로 판단된다.

119. 『선조실록』88권, 선조30년(1597) 5월 29일 기미 1번째 기사

120. 병신일기(1596년) 3월 19일에 기록된 '新箏上絃'의 '上'은 '올리다'라는 의미로 사용되었다.

121. 『중종실록』18권, 중종8년(1513) 6월 12일 기유 1번째 기사

122. 배응록(裵應祿)의 행적은 『임진장초』의 「옥포파왜병장(玉浦破倭兵狀)」(1592년 5월 10일), 같은 책 「당포파왜병장(唐浦破倭兵狀)」(1592년 6월 14일), 같은 책 「견내량파왜병장(見乃梁破倭兵狀)」(1592년 7월 15일) 등에서 확인할 수 있다.

123. 송한련(宋漢連)은, 그와 송한(宋漢)이 벽어를 잡아왔다는 병신일기(1596년) 1월 4일의 기록과 송한련 형제가 물고기를 잡아 왔다는 병신일기(1596년) 5월 16일의 기록과 『여산송씨대동보(礪山宋氏大同譜)』에 이 두 사람이 형제로 기록된 사실을 통하여 그의 본관이 여산(礪山)임을 알 수 있다. 대동보에 따르면 그는 여산 송씨 원윤공파(元尹公派) 파조 송운(宋惲)의 9대손으로서, 고조할아버지 송간(宋侃) 때부터 흥양에서 살았다. 참고로 송한련의 이름은 『신증흥양지(新增興陽誌)』의 「사환(仕宦)」에도 실려 있다.
송한련의 행적은 『임진장초』의 「옥포파왜병장(玉浦破倭兵狀)」(1592년 5월 10일) 등에서 확인할 수 있다.

124. 1991, 『장기읍성 지표조사보고서(長鬐邑城 地表調査報告書)』, 경주문화재연구소, 101쪽

125. 『선조실록』 26권, 선조25년(1592) 4월 17일 병오 1번째/2번째 기사; 『선조수정실록』 26권, 선조25년(1592) 4월 14일 계묘 3번째/6번째 기사; 『임진장초』의 「부원경상도장(赴援慶尙道狀)」(1592년 4월 27일)

126. 신립(申砬)의 신상과 행적은 「융경1년정묘11월초2일문무과복시방목(隆慶元年丁卯十一月初二日文武科覆試榜目)」의 문과급제자 명단, 신완(申琓)의 『경암집(絅菴集)』 제6권의 「가장(家狀)」-「고조증순충적덕병의보조공신영의정평양부원군행판윤부군가장(高祖贈純忠積德秉義補祚功臣領議政平壤府院君行判尹府君家狀)」, 『평산신씨대동보(平山申氏大同譜)』 등에서 확인할 수 있다. 대동보에 따르면 그는 평산 신씨 문희공파(文僖公派) 파조 신개(申槩)의 5대손이다.

127. 기효근(奇孝謹)의 신상과 행적은 이기발(李起浡)의 『서귀유고(西歸遺藁)』 제7권의 「묘명(墓銘)」-「선무공신증개백군행현령기공묘갈명(宣武功臣贈皆伯君行縣令奇公墓碣銘)」, 『임진장초』의 「옥포파왜병장(玉浦破倭兵狀)」(1592년 5월 10일), 같은 책 「당포파왜병장(唐浦破倭兵狀)」(1592년 6월 14일), 같은 책 「당항포파왜병장(唐項浦破倭兵狀)」(1594년 3월 10일), 『선조실록』의 기사(29권, 선조25년-1592년 8월 24일 신해 2번째 기사), 『행주기씨족보(幸州奇氏族譜)』 등에서 확인할 수 있다. 족보에 따르면 그는 행주 기씨 정무공(貞武公) 기건(奇虔)의 5대손이다.

128. 2016, 『조선시대 수군진조사 3 경상우수영 편』, 국립해양문화재연구소, 370쪽

129. 김승룡(金勝龍)의 행적은 『임진장초』의 「옥포파왜병장(玉浦破倭兵狀)」(1592년 5월 10일), 같은 책 「당항포파

왜병장(唐項浦破倭兵狀)」(1594년 3월 10일), 『선조실록』의 기사(29권, 선조25년-1592년 8월 24일 신해 2번째 기사) 등에서 확인할 수 있다.

130. 2018, 『조선시대 수군진조사 4 경상좌수영 편』, 국립해양문화재연구소, 450쪽

131. 2018, 『조선시대 수군진조사 4 경상좌수영 편』, 국립해양문화재연구소, 434쪽

132. 김축(金軸)의 행적은 『임진장초』의 「옥포파왜병장(玉浦破倭兵狀)」(1592년 5월 10일), 같은 책 「당항포파왜병장(唐項浦破倭兵狀)」(1594년 3월 10일), 『선조실록』의 기사(89권, 선조30년-1597년 6월 29일 무자 8번째 기사) 등에서 확인할 수 있다.

133. 신호(申浩)의 신상과 행적은 김석주(金錫冑)의 『식암유고(息庵遺稿)』 제22권의 「시장(諡狀)」-「낙안군수증형조판서신공시장(樂安郡守贈刑曹判書申公諡狀)」, 『평산신씨대동보(平山申氏大同譜)』, 『임진장초』의 「옥포파왜병장(玉浦破倭兵狀)」(1592년 5월 10일), 같은 책 「당포파왜병장(唐浦破倭兵狀)」(1592년 6월 14일), 같은 책 「견내량파왜병장(見乃梁破倭兵狀)」(1592년 7월 15일), 같은 책 「부산파왜병장(釜山破倭兵狀)」(1592년 9월 17일), 『선조실록』의 기사(92권, 선조30년-1597년 9월 2일 기축 4번째 기사) 등에서 확인할 수 있다. 대동보에 따르면 그는 평산 신씨 밀직공파(密直公派) 파조 신아(申雅)의 6대손이다.

134. 김성일(金誠一)의 『학봉일고(鶴峯逸稿)』 제3권의 「북정일록(北征日錄)」- 기묘년(1579, 선조12년) 10월 17일. 이 기록 이외에 『실록』에서도 '疊入'의 용례를 쉽게 찾아볼 수 있다.

135. 창평(昌平)은 『신증동국여지승람(新增東國輿地勝覽)』의 「창평현(昌平縣)」과 『1872 지방지도』의 「창평현(昌平縣)」, 『해동지도(海東地圖)』의 「창평현(昌平縣)」 등의 조선시대 지도에서 그 위치를 찾아볼 수 있다.

136. 『창평군읍지(昌平郡邑誌)』의 「읍선생(邑生案)」에 의하면 윤열(尹說)은 임진년(1592년)에 창평현령으로 도임하였다. 『창평군읍지』에 그의 후임자 백유항(白惟恒)이 계사년(1593년)에 도임했다고 기록된 점으로 보아 윤열은 적어도 1592년 말까지 창평현령을 지냈을 것으로 판단된다.

137. 2008, 정진술, 『학예지 제15집』, 「조선수군의 전술신호 체계」, 육군사관학교 육군박물관, 42~44쪽. 이 논고에 따르면 임진왜란 시기 조선 수군의 전술 편제는 오위진법(五衛陣法)의 체제와 제승방략(制勝方略)의 분군법(分軍法)을 따르고 있었다. 오위진법은 『문종실록』의 기사(8권, 문종1년-1451년 6월 19일 병술 6번째 기사)에 「신진법(新陣法)」이란 명칭으로 실려 있으며, 제승방략의 분군법은 이일(李鎰)이 작성한 육진대분군(六鎮大分軍)과 삼읍분군(三邑分軍)이다.

138. 전 해군사관학교 박물관장 조성도 교수가 지금의 경남 거제시 남부면에 있었던 송변현(松邊縣)에 송미포(松未浦)가 있었음을 해도와 함께 인증하였다고 한다.
지명의 유사성 때문에 송미포를 송진포(지금의 경남 거제시 장목면 송진포리)로 보는 견해도 있지만 병신일기(1596년) 8월 11일에는 송미포가 거제도의 남부에 위치했었음을 짐작할 수 있는 내용이 있다. 이 일기에 따르면 왜선 1척이 등산(登山)에서 송미포(松未浦)로 들어갔다가 아자포(阿自浦)에 정박한 뒤 다시 견내량을 넘어가 버리는 바람에 이순신이 복병장을 잡아 온 사건이 있었다. 만일 송미포가 거제도의 북부에 있었던 송진포였다면 일기의 묘사처럼 왜선이 견내량을 넘어가서 도망가는 일은 성립될 수가 없다. 따라서 송미포는 거제도의 남부에 위치했던 지역으로 판단할 수 있다.

139. 현재 합포(合浦)의 위치에 대해서는 두 가지 견해가 있다. 하나는 경남 창원시 마산합포구 산호동으로 보는 견해이며 다른 하나는 경남 창원시 진해구 풍호동의 학개마을로 보는 견해이다. 『임진장초』의 「옥포파왜병장(玉浦破倭兵狀)」(1592년 5월 10일)에는 합포해전의 위치에 대하여 '웅천 땅 합포 앞바다에 이르러(至熊川地合浦前洋)'라고 묘사되어 있는데, 웅천현(熊川縣)은 지금의 경남 창원시 진해구 일대에 해당되며 합포는 조선시대에 창원부(昌原府)에 속했던 포구로서 지금의 경남 창원시 마산합포구 산호동에 있었다. 이러한 이유로 『임진장초』의 합포가 창원부의 합포를 말하는 것인지 아니면 웅천현에 있던 다른 어떤 곳을 가리키는 것인지 모호하

여 위의 두 가지 견해가 논란이 되어 왔다.

언뜻 보기에 『임진장초』의 문구는 합포가 웅천에 속한 지역인 것처럼 보인다. 그러나 웅천(熊川)과 합포(合浦)는 모두 조선시대에 널리 알려져 있던 지명들로서 『신증동국여지승람(新增東國輿地勝覽)』, 『실록』, 『대동여지도(大東輿地圖)』 등을 비롯한 각종 조선시대 사료나 문헌 및 지도에 그 위치가 명확히 기록되어 있다. 그리고 이들 자료에 나타난 두 지명의 위치는 조선시대 초기부터 말기까지 변동사항이 없었다. 이러한 점을 고려하면, 해전이 벌어진 곳이 창원부의 합포와 가까운 거리에 있었음에도 불구하고 『임진장초』에서 웅천의 어떤 지역을 합포로 지칭했다고는 생각되지 않는다. 또한 경남 창원시 진해구 풍호동의 학개마을이 조선시대에 합포로 불렸다는 어떠한 자료도 찾을 수 없다.

『임진장초』의 합포해전 위치 묘사는, '熊川地'가 '合浦前洋'을 수식한다고 보는 대신 '熊川地'와 '合浦前洋'을 별개로 봄이 옳을 것 같다. 이는 '웅천 땅과 합포 앞바다가 맞닿은 곳'이라는 의미로서 합포가 창원부에 속했던 사실과도 서로 모순이 생기지 않는다. 즉 다시 말하면 웅천과 근접한 바다에서 해전이 벌어졌기 때문에 '熊川地'라는 표현이 사용되었고, 해전이 벌어진 바다를 지칭하기 위해 그 일대의 바다를 가리키는 지명인 '合浦前洋'이 사용되었다고 해석하는 것이다. 『신증동국여지승람』의 「창원도호부(昌原都護府)」에 의하면 합포는 창원의 옛 지명이기도 하였으며, 조선시대 문헌을 살펴보면 그 지역이나 부근의 바다를 가리킬 때 종종 합포로 지칭하기도 하였다. 그러므로 『임진장초』의 '合浦'는 항구 정도의 협소한 지역이 아닌 항구 앞바다까지 포함하는 것으로 해석될 수 있으며, '合浦前洋'의 경우는 보다 더 광범위한 지역까지 가리키는 것으로 볼 수 있다. 실례로 1700년대 중반에 제작된 것으로 추정되는 『조선지도(朝鮮地圖)』는 지금의 마산만을 '合浦'로 표기하기도 하였다.

안방준(安邦俊)의 『은봉전서(隱峯全書)』 제7권의 「기사(記事)」-「부산기사(釜山記事)」에는 합포해전의 위치를 특정할 수 있는 기록이 있다. 「부산기사」의 합포해전 관련 기록에 의하면, 왜선이 창원(昌原) 마산포(馬山浦)에서 웅천(熊川) 제포(薺浦)로 향하는 것을 조선 수군이 쫓아가자 왜군이 원포(院浦)에 선박을 버리고 도망쳤는데 그 버려진 왜선을 조선 수군이 불태웠다고 한다. 원포는 지금의 경남 창원시 진해구 웅천동에 있었으며 조선시대에는 웅천현에 속했다.

『은봉전서』의 「부산기사」는 임진왜란 초기부터 수군에 복무했던 흥양 출신의 오씨(吳氏)가 언문으로 쓴 일기를 바탕으로 하여 만들어진 기록이다. 안방준의 문인이었던 주엽(朱曄)이 그 일기를 한 편의 글로 써서 안방준에게 주었는데 안방준이 이를 다시 정리한 것이 「부산기사」이다. 「부산기사」는 본래의 자료인 오씨의 언문 일기에 두 차례의 변경을 가하여 만든 기록이기 때문에 사료로서의 가치가 떨어지는 면이 있다. 또한 『임진장초』와 비교하였을 때 날짜 및 해전 전과 등에서 적지 않은 차이가 발견되는 문제점도 있다. 그러나 전투에 직접 참전했던 인물이 쓴 일기를 기본 자료로 삼았다는 점에서 의미가 있고, 무엇보다 눈여겨볼 만한 사항은 「부산기사」에 나타난 조선 수군의 이동 경로가 『임진장초』의 기록과 대체로 일치하는 점이다. 다음의 표는 합포해전과 관련하여 『임진장초』의 「옥포파왜병장」과 『은봉전서』의 「부산기사」에 실린 조선 수군의 제1차 출전 기록의 일부분을 간략히 정리하여 비교한 것이다.

『임진장초』의 「옥포파왜병장」		『은봉전서』의 「부산기사」	
5월 4일	전라좌수영 출발 → 남해현 일대 수색 → 소비포 정박	4월 30일	전라좌수영 출발
5월 5일	소비포 출발 → 당포 정박	5월 1일	고성 사량 정박
5월 6일	당포 출발 → 송미포 정박	5월 3일	당포 정박
5월 7일	송미포 출발 → 옥포해전 → 영등포 정박 → 합포 해전 → 남포 정박	5월 6일	거제 도슬포 정박
5월 8일	남포 출발 → 고리량 수색 → 적진포해전 → 선조 몽진 소식 → 적진포 출발	5월 8일	지세포/조라포 → 옥포해전 → 율포 → 영등포 정박 → 웅천 원포 적선 분멸 → 저도 정박
5월 9일	전라좌수영 도착	5월 9일	청등도 → 고성 추원적정포 적선 분멸 → 거제 흥포 정박 → 선조 몽진 소식 → 당포 정박
		5월 10일	전라좌수영 도착

위의 두 기록은 해전이 있었던 날 이외에는 서로 적지 않은 날짜의 차이가 있다. 그리고 위의 표에는 서술하지 않았지만, 「부산기사」에 기록된 해전 전과는 「옥포파왜병장」의 해전 전과보다 분멸된 왜선의 수가 많고 녹도만호 정운의 활약이 과도하게 부각되어 있다. 이는 「부산기사」가 조선 수군 및 정운의 공적을 더욱 뛰어나 보이게 할 목적으로 의도적으로 기록을 과장한 것으로 생각된다. 그러나 두 기록에 나타난 조선 수군의 이동 경로를 살펴보면, 특히 해전이 있었던 날의 경우에는 그 경로의 동선이 서로 거의 일치하고 있으며 날짜 또한 단지 하루의 차이만을 보이고 있다. 이는 흥양 출신 오씨가 해전이 벌어진 시점에 대해서는 비교적 뚜렷한 기억을 가지고 있었기 때문에 그것이 그의 언문 일기에 반영된 것으로 짐작된다. 특히 해전이 벌어진 장소를 원포라고 명기한 점이 주목할만하다. 원포가 위치했던 웅천은 「임진장초」의 합포해전 위치 묘사 '熊川地'와도 부합한다. 비록 해전 전과 등은 과장된 점이 있지만 조선 수군의 이동 경로와 관련 지명은 당시에는 굳이 왜곡할 이유가 없는 사항이므로 「부산기사」에 묘사된 합포해전의 위치는 꽤 신빙성이 있는 기록으로 판단된다. 만일 「부산기사」의 기록을 기준으로 본다면 합포해전은 '원포해전'이라는 명칭이 더 적합할 것 같다.

쌍충사중수 추진위원회에서 발간된 『高興 雙忠祠 事蹟』(이은상, 1980, 113~114쪽)과 순천향대학교 이순신연구원에서 발간된 『제11회 학술세미나 충무공 이순신의 화합과 이해의 리더십』-「이순신과 鄭運 -임란초기 녹도만호 정운의 활동과 전공-」(조원래, 2009, 99쪽)에 의하면, 전남 고흥군 도양읍 봉암리의 고흥쌍충사(高興雙忠祠)에 소장된 『항의록(抗義錄)』의 「증병조참판정공전(贈兵曹參判鄭公傳)」이 위 「부산기사」의 저본이 된 주엽의 글이며, 주엽이 참조한 언문기록의 저자는 녹도만호 정운의 군관이었던 오윤건(吳允健)이라는 무사이다. 오윤건(吳允健)은 『선무원종공신녹권』에 기록되어 있는 수군(水軍) 오윤건(吳允巾)과 동일인으로 짐작된다.

140. 현재 고리량(古里梁)은 경남 창원시 마산합포구 구산면 구복리의 저도와 육지 사이의 해협으로 추정하는 견해가 우세하다. 그러나 고리량은 「임진장초」의 「옥포파왜병장(玉浦破兵狀)」(1592년 5월 10일)에 진해 땅(鎭海地古里梁)으로 기록되어 있는데 비해, 구복리의 저도는 『신증동국여지승람(新增東國輿地勝覽)』의 「칠원현(漆原縣)」에 따르면 조선시대에 칠원현에 속했던 곳이다. 저도가 진해와 가까운 위치에 있었기 때문에 진해 땅으로 잘못 기록되었을 가능성도 생각해볼 수 있겠지만 이와 배치되는 또 다른 문제가 있다. 「임진장초」의 「당항포파왜병장(唐項浦破倭兵狀)」(1594년 3월 10일)에는 '21척은 고성 땅 당항포로, 7척은 진해 땅 오리량(吾里梁)으로, 3척은 저도(猪島)로 향해갔다.'라는 기록이 있다. 여기서 오리량은 고리량을 가리키는 것으로 판단되는데, 만일 오리량이 구복리의 저도 옆 해협이라면 「당항포파왜병장」에 오리량과 저도가 서로 다른 위치에 있는 것처럼 언급되지 않았을 것이다. 따라서 고리량은 구복리의 저도 부근으로 볼 수 없으며 조선시대에 진해에 속했던 지금의 경남 창원시 마산합포구 진동면 해안가에서 찾아야 할 것이다.

이 문제와 관련하여 『1872 지방지도』의 「진해현지도(鎭海縣地圖)」에는 흥미로운 기록이 있다. 「진해현지도」에는 진해현 읍치 부근에 있는 대수우도(大水牛島)라는 섬이 읍에서 오 리의 거리에 있다(邑五里)라고 기록되어 있다. 대수우도는 지금의 경남 창원시 마산합포구 진동면 요장리의 수우도로서 이 섬과 육지 사이에는 량(梁)으로 불릴 만한 작은 해협이 있다. 그리고 이 해협은 그 일대의 해안가에서 량(梁)으로 부를 수 있는 거의 유일한 곳이기도 하다. 따라서 「옥포파왜병장」의 고리량(古里梁) 및 「당항포파왜병장」의 오리량(吾里梁)은 오리량(五里梁)을 가리키는 것으로 생각되며 지금의 경남 창원시 마산합포구 진동면 요장리의 수우도 옆의 해협으로 추정된다. 갑오일기(1594년) 3월 3일에도 오리량(五里梁)이라는 지명이 언급되어 있다.

141. 적진포(赤珍浦)의 위치에 대해서는 경남 통영시 광도면, 경남 고성군 거류면의 당동만, 경남 고성군 동해면의 적포만 등 다양한 견해가 있다.

『임진장초』의 「옥포파왜병장(玉浦破倭兵狀)」(1592년 5월 10일)에는 적진포해전과 관련하여 '왜선이 바다 입구에 정박했다(海口列泊)'와 '왜인이 포곳의 여염집(浦串閭閻)을 약탈했다'라는 묘사가 보이는데, 위의 견해들 중 일부는 이러한 묘사와 부합하지 않는다고 생각되지만 관점의 차이로 인한 논란의 소지가 있으므로 이점은 더 이상 언급하진 않겠다.

적진포의 지명은 『신증동국여지승람(新增東國輿地勝覽)』의 「고성현(固城縣)」의 적진향(積珍鄕), 「동여도(東輿圖)」

의 적진포(積珍浦), 『대동지지(大東地志)』의 적진포(積珍浦), 안정복(安鼎福)의 『동사강목(東史綱目)』 제16권상의 무오년(1378년) 6월의 적전포(赤田浦) 등 여러 자료에서 각기 다르게 표기되고 있다. 적진포에 대한 위치 비정은 학자들마다 각기 다르지만 그 근거에 대해서는 조선 후기에 제작된 『동여도』나 『대동지지』의 내용을 바탕으로 삼는 경우가 많다.

안방준(安邦俊)의 『은봉전서(隱峯全書)』 제7권의 「기사(記事)」-「부산기사(釜山記事)」에는 적진포의 위치를 특정할 수 있는 기록이 있다. 주석 139에서 설명한 바와 같이 「부산기사」는 임진왜란 시기 해전에 직접 참전했던 인물이 쓴 일기를 바탕으로 하여 만들어진 자료이므로 학자들이 근거로서 주로 제시하는 조선 후기의 자료보다 더욱 신빙성이 높다. 「부산기사」는 적진포해전의 위치에 대해 '청등도 서쪽 고성의 추원적정포에 이르러(從青燈島西至固城之秋原赤亭浦)'라고 묘사하고 있다. 고성의 추원(秋原)은 고성의 춘원(春元)을 가리키며 『선조실록』의 기사(90권, 선조30년-1597년 7월 22일 신해 2번째 기사)에서도 고성 추원포(秋原浦)라는 지명을 확인할 수 있다. 『신증동국여지승람』의 「고성현」에 의하면 적진향(積珍鄕)과 춘원포(春元浦)는 둘 다 현 동쪽 20리에 위치해 있었으며 그곳은 지금의 경남 통영시 광도면 부근이다.

142. 노량(露梁)은 『신증동국여지승람(新增東國輿地勝覽)』의 「남해현(南海縣)」과 『해동지도(海東地圖)』의 「남해현(南海縣)」, 『1872 지방지도』의 「남해지도(南海地圖)」 등의 조선시대 지도에서 그 위치를 찾아볼 수 있다.

143. 사천(泗川)은 『신증동국여지승람(新增東國輿地勝覽)』의 「사천현(泗川縣)」과 『해동지도(海東地圖)』의 「사천현(泗川縣)」, 『1872 지방지도』의 「사천현지도(泗川縣地圖)」 등의 조선시대 지도에서 그 위치를 찾아볼 수 있다.

144. 2016, 신동명/최상원/김영동, 『역사의 블랙박스 왜성 재발견』, 산지니, 201~205쪽. 사천 선창의 정확한 위치는 고증되지 않았지만 대개의 학자들은 경남 사천시 용현면 선진리로 비정하고 있다. 선진리에 위치한 문화재자료 제247호 사천선진리왜성(泗川船津里倭城) 자리에 본래 조창인 통양창성(通洋倉城)이 있었던 점과 사천 선창에 7~8리에 걸쳐 산이 구불구불 둘러 있다고 묘사한 『임진장초』의 「당포파왜병장」(1592년 6월 14일)의 기록이 사천선진리왜성이 위치한 지역의 모습과 부합하는 점으로 보아 사천 선창의 선진리 비정은 개연성이 높다.

145. 2016, 『조선시대 수군진조사 3 경상우수영 편』, 국립해양문화재연구소, 318쪽

146. 2016, 『조선시대 수군진조사 3 경상우수영 편』, 국립해양문화재연구소, 292쪽

147. 허선도, 1994, 『조선시대화약병기사연구(朝鮮時代火藥兵器史研究)』, 일조각, 210~218쪽

148. 이익(李瀷)의 『성호사설(星湖僿說)』 제16권, 「인사문(人事門)」-「십인공사일인(十人共射一人)」

149. 착포량(鑿浦梁)은 『임진장초』의 「당포파왜병장(唐浦破倭兵狀)」(1592년 6월 14일)에 '거제와 고성의 경계 착량 바다(巨濟固城兩境鑿梁洋中)'로 기록되어 있다. 착량(鑿梁)은 『1872 지방지도』의 「당포진도(唐浦鎭圖)」, 『1872 지방지도』의 「통영지도(統營地圖)」 등의 조선시대 지도에서 그 위치를 찾아볼 수 있다.

150. 당항포(唐項浦)는 『신증동국여지승람(新增東國輿地勝覽)』의 「고성현(固城縣)」과 『1872 지방지도』의 「고성부지도(固城府地圖)」, 『동여도(東輿圖)』 등의 조선시대 지도에서 당항포(當項浦), 당항(當項) 또는 당항(堂項)이라는 지명으로 그 위치를 찾아볼 수 있다.

151. 2016, 『조선시대 수군진조사 3 경상우수영 편』, 국립해양문화재연구소, 156쪽

152. 2016, 『조선시대 수군진조사 3 경상우수영 편』, 국립해양문화재연구소, 182쪽

153. 2016, 『조선시대 수군진조사 3 경상우수영 편』, 국립해양문화재연구소, 92쪽

154. 2016, 『조선시대 수군진조사 3 경상우수영 편』, 국립해양문화재연구소, 74쪽

155. 모자랑포(毛自郞浦)의 위치에 대해서는 경남 사천시 용현면 주문리, 같은 시 노룡동 등 여러 견해가 있다.

성여신(成汝信)의 『진양지(晋陽誌)』 제1권의 「읍지(邑誌)」-「남면(南面)」에 의하면 모자랑포(茅茨廊浦)는 진주의 말문리(末文里)에 속한 속방(屬坊)들 중의 하나이다. 말문(末文)은 사천현 지역 내에 있던 진주의 월경지(越境地)로서 『조선지도(朝鮮地圖)』의 「진주(晋州)」, 『1872 지방지도』의 「사천현지도(泗川縣地圖)」 등의 조선시대 지도에서 그 위치를 찾아볼 수 있다. 『진양지』에 의하면 말문리는 지금의 경남 사천시의 각산 북쪽 지역에 있었으며 이러한 이유로 대부분의 학자들은 모자랑포를 경남 사천시 용현면 주문리, 같은 시 노룡동, 같은 시 송포동 등으로 추정하고 있다.

156. 이봉수, 2008, 『이순신이 싸운 바다』, 새로운사람들, 87~88쪽

157. 증도(甑島)는 『1872 지방지도』의 「구산진지도(龜山鎭地圖)」에서 그 위치를 찾아볼 수 있다. 『임진장초』의 「당항포파왜병장(唐項浦破倭兵狀)」(1594년 3월 10일)에 보이는 '영등포 장문의 적진 앞바다에 있는 증도(永登場門賊陣前洋之甑島)'라는 묘사 또한 「구산진지도」에 나타난 증도의 위치와 부합한다.

158. 송진포(松津浦)는 『1872 지방지도』의 「거제장목포진지도(巨濟長木浦鎭地圖)」에서 송진포(松眞浦)라는 지명으로 그 위치를 찾아볼 수 있다.

159. 『임진장초』의 「옥포파왜병장(玉浦破倭兵狀)」(1592년 5월 10일)은 전라좌수영과 경상우수영의 전선을 각각 24척과 4척으로 기록한 것에 비해, 『임진장초』의 「당포파왜병장(唐浦破倭兵狀)」(1592년 6월 14일)은 각각 23척과 3척으로 기록하고 있다. 제1차 출전에서 사상자는 단 1명의 부상자뿐이므로 제2차 출전의 전선 수의 감소는 선박의 피해나 다른 어떤 원인에 의한 것으로 판단된다.

160. 『임진장초』의 「당포파왜병장(唐浦破倭兵狀)」(1592년 6월 14일)을 살펴보면 '귀선돌격장 급제 이기남, 신의 군관 이언량(龜船突擊將及第李奇男臣軍官李彦良)'이란 문구 앞뒤로 다른 장수들의 이름이 부장/척후장/별도장 등과 같은 오위진법의 전술편제에 따른 직책과 함께 나열되어 있다. 당연히 이언량도 편제에 따른 직책이 있었을 것인데 바로 앞에 서술된 이기남의 직책인 귀선장과 동일하기 때문에 생략된 것으로 추정된다. 『임진장초』의 「견내량파왜병장(見乃梁破倭兵狀)」(1592년 7월 15일)에 보이는 '돌격귀선장 이기남, 보인 이언량(突擊龜船將及第李奇男保人李彦良)'이란 문구 앞뒤로도 「당포파왜병장」과 동일한 형태로 다른 장수들의 직책 및 이름이 나열된 점과 같은 책 「부산파왜병장(釜山破倭兵狀)」(1592년 9월 17일) 및 「토적장(討賊狀)」(1593년 4월 6일)에 이언량이 귀선장으로 서술된 점도 이를 뒷받침해준다.

그러나 이언량이 이기남과 같은 배에 탑승했을 가능성도 배제할 수 없다. 관련 연구자에 따라 당포해전에 참전한 거북선의 숫자를 1척 또는 2척으로 다르게 추정한다.

161. 이민웅, 2004, 『임진왜란 해전사』, 청어람미디어, 106쪽. 이 책은 당시 전라좌수영의 협선을 20여 척, 전체 수군의 협선을 50여 척으로 추정하였다. 『임진장초』의 「당포파왜병장(唐浦破倭兵狀)」(1592년 6월 14일)에는 비록 전선의 수만 언급되어 있지만 정찰 및 연락 활동 등에 필요한 협선도 당연히 참전했을 것이다. 이를 뒷받침하듯 「당포파왜병장」에는 협선으로 수행되었으리라 짐작되는 각종 정찰 활동 기록과 함께 탐망선(探望船), 탐망선장(探望船將)과 같은 용어가 보인다.

162. 견내량(見乃梁)은 『신증동국여지승람(新增東國輿地勝覽)』의 「거제현(巨濟縣)」과 『1872 지방지도』의 「통영지도(統營地圖)」, 『해동지도(海東地圖)』의 「통영(統營)」 등의 조선시대 지도에서 그 위치를 찾아볼 수 있다.

163. 제장명, 2012, 『이순신연구논총 제18호』, 「임진왜란 안골포해전의 역사적 의미와 기억 방안」, 순천향대학교 이순신연구소, 4쪽; 이민웅, 2016, 『이순신연구논총 제25호』, 「한산대첩의 주요 경과와 역사적 의의」, 순천향대학교 이순신연구소, 11~12쪽. 이 두 논고에 의하면 일본 측 자료인 『高麗船戰記』는 한산도대첩에 참전한 조선 수군의 선박을 대선 58척, 소선 50척 그리고 대선 58척 중 3척은 거북선으로 기록하였다. 『임진장초』의 「견내량파왜병장(見乃梁破倭兵狀)」(1592년 7월 15일)에 기록된 경상우수영의 전선이 7척이므로 전라좌수영과 전라우수영의 판옥선은 48척, 거북선은 3척, 협선은 50척으로 판단된다. 『임진장초』의 「당포파왜병장(唐浦破倭

兵狀)」(1592년 6월 14일)에 기록된 전라좌수영과 전라우수영의 전선이 각각 23척과 25척이므로 『高麗船戰記』에 나타난 조선 수군의 선박 수는 거의 정확한 수치라고 생각된다. 단 「한산대첩의 주요 경과와 역사적 의의」는 「견내량파왜병장」의 거북선 사상자 명단에 본영과 방답의 거북선 2척의 사상자만 나타나 있다는 이유로 한산도대첩에 참전한 전라좌수영과 전라우수영의 판옥선은 49척, 거북선은 2척으로 보았다.

『高麗船戰記』의 기록을 살펴보면 그 내용에 나타난 조선 수군 선박의 숫자는 안골포해전에서 목격된 것이며 거북선은 '장님배(目クラ船)'로 묘사되어 있다.

164. 제장명, 2012, 『이순신연구논총 제18호』, 「임진왜란 안골포해전의 역사적 의미와 기억 방안」, 순천향대학교 이순신연구소, 7~8쪽; 이민웅, 2016, 『이순신연구논총 제25호』, 「한산대첩의 주요 경과와 역사적 의의」, 순천향대학교 이순신연구소, 23~26쪽

165. 정연식, 2001, 『한국사연구 112』, 「조선시대의 끼니」, 한국사연구회, 70~73쪽. 이 논고는 16세기 중엽에 기록된 이문건(李文楗)의 『묵재일기(默齋日記)』에 나타나는 '朝點心', '午點心', '晝點心', '夕點心' 등의 용어를 분석하여 당시의 점심(點心)은 '시간을 가리지 않고 간단히 먹는 것'을 의미한다고 하였다.

또한 이 논고는 『난중일기』의 '黙心'은 낮에 먹는 '中食'을 의미하며 이는 '黙心'이 '中食'의 의미로 전환되는 과도기 상황을 보여준다고 하였다. 그러나 정유일기 1(1597) 7월 21일, 정유일기 2(1597) 8월 5일/8일에 '晝黙'이라는 용어가 나타나는 점으로 보아 『난중일기』와 『묵재일기』의 '黙心'은 그 의미가 서로 다르지 않다고 생각된다.

166. 이종인(李宗仁)의 신상은 『경진별시문무과방목(庚辰別試文武科榜目)』의 무과급제자 명단, 신초(辛礎)의 『문암선생충의록(聞巖先生忠義錄)』 제1권의 「충의록속집(忠義錄續集)」-「선묘기축특사제전장화상열록(宣廟己丑特賜諸戰將畫像列錄)」, 정덕선(鄭德善)의 『충렬실록(忠烈實錄)』 제2권의 「녹(錄)」-「이병조참판공실록(李兵曹參判公實錄)」, 『선원속보(璿源續譜)』 등에서 확인할 수 있다. 방목에 의하면 그의 자는 백춘(伯春), 본관은 전주(全州), 생년은 병진년(1556년), 아버지는 평안병사(平安兵使) 이구침(李龜琛)이며, 『문암선생충의록』에 따르면 그의 자는 백춘(伯春), 본관은 전주(全州)이고, 『충렬실록』에 따르면 그의 자는 인언(仁彦), 본관은 전주(全州), 생년은 경술년(1550년), 아버지는 병사(兵使) 이구침(李龜琛), 정종(定宗)의 후손이며, 『선원속보』에 따르면 그는 정종의 7남 수도군(守道君)의 5대손으로서 병사(兵使) 이구침(李龜琛)의 아들이다. 『충렬실록』이 후대의 기록인 때문인지 자와 생년이 다른 기록들과 차이가 있다.

이종인의 행적은 『선조실록』, 『선조수정실록』 및 여러 문헌에 보이는 그의 의병 활동 기록을 통해서 파악할 수 있다. 김면(金沔)의 『송암유고(松菴遺稿)』 제2권의 「보유(補遺)」-「창의사적(倡義事蹟)」은 그가 웅천현감을 지냈다고 기록하였으며, 『김해읍지(金海邑誌)』의 「환적(宦蹟)」은 그가 계사년(1593년)에 웅천현감에서 김해부사로 부임한 이력을 전하고 있다. 『문암선생충의록』의 기록으로부터 1588년 여진족 시전부락 토벌 때 이종인이 이순신과 함께 참전한 사실과 함께 두 사람의 친분 관계를 짐작할 수 있다.

167. 2016, 『조선시대 수군진조사 3 경상우수영 편』, 국립해양문화재연구소, 114쪽

168. 원포(院浦)는 『1872 지방지도』의 「웅천현지도(熊川縣地圖)」에서 그 위치를 찾아볼 수 있다. 「웅천현지도」에 의하면 원포는 읍치의 서쪽, 제포의 서북쪽으로 조금 떨어진 곳에 위치해 있었는데, 이는 『임진장초』의 「부산파왜병장(釜山破倭兵狀)」(1592년 9월 17일)에 보이는 '웅천 땅 제포의 뒷바다 원포(熊川地薺浦後洋院浦)'라는 묘사와 부합한다. 또한 『선조실록』의 기사(86권, 선조30년-1597년 3월 20일 경술 3번째 기사)에서도 원포가 웅천에 있던 지명임이 확인된다. 따라서 일기의 원문 '薺浦西院浦'를 '제포와 서원포'가 아니라 '제포 서쪽의 원포'로 해석하였다.

169. 관음포(觀音浦)는 『신증동국여지승람(新增東國輿地勝覽)』의 「남해현(南海縣)」과 『1872 지방지도』의 「남해지도(南海地圖)」 등의 조선시대 지도에서 그 위치를 찾아볼 수 있다.

170. 장림포(長林浦)는, 『임진장초』의 「부산파왜병장(釜山破倭兵狀)」(1592년 9월 17일)에 장림포가 동래 땅으로

명기(東萊地長林浦)된 점과 『1872 지방지도』의 「동래부지도(東萊府地圖)」에 기록된 내장림(內長林)의 위치와 「부산파왜병장」에 장림포 바다에서 만난 왜선이 양산(梁山)에서 나왔다는 묘사를 통하여 그 위치를 파악할 수 있다. 이들 기록을 종합해보면 장림포는 지금의 부산시 사하구 장림동이다.

171. 2018, 『조선시대 수군진조사 4 경상좌수영 편』, 국립해양문화재연구소, 96쪽

172. 서평포(西平浦)는 『1872 지방지도』의 「동래부지도(東萊府地圖)」, 『1872 지방지도』의 「서평진지도(西平鎭地圖)」 등의 조선시대 지도에서 서평포(西平浦) 또는 서평진(西平鎭)이라는 지명으로 그 위치를 찾아볼 수 있다.

1593년 계사일기(癸巳日記)

1. 황정록(黃廷祿)의 신상과 행적은 『임진장초』의 「견내량파왜병장(見乃梁破倭兵狀)」(1592년 7월 15일), 『선조실록』의 기사(76권, 선조29년-1596년 6월 12일 무신 5번째 기사), 『장수황씨세보(長水黃氏世譜)』에서 확인할 수 있다. 세보에 따르면 그는 장수 황씨 호안공파(胡安公派) 파조 황치신(黃致身)의 5대손이다.

2. 한문종, 2001, 『조선전기 향화·수직 왜인 연구』, 국학자료원, 19~23쪽

3. 한문종, 2001, 『조선전기 향화·수직 왜인 연구』, 국학자료원, 65~84쪽

4. 정사립(鄭思立), 정사준(鄭思竣), 정사횡(鄭思竑)은 명종 을묘왜변 때 군공을 세운 판관 정승복(鄭承復)의 아들들이다. 「기해춘정시용호방목(己亥春庭試龍虎榜目)」의 무과급제자 명단에 실린 정사립의 가족 사항, 『순조실록』(2권, 순조1년-1801년 1월 26일 계묘 2번째 기사)의 기사, 송환기(宋煥箕)의 『성담집(性潭集)』제24권의 「묘표(墓表)」-「판관정공공묘표(判官鄭公墓表)」, 『순천부읍지(順天府邑誌)』의 「과환(科宦)」, 『경주정씨세보(慶州鄭氏世譜)』 등에서 이들의 신상을 확인할 수 있다. 세보에 따르면 정사립과 그의 형제들은 경주 정씨 문헌공파(文獻公派)의 분파인 참의공파(參議公派)의 파조 정효종(鄭孝終)의 고손자들이며, 『은봉전서(隱峯全書)』를 지은 안방준(安邦俊)이 그들의 넷째 누이의 남편이다.

5. 『선조실록』28권, 선조25년(1592) 7월 22일 기묘 9번째 기사; 『선조실록』39권, 선조26년(1593) 6월 7일 경인 3번째 기사

6. 권율(權慄)의 신상과 행적은 「국조문과방목(國朝文科榜目)」의 문과급제자 명단, 이항복(李恒福)의 『백사집(白沙集)』제2권의 「묘지(墓誌)」-「증숭정대부…도원수권공묘지(贈崇政大夫…都元帥權公墓誌)」, 최립(崔岦)의 『간이집(簡易集)』제1권의 「비(碑)」-「권원수행주비(權元帥幸州碑)」, 『안동권씨추밀공파대보(安東權氏樞密公派大譜)』 등에서 확인할 수 있다. 대보에 따르면 그는 안동 권씨 추밀공파 파조 권수평(權守平)의 12대손이다.

7. 이정암(李廷馣)의 『사류재집(四留齋集)』제8권의 「행년일기상(行年日記上)」의 계사(癸巳) 오월(五月) 기록

8. 『선조실록』32권, 선조25년(1592) 11월 29일 을유 4번째 기사; 『선조실록』35, 선조26년(1593) 2월 4일 기축 2번째 기사; 『선조실록』35권, 선조26년(1593) 2월 7일 임진 6번째 기사 등

9. 『선조실록』40권, 선조26년(1593) 7월 21일 계유 3번째 기사; 『선조실록』42권, 선조26년(1593) 9월 5일 병진 11번째 기사; 『선조실록』43권, 선조26년(1593) 10월 3일 계미 9번째 기사; 『선조실록』51권, 선조27년(1594) 5월 25일 임인 7번째 기사; 『선조실록』103권, 선조31년(1598) 8월 4일 정사 5번째 기사 등

10. 2008, 정진술, 『학예지 제15집』, 「조선수군의 전술신호 체계」, 육군사관학교 육군박물관, 45쪽.

11. 이영남(李英男)의 신상과 행적은 「만력12년갑신추별시문무방목(萬曆十二年甲申秋別試文武榜目)」의 무과급제자 명단, 『가리포첨사선생안(加里浦僉使先生案)』, 『양성이씨세보(陽城李氏世譜)』, 『임진장초』의 「옥포파왜병장(玉浦破倭兵狀)」(1592년 5월 10일), 같은 책 「당포파왜병장(唐浦破倭兵狀)」(1592년 6월 14일), 같은 책 「당항포파왜병장(唐項浦破倭兵狀)」(1594년 3월 10일), 『선조실록』의 기사(106권, 선조31년-1598년 11월 27일 무신 5번째 기사) 등에서 확인할 수 있다. 세보에 따르면 그는 양성 이씨 군사공파(郡事公派) 파조 이수림(李守林)의 7대손이다.

12. 이여념(李汝恬)의 신상과 행적은 「만력12년갑신추별시문무방목(萬曆十二年甲申秋別試文武榜目)」의 무과급제자 명단, 『인천이씨세보(仁川李氏世譜)』, 『임진장초』의 「옥포파왜병장(玉浦破倭兵狀)」(1592년 5월 10일), 같은 책

「부산파왜병장(釜山破倭兵狀)」(1592년 9월 17일), 같은 책 「당항포파왜병장(唐項浦破倭兵狀)」(1594년 3월 10일) 등에서 확인할 수 있다. 세보에 따르면 그는 인천 이씨 공도공파(恭度公派) 파조 이문화(李文和)의 7대손이다.

그가 사량만호로서 활동한 기록은 병신일기(1596년)까지 나타난다. 세보에 따르면 그는 김해부사를 지낸 이력이 있는데 『김해읍지(金海邑誌)』의 「환적(宦蹟)」에 의하면 그는 정유년(1597년) 9월에 김해부사가 되어 병사(兵使) 진영으로 도임하였다.

13. 웅포(熊浦)는 『신증동국여지승람(新增東國輿地勝覽)』의 「웅천현(熊川縣)」에서 그 위치를 찾아볼 수 있다.

14. 원문 '乍出乍返' 중의 '返'을 초고본의 다른 날짜들의 '返' 및 '還'과 비교해보면 그 자형의 차이를 쉽게 구분할 수 있다. '返'의 상단 '反'과 '還'의 상단 '罒'은 서로 글자의 형태가 완전히 다르다. 그러므로 원문은 '乍出乍還'이 아닌 '乍出乍返'이다.

원문 '返'	정유일기 1 5월 21일 '返'	계사일기 2월 13일 '還'	계사일기 2월 17일 '還'

15. 정담수(鄭聃壽)의 신상과 행적은 「만력11년계미9월초3일별시방목(萬曆十一年癸未九月初三日別試榜目)」의 무과급제자 명단, 경기도 평택시 팽성읍 근내리에 현전하는 「정담수묘표(鄭聃壽墓表)」, 『임진장초』의 「당항포파왜병장(唐項浦破倭兵狀)」(1594년 3월 10일)에서 확인할 수 있다. 방목에는 그의 본관이 평택(平澤)으로 기록되어 있지만 묘표에는 해주(海州)로 기록되어 있으며 『해주정씨족보(海州鄭氏族譜)』에도 그의 이름이 실려 있다. 거주지가 평택이었기 때문에 방목의 본관이 평택으로 기록된 것으로 보인다.

16. 『성종실록』 116권, 성종11년(1480) 4월 20일 경오 1번째 기사; 『인조실록』 44권, 인조21년(1643) 6월 8일 경오 1번째 기사

17. 2011, 『조선시대 수군진조사 1 전라우수영 편』, 국립해양문화재연구소, 214쪽

18. 2011, 『조선시대 수군진조사 1 전라우수영 편』, 국립해양문화재연구소, 242쪽

19. 『임진장초』, 「인왜경대변장(因倭警待變狀)」(1592년 4월 15일); 『선조실록』 27권, 선조25년(1592) 6월 28일 병진 4번째 기사

20. 우치적(禹致績)의 신상과 행적은 「만력11년계미4월초4일문무과방목(萬曆十一年癸未四月初四日文武科榜目)」의 무과급제자 명단, 『단양우씨족보(丹陽禹氏族譜)』, 『임진장초』의 「옥포파왜병장(玉浦破倭兵狀)」(1592년 5월 10일), 『선조실록』의 기사(29권, 선조25년-1592년 8월 24일 신해 2번째 기사/90권, 선조30년-1597년 7월 22일 신해 2번째 기사/107권, 선조31년-1598년 12월 18일 기사 4번째 기사), 『인조실록』의 기사(19권, 인조6년-1628년 10월 16일 계묘 3번째 기사) 등에서 확인할 수 있다. 방목에 실린 그의 자 여가(汝嘉)는 백진남(白振南)의 『송호집(松湖集)』 제1권의 「우영공여가래방구제기선(禹令公汝嘉來訪求題其扇)」에서도 확인된다. 족보에 따르면 그는 단양 우씨 정평공파(靖平公派) 파조 우인열(禹仁烈)의 7대손이다.

21. 『선조실록』 35권, 선조26년(1593) 2월 18일 계묘 2번째 기사. 『韓中日共同研究 정유재란사』-「정유재란시 명군의 전략과 조·명연합작전의 변화」(陈尚胜, 2018, 279~280쪽)에 의하면 1592년 11월경 명나라의 병부시랑(兵部侍郎) 송응창(宋應昌)은 만력제에게 전선의 제조, 수군을 배치할 장소의 선별, 해전에 필요한 무기의 준비 등 명나라 수군의 제반 작전 계획을 상소로 올렸지만 실제로 명나라 수군이 참전한 시기는 정유재란 때이다.

22. 권기중, 2010, 『조선시대 향리와 지방사회』, 경인문화사, 55쪽. 『선조실록』의 기사(120권, 선조32년-1599년 12월 16일 신묘 4번째 기사)에 영리 출신으로서 현령까지 오른 기록이 나타나는 점으로 보아 당시 영리의 사회경제적 기반이 상당했음을 짐작할 수 있다.

23. 정철(鄭澈)의 신상과 행적은 「가정40년신유8월19일사마방목(嘉靖四十年辛酉八月十九日司馬榜目)」의 문과급제자 명단, 그의 문집인 『송강집(松江集)』 별집 제5권의 「부록(附錄)」-「행장김문경공집(行狀金文敬公集)」, 『영일정씨세보(迎日鄭氏世譜)』 등에서 확인할 수 있다. 세보에 따르면 그는 영일 정씨 김제공파(金堤公派) 파조 정자숙(鄭自淑)의 증손자이다.

24. 『선조실록』 34권, 선조26년(1593) 1월 11일 병인 11번째 기사; 『선조실록』 39권, 선조26년(1593) 6월 6일 기축 6번째 기사; 『선조실록』 41권, 선조26년(1593) 8월 25일 병오 4번째 기사

25. 『명종실록』 9권, 명종4년(1549) 3월 13일 계미 1번째 기사; 『선조실록』 14권, 선조13년(1580) 8월 5일 임인 1번째 기사

26. 김찬(金瓚)의 신상과 행적은 「융경1년정묘10월19일사마방목(隆慶元年丁卯十月十九日司馬榜目)」의 문과급제자 명단, 조경(趙絅)의 『용주유고(龍洲遺稿)』 제15권의 「묘갈(墓碣)」-「이조판서눌암김공묘갈(吏曹判書訥庵金公墓碣)」 등에서 확인할 수 있다. 당시 그가 체찰부사였음은 『용주유고』와 『선조실록』의 기사(36권, 선조26년-1593년 3월 8일 계해 10번째 기사)에서 확인된다.

27. 『선조실록』 35권, 선조26년(1593) 2월 5일 경인 8번째 기사; 『선조실록』 35권, 선조26년(1593) 2월 6일 신묘 6번째 기사

28. 성천지(成天祉)의 신상과 행적은 「융경6년임신12월초2일문무과별시방목(隆慶六年壬申十二月初二日文武科別試榜目)」의 무과급제자 명단, 신초(辛礎)의 『문암선생충의록(聞巖先生忠義錄)』 제1권의 「충의록속집(忠義錄續集)」-「선묘기축특사제전장화상열록(宣廟己丑特賜諸戰將畵像列錄)」, 정경운(鄭慶雲)의 『고대일록(孤臺日錄)』의 1592년 8월 24일 일기, 『창녕성씨족보(昌寧成氏族譜)』 등에서 확인할 수 있다. 『진도군읍지(珍島郡邑誌)』의 「선생안(先生案)」에 의하면 그는 계사년(1593년) 2월 7일에 진도군수로 도임하였으며 같은 해 4월 8일에 사망하였다. 『문암선생충의록』의 기록에 이순신과 이름이 나란히 실려 있고 또한 일기에 이름 대신 자를 쓴 점으로부터 그들의 친분 관계를 짐작할 수 있다. 족보에 따르면 그는 창녕 성씨 정절공파(貞節公派) 파조 성사제(成思齊)의 6대손이며 그의 장녀는 망우당 곽재우의 둘째 아들 곽활(郭活)의 부인이다.

29. 『선조실록』 34권, 선조26년(1593) 1월 29일 갑신 5번째 기사

30. 『선조실록』 83권, 선조29년(1596) 12월 29일 신묘 2번째 기사

31. 송도(松島)는 『신증동국여지승람(新增東國輿地勝覽)』의 「웅천현(熊川縣)」과 『해동지도(海東地圖)』의 「웅천현(熊川縣)」, 『광여도(廣輿圖)』의 「웅천현(熊川縣)」 등의 조선시대 지도에서 그 위치를 찾아볼 수 있다. 일기에 묘사된 바와 같이 송도는 바다에서 웅천현으로 드나드는 길목에 있다.

32. 고여우(高汝雨)의 신상은 「만력11년계미9월초3일별시방목(萬曆十一年癸未九月初三日別試榜目)」의 무과급제자 명단, 석주선기념민속박물관에서 발간된 『한국복식(韓國服飾)』 제35호-「천안 풍세면 출토 제주고씨 유물에 대한 연구」(고부자, 1997, 70~71쪽), 『제주고씨대동보(濟州高氏大同譜)』에서 확인할 수 있다. 고여우(高汝雨)의 이름이 보이는 사료 및 문헌을 살펴보면 『선조실록』의 기사(179권, 선조37년-1604년 윤 9월 3일 경진 3번째 기사)에는

감찰(監察)로, 이원(李黿)의 『재사당일집(再思堂逸集)』 제2권의 「부록(附錄)」-「행록(行錄)」에는 만호(萬戶)로, 이유간(李惟偘)의 『우곡일기(愚谷日記)』의 1610년 5월 7일 일기에는 노강첨사(老江僉使)로, 「계축만력41년증광사마방목(癸丑萬曆四十一年增廣司馬榜目)」의 무과급제자 명단에 실린 그의 아들 고세영(高世榮)의 가족 사항에는 노강첨사(老江僉使)로 나타난다.

이원(李黿)의 족보인 『경주이씨대종보(慶州李氏大宗譜)』에 따르면 고여우(高汝雨)는 이원의 증손녀의 남편으로서, 본관은 청주(淸州), 벼슬은 판관(判官), 아들의 이름은 고준영(高俊榮)이다. 비록 고여우의 본관이 청주로 잘못 기록되어 있고 또한 처의 본관인 경주도 『제주고씨대동보』에 기록된 고여우의 두 배위(配位) 김제 조씨(金堤趙氏) 및 단양 우씨(丹陽禹氏)와 다르지만, 처 경주 이씨의 형제들의 생년이 1500년대 중후반이고 아들 고준영(高俊榮)의 이름이 위의 방목에 실린 고세영(高世榮)의 이름과 마찬가지로 영(榮)자 돌림인 점은 개연성을 보여 준다.

흔치 않은 이름을 가진 동시대의 인물임과 동시에 만호 및 첨사의 이력까지 있는 점으로 보아 고여우(高汝雨)가 『난중일기』의 고여우(高汝友)임은 틀림이 없으리라 판단된다. 그의 몰년은 방목의 생년과 『한국복시 제35호』에 실린 그에 대한 만사(輓詞)의 내용으로부터 유추할 수 있다.

33. 2008, 정진술, 『학예지 제15집』, 「조선수군의 전술신호 체계」, 육군사관학교 육군박물관, 49쪽; 『문종실록』 8권, 문종1년(1451) 6월 19일 병술 6번째 기사

34. 성응지(成應祉)의 신상은 『창녕성씨족보(昌寧成氏族譜)』에서 확인할 수 있다. 그는 『임진장초』의 「분송의승파수요해장(分送義僧把守要害狀)」(1593년 1월 26일)에는 순천에 사는 보인(順天居保人)으로, 같은 책의 「청상의병제장장(請賞義兵諸將狀)」(1594년 3월 10일)에는 순천 교생(順天校生)으로 기록되어 있는데 족보에서도 그의 고향이 순천임이 확인된다. 족보에 따르면 그는 창녕 성씨 판사공파(判事公派) 파조 성연(成連)의 7대손이다.

35. 2011, 『조선시대 수군진조사 1 전라우수영 편』, 국립해양문화재연구소, 156쪽

36. 최천보(崔天寶)의 행적은 『임진장초』의 「견내량파왜병장(見乃梁破倭兵狀)」(1592년 7월 15일)에서 확인할 수 있다. 『임진장초』에는 그의 직책이 '흥양통장(興陽統將) 전 현감(前縣監)'으로 기록되어 있는데 『제주대정읍지(濟州大靜邑誌)』의 「선생안(先生案)」에서 그가 대정현감(大靜縣監)을 지낸 이력이 확인된다.

37. 『선조실록』 33권, 선조25년(1592) 12월 29일 을묘 2번째 기사; 『선조실록』 44권, 선조26년(1593) 11월 12일 임술 6번째 기사 등

38. 구사직(具思稷)의 신상과 행적은 「만력4년병자식년무과방목(萬曆四年丙子式年武科榜目)」의 무과급제자 명단, 『능성구씨세보(綾城具氏世譜)』, 『임진장초』의 「당포파왜병장(唐浦破倭兵狀)」(1592년 6월 14일) 등에서 확인할 수 있다. 「가리포첨사선생안(加里浦僉使先生案)」에 의하면 그는 신묘년(1591년) 3월부터 계사년(1593년) 9월까지 가리포첨사를 지냈다. 『여지도서(輿地圖書)』의 「보유편(補遺篇)」의 「수원부읍지(水原府邑誌)」-「부사선생안(府使先生案)」에 의하면 그의 사망 연월은 1611년 10월이며, 『광해군일기』의 기사(46권, 광해3년-1611년 10월 18일 갑신 2번째 기사)에서도 이 시기 그의 병이 위중했음이 확인된다. 세보에 따르면 그는 능성 구씨 도원수파(都元帥派) 파조 구성로(具成老)의 6대손이다.

39. 박성호, 2009, 『국학연구 제15집』, 「고문서 패자에 관한 고찰」, 한국국학진흥원, 295~315쪽

40. 김재근, 1984, 『한국선박사연구(韓國船舶史研究)』, 서울대학교출판부, 170쪽

41. 이응화(李應華)의 행적은 『임진장초』의 「옥포파왜병장(玉浦破倭兵狀)」(1592년 5월 10일), 같은 책 「당포파왜병장(唐浦破倭兵狀)」(1592년 6월 14일), 같은 책 「견내량파왜병장(見乃梁破倭兵狀)」(1592년 7월 15일) 등에서 확인할 수 있다.

이응화는 「옥포파왜병장」에 방답에서 귀양을 사는 전 첨사(防踏謫居前僉使)로 기록되어 있다. 추탄(楸灘) 오윤겸(吳允謙)의 아버지 오희문(吳希文)의 『쇄미록(瑣尾錄)』의 1592년 9월 11일 일기에는 이첨사언실(李僉使彦實)이 귀양을 가서 방답의 진중에 있다가 적선 1척을 잡았다는 기록이 보이는데 이는 「옥포파왜병장」의 기록과 일치

한다. 또한 『쇄미록』의 1594년 1월 1일 일기에는 오윤겸의 장인이 순천에서 바다를 건너다가 배가 뒤집혀 배에 탄 사람들이 모두 죽고 언실(彦實)은 가까스로 육지로 올라왔으나 곧 병으로 죽었다는 기록이 나오는데, 오윤겸의 문집인 『추탄집(楸灘集)』 부록의 「묘갈명(墓碣銘)」에 그의 장인의 이름이 이응화(李應華)로 기록되어 있으므로 『쇄미록』에 언급된 언실(彦實)은 이응화의 자임을 짐작할 수 있다. 『해주오씨세보』에 따르면 오윤겸의 장인 이응화는 경주 이씨 익재공파(益齋公派) 파조 이제현(李齊賢)의 후손으로서, 아버지는 이념(李念), 할아버지는 이우인(李友仁)이며, 이는 『경주이씨익재공파세보(慶州李氏益齋公派世譜)』에서도 확인된다. 세보에 따르면 이응화는 이제현의 9대손이다.

42. 이여송(李如松)의 신상은 신흠(申欽)의 『상촌집(象村集)』 제57권의 「천조소사장신선후거래성명 기자임진지경자(天朝詔使將臣先後去來姓名 記自壬辰至庚子)」-「이제독이하제관일시왕래각아문(李提督以下諸官一時往來各衙門)」에서 확인할 수 있다.

43. 『선조실록』 32권, 선조25년(1592) 11월 11일 정묘 6번째 기사, 『선조실록』 35권, 선조26년(1593) 2월 10일 을미 12번째 기사

44. 설한령(雪寒嶺)은 '薛罕嶺'으로 표기되기도 하였으며 『신증동국여지승람(新增東國輿地勝覽)』의 「강계도호부(江界都護府)」와 『해동지도(海東地圖)』의 「강계부(江界府)」, 『광여도(廣輿圖)』의 「강계부(江界府)」 등의 조선시대 지도에서 그 위치를 찾아볼 수 있다.

45. 『선조실록』 35권, 선조26년(1593) 2월 19일 갑진 11번째 기사

46. 민승기, 2004, 『조선의 무기와 갑옷』, 가람기획, 251~252쪽

47. 이홍명(李弘明)의 신상은 『만력11년계미9월초3일별시방목(萬曆十一年癸未九月初三日別試榜目)』의 무과급제자 명단, 여대로(呂大老)의 『감호집(鑑湖集)』 제2권의 「지명(誌銘)」-「사량첨사이공비지(蛇梁僉使李公碑誌)」, 『벽진이씨대동보(碧珍李氏大同譜)』에서 확인할 수 있다. 대동보에 따르면 그는 벽진 이씨 평정공파(平靖公派) 파조 이약동(李約東)의 증손자이다.
『감호집』에는 그가 사량첨사(蛇梁僉使)를 지냈다고 기록되어 있지만 사량은 만호진이므로 사량첨사는 사도첨사(蛇渡僉使)를 오기한 것으로 짐작된다. 『벽진이씨대동보』도 그를 사도첨사(蛇渡僉使)를 지냈다고 기록하고 있으며, 『선조실록』의 기사(21권, 선조20년-1587년 8월 9일 병인 1번째 기사)에 실린 손죽도왜변 당시의 전라좌수영 소속 장수들의 이름 중에도 그의 이름이 보인다. 『감호집』에 따르면 이홍명은 거문고와 바둑을 좋아했던 것으로 보이며 『난중일기』에도 그의 이름이 보이는 날에는 바둑을 둔 기록이 많다.

48. 『광해군일기』 80권, 광해6년(1614) 7월 11일 신유 2번째 기사

49. 『선조실록』 38권, 선조26년(1593) 5월 27일 경진 10번째 기사

50. 해포(蟹浦)는 『대동지지(大東地志)』의 「신창(新昌)」에 따르면 견포(犬浦)로도 불렸다. 견포는 『신증동국여지승람(新增東國輿地勝覽)』의 「신창현(新昌縣)」과 『대동방여전도(大東方輿全圖)』 등의 조선시대 지도에서 그 위치를 찾아볼 수 있다.

51. 이의득(李義得)의 신상은 『만력12년갑신추별시문무방목(萬曆十二年甲申秋別試文武榜目)』의 무과급제자 명단, 『벽진이씨대동보(碧珍李氏大同譜)』에서 확인할 수 있다. 대동보에 따르면 그는 벽진 이씨 산화파(山花派) 파조 이견간(李堅幹)의 9대손이며, 무과 출신으로서 우후(虞侯)를 지냈다. 도세순(都世純)의 『용사일기(龍蛇日記)』 1593년 11월 19일 일기에 따르면 도세순의 형이 수군을 징집하기 위해 고령(高靈)으로 온 우후 이의득에게 찾아가 같은 마을에 사는 박씨 어른의 청이라고 하면서 징집의 면제를 청탁한 일이 있었다. 이는 이의득이 고령 출신임을 보여주는 기록으로서 위의 방목에서도 그의 거주지가 고령임이 확인된다.
손기양(孫起陽)의 『오한집(聱漢集)』 제4권의 「잡저(雜著)」-「일록(日錄)」의 무술년 12월 3일에 기록된 노량해전 전사 장수 명단에는 경상우수영 우후가 포함되어 있는데 성명은 기록되어 있지 않지만, 1593년부터 1597년까지

의 『난중일기』에 보이는 이의득의 우후 관직에 변동이 없었던 점과 통영의 『충렬사지(忠烈祠誌)』의 「절도사명단(節度使名單)」에 경상우수사 이순신(李純信)의 우후가 이의득으로 기록된 점으로 보아 노량해전에서 전사한 경상우수영 우후는 이의득으로 판단된다.

52. 윤제현(尹齊賢)의 신상은 「무자식년사마방목(戊子式年司馬榜目)」의 문과급제자 명단, 『파평윤씨정정공파세보(坡平尹氏貞靖公派世譜)』에서 확인할 수 있다. 세보에 따르면 그는 파평 윤씨 정정공파 파조 윤번(尹璠)의 7대손이다. 이순신의 누이의 딸과 윤제현의 아들 윤간(尹侃)의 혼인 관계는 『덕수이씨세보(德水李氏世譜)』와 『파평윤씨정정공파세보』에서 확인된다. 그의 아들 윤간과 동생 윤영현(尹英賢)의 이름도 『난중일기』에 보인다.

53. 김명원(金命元)의 신상과 행적은 「가정37년무오식년추사마방목(嘉靖三十七年戊午式年秋司馬榜目)」의 문과급제자 명단, 이정구(李廷龜)의 『월사집(月沙集)』 제44권의 「신도비명(神道碑銘)」-「좌의정경림부원군증시충익김공신도비명(左議政慶林府院君贈謚忠翼金公神道碑銘)」에서 확인할 수 있다.

54. 『선조실록』 33권, 선조25년(1592) 12월 4일 경인 8번째 기사

55. 송응창(宋應昌)의 신상은 신흠(申欽)의 『상촌집(象村集)』 제57권의 「천조소사장신선후거래성명 기자임진지경자(天朝詔使將臣先後去來姓名 記自壬辰至庚子)」-「송경략이하제관일시왕래아문(宋經略以下諸官一時往來衙門)」에서 확인할 수 있다.

56. 『선조실록』 38권, 선조26년(1593) 5월 1일 갑인 3번째 기사

57. 민승기, 2004, 『조선의 무기와 갑옷』, 가람기획, 42~44쪽

58. 이일(李鎰)의 신상은 이의현(李宜顯)의 『도곡집(陶谷集)』 제10권의 「신도비명(神道碑銘)」-「순변사장양이공신도비명(巡邊使壯襄李公神道碑銘)」 등에서 확인할 수 있다. 이 기록에는 성문개(成文漑)가 이일의 사위라는 내용도 실려 있다.

59. 조응도(趙凝道)의 신상과 행적은 「만력11년계미9월초3일별시방목(萬曆十一年癸未九月初三日別試榜目)」의 무과급제자 명단, 박희삼(朴希參)의 『모암문집(茅菴文集)』 제2권의 「부록(附錄)」-「묘갈명(墓碣銘)」, 『함안조씨세보(咸安趙氏世譜)』, 『선조실록』의 기사(33권, 선조25년-1592년 12월 5일 신묘 4번째 기사), 이로(李魯)의 『송암집(松巖集)』 제4권의 「유사(遺事)」-「학봉김선생용사사적(鶴峯金先生龍蛇事蹟)」, 조경남(趙慶男)의 『난중잡록(亂中雜錄)』 제2권의 임진년 10월 10일의 기록, 『임진장초』의 「당항포파왜병장(唐項浦破倭兵狀)」(1594년 3월 10일), 『선조실록』의 기사(86권, 선조30년-1597년 3월 24일 갑인 2번째 기사) 등에서 확인할 수 있다. 세보에 따르면 그는 함안 조씨 우후공파(虞侯公派) 파조 조건(趙騫)의 증손자이다. 『경상도고성부총쇄록(慶尙道古城府叢鎖錄)』에 실린 「환적(宦蹟)」에 의하면 그는 임진년(1592년) 10월부터 정유년(1597년) 3월까지 고성현령을 지냈다.

60. 이예윤(李禮胤)의 신상은 『선원속보(璿源續譜)』에서 확인할 수 있다.

61. 『선조실록』 37권, 선조26년(1593) 4월 6일 경인 9번째 기사; 『선조실록』 37권, 선조26년(1593) 4월 24일 무신 9번째 기사

62. 김소은, 2008, 『장서각 수집 민원·소송 관련 고문서 해제』, 민속원, 19쪽

63. 오세현, 2015, 『서울학연구 제61호』, 「조선 후기 한양 동부(東部) 관동(館洞)의 인문지리와 연안이씨(延安李氏) 관동파(館洞派)」, 서울학연구소, 39~43쪽

64. 천천(泉川)은 『대동지지(大東地志)』의 「양주목(楊州牧)」과 『해동지도(海東地圖)』의 「양주목(楊州牧)」 등의 조선시대 지도에서 그 위치를 찾아볼 수 있다.

65. 『선조실록』 38권, 선조26년(1593) 5월 22일 을해 7번째 기사

66. 『선조실록』 36권, 선조26년(1593) 3월 21일 병자 2번째 기사; 『선조실록』 39권, 선조26년(1593) 6월 7일 경

인 3번째 기사; 『선조실록』 39권, 선조26년(1593) 6월 26일 기유 1번째 기사; 이정암(李廷馣)의 『사류재집(四留齋集)』 제8권의 「행년일기상(行年日記上)」의 계사(癸巳) 기록. 『선조실록』의 기사에 의하면 1593년 3월에 최립(崔岦)이 전주부윤을 맡고 있는 상황에서 그 후임으로 이정암(李廷馣)이 거론되었고, 6월에는 이정암이 전라관찰사가 되고 황섬(黃暹)이 전주부윤으로 임명되었다가 황섬은 같은 달에 곧바로 홍세공(洪世恭)으로 교체되었다. 『사류재집』에 따르면 이정암은 1593년 3월에 전주부윤에 제수되어 5월에 도임하였으며, 7월에 다시 전라순찰사가 되었다. 따라서 이들을 정리하면 1593년 5월경의 전주부윤은 최립(崔岦) 또는 이정암(李廷馣)이다.

67. 대금산(大金山)은 『해동지도(海東地圖)』의 「거제부(巨濟府)」, 『광여도(廣輿圖)』의 「거제부(巨濟府)」 등의 조선시대 지도에서 그 위치를 찾아볼 수 있다.

68. 김재근, 1984, 『한국선박사연구(韓國船舶史研究)』, 서울대학교출판부, 126~128쪽; 김재근, 1994, 『속한국선박사연구(續韓國船舶史研究)』, 서울대학교출판부, 112쪽

69. 유황상(劉黃裳)의 신상은 신흠(申欽)의 『상촌집(象村集)』 제57권의 「천조소사장신선후거래성명 기자임진지경자(天朝詔使將臣先後去來姓名 記自壬辰至庚子)」-「송경략이하제관일시왕래아문(宋經略以下諸官一時往來衙門)」에서 확인할 수 있다.

70. 『선조실록』 38권, 선조26년(1593) 5월 22일 을해 5번째 기사; 『선조실록』 38권, 선조26년(1593) 5월 27일 경진 10번째 기사

71. 『선조실록』 39권, 선조26년(1593) 6월 3일 병술 7번째 기사

72. 유자도(柚子島)는 『신증동국여지승람(新增東國輿地勝覽)』의 「거제현(巨濟縣)」과 『해동지도(海東地圖)』의 「거제부(巨濟府)」, 『광여도(廣輿圖)』의 「거제부(巨濟府)」 등의 조선시대 지도에서 그 위치를 찾아볼 수 있다.

73. 『선조실록』 37권, 선조26년(1593) 4월 21일 을사 9번째 기사

74. 최경회(崔慶會)의 신상과 행적은 「가정40년신유8월19일사마방목(嘉靖四十年辛酉八月十九日司馬榜目)」의 문과급제자 명단, 그의 문집인 『일휴당실기(日休堂實紀)』의 「제공서술(諸公敍述)」-「경상우병사증좌찬성최공시장(慶尙右兵使贈左贊成崔公諡狀)」, 『해주최씨세보(海州崔氏世譜)』 그리고 『선조실록』을 비롯한 많은 사료와 문헌에서 확인할 수 있다. 세보에 따르면 그는 해주 최씨 승지공파(承旨公派) 파조 최윤범(崔尹範)의 손자이다.

75. 『선조실록』 34권, 선조26년(1593) 1월 5일 경신 3번째 기사

76. 선거이(宣居怡)의 신상과 행적은 신초(辛礎)의 『문암선생충의록(聞巖先生忠義錄)』 제1권의 「충의록속집(忠義錄續集)」-「선묘기축특사제전장화상열록(宣廟己丑特賜諸戰將畵像列錄)」, 『선조실록』의 기사(35권, 선조26년-1593년 2월 24일 기유 6번째 기사), 조경남(趙慶男)의 『난중잡록(亂中雜錄)』 제1권의 임진년 7월 10일의 기록, 같은 책 제2권의 계사년 1월 15일의 기록 등에서 확인할 수 있다. 『보성선씨오세충의록(寶城宣氏五世忠義錄)』에 따르면 그의 자는 사신(思愼), 생몰년은 경술년(1550년)~무술년(1598년)이다.

『난중잡록』에 의하면 진도군수 선거이가 한산도대첩 때 도주하는 왜선 10여 척을 추격했다는 기록이 『경상순영록(慶尙巡營錄)』에 나온다고 한다. 『진도군읍지(珍島郡邑誌)』의 「선생안(先生案)」에 그가 1591년 3월부터 1593년 1월까지 진도군수를 지낸 이력이 보이는 점과 『선조수정실록』의 기사(26권, 선조25년-1592년 11월 1일 정사 9번째 기사)에 그의 벼슬이 진도군수로 기록된 점과 진도가 전라우수영에 소속된 고을이었던 점을 종합해보면 그의 한산도대첩 참전은 사실로 판단된다.

선거이는 제2차 울산성 전투에서 전사한 것으로 알려져 있다. 『보성선씨오세충의록』과 몇몇 읍지 등의 후대 문헌에는 그가 제2차 울산성 전투에서 전사한 것으로 기록되어 있지만, 정작 『선조실록』이나 유성룡(柳成龍)의 『징비록(懲毖錄)』 등과 같은 당대의 사료나 문헌에 실린 울산성 전투 관련 기록에는 그의 이름이 보이지 않는다. 게다가 병신일기(1596년) 9월 24일에는 당시 그의 병이 아주 위태롭다고 기록되어 있고 이원익(李元翼)의 『오리집(梧里集)』 별집 제1권의 「우상시인견진사(右相時引見奏事)」-「병신십일월초칠일(丙申十一月初七日)」에는 그

가 중풍 때문에 반신불수가 되었다고 기록되어 있다. 따라서 그의 울산성 전투 참전 기록은 와전된 것으로 생각된다.

77. 『선조실록』 38권, 선조26년(1593) 5월 27일 경진 3번째 기사; 『선조수정실록』 27권, 선조26년(1593) 5월 1일 갑인 2번째 기사; 조경남(趙慶男)의 『난중잡록(亂中雜錄)』 제2권의 계사년 5월의 기록

78. 표헌(表憲)의 신상과 생적은 『융경경오문무방목(隆慶庚午文武榜目)』의 역과급제자 명단, 『신창표씨대동보(新昌表氏大同譜)』, 『선조실록』의 기사(36권, 선조26년-1593년 3월 27일 임오 3번째 기사) 등에서 확인할 수 있다. 대동보에 따르면 그는 신창 표씨 심안당파(審安堂派) 파조이다.

79. 『선조실록』 36권, 선조26년(1593) 3월 27일 임오 3번째 기사

80. 이설(李渫)의 신상과 행적은 『만력12년갑신추별시문무방목(萬曆十二年甲申秋別試文武榜目)』의 무과급제자 명단, 『양성이씨보(陽城李氏譜)』, 『임진장초』의 「옥포파왜병장(玉浦破倭兵狀)」(1592년 5월 10일), 같은 책 「당포파왜병장(唐浦破倭兵狀)」(1592년 6월 14일), 같은 책 「당항포파왜병장(唐項浦破倭兵狀)」(1594년 3월 10일) 등에서 확인할 수 있다. 세보에 따르면 그는 양성 이씨 상서파(尙書派) 파조 이원부(李元富)의 7대손이다.
세보에는 그가 노량해전에서 전사했다고 기록되어 있지만 『선조실록』의 기사(201권, 선조39년-1606년 7월 20일 정해 8번째 기사)와 『광해군일기』의 기사(79권, 광해6년-1614년 6월 22일 계묘 2번째 기사)에 동명인이 남해현령과 보성군수로 나타나는 점으로 보아 전사 기록은 잘못된 것으로 생각된다.

81. 조붕(趙鵬)의 신상과 행적은 『경진별시문무과방목(庚辰別試文武科榜目)』의 무과급제자 명단에 실린 그의 동생 조숙(趙鸘)의 가족 사항, 『함안조씨세보(咸安趙氏世譜)』, 신지제(申之悌)의 『오봉집(梧峯集)』 제2권의 「회산잡영상(檜山雜詠上)」-「원북촌술사(院北村述事)」, 김륵의 『백암집(栢巖集)』 제5권의 「장계(狀啓)」-「조진경상도군정적세장계(條陳慶尙道軍情賊勢狀啓)」(壬辰四月) 등에서 확인할 수 있다. 세보에 따르면 그는 함안 조씨 우후공파(虞侯公派) 파조 조건(趙騫)의 손자이다.
그의 관직은 『백암집』에는 전 판관(前判官)으로, 『선조실록』의 기사(25권, 선조24년-1591년 4월 4일 기해 5번째 기사)에는 전주판관(全州判官)으로, 세보에는 전주판관(全州判官)으로 기록되어 있다. 『오봉집』에 따르면 수군으로 활동하다가 죽었다고 하는데 정확한 시기는 알 수 없다.

82. 『선조실록』 38권, 선조26년(1593) 5월 16일 기사 3번째 기사; 『선조실록』 38권, 선조26년(1593) 5월 22일 을해 5번째 기사; 『선조수정실록』 27권, 선조26년(1593) 4월 1일 을유 10번째 기사

83. 김륵(金玏)의 신상과 행적은 『가정43년갑자7월20일사마방목(嘉靖四十三年甲子七月二十日司馬榜目)』의 문과급제자 명단, 그의 문집인 『백암집(栢巖集)』 부록의 「부록하(附錄下)」-「유명조선국가의대부…김선생신도비명(有明朝鮮國嘉義大夫…金先生神道碑銘)」, 『예안김씨대동보(禮安金氏大同譜)』 등에서 확인할 수 있다. 대동보에 따르면 그는 예안 김씨 문절공파(文節公派) 파조 김담(金淡)의 고손자이다.
김륵의 안집사 활동에 대한 논고로는 경북대학교영남문화연구원에서 발간된 『嶺南學 제28호』-「임진왜란 초기 경상좌도 안집사 김륵의 역할과 활동」(정해은, 2015, 357~385쪽) 등이 있다.

84. 『효종실록』 1권, 효종즉위년(1649) 8월 19일 병오 4번째 기사

85. 이빈(李贇)의 신상과 행적은 『융경4년경오식4월16일문무과복시방목(隆慶四年庚午式四月十六日文武科覆試榜目)』의 무과급제자 명단, 윤증(尹拯)의 『명재유고(明齋遺稿)』 제45권의 「행장(行狀)」-「순변사증병조판서이공행장(巡邊使贈兵曹判書李公行狀)」 등에서 확인할 수 있다.

86. 『선조실록』 164권, 선조36년(1603) 7월 23일 정축 4번째 기사; 『선조실록』 165권, 선조36년(1603) 8월 11일 갑오 2번째 기사

87. 유성룡(柳成龍)의 『서애집(西厓集)』 별집 제4권, 「잡저(雜著)」-「화전(火箭)」

88. 『선조실록』 35권, 선조26년(1593) 2월 10일 을미 6번째 기사

89. 『선조실록』 45권, 선조26년(1593) 윤 11월 14일 갑오 2번째 기사; 유성룡(柳成龍)의 『서애집(西厓集)』 제9권, 「정문(呈文)」-「백관정사천사헌진정문(百官呈司天使憲陳情文)」

90. 임발영(任發英)의 신상은 「융경2년무진년증광사마방목(隆慶二年戊辰年增廣司馬榜目)」의 문과급제자 명단, 조현명(趙顯命)의 『귀록집(歸鹿集)』 제14권의 묘갈명(墓碣銘), 『장흥임씨세보(長興任氏世譜)』 등에서 확인할 수 있다.

91. 『임진장초』, 「청반한일족물침지명장(請反汗一族勿侵之命狀)」(1592년 12월 10일); 『임진장초』, 「신청반한일족물침지명장(申請反汗一族勿侵之命狀)」(1593년 4월 10일)

92. 『임진장초』, 「청광양현감어영담잉임장(請光陽縣監魚泳潭仍任狀)」(1593년 4월 8일)

93. 김영주, 2008, 『한국언론정보학보 통권43호』, 「조보(朝報)에 대한 몇 가지 쟁점 -필사조보의 기원, 명칭, 폐간시기, 기문기사 성격과 민간인쇄조보를 중심으로-」, 한국언론정보학회, 276~278쪽

94. 『선조실록』 38권, 선조26년(1593) 5월 27일 경진 3번째 기사; 『선조수정실록』 27권, 선조26년(1593) 5월 1일 갑인 2번째 기사

95. 이복남(李福男)의 신상과 행적은 「만력무자문무방목(萬曆戊子文武榜目)」의 무과급제자 명단, 이서우(李瑞雨)의 『송파집(松坡集)』 제17권의 「시장(諡狀)」-「고전라병사이공시장(故全羅兵使李公諡狀)」, 허균(許筠)의 『성소부부고(惺所覆瓿藁)』 제15권의 「뇌(誄)」-「고전라도병마절도사증병조판서이공뇌(故全羅道兵馬節度使贈兵曹判書李公誄)」, 『우계이씨세보(羽溪李氏世譜)』 등에서 확인할 수 있다. 세보에 따르면 그는 우계 이씨 부사정공파(副司正公派) 파조 이경연(李景衍)의 6대손이다.
참고로 남원성전투 때 이복남의 셋째 아들 이경보(李慶甫)는 포로가 되어 일본으로 끌려가서 일본의 조슈 리노이에씨(長州李家氏)의 시조가 되었다.

96. 변유헌(卞有憲)의 신상은 「신묘별시문무과방목(辛卯別試文武科榜目)」의 무과급제자 명단, 『초계변씨족보(草溪卞氏族譜)』에서 확인할 수 있다.

97. 『임진장초』, 「청호서주사계원장(請湖西舟師繼援狀)」(1593년 5월 10일); 『임진장초』, 「청호서주사계원장(請湖西舟師繼援狀)」(1593년 5월 14일)

98. 『선조실록』 30권, 선조26년(1592) 9월 25일 임오 3번째 기사; 『선조실록』 41권, 선조26년(1593) 8월 13일 갑오 13번째 기사; 『선조실록』 41권, 선조26년(1593) 8월 26일 정미 1번째 기사

99. 황정욱(黃廷彧)의 신상과 행적은 「가정31년임자사마방목(嘉靖三十一年壬子司馬榜目)」의 문과급제자 명단, 오원(吳瑗)의 『월곡집(月谷集)』 제12권의 「시장(諡狀)」-「장계부원군지천황공시장(長溪府院君芝川黃公諡狀)」 등에서 확인할 수 있다.

100. 이영(李瑛)의 신상은 신초(辛礎)의 『문암선생충의록(聞巖先生忠義錄)』 제1권의 「충의록속집(忠義錄續集)」-「선묘기축특사제전장화상열록(宣廟己丑特賜諸戰將畵像列錄)」, 『함평이씨세보(咸平李氏世譜)』에서 확인할 수 있다. 『문암선생충의록』에 의하면 그의 자는 공헌(公獻), 본관은 함평(咸平)이다. 『함평이씨세보』에는 이름과 병사(兵使)를 지낸 이력만 기록되어 있지만, 세보에 실린 그의 형 이진(李珍)과 사촌 이염(李琰)의 자가 각각 숙헌(叔獻)과 사헌(士獻)으로서 헌(獻)자 돌림인 점으로부터 『문암선생충의록』에 기록된 인물과 동일인임을 짐작할 수 있다. 또한 병신일기(1596년) 9월 8일에 이공헌(李公獻)과 이염(李琰)이 사촌 관계로 기록된 점도 이를 뒷받침해준다. 세보에 따르면 이영은 함평 이씨 함평군파(咸平君派) 파조 이극명(李克明)의 5대손이다.
『선조실록』의 기사(41권, 선조26년-1593년 8월 19일 경자 4번째 기사/41권, 선조26년-1593년 8월 26일 정미 1번째 기사)에 실린 사론(史論)은, 이영과 함께 적에게 항복했던 그의 상관들은 처형을 모면한 것에 비해 오히려 그들의 뜻을 따를 수밖에 없었던 이영은 처형된 것에 대하여 그 모순됨을 지적하고 있다. 이는 조선시대뿐만 아니라

시대를 불문하고 나타나는 그릇된 행태로서 역사의 반면교사라고 할 수 있다. 비록 이 사건과 관련이 있는 가문들에게는 덮어두고 싶은 과거일지도 모르겠지만 목숨을 잃은 이영에게는 억울한 바가 없을 수 없으므로 굳이 그의 신상을 밝혀서 기록한다.

101. 『선조실록』 38권, 선조26년(1593) 5월 3일 병진 4번째 기사; 이긍익(李肯翊)의 『연려실기술(燃藜室記述)』 제16권, 「선조조고사본말(宣祖朝故事本末)」-「구구명조수복경성(求救明朝收復京城)」

102. 송두남(宋斗南)의 신상은 「만력11년계미9월초3일별시방목(萬曆十一年癸未九月初三日別試榜目)」의 무과급제자 명단, 『여산송씨대동보(礪山宋氏大同譜)』에서 확인할 수 있다. 송두남이 과거에 급제하고 받은 홍패가 국립해양박물관에 소장되어 있다. 대동보에 따르면 그는 여산 송씨 원윤공파(元尹公派) 파조 송운(宋惲)의 10대손이다.

103. 강판권, 2013, 『조선을 구한 신목, 소나무』, 문학동네, 176~184쪽

104. 『경국대전』의 「병전」-「병선(兵船)」은 경상좌도, 강원도, 함경도에서는 연훈(烟燻)을 하지 않는다고 규정하였고 『선조실록』의 기사(121권, 선조33년-1600년 1월 29일 갑신 1번째 기사)에는 양남(兩南)의 연해는 선재(船材)가 벌레가 먹어서 쉽게 썩지만 연기를 쐬면 조금 덜하다고 기록되어 있다. 즉 바닷물이 따뜻하여 벌레가 많은 남해와 서해의 지역에서 주로 연훈을 하였음을 알 수 있다.

105. 감동포(甘同浦)는 『신증동국여지승람(新增東國輿地勝覽)』의 「동래현(東萊縣)」과 『해동지도(海東地圖)』의 「동래부(東萊府)」, 『광여도(廣輿圖)』의 「웅천현(熊川縣)」 등의 조선시대 지도에서 감동포(甘同浦) 또는 감동창(甘同倉)이라는 지명으로 그 위치를 찾아볼 수 있다.

106. 이정충(李廷忠)의 신상은 「경진별시문무과방목(庚辰別試文武科榜目)」의 무과급제자 명단, 『평창이씨세보(平昌李氏世譜)』에서 확인할 수 있다. 세보에 따르면 그는 평창 이씨 익평공파 파조 이계남(李季男)의 고손이다. 세보에 기록된 이정충의 네 딸 중 삼녀(서녀로 추정됨)가 단양우씨 우치적(禹致績)과 혼인하여 아들 우홍서(禹弘緖)를 낳았는데, 영등포만호 우치적의 족보에 기록된 그의 장남의 이름이 우진서(禹振緖)로서 같은 서(緖)자 돌림인 점으로 보아 이정충의 삼녀와 혼인한 우치적은 영등포만호 우치적과 동일인으로 생각된다.

107. 유향소(留鄕所)는 고려시대로부터 이어져 온 제도로서 조선시대에 시기에 따라 많은 변화를 겪었으며 정치 및 사회 그리고 향촌질서 등의 여러 분야와 밀접하게 관련되어 있다. 유향소나 향촌사회에 관한 논고나 연구서는 그 수가 상당히 많지만 그 내용들은 저자의 역사 접근 방식과 연구 방법 등에 따라 큰 차이를 보인다. 그 이유는 유향소가 정치나 사회체제 등과 밀접한 관계가 있으므로 저자의 관점에 따라 논지가 다르게 펼쳐질 수밖에 없는 소재이기 때문이다. 유향소에 대한 연구 동향을 살펴보면 기존에는 부정적인 시각으로 접근하는 경우가 많았지만 최근에는 이러한 경향에서 벗어나려는 시도가 점차 늘고 있다.

108. 『선조실록』 33권, 선조25년(1592) 12월 29일 을묘 2번째 기사; 『선조실록』 56권, 선조27년(1594) 10월 3일 정미 2번째 기사

109. 『선조실록』 38권, 선조26년(1593) 5월 27일 경진 10번째 기사; 『선조수정실록』 27권, 선조26년(1593) 5월 1일 갑인 1번째 기사

110. 김만수(金萬壽)의 신상과 행적은 「만력12년갑신추별시문무방목(萬曆十二年甲申秋別試文武榜目)」의 무과급제자 명단, 『서원등록(書院謄錄)』의 숙종30년(1704) 5월 5일 기록, 이재(李縡)의 『도암집(陶菴集)』 제37권의 「묘갈(墓碣)」-「증판서김공묘갈(贈判書金公墓碣)」, 『광산김씨세보(光山金氏世譜)』, 『임진장초』의 「당항포파왜병장(唐項浦破倭兵狀)」(1594년 3월 10일) 등에서 확인할 수 있다. 세보에 따르면 그는 광산 김씨 양간공파 분파인 전서공파(典書公派)의 파조 김남우(金南雨)의 8대손이다. 『진도군읍지(珍島郡邑誌)』의 「선생안(先生案)」에 의하면 그는 계사년(1593년) 5월 25일부터 갑오년(1594년) 9월 6일까지 진도군수를 지냈다.

111. 『선조실록』 42권, 선조26년(1593) 9월 13일 갑자 1번째 기사; 『선조실록』 46권, 선조26년(1593) 12월 14일

계해 1번째 기사. 9월 13일의 기사는 이안계(李安繼)를 '남해현감(南海縣監)'으로 기록하고 있지만 남해의 수령은 현령이며 또한 당시의 남해현령은 기효근(奇孝謹)이었으므로 기사에 기록된 '남해현감'은 '해남현감'의 오기로 판단된다. 『해남읍지(海南邑誌)』의 「선생안(先生案)」에서도 도임 연도는 없지만 이안계의 이름이 확인된다. 위대기(魏大器)는 그를 해남현감으로 제수하는 교지가 현전하며 그 교지의 날짜는 1593년 9월 13일이고 발급일은 같은 해 10월이다.

112. 『선조실록』 37권, 선조26년(1593) 4월 18일 임인 2번째 기사; 『선조실록』 39권, 선조26년(1593) 6월 13일 병신 3번째 기사

113. 윤우신(尹又新)의 신상은 「국조문과방목(國朝文科榜目)」의 문과급제자 명단, 윤행임(尹行恁)의 『석재고(碩齋稿)』 제17권의 「금석수록(金石隨錄)」-「팔세조정헌공묘표(八世祖貞憲公墓表)」 등에서 확인할 수 있다.

114. 『선조실록』 36권, 선조26년(1593) 3월 8일 계해 2번째 기사; 『선조실록』 37권, 선조26년(1593) 4월 29일 계축 4번째 기사; 정경운(鄭慶雲)의 『고대일록(孤臺日錄)』의 1593년 6월 11일 일기

115. 『선조실록』 40권, 선조26년(1593) 7월 6일 무오 6번째 기사; 『선조실록』 40권, 선조26년(1593) 7월 24일 병자 9번째 기사

116. 이수일(李守一)의 신상과 행적은 「만력11년계미9월초3일별시방목(萬曆十一年癸未九月初三日別試榜目)」의 무과급제자 명단, 김집(金集)의 『신독재전서(愼獨齋全書)』 제8권의 「묘표(墓表)」-「계림부원군이공수일묘표(鷄林府院君李公守一墓表)」, 『경주이씨국당공파세보(慶州李氏菊堂公派世譜)』 등에서 확인할 수 있다. 세보에 따르면 그는 경주 이씨 국당공파 파조 이천(李蒨)의 7대손이다.

117. 진해(鎭海)는 『신증동국여지승람(新增東國輿地勝覽)』의 「진해현(鎭海縣)」과 『해동지도(海東地圖)』의 「진해현(鎭海縣)」, 『광여도(廣輿圖)』의 「진해현(鎭海縣)」 등의 조선시대 지도에서 그 위치를 찾아볼 수 있다.

118. 『선조실록』 39권, 선조26년(1593) 6월 24일 정미 3번째 기사; 『선조실록』 39권, 선조26년(1593) 6월 29일 임자 11번째 기사; 『선조실록』 40권, 선조26년(1593) 7월 10일 임술 8번째/9번째 기사

119. 오양역(烏壤驛)은 『신증동국여지승람(新增東國輿地勝覽)』의 「거제현(巨濟縣)」과 『광여도(廣輿圖)』의 「거제부(巨濟府)」, 『지승(地乘)』의 「거제부(巨濟府)」 등의 조선시대 지도에서 그 위치를 찾아볼 수 있다.

120. 『현종개수실록』 8권, 현종4년(1663) 3월 12일 경진 3번째 기사; 『승정원일기』, 인조원년(1623) 4월 19일 무인 18번째 기사; 『신증승평지(新增昇平誌)』, 「공물(貢物)」 등. 이들 기록에 보이는 유물(油物)로는, 기름을 먹인 종이 또는 목면포를 겹쳐 만든 것으로서 비옷 등을 제작할 때 사용되던 유둔(油芚), 종이를 노끈으로 꼬아 엮어 만든 후 기름을 칠하여 마감한 자리인 유지석(油紙席), 수레나 가마 등을 덮는 우비인 안롱(鞍籠), 비가 내릴 때 갓 위에 덮어쓰던 물건인 입모(笠帽) 등이 있다.

121. 원연(元埏)의 신상과 행적은 「융경1년정묘10월19일사마방목(隆慶元年丁卯十月十九日司馬榜目)」의 문과급제자 명단, 조경남(趙慶男)의 『난중잡록(亂中雜錄)』 제2권의 임진년 11월의 기록, 송덕상(宋德相)의 『과암집(果菴集)』 제11권의 「묘갈명(墓碣銘)」-「현감원공묘갈명(縣監元公墓碣銘)」, 『원주원씨족보(原州元氏族譜)』에서 확인할 수 있다.

122. 권이진(權以鎭)의 『유회당집(有懷堂集)』 제6권, 「의(議)」-「신조절목(新造節目)」; 『비변사등록(備邊司謄錄)』 숙종28년(1702) 3월 20일; 윤선도(尹善道)의 『고산유고(孤山遺稿)』 제2권, 「소(疏)」-「응지소(應旨疏)」; 『승정원일기』, 고종4년(1867) 6월 7일 기축 30번째 기사 등. 이 기록들의 용례를 통해 이장(耳匠)이 배의 건조에 필요한 목재를 구하기 위해 동원되었던 인력을 가리키는 것임을 알 수 있다. 이들 용례를 살펴보면 이장은 고을이나 진에서 동원되기도 하였으며 때로는 조졸(漕卒) 중에서 차출되기도 하였다.

123. 『숙종실록』 40권, 숙종30년(1704) 12월 28일 갑오 3번째 기사; 『각영리정청등록(各營釐政廳謄錄)』, 「수군변통절목(水軍變通節目)」; 『만기요람(萬機要覽)』, 「군정편(軍政篇)4」-「주사(舟師)」-「분방법(分防法)」 등. 이들 사료

와 문헌은 무상(舞上)에 대한 기록을 싣고 있으며, 이외에『풍천유향(風泉遺響)』,『수조홀기(水操笏記)』,『전라우수영지(全羅右水營誌)』,『호좌수영지(湖左水營誌)』 등에서는 전선 운행과 관련한 무상(舞上) 이외의 다른 직책들을 확인할 수 있다. 사료나 문헌에 따라 용어가 조금씩 차이는 있지만 이를 정리해보면 전선 운행 요원은 타공(舵工), 요수(繚手), 정수(碇手), 무상(舞上) 등이 있다. 타공은 키의 조절을, 요수는 돛대의 줄을, 정수는 닻을 담당하였으며, 무상의 역할은 학자마다 의견이 다르지만 배의 운행과 관련된 역할을 맡았음은 틀림없다. 특히 임수간(任守幹)의『동사일기(東槎日記)』의「신묘통신사좌목(辛卯通信使座目)」-「제일선(第一船)」에 보이는 무상요수(舞上繚手), 무상정수(舞上碇手)라는 용어는 무상이 요수와 정수의 일을 겸하거나 보조했을 정도로 중요한 역할을 담당했음을 보여준다. 노산 이은상은『이충무공전서』의 번역 시에 무상을 '물 긷는 요원'으로 설명했지만 근거가 명확하지 않고 역할의 중요성으로 보았을 때 그럴 가능성은 거의 없다.

124.『선조실록』40권, 선조26년(1593) 7월 20일 임신 9번째 기사

125. 적도(赤島)는『해동지도(海東地圖)』의「거제부(巨濟府)」,『지승(地乘)』의「거제부(巨濟府)」 등의 조선시대 지도에서 그 위치를 찾아볼 수 있다.

126. 김붕만(金鵬萬)의 신상과 행적은『김해김씨대동세보(金海金氏大同世譜)』,『임진장초』의「부산파왜병장(釜山破倭兵狀)」(1592년 9월 17일) 등에서 확인할 수 있다. 김붕만 앞으로 발급된『선무원종공신녹권』이 그의 가문인 김해김씨효암공파종중에 현전한다. 세보에 따르면 그는 경주 김씨 문간공파(文簡公派) 분파인 효암공파(孝菴公派)의 파조 김세걸(金世傑)의 손자로서, 자는 봉서(鳳瑞)이다.

127.『선조실록』39권, 선조26년(1593) 6월 29일 임자 10번째/11번째 기사;『선조실록』40권, 선조26년(1593) 7월 10일 임술 8번째 기사;『선조실록』40권, 선조26년(1593) 7월 15일 정묘 9번째 기사;『선조실록』40권, 선조26년(1593) 7월 16일 무진 4번째/5번째 기사 등

128. 황진(黃進)의 신상과 행적은 조익(趙翼)의『포저집(浦渚集)』제35권의「행장(行狀)」-「충청도병마절도사황공행장(忠淸道兵馬節度使黃公行狀)」, 신초(辛礎)의『문암선생충의록(聞巖先生忠義錄)』제1권의「충의록속집(忠義錄續集)」-「선묘기축특사제전장화상열록(宣廟己丑特賜諸戰將畵像列錄)」, 보물 제942호「황진가고문서(黃進家古文書)」의 교지 및 교첩,『장수황씨세보(長水黃氏世譜)』 등에서 확인할 수 있다. 세보에 따르면 그는 장수 황씨 호안공파(胡安公派) 파조 황치신(黃致身)의 고손자이다.

129. 서예원(徐禮元)의 신상은「융경6년임신12월초2일문무과별시방목(隆慶六年壬申十二月初二日文武科別試榜目)」의 무과급제자 명단, 신초(辛礎)의『문암선생충의록(聞巖先生忠義錄)』제1권의「충의록속집(忠義錄續集)」-「선묘기축특사제전장화상열록(宣廟己丑特賜諸戰將畵像列錄)」에서 확인할 수 있다.『선조수정실록』의 기사(26권, 선조25년-1592년 10월 1일 정해 2번째 기사)에 서인원(徐仁元)과 서예원이 형제 관계로 기록된 점과 위의 방목에 서인원이 서예원의 형으로 기록된 점을 통하여 방목의 기록이 그의 것임이 확인된다.

130. 김천일(金千鎰)의 신상과 행적은 그의 문집인『건재집(健齋集)』제4권의「행장(行狀)」,『언양김씨족보(彦陽金氏族譜)』,『선조실록』및 조경남(趙慶男)의『난중잡록(亂中雜錄)』을 비롯한 많은 사료와 문헌에서 확인할 수 있다. 족보에 따르면 그는 언양 김씨 문열공파(文烈公派) 파조이다.

131. 김준민(金俊民)의 신상과 행적은『상산김씨세보(商山金氏世譜)』,『선조실록』의 기사(33권, 선조25년-1592년 12월 5일 신묘 4번째 기사/41권, 선조26년-1593년 8월 4일 을유 3번째 기사),『선조수정실록』의 기사(17권, 선조16년-1583년 2월 1일 갑신 14번째 기사) 등에서 확인할 수 있다. 성여신(成汝信)의『진양속지(晉陽續誌)』제4권의「총파출소육지서십육(總派出所六支署十六)」-「비(碑)」도 김준민을 상산출신(商山金俊民)으로 기술하였다. 세보에 따르면 그는 상산 김씨 제학공파(提學公派) 파조 김유화(金有和)의 8대손이다.

132. 유형(柳珩)의 신상과 행적은 이정구(李廷龜)의『월사집(月沙集)』제42권의「신도비명상(神道碑銘上)」-「가선대부함경북도병마절도사유공신도비명(嘉善大夫咸鏡北道兵馬節度使柳公神道碑銘)」, 그의 문집인『석담유고(石潭

遺稿)』, 『진주유씨세보(晋州柳氏世譜)』, 『선조실록』의 기사(107권, 선조31년-1598년 12월 18일 기사 4번째 기사) 등에서 확인할 수 있다. 세보에 따르면 그는 진주 유씨 북부령공파(北部令公派) 파조 유열(柳悅)의 5대손이다.

133. 두치(豆恥)는 『세종실록지리지』의 「진주목(晋州牧)」과 『해동지도(海東地圖)』의 「하동부(河東府)」, 『광여도(廣輿圖)』의 「광양현(光陽縣)」 등의 조선시대 지도에서 두치진(豆恥津)이란 지명으로 그 위치를 찾아볼 수 있다. 당시 두치의 군사적 중요성은 『선조실록』의 기사(40권, 선조26년-1593년 7월 18일 경오 14번째 기사), 유성룡(柳成龍)의 『서애집(西厓集)』 제6권, 「서장(書狀)」-「청급견조도도중신구관양향사급주장흥부사유희선이숙군율장(請急遣調度重臣句管糧餉事及誅長興府使柳希先以肅軍律狀)」, 권협(權悏)의 『연행록(燕行錄)』의 정유년 3월 18일 일기 등에서 확인된다.

134. 『선조실록』 43권, 선조26년(1593) 10월 16일 병신 1번째 기사

135. 원문 '豈越全羅乎' 중 '豈'를 초고본의 다른 날짜들의 '豈' 및 '走'와 비교해보면 그 자형의 차이를 구분할 수 있다. '豈'의 상단 '山'의 형태와 '走'의 상단 '土'의 형태가 확실히 구분된다. 그러므로 원문은 '走越全羅乎'가 아닌 '豈越全羅乎'이다.

원문 '豈'	갑오일기 6월 15일 '豈'	갑오일기 7월 17일 '豈'	계사일기 6월 28일 '走'	계사일기 7월 13일 '走'

136. 『임진장초』의 「분송의승파수요해장(分送義僧把守要害狀)」(1593년 1월 26일)에는 '구례의 석주, 토탄(求禮石柱陶灘)'이라는 구절이 보인다. 석주는 지금의 전남 구례군 토지면 송정리의 구례석주관성 일대이므로 도탄도 이곳에서 멀지 않은 위치에 있었음을 짐작할 수 있다. 성여신(成汝信)의 『부사집(浮査集)』 제5권의 「잡저(雜著)」-「방장산선유일기(方丈山仙遊日記)」에 기록된 섬진강 지역에 대한 묘사에 따르면 도탄은 화개동(지금의 경남 하동군 화개면)과 삽암(지금의 경남 하동군 악양면 평사리) 사이에 위치해 있었다.

137. 『선조실록』 41권, 선조26년(1593) 8월 9일 경인 1번째 기사; 『선조실록』 41권, 선조26년(1593) 8월 30일 신해 12번째 기사

138. 『선조실록』 42권, 선조26년(1593) 9월 6일 정사 8번째 기사; 『선조실록』 42권, 선조26년(1593) 9월 7일 무오 8번째 기사

139. 『선조실록』 41권, 선조26년(1593) 8월 2일 계미 6번째 기사

140. 『선조실록』 41권, 선조26년(1593) 8월 1일 임오 8번째 기사; 『선조실록』 41권, 선조26년(1593) 8월 2일 계미 7번째 기사

141. 『연산군일기』 23권, 연산3년(1497) 5월 29일 경오 1번째 기사; 『중종실록』 11권, 중종5년(1510) 4월 13일 무술 11번째 기사; 『중종실록』 48권, 중종18년(1523) 6월 26일 을축 2번째 기사

142. 박성호, 2012, 『고문서연구 제41호』, 「조선시대 賜牌의 발급과 문서양식」, 한국고문서학회, 98~99쪽. 이

논고에 따르면 곡성의 향리 여여충(呂汝忠)에게 발급된 교지는 『경국대전』의 「예전」-「향리면역사패식(鄕吏免役賜牌式)」과 그 형식이 정확히 일치한다.

143. 『선조실록』 46권, 선조26년(1593) 12월 30일 기묘 6번째 기사

144. 『선조실록』 40권, 선조26년(1593) 7월 20일 임신 9번째 기사; 『선조실록』 41권, 선조26년(1593) 8월 2일 계미 6번째 기사

145. 이정암(李廷馣)의 신상과 행적은 「가정37년무오식년추사마방목(嘉靖三十七年戊午式年秋司馬榜目)」의 문과 급제자 명단, 그의 문집인 『사류재집(四留齋集)』 제11권의 「부록상(附錄上)」-「행장(行狀)」, 『경주이씨국당공파세보(慶州李氏菊堂公派世譜)』 등에서 확인할 수 있다. 세보에 따르면 그는 경주 이씨 국당공파 파조 이천(李蒨)의 9대손이다.

146. 송여종(宋汝悰)의 신상과 행적은 강항(姜沆)의 『수은집(睡隱集)』 제4권의 「묘갈(墓碣)」-「증우윤송공비명(贈右尹宋公碑銘)」, (前)전라남도 유형문화재 제147호 「주사선연도(舟師宣宴圖)」, 『여산송씨족보(礪山宋氏族譜)』, 『임진장초』의 「부산파왜병장(釜山破倭兵狀)」(1592년 9월 17일), 같은 책 「당항포파왜병장(唐項浦破倭兵狀)」(1594년 3월 10일) 등에서 확인할 수 있다. 족보에 따르면 그는 여산 송씨 지신공파(知申公派) 파조 송인(宋璘)의 8대손이다. 『수은집』에는 임인년(1609년)에 향년 57세로 세상을 떠났다고 기록되어 있지만 「주사선연도」에는 그의 생년이 갑인년(1554년)으로 기록되어 있다. 주해의 생년은 기록 연대가 앞서는 「주사선연도」를 따랐다. 「부산파왜병장」에 네 차례에 걸쳐 적을 토벌할 때 전공을 세웠다고 기록된 점으로 보아 옥포해전, 당포해전, 한산도대첩에도 참전한 것으로 판단된다. 『수은집』에 의하면 부산포해전 이후 남평현감으로 제수되었다가 곧바로 녹도만호 정운의 후임으로 발탁되었다. 그러나 계사일기(1593) 2월 2일/18일에 녹도의 장수가 가장(假將)으로 기록되어 있기 때문에 송여종의 정확한 녹도만호 도임 시기를 판단하기 어렵다.

147. 『임진장초』의 「등문피로인소고왜정장(登聞被擄人所告倭情狀)」(1593년 8월)에 의하면 제만춘은 1592년 10~11월경 소선을 타고 웅천 부근을 순찰하다가 왜군에게 사로잡혀서 협판중서(脇坂中書)라는 왜장에게 끌려가 포로가 되었다. 일본 측 자료인 『협판기(脇坂記)』에 따르면 왜장 와카자카 야스하루(脇坂安治)는 한산도대첩 이후 조선 수군의 순찰선 하나를 잡아서 대장으로 보이는 자를 생포하여 감옥에 넣어두었는데 얼마 후 탈출해서 다시 조선 수군으로 되돌아갔다고 한다.

148. 윤간(尹侃)의 신상은 「만력17년기축3월17일종계증광사마방목(萬曆十七年己丑三月十七日宗系增廣司馬榜目)」의 문과급제자 명단, 『파평윤씨정정공파세보(坡平尹氏貞靖公派世譜)』에서 확인할 수 있다. 방목에 의하면 그의 자는 사행(士行), 본관은 파평(坡平), 생년은 1561년이며, 『밀양초계변씨대동보(密陽草溪卞氏大同譜)』에 따르면 초계 변씨 변기(卞騏)와 이순신의 누이가 낳은 둘째 딸의 남편이다.

149. 『선조실록』 41권, 선조26년(1593) 8월 3일 갑신 2번째 기사

150. 안민학(安敏學)의 신상과 행적은 그의 문집인 『풍애집(楓崖集)』 부록의 「연보(年譜)」, 김간(金榦)의 『후재집(厚齋集)』 제43권의 「묘갈(墓碣)」-「사도시첨정풍애안선생묘갈명(司䆃寺僉正楓崖安先生墓碣銘)」 등에서 확인할 수 있다.

151. 유충신(柳忠信)의 신상은 「융경4년경오식4월16일문무과복시방목(隆慶四年庚午式四月十六日文武科覆試榜目)」의 무과급제자 명단, 『고흥유씨양정공파세보(高興柳氏襄靖公派世譜)』에서 확인할 수 있다. 『난중일기』에 나오는 유충신(柳忠信), 유충서(柳忠恕), 유황(柳滉), 유척(柳滌)은 『고흥유씨양정공파세보』를 통하여 서로 친척 관계임을 알 수 있다. 세보에 따르면 그는 고흥 유씨 양정공파 파조 유습(柳濕)의 고손자이다.

1594년 갑오일기(甲午日記)

1. 배경남(裵慶男)의 신상과 행적은 『분성배씨대동보(盆城裵氏大同譜)』, 『임진장초』의 「청이배경남속주사장(請以裵慶男屬舟師狀)」(1594년 1월)에서 확인할 수 있다. 『임진장초』에 기록된 그의 거주지 강진(康津)은, 그의 고조부 배상정(裵尙精) 이하 후손들이 강진(康津)에 세거한다는 대동보의 기록과 부합한다. 대동보에 따르면 그는 분성 배씨 진사공파(進士公派) 파조 배정현(裵廷顯)의 8대손으로서, 생년은 무신년(1548년)이다. 그의 자 문길(門吉)은 6월 2일 일기와 대동보에서 확인된다.

2. 『덕수이씨세보(德水李氏世譜)』에 따르면 남홍점(南鴻漸)은 이순신의 작은 아버지 이현(李賢)의 셋째 사위이다.

3. 원문 '圍山乞食○退' 중의 '○'은 '登' 또는 '祭'로 보는 두 가지 견해가 있다. 이 글자는 그 형태가 모호하여 초고본의 다른 날짜들의 '登' 및 '祭'와 비교해보아도 정확히 어떤 글자인지 판단하기 어렵다. 초고본에 쓰인 '登'과 '祭'는 글자 형태의 차이가 하변에서 나타나는데 원문의 글자는 '登'으로 보기에는 하변의 획수가 부족하고, '祭'로 보기에는 하변 '示'의 내려긋는 획이 보이지 않기 때문에 그 형태만으로는 무슨 글자인지 알기 어렵다. 같은 날짜의 일기에 보이는 원문 '正旦祭時' 중의 '祭' 앞에 존경 또는 겸하의 표시인 공백이 있는 반면 원문의 글자는 그렇지 않은 점에 의거하여 원문의 글자를 '登'으로 번역하였다.

원문 '○'	갑오일기 1월 17일 '登'	갑오일기 2월 13일 '登'	갑오일기 1월 14일 '祭'	갑오일기 4월 3일 '祭'

한문의 글자 앞에 공백을 두어 존경과 겸하를 표시하는 형식에 대해서는 성균관대학교 대동문화연구원에서 발간된 『대동문화연구 제94집』「朝鮮 漢文簡札의 존경·겸하 표시 부호 연구」(임병권/강택구, 2016, 263~265쪽)를 참조하였다.

4. 『선조실록』 33권, 선조25년(1592) 12월 9일 을미 4번째 기사; 『선조실록』 35권, 선조26년(1593) 2월 14일 기해 7번째 기사; 『선조실록』 40권, 선조26년(1593) 7월 17일 기사 6번째 기사; 『선조실록』 42권, 선조26년(1593) 9월 8일 기미 5번째 기사 등. 『선조실록』에는 군공의 장려나 군수 물자의 확보를 위하여 면천(免賤), 면역(免役) 등의 특혜를 활용한 기록이 많이 보인다. 이는 어느 정도 실효성을 거두었지만 과용이나 오용으로 인한 부작용도 적지 않았다.

5. 『선조실록』 45권, 선조26년(1593) 윤 11월 13일 계사 1번째 기사; 『선조실록』 46권, 선조26년(1593) 12월 2일 신해 3번째 기사; 『선조실록』 47권, 선조27년(1594) 1월 15일 갑오 5번째 기사; 『임진장초』, 「청어진중시재장(請於陣中試才狀)」(1593년 12월 29일)

6. 유몽인(柳夢寅)의 신상과 행적은 「만력10년임오2월28일사마방목(萬曆十年壬午二月二十八日司馬榜目)」의 문과 급제자 명단, 그의 문집인 『어우집(於于集)』 속집 제6권의 「부록(附錄)」-「시장(諡狀)」 등에서 확인할 수 있다.

7. 조경남(趙慶男)의 『난중잡록(亂中雜錄)』에 대략이나마 와두(瓦頭)의 위치를 추정할 수 있는 단서가 있다. 『난 중잡록』 제3권의 무술년 9월 20일의 기록에는 '진린과 이순신이 와두와 묘도(猫島)를 경유하여 순천왜성을 바다 쪽에서 둘러쌌다.'라는 내용이 보인다. 묘도는 목장이 있던 섬으로 『신증동국여지승람(新增東國輿地勝覽)』이나 조선시대 지도 등에서 그 지명을 쉽게 찾아볼 수 있으며 현재까지도 전남 여수시 묘도동의 묘도에 이 지명이 전한다. 따라서 와두는 지금의 전남 여수시 묘도동의 묘도와 가까운 지역으로 생각되며, 일기에서 노량으로 건너가기 전에 와두에 이르렀다고 한 점으로 보아 전남 광양시 금호동 해안이나 전남 여수시 낙포동의 북쪽 해안 부근으로 추측된다.

8. 『선조실록』 46권, 선조26년(1593) 12월 1일 경술 12번째 기사

9. 이운룡(李雲龍)의 신상과 행적은 「만력12년갑신추별시문무방목(萬曆十二年甲申秋別試文武榜目)」의 무과급제자 명단, 손기양(孫起陽)의 『오한집(螯漢集)』 제3권의 「비지(碑誌)」-「…이공묘지명(…李公墓誌銘)」, 이식(李植)의 『택당집(澤堂集)』 제10권의 「비명(碑銘)」-「식성군이공묘비명(息城君李公墓碑銘)」, 『임진장초』의 「옥포파왜병장(玉浦破倭兵狀)」(1592년 5월 10일), 같은 책 「당항포파왜병장(唐項浦破倭兵狀)」(1594년 3월 10일), 『재령이씨족보(載寧李氏族譜)』 등에서 확인할 수 있다. 족보에 따르면 그는 재령 이씨 식성군파(息城君派) 파조이다. 그의 생년은 방목에는 계해년(1563년)으로 기록되어 있지만 『오한집』과 『택당집』에는 임술년(1562년)으로 기록되어 있다. 『오한집』과 『택당집』의 기록이 생년월일까지 자세히 나와 있으면서도 서로 일치하므로 이를 따랐다.
『오한집』에 의하면 그는 당포해전, 한산도대첩, 부산포해전 등에 참전하였으며 계사년(1593년) 4월에 웅천현감이 되었다.

10. 『진해현읍지(鎭海縣邑誌)』의 「선생안(先生案)」에 의하면 정항(鄭沆)은 계사년(1593년) 12월경에 진해현감으로 도임하였다. 『진해현읍지』에 그의 후임자 조성(曹城)이 을미년(1595년) 2월에 도임했다고 기록된 점으로 보아 정항은 갑오년(1594년) 12월 또는 을미년(1595년) 1월경까지 진해현감을 지낸 것으로 보인다.

11. 『광양군읍지(光陽郡邑誌)』의 「선생안(先生案)」에 의하면 최산택(崔山澤)은 계사년(1593년) 12월부터 갑오년(1594년) 9월까지 광양현감을 지냈다.

12. 『선조실록』 46권, 선조26년(1593) 12월 19일 무진 3번째 기사

13. 송덕일(宋德馹)의 신상과 행적은 「신묘별시문무과방목(辛卯別試文武科榜目)」, 노인(魯認)의 『금계집(錦溪集)』 제8권의 「부록(附錄)」-「당포승전도제명(唐浦勝戰圖題名)」, (前)전라남도 유형문화재 제147호 「주사선연도(舟師宣宴圖)」, 김덕성(金德誠)의 『성옹유고(醒翁遺稿)』의 「적개루기(敵愾樓記)」, 『일성록(日省錄)』의 기사(정조20년 병진, 1796년 12월 29일), 『남양송씨세보(南陽宋氏世譜)』 등에서 확인할 수 있다. 그의 생년은 방목에는 을축년(1565년)으로, 『금계집』과 「주사선연도」에는 병인년(1566년)으로 기록되어 있다. 『금계집』과 「주사선연도」의 기록이 방목보다 신상에 대한 내용이 더 자세히 실려 있으므로 이를 따랐다. 『일성록』에 따르면 그는 갑인년(1614년)에 여진족 박수희를 잡은 공으로 경상좌수사에 제수되었으나 곧 그 잔당들에게 습격을 당하여 전사했다고 한다. 그러나 박수희를 잡은 공으로 그에게 내려진 교지가 국립중앙박물관에 현전하는데 그 날짜가 1616년 8월 16일이므로 이를 근거로 그의 몰년을 1616년으로 서술하였다. 세보에 따르면 그는 남양 송씨 서호파(西湖派) 파조 송안례(宋安禮)의 5대손이다.

14. 『제주읍지(濟州邑誌)』의 「선생안(先生案)」에 의하면 양집(梁諿)은 임진년(1592년) 5월부터 을미년(1595년) 12월까지 제주판관을 지냈다.

15. 장원주, 2010, 『학예지 제17집 -우리나라의 전통기병-』, 「17세기 조선의 마구 수급에 관한 연구」, 육군사관학교 육군박물관, 210~211쪽

16. 정경달(丁景達)의 신상과 행적은 「융경4년경오식4월16일문무과복시방목(隆慶四年庚午式四月十六日文武科覆試榜目)」의 문과급제자 명단, 그의 문집인 『반산세고(盤山世稿)』 제4권의 「연기(年記)」, 『영광정씨족보(靈光丁氏族譜)』 등에서 확인할 수 있다. 족보에 따르면 그는 영광 정씨 시조 정진(丁晉)의 9대손이다.

17. 『선조실록』 47권, 선조27년(1593) 1월 18일 정유 1번째 기사; 『선조실록』 47권, 선조27년(1594) 1월 19일 무술 2번째 기사

18. 유정(劉綎)의 신상은 신흠(申欽)의 『상촌집(象村集)』 제57권의 「천조소사장신선후거래성명 기자임진지경자(天朝詔使將臣先後去來姓名 記自壬辰至庚子)」-「이제독이하제관일시왕래각아문(李提督以下諸官一時往來各衙門)」에서 확인할 수 있다.

19. 『선조실록』 47권, 선조27년(1594) 1월 21일 경자 2번째 기사

20. 『선조실록』 46권, 선조26년(1593) 12월 30일 기묘 5번째/7번째 기사; 『선조실록』 47권, 선조27년(1594) 1월 2일 신사 1번째 기사

21. 『선조실록』과 『선조수정실록』에는 이산겸(李山謙)의 옥사와 관련한 기사가 십여 차례에 걸쳐 실려 있다. 이들 기사에는 그의 아버지가 토정(土亭) 이지함(李之菡)이라는 사실과 함께 옥사가 발생한 배경 및 진행 상황 그리고 그 결과 등이 자세히 기록되어 있다.

22. 김덕령(金德齡)의 신상과 행적은 안방준(安邦俊)의 『은봉전서(隱峯全書)』 제8권의 「기사(記事)」-「삼원기사(三冤記事)」, 이민서(李敏敍)의 『서하집(西河集)』 제14권의 「전(傳)」-「김장군전(金將軍傳)」, 『광산김씨족보(光山金氏族譜)』, 『선조실록』과 조경남(趙慶男)의 『난중잡록(亂中雜錄)』을 비롯한 많은 사료와 문헌에서 확인할 수 있다. 족보에 따르면 그는 광산 김씨 낭장공파(郞將公派) 분파인 감무공파(監務公派)의 파조 김부(金孚)의 7대손이다.

23. 『강진군읍지(康津郡邑誌)』의 「선생안(先生案)」에 의하면 유해(柳瀣)는 계사년(1593년) 11월에 강진현감으로 도임하였다. 「선생안」에는 그 이름이 '유삽(柳澁)'으로 오기되어 있다.

24. 유해(柳瀣)의 신상은 「만력11년계미4월초4일문무과방목(萬曆十一年癸未四月初四日文武科榜目)」의 무과급제자 명단, 『문화유씨세보(文化柳氏世譜)』에서 확인할 수 있다. 세보에 따르면 그는 문화 유씨 좌상공파(左相公派) 파조 유만수(柳曼殊)의 8대손이다. 세보에는 그가 강진현감을 지낸 이력도 실려 있다.

25. 한효순(韓孝純)의 신상과 행적은 「융경2년무진년증광사마방목(隆慶二年戊辰年增廣司馬榜目)」의 문과급제자 명단, 이긍익(李肯翊)의 『연려실기술(燃藜室記述)』 제21권의 「폐주광해군고사본말(廢主光海君故事本末)」-「광해조상신(光海朝相臣)」, 『청주한씨문정공파보(淸州韓氏文靖公派譜)』 등에서 확인할 수 있다. 파보에 따르면 그는 청주 한씨 문정공파 파조 한계희(韓繼禧)의 고손자이다.

26. 『선조실록』 52권, 선조27년(1594) 6월 28일 을해 1번째 기사

27. 이언량(李彦良)의 행적은 『임진장초』의 「옥포파왜병장(玉浦破倭兵狀)」(1592년 5월 10일), 같은 책 「당포파왜병장(唐浦破倭兵狀)」(1592년 6월 14일), 같은 책 「견내량파왜병장(見乃梁破倭兵狀)」(1592년 7월 15일), 같은 책 「부산파왜병장(釜山破倭兵狀)」(1592년 9월 17일), 같은 책 「당항포파왜병장(唐項浦破倭兵狀)」(1594년 3월 10일), 『선조실록』의 기사(107권, 선조31년-1598년 12월 18일 기사 4번째 기사) 등에서 확인할 수 있다. 그의 본관에 대해서는 여러 가지 견해가 있지만 관련 문헌이 부족하여 확인이 어렵다.

28. 『선조실록』 46권, 선조26년(1593) 12월 22일 신미 3번째 기사; 『선조실록』 53권, 선조27년(1594) 7월 21일 정유 1번째 기사

29. 정탁(鄭琢)의 신상과 행적은 「가정31년임자사마방목(嘉靖三十一年壬子司馬榜目)」의 문과급제자 명단, 그의 문집인 『약포집(藥圃集)』 제6권의 「부록(附錄)」, 『청주정씨대동보(淸州鄭氏大同譜)』 등에서 확인할 수 있다. 대동보에 따르면 그는 청주 정씨 모산파(茅山派) 파조 정원로(鄭元老)의 증손자이다.

30. 박준호, 2009, 『예의 패턴: 조선시대 문서 행정의 역사』, 소와당, 40~42/134~139쪽

31. 2000, 『부천의 궁시 문화』, 부천문화원, 55~56쪽; 배재수/이기봉/주린원, 2004, 『조선시대 국용임산물』, 국립산림과학원, 47~50/61~62/76~77쪽. 종종 화피(樺皮)를 벚나무로 해석하는 경우가 있다. 그러나 『조선시대 국용임산물』에 따르면 벚나무는 함경남도 이북으로는 자생하지 않으므로 그 이북 지방에서 공물로 수취되었던 것으로 기록된 화피는 벚나무가 아닌 자작나무임이 확실하다고 한다.

32. 『선조실록』 47권, 선조27년(1594) 1월 27일 병오 5번째 기사; 『선조실록』 47권, 선조27년(1594) 1월 30일 기유 1번째 기사; 『선조실록』 48권, 선조27년(1594) 2월 6일 을묘 5번째 기사; 『선조실록』 48권, 선조27년(1594) 2월 8일 정사 3번째 기사

33. 차선(次船)이라는 용어는 유형원(柳馨遠)의 『반계수록(磻溪隨錄)』 제1권의 「잡설(雜說)」, 송광연(宋光淵)의 『범허정집(泛虛亭集)』 제5권의 「호서순무사서계(湖西巡撫使書啓)」 등에서 찾아볼 수 있다. 『반계수록』에서는 대선(大船), 대차선(大次船), 중선(中船), 중차선(中次船), 소선(小船), 소차선(小次船) 등으로 배를 구분하고 그 크기 등을 설명하고 있으며, 『범허정집』에서는 대선(大船), 차선(次船), 지차선(之次船) 등으로 배를 구분하여 그 크기와 지휘자의 직급, 승선인원 등을 설명하였다.

34. 홍익현(洪翼賢)의 신상은 홍가신(洪可臣)의 『만전집(晩全集)』 제1권의 「칠언절구(七言絶句)」-「홍군우익현작절구송려장차운사지(洪君遇翼賢作絶句送藜杖次韻謝之)」, 황종해(黃宗海)의 『후천집(朽淺集)』 제8권의 「행장(行狀)」-「중부행장(仲父行狀)」, 『남양홍씨(唐洪)보(南陽洪氏譜)』, 『만력4년병자2월16일사마방목(萬曆四年丙子二月十六日司馬榜目)』의 문과급제자 명단에 실린 그의 동생 홍익준(洪翼俊)의 가족 사항 등에서 확인할 수 있다. 『남양홍씨보』에 의하면 그는 남양 홍씨 익산군파(益山君派) 파조 홍운수(洪云遂)의 7대손이며 생몰년은 1537~1613년이다.

그의 자는 『신정아주지(新定牙州誌)』의 「학행(學行)」과 『남양홍씨보』에는 군우(君友)로, 『난중일기』와 『만전집』에는 군우(君遇)로 기록되어 있는데 당대의 기록인 『난중일기』와 『만전집』의 기록이 옳다고 판단된다. 위의 방목에 보이는 동생 홍익준의 자가 형우(亨遇)로서 우(遇)자 돌림인 점 또한 이를 뒷받침해준다.

35. 『만력4년병자2월16일사마방목(萬曆四年丙子二月十六日司馬榜目)』의 문과급제자 명단에 의하면 이사민(李思敏)의 자는 숙도(叔道), 거주지는 아산(牙山)이다. 이순신과 마찬가지로 1576년 식년시에 급제한 이력이 있고 거주지 또한 이순신의 가족이 머물러 있던 아산이므로 일기의 이숙도는 이사민을 가리키는 것으로 추정된다.

36. 춘원포는 『난중일기』에 '春院浦', '春院', '春元浦', '春原' 등 여러 가지로 표기되어 있다. 춘원포는 『신증동국여지승람(新增東國輿地勝覽)』의 「고성현(固城縣)」과 『동여도(東輿圖)』, 『해동지도(海東地圖)』의 「고성현(固城縣)」, 『1872 지방지도』의 「고성부지도(固城府地圖)」 등의 조선시대 지도에서 춘원포(春元浦), 춘원면(春元面) 등의 지명으로 그 위치를 찾아볼 수 있다.

37. 박광춘(朴光春)의 신상은 「경진별시문무과방목(庚辰別試文武科榜目)」의 무과급제자 명단에서 확인할 수 있다.

38. 2016, 『조선시대 수군진조사 3 경상우수영 편』, 국립해양문화재연구소, 270쪽

39. 소소포(召所浦)는 『신증동국여지승람(新增東國輿地勝覽)』의 「고성현(固城縣)」과 『1872 지방지도』의 「고성부지도(固城府地圖)」에서 그 위치를 찾아볼 수 있다.

40. 『선조실록』 48권, 선조27년(1594) 2월 19일 무진 1번째 기사

41. 이유함(李惟諴)의 신상과 행적은 「만력17년기축3월17일종계증광사마방목(萬曆十七年己丑三月十七日宗系增廣司馬榜目)」의 문과급제자 명단, 하수일(河受一)의 『송정집(松亭集)』 제5권의 「묘갈지명(墓碣誌銘)」-「이여실묘지명(李汝實墓誌銘)」, 정경운(鄭慶雲)의 『고대일록(孤臺日錄)』의 1592년 5월 22일 일기, 같은 책 1594년 12월 3일 일기 등에서 확인할 수 있다.

42. 『선조실록』47권, 선조27년(1594) 1월 17일 병신 1번째 기사; 『선조실록』49권, 선조27년(1594) 3월 20일 무술 1번째 기사; 『선조실록』75권, 선조29년(1596) 5월 1일 정묘 4번째 기사

43. 기직남(奇直男)의 신상은 「만력계묘식년문무과방목(萬曆癸卯式年文武科榜目)」의 무과급제자 명단에 실린 그의 아들 기익헌(奇益獻)의 가족 사항, 기대승(奇大升)의 『고봉집(高峯集)』제3권의 「행장(行狀)」-「자헌대부한성부판윤기공행장(資憲大夫漢城府判尹奇公行狀)」, 『행주기씨족보(幸州奇氏族譜)』에서 확인할 수 있다. 족보에 따르면 그는 행주 기씨 정무공(貞武公) 기건(奇虔)의 5대손이며, 기대항(奇大恒)의 서자이다. 방목에 실린 가족 사항에서 기직남이 사천현감을 지낸 이력을 확인할 수 있다.

『사천현읍지(泗川縣邑誌)』의 「선생안(先生案)」에는 기직남이 갑오년(1594년) 7월부터 을미년(1595년) 10월까지 사천현감을 지낸 것으로 기록되어 있지만, 당대의 기록인 『임진장초』의 「당항포파왜병장(唐項浦破倭兵狀)」(1594년 3월 10일)과 비교해 보았을 때 『사천현읍지』의 기록에 오류가 있는 것으로 생각된다. 『선조실록』의 기사(40권, 선조26년-1593년 7월 16일 무진 4번째 기사)에 기록된 진주성전투에서 전사한 사천현감 장윤(張潤)의 이름 또한 『사천현읍지』에서 누락되어 있는 점으로 보아 『사천현읍지』의 기록이 정확성이 떨어지는 것으로 판단된다.

44. 성천유(成天裕)의 신상과 행적은 「신묘별시문무과방목(辛卯別試文武科榜目)」의 무과급제자 명단, 곽원갑(郭元甲)의 『창의록(倡義錄)』의 「용사응모록(龍蛇應募錄)」, 김성일(金誠一)의 『학봉속집(鶴峯續集)』제3권의 「장(狀)」-「좌감사시장(左監司時狀)」, 『창녕성씨족보(昌寧成氏族譜)』 등에서 확인할 수 있다. 족보에 따르면 그는 창녕 성씨 정절공파(貞節公派) 파조 성사제(成思齊)의 6대손이며, 그의 아들 성이도(成以道)는 곽재우(郭再祐)의 사위로서 곽재우의 문집인 『망우집(忘憂集)』에서도 성이도와 성천유에 관한 기록을 찾을 수 있다.

45. 안홍국(安弘國)의 신상과 행적은 「만력11년계미9월초3일별시방목(萬曆十一年癸未九月初三日別試榜目)」의 무과급제자 명단, 『태상시장록(太常諡狀錄)』제18권의 시장(諡狀), 『순흥안씨족보(順興安氏族譜)』 등에서 확인할 수 있다. 시장과 족보에 따르면 그는 순흥 안씨 제2파 중 의랑공파(議郎公派)의 파조인 안천봉(安天鳳)의 7대손이다. 『태상시장록』에 의하면 그는 계사년(1593년) 겨울에 보성군수가 되었다.

46. 『선조실록』49권, 선조27년(1594) 3월 20일 무술 2번째 기사

47. 정경운(鄭慶雲)의 『고대일록(孤臺日錄)』의 1593년 10월 7일 일기; 『선조실록』52권, 선조27년(1594) 6월 17일 갑자 2번째 기사; 『거창부읍지(居昌府邑誌)』, 「환적(宦蹟)」

48. 박영남(朴永男)의 행적은 『임진장초』의 「옥포파왜병장(玉浦破倭兵狀)」(1592년 5월 10일), 정유일기 2(1597년) 9월 18일에서 확인할 수 있다. 정유일기 1(1597년) 7월 7일에 원균 대신 벌을 받으러 권율에게 잡혀 왔다는 기록이 보이는 점으로 보아 칠천량해전에도 참전했을 가능성이 있다.

『임진장초』에 의하면 그의 거주지는 낙안(樂安)으로서 「만력12년갑신추별시문무방목(萬曆十二年甲申秋別試文武榜目)」의 무과급제자 명단에 실린 거주지가 흥양(興陽)인 동명인과 동일인일 개연성이 높다. 방목에 의하면 그의 자는 운상(雲祥), 본관은 밀양(密陽), 생년은 1556년이다.

49. 김재근, 1984, 『한국선박사연구(韓國船舶史研究)』, 서울대학교출판부, 161쪽

50. 『선조실록』50권, 선조27년(1594) 4월 8일 병진 2번째 기사; 『선조실록』51권, 선조27년(1594) 5월 9일 병술 3번째 기사

51. 박홍로(朴弘老)의 신상은 「만력10년임오2월28일사마방목(萬曆十年壬午二月二十八日司馬榜目)」의 문과급제자 명단, 『인조실록』의 기사(7권, 인조2년-1624년 11월 20일 경오 1번째 기사) 등에서 확인할 수 있다.

52. 『선조실록』46권, 선조26년(1593) 12월 13일 임술 9번째 기사; 『선조실록』47권, 선조27년(1594) 1월 3일 임오 1번째 기사

53. 『임진장초』, 「조진수륙전사장(條陳水陸戰事狀)」(1593년 9월); 『임진장초』, 「청개차흥양목관장(請改差興陽牧官

狀)」(1594년 1월 10일); 『선조실록』 43권, 선조26년(1593) 10월 17일 정유 5번째 기사; 『선조실록』 46권, 선조26년 (1593) 12월 3일 임자 2번째 기사; 『선조실록』 46권, 선조26년(1593) 12월 15일 갑자 2번째 기사; 『선조실록』 46 권, 선조26년(1593) 12월 30일 기묘 6번째 기사

54. 임희진(任希璡)의 신상과 행적은 『장흥임씨세보(長興任氏世譜)』, 조경남(趙慶男)의 『난중잡록』 제2권의 임진 년 10월 10일의 기록, 같은 책 계사년 6월 29일의 기록, 이긍익(李肯翊)의 『연려실기술(燃藜室記述)』 제16권의 「선 조조고사본말(宣祖朝故事本末)」-「행주승첩(幸州勝捷)」, 같은 책 「선조조고사본말(宣祖朝故事本末)」-「진주성함명병 철환(晋州城陷明兵撤還)」 등에서 확인할 수 있다. 세보에 따르면 그는 장흥 임씨 국암공파(國巖公派) 파조이다. 임 희진의 이름을 '任希進'으로 오기한 기록이 많기 때문에 참조에 주의가 필요하다.

55. 이응표(李應彪)의 신상과 행적은 「경진별시문무과방목(庚辰別試文武科榜目)」의 무과급제자 명단, 『합천이씨 대동보(陜川李氏大同譜)』, 『선조실록』의 기사(90권, 선조30년-1597년 7월 28일 정사 3번째 기사) 등에서 확인할 수 있다. 대동보에 따르면 그는 합천 이씨 전서공파(典書公派) 파조 이수전(李守全)의 11대손이다.

56. 위대기(魏大器)의 신상과 행적은 「만력11년계미9월초3일별시방목(萬曆十一年癸未九月初三日別試榜目)」의 무 과급제자 명단, 『장흥위씨족보(長興魏氏族譜)』, 『선조수정실록』의 기사(26권, 선조25년-1592년 7월 1일 무오 2번째 기사), 『임진장초』의 「당항포파왜병장(唐項浦破倭兵狀)」(1594년 3월 10일) 등에서 확인할 수 있다. 족보에 따르면 그는 장흥 위씨 행원파(杏園派) 파조 위유정(魏由貞)의 증손자이다. 현전하는 위대기의 해남현감 임명교지에 의 하면 그는 1593년 9월 13일에 해남현감으로 임명되었다. 위대기의 이름을 '魏大奇'로 오기한 기록이 많으므로 참조에 주의가 필요하다.

57. 이봉(李逢)의 의병 활동은 조선시대 문헌에서 관련 기록을 쉽게 찾을 수 있지만 그의 신상에 관한 기록은 여러 문헌에 단편적으로 산재되어 있다.
조익(趙翊)의 『가휴집(可畦集)』 제7권의 「진사일기(辰巳日記)」의 임진년(1592년) 7월 26일 일기에는 당시 이봉의 나이가 70에 가깝다고 하였으며, 이시발(李時發)의 『벽오유고(碧梧遺稿)』 제1권의 「시(詩)」-「봉기이청계(奉寄李淸 溪)」, 같은 책 제5권의 「제문(祭文)」-「제청계이영공봉문(祭淸溪李令公逢文)」, 박수검(朴守儉)의 『임호집(林湖集)』 제 5권의 「잡저(雜著)」-「청계시집전후서(淸溪詩集傳後叙)」 등에 의하면 그의 호는 청계(淸溪)이다.
『전주이씨양녕대군파대보(全州李氏讓寧大君派大譜)』에 따르면 그는 양녕대군의 고손자이며, 그의 딸 이옥봉(李 玉峯)의 남편은 조원(趙瑗)이다. 조정만(趙正萬)의 『오재집(寤齋集)』 제3권의 「행장(行狀)」-「이옥봉행적(李玉峯行 蹟)」, 이덕무(李德懋)의 『청장관전서(靑莊館全書)』 제33권의 「청비록(淸脾錄)」-「운강소실(雲江小室)」이 이옥봉을 '宗 室裔' 또는 '王孫女'로 기록한 점 또한 대보의 기록을 뒷받침해준다.

58. 벽방산(碧芳山)은 『해동지도(海東地圖)』의 「고성현(固城縣)」, 『1872 지방지도』의 「고성부지도(固城府地圖)」 등 의 조선시대 지도에서 그 위치를 찾아볼 수 있다.

59. 구허역(丘墟驛)은 『신증동국여지승람(新增東國輿地勝覽)』의 「고성현(固城縣)」과 『1872 지방지도』의 「고성부지 도(固城府地圖)」, 『해동지도(海東地圖)』의 「통영(統營)」 등의 조선시대 지도에서 구허역(丘墟驛), 구허역(邱墟驛), 구 허역(丘虛驛) 등의 지명으로 그 위치를 찾아볼 수 있다.

60. 황세득(黃世得)의 신상은 『성주황씨족보(星州黃氏族譜)』에서 확인할 수 있다. 족보에 따르면 그는 성주 황씨 시조이다.
『장흥읍지(長興邑誌)』의 「읍선생안(邑先生案)」에 의하면 황세득(黃世得)은 계사년(1593년) 9월에 장흥부사로 도임 하였다. 『장흥읍지』에 기록된 그의 전임자는 유희선(柳希先)으로서, 『선조실록』의 기사(42권, 선조26년-1593년 9 월 6일 정사 8번째 기사)에 의하면 유희선은 1593년 9월경에 군율에 의해 처형되었으므로 그 이후 곧바로 황세 득이 장흥부사로 도임한 것으로 보인다. 『장흥읍지』에 기록된 황세득의 후임자 배흥립(裵興立)의 도임 시기가 갑오년(1594년) 7월이므로 그 이전까지 황세득이 장흥부사를 지낸 것으로 판단된다.

『이충무공전서』의 「행록(行錄)」과 김육(金堉)의 『잠곡유고(潛谷遺稿)』 제13권의 「신도비명(神道碑銘)」-「이통제충무공신도비명(李統制忠武公神道碑銘)」에 의하면 황세득은 이순신의 처종형(妻從兄)으로서 『온양방씨대동보(溫陽方氏大同譜)』에서도 황세득의 장인 방인(方寅)과 이순신의 장인 방진(方震)이 형제임이 확인된다.

61. 2011, 『조선시대 수군진조사 1 전라우수영 편』, 국립해양문화재연구소, 134쪽

62. 흉도(胷島)는 갑오일기(1594년)의 3월 3일/9월 28일/10월 6일, 을미일기(1595년)의 11월 3일, 『임진장초』의 「축왜선장(逐倭船狀)」(1593년 7월 1일), 같은 책 「진왜정장(陳倭情狀)」(1594년 3월 10일), 같은 책 「당항포파왜병장(唐項浦破倭兵狀)」(1594년 3월 10일) 등에 기록되어 있다. 이 기록들 중 「당항포파왜병장」의 '고성 땅 아자음포에서 배를 출발하여 … 거제 고을 앞의 흉도 앞바다로 향하였다'는 내용과 을미일기(1595년) 11월 3일의 '왜선 두 척이 청등을 경유하여 흉도에 이르렀다가 해북도에 정박해서는 …'이라는 내용은, 흉도가 거제도에 근접해 있으면서 견내량의 북쪽에 위치한 섬이었음을 알 수 있게 해준다.

63. 지도(紙島)는 『1872 지방지도』의 「고성부지도(固城府地圖)」, 『광여도(廣輿圖)』의 「고성현(固城縣)」에서 그 위치를 찾아볼 수 있다.

64. 저도(猪島)는 『신증동국여지승람(新增東國輿地勝覽)』의 「칠원현(漆原縣)」과 『1872 지방지도』의 「구산진지도(龜山鎭地圖)」, 『광여도(廣輿圖)』의 「칠원현(漆原縣)」 등의 조선시대 지도에서 그 위치를 찾아볼 수 있다.

65. 소소강(召所江)은 주석 39에서 언급된 소소포(召所浦)와의 지명의 유사성을 통하여 그 부근에 있었던 하천임을 쉽게 짐작할 수 있다. 또한 『임진장초』의 「당포파왜병장(唐浦破倭兵狀)」(1592년 6월 14일)에 보이는 소소강서안(召所江西岸)에서 왜선을 만났다는 기록은 소소강이 당항포만의 서쪽 지역에 있었음을 보여준다.

66. 『임진장초』의 「당항포파왜병장(唐項浦破倭兵狀)」(1594년 3월 10일)에 의하면 조선 수군은 1594년 3월 4일 밤에 당항포구를 막고 밤을 지냈다. 따라서 3월 4일 일기에서 밤을 보냈다고 서술한 아자음포(阿自音浦)는 당항포구와 근접한 위치에 있었음을 알 수 있다.

67. 담종인(譚宗仁)의 행적은 신흠(申欽)의 『상촌집(象村集)』 제57권의 「천조소사장신선후거래성명 기자임진지경자(天朝詔使將臣先後去來姓名 記自壬辰至庚子)」-「이제독이하제관일시왕래각아문(李提督以下諸官一時往來各衙門)」에서 확인할 수 있다.

68. 『선조실록』 48권, 선조27년(1594) 2월 6일 을묘 5번째 기사; 『선조실록』 49권, 선조27년(1594) 3월 7일 을유 3번째 기사; 『선조실록』 50권, 선조27년(1594) 4월 17일 을축 1번째 기사; 『임진장초』, 「진왜정장(陳倭情狀)」(1594년 3월 10일)

69. 『임진장초』의 「청조획군량장(請措劃軍粮狀)」(1594년 3월 10일)에 의하면 당시의 전라좌우도의 전선은 110척이다. 『임진왜란 해전사』(이민웅, 2005, 청어람미디어, 248~251쪽)는 여기에 경상우도의 전선까지 합한 숫자를 130여 척으로 추정하였다.

70. 『비변사등록(備邊司謄錄)』의 숙종34년(1708) 12월 30일 기록에 순천 신장바다(薪場海)라는 지명이 보이는 점과 고종 때 명례궁(明禮宮)에서 펴낸 『전라좌도순천부신장포도여각완문(全羅左道順天府新場浦都旅閣完文)』에 신장포가 순천부의 소재로 기록된 점으로 보아 신장(薪場)이 지금의 전남 순천시의 순천만 부근에 있었음을 알 수 있다.

71. 『선조실록』 49권, 선조27년(1594) 3월 4일 임오 1번째 기사

72. 삼가현(三嘉縣)은 『신증동국여지승람(新增東國輿地勝覽)』의 「삼가현(三嘉縣)」과 『해동지도(海東地圖)』의 「삼가현(三嘉縣)」, 『1872 지방지도』의 「삼가현지도(三嘉縣地圖)」 등의 조선시대 지도에서 그 위치를 찾아볼 수 있다.

73. 고상안(高尙顏)의 신상과 행적은 「만력4년병자식년문과방목(萬曆四年丙子式年文科榜目)」의 문과급제자 명단, 그의 문집인 『태촌집(泰村集)』 제6권의 「부록(附錄)」-「행장(行狀)」 등에서 확인할 수 있다. 참고로 『태촌집(泰

村集)』제4권의 「효빈잡기(效嚬雜記)」-「총화(叢話)」에는 이순신의 외모에 대한 간략한 묘사가 기록되어 있다.

74. 안영숙/이용삼, 2004, 『한국우주과학회지』, 「조선 초기 칠정산 외편의 일식 계산」, 한국우주과학회, 493~504쪽

75. 『세종실록』 15권, 세종4년(1422) 1월 1일 기미 2번째 기사

76. 『선조실록』 49권, 선조27년(1594) 3월 25일 계묘 1번째 기사. 이 기사는, 사간원이 그해에 편찬된 조선과 중국의 역서를 비교하고 그 문제점을 언급한 기록을 싣고 있다. 이 1594년의 조선 역서는 현전하지 않지만 중국 역서는 그 일부가 보물 제160-10호 「유성룡비망기입대통력(柳成龍備忘記入大統曆)」에 전해지고 있다. 「유성룡비망기입대통력」은 유성룡이 명나라의 역서인 대통력에 비망기를 적은 자료로서 갑오년(1594년) 4월 책력을 살펴보면 책력의 4월 1일 날짜 아래에 수기로 '日食'이 적혀 있다.

77. 『선조실록』 50권, 선조27년(1594) 4월 17일 을축 2번째 기사

78. 안영숙/이용복/김동빈/심경진/이우백, 2001, 『조선시대 일식도』, 한국천문연구원, 152쪽; 미국항공우주국 (NASA) 일식 웹사이트 - eclipse.gsfc.nasa.gov/SEcat5/SE1501-1600.html; 영국항해력연구소(Her Majesty's Nautical Almanac Office)의 일식 웹사이트 - astro.ukho.gov.uk/eclipse/0211594

79. 『태종실록』 14권, 태종7년(1407) 10월 1일 신사 1번째 기사; 『세종실록』 26권, 세종6년(1424) 11월 4일 을해 1번째 기사; 『중종실록』 10권, 중종4년(1510) 2월 24일 경술 1번째 기사; 『선조실록』 73권, 선조29년(1596) 3월 12일 기묘 4번째 기사 등

80. 이욱, 1999, 『역사민속학 제9호』, 「17世紀 厲祭의 對象에 관한 研究」, 한국역사민속학회, 316쪽; 김유리, 2016, 『역사민속학 제50호』, 「조선시대 여제 설행과 무사귀신의 문제」, 한국역사민속학회, 76~77쪽

81. 『태종실록』 1권, 태종1년(1401) 1월 14일 갑술 3번째 기사; 『태종실록』 7권, 태종4년(1404) 6월 9일 무인 1번째 기사

82. 『선조실록』 34권, 선조26년(1593) 1월 30일 을유 6번째/7번째 기사

83. 변홍달(卞弘達)의 신상과 행적은 「기축4월일증광용호방목(己丑四月日增廣龍虎榜目)」의 무과급제자 명단, 『초계변씨족보(草溪卞氏族譜)』, 신흠(申欽)의 『상촌집(象村集)』 제56권의 「지(志)」-「천조선후출병래원지(天朝先後出兵來援志)」 무술년 9월 20일의 기록 등에서 확인할 수 있다. 족보에 따르면 그는 초계 변씨 장파(長派) 파조 변광(卞光)의 8대손인 변효경(卞孝敬)의 7대손이다.

84. 『선조실록』 48권, 선조27년(1594) 2월 20일 기사 6번째 기사; 정경운(鄭慶雲)의 『고대일록(孤臺日錄)』의 1594년 3월 9일 일기

85. 박진(朴晉)의 신상과 행적은 「만력12년갑신추별시문무방목(萬曆十二年甲申秋別試文武榜目)」의 무과급제자 명단, 윤순(尹淳)의 『백하집(白下集)』 제8권의 「시장(諡狀)」-「병조판서박공시장(兵曹判書朴公諡狀)」, 『밀양박씨청재공파세보(密陽朴氏淸齋公派世譜)』, 『선조실록』의 기사(88권, 선조30년-1597년 5월 29일 기미 1번째 기사) 등에서 확인할 수 있다. 세보에 따르면 그는 밀양 박씨 청재공파 파조 박심문(朴審問)의 5대손이다.

86. 서성(徐渻)의 신상과 행적은 「국조문과방목(國朝文科榜目)」의 문과급제자 명단, 그의 문집인 『약봉유고(藥峯遺稿)』 제3권의 「부록(附錄)」-「…서공신도비명(…徐公神道碑銘)」 등에서 확인할 수 있다.

87. 『선조실록』 50권, 선조27년(1594) 4월 8일 병진 3번째 기사; 『선조실록』 50권, 선조27년(1594) 4월 28일 병자 6번째 기사; 『선조실록』 52권, 선조27년(1594) 6월 19일 병인 1번째 기사

88. 김제남(金悌男)의 신상과 행적은 「국조문과방목(國朝文科榜目)」의 문과급제자 명단, 신흠(申欽)의 『상촌집(象村集)』 제25권의 「묘지명(墓誌銘)」-「연흥부원군묘지명(延興府院君墓誌銘)」, 신익성(申翊聖)의 『낙전당집(樂全堂集)』

제12권의 「비명(碑銘)」-「…증시의민김공신도비명(…贈諡懿愍金公神道碑銘)」 등에서 확인할 수 있다. 『상촌집』과 『낙전당집』에는 그가 갑오년(1594년)에 의금부도사를 지낸 이력이 기록되어 있다.

89. 『선조실록』에 나타나는 '兵機'의 용례를 살펴보면 '병기를 갖추다', '병기를 논의하다', '병기를 잃다' 등과 같은 문장에서 사용되고 있다. 즉 '兵機'는 '병장기', '군사전략', '전쟁의 기회' 등의 의미가 있다. '兵機'가 '군사전략'으로 해석될 경우 '機'는 '機略'의 의미로 볼 수 있다.

90. 안위(安衛)의 신상과 행적은 『순흥안씨이파족보(順興安氏二派族譜)』, 『임진장초』의 「당항포파왜병장(唐項浦破倭兵狀)」(1594년 3월 10일), 『선조실록』의 기사(94권, 선조30년-1597년 11월 10일 정유 5번째 기사), 손기양(孫起陽)의 『오한집(聱漢集)』 제4권의 「잡저(雜著)」-「일록(日錄)」의 무술년 12월 3일 등에서 확인할 수 있다. 족보에 다르면 그는 순흥 안씨 안원군파(安原君派) 파조 안처(安處)의 5대손이다.

91. 『임진장초』의 「진왜정장(陳倭情狀)」(1594년 4월 20일)에 의하면 당시 왜군은 웅천입암(熊川笠巖), 웅포, 안골포, 가덕, 김해 등의 남해 연안에 18개 진영을 설치하고 머물러 있었다. 이와 비슷한 내용이 『선조실록』의 기사(49권, 선조27년-1594년 3월 18일 병신 3번째 기사)에도 실려 있는데 이에 의하면 당시 남해 연안의 왜군 주둔지는 안골포, 웅천제포, 가덕, 거제, 김해 등이다.
이 두 기록에 나타난 왜군 주둔지의 지명이 대체로 일치하는 점과 『임진장초』에 웅천입암이 언급되고 『선조실록』에 웅천제포가 언급된 점으로 미루어보아 입암은 제포에 있었거나 또는 그와 근접한 위치에 있었을 것으로 추정된다.

92. 김경로(金敬老)의 신상과 행적은 곽원갑(郭元甲)의 『창의록(倡義錄)』의 「용사응모록(龍蛇應募錄)」, 장경세(張經世)의 『사촌집(沙村集)』 제2권의 「칠언율시(七言律詩)」-「과고장군김성숙고허(過故將軍金惺叔古墟)」, 정기원(鄭期遠)의 『현산선생실기(見山先生實記)』 제2권의 「칠공사실(七公事實)」, 『경주김씨수은공파세보(慶州金氏樹隱公派世譜)』, 『선조실록』의 기사(99권, 선조31년-1598년 4월 2일 병진 6번째 기사) 등에서 확인할 수 있다. 특히 장경세의 『사촌집』 제4권의 「갈명(碣銘)」-「김인숙묘갈명(金仁叔墓碣銘)」에 실린 김천로(金天老)의 묘갈은 김경로의 가족 관계를 확인할 수 있는 중요한 단서를 제공한다. 「김인숙묘갈명」에 의하면 김경로의 할아버지 이름은 김의종(金意從), 아버지 이름은 김원(金驍), 형 이름은 김천로(金天老)로서 이는 세보의 기록과 일치한다. 세보에 따르면 그는 경주 김씨 수은공파 파조 김충한(金冲漢)의 6대손이며, 생년은 무신년(1548년)이다.

93. 박진철, 2017, 『한국민족문화 제65호』, 「朝鮮 末期 '重記' 資料를 통해 본 安東鎭과 그 屬邑의 軍備 實態」, 한국민족문화연구소, 188쪽

94. 이광악(李光岳)의 신상과 행적은 「만력12년갑신추별시문무방목(萬曆十二年甲申秋別試文武榜目)」의 무과급제자 명단, 그의 시장인 「광남군시장(廣南君諡狀)」, 『광주이씨족보(廣州李氏族譜)』, 『선조실록』의 기사(33권, 선조25년-1592년 12월 5일 신묘 4번째 기사), 조경남(趙慶男)의 『난중잡록』 제2권의 임진년 10월 6일/10일의 기록 등에서 확인할 수 있다. 세보에 따르면 그는 광주 이씨 문경공파(文景公派) 파조 이극감(李克堪)의 5대손이다.

95. 2011, 『조선시대 수군진조사 1 전라우수영 편』, 국립해양문화재연구소, 72쪽

96. 홍견(洪堅)의 신상은 「융경6년임신12월초2일문무과별시방목(隆慶六年壬申十二月初二日文武科別試榜目)」의 무과급제자 명단, 그의 유사인 『도장선생유사(道庄先生遺事)』, 『남양홍씨(南陽洪氏)세보(南陽洪氏世譜)』에서 확인할 수 있다. 세보에 따르면 그는 남양 홍씨 남양군파(南陽君派) 파조 홍주(洪澍)의 8대손이다.
『실록』이나 읍지 등에서 확인 가능한 홍견의 관직명은 『도장선생유사』의 「연보(年譜)」의 기록과 대체로 일치한다. 아래의 표는 이러한 기록을 정리한 것이다. 또한 「연보」에 나타난 그의 관직은 품계, 소속관청, 관직명을 모두 기록하고 있는 경우가 많은데, 「연보」가 작성될 때 그의 고신교지를 직접 참조했거나 또는 기존에 작성되어 있던 기록을 참조한 것으로 보인다. 이와 같은 연유로 『도장선생유사』의 신빙성이 높다고 판단하여 『도장선생유사』에 기록된 호, 몰년, 한산도대첩 및 칠천량해전 참전 이력 등을 주해에 서술하였다.

『도장선생유사』	사료 및 문헌
1598년 4월 고부군수 제수	『고부군읍지(古阜郡邑誌)』의 「선생안(先生案)」 고부군수(古阜郡守) - 무술년(1598년) 5월 도임
1599년 4월 김해부사 제수	정희득(鄭希得)의 『해상일록(海上日錄)』의 기해년(1599년) 7월 6일 김해부사(金海府使) 재임
1604년 10월 군기시부정 제수	『선조실록』 180권, 선조37년(1604) 10월 12일 무오 5번째 기사 군기시정(軍器寺正) 제수
1605년 6월 고원군수 제수	『선조실록』 188권, 선조38년(1605) 6월 5일 무신 1번째 기사 고원군수(高原郡守) 재임

97. 『영암군읍지(靈巖郡邑誌)』의 「선생안(先生案)」의하면 유지신(柳止信)은 갑오년(1594년) 3월부터 5월까지 영암군수를 지냈다. 「선생안」에 의하면 그의 후임자 박홍장(朴弘長)은 같은 해 5월에 도임하여 동년에 체직되었다고 기록되어 있지만, 경북대학교 퇴계연구소에서 발간된 『退溪學과 韓國文化 제31권』-「1596년(선조 29) 通信副使 林弘長의 生涯와 그의 東槎錄』(장동익, 2002, 118쪽)에 따르면 그는 1592년부터 1594년 7월까지 제주도에서 조방장을 지냈으며 그 이후에 2개월 정도 영암군수를 지냈다. 또한 「선생안」에 박홍장의 후임자 김준계(金遵階)가 같은 해 9월에 도임했다고 기록되어 있으므로 실제로 박홍장이 영암군수를 지낸 시기는 갑오년(1594년) 7월부터 9월까지로 생각된다. 참고로 「선생안」에는 박홍장의 이름이 '朴弘章'으로 오기되어 있다.

98. 『선조실록』 50권, 선조27년(1594) 4월 7일 을묘 1번째 기사

99. 『선조실록』 121권, 선조33년(1600) 1월 28일 계유 3번째 기사; 조경남(趙慶男)의 『난중잡록(亂中雜錄)』 제1권의 기축년의 기록; 이긍익(李肯翊)의 『연려실기술(燃藜室記述)』 제15권의 「선조조고사본말(宣祖朝故事本末)」-「임진왜란대가서수(壬辰倭亂大駕西狩)」 등

100. 『선조실록』 48권, 선조27년(1594) 2월 5일 갑인 2번째 기사

101. 권필(權韠)의 『석주집(石洲集)』 외집 제3권의 「종정도설(從政圖說)」; 성현(成俔)의 『용재총화(慵齋叢話)』 제10권

102. 유정(惟政)의 신상과 행적은 범해(梵海)의 『동사열전(東師列傳)』, 『선조실록』, 조경남(趙慶男)의 『난중잡록(亂中雜錄)』 등 많은 사료와 문헌에서 확인할 수 있다.

103. 이강욱, 2009, 『민족문화 제34집』, 「承政院日記를 통해 본 草記의 전면적 考察」, 한국고전번역원, 307~308쪽

104. 『선조실록』 51권, 선조27년(1594) 5월 6일 계미 4번째/5번째 기사; 유정(惟政)의 『분충서난록(奮忠紓難錄)』의 「갑오사월입청정영중탐정기(甲午四月入淸正營中探情記)」; 같은 책의 「갑오오월왕알유독부언사기(甲午五月往謁劉督府言事記)」

105. 『선조실록』 51권, 선조27년(1594) 5월 22일 기해 3번째/4번째 기사; 『선조실록』 51권, 선조27년(1594) 5월 23일 경자 1번째/2번째/4번째 기사; 『선조실록』 51권, 선조27년(1594) 5월 25일 임인 1번째/2번째/4번째 기사; 『선조실록』 51권, 선조27년(1594) 5월 26일 계묘 1번째 기사; 『선조실록』 51권, 선조27년(1594) 5월 27일 갑진 8번째/9번째 기사

106. 『선조실록』 50권, 선조27년(1594) 4월 28일 병자 6번째 기사

107. 2011, 『조선시대 수군진조사 1 전라우수영 편』, 국립해양문화재연구소, 172쪽

108. 『태조실록』 2권, 태조1년(1392) 10월 25일 계유 1번째 기사; 『중종실록』 88권, 중종33년(1538) 8월 19일 기미 5번째 기사 등. 앞의 『태조실록』의 기사에 의하면 태조 때부터 4품 이상의 관원을 제수할 때 관교(官敎)라는

명칭으로 교지를 내리는 것이 관례화되었다.

109. 『선조실록』 51권, 선조27년(1594) 5월 28일 을사 4번째 기사

110. 『선조실록』 52권, 선조27년(1594) 6월 10일 정사 1번째 기사

111. 김재근, 1994, 『속한국선박사연구(續韓國船舶史硏究)』, 서울대학교출판부, 138~140쪽

112. 권율의 장인 조휘원(曺輝遠)의 신상은 「국조문과방목(國朝文科榜目)」의 문과급제자 명단에 실린 권율의 가족 사항, 이항복(李恒福)의 『백사집(白沙集)』 제4권의 「유사(遺事)」의 「…권공유사(…權公遺事)」, 『안동권씨추밀공파파대보(安東權氏樞密公派大譜)』 등에서 확인할 수 있다.

그리고 조대항(曺大恒)의 신상은 「기해춘정시용호방목(己亥春庭試龍虎榜目)」의 무과급제자 명단에 실린 그의 형 조대림(曺大臨)의 가족 사항, 『창녕조씨희천공파보(昌寧曺氏熙川公派譜)』에서 확인할 수 있다. 파보에 따르면 그는 창녕 조씨 희천공파 파조 조신충(曺信忠)의 6대손이다. 행주대첩에 대하여 기록한 「원수권공행주대첩비(元帥權公幸州大捷碑)」 후반부에는 그의 막하에서 활동한 인물들의 명단이 있는데 그중에는 전 판관(前判官) 조대항(曺大恒)의 이름도 있다. 조대항은 파보에 선무공신으로 기록되어 있고 『선무원종공신녹권』에서도 그의 이름이 확인된다.

113. 윤사공(尹思恭)의 행적은 『임진장초』의 「견내량파왜병장(見乃梁破倭兵狀)」(1592년 7월 15일) 등에서 확인할 수 있다.

114. 김준수/김지훈/장미경, 2015, 『화약·발파 제33권 제2호』, 「천연물을 이용한 조선시대의 염초 제조공정에 관한 연구」, 대한화약발파공학회, 2쪽

115. 『선조실록』 39권, 선조26년(1593) 6월 16일 기해 2번째 기사; 『선조실록』 48권, 선조27년(1594) 2월 17일 병인 2번째 기사; 『선조실록』 53권, 선조27년(1594) 7월 29일 을사 1번째 기사

116. 『선조실록』 162권, 선조36년(1603) 5월 25일 경진 4번째 기사

117. 진무성(陳武晟)의 신상과 행적은 「기해추별시방목(己亥秋別試榜目)」의 무과급제자 명단, 안방준(安邦俊)의 『은봉전서(隱峯全書)』 제8권의 「기사(記事)」-「백사론임진제장사변(白沙論壬辰諸將士辨)」, 『여양진씨세보(驪陽陳氏世譜)』, 『임진장초』의 「당포파왜병장(唐浦破倭兵狀)」(1592년 6월 14일) 등에서 확인할 수 있다. 방목에 실린 그의 본관은 나주(羅州)이지만 나주 진씨는 최근 여양 진씨로 합본되었다. 세보에 따르면 그는 여양 진씨 학생공파(學生公派) 분파인 송계공파(松溪公派)의 파조이다.

118. 『선조실록』 39권, 선조26년(1593) 6월 6일 기축 12번째 기사; 『선조실록』 40권, 선조26년(1593) 7월 25일 정축 14번째 기사

119. 『선조실록』 35권, 선조26년(1593) 2월 23일 무신 14번째 기사; 『선조실록』 37권, 선조26년(1593) 4월 17일 신축 2번째 기사; 『선조실록』 48권, 선조27년(1594) 2월 23일 임신 5번째 기사 등

120. 『선조실록』의 기사(53권, 선조27년-1594년 7월 8일 갑신 4번째 기사)에 참봉 직책을 공명고신으로 만들어 보냈다고 한 기록이 있는 점과 정경운(鄭慶雲)의 『고대일록(孤臺日錄)』의 1593년 11월 2일 일기에 모속유사(募粟有司)에게 공명고신을 발급한 기록이 보이는 점과 5월 3일 일기에 공명고신첩이 내려온 점 등을 종합해보면 옥과의 계원유사 조응복에게 보낸 참봉 조사(參奉朝謝)는 공명고신첩일 가능성이 높다.

121. 『선조실록』 52권, 선조27년(1594) 6월 15일 임술 5번째 기사

122. 정원명(鄭元溟)의 신상은 안방준(安邦俊)의 『은봉전서(隱峯全書)』 제3권의 「서(書)」의 「답이여개문목(答李汝固問目)」, 심인조(沈仁祚)의 「동령소갈기(東嶺小碣記)」, 『영일정씨세보(迎日鄭氏世譜)』에서 확인할 수 있다. 『은봉전서』에 의하면 그는 송강(松江) 정철(鄭澈)의 서얼 조카이며, 세보에 따르면 송강 정철의 둘째 형인 정소(鄭沼)의 아들로서, 자는 사호(士浩), 생몰년은 신유년(1561년)~을유년(1645년)이고, 영일 정씨 김제공파(金堤公派) 파조

정자숙(鄭自淑)의 고손자이다. 그의 동생 정상명(鄭翔溟)도 『난중일기』에 여러 차례 이름이 보인다.

123. 이시언(李時彦)의 신상은 『선원속보(璿源續譜)』에서 확인할 수 있다. 『선원속보』에 따르면 그는 정종의 6남 진남군(鎭南君) 이종생(李終生)의 5대손이다. 이괄의 반란 때 조정에서 내응을 염려하여 기자헌 등과 함께 처형한 때문인지 신상 관련 기록은 거의 전해지는 것이 없다. 그의 행적은 『선조실록』을 비롯한 여러 사료와 문헌에서 확인된다.

124. 『선조실록』 52권, 선조27년(1594) 6월 21일 무진 6번째 기사

125. 박종평, 2013, 『軍史 제87호』, 「『난중일기』를 통해 본 이순신의 척자점에 관한 연구」, 국방부 군사편찬연구소, 241~272쪽

126. 『선조실록』 41권, 선조26년(1593) 8월 25일 병오 1번째 기사; 『선조실록』 42권, 선조26년(1593) 9월 5일 병진 11번째 기사; 『선조실록』 55권, 선조27년(1594) 9월 18일 계사 6번째 기사

127. 손광(孫鑛)은 명나라 시대의 대신이자 학자로서 『소흥부지(紹興府志)』, 『평사기(評史記)』, 『평한서(評漢書)』 등 약 40여 종 700여 권에 이르는 상당히 많은 저작과 평론을 남긴 인물이다. 『선조실록』의 기사에는 그의 임진왜란 시기 행적에 관한 많은 기록이 전한다.

128. 『선조실록』 52권, 선조27년(1594) 6월 23일 경오 6번째 기사; 『선조실록』 53권, 선조27년(1594) 7월 22일 무술 3번째 기사; 『선조실록』 54권, 선조27년(1594) 8월 5일 경술 2번째 기사

129. 『선조실록』 41권, 선조26년(1593) 8월 19일 경자 9번째 기사

130. 『선조실록』 67권, 선조28년(1595) 9월 22일 을미 2번째 기사

131. 『선조실록』 52권, 선조27년(1594) 6월 3일 경술 3번째 기사; 『선조실록』 53권, 선조27년(1594) 7월 8일 갑신 6번째 기사 등

132. 심충겸(沈忠謙)의 신상과 행적은 「가정43년갑자7월20일사마방목(嘉靖四十三年甲子七月二十日司馬榜目)」의 문과급제자 명단, 신흠(申欽)의 『상촌집(象村集)』 제28권의 「신도비명(神道碑銘)」-「병조판서심공신도비명(兵曹判書沈公神道碑銘)」 등에서 확인할 수 있다.

133. 이재철, 2001, 『조선후기 비변사연구』, 집문당, 144~147쪽

134. 유홍(兪泓)의 신상과 행적은 「가정28년기유9월초9일사마방목(嘉靖二十八年己酉九月初九日司馬榜目)」의 문과급제자 명단, 그의 문집인 『송당집(松塘集)』의 「신도비명(神道碑銘)」 등에서 확인할 수 있다.

135. 윤근수(尹根壽)의 신상과 행적은 「국조문과방목(國朝文科榜目)」의 문과급제자 명단, 신흠(申欽)의 『상촌집(象村集)』 제27권의 「신도비명(神道碑銘)」-「해평부원군월정윤공신도비명(海平府院君月汀尹公神道碑銘)」 등에서 확인할 수 있다.

136. 조선시대 건축공사와 관련된 의궤인 영건의궤(營建儀軌)는 현재 약 30여 종이 전한다. 이 의궤에는 당시 건축에 관한 거의 모든 내용이 담겨 있으며 건축에 사용된 각종 자재들에 대해서도 상세히 기록되어 있다. 의궤의 기록에 의하면 흙 가공재로는 사벽(沙壁), 갑벽(甲壁), 토벽(土壁) 등이 있었으며 이들은 주로 건축의 벽 마감재로 이용되었다.

137. 『장흥읍지(長興邑誌)』의 「읍선생안(邑先生案)」에 의하면 배흥립(裵興立)은 갑오년(1594년) 7월에 장흥부사로 도임하였다. 배규(裵規)의 『화당선생유집(花堂先生遺集)』의 「부록(附錄)」-「행록(行錄)」에도 배흥립이 갑오년(1594년)에 장흥부사가 되었다고 기록되어 있다.
『장흥읍지』의 「읍선생안」에 기록된 배흥립의 전·후임자들의 도임 일자는 『선조실록』과 조응록(趙應祿)의 『죽계일기(竹溪日記)』에 나타나는 그들의 제수 및 파직 일자 등과 거의 부합한다. 따라서 『장흥읍지』의 배흥립 도임 일자 또한 신빙성이 높다고 판단된다.

『장흥읍지』의 「읍선생안」	『선조실록』 및 조응록의 『죽계일기』
유희선(柳希先) 기축년(1591년) 2월 도임	『선조실록』 25권, 선조24년(1591) 1월 5일 임인 1번째 기사 (유희선 장흥부사 제수 기록)
황세득(黃世得) 계사년(1593년) 9월 도임	『선조실록』 42권, 선조26년(1593) 9월 6일 정사 7번째 기사 (전임자 유희선 처형 기록)
배흥립(裵興立) 갑오년(1594년) 7월 도임	
장의현(張義賢) 병신년(1596년) 6월 도임	조응록의 『죽계일기』 제2권의 「병신만력이십사년(丙申萬曆二十四年)」 4월 9일 (장의현 장흥부사 제수 기록)
이영남(李英男) 병신년(1596년) 12월 도임	조응록의 『죽계일기』 제2권의 「병신만력이십사년(丙申萬曆二十四年)」 11월 6일 (이영남 장흥부사 제수 기록)
김억추(金億秋) 정유년(1597년) 6월 도임	『선조실록』 88권, 선조30년(1597) 5월 22일 임자 2번째 기사 (전임자 이영남 파직 기록)

138. 『임진장초』, 「청연해군병량기전속주사장(請沿海軍兵糧器全屬舟師狀)」(1593년 윤 11월 17일); 『선조실록』 55권, 선조27년(1594) 9월 21일 병신 3번째 기사. 앞의 두 기록에 의하면 갑오일기(1594년)에 나오는 정 조방장은 정 걸로 생각된다. 그러나 을미일기(1595년)의 정 조방장이 누구인지는 보는 관점에 따라 달라질 수 있다.

139. 안방준(安邦俊)의 『은봉전서(隱峯全書)』 제7권의 「기사(記事)」-「부산기사(釜山記事)」에 월명포(月明浦)가 당 포(唐浦) 부근의 작은 바다(隔一小峽)에 있었다고 기록된 점과 『1872 지방지도』의 「당포진지도(唐浦鎭地圖)」에 나타난 월명도(月明島)의 위치가 지금의 경남 통영시 산양읍 풍화리의 월명도인 점으로 보아 월명포는 지금의 경남 통영시 산양읍 풍화리의 월명도 안쪽 바다에 있었던 것으로 판단된다.

140. 박종남(朴宗男)의 신상과 행적은 「만력4년병자식년무과방목(萬曆四年丙子式年武科榜目)」의 무과급제자 명 단, 송시열(宋時烈)의 『송자대전(宋子大全)』 제174권의 「묘갈(墓碣)」-「병조참의박공묘갈명(兵曹參議朴公墓碣銘)」, 『밀양박씨사문진사공파세보(密陽朴氏四門進士公派世譜)』에서 확인할 수 있다. 세보에 따르면 그는 밀양 박씨 사 문진사공파 파조 박원(朴元)의 15대손으로서, 장남 박영신(朴榮臣)은 이광악의 딸과 혼인하였다. 『광주이씨족보 (廣州李氏族譜)』에서도 이광악의 장녀가 박영신과 혼인한 기록이 확인된다.

141. 『선조실록』 56권, 선조27년(1594) 10월 13일 정사 13번째 기사

142. 『흥양지(興陽誌)』의 「관안(官案)」에 의하면 황세득(黃世得)은 갑오년(1594년)에 흥양현감으로 도임하였다. 『장 흥읍지(長興邑誌)』의 「읍선생안(邑先生案)」에 의하면 전임 흥양현감 배흥립이 갑오년(1594년) 7월에 장흥부사로 도 임하였으므로 황세득은 이와 비슷한 시기에 흥양현감으로 도임한 것으로 판단된다.
『흥양지』의 「관안」에 보이는 황세득의 전·후임자들의 도임 연도는 각종 사료 및 문헌에 나타나는 관련 기록과 대체로 부합하므로 『흥양지』의 황세득의 도임 연도는 신빙성이 높다.

『흥양지』의 「관안」	사료 및 문헌
김의일(金毅一) 정해년(1587년) 도임	『선조실록』 21권, 선조20년(1587) 7월 24일 신해 1번째 기사 (김의일이 흥양현감으로 기록됨)
배흥립(裵興立) 기축년(1589년) 도임	배규(裵規)의 『화당선생유집(花堂先生遺集)』의 「부록(附錄)」 -「행록(行錄)」(기축년 배흥립이 흥양현감으로 도임)
황세득(黃世得) 갑오년(1594년) 도임	

홍유의(洪有義) 을미년(1595년) 도임	
최희량(崔希亮) 정유년(1597년) 도임	조응록(趙應祿)의 『죽계일기(竹溪日記)』 제4권의 「정유만력이십오년(丁酉萬曆二十五年)」 7월 5일 (최희량 흥양현감 제수 기록)
고득장(高得蔣) 무술년(1598년) 도임	『선조실록』106권, 선조31년(1598) 11월 27일 무신 5번째 기사 (흥양현감 고득장 노량 해전 전사 기록)
이흥립(李興立) : 이경립(李景立)의 오기임 기해년(1599년) 도임	『선조실록』135권, 선조34년(1601) 3월 21일 기미 4번째 기사 (이경립이 흥양현으로 기록됨)
강협(姜浹) 계묘년(1603년) 도임	강항(姜沆)의 『수은집(睡隱集)』제4권의 「행장(行狀)」-「조고행장(祖考行狀)」 (강협이 흥양현감을 지낸 이력을 기록)
송여종(宋汝悰) 계묘년(1603년) 도임	강항(姜沆)의 『수은집(睡隱集)』제4권의 「묘갈(墓碣)」-「증우윤송공비명(贈右尹宋公碑銘)」 (송여종이 흥양현감을 지낸 이력을 기록)
조현남(趙顯男) 갑진년(1604년) 도임	『선조실록』173권, 선조37년(1604) 4월 9일 기축 2번째 기사 (조현남 흥양현감 제수 기록)
정침(鄭沈) 을사년(1605년) 도임	『선조실록』182권, 선조37년(1604) 12월 10일 을묘 6번째 기사 (정침 흥양현감 제수 기록)

143. 도양(道陽)은 『신증동국여지승람(新增東國輿地勝覽)』의 「흥양현(興陽縣)」과 『비변사인방안지도(備邊司印方眼地圖)』의 「흥양(興陽)」, 『광여도(廣輿圖)』의 「흥양현(興陽縣)」 등의 조선시대 지도에서 그 위치를 찾아볼 수 있다.

144. 남도영, 1965, 『동국사학 제8집』, 「조선목자고(朝鮮牧子考)」, 동국사학회, 34~35쪽

145. 『중종실록』65권, 중종24년(1529) 7월 7일 경자 2번째 기사; 『중종실록』67권, 중종25년(1530) 2월 6일 병인 3번째 기사; 『인조실록』14권, 인조4년(1626) 12월 25일 계축 4번째 기사

146. 김기춘, 1990, 『조선시대형전 -경국대전 형전을 중심으로-』, 삼영사, 103~105쪽

147. 『선조실록』54권, 선조27년(1594) 8월 22일 정묘 4번째 기사; 『선조실록』56권, 선조27년(1594) 10월 3일 정미 2번째 기사

148. 홍세공(洪世恭)의 신상과 행적은 「융경1년정묘10월19일사마방목(隆慶元年丁卯十月十九日司馬榜目)」의 문과급제자 명단, 그의 문집인 『봉계일고(鳳溪逸稿)』 제2권의 「부록(附錄)」-「행장(行狀)」 등에서 확인할 수 있다.

149. 『선조실록』56권, 선조27년(1594) 10월 4일 무신 2번째 기사

150. 심승구, 2014, 『공연문화연구 제28집』, 「조선시대 둑제의 변천과 의례」, 한국공연문화학회, 188~198쪽

151. 『선조실록』47권, 선조27년(1594) 1월 2일 신사 3번째 기사; 『선조실록』56권, 선조27년(1594) 10월 9일 계축 4번째 기사

152. 윤경립(尹敬立)의 신상과 행적은 「을유8월사마방목(乙酉八月司馬榜目)」의 문과급제자 명단, 이민구(李敏求)의 『동주집(東洲集)』 문집 제9권의 「갈명(碣銘)」-「충청도관찰사윤공묘갈명(忠淸道觀察使尹公墓碣銘)」에서 확인할 수 있다.

153. 『선조실록』54권, 선조27년(1594) 8월 6일 신해 5번째 기사

154. 『선조실록』55권, 선조27년(1594) 9월 27일 임인 3번째 기사

155. 『선조수정실록』28권, 선조27년(1594) 2월 1일 경술 3번째 기사

156. 김경숙, 2010, 『규장각 제36집』, 「等狀을 통해 본 조선후기 聯名呈訴와 公論 형성」, 서울대학교 규장각 한

157. 박성실, 1995,『학예지 제4집』,「裌護와 戰服再考」, 육군사관학교 육군박물관, 175~190쪽.

158. 곽재우(郭再佑)의 신상과 행적은 그의 문집인『망우집(忘憂集)』의「연보(年譜)」, 같은 책「세계(世系)」, 허목(許穆)의『기언(記言)』별집 제16권의「구묘문(丘墓文)」-「망우당곽공신도비명(忘憂堂郭公神道碑銘)」,『포산곽씨세보(苞山郭氏世譜)』,『선조실록』및 조경남(趙慶男)의『난중잡록(亂中雜錄)』을 비롯한 많은 사료와 문헌에서 확인할 수 있다.『망우집』에 따르면 그는 현풍 곽씨 충익공파(忠翼公派) 파조이다.

159.『선조실록』46권, 선조26년(1593) 12월 30일 기묘 5번째 기사;『선조실록』47권, 선조27년(1594) 1월 5일 갑신 1번째 기사;『선조실록』49권, 선조27년(1594) 3월 2일 경진 2번째 기사

160. 한명련(韓明璉)의 본관 청주(淸州)는「을묘식년문무과방목(乙卯式年文武科榜目)」의 무과급제자 명단에 실린 그의 아들 한윤(韓潤)의 가족 사항에서 확인할 수 있다.

161. 주몽룡(朱夢龍)의 신상과 행적은「만력11년계미9월초3일별시방목(萬曆十一年癸未九月初三日別試榜目)」의 무과급제자 명단, 안기종(安起宗)의『지헌실기(止軒實記)』의「실적(實蹟)」-「창의제현록(倡義諸賢錄)」,『신안주씨세보(新安朱氏世譜)』, 김면(金沔)의『송암유고(松菴遺稿)』제2권의「보유(補遺)」-「창의사적(倡義事蹟)」, 곽재우(郭再祐)의『망우집(忘憂集)』의「용사별록(龍蛇別錄)」의 임진년 4월의 기록, 그의 전기인『무열공실기(武烈公實記)』등에서 확인할 수 있다. 세보에 따르면 그는 신안 주씨 웅천파(熊川派) 파조 주인원(朱印遠)의 15대손이며, 몰년은 계유년(1633년)이다. 방목에 실린 그의 본관 웅천(熊川)은 나중에 신안 주씨로 합본되었다.
『무열공실기』는 편찬 시기는 알 수 없지만 책에 실린「행장(行狀)」및「허백정동취록(虛白亭同醉錄)」에 기록되어 있는 주몽룡의 생년, 자, 거주지가 방목의 기록과 일치하는 점으로 보아 최소한 그의 신상에 관한 내용은 신빙성이 높다고 판단된다.「행장」에 따르면 그의 몰년은 계유년(1633년)으로서 세보의 기록과 동일하다.
『임진장초』의「옥포파왜병장(玉浦破倭兵狀)」(1592년 5월 10일)에 동명인이 나오는데 동일인일 개연성이 있지만 확정할 수 있는 근거를 찾기 어렵다.

162.『선조실록』56권, 선조27년(1594) 10월 11일 을묘 4번째 기사

163.『선조실록』57권, 선조27년(1594) 11월 19일 계사 6번째 기사

164.『선조실록』57권, 선조27년(1594) 11월 19일 계사 6번째 기사

165.『선조실록』55권, 선조27년(1594) 9월 21일 병신 2번째 기사

166.『선조실록』55권, 선조27년(1594) 9월 21일 병신 3번째 기사

167. 박도식, 2011,『조선전기 공납제 연구(朝鮮前期 貢納制 硏究)』, 도서출판 혜안, 91쪽

168.『선조실록』57권, 선조27년(1594) 11월 19일 계사 6번째 기사

169.『선조실록』과『광해군일기』에는 '金應誠', '金應緘', "金應珹'의 세 명의 김응함이 나타나는데 그 내용을 살펴보면 모두 무신이고 대부분 '金應緘'으로 표기된 점으로 보아 '金應誠'과 '金應珹'은 오기로 판단된다.『선무원종공신녹권』과「만력11년계미4월초4일문무과방목(萬曆十一年癸未四月初四日文武科榜目)」의 무과급제자 명단에 '金應緘'의 이름이 실려 있는 점도 이를 뒷받침해준다. 정유일기 1(1597년)과 정유일기 2(1597년)에 기록되어 있는 '金應誠' 또한 '金應緘'의 오기로 판단된다.

170. 김응함(金應緘)의 신상과 행적은「만력11년계미4월초4일문무과방목(萬曆十一年癸未四月初四日文武科榜目)」의 무과급제자 명단,『안동김씨세보(安東金氏世譜)』, 정유일기 1(1597년) 9월 16일,『선조실록』의 기사(165권, 선조36년-1603년 8월 17일 경자 3번째 기사)에서 확인할 수 있다. 세보에 따르면 그는 안동 김씨(구) 문온공파(文溫公派) 파조 김구용(金九容)의 6대손이다.

171. 배설(裵楔)의 신상은「만력11년계미9월초3일별시방목(萬曆十一年癸未九月初三日別試榜目)」의 무과급제자

명단, 배상룡(裵尙龍)의 『등암집(藤庵集)』연보의 「세계도(世系圖)」, 여대로(呂大老)의 『감호집(鑑湖集)』 제2권의 「서(書)」-「여배선산중한설서(與裵善山仲閑楔書)」에서 확인할 수 있다. 그의 자는 방목에는 건부(建夫)로, 『등암집』과 『감호집』에는 중한(仲閑)으로 기록되어 있다. 자가 처음에는 건부였다가 나중에 중한으로 바뀐 것으로 짐작된다. 『등암집』에 따르면 그는 성주 배씨(星州裵氏) 진사공파(進士公派) 파조 배현(裵俔)의 8대손이다.

172. 『선조실록』 45권, 선조26년(1593) 윤 11월 14일 갑오 2번째 기사; 『선조실록』 92권, 선조30년(1597) 9월 8일 을미 4번째 기사; 『김해읍지(金海邑誌)』, 「환적(宦蹟)」. 『김해읍지』에 의하면 백사림(白士霖)은 계사년(1593년) 7월부터 정유년(1597년)까지 김해부사를 지냈다.

173. 백사림(白士霖)이 용인전투에서 전사한 백광언(白光彦)의 동생임은 『선조실록』의 기사(29권, 선조25년-1592년 8월 26일 계축 1번째 기사)에서 확인할 수 있다.

백사림의 본관을 알기 위해서는 백광언의 신상을 추적해 볼 필요가 있다. 백광언의 본관은 보통 해미(海美)로 알려져 있지만 이를 뒷받침해줄 수 있는 근거는 부족하다. 백광언의 신상에 관한 시기적으로 가장 빠른 문헌은 황윤석(黃胤錫)의 『이재유고(頤齋遺藁)』 제17권의 「행장(行狀)」-「…백공행장(…白公行狀)」과 성해응(成海應)의 『연경재전집(硏經齋全集)』 제54권의 「초사담헌일(草榭談獻一)」로서, 두 문헌 모두 그의 본관을 고산(高山)으로 기록하고 있다. 따라서 『이재유고』와 『연경재전집』보다 시기적으로 더 앞서는 자료가 발견되지 않는 한 백광언과 백사림의 본관은 고산(高山)으로 보는 것이 옳다. 참고로 『이재유고』에 기록된 그의 상계는 남포 백씨(藍浦白氏)의 상계와 거의 일치하므로 남포 백씨와 혈연관계가 있을 것으로 보인다.

곽원갑(郭元甲)의 『창의록(倡義錄)』의 「용사응모록(龍蛇應募錄)」에는 백사림과 이름이 같은 인물의 신상이 실려 있는데, 이 기록에 나오는 그의 거주지 김제(金堤)가 백광언이 살던 태인(泰仁)과 가까운 지역인 점으로 미루어 보아 동일인으로 짐작된다. 『창의록』에 따르면 그의 자는 택중(澤仲), 생년은 신유년(1561년)이다.

백사림이 정유재란 때 황석산성(黃石山城)을 버리고 도주한 일은 당시 많은 사람들의 공분을 일으킨 사건이었기 때문에 『선조실록』, 조경남(趙慶男)의 『난중잡록(亂中雜錄)』 등의 많은 사료에 관련 기록이 전한다.

174. 『선조실록』 56권, 선조27년(1594) 10월 8일 임자 6번째 기사

175. 『실록』, 『승정원일기(承政院日記)』, 『일성록(日省錄)』, 『신증동국여지승람(新增東國輿地勝覽)』 등의 사료에 보이는 담비 가죽의 종류와 명칭을 정리하면 아래와 같다. 이 명칭들 중 '貂皮(초피)' 및 '獤皮(돈피)'는 '斜皮(사피)'와 함께 담비 가죽을 통칭하기도 하였다.

담비 가죽 종류	명칭
검은 담비 가죽	貂皮, 黑貂, 黑貂皮, 黑斜皮, 玄貂
자색 담비 가죽	紫貂, 紫斜皮
노랑가슴 담비 가죽	貂鼠皮, 鼠皮, 黍皮, 獤皮, 獤鼠皮

176. 『중종실록』 21권, 중종9년(1514) 10월 25일 갑인 3번째 기사

177. 정경달(丁景達)의 『반곡유고(盤谷遺稿)』의 「난중일기(亂中日記)」의 1594년 7월 8일; 유성룡(柳成龍)의 『서애집(西厓集)』 제8권, 「계사(啓辭)」-「조치방수사의계(措置防守事宜啓)」

178. 『성종실록』 101권, 성종10년(1479) 2월 22일 기유 4번째 기사

179. 한문종, 2001, 『조선전기 향화·수직 왜인 연구』, 국학자료원, 142~154쪽

180. 2011, 『조선시대 수군진조사 1 전라우수영 편』, 국립해양문화재연구소, 228쪽

181. 이정표(李廷彪)의 신상은 「만력12년갑신추별시문무방목(萬曆十二年甲申秋別試文武榜目)」의 무과급제자 명단, 『통영선생안(統營先生案)』, 『전의이씨족보(全義李氏族譜)』에서 확인할 수 있다. 족보에 따르면 그는 전의 이씨 형조정랑공파(刑曹正郎公派) 파조 이직간(李直幹)의 6대손이다.

이정표가 임해군(臨海君)과 영창대군(永昌大君)의 죽음과 연루된 것을 추정할 수 있는 기록은 『광해군일기』, 『인조실록』, 신흠(申欽)의 『상촌집(象村集)』 제52권의 「구정록상(求正錄上)」-「춘성록(春城錄)」 등이 있다.

182. 강순제, 1995, 『학예지 제4집』, 「軍服 冠帽에 관한 硏究」, 육군사관학교 육군박물관, 135~146쪽

183. 김상용(金尙容)의 신상과 행적은 「만력10년임오2월28일사마방목(萬曆十年壬午二月二十八日司馬榜目)」의 문과급제자 명단, 그의 문집인 『선원유고(仙源遺稿)』의 「신도비명(神道碑銘)」에서 확인할 수 있다.

184. 성윤문(成允文)의 신상은 『창녕성씨족보(昌寧成氏族譜)』, 곽원갑(郭元甲)의 『창의록(倡義錄)』의 「용사응모록(龍蛇應募錄)」-「화왕입성동고록(火旺入城同苦錄)」에서 확인할 수 있다. 『창의록』에 의하면 그의 생년은 갑진년(1544년)이고 거주지는 순천(順天)으로서 족보에서도 그의 5대조부터 순천에서 거주한 것이 확인된다. 족보에 따르면 그의 자는 정로(廷老), 생몰년은 임인년(1542년)~기사년(1629년)이며, 창녕 성씨 판사공파(判事公派) 파조 성연(成連)의 6대손이다. 그에게 내려진 유서(諭書) 몇 점이 그의 문중에 현전한다.

185. 2011, 『조선시대 수군진조사 1 전라우수영 편』, 국립해양문화재연구소, 200쪽

186. 이희조(李喜朝)의 『지촌집(芝村集)』 제25권, 「전(傳)」-「충신유의신전(忠臣柳義臣傳)」; 손기양(孫起陽)의 『오한집(聱漢集)』 제4권, 「잡저(雜著)」-「일록(日錄)」의 무술년 12월 3일

187. 『선조실록』 55권, 선조27년(1594) 9월 18일 계사 5번째 기사; 『선조실록』 100권, 선조31년(1598) 5월 5일 기축 2번째 기사

188. 『덕수이씨세보(德水李氏世譜)』에 따르면 이회의 부인은 광산 김씨(光山金氏) 김정휘(金挺輝)의 딸이다. 『광산김씨양간공파세보(光山金氏良簡公派世譜)』에 따르면 김정휘는 광산 김씨 양간공파 파조 김연(金璉)의 12대손이며, 할아버지 김형윤(金亨胤)과 아버지 김치(金鎦)의 묘가 모두 은진(恩津)에 있었다. 이회의 혼례 시기는 『충무공유사(忠武公遺事)』의 을미일기(1595년) 1월 12일과 1월 21일을 통해 짐작할 수 있으며 『덕수이씨세보』에 기록된 이회의 장남 이지백(李之白)의 생년이 병신년(1596년)인 점 또한 이를 방증해준다.

189. 『선조실록』 55권, 선조27년(1594) 9월 21일 병신 3번째 기사; 『선조실록』 61권, 선조28년(1595) 3월 1일 갑술 5번째 기사

190. 권응수(權應銖)의 신상과 행적은 「만력12년갑신추별시문무방목(萬曆十二年甲申秋別試文武榜目)」의 무과급제자 명단, 이광정(李光庭)의 『눌은집(訥隱集)』 제17권의 「행장(行狀)」-「…권공행장(…權公行狀)」, 『안동권씨복야공파세보(安東權氏僕射公派世譜)』, 『선조수정실록』의 기사(26권, 선조25년-1592년 8월 1일 무자 10번째 기사) 등에서 확인할 수 있다. 세보에 따르면 그는 안동 권씨 복야공파 분파인 서주공파(瑞州公派)의 파조 권시중(權時中)의 8대손이다. 그의 초상과 선무공신교서, 장검 등이 현전하며 보물 제668호 권응수장군유물(權應銖將軍遺物)로 지정되어 있다.

191. 『선조실록』 57권, 선조27년(1594) 11월 8일 임오 4번째 기사; 『선조실록』 57권, 선조27년(1594) 11월 19일 계사 5번째 기사; 조경남(趙慶男)의 『난중잡록』 제3권의 갑오년 6월 3일의 기록

192. 김응서(金應瑞)의 신상과 행적은 「만력11년계미9월초3일별시방목(萬曆十一年癸未九月初三日別試榜目)」의 무과급제자 명단, 채제공(蔡濟恭)의 『번암집(樊巖集)』 제47권의 「신도비(神道碑)」-「…김공신도비명(… 金公神道碑銘)」, 『김해김씨대동세보(金海金氏大同世譜)』 등에서 확인할 수 있다. 세보에 따르면 그는 김해 김씨 부정공파(副正公派) 파조 김평(金平)의 9대손이다.

193. 『덕수이씨세보(德水李氏世譜)』에 따르면 이순신의 작은아버지 이현(李賢)의 장녀는 윤기수(尹箕壽)와 혼인하였으며 그들 아들의 이름은 윤엽(尹曄)이다. 일기에는 윤엽의 이름이 '尹曄'으로 표기되어 있다.

194. 『선조실록』 57권, 선조27년(1594) 11월 19일 계사 1번째 기사

1595년 을미일기(乙未日記)

1. 『광양군읍지(光陽郡邑誌)』의 「선생안(先生案)」에 의하면 박치공(朴致恭)은 갑오년(1594년) 10월부터 을미년(1595년)까지 광양현감을 지냈다. 『광양군읍지』에 그의 후임자 김성(金晟)이 을미년(1595년) 11월에 도임했다고 기록된 점과 조응록(趙應祿)의 『죽계일기(竹溪日記)』 제1권의 「을미만력이십삼년(乙未萬曆二十三年)」 10월 9일에 김성이 광양현감에 제수된 기록이 보이는 점으로 보아 박치공은 을미년(1595년) 10월 이전까지 광양현감을 지냈을 것으로 판단된다.

2. 『선조실록』 56권, 선조27년(1594) 10월 6일 경술 8번째 기사; 『승평속지(昇平續誌)』의 「선생안(先生案)」에 의하면 박진(朴晉)은 갑오년(1594년) 11월부터 을미년(1595년) 9월까지 순천부사를 지냈다.

3. 『선조실록』 60권, 선조28년(1595) 2월 12일 을묘 4번째 기사

4. 『영암군읍지(靈巖郡邑誌)』의 「선생안(先生案)」에 의하면 김준계(金遵階)는 갑오년(1594년) 9월부터 병신년(1596년)까지 영암군수를 지냈다. 『선조실록』의 기사(75권, 선조29년-1596년 5월 30일 병신 3번째 기사)에 의하면 그는 1596년 5월 30일에 파직되었다.

5. 『강진군읍지(康津郡邑誌)』의 「선생안(先生案)」에 의하면 나대용(羅大用)은 갑오년(1594년) 9월부터 병신년(1596년) 7월까지 강진현감을 지냈다.

6. 『충무공유사(忠武公遺事)』의 「장졸명단」; 유성룡(柳成龍)의 『서애집(西厓集)』 제8권, 「계사(啓辭)」-「조치방수사의계(措置防守事宜啓)」. 『충무공유사』에는 을미년(1595년)의 종사관이 심원하(沈源河)로 기록되어 있다. 그리고 『서애집』의 「조치방수사의계」를 살펴보면 그 내용은 을미년(1595년) 초의 기록으로서 이 또한 이순신의 종사관을 심원하로 기록하고 있다.

7. 이계정(李繼鄭)의 신상은 「경오식년문무과방목(庚午式年文武科榜目)」의 무과급제자 명단, 조팽년(趙彭年)의 『계음집(溪陰集)』 제6권의 「창의록(倡義錄)」, 『원주이씨세보(原州李氏世譜)』에서 확인할 수 있다. 세보에 따르면 그는 신 원주 이씨 강릉공파(江陵公派) 파조 이영화(李英華)의 증손자이다.

8. 허주(許宙)의 신상은 「만력34년병오10월29일사마방목(萬曆三十四年丙午十月二十九日司馬榜目)」의 문과급제자 명단, 「계축증광별시전시방목(癸丑增廣別試殿試榜目)」의 문과급제자 명단, 『양천허씨파보(陽川許氏派譜)』에서 확인할 수 있다. 파보에 따르면 그는 양천 허씨 죽촌공파(竹村公派) 파조이다. 이순신의 누이의 둘째 딸과의 혼인관계는 『양천허씨파보』와 『덕수이씨세보(德水李氏世譜)』에서 확인된다.

9. 『진도군읍지(珍島郡邑誌)』의 「선생안(先生案)」에 의하면 박인룡(朴仁龍)은 갑오년(1594년) 11월부터 병신년(1596년) 1월까지 진도군수를 지냈다.

10. 『선조실록』 59권, 선조28년(1595) 1월 26일 기해 3번째 기사

11. 2016, 『조선시대 수군진조사 3 경상우수영 편』, 국립해양문화재연구소, 449쪽

12. 『세종실록』 52권, 세종13년(1431) 4월 1일 을미 3번째 기사; 『현종개수실록』 2권, 현종1년(1660) 3월 18일 계유 1번째 기사; 『고종실록』 34권, 고종33년(1896) 4월 2일 양력 1번째 기사; 『고종실록』 39권, 고종36년(1899) 12월 31일 양력 3번째 기사

13. 『선조실록』 58권, 선조27년(1594) 12월 1일 갑진 6번째 기사; 『선조실록』 59권, 선조28년(1595) 2월 4일 정

미 3번째 기사; 『선조실록』 60권, 선조28년(1595) 2월 8일 신해 6번째 기사; 『선조실록』 61권, 선조28년(1595) 3월 18일 신묘 4번째 기사

14. 2016, 『조선시대 수군진조사 3 경상우수영 편』, 국립해양문화재연구소, 102쪽

15. 『선조실록』 63권, 선조28년(1595) 5월 19일 신묘 3번째 기사

16. 『선조실록』 47권, 선조27년(1594) 1월 11일 경인 4번째 기사; 『선조실록』 49권, 선조27년(1594) 3월 9일 정해 1번째 기사; 『선조실록』 61권, 선조28년(1595) 3월 1일 갑술 5번째 기사

17. 강첨(姜籤)의 신상은 「만력4년병자2월16일사마방목(萬曆四年丙子二月十六日司馬榜目)」의 문과급제자 명단, 이원익(李元翼)의 『오리속집(梧里續集)』 제2권의 「습유(拾遺)」-「대사헌강공묘지(大司憲姜公墓誌)」에서 확인할 수 있다. 그의 생년이 방목에는 기미년(1559년)으로, 『오리속집』에는 정사년(1557년)으로 기록되어 있는데, 『오리속집』에는 그가 태어난 생년월일시까지 상세히 기록된 점으로 미루어보아 『오리속집』의 기록이 더 정확할 것으로 판단된다.

18. 『선조실록』 66권, 선조28년(1595) 8월 4일 갑진 2번째 기사

19. 유성룡(柳成龍)의 『서애집(西厓集)』 제8권, 「계사(啓辭)」-「조치방수사의계(措置防守事宜啓)」

20. 김재근, 1994, 『속한국선박사연구(續韓國船舶史研究)』, 서울대학교출판부, 101~104쪽. 이 책은 임진왜란 시기 지휘관급이 탑승한 대형 판옥선의 탑승 인원은 160명으로, 일반 판옥선의 탑승 인원은 125~130명으로 추산하였다. 아래의 표는 임진왜란 시기 및 그 직후의 판옥선 탑승 인원에 대한 자료를 정리한 것으로서 이를 살펴보면 당시 판옥선 1척의 격군은 약 100명, 1척의 전체 탑승 인원은 125~140명 정도이다.

사료 및 문헌	관련 내용
『임진장초』, 「청반한일족물침지명장(請反汗一族勿侵之命狀)」(1592년 12월 10일)	1척의 전선에 사수(射手)와 격군(格軍)을 합쳐서 130여 명이 탑승
『선조실록』 85권, 선조30년(1597) 2월 25일 병술 1번째 기사	병선(兵船)에 탑승하는 사수(射手)와 격군(格軍)의 수는 136명
『선조실록』 86권, 선조30년(1597) 3월 18일 무신 2번째 기사	고성의 판옥선에 사수(射手)와 격군(格軍) 등 140여 명이 탑승
『사대문궤(事大文軌)』 제28권 만력26년(1598년) 8월 7일	전선(戰船)에 탑승하는 전투병(戰兵)의 수는 30명 또는 40명, 격군(格軍水手)의 수는 100여 명
『선조실록』 157권, 선조35년(1602) 12월 29일 병진 2번째 기사	수군의 배 80척에 1번(番)에 들어가는 격군(格軍)의 수는 8,000명
『선조실록』 188권, 선조38년(1605) 6월 7일 경술 2번째 기사	전선(戰船)에 1척에 탑승하는 격군(格軍)의 수는 100명
『선조실록』 206권, 선조39년(1606) 12월 24일 무오 3번째 기사	판옥선에 탑승하는 사수(射手)와 격군(格軍)의 수는 125명

21. 최희량(崔希亮)의 『일옹집(逸翁集)』 제2권, 「부록(附錄)」-「일옹유사(逸翁遺事)」; 오희문(吳希文)의 『쇄미록(瑣尾錄)』의 1595년 3월 2일 일기 등

22. 최경국, 2011, 『일본연구 제48호』, 「에도시대 말 대중문화 속의 호랑이 사냥」, 한국외국어대학교 일본연구회, 58~59쪽. 이 논고에 따르면 도요토미 히데요시는 호랑이의 두개골이나 고기 등을 보내온 왜장들에게 주인장(朱印狀)을 보내 주었는데, 「도진가문서(島津家文書)」 중에 시마즈 다다츠네(島津忠恒)가 호랑이를 포획한 것을 치하하는 1595년 3월 11일 날짜로 된 주인장이 있다.

23. 보물 제1564-13호 「둔전검칙유지(屯田檢飭有旨)」에 의하면 선조는 김해나 창원 등 경상도에서 도망쳐 나온 백성들을 남해현으로 이주시켜 농사를 짓도록 하여 그들의 양식과 함께 군사들의 군량을 조달하려는 정책을 시행하였으며 그 담당자로서 경상우수사 배설을 지명하였다. 따라서 일기에서 배설이 둔전 경작을 감독하기 위해 갔다고 언급된 밀포는 남해현에 속한 지명임을 알 수 있다.

24. 조응록(趙應祿)의 『죽계일기(竹溪日記)』 제4권의 「정유만력이십오년(丁酉萬曆二十五年)」 3월 10일

25. 『영광읍지(靈光邑誌)』의 「읍재선생(邑宰先生)」에 의하면 정연(丁淵)은 갑오년(1594년) 4월부터 을미년(1595년) 까지 영광군수를 지냈다. 『영광읍지』에 그의 후임자 김상준(金尙寯)이 을미년(1595년) 6월 15일에 부임했다고 기록된 점으로 보아 정연은 을미년(1595년) 4~5월경까지 영광군수를 지낸 것으로 보인다.

26. 정연(丁淵)의 신상과 행적은 『선조실록』의 기사(107권, 선조31년-1598년 12월 16일 정묘 2번째), 『영성정씨파보(靈城丁氏派譜)』에서 확인할 수 있다. 파보에 따르면 그는 영광 정씨 불우헌공파(不憂軒公派) 파조 정극인(丁克仁)의 6대손이다.

27. 『선조실록』 60권, 선조28년(1595) 2월 4일 정미 4번째 기사; 『선조실록』 60권, 선조28년(1595) 2월 6일 기유 2번째 기사. 『경상도영주제명기(慶尙道營主題名記)』에서도 서성(徐渻)이 을미년(1595년) 3월 1일에 경상우도관찰사로 도임한 것이 확인된다.

28. 연명례(延命禮)는 이에 관해 자세히 기록된 문헌이나 관련 연구 자료가 거의 없으므로 그 정확한 절차나 예법은 알기 어렵지만, 이남규(李南珪)의 『수당집(修堂集)』 보유의 「일기(日記)」-「갑오일기(甲午日記)」의 9월 24일 일기, 이덕무(李德懋)의 『청장관전서(靑莊館全書)』 간본 아정유고(雅亭遺稿) 제3권의 「문(文)」-「기(記)」의 가야산기(伽倻山記), 조엄(趙曮)의 『해사일기(海槎日記)』 제1권의 계미년(1763년) 8월 20일 일기 등의 조선시대 문헌에서 그 자취를 확인할 수 있다.

29. 침도(砧島)는 『해동지도(海東地圖)』의 「거제부(巨濟府)」, 『광여도(廣輿圖)』의 「거제부(巨濟府)」 등의 조선시대 지도에서 그 위치를 찾아볼 수 있다.

30. 『선조실록』 60권, 선조28년(1595) 2월 1일 갑진 3번째 기사; 『선조실록』 63권, 선조28년(1595) 5월 25일 정유 1번째 기사

31. 『흥양지(興陽誌)』의 「관안(官案)」에 의하면 홍유의(洪有義)는 을미년(1595년)에 흥양현감으로 도임하였다. 갑오일기(1594년)의 8월 25일의 주석에서 설명한 바와 같이 『흥양지』의 「관안」에 보이는 황세득 전·후임자들의 도임 연도는 신빙성이 높으므로, 홍유의는 전임자 황세득이 잡혀간 1595년 2월 이후부터 후임자 최희량이 흥양현감에 제수된 1597년 7월 이전까지 흥양현감을 지낸 것으로 판단된다.

32. 『신증동국여지승람(新增東國輿地勝覽)』의 「고성현(固城縣)」에 의하면 고성현의 남쪽 40리 지점에 있는 해평곶(海平串)에 목장이 있었다. 이 목장은 『인조실록』의 기사(22권, 인조8년-1630년 2월 13일 계해 3번째 기사)에는 고성의 해평장(海平場)으로, 『세종실록』의 기사(86권, 세종21년-1439년 7월 6일 임자 3번째 기사)와 『세조실록』의 기사(5권, 세조2년-1456년 12월 23일 무오 2번째 기사)에는 해평곶(海平串) 목장(牧場)으로 기록되어 있다.

33. 정사준(鄭思竣)의 신상과 행적은 「만력12년갑신추별시문무방목(萬曆十二年甲申秋別試文武榜目)」의 무과급제자 명단, 홍양호(洪良浩)의 『이계집(耳溪集)』 제35권의 「묘표(墓表)」-「결성현감정공묘표(結城縣監鄭公墓表)」, 『경주정씨세보(慶州鄭氏世譜)』, 『임진장초』의 「봉진화포장(封進火砲狀)」(1593년 8월) 등에서 확인할 수 있다.

34. 『하동지속수(河東誌續修)』의 「임관(任官)」에 의하면 최기준(崔琦準)은 갑오년(1594년)부터 을미년(1595년)까지 하동현감을 지냈고 그의 후임자 신진(申秦)은 을미년(1595년)부터 무술년(1598년)까지 하동현감을 지냈다. 11월 7일 일기에 하동현감이 교서에 배례했다는 내용이 보이는 점으로 미루어보아 이때가 신진이 도임한 시점으로 추정된다.

35. 최기준(崔琦準)의 신상은 「을사증광별시문무과방목(乙巳增廣別試文武科榜目)」의 무과급제자 명단에 실린 그의 아들 최혼(崔渾)의 가족 사항, 하수일(河受一)의 『송정집(松亭集)』 제5권의 「제문(祭文)」-「제최명천기준문(祭崔明川琦準文)」,『전주최씨족보(全州崔氏族譜)』에서 확인할 수 있다. 정경운(鄭慶雲)의 『고대일록(孤臺日錄)』의 1594년 4월 13일 일기에 의하면 최규보(崔圭甫)가 그즈음에 하동현감으로 부임하였는데, 『송정집』에서 최기준을 규보(圭甫)로 지칭한 점과 『전주최씨족보』에 실린 그의 형들의 자가 규(圭)자 돌림인 점을 통하여 규보(圭甫)가 최기준의 자임을 알 수 있다. 그의 생년은 하수일의 『송정세과(松亭歲課)』 제2권의 「시(詩)」-「만동년최명천기준(挽同年崔明川琦準)」을 통해 1553년 태생인 하수일과 동갑임을 유추할 수 있으며, 그의 몰년은 『고대일록』의 1609년 7월 9일 일기에서 확인된다. 족보에 따르면 그는 전주 최씨 아계(阿系) 안렴사공파(按廉使公派) 파조 최용생(崔龍生)의 9대손이다.

최기준의 행적은 김면(金沔)의 『송암유고(松菴遺稿)』 제2권의 「보유(補遺)」-「임진창의시동고록(壬辰倡義時同苦錄)」, 같은 책 「보유」-「창의사적(倡義事蹟)」의 계사년(1593년) 2월 16일의 기록, 정경운의 『고대일록』의 1592년 5월 25일 일기, 같은 책 1592년 12월 27일 일기 등에서 확인할 수 있다. 정경운과 친분이 있었던 까닭에 『고대일록』에 그의 이름이 자주 보인다.

36. 조응록(趙應祿)의 『죽계일기(竹溪日記)』 제1권의 「을미만력이십삼년(乙未萬曆二十三年)」 11월 26일; 같은 책 「을미만력이십삼년(乙未萬曆二十三年)」 12월 3일. 앞의 책은 전협(田浹)의 해남현감 체직 기록을, 뒤의 책은 최위지(崔緯地)의 해남현감 체직 기록을 싣고 있다.

37. 유공진(柳拱辰)의 신상은 「만력11년계미9월초3일별시방목(萬曆十一年癸未九月初三日別試榜目)」의 문과급제자 명단, 장유(張維)의 『계곡집(谿谷集)』 제13권의 「비명(碑銘)」-「…유공묘비명(…柳公墓碑銘)」에서 확인할 수 있다.

38. 최대성(崔大晟)의 신상과 행적은 안방준(安邦俊)의 『은봉전서(隱峯全書)』 부록상의 「연보(年譜)」 천계21년 11월의 기록, 최득기(崔得基)의 『창절록(彰節錄)』의 「모의장군최공사적(募義將軍崔公事蹟)」,『임진장초』의 「옥포파왜병장(玉浦破倭兵狀)」(1592년 5월 10일) 등에서 확인할 수 있다. 『창절록』에 따르면 그는 경주 최씨 문정공파(文正公派) 파조 최해(崔瀣)의 8대손이다. 『임진장초』의 「옥포파왜병장(玉浦破倭兵狀)」(1592년 5월 10일)과 같은 책 「부원경상도장(赴援慶尙道狀)」(1592년 4월 30일)에는 그의 이름이 '崔大成'으로 오기되어 있다.

그의 자세한 행적에 관해서는 국방부 군사편찬연구소에서 발간된 『군사 제70호』-「명량해전 후 일본군의 공세와 연해지역 의병항전 -최대성의 의병활동과 보성 안치전투 사례를 중심으로-」(조원래, 2009, 83~99쪽)를 참조하기 바란다.

39. 김의환, 2006, 『조선시대 소금생산 방식』, 「제2장 호서지방의 소금생산과 생산방식」, 신서원, 60/86쪽

40. 『선조실록』 61권, 선조28년(1595) 3월 5일 무인 7번째 기사

41. 2010, 『保寧市誌』, 보령시지편찬위원회, 707쪽. 이 책에 실린 보령현감 선생안에 의하면 이지효(李止孝)는 1593년 8월 8일에 보령현감으로 도임하였다. 송치규(宋穉圭)의 『강재집(剛齋集)』 제12권의 「행장(行狀)」-「증형조판서이공행장(贈刑曹判書李公行狀)」에서도 그가 계사년(1593년)에 보령현감으로 제수된 것이 확인된다. 선생안에 그의 후임자 황응성(黃應聖)이 1595년 9월 20일에 부임했다고 기록된 점으로 보아 이지효는 1595년 8~9월경까지 보령현감을 지낸 것으로 보인다.

42. 이지효(李止孝)의 신상과 행적은 「기축4월일증광용호방목(己丑四月日增廣龍虎榜目)」의 무과급제자 명단, 송치규(宋穉圭)의 『강재집(剛齋集)』 제12권의 「행장(行狀)」-「증형조판서이공행장(贈刑曹判書李公行狀)」,『함평이씨세보(咸平李氏世譜)』에서 확인할 수 있다. 세보에 따르면 그는 함평 이씨 함평군파(咸平君派) 파조 이극명(李克明)의 5대손이다.

43. 『선조실록』 62권, 선조28년(1595) 4월 25일 정묘 3번째/4번째 기사; 『선조실록』 63권, 선조28년(1595) 5월 1일 계유 3번째 기사; 『선조실록』 63권, 선조28년(1595) 5월 3일 을해 1번째 기사; 『선조실록』 63권, 선조28년

(1595) 5월 4일 병자 1번째 기사 등

44. 『선조실록』 60권, 선조28년(1595) 2월 8일 신해 2번째 기사; 『선조실록』 93권, 선조30년(1597) 10월 9일 병인 8번째 기사

45. 김응남(金應南)의 신상과 행적은 「융경1년정묘10월19일사마방목(隆慶元年丁卯十月十九日司馬榜目)」의 문과급제자 명단, 김우옹(金宇顒)인 『동강집(東岡集)』 제17권의 「비지(碑誌)」-「대광보국숭록대부의정부좌의정두암김공묘지(大匡輔國崇祿大夫議政府左議政斗巖金公墓誌)」, 『경주이씨국당공파세보(慶州李氏菊堂公派世譜)』 등에서 확인할 수 있다.

46. 『선조실록』 60권, 선조28년(1595) 2월 26일 기사 6번째 기사; 『선조실록』 62권, 선조28년(1595) 4월 19일 신유 7번째 기사; 『선조실록』 64권, 선조28년(1595) 6월 15일 병진 4번째 기사; 『선조실록』 64권, 선조28년(1595) 6월 26일 정묘 7번째 기사; 정경운(鄭慶雲)의 『고대일록(孤臺日錄)』의 1595년 4월 27일 일기

47. 『선조실록』 65권, 선조28년(1595) 7월 14일 을유 2번째 기사

48. 하응문(河應文)의 신상은 「만력1년계유2월24사일사마방목(萬曆元年癸酉二月二十四日司馬榜目)」의 문과급제자 명단에 실린 그의 형 하응도(河應圖)의 가족 사항, 『진양하씨대동보(晉陽河氏大同譜)』에서 확인할 수 있다. 방목에 실린 하응도의 거주지는 진주로서 일기에서 언급된 하응문의 거주지와 일치한다. 또한 방목에 실린 하응도의 다른 동생 하응구(河應龜)의 이름도 10월 17일의 일기에 진주 사람이라는 언급과 함께 보인다. 『진양하씨대동보(晉陽河氏大同譜)』에 따르면 하응문은 진양 하씨 사직공파(司直公派) 분파인 중정공파(中正公派)의 파조 하숙(河潚)의 7대손으로서, 자는 서룡(瑞龍), 생년은 무신년(1548년)이다.

49. 기경인(奇敬仁)의 신상은 「만력1년계유2월24일사마방목(萬曆元年癸酉二月二十四日司馬榜目)」의 문과급제자 명단, 『행주기씨족보(幸州奇氏族譜)』에서 확인할 수 있다. 기경인은 남해현령 기효근의 6촌으로서 그의 아들 기징헌(奇徵獻)과 동생 기경충(奇敬忠)의 이름 또한 족보에서 확인된다.

50. 『선조실록』 63권, 선조28년(1595) 5월 10일 임오 1번째 기사; 『선조실록』 63권, 선조28년(1595) 5월 15일 정해 1번째 기사; 『선조실록』 64권, 선조28년(1595) 6월 6일 정미 2번째 기사; 『선조실록』 64권, 선조28년(1595) 6월 22일 계해 5번째 기사; 『선조실록』 64권, 선조28년(1595) 6월 25일 병인 1번째 기사; 『선조실록』 64권, 선조28년(1595) 6월 30일 신미 1번째 기사; 『선조실록』 65권, 선조28년(1595) 7월 2일 계유 5번째 기사 등

51. 박윤, 1989, 『학예지 제1집』, 「조선시대 궁시류의 발달」, 육군사관학교 육군박물관, 94~95쪽; 민승기, 2004, 『조선의 무기와 갑옷』, 가람기획, 71~72쪽

52. 이전(李荃)의 행적은 『임진장초』의 「당포파왜병장(唐浦破倭兵狀)」(1592년 6월 14일)에서 확인할 수 있다.

53. 민승기, 2004, 『조선의 무기와 갑옷』, 가람기획, 45쪽

54. 『선조실록』 63권, 선조28년(1595) 5월 10일 임오 2번째 기사. 정경운(鄭慶雲)의 『고대일록(孤臺日錄)』의 1595년 5월 23일 일기에 김용이 도원수의 진영으로 갔다고 기록된 점 또한 그가 김응서와 관련된 일로 파견되었음을 방증한다.

55. 김용(金涌)의 신상은 「국조문과방목(國朝文科榜目)」의 문과급제자 명단, 그의 문집인 『운천집(雲川集)』 제6권의 「부록(附錄)」-「…김공선생행장(金公先生行狀)」, 허목(許穆)의 『미수기언별집(眉叟記言別集)』 제17권의 「구묘문(丘墓文)」-「증참판김공묘명(贈參判金公墓銘)」에서 확인할 수 있다.

56. 『선조실록』 63권, 선조28년(1595) 5월 3일 을해 1번째 기사

57. 『동래부읍지(東萊府邑誌)』의 「부선생(府先生)」에 의하면 정광좌(鄭光佐)는 을미년(1595년) 7월 23일부터 병신년(1596년) 4월까지 동래현령을 지냈다.

58. 이수자, 1993, 『한국민속학 제25집』, 「백중의 기원과 성격」, 한국민속학회, 267~300쪽

59. 『선조실록』 65권, 선조28년(1595) 7월 24일 을미 2번째 기사

60. 『선조실록』 63권, 선조28년(1595) 5월 18일 경인 2번째 기사; 『선조실록』 70권, 선조28년(1595) 12월 8일 병오 1번째 기사

61. 고언백(高彦伯)의 신상은 「기해춘정시용호방목(己亥春庭試龍虎榜目)」의 무과급제자 명단에 실린 그의 아들 고덕연(高德淵)의 가족 사항, 『광해군일기』의 기사(1권, 즉위년-1608년 2월 19일 병자 9번째 기사), 그의 문집인 『해장실기(海藏實紀)』에서 확인할 수 있다. 『해장실기』에 따르면 그의 자는 국필(國弼)이며, 제주 고씨 문충공파(文忠公派) 파조 고경(高慶)의 12대손이다.
고언백의 행적은 『선조실록』 및 조경남(趙慶男)의 『난중잡록(亂中雜錄)』을 비롯한 많은 사료와 문헌에서 확인할 수 있다.

62. 이충일(李忠一)의 신상은 「만력11년계미9월초3일별시방목(萬曆十一年癸未九月初三日別試榜目)」의 무과급제자 명단, 『안성이씨세보(安城李氏族譜)』에서 확인할 수 있다. 세보에 실려 있는 그의 아버지 이윤(李贇)의 기일 6월 28일이 시기상으로 일기의 날짜와 어느 정도 부합하므로 일기의 이충일과 방목 및 세보에 실린 이충일을 동일인으로 판단하였다. 세보에 따르면 그는 안성 이씨 합문부사공파(閤門副使公派) 파조 이구(李玖)의 10대손이다.

63. 『영동읍지(永同邑誌)』의 「관안(官案)」에 의하면 정원경(鄭元卿)은 을미년(1595년)에 영동현감으로 도임하였다

64. 『선조실록』 65권, 선조28년(1595) 7월 8일 기묘 2번째 기사

65. 신식(申湜)의 신상은 「국조문과방목(國朝文科榜目)」의 문과급제자 명단, 이현일(李玄逸)의 『갈암별집(葛庵別集)』 제6권의 「시장(諡狀)」-「…신공시장(申公諡狀)」에서 확인할 수 있다.

66. 이기남(李奇男)의 신상과 행적은 「신묘별시문무과방목(辛卯別試文武科榜目)」의 무과급제자 명단, 노인(魯認)의 『금계집(錦溪集)』 제8권의 「부록(附錄)」-「당포승전도제명(唐浦勝戰圖題名)」, 『임진장초』의 「당포파왜병장(唐浦破倭兵狀)」(1592년 6월 14일), 같은 책 「견내량파왜병장(見乃梁破倭兵狀)」(1592년 7월 15일), 같은 책 「청개차흥양목관장(請改差興陽牧官狀)」(1594년 1월 10일), 『광산이씨족보(光山李氏族譜)』 등에서 확인할 수 있다. 『임진장초』에 의하면 그는 당포해전, 한산도대첩에 거북선 선장으로 참전하였다. 세보에 따르면 그는 광산 이씨 상서공파(尙書公派) 파조 이순백(李珣白)의 10대손이다.

67. 이홍두, 1999, 『군사 제39호』, 「朝鮮前期의 雜色軍」, 국방부 군사편찬연구소, 69~94쪽

68. 『선조실록』 65권, 선조28년(1595) 7월 26일 정유 2번째 기사; 『선조실록』 66권, 선조28년(1595) 8월 1일 신축 2번째 기사; 『선조실록』 67권, 선조28년(1595) 9월 5일 갑술 1번째 기사 등

69. 이원익(李元翼)의 신상은 「가정43년갑자7월20일사마방목(嘉靖四十三年甲子七月二十日司馬榜目)」의 문과급제자 명단, 그의 문집인 『오리집(梧里集)』 부록 2권의 「시장(諡狀)」, 『선원속보(璿源續譜)』 등에서 확인할 수 있다. 『선원속보』에 따르면 그는 태종의 11남 익령군(益寧君)의 고손자이다. 또한 『선원속보』와 『덕수이씨세보』에 따르면 이순신의 서녀와 윤효전(尹孝全)이 혼인하여 낳은 아들 윤영(尹鍈)이 이원익의 서녀와 혼인하였다.

70. 『인조실록』 1권, 인조1년(1623) 3월 16일 병오 5번째 기사

71. 곤이도(昆伊島)는 『세종실록』의 기사(121권, 세종30년-1448년 8월 27일 경진 1번째 기사)를 통해 고성현(固城縣)에 속한 섬임을 확인할 수 있으며, 『조선지도(朝鮮地圖)』의 「고성(固城)」, 『대동여지도(大東輿地圖)』, 『청구도(靑邱圖)』 등의 조선시대 지도에서 곤이(鵾耳)라는 지명으로 그 위치를 찾아볼 수 있다.

72. 「융경1년정묘11월초2일문무과복시방목(隆慶元年丁卯十一月初二日文武科覆試榜目)」의 무과급제자 명단. 참고로 이 방목에는 신호의 이름이 '신길(申洁)'로 오기되어 있다.

73. 김륵(金玏)의 『백암집(栢巖集)』 제7권의 「백암선생연보(栢巖先生年譜)」

74. 『선조실록』 65권, 선조28년(1595) 7월 16일 정해 1번째 기사

75. 김륵(金玏)의 신상과 행적은 「가정43년갑자7월20일사마방목(嘉靖四十三年甲子七月二十日司馬榜目)」의 문과급제자 명단, 그의 문집인 『백암집(栢巖集)』 제7권의 「부록(附錄)」-「신도비명(神道碑銘)」, 이현일(李玄逸)의 『갈암집(葛庵集)』 제27권의 「행장(行狀)」-「김공행장(金公行狀)」 등에서 확인할 수 있다.

76. 정해은, 2015, 『영남학 제28호』, 「임진왜란 초기 경상좌도 안집사 김륵의 역할과 활동」, 경북대학교 영남문화연구원, 369~379쪽

77. 『선조실록』 65권, 선조28년(1595) 7월 16일 정해 1번째 기사; 정경운(鄭慶雲)의 『고대일록(孤臺日錄)』의 1595년 10월 8일 일기

78. 이원익(李元翼)의 『오리속집(梧里續集)』 부록 제1권의 「연보(年譜)」

79. 장유(張維)의 『계곡집(谿谷集)』 제13권의 「비명(碑銘)」-「…유공묘비명(…柳公墓碑銘)」

80. 우수(禹壽)의 신상과 행적은 「만력계묘식년문무과방목(萬曆癸卯式年文武科榜目)」의 무과급제자 명단, 노인(魯認)의 『금계집(錦溪集)』 제8권의 「부록(附錄)」-「당포승전도제명(唐浦勝戰圖題名)」, 『선조실록』의 기사(90권, 선조30년-1597년 7월 22일 신해 2번째 기사/107권, 선조31년-1598년 12월 18일 기사 4번째 기사), 정유일기 1(1597년) 9월 9일 일기, 무술일기(1598년) 10월 3일 일기 등에서 확인할 수 있다.

81. 이섬(李暹)의 신상과 행적은 노인(魯認)의 『금계집(錦溪集)』 제8권의 「부록(附錄)」-「당포승전도제명(唐浦勝戰圖題名)」, 고언백(高彦伯)의 『해장실기(海藏實紀)』 제1권의 「남정세검록(南征洗劍錄)」, 『선조실록』의 기사(90권, 선조30년-1597년 7월 22일 신해 2번째 기사/107권, 선조31년-1598년 12월 18일 기사 4번째 기사/123권, 선조33년-1600년 3월 16일 기미 2번째 기사), 『사대문궤(事大文軌)』 제22권 만력25년(1597년) 7월 27일 등에서 확인할 수 있다.

82. 『선조실록』 64권, 선조28년(1595) 6월 14일 을묘 4번째 기사

83. 미국항공우주국(NASA) 월식 웹사이트 - eclipse.gsfc.nasa.gov/LEcat5/LE1501-1600.html; 영국항해력연구소(Her Majesty's Nautical Almanac Office)의 월식 웹사이트 - astro.ukho.gov.uk/eclipse/1411595. 이 웹사이트에서 제공되는 정보에 따르면 음력 1595년 9월 16일(양력 1595년 10월 18일)에 한반도에서 월식이 관측된 시간은 대략 오후 5:00 직전부터 오후 6:50경까지이다. 한국천문연구원의 일출일몰시각계산(astro.kasi.re.kr/life/pageView/9)에 따르면 경남 통영시 한산도의 양력 1595년 10월 18일의 일몰 시간이 오후 6:14경(시민박명)이므로 어두워질 무렵 월식이 있었다고 한 일기의 묘사는 위의 천문학 자료와 부합한다.

84. 『선조실록』 68권, 선조28년(1595) 10월 17일 병진 1번째 기사; 『선조실록』 71권, 선조29년(1596) 1월 13일 경진 1번째 기사; 『선조수정실록』 30권, 선조29년(1596) 2월 1일 무술 4번째 기사

85. 『선조실록』 67권, 선조28년(1595) 9월 4일 계유 1번째 기사; 『선조실록』 70권, 선조28년(1595) 12월 16일 갑인 5번째 기사; 신흠(申欽)의 『상촌집(象村集)』 제57권의 「천조소사장신선후거래성명 기자임진지경자(天朝詔使將臣先後去來姓名 記自壬辰至庚子)」-「봉왜책사제관일행왕래각아문(封倭冊使諸官一行往來各衙門)」

86. 가안책(賈安策)의 행적은 『임진장초』의 「당포파왜병장(唐浦破倭兵狀)」(1592년 6월 14일), 같은 책 「견내량파왜병장(見乃梁破倭兵狀)」(1592년 7월 15일)에서 확인할 수 있다. 「만력11년계미9월초3일별시방목(萬曆十一年癸未九月初三日別試榜目)」의 무과급제자 명단에 동명인의 신상이 실려 있는데 가씨가 희성인 점을 감안하면 동일인일 가능성이 높다. 방목에 실린 가안책의 자는 군헌(君獻), 본관은 태안(泰安), 생몰년은 1559년~미상이다.

87. 『곤양군읍지(昆陽郡邑誌)』의 「읍선생(邑先生)」에 의하면 이극일(李克一)은 을미년(1595년)부터 병신년(1596년)까지 곤양군수를 지냈다.

88. 안방준(安邦俊)의 『은봉전서(隱峯全書)』 제7권의 「기사(記事)」-「부산기사(釜山記事)」에는 일기에서 언급된 청등(青登)의 위치를 추정할 수 있는 단서가 있다. 『은봉전서』에 기록된 '청등도 서쪽의 고성의 추원적정포에 이르러(從青燈島西至固城之秋原赤亭浦)'라는 문장은 청등이 고성 추원포의 동쪽에 위치한 섬임을 말해준다. 고성 추원포의 동쪽에 위치한 섬으로서 바다에서 이정표가 될 만한 정도의 크기를 가진 섬으로는 가조도, 어의도, 수도가 있다. 가조도는 『신증동국여지승람』이나 조선시대 지도에 그 지명과 위치가 명확히 기록되어 있는 섬으로서 지명이 널리 알려져 있던 섬이므로 추정 대상에서 제외할 수 있다. 『은봉전서』에 따르면 북쪽 마산포에서 내려와 청등도를 기점으로 하여 서쪽으로 갔다고 하였으므로 수도보다는 수도의 정북 쪽에 위치한 어의도가 『은봉전서』의 묘사와 더 잘 부합한다.

89. 신진(申蓁)의 신상은 「만력11년계미9월초3일별시방목(萬曆十一年癸未九月初三日別試榜目)」의 무과급제자 명단에 실린 그의 형 신훤(申萱)의 가족 사항, 정유일기 2(1597년)의 11월 11일에 보이는 하동현감의 형이 신훤(申萱)이라는 기록, 『평산신씨사간공파세보(平山申氏思簡公派世譜)』에서 확인할 수 있다. 세보에 따르면 그는 평산 신씨 사간공파 파조 신호(申浩)의 6대손이다.

90. 『선조실록』 67권, 선조28년(1595) 9월 12일 신사 2번째 기사; 『선조실록』 69권, 선조28년(1595) 11월 20일 무자 1번째 기사

91. 『선조실록』 70권, 선조28년(1595) 12월 12일 경술 2번째 기사

92. 정약용(丁若鏞)의 『경세유표(經世遺表)』 제14권의 「균역사목추의일(均役事目追議一)」-「어세(魚稅)」

93. 변익성(邊翼星)의 신상과 행적은 고언백(高彦伯)의 『해장실기(海藏實紀)』 제1권의 「남정세검록(南征洗劍錄)」, 박진남(朴震男)의 『회암실기(悔巖實紀)』의 「당교회맹록(唐橋會盟錄)」, 『원주변씨세보(原州邊氏世譜)』, 유정(惟政)의 『분충서난록(奮忠紓難錄)』의 「갑오십이월복입청정영중탐정기(甲午十二月復入淸正營中探情記)」에서 확인할 수 있다. 세보에 따르면 그는 원주 변씨 사용공파(司勇公派) 파조 변영청(邊永淸)의 고손자이다.

94. 민승기, 2004, 『조선의 무기와 갑옷』, 가람기획, 167~168쪽; 박상진, 2013, 『나무와 숲』, 「역사 속 나무」, 한국산림과학기술단체연합회, 25쪽

95. 『이충무공전서』권수의 「도설(圖說)」-「장병겸사조구(長柄鎌四爪鉤)」

96. 『선조실록』 68권, 선조28년(1595) 10월 14일 계축 3번째 기사; 『선조실록』 70권, 선조28년(1595) 12월 11일 기유 1번째 기사

97. 『선조실록』의 기사(123권, 선조33년-1600년 3월 16일 기미 2번째 기사)에 옥포만호가 등산곶(登山串)을 향해 오는 왜선을 향해 장수들을 이끌고 달려갔다는 기록이 실려 있는 점과 병신일기(1596년) 8월 11일에 왜선 1척이 등산(登山)으로부터 송미포로 들어갔다는 기록이 보이는 점을 종합해보면 등산은 거제도의 옥포 부근에 있었을 것으로 짐작된다. 지금의 경남 거제시 옥포동의 장등산(長登山)이 지명의 유사성이 있고, 『1872 지방지도』의 「옥포진지도(玉浦鎭地圖)」에서도 장등산의 지명이 확인되므로 등산은 장등산을 가리키는 것으로 추측된다.

98. 손영식, 2010, 『한국의 성곽』, 주류성, 143~144쪽

99. 『성종실록』 176권, 성종16년(1485) 3월 25일 병오 6번째 기사; 『성종실록』 223권, 성종19년(1488) 12월 30일 기미 2번째 기사

1596년 병신일기(丙申日記)

1. 김상보, 2010, 『2009년도 식품분야 기초연구과제 총서』, 「사상체계로 본 조선왕조의 연향식·일상식·절식 문화」, 율촌재단, 813~815쪽

2. 『선조실록』 70권, 선조28년(1595) 12월 29일 정묘 5번째 기사; 『선조실록』 71권, 선조29년(1596) 1월 22일 기축 5번째 기사

3. 기타지마 만지(北島万次), 2010, 『임진왜란과 동아시아세계의 변동』, 「난중일기의 세계와 이순신」, 경인문화사, 21~22쪽. 이 논고에 의하면 당시 가덕도에서 축성공사를 했던 시마즈 부대의 대장은 시마즈 다다츠네(島津忠恒)이다.

4. 『광양군읍지(光陽郡邑誌)』의 「선생안(先生案)」에 의하면 김성(金晟)은 을미년(1595년) 11월부터 병신년(1596년) 6월까지 광양현감을 지냈다. 또한 조응록(趙應祿)의 『죽계일기(竹溪日記)』 제1권의 「을미만력이십삼년(乙未萬曆二十三年)」 10월 9일에는 김성이 광양현감에 제수된 기록이 있으며, 같은 책 제2권의 「병신만력이십사년(丙申萬曆二十四年)」 6월 15일에는 광양현감 김성이 포폄(褒貶)에서 하(下)를 받은 기록이 있다.

5. 『선조실록』 74권, 선조29년(1596) 4월 9일 을사 2번째 기사. 참고로 김광옥(金光玉)은 조응록(趙應祿)의 『죽계일기(竹溪日記)』 제2권의 「병신만력이십사년(丙申萬曆二十四年)」 5월 15일에 낙안군수로 제수된 기록이 있고 『사대문궤(事大文軌)』 제23권 만력25년(1597년) 9월에도 낙안군수로 기록되어 있다.

6. 이원익(李元翼)의 『오리속집(梧里續集)』 제2권의 「장계(狀啓)」-「사도도체찰사시장계(四道都體察使時狀啓)」 - 병신년정월이십사일(丙申年正月二十四日)

7. 정경운(鄭慶雲)의 『고대일록(孤臺日錄)』의 1596년 윤 8월 27일 일기

8. 『선조실록』 75권, 선조29년(1596) 5월 17일 계미 4번째 기사

9. 신홍수(申弘壽)는 이운룡(李雲龍)의 『거영일기(居營日記)』의 1605년 9월 15일/20일 일기에 칠포만호(漆浦萬戶)로 기록되어 있고, 이민환(李民寏)의 『자암집(紫巖集)』 제5권의 『책중일록(柵中日錄)』의 기미년(1619년) 일기에 강홍립(姜弘立)의 별장으로 기록되어 있다. 『충무공유사(忠武公遺事)』의 「장졸명단」에 그의 직책이 군관으로 기록되어 있는 점을 감안하면 『난중일기』와 『거영일기』의 신홍수는 동일인으로 생각된다. 『자암집』은 앞의 두 기록과 시기의 차이가 좀 크고 신홍수가 육군의 장수로 기록되어 있기 때문에 이름을 제외하고는 연관성을 찾기 어렵지만 이를 뒷받침해줄 수 있는 다른 기록이 있다. 윤원거(尹元擧)의 『용서집(龍西集)』 제1권의 「시(詩)」-「송신첨지홍수종군(送申僉知弘壽從軍)」에는 '將軍拂劍向西遼 腰下兼橫碧玉簫'라는 구절이 보이는데, 첫째 구절에 보이는 '將軍'과 '西遼'라는 표현과 책의 저자인 윤원거의 생몰년(1601~1672년)을 감안하면 시의 제목에서 언급된 첨지 신홍수는 심하전투(深河戰鬪)에 강홍립의 별장으로 참전한 신홍수를 가리키는 것이 확실하다. 그리고 둘째 구절인 '허리 아래에 벽옥소를 겸하여 지녔다'라는 표현은 장수의 위용을 기리는 상투적 표현과는 거리가 있는 묘사로서 이는 그가 실제로 피리를 즐겨 부는 취미가 있었음을 간접적으로 보여주고 있으며, 『난중일기』에서 피리를 불었다고 기록된 신홍수가 심하전투에 참전한 신홍수일 개연성을 보여준다. 이 둘째 구절에 대한 설명은 논리적인 고증이라기보다는 직관적인 추론에 가깝기 때문에 근거로서 제시하기 어려울 수도 있겠지만 많은 조선군이 전사한 심하전투의 의미를 생각하여 굳이 서술하였다.

10. 『사천현읍지(泗川縣邑誌)』의 「환적(宦蹟)」에 의하면 변속(邊涑)은 을미년(1595년) 11월부터 병신년(1596년) 12

월까지 사천현감을 지냈다.

11. 변속(邊涑)의 신상과 행적은 「만력11년계미9월초3일별시방목(萬曆十一年癸未九月初三日別試榜目)」의 무과급제자 명단, 이정암(李廷馣)의 『사류재집(四留齋集)』 제9권의 「해서결의록(海西結義錄)」, 곽원갑(郭元甲)의 「창의록(倡義錄)」의 「용사응모록(龍蛇應募錄)」-「화왕입성동고록(火旺入城同苦錄)」, 『원주변씨세보(原州邊氏世譜)』에서 확인할 수 있다. 그의 자는 방목과 『사류재집』과 『창의록』에는 심원(深源)으로, 세보에는 중온(仲溫)으로 실려 있는데 친동생의 자가 중익(仲溢)이고 일부 사촌형제들의 자가 원(源)자 돌림인 점으로 미루어보아 작은아버지의 양자로 입적되면서 자를 심원(深源)으로 바꾼 것 같다. 생년은 기록에 따라 경신년(1560년)이나 신유년(1561년)으로 각기 다르게 실려 있는데 주해에서는 방목에 실린 신유년(1561년)으로 서술하였다. 그의 연안성 전투 참전은 『사류재집』의 「해서결의록」에 실린 연안성 전투 참전자 명단에서 확인된다. 세보에 따르면 그는 원주 변씨 전서공파(典書公派) 파조 변숙(邊肅)의 6대손으로서, 몰년은 병오년(1606년)이며 사천현감을 지낸 이력이 있다.

12. 『선조실록』 65권, 선조28년(1595) 7월 17일 무자 2번째 기사; 『선조실록』 69권, 선조28년(1595) 11월 2일 경오 3번째 기사

13. 『선조실록』 70권, 선조28년(1595) 12월 16일 갑인 5번째 기사; 『선조실록』 70권, 선조28년(1595) 12월 22일 경신 3번째 기사; 『선조실록』 70권, 선조28년(1595) 12월 29일 정묘 5번째 기사; 『선조실록』 71권, 선조29년(1596) 1월 1일 무진 3번째 기사; 『선조실록』 71권, 선조29년(1596) 1월 3일 경오 3번째/4번째 기사; 『선조실록』 71권, 선조29년(1596) 1월 8일 을해 2번째 기사; 『선조실록』 71권, 선조29년(1596) 1월 23일 경인 4번째 기사 등

14. 금곡(金谷)이라는 지명은 정유일기 1(1597년) 4월 19일에도 나타나며 그 앞뒤 내용으로부터 충남 아산 부근의 지명임을 쉽게 짐작할 수 있다. 『1872 지방지도』의 「아산현지도(牙山縣地圖)」, 『비변사인방안지도(備邊司印方眼地圖)』의 「천안(天安)」 등의 조선시대 지도에서도 그 지역에 금곡이 있는 것이 확인된다. 이익(李瀷)의 『성호전집(星湖全集)』 제8권의 「해동악부(海東樂府)」-「추인행(墜印行)」에 의하면 금곡 서쪽에 조선 초기의 명재상이었던 맹사성의 마을이 있었다고 하는데, 현재 충남 아산시 배방읍 중리에는 맹사성의 고택이 있는 사적 제109호 아산맹씨행단(牙山孟氏杏壇)이 있으며 금곡천(金谷川) 등과 같은 지명들도 남아 있다.

15. 『선조실록』 71권, 선조29년(1596) 1월 21일 무자 2번째 기사; 『선조실록』 71권, 선조29년(1596) 1월 22일 기축 4번째 기사

16. 『선조실록』 70권, 선조28년(1595) 12월 7일 을사 3번째 기사; 『선조실록』 73권, 선조29년(1596) 3월 8일 을해 3번째 기사

17. 박재광, 2004, 『학예지 제11집』, 「조선시대 도검 연구의 현황과 과제」, 육군사관학교 육군박물관, 6쪽

18. 손인갑(孫仁甲)의 신상과 행적은 「융경4년경오식4월16일문무과복시방목(隆慶四年庚午式四月十六日文武科覆試榜目)」의 무과급제자 명단, 『후지당실기(後知堂實記)』, 『밀양손씨세보(密陽孫氏世譜)』, 『선조실록』의 기사(29권, 선조25년-1592년 8월 7일 갑오 3번째 기사), 『선조수정실록』의 기사(26권, 선조25년-1592년 6월 1일 기축 40번째 기사), 정경운(鄭慶雲)의 『고대일록(孤臺日錄)』의 1592년 6월 29일 일기 등에서 확인할 수 있다. 방목에 실린 자와 생년은 선백(善伯)과 임인년(1542년)이지만 『후지당실기』와 『밀양손씨세보』에 실린 자와 생년은 원백(元伯)과 갑진년(1544년)이다. 『후지당실기』는 그 내용이 꽤 상세하여 검토해볼 가치는 있지만, 그 안에 실린 「연보(年譜)」나 「묘갈명(墓碣銘)」에 보이는 과거급제 연도가 방목과 달리 신미년(1571년)으로 기록되는 등의 오류가 있으므로 참조에 주의가 필요하다. 세보에 따르면 그는 밀양 손씨 후지당파 파조이다.

19. 『선조실록』 70권, 선조28년(1595) 12월 18일 병진 1번째 기사; 『선조실록』 75권, 선조29년(1596) 5월 1일 정묘 4번째 기사; 『선조실록』 76권, 선조29년(1596) 6월 14일 경술 1번째 기사

20. 『선조실록』 28권, 선조25년(1592) 7월 13일 경오 5번째 기사; 『선조실록』 97권, 선조31년(1598) 2월 20일 을해 4번째 기사. 『제주읍지(濟州邑誌)』의 「선생안(先生案)」에 의하면 이경록(李慶祿)은 임진년(1592년) 9월부터 기

해년(1599년) 1월까지 제주목사를 지냈다.

21. 이경록(李慶祿)의 신상과 행적은 『만력4년병자식년무과방목(萬曆四年丙子式年武科榜目)』의 무과급제자 명단, 장유(張維)의 『계곡집(谿谷集)』 제13권의 「비명(碑銘)」-「…이공신도비명(…李公神道碑銘)」, 『선원속보(璿源續譜)』, 『선조실록』의 기사(21권, 선조20년-1587년 10월 10일 을축 2번째 기사/21권, 선조20년-1587년 10월 16일 신미 1번째 기사)에서 확인할 수 있다. 『계곡집』과 『선원속보』에 따르면 그는 태종의 차남 효령대군(孝寧大君)의 6대손이다.

22. 『선조실록』 70권, 선조28년(1595) 12월 16일 갑인 5번째 기사; 『선조실록』 70권, 선조28년(1595) 12월 29일 정묘 5번째 기사

23. 『중종실록』 54권, 중종20년(1525) 5월 4일 임술 11번째 기사; 『중종실록』 88권, 중종33년(1538) 10월 13일 계축 2번째 기사

24. 『선조실록』 71권, 선조29년(1596) 1월 24일 신묘 3번째 기사; 『선조실록』 71권, 선조29년(1596) 1월 25일 임진 1번째 기사; 조응록(趙應祿)의 『죽계일기(竹溪日記)』 제2권의 「병신만력이십사년(丙申萬曆二十四年)」 1월 25일; 이원익(李元翼)의 『오리속집(梧里續集)』 제2권의 「장계(狀啓)」-「사도도체찰사시장계(四道都體察使時狀啓)」 - 병신년이월초십일(丙申年二月初十日)

25. 『선조실록』 74권, 선조29년(1596) 4월 11일 정미 2번째 기사; 이원익(李元翼)의 『오리속집(梧里續集)』 제2권의 「장계(狀啓)」-「사도도체찰사시장계(四道都體察使時狀啓)」 - 병신년삼월초오일(丙申年三月初五日)

26. 『선조실록』 71권, 선조29년(1596) 1월 17일 갑신 2번째 기사

27. 『선조실록』 68권, 선조28년(1595) 10월 27일 병인 2번째 기사

28. 『선조실록』 49권, 선조27년(1594) 3월 25일 계묘 1번째 기사

29. 국립문화재연구소, 2012, 『한국민속종합조사보고서 제23책 - 어업용구 편』, 국립문화재연구소

30. 현전하는 최호의 충청수사 임명 교지의 날짜가 1596년 4월 9일임에 비하여, 이정암(李廷馣)의 『사류재집(四留齋集)』 제8권의 「행년일기하(行年日記下)」의 병신(丙申) 팔월(八月) 기록에 보이는 선거이와 최호의 충청수사 교대 시기는 1596년 8월로서 교지와 『사류재집』의 날짜가 약 4개월의 차이를 보인다.

31. 『함종어씨세보(咸從魚氏世譜)』에 따르면 어운급(魚雲級)은 함종 어씨 문정공파(文貞公派) 파조 어세겸(魚世謙)의 5대손으로서 무과 출신이다.

32. 『명종실록』 32권, 명종21년(1566) 3월 20일 신해 1번째 기사; 이원익(李元翼)의 『오리속집(梧里續集)』 제2권의 「장계(狀啓)」-「사도도체찰사시장계(四道都體察使時狀啓)」 - 병신년사월십구일(丙申年四月十九日)

33. 『선조실록』 73권, 선조29년(1596) 3월 25일 임진 2번째 기사

34. 『선조실록』 71권, 선조29년(1596) 1월 22일 기축 2번째 기사

35. 조응록(趙應祿)의 『죽계일기(竹溪日記)』 제1권의 「을미만력이십삼년(乙未萬曆二十三年)」 12월 25일

36. 좌리도(佐里島)는 『해동지도(海東地圖)』의 「거제부(巨濟府)」, 『광여도(廣輿圖)』의 「거제부(巨濟府)」 등의 조선시대 지도에서 그 위치를 찾아볼 수 있다.

37. 『선조실록』 75권, 선조29년(1596) 5월 13일 기묘 2번째 기사; 조응록(趙應祿)의 『죽계일기(竹溪日記)』 제2권의 「병신만력이십사년(丙申萬曆二十四年)」 5월 13일. 『함평읍지(咸平邑誌)』의 「읍재선생(邑宰先生)」에서도 재임 기간은 나와 있지 않지만 최정립(崔挺立)의 이름이 확인된다.

38. 『수성최씨세보(隋城崔氏世譜)』에 따르면 최정립(崔挺立)의 자는 여신(汝信), 본관은 수성(隋城), 생몰년은 임신년(1572년)~정유년(1597년)이며, 수성 최씨 영규계(永奎系) 개령공파(開寧公派) 파조 최수기(崔秀起)의 6대손으로서, 함평현감을 지냈다. 『선조실록』의 1596년 기사(75권, 선조29년-1596년 5월 13일 기묘 2번째 기사)에 보이는

'함평현감 최정립이 젊다(年少)'는 기록이 세보의 생년과 부합하는 점과 『선조실록』의 1597년 기사(93권, 선조30년-1597년 10월 22일 기묘 2번째 기사)에 기록된 초관(哨官) 최정립(崔挺立)의 처형 연도가 세보의 몰년과 일치하는 점으로 보아 세보에 실린 그의 신상 기록은 신빙성이 높다고 생각된다.

39. 원문 '曉汗流○○' 중의 '○○'는 '出出'이나 '甚甚' 등으로 보는 견해가 있다. 원문 중의 '○○'를 다른 날짜들의 '出', '甚', '今'과 비교해보면 글자의 모양은 '今'에 가깝지만 문맥상의 의미는 '出'이나 '甚'이 자연스럽다. 정확히 어떤 글자인지는 판단하기 어렵다.

원문 '○'	병신일기 2월 29일 '出'	병신일기 3월 8일 '出'	병신일기 2월 17일 '甚'	병신일기 5월 9일 '甚'	병신일기 1월 17일 '今'	병신일기 4월 19일 '今'

40. 『중종실록』72권, 중종26년(1531) 11월 21일 신미 3번째 기사; 『명종실록』25권, 명종14년(1559) 2월 9일 신해 1번째 기사; 금보(琴輔)의 『매헌집(梅軒集)』 부록의 「묘지명(墓誌銘)」; 이원배(李元培)의 『구암집(龜巖集)』 제14권의 「일록(日錄)」-「기유(己酉)」; 이경석(李景奭)의 『백헌집(白軒集)』 제16권의 「응제록상(應製錄上)」-「왕비조씨옥책문(王妃趙氏玉冊文)」

41. 『선조실록』73권, 선조29년(1596) 3월 2일 기사 4번째 기사; 『선조실록』74권, 선조29년(1596) 4월 12일 무신 2번째 기사

42. 이원익(李元翼)의 『오리속집(梧里續集)』 제2권의 「장계(狀啓)」-「사도도체찰사시장계(四道都體察使時狀啓)」 - 병신년삼월초오일(丙申三月初五日); 정경운(鄭慶雲)의 『고대일록(孤臺日錄)』의 1596년 3월 9일 일기

43. 『선조실록』74권, 선조29년(1596) 4월 2일 무술 1번째 기사

44. 『선조실록』71권, 선조29년(1596) 1월 12일 기묘 1번째 기사; 『선조실록』75권, 선조29년(1596) 5월 7일 계유 1번째 기사

45. 염정섭, 2012, 『중앙고고연구 제10호』, 「중·근세의 농법과 수리시설」, 중앙문화재연구원, 129~130쪽

46. 윤증(尹拯)의 『명재유고(明齋遺稿)』 제2권의 「시(詩)」-「관채복(觀採鰒)」, 정약용(丁若鏞)의 『여유당전서(與猶堂全書)』-「제칠집의학집(第七集醫學集)』 제6권의 「마과회통(麻科會通)」-「의령(醫零)」의 「집고오(集古五)」, 김유(金楺)의 『검재집(儉齋集)』 제3권의 「시(詩)」-「송정종지부울산부(送鄭宗之赴蔚山府)」

47. 『중종실록』48권, 중종18년(1523) 6월 4일 계묘 3번째 기사; 『광해군일기』130권, 광해10년(1618) 7월 6일 임진 7번째 기사; 『승정원일기』, 인조14년(1636) 12월 24일 갑오 9번째 기사; 『전객사방물등록(典客司方物謄錄)』 등. 『중종실록』의 기사는 '筒箇'를 '筒介'로 표기하였다.

48. 『세종실록』의 기사(39권, 세종10년-1428년 1월 4일 정해 11번째 기사)에 의하면 대산포(大山浦)에 있던 병선을 파치도(波治島)로 옮겨 배치하면서 만호와 천호의 직함도 모두 파치도의 이름을 따르게 되었는데 이때가 파지도(波知島) 진영의 이름이 시작된 시기이다. 『세종실록지리지』에는 당시 파치도만호가 거느린 병선과 수군의 수도 언

급되어 있다. 『세조실록』의 기사(14권, 세조4년-1458년 10월 16일 경오 2번째 기사/15권, 세조5년-1459년 1월 15일 무술 4번째 기사)에 의하면 당시 파지도에 군영을 다시 설치하려고 했으나 왕래가 어려워서 옛 진영(대산포)으로 그 위치를 옮겼다. 그 이후의 파지도 진영에 관한 기록은 여러 사료에서 확인할 수 있는데, 김정호(金正浩)의 『대동지지(大東地志)』에 의하면 파지포진(波知浦鎭)은 서산군의 북쪽 38리(대산포)에 있었고 중종 11년에 축성을 하였으며 수군만호 1명이 배치되었고, 고파지도(古波知島)는 파지도만호가 군사를 나누어서 이를 지키고 있었다.

파지도진의 설치와 변천에 대한 내용은 중앙대학교 중앙사학연구소에서 발간된 『중앙사론 제34집』-「朝鮮後期 忠淸道 平薪鎭 硏究」(서태원, 2011, 232쪽)를 참조하였다.

49. 조응록(趙應祿)의 『죽계일기(竹溪日記)』 제3권의 「병신만력이십사년(丙申萬曆二十四年)」 12월 15일. 이 기록에는 결성현감 손안국(孫安國)이 포폄(褒貶)에서 하(下)를 받은 내용이 실려 있다.

50. 『선조실록』86권, 선조30년(1597) 3월 4일 갑오 2번째 기사; 『선조실록』86권, 선조30년(1597) 3월 20일 경술 4번째 기사

51. 손영식, 2010, 『한국의 성곽』, 주류성, 219~222쪽; 유성룡(柳成龍)의 『서애집(西厓集)』 제14권, 「잡저(雜著)」-「전수기의십조(戰守機宜十條)」; 『만기요람(萬機要覽)』, 「군정편(軍政篇)4」-「관방(關防)」-「부관방총론(附關防總論)」. 『만기요람』에 소개된 설책(設柵)에 대한 내용은 『서애집』의 「전수기의십조」에 소개된 것과 대동소이하다.

52. 『선조실록』 73권, 선조29년(1596) 3월 1일 무진 3번째 기사

53. 이정형(李廷馨)의 신상과 행적은 「융경1년정묘10월19일사마방목(隆慶元年丁卯十月十九日司馬榜目)」의 문과급제자 명단, 그의 문집인 『지퇴당집(知退堂集)』 제15권의 「부록(附錄)」-「행장(行狀)」, 『경주이씨국당공파세보(慶州李氏菊堂公派世譜)』 등에서 확인할 수 있다. 세보에 따르면 그는 경주 이씨 국당공파 파조 이천(李蒨)의 9대손으로서, 연안성 전투를 승리로 이끈 이정암(李廷馣)의 동생이다.

54. 『선조실록』80권, 선조29년(1596) 9월 24일 정사 1번째 기사

55. 『선조실록』80권, 선조29년(1596) 9월 24일 정사 1번째 기사

56. 『선조실록』74권, 선조29년(1596) 4월 8일 갑진 3번째 기사; 『선조실록』75권, 선조29년(1596) 5월 1일 정묘 8번째 기사; 『선조실록』75권, 선조29년(1596) 5월 12일 무인 2번째 기사; 『선조실록』76권, 선조29년(1596) 6월 11일 정미 5번째 기사

57. 『선조실록』108권, 선조32년(1599) 1월 13일 갑오 1번째 기사

58. 『선조실록』72권, 선조29년(1596) 2월 14일 신해 2번째 기사; 『선조수정실록』30권, 선조29년(1596) 1월 1일 무진 1번째 기사; 조경남(趙慶男)의 『난중잡록(亂中雜錄)』 제3권의 병신년 서두의 기록

59. 원유남(元裕男)의 신상과 행적은 「만력11년계미4월초4일문무과방목(萬曆十一年癸未四月初四日文武科榜目)」의 무과급제자 명단, 권상하(權尙夏)의 『한수재집(寒水齋集)』 제31권의 「묘표(墓表)」-「원계군원공유남묘표(原溪君元公裕男墓表)」, 신초(辛礎)의 『문암선생충의록(聞巖先生忠義錄)』 제1권의 「충의록속집(忠義錄續集)」-「선묘기축특사제전장화상열록(宣廟己丑特賜諸戰將畵像列錄)」, 『원주원씨음성공파세보(原州元氏陰城公派世譜)』 등에서 확인할 수 있다. 세보에 따르면 그는 원주 원씨 시중공계(侍中公系) 음성공파 파조 원효이(元孝而)의 5대손이다.

60. 『선조실록』69권, 선조28년(1595) 11월 9일 정축 17번째 기사; 『선조실록』74권, 선조29년(1596) 4월 14일 경술 6번째 기사

61. 『선조실록』68권, 선조28년(1595) 10월 26일 을축 3번째 기사; 『선조실록』73권, 선조29년(1596) 3월 4일 신미 4번째 기사; 『선조실록』76권, 선조29년(1596) 6월 3일 기해 5번째 기사 등

62. 조경(趙儆)의 신상과 행적은 「만력11년계미4월초4일문무과방목(萬曆十一年癸未四月初四日文武科榜目)」의 무과급제자 명단, 신초(辛礎)의 『문암선생충의록(聞巖先生忠義錄)』 제1권의 「충의록속집(忠義錄續集)」-「선묘기축특

사제전장화상열록(宣廟己丑特賜諸戰將畫像列錄)」, 고언백(高彦伯)의 『해장실기(海藏實紀)』 제1권의 「내사병풍제명(內賜屛風題名)」, 조익(趙翼)의 『포저집(浦渚集)』 제31권의 「묘비명(墓碑銘)」-「풍양군조공신도비명(豊壤君趙公神道碑銘)」, 윤근수(尹根壽)의 『월정집(月汀集)』 제7권의 「제문애사(祭文哀詞)」-「제풍양군문조경(祭豊壤君文趙儆)」, 『풍양조씨세보(豊壤趙氏世譜)』 등에서 확인할 수 있다. 세보에 따르면 그는 풍양 조씨 증참판공파(贈參判公派) 파조 조지진(趙之縉)의 증손자이다. 방목에는 그의 생년이 신묘년(1531년)으로 기록되어 있다. 그러나 『해장실기』 및 『포저집』과 세보에 생년이 신축년(1541년)으로 기록된 점과 「가정43년갑자7월20일사마방목(嘉靖四十三年甲子七月二十日司馬榜目)」의 문과급제자 명단에 실린 그의 형 조간(趙侃)의 생년이 을미년(1535년)인 점으로 보아 방목에 실린 조경의 생년 신묘년(1531년)은 오기로 판단된다.

63. 『선조실록』 73권, 선조29년(1596) 3월 8일 을해 3번째 기사

64. 『선조실록』 73권, 선조29년(1596) 3월 21일 무자 2번째 기사; 조응록(趙應祿)의 『죽계일기(竹溪日記)』 제2권의 「병신만력이십사년(丙申萬曆二十四年)」 3월 21일

65. 2011, 『조선시대 수군진조사 1 전라우수영 편』, 국립해양문화재연구소, 186쪽

66. 『선조실록』 86권, 선조30년(1597) 3월 24일 갑인 2번째 기사

67. 『선조실록』 74권, 선조29년(1596) 4월 23일 기미 1번째 기사

68. 김문창, 1991, 『새국어생활 제1권 1호』, 「고유어식 사람 이름에 대하여」, 국립국어원, 76~103쪽; 『선조실록』 137권, 선조34년(1601) 5월 11일 무신 4번째 기사; 『선조실록』 137권, 선조34년(1601) 5월 12일 기유 1번째 기사. 『선조실록』의 기사에는 고유어 이름 '논금'을 한문 '內□金'으로 표기한 용례가 확인된다.

69. 『선조실록』 74권, 선조29년(1596) 4월 8일 갑진 3번째 기사. 사신 이종성이 달아난 사건을 명나라에 알린 주문(奏聞)의 내용은 『선조실록』의 같은 해 4월 26일 기사(74권, 선조29년-1596년 4월 26일 임술 2번째 기사)에 실려 있다.

70. 노천기(盧天紀)의 행적은 『임진장초』의 「당항포파왜병장(唐項浦破倭兵狀)」(1594년 3월 10일)에서 확인할 수 있다.

71. 『세종실록』 60권, 세종15년(1433) 4월 16일 기해 1번째 기사; 『성종실록』 4권, 성종1년(1470) 4월 17일 을축 7번째 기사

72. 원문 '文於公' 중의 '於'를 초고본의 다른 날짜들의 '於' 및 '村'과 비교해보면 그 자형의 차이를 구분할 수 있다. '於'의 우변 '仒'는 상단에 점이 찍혀 있는 형태임에 비해 '村'의 우변 '寸'은 글자의 본 모습이 그대로 쓰여 있는 형태이다. 그러므로 원문은 '文於公'이다. '文於公'의 이름은 『선무원종공신녹권』에도 실려 있다.

원문 '於'	병신일기 5월 10일 '於'	병신일기 7월 22일 '於'	병신일기 윤 8월 14일 '村'	정유일기 1 5월 25일 '村'

73. 부요(富饒)는 부유(富有)와 동일한 의미로서 『실록』이나 조선시대 문헌에서 그 용례가 쉽게 확인된다. 일기에서 언급된 조정(趙玎)은 고향이 순천으로서 순천부에는 부요와 의미가 상통하는 부유현(富有縣)이라는 지명

이 있었다. 부유현(富有縣)은 『신증동국여지승람(新增東國輿地勝覽)』의 「순천도호부(順天都護府)」와 『팔도지도(八道地圖)』, 『좌해지도(左海地圖)』 등의 조선시대 지도에서 그 위치를 찾아볼 수 있다.

74. 조정(趙玎)과 조종(趙琮)의 신상은 『옥천조씨세보(玉川趙氏世譜)』에서 확인할 수 있다. 세보와 일기에 기록된 조정의 기일이 4월 1일로서 서로 일치하는 점과 세보와 정유일기 1(1597년) 5월 8일에 조종(趙琮)이 조연(趙璉)으로 개명하였다는 기록이 나타나는 점과 세보에 조종이 조정의 동생으로 기록된 점 등에 의하여 그들이 옥천 조씨임이 확인된다. 세보에 그들의 고향이 순천으로 기록된 점 또한 문어공이 부요로부터 조종의 편지를 가져온 사실과 부합한다. 『임진장초』의 「부산파왜병장(釜山破倭兵狀)」(1592년 9월 17일)에 의하면 조정은 순천감목관으로서 부산포해전에 참전하였다. 세보에 따르면 그의 자는 가윤(可潤), 옥천 조씨 참판공파(參判公派) 파조 조지강(趙智崗)의 고손자이다.

75. 이욱, 1999, 『역사민속학 제9호』, 「17世紀 厲祭의 對象에 관한 硏究」, 한국역사민속학회, 325~335쪽. 이 논고에 의하면 17세기 여제의 대상신은 산천신(山川神), 성황신(城隍神), 무사귀신(無祀鬼神), 여제신(厲祭神) 등 여러 형태가 있었으며, 제사의 신위(神位)와 제문의 대상이 서로 일치되지 않고 혼재되어 나타나기도 하였다. 즉 『국조오례의(國朝五禮儀)』에 정의된 형식과 조금 차이가 있었다. 시기적으로 가까운 임진왜란 때도 17세기와 큰 차이가 없었을 것으로 보인다.

76. 민승기, 2004, 『조선의 무기와 갑옷』, 가람기획, 206~209쪽

77. 이중(李中)의 신상과 행적은 그의 전기인 『명암선생실기(明巖先生實紀)』, 안로(安璐)의 『기묘록보유(己卯錄補遺)』 하권의 「이중전(李中傳)」, 김흥락(金興洛)의 『서산집(西山集)』 제21권의 「행장(行狀)」−「명암선생이공행장(明巖先生李公行狀)」 등에서 확인할 수 있다. 스승 김식(金湜)이 기묘사화로 인해 선산에 유배되었다가 도주해온 것을 은신시켰다는 이유로 그가 형신을 받고 유배에 처해진 사건은 꽤 유명한 일화로서 『중종실록』을 비롯한 여러 사료로 그 전말이 자세히 기록되어 있다. 『명암선생실기』의 「연보(年譜)」에 따르면 임진왜란 때 왜구가 침입하여 그의 묘비 등이 파손된 사건이 있었다고 하는데 일기에서 언급된 그의 무덤이 파헤쳐진 사건과 관련이 있을 것으로 생각된다.

78. 비인현(庇仁縣)은 『신증동국여지승람(新增東國輿地勝覽)』의 「비인현(庇仁縣)」과 『해동지도(海東地圖)』의 「비인현(庇仁縣)」, 『광여도(廣輿圖)』의 「비인현(庇仁縣)」 등의 조선시대 지도에서 그 위치를 찾아볼 수 있다.

79. 『강계읍지(江界邑誌)』의 「선생안(先生案)」에 의하면 이영남(李英男)은 을미년(1595년) 7월부터 같은 해 12월까지 강계판관을 지냈다.

80. 『선조실록』 66권, 선조28년(1595) 8월 5일 을사 1번째 기사; 『선조실록』 68권, 선조28년(1595) 10월 17일 병진 1번째 기사; 『선조실록』 70권, 선조28년(1595) 12월 5일 계묘 1번째 기사

81. 『선조실록』 58권, 선조27년(1594) 12월 26일 기사 3번째 기사; 조응록(趙應祿)의 『죽계일기(竹溪日記)』 제2권의 「병신만력이십사년(丙申萬曆二十四年)」 6월 15일

82. 『선조실록』 74권, 선조29년(1596) 4월 12일 무신 2번째 기사; 『선조실록』 87권, 선조30년(1597) 4월 21일 신사 6번째 기사; 『선조실록』 89권, 선조30년(1597) 6월 20일 기묘 7번째 기사; 『선조실록』 97권, 선조31년(1598) 2월 7일 임술 4번째 기사 등

83. 『선조실록』 75권, 선조29년(1596) 5월 18일 갑신 2번째 기사; 『선조실록』 75권, 선조29년(1596) 5월 28일 갑오 4번째 기사; 『선조실록』 76권, 선조29년(1596) 6월 1일 정유 3번째/4번째 기사

84. 『선조실록』 68권, 선조28년(1595) 10월 19일 무오 4번째 기사; 조응록(趙應祿)의 『죽계일기(竹溪日記)』 제3권의 「병신만력이십사년(丙申萬曆二十四年)」 11월 29일; 『승평속지(昇平續誌)』의 「선생안(先生案)」에 의하면 배응경(裵應褧)은 을미년(1595년) 11월부터 병신년(1596년) 11월까지 순천부사를 지냈다.

85. 배응경(裵應褧)의 신상과 행적은 「만력4년병자식년문과방목(萬曆四年丙子式年文科榜目)」의 문과급제자 명단,

그의 문집인 『안촌집(安村集)』 제4권의 「부록(附錄)」-「묘갈명(墓碣銘)」, 김응조(金應祖)의 『학사집(鶴沙集)』 제9권의 「행장(行狀)」-「증예조참판행나주목사안촌배공행장(贈禮曹參判行羅州牧使安村裵公行狀)」 등에서 확인할 수 있다.

86. 박부자, 2013, 『한국복식 제31회』, 「'누비' 관련 명칭의 국어사적 고찰」, 단국대학교 석주선기념박물관, 113~123쪽

87. 조응록(趙應祿)의 『죽계일기(竹溪日記)』 제2권의 「병신만력이십사년(丙申萬曆二十四年)」 6월 18일. 같은 책 5월 21일에는 정희현(鄭希玄)이 방답첨사로 제수되었다는 내용이 보이는데 이는 우치적이 상을 당한 직후 조정에서 일단 그의 후임을 임명한 기록으로 짐작된다. 『선조실록』의 기사(83권, 선조29년-1596년 12월 22일 갑신 2번째 기사)에 의하면 이후 우치적은 같은 해 12월에 순천부사로 제수되었으며 『승평속지(昇平續誌)』의 「선생안(先生案)」에도 우치적이 정유년(1597년) 1월에 방답첨사에서 순천부사로 도임했다고 기록되어 있다. 참고로 『승평속지』에는 그의 이름이 '禹致績'으로 오기되어 있다.

88. 『장흥읍지(長興邑誌)』의 「읍선생안(邑先生案)」에 의하면 장의현(張義賢)은 병신년(1596년) 6월에 장흥부사로 도임하였다. 조응록(趙應祿)의 『죽계일기(竹溪日記)』 제2권의 「병신만력이십사년(丙申萬曆二十四年)」 4월 9일에서도 장의현이 장흥부사로 제수된 것이 확인된다.

89. 장의현(張義賢)의 신상과 행적은 그의 아버지 장필무(張弼武)의 사적을 기록한 『백야유사(栢冶遺事)』의 「오류정장선생실적(五柳亭張先生實蹟)」, 정경달(丁景達)의 『반곡집(盤谷集)』 제8권의 「녹(錄)」-「상주죽현설복육진의장록(尙州竹峴設伏六陣義將錄)」, 『구례장씨세보(求禮張氏世譜)』, 『선조실록』의 기사(17권, 선조16년-1583년 2월 14일 정유 2번째 기사), 정경운(鄭慶雲)의 『고대일록(孤臺日錄)』의 1592년 6월 29일 일기, 같은 책 1593년 6월 22일 일기 등에서 확인할 수 있다. 그의 자 의숙(宜叔)은 『반곡집』과 『백야유사』에서 확인된다. 『백야유사』와 세보에 따르면 그의 생몰년은 계사년(1533년)~을묘년(1615년)이고, 세보에 따르면 그는 구례 장씨 시조 장악(張岳)의 14대손이다.

90. 『선조실록』 56권, 선조27년(1594) 10월 21일 을축 6번째 기사. 이 기사에 의하면 『동국사(東國史)』가 당시 사고(史庫)에 소장되어 있다고 하였는데, 『성종실록』의 기사(138권, 성종13년-1482년 2월 13일 임자 6번째 기사)에서 『동국사략(東國史略)』 등의 사서가 사고에 보관되었던 것이 확인된다.

91. 조동걸 외, 1994, 『한국의 역사가와 역사학 (상)』, 창비, 138~144/154~164/170~174쪽

92. 『선조실록』 60권, 선조28년(1595) 2월 8일 신해 6번째 기사

93. 민승기, 2004, 『조선의 무기와 갑옷』, 가람기획, 83~85쪽

94. 원문 '左虞候' 중의 '左'를 초고본의 다른 날짜들의 '左' 및 '右'과 비교해보면 그 자형의 차이를 구분할 수 있다. '右'의 하단 '口'는 좌측의 내리그은 획이 글자 형태에 보이는 데 비해 '左'의 하단 '工'은 그렇지 않다. 그러므로 원문은 '左虞候'로 판단된다.

원문 '左'	병신일기 5월 22일 '左'	병신일기 5월 24일 '左'	병신일기 5월 16일 '右'	병신일기 5월 30일 '右'

95. 『선조수정실록』30권, 선조29년(1596) 6월 1일 정유 3번째 기사; 조경남(趙慶男)의 『난중잡록(亂中雜錄)』제3권의 병신년 6월 28일의 기록

96. 『선조실록』75권, 선조29년(1596) 5월 20일 병술 5번째 기사; 『선조실록』77권, 선조29년(1596) 7월 25일 경인 5번째 기사

97. 조응록(趙應祿)의 『죽계일기(竹溪日記)』제2권의 「병신만력이십사년(丙申萬曆二十四年)」4월 24일

98. 원문 '取令射帿'과 '且令射而爭勝負' 중의 '令'을 초고본의 다른 날짜들의 '令' 및 '습'과 비교해보면 그 자형이 '습'보다 '令'에 더 가까운 것을 알 수 있다.

원문 '令'	병신일기 7월 25일 '令'	병신일기 7월 29일 '令'	병신일기 3월 12일 '습'	병신일기 7월 28일 '습'

99. 박석황, 1995, 『학예지 제4집』, 「임진왜란기 화약병기의 도입과 전술의 변화」, 육군사관학교 육군박물관, 385~388쪽

100. 원호(元豪)의 신상과 행적은 「융경1년정묘11월2일문무과복시방목(隆慶元年丁卯十一月初二日文武科覆試榜目)」의 무과급제자 명단, 김육(金堉)의 『잠곡유고(潛谷遺稿)』제11권의 「시장(諡狀)」-「가선대부행여주목사증좌의 정원창부원군원공시장(嘉善大夫行驪州牧使贈左議政原昌府院君元公諡狀)」, 신초(辛礎)의 『문암선생충의록(聞巖先生忠義錄)』제1권의 「충의록속집(忠義錄續集)」-「선묘기축특사제전장화상열록(宣廟己丑特賜諸戰將畫像列錄)」, 『원주원씨음성공파세보(原州元氏陰城公派世譜)』, 『선조실록』의 기사(26권, 선조25년-1592년 5월 22일 신사 3번째 기사/26권, 선조25년-1592년 5월 26일 을유 2번째 기사), 『선조수정실록』의 기사(17권, 선조16년-1583년 12월 1일 기유 2번째 기사/26권, 선조25년-1592년 6월 1일 기축 35번째 기사) 등에서 확인할 수 있다. 세보에 따르면 그는 원주 원씨 시중공계(侍中公系) 음성공파 파조 원효이(元孝而)의 고손자이다.

『잠곡유고』와 세보에 의하면 원호가 전사한 날짜는 6월 19일이다. 또한 『잠곡유고』에 따르면 원호는 니탕개의 난 때 전공을 세웠는데 그 이후 조정이 수비를 강화할 목적으로 새로 무과에 급제한 인원들을 북방에 배치할 때 원호의 아들 원유남도 배치되었다고 한다. 『문암선생충의록』에 원호와 원유남 부자의 이름이 함께 보이는 점이 이를 뒷받침해준다.

101. 『선조실록』76권, 선조29년(1596) 6월 12일 무신 5번째 기사

102. 장후완(蔣後琬)의 신상과 행적은 이이송(李爾松)의 『개곡집(開谷集)』제4권의 「묘갈명(墓碣銘)」-「…총관장공 묘갈명(…摠管蔣公墓碣銘), 최석정(崔錫鼎)의 『명곡집(明谷集)』제28권의 「묘표(墓表)」-「동추장공표음기(同樞蔣公表陰記)」, 「신묘별시문무과방목(辛卯別試文武科榜目)」의 무과급제자 명단에 실린 그의 아들 장원(蔣謜)의 가족 사항, 『아산장씨세보(牙山蔣氏世譜)』등에서 확인할 수 있다. 세보에 따르면 장후완은 아산 장씨 연공파(延公派) 파조 장연(蔣延)의 5대손으로서 추탄(楸灘) 오윤겸(吳允謙)의 서녀 사위이다. 윤휴(尹鑴)의 『백호전서(白湖全書)』제21권의 「행장(行狀)」-「영의정오공행장(領議政吳公行狀)」에 의하면 오윤겸의 측실 소생의 3남 3녀 중 큰딸이 장

후완의 측실이다. 유성룡(柳成龍)의 『서애집(西厓集)』 제8권의 「계사(啓辭)」-「조치방수사의계(措置防守事宜啓)」에는 장후완이 동래 등을 출입하며 왜적을 정탐한 의성 사람이라고 기록되어 있는데 『개곡집』에서도 그가 의성 출신임이 확인된다.

103. 박대남(朴大男)의 신상은 「만력4년병자식년무과방목(萬曆四年丙子式年武科榜目)」의 무과급제자 명단, 『죽산박씨가보(竹山朴氏家譜)』에서 확인할 수 있다. 가보에 따르면 그는 죽산 박씨 문정공파(文靖公派) 파조 박원정(朴元貞)의 6대손이다.

2월 11일 일기에 임달영이 제주로부터 박종백(朴宗伯)의 편지를 가지고 왔다고 한 점과 6월 20일 일기에 임달영과 박대남이 같은 날 한산도로 들어왔다고 기록된 점과 방목에 기록된 박대남의 자가 종백(宗伯)인 점을 종합해보면 박대남은 임달영과 함께 제주에 있다가 남해현령으로 제수되어 한산도로 올 때 임달영과 동행한 것으로 짐작된다.

박대남의 아버지의 이름은 방목에는 '박구령(朴龜齡)'으로, 가보에는 '박구령(朴九齡)'으로 기록되어 있다. 가보에 의하면 박구령의 부인은 연안 김씨(延安金氏) 진사(進士) 김극수(金克粹)의 딸이며 박구령의 딸은 함양 박씨(咸陽朴氏) 진사(進士) 박지성(朴知性)의 부인이다. 『연안김씨대동보(延安金氏大同譜)』를 확인해보면 김극수는 문정공(文靖公) 김자지(金自知)의 셋째 아들 김잉(金仍)의 증손자로서 자는 순지(純之), 관직은 진사(進士), 둘째 사위는 죽산(竹山) 박구령(朴龜齡), 둘째 사위의 아들은 현령(縣令) 박대남(朴大男)이며, 「정덕14년기묘식사마방목(正德十四年己卯式司馬榜目)」에 의하면 김극수는 진사시(進士試)에 급제하였고, 자는 순지(純之), 거주지는 직산(稷山)이다. 또한 「국조문과방목(國朝文科榜目)」과 「만력31년계묘식년사마방목(萬曆三十一年癸卯式年司馬榜目)」에 기록된 박유충(朴由忠)의 신상을 살펴보면 그의 본관은 함양(咸陽), 아버지는 성균진사(成均進士) 박지성(朴知性), 외조부는 박구령(朴龜齡), 거주지는 직산(稷山)이다. 따라서 이들 기록을 종합해보면 가보에 기록된 '박구령(朴九齡)'은 '박구령(朴龜齡)'의 오기임을 알 수 있다. 가보에 의하면 박구령의 첫째 누이는 송천(松川) 양응정(梁應鼎)의 부인으로서 『제주양씨족보(濟州梁氏族譜)』에서도 이를 확인할 수 있다.

「만력4년병자식년무과방목」에는 박대남의 거주지가 '稷○'으로 실려 있는데 조선시대 행정지명 중 앞 글자가 '稷'인 곳은 직산(稷山)밖에 없으므로 방목에 실린 그의 거주지는 직산으로 판단된다. 박구령의 장인 김극수와 박구령의 외손주 박유충의 거주지가 모두 직산인 점 또한 이에 대한 개연성을 더해준다. 직산은 이순신이 유년시절부터 살았던 아산과 가까운 곳이므로 이순신과 박대남의 친분 관계는 1576년 식년시에 함께 급제한 것 이외에 지역적인 연고도 있었던 것 같다.

정유일기 1(1597년) 8월 4일에 보이는 박대남이 남원으로 갔다는 기록은 문헌에서 찾을 수 있는 그의 마지막 행적이다. 남원성전투가 8월 13일경부터 벌어졌으므로 박대남은 그곳에서 최후를 맞았을 가능성이 크며 이러한 까닭으로 굳이 그의 신상을 자세히 밝혀서 기록하였다.

104. 『경상도영주제명기(慶尙道營主題名記)』에 의하면 서성(徐渻)은 을미년(1595년) 3월에 경상우도관찰사로 도임하였으며 이용순(李用淳)은 병신년(1596년) 4월에 경상좌도관찰사로 도임하였다. 이용순은 병신년(1596년) 6월 7일 경상좌우도가 병합되었을 때 이를 총괄하게 되었다.

105. 『경상도영주제명기(慶尙道營主題名記)』에 의하면 이준(李埈)은 을미년(1595년) 2월 27일부터 병신년(1596년) 6월 7일까지 경상좌도도사를 지냈으며 병신년(1596년) 6월 7일 경상좌우도가 병합되었을 때 통합된 경상도의 도사가 되었다. 이유함(李惟諴)은 을미년(1595년) 3월 11일부터 병신년(1596년) 6월 7일까지 경상우도도사를 지냈으며 경상좌우도가 병합될 때 체직되었다.

106. 이곤변(李鯤變)의 신상은 「융경4년경오2월18일사마방목(隆慶四年庚午二月十八日司馬榜目)」의 문과급제자 명단, 허목(許穆)의 『미수기언별집(眉叟記言別集)』 제8권의 「서(序)」-「백인재유고서(百忍齋遺稿序)」, 정경운(鄭慶雲)의 『고대일록(孤臺日錄)』의 1594년 2월 2일 일기 등에서 확인할 수 있다. 방목과 『고대일록』에는 그의 거주지가 진주로 기록되어 있는데, 을미일기(1595년) 3월 9일에 진주의 이곤변(李坤忭-오기로 짐작됨)을 만났다고 기록된

점과 병신일기(1596년) 8월 29일과 윤 8월 1일에 진주와 가까운 사천현에서 이곤변(李鯤變)을 만났다고 기록된 점으로 보아 『난중일기』의 이곤변은 방목과 『고대일록』에서 언급된 인물과 동일인으로 판단된다.

1500년대 중반 진주에서 하종악(河宗岳)의 사후 그의 후처가 음행을 저질렀다는 소문이 난 이후 이 일이 옥사로까지 확대된 사건이 있었다. 이 사건은 발생 이후 혈연, 학연 및 여러 사족들 간의 이해관계까지 복잡하게 얽히게 되었으며, 또한 당대의 유명한 유학자들까지 직간접적으로 관련되는 바람에 조정 회의에서 거론될 정도로 커다란 사회적 문제가 되었다. 여기에 연루된 핵심 인물들 중의 하나가 바로 이곤변의 조부 구암(龜巖) 이정(李楨)으로서 그는 이 사건의 여파로 인하여 절친한 사이였던 남명(南冥) 조식(曺植)과 절교까지 하였다. 당시 이 옥사는 매우 큰 사회적 파장을 일으켰을 뿐만 아니라 그 영향도 꽤 오래 지속되었기 때문에 많은 관련 기록이 남아 있으며, 이정의 손자인 이곤변이 그의 조부를 옹호할 목적으로 쓴 『의와졸변(疑訛拙辨)』이라는 글도 그중의 하나이다. 이 옥사는 『한국학논총 제22집』-「宣祖初 晉州 淫婦獄과 그 波紋」(정만조, 2000, 국민대학교 한국학연구소) 등과 같은 현대의 역사 논고에서도 종종 연구 대상으로 다루어지고 있다.

107. 2008, 『1592년 거북선 구조 심포지엄』, 경남발전연구원, 16쪽

108. 황신(黃愼)의 신상과 행적은 「만력10년임오2월28일사마방목(萬曆十年壬午二月二十八日司馬榜目)」의 문과급제자 명단, 이정구(李廷龜)의 『월사집(月沙集)』 제51권의 「행장중(行狀中)」-「추포황공행장(秋浦黃公行狀)」, 신흠(申欽)의 『상촌집(象村集)』 제27권의 「신도비명(神道碑銘)」-「추포황공신도비명(秋浦黃公神道碑銘)」 등에서 확인할 수 있다.

109. 『선조실록』 76권, 선조29년(1596) 6월 9일 을사 1번째 기사

110. 『선조실록』 76권, 선조29년(1596) 6월 1일 정유 3번째 기사; 『선조실록』 76권, 선조29년(1596) 6월 22일 무오 3번째 기사; 『선조실록』 76권, 선조29년(1596) 6월 25일 신유 3번째/5번째 기사 등

111. 권황(權愰)의 신상과 행적은 「만력4년병자2월16일사마방목(萬曆四年丙子二月十六日司馬榜目)」의 문과급제자 명단, 이서우(李瑞雨)의 『송파집(松坡集)』 제15권의 「묘갈(墓碣)」-「…권공묘갈명(…權公墓碣銘)」 등에서 확인할 수 있다. 그의 이름이 『선조실록』이나 정경운(鄭慶雲)의 『고대일록(孤臺日錄)』 등의 기록에는 '權滉'으로 표기되어 있지만 방목과 『송파집』에는 '權愰'으로 표기되어 있다. 방목에 기록된 그의 형제들의 이름이 모두 부수가 '忄'인 한자를 쓰고 있으므로 '權愰'이 올바른 표기임을 알 수 있다.

112. 『선조실록』 76권, 선조29년(1596) 6월 25일 신유 1번째/3번째 기사; 『선조실록』 80권, 선조29년(1596) 9월 8일 신축 5번째 기사 등

113. 『선조실록』 5권, 선조4년(1571) 11월 29일 정해 2번째 기사

114. 유정(惟政)의 『분충서난록(奮忠紓難錄)』의 「갑오십이월복입청정영중탐정기(甲午十二月復入淸正營中探情記)」

115. 전경욱, 2014, 『한국전통연희사전』, 민속원, 9쪽

116. 신평(新平)은 『신증동국여지승람(新增東國輿地勝覽)』의 「홍주목(洪州牧)」과 『해동지도(海東地圖)』의 「호서(湖西)」, 『여지도(輿地圖)』의 「충청도(忠淸道)」 등의 조선시대 지도에서 그 위치를 찾아볼 수 있다.

117. 홍산(鴻山)은 『신증동국여지승람(新增東國輿地勝覽)』의 「홍산현(鴻山縣)」과 『1872 지방지도』의 「홍산현지도(鴻山縣地圖)」, 『해동지도(海東地圖)』의 「홍산현(鴻山縣)」 등의 조선시대 지도에서 그 위치를 찾아볼 수 있다.

118. 『선조실록』 77권, 선조29년(1596) 7월 9일 갑술 2번째 기사; 『선조실록』 77권, 선조29년(1596) 7월 16일 신사 1번째 기사; 『선조실록』 78권, 선조29년(1596) 8월 25일 경신 1번째 기사; 『선조수정실록』 30권, 선조29년(1596) 7월 1일 병인 1번째 기사 등

119. 윤영현(尹英賢)의 신상은 「만력16년무자2월24일사마방목(萬曆十六年戊子二月二十四日司馬榜目)」의 문과급제

자 명단, 『파평윤씨정정공파세보(坡平尹氏貞靖公派世譜)』에서 확인할 수 있다. 세보에 따르면 83세까지 살았으므로 몰년은 1639년으로 짐작된다.

120. 『선조실록』 78권, 선조29년(1596) 8월 3일 무술 5번째 기사; 『광해군일기』 6권, 광해즉위년(1608) 7월 7일 신묘 2번째 기사; 『광해군일기』 101권, 광해8년(1616) 3월 27일 정유 1번째 기사

121. 『선조실록』 77권, 선조29년(1596) 7월 16일 신사 1번째 기사; 『선조수정실록』 30권, 선조29년(1596) 7월 1일 병인 1번째 기사

122. 『선조실록』 74권, 선조29년(1596) 4월 10일 병오 9번째 기사; 『선조실록』 77권, 선조29년(1596) 7월 9일 갑술 2번째 기사

123. 이시발(李時發)의 신상과 행적은 「기축4월일증광용호방목(己丑四月日增廣龍虎榜目)」의 문과급제자 명단, 남구만(南九萬)의 『약천집(藥泉集)』 제23권의 「행장(行狀)」-「형조판서이공청시행장(刑曹判書李公請諡行狀)」 등에서 확인할 수 있다.

124. 『선조수정실록』 30권, 선조29년(1596) 7월 1일 병인 2번째 기사; 윤국형(尹國馨)의 『갑진만록(甲辰漫錄)』

125. 한국범보전기금, 2013, 『한국의 호랑이 문화와 복원 가능성 기초 연구』, 국립생물자원관, 13쪽. 이 책에 따르면 표피는 조선시대에 중국, 일본, 대마도, 유구국 등의 외국 주요 인사들에게 보내는 선물로 많이 사용되었다.

126. 황신(黃愼)의 『일본왕환일기(日本往還日記)』의 9월 3일 일기; 같은 책의 12월 8일 일기

127. 『선조실록』 77권, 선조29년(1596) 7월 13일 무인 3번째 기사; 윤국형(尹國馨)의 『갑진만록(甲辰漫錄)』

128. 민승기, 2004, 『조선의 무기와 갑옷』, 가람기획, 56쪽; 2000, 『부천의 궁시 문화』, 부천문화원, 53쪽

129. 『선조수정실록』 30권, 선조29년(1596) 윤 8월 1일 기축 2번째 기사; 조경남(趙慶男)의 『난중잡록(亂中雜錄)』 제3권의 병신년 윤 8월 16일의 기록

130. 김대인(金大仁)의 신상과 행적은 안방준(安邦俊)의 『은봉전서(隱峯全書)』 제8권의 「기사(記事)」-「삼원기사(三寃記事)」, 윤휴(尹鑴)의 『백호집(白湖集)』 제21권의 「사실(事實)」-「제장전(諸將傳)」, (前)전라남도 유형문화재 제147호 「주사선연도(舟師宣宴圖)」, 『선조실록』의 기사(97권, 선조31년-1598년 2월 3일 무오 2번째 기사/121권, 선조33년-1600년 1월 15일 경신 5번째 기사), 『순조실록』의 기사(19권, 순조16년-1816년 6월 8일 병진 2번째 기사) 등에서 확인할 수 있다. 그의 신상과 등용에 대한 기록들은 비록 극적으로 묘사된 것처럼 보이지만 기록들 간의 내용이 대체로 일치하는 점으로 보아 신빙성이 높다고 판단된다. 「주사선연도」의 좌목(座目)에는 그의 자, 본관, 생년, 거주지가 실려 있으며 그를 임치첨사로 임명하는 고신교지도 현전한다.

131. 유세현, 2005, 『학예지 제12집』, 「조선시대 각궁과 교자궁의 제조실태」, 육군사관학교 육군박물관, 113~116쪽; 민승기, 2004, 『조선의 무기와 갑옷』, 가람기획, 51~52쪽

132. 『선조실록』 33권, 선조25년(1592) 12월 9일 을미 3번째 기사; 『선조실록』 40권, 선조26년(1593) 7월 17일 기사 6번째 기사; 『선조실록』 51권, 선조27년(1594) 5월 8일 을유 7번째 기사

133. 정선(鄭愃)의 신상과 행적은 「기해추별시방목(己亥秋別試榜目)」의 무과급제자 명단, 송환기(宋煥箕)의 『성담집(性潭集)』 제24권의 「묘표(墓表)」-「판관정공묘표(判官鄭公墓表)」, 『경주정씨세보(慶州鄭氏世譜)』 등에서 확인할 수 있다.

134. 배규(裵規)의 『화당선생유집(花堂先生遺集)』의 「부록(附錄)」-「행록(行錄)」

135. 『선조실록』 77권, 선조29년(1596) 7월 16일 신사 4번째 기사

136. 손계영, 2004, 『고문서연구 제25호』, 「古文書에 사용된 종이 연구 -『度支準折』을 중심으로-」, 한국고문

서학회, 225~244쪽; 『태종실록』 14권, 태종7년(1407) 10월 24일 갑진 1번째 기사; 『선조실록』 57권, 선조27년 (1594) 11월 15일 기축 2번째 기사; 『만기요람(萬機要覽)』, 「재용편(財用篇)1」-「각공(各貢)」-「균상진삼청십칠공(均 常賑三廳十七貢)」. 『태종실록』의 기사에 의하면 장지(狀紙)는 서장(書狀)을 쓰는 용도로 사용되었으며, 『선조실 록』의 기사에 의하면 장지는 비교적 보편적인 종이인 상백지(常白紙)보다는 고급의 종이였다.

137. 김삼기, 2006, 『조선시대 제지수공업 연구』, 민속원, 49~62쪽

138. 『선조실록』 78권, 선조29년(1596) 8월 13일 무신 3번째 기사

139. 『선조실록』 45권, 선조26년(1593) 윤 11월 2일 임오 3번째 기사

140. 『선조실록』 78권, 선조29년(1596) 8월 28일 계해 8번째 기사

141. 『선조실록』 77권, 선조29년(1596) 7월 22일 정해 1번째/2번째 기사; 『선조실록』 77권, 선조29년(1596) 7월 23일 무자 2번째/3번째 기사

142. 『선조실록』 71권, 선조29년(1596) 1월 22일 기축 3번째 기사; 『선조실록』 92권, 선조30년(1597) 9월 2일 기 축 4번째 기사; 이원익(李元翼)의 『오리속집(梧里續集)』 제2권의 「장계(狀啓)」-「사도도체찰사시장계(四道都體察使 時狀啓)」 - 병신년이월초십일(丙申年二月初十日). 『선조실록』의 1597년 기사에는 구례현감의 이름이 '李原春'으로 오기되어 있다.

143. 이원춘(李元春)의 신상과 행적은 『충효사구현실기(忠孝祠九賢實紀)』의 「통훈대부행구례현감증통정대부병 조참의이공사실(通訓大夫行求禮縣監贈通政大夫兵曹參議李公事實)」, 정기원(鄭期遠)의 『현산선생실기(見山先生實紀)』 제2권의 「칠공사실(七公事實)」, 『선조실록』의 기사(92권, 선조30년-1597년 9월 2일 기축 4번째 기사), 조경남(趙慶男) 의 『난중잡록(亂中雜錄)』 제3권의 정유년 8월의 기록 등에서 확인할 수 있다.

144. 『선조실록』 78권, 선조29년(1596) 8월 28일 계해 8번째 기사

145. 『진주목읍지(晋州牧邑誌)』, 「환적(宦蹟)」; 조응록(趙應祿)의 『죽계일기(竹溪日記)』 제3권의 「병신만력이십사 년(丙申萬曆二十四年)」 9월 14일. 『진주목읍지』에 기록된 당시의 진주목사를 재임 순서대로 살펴보면 성윤문(成 允文), 성대업(成大業), 나정언(羅廷彦) 등이다. 그러나 조응록(趙應祿)의 『죽계일기(竹溪日記)』 제2권의 「병신만력 이십사년(丙申萬曆二十四年)」 1월 25일에 의하면 성윤문이 진주목사 성대업의 자리를 대신하였으므로 당시의 진주목사는 재임 순서대로 보자면 성대업, 성윤문, 나정언이 옳다.

146. 구라량(仇羅梁)은 『신증동국여지승람(新增東國輿地勝覽)』의 「진주목(晋州牧)」과 『동여도(東輿圖)』, 『대동여 지도(大東輿地圖)』 등의 조선시대 지도에서 그 위치를 찾아볼 수 있다.

147. 『선조실록』 79권, 선조29년(1596) 윤 8월 1일 을축 8번째 기사; 정경운(鄭慶雲)의 『고대일록(孤臺日錄)』의 1596년 윤 8월 1일 일기; 조경남(趙慶男)의 『난중잡록(亂中雜錄)』 제3권의 병신년 윤 8월의 기록

148. 안영숙/이용복/김동빈/심경진/이우백, 2001, 『조선시대 일식도』, 한국천문연구원, 153쪽; 미국항공우주 국(NASA) 일식 웹사이트 - eclipse.gsfc.nasa.gov/SEcat5/SE1501-1600.html; 영국항해력연구소(Her Majesty's Nautical Almanac Office)의 일식 웹사이트 - astro.ukho.gov.uk/eclipse/0311596

149. 조경남(趙慶男)의 『난중잡록(亂中雜錄)』 제3권의 병신년 윤 8월 16일의 기록

150. 원문 '向是' 중의 '向'을 초고본의 다른 날짜들의 '向' 및 '白'과 비교해보면 그 자형의 차이를 구분할 수 있 다. 첫째로 '向'은 그 앞뒤의 글자들과 크기가 유사한 것에 비해 '白'은 그 앞뒤의 글자보다 크기가 작다. 둘째로 '向'은 글자의 가로가 세로보다 확연히 더 넓다. 따라서 원문은 '白是'가 아닌 '向是'이다.

원문 '向'	병신일기 윤 8월 17일 '向'	병신일기 윤 8월 18일 '向'	병신일기 9월 11일 '向'	병신일기 7월 12일 '白'	병신일기 윤 8월 12일 '白'	병신일기 윤 8월 20일 '白'

151. 『광양군읍지(光陽郡邑誌)』의 「선생안(先生案)」에 의하면 이함림(李咸臨)은 병신년(1596년) 7월부터 같은 해 11월까지 광양현감을 지냈다. 조응록(趙應祿)의 『죽계일기(竹溪日記)』 제2권의 「병신만력이십사년(丙申萬曆二十四年)」 6월 25일에서도 이함림이 광양현감에 제수된 것이 확인된다.

152. 원문 '待候' 중의 '待'를 초고본의 다른 날짜들의 '待' 및 '侍'와 비교해보면 그 자형의 차이를 구분할 수 있다. '待'의 좌변 '彳'은 위에서 아래로 한 번에 내리긋는 형태임에 비해 '侍'의 좌변 '亻'은 글자를 구성하는 두 획이 명확히 구분된다. 또한 '待'와 '侍'의 우변 형태도 그 차이가 뚜렷하다. 그러므로 원문은 '侍候'가 아닌 '待候'이다.

원문 '待'	병신일기 윤 8월 1일 '待'	병신일기 9월 12일 '待'	병신일기 윤 8월 13일 '侍'	병신일기 10월 9일 '侍'

153. 『선조실록』 76권, 선조29년(1596) 6월 25일 신유 4번째 기사; 『선조실록』 85권, 선조30년(1597) 2월 25일 병술 1번째/9번째 기사; 『선조실록』 87권, 선조30년(1597) 4월 20일 경진 7번째 기사; 『선조실록』 88권, 선조30년(1597) 5월 13일 계묘 4번째 기사; 『선조실록』 89권, 선조30년(1597) 6월 26일 을유 5번째 기사 등. 앞의 기사들로부터 체찰부사 한효순이 당시 수군 관련 실무를 담당하고 있었음을 파악할 수 있다.

154. 이원익(李元翼)의 『오리속집(梧里續集)』 제2권의 「장계(狀啓)」-「사도도체찰사시장계(四道都體察使時狀啓)」-병신년십이월초칠일(丙申年十二月初七日). 이 장계에 의하면 체찰부사 한효순은 선박의 숫자, 격군, 군량 등 수군을 관리하는 임무를 맡고 있었다.

155. 『영남읍지(嶺南邑誌)』의 「소촌도우지(召村道郵誌)」. 이 책에는 소촌도의 소속 역, 지도, 건치연혁, 창고, 선생안 등의 항목들이 기록되어 있다. 『세조실록』의 기사(29권, 세조8년-1462년 8월 5일 정묘 4번째 기사)에 의하면 소촌도는 세조 때 각 도의 역로가 새로이 정비될 때 『영남읍지』에 기록된 16개 역으로 편성되었다.

156. 『영남읍지(嶺南邑誌)』의 「소촌도우지(召村道郵誌)」의 「선생안(先生案)」에 기록된 당시의 소촌찰방을 재임 순서대로 살펴보면 이광윤(李光胤), 하응도(河應圖), 이시경(李蓍慶) 등이다. 이광윤의 문집인 『양서집(瀼西集)』 연보(年譜)에 의하면 이광윤은 갑오년(1594년) 6월에 소촌찰방에 제수되었으며, 정종로(鄭宗魯)의 문집인 『입재집(立齋集)』 제47권의 「행장(行狀)」-「현령하공행장(縣令河公行狀)」에 의하면 하응도는 갑오년(1594년) 11월부터 을미년(1595년) 1월까지 소촌찰방을 지냈다. 이시경은 정유일기 1(1597년) 7월 28일에 소촌찰방으로 기록되어 있는데 그의 부임 시기가 명시된 자료는 찾기 어렵다. 만일 위 『영남읍지』의 기록에서 누락된 사람이 없다면 일기에서 언급된 소촌찰방은 이시경으로 볼 수 있다.

157. 이시경(李蓍慶)의 신상과 행적은 「황명만력18년경인10월초6일상존호증광사마방목(皇明萬曆十八年庚寅十月初六日上尊號增廣司馬榜目)」의 문과급제자 명단, 이양원(李陽元)의 『노저유사(鷺渚遺事)』 제3권의 「유사(遺事)」-「부소촌찰방증좌승지공유사(附召村察訪贈左承旨公遺事)」, 『전주이씨선성군파보(全州李氏宣城君派譜)』, 『정조실록』의 기사(35권, 정조16년-1792년 9월 5일 신축 3번째 기사), 『영남읍지』의 「소촌도우지」의 「선생안」, 유성룡(柳成龍)의 『서애집(西厓集)』 제16권의 「잡저(雜著)」-「왜지용병(倭知用兵)」 등에서 확인할 수 있다. 그의 아버지 이양원의 유사인 『노저유사』에는 이시경의 유사도 함께 실려 있는데 후대에 쓰인 때문인지 그 내용 중에 종종 오류가 보인다. 파보에 따르면 그는 정종의 4남 선성군 이무생(李茂生)의 5대손이다.

158. 조경남(趙慶男)의 『난중잡록(亂中雜錄)』 제3권의 병신년 윤 8월 16일의 기록

159. 『선조실록』 82권, 선조29년(1596) 11월 7일 기해 1번째 기사; 『선조실록』 120권, 선조32년(1599) 12월 8일 계미 5번째 기사; 『선조실록』 127권, 선조33년(1600) 7월 3일 갑진 12번째 기사; 『임진장초』, 「청주사속읍수령전속수전장(請舟師屬邑守令專屬水戰狀)」(1593년 4월 6일); 『임진장초』, 「청연해군병량기전속주사장(請沿海軍兵糧器全屬舟師狀)」(1593년 윤 11월 17일)

160. 양강역(陽江驛)은 『신증동국여지승람(新增東國輿地勝覽)』의 「흥양현(興陽縣)」과 『세종실록지리지』의 「보성군(寶城郡)」에서 그 대략적인 위치를 찾아볼 수 있다. 『비변사인방안지도(備邊司印方眼地圖)』의 「흥양(興陽)」, 「청구도(靑邱圖)」 등의 조선시대 지도에는 앞의 기록과 비슷한 위치에 '楊江驛'으로 기록되어 있다. 다른 관련 기록들을 살펴보면 『세조실록』에는 '陽江驛'으로, 「흥양지(興陽誌)」의 「역원(驛院)」과 「장흥부읍지(長興府邑誌)」의 「역로(驛路)」에서는 '楊江驛'으로 나타난다. 이 기록들을 시대별로 살펴보면 조선 전기에는 '陽江驛'으로 불리다가 조선 후기에 점차 '楊江驛'으로 지명이 바뀐 것으로 보인다.

조선시대 지도마다 양강역이 그려진 위치는 조금씩 다르다. 역사문화학회에서 발간된 『지방사와 지방문화 제13권 제2호』-「고려시대와 조선전기 전남지역의 역로망 구성과 그 특징」(정요근, 2010, 21쪽)에 따르면 1914년 행정구역 개편 때 양강역이 있던 흥양군 남양면 양강리가 고흥군 남양면 남양리에 편입되었다고 하므로 이로써 그 위치를 확정할 수 있다. 『비변사인방안지도』의 「흥양」에 의하면 양강역은 천방산(天防山)의 남서쪽 바로 아래에 위치하였는데 천방산은 지금의 전남 고흥군 남양면 남양리와 중산리에 걸쳐있는 천봉산(千峰山)의 옛 지명이므로 조선시대 지도 중 『비변사인방안지도』의 양강역 위치가 가장 정확하다고 할 수 있다.

161. 『선조실록』 82권, 선조29년(1596) 11월 12일 갑진 4번째 기사; 정경운(鄭慶雲)의 『고대일록(孤臺日錄)』의 1596년 9월 22일 일기

162. 배종무/고용규, 1991, 『목포대학교박물관학술총서 제21책 고흥군의 문화유적』, 「고흥군의 관방유적」, 국립목포대학교박물관/전라남도 고흥군, 307~308쪽

163. 아동헌(衙東軒)의 용례가 보이는 문헌으로는 이덕형(李德馨)의 『죽창한화(竹窓閑話)』, 김수흥(金壽興)의 『퇴우당집(退憂堂集)』 제10권의 「잡저(雜著)」-「남정록(南征錄)」, 허진동(許震童)의 『동상집(東湘集)』 제7권의 「조천록(朝天錄)」-「임신팔월(壬申八月)」, 성이성(成以性)의 『계서일고(溪西逸稿)』 제1권의 「연행일기(燕行日記)」-「을유사월(乙酉四月)」 등이 있다. 이들 문헌에서 아동헌의 용도를 살펴보면 주로 숙박을 한다거나 손님을 맞이하는 일 등

에 사용되었으므로 아동헌은 수령이 거처하던 안채인 내아(內衙)를 가리키는 것으로 보인다. 참고로 아동헌의 용례가 보이는 문헌들의 저술 시기는 대체로 16세기~17세기이다.

164. 정경달(丁景達)의 『반곡유고(盤谷遺稿)』의 「난중일기(亂中日記)」에 의하면 정경달은 을미년(1595년) 11월에 남원부사에서 파직된 후 장흥의 집으로 돌아와서 병신년(1596년) 말까지 집에 머물러 있었다.

165. 전라병영은 『호남영지(湖南營誌)』의 「전라병영지도(全羅兵營地圖)」, 『1872 지방지도』의 「강진현지도(康津縣地圖)」 등의 조선시대 지도에서 그 위치를 찾아볼 수 있다. 양응정(梁應鼎)의 『송천유집(松川遺集)』 제4권의 「잡저(雜著)」-「전라병영중창기(全羅兵營重創記)」에는 임진왜란 직전에 전라병영을 중수한 기록이 있으며 이를 통해 임진왜란 시기의 전라병영 규모를 짐작할 수 있다.

166. 『선조실록』 78권, 선조28년(1595) 8월 4일 기해 4번째 기사; 조응록(趙應祿)의 『죽계일기(竹溪日記)』 제3권의 「병신만력이십사년(丙申萬曆二十四年)」 8월 4일

167. 최성락/고용규, 1995, 『목포대학교박물관학술총서 제34책 완도군의 문화유적』, 「완도군의 관방유적·기타 유적」, 국립목포대학교박물관/전라남도 완도군, 168~169쪽

168. 2011, 『조선시대 수군진조사 1 전라우수영 편』, 국립해양문화재연구소, 56~60쪽

169. 2011, 『조선시대 수군진조사 1 전라우수영 편』, 국립해양문화재연구소, 67쪽. 윤광계(尹光啓)의 『귤옥졸고(橘屋拙稿)』 하권의 「잡저상(雜著上)」-「우수영대평정기(右水營大平亭記)」에는 대평정(大平亭)으로, 양응정(梁應鼎)의 『송천유집(松川遺集)』 제1권의 「시칠언절구(詩七言絶句)」-「전라우수영태평정(全羅右水營太平亭)」과 『대동지지(大東地志)』의 「해남(海南)」에는 태평정(太平亭)으로 그 이름이 기록되어 있다.

170. 남리역(南利驛)은 『신증동국여지승람(新增東國輿地勝覽)』의 「해남현(海南縣)」, 『대동지지(大東地志)』의 「남지해남팔대로(南至海南八大路)」와 『비변사인방안지도(備邊司印方眼地圖)』의 「해남(海南)」, 『1872 지방지도』의 「해남현지도(海南縣地圖)」 등의 조선시대 지도에서 그 위치를 찾아볼 수 있다.

171. 석제원(石梯院)은 『대동지지(大東地志)』의 「남지해남팔대로(南至海南八大路)」와 『해동지도(海東地圖)』의 「강진현(康津南)」, 『1872 지방지도』의 「강진현지도(康津南地圖)」 등의 조선시대 지도에서 그 위치를 찾아볼 수 있다. 지금의 전남 강진군 성전면 월평리의 원기(院基)마을에 있었다고 전한다.

172. 김영필, 2011, 『건축역사연구 제20권 5호』, 「靈巖邑城 小考」, 한국건축역사학회, 50쪽. 이 논고에 의하면 『문종실록』, 『신증동국여지승람(新增東國輿地勝覽)』, 『영암군읍지(靈巖郡邑誌)』 등의 영암읍성 관련 기록에 보이는 읍성 성벽의 둘레가 조선시대 내내 변화가 없었던 것으로 파악된다. 따라서 읍성 안에 존재하던 건축물 또한 그 위치 변화가 많지 않았을 것으로 생각된다. 『영암군읍지』의 「공해(公廨)」에 향사당(鄕社堂)이 읍성 서문 안에 있었다고 기록된 점과 『1872 지방지도』의 「영암군지도(靈巖郡地圖)」에 향청(鄕廳)이 읍성 서문 안에 그려져 있는 점으로 보아 임진왜란 시기에도 그 위치가 비슷하지 않았을까 추측된다.

173. 조팽년(趙彭年)의 신상과 행적은 「만력4년병자식년문과방목(萬曆四年丙子式年文科榜目)」의 문과급제자 명단, 그의 문집인 『계음집(溪陰集)』 제6권에 실린 그의 행장(行狀)과 묘표(墓表) 등에서 확인할 수 있다. 행장에 의하면 그는 갑오년(1594년)에 고향 강진으로 돌아와 있었으므로 고향과 가까운 영암에 마침 이순신이 머무르고 있을 때 찾아온 것으로 짐작된다. 행장에 의하면 그는 계사년(1593년)에 조정의 명으로 한산도에 내려와 이순신을 만나서 시 한 편을 지어 주었다고 하며 이 시는 『계음집』 제1권의 「시(詩)」-「상이통제순신(上李統制舜臣)」과 『이충무공전서』의 「선유한산도정이통제(宣諭閑山島呈李統制)」에 전한다.

174. 신안원(新安院)은 『신증동국여지승람(新增東國輿地勝覽)』의 「나주목(羅州牧)」, 이건(李健)의 『규창유고(葵窓遺稿)』 제11권의 「기(記)」-「도로행정기(道路行程記)」와 『해동지도(海東地圖)』의 「금성현(錦城縣)」, 『광여도(廣輿圖)』의 「나주목(羅州牧)」 등의 조선시대 지도에서 그 대략적인 위치를 찾아볼 수 있다. 주해에서 서술한 신안원의

상세 위치는 역사문화학회에서 발간된 『지방사와 지방문화 제13권 제2호』-「고려시대와 조선전기 전남지역의 역로망 구성과 그 특징」(정요근, 2010, 18쪽)을 참조하였다.

175. 『선조실록』 73권, 선조29년(1596) 3월 7일 갑술 2번째 기사; 『선조실록』 82권, 선조29년(1596) 11월 26일 무오 1번째 기사; 조응록(趙應祿)의 『죽계일기(竹溪日記)』 제2권의 「병신만력이십사년(丙申萬曆二十四年)」 2월 20일

176. 『선조실록』 80권, 선조29년(1596) 9월 19일 임자 4번째 기사

177. 국립무형유산원, 2014, 『향교석전(鄕校釋奠)』, 예맥, 14~17쪽

178. 고막원(古幕院)은 『신증동국여지승람(新增東國輿地勝覽)』의 「무안현(務安縣)」, 『무안현읍지(務安縣邑誌)』의 「역원(驛院)」과 『해동지도(海東地圖)』의 「무안현(務安縣)」, 『광여도(廣輿圖)』의 「무안현(務安縣)」 등의 조선시대 지도에서 그 위치를 찾아볼 수 있다. 현재 전남 함평군 학교면에는 고막리가 있고 또한 전남 나주시 다시면 송촌리에는 고막원역이 있기 때문에 현재의 지명만으로는 고막원이 실제로 어느 곳에 있었는지 알기 어렵다. 『해동지도』의 「무안현」에 의하면 고막원은 금동면(金洞面)과 진례면(進禮面)이 위치한 지역에 보이는데 금동면과 진례면은 1914년에 지금의 전남 함평군 학교면으로 통합된 지역이다. 따라서 고막원은 지금의 전남 함평군 학교면 고막리에 있었던 것으로 판단된다.

179. 유성룡(柳成龍)의 『서애집(西厓集)』 제8권, 「계사(啓辭)」-「조치방수사의계(措置防守事宜啓)」

180. 『선조실록』 116권, 선조32년(1599) 8월 3일 기묘 4번째 기사; 황혁(黃赫)의 『기축록(己丑錄)』하권의 「기해년팔월초이일전별좌나덕준등소(己亥年八月初二日前別坐羅德峻等疏)」 등

181. 나덕준(羅德峻)의 신상과 행적은 정개청(鄭介淸)의 『우득록(愚得錄)』 부록상의 「곤재선생사실(困齋先生事實)」, 나덕명(羅德明)의 『소포유고(嘯浦遺稿)』부록의 「세계(世系)」, 그의 형제들의 유고를 모아서 엮은 나두동(羅斗冬)의 『금성삼고(錦城三稿)』 등에서 확인할 수 있다. 『소포유고』에 따르면 그는 나주 나씨 직장공파(直長公派) 파조 나원(羅源)의 9대손이다.

182. 조응록(趙應祿)의 『죽계일기(竹溪日記)』 제2권의 「병신만력이십사년(丙申萬曆二十四年)」 6월 25일; 이순신(李舜臣)의 『난중일기(亂中日記)』의 1597년 10월 21일 일기

183. 정대청(鄭大淸)의 신상과 행적은 정개청(鄭介淸)의 『우득록(愚得錄)』 부록상의 「곤재선생세계(困齋先生世系)」, 황혁(黃赫)의 『기축록(己丑錄)』하권의 「정곤재행장(鄭困齋行狀)」, 허목(許穆)의 『미수기언(眉叟記言)』 제50권의 「학이(學二)」-「역학전수(易學傳授)」, 『선조실록』의 기사(162권, 선조36년-1603년 5월 6일 신유 1번째 기사) 등에서 확인할 수 있다.

184. 『영광읍지(靈光邑誌)』의 「읍재선생(邑宰先生)」에 의하면 의하면 김상준(金尙寯)은 을미년(1595년) 6월부터 정유년(1597년)까지 영광군수를 지냈다. 『선조실록』의 1597년 7월 기사(90권, 선조30년-1597년 7월 11일 경자 2번째 기사)에 그에 대한 파직 요청과 이유가 기록되어 있고 『영광읍지』에도 같은 파직 이유가 실린 점으로 보아 그의 영광군수 파직은 이 시기로 짐작된다.

185. 김상준(金尙寯)의 신상과 행적은 「만력10임오2월28일사마방목(萬曆十年壬午二月二十八日司馬榜目)」의 문과 급제자 명단, 김상헌(金尙憲)의 『청음집(淸陰集)』 제35권의 「묘지명(墓誌銘)」-「당형형조참판휴암선생묘지명(堂兄刑曹參判休菴先生墓誌銘)」 등에서 확인할 수 있다.

186. 『대동지지(大東地志)』의 「나주목(羅州牧)」에 의하면 목장 망운장(望雲場)은 영광군 망운면(望雲面)에 있었으며 감목관 1명이 배치되어 있었다. 지금의 전남 무안군 망운면 목동리에 있는 10기의 감목관 선정비는 모두 조선후기 유적이므로 이곳은 임진왜란 시기 나주 감목관이 거처했던 위치와 다를 수 있다.

187. 옹산원(瓮山院)은 『신증동국여지승람(新增東國輿地勝覽)』의 「함평현(咸平縣)」, 김상용(金尙容)의 『선원유고(仙源遺稿)』상권의 「칠언절구(七言絶句)」-「옹산원(瓮山院)」에서 그 위치를 찾아볼 수 있다. 『신증동국여지승람』에

의하면 옹산(瓮山)은 현의 서쪽 41리에, 옹산원(瓮山院)은 현의 서쪽 30리에 있었다. 옹산은 옹산봉수(瓮山烽燧)가 위치했던 지금의 전남 무안군 현경면 용정리의 봉대산(峰臺山)이다. 따라서 옹산의 위치와 『신증동국여지승람』의 기록을 고려하면 옹산원은 지금의 전남 무안군 현경면 송정리에 있었으리라 추정된다.

옹산봉수의 위치에 대해서는 한국학술정보에서 발간된 『조선시대의 연변봉수』(김주홍, 2010, 263~264쪽)의 무안 옹산봉수 관련 내용을 참조하였다.

188. 『함평이씨세보(咸平李氏世譜)』에 따르면 이영(李瑛)의 후손으로는 딸이 한 명 있었으며 참판 유영순(柳永詢)에게 시집을 갔다. 유영순의 족보인 『전주유씨대동보(全州柳氏大同譜)』에는 그와 이영의 딸과의 혼인 기록이 보이지 않는다. 또한 그와 이영의 딸은 약 37살의 나이 차이가 있으므로 언뜻 보기에는 『함평이씨세보』의 기록이 신빙성이 떨어지는 것으로 보일 수도 있다. 그러나 『전주유씨대동보』의 내용을 살펴보면 유영순은 계자로 대를 이었고 유영순과 그의 두 번째 부인이었던 전주 최씨도 20살 이상의 나이 차이가 있다. 따라서 후사가 없었기 때문에 둘째 부인을 나이 어린 신부로 맞았던 것으로 짐작되며 마찬가지 이유로 『함평이씨세보』의 기록 또한 개연성이 있다고 생각된다.

189. 이염(李琰)의 신상은 「계축증광별시전시방목(癸丑增廣別試殿試榜目)」의 문과급제자 명단에 실린 그의 아들 이배원(李培元)의 가족 사항, 『함평이씨세보(咸平李氏世譜)』에서 확인할 수 있다. 세보에 따르면 그는 함평 이씨 함평군파(咸平君派) 파조 이극명(李克明)의 5대손으로서, 자는 사헌(士獻), 생몰년은 병오년(1546년)~을미년(1595년)이다. 아들 이배원은 인조 때 황해도관찰사를 지냈다.

190. 정영희/김세종/강귀형, 2017, 『무안 봉대산성 2』, 목포대학교박물관, 30~31쪽

191. 한여경(韓汝璟)의 행적은 전라남도 문화재자료 제201호 『영광임진수성록(靈光壬辰守城錄)』에서 확인할 수 있다. 영광이 함평과 가까운 지역임을 감안하면 일기의 한여경은 『영광임진수성록』의 인물과 동일인일 개연성이 크다. 『영광속수여지승람(靈光續修輿地勝覽)』의 「이조충신(李朝忠臣)」에 따르면 그의 자는 중진(仲珍), 본관은 청주(淸州)이다. 『영광속수여지승람』 자체는 비록 후대의 저술이지만 이 책은 앞의 기록의 근거가 신응순(辛應純)의 『신성재선행록(辛省齋善行錄)』임을 밝히고 있다.

192. 『선조실록』 90권, 선조30년(1597) 7월 28일 정사 3번째 기사; 조응록(趙應祿)의 『죽계일기(竹溪日記)』 제2권의 「병신만력이십사년(丙申萬曆二十四年)」 5월 15일. 『함평읍지(咸平邑誌)』의 「읍재선생(邑宰先生)」에는 손경지(孫景祉)의 이름이 '孫慶之'로 오기되어 있다.

193. 『선조실록』 85권, 선조30년(1597) 2월 16일 정축 1번째 기사; 양경우(梁慶遇)의 『제호집(霽湖集)』 제10권의 「잡저(雜著)」-「의상소초(擬上疏草)」

194. 성진선(成晉善)의 신상과 행적은 「만력13년을유8월24일사마방목(萬曆十三年乙酉八月二十四日司馬榜目)」의 문과급제자 명단, 조정(趙靖)의 『검간집(黔澗集)』 제1권의 「시(詩)」-「성방백칙행전석차류별운(成方伯則行餞席次留別韻)」, 『창녕성씨회곡파세보(昌寧成氏檜谷派世譜)』 등에서 확인할 수 있다. 세보에 따르면 그의 몰년은 계해년(1623년)이다.

195. 허균(許筠)의 『성소부부고(惺所覆瓿藁)』 제18권의 「문부십오기행상(文部十五紀行上)」-「조관기행(漕官紀行)」의 7월 26일. 노승석 교수는 기존에 세산월(歲山月)로 판독되었던 원문을 내산월(萊山月)로 바로잡고 이춘원(李春元)의 『구원집(九畹集)』 제1권의 「시(詩)」-「증낙기내산월(贈洛妓萊山月)」을 근거로 제시하였다. 원문 '萊山月' 중의 '萊'를 초고본의 다른 날짜의 '萊' 및 '歲'와 비교해보면 '萊'가 옳은 판독임을 확인할 수 있다.

원문 '莱'	병신일기 1월 18일 '莱'	병신일기 1월 23일 '歲'

196. 원문 '雪無可' 중의 '雪'과 '無'는 번역자마다 글자에 대한 판독이 다르다. 그러나 이 두 글자는 초고본의 다른 날짜에 보이는 '雪' 및 '無'와 비교해보면 자형의 유사성을 찾을 수 있다. '雪無可'는 '可'의 의미로 보아 그 뒤에 행위를 나타내는 글자가 오는 것이 자연스럽다. '雪無可' 옆에 나란히 쓰여 있는 '登途'가 행위를 나타내면서도 '雪無可'와 함께 번역되었을 때 의미가 자연스러우므로 '雪無可'는 12일 일기의 '登途' 앞의 문구로 보는 것이 옳다고 생각된다. 이 문구에 대한 판독은 노승석 교수의 견해를 참조하였음을 밝힌다. 참고로 이 문구는 '臥無可' 또는 '雪天可'로 판독하는 견해도 있으며 또한 11일과 12일 일기 사이의 여백에 쓰여 있기 때문에 12일이 아닌 11일 일기에 속한 것으로 보는 견해도 있다.

원문 '雪無可'	병신일기 1월 24일 '雪'	병신일기 8월 18일 '無'

197. 이광보(李光輔)의 신상은 「가정37년무오식년추사마방목(嘉靖三十七年戊午式年秋司馬榜目)」의 문과급제자 명단에 실린 그의 맏형 이광축(李光軸)의 가족 사항, 「가정31년임자사마방목(嘉靖三十一年壬子司馬榜目)」의 문과급제자 명단에 실린 그의 둘째 형 이광헌(李光軒)의 가족 사항, 『여주이씨세보(驪州李氏世譜)』에서 확인할 수 있다. 세보에 따르면 이광보는 여주 이씨 교위공파(校尉公派)의 분파 정당공파(政堂公派)의 파조 이수룡(李秀龍)의 10대손으로서, 자는 중익(仲翼), 생몰년은 정미년(1547년)~무진년(1628년)이다. 위의 두 방목에 의하면 이광축과 이광헌의 자는 각각 중순(仲順)과 중근(仲謹)으로서 세보에 기록된 이광보의 자와 마찬가지로 중(仲)자 돌림이다.

198. 여진(女眞)은 초고본의 병신일기(1596년) 9월 12일/14일/15일의 아래쪽 여백에 쓰여 있다. '女眞'이 무엇을 의미하는지에 대해서는 여러 가지 견해가 있는데 그중 여성의 이름으로 보는 견해가 가장 널리 알려져 있다. 『해양담론 제2호』-「이순신의 여인들과 관련된 견해에 대한 비판적 검토」(김주식, 2015, 문헌, 34~43쪽)는, 이순신

이 당시 체찰사 이원익과 함께 호남지역을 순찰했던 일정의 다망함과 시대적 상황을 고려하여 ‘女眞’이 여성의 이름일 가능성이 거의 없다고 보았는데 이는 지금까지 제시된 여러 견해들 중 가장 설득력 있는 논리를 가지고 있다. 또한 이 논고는, 문제의 핵심 중 하나인 14일/15일 일기의 ‘女眞’ 뒤에 나오는 글자가 그 형태의 모호함 때문에 어떠한 글자로 특정될 수 없다는 점도 잘 지적하였다. 그리고 ‘女眞’과 앞 문장 사이의 간격이 띄어쓰기 수준을 훨씬 넘어서는 점 등을 근거로 하여 ‘女眞’이 일기의 앞 문장과는 별개의 비밀스러운 표현일 가능성이 높다고 결론을 지음으로써 이 문제를 일단락하였다.

여기서 한가지 짚고 넘어갈 점이 있다. 14일/15일 일기의 ‘女眞’ 뒤에 나오는 글자에 대해서는 크게 두 가지 견해가 있다. 하나는 14일/15일 일기의 글자를 모두 ‘共’으로 보는 견해이고, 다른 하나는 14일/15일 일기의 글자를 각각 ‘卄’과 ‘卅’으로 보는 견해이다. 이 두 날짜 중 15일 일기의 글자는 놓치기 어려운 특징이 하나 있는데 글자 제일 왼쪽의 세로획이 그것이다. 이 글자는 다른 날짜의 ‘共’ 및 ‘洪’과 비교해보면 그 자형의 차이를 구분할 수 있다. 이 글자 제일 왼쪽의 세로획은 ‘洪’의 좌변 ‘氵’와 그 형태가 일치한다. 이 때문에 만약 14일 일기의 글자가 ‘共’이라면 15일 일기의 글자는 ‘共’이 아닌 ‘洪’으로 보아야 할 것이다.

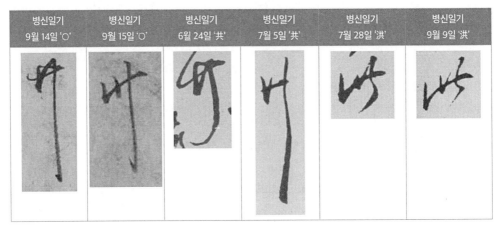

병신일기 9월 14일 ‘○’	병신일기 9월 15일 ‘○’	병신일기 6월 24일 ‘共’	병신일기 7월 5일 ‘共’	병신일기 7월 28일 ‘洪’	병신일기 9월 9일 ‘洪’
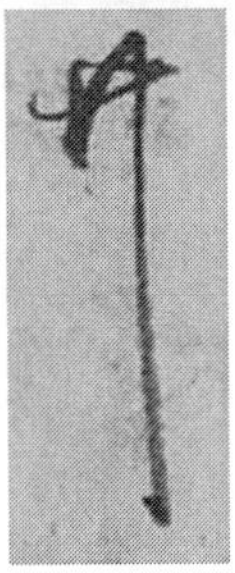	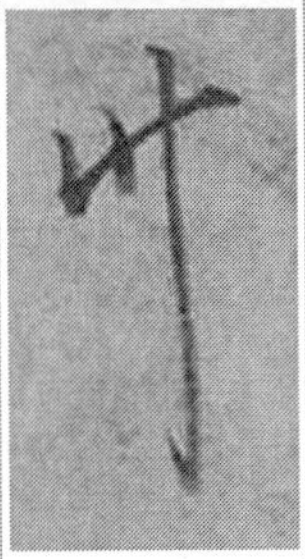	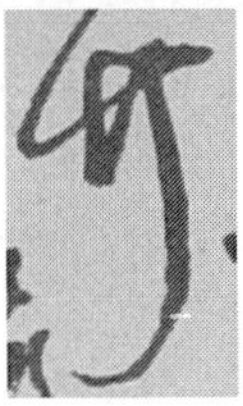	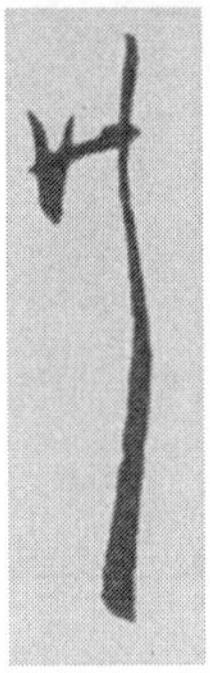	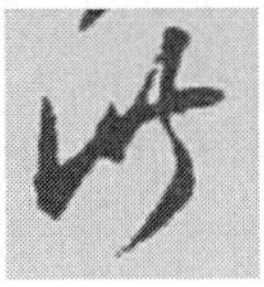	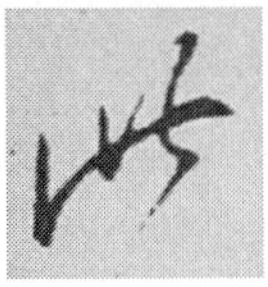

199. 초고본의 9월 12일/14일/15일 일기의 ‘女眞’을 자세히 살펴보면 ‘女’는 덧쓴 글자이다. 특히 14일/15일 일기의 ‘女’는 어떤 글자 위에 덮어 쓰여 있다.

병신일기 9월 12일 ‘女眞’	병신일기 9월 14일 ‘女眞○’	병신일기 9월 15일 ‘女眞○’
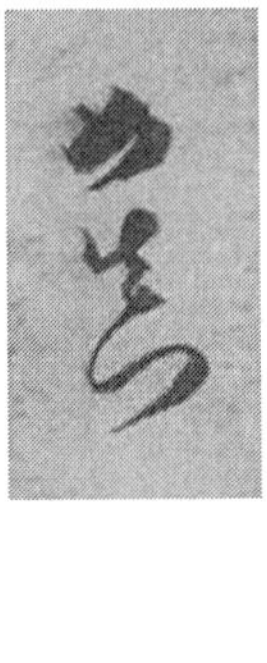	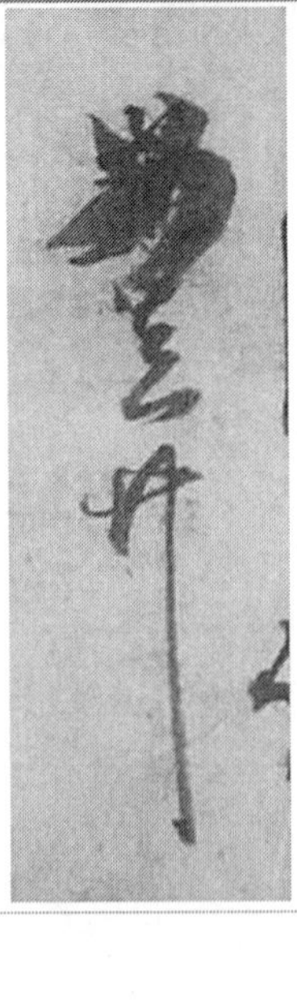	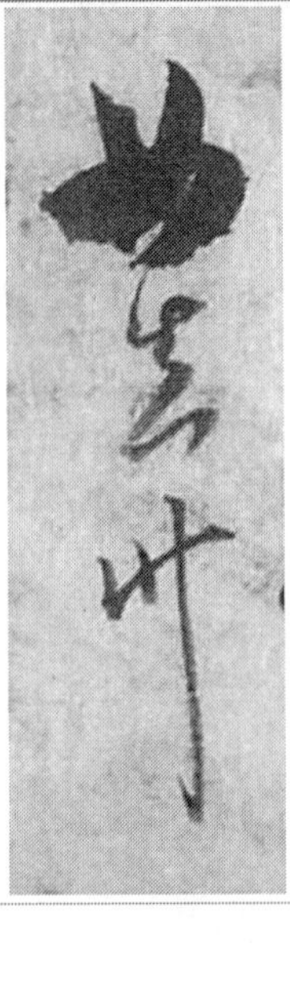

14일/15일 일기의 '女' 아래의 두 글자가 무슨 글자인지는 알기 어렵지만 서로 다른 글자인 것만큼은 그 형태를 통해 쉽게 파악할 수 있다. 14일/15일 일기의 '女眞' 아래에 쓰여 있는 두 단어가 서로 다른 점으로 보아 그 위에 덮어쓴 '女眞'은 사람의 이름은 아닌 것 같다. 왜냐하면 어떤 사람의 이름을 두 번이나 다르게 기록한 뒤에 또다시 이를 정정한다는 것은 설혹 초면의 사람이라고 하더라도 별로 개연성이 없어 보이기 때문이다. 만일 '女' 아래에 쓰인 글자가 무슨 자인지 파악할 수 있다면 '女眞'의 의미를 알아내는 실마리가 될 수도 있을 것이다.

200. 『선조실록』 46권, 선조26년(1593) 12월 3일 임자 7번째 기사; 『선조실록』 48권, 선조27년(1594) 2월 27일 병자 3번째 기사; 이항복(李恒福)의 『백사집(白沙集)』 제2권의 「서(叙)」-「정읍입암산성(井邑笠巖山城)」; 유성룡(柳成龍)의 『서애집(西厓集)』 제5권, 「진시무차(陳時務劄)」-「계사십이월(癸巳十二月)」

201. 이덕형(李德馨)의 『한음문고(漢陰文稿)』 제9권의 「정문(呈文)」-「정양경리문(呈楊經理文)」

202. 『덕수이씨세보(德水李氏世譜)』와 『초계변씨족보(草溪卞氏族譜)』에서 이순신의 누이와 그녀의 남편 변기(卞騏) 사이에 딸이 2명이 있었던 기록이 확인되는 점과 정유일기 2(1597년) 12월 10일/20일 일기에 변기의 첫째 사위인 윤간(尹侃)이 진원(珍原)이나 진원(珍原)의 대부인과 함께 다닌 기록이 나오는 점과 윤간(尹侃) 문중의 족보인 『파평윤씨정정공파세보(坡平尹氏貞靖公派世譜)』에 그의 장인인 변기가 현감(縣監)이라고 기록된 점 등을 종합해보면 일기에서 언급된 진원현감은 변기(卞騏)로 추정된다.

203. 『광주목읍지(光州牧邑誌)』의 「읍선생안(邑先生案)」에 의하면 최철견(崔鐵堅)은 을미년(1593년)부터 병신년(1596년)까지 광주목사를 지냈다. 조응록(趙應祿)의 『죽계일기(竹溪日記)』 제3권의 「병신만력이십사년(丙申萬曆二十四年)」 9월 24일에 의하면 그는 1596년 9월경에 파직되었다.

204. 『능주군읍지(綾州郡邑誌)』의 「관안(官案)」에 의하면 조공근(趙公瑾)은 을미년(1595년) 7월부터 병신년(1596년) 12월까지 능성현령을 지냈다.

205. 조응록(趙應祿)의 『죽계일기(竹溪日記)』 제3권의 「병신만력이십사년(丙申萬曆二十四年)」 9월 24일

206. 최철견(崔鐵堅)의 아들과 사위의 이름은 신흠(申欽)의 『상촌집(象村集)』 제28권의 「신도비명(神道碑銘)」-「관찰사최공신도비명(觀察使崔公神道碑銘)」, 이산해(李山海)의 『아계유고(鵝溪遺稿)』 제6권의 「명류(銘類)」-「최처사갈명(崔處士碣銘)」, 『전주최씨구수세보(全州崔氏九修世譜)』에서 확인할 수 있다.

최철견의 첫째 딸과 사위 박신(朴信)의 생년은 『밀양박씨사문진사공파세보(密陽朴氏四門進士公派世譜)』에 따르면 각각 계해년(1563년)과 신유년(1561년)이며, 그들의 장남 박경응(朴慶應)의 생년은 갑신년(1584년)이다. 박경응의 생년은 『만력기유사마방목(萬曆己酉司馬榜目)』의 문과급제자 명단에도 갑신년(1584년)으로 실려 있다.

둘째 사위 목륭(睦隆)의 생년은 『사천목씨세보(泗川睦氏世譜)』에 실린 그의 동생 목립(睦霐)의 생년 임신년(1572년)으로부터 대략적으로만 추정해볼 수 있다.

셋째 딸과 사위 심기(沈緝)의 생년은 『청송심씨족보(靑松沈氏族譜)』에 따르면 각각 계유년(1573년)과 기사년(1569년)이며, 그들의 외동딸의 남편 남궁곽(南宮爌)의 생년은 『함열남궁씨세보(咸悅南宮氏世譜)』에 따르면 기축년(1589년)이다.

넷째 딸과 사위 조창원(趙昌遠)의 생년 및 혼인 연도는 남구만(南九萬)의 『약천집(藥泉集)』 제15권의 「묘지명(墓誌銘)」-「한원부원군혜목조공묘지명(漢原府院君惠穆趙公墓誌銘)」, 송시열(宋時烈)의 『송자대전(宋子大全)』 제211권의 「행장(行狀)」-「완산부부인최씨행장(完山府夫人崔氏行狀)」에서 확인된다. 이들 기록에 의하면 그들의 생년은 계미년(1583년)으로서 동갑이고 17살이 되던 해에 혼인하였으며 자식은 1남 3녀를 낳았는데 이들 중 삼녀가 인조의 계비인 장렬왕후(莊烈王后)이다. 조창원 부부는 왕비의 부모가 된 연유로 각각 한원부원군(漢原府院君)과 완산부부인(完山府夫人)으로 봉해졌다.

당시의 혼인이 대개 20세 전후에 이루어졌던 점을 감안하면 최철견의 장녀, 차녀, 삼녀는 1596년 이전에 이미 혼인을 했으리라 짐작된다.

207. 봉서루(鳳棲樓)는 『신증동국여지승람(新增東國輿地勝覽)』의 「능성현(綾城縣)」, 서거정(徐居正)의 『속동문선(續東文選)』 제7권의 「칠언율시(七言律詩)」에 실린 성임(成任)의 「능성봉서루(綾城鳳棲樓)」, 송상기(宋相琦)의 『옥오재집(玉吾齋集)』 제18권의 「부록(附錄)」에 실린 조정만(趙正萬)의 시, 김종직(金宗直)의 『점필재집(佔畢齋集)』 시집 제21권의 「시(詩)」-「등능성봉서루…(登綾城鳳棲樓…)」 등에서 관련 기록을 찾을 수 있다. 이들 중 『점필재집』에 실린 시에는 봉서루에서 연주산을 바라본 감상이 표현되어 있다.

208. 연주산(連珠山)은 『신증동국여지승람(新增東國輿地勝覽)』의 「능성현(綾城縣)」과 『비변사인방안지도(備邊司印方眼地圖)』의 「능주목(綾州牧)」 등의 조선시대 지도에서 그 위치를 찾아볼 수 있다.

209. 이양원(李陽院)은 '梨陽院'으로 표기되기도 하였으며 『신증동국여지승람(新增東國輿地勝覽)』의 「능성현(綾城縣)」, 『능주읍지(綾州邑誌)』의 「역원(驛院)」과 『1872 지방지도』의 「능주목지도(綾州牧地圖)」 등의 조선시대 지도에서 그 위치를 찾아볼 수 있다.

210. 조존성(趙存性)의 신상과 행적은 「만력1년계유2월24일사마방목(萬曆元年癸酉二月二十四日司馬榜目)」의 문과급제자 명단, 김상헌(金尙憲)의 『청음집(淸陰集)』 제33권의 「묘지명(墓誌銘)」-「지돈령부사조공묘지명(知敦寧府事趙公墓誌銘)」, 장유(張維)의 『계곡집(谿谷集)』 제16권의 「행장(行狀)」-「자헌대부지돈령부사겸지의금부사조공행장(資憲大夫知敦寧府事兼知義禁府事趙公行狀)」 등에서 확인할 수 있다. 『청음집』과 『계곡집』에 의하면 조존성은 을미년(1595년)에서 정유년(1597년)까지 삼도해운판관(三道海運判官)을 지냈다. 또한 『선조실록』의 기사(62권, 선조28년-1595년 4월 19일 신유 4번째 기사)와 이정암(李廷馣)의 『사류재집(四留齋集)』 제8권의 「연행일기하(年行日記下)」의 1596년 7월 일기에서도 조존성이 해운판관을 지낸 이력이 확인된다.

211. 『선조실록』 77권, 선조29년(1596) 7월 11일 병자 1번째 기사; 『선조실록』 82권, 선조29년(1596) 11월 7일 기해 3번째 기사; 조응록(趙應祿)의 『죽계일기(竹溪日記)』 제3권의 「병신만력이십사년(丙申萬曆二十四年)」 7월 7일/7월 11일; 이원익(李元翼)의 『오리집(梧里集)』 별집 제1권의 「우상시인견진사(右相時引見奏事)」-「병신십일월초칠일(丙申十一月初七日)」

212. 최동립(崔東立)의 신상과 행적은 「만력13년을유8월24일사마방목(萬曆十三年乙酉八月二十四日司馬榜目)」의 문과급제자 명단, 이정구(李廷龜)의 『월사집(月沙集)』 별집 제6권의 「신도비명(神道碑銘)」-「황해도관찰사최공신도비명(黃海道觀察使崔公神道碑銘)」에서 확인할 수 있다. 조응록(趙應祿)의 『죽계일기(竹溪日記)』 제2권의 「병신만력이십사년(丙申萬曆二十四年)」 4월 20일에 의하면 최동립은 이때 형조좌랑에 제수되었으며 『월사집』에 의하면 1596년에 형조좌랑이 되었다가 공조, 예조, 병조를 거쳤다.

1597년 정유일기 1(丁酉日記)

1. 조응록(趙應祿)의 『죽계일기(竹溪日記)』 제4권의 「정유만력이십오년(丁酉萬曆二十五年)」 3월 4일

2. 『선조실록』 86권, 선조30년(1597) 3월 15일 을사 7번째 기사; 『선조실록』 89권, 선조30년(1597) 6월 8일 정묘 2번째 기사 등

3. 『선조실록』 84권, 선조30년(1597) 1월 8일 기해 1번째 기사; 『선조실록』 86권, 선조30년(1597) 3월 1일 신묘 5번째 기사

4. 『선조실록』 86권, 선조30년(1597) 3월 1일 신묘 5번째 기사; 『선조실록』 87권, 선조30년(1597) 4월 13일 계유 4번째 기사

5. 『선조실록』 84권, 선조30년(1597) 1월 27일 무오 3번째 기사; 『선조실록』 87권, 선조30년(1597) 4월 13일 계유 4번째 기사

6. 조응록(趙應祿)의 『죽계일기(竹溪日記)』 제4권의 「정유만력이십오년(丁酉萬曆二十五年)」 4월 5일

7. 노직(盧稷)의 신상은 「융경4년경오2월18일사마방목(隆慶四年庚午二月十八日司馬榜目)」의 문과급제자 명단, 정경세(鄭經世)의 『우복집(愚伏集)』 제18권의 「묘표(墓表)」-「숭정대부행병조판서노공묘표(崇政大夫行兵曹判書盧公墓表)」에서 확인할 수 있다.

8. 곽영(郭嶸)의 신상은 송인(宋寅)의 『이암유고(頤庵遺稿)』 제8권의 「신도비명(神道碑銘)」-「증병조판서행양천현령곽공신도비명(贈兵曹判書行陽川縣令郭公神道碑銘)」, 「가정25년병오10월초8일문무과식년방(嘉靖二十五年丙午十月初八日文武科式年榜)」의 무과급제자 명단에 실린 그의 형 곽순(郭峋)의 가족 사항, 『포산곽씨세보(苞山郭氏世譜)』에서 확인할 수 있다. 『이암유고』에 의하면 곽한방(郭翰邦)은 흘(屹), 영(嶸), 륜(崙)의 세 아들을 두었으며 둘째 아들 영은 을묘년(1555년)에 무과에 급제하고 경상병사를 지냈는데 『선조실록』의 기사(12권, 선조11년-1578년 4월 5일 병술 1번째 기사)에서도 곽영이 경상병사를 지낸 사실을 확인할 수 있다. 세보에 따르면 그의 자는 경고(景高), 생몰년은 무자년(1528년)~기해년(1599년)이다.

9. 인덕원(仁德院)은 『신증동국여지승람(新增東國輿地勝覽)』의 「광주목(廣州牧)」과 『해동지도(海東地圖)』의 「과천현(果川縣)」, 『대동여지도(大東輿地圖)』 등의 조선시대 지도에서 그 위치를 찾아볼 수 있다.

10. 『선조실록』 84권, 선조30년(1597) 1월 29일 경신 2번째 기사; 『선조실록』 85권, 선조30년(1597) 2월 24일 을유 2번째 기사; 『선조실록』 88권, 선조30년(1597) 5월 27일 정사 1번째 기사. 이 기사들을 통하여 당시 영의정 유성룡이 상사도도체찰사(上四道都體察使)를 겸임했음을 알 수 있다. 이덕형(李德馨)의 『한음문고(漢陰文稿)』 부록 제1권의 「연보(年報)」의 만력23년 10월 기록에 의하면 유성룡이 도체찰사로서 관할한 사도는 경기도, 황해도, 평안도, 함경도이다.

11. 『선조실록』 87권, 선조30년(1597) 4월 20일 경진 2번째 기사; 조응록(趙應祿)의 『죽계일기(竹溪日記)』 제3권의 「병신만력이십사년(丙申萬曆二十四年)」 8월 18일

12. 유영건(柳永健)의 신상은 「가정43년갑자7월20일사마방목(嘉靖四十三年甲子七月二十日司馬榜目)」의 문과급제자 명단, 이경석(李景奭)의 『백헌집(白軒集)』 제50권의 「묘표(墓表)」-「수원부사유공묘표(水原府使柳公墓表)」에서 확인할 수 있다.

13. 독성(禿城)은 『신증동국여지승람(新增東國輿地勝覽)』의 「수원도호부(水原都護府)」, 이긍익(李肯翊)의 『연려실기술(燃藜室記述)』 별집 제17권의 「변어전고(邊圉典故)」-「산성(山城)」과 『해동지도(海東地圖)』의 「수원부(水原府)」, 『1872 지방지도』의 「수원부지도(水原府地圖)」 등의 조선시대 지도에서 그 위치를 찾아볼 수 있다.

14. 『선조실록』 74권, 선조29년(1596) 4월 17일 계축 5번째 기사; 『선조실록』 90권, 선조30년(1597) 7월 9일 무술 3번째 기사

15. 진위(振威)는 『신증동국여지승람(新增東國輿地勝覽)』의 「진위현(振威縣)」과 『해동지도(海東地圖)』의 「진위현(振威縣)」, 『1872 지방지도』의 「진위현지도(振威縣地圖)」 등의 조선시대 지도에서 그 위치를 찾아볼 수 있다.

16. 오희문(吳希文)의 『쇄미록(瑣尾錄)』의 1592년 11월 12일 일기. 이 일기에서 오희문은 진위에 사는 황천상(黃天祥)이 자신의 8촌 친척이라고 기록하였다. 『상주황씨족보(尙州黃氏族譜)』에 따르면 황천상의 어머니는 연일 오씨(延日吳氏)로서 연일 오씨는 오희문의 가문인 해주 오씨(海州吳氏)로부터 분적한 성씨라고 한다.

17. 안흥량(安興梁)은 『신증동국여지승람(新增東國輿地勝覽)』의 「태안군(泰安郡)」, 안정복(安鼎福)의 『동사강목(東史綱目)』 제8하권의 갑인년 추7월의 기록 등에서 그 위치를 찾아볼 수 있다.

18. 이종영, 1963, 『동방학지 7집』, 「安興梁 對策으로서의 泰安漕渠 및 安民倉 問題」, 연세대학교 국학연구원, 100~104쪽; 『태종실록』 24권, 태종12년(1412) 11월 16일 정유 5번째 기사; 『중종실록』 42권, 중종16년(1521) 8월 20일 기해 3번째 기사; 『선조실록』 18권, 선조17년(1584) 4월 26일 임신 1번째 기사 등

19. 법성포(法聖浦)는 『신증동국여지승람(新增東國輿地勝覽)』의 「영광군(靈光郡)」, 안정복(安鼎福)의 『동사강목(東史綱目)』 제6하권의 임진년 춘정월의 기록 등에서 그 위치를 찾아볼 수 있다.

20. 해암(蟹岩)은 『신정아주지(新定牙州誌)』의 「해구(海口)」와 「방리(坊里)」에서 각기 해암(蟹岩)과 해암리(蟹巖里)라는 지명으로 그 위치를 찾아볼 수 있다. 또한 『1872 지방지도』의 「천안군지도(天安郡地圖)」지도에서도 그 위치가 확인된다.

21. 송익필(宋翼弼)의 『구봉집(龜峯集)』 제8권의 「가례주설이(家禮註說二)」-「상례(喪禮)」; 박세채(朴世采)의 『남계집(南溪集)』 제48권의 「답문(答問)」-「답박대숙문(答朴大叔問)」; 김종정(金鍾正)의 『운계만고(雲溪漫稿)』 제19권의 「차록(箚錄)」-「예기(禮記)」 등. 이들 기록에 의하면 부관(附棺)은 명기(明器)와 용기(用器)를 가리킨다. 부관(附棺)은 『예기(禮記)』의 「단궁상(檀弓上)」에 나오는 부어관자(附於棺者)의 준말이다.

22. 『영성지(寧聖誌)』의 「명환(名宦)」에 기록된 당시의 천안군수를 재임 순서대로 살펴보면 이암(李巖), 정호인(鄭好仁), 김은휘(金殷輝) 등이다. 『선조실록』의 기사(56권, 선조27년-1594년 10월 10일 갑인 6번째 기사)에 의하면 이암은 1594년에 천안군수에서 청주목사로 제수되었고, 김장생(金長生)의 『사계전서(沙溪全書)』 제8권의 「행장(行狀)」-「숙부천안군수부군행장(叔父天安郡守府君行狀)」에 의하면 김은휘는 1599년에 천안군수가 되었으므로, 1595년부터 1598년까지의 천안군수는 정호인으로 판단된다. 또한 이긍익(李肯翊)의 『연려실기술(燃藜室記述)』 제18권의 「선조조고사본말(宣祖朝故事本末)」-「선조조명신(宣祖朝名臣)」-「이신의(李愼儀)」에는 1596년 이몽학의 반란 때 천안군수 정호인이 반란군 진압을 위해 군병을 지원한 기록이 있다. 『청난원종공신녹권』에는 그의 이름과 함께 관직이 군수로 기록되어 있다.

23. 정호인(鄭好仁)의 신상은 『진양정씨공대공파대동보(晋陽鄭氏恭戴公派大同譜)』, 유성룡(柳成龍)의 『서애집(西厓集)』 별집 제1권의 「시(詩)」-「옥산야음증정극기호인(玉山夜飮贈鄭克己好仁)」에서 확인할 수 있다. 그와 이요신의 딸과의 혼인 관계는 『진양정씨공대공파대동보』와 『덕수이씨세보(德水李氏世譜)』에서 확인된다. 대동보에 따르면 그는 진양 정씨 공대공파 파조 정장(鄭莊)의 7대손으로서, 자는 극기(克己), 생몰년은 1551~1622년이며, 군수를 지낸 이력이 있다. 그의 자 극기는 『서애집』의 기록에서도 확인된다. 대동보에 그의 첫째 부인이 임진년(1592년)에 세상을 떠났다고 기록된 점과 그의 장남의 생년이 정유년(1597년)으로 기록된 점으로 미루어보아 일기의 시점에 그는 이미 이요신의 딸과 부부 관계였을 것이다.

24. 중방포(中方浦)는 『신정아주지(新定牙州誌)』의 「해구(海口)」와 『1872 지방지도』의 「아산현지도(牙山縣地圖)」, 『대동여지도(大東輿地圖)』 등의 조선시대 지도에서 그 위치를 찾아볼 수 있다.

25. 보산원(寶山院)은 강백년(姜栢年)의 『설봉유고(雪峯遺稿)』 제9권의 「정관후록(靜觀後錄)」-「보산원근처잠주유음(寶山院近處暫住有吟)」에 의하면 광덕산(廣德山) 근처에 있었다. 지금의 충남 천안시 동남구 광덕면 보산원리는 『설봉유고』에서 묘사된 바와 같이 광덕산 옆에 위치해 있다. 보산원의 지명은 이곳에 위치한 보산군(寶山君) 오자경(吳子慶)의 묘소로부터 유래한 것으로 추정된다.

26. 한술(韓述)의 신상은 「융경4년경오2월18일사마방목(隆慶四年庚午二月十八日司馬榜目)」의 문과급제자 명단, 경기도 성남시 분당구 율동 산6-2에 있는 그의 묘소의 「한술묘갈(韓述墓碣)」에서 확인할 수 있다.

27. 『선조실록』 95권, 선조30년(1597) 12월 12일 무진 4번째 기사; 조응록(趙應祿)의 『죽계일기(竹溪日記)』 제2권의 「병신만력이십사년(丙申萬曆二十四年)」 5월 15일. 참고로 당시의 임천군수는 『선조실록』의 기사(87권, 선조30년-1597년 4월 21일 신사 5번째 기사)에 의하면 박춘무(朴春茂)이다.

28. 『선조실록』 87권, 선조30년(1597) 4월 9일 기사 1번째 기사. 조응록(趙應祿)의 『죽계일기(竹溪日記)』 제4권의 「정유만력이십오년(丁酉萬曆二十五年)」 4월 1일에는 중시에 급제한 문신 및 무신의 수와 몇몇 급제자의 이름이 기록되어 있다.

29. 일신역(日新驛)은 『신증동국여지승람(新增東國輿地勝覽)』의 「공주목(公州牧)」, 『공산지(公山誌)』의 「역원(驛院)」과 『해동지도(海東地圖)』의 「공주목(公州牧)」, 『비변사인방안지도(備邊司印方眼地圖)』의 「공주(公州)」 등의 조선시대 지도에서 그 위치를 찾아볼 수 있다.

30. 이산(尼山)은 『신증동국여지승람(新增東國輿地勝覽)』의 「이산현(尼山縣)」과 『해동지도(海東地圖)』의 「이산현(尼山縣)」, 『광여도(廣輿圖)』의 「이산현(尼山縣)」 등의 조선시대 지도에서 그 위치를 찾아볼 수 있다.

31. 정진술, 2016, 『이순신연구논총 제26호』, 「이순신 백의종군로의 고증 - 공주 일신역에서 여산까지」, 순천향대학교 이순신연구소, 11쪽

32. 원문 '思津浦' 중의 '思'를 초고본의 다른 날짜들의 '思' 및 '恩'과 비교해보면 그 자형의 차이를 쉽게 구분할 수 있다. 같은 날짜에 기록된 '恩院'의 '恩' 또한 '思津浦'의 '思'와 그 형태의 차이가 분명하다. 초고본에 쓰여있는 '思津浦'의 '思'는 '思'의 전형적인 초서체 자형으로서 조선시대 문헌과 현대의 한자사전에서 쉽게 확인할 수 있다.

원문 '思'	정유일기 1 4월 11일 '思'	정유일기 1 4월 27일 '思'	정유일기 1 4월 21일 '恩'	정유일기 1 5월 21일 '恩'

33. 오석민, 2010, 『충남의 민속문화』, 「금강의 옛 포구와 장시」, 국립민속박물관, 238~239쪽. 이 논고에 따르면 조선 초기 은진현에는 증산포(甑山浦), 강경포(江景浦), 시진포(市津浦), 사진(私津) 등의 포구가 있었다. 『신증

동국여지승람(新增東國輿地勝覽)』의 「은진현(恩津縣)」, 『세종실록지리지』의 「은진현(恩津縣)」에서도 시진포(市津浦)와 사진(私津)의 지명을 찾아볼 수 있다.

34. 여산(礪山)은 『신증동국여지승람(新增東國輿地勝覽)』의 「여산군(礪山郡)」과 『1872 지방지도』의 「여산부지도(礪山府地圖)」, 『해동지도(海東地圖)』의 「여산부(礪山府)」 등의 조선시대 지도에서 그 위치를 찾아볼 수 있다.

35. 삼례역(參禮驛)은 『신증동국여지승람(新增東國輿地勝覽)』의 「전주부(全州府)」, 『호남역지(湖南驛誌)』의 「삼례도역지사례(參禮道驛誌事例)」와 『1872 지방지도』의 「전주지도(全州地圖)」, 『비변사인방안지도(備邊司印方眼地圖)』의 「전주(全州)」 등의 조선시대 지도에서 그 위치를 찾아볼 수 있다.

36. 이의신(李義臣)의 신상은 「국조문과방목(國朝文科榜目)」의 문과급제자 명단, 유희춘(柳希春)의 『미암일기(眉巖日記)』의 1569년 10월 8일 일기, 기대승(奇大升)의 『고봉집(高峯集)』 제1권의 「시(詩)」-「송이군례부금산(送李君禮赴錦山)」, 『완산지(完山誌)』의 「과환(科宦)」, 『덕산이씨세보(德山李氏世譜)』 등에서 확인할 수 있다. 그의 집이 전주임은 『미암일기』와 『완산지』의 기록으로부터 짐작할 수 있으며 『덕산이씨세보』에서도 그의 거주지가 전주임이 확인된다. 세보에 따르면 그는 덕산 이씨 시조 이존술(李存述)의 13대손이다.

37. 『선조실록』 93권, 선조30년(1597) 10월 13일 경오 7번째/8번째 기사

38. 『선조실록』 68권, 선조28년(1595) 10월 19일 무오 4번째 기사; 『선조실록』 88권, 선조30년(1597) 5월 8일 무술 1번째 기사

39. 박경신(朴慶新)의 신상은 「만력10년임오2월28일사마방목(萬曆十年壬午二月二十八日司馬榜目)」의 문과급제자 명단, 이헌경(李獻慶)의 『간옹집(艮翁集)』 제16권의 「지(誌)」-「만봉선생박공묘지명(晚峯先生朴公墓誌銘)」에서 확인할 수 있다.

40. 『선조실록』 91권, 선조30년(1597) 8월 21일 기묘 3번째/4번째 기사; 『선조실록』 93권, 선조30년(1597) 10월 13일 경오 7번째/8번째 기사; 『선조실록』 95권, 선조30년(1597) 12월 9일 을축 3번째 기사; 『선조실록』 114권, 선조32년(1599) 6월 6일 계미 3번째 기사; 『광해군일기』 182권, 광해14년(1622) 10월 20일 임오 5번째 기사 등

41. 오원역(烏原驛)은 『신증동국여지승람(新增東國輿地勝覽)』의 「임실현(任實縣)」, 『임실읍지(任實邑誌)』의 「역원(驛院)」과 『비변사인방안지도(備邊司印方眼地圖)』의 「임실(任實)」, 『1872 지방지도』의 「임실현지도(任實縣地圖)」 등의 조선시대 지도에서 '烏原'이나 '烏原驛' 또는 '烏院' 등의 지명으로 그 위치를 찾아볼 수 있다.

42. 『임실읍지(任實邑誌)』의 「선생안(先生案)」에 의하면 홍순각(洪純慤)은 병신년(1596년) 12월부터 정유년(1597년) 8월까지 임실현감을 지냈다. 조응록(趙應祿)의 『죽계일기(竹溪日記)』 제3권의 「병신만력이십사년(丙申萬曆二十四年)」 10월 4일에서도 홍순각이 임실현감에 제수된 것을 확인할 수 있다.

43. 홍순각(洪純慤)의 신상은 「만력4년병자2월16일사마방목(萬曆四年丙子二月十六日司馬榜目)」의 문과급제자 명단, 정인준(鄭仁濬)의 『구담실기(龜潭實記)』 제2권의 「부록(附錄)」-「갑회도지(甲會圖誌)」에서 확인할 수 있다.

44. 『선조실록』 87권, 선조30년(1597) 4월 17일 정축 4번째 기사; 『선조실록』 88권, 선조30년(1597) 5월 25일 을묘 10번째 기사

45. 운봉(雲峯)은 『신증동국여지승람(新增東國輿地勝覽)』의 「운봉현(雲峯縣)」과 『1872 지방지도』의 「운봉현지도(雲峯縣地圖)」, 『비변사인방안지도(備邊司印方眼地圖)』의 「운봉현(雲峯縣)」 등의 조선시대 지도에서 그 위치를 찾아볼 수 있다.

46. 원문 '山就'(또는 '㷀')를 초고본의 다른 날짜들의 '就' 및 '龍'과 비교해보면 원문이 '山龍'이나 '龑'이 아닌 '山就'(또는 '㷀')임을 확인할 수 있다. '就'와 '龍'의 자형의 가장 큰 차이점은 글자 좌변 중단 부분에 'ㅁ'자를 쓴 획이 있는지의 여부로서 그 형태를 살펴보면 글자의 차이가 명확히 구분된다. 따라서 원문은 '山就'(또는 '㷀')로 판단된다.

원문 '山就'(또는 '就')	정유일기 1 4월 5일 '就'	정유일기 1 7월 16일 '就'	병신일기 1월 23일 '就'	정유일기 1 5월 7일 '龍'	정유일기 1 9월 19일 '龍'

47. 『운봉현읍지(雲峯縣邑誌)』의 「읍후안(邑侯案)」에 의하면 남간(南侃)은 계사년(1593년) 6월부터 무술년(1598년) 11월까지 운봉현감을 지냈다. 『선조실록』의 기사(40권, 선조26년-1593년 7월 13일 을축 10번째 기사/95권, 선조30년-1597년 12월 9일 을축 1번째 기사)와 정경운(鄭慶雲)의 『고대일록(孤臺日錄)』의 1597년 4월 5일 일기에서도 남간이 운봉현감을 지낸 것을 확인할 수 있다.

48. 남간(南侃)의 신상과 행적은 「만력11년계미9월초3일별시방목(萬曆十一年癸未九月初三日別試榜目)」의 무과급제자 명단, 『의령남씨족보(宜寧南氏族譜)』, 조경남(趙慶男)의 『난중잡록(亂中雜錄)』 제2권의 임진년 10월의 기록 등에서 확인할 수 있다. 『운봉현읍지』의 「읍후안」에 기록된 남간의 거주지 여산(礪山)은 방목 및 족보의 기록과 일치한다. 족보에 따르면 그는 의령 남씨 강무공파(剛武公派) 파조 남은(南誾)의 8대손이다.

49. 손인필(孫仁弼)의 신상은 『봉성지(鳳城誌)』의 「남무(南武)」, 황현(黃玹)의 『매천집(梅泉集續集)』 제1권의 「기(記)」-「손효자정려중수기(孫孝子旌閭重修記)」에서 확인할 수 있다. 그러나 두 기록 모두 후대의 기록으로서 내용이 간략하고 신빙성이 떨어진다.

50. 송치(松峙)는 송현(松峴)으로도 불렸으며 『1872 지방지도』의 「순천부지도(順天府地圖)」, 『해동지도(海東地圖)』의 「순천부(順天府)」 등의 조선시대 지도에서 그 위치를 찾아볼 수 있다. 조경남(趙慶男)의 『난중잡록(亂中雜錄)』 제4권의 경자년 8월 27일의 기록에도 순천의 송치(順天之松峙)라는 지명이 보이므로 임진왜란 즈음에도 송치(松峙)라는 지명이 사용되었음을 알 수 있다.

51. 송원(松院)은 『해동지도(海東地圖)』의 「순천부(順天府)」, 『광여도(廣輿圖)』의「순천부(順天府)」 등의 조선시대 지도에서 그 위치를 찾아볼 수 있다.

52. 송강 정철의 둘째 형 정소(鄭沼)가 순천으로 낙향한 사실은 정철에 관한 기록이 실린 여러 조선시대 문헌에서 확인된다. 지금의 전남 순천시에는 정소와 관련한 여러 역사적 흔적이 남아 있다. 이긍익(李肯翊)의 『연려실기술(燃藜室記述)』 별집 제4권의 「사전전고(祀典典故)」-「서원(書院)」에는 순천의 청사사(菁莎祠)에 정소(鄭沼)를 모셨다는 기록이 있는데 청사사는 후일 곡수서원(曲水書院)으로 재건되어 지금의 전남 순천시 조례동에 현존한다. 이정(李楨)의 『구암집(龜巖集)』 제1권의 「식(識)」-「임청대비음식(臨清臺碑陰識)」에 의하면 지금의 전남 순천시 옥천동에 있는 옥천서원(玉川書院)의 임청대 뒷면의 음기(陰記)는 정소가 쓴 글이다. 『연일정씨세보(延日鄭氏世譜)』에 따르면 정소의 묘는 순천에 있었다.

53. 권승경(權升慶)의 신상은 「기해춘정시용호방목(己亥春庭試龍虎榜目)」의 무과급제자 명단, 김상헌(金尙憲)의 『청음집(清陰集)』 제34권의 「묘지명(墓誌銘)」-「동지중추부사권공묘지명(同知中樞府事權公墓誌銘)」, 『안동권씨추

밀공파대보(安東權氏樞密公派大譜)」, 「원수권공행주대첩비(元帥權公幸州大捷碑)」에서 확인할 수 있다. 권율의 행주대첩을 기록한 「원수권공행주대첩비」 후반부에는 그의 막하에서 공을 세운 인물들의 명단이 있는데 그중에는 전 훈련원정(前訓鍊院正) 권승경(權升慶)이 있다. 이 관직은 방목에 실린 전력 훈련원정(訓鍊院正)과 일치한다. 대보에 따르면 그는 권율의 넷째 형 권순(權恂)의 아들이며, 몰년은 을축년(1625년)이다.

54. 「선조실록」 83권, 선조29년(1596) 12월 22일 갑신 2번째 기사; 「선조실록」 90권, 선조30년(1597) 7월 22일 신해 2번째 기사; 조응록(趙應祿)의 「죽계일기(竹溪日記)」 제3권의 「병신만력이십사년(丙申萬曆二十四年)」 12월 21일.

55. 「선조실록」 84권, 선조30년(1597) 1월 27일 무오 2번째 기사; 조응록(趙應祿)의 「죽계일기(竹溪日記)」 제4권의 「정유만력이십오년(丁酉萬曆二十五年)」 1월 28일

56. 「선조실록」 90권, 선조30년(1597) 7월 16일 을사 4번째 기사; 조경남(趙慶男)의 「난중잡록(亂中雜錄)」 제3권의 병신년 3월의 기록

57. 「선조실록」 88권, 선조30년(1597) 5월 12일 임인 3번째 기사; 「선조실록」 88권, 선조30년(1597) 5월 13일 계묘 1번째 기사

58. 일기의 원문 '晨昏戀慟 淚凝成血 天胡漠漠 不我燭兮'의 각 구절과 이언적(李彦迪)의 「회재집(晦齋集)」 제6권의 「제문(祭文)」-「제선비손부인문(祭先妣孫夫人文)」의 여러 구절들 중 '晨昏默禱', '淚凝成血', '天亦漠漠', '惟我獨兮'의 네 구절의 유사성으로 보아 일기의 원문은 「제선비손부인문」에서 인용되었음이 거의 확실하다. 「제선비손부인문」이 어머니를 위한 제문이라는 점에서 그 인용 경위를 짐작할 수 있겠다.

59. 「능주군읍지(綾州郡邑誌)」의 「관안(官案)」에 의하면 이계명(李繼命)은 병신년(1596년) 12월부터 정유년(1597년) 5월까지 능성현령을 지냈다. 조응록(趙應祿)의 「죽계일기(竹溪日記)」 제3권의 「병신만력이십사년(丙申萬曆二十四年)」 12월 4일에서도 이계명이 능성현령에 제수된 것을 확인할 수 있다.

60. 송득운(宋得運)의 신상은 「갑자증광문무과방목(甲子增廣文武科榜目)」의 무과급제자 명단에 실린 그의 아들 송익(宋杙)의 가족 사항, (前)전라남도 유형문화재 제147호 「주사선연도(舟師宣宴圖)」, 「여산송씨대동보(礪山宋氏大同譜)」에서 확인할 수 있다. 대동보에 따르면 그는 여산 송씨 원윤공파(元尹公派) 파조 송운(宋惲)의 11대손이다. 송정립(宋挺立)은 「만력11년계미9월초3일별시방목(萬曆十一年癸未九月初三日別試榜目)」의 무과급제자 명단에 실린 송희립의 가족 사항, 「여산송씨세보(礪山宋氏世譜)」에서 송희립의 동생임을 확인할 수 있다.

61. 「선조실록」 86권, 선조30년(1597) 3월 25일 을묘 3번째 기사; 조경남(趙慶男)의 「난중잡록(亂中雜錄)」 제3권의 정유년 3월의 기록

62. 국립민속박물관, 2005년, 「한민족역사문화도감-의생활」, 국립민속박물관, 301쪽

63. 「서산군지(瑞山郡誌)」의 「선생안(先生案)」에 의하면 안괄(安适)은 정유년(1597년) 1월부터 같은 해 12월까지 서산군수를 지냈다.

64. 조사겸(趙思謙)의 신상은 「만력11년계미9월초3일별시방목(萬曆十一年癸未九月初三日別試榜目)」의 무과급제자 명단, 「만력임자증광문과방목(萬曆壬子增廣文科榜目)」의 무과급제자 명단에 실린 그의 아들 조협(趙浹)의 가족 사항, 「풍양조씨세보(豊壤趙氏世譜)」에서 확인할 수 있다. 아들 조협의 가족 사항에는 조사겸이 구례현감을 지낸 이력이 기록되어 있다. 「봉성현지(鳳城縣誌)」의 「관안(官案)」에 의하면 그는 기축년(1589년)에 구례현감으로 도임하였다. 방목에 의하면 그의 자는 익부(益夫), 본관은 풍양(豊壤), 생년은 1554년이며, 세보에 따르면 그는 풍양 조씨 회양공파(淮陽公派) 파조 조신(趙愼)의 7대손이다.
조사겸의 행적은 「선조수정실록」의 기사(26권, 선조25년-1592년 5월 1일 경신 23번째 기사), 조경남(趙慶男)의 「난중잡록(亂中雜錄)」 제1권의 임진년 5월 20일의 기록에서 확인할 수 있다. 이 두 기록에는 모두 그의 이름이 '趙士謙'으로 오기되어 있다. 오희문(吳希文)의 「쇄미록(瑣尾錄)」의 1593년 11월 5일 일기에 따르면 구례현감 조사

겸(趙思謙)은 벼슬살이 중에 병으로 세상을 떠났다.

65. 신해순, 2010, 『한국사학보 제40권』, 「17세기 전후 동반 소속 하급 京衙前制度의 변화 -書吏를 중심으로-」, 고려사학회, 105~106쪽

66. 『경종실록』 12권, 경종3년(1723) 5월 12일 경인 4번째 기사; 『영조실록』 103권, 영조40년(1764) 5월 10일 신유 3번째 기사; 고상안(高尚顏)의 『태촌집(泰村集)』 제4권의 「효빈잡기상(效嚬雜記上)」-「총화(叢話)」; 김용(金涌)의 『운천집(雲川集)』 제1권의 「시(詩)」-「오월십일우유감(五月十日雨有感)」 등

67. 배재수/이기봉/주린원, 2004, 『조선시대 국용임산물』, 국립산림과학원, 53~54쪽

68. 잔수(潺水)는 『신증동국여지승람(新增東國輿地勝覽)』의 「구례현(求禮縣)」, 조경남(趙慶男)의 『난중잡록(亂中雜錄)』 제3권의 무술년 1월 3일의 기록 등과 『1872 지방지도』의 「구례현지도(求禮縣地圖)」, 『해동지도(海東地圖)』의 「구례현(求禮縣)」 등의 조선시대 지도에서 그 위치를 찾아볼 수 있다. 『신증동국여지승람』의 「구례현」의 「제영(題詠)」에는 고려시대의 문인 백비화(白賁華)가 지은 시에 나오는 찬수(鑽燧)가 잔수(潺水)라는 설명이 보이는데 이는 잔수가 찬수로도 불렸음을 시사한다. 따라서 일기의 '粲水(찬수)'는 음차 또는 오기로 판단된다.

69. 최재률, 1966, 『호남문화연구 제4집』, 「茅亭이 農村社會經濟에 미친 影響」, 전남대학교 호남문화연구소, 5~6쪽

70. 조경남(趙慶男)의 『난중잡록(亂中雜錄)』 제3권의 정유년 5월의 기록

71. 신흠(申欽)의 『상촌집(象村集)』 제57권의 「천조소사장신선후거래성명 기자임진지경자(天朝詔使將臣先後去來姓名 記自壬辰至庚子)」-「이제독이하제관일시왕래각아문(李提督以下諸官一時往來各衙門)」

72. 『선조실록』 88권, 선조30년(1597) 5월 8일 무술 1번째 기사; 『선조실록』 88권, 선조30년(1597) 5월 15일 을사 1번째 기사; 『선조실록』 88권, 선조30년(1597) 5월 18일 무신 5번째 기사; 『선조실록』 88권, 선조30년(1597) 5월 21일 신해 1번째 기사; 정경운(鄭慶雲)의 『고대일록(孤臺日錄)』의 1597년 5월 16일 일기; 같은 책 1597년 6월 17일 일기; 조경남(趙慶男)의 『난중잡록(亂中雜錄)』 제3권의 정유년 5월/6월의 기록 등

73. 김종려(金宗麗)의 신상은 정경운(鄭慶雲)의 『고대일록(孤臺日錄)』의 1592년 7월 8일 일기, 오희문(吳希文)의 『쇄미록(瑣尾錄)』의 1592년 8월 24일 일기, 『영산김씨세보(永山金氏世譜)』에서 확인할 수 있다. 『고대일록』은 김종려를 무주(茂朱)에 사는 전 군수로, 『쇄미록』은 영동(永同)에 사는 전 군수로 기록하였는데 이는 세보에 김종려와 그의 조상들의 묘가 영동(永同)에 위치했다고 기록된 점과 부합한다. 세보에 따르면 김종려는 영산 김씨 시조 김영이(金令胎)의 8대손으로서, 자는 남중(南仲), 생몰년은 계사년(1533년)~경술년(1610)이다.
『영산김씨세보』에는 김종려의 둘째 부인이 안동 권씨(安東權氏) 권극중(權克重)의 딸로 기록되어 있으며, 『안동권씨복야공파세보(安東權氏僕射公派世譜)』에도 안동 권씨 복야공파 파조 권수홍(權守洪)의 11대손 권극중(權克中)의 장녀가 김종려(金宗麗)와 혼인한 것으로 기록되어 있다. 『안동권씨복야공파세보』에 따르면 권극중은 증조부 때부터 그에 이르기까지 묘가 영동(永同)에 위치했으며 그의 동생의 이름은 권치중(權致中)이다.
20일 일기에는 권치중(權致中)이 김 첨지의 서얼 처남으로 나오는 데 비해 『안동권씨복야공파세보』에는 김종려의 처삼촌으로 기록되어 있다. 비록 권치중의 친인척 관계에 대한 부분은 서로 차이점이 있지만, 일기에서 언급된 권치중의 거주지 옥천이 김종려의 장인 권극중의 고향 영동과 인접한 지역인 점으로 미루어보아 김 첨지가 김종려임에는 틀림이 없다고 생각된다.

74. 일기에서 언급된 정자 이름에 대해서는 '莫莢亭(명협정)' 또는 '蕠莢亭(애협정)'으로 보는 두 가지 견해가 있는데 이 중에서 '莫莢亭'으로 보는 견해가 우세하다. 아마도 이는 '莫莢'이라는 풀 이름이 존재하기 때문으로 생각된다. 그러나 초고본을 살펴보면 그 제일 앞 글자의 하변이 '六'이 아닌 '木'과 유사한 형태다. 따라서 이 한자가 무슨 글자인지 알기 어렵지만 최소한 '莫'으로 볼 수는 없다.

75. 옥천(沃川)은 『신증동국여지승람(新增東國輿地勝覽)』의 「옥천군(沃川郡)」과 『1872 지방지도』의 「옥천군지도(沃川郡地圖)』, 『해동지도(海東地圖)』의 「옥천군(沃川郡)」 등의 조선시대 지도에서 그 위치를 찾아볼 수 있다.

76. 일기의 원문 '梁山倉(양산창)'은 대개 '陽山倉'으로 기록되었으며 『해동지도(海東地圖)』의 「옥천군(沃川郡)」, 『비변사인방안지도(備邊司印方眼地圖)』의 「옥천군(沃川郡)」 등의 조선시대 지도에서 그 위치를 찾아볼 수 있다.

77. 『성종실록』 54권, 성종6년(1475) 4월 25일 계묘 5번째 기사

78. 『선조실록』 81권, 선조29년(1596) 10월 21일 갑신 3번째 기사; 『선조실록』 82권, 선조29년(1596) 11월 7일 기해 3번째 기사

79. 『선조실록』 89권, 선조30년(1597) 6월 10일 기사 1번째 기사

80. 박천(博川)은 『신증동국여지승람(新增東國輿地勝覽)』의 「박천군(博川郡)」과 『해동지도(海東地圖)』의 「박천군(博川郡)」, 『지승(地乘)』의 「박천군(博川郡)」 등의 조선시대 지도에서 그 위치를 찾아볼 수 있다.

81. 『박천군읍지(博川郡邑誌)』의 「읍선생안(邑先生案)」에 기록된 당시의 박천군수를 재임 순서대로 살펴보면 최택(崔澤), 유해(柳海), 이수형(李隨亨) 등이다. 『선조실록』의 기사(27권, 선조25년-1592년 6월 14일 임인 6번째 기사)에 유해가 박천군수로 기록된 점과 조응록(趙應祿)의 『죽계일기(竹溪日記)』 제2권의 「병신만력이십사년(丙申萬曆二十四年)」 4월 5일에 이수형(李隨亨)이 박천군수로 제수된 기록이 보이는 점으로 보아 유해는 임진년(1592년) 6월 이전부터 병신년(1596년) 4월경까지 박천군수를 지낸 것으로 판단된다.

82. 『선조실록』 90권, 선조30년(1597) 7월 28일 정사 3번째 기사; 『선조실록』 104권, 선조31년(1598) 9월 19일 신축 3번째 기사

83. 유해(柳海)의 신상은 허목(許穆)의 『미수기언별집(眉叟記言別集)』 제25권의 「구묘문(丘墓文)」-「다산목공묘갈명(茶山睦公墓碣銘)」, 『진주유씨족보(晋州柳氏族譜)』에서 확인할 수 있다. 『미수기언별집』에 의하면 목대흠(睦大欽)의 부인은 본관이 진주(晋州)이고 훈련원정(訓鍊院正) 유해의 딸이다. 족보에서도 목대흠이 유해의 사위임이 확인되며 『선조실록』의 기사(179권, 선조37년-1604년 윤 9월 3일 경진 3번째 기사)에서는 유해가 훈련원정을 지낸 이력이 확인된다. 족보에 따르면 그는 진주 유씨(移晋) 판서공파(判書公派) 파조 유지습(柳之濕)의 7대손이다.

84. 『은진현읍지(恩津縣邑誌)』의 「읍선생안(邑先生案)」에 의하면 이곡(李穀)은 계사년(1593년) 10월부터 정유년(1597년) 8월까지 은진현감을 지냈다. 조응록(趙應祿)의 『죽계일기(竹溪日記)』 제1권의 「계사만력이십일년(癸巳萬曆二十一年)」 8월 27일에서도 이곡이 은진현감에 제수된 것을 확인할 수 있으며, 보물 제668-5호 「권응수장군유물-유지및장군간찰(權應銖將軍遺物-有旨및將軍簡札)」 중의 「방어사권개탁-만력이십오년구월초오일(防禦使權開拆-萬曆二十五年九月初五日)」에서는 은진현감 이곡이 정유재란 때 고을을 버리고 도망친 이유로 나국 명령이 내렸던 사실이 확인된다.

85. 이곡(李穀)의 신상은 『융경4년경오2월18일사마방목(隆慶四年庚午二月十八日司馬榜目)』의 문과급제자 명단, 박장원(朴長遠)의 『구당집(久堂集)』 제2권의 「시(詩)」-「화현록(花縣錄)」-「만력계사갑오년간…(萬曆癸巳甲午年間…)」, 『전주이씨양녕대군파대보(全州李氏讓寧大君派大譜)』에서 확인할 수 있다. 『구당집』에는 박장원의 할아버지인 전

선산부사 박효성(朴孝誠)과 박효성의 장인인 은진현감 이곡(李㲄)의 인연이 묘사되어 있는데 『전주이씨양녕대군파대보』와 『고령박씨세보(高靈朴氏世譜)』에서도 이곡의 차녀와 박효성의 혼인 관계가 확인된다. 대보에 따르면 이곡은 양녕대군의 6대손이며, 몰년은 병진년(1616년)이다.

86. 『선조실록』 84권, 선조30년(1597) 1월 4일 을미 3번째 기사

87. 『성종실록』 138권, 성종13년(1482) 2월 2일 신축 6번째 기사

88. 엄태식, 2014, 『동방학지 167집』, 「한국 고전소설의 『전등신화』 수용 연구 -전기 소설과 몽유록을 중심으로-」, 연세대학교 국학연구원, 156쪽. 일기의 원문 '一脉金錢便返魂' 중의 일백을 의미하는 '一脉'은 『전등신화』에서의 본래 한자는 '一陌'이다. '脉'은 '脈'의 속자로서 '줄기', '명맥', '수로' 등의 의미가 있으며, '陌'은 '일백(一百)', '논밭의 두렁', '경계' 등의 의미가 있다. 보는 관점에 따라 오기 또는 음차로 다르게 판단할 수 있다. 원문 '一脉' 중의 '脉'을 다른 글자로 보는 견해도 있다. 그러나 초고본의 다른 날짜의 일기에 기록된 '脉'과 비교해보면 그 자형이 서로 일치함을 확인할 수 있다.

원문 '脉'	병신일기 7월 24일 '脉'

89. 조응록(趙應祿)의 『죽계일기(竹溪日記)』 제4권의 「정유만력이십오년(丁酉萬曆二十五年)」 2월 9일

90. 『선조실록』 89권, 선조30년(1597) 6월 14일 계유 5번째 기사; 이원익(李元翼)의 『오리집(梧里集)』 제1권의 「제문(祭文)」-「제곽안음준문경자(祭郭安陰逡文庚子)」. 『선조실록』의 기사에는 수찬 김광엽과 부수찬 남이공이 명을 받들고 외방에 나가 있다는 기록이 보이며, 『오리집』의 제문에 부가된 설명에는 정유년(1597년)에 김광엽이 도체찰사 이원익의 종사관이었다는 기록이 있다.

91. 김광엽(金光燁)의 신상은 「황명만력18년경인10월초6일상존호증광사마방목(皇明萬曆十八年庚寅十月初六日上尊號增廣司馬榜目)」의 문과급제자 명단, 정경세(鄭經世)의 『우복집(愚伏集)』 제18권의 「묘갈명(墓碣銘)」-「홍문관응교김공묘갈명(弘文館應敎金公墓碣銘)」 등에서 확인할 수 있다.

92. 『선조실록』 85권, 선조30년(1597) 2월 7일 무진 1번째 기사; 조응록(趙應祿)의 『죽계일기(竹溪日記)』 제4권의 「정유만력이십오년(丁酉萬曆二十五年)」 2월 6일/8일

93. 『선조실록』 90권, 선조30년(1597) 7월 28일 정사 3번째 기사

94. 사통(私通)의 성격은 조선시대의 전령문서를 다룬 여러 논고에서 확인할 수 있다. 현존하는 사통 문서들은 대부분 조선 후기의 것으로서 현재까지 규명된 사통의 성격은 시대적인 한정성이 있다. 조선 중기의 사통은 그 성격을 짐작할 수 있게 해주는 문헌이 몇몇 전한다. 유희춘(柳希春)의 『미암일기(眉巖日記)』의 1569년 12월 24일 일기에 보이는 이방(吏房)을 불러서 사통문(私通文)을 보냈다는 기록과 오희문(吳希文)의 『쇄미록(瑣尾錄)』의 1592년 8월 26일 일기에 나타난 조방장의 배리(陪吏)가 사사통문(私私通文)을 보냈다는 기록은 조선 중기의 사통의 성격이 조선 후기와 크게 다르지 않음을 보여준다.

95. 초계(草溪)는 『신증동국여지승람(新增東國輿地勝覽)』의 「초계군(草溪郡)」과 『해동지도(海東地圖)』의 「초계군 (草溪郡)」, 『1872 지방지도』의 「초계군지도(草溪郡地圖)」 등의 조선시대 지도에서 그 위치를 찾아볼 수 있다.

96. 석주관(石柱關)은 석주진(石柱鎭)으로도 불렸으며 『신증동국여지승람(新增東國輿地勝覽)』의 「구례현(求禮 縣)」과 『청구도(靑邱圖)』, 『청구요람(靑邱要覽)』 등의 조선시대 지도에서 그 위치를 찾아볼 수 있다.

97. 최성락/고용규, 1994, 『목포대학교박물관학술총서 제32책 구례군의 문화유적』, 「구례군의 관방유적 요지」, 국립목포대학교박물관/전라남도 구례군, 302~303쪽

98. 악양(岳陽)은 『신증동국여지승람(新增東國輿地勝覽)』의 「진주목(晉州牧)」과 『해동지도(海東地圖)』의 「하동부(河 東府)」, 『비변사인방안지도(備邊司印方眼地圖)』의 「하동(河東)」 등의 조선시대 지도에서 그 위치를 찾아볼 수 있다.

99. 김덕보(金德普)의 신상과 행적은 안방준(安邦俊)의 『은봉전서(隱峯全書)』 제4권의 「유사(遺事)」-「삼우언행(三 友言行)」, 『김충장공유사(金忠壯公遺事)』 부록상의 「증집의풍암공유고(贈執義楓巖公遺稿)」-「행록(行錄)」, 『광산김 씨족보(光山金氏族譜)』에서 확인할 수 있다. 족보에 따르면 그는 광산 김씨 낭장공파(郞將公派) 분파인 감무공파 (監務公派)의 파조 김부(金旉)의 7대손이다. 『은봉전서』와 『김충장공유사』에는 그가 잠시 지리산 아래에서 살았 다는 기록이 있다.

100. 청수역(淸水驛)은 정수역(正守驛) 또는 정수역(正水驛)으로도 불렸으며 『신증동국여지승람(新增東國輿地勝 覽)』의 「진주목(晉州牧)」, 『영남역지(嶺南驛誌)』의 「사근도역지사례(沙斤道驛誌事例)」와 『광여도(廣輿圖)』의 「진주 목(晉州牧)」, 『비변사인방안지도(備邊司印方眼地圖)』의 「진주(晉州)」 등의 조선시대 지도에서 그 위치를 찾아볼 수 있다. 위의 지명들 중 『세조실록』의 기사(29권, 세조8년-1462년 8월 5일 정묘 4번째 기사)와 『신증동국여지승람』과 같은 시기적으로 앞서는 기록에 보이는 '정수역(正守驛)'이 본래의 표기였을 것으로 판단된다.

101. 단성(丹城)은 『신증동국여지승람(新增東國輿地勝覽)』의 「단성현(丹城縣)」과 『여지도(輿地圖)』의 「단성현(丹城 縣)」, 『1872 지방지도』의 「단성현(丹城縣)」 등의 조선시대 지도에서 그 위치를 찾아볼 수 있다.

102. 박호원(朴好元)의 신상과 행적은 「가정25년병오9월일생원진사시(嘉靖二十五年丙午九月日生員進士試)」의 문 과급제자 명단, 곽종석(郭鍾錫)의 『면우집(俛宇集)』 제147권의 「비(碑)」-「송월당박공신도비(松月堂朴公神道碑)」, 『명종실록』의 기사(28권, 명종17년-1562년 1월 8일 계사 1번째 기사) 등에서 확인할 수 있다.

103. 박헌수(朴憲脩)의 『입암문집(立庵文集)』 제4권의 「기(記)」-「이사재기(尼泗齋記)」에 따르면 박헌수의 선조인 송월당(松月堂) 박호원(朴好元)이 이사재(尼泗齋)를 처음 건립했다고 한다.

104. 원문 '未持'의 '未'와 '持'를 초고본의 다른 날짜들의 '未' 및 '持'와 비교해보면 그 자형이 서로 비슷하다. 그 러므로 원문은 '未持'로 판단된다.

원문 '未持'	정유일기 I 5월 26일 '未'	정유일기 I 6월 6일 '未'	정유일기 I 6월 11일 '持'	정유일기 I 6월 23일 '持'

105. 단계(丹溪)는 『신증동국여지승람(新增東國輿地勝覽)』의 「단성현(丹城縣)」에서 그 위치를 찾아볼 수 있다. 세

종 때 단계현(丹溪縣)과 강성현(江城縣)을 합하여 단성현이라고 칭하였으며 단계현의 위치는 고을의 북동쪽 단계창 부근이었다.

106. 조응록(趙應祿)의 『죽계일기(竹溪日記)』 제1권의 「을미만력이십삼년(乙未萬曆二十三年)」 12월 25일; 같은 책 제4권의 「정유만력이십오년(丁酉萬曆二十五年)」 6월 15일

107. 『선조실록』 66권, 선조28년(1595) 8월 5일 을사 1번째 기사; 『선조실록』 82권, 선조29년(1596) 11월 16일 무신 5번째 기사

108. 노순(盧錞)의 신상과 행적은 곽재우(郭再祐)의 『망우집(忘憂集)』의 「용사별록(龍蛇別錄)」-「임진(壬辰)」, 윤탁 (尹鐸)의 『구산실기(龜山實紀)』 제1권의 「실기(實紀)」-「정진동고록(鼎津同苦錄)」, 안기종(安起宗)의 「지헌실기(止軒 實記)」의 「실적(實蹟)」-「창의제현록(倡義諸賢錄)」, 「신창노씨세보(新昌盧氏世譜)」 등에서 확인할 수 있다. 『구산실 기』, 『지헌실기』, 세보에서 그의 거주지가 삼가(三嘉)임이 확인된다. 세보에 따르면 그는 신창 노씨 참봉공파(參 奉公派) 파조 노경진(盧景震)의 장남이며, 일기에서 언급된 노일(盧鎰)은 노경진의 삼남이다. 세보에 기록된 노순 의 몰년은 을미년(1595년)인데 이는 일기의 내용과 상충된다.

109. 합천(陜川)은 『신증동국여지승람(新增東國輿地勝覽)』의 「합천군(陜川郡)」과 『1872 지방지도』의 「합천군지도 (陜川郡地圖)」, 『해동지도(海東地圖)』의 「합천군(陜川郡)」 등의 조선시대 지도에서 그 위치를 찾아볼 수 있다.

110. 견천(犬遷)은 『신증동국여지승람(新增東國輿地勝覽)』의 「합천군(陜川郡)」, 성해응(成海應)의 『연경재전집(研 經齋全集)』 제44권의 「지리류(地理類)」-「동수경(東水經)」-「낙동강(洛東江)」, 정경운(鄭慶雲)의 「고대일록(孤臺日 錄)」의 1602년 2월 4일 일기, 조긍섭(曺兢燮)의 『암서집(巖棲集)』 제2권의 「시(詩)」-「견천(犬遷)」과 『1872 지방지 도』의 「합천군지도(陜川郡地圖)」, 『대동여지도(大東輿地圖)』 등의 조선시대 지도에서 그 위치를 찾아볼 수 있다. 『해동지도(海東地圖)』의 「합천군(陜川郡)」, 『팔도분도(八道分圖)』의 「영남(嶺南)」 등의 일부 조선시대 지도는 견천 을 견암(犬岩), 대암(大岩) 등으로 표기하였다. 『신증동국여지승람』의 「합천군」에 의하면 견천은 합천군과 초계 군의 개가 다녀서 길이 되었다는 속설이 전해진다고 한다.

111. 박병철, 2012, 『어문연구 제40권 제1호』, 「『新增東國輿地勝覽』에 나오는 '遷'계 地名語의 衰退에 관한 研究」, 한국어문교육연구회, 36쪽. 이 논고의 43~44쪽에는 경남 합천군에 있는 견천(犬遷)의 지명에 대한 설명도 있다.

112. 『초계군읍지(草溪郡邑誌)』의 「환적(宦蹟)」에 기록된 당시의 초계군수를 재임 순서대로 살펴보면 최덕량(崔 德良), 정이길(鄭以吉), 정언겸(鄭彦謙) 등이다. 이들 중 정이길은 1595년 2월 23일 자로 그를 초계군수로 제수하 는 교지가 현전하고 있다. 그리고 조경남(趙慶男)의 『난중잡록(亂中雜錄)』 제3권의 정유년 10월 9일의 기록에 의 하면 전 초계군수 정이길이 그의 부모가 모두 오차산(於差山)의 왜적에게 죽은 뒤 초계로부터 와서 곡을 하고 복수를 도모했다고 하므로 그는 대략 1597년 9월경까지 초계군수를 지낸 것으로 판단된다.

113. 정이길(鄭以吉)의 신상은 현전하는 그의 증손자 정시철(鄭時哲)의 준호구(准戶口), 『경주정씨세보(慶州鄭氏 世譜)』에서 확인할 수 있다. 정시철의 준호구에 기록된 그의 증조할아버지 정이길(鄭以吉), 할아버지 정제(鄭濟), 아버지 정경류(鄭慶流)의 이름은 세보의 기록과 일치하며, 또한 『신묘별시문무과방목(辛卯別試文武科榜目)』의 무 과급제자 명단에 실린 정경류의 가족 사항과 『갑자정시문무방목(甲子庭試文武榜目)』의 무과급제자 명단에 실린 정시철의 동생 정시흥(鄭時興)의 가족 사항에서도 이들의 가족 관계가 확인된다. 세보에 따르면 정이길은 경주 정씨 문헌공파(文獻公派) 파조 정현영(鄭玄英)의 9대손이며, 초계군수를 지냈고, 증조할아버지 때부터 남원에 거주하였다.

114. 이덕필(李德弼)의 신상은 『기해추별시방목(己亥秋別試榜目)』의 무과급제자 명단, 『갑자증광문무과방목(甲子 增廣文武科榜目)』의 무과급제자 명단에 실린 그의 아들 이희업(李熙業)의 가족 사항, 고언백의 『해장실기(海藏實 紀)』 제1권의 「남정세검록(南征洗劍錄)」, 『우봉이씨세보(牛峰李氏世譜)』에서 확인할 수 있다. 세보에 따르면 그는 우봉 이씨 의열공파(義烈公派) 파조 이성(李晟)의 10대손이다. 조경남(趙慶男)의 『난중잡록(亂中雜錄)』 제3권의

정유년 12월의 기록에 이덕필이 남원부사가 되었다는 내용이 보이고 『남원읍지(南原邑誌)』의 「부선생(府先生)」에 도원수의 별장(別將) 이덕필이 1597년 10월에 남원부사로 부임했다는 기록이 보이는데, 방목에 실린 이희업의 가족 사항과 세보에도 이덕필이 남원부사를 지낸 이력이 기록되어 있다.

115. 『선조실록』 12권, 선조11년(1578) 3월 4일 을묘 1번째 기사

116. 황여일(黃汝一)의 신상과 행적은 「만력4년병자2월16일사마방목(萬曆四年丙子二月十六日司馬榜目)」의 문과급제자 명단, 그의 문집인 『해월집(海月集)』 제14권의 「부록(附錄)」의 「…황공행장(…黃公行狀)」과 「묘갈명(墓碣銘)」, 『선조실록』의 기사(55권, 선조27년-1594년 9월 14일 기축 6번째 기사) 등에서 확인할 수 있다.

117. 박성(朴惺)의 신상과 행적은 「융경1년정묘10월19일사마방목(隆慶元年丁卯十月十九日司馬榜目)」의 문과급제자 명단, 그의 문집인 『대암집(大菴集)』 제5권의 「부록(附錄)」의 「대암선생행장(大菴先生行狀)」, 김성일(金誠一)의 『학봉집(鶴峯集)』 부록 제2권의 「행장(行狀)」 등에서 확인할 수 있다.

118. 조선시대의 말을 부르는 명칭은 『역어유해(譯語類解)』의 「주수(走獸)」, 이규경(李圭景)의 「오주연문장전산고(五洲衍文長箋散稿)』의 「만물편(萬物篇)」-「조수류(鳥獸類)」의 「마명모색변증설(馬名毛色辨證說)」, 정약용(丁若鏞)의 『다산시문집(茶山詩文集)』 제21권의 「서(書)」-「서암강학기(西巖講學記)」 등에서 찾아볼 수 있다. 이 기록들을 요약해보면 가라말(加羅馬)은 흑마(黑馬), 월라말(月羅馬)은 얼룩말, 간자말(看者馬)은 이마에 흰 점이 있는 말, 유말(騮馬)은 적마(赤馬)이다. 그리고 간자말은 '間子馬', '艮赭馬' 등으로도 표기되었다.

119. 홍연해(洪漣海)의 신상은 「계축증광별시전시방목(癸丑增廣別試殿試榜目)」의 무과급제자 명단, 『남양홍씨세보(南陽洪氏世譜)』에서 확인할 수 있다. 세보에 따르면 그는 남양 홍씨(당홍계) 남양군파 파조 홍주(洪澍)의 8대손으로서, 홍견의 동생 홍확(洪確)의 아들이다.

120. 율진(栗津)은 『신증동국여지승람(新增東國輿地勝覽)』의 「합천군(陜川郡)」과 『해동지도(海東地圖)』의 「합천군(陜川郡)」, 『1872 지방지도』의 「합천군지도(陜川郡地圖)」 등의 조선시대 지도에서 그 위치를 찾아볼 수 있다.

121. 『선조실록』 82권, 선조29년(1596) 11월 16일 무신 5번째 기사

122. 『선조실록』 90권, 선조30년(1597) 7월 28일 정사 3번째 기사. 현전하는 최호의 충청수사 임명 교지에 의하면 그는 1596년 4월 9일에 충청수사로 제수되었다.

123. 최호(崔湖)의 신상은 「만력11년계미9월초3일별시방목(萬曆十一年癸未九月初三日別試榜目)」의 무과급제자 명단에 실린 그의 형 최상(崔湘)의 가족 사항, 『경주최씨대동보(慶州崔氏大同譜)』에서 확인할 수 있다. 대동보에 따르면 그는 경주 최씨 화숙공파(和淑公派) 파조 최현우(崔玄祐)의 6대손이다.
최호의 행적은 『선조실록』, 이긍익(李肯翊)의 『연려실기술(燃藜室記述)』 등의 여러 조선시대 사료와 문헌에서 확인할 수 있으며, 홍패 및 교지 등 약 30여 건의 관련 고문서가 현전한다.

124. 처영(處英)의 행적은 「청허당휴정대사비(淸虛堂休靜大師碑)」, 『선조실록』의 기사(53권, 선조27년-1594년 7월 19일 을미 5번째 기사), 『선조수정실록』의 기사(26권, 선조25년-1592년 7월 1일 무오 15번째 기사), 조경남(趙慶男)의 『난중잡록(亂中雜錄)』 제2권의 임진년 9월 22일의 기록, 『난중잡록』 제3권의 갑오년 4월의 기록, 이긍익(李肯翊)의 『연려실기술(燃藜室記述)』 제16권의 「선조조고사본말(宣祖朝故事本末)」-「권율행주지첩(權慄幸州之捷)」 등에서 확인할 수 있다.

125. 2018, 『조선시대 수군진조사 4 경상좌수영 편』, 국립해양문화재연구소, 148쪽

126. 『선조실록』 84권, 선조30년(1597) 1월 23일 갑인 2번째 기사; 조경남(趙慶男)의 『난중잡록(亂中雜錄)』 제3권의 정유년 1월 10일의 기록

127. 『선조실록』 89권, 선조30년(1597) 6월 26일 을유 8번째 기사; 『선조실록』 89권, 선조30년(1597) 6월 28일 정해 6번째 기사

128. 『선조실록』 88권, 선조30년(1597) 5월 18일 무신 4번째 기사; 『선조실록』 89권, 선조30년(1597) 6월 14일 계유 6번째 기사; 『선조실록』 91권, 선조30년(1597) 8월 7일 을축 2번째 기사; 『선조실록』 94권, 선조30년(1597) 11월 10일 정유 5번째 기사

129. 2003, 『宜寧 彌陀山城 -宜寧郡 彌陀山城 整備復元을 爲한 試掘調査 報告書-』, 경남발전연구원 역사문화센터, 90~91쪽

130. 정경운(鄭慶雲)의 『고대일록(孤臺日錄)』의 1597년 5월 19일 일기; 같은 책 1597년 8월 6일 일기; 이원익(李元翼)의 『오리집(梧里集)』 부록 제2권의 「시장(諡狀)」

131. 『선조실록』 89권, 선조30년(1597) 6월 11일 경오 3번째 기사

132. 『선조실록』 89권, 선조30년(1597) 6월 28일 정해 5번째 기사

133. 『청도군읍지(淸道郡邑誌)』의 「환적(宦蹟)」에 의하면 진유(陳維)는 병신년(1596년)부터 무술년(1598년)까지 청도군수를 지냈다.

134. 조병로, 2016, 『통일로 파발제 학술대회』, 「조선시대 파발제 시행과 향후 연구과제」, 은평역사한옥박물관, 21~26쪽

135. 『선조실록』 89권, 선조30년(1597) 6월 28일 정해 5번째 기사

136. 이원익(李元翼)의 『오리속집(梧里續集)』 제2권의 「장계(狀啓)」-「사도도체찰사시장계(四道都體察使時狀啓)」-정유년육월십팔일(丁酉年六月十八日)

137. 『선조실록』 89권, 선조30년(1597) 6월 11일 경오 3번째 기사

138. 이일장(李日章)의 신상은 『신묘년사마방목(辛卯年司馬榜目)』의 문과급제자 명단, 『성주이씨문열공파보(星州李氏文烈公派譜)』에서 확인할 수 있다. 방목에 의하면 그의 거주지는 초계이며, 파보에 따르면 그는 성주 이씨 문열공파(文烈公派) 파조 이조년(李兆年)의 11대손으로서, 어머니는 초계 변씨 변중완(卞仲琓)의 딸이다.

139. 변덕장(卞德章), 변덕기(卞德基), 변경완(卞慶琬), 변중완(卞仲琓), 변회보(卞懷寶), 변경남(卞敬男), 이신길(李信吉), 이일장(李日章)의 친인척 관계는 『초계변씨족보(草溪卞氏族譜)』에서 확인할 수 있다. 족보에 따르면 이들은 초계 변씨 계파(季派) 파조 변휘(卞輝)의 8대손인 변효량(卞孝良)의 자손들이다. 족보에 따르면 변효량과 그 후손들의 묘는 주로 초계군에 위치해 있었다.

140. 영덕(盈德)은 『신증동국여지승람(新增東國輿地勝覽)』의 「영덕현(盈德縣)」과 『해동지도(海東地圖)』의 「영덕현(盈德縣)」, 『1872 지방지도』의 「영덕현지도(盈德縣地圖)」 등의 조선시대 지도에서 그 위치를 찾아볼 수 있다.

141. 『영덕읍지(盈德邑誌)』의 「명환(名宦)」; 조응록(趙應祿)의 『죽계일기(竹溪日記)』 제1권의 「을미만력이십삼년(乙未萬曆二十三年)」 12월 25일

142. 권진경(權晉慶)의 신상은 『국조방목(國朝文科榜目)』의 무과급제자 명단, 『기해춘정시용호방목(己亥春庭試龍虎榜目)』의 무과급제자 명단에 실린 그의 동생 권승경(權升慶)의 가족 사항, 김상헌(金尙憲)의 『청음집(淸陰集)』 제34권의 「묘지명(墓誌銘)」-「동지중추부사권공묘지명(同知中樞府事權公墓誌銘)」, 『안동권씨추밀공파대보(安東權氏樞密公派大譜)』에서 확인할 수 있다. 대보에 따르면 그는 권율의 넷째 형 권순(權恂)의 아들로서, 자는 원길(元吉), 생몰년은 미상~경신년(1620년)이다.

143. 『선조실록』 80권, 선조29년(1596) 9월 14일 정미 1번째 기사; 『선조실록』 87권, 선조30년(1597) 4월 2일 임술 3번째 기사; 『선조실록』 94권, 선조30년(1597) 11월 10일 정유 3번째 기사

144. 윤덕노, 2014, 『음식으로 읽는 한국 생활사』, 「41 연포탕_ 낙지가 없는 두부장국」, 깊은나무, 180~181쪽. 당시의 연포(軟泡)를 지금의 연포탕과 마찬가지로 고기나 낙지 등이 들어간 것으로 보는 견해도 있지만, 이정구

(李廷龜)의 『월사집(月沙集)』 제38권의 「기하(記下)」-「유삼각산기(遊三角山記)」 등에 승려들이 연포를 장만했다는 기록이 보이는 점으로 보아 조선 중기의 연포는 육류가 포함되지 않은 두부만을 가리켰던 것으로 짐작된다.

145. 2010, 『아산의 입향조』, 온양문화원, 97~98쪽. 이 책에 따르면 이몽서(李夢瑞)는 그의 아버지 이순경(李純慶) 때부터 아산 지역에서 거주하였으며, 지금의 충남 아산시 염치읍 강청리에는 이순경과 그 후손들의 묘가 종중 납골당으로 이장되어 있다. 또한 이몽서와 그의 둘째 아들 이방(李芳)의 신상은 『합천이씨대동보(陜川李氏大同譜)』에서도 확인할 수 있다. 대동보에 따르면 이몽서는 합천 이씨 목사공파(牧使公派) 파조 이공주(李公柱)의 9대손이며, 첫째 아들은 이영(李英), 둘째 아들은 이방, 셋째 아들은 이행(李荇)이고, 아버지 이순경 때부터 묘가 아산 지역에 위치하였다.

146. 안극가(安克家)의 신상과 행적은 「신묘년사마방목(辛卯年司馬榜目)」의 문과급제자 명단, 그와 증조부 안우(安遇)의 문집인 『탐진세고(耽津世稿)』의 「뇌곡선생일고(磊谷先生逸稿)」-「부록(附錄)」-「행장(行狀)」, 김면(金沔)의 『송암유고(松菴遺稿)』 제2권의 「보유(補遺)」-「임진창의동고록(壬辰倡義同苦錄)」에서 확인할 수 있다. 방목, 『탐진세고』, 『송암유고』에 의하면 그의 거주지는 초계이다.

147. 『합천군읍지(陜川郡邑誌)』의 「환적(宦蹟)」에 의하면 오운(吳澐)은 갑오년(1594년)부터 무술년(1598년)까지 합천군수를 지냈다.

148. 오운(吳澐)의 신상과 행적은 「가정40년신유8월19일사마방목(嘉靖四十年辛酉八月十九日司馬榜目)」의 문과급제자 명단, 「신묘년사마방목(辛卯年司馬榜目)」의 문과급제자 명단에 실린 그의 아들 오여은(吳汝檼)의 가족 사항, 조경남(趙慶男)의 『난중잡록(亂中雜錄)』 제1권의 임진년 4월 22일의 기록, 이로(李魯)의 『송암집(松巖集)』 제4권의 「유사(遺事)」-「학봉김선생용사사적(鶴峯金先生龍蛇事蹟)」, 그의 문집인 『죽유집(竹牖集)』 부록하의 「행장(行狀)」 등에서 확인할 수 있다.

149. 『선조실록』 89권, 선조30년(1597) 6월 29일 무자 8번째 기사

150. 『선조실록』 86권, 선조30년(1597) 3월 24일 갑인 2번째 기사

151. 주이(周怡)의 『이요당일고(二樂堂逸稿)』 제2권의 「부록(附錄)」-「증유제편(贈遺諸篇)」. 이 기록에 의하면 합천군 동쪽 강가에 호연정(浩然亭)이 있었으며 그 동쪽으로 1리쯤에 견천정(犬遷亭)이 있었다고 하므로 일기에서 언급된 개연 강가의 정자(犬硯江亭)는 견천정을 가리키는 것 같다. 호연정은 임진왜란 때 불탄 이후 다시 중건되어 지금의 경남 합천군 율곡면 문림리에 현전하고 있으므로 이로부터 견천정의 위치를 추정해볼 수 있다.

152. 배천(白川)은 『신증동국여지승람(新增東國輿地勝覽)』의 「배천군(白川郡)」과 『해동지도(海東地圖)』의 「배천군(白川郡)」, 『1872 지방지도』의 「배천군지도(白川郡地圖)」 등의 조선시대 지도에서 그 위치를 찾아볼 수 있다.

153. 조신옥(趙信玉)의 신상과 행적은 「기해춘정시용호방목(己亥春庭試龍虎榜目)」의 무과급제자 명단, 『배천조씨대동세보(白川趙氏大同世譜)』, 조경남(趙慶男)의 『난중잡록(亂中雜錄)』 제2권의 임진년 9월 7일의 기록, 같은 책 제3권의 정유년 11월 24일의 기록, 이긍익(李肯翊)의 『연려실기술(燃藜室記述)』 제15권의 「선조조고사본말(宣祖朝故事本末)」-「연안지첩(延安之捷)」, 이정암(李廷馣)의 『사류재집(四留齋集)』 제8권의 「행년일기상(行年日記上)」의 임진년 7월 25일/29일 일기 등에서 확인할 수 있다. 세보에 따르면 조신옥은 배천 조씨 부흥부원군파(復興府院君派) 파조 조득주(趙得珠)의 9대손으로서, 자는 화중(華重), 생몰년은 임신년(1572년)~병진년(1616년)이다. 방목과 세보에서 그의 거주지가 배천(白川)임이 확인된다.

154. 홍대방(洪大邦)의 신상과 행적은 「기해춘정시용호방목(己亥春庭試龍虎榜目)」의 무과급제자 명단, 「숭정2년기사황태자탄생별시(崇禎二年己巳皇太子誕生別試)」의 무과급제자 명단에 실린 그의 아들 홍응정(洪應淨)의 가족 사항, 이정암(李廷馣)의 『사류재집(四留齋集)』 제6권의 「소차(疏箚)」-「사초토사소(辭招討使疏)」, 조경남(趙慶男)의 『난중잡록(亂中雜錄)』 제3권의 정유년 11월 24일의 기록 등에서 확인할 수 있다. 방목에서 그의 거주지가 배천(白川)임이 확인된다.

155. 『선조실록』 90권, 선조30년(1597) 7월 9일 무술 5번째 기사; 정경운(鄭慶雲)의 『고대일록(孤臺日錄)』의 1597년 6월 30일 일기; 조경남(趙慶男)의 『난중잡록(亂中雜錄)』 제3권의 정유년 6월 19일의 기록

156. 『선조실록』 27권, 선조25년(1592) 6월 29일 정사 6번째 기사; 이긍익(李肯翊)의 『연려실기술(燃藜室記述)』 제17권의 「선조조고사본말(宣祖朝故事本末)」-「석성심유경하옥(石星沈惟敬下獄)」

157. 팔진역(八鎭驛)은 『신증동국여지승람(新增東國輿地勝覽)』의 「초계군(草溪郡)」과 『해동지도(海東地圖)』의 「초계군(草溪郡)」, 『1872 지방지도』의 「초계군지도(草溪郡地圖)」 등의 조선시대 지도에서 그 위치를 찾아볼 수 있다.

158. 양간(梁諫)의 신상은 『남원양씨세보(南原梁氏世譜)』에서 확인할 수 있다. 세보에 따르면 양간은 남원 양씨 문양공파(文襄公派) 파조 양성지(梁誠之)의 5대손이며, 그의 누이는 황진종(黃振宗)의 부인이다. 『상주황씨족보(尙州黃氏族譜)』에 따르면 황진종은 황천상(黃天詳)의 아들로서 남원 양씨와 혼인하였다.

159. 신여량(申汝樑)의 신상과 행적은 「만력11년계미9월초3일별시방목(萬曆十一年癸未九月初三日別試榜目)」의 무과급제자 명단, 노인(魯認)의 『금계집(錦溪集)』 제8권의 「부록(附錄)」-「당포승전도제명(唐浦勝戰圖題名)」, 보물 제1937호 「신여량상가교서(申汝樑賞加敎書)」, 보물 제1938호 「신여량밀부유서(申汝樑密符諭書)」, 통영의 『충렬사지(忠烈祠誌)』의 「삼도수군통제사명단」, 『고령신씨대동보(高靈申氏大同譜)』에서 확인할 수 있다. 그의 자는 방목에는 백임(伯任)으로, 『금계집(錦溪集)』에는 중임(重任)으로 기록되어 있으며, 거주지는 두 기록 모두 흥양(興陽)으로 기록되어 있다. 대동보에 따르면 그는 고령 신씨 감찰공파(監察公派) 파조 신제(申梯)의 7대손이다. 『금계집』에는 그가 경상우후를 지냈다고 기록되어 있는데 『충렬사지』에서 그가 경상우수영 우후로 신축년(1601년)에 부임한 것을 확인할 수 있다.

신여량의 자세한 행적에 대해서는 순천향대학교 이순신연구원에서 발간된 『이순신연구논총 제29호』-「조선중기 무장 신여량의 행적 재검토」(이수경, 2018, 175~208쪽)를 참조하기 바란다.

160. 송대립(宋大立)의 신상은 「만력11년계미9월초3일별시방목(萬曆十一年癸未九月初三日別試榜目)」의 무과급제자 명단에 실린 그의 동생 송희립(宋希立)의 가족 사항, 이의현(李宜顯)의 『도곡집(陶谷集)』 제26권의 「전(傳)」-「송정부자전(宋正父子傳)」, 이재(李縡)의 『도암집(陶菴集)』 제37권의 「묘갈(墓碣)」-「증참의송공공묘갈(贈參議宋公墓碣)」, 『여산송씨세보(礪山宋氏世譜)』에서 확인할 수 있다. 세보에 따르면 그는 여산 송씨 원윤공파(元尹公派) 파조 송운(宋惲)의 11대손이다.

『도곡집』, 『도암집』에 따르면 송대립은 정유년(1597년) 3월에 보성과 흥양으로 쳐들어온 왜군과 싸우다 첨산(尖山) 또는 망제포(望諸浦) 인근에서 4월 8일에 48세의 나이로 전사하였다고 한다. 그러나 보물 제660호 「최희량임란관련고문서(崔希亮壬亂關聯古文書)」에 의하면 보성과 흥양 지역의 첨산(尖山), 고도(姑島) 등지에서 전투가 벌어진 시기는 1598년 3~7월경이다. 따라서 송대립이 전사한 실제 연도는 1598년이며 그의 생년은 1551년으로 판단된다.

161. 안각(安珏)의 신상은 「만력34년병오12월초2일식년문무과방목(萬曆三十四年丙午十二月初二日式年文武科榜目)」의 무과급제자 명단에 실린 그의 동생 안철(安喆)의 가족 사항에서 확인할 수 있다.

162. 변덕수(卞德壽)의 신상은 「만력11년계미9월초3일별시방목(萬曆十一年癸未九月初三日別試榜目)」의 무과급제자 명단, 『초계변씨족보(草溪卞氏族譜)』에서 확인할 수 있다. 방목에 실린 그의 거주지는 초계이며, 아버지의 이름은 변백흥(卞伯興)으로서, 족보에서도 그와 그의 아버지의 이름이 확인된다. 족보에 따르면 변덕수는 6월 19일 일기에 나오는 변덕장, 변덕기의 형이다. 그러나 방목의 가족 사항에 기록된 변덕수의 동생들은 그 이름이 모두 수(壽)자 돌림으로서 족보와 차이를 보인다.

163. 장지현, 1996, 『한국전래 조과류 제조사 연구(上)』, 성동문화, 17/83쪽; 이익(李瀷)의 『성호사설(星湖僿說)』 제4권의 「만물문(萬物門)」-「거여밀이(粔籹蜜餌)」

164. 원문 '蔣後琬' 중의 '後'를 초고본의 다른 날짜들의 '後' 및 '俊'과 비교해보면 그 자형의 차이를 구분할 수

있다. '後'의 좌변 '彳'은 위에서 아래로 한 번에 내리그은 형태임에 비해 '俊'의 좌변 '亻'은 글자를 구성하는 두 획이 명확히 구분된다. 그러므로 원문은 '蔣俊琬'이 아닌 '蔣後琬'으로 판단된다.

원문 '後'	정유일기 1 4월 10일 '後'	정유일기 1 5월 16일 '後'	정유일기 1 6월 5일 '俊'	정유일기 1 7월 7일 '俊'

165. 『고령현읍지(高靈縣邑誌)』의 「환적(宦蹟)」에 의하면 최기변(崔琦抃)은 을미년(1595년)부터 기해년(1599년)까지 고령현감을 지냈다. 조응록(趙應祿)의 『죽계일기(竹溪日記)』 제3권의 「병신만력이십사년(丙申萬曆二十四年)」 9월 14일에는 이때 최기변이 고령현감에 제수된 것으로 기록되어 있어서 『고령현읍지』와 도임 시기가 차이가 있다. 참고로 그의 이름은 『고령현읍지』에는 '崔奇抃'으로, 『죽계일기』에는 '崔奇忭'으로 오기되어 있다.

166. 변여량(卞汝良), 변회보(卞懷宝), 변사증(卞師曾), 변대성(卞大成)의 친척 관계는 『초계변씨족보(草溪卞氏族譜)』에서 확인할 수 있다. 족보에 따르면 이들은 초계 변씨 계파(季派) 파조 변휘(卞輝)의 8대손인 변효량(卞孝良)의 자손들이다.

167. 한복려/김귀영, 2012, 『한국식생활문화학회지 제27권 제3호』, 「18세기 고문헌 「잡지」에 기록된 조리에 관한 문헌적 고찰」, 한국식생활문화학회, 305~306쪽; 이익(李瀷)의 『성호사설(星湖僿說)』 제40권의 「잡저(雜著)」-「김사계의례문해변의하(金沙溪疑禮問解辨疑下)」-「도리소주고전지물(桃鯉燒酒膏煎之物)」

168. 『의령현읍지(宜寧縣邑誌)』의 「환적(宦蹟)」; 조응록(趙應祿)의 『죽계일기(竹溪日記)』 제3권의 「병신만력이십사년(丙申萬曆二十四年)」 11월 30일

169. 조경남(趙慶男)의 『난중잡록(亂中雜錄)』 제3권의 정유년 7월 7일/11일의 기록. 이에 따르면 도원수 권율은 남원에서 하동으로 가서 원균에게 전령을 보내어 곤양으로 부르고 본인도 곤양으로 갔다. 권율이 이동한 이 노선은, 일기에서 언급된 권율이 구례에서 곤양으로 갔다는 노선과 지리상으로 거의 일치한다.

170. 『선조실록』 94권, 선조30년(1597) 11월 4일 신묘 3번째 기사; 『선조수정실록』 31권, 선조30년(1597) 7월 1일 경인 2번째 기사

171. 노승석 교수는 기존에 '馬革(마혁)'으로 판독되었던 원문을 '馬帶(마대)'로 재판독하였다. 원문 '馬帶' 중의 '帶'를 초고본의 다른 날짜의 '帶' 및 '革'과 비교해보면 그 자형의 차이를 구분할 수 있다. 글자의 상단은 서로 구별이 어렵지만 하단은 그 차이가 뚜렷하다. 따라서 원문은 '馬帶'가 옳은 판독이라고 생각된다.

원문 '帶'	정유일기 2 10월 17일 '帶'	무술일기 비망록 '帶'	갑오일기 5월 26일 '革'	갑오일기 6월 4일 '革'

172. 임영립(林英立)의 신상과 행적은 노인(魯認)의 『금계집(錦溪集)』 제8권의 「부록(附錄)」-「당포승전도제명(唐浦勝戰圖題名)」, 위백규(魏伯珪)의 『존재집(存齋集)』 제23권의 「행장(行狀)」-「모헌임공행장(慕軒林公行狀)」, 『진천임씨세보(鎭川林氏世譜)』에서 확인할 수 있다. 그의 본관이 『금계집』에는 진천(鎭川)으로 기록되어 있고 『존재집』에는 평택(平澤)으로 기록되어 있는데 당대의 문헌인 『금계집』의 기록이 옳다고 판단된다. 세보에 따르는 그는 진천 임씨 집의공파(執義公派) 파조 임수경(林秀卿)의 6대손이며, 몰년은 정사년(1617년)이다.

173. 『선조실록』89권, 선조30년(1597) 6월 15일 갑술 5번째 기사; 『선조실록』92권, 선조30년(1597) 9월 5일 임진 7번째 기사

174. 박명현(朴名賢)의 신상과 행적은 「기축4월일증광용호방목(己丑四月日增廣龍虎榜目)」의 무과급제자 명단, 『광해군일기』 1권, 광해즉위년(1608) 2월 19일 병자 9번째 기사 등에서 확인할 수 있다.

175. 알앤엘바이오, 2013, 『인진쑥 활용 산업화 연구사업단』, 농림축산식품부, 12~13쪽. 이 책에 따르면 인진쑥은 대한약전외한약(생약)규격집[개정 2007. 11. 2. 식품의약품안전청고시 제 2007-72호]에 인진호(茵蔯蒿)와 한인진(韓茵蔯)의 두 종류로 구분되어 있다. 인진호는 사철쑥을 가리키며 한인진은 더위지기를 가리킨다.

176. 장득홍(張得弘)의 신상은 「신묘별시문무과방목(辛卯別試文武科榜目)」의 무과급제자 명단에서 확인할 수 있다. 방목에 실린 그의 거주지가 송대립과 마찬가지로 흥양인 점으로 보아 일기의 인물과 동일인으로 판단된다.

177. 『선조실록』90권, 선조30년(1597) 7월 14일 계묘 2번째 기사

178. 조경남(趙慶男)의 『난중잡록(亂中雜錄)』 제3권의 정유년 7월 7일의 기록

179. 두모포(豆毛浦)는 『신증동국여지승람(新增東國輿地勝覽)』의 「기장현(機張縣)」과 『해동지도(海東地圖)』의 「기장현(機張縣)」, 『1872 지방지도』의 「기장지도(機張地圖)」 등의 조선시대 지도에서 그 위치를 찾아볼 수 있다.

180. 『선조실록』87권, 선조30년(1597) 4월 21일 신사 8번째 기사; 조경남(趙慶男)의 『난중잡록(亂中雜錄)』 제3권의 정유년 1월 10일의 기록

181. 송지(松旨)는 『신증동국여지승람(新增東國輿地勝覽)』의 「영암군(靈巖郡)」과 『해동지도(海東地圖)』의 「영암군(靈巖郡)」, 『1872 지방지도』의 「영암군지도(靈巖郡地圖)」 등의 조선시대 지도에서 그 위치를 찾아볼 수 있다. 『선조실록』의 기사(170권, 선조37년-1604년 1월 23일 갑술 3번째 기사), 양득중(梁得中)의 『덕촌집(德村集)』 제5권의 「잡저(雜著)」-「미황묘제계첩서(美黃墓祭契帖序)」에서도 송지면(松旨面)이 영암군에 속했음을 확인할 수 있다.

182. 말곶(末串)은 『일성록(日省錄)』의 기사(정조22년 무오, 1798년 4월 17일)와 『비변사인방안지도(備邊司印方眼地圖)』의 「웅천(熊川)」, 『광여도(廣輿圖)』의 「웅천현(熊川縣)」 등의 조선시대 지도에서 그 위치를 찾아볼 수 있다.

183. 노인(魯認)의 『금계집(錦溪集)』 제3권의 「잡록(雜錄)」-「왜굴탐정(倭窟探情)」, 같은 책 제5권의 「부록(附錄)」-「피부동고록(被俘同苦錄)」, 강항(姜沆)의 『간양록(看羊錄)』의 「적중봉소(賊中封疏)」-「섭난사적(涉亂事迹)」, 정희득(鄭希得)의 『해상일록(海上日錄)』의 무술년 8월 29일 일기. 이엽(李曄)은 『금계집』에는 전라우후로, 『간양록』에는 전라좌병영우후로, 『해상일록』에는 전 전라병마우후로 기록되어 있다. 『금계집』과 『간양록』에 그가 가토 기요마사에게 사로잡혔다고 기록된 점은, 선장 이엽이 표류한 서생포에 가토 기요마사가 주둔하고 있었던 사실과 부합한다.

현재 연안 이씨 문중에서 이엽을 그 가문의 인물이라고 주장하고 있다. 『연안이씨세보(延安李氏世譜)』에 따르면 그는 금성현령(金城縣令)을 지냈다고 하는데 『금성현읍지(金城縣邑誌)』의 「금성현령제명기(金城縣令題名記)」에도 무과 출신 이엽(李曄 武科)의 이름이 보이므로 개연성이 있다. 『연안이씨세보(延安李氏世譜)』에 따르면 그는 연안 이씨 첨사공계(詹事公系) 금성공파(金城公派) 파조이다.

184. 『선조실록』86권, 선조30년(1597) 3월 9일 기해 1번째 기사

185. 『선조실록』90권, 선조30년(1597) 7월 26일 을묘 5번째 기사

186. 『삼가현읍지(三嘉縣邑誌)』의 「환적(宦蹟)」에 의하면 신효업은 정유년(1597년)에 부임하였다. 조응록(趙應祿)의 『죽계일기(竹溪日記)』 제4권의 「정유만력이십오년(丁酉萬曆二十五年)」 6월 15일에 포폄(褒貶)에서 하(下)를 받았다고 기록된 삼가현감 박몽득(朴夢得)이 『삼가현읍지』에 신효업(申孝業)의 전임자로 나타나는 점으로 보아 일기에서 언급된 신임 삼가현감은 신효업으로 판단된다. 『삼가현읍지』에는 그의 이름이 '辛孝業'으로 기록되어 있는데 이는 그가 역모와 연루되었던 때문인 것으로 추측된다.

187. 신효업(申孝業)의 신상과 행적은 「만력11년계미9월초3일별시방목(萬曆十一年癸未九月初三日別試榜目)」의 무과급제자 명단, 『광해군일기』의 기사(104권, 광해8년-1616년 6월 1일 경자 2번째 기사/110권, 광해8년-1616년 12월 8일 갑진 1번째 기사)에서 확인할 수 있다. 방목과 기사 모두 그의 거주지가 안악(安岳)으로 기록되어 있다.

188. 한치겸(韓致謙)의 신상은 『청주한씨문정공파보(淸州韓氏文靖公派譜)』에서 확인된다. 파보에 따르면 한치겸은 청주 한씨 문정공파 파조 한계희(韓繼禧)의 5대손으로서, 자는 계익(季益), 생몰년은 1574년(갑술년)~1608년(무신년)이다.

189. 이민웅, 2004, 『임진왜란 해전사』, 청어람미디어, 199쪽. 이 책은 칠천량해전의 작전 상황이 6월 18일부터 시작되어 해전이 끝나는 7월 16일까지 지속되었기 때문에 6월 18일을 칠천량해전의 시작으로 보았다. 그 논리가 타당하다고 생각되므로 이를 따랐다.

190. 이원익(李元翼)의 『오리속집(梧里續集)』 제2권의 「장계(狀啓)」-「사도도체찰사시장계(四道都體察使時狀啓)」-정유년육월이십육일(丁酉年六月二十六日);『선조실록』 89권, 선조30년(1597) 6월 28일 정해 5번째 기사;『선조실록』 89권, 선조30년(1597) 6월 29일 무자 8번째 기사. 『오리속집』에는 칠천량해전의 제1차 출전에 대한 종사관 남이공과 통제사 원균의 보고서가 실려 있으며, 『선조실록』의 6월 28일 기사에는 제1차 출전에 대한 도원수 권율의 장계가 실려 있다. 『선조실록』의 6월 29일 기사에는 도체찰사 이원익의 장계가 실려 있는데 그 내용은 『오리속집』에 실린 종사관 남이공의 보고서와 거의 동일하다. 아래의 표는 이 기록들을 간략히 정리한 것이다.

구분	시기 및 경로	참전 규모	해전 결과
종사관 남이공 보고서	한산도 출발(6/18) → 장문포 출발(6/19) → 안골포 전투 → 가덕도 전투 → 안골포 왜군 역습 → 회군		안골포: 적선 2척 포획 가덕도: 적선 다수 포획 보성군수 안홍국 전사 평산포만호 김축 중상
통제사 원균 보고서	한산도 출발(6/18) → 수전 개시(6/19) → 안골포 전투 → 몰운대 전투 → 장수포 → 안골포 왜군 역습 → 영등포 회군	전선 90여 척	안골포: 적선 2척 포획 가덕도: 적선 다수 포획 보성군수 안홍국 전사 평산포만호 김축 중상
도원수 권율 장계	한산도 출발(6/18)	대소 선박 100여 척	

위 표의 내용을 살펴보면 제1차 출전 때의 조선 수군 함대는 판옥선 90여 척을 포함한 대소 선박 100여 척으로서 판옥선 이외의 10여 척의 선박은 사후선과 같은 소형 선박으로 짐작된다. 임진왜란 초기 해전에 비해 소형 선박의 비율이 매우 낮은 편인데 이는 조선 수군의 주요 목적지였던 부산 앞바다가 소형 선박을 운용하기 어려운 환경이었기 때문으로 짐작된다.

191. 『선조실록』 89권, 선조30년(1597) 6월 10일 기사 1번째 기사. 이 기사에 의하면 도체찰사 이원익은 수군을 절반으로 나누어 서로 번갈아 교체하면서 출전하도록 조치하였다.

192. 정유일기 1(1597년) 7월 14일/16일;『선조실록』 90권, 선조30년(1597) 7월 14일 계묘 2번째 기사; 조경남(趙慶男)의 『난중잡록(亂中雜錄)』 제3권의 정유년 7월 7일의 기록; 김완(金浣)의 『해소실기(海蘇實紀)』의 「용사일록(龍蛇日錄)」. 7월 4일부터 7월 6일까지의 시기 및 경로는 정유일기 1(1597년)의 기록을 참조하였다. 다대포 전

투가 벌어진 날짜는 정유일기 1(1597년)에는 7월 7일로, 『선조실록』과 『난중잡록』에는 7월 8일로(『난중잡록』은 전투 지역을 웅천 바다로 기록), 『해소실기』에는 7월 6일로 기록되어 있다. 『선조실록』의 기사에 실린 도체찰사 이원익의 보고서가 전투 직후 곧바로 작성된 계문(馳啓)인 점과 『난중잡록』에 언급된 도원수 권율의 공문이 왜군과 8일에 전투를 벌였다고 명시한 점으로 보아 다대포 전투의 정확한 날짜는 7월 8일로 판단된다. 일본 측 자료인 케이넨(慶念)의 『조선일일기(朝鮮日日記)』의 1597년 7월 8일 일기 또한 이날 조선 수군이 왜군의 배를 빼앗아 불을 질렀다고 기록하였다. 정유일기 1(1597년), 『난중잡록』, 『해소실기』의 기록을 종합해보면 조선 수군은 다대포 전투 이후 절영도 앞바다 부근에서 왜군 대선단과 마주쳤지만 왜군이 전면전을 회피하였고 또한 날씨와 해류도 좋지 않아서 제대로 전투를 수행할 수 없었다. 정유일기 1(1597년)에 일부 전선들이 두모포와 서생포로 표류했다고 기록된 점 또한 이를 뒷받침해 준다. 『해소실기』에 의하면 제2차 출전의 최종 회군 장소는 영등포이다.

193. 조경남(趙慶男)의 『난중잡록(亂中雜錄)』 제3권의 정유년 7월 7일/11일의 기록. 이에 따르면 도원수 권율은 통제사 원균이 직접 바다로 나가지 않았다는 이유로 전령을 보내어 그를 곤양으로 부르고 자신도 곤양으로 갔다. 권율이 곤양으로 간 사실은 정유일기 1(1597년) 7월 8일에서도 확인된다. 따라서 제2차 출전 함대는 원균이 함께 출전한 제1차 출전 함대와는 다른 함대로 판단된다. 제2차 출전 함대는 주석 191에서 참조한 『선조실록』의 기사에 의하면 제1차 출전 함대와 동일한 규모로서 판옥선 또한 제1차 출전 때와 마찬가지로 90여 척으로 짐작된다. 주석 196에서 참조한 일본 측 자료인 『朝鮮〻日記』(시마즈 계통 기록)를 통해서도 제2차 출전 때 동원된 조선 수군의 판옥선이 90여 척이었음을 유추할 수 있다.

194. 『선조실록』 90권, 선조30년(1597) 7월 14일 계묘 2번째 기사; 조경남(趙慶男)의 『난중잡록(亂中雜錄)』 제3권의 정유년 7월 7일의 기록; 김완(金浣)의 『해소실기(海蘇實紀)』의 「용사일록(龍蛇日錄)」; 정유일기 1(1597년)의 7월 16일. 다대포 전투의 전과는 『선조실록』과 『난중잡록』에는 10여 척으로, 『해소실기』에는 10척으로, 정유일기 1(1597년)에는 8척으로 기록되어 있다. 주석 192와 같은 이유로 『선조실록』과 『난중잡록』의 기록을 따랐다. 일본 측 자료인 케이넨(慶念)의 『조선일일기(朝鮮日日記)』의 1597년 7월 8일 일기는 조선 수군이 왜군의 배 8척을 빼앗아서 불을 질렀다고 기록하였는데 이는 왜선 8척을 끌어내어 불을 질렀다는 정유일기 1(1597년)의 기록과 일치한다. 또한 다른 일본 측 자료인 『조선물어(朝鮮物語)』(大河內秀元)의 1597년 7월 6일 기록은 조선 수군을 물리치면서 배 2척을 잃었다고 밝히고 있다.

195. 정유일기 1(1597년) 7월 14일에 기록된 김억의 보고서에 실종으로 언급된 전선 7척과 정유일기 1(1597년) 7월 16일에서 격군 세남이 서생포로 표류했다고 말한 전선 7척이 그 수가 일치하는 점으로 보아 이 두 가지는 같은 사건으로 판단된다. 정경운(鄭慶雲)의 『고대일록(孤臺日錄)』의 1597년 7월 10일 일기에 보이는 조선 수군의 배 6척이 서생포로 표류하고 1척이 침몰했다는 기록 또한 마찬가지이다. 서생포로 전선 7척이 표류한 사건이 복수의 기록을 통하여 사실로 확인되므로 김억의 보고서에 함께 언급된 두모포로 전선 5척이 표류한 사건 또한 사실일 가능성이 높다.

정유일기 1(1597년) 7월 15일에서 중군장 이덕필이 언급한 수군 20여 척의 패배는 이를 뒷받침해줄 수 있는 문헌을 찾기 어렵다. 그러나 이덕필이 도원수 권율의 중군장으로서 주요 군사 정보를 접할 수 있는 위치에 있었던 점과 조선 수군의 전투 상황이 도원수 진영으로 계속 보고되고 있었던 점을 고려하면 그의 정보는 신빙성이 높다. 이덕필의 정보는 김억의 보고서와 단 하루의 시차를 두고 일기에 기록되어 있으므로 패배한 수군 20여 척은 서생포와 두모포로 표류한 전선 12척이나 또는 주석 196에서 정리한 가덕도 사건과 관련이 있을 것이다. 일기의 내용에 수군 20여 척의 선박 종류에 대한 기록이 없기 때문에 더 이상의 추정은 어렵다.

196. 현재 우리나라 학계에서는, 칠천량해전 때 조선 수군이 가덕도에서 왜군의 습격을 받아서 약 400여 명이 죽은 사건을 칠천량해전의 제3차 출전 때 발생한 일로 보고 있다. 이에 비해 일본에서는 이 사건을 제2차 출전 때 일어난 일로 보는 견해가 대부분이다. 아래에서는 이와 관련한 자료 및 연구서를 검토하여 그 사실 관

계를 확인하였다.

조선 수군이 가덕도에서 왜군의 습격으로 400여 명이 죽었다고 명시한 자료로는 유성룡(柳成龍)의 『징비록(懲毖錄)』, 신경(申炅)의 『재조번방지(再造藩邦志)』 제4권, 윤휴(尹鑴)의 『백호전서(白湖全書)』 제23권의 「사실(事實)」-「통제사이충무공유사(統制使李忠武公遺事)」의 세 가지가 있다. 이 세 자료들은 칠천량해전의 제1차~제3차 출전의 경과를 각 출전별로 명확히 구분하여 기록하지 않았을 뿐만 아니라, 제2차와 제3차 출전의 경우에는 두 출전에서 일어난 사건들이 서로 혼재되어 있기도 하다. 아래의 표는 이 관련 기록들을 정리한 것이다. 『징비록』과 『재조번방지』는 제3차 출전 기록 중에 권율이 원균에게 장을 때린 사건(제2차 출전 직후의 사건)이 포함되어 있으며, 『백호전서』는 제3차 출전 기록 중에 전라도 수군의 배 7척이 표류한 사건(제2차 출전 시기의 사건)이 뒤섞여 있다. 이는 단순한 기록의 혼재라기보다는 기록의 저자들이 제2차와 제3차 출전을 하나의 출전으로 파악하고 있었던 것으로 보인다. 따라서 이들과 함께 기록된 가덕도 사건 또한 다시 그 정확한 발생 시기를 검토해 볼 필요가 있다.

문헌	칠천량해전 관련 기록
유성룡의 『징비록』, 신경의 『재조번방지』 제4권	(중략) 원균이 절영도에 이르자 풍랑이 일어났는데 날은 벌써 저물었으며 배를 정박시킬 만한 곳도 없었다. (중략) 원균은 어렵게 남은 배를 수습하여 가덕도로 돌아왔다. 군사들은 갈증이 심해서 다투어 배에서 내려 물을 마셨는데, 왜병들이 섬 가운데에서 갑자기 뛰어나와 덮치는 바람에 장수와 군사 4백여 명을 잃었다. 원균은 또 물러 나와 거제 칠천도에 도착하였다. 고성에 있던 권율은 원균이 소득이 없자, 격문으로 원균을 불러다가 장을 때리고 다시 나가 싸우라고 독촉하였다. 원균은 군대로 돌아와서 더욱 화가 나 술을 마시고 취해 드러누웠다. (중략)
윤휴의 『백호전서』 제23권의 「사실」-「통제사이충무공유사」	(중략) 마침내 절영도에 이르러 적을 만나서 원균이 제군을 독촉하여 (중략) 우리 군사들은 형세를 잃어 물러나서 뱃머리를 돌려 되돌아오려 해도 거의 빠져나갈 수가 없게 되었다. 그러다가 밤이 깊어지고 파도가 심해져서 호남 수군의 배 7척이 표류하게 되자, 원균은 그 나머지 배만 거두어서 가덕도로 돌아와 정박하였다. 여기서 군사들이 기갈(飢渴)에 못 이겨 서로 다투어 배에서 내려가 마실 것을 찾는 동안에 적들이 갑자기 나타나 아군을 습격함으로써 우리 장사 4백여 명을 잃었다. 그리고는 칠천도로 옮겨 정박했다가 다시 적의 추격을 받고 바다 가운데서 싸웠으나 크게 패하였다. (중략)

※ 『재조번방지』는 『징비록』과 관련 내용의 원문이 일치하므로 『재조번방지』가 『징비록』의 관련 기록을 참조한 것으로 생각된다.

위의 문제를 해결할 수 있는 단서는 일본 측 자료에서 찾을 수 있다. 『도진가고려군비록(島津家高麗軍秘錄)』에 의하면 칠천량해전 때 조선 수군은 세 차례에 걸쳐 가덕도 부근을 지나갔는데 이들 중 조선 수군이 물을 구할 목적으로 가덕도에 들린 것은 두 번째 시기이다. 일본 측 연구서인 『일본전사 조선역(日本戰史朝鮮役)』의 「본편(本編)」(參謀本部, 1924, 348~349쪽)과 『조선역수군사(朝鮮役水軍史)』(有馬成甫, 1942, 231~232쪽)는 조선 수군이 제2차 출전 때인 7월 7일경 가덕도에 물을 구하러 들린 것으로 서술하였다. 『일본전사 조선역』은 그 근거를 분명히 밝히지 않고 또한 제2차 출전 때 원균이 함대를 이끌었다고 서술하고 있기 때문에 논지의 신빙성이 떨어진다. 이에 비해 『조선역수군사』는 『朝鮮日々記』(시마즈 계통 기록)의 관련 내용을 근거 자료로 제시하여 이를 설명하고 있는데 이 자료의 특기할 점은 물을 구하기 위해 가덕도에 들린 조선 수군의 선박을 80척(番船八十艘)으로 기록한 것이다. 가덕도에 들리기 직전 두모포와 서생포로 표류한 판옥선 12척과 이 숫자를 합하면 제2차 출전에 동원된 판옥선 90여 척과 거의 일치한다. 케이넨(慶念)의 『조선일일기(朝鮮日日記)』의 1597년 7월 10일 일기 또한 거제도 입구와 그 밖의 섬에 이르렀던 조선 수군의 선박과 군사가 왜군으로부터 피해를 입었다고 기록하였다. 따라서 가덕도에서 조선 수군의 장병 400여 명이 왜군의 습격으로 죽은 사건은 칠천량해전의 제2차 출전 때 발생한 일로 결론지을 수 있다.

197. 정경운(鄭慶雲)의 『고대일록(孤臺日錄)』의 1597년 7월 18일 일기. 이에 의하면 통제사 원균은 7월 14일에

200여 척의 배를 이끌고 출전하였다. 유성룡(柳成龍)의 『징비록(懲毖錄)』에 조선 수군이 한산도에서부터 하루 종일 노를 저어서 부산 부근까지 갔다고 기록된 점과 주석 200에서 살펴본 바와 같이 조선 수군이 7월 14일 밤을 영등포에서 보낸 것으로 짐작되는 점 또한 『고대일록』에 기록된 출전 날짜의 신빙성을 간접적으로 뒷받침해준다. 그러나 한산도에서 부산 앞바다까지의 항로가 상당한 거리이고 제1차 및 제2차 출전 때 조선 수군이 부산 부근에 도달하기까지 약 2~3일을 소요했기 때문에, 7월 14일 이전에 제3차 출전이 시작된 것으로 보는 견해도 있다.

198. 조경남(趙慶男)의 『난중잡록(亂中雜錄)』 제3권의 정유년 7월 16일의 기록; 유성룡(柳成龍)의 『징비록(懲毖錄)』; 윤휴(尹鑴)의 『백호전서(白湖全書)』 제23권의 「사실(事實)」-「통제사이충무공유사(統制使李忠武公遺事)」; 이긍익(李肯翊)의 『연려실기술(燃藜室記述)』 제17권의 「선조조고사본말(宣祖朝故事本末)」-「정유왜구재출(丁酉倭寇再出)」; 『선조실록』 97권, 선조31년(1598) 2월 23일 무인 4번째 기사. 이 기록들을 종합해보면 조선 수군은 부산 앞바다에서 왜군 선단을 만나자 전투를 벌이려 시도했지만 왜군은 조선 수군의 전력이 강성했기 때문에 직접적인 교전을 회피하였다.
『난중잡록』은 전라우수영의 배 7척이, 『백호전서』는 호남 수군의 배 7척이, 『연려실기술』은 전라우수사가 거느린 배 7척이 전투 시도 중에 표류했다고 기록하였다. 그러나 이는 제2차 출전 때 전라우도의 전선 7척이 서생포로 표류한 사건과 공교로울 정도로 정황이 비슷하므로, 서생포 표류 사건을 제3차 출전 때 발생한 일로 잘못 알고 기록한 것으로 짐작된다.

199. 조경남(趙慶男)의 『난중잡록(亂中雜錄)』 제3권의 정유년 7월 16일의 기록; 유성룡(柳成龍)의 『징비록(懲毖錄)』; 윤휴(尹鑴)의 『백호전서(白湖全書)』 제23권의 「사실(事實)」-「통제사이충무공유사(統制使李忠武公遺事)」; 이긍익(李肯翊)의 『연려실기술(燃藜室記述)』 제17권의 「선조조고사본말(宣祖朝故事本末)」-「정유왜구재출(丁酉倭寇再出)」. 이 기록들에 의하면 조선 수군은 부산 앞바다에서 왜군 선단과 전투를 시도한 뒤에 군사들이 지치고 해류도 역류하였기 때문에 간신히 배를 수습하여 가덕도에 이르렀다. 일본 측 자료인 『도진가고려군비록(島津家高麗軍秘録)』 또한 칠천량해전 때 조선 수군이 세 차례에 걸쳐 가덕도를 지나갔다고 밝힘으로써 조선 수군이 칠천량해전의 제1차~제3차 출전 모두 가덕도에 이르렀던 사실을 뒷받침하고 있다.

200. 가덕도 이후의 조선 수군의 행로는 관련 기록에 따라 서로 다르다. 아래의 표는 그 기록들의 내용을 정리한 것이다. 유성룡(柳成龍)의 『징비록(懲毖錄)』은 조선 수군이 가덕도에서 왜군의 기습을 받고 칠천도로 물러났다고 서술하였지만 주석 196에서 설명한 바와 같이 왜군의 가덕도 기습은 제2차 출전에서 일어난 사건이다. 조경남(趙慶男)의 『난중잡록(亂中雜錄)』은 조선 수군이 가덕도에서 많은 수의 왜선에게 쫓겨서 영등포로 이동하였다가 왜군의 기습을 받고 다시 칠천량으로 옮겼다고 서술하였지만 이 또한 신빙성이 떨어진다. 그 첫 번째 이유는, 강력한 화력을 가진 조선 수군과의 전면전을 회피하는 전략을 사용하던 왜군이 가덕도 부근의 탁 트인 바다에서 조선 수군을 상대로 정면 공격을 시도했다는 것은 설득력이 떨어지기 때문이다. 두 번째 이유는, 영등포 다음 정박지인 칠천량이 영등포로부터 육지와 바다 양쪽으로 모두 손쉽게 접근할 수 있는 가까운 지역이므로 적의 기습을 받은 이후 멀리 이동하지 않고 바로 부근에서 다시 정박하고 밤을 보냈다는 모순된 논리가 성립되기 때문이다. 『사대문궤(事大文軌)』와 김완(金浣)의 『해소실기(海蘇實紀)』의 『용사일록(龍蛇日錄)』의 기록을 살펴보면 조선 수군은 7월 15일 하루 동안 영등포 등지에 머물러 있다가 저물녘에 칠천도로 옮겨서 정박한 것으로 파악되는데, 두 기록의 내용이 각각 칠천량해전에 직접 참전했던 배설과 김완에 의해 쓰인 점을 감안하면 『징비록』과 『난중잡록』의 관련 기록보다 더 정확할 것으로 판단된다. 정경운(鄭慶雲)의 『고대일록(孤臺日錄)』도 조선 수군이 적을 공격한 이후 영등포에 머물러 있었다고 기록함으로써 『사대문궤』 및 『해소실기』의 기록을 뒷받침하고 있다. 조선 수군이 7월 14일 밤을 어느 장소에서 보냈는지 명시한 기록은 찾을 수 없지만, 제1차 및 제2차 출전 때의 회군 장소가 영등포인 점과 『사대문궤』에 7월 15일 하루 동안 영등포에 머문 것으로 기록된 점으로 보아 조선 수군은 7월 14일 가덕도로부터 영등포에 이르러서 밤을 보낸 것으로 짐작된다.

사료 및 문헌	칠천량해전 제3차 출전 관련 기록
유성룡의 『징비록』	원균은 어렵게 남은 배를 수습하여 가덕도로 돌아왔다. 군사들은 갈증이 심해서 다투어 배에서 내려 물을 마셨는데, 왜병들이 섬 가운데에서 갑자기 뛰어나와 덮치는 바람에 장수와 군사 4백여 명을 잃었다. 원균은 또 물러 나와 거제 칠천도에 도착하였다.
조경남의 『난중잡록』 제3권의 정유년 7월 16일의 기록	원균이 여러 배를 독촉하여 급히 물러나서 밤낮으로 노를 저어 겨우 가덕에 이르렀는데 적병은 우리 군사가 기세를 잃은 것을 알고 곧 신구 병선 5백여 척을 동원하여 날 듯이 추격하니 우리 군사는 다시 영등포로 물러났다. 적병은 우리 군사가 영등포에 도착하면 반드시 땔 나무와 물을 구하려고 상륙할 것을 예측하고 밤에 빠른 배 50여 척을 영등포로 보내어 상륙시켜 매복하고 있었다. (중략) 원균 등이 황급하여 어쩔 줄을 몰라 구할 생각을 하지 못하고 급히 배를 끌고 물러나 온라도(칠천도)에 도착하니 (중략)
『사대문궤』 제22권 만력25년 (1597년) 7월 27일	경상우수사 배설의 긴급 계문에 의하면 본월 15일 통제사 원균, 전라우수사 이억기, 충청수사 최호 등이 각자 병선을 거느리고 거제현 영등포 등지에서 해도를 순시하고 날이 저물 녘에 칠천도로 물러나 정박하였다.
김완의 『해소실기』의 「용사일록」	같은 달 15일에 풍세가 불리하여 온천도(칠천도)로 진을 옮겼는데 16일 5경 초에 적들이 구름처럼 모여들어 포를 쏘며 야습을 하니 아군은 창황히 닻을 올리고 (중략)
정경운의 『고대일록』의 1597년 7월 18일 일기	황혼에 황덕장이 의령으로부터 서원에 왔다. 황이 말하기를 "통제사 원균이 14일에 배 200여 척을 끌고 나가서 공산에서 적을 맞이하여 치고는 영등포에 배를 머물러 두고 있었습니다. 16일 밤에 적이 와서 야습을 하였지만 배를 묶어두고 움직이지 않았습니다. (중략)"

『난중잡록』의 영등포에서 왜군의 기습을 받았다는 기록은, 내용의 유사성으로 미루어보아 제2차 출전 때의 가덕도 왜군 기습을 제3차 출전 때 영등포에서 일어난 일로 잘못 알았기 때문이 아닌가 추정된다.

201. 김완(金浣)의 『해소실기(海蘇實紀)』의 「용사일록(龍蛇日錄)」; 『사대문궤(事大文軌)』 제22권 만력25년(1597년) 7월 27일

202. 『선조실록』 90권, 선조30년(1597) 7월 22일 신해 2번째 기사; 김완(金浣)의 『해소실기(海蘇實紀)』의 「용사일록(龍蛇日錄)」. 『선조실록』에 의하면 7월 15일 밤 2경(밤 10시경)에 5~6척의 왜선이 내습을 한 이후에 닭이 울 무렵 또다시 수많은 왜선이 몰려왔으며, 『해소실기』에 의하면 7월 16일 5경(새벽 4시경)에 수많은 적군이 모여들었다.

203. 『선조실록』의 1597년 5월 기사(88권, 선조30년-1597년 5월 12일 임인 3번째 기사/88권, 선조30년-1597년 5월 13일 계묘 4번째 기사)에 의하면 당시 한산도에 있던 판옥선은 134척이고 격군은 13,200여 명이며, 한산도 도착 예정인 판옥선은 5~6척, 20일 사이에 건조가 완료 예정인 판옥선은 48척이다. 그리고 6월 기사(89권, 선조30년-1597년 6월 10일 기사 1번째 기사)에 의하면 새로 건조된 판옥선 37척의 격군이 제석산성으로 갈 군사 5,000명으로 충원될 예정이었다. 약 1개월의 짧은 기간 동안 48척 이외에 추가로 다시 37척을 건조했다고 보기는 어려우므로, 이 37척은 5월 기사에서 언급된 건조 완료 예정인 48척에 포함되는 것으로 판단된다. 따라서 이 계획대로 판옥선이 모두 건조되었다면 그 수는 총 180여 척이다.

제1차 및 제2차 출전에 동원된 판옥선이 각각 90여 척인 점과(주석 190 및 193 참조), 『선조실록』의 기사(89권, 선조30년-1597년 6월 10일 기사 1번째 기사)에 도체찰사 이원익의 조치에 따라 수군을 반으로 나누어 번갈아 교체하면서 출전하기로 한 기록이 있는 점 또한 위의 기록과 부합하므로, 제1차 출전 직전 조선 수군의 판옥선의 숫자는 총 180여 척으로 판단된다.

조경남(趙慶男)의 『난중잡록(亂中雜錄)』 제3권의 정유년 7월 16일의 기록에 의하면 원균은 제3차 출전에 조선 수군의 모든 선박을 동원하였다. 제3차 출전에 동원된 판옥선의 숫자는 위의 180여 척에서 제2차 출전에서 소실된 12척을 제외한 170여 척이 될 것이다. 정경운(鄭慶雲)의 『고대일록(孤臺日錄)』의 1597년 7월 18일 일기에 의하면 7월 14일의 제3차 출전 때 200여 척의 선박이 출전하였는데 이는 판옥선 170여 척과 정탐 등의 임무에 필요한 사후선 등을 합한 숫자로 추정된다. 단 정유일기 1(1597년) 7월 15일에서 중군장 이덕필이 언급한 20

어 척은 선박의 종류가 불분명하기 때문에 이 주정치에 포함하지 않았다.

주석 206에서 정리한 바에 의하면 일본 측 자료인 도요토미 히데요시의 『주인장(朱印狀)』에 기록된 왜군의 칠천량해전 전과에는 번선(番船) 160여 척이 포함되어 있다. 이는 제3차 출전 때의 판옥선 170여 척에서 해전 이후에 잔존한 판옥선 12척을 제외한 숫자와 거의 비슷하다. 한국과 일본 양측의 당대 기록인 『선조실록』과 『주인장』의 내용이 서로 부합하는 점에 근거하여 양측 사료에 나타난 조선 수군의 판옥선 숫자는 신빙성이 높다고 할 수 있다.

204. 『선조실록』 90권, 선조30년(1597) 7월 22일 신해 2번째/3번째 기사. 『선조실록』에 의하면 15일 밤 2경(밤 10시경)에 왜선 5~6척이 기습하여 전선 4척이 불타서 침몰하였다.

205. 조선 수군이 칠천량에서 왜군에게 기습을 당했을 때 지휘부를 비롯한 많은 장수와 군사들이 왜군과 싸우다가 대부분 전사했다는 것이 칠천량해전에 대한 현재의 통설이다. 그러나 해전의 결과를 전혀 다르게 기록한 자료가 상당수 존재하기 때문에 이에 대한 의문이 꾸준히 제기되어 왔다. 칠천량해전을 깊이 다룬 연구 논고가 거의 없고 그나마 출간되어 있는 논고들 또한 이러한 기록들을 명확히 분석하지 않았는데, 아마도 패배한 전쟁이라는 인식 때문에 학자들이 심도 있는 연구를 기피한 것이 아닌가 생각된다.

칠천량해전에 대해 비교적 자세한 기록을 싣고 있는 사료나 문헌으로는 『선조실록』, 유성룡(柳成龍)의 『징비록(懲毖錄)』, 조경남(趙慶男)의 『난중잡록(亂中雜錄)』, 정경운(鄭慶雲)의 『고대일록(孤臺日錄)』, 윤휴(尹鑴)의 『백호전서(白湖全書)』, 이긍익(李肯翊)의 『연려실기술(燃藜室記述)』, 이순신(李舜臣)의 『난중일기(亂中日記)』, 김완(金浣)의 『해소실기(海蘇實紀)』 등이 있으며, 이들 중 당대의 기록이라고 할 수 있는 『선조실록』, 『징비록』, 『난중잡록』, 『고대일록』, 『난중일기』, 『해소실기』가 사료로서의 가치가 보다 높다. 이들 대부분은 해전의 결과를 비교적 간략히 기록하고 있지만, 그와 달리 『선조실록』은 해전 직후 조선 조정으로 올라온 여러 가지 결과보고서들을 날짜별로 상세히 기록하고 있을 뿐만 아니라 해전 이후의 수습 과정까지도 자세히 다루고 있다. 아래에서는 이러한 풍부한 기록을 싣고 있는 『선조실록』을 위주로 여러 당대의 기록들을 함께 분석함으로써 기존 연구자들이 간과한 점을 파악하고 이를 자세히 설명하였다. 그리고 참조의 편의를 위하여 관련 자료들을 아래의 표에 정리하였다.

사료 및 문헌	칠천량해전 관련 기록
『선조실록』 90권 선조30년(1597) 7월 22일 신해 2번째 기사	선전관 김식이 "7월 16일 닭이 울 무렵 수없이 많은 왜선이 몰려와 에워싸서 조선 수군이 한편으로 싸우면서 한편으로 후퇴하였으나 대적할 수 없어 고성지역 추원포(秋原浦)로 후퇴하여 주둔했는데, 적세가 하늘을 찌를 듯하여 마침내는 전선은 모두 불타서 침몰되었고 장수들과 군졸들도 불에 타거나 물에 빠져 모두 죽었습니다. 통제사 원균 및 순천부사 우치적은 간신히 탈출하여 상륙했지만 원균은 늙어서 행보하지 못하여 생사를 알 수 없었으며, 경상우수사 배설과 옥포만호, 안골만호 등은 간신히 목숨만 보전하였고, 무수한 왜선들이 한산도로 향하였습니다."라고 조정에 보고하였다.
『선조실록』 90권 선조30년(1597) 7월 22일 신해 3번째 기사	영의정 유성룡이 "7월 16일 날이 밝았을 때에는 이미 적선이 사면으로 포위하여 아군이 부득이 고성으로 향하였으나, 육지에 내려보니 왜적이 먼저 육지에서 진을 치고 있었기 때문에 조선 군사가 손쓸 사이 없이 모두 죽음을 당했습니다."라고 선조에게 보고하였다.
『선조실록』 90권 선조30년(1597) 7월 22일 신해 5번째 기사	이순신을 전라좌도 수군절도사 겸 경상, 전라, 충청 삼도통제사로 임명하고, 권준을 충청도 수군절도사로 삼았다.
『선조실록』 90권 선조30년(1597) 7월 26일 을묘 5번째 기사	7월 21일 성첩한 도원수 권율의 서장에 "권율의 군관 최영길이 한산도로부터 나왔는데 그가 말하기를 '원균이 사지를 벗어나 진주로 향하면서 「사량에 도착한 대선 18척과 전라선 20척은 본도에 산재해 있고, 한산에 머물렀던 군민, 남녀, 군기와 여러 잡선 등을 남김없이 창선도(昌善島)에 집합시켜 놓았으며 군량 1만여 석은 운반하지 못하여 불태웠고, 격군이 도망하여 패배한 배는 모두 육지와 연결된 곳에 정박시켰으므로 죽은 사람은 많지 않다.」고 하였습니다.'고 하였습니다. 최영길을 곧 올려 보내겠습니다. 이순신으로 하여금 흩어져 있는 배를 수습하도록 사량으로 보냈습니다."라고 하였다.

사료 및 문헌	칠천량해전 관련 기록
『선조실록』 90권 선조30년(1597) 7월 27일 병진 4번째 기사	사간원이 아뢰기를 "(중략) 수군이 패몰된 지 이미 10여 일이 지났는데도 해양에 대한 사정을 알아볼 길이 없어 막막합니다. 당초 패한 곡절과 장수와 군졸의 생사, 배의 척 수, 기계의 유무, 한산도의 군량, 사민의 처리, 삼도 수군을 얼마나 수습했는지에 대하여 자세히 알려지지 않았을 뿐만 아니라 흩어진 군졸을 새로 편성하지 않아 형세가 미약하므로 모두 의구심을 가지고 있으니 선유하는 일이 시급합니다. 사람을 빨리 보내어 한편으로 변방의 사정을 알아보고 한편으로는 군사들을 위로해주어야 합니다."라고 하였다.
『선조실록』 90권 선조30년(1597) 7월 28일 정사 3번째 기사	권율이 올린 서장에 "진주목사 나정언의 급보에 '출신 정사헌과 이맹 등이 수군이 궤멸되었다고 보고한 내용에 의하면 『통제사는 견내량의 육지에 내렸는데 무수한 적이 추격했으므로 해를 입은 것이 분명하고, 전라우수사, 충청수사, 조방장 배흥립과 안세희, 가리포첨사 이응표, 함평현감 손경지, 별장 유해 등은 피살되었거나 익사하였고 그 나머지도 사망한 자가 부지기수이다. 경상우수사, 옥포만호, 영등포만호, 안골포만호 및 기타 선박 7척이 한산도로 향하는 것을 멀리서 보았다.』고 한다.'고 하였습니다."라고 하였다.
『선조실록』 90권 선조30년(1597) 7월 29일 무오 2번째 기사	비변사가 아뢰기를 "홍문관 교리 임몽정을 선유어사의 칭호를 주어 보내는데, 한산도는 이미 궤산되어 갈 수는 없으나 전패된 내용에 대하여 상세히 그 실상을 알아보고 전선의 원수는 몇 척이고 패몰된 것은 몇 척이고, 군졸 중에 사망자는 몇 명, 도피하여 살아남은 자는 몇 명이나 되는지를 일일이 조사하여 그중에 생존자가 있으면 위로하고 진정시킨 다음 그들을 불러 모으도록 하고, 사망한 자는 휼전을 거행하며, 장졸 중에서 특별히 역전하다가 죽은 자는 사유를 갖추어 계문할 것을 일러 보냄이 어떠하겠습니까?"라고 하니 상이 아뢴 대로 하라고 하였다.
『선조실록』 91권 선조30년(1597) 8월 5일 계해 4번째 기사	도체찰사 이원익이 급보하기를 "수군의 각 장수들의 생사와 거처는 전에 태안군수 이광영이 진술한 바에 의거해 장계를 올렸는데 뒤에 다시 조사해 본 결과 전후 말한 것이 각기 달랐으므로 권율에게 전령을 보내 무사를 각지로 파견하여 사실을 확실히 조사한 후에 계문하려 합니다. 임진난 이후 도망친 장수와 관리들을 한 사람도 군법에 의해 처벌하지 않았으므로 오늘날 관습이 되었습니다. 이번의 수군은 처음부터 싸우다가 모두 패한 것이 아니라 산 자나 죽은 자나 모두 도망쳐 돌아온 사람들입니다. 중론을 참고해보니 힘을 다해 싸우다 바다에서 죽은 사람은 오직 조방장 김완뿐이었습니다. 많은 장수들을 비록 모두 군법을 시행할 수 없다고 하더라도, 원균은 주장이었으니 군사를 잃은 군율로 처단해야 합니다. 경상우수사 배설과 조방장 배흥립 두 장수는 여러 장수들의 우두머리였으니 배흥립은 우선 군령을 시행하고, 배설은 병선을 이끌고 바다에 있으므로 이 사람까지 없어지면 해로가 모두 비게 되므로 뒷날을 기다렸다가 논의하여 처리해야 합니다. 이하 수령과 변장들은 등급을 나누어 벌을 주되 가장 먼저 도망갈 것을 주장하여 서로 구원해주지 않은 자들에 대해서는 모두 군법으로 처리할 것을 도원수 권율과 의논하여 정하였습니다."라고 하였다. (중략) 비변사가 회계하기를 "(중략) 우선 원균이 나타나기를 기다렸다가 다시 의논하여 처리하는 것이 어떻겠습니까?"라고 하니 아뢴 대로 윤허하였다.
『선조실록』 91권 선조30년(1597) 8월 6일 갑자 4번째 기사	접반사 정기원이 급보하기를 "(중략) 총병(양원)이 웃으면서 말하기를 '(중략) 수군이 접전할 때 오직 한 배의 장사만이 싸움에 항거할 계책을 세웠을 뿐 그 밖에는 모두 물에 뛰어들어 죽거나 혹은 해안으로 올라가 도망쳐 흩어지니 왜적들이 비웃으며 말하기를 『우리가 조선의 군사를 패배시킨 것이 아니라 조선 군사 스스로가 패배하였다. (중략)고 하였다. (중략)"라고 하였다.
『선조실록』 91권 선조30년(1597) 8월 18일 병자 4번째 기사	사헌부가 아뢰기를 "(중략) 지난번 한산 싸움에서도 여러 장수들 중에 어떤 자는 수군 전부를 이끌고 도망쳤고 어떤 자는 해안으로 올라가 도망쳐버리고 주장을 구원하지 않았는데도 한 달이 지나도록 군법으로 다스려 군중을 경계하지 않고 있습니다. (중략)"라고 하였다.
『선조실록』 93권 선조30년(1597) 10월 13일 경오 2번째 기사	사헌부가 아뢰기를 "(중략) 한산도 수군의 패배에 대해 주장을 구원하지 않은 죄로써 각 배를 거느린 장수들을 도체찰사로 하여금 경중을 나누어 율에 따라 처단하도록 대간에서 계청하여 윤허를 받은 지가 여러 달이 지났습니다. (중략)"라고 하였다.
『선조실록』 97권 선조31년(1598) 2월 23일 무인 4번째 기사	체찰사 한효순이 무안에 사는 군자 첨정 정기수를 만나 물어보니, 그의 대답이 다음과 같았다. "(중략) 소서행장 진중의 졸왜 한 사람이 우리나라의 군사들이 모두 협착한 속에 있어서 배를 제어할 수 없는 것을 보고는 불의에 습격하기 위해 군사를 잠복시켰다가 밤에 쳐들어갔기 때문에 주사의 장졸이 창황히 질서를 잃었고 적병이 크게 몰려온 줄 알고 모두 육지로 내렸다가 결국 낭패를 당했다. (중략)"라고 하였다.

사료 및 문헌	칠천량해전 관련 기록
『선조실록』 98권 선조31년(1598) 3월 22일 정미 4번째 기사	전교하였다. "지난해 한산의 싸움에서 패한 각 군의 여러 장수들을 즉시 공과 죄를 조사하여 법에 따라 처결했어야 했지만 오직 고식적인 관습에 때문에 위엄을 보여야 한다는 교훈을 생각하지 않아 지금까지 한 사람도 벌을 주지 않았다. (중략)"
『선조실록』 100권 선조31년(1598) 5월 6일 경인 4번째 기사	비변사가 아뢰기를 "'전하여 들리는 것이 모두 사실이라고 할 수는 없다. 설사 형세가 궁하여 육지에 내려온 것이라고 하더라도 여러 해 동안 수자리에서 고생하였고 국가를 위해 힘을 다해 적을 토멸한 공로는 잊을 수 없으니 치제하지 않을 수 없다. 그러나 비변사에 물어보라.'라고 전교하셨습니다. 이억기가 육지에 내려 치사(致死)한 이유는 정확하게 알 수 없으나, 교전할 때 힘을 다해 분전하여 (중략)"
『선조실록』 100권 선조31년(1598) 5월 10일 갑오 4번째 기사	정원이 아뢰기를 "(중략) 단 한산 전투에서 패배한 사람은 실정을 자세히 조사하기를 기다리고 있는 중이므로 배흥립 등 30여 명은 공이 1등에 속하지만 아직 상전을 받지 못하고 있습니다. (중략)"
『선조실록』 104권 선조31년(1598) 9월 19일 신축 3번째 기사	의금부가 아뢰기를 "(중략) 우치적은 한산도에서 패군하여 '죄를 지고 임무를 수행한다.'는 처벌자의 명단에 들어 있는데, 3명을 참수하고 1명을 사로잡았습니다. (중략)"라고 하였다.
『선조실록』 133권 선조34년(1601) 1월 17일 병진 1번째 기사	이덕형이 아뢰기를 "(중략) 제장들의 말은 비록 믿을 수 없으나 격군의 말은 믿을 만도 합니다. (중략) 한산을 향해 후퇴하는데 격군들이 밤낮없이 노질하여 춘원포에 닿았습니다. 적군들이 밤을 이용하여 정면으로 공격해오는 바람에 힘이 지친 나머지 갑자기 당하는 변이어서 싸움도 하지 못하고 물이 마르듯이 다 도망쳐서 1명도 전사자가 없었다고 하였습니다."라고 하였다.
유성룡의 『징비록』	밤중에 왜적의 배가 와서 습격하자 군대가 크게 무너졌다. 원균은 도망쳐 바닷가에 이른 뒤 배를 버리고 언덕에 올라 달아나려 했지만 살이 찌고 둔해서 소나무 아래에 주저앉았고, 주변 부하들은 모두 흩어졌다. 어떤 이는 원균이 적에게 살해되었다고 하고, 어떤 이는 달아나 죽음을 면했다고 하는데, 끝내 그 사실을 알 수가 없다.
조경남의 『난중잡록』 제3권의 정유년 7월 16일의 기록	7월 16일 이른 아침에 복병선이 이미 적에게 불태워진 것을 파악하고, 원균이 크게 놀라 북을 쳐서 변을 알리자 각 배의 옆에서 적의 배가 충돌하고 총탄이 발사되어 군사들이 크게 놀랐다. 원균이 적을 잡으려 하였으나 미치지 못하였다. 아침 10시경에 적의 배가 가까이 포위하여 함성이 울리고 총알이 쏟아져서 원균이 접전하였는데 형세가 강하여 대적할 수 없었다. 배설이 바라만 보다가 배 12척과 더불어 달아났다. 원균이 지탱할 수가 없어서 여러 장수들과 달아나 언덕에 오르니 적군이 추격하여 원균, 전라우수사 이억기, 충청수사 최호 등과 많은 장수, 군사가 죽었다.
정경운의 『고대일록』의 1597년 7월 18일 일기	7월 16일 밤에 적이 기습하였으나 배를 묶어 두고 움직이지 않았다. 동이 트자 적선이 와서 사면을 포위 공격하니 군사가 크게 무너져서, 원균은 바다에 빠져 사라지고 충청수사 최호도 죽었으며 수군 중에서 죽거나 물에 빠진 자의 수를 헤아리기 어려웠다. 경상우수사 배설은 군사를 이끌고 포위를 뚫고 나와 한산도에 이르러 남은 배에다 군사를 싣고 급히 도망치면서 군량과 기계를 전부 태워 버렸다.
이순신의 『난중일기』의 1597년 7월 21일 일기	낮 점심을 먹은 뒤에 노량에 이르니 거제현령 안위, 영등포만호 조계종 등 10여 명이 와서 통곡을 하였고 피난을 나온 군사와 백성들도 울부짖지 않는 사람이 없었다. 경상수사는 도망가서 보이지 않았다. 우후 이의득이 와서 만나고 이어 패배하게 된 상황을 물어보니 사람들이 모두 울면서 말하기를 "대장 원균이 적을 보고는 먼저 달아나서 육지로 내렸고 여러 장수들도 다 따라서 육지로 내려서 이 지경에 이르렀다."라고 하였다.
김완의 『해소실기』의 『용사일록』	7월 16일 5경(새벽 4시경) 적군이 몰려들어 포를 쏘며 야간기습을 하였다. 우리 수군은 당황하여 닻을 올리고 재빠른 자는 먼저 온천(칠천)을 나오고 그렇지 못한 자는 나오지 못하였는데 적은 이미 주위를 포위하였다. 전라좌수영의 군량을 먼저 빼앗겼으며, 주장은 조치를 잘못하여 여러 배들이 이미 흩어져 절반은 진해가 있는 북쪽으로, 절반은 거제 쪽으로 달아났고, 나(김완)만 홀로 한후선에서 북을 치며 각을 불고 깃발을 지휘하였다.

『선조실록』의 기사에 의하면 칠천량해전 직후 조선 조정은 7월 22일/26일/28일 세 차례에 걸쳐 해전 결과에 대한 보고를 받았다. 7월 22일에는 선전관 김식이 '조선 수군 대부분의 장수와 군사들이 전사했다.'는 내용으

로 보고하였으며, 7월 26일에는 '권율의 군관 최영길이 사지를 벗어난 통제사 원균으로부터 상당수의 선박이 잔존해 있고 죽은 사람도 많지 않다는 소식을 들었다.'는 내용의 서장이 올라왔으며, 7월 28일에는 '진주목사 나정언이 수군이 괴멸되어 많은 장수들이 사망했다고 보고하였다.'는 내용의 서장이 올라왔다. 그런데 이 세 가지 보고는 그 내용이 각기 서로 큰 차이를 보였을 뿐만 아니라 매우 소략하였기 때문에 후속 대책을 수립하기 위한 충분한 정보를 제공하지 못했다. 이 때문에 조정은 『선조실록』의 7월 27일/29일 기사에 기록된 바와 같이 우선 정확한 상황 파악에 주력하였다.

이후 『선조실록』의 8월 5일 기사에 실린 이원익의 보고서는, 군 최고 통수권자인 도체찰사 이원익과 도원수 권율이 해전의 여러 관계자들을 조사한 후 그 중론을 모아서 정리한 것으로서 칠천량해전에 대한 최초의 종합 결과보고서라고 할 수 있다. 이원익은 당시 경상도 지역에서 육군과 해군의 군사 작전을 직접 감독하고 있었으므로 전쟁 상황에 대한 많은 정보를 입수할 수 있는 위치에 있었다. 따라서 이원익의 보고서는 한두 사람의 진술을 위주로 하여 작성된 기존의 보고서들과 비교해 보았을 때 작성 근거의 면에서 객관성과 신빙성이 더욱 높다고 할 수 있으므로, 칠천량해전 결과에 대한 기록들 중 가장 우선시 되어야 할 자료이다. 그리고 무엇보다도 이원익의 보고서의 가장 중요한 점은 여러 관련 자료들과의 비교를 통하여 그 내용이 상당 부분 입증이 가능하다는 것이다. 이 보고서는 대부분의 조선 수군이 전투를 벌이지 않고 도주하였으며 바다에서 싸우다가 죽은 사람은 조방장 김완을 제외하고는 없다고 서술하였는데, 주석 208의 표에서 정리한 바와 같이 칠천량해전의 참전이 확인 가능한 장수들 대부분이 여러 자료를 통하여 해전 이후 생존한 사실이 확인되며, 세 명의 수군절도사를 제외하고는 전사한 장수를 확인할 수 있는 자료를 찾기 어렵다. 주석 208의 표에 의하면 해전에 참전했거나 또는 참전했을 것으로 추정되는 장수 32명 중 27명이 해전 이후 생존하였으며 나머지 5명은 생존 여부 미상이다. 『선조실록』의 7월 28일 기사에 전사했다고 언급된 조방장 배흥립, 가리포첨사 이응표, 함평현감 손경지, 별장 유해 또한 해전 이후 생존했음을 확인할 수 있다. 기록을 통해 참전이 확인되는 장수들의 생존 비율이 매우 높은 점을 감안하면, 해전에 참전하였지만 기록에 이름이 전하지 않는 장수들 또한 많은 인원이 생존했을 것으로 생각된다. 조방장 김완은 왜군의 포로가 되었다가 훗날 탈출하여 살아 돌아왔지만, 그가 실제로 전투를 벌이다가 행방불명이 되었던 점은 오히려 이원익의 보고서의 정확성을 보여주는 증거로 해석된다.

『선조실록』의 8월 6일 기사에 실린 명나라의 총병 양원(楊元)의 언급 또한 이원익과 마찬가지로 한 배의 장수만이 항거하고 나머지는 모두 도주하였다고 증언하였다. 칠천량해전에 직접 참전했던 김완의 『해소실기』도 항전한 조선 수군이 거의 없었다고 기록하였으며, 『난중일기』의 1597년 7월 21일 일기에도 해전에 참전했던 여러 장수들이 '대장 원균이 먼저 달아나서 육지로 내렸고 여러 장수들도 다 따라서 육지로 내렸다.'고 진술한 내용이 보인다. 『선조실록』의 1598년 2월 23일 기사에 의하면 왜군의 포로가 되었다가 돌아온 첨정 정기수는 칠천량해전에 대해 '조선 수군이 왜군이 많이 몰려온 줄 알고 모두 육지로 내렸다.'는 내용으로 증언하였으며, 『선조실록』의 1601년 1월 17일 기사에 의하면 도체찰사 이덕형은 칠천량해전에 참전했던 격군의 말을 빌려 해전에서 싸우다 죽은 전사자가 없다고 하였다. 요컨대 정유재란 시기 군을 통수했던 두 명의 도체찰사 이원익과 이덕형, 칠천량해전에 참전했다가 포로가 되었던 조방장 김완, 칠천량해전에 참전했다가 퇴각하여 노량에서 이순신을 만난 여러 많은 장수들 등이 칠천량해전의 결과에 대해 거의 일치된 내용으로 증언하고 있다.

칠천량해전에서 조선 수군이 왜군에 대항하여 전투를 벌이다가 대부분 전사했다고 서술한 당대의 기록으로는, 이미 앞에서 다루었던 『선조실록』의 7월 22일/28일 기사를 제외하면 『난중잡록』과 『고대일록』이 있다. 비록 이 두 기록의 저자인 조경남과 정경운은 임진왜란 당시 의병장으로 활약하였지만 수군과는 직접적인 연관이 없었으므로 『난중잡록』과 『고대일록』의 관련 기록은 앞에서 언급한 이원익의 보고서 등에 비해 그 정확성이 보다 떨어진다고 할 수 있다.

해전의 특성상 수군 병사들의 생존은 그들이 승선한 선박의 존속 여부와 직결되어 있으므로, 칠천량해전에서 많은 조선 수군 장수들이 생존한 사실은 그 장수들이 승선했던 각 선박의 병사들 또한 상당수가 생존했음을 의미한다. 따라서 칠천량해전에서의 조선 수군의 병력 피해는 일부 인원으로 국한되었고 다만 해안가에 남겨진 많은 선박들이 주로 피해를 입은 것으로 판단된다. 우리나라 자료로 확인 가능한 조선 수군의 병력 손실은 해전 전날 왜군이 기습하여 불탄 전선 4척의 병력과 해전 당일 조방장 김완이 탔던 전선의 병력 등이다. 일본 측 자료를 살펴보면 주석 206에서 언급한 도요토미 히데요시의 「주인장(朱印狀)」은 수천 명의 조선인을 베었다고 그 규모를 모호하게 기록한 것에 비해, 『조선물어(朝鮮物語)』(大河內秀元)의 1597년 7월 16일 기록은 칠천량해전 직후 왜장들이 모여서 군공을 논의할 때 집계한 목을 벤 숫자가 총 711명이라고 밝히고 있다. 가와구치 조주(川口長孺)의 『정한위략(征韓偉略)』이 인용한 『구주기(九州記)』 제16권의 기록 또한 『조선물어』와 마찬가지로 왜군이 목을 벤 사람이 700여 명이라고 서술하였다. 복수의 일본 측 자료에서 700여 명이라는 특정된 숫자의 병력 손실이 확인되는 점이 주목할만하다, 왜군이 해전에서 배로 뛰어올라가 백병전을 벌이는 등선육박전술(登船肉薄戰術)을 주로 활용했던 점을 감안하면, 이 숫자는 왜군이 칠천량해전에서 실제로 직접 전투를 벌인 판옥선의 수가 그리 많지 않았음을 보여주는 증거가 될 수 있다.

칠천량해전에서 많은 장수들이 생존한 사실을 고려하면 최고 지휘관인 수군절도사 원균, 이억기, 최호의 전사 기록은 무척 의아스럽다. 통제사 원균과 전라우수사 이억기의 경우에는 그들의 전사를 의심할만한 기록도 존재한다.

『선조실록』의 7월 26일 기사는 칠천량해전 직후 권율의 군관 최영길이 원균으로부터 직접 들었다는 말을 싣고 있는데 이는 예전부터 원균의 칠천량해전 생존설의 근거로 제시되곤 하던 기록이다. 예로부터 전쟁으로 인해 소식이 끊긴 사람의 생사를 착각하는 것은 종종 있는 일이지만 이처럼 당사자가 직접 나타나서 말을 전하는 경우는 매우 이례적이다. 『선조실록』의 8월 5일 기사에 실린 이원익의 보고서가 원균을 군율로 처단하기를 주장한 것도, 보고서 작성 당시 이원익이 원균을 생존한 것으로 파악했음을 의미한다. 이 기사에 의하면 조선 조정은 일단 원균이 나타나기를 기다렸다가 그의 처리를 의논하기로 결정하였지만 이후의 『선조실록』의 기사는 사건의 경위에 대한 명확한 언급이 없이 다만 그를 전사한 것처럼 취급하고 있다. 그러나 칠천량해전 시기에 영의정으로서 국무를 주관했던 유성룡이 이후 저서인 『징비록』에 원균의 생사를 끝내 알 수 없다라는 말을 남긴 점은 매우 의미심장하다.

전라우수사 이억기와 관련해서는 『선조실록』의 1598년 5월 6일 기사에 눈길을 끄는 기록이 있다. 이 기사에 의하면 비변사는 선조에게 '이억기가 육지로 내려와서 죽은 이유를 정확히 알 수 없다.'고 보고하였는데 이는 바다에서 싸우다가 죽은 것으로 알려져 있는 이억기의 사망 경위와 정면으로 배치되는 기록이다. 게다가 그 내용은 전사한 장수를 두고 말한 것으로 보기에 매우 부적합하다. 이 기사에서 선조는 '전하여 들리는 것이 모두 사실이라고 할 수는 없다.'고 하면서 이억기와 관련한 소문에 대해 애써 부정하는 태도를 취하였는데 이 말이 정확히 무슨 의미인지는 알 수 없지만 이억기의 행방과 관련하여 당시 어떠한 소문이나 뒷말이 있었음을 대략 짐작할 수 있다. 이외에 전라우수영에서 이억기 바로 아래의 직위에 있던 임치첨사 홍견, 가리포첨사 이응표, 전라우우후 이정충이 모두 해전 이후에 생존한 사실도 이억기의 전사 기록을 의심스럽게 만드는 또 하나의 요인이다.

일본 측의 자료에서도 조선 수군 장수의 전사를 명시한 1차 사료 또는 그에 준하는 기록은 찾기 어렵다. 가와구치 조주가 일본의 여러 자료들을 정리하여 저술한 『정한위략』과 같은 후대의 일본 기록들은 원균 등의 전사 여부에 대해서 오히려 우리나라 자료인 유성룡의 『징비록』 등을 참조하고 있다.

조선 조정은 이후 수군절도사들을 전사한 것으로 처리하고 이들을 구원하지 않은 장수들에 대한 처벌을 논의하였는데, 『선조실록』의 1597년 8월 18일과 1597년 10월 13일의 기사가 그러한 기록들이다. 이후 이러한 명분에 의해 처형된 장수는 단 한 명도 없었고 다만 임무를 수행함으로써 죄를 사하는 형태로 처리되었으며, 1598년 3월 22일과 1598년 9월 19일의 기사에서 이를 확인할 수 있다.

조선 조정이 칠천량해전에 참전한 수군절도사 이하의 많은 장병들을 전사한 것으로 처리한 이유는, 거의 모든 장병들이 전투도 벌이지 않고 도주해버린 사태가 군의 사기와 나라의 위신을 떨어뜨리고 또한 많은 장수들을 처단해야만 하는 수습하기 어려운 상황으로 이어질 수 있었기 때문으로 짐작된다. 특히 믿고 있던 수군이 거의 와해된 상황에서 명나라 군대의 지원이 더욱 아쉬워진 조정의 입장에서는 칠천량해전의 결과를 있는 그대로 공식적으로 표방할 수 없었을 것이다. 『선조실록』의 1597년 7월 27일 기사를 살펴보면 조정은 이때까지도 칠천량해전의 상황을 제대로 파악하지 못하고 있었지만, 『사대문궤(事大文軌)』 제22권 만력25년(1597년) 7월 27

일의 기록에 의하면 조정은 경상우수사 배설의 계본을 인용하여 세 명의 수군절도사 이하 많은 군사들이 전사했다는 뉘앙스가 풍기는 자문(咨文)을 써서 명나라 측에 보냈다. 같은 날짜의 두 기록에 나타난 조정의 모순된 행위는 당시 조정이 어떠한 생각을 가지고 있었는지를 보여준다.

206. 칠천량해전의 일본 수군 전과를 기록한 일본 측 자료를 정리하면 아래의 표와 같다. 「도진가문서」 제436호 및 제437호, 「등당문서」, 「근강수구가등문서」, 「모리가문서」 제911호는, 칠천량해전 직후 도요토미 히데요시가 해전에서 전과를 올린 왜장들을 치하하기 위해 보낸 「주인장(朱印狀)」으로서 그 날짜는 모두 8월 9일(1597년)이다. 특히 이 자료들 중 「도진가문서」 제436호 및 제437호, 「등당문서」, 「근강수구가등문서」의 네 가지 문서는 단지 몇 개의 글자 차이를 제외하고는 그 내용이 거의 동일하므로 도요토미 히데요시 「주인장」의 원래 형태를 대부분 그대로 보존하고 있다고 여겨진다. 이 네 가지 문서에 따르면 일본 수군은 번선(番船) 160여 척을 포획하고(伐捕/切捕), 조선인(唐人) 수천 명을 베었으며(伐捨/切捨), 그 밖에도 여러 포구와 15~16리 사이에 있는 배들을 불태웠다고 한다. 번선(番船)은 조선 수군의 판옥선을 가리키는 것으로 판단되며, 여러 포구나 15~16리 사이에서 불태워진 배들은 주로 사후선과 같은 소형 선박들을 가리키는 것으로 짐작된다. 「도진가문서」 제967호는 해전에 참전한 왜장들이 연서장 형태로 쓴 7월 16일 자 문서로서 이 자료는 왜군의 전과인 번선 160여 척이 왜장들 각각의 전과를 모두 합한 것임을 의미한다. 한일관계사학회의 학술회의 자료인 『정유재란과 동아시아』-「전쟁 '재발'의 배경 이해 -정유재란 시 일본의 목적과 일본측의 군사행동-」(津野倫明, 2017, 21쪽)에 따르면 도요토미 히데요시에게 칠천량해전의 결과를 제출한 보고서의 사본인 「번선취신장」은 왜군이 노획한 선박을 34척, 불태운 선박을 130척으로 기록하였다.

일본 측 관련 자료	칠천량해전 일본 수군 전과
「도진가문서(島津家文書)」 제436호 (출처: 「大日本古文書 島津家文書」 제436호)	번선(番船) 160여 척 포획
「도진가문서(島津家文書)」 제437호 (출처: 「大日本古文書 島津家文書」 제437호)	
「등당문서(藤堂文書)」 (출처: 東京大學史料編纂所架藏影写本)	
「근강수구가등문서(近江水口加藤文書)」 (출처: 東京大學史料編纂所架藏影写本)	
「모리가문서(毛利家文書)」 제911호 (출처: 「大日本古文書 毛利家文書」 제911호)	
「도진가문서(島津家文書)」 제967호 (출처: 「大日本古文書 島津家文書」 제967호)	
「번선취신장(番船取申帳)」 (출처: 「対馬古文書」의 「洲河文書」)	번선(番船) 34척 노획, 번선(番船) 130척 소각

위 표의 자료에 나타난 왜군 전과인 번선 160여 척은, 주석 203에서 언급한 칠천량해전 제3차 출전의 조선 수군 판옥선 170여 척에서 해전 이후에 잔존한 판옥선 12척을 제외한 숫자와 거의 비슷하다. 주석 203에서 살펴본 『선조실록』의 기사에 실린 칠천량해전 직전의 판옥선 건조 계획을 일 단위까지 계산해본다면 그 총 숫자는 187~188척이다. 여기서 두모포와 서생포로 표류한 12척과 칠천량해전 이후 잔존한 12척을 제외하면 그 숫자는 163~164척으로서 「번선취신장」에 기록된 일본 수군의 전과 164척과 거의 일치한다. 정유일기 1(1597년) 7월 15일에 기록된 패배한 수군 20여 척에 판옥선이 포함되었을 수도 있는 점과 거북선의 숫자를 계산에 넣지 않은 점과 변수가 많은 혼란한 전쟁 상황이었던 점을 고려하면 일 단위까지 선박의 숫자를 따지는 것은 큰 의미가 없을 수도 있지만, 한국과 일본 양측의 기록이 서로 부합하는 점을 확인할 목적으로 살펴보았다.

우리나라에서 종종 참조하는 『정한록(征韓錄)』 제4권의 「당도번선지사(唐嶋番船之事)」에 실린 7월 16일의 「주진장(注進狀)」과 8월 9일의 「주인장(朱印狀)」은 위 표의 「도진가문서」를 참조한 것이고, 『일본전사 조선역(日本戰史朝鮮役)』의 「문서(文書)」(参謀本部, 1924, 208~209/210~211쪽)에 실린 「주진장」과 「주인장」은 앞의 『정한록』에 실린 자료를 참조한 것이다. 그리고 위 표에 정리한 일본 측 자료 및 출처와 이에 대한 설명은 津野倫明의 『人文科學研究 第19号』-「巨済島海戰に関する一注進状」(高知大学人文学部人間文化学科, 2013)을 주로 참조하였음을 밝힌다.

국내에 비교적 널리 알려진 가와구치 조주(川口長孺)의 『정한위략(征韓偉略)』은 칠천량해전의 왜군 전과를 와키자카 야스하루(脇坂安治) 적선 16척, 도도 다카도라(藤堂高虎) 60여 척, 시마즈 요시히로(島津義弘) 부자 초선(哨船) 160여 척 등으로 기록하였으며, 그 근거를 『협판기(脇坂記)』, 도도 다카도라 및 시마즈 요시히로 가문의 기록 등이라고 주를 달아 놓았다. 그 전과의 총합계는 230여 척으로서 실제보다 더 많은 숫자인데, 이는 「도진가문서」의 기록에 나타난 전체 해전 전과에다가 와키자카 야스하루와 도도 다카도라의 전과를 중복해서 계산하였기 때문이다.

207. 『사대문궤(事大文軌)』 제22권 만력25년(1597년) 7월 27일. 이 기록은 칠천량해전 직후 경상우수사 배설이 병선 12척과 함께 견내량을 지났다고 언급하였는데, 칠천량해전 직후의 시기에 전장에서 빠져나온 전선의 숫자를 명확히 파악하였다는 점에서 의미가 있다.

208. 칠천량해전 시기 수군에 소속된 장수들의 이름과 그들의 칠천량해전의 참전/불참 여부 및 근거 자료, 그리고 그들의 해전 이후 생존 근거 자료를 정리하면 아래와 같다.

장수 이름		참전/불참 여부 및 근거 자료	해전 이후 생존 근거 자료
[전라좌수영]			
사도첨사	김익귀(金益貴)	[참전] 김완의 『해소실기』의 「용사일록」	
순천부사	우치적(禹致績)	[참전] 『선조실록』 90권 선조30년(1597) 7월 22일 신해 2번째 기사	정유일기 1(1597년) 8월 9일
낙안군수	김광옥(金光玉)	[참전] 『사대문궤(事大文軌)』 제23권 만력25년(1597년) 9월	
녹도만호	송여종(宋汝悰)	[참전추정] 정유일기 1(1597년) 6월 12일	정유일기 2(1597년) 9월 16일
발포만호	소계남(蘇季男)	[참전추정] 정유일기 2(1597년) 8월 13일	정유일기 2(1597년) 8월 13일
여도만호	김인영(金仁英)	[참전추정] 정유일기 1(1597년) 6월 12일	정유일기 2(1597년) 10월 20일
전라좌우후	이몽구(李夢龜)	[불참] 『선조실록』 93권 선조30년(1597) 10월 11일 무진 3번째 기사	『선조실록』 93권 선조30년(1597) 10월 11일 무진 3번째 기사
광양현감	구덕령(具德齡)	[불참] 정유일기 1(1597년) 8월 8일	정유일기 1(1597년) 8월 8일
흥양현감	최희량(崔希亮)	[불참 추정] 조응록의 『죽계일기』 제4권의 「정유만력이십오년」 7월 5일 - 칠천량해전 직전에 관직 제수	정유일기 2(1597년) 11월 5일
보성군수	반 혼(潘 混)	[불참 추정] 『선조실록』 89권 선조30년(1597) 6월 29일 무자 8번째 기사 - 전임자 안홍국이 칠천량해전 직전에 전사	정유일기 1(1597년) 8월 16일; 『보성군읍지(寶城郡邑誌)』의 「선생안(先生案)」
방답첨사	[성명미상]	[참전여부 미상]	
[전라우수영]			
임치첨사	홍 견(洪 堅)	[참전] 홍견의 『도장선생유사』	정유일기 1(1597년) 8월 17일
가리포첨사	이응표(李應彪)	[참전] 『선조실록』 90권 선조30년(1597) 7월 28일 정사 3번째 기사	『선조실록』 93권 선조30년(1597) 10월 12일 기사 3번째 기사
회령포만호	민정붕(閔庭鵬)	[참전] 김완의 『해소실기』의 「용사일록」	정유일기 1(1597년) 8월 19일
남도포만호	강응표(姜應彪)	[참전] 김완의 『해소실기』의 「용사일록」	정유일기 2(1597년) 10월 20일
함평현감	손경지(孫景祉)	[참전] 『선조실록』 90권 선조30년(1597) 7월 28일 정사 3번째 기사	『선조실록』 104권 선조31년(1598) 9월 19일 신축 3번째 기사
해남대장	[성명미상]	[참전] 김완의 『해소실기』의 「용사일록」	
강진대장	[성명미상]	[참전] 김완의 『해소실기』의 「용사일록」	
금갑도만호	이정표(李廷彪)	[참전추정] 정유일기 2(1597년) 10월 13일	정유일기 2(1597년) 10월 13일
영광군수	김상준(金尙寯)	[불참] 『선조실록』 90권 선조30년(1597) 7월 11일 경자 2번째 기사	『선조실록』 106권 선조31년(1598) 11월 28일 기유 5번째 기사

영암군수	이경유(李慶裕)	[불참] 『선조실록』 90권 선조30년(1597) 7월 15일 갑진 3번째 기사	『영암군읍지(靈巖郡邑誌)』의 「선생안(先生案)」 – 칠천량해전 직후 8월에 체직
장흥부사	김억추(金億秋)	[불참 추정] 『선조실록』 90권 선조30년(1597) 7월 25일 갑인 6번째 기사 - 칠천량해전 직후 전라우수사로 제수	정유일기 2(1597년) 9월 8일
진도군수	선의문(宣義問)	[불참 추정] 『진도군읍지(珍島郡邑誌)』의 「선생안(先生案)」 - 칠천량해전 직전인 7월 12일에 도임	정유일기 2(1597년) 11월 4일
무장현감	이 람(李 覽)	[불참 추정] 『선조실록』 93권 선조30년(1597) 10월 13일 경오 7번째 기사	『선조실록』 93권 선조30년(1597) 10월 13일 경오 7번째 기사
전라우우후	이정충(李廷忠)	[참전여부 미상]	정유일기 2(1597년) 10월 10일
무안현감	남언상(南彦祥)	[참전여부 미상]	정유일기 2(1597년) 10월 21일
목포만호	[성명미상]	[참전여부 미상]	
다경포만호	[성명미상]	[참전여부 미상]	
법성포만호	[성명미상]	[참전여부 미상]	
검모포만호	[성명미상]	[참전여부 미상]	
군산포만호	[성명미상]	[참전여부 미상]	
마도만호	[성명미상]	[참전여부 미상]	
어란포만호	[성명미상]	[참전여부 미상]	
[경상우수영]			
경상우우후	이의득(李義得)	[참전] 정유일기 1(1597년) 7월 21일	정유일기 1(1597년) 7월 21일
영등포만호	조계종(趙繼宗)	[참전] 『선조실록』 90권 선조30년(1597) 7월 28일 정사 3번째 기사	정유일기 1(1597년) 7월 21일
안골포만호	우 수(禹 壽)	[참전] 『선조실록』 90권 선조30년(1597) 7월 28일 정사 3번째 기사	정유일기 2(1597년) 10월 20일
옥포만호	이 섬(李 暹)	[참전] 『사대문궤(事大文軌)』 제22권 만력25년(1597년) 7월 27일	『선조실록』 123권 선조33년(1600) 3월 16일 기미 2번째 기사
조라포만호	정공청(鄭公淸)	[참전] 김완의 『해소실기』의 「용사일록」	정유일기 2(1597년) 10월 13일
거제현령	안 위(安 衛)	[참전] 정유일기 1(1597년) 7월 21일	정유일기 1(1597년) 7월 21일
웅천현감	성천희(成天禧)	[참전] 『사대문궤(事大文軌)』 제22권 만력25년(1597년) 7월 27일	『창녕향안증주(昌寧鄕案增註)』의 「좌목(座目)」
평산포대장	정응두(丁應斗)	[참전추정] 정유일기 2(1597년) 9월 16일	정유일기 2(1597년) 9월 16일
당포만호	안이명(安以命)	[참전추정] 정유일기 2(1597년) 10월 13일	정유일기 2(1597년) 10월 13일
제포만호	주의수(朱義壽)	[참전추정] 정유일기 1(1597년) 10월 13일	정유일기 1(1597년) 10월 13일
하동현감	신 진(申 蓁)	[참전추정] 정유일기 1(1597년) 6월 12일	정유일기 1(1597년) 8월 13일
적량만호	[성명미상]	[참전추정] 정유일기 2(1597년) 10월 23일	정유일기 2(1597년) 10월 23일
남해현령	박대남(朴大男)	[불참] 조응록의 『죽계일기』 제4권의 「정유만력이십오년」 7월 19일 - 후임자가 제수된 점으로 보아 당시 박대남은 이전에 이미 체직된 것으로 판단됨	정유일기 1(1597년) 7월 22일
곤양군수	이천추(李天樞)	[불참] 정유일기 1(1597년) 7월 21일	정유일기 1(1597년) 7월 21일
미조항첨사	김응함(金應緘)	[불참 추정] 『선조실록』 99권 선조31년(1598) 4월 28일 임오 6번째 기사	『선조실록』 99권 선조31년(1598) 4월 28일 임오 6번째 기사
사천현감	원 각(元 恪)	[불참 추정] 『사천현읍지(泗川縣邑誌)』의 「선생안(先生案)」 - 피난을 간 이유로 체직된 점으로 보아 칠천량해전 시기 고을에 있었던 것으로 추정됨	『사천현읍지(泗川縣邑誌)』의 「선생안(先生案)」

곡포권관	장후완(蔣後琓)	[불참 추정] 정유일기 1(1597년) 7월 3일	『광해군일기』 16권 광해1년(1609) 5월 7일 정해 4번째 기사
사량만호	변익성(邊翼星)	[참전여부 미상]	『선조실록』 190권 선조38년(1605) 8월 19일 신유 2번째 기사
고성현령	원 전(元 琠)	[참전여부 미상]	『경상도고성부총쇄록(慶尚道古城府叢鎖錄)』의 「환적(宦蹟)」
진해현감	조 성(曺 城)	[참전여부 미상]	『선조실록』 175권 선조37년(1604) 6월 22일 신축 5번째 기사
가덕첨사	[성명미상]	[참전여부 미상]	
천성만호	[성명미상]	[참전여부 미상]	
지세포만호	[성명미상]	[참전여부 미상]	
삼천포권관	[성명미상]	[참전여부 미상]	
[충청수영]			
태안군수	이광영(李光英)	[참전] 『선조실록』 91권 선조30년(1597) 8월 5일 계해 4번째 기사	『선조실록』 91권 선조30년(1597) 8월 5일 계해 4번째 기사
보령현감	황응성(黃應聖)	[불참 추정] 문과 출신	『선조실록』 193권 선조38년(1605) 11월 4일 갑술 2번째 기사
충청우후	원유남(元裕男)	[참전여부 미상]	『선조실록』 174권 선조37년(1604) 5월 2일 임자 5번째 기사
소근포첨사 [추정]	장언평(張彦平)	[참전여부 미상]	이덕형의 『한음문고』 제9권의 「정문(呈文)」-「정양경리문(呈楊經理文)」
마량첨사 [추정]	여경축(呂卿軸)	[참전여부 미상]	이덕형의 『한음문고』 제9권의 「정문(呈文)」-「정양경리문(呈楊經理文)」
당진포만호 [추정]	김몽룡(金夢龍)	[참전여부 미상]	이덕형의 『한음문고』 제9권의 「정문(呈文)」-「정양경리문(呈楊經理文)」
서산군수	안 괄(安 适)	[참전여부 미상]	『서산군지(瑞山郡誌)』의 「선생안(先生案)」
결성현감 또는 김응담(金應湛)	민효량(閔孝良)	[참전여부 미상]	
서천포만호	[성명미상]	[참전여부 미상]	
파지도권관	[성명미상]	[참전여부 미상]	
비인현감	[성명미상]	[참전여부 미상]	
[기타]			
조방장	배흥립(裵興立)	[참전] 『선조실록』 90권 선조30년(1597) 7월 28일 정사 3번째 기사	정유일기 1(1597년) 7월 23일
조방장	김 완(金 浣)	[참전] 『선조실록』 91권 선조30년(1597) 8월 5일 계해 4번째 기사	김완의 『해소실기』의 「용사일록」
조방장	안세희(安世熙)	[참전] 『선조실록』 90권 선조30년(1597) 7월 28일 정사 3번째 기사	
전 박천군수	유 해(柳 海)	[참전] 『선조실록』 90권 선조30년(1597) 7월 28일 정사 3번째 기사	『선조실록』 104권 선조31년(1598) 9월 19일 신축 3번째 기사
전 의령현감	이희운(李希雲)	[참전] 『선조실록』 104권 선조31년(1598) 9월 19일 신축 3번째 기사	『선조실록』 104권 선조31년(1598) 9월 19일 신축 3번째 기사

209. 동산산성(東山山城)은 『신증동국여지승람(新增東國輿地勝覽)』의 「단성현(丹城縣)」, 이긍익(李肯翊)의 『연려실

기술(燃藜室記述)」별집 제17권의 「변어전고(邊圉典故)」-「폐산성(廢山城)」에서 동산성(東山城)이라는 지명으로 그 위치를 찾아볼 수 있다.

210. 권문임(權文任)의 신상은 「만력4년병자식년문과방목(萬曆四年丙子式年文科榜目)」의 문과급제자 명단, 권제(權濟)의 「화산세기(花山世紀)」 제5권의 「원당공하부록(源塘公下附錄)」-「연보(年譜)」, 「안동권씨복야공파세보(安東權氏僕射公派世譜)」에서 확인할 수 있다. 이 기록들에 의하면 그의 고향은 단성이다. 방목에는 생년이 경인년(1530년)으로, 「화산세기」에는 생몰년이 무자년(1528년)~경진년(1580년)으로 기록되어 있다. 비록 주해에서는 방목의 생년을 따랐지만 「화산세기」의 저자 권제가 그의 조카임을 감안하면 「화산세기」의 기록이 더 신빙성이 있어 보인다. 세보에 따르면 그는 안동 권씨 복야공파 파조 권수홍(權守洪)의 12대손이다. 일기에 기록된 조카 권이청(權以淸)은 세보에서 그 이름을 찾을 수 없다. 권문임의 조카들의 이름이 외자이고 또한 삼수변(氵)이 포함된 한자를 사용하는 점으로 보아 일기의 기록이 오기이거나 족보에서 이름이 누락된 것으로 짐작된다.

211. 「선조실록」108권, 선조32년(1599) 1월 20일 신축 1번째 기사; 조응록(趙應祿)의 「죽계일기(竹溪日記)」 제4권의 「정유만력이십오년(丁酉萬曆二十五年)」 1월 27일

212. 안록(安琭)의 신상은 「만력31년계묘식년사마방목(萬曆三十一年癸卯式年司馬榜目)」의 문과급제자 명단에 실린 그의 형 안경(安璥)의 가족 사항, 「순흥안씨족보(順興安氏族譜)」에서 확인할 수 있다. 족보에 따르면 그는 순흥 안씨 첨추공파(僉樞公派) 파조 안종의(安從義)의 5대손이며, 자는 중온(仲溫), 생몰년은 미상~경인년(1650년)이다. 안록이 절도사로서 보물 제571호 여수통제이공수군대첩비(麗水統制李公水軍大捷碑)를 세우는 데 일조를 한 것은 이 비 옆에 세워진 동령소갈비(東嶺小碣碑)에 새겨진 건립 경위에 기록되어 있다. 「광해군실록」의 1618년 기사(129권, 광해10년-1618년 6월 8일 을축 11번째 기사)와 「전라좌도수군절도사선생안(全羅左道水軍節度使先生案)」에서도 안록이 전라좌수사로 제수되었던 사실이 확인된다.

213. 정개산성(鼎蓋山城)은 성여신(成汝信)의 「진양지(晋陽誌)」 제4권의 「임관(任官)」-「고적(古跡)」에서 그 위치와 축성 기록을 찾아볼 수 있다.

214. 「선조실록」90권, 선조30년(1597) 7월 28일 정사 3번째 기사; 조응록(趙應祿)의 「죽계일기(竹溪日記)」 제3권의 「병신만력이십사년(丙申萬曆二十四年)」 9월 14일

215. 나정언(羅廷彦)의 신상과 행적은 「경진별시문무과방목(庚辰別試文武科榜目)」의 무과급제자 명단, 「나주나씨족보(羅州羅氏族譜)」, 「선조수정실록」의 기사(26권, 선조25년-1592년 9월 1일 정사 20번째 기사), 조경남(趙慶男)의 「난중잡록(亂中雜錄)」 제3권의 정유년 7월 16일의 기록 등에서 확인할 수 있다. 족보에 따르면 그는 나주 나씨 금양군파(錦陽君派) 파조 나석(羅碩)의 8대손이며, 졸년은 신축년(1601년)이다.

216. 이희만(李喜萬)의 신상은 「융경4년경오2월18일사마방목(隆慶四年庚午二月十八日司馬榜目)」의 문과급제자 명단, 「재령이씨세보(載寧李氏世譜)」에서 확인할 수 있다. 방목에 실린 그의 거주지는 진주이며, 세보에 따르면 그는 재령 이씨 사의공파(司議公派) 파조 이계현(李季賢)의 손자로서 진주와 인접한 하동에서 살았다. 같은 달 24일 일기에 나오는 이홍훈(李弘勛)도 세보에서 그의 조카임이 확인된다. 경남발전연구원에서 발간된 「백의종군로 정비를 위한 기초연구」(민말순, 2007, 33쪽)에 따르면 이희만과 이홍훈의 후손들이 최근까지 이 지역에서 거주하였다.

217. 「선조실록」95권, 선조30년(1597) 12월 14일 경오 3번째 기사. 「곤양군읍지(昆陽郡邑誌)」의 「명관읍선생(名官邑先生)」에 의하면 이천추(李天樞)는 정유년(1597년)에 부임했다가 같은 해에 교체되었다. 「선조실록」의 같은 해 5~6월 기사(88권, 선조30년-1597년 5월 22일 임자 2번째 기사/89권, 선조30년-1597년 6월 29일 무자 5번째 기사)에 곤양군수의 제수와 파직이 번복되는 기록이 실려 있는 점으로 보아 이천추는 7월경에 새로 부임한 것으로 판단된다.

218. 「선조실록」90권, 선조30년(1597) 7월 26일 을묘 5번째 기사

219. 조응록(趙應祿)의 『죽계일기(竹溪日記)』 제4권의 「정유만력이십오년(丁酉萬曆二十五年)」 7월 15일/16일/19일

220. 봉계원(鳳溪院)은 『신증동국여지승람(新增東國輿地勝覽)』의 「곤양군(昆陽郡)」, 오두인(吳斗寅)의 『양곡집(陽谷集)』 제3권의 「기(記)」-「두류산기(頭流山記)」에서 그 위치를 찾아볼 수 있다. 『신증동국여지승람』에 의하면 봉계원은 곤양군 북쪽 18리 지점에 있던 완사역(浣紗驛)의 북쪽에 있었으므로 일기에서 묘사된 십오리원의 위치와 대략 일치한다.

221. 하수일(河受一)의 『송정집(松亭集)』 제5권의 「기(記)」-「공옥대기(拱玉臺記)」는 운곡(雲谷)의 동쪽에 공옥대(拱玉臺)가 있었다는 기록과 함께 그 주변 지리에 대해 상세히 묘사하고 있다. 이 묘사에 나타난 공옥대의 자리였던 알산(卵山)은 지금의 경남 하동군 옥종면 병천리에서 찾을 수 있으며 이로부터 운곡의 위치를 유추할 수 있다.

222. 조경남(趙慶男)의 『난중잡록(亂中雜錄)』 제3권의 정유년 3월의 기록; 같은 책 제3권의 정유년 7월 16일의 기록

223. 김언공(金彦恭)의 신상은 「경진별시문무과방목(庚辰別試文武科榜目)」의 무과급제자 명단에 확인할 수 있다. 방목에 실린 그의 거주지 흥양(興陽)은 『선조실록』의 기사(158권, 선조36년-1603년 1월 19일 병자 1번째 기사)에서도 확인된다.

224. 손경례(孫景禮)의 신상과 행적은 「만력41년계축5월초1일증광생원진사방목(萬曆四十一年癸丑五月初一日增廣生員進士榜目)」의 문과급제자 명단에 실린 그의 아들 손작(孫綽)의 가족 사항, 하수일(河受一)의 『송정집(松亭集)』 제2권의 「시(詩)」-「차문자신제루상운(次文子愼題樓上韻)」, 이유함(李惟誠)의 집안의 문집을 모아서 만든 『삼오실기합편(三梧實紀合編)』에 실린 『오재유고(梧齋遺稿)』의 「부록(附錄)」-「묘지명(墓誌銘)」, 『밀양손씨대동보(密陽孫氏大同譜)』에서 확인할 수 있다. 대동보에 따르면 그는 밀양 손씨 오곡공파(梧谷公派) 파조 손수령(孫壽齡)의 고손자이다. 방목에 의하면 손작의 거주지는 진주이고 그의 아버지 손경례는 사재감직장(司宰監直長)을 지냈으며, 『오재유고』에 의하면 이유함의 동생 이유열(李惟說)의 장인 손경례의 본관은 밀양이고 직장(直長)을 지냈다. 대동보에서도 손경례의 사위가 성주 이씨(星州李氏) 이유열(李惟說)임이 확인된다. 손경례의 자와 소모유사(召募有司)로 활동한 행적은 『송정집』에 기록되어 있다.

225. 이천(李薦)의 신상과 행적은 「기해춘정시용호방목(己亥春庭試龍虎榜目)」의 무과급제자 명단에 실린 그의 아들 이희남(李希男)과 이희선(李希善)의 가족 사항, 권응수(權應銖)의 『백운재충의공실기(白雲齋忠義公實紀)』 제4권의 「내사병풍제명(內賜屛風題名)」, 신초(辛礎)의 『문암선생충의록(聞巖先生忠義錄)』 제1권의 「충의록속집(忠義錄續集)」-「선묘기축특사제전장화상열록(宣廟己丑特賜戰將畫像列錄)」, 『전주이씨덕천군파보(全州李氏德泉君派譜)』, 『선조수정실록』의 기사(17권, 선조16년-1583년 5월 1일 임오 3번째 기사)에서 확인할 수 있다. 파보에 따르면 그는 정종의 10남 덕천군 이후생(李厚生)의 고손자이다. 일기에 기록된 그의 관직 동지(同知)는 파보에서도 확인된다. 이천의 자는 『백운재충의공실기』에는 군거(君舉)로 기록되어 있지만 『문암선생충의록』에는 시형(時馨)으로 기록되어 있다. 두 기록의 시기로 보아 처음에는 자를 시형(時馨)으로 부르다가 나중에 군거(君舉)로 바꾼 것 같다.

226. 이시경(李蓍慶)의 족보인 『전주이씨선성군파보(全州李氏宣城君派譜)』와 나정언(羅廷彦)의 족보인 『나주나씨족보(羅州羅氏族譜)』에 따르면 이시경의 둘째 아들 이의광(李毅匡)과 나정언의 둘째 딸은 후일 혼인하는 관계이다.

227. 『선조실록』 90권, 선조30년(1597) 7월 22일 신해 5번째 기사

228. 횡포역(橫浦驛)은 『영남역지(嶺南驛誌)』의 「사근도역지사례(沙斤道驛誌事例)」, 『교남지(嶠南誌)』의 「하동군」-「역우(驛郵)」 등에서 그 대략적인 위치를 확인할 수 있다. 주해에 서술한 위치 추정은 한국고문서학회에서 발간된 『고문서연구 제51호』-「조선후기 沙斤道形止案의 내용과 성격」(조병로, 2017, 16쪽)을 참조하였다. 『세조실록』의 기사(29권, 세조8년-1462년 8월 5일 정묘 4번째 기사)와 몇몇 조선시대 지도에는 횡포역이 '橫甫驛'으로 표기되어 있다. 참고로 『신증동국여지승람(新增東國輿地勝覽)』의 「하동현(河東縣)」에는 횡포역이 현의 서쪽 29리에 있었다고 기록되어 있지만 이는 『신증동국여지승람』의 오류이다.

229. 쌍계동(雙溪洞)은 양경우(梁慶遇)의 『제호집(霽湖集)』제11권의 「기행록(紀行錄)」의 1618년 5월 10일 일기, 『승정원일기』의 기사(영조22년-1746년 4월 17일 임오 10번째 기사/영조24년-1748년 10월 17일 무술 16번째 기사) 등에서 그 위치를 찾아볼 수 있다. 이 기록들을 통하여 쌍계동이 쌍계사(雙溪寺), 신흥사(神興寺), 칠불사(七佛寺)가 위치해 있던 지금의 경남 하동군 화개면 일대를 가리키던 지명임을 알 수 있다.

230. 압록강원(鴨綠江院)은 『신증동국여지승람(新增東國輿地勝覽)』의 「곡성현(谷城縣)」과 『해동지도(海東地圖)』의 「곡성현(谷城縣)」, 『비변사인방안지도(備邊司印方眼地圖)』의 「곡성현(谷城縣)」 등의 조선시대 지도에서 압록원(鴨綠院)이라는 지명으로 그 위치를 찾아볼 수 있다.

231. 『선조실록』 93권, 선조30년(1597) 10월 13일 경오 7번째 기사; 조응록(趙應祿)의 『죽계일기(竹溪日記)』 제4권의 「정유만력이십오년(丁酉萬曆二十五年)」 3월 10일

232. 최철강(崔鐵剛)의 신상은 「만력4년병자2월16일사마방목(萬曆四年丙子二月十六日司馬榜目)」의 문과급제자 명단에 실린 그의 형 최철견의 가족 사항, 김덕겸(金德謙)의 『청륙집(靑陸集)』 제1권의 「시(詩)」-「순안쉬최응유철강도현취리희증(順安倅崔應柔鐵剛到縣醉裏戲贈)」, 『전주최씨구수세보(全州崔氏九修世譜)』에서 확인할 수 있다. 세보에 따르면 그는 전주 최씨 순작계(純爵系) 양도공파(襄度公派) 파조 최사의(崔士儀)의 7대손이다.

233. 『선조실록』 93권, 선조30년(1597) 10월 13일 경오 7번째 기사. 『옥과현지(玉果縣誌)』의 「선생안(先生案)」에 의하면 홍요좌(洪堯佐)는 을미년(1595년) 5월부터 경자년(1600년) 5월까지 옥과현감을 지냈다.

234. 조경남(趙慶男)의 『난중잡록(亂中雜錄)』 제3권의 정유년 8월 11일의 기록

235. 조경남(趙慶男)의 『난중잡록(亂中雜錄)』 제3권의 정유년 7월 16일의 기록; 같은 책 제3권의 정유년 8월 4일의 기록

236. 『선조실록』 88권, 선조30년(1597) 5월 13일 계묘 1번째 기사

237. 부유창(富有倉)은 『순천부읍지(順天府邑誌)』의 「창고(倉庫)」와 『해동지도(海東地圖)』의 「순천부(順天府)」, 『비변사인방안지도(備邊司印方眼地圖)』의 「순천(順天)」 등의 조선시대 지도에서 그 위치를 찾아볼 수 있다.

238. 조응록(趙應祿)의 『죽계일기(竹溪日記)』 제3권의 「병신만력이십사년(丙申萬曆二十四年)」 11월 30일. 『광양군읍지(光陽郡邑誌)』의 「선생안(先生案)」에 의하면 구덕령(具德齡)은 병신년(1596년) 12월에 광양현감으로 도임하였다.

239. 구덕령(具德齡)의 신상은 「만력7년기묘4월초2일사마방목(萬曆七年己卯四月初二日司馬榜目)」의 문과급제자 명단에 실린 그의 형 구인령(具仁齡)의 가족 사항, 김상용(金尙容)의 『선원유고(仙源遺稿)』의 「선원유고하(仙源遺稿下)」-「잡저(雜著)」-「관회록서(寬懷錄序)」, 『능성구씨세보(綾城具氏九修世譜)』에서 확인할 수 있다. 그의 생년 신유년(1561년)은 『선원유고』와 세보에 기록되어 있다. 세보에 따르면 구덕령은 능성 구씨 판안동파(判安東派) 파조 구성양(具成亮)의 6대손이다.

240. 조응록(趙應祿)의 『죽계일기(竹溪日記)』 제4권의 「정유만력이십오년(丁酉萬曆二十五年)」 3월 10일

241. 원종의(元宗義)의 신상은 「신묘별시문무과방목(辛卯別試文武科榜目)」의 무과급제자 명단, 「가정31년임자사마방목(嘉靖三十一年壬子司馬榜目)」의 문과급제자 명단에 실린 그의 아버지 원서룡(元瑞龍)의 가족 사항, 『원주원씨족보(原州元氏族譜)』에서 확인할 수 있다. 방목에는 그의 자가 의중(宜仲), 생년은 신유년(1561년)으로 기록된 것에 비해 족보에는 자가 선중(宣仲), 생몰년은 을축년(1565년)~기사년(1629년)으로 기록되어 있다. 원종의의 할아버지 원적(元績)의 신상과 행적은 『명종실록』의 을묘왜란 관련 기록 및 족보에서 확인된다. 족보에 따르면 원종의는 원주 원씨 원성백계(原城伯系) 시승공파(侍丞公派) 파조 원선장(元善長)의 8대손이다.

242. 『선조실록』 93권, 선조30년(1597) 10월 13일 경오 7번째 기사; 조응록(趙應祿)의 『죽계일기(竹溪日記)』 제4권의 「정유만력이십오년(丁酉萬曆二十五年)」 4월 23일

243. 김희온(金希溫)의 신상은 「만력11년계미9월초3일별시방목(萬曆十一年癸未九月初三日別試榜目)」의 무과급제

자 명단, 이서우(李瑞雨)의 『송파집(松坡集)』 제13권의 「묘지(墓誌)」-「증호조판서한원군이공묘지명(贈戶曹判書韓原君李公墓誌銘)」, 『연안김씨족보(延安金氏族譜)』에서 확인할 수 있다. 『송파집』에 기록된 한원군 이목(李穆)의 부인이 연안 김씨 옥구현감 김희온의 딸이라는 내용은 김희온의 신상을 확정할 수 있는 근거이다. 족보에 따르면 김희온은 연안 김씨 재령군수공파(載寧郡守公派) 파조 김잉(金仍)의 5대손이다.

244. 정유일기 1(1597년) 4월 27일에 기록된 송치(松峙)가 송현(松峴)으로도 불렸던 점으로 미루어보아 구치(鳩峙) 또한 구현(鳩峴)을 가리키는 것으로 짐작된다. 구현(鳩峴)은 『신증동국여지승람(新增東國輿地勝覽)』의 「순천도호부(順天都護府)」, 『대동지지(大東地志)』의 「순천(順天)」 등에서 그 위치를 찾아볼 수 있다. 『대동지지(大東地志)』의 「순천(順天)」에 의하면 송현(松峴)과 구현(鳩峴) 모두 순천의 북쪽 30리에 있고 구현은 곡성으로 가는 길(谷城路)이라고 하였는데, 지금의 전남 순천시 서면 학구리의 학구삼거리에서 북쪽 방향으로 송현이 있으므로 구현은 그 서쪽 방향에 있었음을 짐작할 수 있다. 따라서 구현은 지금의 전남 순천시 서면 대구리에서 같은 시 승주읍 월계리로 넘어가는 고개로 추정된다.

245. 이정구(李廷龜)의 『월사집(月沙集)』 제16권의 「권응록상(卷應錄上)」-「순천송광사승혜희지아계제로시…(順天松廣寺僧惠熙持鵝溪諸老詩…)」; 최유연(崔有淵)의 『현암유고(玄巖遺稿)』 제2권의 「오언고시(五言古詩)」-「팔애(八哀)」-「고통제사이공순신(故統制使李公舜臣)」. 이 두 기록은 혜희(惠熙)를 송광사(松廣寺)의 승려로 기록하고 있다. 이외에 이로(李魯)의 『송암집(松巖集)』 제1권의 「시오언절구(詩五言絶句)」-「차임백영운제의병종승혜희시축(次任百英韻題義兵從僧惠熙詩軸)」, 심수경(沈守慶)의 『청천당시집(聽天堂詩集)』의 「오언율시(五言律詩)」-「증혜희선사(贈惠熙禪師)」, 이덕형(李德馨)의 『한음문고(漢陰文稿)』 제2권의 「습유(拾遺)」-「차증승혜희(次贈僧惠熙)」 등의 문집에도 혜희의 법명이 보이는데, 비록 어느 절의 승려라는 기록은 없지만 문집의 저자들 모두가 동시대의 사람들일 뿐만 아니라 조선시대의 승려가 이름있는 유학자들과 시를 교류한 예가 그리 흔한 일은 아니었으므로 이 문집들에서 언급된 혜희는 모두 동일인으로 짐작된다.

246. 『선조실록』 93권, 선조30년(1597) 10월 13일 경오 7번째 기사. 『김제군읍지(金堤郡邑誌)』의 「선생안(先生案)」에 의하면 고봉상(高鳳翔)은 정유년(1597) 5월부터 무술년(1598) 12월까지 김제군수를 지냈다.

247. 고봉상(高鳳翔)의 신상은 「만력13년을유추식년문무과방목(萬曆十三年乙酉秋式年文武科榜目)」의 무과급제자 명단, 『제주고씨대동보(濟州高氏大同譜)』에서 확인할 수 있다. 족보에 따르면 그는 제주 고씨 문충공파(文忠公派) 파조 고경(高慶)의 9대손으로서 김제군수를 지낸 이력이 있다. 참고로 국립부여문화재연구소에서 발간된 『考古織物1 제주고씨 선산분묘 출토복식 연구』(2007)에 따르면 충남 금산군 제원면 수당리 제주 고씨 문충공파 선산분묘에서 고봉상의 배위 숙부인(淑夫人) 진주 강씨(晉州姜氏)가 피장된 것으로 추정되는 분묘가 발굴되어 복식을 비롯한 여러 유물이 출토되었다.

이현조(李玄祚)의 『경연당집(景淵堂集)』 제6권의 「행장(行狀)」-「증이조판서권공시장(贈吏曹判書權公諡狀)」에 의하면 1592년 6월 금산에서 금산군수 권종(權悰)이 전사한 이후 군관 고봉상(高鳳翔) 등 6명만이 간신히 생존했다고 하는데 그 군관의 이름이 김제군수 고봉상과 일치하고 전투 지역 또한 그의 고향인 점으로 보아 동일인으로 짐작된다.

248. 『신증동국여지승람(新增東國輿地勝覽)』의 「보성군(寶城郡)」에 의하면 보성군에는 조양현성(兆陽縣城)이 있었고 그 안에 군창(軍倉)이 있었다. 지금의 전남 보성군 조성면 우천리에 아직 그 석성의 흔적이 남아 있으며 군창이 있었던 것으로 추정되는 터도 남아 있다.

249. 양산항(梁山杭)의 신상은 『제주양씨족보(濟州梁氏族譜)』에서 확인할 수 있다. 족보에 따르면 그는 제주 양씨 학포공파(學圃公派) 파조 양팽손(梁彭孫)의 손자로서, 자는 명호(明湖)이며, 아버지 양응덕(梁應德) 때부터 보성에서 살았다. 일기에 나오는 '梁山沅(양산원)'의 이름은 정유일기 2(1597년) 8월 11일에는 '梁山沆(양산항)'으로 표기되어 있다. 초고본에 쓰여있는 '梁山沅' 중 '沅'의 글자 형태는 비록 '沅'에 가깝지만 실제로는 '沆'을 쓰려고 했던 것으로 보인다.

250. 정경운(鄭慶雲)의 『고대일록(孤臺日錄)』의 1597년 8월 6일/7일 일기; 조경남(趙慶男)의 『난중잡록(亂中雜錄)』 제3권의 정유년 8월 4일의 기록

251. 열선루(列仙樓)는 『신증동국여지승람(新增東國輿地勝覽)』의 「보성군(寶城郡)」, 『보성군읍지(寶城郡邑誌)』의 「루정(樓亭)」, 『비변사인방안지도(備邊司印方眼地圖)』의 「보성군(寶城郡)」에서 관련 기록을 찾아볼 수 있다. 『신증동국여지승람』은 그 이름을 열선루(列仙樓)로, 『보성군읍지』와 『비변사인방안지도』는 열선정(列仙亭)으로 기록하고 있으며, 『신증동국여지승람』에 의하면 객관(客館) 북쪽의 옛 취음정(翠蔭亭) 자리에 있었다고 한다. 한국문화사학회에서 발간된 『문화사학 제24호』-「寶城邑城에 대한 硏究」(최인선, 2005, 107쪽)에 따르면 보성읍성의 부대시설은 기록상으로 여러 가지가 전하지만 현재 원위치에 남아 있는 것은 없다.

252. 『선조실록』 91권, 선조30년(1597) 8월 8일 병인 5번째 기사

253. '지금 신에게 아직 전선 12척이 있사오니 …' 또는 이와 유사한 문장이 실린 주요 사료와 문헌은 아래의 표와 같다. 이들은 모두 공통적으로, 이순신이 경상우수사 배설로부터 배를 인수하고 난 이후에서야 위와 같은 말을 조정에 올린 것으로 기록하고 있다. 따라서 위와 같은 문장이 장계로 쓰여진 시점은 이순신이 배설이 머물던 회령포에 도착한 8월 18일 이후가 될 것이다.

이분(李芬)의 『이충무공전서』-「행록(行錄)」
(중략) 18일 회령포에 이르니 전선이 단지 10척이 있었다. (중략) 이때 조정에서는 수군이 매우 취약하므로 적을 막지 못할 것이라 생각하고 공에게 육지에서 싸우라고 명하였다. 공이 계문을 올려 말하기를 (중략) 지금 신에게 전선이 아직 12척이 있사오니 죽을힘을 다해 싸운다면 오히려 해볼 만합니다. (今臣戰船尙有十二 出死力拒戰 則猶可爲也) (중략)

최유해(崔有海)의 『이충무공전서』-「행장(行狀)」
(중략) 공이 배설에게 대책을 물으니 배설은 배를 버리고 육지로 올라가 전투를 도와서 공을 세우자고 하였고 그리고 조정도 군사를 육전에 합치라고 명하였다. 공이 계문을 올려 말하기를 (중략) 지금 신에게 전선이 아직 12척이 있사오니 신이 죽지 않는 한 적도 감히 우리를 업신여기지 못할 것입니다. (今臣戰船亦有十二 臣若不死 則賊亦不敢侮我矣) (중략)

『선묘중흥지(宣廟中興誌)』
(중략) 배설이 말하기를 일이 급하게 되었으니 배를 버리고 육지로 올라가는 것만 못하다고 하였으나 이순신은 듣지 않았다. 조정에서도 수군이 약한 것을 걱정하여 병사를 육지로 옮겨서 싸우라고 명하였다. 이순신이 계문을 올려 말하기를 (중략) 지금 신에게 전선이 아직 12척이 있사오니 신이 죽지 않는 한 적도 감히 우리를 업신여기지 못할 것입니다. (今臣戰船尙有十二 臣若不死 則賊亦不敢侮我矣) (중략)

김육(金堉)의 『잠곡유고(潛谷遺稿)』 제13권의 「신도비명(神道碑銘)」-「이통제충무공신도비명(李統制忠武公神道碑銘)」
(중략) 순천으로 가서 남은 배 10여 척을 얻고 흩어진 군사 수백 명을 모아 어란도에서 적을 깨뜨렸다. 이때 조정에서는 해군이 약하다는 이유로 공에게 육지에서 싸울 것을 명하였다. 그러자 공은 말하기를 (중략) 전선이 비록 적다고 할지라도 신이 죽지 않는 이상 왜적들이 감히 우리를 업신여기지는 못할 것입니다. (중략)

이식(李植)의 『택당집(澤堂集)』 별집 제10권의 「행장하(行狀下)」-「통제사증좌의정이공시장(統制使贈左議政李公諡狀)」
(중략) 공이 10여 기로 순천부로 달려들어 가 병선 10여 척을 얻고 흩어진 군사를 모아 어란도에서 적을 물리쳤다. 조정에서 공의 병사가 약하므로 육지로 올라와 싸우도록 하였으나 공이 아뢰기를 적선이 서해를 경유하여 곧바로 올라가면 (중략)

『사대문궤(事大文軌)』 제22권 만력25년(1597년) 7월 27일에 칠천량해전 직후 경상우수사 배설이 병선 12척과 함께 견내량을 지났다는 기록이 나오는 점으로 보아 이순신이 8월 18일에 배설이 머물던 회령포에 도착한 직후 전선 12척을 인수한 것은 거의 확실한 사실로 생각된다. 그리고 정유일기 2(1597년) 8월 26일에 전라우수사 김억추가 전선으로 보이는 배를 끌고 온 기록이 있으므로 위와 같은 문장이 실린 장계가 쓰인 시점은 8월 18일과 8월 26일 사이로 추정된다.

254. 『선조실록』 91권, 선조30년(1597) 8월 5일 계해 4번째 기사

255. 『보성군읍지(寶城郡邑誌)』의 「선생안(先生案)」에 의하면 정유년(1597)에 전사한 보성군수 안홍국(安弘國)의 후임자는 반혼(潘混)으로서 일기에 언급된 보성군수는 그로 판단된다.

256. 조응록(趙應祿)의 『죽계일기(竹溪日記)』 제4권의 「정유만력이십오년(丁酉萬曆二十五年)」 2월 6일. 『나주군읍지(羅州郡邑誌)』의 「읍선생안(邑先生案)」에 의하면 배응경(裵應褧)은 정유년(1597년) 3월부터 같은 해 11월까지 나주목사를 지냈다.

257. 임몽정(任蒙正)의 신상과 행적은 「만력10년임오2월28일사마방목(萬曆十年壬午二月二十八日司馬榜目)」의 문과급제자 명단, 이산해(李山海)의 『아계유고(鵝溪遺稿)』 제6권의 「지류(誌類)」-「임목사묘지(任牧使墓誌)」에서 확인할 수 있다. 그의 서녀가 광해군의 후궁인 소용(昭容) 임씨(任氏)였음은 『인조실록』의 기사(1권, 인조1년-1623년 3월 16일 병오 6번째 기사), 이긍익(李肯翊)의 『연려실기술(燃藜室記述)』 제21권의 「폐주광해군고사본말(廢主光海君故事本末)」-「광해난정(光海亂政)」 등에 실려 있다. 소용 임씨의 이름 임애영(任愛英)은 『인조실록』의 기사(18권, 인조6년-1628년 1월 3일 을축 6번째 기사)에 나온다. 『광해군일기』의 기사(70권, 광해5년-1613년 9월 25일 경진 4번째 기사)에는 소용 임씨가 임취정(任就正)의 형 임수정(任守正)의 서녀라고 기록되어 있지만, 임수정은 임취정의 동생이므로 임취정의 형 임몽정과 이름을 착각하여 오기한 것으로 판단된다.

258. 『선조실록』 90권, 선조30년(1597) 7월 29일 무오 2번째 기사

259. 군영구미(軍營仇未)의 위치에 대한 견해는 대략 다음의 네 가지가 있다. 첫째는 노산 이은상이 『이충무공전서』의 번역 시에서 언급한 전남 강진군 고군면(지금의 전남 강진군 병영면)이고, 둘째는 역사문화학회에서 발간된 『지방사와 지방문화 제16권 제2호』-「이순신의 수군 정비와 명량해전」(노기욱, 2013, 85쪽)에서 주장하는 전남 보성군 회천면 전일리의 군학마을이며, 셋째는 전남 강진군 대구면 구수리이며, 넷째는 전남 장흥군 안양면 해창리이다.

260. 군영구미는 초고본에는 '軍營仇未'로, 『이충무공전서』에는 '軍營龜尾'로 기록되어 있다. '軍營仇未' 중의 '仇未'는 '九味', '九美', '九非', '仇俳', '龜尾' 등으로도 표기되었으며 지형이 굴곡된 부분 특히 물이 굽이친 곳을 가리키는 용어이다. 『실록』이나 조선시대 문헌에서 이 용어를 쉽게 찾아볼 수 있는데 거제도의 구미포(仇未浦), 금오도의 장작구미(長作仇未), 안동의 구미리(龜尾里), 진도의 사구미(沙仇未) 등이 그 예이다.
'仇未'의 의미에 대한 설명은 서울대학교 인문학연구원에서 발간된 『인문논총 제59집』-「고구려 지명 '혈구군(穴口郡)'의 '혈(穴)'에 대하여」(임홍빈, 2008, 51쪽)를 참조하였다.

261. 『선조실록』 60권, 선조28년(1595) 2월 6일 기유 1번째 기사; 김완(金浣)의 『해소실기(海蘇實紀)』의 「용사일록(龍蛇日錄)」. 『선조실록』은 배설이 수질이 있어서 수군의 임무에 합당하지 못하다고 기록하였으며 『해소실기』는 칠천량해전 때 배설이 수질 때문에 선방에 누워 있었다고 기록하였다.

262. 민정붕(閔廷鵬)의 신상은 「신묘별시문무과방목(辛卯別試文武科榜目)」의 무과급제자 명단, 『여흥민씨족보(驪興閔氏族譜)』에서 확인할 수 있다. 족보에 따르면 민정붕은 여흥 민씨 장령공파(掌令公派) 파조 민효환(閔孝懽)의 5대손이며, 벼슬은 만호(萬戶)를 지냈다. 방목과 족보의 기록 모두 그와 그 형제들 이름의 돌림자가 '庭'이므로 일기에 기록된 '閔廷鵬'의 본래의 정확한 표기는 '閔庭鵬'이다.

263. 위덕의(魏德毅)의 신상은 「만력1년계유2월24일사마방목(萬曆一年癸酉二月二十四日司馬榜目)」의 문과급제자 명단, 『장흥위씨세보(長興魏氏世譜)』에서 확인할 수 있다. 방목에 실린 그의 거주지가 장흥(長興)인 점으로 보아 일기의 인물과 동일인으로 판단된다. 『장흥위씨세보(長興魏氏世譜)』에 따르면 그는 장흥 위씨 관산파(冠山派) 파조 위유형(魏由亨)의 증손자이며, 몰년은 계축년(1613년)이다.

264. 『장흥임씨세보(長興任氏世譜)』에 임희진(任希璡)의 서자 임준영(任峻英)이 임진왜란 때 공을 세워서 당상에까지 올랐다고 기록된 점과 임희진 일가의 고향이 어란포가 있었던 해남이었던 점으로 미루어보아 일기의 임준영(任俊英)은 임희진의 아들로 추측된다. 『선무원종공신녹권』에는 그의 이름이 '任俊英'으로 표기되어 있다.

265. 김억추(金億秋)의 신상과 행적은 조팽년(趙彭年)의 『계음집(溪陰集)』 제6권의 「창의록(倡義錄)」, 신초(辛礎)의 『문암선생충의록(聞巖先生忠義錄)』 제1권의 「충의록속집(忠義錄續集)」-「선묘기축특사제전장화상열록(宣廟己

丑特賜諸戰將畫像列錄)」, 위백규(魏伯珪)의 『존재집(存齋集)』 제22권의 「묘갈(墓碣)」-「증판서김공묘갈명(贈判書金公墓碣銘)」, 『청주김씨대동보(淸州金氏大同譜)』 등에서 확인할 수 있다. 대동보에 따르면 그는 청주 김씨 김정계(金錠系) 강진파(康津派) 파조 김보생(金甫生)의 5대손이다.

266. 『선조실록』 90권, 선조30년(1597) 7월 25일 갑인 6번째 기사. 참고로 위백규(魏伯珪)의 『존재집(存齋集)』 제22권의 「묘갈(墓碣)」-「증판서김공묘갈명(贈判書金公墓碣銘)」에 따르면 김억추는 전라우수사 제수 직전 장흥부사를 지냈으며 『장흥읍지(長興邑誌)』의 「읍선생안(邑先生案)」에서도 그가 정유년(1597년) 6월에 장흥부사로 도임했다가 우수사로 옮긴 이력이 확인된다.

267. 기(旗)를 운용하는 방법 중 하나인 지(指)는 『문종실록』의 기사(8권, 문종1년-1451년 6월 19일 병술 4번째 기사)에 기록된 「신진법(新陣法)」 즉 오위진법(五衛陣法)에 실려 있다. 육군사관학교 육군박물관에서 발간된 『학예지 제15집』-「조선수군의 전술신호 체계」(정진술, 2008, 42~55쪽)에 따르면 이순신의 장계에 기록된 조선 수군의 전술 편제는 오위진법의 체제와 제승방략(制勝方略)의 분군법(分軍法)을 충실히 따르고 있으며, 오위진법에 기록된 기치류인 휘(麾), 초요기(招搖旗), 대장기(大將旗) 등도 당시 조선 수군에 의해 사용되고 있었다.

268. 갈두(葛頭)는 『신증동국여지승람(新增東國輿地勝覽)』의 「영암군(靈巖郡)」과 『해동지도(海東地圖)』의 「영암군(靈巖郡)」, 『1872 지방지도』의 「영암군지도(靈巖郡地圖)」 등의 조선시대 지도에서 갈두(葛頭), 갈두산(葛頭山), 갈두진(葛頭津) 등의 지명으로 그 위치를 찾아볼 수 있다.

269. 어란포 부근의 장도(獐島) 지명이 나타나는 시기적으로 가장 빠른 자료는 1701년에 간행된 『전라도영암군송지면장도복재유숙의방축통언답급양무주여가경전답타량성책(全羅道靈巖郡松旨面獐島伏在劉淑儀房築筒堰畓及量無主與加耕田畓打量成冊)』이다. 영암군 송지가 어란포가 위치했던 지역이므로 이 양안(量案)의 기록은 일기에서 언급된 장도(獐島)가 영암군 송지에 있었던 장도임을 보여준다. 조선시대의 영암군 송지는 지금의 전남 해남군 송지면에 해당되며, 현재 이곳 송지면 어란리에 위치한 내장마을은 일제강점기 때 간척사업을 하기 전에는 장도로 불렸다고 한다.

참고로 위의 양안은 왕의 자녀나 후궁의 재정적 지원을 위해 운영되었던 방(房)을 위한 일종의 회계 장부이다. 간행 시기와 유숙의(劉淑儀)라는 지칭으로 보아 이 양안은 숙종의 후궁인 소의(昭儀) 유씨(劉氏)를 위한 것으로 판단된다. 『숙종실록』의 기사(33권, 숙종25년-1699년 10월 23일 정해 2번째 기사/37권, 숙종28년-1702년 10월 18일 을미 1번째 기사)에 의하면 유씨의 1701년경 위호(位號)는 숙의였다.

270. 벽파진(碧波津)과 벽파정(碧波亭)은 『신증동국여지승람(新增東國輿地勝覽)』의 「진도군(珍島郡)」과 『해동지도(海東地圖)』의 「진도군(珍島郡)」, 『1872 지방지도』의 「진도부지도(珍島府地圖)」 등의 조선시대 지도에서 그 위치를 찾아볼 수 있다. 『신증동국여지승람』의 「진도군」에 의하면 벽파정은 벽파진의 나루터 어귀에 있었다. 특히 벽파정은 장유(張維)의 『계곡집(谿谷集)』 제33권의 「칠언절구(七言絶句)」-「진도벽파정(珍島碧波亭)」, 서거정(徐居正)의 『동문선(東文選)』 제13권의 「칠언율시(七言律詩)」-「진도벽파정차최안부영유운(珍島碧波亭次崔按部永濡韻)」, 김성일(金誠一)의 『학봉집(鶴峯集)』 제1권의 「시(詩)」-「송진도지행(送珍島之行)」 등과 같은 조선시대 문집에서 많은 관련 기록을 확인할 수 있다.

271. 『선조실록』 94권, 선조30년(1597) 11월 10일 정유 5번째 기사; 『선조수정실록』 31권, 선조30년(1597) 9월 1일 기축 3번째 기사; 윤휴(尹鑴)의 『백호전서(白湖全書)』 제23권의 「사실(事實)」-「통제사이충무공유사(統制使李忠武公遺事)」; 김육(金堉)의 『잠곡유고(潛谷遺稿)』 제13권의 「신도비명(神道碑銘)」-「이통제충무공신도비명(李統制忠武公神道碑銘)」; 이식(李植)의 『택당집(澤堂集)』 별집 제10권의 「행장하(行狀下)」-「통제사증좌의정이공시장(統制使贈左議政李公諡狀)」; 송시열(宋時烈)의 『송자대전(宋子大全)』 제171권의 「비(碑)」-「남해노량충무이공묘비(南海露梁忠武李公廟碑)」 등. 이 기록들은 명량해전이 벌어진 장소를 벽파정으로 서술하였다.

272. 감보도(甘甫島)는 『해동지도(海東地圖)』의 「대동총도(大東摠圖)」에서 그 위치를 찾아볼 수 있다. 『해동지도(海東地圖)』의 「진도군(珍島郡)」, 『광여도(廣輿圖)』의 「진도군(珍島郡)」 등의 조선시대 지도에는 그 지명이 감복도

(甘福島)로 기록되어 있다.

273. 달마산(達磨山)은 '達摩山'으로도 표기되었으며 『신증동국여지승람(新增東國輿地勝覽)』의 「해남현(海南縣)」과 『1872 지방지도』의 「영암군지도(靈巖郡地圖)」, 『비변사인방안지도(備邊司印方眼地圖)』의 「영암군(靈巖郡)」 등의 조선시대 지도에서 그 위치를 찾아볼 수 있다.

274. 변도성/이민웅/이호정, 2011, 『한국군사과학기술학회지 제14권 제2호』, 「명량해전 당일 울돌목 조류·조석 재현을 통한 해전 전개 재해석」, 한국군사과학기술학회, 193쪽

275. 김진식, 2006, 『인문언어 제8집』, 「지명 '鳴梁'과 '露梁'의 어원 고찰」, 국제언어인문학회, 256~258쪽

276. 정진술, 2008, 『학예지 제15집』, 「조선수군의 전술신호 체계」, 육군사관학교 육군박물관, 50쪽

277. 당사도(唐笥島)는 '唐沙島'로도 표기되었으며 『신증동국여지승람(新增東國輿地勝覽)』의 「영광군(靈光郡)」, 『해동지도(海東地圖)』의 「영광군(靈光郡)」, 『1872 지방지도』의 「영광군다경포지도(靈光郡多慶浦地圖)」 등의 조선시대 지도에서 그 위치를 찾아볼 수 있다.

278. 명량해전의 조선 수군 규모가 기록된 주요 사료와 문헌은 아래의 표와 같다. 이들 중 명량해전 직후 이순신이 조정으로 보낸 계문이 실린 『선조실록』의 기록이 가장 정확하다고 판단된다. 일본 측 자료 중의 하나인 『등당가각서』 또한 『선조실록』과 마찬가지로 조선 수군의 전선을 13척으로 기록하였다.

사료 및 문헌	명량해전 조선 수군 규모
『선조실록』 94권 선조30년(1597) 11월 10일 정유 5번째 기사	전선(戰船) 13척, 초탐선(哨探船) 32척
『선조수정실록』 31권 선조30년(1597) 9월 1일 기축 3번째 기사	병선(兵舡) 12척
조경남(趙慶男)의 『난중잡록(亂中雜錄)』 제3권의 정유년 8월 6일의 기록	배(船) 12척: 경상우수사 배 12척
이항복(李恒福)의 『백사집(白沙集)』 제4권의 「유사(遺事)」-「고통제사이공유사(故統制使李公遺事)」	전선(戰船) 13척: 경상우수사 전선 8척, 녹도 전함 1척
김육(金堉)의 『잠곡유고(潛谷遺稿)』 제13권의 「신도비명(神道碑銘)」-「이통제충무공신도비명(李統制忠武公神道碑銘)」	배 10여 척
이식(李植)의 『택당집(澤堂集)』 별집 제10권의 「행장하(行狀下)」-「통제사증좌의정이공시장(統制使贈左議政李公諡狀)」	배 10여 척
윤휴(尹鑴)의 『백호전서(白湖全書)』 제23권의 「사실(事實)」-「통제사이충무공유사(統制使李忠武公遺事)」	전함(戰艦) 10여 척: 경상우수사 배 10여 척
이긍익(李肯翊)의 『연려실기술(燃藜室記述)』 제17권의 「선조조고사본말(宣祖朝故事本末)」-「이순신진도지첩(李舜臣珍島之捷)」	전선(戰船) 13척: 경상우수사 전선 8척, 녹도 전함 1척
신경(申炅)의 『재조번방지(再造藩邦志)』 제4권	전선(戰船) 13척: 경상우수사 전선 8척, 녹도 전함 1척
유성룡(柳成龍)의 『징비록(懲毖錄)』	배(船) 12척
『이충무공전서』의 「행록(行錄)」	전선(戰船) 12척
『이충무공전서』의 「소대연고(昭代年考)」	배(船) 13척: 경상우수사 전선 8척, 녹도 전함 1척
『등당가각서(藤堂家覺書)』	번주(番舟) 13척
『모리고동문서(毛利高棟文書)』의 「구월십팔일부선수중주진장(九月十八日付船手衆注進狀)」	번선(番船) 대선 14척

※ 『백사집』, 『연려실기술』, 『재조번방지』, 『이충무공전서』의 「소대연고」의 명량해전 관련 기록들은 그 내용이 거의 동일하므로 이들 중 저술 시기가 가장 앞서는 『백사집』이 다른 기록들의 저본이 된 것으로 생각된다.

조경남의 『난중잡록』은 칠천량해전 직후 경상우수사 배설이 관하(管下)의 배 12척과 달아났다고 기록하였지만 다른 자료들을 살펴보면 이는 정확한 사실이 아니다. 아래의 표는 칠천량해전 직후 선박을 보전했던 장수들

에 대한 자료로서 이를 종합해보면 경상우수영 소속의 배는 7~8척이었고 그 나머지는 전라좌수영 및 전라우수영 소속으로 판단된다. 아래의 표 이외에 명량해전 때 전선의 지휘관이었던 거제현령 안위, 평산포대장 정응두, 미조항첨사 김응함과 칠천량해전 직후 일기에서 언급된 경상우우후 이의득, 발포만호 소계남이 칠천량해전 때 선박을 보전했을 가능성이 있다.

선박 보유 장수		관련 자료
[경상우수영]		
경상우수사 　 배　설(裵　楔) 옥포만호 　 이　섬(李　暹) 영등포만호 　 조계종(趙繼宗) 안골포만호 　 우　수(禹　壽)		• 『선조실록』 90권 선조30년(1597) 7월 28일 정사 3번째 기사 (중략) 경상우수사, 옥포·영등·안골의 만호 및 기타 선박 7척이 한산도로 향하는 것을 멀리서 보았다. (중략) • 이항복(李恒福)의 『백사집(白沙集)』 제4권의 「유사(遺事)」-「고통제사이공유사(故統制 使李公遺事)」 (중략) 이때 배설이 거느린 전선은 단지 8척이 있었고 또한 녹도의 전함 1척을 얻었 다. (중략)
[전라좌수영]		
녹도만호 　 송여종(宋汝悰)		• 이항복(李恒福)의 『백사집(白沙集)』 제4권의 「유사(遺事)」-「고통제사이공유사(故統制 使李公遺事)」 (중략) 이때 배설이 거느린 전선은 단지 8척이 있었고 또한 녹도의 전함 1척을 얻었 다. (중략)
[전라우수영]		
회령포만호 　 민정붕(閔庭鵬)		• 정유일기 1(1597년) 8월 19일 (중략) 회령포만호 민정붕이 물건을 받고 그의 전선에 사사로이 피난민 위덕의 등 을 (중략)

279. 명량해전의 결과가 기록된 주요 사료와 문헌은 아래와 같다. 이들 중 이순신이 기록한 『난중일기』와 명량해전 직후 이순신이 조정으로 보낸 계문이 실린 『선조실록』의 기록이 가장 정확하다고 판단된다.

사료 및 문헌	명량해전 결과
정유일기 1(1597년) 9월 16일	• 적선 133척 중 31척 격침
정유일기 2(1597년) 9월 16일	• 적선 130여 척 중 31척 격침 • 안골포 적장 마다시(馬多時) 사살
『선조실록』 94권 선조30년(1597) 11월 10일 정유 5번째 기사	• 적선 130여 척 중 31척 격침 • 안골포 적장 마다시(馬多時) 사살
『선조수정실록』 31권 선조30년(1597) 9월 1일 기축 3번째 기사	• 배 200여 척과 전투 • 적장 마다시(馬多時) 사살
『충무공가승(忠武公家乘)』의 「행록(行錄)」	• 배 133척 중 30척 격침 • 안골포 왜장 마다시(馬多時) 사살
조경남(趙慶男)의 『난중잡록(亂中雜錄)』 제3권의 정유년 9월 23일의 기록	• 적장 내도수(來島守)가 거느린 병선 수백 척과 전투
김육(金堉)의 『잠곡유고(潛谷遺稿)』 제13권의 「신도비명(神道碑 銘)」-「이통제충무공신도비명(李統制忠武公神道碑銘)」	• 적선 수백 척과 전투 • 적장 마다시(馬多時) 사살
이식(李植)의 『택당집(澤堂集)』 별집 제10권의 「행장하(行狀下)」 -「통제사증좌의정이공시장(統制使贈左議政李公謚狀)」	• 적선 수백 척과 전투 • 적장 마다시(馬多時) 사살
이항복(李恒福)의 『백사집(白沙集)』 제4권의 「유사(遺事)」-「고통 제사이공유사(故統制使李公遺事)」	• 적선 500~600척 중 31척 격침

윤휴(尹鑴)의 『백호전서(白湖全書)』 제23권의 「사실(事實)」 -「통제사이충무공유사(統制使李忠武公遺事)」	• 적선 300여 척 중 30여 척 격침 • 적장 마다시(馬多時) 사살
이긍익(李肯翊)의 『연려실기술(燃藜室記述)』 제17권의 「선조조고 사본말(宣祖朝故事本末)」-「이순신진도지첩(李舜臣珍島之捷)」	• 적선 500~600척 중 31척 격침 • 적장 뇌도수(未島守) 사살
신경(申炅)의 『재조번방지(再造藩邦志)』 제4권	• 적선 500~600척 중 31척 격침
유성룡(柳成龍)의 『징비록(懲毖錄)』	• 배 200여 척과 전투 • 왜장 마다시(馬多時) 사살
『충무공가승(忠武公家乘)』의 「행록(行錄)」	• 배 133척 중 30척 격침 • 안골포 왜장 마다시(馬多時) 사살
『이충무공전서』의 정유일기(1597년) 9월 16일	• 적선 330여 척 중 30척 격침
『이충무공전서』의 「행록(行錄)」	• 배 333척 중 30척 격침 • 안골포 왜장 마다시(馬多時) 사살
『이충무공전서』의 「소대연고(昭代年考)」	• 적선 500~600척 중 31척 격침
※『선조수정실록』과 『징비록』의 명량해전 관련 기록은 단 몇 글자를 제외하고는 그 내용이 거의 동일한데 두 책의 편찬 시기 로 보아 『선조수정실록』이 『징비록』의 기록을 참조한 것으로 생각된다.	

『이충무공전서』의 정유일기(1597년) 및 「행록」에 기록된 명량해전에 참전한 왜선의 숫자는 이미 여러 연구자들에 의해서 지적된 바와 같이 『난중일기』의 기록과 큰 차이가 있다. 『난중일기』와 『충무공가승』의 「행록」에 133척으로 기록된 왜선의 수가 이후 『이충무공전서』의 정유일기(1597년) 및 「행록」에서 333척으로 바뀐 것은 단순한 오류를 넘어선다.

『선조수정실록』과 『징비록』에는 왜선 200여 척이 참전했다고 기록되어 있는데 이는 해전에 직접 참전하지 않은 왜선들까지 포함된 수로 판단된다. 정유일기 1(1597년) 9월 16일에 왜선 200여 척이 명량으로 들어왔다고 기록된 점과 왜장 도도 다카도라(藤堂高虎)의 『등당가각서(藤堂家覺書)』에 큰 배 대신 세키부네(關舟)를 타고 해전을 벌였다고 기록된 점을 통하여 해전에 직접 참전한 130여 척 이외에 대형 전함인 아다케부네(安宅船)를 비롯한 다른 왜선들이 존재했음을 알 수 있다.

참고로 일본 측 자료인 『등당가각서』는 명량해전의 전투 시간을 진시(오전 8시)~유시(오후 6시)로 기록하였으며 『모리고동문서(毛利高棟文書)』의 「구월십팔일부선수중주진장(九月十八日付船手衆注進狀)」은 묘시(오전 6시)~신시(오후 4시)로 기록하였다.

280. 명량해전에 참전했거나 또는 참전했을 것으로 추정되는 인물들의 이름과 근거 자료를 정리하면 아래와 같다.

이름		참전/참전 추정 근거 자료
[참전]		
조방장	배흥립(裵興立)	• 『선조실록』 94권 선조30년(1597) 11월 10일 정유 5번째 기사
녹도만호	송여종(宋汝悰)	• 『선조실록』 94권 선조30년(1597) 11월 10일 정유 5번째 기사 • 정유일기 2(1597년) 9월 16일
발포만호	소계남(蘇季男)	• 정유일기 2(1597년) 8월 13일
흥양현감	최희량(崔希亮)	• 보물 제660-2호 「최희량임란관련고문서-교지」
순천감목관	김 탁(金 卓)	• 정유일기 2(1597년) 9월 18일
군관	박영남(朴永男)	• 정유일기 2(1597년) 9월 18일

영노	계 생(戒 生)	• 정유일기 2(1597년) 9월 18일
	봉 학(奉 鶴)	• 정유일기 2(1597년) 9월 18일
항왜	준 사(俊 沙)	• 정유일기 2(1597년) 9월 18일
전라우수사	김억추(金億秋)	• 『선조실록』 94권 선조30년(1597) 11월 10일 정유 5번째 기사 • 정유일기 1(1597년) 9월 16일
회령포만호	민정붕(閔庭鵬)	• 정유일기 1(1597년) 8월 19일
강진현감	이극신(李克新)	• 정유일기 2(1597년) 9월 18일
미조항첨사	김응함(金應緘)	• 정유일기 1(1597년) 9월 16일
영등포만호	조계종(趙繼宗)	• 『선조실록』 94권 선조30년(1597) 11월 10일 정유 5번째 기사 • 정유일기 1(1597년) 9월 9일
안골포만호	우 수(禹 壽)	• 정유일기 1(1597년) 9월 9일
평산포대장	정응두(丁應斗)	• 『선조실록』 94권 선조30년(1597) 11월 10일 정유 5번째 기사 • 정유일기 2(1597년) 9월 16일
거제현령	안 위(安 衛)	• 『선조실록』 94권 선조30년(1597) 11월 10일 정유 5번째 기사 • 정유일기 1(1597년) 9월 16일
[참전 추정]		
전라좌우후	이몽구(李夢龜)	• 정유일기 1(1597년) 8월 14일
여도만호	김인영(金仁英)	• 정유일기 2(1597년) 10월 20일
순천부사	우치적(禹致績)	• 정유일기 1(1597년) 8월 9일
보성군수	반 혼(潘 混)	• 정유일기 2(1597년) 8월 12일 • 정유일기 2(1597년) 11월 5일
경상우우후	이의득(李義得)	• 정유일기 1(1597년) 7월 21일
가리포첨사	이응표(李應彪)	• 정유일기 2(1597년) 10월 12일
금갑도만호	이정표(李廷彪)	• 정유일기 2(1597년) 10월 13일
남도포만호	강응표(姜應彪)	• 정유일기 2(1597년) 10월 20일
장흥부사	전 봉(田 鳳)	• 정유일기 2(1597년) 10월 12일
해남현감	유 형(柳 珩)	• 정유일기 2(1597년) 10월 16일
제포만호	주의수(朱義壽)	• 정유일기 2(1597년) 10월 13일
당포만호	안이명(安以命)	• 정유일기 2(1597년) 10월 13일
조라포만호	정공청(鄭公淸)	• 정유일기 2(1597년) 10월 13일
웅천현감	성천희(成天禧)	• 정유일기 2(1597년) 10월 19일
[관직미상]	조효남(趙孝南)	• 정유일기 2(1597년) 10월 11일

※ 칠천량해전에 참전했던 장수의 상당수가 명량해전에도 참전했던 점으로 보아 관련 기록은 없지만 옥포만호 이섬(李暹) 또한 명량해전에 참전했을 것으로 추정된다.

281. 정유일기 2(1597년) 9월 17일에는 여오을도(汝吾乙島) 대신 어외도(於外島)로 기록되어 있다. 어외도는 『1872 지방지도』의 「임치진지도(臨淄津地圖)」, 『해동지도(海東地圖)』의 「영광군(靈光郡)」 등의 조선시대 지도에서 어의도(於義島)라는 지명으로 그 위치를 찾아볼 수 있다.

282. 홍견(洪堅)의 유사인 『도장선생유사(道庄先生遺事)』에 실린 「연보(年譜)」, 「평생록(平生錄)」에 따르면 그는 칠천량해전에 참전한 직후 임치진으로 돌아왔다. 주로 후손들에 의해 편찬되었던 유사와 같은 기록들이 조상의 이름에 흠이 될만한 내용을 누락하거나 왜곡하는 경우가 많은 점을 감안하면 『도장선생유사』에 실린 홍견의 칠천량해전 참전 기록은 신빙성이 있다고 생각된다. 또한 그가 담당했던 임치진이 목포, 다경포, 법성포, 검모포 등을 속진으로 둔 주진이었던 점도 그의 칠천량해전 참전 가능성을 뒷받침해준다.

283. 칠산도(七山島)는 『여지도(輿地圖)』의 「호남도(湖南圖)」, 『광여도(廣輿圖)』의 「호남도(湖南圖)」, 『동국여도(東國輿圖)』의 「호남도(湖南圖)」 등의 조선시대 지도에서 그 위치를 찾아볼 수 있다. 『일성록(日省錄)』의 기사(정조11년 정미, 1787년 3월 21일/정조12년 무신, 1788년 5월 29일 등)에 의하면 법성포 앞바다에 위치한 칠산도는 주변의 해로가 매우 험난한 곳이었다.

284. 2011, 『조선시대 수군진조사 1 전라우수영 편』, 국립해양문화재연구소, 121쪽

285. 강항(姜沆)의 『간양록(看羊錄)』의 「적중봉소(賊中封疏)」-「섭난사적(涉亂事迹)」

286. 정유일기 2(1597년) 9월 19일에는 홍룡(洪龍) 대신 홍농(弘農)으로 기록되어 있다. 홍농은 『신증동국여지승람(新增東國輿地勝覽)』의 「영광군(靈光郡)」과 『해동지도(海東地圖)』의 「영광군(靈光郡)」, 『1872 지방지도』의 「영광군지도(靈光郡地圖)」 등의 조선시대 지도에서 그 위치를 찾아볼 수 있다.

287. 정유일기 2(1597년) 9월 20일에는 고참도(古參島) 대신 위도(蝟島)로 기록되어 있다. 위도(蝟島)는 『신증동국여지승람(新增東國輿地勝覽)』의 「부안현(扶安縣)」, 이긍익(李肯翊)의 『연려실기술(燃藜室記述)』 별집 제17권의 「변어전고(邊圉典故)」-「진보(鎭堡)」와 『해동지도(海東地圖)』의 「부안현(扶安縣)」, 『비변사인방안지도(備邊司印方眼地圖)』의 「부안(扶安)」 등의 조선시대 지도에서 그 위치를 찾아볼 수 있다. 위의 기록들에는 '蝟島'로 표기된 것에 비해 『세종실록지리지』의 「부안현(扶安縣)」, 『세종실록』의 기사(121권, 세종30년-1448년 8월 27일 경진 1번째 기사), 이규보(李奎報)의 『동국이상국집(東國李相國集)』 제23권의 「기(記)」-「남행월일기(南行月日記)」 등에는 '猬島'로 표기되어 있으므로, 조선 초기에는 '猬島'로 표기하다가 조선 중기로 넘어오면서 점차 '蝟島'로 바뀐 것으로 생각된다.

288. 고군산도(古群山島)는 군산도(群山島)로도 표기되었으며 『신증동국여지승람(新增東國輿地勝覽)』의 「만경현(萬頃縣)」과 『해동지도(海東地圖)』의 「만경현(萬頃縣)」, 『1872 지방지도』의 「만경현고군산진지도(萬頃縣古群山鎭地圖)」 등의 조선시대 지도에서 그 위치를 찾아볼 수 있다.

289. 『선조실록』 90권, 선조30년(1597) 7월 25일 갑인 6번째 기사; 『선조실록』 93권, 선조30년(1597) 10월 2일 기미 14번째 기사

290. 강항(姜沆)의 『간양록(看羊錄)』의 「적중봉소(賊中封疏)」-「왜국팔도육십육주도(倭國八道六十六州圖)」; 조경남(趙慶男)의 『난중잡록(亂中雜錄)』 제3권의 정유년 8월 13일의 기록

291. 『선조실록』 90권, 선조30년(1597) 7월 22일 신해 5번째 기사; 『선조실록』 95권, 선조30년(1597) 12월 12일 무진 4번째 기사; 조응록(趙應祿)의 『죽계일기(竹溪日記)』 제4권의 「정유만력이십오년(丁酉萬曆二十五年)」 7월 23일

292. 변산(邊山)은 『신증동국여지승람(新增東國輿地勝覽)』의 「부안현(扶安縣)」과 『해동지도(海東地圖)』의 「부안현(扶安縣)」, 『광여도(廣輿圖)』의 「부안현(扶安縣)」 등의 조선시대 지도에서 그 위치를 찾아볼 수 있다.

1597년 정유일기 2(續丁酉日記)

1. 박혜일/최희동/배영덕/김명섭, 2016, 『이순신의 일기-난중일기』, 시와진실, 380쪽; 노승석, 2017, 『개정판 교감원문 난중일기』, 도서출판 여해, 347쪽. 『이순신의 일기-난중일기』에서 판독한 원문은 '…馬送來改□來□牙家…鴨綠院炊□之際高山倅崔鎭剛以□ …交付兵使處□差失路散云又言元公多妄午到谷城縣則人烟斷絶宿于…'이며, 『개정판 교감원문 난중일기』에서 판독한 원문은 '(四日) 軍馬送來 改(…) 來(…)牙家 步到鴨綠院, 炊點之際, 高山倅崔鎭剛, 以"軍[人]交付兵使處, 而□差失路散"云. 又言元公多妄, 午到谷城縣 則人煙斷絶, 宿于…'이다.

2. 『선조실록』 93권, 선조30년(1597) 10월 13일 경오 7번째 기사; 조응록(趙應祿)의 『죽계일기(竹溪日記)』 제4권의 「정유만력이십오년(丁酉萬曆二十五年)」 3월 10일

3. 원문 '崔鈇剛' 중의 '鈇'을 초고본의 다른 날짜들의 '鈇' 및 '鎭'과 비교해보면 그 자형의 차이를 구분할 수 있다. 글자의 형태는 전체적으로 비슷하지만 '鈇'의 우변 '失'과 '鎭'의 우변 '眞'을 비교해보면 그 중단 부분에서 획수의 차이가 있는 것을 확인할 수 있다.

원문 '鈇'	병신일기 2월 19일 '鈇'	병신일기 6월 26일 '鈇'	병신일기 4월 22일 '鎭'	병신일기 9월 8일 '鎭'

4. 석곡(石谷)은 『대동지지(大東地志)』의 「곡성(谷城)」과 『해동지도(海東地圖)』의 「곡성현(谷城縣)」, 『비변사인방안지도(備邊司印方眼地圖)』의 「곡성현(谷城縣)」 등의 조선시대 지도에서 그 위치를 찾아볼 수 있다.

5. 원문 '四顧寂然' 중의 '顧'를 초고본의 다른 날짜의 '顧'와 비교해보면 그 자형이 서로 비슷한 것을 확인할 수 있다. 이 글자에 대한 판독은 노승석 교수의 견해를 참조하였음을 밝힌다.

원문 '顧'	정유일기 2 9월 16일 '顧'

6. 『선조실록』 93권, 선조30년(1597) 10월 11일 무진 3번째 기사

7. 이원익(李元翼)의 『오리집(梧里集)』 별집 제2권의 「부제신주대(附諸臣奏對)」-「병신사월십칠일체상시종사광인대(丙申四月十七日體相侍從事官引對)」; 강대수(姜大遂)의 『한사집(寒沙集)』 제5권의 「잡저(雜著)」-「통유열읍문(通諭列邑文)」; 김충선(金忠善)의 『모하당집(慕夏堂集)』 제1권의 「약조(約條)」-「내외자손급향리공정인약조(內外子孫及鄉里共井人約條)」 등. 참고로 이덕홍(李德弘)의 『간재집(艮齋集)』 제2권의 「소(疏)」-「상왕세자서(上王世子書)」에는 능장(稜杖)이 보통사람들도 쉽게 준비와 사용을 할 수 있다고 기록되어 있다.

8. 『중종실록』 48권, 중종18년(1523) 7월 6일 갑술 2번째 기사

9. 아래의 표는 명량해전에서 사살된 왜장 마다시(馬多時)와 관련한 기록들을 정리한 것이다. 이들 중 일본 측 자료인 『등당가각서』가, 해전에 직접 참전했던 왜군이 자기 편의 전사한 장수의 이름을 명기했다는 점에서 관련 기록들 중 가장 신빙성이 높다고 판단된다. 게다가 『등당가각서』에 실린 그의 이름 '來島出雲殿'은 조선 측의 기록인 조경남의 『난중잡록』, 강항의 『간양록』, 『선묘중흥지』에도 '來島守'라는 이름으로 실려 있다. 한국과 일본 양측의 당대 기록이 서로 일치하는 이상 일기에서 언급된 마다시가 구루시마 미치후사(來島通総)를 가리킴은 의심의 여지가 없다고 생각된다.

마다시를 구루시마가 아닌 다른 사람으로 보는 견해도 있다. 이러한 견해는 주로 일본 측에서 제시된 것들로서 대개는 이름의 독음이 비슷하다는 점을 근거로 내세우지만 위의 기록들과 비견되기는 어렵다.

사료 및 문헌	왜장 마다시 관련 기록
『등당가각서(藤堂家覺書)』	• 來島出雲殿 전사 • 모리민부대보(毛利民部大輔)는 바다에 빠졌다가 왜군에 의해 구명
조경남(趙慶男)의 『난중잡록(亂中雜錄)』 제3권의 정유년 9월 23일의 기록	• 적장 내도수(來島守) 사살
강항(姜沆)의 『간양록(看羊錄)』의 「적중봉소(賊中封疏)」-「왜국팔도육십육주도(倭國八道六十六州圖)」	• 적장 내도수(來島守)가 이순신에게 패하여 죽음
『선묘중흥지(宣廟中興誌)』	• 적장 내도수(來島守) 사살 • 적장 모리민부(毛利民部)는 물에 빠졌다가 가까스로 생존
정유일기 1(1597년) 9월 16일	• 안골포 적장 마다시(馬多時) 사살
『선조실록』 94권 선조30년(1597) 11월 10일 정유 5번째 기사	• 안골포 적장 마다시(馬多時) 사살
『선조수정실록』 31권 선조30년(1597) 9월 1일 기축 3번째 기사	• 적장 마다시(馬多時) 사살
『충무공가승(忠武公家乘)』의 「행록(行錄)」	• 안골포 왜장 마다시(馬多時) 사살
김육(金堉)의 『잠곡유고(潛谷遺稿)』 제13권의 「신도비명(神道碑銘)」-「이통제충무공신도비명(李統制忠武公神道碑銘)」	• 적장 마다시(馬多時) 사살
김육(金堉)의 『잠곡유고(潛谷遺稿)』 제13권의 「신도비명(神道碑銘)」-「이통제충무공신도비명(李統制忠武公神道碑銘)」	• 적장 마다시(馬多時) 사살
윤휴(尹鑴)의 『백호전서(白湖全書)』 제23권의 「사실(事實)」-「통제사이충무공유사(統制使李忠武公遺事)」	• 적장 마다시(馬多時) 사살
이긍익(李肯翊)의 『연려실기술(燃藜室記述)』 제17권의 「선조조고사본말(宣祖朝故事本末)」-「이순신진도지첩(李舜臣珍島之捷)」	• 적장 뇌도수(耒島守) 사살
『이충무공전서』의 「행록(行錄)」	• 안골포 왜장 마다시(馬多時) 사살
유성룡(柳成龍)의 『징비록(懲毖錄)』	• 왜장 마다시(馬多時) 사살

참고로 『등당가각서』에 전투 중 물에 빠졌다가 가까스로 살아났다고 기록된 모리민부(毛利民部)는 모리 다카마사(毛利高政)를 가리키는데 이 내용은 『선묘중흥지』와 일본 측 자료인 『모리고동문서(毛利高棟文書)』의 「구월십팔일부선수중주진장(九月十八日付船手衆注進狀)」에도 실려 있다.

10. 임선(林愃)의 신상은 「황명만력18년경인10월초6일상존호증광사마방목(皇明萬曆十八年庚寅十月初六日上尊號增廣司馬榜目)」의 문과급제자 명단, 『나주임씨대동보(羅州林氏大同譜)』에서 확인할 수 있다. 방목에 실린 그의 진사시 급제 이력과 거주지 나주는 일기의 내용과 일치하며 일기에 나오는 임환(林懽) 또한 방목의 가족 사항에서 그의 동생임이 확인된다. 대동보에 따르면 그는 나주 임씨 절도공파(節度公派) 파조 임진(林晉)의 아들이며, 몰년은 경술년(1610년)이다.

11. 임환(林懽)의 신상과 행적은 「황명만력18년경인10월초6일상존호증광사마방목(皇明萬曆十八年庚寅十月初六日上尊號增廣司馬榜目)」의 문과급제자 명단, 이항복(李恒福)의 『백사집(白沙集)』 제2권의 「묘지(墓誌)」-「전문화현감임공묘지명(前文化縣監林公墓誌銘)」, 권필(權韠)의 『석주집(石洲集)』 별집 제2권의 「사우록(師友錄)」, 『나주임씨대동보(羅州林氏大同譜)』, 진경문(陳景文)의 『섬호집(剡湖集)』 하권의 「예교진병일록(曳橋進兵日錄)」, 조경남(趙慶男)의 『난중잡록(亂中雜錄)』 제3권의 무술년 2월 21일의 기록, 같은 책 제3권의 무술년 6월 5일의 기록, 『선조실록』의 기사(103권, 선조31년-1598년 8월 4일 정사 2번째 기사) 등에서 확인할 수 있다.

12. 임업(林㩦)의 신상과 행적은 「황명만력18년경인10월초6일상존호증광사마방목(皇明萬曆十八年庚寅十月初六日上尊號增廣司馬榜目)」의 문과급제자 명단, 김상헌(金尙憲)의 『청음집(淸陰集)』 제24권의 「비명(碑銘)」-「관찰사임공신도비명(觀察使林公神道碑銘)」, 『나주임씨대동보(羅州林氏大同譜)』 등에서 확인할 수 있다. 『청음집』에 의하면 그는 통제사의 종사관을 지낸 이력이 있는데 통영의 『충렬사지(忠烈祠誌)』의 「삼도수군통제사명단」에서 그가 계묘년(1603년)에 잠시 통제사의 종사관을 지낸 것을 확인할 수 있다. 『청음집』, 『충렬사지』, 대동보에 의하면 그는 후일 임서(林㥠)로 개명하였다.

13. 조응록(趙應祿)의 『죽계일기(竹溪日記)』 제4권의 「정유만력이십오년(丁酉萬曆二十五年)」 5월 15일. 『강진군읍지(康津郡邑誌)』의 「선생안(先生案)」에 의하면 이극신(李克新)은 1597년 5월부터 1598년 4월까지 강진현감을 지냈다.

14. 이극신(李克新)의 신상은 「만력11년계미9월초3일별시방목(萬曆十一年癸未九月初三日別試榜目)」의 무과급제자 명단, 『원주이씨족보(原州李氏族譜)』에서 확인할 수 있다. 족보에 따르면 그는 원주 이씨(舊) 은사공파(隱士公派) 파조 이기(李起)의 5대손이다.

15. 조응록(趙應祿)의 『죽계일기(竹溪日記)』 제2권의 「병신만력이십사년(丙申萬曆二十四年)」 6월 25일. 『전선무장지(全鮮茂長誌)』의 「관안(官案)」에 의하면 이람(李覽)은 병신년(1596년) 2월부터 무술년(1598년)까지 무장현감을 지냈다. 두 기록의 도임 시기가 차이를 보이는데 당대 기록인 『죽계일기』가 더 신빙성이 높을 것으로 판단된다.

16. 김홍원(金弘遠)의 신상과 행적은 「만력16년무자2월24일사마방목(萬曆十六年戊子二月二十四日司馬榜目)」의 문과급제자 명단, 조경남(趙慶男)의 『난중잡록(亂中雜錄)』 제3권의 무술년 2월 21일의 기록, 그의 문집인 『해옹집(海翁集)』 제5권의 「…김공가장(…金公家狀)」, 같은 책 「행장(行狀)」 등에서 확인할 수 있다. 보물 제900호 「부안김씨종중고문서일괄(扶安金氏宗中古文書一括)」에 그가 받은 유지와 교지 등이 전한다. 『해옹집』의 「…김공가장」과 「행장」에 의하면 황신이 전라관찰사가 되어 옥구에서 고군산도로 왔을 때 김홍원이 그를 맞으러 나갔다고 하는데 이는 일기의 내용과 그 정황이 부합한다.

17. 『선조실록』 93권, 선조30년(1597) 10월 7일 갑자 1번째 기사; 조경남(趙慶男)의 『난중잡록(亂中雜錄)』 제3권의 정유년 10월 8일의 기록

18. 정수(鄭遂)의 신상은 『하동정씨족보(河東鄭氏族譜)』에서 확인할 수 있다. 족보에 따르면 그는 하동 정씨 도정계(道正系) 장령공파(掌令公派) 파조 정희주(鄭希周)의 5대손이며, 그의 누이가 옥봉(玉峯) 백광훈(白光勳)과 혼

인하여 낳은 둘째 아들이 백진남(白振南)이다. 정호(鄭澔)의 『장암집(丈巖集)』 제17권의 「묘갈(墓碣)」-「옥봉백공묘갈명(玉峯白公墓碣銘)」에서도 백진남의 어머니가 하동 정씨임이 확인된다. 『무보(武譜)』에 실린 정소(鄭熽)의 가족 사항에 의하면 정소의 7대조는 정지언(鄭之彦)으로서 정지언의 생부는 정수(鄭邃), 양부는 정운(鄭運)이다. 족보에 따르면 정수와 정운은 사촌이다.

19. 백진남(白振南)의 신상과 행적은 「황명만력18년경인10월초6일상존호증광사마방목(皇明萬曆十八年庚寅十月初六日上尊號增廣司馬榜目)」의 문과급제자 명단, 정호(鄭澔)의 『장암집(丈巖集)』 제17권의 「묘갈(墓碣)」-「송호백공묘갈명(松湖白公墓碣銘)」, 이정구(李廷龜)의 『월사집(月沙集)』 제14권의 「폐축록상(廢逐錄上)」-「만백선명진남(挽白善鳴振南)」 등에서 확인할 수 있다. 방목에는 그의 자가 '善明'으로 기록되어 있지만 『월사집』을 비롯한 여러 조선시대 문헌에는 그의 자가 모두 '善鳴'으로 기록되어 있다. 『장암집』에 따르면 백진남은 정유재란 때 통제사 이순신의 진중에 머무르면서 명나라 장수 계금(季金)과 교류했다고 하는데, 최근에 공개된 검찰사(檢察使) 한효순(韓孝純)에게 보낸 것으로 추정되는 이순신의 1598년 7월 8일 자 친필 편지(『중앙일보』, 2012년 5월 10일)에서도 백진남으로 추정되는 백 진사(白進士)라는 인물과 계금의 교류가 확인된다. 그의 문집인 『송호집(松湖集)』 제1권에는 「발음도주차정통상이순신(發音島舟次呈統相李舜臣)」이라는 발음도에서 이순신에게 준 것으로 생각되는 시가 보이며, 같은 책 2권에는 「추별계야어우영차기운(追別季爺於右營次其韻)」이라는 계금과의 작별을 주제로 한 시가 실려 있다.

20. 이희급(李希伋)의 신상과 행적은 「만력4년병자2월16일사마방목(萬曆四年丙子二月十六日司馬榜目)」의 문과급제자 명단, 이시분(李時馩)의 『운창집(雲牕集)』 제3권의 「유사(遺事)」-「재종숙부함양공실적(再從叔父咸陽公實蹟)」, 『장수이씨대동보(長水李氏大同譜)』에서 확인할 수 있다. 대동보에 따르면 그는 장수 이씨 시조 이임간(李林幹)의 10대손이다. 『운창집』에 따르면 이희급은 『운창집』의 저자인 이시분의 재종숙부(7촌)로서 진도 벽파정에서 전사했다고 한다. 『운창집』이 당대의 기록인 점을 감안하면 신빙성은 높아 보이지만 이를 뒷받침할만한 다른 문헌을 찾기 어렵다. 이희급이 함양군수를 지낸 사실은 조응록(趙應祿)의 『죽계일기(竹溪日記)』 제2권의 「병신만력이십사년(丙申萬曆二十四年)」 6월 14일의 기록, 정경운(鄭慶雲)의 『고대일록(孤臺日錄)』의 1594년 9월 1일 일기 등에서 확인된다.

21. 『사대문궤(事大文軌)』 제24권 만력25년(1597년) 11월 14일.

22. 비금도(飛禽島)는 『신증동국여지승람(新增東國輿地勝覽)』의 「나주목(羅州牧)」과 『해동지도(海東地圖)』의 「금성현(錦城縣)」, 『광여도(廣輿圖)』의 「나주목(羅州牧)」 등의 조선시대 지도에서 비이도(飛尒島) 또는 비이도(飛尒島)라는 지명으로 그 위치를 찾아볼 수 있다.

23. 『선조실록』 94권, 선조30년(1597) 11월 12일 기해 4번째 기사

24. 주의수(朱義壽)의 신상은 곽원갑(郭元甲)의 『창의록(倡義錄)』의 「용사응모록(龍蛇應募錄)」-「화왕입성동고록(火旺入城同苦錄)」, 『신안주씨세보(新安朱氏世譜)』 등에서 확인할 수 있다. 『창의록(倡義錄)』에는 주의수의 거주지가 웅천(熊川)으로 기록되어 있는데, 웅천은 경상남도 문화재자료 제516호 절충장군주의수묘(折衝將軍朱義壽墓)가 위치한 지금의 경남 창원시 진해구 지역으로서, 세보에서도 그의 증조부 때부터 조상들의 묘가 웅천에 있었음이 확인된다. 세보에 따르면 그는 신안 주씨 중파(中派) 파조 주인원(朱印遠)의 14대손으로서, 호는 병암(屛菴), 생몰년은 을묘년(1555년)~기해년(1599년)이다. 그의 과거급제 홍패(紅牌) 또한 자손을 통해 현전한다.
한국정신문화연구원에서 발간된 『고문서집성 51 -하회 풍상유씨편-』(1994, 536~611쪽)에 실린 1593년 장계 중 「치계진주성함곡절장(馳啓晉州城陷曲折狀)」에 의하면 제2차 진주성전투 때 김해부사 이종인(李宗仁) 휘하에 있던 주의수(朱義壽)라는 인물이 성이 함락될 때 적의 포로가 되었다가 나중에 도망쳐 돌아왔다고 하는데, 이종인이 웅천현감을 지낸 이력이 있었던 점을 감안하면 제포만호 주의수와 동일인일 개연성이 높다.

25. 안이명(安以命)의 신상은 곽원갑(郭元甲)의 『창의록(倡義錄)』의 「용사응모록(龍蛇應募錄)」-「화왕입성동고록

(火旺入城同苦錄)」,『양산향안(梁山鄕案)』의 「좌목(座目)」,『광주안씨대동보(廣州安氏大同譜)』 등에서 확인할 수 있다. 대동보에 따르면 그는 광주 안씨 판사공파(判事公派) 파조 안몽득(安夢得)의 5대손이다.

26. 정공청(鄭公淸)의 신상은 「만력28년경자식년퇴행어신축하문무과방목(萬曆二十八年庚子式年退行於辛丑夏文武科榜目)」의 무과급제자 명단, 고언백의 『해장실기(海藏實紀)』 제1권의 「남정세검록(南征洗劒錄)」, (前)전라남도 유형문화재 제147호 「주사선연도(舟師宣宴圖)」,『경주정씨월성위파세보(慶州鄭氏月城尉派世譜)』에서 확인할 수 있다. 세보에 따르면 그는 경주 정씨 월성위 파조 정이기(鄭頤奇)의 16대손이며, 몰년은 무자년(1648년)이다. 그의 자가 방목에는 윤백(倫伯)으로 기록되어 있지만 『해장실기』와 세보에는 수백(守伯)으로 기록되어 있다. 주해에서는 방목의 기록을 따랐다.

27. 정경달(丁景達)의 『반곡유고(盤谷遺稿)』의 「난중일기(亂中日記)」의 1597년 8월 7일.『장흥읍지(長興邑誌)』의 「읍선생안(邑先生案)」에 기록된 전봉의 후임자 이간(李侃)이 무술년(1598년) 8월에 장흥부사로 도임하였으므로 전봉은 그 이전까지 장흥부사를 지냈을 것으로 판단된다.

28. 같은 달 21일, 22일 일기에 전봉(田鳳)과 함께 숙박과 아침식사를 한 기록이 보이는 점으로 미루어보아 예전부터 서로 친분이 있었던 것으로 생각된다. 따라서 신초(辛礎)의 『문암선생충의록(聞巖先生忠義錄)』 제1권의 「충의록속집(忠義錄續集)」-「선묘기축특사제전장화상열록(宣廟己丑特賜諸戰將畵像列錄)」에 이순신과 함께 참전한 것으로 기록된 전봉(田鳳)과 동일인으로 추측된다. 『문암선생충의록』에 의하면 그의 본관은 의령(宜寧)이다.

29. 『전라우수영지(全羅右水營誌)』의 「선생안(先生案)」에 의하면 김억추는 1598년 1월 5일에 부친상으로 체직되었으므로 그의 부친은 1597년 말까지 생존해 있었을 것으로 짐작된다.

30. 『선조실록』 93권, 선조30년(1597) 10월 14일 신미 4번째 기사

31. 『웅천현읍지(熊川縣邑誌)』의 「환적(宦蹟)」에 기록된 당시의 웅천현감을 재임 순서대로 살펴보면 성천희(成天禧), 조익(趙翊), 이정표(李廷豹) 등이다. 성천희는 조응록(趙應祿)의 『죽계일기(竹溪日記)』 제4권의 「정유만력이십오년(丁酉萬曆二十五年)」 1월 5일의 기록에서 제수 일자를 확인할 수 있으며 『사대문궤(事大文軌)』 제22권 만력25년(1597년) 7월 27일의 기록에서 칠천량해전 때 웅천현감이었던 것이 확인된다. 일기의 시점으로 보아 일기에서 언급된 웅천현감은 성천희로 추정된다.

32. 성천희(成天禧)의 신상과 행적은 『창녕성씨족보(昌寧成氏族譜)』, 조경남(趙慶男)의 『난중잡록(亂中雜錄)』 제1권의 임진년 7월 6일의 기록, 김성일(金誠一)의 『학봉집(鶴峯集)』 속집 제3권의 「장(狀)」-「좌감사시장임진(左監司時狀壬辰)」, 이로(李魯)의 『송암집(松巖集)』 제4권의 「유사(遺事)」-「학봉김선생용사사적(鶴峯金先生龍蛇事蹟)」 등에서 확인할 수 있다. 족보에 따르면 그는 창녕 성씨 정절공파(貞節公派) 파조 성사제(成思齊)의 6대손으로서, 자는 중길(仲吉)이며, 웅천현감을 지낸 이력이 있다. 족보에는 생년이 계축년(1553년)으로 기록되어 있지만, 「융경6년임신12월초2일문무과별시방목(隆慶六年壬申十二月初二日文武科別試榜目)」의 문과급제자 명단에 실린 그의 동생 성천지(成天祉)의 생년이 계축년(1553년)이므로 이는 오기로 생각된다.

33. 『선조실록』 95권, 선조30년(1597) 12월 9일 을축 3번째 기사

34. 황원(黃原)은 『신증동국여지승람(新增東國輿地勝覽)』의 「해남현(海南縣)」과 「비변사인방안지도(備邊司印方眼地圖)」의 「해남(海南)」,『해동지도(海東地圖)』의 「해남현(海南縣)」 등의 조선시대 지도에서 그 위치를 찾아볼 수 있다.

35. 『선조실록』 94권, 선조30년(1597) 11월 12일 기해 4번째 기사

36. 정경달(丁景達)의 『반곡유고(盤谷遺稿)』의 「난중일기(亂中日記)」의 1597년 11월 29일

37. 『선조실록』 93권, 선조30년(1597) 10월 11일 무진 3번째 기사

38. 『선조실록』 93권, 선조30년(1597) 10월 23일 경진 2번째 기사; 박현규, 2014, 『이순신연구논총 제21호』, 「임진왜란 시기 明 水將 季金의 군사 행적 고찰전」, 순천향대학교 이순신연구소, 4~13쪽

39. 『선조실록』 93권, 선조30년(1597) 10월 23일 경진 2번째 기사

40. 조응록(趙應祿)의 『죽계일기(竹溪日記)』 제4권의 「정유만력이십오년(丁酉萬曆二十五年)」 8월 5일; 『선조실록』 93권, 선조30년(1597) 10월 13일 경오 7번째 기사. 『영광읍지(靈光邑誌)』의 「읍재선생(邑宰先生)」에 의하면 전협(田浹)은 정유년(1597년) 9월부터 무술년(1598년) 초까지 영광군수를 지냈다.

41. 전협(田浹)의 신상은 「만력11년계미9월초3일별시방목(萬曆十一年癸未九月初三日別試榜目)」의 무과급제자 명단, 『담양전씨대동보(潭陽田氏大同譜)』에서 확인할 수 있다. 대동보에 따르면 그는 담양 전씨 경은공파(耕隱公派) 파조 전조생(田祖生)의 7대손으로서, 몰년은 1637년이며, 후일 전윤(田潤)으로 개명하였다. 아들 전득우(田得雨)의 이름 또한 대동보에서 확인된다.

42. 보화도(宝花島)는 『신증동국여지승람(新增東國輿地勝覽)』의 「나주목(羅州牧)」과 『비변사인방안지도(備邊司印方眼地圖)』의 「나주(羅州)」 등의 조선시대 지도에서 고하도(高下島)라는 지명으로 그 위치를 찾아볼 수 있다.

43. 남구만(南九萬)의 『약천집(藥泉集)』 제19권의 「비(碑)」-「고하도이충무공기사비(高下島李忠武公記事碑)」

44. 『선조실록』 98권, 선조31년(1598) 3월 18일 계묘 4번째/5번째 기사

45. 김석주(金錫冑)의 『식암유고(息庵遺稿)』 제17권의 「계사(啓辭)」-「강도설돈처소별단(江都設墩處所別單)」-「제사십귀등곶(第四十龜登串)」; 성해응(成海應)의 『연경재전집(研經齋全集)』 제33권의 「존양류(尊攘類)」-「정미전신록(丁未傳信錄)」-「문답(問答)」; 『이충무공전서』의 「강진현지(康津縣志)」 등. 이들 문헌에 나타난 '磩草', '衝磩閣破', '隱磩之險' 등의 문구와 그 앞뒤 문맥을 통하여 '磩'가 암초라는 의미로 쓰였음을 파악할 수 있다.

46. 『선조실록』 93권, 선조30년(1597) 10월 11일 무진 5번째 기사; 『선조실록』 110권, 선조32년(1599) 3월 6일 을유 5번째 기사

47. 조응록(趙應祿)의 『죽계일기(竹溪日記)』 제4권의 「정유만력이십오년(丁酉萬曆二十五年)」 6월 28일. 『진도군읍지(珍島郡邑誌)』의 「선생안(先生案)」에 의하면 선의문(宣義問)은 정유년(1597년) 7월 12일부터 경자년(1600년) 2월 28일까지 진도군수를 지냈다.

48. 선의문(宣義問)의 신상과 행적은 「만력13년을유추식년문무과방목(萬曆十三年乙酉秋式年文武科榜目)」의 무과급제자 명단, 조익(趙翊)의 『가휴집(可畦集)』 제7권의 「진사일기(辰巳日記)」의 1592년 12월 19일, 정경달(丁景達)의 『반곡유고(盤谷遺稿)』의 「난중일기(亂中日記)」의 1592년 12월 24일 등에서 확인할 수 있다.

49. 조응록(趙應祿)의 『죽계일기(竹溪日記)』 제4권의 「정유만력이십오년(丁酉萬曆二十五年)」 7월 19일. 『영암군읍지(靈巖郡邑誌)』의 「선생안(先生案)」에 의하면 이종성(李宗誠)은 정유년(1597년) 8월부터 기해년(1599년)까지 영암군수를 지냈다. 『죽계일기』에는 그의 이름이 '李宗城'으로 오기되어 있다.

50. 이종성(李宗誠)의 신상은 「만력11년계미4월초4일문무과방목(萬曆十一年癸未四月初四日文武科榜目)」의 무과급제자 명단, 「만력43년을묘사마방목(萬曆四十三年乙卯司馬榜目)」의 문과급제자 명단에 실린 그의 아들 이장춘(李長春)의 가족 사항, 『선원속보(璿源續譜)』 등에서 확인할 수 있다. 『선원속보』에 따르면 그는 정종의 10남 덕천군 이후생(李厚生)의 5대손이다. 『선원속보』에 기록된 그의 생년은 임자년(1552년)으로서 방목의 계축년(1553년)과 차이가 있다.

51. 『선조실록』 98권, 선조31년(1598) 3월 18일 계묘 6번째 기사; 조응록(趙應祿)의 『죽계일기(竹溪日記)』 제4권의 「정유만력이십오년(丁酉萬曆二十五年)」 7월 5일; 보물 제660-2호 「최희량임란관련고문서-교지(崔希亮壬亂關聯古文書-敎旨)」. 「최희량임란관련고문서-교지」 중 만력이십오년칠월(萬曆二十五年七月) 교지에 기록된 그의 흥양현감 제수일은 1597년 7월 3일이다.

52. 최희량(崔希亮)의 신상과 행적은 그의 문집인 『일옹집(逸翁集)』 제2권의 「부록(附錄)」-「일옹유사(逸翁遺事)」, 보물 제660호 「최희량임란관련고문서(崔希亮壬亂關聯古文書)」, 『수성최씨가보(隋城崔氏家譜)』 등에서 확인할 수

있다. 가보에 따르면 그는 수성 최씨 거경계(居涇系) 무숙공파(武肅公波) 파조이며, 전 충청수사 이계정(李繼鄭)의 사위이다. 『일옹집』에 따르면 이계정이 죽은 판옥선 화재 사고 때 최희량도 함께 있었다가 가까스로 살아남았다고 한다. 보물 제660-2호 「최희량임란관련고문서-교지」 중 1597년 10월 25일에 발급된 교지는 군공(軍功)으로 인해 발급되었음이 명시되어 있는데 그가 수령이었던 고을인 흥양이 전라좌수영에 속했던 점과 교지의 발급 시기로 보아 명량해전의 군공으로 받은 것으로 판단된다. 정유일기 2(1597년) 9월 29일에 승첩 장계가 올라갔다고 기록된 점과 정유일기 2(1597년) 11월 16일에 군공을 정한 기록을 보았다고 기록된 점 또한 이를 뒷받침해준다. 『일옹집』 제2권의 「부록」의 「일옹유사」, 「행록(行錄)」, 「시장(諡狀)」에는 그가 전투로 공을 세운 지역으로서 명도(鳴渡), 첨산(尖山), 예교(曳橋) 세 곳의 지명이 기록되어 있는데 이들 중 명도(鳴渡)는 명량(鳴梁)의 오기로 보인다.

53. 황원장(黃原場)은 『대동지지(大東地志)』의 「해남(海南)」에서 그 위치를 찾아볼 수 있다. 『비변사인방안지도(備邊司印方眼地圖)』의 「해남(海南)」, 『해동지도(海東地圖)』의 「해남현(海南縣)」 등의 조선시대 지도에서도 같은 지역에 목장이 있었음이 확인된다.

54. 신훤(申萱)의 신상은 「만력11년계미9월초3일별시방목(萬曆十一年癸未九月初三日別試榜目)」의 무과급제자 명단, 『평산신씨사간공파세보(平山申氏思簡公派世譜)』에서 확인할 수 있다. 세보에 따르면 그는 평산 신씨 사간공파 파조 신호(申浩)의 6대손이며, 몰년은 임오년(1642년)이다.

55. 이순신은 1592년 한산도해전의 승전으로 정2품 정헌대부(正憲大夫)의 품계를 받았으며 노량해전에서 전사할 때까지 그대로 이 품계에 머물러 있었다. 그가 정헌대부의 품계를 받은 사실은 『선조수정실록』의 기사(26권, 선조25년-1592년 7월 1일 무오 9번째 기사), 이항복(李恒福)의 『백사집(白沙集)』 제4권의 「유사(遺事)」-「고통제사이공유사(故統制使李公遺事)」, 『이충무공전서』의 「교유(敎諭)」-「수정헌대부교서(授正憲大夫敎書)」에서 확인할 수 있다. 그리고 이 품계가 노량해전 때까지 변함이 없었음은 1598년 12월 4일에 내려진 그의 우의정 증직교지에 보이는 호칭 '정헌대부행전라좌도수군절도사겸통제사(正憲大夫行全羅左道水軍節度使兼統制使)'를 통하여 확인된다. 이 호칭은 이항복의 『백사』 제4권의 「유사」-「고통제사이공유사」에도 기록되어 있다. 『이충무공전서』의 「행록(行錄)」 및 「행장(行狀)」에 따르면 명량해전 이후 처음에는 이순신에게 숭정대부(崇政大夫)를 가자하려고 했으나 이미 품계가 높기 때문에 일이 다 끝난 뒤에는 포상할 방법이 없을 것 같아서 그만두었다고 한다. 그러나 당시는 전쟁의 향방을 예측하기 어려운 상황이었고 또한 포상의 방법이 가자만 있었던 것도 아니므로 이는 설득력이 없는 이야기이다. 명량해전 이후 약 7개월이 지난 시기의 『선조실록』의 기사(99권, 선조31년-1598년 4월 15일 기사 3번째 기사)에 기록된 이순신의 포상 논의에서 선조가 그의 가자에 대해 부정적인 의견을 보인 점을 감안하면, 명량해전 직후 숭정대부 가자가 무산된 것도 같은 이유 때문으로 보인다. 정경운(鄭慶雲)의 『고대일록(孤臺日錄)』의 1598년 11월 19일 일기는 이순신의 품계를 숭정대부로 기록하였는데 일기에서 언급된 것처럼 이 품계를 가자한다는 소문이 퍼졌기 때문인 듯하다.

참고로 위에서 언급된 우의정 증직교지는 현재 행방이 묘연한 상태이며 1928년에 이를 촬영한 사진만 남아 있다.

56. 양호(楊鎬)의 신상과 행적은 이정구(李廷龜)의 『월사집(月沙集)』 제45권의 「비(碑)」-「황명도어사양공호거사비명(皇明都御史楊公鎬去思碑銘)」, 『명사(明史)』 제238권의 「양호열전(楊鎬列傳)」에서 확인할 수 있다. 조선에서의 그의 행적은 『선조실록』을 비롯한 많은 사료와 문헌에 상세히 기록되어 있다.

57. 『선조실록』 93권, 선조30년(1597) 10월 20일 정축 1번째 기사

58. 『선조실록』 93권, 선조30년(1597) 10월 22일 기묘 6번째 기사

59. 김덕수(金德秀)의 신상은 「만력4년병자2월16일사마방목(萬曆四年丙子二月十六日司馬榜目)」의 문과급제자 명단, 「가정37년무오식년추사마방목(嘉靖三十七年戊午式年秋司馬榜目)」의 문과급제자 명단에 실린 그의 형 김충수(金忠秀)의 가족 사항, 『나주김씨세보(羅州金氏世譜)』에서 확인할 수 있다. 방목에 실린 그의 진사시 급제 이력과

거주지 무안(務安)은 일기의 내용과 일치한다. 세보에 따르면 그의 몰년은 기유년(1609년)이다.

그의 형 김충수의 의병 활동은 『일성록(日省錄)』의 기사(정조22년 무오, 1798년 2월 6일/정조23년 기미, 1799년 8월 22일), 『무안읍지(務安邑誌)』의 「충신(忠臣)」 등에서 확인된다.

60. 마귀(麻貴)의 신상은 신흠(申欽)의 『상촌집(象村集)』 제56권의 「지(志)」-「천조선후출병래원지(天朝先後出兵來援志)」, 같은 책 제57권의 「천조소사장신선후거래성명 기자임진지경자(天朝詔使將臣先後去來姓名 記自壬辰至庚子)」-「동제독표하관(董提督票下官)」에서 확인할 수 있으며, 그의 행적은 『선조실록』을 비롯한 여러 사료와 문헌에 자세히 기록되어 있다.

사료와 문헌에 나타난 당시의 마귀의 관직은 대부분 제독(提督)이나 도독(都督)이기 때문에 일기에 기록된 마유격은 마귀를 가리키는 것이 아닐 가능성도 있다.

61. 박현규, 2014, 『이순신연구논총 제21호』, 「임진왜란 시기 明 水將 季金의 군사 행적 고찰전」, 순천향대학교 이순신연구소, 12~15쪽

62. 원문 '鄭凰壽' 중의 '凰'은 초고본의 다른 날짜들의 '鳳'과 비교해보면 그 자형의 차이를 구분할 수 있다. 초고본의 '凰'과 '鳳' 두 글자는 외변 '几' 안쪽에 쓰인 '皇'과 '鳥'의 형태의 차이가 뚜렷하다. 그러므로 원문은 '鄭凰壽'이다.

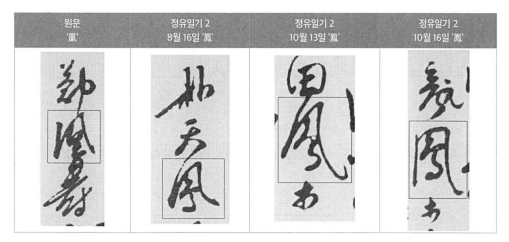

원문 '凰'	정유일기 2 8월 16일 '鳳'	정유일기 2 10월 13일 '鳳'	정유일기 2 10월 16일 '鳳'

63. 정황수(鄭凰壽)의 신상은 「만력11년계미9월초3일별시방목(萬曆十一年癸未九月初三日別試榜目)」의 무과급제자 명단이 실린 정기수(鄭麒壽)의 가족 사항, 『나주정씨족보(羅州鄭氏族譜)』에서 확인할 수 있다. 그의 신상은 방목에는 정기수의 형 정봉수(鄭鳳壽)로 실려 있지만, 족보에는 정기수의 동생 정황수(鄭凰壽)로 실려 있다. 이 두 형제는 모두 의병 활동을 했던 것으로 전해지는데, 정기수는 조팽년(趙彭年)의 『계음집(溪陰集)』 제6권의 「창의록(倡義錄)」에 실린 그의 신상 기록 등을 통해 의병 활동을 고증할 수 있지만 정황수는 당대의 관련 자료를 찾기 어렵다. 족보에 따르면 정황수는 나주 정씨 지유공파(指諭公派) 파조 정억(鄭億)의 10대손이며, 자는 영수(靈叟), 생몰년은 임술년(1562년)~무진년(1628년)이다.

64. 『선조실록』 94권, 선조30년(1597) 11월 17일 갑진 2번째 기사

65. 원문 '暫'은 초고본의 글자 형태가 상당히 모호하여 다른 날짜들의 '暫' 및 '患'과 비교해보아도 어떤 글자인지 판독하기 어렵다. 이 책에서는 '暫'과 더 유사하다고 판단하였다.

원문 '暫'	정유일기 1 6월 20일 '暫'	정유일기 1 7월 23일 '暫'	병신일기 4월 10일 '慙'	병신일기 5월 6일 '慙'

66. 유장춘(柳長春)의 신상은 「만력11년계미9월초3일별시방목(萬曆十一年癸未九月初三日別試榜目)」의 무과급제자 명단에서 확인할 수 있다. 방목에 실린 그의 거주지 영암은 일기에서 언급된 그의 고향과 일치한다. 송환기(宋煥箕)의 『성담집(性潭集)』 제19권의 「묘갈(墓碣)」-「현감증참의전공묘갈명(縣監贈參議全公墓碣銘)」, 송내희(宋來熙)의 『금곡집(錦谷集)』 제18권의 「전(傳)」-「전함평몽성사과몽태형제전(全咸平夢星司果夢台兄弟傳)」에 실린 의병장 전몽성(全夢星)의 기록은 비록 후대의 것이지만 이를 통하여 유장춘이 전몽성과 함께 의병 활동을 한 흔적을 찾을 수 있다.

참고로 전몽성의 신상과 행적은 조팽년(趙彭年)의 『계음집(溪陰集)』 제6권의 「창의록(倡義錄)」, 조경남(趙慶男)의 『난중잡록(亂中雜錄)』 제1권의 임진년 7월 10일의 기록 등에서 확인할 수 있다. 『난중잡록』에 의하면 전몽성은 금산(錦山) 전투 직후 전라순찰사 이광(李洸)의 군관으로 활동했는데 이는 『금곡집』의 기록에도 나타나고 있다.

67. 『선조실록』 37권, 선조26년(1593) 4월 29일 계축 4번째 기사

68. 고종후(高從厚)의 신상과 행적은 「융경4년경오2월18일사마방목(隆慶四年庚午二月十八日司馬榜目)」의 문과급제자 명단, 남구만(南九萬)의 『약천집(藥泉集)』 제23권의 「행장(行狀)」-「증이조판서고공청시행장(贈吏曹判書高公請諡行狀)」, 『장흥고씨족보(長興高氏族譜)』, 조경남(趙慶男)의 『난중잡록(亂中雜錄)』 제3권의 계사년 9월의 기록 등에서 확인할 수 있다. 족보에 따르면 그는 장흥 고씨 1세조 고복림(高福林)의 10대손이다.

69. 고성후(高成厚)의 신상과 행적은 「만력11년계미9월초3일별시방목(萬曆十一年癸未九月初三日別試榜目)」의 문과급제자 명단, 서형수(徐瀅修)의 『명고전집(明皐全集)』 제16권의 「비명묘지명묘표(碑銘墓誌銘墓表)」-「안성군수죽촌고공묘표(安城郡守竹村高公墓表)」, 『장흥고씨족보(長興高氏族譜)』 등에서 확인할 수 있다. 그가 익산군수를 지낸 이력은 『명고전집』, 정경달(丁景達)의 『반곡유고(盤谷遺稿)』의 「난중일기(亂中日記)」의 1593년 5월 17일 일기, 같은 책 1593년 7월 28일 일기에서 확인된다. 『익산군지(益山郡誌)』의 「읍선생(邑先生)」에는 그의 이름이 '高成原'으로 오기되어 있다.

70. 『선조실록』 94권, 선조30년(1597) 11월 12일 기해 4번째 기사

71. 『선조실록』 93권, 선조30년(1597) 10월 23일 경진 2번째 기사; 『선조실록』 94권, 선조30년(1597) 11월 10일 정유 3번째 기사; 『선조실록』 96권, 선조31년(1598) 1월 10일 병신 3번째 기사 등. 당시 이시언이 충청병사였음은 조경남(趙慶男)의 『난중잡록(亂中雜錄)』 등의 다른 자료에서도 쉽게 확인된다.

72. 『선조실록』 98권, 선조31년(1598) 3월 18일 계묘 5번째 기사; 『전라우수영지(全羅右水營誌)』의 「선생안(先生案)」. 『선조실록』의 기사에 의하면 안위는 1598년 2월 14일에 신임 전라우수사로 도임했으며, 『전라우수영지』에 의하면 안위의 전임자 김억추는 1598년 1월 5일에 부친상으로 체직되었다.

73. 『함평읍지(咸平邑誌)』의 「읍재선생(邑宰先生)」에 기록된 당시의 함평현감을 재임 순서대로 살펴보면 손경지

(孫慶之), 김식(金湜) 등이다. 『함평읍지』에 기록된 '孫慶之'는 '孫景祉'의 오기로서 『선조실록』의 기사(90권, 선조 30년-1597년 7월 28일 정사 3번째 기사)에서 그의 이름 '孫景祉'와 함평현감 재임 기록이 확인된다. 그리고 『함평읍지』의 '金湜'은 '金軾'의 오기로서 조경남(趙慶男)의 『난중잡록(亂中雜錄)』 제3권의 무술년 8월 29일의 기록에서 김식(金軾)이 함평현감을 지낸 이력이 확인된다. 『난중잡록』 제3권의 정유년 11~12월의 기록에 김식이 조경남과 함께 산음 지역에서 의병으로서 활동한 기록이 보이는 점으로 보아 일기에서 언급된 함평현감은 손경지로 판단된다.

74. 나덕명(羅德明)의 신상과 행적은 「만력7년기묘4월초2일사마방목(萬曆七年己卯四月初二日司馬榜目)」의 문과 급제자 명단, 그의 문집인 『소포유고(嘯浦遺稿)』의 「실기(實記)」, 같은 책 부록의 「세계(世系)」, 황혁(黃赫)의 『기축록(己丑錄)』 하권의 「정곤재행장(鄭困齋行狀)」, 정문부(鄭文孚)의 『농포집(農圃集)』 제1권의 「장계(狀啓)」-「온성종성행영…설과장계(穩城鐘城…設科狀啓)」, 『나주나씨족보(羅州羅氏族譜)』 등에서 확인할 수 있다. 『소포유고』의 「세계」에 따르면 그는 나주 나씨 직장공파(直長公派) 파조 나원(羅源)의 9대손이며, 『소포유고』의 「실기」에 따르면 그의 몰년은 경술년(1610년)이다.

75. 『선조실록』 94권, 선조30년(1597) 11월 10일 정유 5번째 기사

1598년 무술일기(戊戌日記)

1. 『선조실록』 98권, 선조31년(1598) 3월 4일 기축 2번째 기사

2. 순천향대학교 이순신연구원에서 발간된 『이순신연구논총 제28호』-「절이도해전 관련 몇 가지 문제들」(제장명, 2017, 137~162쪽)은 절이도해전을 다룬 논고들 중 가장 자세하고 잘 정리된 논고이다. 이 논고는, 절이도해전 관련 사료가 이분화되어 있기 때문에 어느 사료를 선택하느냐에 따라 해전의 날짜, 경과, 결과 등이 달라질 수 있다고 설명하였다. 또한 이와 같은 문제점 때문에 절이도해전에 대한 명쾌한 정리가 불가능하다고 지적하였으며 추정 가능한 두 가지 결론을 제시하였다.

아래의 표는 앞의 논고에서 절이도해전 관련 사료별 내용을 요약한 표를 인용한 것이다. 이 내용을 살펴보면 논고에서 지적한 바와 같이, 이순신이 지휘하여 왜선 50여 척을 분멸한 것과 녹도만호 송여종이 왜선 6척을 나포하고 왜군의 수급 69급을 벤 것의 두 가지로 해전의 전과가 이분화되어 있다.

번호	사료명	전투 일자	전투 장소	참전 세력	전과
1	조경남, 『난중잡록』	7.16	고금도	이순신 지휘 조선 수군	50여 척, 수급 100여 급
2	『선조수정실록』	8월 1일조	강진 고금도	상동	50여 척
3	『국조보감』 33권	8월	상동	상동	50여 척
4	이긍익, 『연려실기술』 17권	4(7).16	상동	상동	50여 척, 수급 100여 급
5	이분, 「행록」	7.24	절이도	송여종 지휘, 조선 수군 8, 명 수군 30여 척	적선 6척 나포, 수급 69
6	최유해, 「행장」	7.18이후	절이도	상동	적 대선 1척 나포, 수급 69
7	이식, 「시장」	언급 무	언급 무	송여종, 조선 및 명 수군	적선 6척 나포, 수급 70
8	김육, 「이순신신도비」	상동	상동	송여종	수급 70
9	『선조실록』 8.4(진린 장계)	상동	상동	진린 지휘 명 수군과 조선 수군	적선 6척 침몰, 포로 2, 수급 27
10	『선조실록』 8.13(이순신 장계)	상동	상동	이순신의 조선 수군	수급 70여
11	『선조실록』 10.4(비변사계)	상동	절이도		수급 71
12	「송여종비명」	무술년 7월	녹도 앞바다	몽충함 6척	적선10척을 다 무찌름
13	『난중일기』	7.24	절이도	송여종 지휘 전선 8척	적선 11척 중 6척 포획, 적 수급 69급

위의 자료들 중 이분의 「행록」, 이식의 「시장」, 김육의 「이순신신도비」 등은 이순신의 공적을 현창하는 성격이 강한 기록임에도 불구하고 절이도해전에 대해 녹도만호 송여종의 전과만을 언급하고 있다. 따라서 왜선 50여 척 분멸에 대한 기록은 신빙성이 떨어진다고 생각되므로 이 책에서는 녹도만호 송여종의 전과를 기준으로 설명하였다.

3. 진린(陳璘)의 신상은 신흠(申欽)의 『상촌집(象村集)』 제57권의 「천조소사장신선후거래성명 기자임진지경자(天朝詔使將臣先後去來姓名 記自壬辰至庚子)」-「사로제독이하제관급선후유주장관일시왕래각아문(四路提督以下諸官

及善後留駐將官一時往來各衙門)」, 『광동진씨족보(廣東陳氏族譜)』에서 확인할 수 있다. 족보에 따르면 그는 광동 진씨의 시조로서, 생몰년은 1543~1607년이다.

4. 이민웅, 2004, 『임진왜란 해전사』, 청어람미디어, 249~251쪽.

5. 원문 '何介島' 중의 '何'를 초고본의 다른 날짜들의 '何' 및 '沙'와 비교해보면 그 자형의 차이를 쉽게 구분할 수 있다. '沙'의 우변 '少'는 내리그은 중간의 획 '丿'가 명확히 구분되는 데 비해 '何'의 우변 '可'는 그렇지 않다. 그러므로 원문은 '沙介島'가 아닌 '何介島'로 판단된다.

원문 '何'	정유일기 2 10월 19일 '何'	정유일기 2 12월 29일 '何'	무술일기 10월 6일 '何'	정유일기 2 8월 17일 '沙'	정유일기 2 9월 16일 '沙'	무술일기 10월 3일 '沙'

6. 유도(㺚島)는 『신증동국여지승람(新增東國輿地勝覽)』의 「순천도호부(順天都護府)」와 『1872 지방지도』의 「순천부지도(順天府地圖)」 및 『지승(地乘)』의 「순천부(順天府)」에서는 묘도(猫島)라는 지명으로, 『순천부읍지(順天府邑誌)』의 「도서(島嶼)」와 『광여도(廣輿圖)』의 「순천부(順天府)」에서는 유도(㺚島)라는 지명으로 그 위치를 찾아볼 수 있다. 순천향대학교 이순신연구원에서 발간된 『이순신연구논총 제20호』-「무술년(1598년) 이순신의 최후 結陣處 - '㺚島'에 관한 고찰」(박혜일/최희동/배영덕/김명섭, 2013, 289~294쪽)에 따르면 '㺚島' 지명은 묘도의 한 부분인 '괴입섬'으로부터 유래되었을 가능성이 있다고 한다.

7. 조경남(趙慶男)의 『난중잡록(亂中雜錄)』 제3권의 무술년 9월 20일의 기록; 진경문(陳景文)의 『섬호집(剡湖集)』 하권의 「예교진병일록(曳橋進兵日錄)」 9월 20일의 기록. 『섬호집』에 의하면 조선과 명나라의 수군은 오시(午時)경 왜교성을 공격하였다.

8. 조경남(趙慶男)의 『난중잡록(亂中雜錄)』 제3권의 무술년 9월 21일의 기록

9. 『선조실록』 105권, 선조31년(1598) 10월 1일 계축 7번째 기사; 진경문(陳景文)의 『섬호집(剡湖集)』 하권의 「예교진병일록(曳橋進兵日錄)」 9월 22일의 기록

10. 『사대문궤(事大文軌)』 제22권 만력25년(1597년) 7월 27일; 『선조실록』 123권, 선조33년(1600) 3월 16일 기미 2번째 기사

11. 심재우, 1999, 『규장각 제22집』, 「정조대 『欽恤典則』의 반포와 形具 정비」, 서울대학교 규장각 한국학연구원, 141~142쪽. 이 논고에 의하면 법전에서 확인되는 곤장(棍杖)의 용례는 『신보수교집록(新補受敎輯錄)』에 실려 있는 순치(順治) 연간(1644~1662)의 수교가 최초이다.

12. 진대강(陳大綱)의 소속은 신흠(申欽)의 『상촌집(象村集)』 제57권의 「천조소사장신선후거래성명 기자임진지경자(天朝詔使將臣先後去來姓名 記自壬辰至庚子)」-「사로제독이하제관급선후유주장관일시왕래각아문(四路提督以

下諸官及善後留駐將官一時往來各衙門)」-「유제독표하관(劉提督票下官)」에서 확인할 수 있다.

13. 『선조실록』 104권, 선조31년(1598) 9월 9일 신묘 4번째 기사; 『선조실록』, 105권, 선조31년(1598) 10월 27일 기묘 5번째 기사; 조경남(趙慶男)의 『난중잡록(亂中雜錄)』 제3권의 무술년 9월 7일의 기록; 같은 책 제3권의 무술년 9월 18일의 기록; 진경문(陳景文)의 『섬호집(剡湖集)』하권의 「예교진병일록(曳橋進兵日錄)」 9월의 기록

14. 『선조실록』 96권, 선조31년(1598) 1월 23일 기유 5번째 기사; 『선조실록』, 106권, 선조31년(1598) 11월 2일 계미 3번째 기사; 조경남(趙慶男)의 『난중잡록(亂中雜錄)』 제3권의 무술년 9월 7일의 기록; 진경문(陳景文)의 『섬호집(剡湖集)』하권의 「예교진병일록(曳橋進兵日錄)」 9월의 기록

15. 진경문(陳景文)의 『섬호집(剡湖集)』하권의 「예교진병일록(曳橋進兵日錄)」 9월 26일의 기록

16. 형개(邢玠)의 신상은 신흠(申欽)의 『상촌집(象村集)』 제57권의 「천조소사장신선후거래성명 기자임진지경자(天朝詔使將臣先後去來姓名 記自壬辰至庚子)」-「형군문이하제관일시왕래각아문(邢軍門以下諸官一時往來各衙門)」에서 확인할 수 있다.

17. 『선조실록』 104권, 선조31년(1598) 9월 24일 병오 5번째 기사; 『선조수정실록』 32권, 선조31년(1598) 10월 1일 계축 1번째 기사

18. 진경문(陳景文)의 『섬호집(剡湖集)』하권의 「예교진병일록(曳橋進兵日錄)」 9월 27일의 기록

19. 왕원주(王元周)의 신상은 신흠(申欽)의 『상촌집(象村集)』 제57권의 「천조소사장신선후거래성명 기자임진지경자(天朝詔使將臣先後去來姓名 記自壬辰至庚子)」-「사로제독이하제관급선후유주장관일시왕래각아문(四路提督以下諸官及善後留駐將官一時往來各衙門)」-「진제독표하관(陳提督票下官)」에서 확인할 수 있다. 『상촌집』에 의하면 그는 1598년 9월 고금도에 도착해서 머물다가 1599년 3월에 돌아갔다.

20. 조경남(趙慶男)의 『난중잡록(亂中雜錄)』 제3권의 무술년 3월 3일의 기록; 신흠(申欽)의 『상촌집(象村集)』 제56권의 「지(志)」-「천조선후출병래원지(天朝先後出兵來援志)」의 무술년 9월의 기록

21. 복일승(福日昇)의 신상은 신흠(申欽)의 『상촌집(象村集)』 제57권의 「천조소사장신선후거래성명 기자임진지경자(天朝詔使將臣先後去來姓名 記自壬辰至庚子)」-「사로제독이하제관급선후유주장관일시왕래각아문(四路提督以下諸官及善後留駐將官一時往來各衙門)」-「조부총표하관(曹副摠票下官)」에서 확인할 수 있다.

22. 이천상(李天常)의 신상은 신흠(申欽)의 『상촌집(象村集)』 제57권의 「천조소사장신선후거래성명 기자임진지경자(天朝詔使將臣先後去來姓名 記自壬辰至庚子)」-「사로제독이하제관급선후유주장관일시왕래각아문(四路提督以下諸官及善後留駐將官一時往來各衙門)」-「조부총표하관(曹副摠票下官)」에서 확인할 수 있다. 조경남(趙慶男)의 『난중잡록(亂中雜錄)』 제3권의 무술년 3월 3일의 기록 등에는 그의 이름이 '李天祥'으로 표기되어 있지만 『상촌집』에 실린 장수들의 신상 기록과 『선조실록』의 기사에 '李天常'으로 표기된 점으로 보아 '李天祥'은 오기로 판단된다.

23. 이민웅, 2004, 『임진왜란 해전사』, 청어람미디어, 249~251쪽. 신흠(申欽)의 『상촌집(象村集)』 제57권의 「천조소사장신선후거래성명 기자임진지경자(天朝詔使將臣先後去來姓名 記自壬辰至庚子)」-「사로제독이하제관급선후유주장관일시왕래각아문(四路提督以下諸官及善後留駐將官一時往來各衙門)」에 기록된 왕원주, 복일승, 이천상의 병력은 각각 2,000명, 1,500명, 2,700명으로서 도합 6,200명이다. 그러나 『임진왜란 해전사』는 이 기록에 대해, 명나라 측이 주장한 수치를 그대로 인용했거나 명나라의 파병 사실을 강조하기 위해 실제보다 부풀려졌을 가능성이 높다고 보았다.
서울대학교출판부에서 발간된 『속한국선박사연구(續韓國船舶史研究)』(김재근, 1994, 133~140쪽)에 따르면 임진왜란 시기 명나라 수군이 조선에서 주로 사용했던 사선(沙船)과 호선(唬船)은 한국 남해안의 지리적 조건을 고려했을 때 대형은 아니었을 것으로 생각되는데, 이를 보여주듯 『선조실록』의 기사(105권, 선조31년-1598년 10월 24일 병자 2번째 기사)에는 패몰한 명나라 선박 23척 중 큰 배 2척은 각각 100여 명을, 나머지 배는 각각

30~40여 명을 실었다는 기록이 있다. 따라서 이 비율로 계산해 본다면 일기에 언급된 100여 척의 배가 싣고 온 명나라 수군의 병력은 3,000~4,000여 명을 조금 넘는 정도였을 것이다. 주석 51에서 정리한 바에 따르면 이 병력은 대략 5,000명 정도로 추정된다.

24. 조경남(趙慶男)의 『난중잡록(亂中雜錄)』 제3권의 무술년 10월 1일의 기록; 진경문(陳景文)의 『섬호집(剡湖集)』 하권의 「예교진병일록(曳橋進兵日錄)」 10월 1일의 기록

25. 『이충무공전서』의 「행록」; 김육(金堉)의 『잠곡유고(潛谷遺稿)』 제13권의 「신도비명(神道碑銘)」-「이통제충무공신도비명(李統制忠武公神道碑銘)」; 윤휴(尹鑴)의 『백호전서(白湖全書)』 제23권의 「사실(事實)」-「통제사이충무공유사(統制使李忠武公遺事)」

26. 사량만호 김성옥(金成玉)의 이름은 『선조실록』의 기사(132권, 선조33년-1600년 12월 8일 정축 1번째 기사), 『임진장초』의 「당포파왜병장(唐浦破倭兵狀)」(1592년 6월 14일)에서 확인할 수 있다.

27. 『강진군읍지(康津郡邑誌)』의 「선생안(先生案)」에 의하면 송상보(宋商甫)는 무술년(1598년) 4월부터 기해년(1599년) 8월까지 강진현감을 지냈다.

28. 송상보(宋商甫)의 신상과 행적은 「신묘별시문무과방목(辛卯別試文武科榜目)」의 무과급제자 명단, 정운희(丁運熙)의 『고주집(孤舟集)』 제1권의 「시칠언절구(詩七言絶句)」-「만송강진상보유행주대공(挽宋康津商甫有幸州大功)」, 송환기(宋煥箕)의 『성담집(性潭集)』 제30권의 「전(傳)」-「순무사서재송공전(巡撫使西齋宋公傳)」, 『여산송씨대동보(礪山宋氏大同譜)』에서 확인할 수 있다. 대동보에 따르면 그는 여산 송씨 원윤공파(元尹公派) 파조 송운(宋惲)의 11대손으로서 송희립(宋希立)과는 12촌간이다.

29. 『선조실록』 105권, 선조31년(1598) 10월 12일 갑자 5번째 기사; 『선조실록』 105권, 선조31년(1598) 10월 13일 을축 3번째 기사

30. 진경문(陳景文)의 『섬호집(剡湖集)』 하권의 「예교진병일록(曳橋進兵日錄)」 10월 2일의 기록

31. 김대현(金大賢)의 『유연당집(悠然堂集)』 제3권의 「기군문잡사(記軍門雜事)」 10월 6일의 기록. 이 기록에 의하면 도독 진린은 차관을 형개의 진영으로 보내어 '10월 2일 순천왜성을 공격하고 돌아올 때 불을 질러서 적선 70~80척을 불태웠다.'라는 말을 전했다.

32. 김재근, 1994, 『속한국선박사연구(續韓國船舶史研究)』, 서울대학교출판부, 133~138쪽

33. 『선조실록』 105권, 선조31년(1598) 10월 10일 임술 5번째 기사;

34. 조경남(趙慶男)의 『난중잡록(亂中雜錄)』 제3권의 무술년 10월 3일/4일의 기록. 이긍익(李肯翊)의 『연려실기술(燃藜室記述)』 제17권의 「선조조고사본말(宣祖朝故事本末)」-「수륙동정왜적철환(水陸東征倭賊撤還)」의 10월 3일 기록은 『난중잡록』의 기록과 서로 내용이 거의 일치하는데 『연려실기술』이 『난중잡록』을 참조한 것으로 판단된다. 참고로 일본 측 연구서인 『일본전사 조선역(日本戰史朝鮮役)』의 「본편(本編)」(參謀本部, 1924, 411쪽)은 이날 전투의 명나라 선박의 피해를 사선 19척, 호선 24척으로 서술하였는데 이는 『난중일기』와 『난중잡록』의 기록을 혼합해서 추정한 것으로 보인다.

35. 진경문(陳景文)의 『섬호집(剡湖集)』 하권의 「예교진병일록(曳橋進兵日錄)」 10월 3일의 기록

36. 윤인식, 2013, 『역사추적 임진왜란』, 북랩, 322~323쪽. 이 책에 소개된 일본 측 자료인 『우도궁고려귀진물어(宇都宮高麗歸陣物語)』에 의하면 1598년 10월 3일 왜교성 전투에서 명나라 선박 32척이 소각되었고 또 다른 명나라 선박 7척이 포획되었다.

37. 조경남(趙慶男)의 『난중잡록(亂中雜錄)』 제3권의 무술년 10월 6일의 기록

38. 『선조실록』 105권, 선조31년(1598) 10월 27일 기묘 8번째 기사; 조경남(趙慶男)의 『난중잡록(亂中雜錄)』 제3

권 무술년 10월 7일의 기록; 진경문(陳景文)의 『섬호집(剡湖集)』 하권의 「예교진병일록(曳橋進兵日錄)」 10월 7일의 기록

39. 『선조실록』 105권, 선조31년(1598) 10월 27일 기묘 8번째 기사; 진경문(陳景文)의 『섬호집(剡湖集)』 하권의 「예교진병일록(曳橋進兵日錄)」. 『선조실록』의 기사에는 이순신과 진린이 진을 친 장소가 나려도(螺驢島)로 표기되어 있는데 나로도(羅老島)의 오기나 음차로 생각된다.

40. 조원래, 2007, 『문화사학 제27호』, 「정유재란과 順天倭城論 재검토」, 한국문화사학회, 827쪽. 이 논고에 따르면 왜교(倭橋)의 지명은 정유재란 때 처음으로 생긴 것이 아니라 고려말 왜구침략기의 왜인 집단의 체류 또는 거주와 관련이 있을 가능성이 크다고 한다.
『세종실록지리지』의 「순천도호부(順天都護府)」에도 예교포(曳橋浦)라는 지명이 보이므로 왜교 또는 예교라는 지명은 최소한 조선 초기부터 존재했음을 알 수 있다.

41. 『선조실록』 50권, 선조27년(1594) 4월 17일 을축 2번째 기사; 『선조실록』 76권, 선조29년(1596) 6월 24일 경신 4번째 기사 등. '日間'은 '~일 사이'라는 뜻도 있지만, 앞의 두 기사에 나타난 '去月二十七日間(지난달 27일경)'이나 '來月初八日間(다음 달 8일경)'과 같은 표현은 '日間'이 '~일경'의 의미도 있음을 보여준다. 일기 원문 '初十日間' 중의 '初十日'이 '이달 10일'이라는 의미임이 분명하므로 '初十日間'을 '10일 사이'가 아닌 '[이달] 10일경'으로 해석하였다.

42. 도리쓰 료지(鳥津亮二), 2019, 『처음 읽는 정유재란 1597』, 「고니시 유키나가와 순천성 전투」, 푸른역사, 322~323쪽

43. 장도(獐島)는 『신증승평지(新增昇平誌)』의 「산천(山川)」과 『1872 지방지도』의 「순천부(順天府)」에서 그 위치를 찾아볼 수 있다.

44. 조경남(趙慶男)의 『난중잡록(亂中雜錄)』 제3권의 무술년 11월 12일의 기록

45. 『선조실록』 107권, 선조31년(1598) 12월 4일 을묘 3번째 기사

46. 방기철, 2012, 『군사 제84호』, 「임진왜란 후 조·일간 국교재개 과정 연구」, 국방부 군사편찬연구소, 63쪽. 이 논고에서 따르면 명나라 진영은 강화를 목적으로 모국과(茅國科), 왕건공(王建功), 진문동(陳文棟) 등을 왜군 측에 보냈는데 이들 중 진문동은 진린이 고니시 유키나가(小西行長)에게 보낸 사람이다. 이 세 사람은 1599년 사신의 임무를 띠고 다시 일본으로 파견되었는데 『선조실록』의 기사(124권, 선조33년-1600년 4월 11일 갑신 2번째 기사/124권, 선조33년-1600년 4월 26일 기해 6번째 기사), 강항(姜沆)의 『간양록(看羊錄)』의 「적중봉소(賊中封疏)」-「섭난사적(涉亂事迹)」 등에서 그들의 이름과 행적을 확인할 수 있다.

47. 조효열(趙孝悅)의 신상은 경북 함양군 안의면의 안의향교(安義鄉校) 소장 『안의향안(安義鄉案)』, 박여량(朴汝樑)의 『감수재집(感樹齋集)』 제6권의 「잡저(雜著)」-「종사일기(從仕日記)」의 기유년(1609년) 12월 6일, 하진(河溍)의 『태계집(台溪集)』 제6권의 「묘갈명(墓碣銘)」-「매촌정선생묘갈명(梅村鄭先生墓碣銘)」, 『한양조씨대보(漢陽趙氏大譜)』에서 확인할 수 있다. 그의 자 성원(誠源)은 『안의향안』에, 본관 한양(漢陽)은 『태계집』에 기록되어 있으며, 『안의향안』과 『감수재집』과 『태계집』은 그가 만호(萬戶)를 지냈다고 기록하였다. 『한양조씨대보』에 따르면 그는 한양 조씨 돈령공파(敦寧公派) 파조 조자(趙慈)의 5대손이다. 대보에는 그의 생몰년이 경자년(1540년)~무오년(1618년)으로 기록되어 있고 『안의읍지(安義邑誌)』의 「무과(武科)」에는 그의 생년이 경술년(1550년)으로 기록되어 있다.

48. 『이충무공전서』의 「행록(行錄)」; 이항복(李恒福)의 『백사집(白沙集)』 제4권의 「유사(遺事)」-「고통제사이공유사(故統制使李公遺事)」

49. 『선조실록』 106권, 선조31년(1598) 11월 25일 병오 9번째 기사; 『이충무공전서』의 「행록(行錄)」; 이항복(李恒

福)의 『백사집(白沙集)』 제4권의 「유사(遺事)」-「고통제사이공유사(故統制使李公遺事)」; 김육(金堉)의 『잠곡유고(潛谷遺稿)』 제13권의 「신도비명(神道碑銘)」-「이통제충무공신도비명(李統制忠武公神道碑銘)」. 노량해전이 시작된 시간은 『선조실록』의 기사에 실린 도독 진린의 게첩에 의하면 11월 19일 인시(寅時)이며, 『이충무공전서』와 『백사집』과 『잠곡유고』의 기록에 의하면 11월 19일 밤 사경(四更)이다.

50. 명량해전 이후의 조선 수군의 전선 수에 대한 기록이 있는 사료 및 문헌을 정리하면 아래의 표와 같다. 이들 중 『사대문궤』의 두 기록과 『선조실록』의 1598년 기사를 종합해보면 노량해전 이전까지의 조선 수군의 전선은 총 70여 척이다. 이에 비해 『선조실록』의 1606년 기사에 실린 나대용의 상소에 의하면 정유년에 다시 전란이 일어난 이후 재건된 조선 수군의 전선은 삼도를 통틀어 60여 척이다. 나대용이 언급한 60여 척이 정확히 어느 시기의 전력이었는지 기사에 나타나 있지는 않지만, 정유재란 발발 이후부터 전쟁이 종식되기 이전까지 전선이 가장 많이 재건된 때를 말하는 것임은 대략 짐작할 수 있다. 나대용이 전선을 건조한 경험이 풍부하고 여러 해전에도 직접 참전한 이력이 있는 점과 조선 수군의 전선 수를 전체 합계로 명시했다는 점을 감안하면 『선조실록』의 1606년 기사 쪽이 더 사실에 가까울 것으로 생각된다. 그러므로 노량해전에 참전한 전선은 60여 척 또는 이와 가까운 척 수로 추정할 수 있다. 『선조실록』의 1599년과 1600년 기사에 의하면 1599년 12월 이전의 삼도 조선 수군의 전선은 약 70여 척으로서 나대용이 언급한 60여 척과 큰 차이를 보이지 않는 점도 이를 뒷받침해준다. 일본 측 자료인 『천상구국잡화(川上久國雜話)』에는 노량해전 때 조선의 선박 60척(高麗船六十艘)을 포획했다는 기록이 있다. 이는 노량해전의 실제 결과와는 전혀 다른 왜곡된 기록으로서 일본의 연구자들조차 이를 참조하는 경우가 거의 없지만 선박의 숫자만큼은 공교로운 점이 있다. 혹시 이 기록의 저자가 조선 선박의 숫자만큼은 목격한 사실대로 적은 것이 아닐까 추측되지만 이를 증명할 자료는 찾기 어렵다.

사료 및 문헌	조선 수군 전선 규모
『사대문궤(事大文軌)』 제24권 만력25년(1597년) 11월 14일	전남 나주 발음도에 전선 15척 정박
『선조실록』 97권, 선조31년(1598) 2월 22일 정축 4번째 기사	전선 40척 제조 완료
『사대문궤(事大文軌)』 제28권 만력26년(1598년) 8월 7일	전선 21척 제조 완료
『선조실록』 120권, 선조32년(1599) 12월 8일 계미 4번째 기사	전선 10척 연내 준공 예정
『선조실록』 121권, 선조33년(1600) 1월 29일 갑술 1번째 기사	삼도의 전선 총 80여 척
『선조실록』 206권, 선조39년(1606) 12월 24일 무오 3번째 기사	정유재란 이후 재건한 삼도의 전선 총 60여 척

명량해전 이후의 조선 수군의 병력에 관한 기록이 있는 사료 및 문헌을 정리하면 아래의 표와 같다. 시기상으로 보아 『선조실록』의 1598년 9월/10월 기사에 나타난 조선 수군의 병력이 노량해전에도 비슷한 규모로 참전했을 것으로 생각된다. 임진왜란 시기 판옥선 1척의 탑승 인원이 125~140명 정도이므로(을미일기-1595년 3월 17일의 주석 참조) 이 두 기사에 기록된 병력은 조금 부족해 보이기는 하지만 위에서 추정한 전선 60여 척을 운용할 수 있는 규모에 가깝다. 단 왜교성 전투에서 일부 병력의 피해가 있었으므로 실제로는 이보다 조금 더 적은 병력이 노량해전에 참전했을 것으로 생각된다.

사료 및 문헌	조선 수군 병력 규모
『사대문궤(事大文軌)』 제24권 만력25년(1597년) 11월 14일	전남 나주 발음도에 조선 수군 2,000여 명 주둔
『선조실록』 99권, 선조31년(1598) 4월 3일 정사 4번째 기사	조선 수군 병력 2,000여 명
유성룡(柳成龍)의 『징비록(懲毖錄)』	고금도 주둔 시 수군 병력 8,000여 명
『선조실록』 104권, 선조31년(1598) 9월 28일 경술 19번째 기사	해영(海營)의 군사 7,300여 명
『선조실록』 105권, 선조31년(1598) 10월 12일 갑자 7번째 기사	수로(水路)의 조선 군사 7,328명

『선조실록』의 기사(109권, 선조32년-1599년 2월 2일 임자 3번째 기사)에 의하면 명나라 장수 진린과 등자룡은 판옥선을 타고 노량해전에 참전하였다. 이는 판옥선의 성능이 우수했기 때문으로 알려져 있는데, 판옥선의 수에 비해 조선 수군의 병력이 조금 부족했던 것도 그 이유 중의 하나가 되지 않았을까 추측된다.

51. 노량해전에 참전한 명나라 수군의 병력과 함대의 규모에 대해서는 학자들마다 견해가 다르다. 아래에서는 여러 관련 자료 등을 고찰하여 그 규모를 면밀히 살펴보고자 한다.

『韓中日共同硏究 정유재란사』-「정유재란시 명군의 전략과 조·명연합작전의 변화」(陳尙胜, 2018, 범우사, 277~279쪽)는 명나라의 군문(軍門) 형개(邢玠)의 『경략어왜주의(經略禦倭奏議)』에 실린 정유재란 시기 명나라의 파병 계획에 대하여 자세히 설명하고 있다. 『경략어왜주의』의 기록에 의하면 형개는 만력제의 승인 하에 1597년 9월까지 약 21,000명의 수군을 징집하였으며 조달이 완료되는 병력부터 순차적으로 조선으로 파병하였다. 그리고 1597년 12월경 형개는 만력제에게 조선에 도착한 병사와 아직 도착하지 못한 병사를 합하여 총 20,000여 명의 수군을 획득할 수 있다는 내용의 상소를 올렸다. 그러므로 정유재란 시기 조선으로 파병하기로 계획된 명나라수군의 총 병력은 약 20,000여 명으로 볼 수 있다. 『선조실록』의 1598년 3월 기사(98권, 선조 31년-1598년 3월 29일 갑인 6번째 기사)에 실린 명나라의 경리(經理) 양호(楊鎬)의 자문(咨文) 또한 당시 조선에 도착한 명나라 수군을 총 8,300명, 도착하지 않은 수군을 총 10,600명으로 기록함으로써 『경략어왜주의』의 기록을 뒷받침하고 있다. 참고로 위의 논고 「정유재란시 명군의 전략과 조·명연합작전의 변화」는 계획된 병력이 모두 1598년 봄까지 조선에 도착하였다고 서술하였지만 실제로는 진린과 계금의 병력만이 그 시기까지 조선에 이르렀다.

정유재란 시기 명나라 수군의 병력 규모를 다룬 사료와 문헌 중 우리나라에서 가장 많이 참조하는 자료는 아마도 신흠(申欽)의 『상촌집(象村集)』일 것이다. 『상촌집』은 내용이 상세하고 저술 시기가 빠르기 때문에 신빙성이 높아 보이므로 종종 정유재란 관련 논고에서 언급되곤 한다. 그러나 『임진왜란 해전사』(이민웅, 2005, 청어람미디어, 248~251쪽)는 『상촌집』의 기록에 대하여 명나라 측이 주장한 수치를 그대로 인용했거나 또는 명나라의 파병 사실을 강조하기 위해 실제보다 부풀려졌을 가능성이 높다고 지적하였다. 아래의 표는 신흠의 『상촌집』 제57권의 「천조소사장신선후거래성명 기자임진지경자(天朝詔使將臣先後去來姓名 記自壬辰至庚子)」에 실린 명나라 수군 장수의 성명 및 휘하 병력을 정리한 것인데 그 병력의 합계는 30,290명으로서 파병하기로 계획되었던 명나라 수군의 총 병력을 훨씬 상회한다. 따라서 『임진왜란 해전사』에서 지적한 바와 같이 『상촌집』에 기록된 병력 수는 실제보다 과장된 숫자로 판단된다.

명나라 수군 장수의 관직 및 성명	휘하 병력	비고
좌영도사 진구경(陳九經)	수병 2,000명	진린 휘하
좌영지휘중군 심찬(沈璨)	보병 2,000명	진린 휘하
표하광동영천총 장여문(張汝文)	낭토군 4,590명	진린 휘하
표하유격 왕원주(王元周)	수병 2,000명	진린 휘하
흠차비왜부총병 등자룡(鄧子龍)	수병 3,000명	노량해전 전사
흠차통령광동수병유격장군 심무(沈懋)	수병 1,000명	노량해전 참전
흠차통령산동직례수병유격장군 복일승(福日昇)	수병 1,500명	노량해전 참전
흠차통령절직수병유격장군 계금(季金)	수병 3,200명	노량해전 참전
흠차통령남직수병유격장군 양천윤(梁天胤)	수병 2,000명	노량해전 참전
흠의천총 이천상(李天常)	수병 2,700명	노량해전 참전
오종도(吳宗道)	-	1599년 조선 입국
흠차통령복건수병어왜유격장군 백사청(白斯淸)	수병 1,600명	1599년 조선 입국

명나라 수군 장수의 관직 및 성명	휘하 병력	비고
흠차통령절강수병어왜유격장군 장양상(張良相)	수병 1,500명	1599년 조선 입국
흠차통령남병유격장군 만방부(萬邦孚)	수병 2,200명	1599년 조선 입국
천진독부표하중군수비 이응창(李應昌)	수병 1,000명	1599년 조선 입국
※ 오종도는 신경(申炅)의 『재조번방지(再造藩邦志)』 제6권에 의하면 유격장군으로서 수병 2,000명을 이끌고 왔다.		

『임진왜란 해전사』(이민웅, 2005, 청어람미디어, 248~251/270~271쪽)는, 『선조실록』의 기사(98권, 선조31년-1598년 3월 29일 갑인 6번째 기사)에 실린 명나라의 경리 양호의 자문, 『상촌집』의 기록, 『선조실록』과 『이충무공전서』의 「행록」에 실린 진린 휘하의 병력, 그리고 이들 자료에 실린 명나라 장수들 각각의 병력 등을 비교 및 고찰하여 노량해전에 참전한 명나라 수군의 병력을 13,000여 명으로 추정하였으며, 이 병력과 1598년 9월 30일에 새로 합류한 명나라 수군의 병선 100여 척 등을 바탕으로 하여 명나라 수군의 병선을 총 300여 척으로 추정하였다. 『임진왜란 해전사』에서 참조한 중국 측 자료인 『양조평양록』 또한 사로병진 작전 시기 명나라 수군의 병력을 총 13,000여 명으로 기록하였다. 『양조평양록』이 전쟁 직후인 1606년경에 편찬된 점과 이 기록에 나타난 병력이 자국 군대의 것이라는 점을 감안하면 이 기록은 신빙성이 높아 보인다. 이 책이 명나라의 파병 사실을 부각시키려는 논조를 띠고 있음에도 불구하고 오히려 『상촌집』보다 더 적은 규모로 명나라 수군의 병력을 기록한 점은 눈여겨볼만하다.

아래의 표에 정리된 사료 및 문헌은 사로병진 작전 시기 실제로 휘하 병력을 거느렸던 명나라 수군 장수들과 그 각 장수들의 병력 규모를 파악할 수 있는 자료이다. 이 표에 보이는 진린과 계금은 『선조실록』의 기사(101권, 선조31년-1598년 6월 26일 기묘 1번째 기사/94권, 선조30년-1597년 11월 4일 신묘 2번째 기사)에서 선조가 그들을 군의 지휘관으로서 직접 만난 사실 또한 확인된다. 그리고 왕원주와 복일승과 이천상은 그들이 병선을 이끌고 왜교성 전투에 합류한 사실이 『난중일기』에 기록되어 있다. 『양조평양록』은 사로병진 작전 시기 명나라 수군의 병력을 육병 5,000명과 수병 3,000명을 포함하여 총 13,000여 명으로 기록하였다. 육병 5,000명과 수병 3,000명은 아래의 표와 비교해보면 각각 진린과 계금의 휘하로 판단되며, 이를 제외한 나머지 5,000여 명은 그 규모로 보아 1598년 9월 30일 왜교성 전투에 합류한 왕원주, 복일승, 이천상의 병력이 대부분을 차지한다. 즉 아래의 표에 나타난 병력의 합계와 『양조평양록』에 기록된 병력이 서로 거의 일치하는 셈이다. 위 표에 나타난 전쟁 이후 조선에 도착한 명나라 수군 장수 백사청, 장양상, 만방부, 이응창, 오종도의 휘하 병력은 총 8,300명인데, 『상촌집』에 기록된 명나라 수군의 총 병력이 파병 계획보다 약 1.5배 정도 과장된 점을 감안하면 그 실제 병력은 대략 5,000~6,000명으로 추정된다. 이 병력과 앞의 병력 13,000여 명을 합하면 본래 명나라에서 파병하기로 계획한 수군의 총 병력 20,000여 명과 비슷한 규모가 된다. 요컨대 『양조평양록』에 기록된 사로병진 작전 시기 명나라 수군의 병력 13,000여 명은, 아래 표에 정리된 병력 규모와 『경략어왜주의』에 기록된 파병 계획과 모두 부합하므로 사실에 가까운 숫자로 판단된다. 참고로 계금의 병력 규모와 관련한 사료 및 문헌에 대해서는 순천향대학교 이순신연구원에서 발간된 『이순신연구논총 제21호』-「임진왜란 시기 明 水將 季金의 군사 행적 고찰」(박현규, 2014, 9~10쪽)의 내용을 일부 참조하였음을 밝힌다.

사료 및 문헌	명나라 수군 장수 및 휘하 병력
『명실록(明實錄)』-「신종현황제실록(神宗顯皇帝實錄)」314권 만력25년(1597) 9월 9일 2번째 기사	• 진린(陳璘): 5,000명
『선조실록』98권 선조31년(1598) 3월 29일 갑인 6번째 기사	• 진린(陳璘): 5,000명 • 계금(季金): 3,300명
『이충무공전서』의 「행록(行錄)」	• 진린(陳璘): 5,000명
이항복(李恒福)의 『백사집(白沙集)』 제4권의 「유사(遺事)」-「고통제사이공유사(故統制使李公遺事)」	• 진린(陳璘): 5,000명
김육(金堉)의 『잠곡유고(潛谷遺稿)』 제13권의 「신도비명(神道碑銘)」-「이통제충무공신도비명(李統制忠武公神道碑銘)」	• 진린(陳璘): 5,000명

사료 및 문헌	명나라 수군 장수 및 휘하 병력
제갈원성(諸葛元聲)의 『양조평양록(兩朝平攘錄)』 제4권의 「일본하(日本下)」	• 계금(季金): 3,300명
「계공청덕비(季公淸德碑)」	• 계금(季金): 3,000명
백진남(白振南)의 『송호집(松湖集)』 제2권의 「추별계야어우영차기운(追別季爺於右營次其韻)」	• 계금(季金): 3,000여 명
『난중일기』의 무술일기(1598년) 9월 30일	• 왕원주(王元周), 복일승(福日昇), 이천상(李天常): 3,000~4,000여 명 이상

※ 주석 23에서 정리한 바에 의하면 왕원주, 복일승, 이천상의 병력은 도합 3,000~4,000여 명을 조금 넘는 규모로 보인다. 이는 『양조평양록』에 기록된 명나라 수군 병력 총 13,000여 명에서 진린과 계금의 병력을 제외한 5,000여 명과 큰 차이가 없으므로, 왕원주, 복일승, 이천상의 병력은 대략 5,000명 정도로 추정할 수 있을 것 같다.

아래의 표는 사로병진 작전 시기 명나라 수군의 총 병력을 언급한 기록이 있는 사료 및 문헌을 정리한 것이다. 『재조번방지』와 『연려실기술』은 명나라 수군의 총 병력을 13,200명으로 기록하였다. 일본 측 자료인 『정한록』은 조선 수군과 명나라 수군의 병력을 합하여 13,000여 명으로 기록하였는데 그 내용에 나오는 명나라 수군 장수들의 명단으로 보아 『양조평양록』을 참조한 것 같다. 이형석(李炯錫)의 『임진전란사(壬辰戰亂史)』(1974, 1716쪽)의 「부표 제26」은 『재조번방지』의 관련 기록을 그대로 따르고 있으며, 일본 측 연구서인 『일본전사 조선역(日本戰史朝鮮役)』의 「본편(本編)」(參謀本部, 1924, 395쪽)과 『조선역수군사(朝鮮役水軍史)』(有馬成甫, 1942, 272쪽)는 명나라 수군의 총 병력을 13,200명으로 서술하였는데 그 숫자로 보아 『재조번방지』나 『연려실기술』의 기록을 참조한 것으로 생각된다. 즉 정유재란 이후의 조선과 일본의 학자들은 사로병진 작전 시기 명나라 수군의 총 병력에 대하여 대체로 『양조평양록』의 기록을 수용하거나 이와 비슷한 규모로 기록하였다. 참고로 『선조실록』의 1598년 10월 기사(105권, 선조31년-1598년 10월 12일 갑자 7번째 기사)는 당시의 명나라 수군 병력을 19,400명으로 기록하였지만, 이는 『상촌집』의 기록과 마찬가지로 과장된 숫자이거나 또는 조선에 도착하지 않은 병력까지 산정된 숫자로 생각된다.

사료 및 문헌	사로병진 작전 시기 명나라 수군 병력
제갈원성(諸葛元聲)의 『양조평양록(兩朝平攘錄)』 제4권의 「일본하(日本下)」	• 진린 휘하 진잠, 등자룡, 마문환, 계금, 장양상 등 총 13,000여 명
신경(申炅)의 『재조번방지(再造藩邦志)』 제5권	• 진린 휘하 허국위 1천 명, 왕원주 2천 명, 이천상 2천7백 명, 계금 3천 명, 심무 1천 명, 복일승 1천5백 명, 양천윤 2천 명 등 총 13,200명
이긍익(李肯翊)의 『연려실기술(燃藜室記述)』 제17권의 「선조조고사본말(宣祖朝故事本末)」-「수륙동정왜적철환(水陸東征倭賊撤還)」	• 진린 휘하 허국위, 왕원주, 이천상, 계금, 심무, 복일승, 양천윤, 장양상 등 총 13,200명
『정한록(征韓錄)』 제6권의 「구오가사부순천선사지사(救五家事附順天船師之事)」	• 진린 휘하 진잠, 등자룡, 마문환, 계금, 장양상 등의 병력과 조선 수군의 병력을 합하여 총 13,000여 명

노량해전에 참전한 명나라 수군 병력은 왜교성 전투에서 사상자가 발생한 점을 감안하면 『양조평양록』에 기록된 13,000여 명보다 더 적었으리라 생각된다. 그러나 그 피해 규모를 정확히 파악하기 어려우므로 참전 규모를 '병력 13,000여 명으로 추정'으로 서술하였다. 참고로 『양조평양록』 제4권의 「일본하」에 의하면 본래 동로군에 속해 있던 유격 진잠(陳蠶)이 노량해전에 참전하였는데 어느 시기에 몇 명의 병력을 거느리고 수로군으로 합류한 것인지 불분명하다.

정유재란 시기 명나라 수군의 병선 수와 관련하여 『선조수정실록』의 기사(32권, 선조31년-1598년 6월 1일 갑인 6번째 기사)는 진린이 병선 500여 척을 이끌고 전라도로 내려갔다고 기록하였지만 이는 과장된 숫자이다. 주석 23에서 설명한 바와 같이 당시 명나라 선박 1척이 실을 수 있는 병력은 큰 배를 제외한 경우 대략 30~40

여 명이므로, 500여 척은 13,000여 명이 운용할 수 있는 규모를 넘어선다. 특히 진린이 조선으로 들어올 때 단지 5,000명의 병력을 이끌고 온 사실은 『선조수정실록』의 기사가 과장임을 보여주는 명백한 근거이다. 일본 측 자료인 『일본전사 조선역』의 「본편」(參謀本部, 1924, 416쪽) 또한 조선 수군과 명나라 수군의 전선을 도합 약 500척으로 과도하게 서술하였다.

『韓中日共同研究 정유재란사』-「정유재란시 명군의 전략과 조·명연합작전의 변화」(陳尙勝, 2018, 범우사, 279~280쪽)에 의하면 1592년 11월경 명나라의 병부시랑(兵部侍郎) 송응창(宋應昌)은 만력제에게 명나라 수군의 작전 계획에 대하여 복선(福船)은 20척, 창선(倉船)은 80~100척, 사선(沙船)은 절강 20척/남직 20척/기타 50~60척, 팔장(八槳)·오장(五槳)·팔라호(叭喇唬) 등의 배는 30~40척으로 도합 총 220~260척을 건조하기를 상소하였다. 이 상소가 정유재란 시기 명나라 수군의 병선 규모에 직접적인 영향을 미쳤는지는 알 수 없지만 선박 동원 계획의 기준선이 되었을 가능성이 있다. 일본 측 자료 중 1차 사료에 가까운 『우도궁고려귀진물어(宇都宮高麗歸陣物語)』는 1598년 10월 3일 왜교성 전투에 동원된 명나라 병선을 300여 척으로 기록하였는데, 조선의 전선에 대한 언급이 없는 점으로 보아 조선과 명나라의 선박을 함께 묶어서 말한 숫자로 생각된다. 만일 그렇다면 왜교성 전투에 참전한 명나라 병선의 실제 규모는 약 240여 척이 될 것이다. 송응창의 상소와 『우도 궁고려귀진물어』의 내용을 근거로 하면 사로병진 작전 시기 명나라 수군의 병선은 약 240여 척을 전후한 규모로 보이며, 왜교성 전투에서 명나라 수군의 선박 피해가 39척이었던 점을 반영하면 노량해전에 참전한 명나라 수군의 병선은 약 200여 척으로 추정할 수 있다.

52. 노량해전에서 격침된 왜선의 숫자를 기록한 주요 사료와 문헌은 아래의 표와 같다. 『선조실록』을 비롯한 대부분의 사료와 문헌은 노량해전의 전과를 적선 200여 척 격침으로 기록하고 있다. 이들 중 『선조실록』의 11월 27일 기사는 좌의정 이덕형이 노량해전의 전과를 조사하여 올린 계문을 싣고 있는데, 당시 이덕형이 제독 유정과 전쟁에 관한 제반 사항을 의논하기 위해 순천 부근에 주재하고 있었던 점과 계문의 내용이 왜선의 출발지 및 해전 이후의 왜선 도주 지역까지 언급할 정도로 정황이 상세히 파악되어 있는 점을 감안하면 관련 기록들 중 가장 신빙성이 높다고 판단된다. 전과를 200여 척으로 기록한 다른 사료나 문헌 또한 같은 이유로 이를 참조했을 것으로 생각된다. 국방부 군사편찬연구소에서 발간된 『군사 제101호』-「『(嘉慶)章安王氏宗譜』에 수록된 宣祖, 李德馨, 李舜臣 간찰 고찰」(박현규, 2016, 6/30~37쪽)에 의하면 최근 중국에서 발견된 이덕형의 간찰은 그가 왜교성 전투나 노량해전 관련 군무에 깊이 관여했던 사실을 보여준다.

『선조실록』의 11월 24일 기사와 김대현의 『유연당집』의 기록에 의하면 도독 진린은 적선 100척을 포획하고 200척을 격침했다고 주장하였지만, 『선조실록』의 12월 4일 기사에 명나라 군영이 수군의 전과를 단지 적선 200여 척 격침으로 파악하고 있다는 기록이 보이는 점으로 보아 도독 진린의 주장은 일부 과장된 것으로 생각된다. 『명실록(明實錄)』의 기사에도 노량해전 관련 기록이 있지만 『선조실록』의 기사와 비교해 보았을 때 명나라 군대의 역할을 강조할 목적으로 왜군 선박의 숫자를 상당히 과장한 것으로 판단되기 때문에 참조하지 않았다.

노량해전에 참전한 왜선의 수에 대해서는 자료에 따라 300여 척 또는 500여 척으로 서로 다르게 기록되어 있다. 일본 측 연구서인 『일본전사 조선역(日本戰史朝鮮役)』의 「본편(本編)」(參謀本部, 1924, 417쪽)과 『조선역수군사(朝鮮役水軍史)』(有馬成甫, 1942, 275쪽)의 경우는 노량해전에 참전한 왜선의 수를 약 500척으로 보았다. 순천향대학교 이순신연구원에서 발간된 『이순신연구논총 제25호』-「노량해전과 이순신 전사 상황 검토」(제장명, 2016, 25쪽)는 해전에 동원된 왜선 500여 척 중 300여 척이 먼저 노량 수로를 진입해 와서 전투가 벌어진 것으로 보았다. 실제로 참전한 선박의 숫자가 중요하다고 생각되므로 『선조실록』에 실린 이덕형의 계문에 의거하여 해전 결과를 '왜선 300여 척 중 200여 척 격침'으로 서술하였다.

사료 및 문헌	노량해전의 왜선 피해
『선조실록』 106권 선조31년(1598) 11월 24일 을사 4번째 기사	• 적선 100척 포획, 200척 격침
『선조실록』 106권 선조31년(1598) 11월 27일 무신 5번째 기사	• 적선 300여 척 중 200여 척 격침, 100여 척 도주 • 수천여 명의 왜군 사상
『선조실록』 107권 선조31년(1598) 12월 1일 임자 5번째 기사	• 전함 200여 척 포획
『선조실록』 107권 선조31년(1598) 12월 4일 을묘 3번째 기사	• 적선 200여 척 격침
『선조수정실록』 32권 선조31년(1598) 11월 1일 임오 2번째 기사	• 적선 200여 척 격침
김대현(金大賢)의 『유연당집(悠然堂集)』 제3권의 「기군문잡사(記軍門雜事)」 11월 24일의 기록	• 적선 100척 포획, 200척 격침
조경남(趙慶男)의 『난중잡록(亂中雜錄)』 제3권의 무술년 11월 19일의 기록	• 적선 중 50여 척만 도주
『충무공가승(忠武公家乘)』의 「행록(行錄)」	• 적선 500여 척과 전투
『이충무공전서』의 「행록(行錄)」	• 적선 500여 척과 전투
김육(金堉)의 『잠곡유고(潛谷遺稿)』 제13권의 「신도비명(神道碑銘)」-「이통제충무공신도비명(李統制忠武公神道碑銘)」	• 적선 200여 척 격침
유성룡(柳成龍)의 『징비록(懲毖錄)』	• 적선 200여 척 격침
윤휴(尹鑴)의 『백호전서(白湖全書)』 제23권의 「사실(事實)」-「통제사이충무공유사(統制使李忠武公遺事)」	• 적선 500여 척 중 200여 척 격침

노량해전의 조선 수군의 선박 피해로는, 조경남(趙慶男)의 『난중잡록(亂中雜錄)』 제3권의 무술년 11월 19일의 기록에서 함평의 전함이 불타서 소실된 것과 『선조실록』의 기사(109권, 선조32년-1599년 2월 2일 임자 3번째 기사) 및 이긍익(李肯翊)의 『연려실기술(燃藜室記述)』 제17권의 「선조조고사본말(宣祖朝故事本末)」-「수륙동정왜적철환(水陸東征倭賊撤還)」의 11월 19일의 기록에서 명나라 장수 등자룡이 탑승했던 조선의 판옥선이 불탄 것이 확인된다. 주석 54에서 정리한 바에 의하면 당시의 함평현감 송섭(宋涉) 또한 노량해전에서 전사하였다. 일본 측 자료인 『정한록(征韓錄)』 제6권의 「구오가사부순천선사지사(救五家事附順天船師之事)」는 조선의 전선 4척과 명나라의 전선 2척을 잡았다고 기록하였다.

53. 노량해전의 왜군 사상자의 숫자를 기록한 사료와 문헌은 아래의 표와 같다. 이들 중 『선조실록』의 1599년 기사는 부산의 왜군 진영에서 나온 왜인들의 진술을 근거로 하여 그 숫자를 13,000여 명으로 특정하고 있는 점이 눈길을 끈다. 『양조평양록』 또한 왜군 10,000명 이상이 익사하였다고 기록하였다. 단 『선조실록』의 1599년 기사 내용은 명나라 관리를 통해 입수된 정보이기 때문에 과장의 소지가 있을 수 있으며, 『양조평양록』의 기록 또한 명나라 군사의 전공을 부각시키기 위하여 전과가 과장되었을 가능성이 있으므로, 『선조실록』의 1598년 기사의 기록만을 근거로 하여 해전 결과를 '왜군 수천여 명 사상'으로 서술하였다. 일본 측 자료인 『도진가고려군비록(島津家高麗軍秘錄)』과 『정한록(征韓錄)』 제6권의 「구오가사부순천선사지사(救五家事附順天船師之事)」는 이름 있는 자 20여 명과 많은 병사가 죽었다고 기록하였다. 또한 이들 자료에 의하면 왜군의 주력인 시마즈(島津) 함대의 대장선이 매우 위험한 상황에 빠지기도 하였는데 이는 왜군의 피해가 막대했음을 간접적으로 시사한다.

사료 및 문헌	노량해전의 왜군 사상자
『선조실록』 106권 선조31년(1598) 11월 27일 무신 5번째 기사	• 왜군 수천여 명 사상
『선조실록』 110권 선조32년(1599) 3월 7일 병술 1번째 기사	• 왜군 13,000여 명 전사
제갈원성(諸葛元聲)의 『양조평양록(兩朝平攘錄)』 제4권의 「일본하(日本下)」	• 왜군 10,000명 이상 익사

노량해전의 왜군 사상자의 숫자에 대한 논의와 관련해서는 왜군의 병력 규모 또한 살펴볼 필요가 있다. 노량해전에 참전한 왜군 병력에 대해서는 이형석(李炯錫)의 『임진전란사(壬辰戰亂史)』의 연구를 참조하는 경우가 많은데 이에 따르면 그 규모는 약 12,000명이며 그 병력 편성은 아래의 표와 같다. 아래 표에 보이는 5명의 왜장이 노량해전에 참전한 사실은 『도진가고려군비록』, 『정한록』 제6권의 「구오가사부순천선사지사」, 『천상구국잡화(川上久國雜話)』 등 일본 측의 여러 자료에서 확인된다.

노량해전 참전 왜장	소속 병력
시마즈 요시히로(島津義弘)	8,000명
다치바나 무네토라(立花統虎)	2,000명
소 요시토시(宗義智)	1,000명
데라자와 마사나리(寺澤正成)	800명
다카하시 무네마스(高橋統增)	600명

『선조실록』의 기사(106권, 선조31년-1598년 11월 27일 무신 5번째 기사)에 실린 좌의정 이덕형의 계문은 사천, 남해, 고성에 있던 왜군이 배 300여 척을 이끌고 노량해전에 참전했다고 보고하였는데, 『선조실록』의 기사(104권, 선조31년-1598년 9월 28일 경술 19번째 기사)와 일본 측 연구서인 『일본전사 조선역(日本戰史朝鮮役)』의 「본편(本編)」(參謀本部, 1924, 310~313/413쪽)에 의하면 사로병진 작전 시기 사천, 남해, 고성 등에 있던 왜군 병력은 아래의 표와 같다. 『일본전사 조선역』의 왜군 장수들의 병력은 『大日本古文書 島津家文書』 제403호와 『大日本古文書 毛利家文書』 제902호 등에 나타난 정유재란 초기 그들의 병력 편성과 일치하며, 『선조실록』의 기사와 위 『임진전란사』의 병력은 전쟁에 의한 사상자가 반영된 것으로 보인다. 위와 아래의 두 표에 나타난 각 왜장 휘하의 병력을 살펴보면 대체로 그 규모가 서로 부합하다. 그러나 이들 중 『임진전란사』의 다치바나 무네토라 병력은 본래 숫자의 절반에도 못 미치는데 이는 노를 젓는 인원 등을 포함한 비전투원 병력이 누락되었기 때문으로 보인다. 『임진전란사』에 실린 「입화통호대편제표(立花統虎隊編制表)」(1,735쪽)는 다치바나 무네토라의 전투원 병력을 1597년 기준으로 2,607명으로 기록하였는데 아마도 이 병력만이 위 표에 반영된 것 같다. 비전투원 병력과 전쟁에 의한 사상자를 감안하여 다치바나 무네토라의 병력을 대략 4,000명 정도로 다시 잡는다면, 위 표를 기준으로 할 때 노량해전에 참전한 왜군의 전체 병력은 14,000~15,000명 정도로 추정할 수 있으며 이는 아래 표의 『선조실록』의 기사에 나타난 왜군 병력과도 거의 일치한다.

지역	『선조실록』	『일본전사 조선역』
사천현	7,000~8,000명 또는 10,000명	시마즈 요시히로(島津義弘): 10,000명
고성현	6,000~7,000명	다치바나 무네토라(立花統虎): 5,000명 다카하시 무네마스(高橋統增): 500명 고바야카와 히데카네(小早川秀包): 1,000명 츠쿠시 히로카도(筑紫廣門): 500명
남해현	1,000명	소 요시토시(宗義智): 1,000명
동환산		데라자와 마사나리(寺澤正成): 1,000명

노량해전의 왜군 병력과 관련해서 한 가지 짚고 넘어갈 점이 있다. 『임진전란사』, 『일본전사 조선역』, 『조선역수군사』에서 서술한 대로 노량해전에 약 500척의 왜선이 동원되었다면 참전한 왜군이 14,000~15,000명일 경우 하나의 선박에 단지 30명 정도의 인원이 탑승한 셈이다. 왜선 500여 척이 과도하게 추정된 규모가 아닌가 의심할 수도 있겠지만, 노량해전에 참전한 왜군이 구원하려고 했던 순천 왜교성의 왜군 또한 병력과 함대의 숫자를 따져보면 선박당 탑승 인원이 이와 비슷하다. 『선조실록』의 기사(104권, 선조31년-1598년 9월 28일 경술 19

번째 기사)는 사로병진 작전 시기 순천 왜교성의 왜군 병력을 15,000여 명으로 기록하였으며, 『일본전사 조선역』의 「본편」(參謀本部, 1924, 413쪽)은 그 병력을 13,000여 명으로 서술하였다. 그런데 일본 측 자료인 『우도궁고려귀진물어(宇都宮高麗歸陣物語)』와 『일본전사 조선역』의 「본편」(參謀本部, 1924, 419쪽)에 의하면 당시 순천 왜교성에 정박된 왜선은 크고 작은 것을 포함하여 총 600척으로서 선박당 탑승 인원이 30명에 못 미친다. 수치상으로는 왜교성과 노량해전의 왜군 함대가 소규모의 함선 위주로 구성되어 있었던 것처럼 보일 수도 있다. 그러나 『韓中日共同硏究 정유재란사』-「일본군의 재침과 칠천량해전」(이민웅, 2018, 범우사, 72쪽)에 의하면 일본은 임진왜란 초기의 해전 경험을 통하여 조선 수군의 판옥선에 대항할 필요성을 느꼈으며 이후 대형 선박인 아다케부네(安宅船)를 전국적으로 다수 건조하여 정유재란 시기 전장에 투입하였다. 특히 노량해전의 경우는 왜교성에 있던 왜군의 철군을 지원할 목적으로 함대가 동원된 것이기 때문에 얼마인지 그 숫자는 알 수 없지만 전투에 필요한 주력 전함인 세키부네(關舟)와 대형 전함인 아다케부네를 위주로 운용되었으리라 짐작된다. 따라서 왜교성과 노량해전의 왜군 함대가 기록에 나타나지 않은 다른 병력을 동원했을 가능성을 생각하지 않을 수 없다.

조경남(趙慶男)의 『난중잡록(亂中雜錄)』 제3권의 무술년 9월 23일의 기록에는 순천 왜교성의 병력에 대하여 왜군이 수만 명이고 우리나라 사람으로서 포로가 된 사람이 절반을 넘는다는 언급이 보인다. 『韓中日共同硏究 정유재란사』-「임진·정유재란은 약탈전쟁이다」(박제광, 2018, 범우사, 553쪽)에 의하면 임진왜란과 정유재란 시기 많은 조선인들이 왜군의 포로로 잡혀갔는데, 노량해전에서 왜군의 주력이었던 시마즈(島津) 함대의 본거지인 사츠마(薩摩)의 경우에는 3만여 명의 조선인 포로가 있었다는 기록이 있다. 비록 이들 기록에 나타난 포로의 규모가 정확한 숫자인지는 알기 어렵지만 상당히 많은 포로가 존재했던 것만큼은 분명한 사실이다. 그러므로 노량해전 또한 적지 않은 조선인 포로가 전투 병력이나 비전투 병력으로 동원되었을 개연성이 크다. 노량해전에 동원된 왜군 병력의 구성을 보다 명확히 파악하기 위해서는 이와 관련된 일본 측 자료에 대한 많은 연구가 필요하다. 현재로서는 위에서 추정한 노량해전의 왜군 병력과 사상자는 단지 피상적인 숫자라고밖에 말할 수 없다.

54. 노량해전에 참전했거나 또는 참전했을 것으로 추정되는 장수들의 이름과 근거 자료를 정리하면 아래와 같다.

참전 장수		참전 근거
녹도만호	송여종(宋汝悰)	• 강항(姜沆)의 『수은집(睡隱集)』 제4권의 「묘갈(墓碣)」-「증우윤송공비명(贈右尹宋公碑銘)」
발포만호	소계남(蘇季男)	• 무술일기(1598년) 11월 17일
낙안군수	방덕룡(方德龍)	• 『선조실록』 106권 선조31년(1598) 11월 27일 무신 5번째 기사
흥양현감	고득장(高得蔣)	• 『선조실록』 106권 선조31년(1598) 11월 27일 무신 5번째 기사
군관	송희립(宋希立)	• 『이충무공전서』의 「행록(行錄)」
군관	이언량(李彦良)	• 『선조실록』 107권 선조31년(1598) 12월 18일 기사 4번째 기사
전라우수사	안 위(安 衛)	• 손기양(孫起陽)의 『오한집(鰲漢集)』 제4권의 「잡저(雜著)」-「일록(日錄)」의 무술년 12월 3일
가리포첨사	이영남(李英男)	• 『선조실록』 106권 선조31년(1598) 11월 27일 무신 5번째 기사
미조항첨사	김응함(金應緘)	• 『선조실록』 165권 선조36년(1603) 8월 17일 경자 3번째 기사
이진권관	[성명미상]	• 손기양(孫起陽)의 『오한집(鰲漢集)』 제4권의 「잡저(雜著)」-「일록(日錄)」의 무술년 12월 3일(노량해전에서 이진권관이 전사했다고 기록됨)
나주목사	남 유(南 瑜)	• 손기양(孫起陽)의 『오한집(鰲漢集)』 제4권의 「잡저(雜著)」-「일록(日錄)」의 무술년 12월 3일(노량해전에서 목사 남유가 탄환에 맞았다고 기록됨) • 허목(許穆)의 『미수기언별집(眉叟記言別集)』 제23권의 「구묘문(丘墓文)」-「의춘군비(宜春君碑)」(노량해전에서 전사했다고 기록됨) • 『나주군읍지(羅州郡邑誌)』의 「선생안(先生案)」(노량해전에서 전사했다고 기록됨) • 『충무공유사(忠武公遺事)』의 「장졸명단」

참전 장수		참전 근거
해남현감	유 형(柳 珩)	• 『선조실록』 107권 선조31년(1598) 12월 18일 기사 4번째 기사
함평현감	송 섭(宋 涉)	• 손기양(孫起陽)의 『오한집(螯漢集)』 제4권의 「잡저(雜著)」-「일록(日錄)」의 무술년 12월 3일(노량해전에서 함평현감이 전사했다고 기록됨) • 조경남(趙慶男)의 『난중잡록(亂中雜錄)』 제3권의 무술년 11월 19일의 기록(노량해전에서 함평의 전함이 불탔다고 기록됨) • 『함평현읍지(咸平縣邑誌)』의 「읍재선생(邑宰生案)」(재임 사실이 기록됨) • 『충무공유사(忠武公遺事)』의 「장졸명단」 • 송이석(宋履錫)의 『남촌집(南村集)』 제2권의 「잡저(雜著)」-「현감송섭판관송흡…(縣監宋涉判官宋滄…)」(충무공 휘하에서 전사했다고 기록됨)
무장현감	나덕신(羅德愼)	• 이서우(李瑞雨)의 『송파집(松坡集)』 제13권의 「묘지(墓誌)」-「…이산현감나공묘지명(…尼山縣監羅公墓誌銘)」(이순신 휘하에서 노량에 참전했다고 기록됨) • 『충무공유사(忠武公遺事)』의 「장졸명단」 • 『전선무장지(全鮮茂長誌)』의 「관안(官案)」(재임 사실이 기록됨)
경상우수사	이순신(李純信)	• 『선조실록』 106권 선조31년(1598) 11월 25일 병오 9번째 기사 • 조경남(趙慶男)의 『난중잡록(亂中雜錄)』 제3권의 무술년 11월 19일의 기록
안골포만호	우 수(禹 壽)	• 『선조실록』 107권 선조31년(1598) 12월 18일 기사 4번째 기사
옥포만호	이 섬(李 暹)	• 『선조실록』 107권 선조31년(1598) 12월 18일 기사 4번째 기사
경상우우후	이의득(李義得)	• 손기양(孫起陽)의 『오한집(螯漢集)』 제4권의 「잡저(雜著)」-「일록(日錄)」의 무술년 12월 3일(노량해전에서 경상우수영의 우후가 전사했다고 기록됨) • 통영의 『충렬사지(忠烈祠誌)』의 「절도사명단(節度使名單)」(경상우수사 이순신(李純信)의 우후가 이의득(李義得)으로 기록됨)
거제현령	김사종(金嗣宗)	• 손기양(孫起陽)의 『오한집(螯漢集)』 제4권의 「잡저(雜著)」-「일록(日錄)」의 무술년 12월 3일(노량해전에서 거제현령이 전사했다고 기록됨) • 『거제부읍지(巨濟府邑誌)』의 「환적(宦蹟)」(1598년에 전사했다고 기록됨) • 『충무공유사(忠武公遺事)』의 「장졸명단」
당진포만호	조효열(趙孝悅)	• 무술일기(1598년) 11월 17일
서천만호	[성명미상]	• 손기양(孫起陽)의 『오한집(螯漢集)』 제4권의 「잡저(雜著)」-「일록(日錄)」의 무술년 12월 3일(노량해전에서 서천만호가 전사했다고 기록됨) • 『충무공유사(忠武公遺事)』의 「장졸명단」에 따르면 조덕린(曺德獜)으로 추정됨
조방장	우치적(禹致績)	• 『선조실록』 107권 선조31년(1598) 12월 18일 기사 4번째 기사 • 『충무공유사(忠武公遺事)』의 「장졸명단」
만호	권 전(權 詮)	• 『여지도서(輿地圖書)』의 「경상도(慶尙道)」-「안동(安東)」-「인물(人物)」(노량해전에서 전사했다고 기록됨) • 김약련(金若鍊)의 『두암집(斗庵集)』 제9권의 「비갈묘지(碑碣墓誌)」-「자헌대부이조판서권공신도비명(資憲大夫吏曹判書權公神道碑銘)」(충무공 휘하에서 만호로서 순절했다고 기록됨) • 『선무원종공신녹권』(관직이 만호로 기록됨) • 김헌락(金獻洛)의 『금계지(金溪志)』-「인물(人物)」(적량만호로 순절했다고 기록됨)
부총병	등자룡(鄧子龍)	• 『선조실록』 107권 선조31년(1598) 12월 21일 임신 3번째 기사
유격	계 금(季 金)	• 『선조실록』 111권 선조32년(1599) 4월 22일 신미 4번째 기사
유격	왕원주(王元周)	• 무술일기(1598년) 9월 30일 • 신흠(申欽)의 『상촌집(象村集)』 제56권의 「지(志)」-「천조선후출병래원지(天朝先後出兵來援志)」
유격	복일승(福日昇)	• 무술일기(1598년) 9월 30일 • 신흠(申欽)의 『상촌집(象村集)』 제56권의 「지(志)」-「천조선후출병래원지(天朝先後出兵來援志)」
유격	양천윤(梁天胤)	• 신경(申炅)의 『재조번방지(再造藩邦志)』 제5권 • 신흠(申欽)의 『상촌집(象村集)』 제56권의 「지(志)」-「천조선후출병래원지(天朝先後出兵來援志)」

참전 장수		참전 근거
유격	심 무(沈 懋)	• 신경(申炅)의 『재조번방지(再造藩邦志)』 제5권 • 신흠(申欽)의 『상촌집(象村集)』 제56권의 「지(志)」-「천조선후출병래원지(天朝先後出兵來援志)」
유격	진 잠(陳 蠶)	• 제갈원성(諸葛元聲)의 『양조평양록(兩朝平攘錄)』 제4권의 「일본하(日本下)」
파총	이천상(李天常)	• 무술일기(1598년) 9월 30일 • 신흠(申欽)의 『상촌집(象村集)』 제56권의 「지(志)」-「천조선후출병래원지(天朝先後出兵來援志)」
천총	진구경(陳九經)	• 『선조실록』 107권 선조31년(1598) 12월 21일 임신 3번째 기사
중군	도명재(陶明宰)	• 제갈원성(諸葛元聲)의 『양조평양록(兩朝平攘錄)』 제4권의 「일본하(日本下)」
참전 추정 장수		참전 추정 근거
보성군수	전백옥(全伯玉)	• 진경문(陳景文)의 『섬호집(剡湖集)』 하권의 「예교진병일록(曳橋進兵日錄)」 10월 3일의 기록 • 『충무공유사(忠武公遺事)』의 「장졸명단」(이름이 '金伯玉'으로 오기됨)
진도군수	선의문(宣義問)	• 무술일기(1598년) 10월 2일
강진현감	송상보(宋商甫)	• 무술일기(1598년) 10월 2일
금갑도만호	[성명미상]	• 무술일기(1598년) 9월 23일
회령포만호	[성명미상]	• 무술일기(1598년) 9월 23일 • 『충무공유사(忠武公遺事)』의 「장졸명단」에 따르면 위대기(魏大器)로 추정됨
영등포만호	조계종(趙繼宗)	• 진경문(陳景文)의 『섬호집(剡湖集)』 하권의 「예교진병일록(曳橋進兵日錄)」 10월 3일의 기록(영등포의 배가 참전한 사실이 기록됨) • 『선조실록』 127권 선조33년(1600) 7월 3일 갑진 11번째 기사
당포만호	안이명(安以命)	• 『선조실록』 127권 선조33년(1600) 7월 3일 갑진 11번째 기사
조라포만호	정공청(鄭公淸)	• 『선조실록』 127권 선조33년(1600) 7월 3일 갑진 11번째 기사
사량만호	김성옥(金成玉)	• 무술일기(1598년) 10월 2일
제포만호	주의수(朱義壽)	• 무술일기(1598년) 10월 2일
평산포만호	정응두(丁應斗)	• 진경문(陳景文)의 『섬호집(剡湖集)』 하권의 「예교진병일록(曳橋進兵日錄)」 10월 3일의 기록(평산포의 배가 참전한 사실이 기록됨) • 『충무공유사(忠武公遺事)』의 「장졸명단」
지세포만호	[성명미상]	• 무술일기(1598년) 9월 22일
홍주대장	[성명미상]	• 무술일기(1598년) 9월 23일 • 『충무공유사(忠武公遺事)』의 「장졸명단」에 따르면 최호(崔湖)로 추정됨
한산대장	[성명미상]	• 무술일기(1598년) 9월 23일 • 『충무공유사(忠武公遺事)』의 「장졸명단」에 따르면 신경윤(申景胤)으로 추정됨

※ 조계종, 안이명, 정공청은 1597년부터 1600년까지 그들의 만호 관직에 변동이 없으므로 노량해전에 참전했을 것으로 추정된다.

※ 『충무공유사(忠武公遺事)』의 「장졸명단」의 무술년(1598년) 명단에 나타난 아래의 인물들 또한 노량해전에 참전했을 가능성이 있다.

우후	이중복(李中復)	남도포만호	김남걸(金南傑)
장흥부사	이 간(李 侃)	법성포만호	윤선각(尹先覺)
영암군수	이종성(李宗誠)	고부군수	구덕령(具德齡)
옥구현감	권 흡(權 洽)		

※ 조방장 배흥립은 어떠한 사료나 문헌에서도 그의 노량해전 참전 기록을 찾기 어려우며 그의 문집인 『동포선생기행록(東圃先生紀行錄)』 또한 이에 관한 언급이 없다.

※ 노량해전 당시 충청수사였던 오응태(吳應台)는 『선조실록』의 기사(113권, 선조32년-1599년 5월 1일 무신 2번째 기사)에 의하면 노량해전에 참전하지 않았다.

부록

원문 판독 및 번역 오류 교정

■ 원문 판독 오류 교정

날짜	기존 판독 원문	교정한 원문	비고
1593. 2. 10	乍出乍**還**	乍出乍**返**	
1593. 7. 7	**走**越全羅乎	**豈**越全羅乎	노산 이은상이 豈를 走로 오독한 이후 일부 번역서가 이를 따름
1594. 1. 14	圍山乞食○退	圍山乞食**登**退	登 또는 祭로 보는 두 가지 견해 중 登으로 판독
1594. 6. 18	趙○	趙**摰**	摰 또는 秋年으로 보는 두 가지 견해 중 摰로 판독
1596. 3. 7	曉汗流○○	曉汗流○○	出出 또는 甚甚으로 추정
1596. 3. 23	招今○頭	招今**技**頭	披 또는 技로 보는 두 가지 견해 중 技로 판독
1596. 5. 4	文○公	文**於**公	村 또는 於로 보는 두 가지 견해 중 於로 판독
1596. 5. 27	○虞候	**左**虞候	左 또는 右로 보는 두 가지 견해 중 左로 판독
1596. 6. 6	取**合**射帿, 且**合**射而爭勝負	取**令**射帿, 且**令**射而爭勝負	
1596. 윤 8. 7	**白**是	**向**是	『이충무공전서』가 向是로 판독한 것에 비해 대개의 번역서들은 白是로 판독
1596. 윤 8. 11	**侍**候	**待**候	『이충무공전서』가 待候로 판독한 것에 비해 대개의 번역서들은 侍候로 판독
1596. 9. 11	**歲**山月	**萊**山月	노승석 교수의 견해를 참조
1596. 9. 12	○○○登途	**雪無可**登途	노승석 교수의 견해를 참조
1597. 4. 21	**恩**津浦	**思**津浦	『이충무공전서』가 思津浦 로 판독한 것에 비해 대개의 번역서들은 恩津浦로 판독
1597. 4. 25	朴○○	朴**山就**	山就 또는 寵으로 보는 두 가지 견해 중 山就로 판독
1597. 7. 1	○德壽	**卞**德壽	方 또는 卞으로 보는 두 가지 견해 중 卞으로 판독
1597. 7. 3	蔣**俊**琬	蔣**後**琬	
1597. 7. 10	馬**革**	馬**帶**	노승석 교수의 견해를 참조
1597. 8. 4 (정유일기 2)	崔**鎭**剛	崔**鉄**剛	
1597. 8. 8 (정유일기 2)	四○寂然	四**顧**寂然	노승석 교수의 견해를 참조
1597. 11. 29 (정유일기 2)	鄭○壽	鄭**凰**壽	凰 또는 鳳으로 보는 두 가지 견해 중 凰으로 판독
1597. 12. 1 (정유일기 2)	吾○腹痛	吾**暫**腹痛	暫 또는 患으로 보는 두 가지 견해 중 暫으로 판독
1598. 9. 19	○介島	**何**介島	何 또는 沙으로 보는 두 가지 견해 중 何로 판독

■ 원문 번역 오류 교정

날짜	원문	기존 번역	교정한 번역
1592. 1. 1	歲物	'선물'	'진상물'
1592. 1. 1	長片箭	종종 '긴 편전'으로 번역	'장전과 편전'
1592. 1. 5	仍在後東軒	대개 '그대로 내아에 머물러서'로 번역	'그대로 동헌에 머물러서'
1592. 1. 7	交下	종종 '번갈아 내렸다'로 번역	'섞여서 내렸다'
1592. 1. 16	杖	대개 '곤장'으로 번역	'장형(杖刑)'
1592. 1. 16	虞候假守	대개 '우후와 임시 수령'으로 번역	'우후가 임시로 담당하다'
1592. 1. 17	鐵鎖	대개 '쇠사슬'로 번역	철쇄 설치의 목적과 역사적 배경에 대하여 설명
1592. 1. 17	船	대개 '배의 척 수'로 번역	'번호'의 의미로 번역
1592. 2. 3	摘奸	'부정사실을 조사하다'	'점검하다'
1592. 2. 3	上使	번역서에 따라 다름	'올려 보내다'
1592. 2. 12	觀沈獵雉	번역서에 따라 다름	연극과 같은 어떠한 유희를 즐긴 것으로 추측
1592. 2. 21	使喚	종종 '심부름꾼'으로 번역	'심부름하던'
1592. 2. 22	綾城	종종 '능성현감'으로 번역	'능성현령'
1592. 2. 23	花雨	'꽃비'	'催花雨'의 준말로 보아 '봄비'로 번역
1592. 2. 25	敎授	대개 '종6품의 문관 벼슬인 교수로 번역	'가르쳐주다'
1592. 2. 29	中衛將	대개 '수군 소속의 중위장'으로 번역	'육군 소속의 중위장'으로 번역
1592. 3. 6	箭兒	'화살통'	'편전을 쏠 때 사용되던 나무 대롱'
1592. 3. 14	海農倉坪	번역서에 따라 다름	'해농창 평야'
1592. 3. 20	都訓導	대개 '향교 등지에서 업무를 보던 문관 벼슬로 설명	'군 관련 업무에 종사했던 하급 군인이나 병방 소속 아전'으로 설명
1592. 3. 20	推論	대개 '추국하다', '논죄하다' 등의 의미로 번역	'어떠한 일의 원인 등을 따져서 논의하다'라는 의미로 번역
1592. 4. 9	方應元到防公事成貼而送	대개 '方應元'을 주어로 번역	주어를 '이순신'으로 번역
1592. 4. 16	道	대개 행정지역 '道'로 번역	문서를 세는 단위인 '통'으로 번역
1592. 4. 19	上隔臺	번역서에 따라 다름	'격대를 올리다'
1592. 4. 20	영남방백의 공문 내용	번역서에 따라 다름	『임진장초』에 기록된 내용에 따라 번역
1592. 5. 2	攢射	대개 '모여서 쏘았다'로 번역	'집중사격'
1593. 2. 2	興陽	'흥양현감'	'흥양대장'
1593. 2. 5	差使員	종종 '순찰사'나 '도사'가 차사원을 맡은 것으로 번역	'보성군수'가 차사원을 맡은 것으로 번역
1593. 2. 12	卜定	종종 '명나라 장수가 준 물품을 나눠주었다'라는 의미로 번역	'상납할 물품을 하부 관청이나 백성들에게 배정하다'라는 의미로 번역
1593. 2. 15	賊徒盡殲云	'적의 무리를 다 섬멸하였다'	'적의 무리를 다 섬멸하려고 한다'

날짜	원문	기존 번역	교정한 번역
1593. 2. 16	因聞天兵直擣松都今月初六日當陷京城之賊	대개 '… 이달 6일에 서울에 있는 적을 함락시켰다는 소식을 들었다.'로 번역	'… 이달 6일에 서울에 있는 적에게 당했다는 소식을 들었다'
1593. 2. 18	輕發	대개 '재빨리 나아가다'로 번역	'경솔히 나아가다'
1593. 2. 24	造船器俱入送事	'배를 만드는 기구를 들여보낼 일'	'병선과 기계를 함께 만들어 들여보낼 일'
1593. 2. 28	荒唐	종종 '황당하기에'로 번역	'수상하기에'
1593. 5. 18	節制	종종 '절도사'나 '절제사'로 번역	'군사를 절제하다'라는 의미로 번역
1593. 5. 19	순찰사의 공문 내용	'부산 해구를 거점으로 하여 이미 나아가 길을 끊었다'라는 의미로 번역	'부산 해구로 진작 나아가 [길을] 끊었어야 했다'로 번역
1593. 5. 28	啓	대개 '계문'이나 '장계'로 번역	'계하공사(啓下公事)'로 번역
1593. 6. 19	油物	종종 '기름'으로 번역	'기름을 사용하여 만든 물건들을 총칭하는 용어'로 번역
1593. 6. 22	耳匠	'목수'	'배의 건조에 필요한 목재를 구할 목적으로 동원 또는 차출된 인력'으로 설명
1593. 6. 29	尹先覺明聞處	번역서에 따라 다름	'윤선각이 확실하게 소식을 들을 수 있는 곳'으로 번역
1593. 7. 14	傳長興妄傳本府之事	번역서에 따라 다름	7월 13일 일기 주해의 장흥부사 유희선 관련 『선조실록』의 기사 내용에 맞추어 번역
1593. 7. 25	問辞	'문책하는 말'	'물어보는 말'
1593. 8. 2	右令公到船言防踏歸覲事慇慇而以諸將未能出送答之	종종 우수사가 방답첨사의 요청에 답변한 것으로 번역	우수사가 방답첨사의 요청을 전달한 것에 대해 이순신이 답변한 것으로 번역
1594. 2. 4	達下	번역서에 따라 다름	'達本回下'로 번역
1594. 2. 4	순천으로부터 온 보고 내용	번역서에 따라 다름	『임진장초』의 「청어진중시재장」과 같은 책 「설무과별시장」의 내용에 맞추어 번역
1594. 2. 4	樺皮	종종 '벚나무 껍질'로 번역	'자작나무 껍질'
1594. 2. 7	干	번역서에 따라 다름	'부족한'으로 번역
1594. 2. 22	日已曙矣 未及追勤	'날이 이미 밝아 뒤쫓아가 공격하지 못했다'	'날이 이미 밝아 뒤쫓아가 공격하지 못할 것이므로'
1594. 4. 14	兵機	번역서에 따라 다름	'군사전략'
1594. 4. 16	一應	번역서에 따라 다름	'일체'
1594. 5. 3	計備	번역서에 따라 다름	'계산하여 준비하다'
1594. 6. 5	宋希立樂安興陽寶城軍粮督促事出去	'송희립, 낙안군수, 흥양현감, 본성군수가 군량을 독촉할 일로 나갔다'	'송희립이 낙안, 흥양, 보성에 군량을 독촉할 일로 나갔다'
1594. 7. 14	在肚	번역서에 따라 다름	'在肚裏'의 준말로 보아 '마음속에 있다'로 번역
1594. 7. 24	尹判	대개 '판서 윤근수'로 번역	'장예원 판결사 윤선각'으로 번역
1594. 8. 1	樂安帶率姜緝	'낙안군수가 강집을 데리고'	'낙안의 대솔군관 강집을'
1594. 8. 1	捧軍律供招	대개 공초를 받은 사람을 강집으로 번역	강집을 공초를 할 권한이 주어진 인물로 번역

날짜	원문	기존 번역	교정한 번역
1594. 8. 29	束京盜字	'얼굴에 도(盜)자를 새겨 넣었다'	'도(盜)자를 새겨 넣었다'
1594. 9. 5	搔髮難支使人搔之	'머리를 긁어도 견디기 어려워서 사람을 시켜 긁었다'	'머리를 손질하였지만 가지런히 하기 어려워서 사람을 시켜 손질하였다'
1594. 10. 4	一賊	'한 명의 적'	'한 무리의 적'
1594. 10. 4	貂皮	종종 '쥐 가죽'으로 번역	'담비 가죽'
1594. 10. 10	二祥	'두 가지 상서로운 징조'	'소상(小祥)과 대상(大祥)'
1594. 10. 12	鼠皮	종종 '쥐 가죽'으로 번역	'담비 가죽'
1594. 11. 25	欠身	종종 '몸을 펴다'로 번역	『이충무공전서』의 교정된 원문인 '欠伸'에 따라 '하품과 기지개를 켜다'로 번역
1595. 1. 22	所接家	종종 '옆집'으로 번역	'거처하는 집'
1595. 6. 14	除朝辭	종종 '임명하는'으로 번역	'除朝辭赴任'의 준말로 보아 '조사를 면제하는'으로 번역
1595. 6. 18	願爲繼餉	'양식을 대주기를 바라므로'	'계향유사가 되기를 원하여'
1595. 6. 19	夢寐	'잠결에', '잠든 사이에'	'뜻밖에도'
1596. 2. 5	舊物	종종 '애인'으로 번역	'유물'
1596. 2. 11	落歸	'남겨두고 돌아갔다'	'나중에 돌아갔다'
1596. 2. 17	更進	'나아가 인사 드리지'	'勸君更進一杯酒'의 인용으로 보아 '술 한 잔 더 드리지'로 번역
1596. 2. 20	對供	번역서에 따라 다름	'置對供辭'의 준말로 보아 '대질하여 공술하다'로 번역
1596. 2. 25	難辦	번역서에 따라 다름	'難辦出'의 준말로 보아 '준비가 어렵다'로 번역
1596. 2. 26	侵捧	번역서에 따라 다름	'侵捧納' 또는 '侵捧上'의 준말로 보아 '조세나 부역 등의 이행을 침해하다'라는 의미로 번역
1596. 2. 30	風和	'바람이 온화하여'	'봄철'
1596. 3. 9	介与之共	'개와 같이 잤다'	'皆與之共' 또는 '蓋與之共'의 오기 내지 음차로 보아 '끼어서 함께 어울렸다'로 번역
1596. 3. 12	睡初罷	번역서에 따라 다름	'막 잠을 깨다'라는 의미로 번역
1596. 3. 17	兩衣盡濕	'두 겹 옷이 다 젖었고'	'위아래 옷이 다 젖었고'
1596. 3. 23	其小女	'그의 딸'	'그 소녀'
1596. 3. 25	兩衣沾濕	'두 겹 옷이 젖고'	'위아래 옷이 젖고'
1596. 4. 4	体察使公事成貼付壁諸將改標	'체찰사의 공문을 성첩하여 벽에 붙였다'	'체찰사 이원익에게 보낼 공문을 만들었다'와 '여러 장수들이 개정할 사항을 적은 표를 벽에 붙였다'로 번역
1596. 4. 22	許內卩萬	'허내은만'	'허논만'
1596. 5. 5	樂安林季亨	종종 '낙안군수 임계형'으로 번역 (『이충무공전서』가 '樂安倅林季亨'으로 잘못 기록한 때문)	'낙안의 임계형'

날짜	원문	기존 번역	교정한 번역
1596. 5. 8	李中墳堀出	'이중의 무덤을 파낸다'	'이중의 무덤이 파헤쳐졌다'
1596. 5. 15	五島	종종 '다섯 섬'으로 번역	일본의 고토열도를 가리키는 '오도'로 번역
1596. 5. 24	箭竹一百五十介始造	'비로소 전죽 150개를 만들었다.'	'전죽 150개로 [화살을] 만들기 시작하였다.'
1596. 5. 25	東國史	종종 '우리나라 역사'로 번역	『동국사략』이나 『동국통감』을 가리키는 것으로 설명
1596. 6. 2	往防踏	'방답첨사에게 갔다'	'방답으로 갔다'
1596. 6. 15	病頉	'병으로 탈이 났다'	'병가'
1596. 6. 26	落四下	'네 편자가 떨어졌다'	『오자병법』의 「치병(治兵)」에 보이는 문구 '謹落四下'를 인용한 것으로 보아 '네 발굽을 잘라주었다'로 번역
1596. 7. 7	三貫	번역서에 따라 다름	'세 가지 과녁'
1596. 7. 25	工	번역서에 따라 다름	'공방'
1596. 7. 29	卜家	대개 '점집'으로 번역	'[새로] 짓는 집'
1596. 8. 2	張弛	종종 '당겼다 늦추었다'로 번역	『예기』의 「잡기(雜記)」에 나오는 문구 '一張一弛'를 인용한 것으로 보아 '당겼다 늦추었다 [시험해 보게] 하였다'로 번역
1596. 8. 7	汗沾兩衣	'땀이 두 겹 옷을 적셨다'	'땀이 위아래 옷을 적셨다'
1596. 8. 12	汗濕兩衣	'땀이 두 겹 옷을 적셨다'	'땀이 위아래 옷을 적셨다'
1596. 8. 17	体相前探人出送	번역서에 따라 다름	'체찰사 [이원익의 근황을] 살펴볼 사람을 내보냈다'
1596. 윤 8. 17	陳弊瘼專屬舟師	대개 '폐단이 모두 수군에 있다고 말하였다'로 번역	'專屬'의 용례에 의거하여 '[고을이] 수군에 전속된 폐단에 대해서 말하였다'로 번역
1596. 9. 4	一秋亦持盃	'일추 또한 술잔을 들었다'	가을에 붉게 단풍이 든 것을 은유적으로 표현한 문구로 짐작하여 '한가을 또한 술잔을 들었다'로 번역
1596. 9. 21	最景樓	'최경루'	'가장 경치가 좋은 누각'
1597. 4. 4	李內阝孫	'이내은손'	'이논손'
1597. 4. 13	蔚送愛壽時無船到消息	'울이 애수를 보냈을 때에는 배가 왔다는 소식이 없었다'	'울이 애수를 보내어 아직 배가 왔다는 소식이 없다고 하였다'
1597. 4. 15	親執	대개 '친구' 또는 '친한'으로 번역	'몸소 일을 맡은'
1597. 4. 15	附棺	대개 '관에 대해서는'으로 번역	명기(明器) 및 용기(用器)와 같은 부장품을 가리키는 것으로 설명
1597. 4. 28	親切	'친절한'	'친한'
1597. 6. 6	昏入家寡婦移他家	대개 '어두워질 무렵 집으로 들어갔는데 그 집 과부는 다른 집으로 옮겨갔다'로 번역	『이충무공전서』의 번역에 의거하여 '어두워질 무렵 집으로 들어갔는데 과부가 [사는 집이라서] 다른 집으로 옮겼다'로 번역
1597. 6. 8	朴惺上章辞職草	'박성이 올린 사직서 초고'	'박성의 상소, 사직서 초고'
1597. 6. 8	進伏等項事条件	번역서에 따라 다름	박성의 「논시폐소」의 내용에 근거하여 '[상소의] 여러 사항, 조항'으로 번역

날짜	원문	기존 번역	교정한 번역
1597. 6. 10	落四下	'네 편자가 떨어졌다'	'네 발굽을 잘라주었다' (1596. 6. 26의 예와 동일)
1597. 7. 4	到防	번역서에 따라 다름	'도임해 왔다'
1597. 8. 8	在倉底	'창고 바닥에 있다가'	'창고 부근에 있다가'
1597. 10. 14 (정유일기 2)	司奴	대개 '內需司奴'의 준말로 번역	'各司奴婢'의 준말로 보아 '종'으로 번역
1597. 12. 5 (정유일기 2)	賞職帖	'상과 직첩'	'상으로 내리는 직첩'
1597. 12. 5 (정유일기 2)	鮑作搜括	앞 문장에 포함시켜서 번역	뒤 문장에 포함시켜서 번역
1598. 11. 8	初十日間	'10일 사이'	'[이달] 10일경'

참고문헌

■ 『난중일기』 관련 참고문헌

- 이은상, 1960, 『國譯註解 李忠武公全書』, 충무공기념사업회

  조선시대 정조 때 편찬된 『이충무공전서』를 번역한 책으로서 충무공 이순신과 관련한 교서, 유서, 장계, 일기, 행록 등 많은 자료들이 실려 있다. 비록 일기의 내용은 『난중일기』 친필 초고본과 비교했을 때 누락하거나 오기한 부분이 많지만, 그 외의 자료들이 풍부하기 때문에 임진왜란 시기의 해전이나 이순신 개인에 대해 관심이 있는 독자라면 읽어볼 가치가 높은 책이다. 1960년에 출간되었으므로 지금의 관점에서는 이 책의 문구나 문장의 표현이 고루하게 보일 수도 있지만, 번역 내용을 자세히 살펴보면 사용된 어휘가 상당히 적절하고 수려하여 번역자가 자신의 문학자로서의 소양을 충분히 발휘했음을 느낄 수 있다.

- 이은상, 1977, 『난중일기』, 대학서림

  『난중일기』 친필 초고본과 『이충무공전서』에 수록된 일기의 내용에 큰 차이가 있기 때문에 노산 이은상이 친필 초고본을 기준으로 다시 발간한 번역본이다. 비록 여러 가지의 오역과 인명 및 지명의 서술 오류 등이 눈에 띄기는 하지만 『이충무공전서』의 번역과 마찬가지로 뛰어난 수준의 번역을 선보임으로써 이후에 나온 많은 『난중일기』 번역본들의 이정표가 되었다. 다만 이 책이 초고본의 원문을 싣지 않은 점이 아쉽다.

- 박혜일/최희동/배영덕/김명섭, 1998, 『李舜臣의 日記』, 서울대학교출판부

  『난중일기』 친필 초고본을 오자, 속자, 교정 기호 등까지 포함하여 있는 그대로 충실히 판독한 원문을 실은 번역서이다. 필자의 소견으로는 현재까지 출간된 『난중일기』 번역본들 중 초고본의 원문을 있는 그대로 가장 충실히 판독해낸 책이다. 개정판(2005)과 개정증보판(2016)도 출간되었으며 개정증보판에는 판독된 원문을 실은 CD가 포함되어 있다. 『난중일기』의 원문에 관심이 있는 독자라면 이 책의 개정증보판을 권장한다.

- 노승석, 2010, 『교감완역 난중일기』, 민음사

  『난중일기』 친필 초고본을 오자, 속자 등을 교정하여 판독한 원문을 실은 번역서로서 문화재청 국가문화유산포털 사이트에도 올라 있다. 현재 시중에 가장 널리 보급된 번역본들 중 하나로서 증보판(2014), 개정판(2017) 등 여러 종류의 판본이 출간되어 있다.

■ 임진왜란 관련 참고문헌

아래 목록은 임진왜란을 이해하는데 있어 많은 도움이 될 수 있다고 생각되는 참고문헌을 뽑아서 정리한 것이다.

- 이민웅, 2004, 『임진왜란 해전사』, 청어람미디어

  임진왜란 시기에 발생한 해전과 그 역사적 배경의 전반적인 흐름을 알기 쉽게 설명한 개론서이다. 조선 수군의 성립 배경 및 발전 과정 그리고 임진왜란 시기의 활동을 전쟁사적 시각에서 서술하였으며 객관적인

관점을 견지하려고 노력한 흔적이 많이 보인다. 임진왜란 해전에 대해 관심이 있는 독자들에게 필독을 권장한다.

- 이형석, 1974, 『壬辰戰亂史』, 임진왜란사간행위원회

  임진왜란 때 발생했던 주요 전투들을 거의 빠짐없이 시기의 순서에 따라 다룬 일종의 통사이다. 책의 내용 중 상당 부분은 일본 측 연구서인 『日本戰史朝鮮役』을 참고하여 서술되었으며, 내용이 매우 풍부하기 때문에 지금도 한중일 세 나라의 논고에서 자주 참고되고 있다. 다만 근거가 제시되지 않은 논지가 종종 보이므로 참고할 때 주의가 필요하다.

- 조성도, 2010, 『임진장초』, 연경문화사

  충남 아산 현충사에서 보관하고 있는 『임진장초』(61편)와 별책으로 전하는 『장계초본』(12편)의 73편 장계와, 『이충무공전서』에 실린 장계(71편) 중 앞의 73편에는 없는 5편을 합한 총 78편을 번역하여 수록하였다. 임진왜란 시기 해전을 연구하는데 있어 『난중일기』와 함께 반드시 필요한 문헌이다.

- 최관/김시덕, 2010, 『임진왜란 관련 일본 문헌 해제』, 도서출판 문

  일본 에도시대의 임진왜란 담론 형성에 중요한 역할을 한 일본 문헌을 중점적으로 다룬 책이다. 지금까지 임진왜란 관련 일본 문헌을 소개한 논고가 몇 편 나오기는 하였지만 단행본으로의 출간은 아마도 이 책이 유일할 것이다. 이 책의 「논고편」에서 지적한 바와 같이 일본의 임진왜란 관련 문헌은 국가적인 정리 의지가 존재했던 조선이나 명나라와는 달리 그 규모나 시야가 매우 단편적이고 협소하다. 그러나 우리나라 자료의 부족한 면을 보강해줄 수 있는 많은 유용한 정보를 담고 있다는 점이 주목할만하다. 이 책은 임진왜란 관련 일본 측 자료를 활용하기 위한 소개서로서 훌륭한 역할을 할 수 있는 문헌이다.

- 김재근, 1984, 『韓國船舶史研究』, 서울대학교출판부

  고려시대 및 조선시대 선박의 구조 및 역사 등을 기술한 책으로서 이 분야에서 독보적인 지위를 가지고 있다. 다른 나라의 선박에 대해서도 소개하였으며 후속편이라고 할 수 있는 『續韓國船舶史研究』(1993)에는 전편의 내용을 보강한 자료들이 실려 있다.

- 허선도, 1994, 『朝鮮時代火藥兵器史研究』, 일조각

  조선시대 화약병기의 역사와 발달사를 다루었다. 이 분야에 대한 연구는 지금도 계속 진척되고 있지만 관련 역사 이론에 있어서는 이 책을 능가하는 문헌을 찾기 어렵다.

- 민승기, 2004, 『조선의 무기와 갑옷』, 가람기획

  조선시대의 활, 도검, 창, 총통, 갑옷, 전함 등의 각종 무기와 갑옷을 각 분야별로 사진이나 그림과 함께 자세히 소개하였다. 각종 문헌과 자료를 깊이 있게 검토하여 매우 객관적으로 서술한 책으로서 조선시대의 무구를 이해하기 위한 좋은 개설서이다. 내용이 보강된 개정판(2019)도 출간되었다.

- 김주홍, 2010, 『조선시대의 연변봉수』, 한국학술정보

  인천, 경기도, 강원도, 충청도, 경상도, 전라도 소재 연변봉수를 각 도별로 노선별 순서에 따라 소개하였다. 많은 사진과 도면을 수록함으로써 조선시대 군사적 목적의 통신 시설이었던 봉수를 쉽고 재미있게 살펴볼 수 있도록 구성하였다. 이 책의 저자는 봉수를 이론적인 면에서 보다 자세히 설명한 책인 『조선시대 봉수연구』(2011)도 출간하였다.

- 신동명/최상원/김영동, 2016, 『역사의 블랙박스 왜성 재발견』, 산지니

  많은 사람들에게 외면당하고 있는 왜성을 역사적 증거물로서 다시 재조명 목적을 가지고 현존하는 왜성의 구조와 설치 배경 등을 소개한 책이다. 많은 사진과 자세한 관련 역사를 수록하여 독자로 하여금 책의 주제를 잘 이해할 수 있도록 꾸며져 있다.

- **參謀本部, 1924, 『日本戰史朝鮮役』, 偕行社**

  일제 강점기 일본참모본부가 편찬한 연구서로서 『本編·附記』, 『文書·補傳』, 『經過表·附表·附圖』의 세 권으로 구성되어 있다. 책의 저자와 출간 시기로부터 충분히 짐작할 수 있듯이 그 내용을 살펴보면 의도적인 윤색이나 왜곡이 종종 눈에 띈다. 이러한 이유로 책 자체는 역사 연구서로서의 가치가 떨어지지만 그 서술 과정에서 많은 자료가 활용되었기 때문에 일본 측의 임진왜란 관련 자료를 찾기 위한 참고 서적으로서 상당히 유용하다.

- **有馬成甫, 1942, 『朝鮮役水軍史』, 海と空社**

  『日本戰史朝鮮役』과 비슷한 의도를 가지고 출간된 것으로 생각되는 내용이 많이 실려 있는 책이다. 다만 이 책에서 논지의 근거로 제시한 일본 측 자료들 중에는 연구 가치가 높은 것들도 있다.

참고사이트

- 조선왕조실록 - sillok.history.go.kr
- 한국고전종합DB - db.itkc.or.kr
- 한국역대인물종합정보시스템 - people.aks.ac.kr
- 한국역사정보통합시스템 - koreanhistory.or.kr
- 한국학자료포털 - kostma.aks.ac.kr
- 경상대학교 문천각 남명학고문헌시스템 - nmh.gsnu.ac.kr
- 국가문화유산포털 - heritage.go.kr
- 규장각한국학연구원 - kyujanggak.snu.ac.kr
- 왕실도서관 장서각 디지털 아카이브 - yoksa.aks.ac.kr
- 조선시대법령자료 - db.history.go.kr/law
- 국립해양문화재연구소 - seamuse.go.kr
- 인제대학교 족보도서관 - genealogy.inje.ac.kr
- 한국족보정보 - gok.kr
- 경주시립도서관 족보자료관 - jokbo.gyeongju.go.kr